福州年鉴

FUZHOU YEARBOOK

（总第31卷）

2018

中共福州市委　福州市人民政府　主办

《福州年鉴》编纂委员会　编

海峡出版发行集团
THE STRAITS PUBLISHING & DISTRIBUTING GROUP
海峡书局

图书在版编目（CIP）数据

福州年鉴. 2018 / 《福州年鉴》编纂委员会编. —
福州 : 海峡书局, 2018.12
ISBN 978-7-5567-0567-2

Ⅰ. ①福… Ⅱ. ①福… Ⅲ. ①福州－2018－年鉴
Ⅳ. ①Z525.71

中国版本图书馆CIP数据核字（2018）第289531号

福州年鉴（2018）

编　　者：《福州年鉴》编纂委员会
责任编辑：孙琦
装帧设计：福州新闻图片社

出版发行：海峡书局
地　　址：福州市鼓楼区五一北路110号11层
邮　　编：350001
印　　刷：福州报业鸿升印刷有限责任公司

版　　次：2018年12月第1版
印　　次：2018年12月第1次印刷
开　　本：889×1194　1/16
印　　张：33.5
字　　数：1224千字
印　　数：0001～2000册

ISBN 978-7-5567-0567-2　定价：280.00元

《福州年鉴》编纂委员会

委　　员：方青云　市国家安全局局长
林中麟　市财政局局长
王命瑞　市人力资源和社会保障局局长
郑章干　市自然资源和规划局局长
郭海阳　市生态环境局局长
陈漠诚　市城乡建设局局长
罗若谷　市住房保障和房产管理局局长
林　坦　市城市管理委员会主任
陈希治　市交通运输局局长
陈济斌　市水利局局长
林　健　市农业农村局局长
林汉隽　市商务局局长
黄济霖　市投资促进局局长
卢　林　市粮食和物资储备局局长
翁国平　市文化和旅游局局长
郭春曦　市卫生健康委员会主任
张则铭　市退役军人事务局局长
陈仁德　市应急管理局局长
林良云　市审计局局长
吴晓杰　市政府外事办公室主任
潞　江　市委宣传部副部长、市政府新闻办公室主任
童桂荣　市林业局局长
林海华　市海洋与渔业局局长
陈宗胜　市市场监督管理局局长
张　涵　市体育局局长
彭锦华　市统计局局长
陈燕敦　市人民防空办公室主任
郑道新　市医疗保障局局长
杨猛猛　市地方金融监督管理局局长
陈金友　市信访局局长
高明保　市机关事务管理局局长
曾国俊　市国有资产监督管理委员会主任
郑湘国　市总工会党组书记、副主席
赵春荣　共青团福州市委书记
陈　红　市妇女联合会主席
陈日官　市社会科学界联合会党组书记、副主席
鲍　闽　市文学艺术界联合会党组书记、副主席
郑永登　市残疾人联合会执行理事会理事长
尤典真　市科学技术协会党组书记、副主席
蓝桂兰　市归国华侨联合会主席

《福州年鉴》编辑部

(按姓氏笔画顺序)

《福州年鉴（2018）》撰稿人名单

（按姓氏笔画顺序）

丁　琼　丁可锋　丁宗银　于孙墩　于珊珊　万　粒　王　宇　王　勉　王　勇
王　翀　王　锋　王文清　王东曜　王庆金　王苏婷　王丽颖　王建宁　王香花
王晓莉　王峻青　王鹏丽　毛森鑫　邓　星　叶　巧　叶　平　叶　璐　叶伟奇
叶剑彬　叶敏英　丛　珊　乐立杰　兰克辉　宁　蕊　宁启超　吕南勋　朱凌姗
任　平　任芝芬　庄　言　庄丽婷　庄翠冷　刘　嘉　刘久元　刘可香　刘用福
刘静怡　江　航　江允英　汤枫灵　许　林　许　超　许　瑨　孙　锐　严文倩
苏　敏　苏明辉　苏燕铃　李　拯　李　勇　李　晗　李　康　李　然　李　寒
李中平　李孝棋　李海峰　李梅婷　李敬元　李裕天　杨　倩　杨成殷　杨家铸
杨智文　连裕钟　肖登峰　吴卫航　吴云峰　吴金捷　吴承辉　吴晓萍　吴敏华
吴翔凌　吴锦地　吴镇聪　邱　爽　邱启伦　何立斯　余　芳　余荣发　余端乐
邹惠珍　汪富诚　沈必胜　宋彩惠　张　丽　张　灵　张　春　张　勇　张　磊
张　薇　张先玲　张兴荣　张易楠　张崇煜　张清炎　张惠雯　陆范欣怡
陈　现　陈　珊　陈　勇　陈　艳　陈　晗　陈　鸿　陈　婉　陈　琼　陈　辉
陈　锋　陈　强　陈　嘉　陈　榕　陈　豪　陈　燕　陈　巍　陈小刚　陈小康
陈云娟　陈文浩　陈书强　陈武进　陈国光　陈国栋　陈明亮　陈俏彬　陈济奋
陈艳梅　陈培坤　陈斯友　陈楚菲　陈新强　陈燕萍　范丽琴　范韩军　林　云
林　东（老干局）　林　东（科技局）　林　林　林　城　林　俊　林　亮　林　莹
林　捷　林　硕　林　斌　林　熙　林　攀　林艺红　林仁平　林玉和　林仕锋
林永舒　林吓清　林伟民　林志鸿　林丽萍　林宏圣　林妙花　林忠强　林城冰
林梦兰　林婧一　林舒浩　林煜杰　林榕捷　卓　鹏　念　忠　周　志　周　杨
周李娜　周金媛　周炜赟　周碧云　郑　丹　郑　凯　郑　桓　郑　辉　郑　瑜
郑永平　郑荣火　郑思吟　郑海云　郑彩婵　郑颖青　郑毅娟　赵　龙　胡华锋
胡艳霞　柳　锴　侯婷婷　俞少奇　俞文龙　姚　颖　袁庆烽　倪晓颖　徐　莹
翁凌艳　凌　托　高佳景　高晓燕　郭　清　郭莉萍　唐　宜　桑　莹　黄　羽
黄　晓　黄　超　黄　蓉　黄兰英　黄庆华　黄启韩　黄金寿　黄鹏程　崔　伟
章　榕　彭　霖　韩　建　韩　清　程龙吟　曾　进　曾水旺　曾彩华　曾雯蓉
温昌经　谢冠君　谢浩忱　蓝晋平　雷振宇　詹志勤　鲍建森　蔡传富　蔡青青
黎　明　颜芳华　潘　珍　潘鸿杰　潘舒宁　穆清龙　魏善庆

编辑说明

一、《福州年鉴》是中共福州市委、福州市人民政府主办，《福州年鉴》编辑部承编的地方综合年鉴。1988年创刊，每年出版一卷。《福州年鉴》以马克思列宁主义、毛泽东思想、邓小平理论、“三个代表”重要思想、科学发展观、习近平新时代中国特色社会主义思想为指导，坚持辩证唯物主义和历史唯物主义的立场、观点、方法。旨在全面、系统、准确地反映福州市自然、政治、经济、文化、社会、生态等方面的基本情况，为读者了解和研究福州市提供资料查询。

二、《福州年鉴》主体内容由栏目、分目、条目组成，以条目为表现内容的基本形式。全书条目标题统一用黑体加【】表示，下一层次标题用楷体区别。

三、《福州年鉴（2018）》为总第31卷，主要记载2017年度福州市的基本情况、发展变化及年度大事要闻。全书主体内容有三个部分：（1）卷首设特载、专文、大事记、市情概貌；（2）主体部分为各类事业；（3）卷末设县（市）区，人物，文献法规及统计资料。设有42个栏目、240个分目、1558个条目，配有92幅彩页图片、121张正文照片、152幅图表，共122.4万字。

四、本卷年鉴在保持基本框架相对稳定的前提下，对部分内容进行更新、调整、充实。其中：调整部分栏目顺序，集中反映福州市优化产业结构、构建省会现代化经济体系，以及推进城市建设、改善城乡面貌的年度成果；增设“经济协作　扶贫开发”栏目，记录福州市致力改革开放，释放发展活力，巩固脱贫攻坚成果；“气象服务”“防震减灾”相关内容调整至“科学技术”栏目；“文献　法规”栏目增加地方法规、政府令的全文，保留政府规范性文件名录。

五、本卷稿件主要由市直部门、各县（市）区、驻榕部队、省直单位专人撰写并经其主管领导审核。书中涉及的主要数据由于各供稿单位资料来源、统计口径及统计时点不尽相同，可能略有差异，读者在引用相关数据时应以福州市统计局正式公布的统计数据为准。如无特殊说明，数据均不含平潭。增长速度、指数均采用“水平法”。

六、本卷年鉴配备双重检索系统，书前刊有总目和中、英文目录，书后备有主题分析索引，范围详及条目和图表。

七、本卷年鉴随书附赠光盘，并在中共福州市委党史和地方志研究室网站（http://fz.fjsq.gov.cn）发布。

八、本卷年鉴的组稿、编纂出版得到全市各级各部门领导的重视与支持，在此《福州年鉴》编辑部向所有关心、支持和直接参与本卷编纂工作的领导、同志深表谢意与敬意。

宁 德 市
南 平 市
三明市
三 明 市
泉州市
莆 田 市
古田县
闽清县
（梅城镇）
闽侯县（甘蔗街道）
永泰县
（樟城镇）
福州市
鼓楼区
晋安区
仓山区
台江区
福清
莆田市
涵江区
荔城区
城厢区
秀屿区
黄楮林自然保护区
兴 化
图 例
设区市行政中心
综合实验区
县级行政中心
街道办事处
镇、乡
社区居委会、村委会
设区市行政区域界
县级行政区域界
铁路及火车站
在建铁路
高速公路及互通
在建高速
国道及编号
省道及编号
在建省道
县道
一般公路
主要街道
一般街道
自然保护区
山峰
机场
景点
河流
水库
审图号：闽S〔2019〕54号
比例尺1:580 000
福建省制图院 编制
资料截至2017年12月
注：本图界线为权宜画法，不作划界依据。

福州市地图
宁德市
三都澳
罗源湾
罗源县
连江县
长乐区
平潭综合实验区
平潭县
马祖列岛
白犬列岛
闽江口
东海
台湾海峡
东引岛
福州长乐国际机场

图　例
省政府驻地
设区市行政中心
区行政中心
街道办事处
镇、乡
社区居委会、村委会
机关企事业单位
学校　医院
山峰
体育场
河流
高速公路
铁路
环线
一级街道
在建一级街道
二级街道
三级街道
主要旅游资源
其他旅游资源
火车站
汽车站
地图审图号：闽S〔2019〕54号
福建省制图院　编制　　资料截至2017年12月
闽江
乌龙江
市政府
仓山区
荆溪镇
上街镇
建新镇
洪山镇
南屿镇
金山街道
五凤街道
荆溪枢纽互通
西岭枢纽互通
永丰互通
福州西互通
福州南互通
福州绕城
G70福银
G15W3宁东
昌福铁路
合福铁路
峰福铁路
福州大学城
福州高新区海西园
福州软件园
金山工业集中区（金山片）
金山工业集中区（浦上片）
福州海峡奥体中心
洪塘大桥
橘园洲大桥
浦上大桥
洪山桥
湾边大桥
南港大桥
旗山
汽车西站
金牛山公园
西湖公园
左海公园
闽侯民俗园
福州动物园
福州国家森林公园
劳动者公园
金港公园
福州大学
福建师范大学
福建医科大学
福建中医药大学
福建工程学院
闽江学院
福州职业技术学院
福州广播电视大学
福州第一技工学校
华南女子职业学院
闽江师范高等专科学校
福建农林大学
福建工业学校
福州科技学院
福建行政学院
福建经济学院
福建省工贸学校
福州软件职业技术学院

福州市城区图
象峰
鹅峰
民义
杨廷
桂湖
秀峰
寨顶山
洞田
后山
桂山
琴亭
登云山庄高尔夫球俱乐部
登云水库
华威客运站
福州站
福建铁路干校
汽车北站
茶园街道
福州机场
市邮政局
省检察院
金鸡山公园
潭桥
园中
东山苗圃
鼓岭
过仑
南洋
鼓岭
鸡冠山
白眉水库
竹屿
十中
省动物研究所
化工互通
宜夏
柳杉王公园
晋安区
柯坪水库
晋都戴斯国际酒店
省肿瘤医院
福兴经济区
水部街道
王庄街道
鼓山镇
市体育馆
晋安区交通局
岳峰镇
象园街道
汽车南站
新港街道
市广电局
南公园
市电业局
水上公园
光明港公园
亚峰公园
鳌峰街道
财泉亭
绝顶峰
磨溪
鼓山
鼓山
涌泉寺
千佛殿
省革命历史博物馆
市委党校
瀛洲街道
台江区
金融街万达广场
鹤鱼公园
十八景
国货互通
市航道分局
临江街道
烟台山公园
下渡街道
江边
东部办公区
往宁德
对湖街道
华威城乡客运站
仓前街道
温福铁路
仓山镇
高湖
三叉街道
浦下
福建商贸学校
东升街道
海峡国际会展中心
魁岐互通
福州机场
龙门
快安
福建警察学院
仓山科技园
盖山镇
中庚喜来登酒店
马尾科技园管委会
福马铁路
白湖亭客运站
北园
快洲
马尾镇
双协
盖山投资区
濂江
福州海关
儒江
濂江工业园
跃进
叶厦
黄山
福泉高速互通
六洋
护厦
黄山考场
省地质医院
市交巡警支队车管所
往长乐机场
省民政干部学校
中洲
福建交通职业技术学院排下校区
尚保
福州经济技术开发区管委会
二十一中
城门
福州外贸外语学院
谢安
安平
梁厝
胜头
马尾区
新马
天马山公园
竹榄
天马山
福建信息职业技术学校（社园校区）
前锦
城门镇
马尾大桥（在建）
湖际
下洋
洋坑
福州南站
中国船政文化
马限山公园
护雷
螺洲镇
龙江
吴厝
洲尾
马限
禄家
浚边
清富
道庆洲
螺洲大桥
往莆田
乌龙江大桥
乌龙江特大桥
往长乐、福清
乌龙江
闽江
南港

国家历史文化名城

全国宜居城市

滨江滨海生态园林城市

福布斯中国大陆最佳商业城市百强城市

全国服务外包示范城市

全国『十三五』服务业综合改革试点区域

全国『十三五』海洋经济创新发展示范城市

中国领军智慧城市

2017美丽山水城市

闽都晨曲（曾雄 摄）

城市荣誉

国家森林城市

国家园林城市

全国文明城市

国家卫生城市

中国优秀旅游城市

全国绿化模范城市

国家环保模范城市

全国首批创建生态文明典范城市

时政要闻

2017年，福州市聚焦“机制活、产业优、百姓富、生态美”，迎难而上、攻坚突破、加压奋进，各项工作取得新进展。11月28日，中共福州市委十一届六次全会召开，深入学习贯彻党的十九大精神，动员全市上下坚持以习近平新时代中国特色社会主义思想为指导，不忘初心、牢记使命，决胜全面建成小康社会，奋力开创新时代有福之州建设新局面。

2017年9月19日，省委书记尤权（前左二）、省长于伟国（前右二）在福州新区了解海峡文化艺术中心建设情况（张永定 摄）

2017年10月30日，省委书记、省长于伟国（右二）在台江区苍霞新城社区向干部群众宣讲党的十九大精神（郑杰 摄）

2017年7月12日，省委常委、市委书记王宁（前右三）在盛辉物流集团调研基层党建工作（黄立新 摄）

2017年1月10日–14日，福州市第十五届人民代表大会第一次会议召开（黄立新 摄）

2017 年 2 月 15 日，市委副书记、市长尤猛军（右三）调研城区进出城通道景观提升改造工作（池远 摄）

2017 年 11 月 28 日，中共福州市委十一届六次全会召开（叶义斌 摄）

2017 年 6 月 10 日 –12 日，金砖国家政党、智库和民间社会组织论坛在福州举行（叶义斌 摄）

2017 年 8 月 9 日 –14 日，第五届海峡青年节在福州举行 （俞松 摄）

2017 年 9 月 10 日 –11 日，第九届

……媒论坛在福州举行（叶义斌 摄）

2017 年 11 月 9 日，世界城市与地方政府联合组织亚太区理事会暨“海洋经济与城市发展”研讨会在福州开幕（池远 摄）

城市建设

2017 年，福州实施第一批缓解城区交通拥堵软硬件项目 252 个，新改扩建市政道路 203 千米，全国主要城市交通拥堵排名从第 19 位下降到第 32 位。地铁建设全面铺开，在 1 号线投入运营、2 号线加快建设的同时，1 号线延展段、4 号线、5 号线、6 号线、滨海快线 5 条线路同步建设。

完成火车南北站、城区 13 个出入口沿线环境整治和"一江一轴一线三中心"城区亮化提升工程。上下杭、烟台山、冶山历史文化街区（风貌区）保护修复进入实质性实施阶段。完成宜居环境建设投资 611 亿元。

1 2017 年 3 月，福州市启动城区亮化提升工程。图为海峡金融街主题灯光秀（黄立新 摄）

2 2017 年 1 月 1 日，于山北麓保护修复工程第一阶段总体完工，新建的主入口登山步道全线贯通（夏跃 摄）

3 2017 年 9 月 23 日，原美国领事馆完成修缮并作为烟台山历史博物馆对外开放，成为烟台山历史风貌区首栋完成修缮并开放的保留建筑（叶义斌 摄）

2017年10月8日，尤溪洲北桥头互通立交改造后通车（俞松 摄）

2017年9月25日，华林高架跨站东路工程主线通车（叶义斌 摄）

2017年，历时8个月的五四路二环路高架桥改造工程全部完工，于10月1日零时通车（俞松 摄）

2017年1月6日，福州地铁1号线（一期）全线通车正式运营。图为市民乘坐地铁1号线（叶义斌 摄）

2017年12月12日，福州市首条“潮汐车道”东浦路（福飞路至北浪路）启用（陈暖 摄）

1
2 3

1 2017 年 5 月底，福州南站绿化提升改造完工（叶义斌 摄）

2 2017 年 4 月，福州推行“公厕革命”，实行“公厕长”制度。图为经过改造后的湖滨路公厕（俞松 摄）

3 2017 年 11 月，福州软件园立面改造完成（池远 摄）

国家863软件专业孵化器

智慧城市

2017年，福州按照“数字福建”的战略布局，推进“数字福州”和智慧城市建设，荣获中国领军智慧城市称号。大数据产业蓬勃发展，国家健康医疗、国土资源、旅游等行业大数据中心及136家关联企业落户中国东南大数据产业园。物联网产业势头良好，全国首个物联网开放实验室正式揭牌，全球规模最大的窄带物联网智慧水务商用项目进展顺利，中国物联网大会成功举办。

2017年4月28日，由中国科学院上海微系统与信息技术研究所、福州市政府、马尾区政府共同建设的中国·福州物联网开放实验室在马尾区揭牌，为全国首个物联网开放实验室（马尾区委宣传部 供图）

2017年11月9日，主题为“智能物联，共创智慧社会”的2017中国物联网大会在福州开幕（陈暖 摄）

2017 年 2 月 13 日，全国首个无创心电大数据应用中心落户福州滨海新城（俞松 摄）

2017 年 11 月 8 日，福州首个基于窄带物联网技术建设的智慧小区——马尾名城国际智慧小区建设完成。图为工作人员操控智能梯控设备（许琳晶 摄）

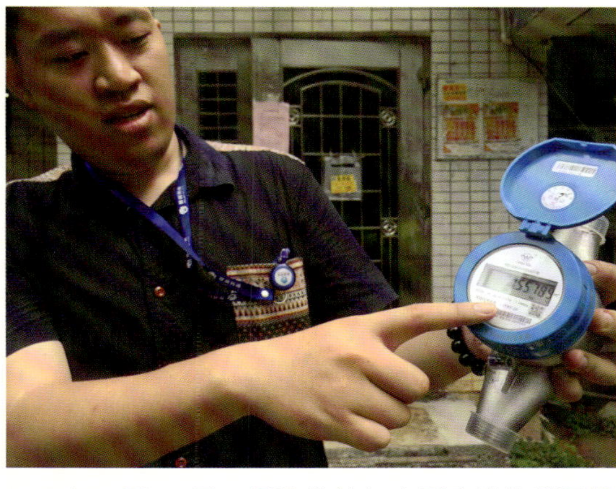

2017 年 5 月 24 日，福建省首台商用窄带物联网智慧水表在仓山区金色家园运转，标志着全球最大规模窄带物联网智慧水务商用项目启动（张旭 摄）

2017 年 10 月 25 日，福州 16 路公交车率先试点开通“电子扫码支付”功能（朱榕 摄）

攻坚 2017

2017 年，福州实施“攻坚 2017”行动，破解阻碍项目落地的各类矛盾和问题 4158 个，交地 9673.33 公顷，拆迁 1341.55 万平方米，动建项目 448 个，竣工项目 238 个。在全年四个季度及元旦前集中开工活动中，福州市开工项目数均位居全省第一。

2017 年 2 月 12 日，福州市攻坚 2017 动员部署暨 2016 年百日攻坚行动总结会召开（池远 摄）

2017 年 5 月 25 日，“华龙一号”全球首堆示范工程——中核集团福清 5 号核电机组穹顶吊装完成（池远 摄）

2017 年 9 月，长平高速松下跨海特大桥桩基施工过半（叶义斌 摄）

2017 年 9 月 23 日，福飞北路（新园路—森林公园东门段）建成通车（叶义斌 摄）

2017 年 11 月 25 日，福州地铁 2 号线金福区间（金屿站—福州大学站）右线洞通，2 号线实现首个双区间双向洞通（叶义斌 摄）

1
2 3 4

1 2017 年 3 月 31 日，位于琅岐的海峡青年交流营地（一期）工程提前百日全面完工，成为福州市推进两岸青年交流交往、创新创业的重要平台（俞松 摄）

2 2017 年春节，福州市各县（市）区共建成 12 条休闲步道，总长上百千米。图为台江光明港南岸休闲步道（林聪生 摄）

3 2017 年 5 月，福州市首个海绵公园——牛岗山公园开园迎客（俞松 摄）

4 2017 年 2 月，马尾西亭康城安置房完成主体施工（林洛羽 摄）

水系治理

2017年，福州市城区水系综合治理全面展开，43条内河基本消除黑臭；城区内河两侧各拆出6米空间，为全线截污创造条件，新建滨河绿道20千米、串珠公园70个，水系周边环境得到改善；完成晋安河扩河、清障、清淤以及生态驳岸改造，整治城区易涝点45个，在全省率先成立城区水系联排联调中心，城市防涝能力大幅提升；西湖整治各项落实到位，水质和周边环境明显改善；全市实现“河长制”全覆盖。

2017年9月30日，鼓楼区五四河——温泉公园如意湖完成扩湖（福州日报社 供图）

2017 年 3 月，福州市城区水系联排联调中心成立，对城区 160 多个湖、库、闸、站、河等水系各要素进行统一指挥调度。图为中心办公现场（福州日报社 供图）

2017 年 9 月 30 日，福州市最大的人工湖公园——马尾琅岐红光湖公园正式开园迎客（陈晓静 摄）

2017 年 10 月 1 日，福州市首批 28 个串珠公园全部完工并对外开放，图为台屿河串珠公园（叶义斌 摄）

2017 年 10 月，大型机械在晋安河清淤（叶义斌 摄）

2017 年 7 月 18 日，工作人员用管道内窥检测仪检查管道内情况（叶义斌 摄）

2017 年 12 月 28 日，晋安区东区水系的 11 条黑臭水体实现基本消除黑臭。图为工作人员抽样检测水质净化站过滤后排出的水体水质（福州日报社供图）

活力经济

2017 年，福州市把握“五区叠加”重大战略机遇，推进全市经济社会平稳健康发展。全年实现地区生产总值 7104.02 亿元，比上年增长 8.7%，出台推动新一轮经济创新发展十项政策 49 条措施，扶持实体经济发展壮大。

“招商 2017”行动期间，落地招商项目 2647 项、总投资 6212 亿元；“海上福州”落实 172 个支撑项目，完成投资 406 亿元；服务业产值 3621.60 亿元，占 GDP 比重达 51.0%，并入选国家供应链体系建设首批重点城市，成为全国第三个设立无现金联盟的城市。

2017 年，福州新区地区生产总值 1648.17 亿元，比上年增长 10.1%，固定资产投资 1359.69 亿元，增长 18.4%，规模以上工业增加值 819.55 亿元，增长 10.3%。图为马尾新城（俞松 摄）

2017 年，福建自贸区福州片区新增企业 8113 家，推出 3 批 44 项创新举措，其中全国首创 12 项。图为中国（福建）自由贸易试验区福州片区（林铭 摄）

2017 年 2 月 6 日，福州市创新发展大会在福州海峡国际会展中心举行，大会发布推动新一轮经济创新发展的十项政策 49 条措施（黄立新 摄）

2017 年 5 月 18 日，"海上福州"招商推介暨重点项目签约仪式在福州举行（黄立新 摄）

2017 年 4 月 18 日，2017 中国饲料工业展览会在福州海峡国际会展中心开幕（福州日报社 供图）

2017 年 5 月 7 日—9 日，第 72 届中国教育装备展在福州海峡国际会展中心举办（欧阳进权 摄）

2017 年 11 月 27 日，"榕博汇——北大、清华、人大博士对接会"在福州举行（叶义斌 摄）

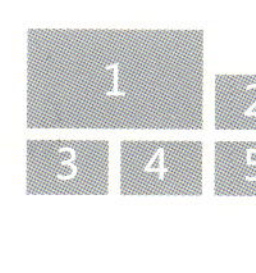

1 2017 年，由海峡金融商务区和闽江北岸中央商务区组成的福州海西现代金融中心区台江片区，总投资超 600 亿元，招商入驻企业近 2000 家。图为闽江北岸中央商务区（陈奇 摄）

2 2017 年 9 月 20 日，腾讯文创基地在福州挂牌（郑帅 摄）

3 2017 年，福州 · 马尾基金小镇引进 141 家基金、股权投资、资产管理类投资机构，注册总资本 573 亿元，基金管理规模 1086 亿元（杨勇 摄）

4 2017 年，福耀玻璃入围第十一届中国品牌价值 500 强榜单。图为福耀集团的镀膜玻璃生产线（梁凯鸿 摄）

5 2017 年 6 月 30 日至 7 月 2 日，2017 海峡（福州）渔业周 · 中国（福州）国际渔业博览会在福州海峡国际会展中心举行（郑帅 摄）

滨海新城

2017年2月13日，福州滨海新城建设正式启动。同年，长乐顺利撤市设区，加快推进新城综合医院、国际双语学校等136个重点项目建设，国际度假酒店、福州数字中国会展中心等配套项目有序推进，基础设施和公共服务配套建设提速，为把滨海新城建设成为未来城市样板奠定基础。为打造创新高地，滨海新城引入国家健康医疗大数据中心、浪潮集团等企业；推动国家级互联网骨干直联点开通，省超级计算中心二期投用运行。

2017年2月13日，福州滨海新城建设启动暨大数据项目签约仪式在福州海峡国际会展中心举行（黄立新 摄）

2017年4月25日，"数字海丝 云出东南"——中国东南大数据产业合作发展大会暨国家健康医疗大数据平台（福州）发布会在福州举行，会上发布国内首部健康医疗大数据资源管理暂行办法（黄立新 摄）

2017 年 2 月 13 日，中国东南大数据产业园 32 家入驻企业集中授牌（俞松 摄）

2017 年，长乐行政服务中心推出多项举措，对所有涉及滨海新城项目建设的审批事项办理时限一律压缩至少 50%。图为行政服务中心办事大厅（石美祥 摄）

2017 年 9 月 18 日，福州市国际投资暨滨海新城招商推介会在厦门举行（邱陵 摄）

2017 年 11 月 6 日，长乐举行撤市设区授牌仪式（福州日报社 供图）

2017年2月15日，福州至美国纽约航线首航，福州成为继北京、上海、广州后中国大陆开通直飞纽约航线的第四个城市。图为执飞福州至纽约首航的“金砖梦想号”（叶义斌 摄）

2017年10月，福建省超级计算中心二期在福州滨海新城数字福建云计算中心投用运行，运算速度可达800万亿次/秒（俞松 摄）

2017 年，福州滨海新城重要路网——沈海复线长乐段施工进程过半。图为琅岐特大桥 2 号桥施工现场（叶义斌 摄）

2017 年 2 月 13 日，中国东南大数据产业园研发楼二期开工动建（叶义斌 摄）

2017 年 12 月 27 日 –29 日，福州滨海新城 17 个重大项目集中开工，涵盖大数据产业、重大基础设施建设、民生工程、轨道交通、公建配套等类型，总投资 542 亿元（郭立锋 摄）

文体活动

2017年，福州市逐步实现公共文化服务设施的城乡全覆盖，70个乡镇（街道）综合文化站和499个村（社区）综合文化服务中心完成达标提升。全年举办公益性文艺演出近400场，举办第六届闽都文化论坛、第四届丝路国际电影节、海峡两岸合唱节等文化交流活动。

群众体育和竞技体育协调发展，参加全民健身运动人数超过100万，举办中华龙舟大赛、中国羽毛球公开赛、环福州·永泰国际公路自行车赛、福州国际马拉松赛等大型体育赛事。

2017年6月21日至8月6日，福州举办首个“宜夏”榕城文化艺术季系列活动。图为2017宜夏艺术季启动仪式（福州日报社 供图）

2017年9月10日，闽剧《兰花赋》在国家大剧院演出（黄立新 摄）

2017 年 11 月 28 日至 12 月 3 日，第四届丝绸之路国际电影节在福州举办。图为闭幕舞蹈表演（陈暖 摄）

2017 年 9 月 29 日，第十届海峡两岸合唱节决赛在台湾新竹举行，来自海峡两岸的 16 支合唱团参加决赛。图为福州市教师合唱团演唱《斗牛士进行曲》（柯竞 摄）

2017 年 6 月 25 日至 7 月 14 日，两岸摄影家聚焦“福州蓝”摄影采风活动在福州举行（张人峰 摄）

2017 年，文化惠民“六进”活动成为福州市惠民利民的文化服务品牌。图为 9 月 10 日“师夷长技保家园”文艺演出（黄立新 摄）

2017 年 5 月 29 日 –30 日，中华龙舟大赛（福州站）在仓山区浦下河举行（叶义斌 摄）

2017 年 11 月 8 日，环福州 · 永泰国际公路自行车赛开赛（福州日报社 供图）

2017 年 11 月 14 日 –19 日，泰禾 · 2017 中国羽毛球公开赛在福州海峡奥体中心综合体育馆举行。图为选手陈清晨（左）和贾一凡（叶义斌 摄）

2017 年 12 月 24 日，福建农信福州国际马拉松暨全国马拉松锦标赛（福州站）在福州海峡奥体中心鸣枪开赛（叶义斌 摄）

共享福祉

2017年，福州市完成20项75件为民办实事项目，实现全国文明城市“三连冠”。出台关于加快社会事业发展补齐民生短板的意见，着力补齐城乡基础设施、教育、卫生与健康、养老等社会事业短板。

11月1日，全面打响城区三年旧改攻坚战，计划全面改造中心城区106片、约2300万平方米旧房。其中，2017年完成连片旧屋区改造42个、566万平方米。此外，全市832户2613人建档立卡扶贫对象实现脱贫，建成福州市惠民资金网，闽清、永泰灾后重建任务全面完成。

2017年1月25日，通往福州机场的迎宾路上的“气质屏”，往来旅客能实时看见福州空气质量指数（李拯 摄）

2017年1月12日—14日，闽清县坂东镇完成六角和坂东两个统规统建点共362户交房工作（叶义斌 摄）

2017 年 12 月 5 日，福州市图书馆新馆（德旺图书馆）对外开放（叶诚 摄）

2017 年 9 月，福湾保障房小学建成投入使用（福州日报社 供图）

2017 年 9 月 30 日，福州市惠民资金网启动。图为福州市行政服务中心工作人员向市民介绍惠民资金查询方式（张人峰 摄）

2017 年，福州市 124 家乡镇卫生院、49 家社区卫生服务中心全部纳入省、市三级医院医联体建设。图为 4 月 11 日，福州市第二医院与马尾区罗星街道社区卫生服务中心签约（叶诚 摄）

2017年，福州市推进“多规合一”，提高项目审批速度。图为办事群众向福州市行政服务中心工作人员咨询项目审批流程（叶义斌 摄）

2017年，福州市加快构建多层次多样化养老服务体系。图为老人住进鼓东街道社区养老服务照料中心（黄立新 摄）

2017年底，“鸟巢书屋”建设及推广活动在福州全市范围内启动。图为福州市图书馆推广“鸟巢书屋”活动（福州市图书馆 供图）

生态榕城

2017年，“全民动员、绿化福州”深入开展，全市造林绿化5933.33公顷，种植大树21万棵，建成12条生态休闲步道、12个生态主题公园。左海公园—金牛山城市森林步道荣获年度国内唯一的“国际建筑大奖”。森林覆盖率达56%，位居全国省会城市第2位，获评“国家森林城市”。

国家生态文明试验区建设完成17项改革任务，闽江、敖江、龙江干流水质达标率100%，城市环境空气质量综合指数3.42，居全国74个重点城市第5位。

闽江两岸（俞松 摄）

2017 年，“福道”（左海公园——金牛山城市森林步道）获评“国际建筑大奖”，为该批国内唯一入选的建筑（陈成才 摄）

飞凤山奥体公园花红柳绿，吸引游客拍照留念（叶义斌 摄）

福州国家森林公园榕荫观鱼（陈奇 摄）

2017年11月23日，福清市入选2017年全国休闲农业和乡村旅游示范县（市、区）。图为福清市东壁岛（王文同 摄）

2017年10月10日，国家林业局授予福州市“国家森林城市”称号。图为福州鼓岭骑行道（林学辉 摄）

数字福州
2017

年末常住总人口

766 万人

地区生产总值

7104.02 亿元

规模以上工业总产值

8591.99 亿元

农林牧渔业总产值

818.79 亿元

固定资产投资

5823.39 亿元

社会消费品零售总额

4193.87 亿元

进出口总额

2336.03 亿元

一般公共预算总收入

1005.73 亿元

年末户籍总人口：693.35 万人
人均地区生产总值：93290 元
城镇居民人均可支配收入：40973 元
城镇居民人均消费支出：27427 元
农村居民人均可支配收入：17865 元
农村居民人均消费支出：15283 元

出口总额：1482.37 亿元
进口总额：853.66 亿元
合同外资金额：58.63 亿美元
实际利用外资（验资口径）：19.85 亿美元
金融机构年末存款余额（本外币）：13597.68 亿元
金融机构年末贷款余额（本外币）：13746.34 亿元

城市道路长度：1983 千米
城市道路面积：3375 万平方米
年末公交营运线路：394 条
施工房屋建筑面积：7947.59 万平方米
竣工房屋建筑面积：1155.74 万平方米
商品房销售额：1863.55 亿元

建成区绿化覆盖面积：11858 公顷
建成区绿地面积：10992 公顷
供水总量：62822.69 万吨
全社会用电量：416.1 亿千瓦时
液化气供气总量：63237.17 吨
天然气供气总量：58815.24 万立方米

公路旅客发送量：8632 万人次
水路旅客发送量：118.77 万人次
旅客出港量（航空）：635.5 万人
公路货物发送量：17496 万吨
水路货物发送量：8938.7 万吨
沿海港口货物吞吐量：11984.39 万吨

普通高校在校学生数：31.39 万人
文化馆：12 个
博物馆、纪念馆：37 个
公共图书馆：13 个
卫生机构数：1839 个
卫生床位数：34878 张

• 数据来自《福州统计年鉴 -2018》

总目

特 载

大事记

市情概貌

中共福州市委

福州市人民代表大会

福州市人民政府

中国人民政治协商会议福州市委员会

民主党派与工商联

群众与社会团体

外事　侨务　港澳台事务

法　治

军　事

综合经济管理

财政　税务

农业　农村工作

工　业

建筑业　房地产业

商贸流通与服务业

金融业

旅游业

信息业

对外及港澳台经济贸易

经济协作　扶贫开发

新区　自贸区

园区建设

城市建设与管理

交通运输与邮政

口　岸

环境保护

科学技术

社会科学

教　育

文 化

历史文化街区

体　育

卫生　人口与计划生育

社会生活

县(市)区

人 物

文献 法规

统计资料

索 引

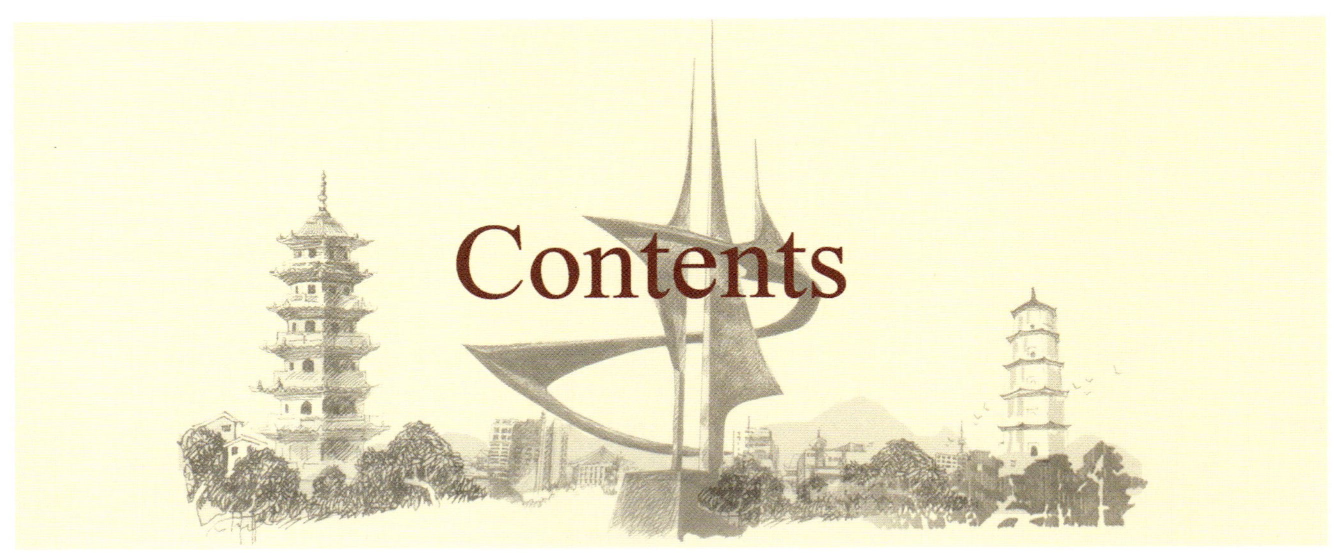

Special Issue

Memorabilia

City Profile

Fuzhou Municipal Committee of the Communist Party of China

Fuzhou Municipal People ' s Congress

Fuzhou Municipal People ' s Government

Fuzhou Municipal Committee of the Chinese People's Political Consultative Conference

The Democratic Parties and The Association of Industry and Commerce

Social Organizations

Foreign Affairs, Hong Kong, Macao and Taiwan Affairs

Rule of Law

Military

Comprehensive Economic Management

Finance and Tax

Agriculture and Rural Affairs

Industry

Construction and Real Estate

Commodity Circulation and Services Industry

Financial Industry

Tourism

Information

Foreign, Hong Kong, Macao and Taiwan Economic Trade

Economic Cooperation and Poverty Alleviation

New District and Pilot Free Trade Zone

Park Construction

City Construction and Management

Transportation and Postal Services

Port

Environmental Protection

Science and Technology

Social Science

Education

Culture

Historical and Cultural Blocks

Sports

Health, Population and Family Planning

Social Life

County (City) and District

Person

Literature and Legislation

Statistical Data

Index

金砖国家政党、智库和民间社会组织论坛

金砖国家政党、智库和民间社会组织论坛在福州开幕

刘云山出席并发表主旨讲话

金砖国家政党、智库和民间社会组织论坛11日在福州开幕，中共中央政治局常委、中央书记处书记刘云山出席开幕式，发表题为《共谋合作发展，共创美好未来》的主旨讲话。

刘云山说，今年9月金砖国家领导人第九次会晤将在福建省厦门市举行，这是继今年5月中国成功举办“一带一路”国际合作高峰论坛之后的又一次重要的国际性会议。习近平主席就中国接任金砖国家轮值主席国致信金砖国家领导人时指出，中国将秉持开放包容、合作共赢的金砖精神，同各成员国携手并肩，推动厦门会晤取得成功，推动金砖国家合作迈上新的台阶。希望这次论坛聚焦“共谋合作发展，共创美好未来”主题，为厦门会晤和金砖国家合作贡献更多智慧、凝聚更多力量。

刘云山指出，10年来，金砖国家相互包容、携手同行，合作发展取得丰硕成果，已成为新兴市场国家和发展中国家合作的重要平台，成为促进世界经济增长、完善全球治理、推动国际关系民主化的重要力量。政党、智库和民间社会组织在深化国家间合作方面发挥着独特作用，应当引领合作方向，围绕打造开放型合作平台，积极建言献策，共同推动建设开放、包容、普惠、平衡、共赢的经济全球化；创新合作思路，以新理念、新思路、新举措拓展合作空间、筑牢联结纽带；厚植合作根基，了解民生需求，传递民众诉求，推动更多具有经济和社会效益的合作项目顺利落地，夯实合作的民意和社会基础。

刘云山说，行动才能致远，金砖国家政党、智库和民间社会组织应当发挥自身优势，积极主动作为，为推动金砖国家合作作出更大贡献。积极倡导人类命运共同体意识，自觉从整体上思考和谋划金砖国家合作，共商合作大计、共建合作平台、共享合作成果。发扬开放包容、合作共赢的金砖精神，尊重各国自主选择发展道路的权利，尊重彼此利益关切，推动开创合作共赢的新模式、建设和谐共存的大家庭。深化人文交流和文明互鉴，丰富文明对话的途径和载体，打造人文交流新亮点，促进民心相通。不断推进务实合作机制建设，提升合作的层次和水平，推动金砖国家务实合作取得更大成效。

中联部部长宋涛主持开幕式。福建省委书记尤权和来自金砖国家及其他发展中国家的政党、智库和民间社会组织代表分别致辞。中外嘉宾400余人与会。

开幕式前，刘云山集体会见了出席论坛的外方代表。

（引自《人民日报》2017年06月12日第1版，记者暨佩娟、李宁）

【延伸阅读】

金砖国家政党、智库和民间社会组织论坛发布《福州倡议》助力金砖合作

金砖国家政党、智库和民间社会组织论坛于12日在福州落下帷幕，会议通过了《福州倡议》，并就《金砖国家第九次学术论坛对金砖国家领导人厦门会晤的建议》达成一致。

中联部部长宋涛在闭幕式上致辞，他表示，此次论坛实现了政党、智库和民间社会组织之间，以及金砖国家和其他发展中国家之间的对话和沟通，达到了交流思想、分享经验、启迪智慧、凝聚共识的目的。

宋涛指出，当前，推动金砖合作必须坚定信心、集思广益、坚持问题导向、胸怀全球，在改革发展、凝聚共识、开拓创新、深化伙伴关系上下功夫。金砖国家政党、智库和民间社会组织应立足当前、着眼长远，加强沟通与合作，共同推动金砖合作朝着更加符合人类社会发展方向的目标前进，成为新型全球化的实践者、新型全球治理的推动者和新型南南合作的先行者。

他强调说，金砖合作要承担起“一带一路”建设的重大使命，积极参与、携手合作，不断为金砖合作注入新的动力和活

力。中方愿同金砖国家以及广大发展中国家携手努力,在本次论坛形成的共识基础上,不断开拓创新,推动各国政党、智库和民间社会组织合作不断迈上新台阶。本次论坛为期三天,来自26个国家的400余名代表,秉持开放包容、合作共赢的精神,围绕“共谋合作发展,共创美好未来”的主题展开热烈讨论,达成广泛共识。

《福州倡议》是论坛的一项重要成果,既总结了金砖国家精耕细作、硕果累累的十年历程,也在全球经济治理、政治和安全合作、人文交流等多个领域提出了务实为先、创新为上的宝贵意见。

(新华网福州6月12日电,记者董小娇)

《福州倡议》全文

1. 我们,来自金砖国家和部分发展中国家的政党、智库和民间社会组织人士400余人于2017年6月10日至12日在中国福州出席由中共中央对外联络部、金砖国家智库合作中方理事会、中国民间组织国际交流促进会共同主办的“金砖国家政党、智库和民间社会组织论坛”。

2. 本次论坛以“共谋合作发展,共创美好未来”为主题,分别举行了以“发挥政党作用,引领合作方向”为议题的金砖国家政党对话,以“凝聚思想智慧,创新合作思路”为议题的金砖国家学术论坛和以“增进民心相通,夯实合作根基”为议题的金砖国家民间社会组织论坛。论坛达成广泛共识,取得圆满成功。

3. 我们认为,过去十年,在各成员国共同努力下,金砖国家合作在政治、经济、人文等诸多领域结出丰富成果,为促进世界经济增长、完善全球经济治理、维护发展中国家整体利益等做出了重要贡献,已经成为新兴市场国家和发展中国家合作的典范。

4. 我们认为,当前,经济全球化进程出现波折,全球性挑战突出;与此同时,全球经济格局面临深刻调整,新一轮世界科技革命和产业变革蓄势待发,包括金砖国家在内的新兴市场国家和发展中国家肩负相似的发展任务,面临着共同发展的新机遇。在这种背景下,金砖五国和部分发展中国家的政党、智库和民间社会组织聚首福州,围绕金砖合作以及金砖国家与新兴市场国家和发展中国家加强合作等共同关心的话题,交流看法、分享经验,为即将举行的金砖国家领导人厦门会晤建言献策,具有十分重要的意义,也有助于成功开启金砖合作的第二个十年。

5. 我们认为,不断改革和完善全球经济治理是实现世界和平稳定与各国共同发展的必要条件。包括金砖国家在内的新兴市场国家和广大发展中国家要继续参与、倡导并引领以尊重国际法、协商解决冲突及致力解决贫困和不平等为基础的全球经济治理改革;坚定维护和构建开放型世界经济,支持多边贸易体制,推动经济全球化健康发展;加快实施包括应对气候变化在内的2030年可持续发展议程重点目标,推动国际秩序朝着更加公正合理的方向发展,不断提升在全球经济治理体系中的代表性和话语权。

6. 我们认为,深化各领域务实合作,实现互利共赢是深化金砖伙伴关系的重要基础,也是新兴市场国家和发展中国家合作的重要基础。金砖各国应坚持务实为先、创新为上的合作思路,着力应对各自经济社会挑战,并加强彼此政策沟通,拓展合作领域,挖掘合作潜力,扩大和深化同其他新兴市场国家和发展中国家的合作关系。反腐倡廉是发展中国家国内治理的重要方面,金砖和其他发展中国家应加强反腐倡廉领域的交流,深入开展国际反腐败合作。

7. 我们认为,人文交流对巩固金砖国家战略伙伴关系、夯实合作的民意基础具有重要作用。金砖各国都是人文资源大国,要继续发挥各自优势,积极参与并合力推动金砖国家人文交流合作走深走实,切实增强人民对金砖国家合作的参与度和认同感。作为人文交流的重要形式和创新举措,本次论坛促进了金砖国家与其他新兴市场国家和发展中国家分享人文资源,加强文明互鉴。

8. 我们认为,金砖国家应加强政治和安全合作,在重大国际和地区问题上加强协调,共同发声。加强反恐情报信息交流、经验分享及能力建设。加强金砖国家在网络安全领域合作,推动全球互联网技术发展和网络空间治理。进一步重视非传统安全问题,加强反恐合作,对恐怖主义、极端主义、分裂主义、毒品、海盗、有组织犯罪等进行有效打击和管控。

9. 我们认为,不断完善的合作机制是推动金砖国家合作深入发展的重要保障。金砖国家要进一步完善和理顺各项合作机制,构建更广泛的伙伴关系。政党、智库和民间社会组织要为此积极贡献智慧和力量,在完善金砖国家智库理事会现有机制的同时,积极探讨在政党、民间社会组织等领域搭建新的对话合作平台。同时,金砖国家要致力于与其他新兴市场国家和广大发展中国家共商发展大计,携手建设更加广泛的发展合作平台。

10. 我们认为,推动金砖合作要发挥各方积极性和创造性,既要深化金砖国家内部合作,也要加强金砖国家同其他发展中国家的合作。特别是通过与其他发展中国家加强对话,增强金砖合作的开放性,共享合作发展的成果,促进广大新兴国家和发展中国家共同发展。

11. 我们认为,政党在国家政治生活中发挥着凝聚民意、引领方向的重要作用。金砖各国政党应加强政治担当,秉持开放包容、合作共赢的精神,搭建并不断完善机制化交流合作平台,为金砖合作提供坚强的政治保障。金砖国家政党要加强同其他新兴市场国家和发展中国家政党的交流对话,分享治国理政经验,凝聚合作发展共识,不断夯实和扩大合作基础。我们认为,中方倡议召开的金砖国家政党对话会是重要的机制创新之举,对于推动金砖国家深层合作具有重要意义,同意今后继续召开金砖国家政党对话会。

12. 我们认为,智库具有强大的思想力优势,是各国政策的建言者、实践者和宣传者。金砖国家智库应在过去十年巨大合作成就基础上,继续创新合作方式,丰富合作内容,提升合作质量,努力打造高质量的联合研究报告并朝机制化方向推进,不断增强为合作探索方向、指明路径、扩大基础的能力。同时,金砖国家智库要积极同其他新兴市场国家和发展中国家分享研究成果，为各国破解发展难题建言献策，为新兴市场国家和广大发展中国家实现共同发展贡献自身力量，向外界讲明金砖国家合作对全球和平与发展事业的积极意义。

13. 我们认为，民间社会组织在了解民生需求，传递民众诉求方面拥有重要作用，是推动民心相通的重要载体。金砖国家民间社会组织应投身到金砖国家合作之中，积极反映人民心声，重点加强扶贫、卫生和环保合作，促进性别平等，推动更多具有社会经济效益的合作项目顺利落地，使合作成果的分配更加公平均衡，让合作更好地惠及人民，使人民更多地支持合作，补充和加强政府合作成果。我们建议金砖国家和发展中国家的民间社会组织应在不断加强联系和沟通的基础上，充分利用新技术手段建立起一个互动交流与对话合作的网络。

14. 我们期待，金砖国家领导人厦门会晤将继续弘扬开放包容、合作共赢的金砖精神，在“深化金砖伙伴关系，开辟更加光明未来”的主题引领下，在深化务实合作、加强全球经济治理、开展人文交流、推进机制建设等方面取得进展，在推动金砖国家合作迈上新台阶的同时，也为新兴市场国家和广大发展中国家实现共同发展创造更多机遇。

15. 我们向会议主办方为此次论坛成功举办所作的努力表示诚挚谢意，向会议组织者福建省委、省政府，福州市委、市政府的热情接待和周到安排表示衷心感谢。

（引自《人民日报》2017年6月13日第16版）

“攻坚2017”行动

实干促发展　奋斗谋幸福
——福州市“攻坚2017”行动回眸

建设项目完成投资3223.12亿元，带动全市固投增速从2016年的6.8%提升到2017年的12%；集中力量“炸碉堡、拔钉子、割尾巴、扫障碍”，破解难题4158个；在全省组织的全年四个季度及元旦前集中开工活动中，我市分别开工项目163项、261项、289项、297项、76项，项目数均位列全省第一……

去年，我市实施“攻坚2017”行动，全市广大干部进一步提振精神，鼓足干劲，加压奋进，攻坚克难，破解征迁交地难题，加快项目前期工作，提速项目建设，取得显著成效。

提速项目建设　积蓄高质量发展动能

去年，传统产业积极升级，寻求突围。

纺织“龙头”恒申集团主动向上游产业链延伸拓展，迎来申远一期年产40万吨聚酰胺一体化项目的点火试投产。这一把火，让福州一跃成为全球最大的己内酰胺、锦纶聚合和锦纶纺丝生产基地，使福州乃至全国纺织行业上游原料环节有望摆脱进口依赖。

去年，新兴产业主动发力，强势崛起。

落实“东进南下”战略构想，福州拉开滨海新城建设大幕，围绕“大数据”这一主题策划生成百余个重点项目。VR大厦、双创中心、研发楼二期、空港医院等23个项目相继动工，数字福建云计算中心（商务云）、两港线拓改等7个项目陆续建成。12月，省超算中心（二期）正式投用，这台“超强大脑”可满足入驻滨海新城的健康医疗、大数据企业的超算需求，滨海新城再添招商利器。

引导城市发展“沿江向海”，海上福州建设重构产业格局。2017年最后一天，福建三峡海上风电产业园内机器轰鸣，金风科技福清制造基地、中车株洲电机福清制造基地正式动工。

去年，新城老城互动，城市距离更近了。

地铁6号线长乐段11个站点全部进入主体建设阶段。未来线路建成后，市民只需迈上地铁，即可在福州老城区和滨海新城之间顺畅往来。与6号线共轨的道庆洲大桥已完成主栈桥施工，建成后将为东南大数据产业园提供强有力的交通支撑。

在榕城大地，“新”与“旧”的融合催化出奇妙的化学反应，激发内生活力，汇聚强大力量。

补齐民生短板　百姓幸福感不断提升

去年，攻坚行动更深层次地在民生领域发力，水系治理、绿化福州、城区治堵、旧屋改造……随着各个项目加速推进，百姓的幸福感不断提升。

阳岐河摘掉了“黑臭帽”；屏东河部分河段底部铺设了青石板；逐渐清澈的竹屿河正一步步重现旧时“竹韵”景观……“攻坚2017”，水系治理铁腕推进。3个月内拆除沿河房屋建筑面积约183万平方米，7个水系治理工程包涉及的90条内河全面动工，鼓楼区梅峰河、晋安区东郊河、仓山区吴山河及洪阵河等8条黑臭水体整治已见成效。

推窗见绿、出门见园、行路见荫。在大腹山、飞凤山等地陆续建成30公里休闲步道；“两湖一园”（井店湖、涧田湖及洋下海绵公园）相继开放；浦上大道、福飞路等72条林荫道完成提升……“攻坚2017”，绿化福州成果丰硕。建成榕树公园及主题绿地4个，茉莉花主题园12个，新建改造城市公园25处，福州绿意更浓。

7月，浦上大道（闽江大道至金洲南路段）实现主线通车；9月，华林高架跨站东路工程提前两个多月完成；10月，二环五四路口和尤溪洲北桥头互通立交顺利通车……“攻坚2017”，城区治堵快马加鞭。去年，在缓堵硬件建设任务中，已有二环五四路口改造工程、华林高架桥跨站东路工程、尤溪洲北桥头互通立交改造工程等33个项目完成实施。

红星及周边地块旧改项目启动不到20天签约率过半；福马路（马尾段）提升改造项目房屋征收工作45天完成99%……征收速度不断刷新纪录，百姓住进新房的时间也在逐步压缩。“攻坚2017”，连片旧屋区改造快速推进。旧改攻坚项目完成投资297.79亿元，占年计划的141.4%。

提振干部精神　干事创业劲头更足

攻坚的战场就是各区县、市直部门的“练武场”。

为进一步提振干部精气神，全市出动204支一线考察组，对全部2300余个项目一线考察全覆盖。一线考察坚持正向激励与反向问责双管齐下。在这支“指挥棒”的指引下，干部们“啃硬骨头”的劲头更足了。

仓山区首创征迁“抽二选一”新机制,2个月完成三叉街旧改一期项目征迁。组织开展“水系攻坚月”“水系综合治理百日冲刺”等专项行动,3个月内完成38条内河拆迁近100万平方米、交地3296亩,创造了征迁交地新速度。

晋安区打破辖区限制,统筹全区干部力量,实行“异地作战”等模式,集中力量啃下“硬骨头”,梗阻多年的横屿组团鼓山片涉及省儿童医院及东南区水厂原水管项目征收交地工作顺利完成;计划工期180天的火车站周边外立面整治任务60天内全面完成。

福清市实行“大兵团”作战,抽调1064名干部到一线抓征迁、促工作,推出了“一个暖心包、一个标准、一本随访笔记、一把手电筒、一把雨伞”的“五个一”工作法,累计解决了156个拖延2年以上的历史遗留项目。15条“断头路”均提前完成了征迁攻坚任务。

闽侯县开展“双百”征迁行动和“双比双促,争当排头兵”行动,制定了《闽侯县攻坚2017行动督查方案》,拖延了6年的福建医科大学附属第三医院一期15亩应急地4天交付,停工近半年的福州英华职业技术学院闽侯荆溪新校区于7月11日复工,耗时4年的闽越水镇项目征迁坚冰得以破解,壶山安置房回迁工作提前近5个月完成。

当时间的晷影指向2018,福州以崭新之姿酝酿“抓项目、促发展”行动。新的一年,全市上下将进一步提振精气神,继续为了幸福而奋斗,加快建设新时代有福之州。

(引自《福州日报》2018年1月18日第1、2版,记者蒋雅琛、林洛羽,实习生林瑞琪)

滨海新城建设

福州滨海新城:平地起新城　向海兴未来

碧海涛声起,逐浪立潮头。今天,滨海新城启动建设满一周年了。

福州市委、市政府将滨海新城作为贯彻落实“东进南下”战略、拓展城市发展的主攻方向,全力推动滨海新城建设。

江海兴则福州兴。一年来,福州拉开城市框架,大踏步将城市向海推进;一年来,榕城儿女以强烈的历史使命感和责任感奋力攻坚,迎难而上。滨海新城建设处处生机勃发、人人奋勇争先。

360、浪潮、神州优车等知名企业纷至沓来;大数据、物联网等一批战略性新兴产业向海边集聚;轨道交通、医院、学校、安置房等基础设施建设全面铺开……截至目前,滨海新城已开竣工项目总投资逾1260亿元,对接招商项目219项。

向海而兴、拓海而荣,福州有更广阔的发展空间,滨海新城有一流的建设品质:

在这里,11个国内外一流规划设计团队指导编制新城各项规划,以国际标准、滨海特色、高点定位谋划顶层设计;

在这里,国家东南大数据中心、福州国家级互联网骨干直联点、国家健康医疗大数据中心等“国字号”项目进驻,助力打造全国重要的区域大数据中心;

在这里,一流的生态环境,好山、好水、好风光皆有,你可以在大海边呼吸、东湖边戏水、公园内漫步,看得见山、望得见水、记得住乡愁。

站在新时代的新起点,滨海新城,向着未来再出发!

高水平顶层设计　30余项规划编制完成

北有空港城,南有海港城,中部包括CBD及旅游度假功能区、大数据产业园创新功能区、火车站及先进制造业功能区……滨海新城规划馆内,沙盘模型上,滨海新城的产业功能分区清晰可见,让人对未来充满了期待。

新城建设,规划先行。按照高起点、高水平、高标准的规划要求,福州市邀请了新加坡刘太格博士团队、美国SOM设计团队、中国城市规划设计院等11个国内外一流规划设计团队以及规划、建筑、园林等方面专家来指导编制新城各项规划,确保以国际标准、滨海特色、高点定位来谋划滨海新城顶层设计。

“为实现多规融合,绘制一张蓝图,我们同步开展了多个专项规划的编制工作。”滨海新城建设总指挥部相关负责人介绍说,目前,滨海新城核心区概念性总体规划和重点区域城市设计、森林城市建设总体规划、防潮防洪排涝规划等第一批30余项规划已编制完成,预计今年上半年完成法定评审;同时生成了第二批17项规划编制项目。

高端产业集群集聚发展　产业体系加快构建

中国东南大数据产业园里,这一年落户企业不乏三大电信运营商、奇虎360、浪潮、神州优车、贝瑞和康等行业龙头。“健康医疗、大数据等高端产业要素正加速向园区汇聚,呈现集群集聚发展态势。”据相关招商工作人员介绍。

为什么这里往来商客不断,入驻企业和工作人员越来越多?

“园区优越的产业扶持政策,完善的软硬件支持,都给了我们做大做强的信心。”福建贝瑞和康基因技术有限公司总经理于晓光介绍说,位于滨海新城的贝瑞和康数字生命产业园项目已经动建,贝瑞和康将在这里进行全产业链布局,打造全球首个精准医疗大数据集群。

产业是城市发展的基石和筋骨。为锻造好产业“筋骨”,围绕滨海新城开发建设,福州致力产城联动,坚持高点起跳,选定引领新一轮科技革命的大数据产业,作为滨海新城产业建设的突破口,让滨海新城成为全国重要的区域大数据中心。

作为滨海新城产城融合的重要载体,中国东南大数据产业园将打造成为国家大数据产业集聚区、“数字中国”应用示范区、国家东南区域大数据中心、国家大数据应用创新基地。

“建设滨海新城,不是简单地城市扩张、资源聚集、房屋建造,而是以产促城、以城兴产,实现产城融合发展。”滨海新城建设总指挥部综合办公室相关负责人表示,滨海新城将紧抓大数据产业发展机遇,持续引进人工智能、大数据、物联网、健康医疗等行业龙头企业,全力推进国家健康医疗大数据中心、数字福建云计算中心“两朵云”、省超算中心(二期)等项目的建设和产业化应用，不断夯实新城高端产业基础。

年度完成投资 83 亿元　项目建设快马加鞭

长乐东湖之畔，塔吊林立，长臂挥舞，施工人员正加快施工，一片热火朝天的建设场景。目前，中国东南大数据产业园研发楼二期即将封顶，东湖中国 VR 中心大厦已建到 9 层。

加快推动滨海新城建设，项目的支撑作用至关重要。一年来，福州滨海新城建设总指挥部坚持项目支撑和节点意识，策划生成了第一批、第二批 136 个重点项目（总投资约 2300 亿元），涵盖道路交通、港口码头、教育医疗、高新产业等方面，2017 年完成年度投资约 83 亿元，并初步策划第三批 26 个重点项目。“我们坚持项目‘成熟一批、开工一批’，以集中开工推动项目建设，不断掀起建设热潮。”滨海新城建设总指挥部综合办公室综合处相关负责人告诉记者，目前滨海新城已开工项目 53 项，2017 年完工 8 项，目前在建项目 45 项。

“2018 年，我们将以项目建设年为抓手，全面展开滨海新城启动区建设，持续推进一批高品质的市政设施、民生设施建设，加快启动临空经济区建设，加速集聚大数据、临空经济等主导产业，探索实施 CBD 商务区综合开发，加快打造创新、协调、绿色、开放、共享的现代化国际滨海新城。”滨海新城建设总指挥部负责人表示。

（引自《福建日报》2018 年 2 月 13 日第 3 版）

【延伸阅读】

福州滨海新城建设大事记

2017 年 2 月 13 日，福州滨海新城建设正式启动。

2017 年 2 月 15 日，满载 287 名旅客的 MF849 航班从福州飞往纽约，福州成为继北京、上海、广州之后，第 4 个开通直飞纽约航线的中国内地城市。

2017 年 3 月 3 日，福州滨海新城建设总指挥部揭牌，标志着滨海新城建设正式进入具体实施阶段。为加快推进滨海新城建设，市委、市政府决定成立福州滨海新城建设领导小组及总指挥部，举全市之力推进滨海新城建设。

2017 年 4 月 25 日，中国东南大数据产业园的核心基础设施——数字福建云计算中心正式启动运营。

2017 年 4 月 25 日，“数字海丝　云出东南”——中国东南大数据产业合作发展大会暨国家健康医疗大数据平台（福州）发布会在榕举行。市政府在会上发布了国内首部健康医疗大数据资源管理暂行办法，着力规范健康医疗大数据信息采集，加强数据管理，优化共享开放，提升开发应用价值，保障数据安全。

2017 年 6 月 16 日，以“大数据视野下的数字丝绸之路”为主题的中国东南大数据智能应用峰会暨数据中国城市行活动在福州举办。

2017 年 6 月 19 日，《福州新区总体规划（2015—2030 年）》（草案）正式出炉。

2017 年 6 月 27 日，国家旅游局发文同意在福州设立“中国邮轮旅游发展实验区”。福州由此成为继上海、天津、深圳、青岛之后全国第五个“中国邮轮旅游发展实验区。”

2017 年 7 月 1 日，《福州滨海新城森林城市建设总体规划（2017—2030 年）》通过专家组评审。

2017 年 7 月 11 日，国土资源部正式批复，在中国东南大数据产业园开展国家国土资源大数据应用中心建设试点。

2017 年 8 月 18 日，福州国家级互联网骨干直联点开通。

2017 年 8 月 24 日，福州市召开加快滨海新城建设工作推进会。

2017 年 11 月 3 日，《福州中心城区空间发展规划》获福州市十五届人大常委会第六次会议审议通过。

2017 年 12 月 6 日，福州市人民政府印发《关于加快中国东南大数据产业园区发展的若干政策》以及修订和完善后的《关于加快大数据产业发展三条措施》。

2017 年 12 月 9 日，在中国虚拟现实创新创业大赛福州赛区启动仪式上，福州市 VR 办发布了福州 VR 产业规划。

2017 年 12 月 27—29 日，福州滨海新城 17 个重大项目集中开工，总投资 542 亿元。

2017 年 12 月 29 日，福建省超算中心（二期）正式启动运营。2018 年 2 月 5 日，福州滨海新城 15 个项目集中开工，总投资 51.67 亿元。

2018 年 2 月 11 日，中共福州新区长乐功能区委员会、福州新区长乐功能区管委会以及长乐区城乡规划滨海分局、住房和城乡建设滨海分局、国土资源滨海分局和行政服务中心滨海分中心正式揭牌。

（引自《福建日报》2018 年 2 月 13 日第 3 版）

城区水系综合治理

城区水系实现全域系统治理

2016 年 11 月 21 日，《福州市城区水系综合治理工作方案》正式下发，我市全面开启治水新路。从创新治理模式，将水系打包整合成 PPP 项目包整体治理，到征迁“六个一”工作机制，再到城区管网的系统排查整治、一线考核督查……治水战线上，福州不拘于过去的老做法，创造了不少新经验。

改革出奇兵　顺体制筹资金

以往内河治理，我市采用传统政府投融资模式，存在重投入、轻产出，重建设、轻运营，重准入、轻监管等问题，让部分水系治理效果反复、效率不高。

2016 年 12 月，在梳理出 800 多个内河问题清单的基础上，福州首次采用公开招标方式，引入社会资本共同治理内河，将全市 102 条内河（含 42 条黑臭水体）整合形成 7 个水系治理 PPP 项目包，基本实现治理工作全覆盖。

“传统政府建设、管理模式，存在财政一次性投入大、建设与管理脱节、技术薄弱等问题。”市建委给排水处处长朱宸熠说，政府与社会资本共同参与水系治理，就是让专业的人干专业的事，政府当“裁判员”，评判治理效果，严格按效考核、按效付费。

这些 PPP 项目全生命周期为 15 年（建设期 2—3 年，运营期12—13年),项目投资分15年逐步支付。此次我市7个水系PPP项目包同时推出,规模仅次于北京市(8个),所有项目包从谋划到开工平均只用了4个月,为全国同类招投标中速度最快,且全程零投诉。这种创新模式得到住建部高度肯定,并点名福州市在全国黑臭水体治理杭州会议上作典型发言。

拆迁加速度 “六个一”助攻坚

城区黑臭水体治理,内河两岸退距征迁是“入场券”。为加快推进沿河征迁,自2017年6月起,我市全面推行“六个一”工作机制,即“一天一统计”“一拆一拍照”“一交一办理”“一天一察看”“一河一航拍”“一图一标明”。

“这是‘六个一’工作机制中的‘一拆一拍照’。”朱宸熠介绍,为确保拆迁进度心中有数,由各区政府牵头,业主单位及中标单位会对着责任清单中的具体点位,给每处已拆除的建筑进行“留影”。“拆除前后对比、点位、面积、拆除时间都有具体体现,形成完整的拆迁档案。”

2017年4月,晋安区率先在黑臭水体治理征迁交地中运用航拍技术,实现一河一航拍、一图一标明。该区涉迁的27条内河,每条都有专属“作战图”,倒逼征收加快进度。晋安区建设局副局长林晖榕说,挂图作战让征迁人员心中有数,行动起来更迅速。

去年国庆前,四城区3个月内累计拆除183.28万平方米沿河建筑,平均每天完成2万多平方米,创下了水系征迁的福州速度。

施工有利器 设备新技术高

技术创新是推动福州水系治理的一大“利器”。

“传统做法是开挖埋管,这次采取顶管技术,就像建地铁一样,在地下打洞。”北控水务集团现场工程师罗泽鸿说,随着18个沉井施工完成,瀛洲河已开始污水管道铺设。

台江属老城区,地下有许多管线。传统污水管施工要开挖埋管。首先得找出地下所有管线,要不避开,要不迁改,费时费力。施工时,还需将道路封闭,对六一路交通影响非常大。

“采用顶管工艺,就不要开挖面层,我们只在马路两侧各设置一个沉井,就能在不影响交通的情况下完成六一路污水管道横穿马路的施工,还不影响地下管网。”罗泽鸿说。

修筑施工围堰是水系治理中不可或缺的一步,能确保清淤、开挖基坑等施工顺利开展。在金山片区水系治理中,全部采用吹砂围堰新工艺,即利用高压泵将细砂和水混合物冲压进土工模袋,形成砂枕,在围堰内由下至上分层分段吹砂建成。“相比传统围堰,这种围堰施工简便,修筑和拆除都较容易,即便拆除中遗漏少部分砂,不会造成环境污染。”中国水环境集团投资有限公司福建分公司总经理古松说。

此外,在浦上河、台屿河、梅峰河、晋安河等河道,有的采用生态框缓坡铺设,最大程度恢复河体自净能力;有的在打桩时就通盘考虑,一次拼装成型,把混凝土对河道的污染减到最小;还有的实施扩河快排试验段施工,以积累技术经验并加以推广……

管网全覆盖 建立长效机制

“症状在水中,根源在岸上,核心是管网”是福州在解剖内河污染问题中得出的重要理念。在河道治理同时,沿河截污、污水管网完善也同步推进。通过对全长2050公里的四城区雨污水管网进行清疏、排查、修复,旧屋区改造、现有污水处理厂的扩容提标改造及雨污混接小区的“门口截污”,最终实现城市污水全收集全处理。

为防止污染物入河,福州对城区内河进行沿河截污。在东岭路附近的阳岐河,一根根红色的“大家伙”——球墨铸铁管已被埋入地下。阳岐河治理相关负责人介绍,按市委市政府要求,沿河截污要做成“百年工程”,用球墨铸铁管替代一般截污使用的钢筋混凝土管材,可以最大程度保证截污效果。

地下管道、截污渠的自身病害也给内河水质带来危害。为此,我市打响四城区排水管网全面排查攻坚战,对2050公里排水管网进行“全身体检”,形成“健康档案”,并已逐步开展管网修复提升工作。

对发现的污染源,福州分类限时整治,还建立污染源长效管理机制,涉及餐饮业隔油池长效管理、居民小区化粪池清掏管理及对在内河沿岸污染源名单中已安装流量计、在线监控设备的企事业单位进行在线监管。

监督保实效 一线真督实查

为确保水系综合治理取得实效,福州将水系专项督查与一线考核干部相结合,一体部署、一体推进。市委专门成立水系治理专项督查组,市政府成立城区黑臭水体治理工程建设指挥部,分管副市长任总指挥,每周召开会议协调解决关键环节存在问题。市建委质监站、安全站两站组建质量监督组,扎根一线,并成立6个黑臭水体治理挂点督查小组,处级领导带队,现场督查指导。

台江区水系督查组通过蹲点考核、节点对账、现场调研、明察暗访、个别谈话、列席会议等六种方式,详细了解干部在一线工作中的精气神、执行力等表现情况。在科级干部年度考核时,统筹30%以上的优秀指标,用于水系综合治理等一线工作表现优秀的干部中进行评先评优。

仓山区建立进度“全督察”机制,成立水系征迁专项督查组,区纪委、区委组织部、两办督查室、效能办全程介入,对照时间进度、任务节点“一天一汇总、一督察、一通报、一反馈”,对推进缓慢、进度延后的镇街和责任人亮出黄牌、提前警示,确保各项目严格按照既定节点有序推进。

此外,福州还创新水系巡查模式,组建市城区水系巡查支队,由护河“专员”全天候驻守城区河湖沿线,紧盯偷排、混排、晴天排污等,与相关执法部门密切配合,发现污水第一时间上报处理。目前,15名专业队员已正式到位,本月重点针对鼓台中心区的河道开展巡查建档,计划下月起逐步扩大巡查片区,最终实现城区107条内河全覆盖。

(引自《福州日报》2018年4月19日第2版,记者孙漫、龚莹、王玉萍、莫思予、李白蕾)

(编辑 黄 铭)

1月

1日　中国(福州)物联网产业孵化中心(一期)项目奠基暨入驻企业签约仪式在福州经济开发区快安园区8号地块举行。物联网项目签约仪式同期举行,国脉物联网医院项目、力得自动化智能电网项目等17个项目落地物联网产业基地,物联网产业孵化中心(一期)项目位于快安园区8号地块,规划用地面积7.87万平方米,总建筑面积31.6万平方米。

1日　2016年"百日攻坚"重点项目——于山北麓保护修复工程第一阶段总体完工。新建的于山北麓主入口登山步道全线贯通(于山风景区牌坊—新建登山步道—风雨廊—于山管理处),实现朱紫坊历史文化街区与于山风景区的"无缝对接"。

3日　福州市与澳大利亚塔斯马尼亚州霍巴特市建立友好城市关系。市委副书记、代市长尤猛军,霍巴特市议会议员、副市长罗恩·克里斯蒂分别代表两市签署建立友好城市关系协议书。

6日　福建首条地铁——福州地铁1号线(一期)通车试运营。地铁1号线(一期)为福州轨道交通线网南北向主干线,全长24.89千米,共设21个车站。

9—13日　政协第十三届福州市委员会第一次会议在福州海峡国际会展中心举行。会议选举产生十三届市政协主席、副主席、秘书长、常务委员。

10日　由中央网信办网络新闻信息传播局主办,福建省网信办承办,福州、宁德两市网信办协办的2017"温暖中国"全国网络媒体新春走基层主题采访活动出发仪式在福州市举行。来自人民网、新华网、中国网等14家中央新闻网站,千龙网、南方网、华龙网等12家地方新闻网站及商业网站,新华视点、人民日报客户端、今日头条等8家新媒体,中国军网、中国网信网、中国搜索等5家其他媒体和平台,以及福建省各设区市新闻门户网站和移动新媒体的采编人员参加出发仪式。参加活动的采编人员在福州、宁德两市开展采访活动。

10—14日　福州市十五届人民代表大会第一次会议在福州海峡国际会展中心举行。会议选举产生福州市第十五届人大常委会主任、副主任、秘书长、委员,选举福州市人民政府市长、副市长,选举福州市中级人民法院院长、福州市人民检察院检察长,组织大会选举产生的国家机关工作人员进行宪法宣誓。

11日　福州市与那霸市缔结友好城市关系35周年系列活动举行。活动包括"开放大都市·福州新跨越"主题大型影像图片展、福州非遗传承技艺交流展示、武术交流和两市结好35周年植树纪念等。同日,福州市授予那霸市市长城间干子"福州市荣誉市民"称号。

11日　省政府公布第五批省级非物质文化遗产代表性项目名录,福州儒家拳、福州上乘梅花拳、闽清茶口粉干制作技艺、福清佾舞、罗源绿茶制作技艺(七境茶制作技艺)、福州晋安区王审知信俗(福州、厦门联合申报)、福州张圣君信俗(闽清、永泰、台江区联合申报)入选。

13日　交通运输部、公安部、国家安监总局、中华全国总工会、共青团中央在福州联合举行2017年春运"情满旅途"活动启动仪式。

26日　福建省"旅游+"质量等级评定委员会公布首批15家体育旅游休闲基地示范创建单位,福州海峡奥体中心、永泰大樟溪休闲游乐区、永泰幸福庄园、福清市一都漂流入选。

2月

6日　全市创新发展大会在海峡国际会展中心召开。会上发布推动福州新一轮经济创新发展的10项政策49条措施。

7—11日　第十五届"两马同春闹元宵"活动举行。活动以"同春共庆、同心圆梦"为主题,包括马尾东江滨公园灯展亮灯仪式、赠送马祖花灯、组团赴马祖与马祖乡亲共庆佳节,以及万人游"两马"等活动。

9—10日　2017年海峡两岸民俗文化节在福州花海公园举行。文化节包括"乡愁·记忆"丝路新颜摄影展、创建国家公共文化服务体系示范区宣传展、台湾手工技艺展示、"锦绣中华"民俗展演、猜灯谜送"福"礼、"手艺新生"手工技艺集市及创意、"茉莉芬芳"茉莉花茶文化体验、"家乡年味"福州传统小吃体验等。

12日　福州市“攻坚2017”行动实施方案发布。全年安排重大攻坚项目1755个,重点围绕前期项目、征迁交地项目、建设项目、问题项目四大方面展开攻坚行动。

13日　福州滨海新城建设启动暨大数据项目签约仪式在福州海峡国际会展中心举行。滨海新城规划、滨海新城重大交通体系规划、滨海新城建设项目名单等发布。启动仪式分会场,国家健康医疗大数据中心项目、中国东南大数据产业园研发楼二期项目、国际双语学校项目、新城医院项目、中国VR中心暨技术教育培训中心项目5个项目同时动工。

13日　福建省无创心电大数据中心在中国东南大数据产业园揭牌,为全国首个心电大数据中心。

13日　福州市政府出台关于加强困境儿童保障工作的实施意见,从基本生活保障、基本医疗康复保障、基础教育保障、监护责任保障、关爱和安全保障、成年后持续保障等着手,建立健全与福州市经济社会发展水平相适应的困境儿童分类保障制度。

15日　福州直飞美国纽约航线首航,为福建省首条直飞美国的洲际航线,标志福州成为北京、上海、广州后首个开通直飞纽约航线的中国内地城市。

24日　福州京东方第8.5代新型半导体显示器件生产线产品下线暨客户交付仪式在福清举行。该生产线位于福建省福清市融侨经济技术开发区,总投资300亿元。

27日　国家外国专家局在福州召开外国人来华工作管理服务研讨会,并调研福建农林大学、福州大学引智工作,以及中国福州海西引智试验区等建设。全国32个非试点省市外专局负责人参加会议。

3月

1日　连江可门液化空气煤气化项目第一阶段进入试生产阶段。该项目为2017年省重点项目、市攻坚行动重点项目、市“十三五”规划的制造业重大工程,总投资4.2亿美元,占地面积21.93公顷。

3日　福州滨海新城建设总指挥部揭牌,标志滨海新城建设正式进入具体实施阶段。市委、市政府成立福州滨海新城建设领导小组及总指挥部,省委副书记、市委书记、福州新区党工委书记倪岳峰任领导小组组长,市委副书记、市长、福州新区管委会主任尤猛军任领导小组第一副组长。

14日　市政府对全市社会救助和保障标准与物价上涨挂钩联动机制作调整。即日起,以全市月度居民消费价格指数(CPI)结合食品类消费价格指数和粮食价格指数为衡量标准,福州市将在CPI同比涨幅达到2%,或食品类消费价格同比涨幅达到5%,或CPI中粮食价格指数超过10%时,启动联动机制,给予每人价格补贴50元。

18日　第六届中国旅游投资艾蒂亚奖颁奖典礼在浙江乌镇举行,福州三坊七巷获中国最佳历史文化旅游项目奖。

20日　福州市与省属国企项目签约会在福州举行。福州市与18家省属国有企业对接项目92个,总投资1489.72亿元。

28日　《福州市人民政府办公厅关于进一步加强房地产市场调控的通知》发布,主要从加大公共租赁住房供给,加大住宅用地供应,严格商品房价格备案,完善住宅限购、限贷措施,实施住宅限售政策,加强二手房交易管理,打击市场违法违规行为等方面,提出8条措施,稳定房地产市场。

30日　省发改委公布全省51个乡(镇)入选全省农村产业融合发展试点示范乡(镇)创建名单,福清市高山镇、东张镇,连江县黄岐镇、筱埕镇,永泰县嵩口镇、丹云乡,罗源县中房镇入选。

31日　海峡青年交流营地一期工程全面完工,占地面积13.53公顷,包括海峡青年会展中心、青年公寓、青年旅社、文化商业街四大建筑群。

4月

7日　经海关总署批准,全国首个同业联合担保改革试点项目在福建自贸区福州片区跨境电商行业正式启动。

11日　福州市第二医院与仓山、马尾、福清、长乐、福州高新区的49家基层医疗卫生机构签订医联体协议,福州市中医院与闽清、永泰的31家基层医疗卫生机构签订医联体协议。全市124家乡镇卫生院、49家社区卫生服务中心全部纳入省、市三甲医院医联体建设,实现医联体在乡镇、街道的全覆盖。

12日　由福州市公安局仓山分局上渡派出所和摩拜单车共同建设的全国首个警方推荐共享单车停车点启用。该停车点向所有品牌的共享单车开放,并纳入警方监控范围。

12日　福州市第一批历史建筑名单公布。55处建筑入选,其中鼓楼区7处,台江区9处,晋安区16处,仓山区9处,马尾区14处。

18日　由中国饲料工业协会、全国畜牧总站主办的2017中国饲料工业展览会在福州海峡国际会展中心开幕。展览会为期两天,近20个国家和地区以及国内400多家饲料加工、饲料添加剂、饲料原料、饲料机械、畜禽养殖等企业参展。开幕式进行第五批《饲料质量安全管理规范》部级示范企业授牌仪式,同期举办2017饲料原料暨粮改饲论坛、2017饲料行业技术交流等相关活动同期举办。

19日　福建自贸区建设两周年金融讲坛在福州举行。自2016年挂牌起,福建自贸区福州片区推出2批41项金融创新案例。

20日　腾讯研究院发布《中国“互联网+”数字经济指数(2017)》报告,福州市数字经济指数排名全国第九,比2016年前进一个名次,成为福建省唯一入选全国十强的城市。

20日　全国城市违法建设专项治理5年行动和历史文化街区划定、历史建筑确定工作推进会在福州市召开。会议旨在贯彻落实中央城市工作会议精神,交流各地典型经验,推进违法建设专项治理5年行动和历史文化街区划定、历史建筑确定工作。

21日　由省新闻出版广电局、海峡出版发行集团主办,福建新华发行集团承办的第三届海峡读者节暨全国夏季馆配会在福州海峡国际会展中心开幕。海峡读者节开展全省书店“闽”文化和地方文化专柜活动及“文化惠民、流动书市”活动,弘扬闽南文化、客家文化、妈祖文化、朱子文化、船政文化、红色文化、畲族文化等地方特色文化。馆配会展出新书15万种,设立闽版图书专区、台湾图书专区、少儿图书专区、电子出版物和图书馆设备专区,专门引进来自台湾地区出版的3000多种图书。读者节持续至5月20日。

25日　中国东南大数据产业合作发展大会暨国家健康医疗大数据平台(福州)发布会在福州举行。福州市政府在会上发布国内首部健康医疗大数据资源管理暂行办法。大会启动国家健康医疗大数据平台(福州)、国家健康医疗大数据安全服务平台(福州),公布福建省大数据交易中心等一批拟开放合作的项目,签约组建福州健康医疗大数据建设、运营和开发3家公司。

26日　2017中德自动化技术和智能装备研讨会在福州市召开。福州市投促局、德国工商大会广州代表处及福州市中小企业公共服务平台在会上签署三方合作备忘录。

28日　全国首个物联网开放实验室——中国·福州物联网开放实验室在福州马尾揭牌。实验室由中科院上海微系统与信息技术研究所、福州市政府、马尾区政府共同出资建设。揭牌仪式上,福州市政府、马尾区政府与中科院上海微系统所签署中国·福州物联网开放实验室共建协议,与上海新微科技集团等签署中国·福州物联网开放实验室专项协议。

5月

7—9日　第72届中国教育装备展示会在福州海峡国际会展中心举办。参展单位1200多家,使用标准展位7400多个,其中特装展位6600个。"第三届全国名师名校长峰会暨2017全民阅读与书香校园建设高峰论坛""中国教育装备展示会金奖产品评选活动"等系列活动同期举办。

10日　位于滨海新城中国东南大数据产业园的国家网络安全示范基地建成开放。该基地为360公司建立的全国首个省级"国家网络安全示范基地"。

14日　UCLG(世界城市和地方政府联合组织)亚太区新设的"21世纪海上合作委员会"在北京"一带一路"国际合作高峰论坛上完成揭牌仪式,其会址及秘书处将永久设在福州。

18日　福建三峡海上风电国际产业园举行入园签约仪式,金风科技、GE海上风电、LM风能公司、江苏中车电机、西安风电等企业首批签约入驻。产业园位于福清市江阴工业区,由地面产业园、屋面光伏电站、智能微电网三大体系构成。

18日　第十二届世界低碳城市联盟大会暨低碳城市发展论坛在海南省三亚市举行,福州市被授予"年度可持续发展低碳城市奖"。

18—22日　第十九届海峡两岸经贸交易会在福州海峡国际会展中心举行。其间,举办2017年海上福州重点项目招商推介会暨签约仪式、21世纪海上丝绸之路沿线国家商协会经贸合作签约仪式、印尼馆开馆式等活动。展区规划总面积12万平方米,共10个展厅,展位4630个。在2017年"海上福州"招商推介暨重点项目签约仪式上,145个重点项目签约落户福州,项目总投资2705.29亿元,涉及滨海新城建设、自贸试验区建设、海上丝绸之路建设、生态文明建设等领域。

19日　福建省首个地球空间信息国家专业化众创空间落户福州高新区,"互联网+科技服务公共平台"同步上线。

21日　中国、土耳其经贸交流会暨助力武术入奥走进土耳其交流会在海峡国际会展中心举行。

25日　"华龙一号"全球首堆示范工程——中核集团福清5号核电机组穹顶吊装完成。"华龙一号"为中国自主创新、拥有完整自主知识产权的三代核电技术。2015年5月7日,"华龙一号"全球首堆示范工程于福清市开工建设,标志中国成为继美国、法国、俄罗斯之后又一个具有自主三代核电技术的国家。

25日　"创新升级·香港论坛"在福州举办,逾千家闽企和港企共同探讨"一带一路"倡议及"十三五"规划下闽港两地的机遇和合作空间,为全省举办的首个大型香港服务业推广活动。"闽港合作共创'一带一路'新经济动力"主题开幕论坛同期举行,开展大数据、海外投资、金融科技、跨境电商、企业传承、企业信息化、数码身份认证等主题研讨会,以及业务合作洽谈和商贸配对服务等活动,40余家香港服务供应商进行现场推介。

27日　福州机场第二轮扩能航站楼工程主体结构全面封顶,新增建筑面积7.9万平方米。第二轮扩能工程分为飞行区工程和航站楼工程,总投资19.5亿元。

30日　2017年中华龙舟大赛(福建·福州站)决赛在浦下河举行,54支龙舟队、近2000名选手参加。福州站为2017年大赛的第三站。

6月

10—12日　金砖国家政党、智库和民间社会组织论坛在福州举行,中共中央政治局常委、中央书记处书记刘云山出席开幕式,发表题为《共谋合作发展,共创美好未来》的主旨讲话。来自金砖国家及部分发展中国家的政党领导人、智库学者、民间社会组织负责人等400多人参加相关活动。会议通过《福州倡议》,并就《金砖国家第九次学术论坛对金砖国家领导人厦门会晤的建议》达成一致。

15—20日　第十五届"6·18"海峡两岸人才交流合作大会在福州、漳州、宁德、南平四地举办。台湾155家机构的160名代表参会对接。17日上午,在福州主会场举行大会启动暨签约仪式,600多名省内外代表参加对接洽谈活动。

16日　以"大数据视野下的数字丝绸之路"为主题的中国东南大数据智能应用峰会暨数据中国城市行活动在福州举办,探讨大数据体系的构建和大数据智能决策。

16日　作为第九届海峡论坛活动项目之一的第八届海峡两岸船政文化研讨会在福州举行,研讨会主题为"船政文化与中国近现代科技教育发展",来自海峡两岸23所高校和科研单位的专家学者共同探讨船政文化与中国近现代科技教育发展,以及船政文化在建设"海上福州"中的作用和地位。

18日　由福建省众创空间协会主办,益创客承办的2017海峡两岸创业先锋论坛暨《创客中国(福建)》新书发布会在福州举办。

18—21日　第十五届中国·海峡

项目成果交易会在福州海峡国际会展中心举行。其间,举办56场项目对接、产业论坛活动,2000多家企业参展参会,并首次举办全省综合性工业博览会。展会期间对接合同项目6317个、比上年增长7.9%;总投资1691亿元、增长18%。20日举办福建省招标采购集团有限公司对接项目签约仪式,8个项目现场签约,其中“6·18”产业股权投资基金分别与福建省福信富通网络科技、福建海富特生物科技、福建施可瑞医疗科技、旭成(福建)科技、福建达宇重型数控机床等5家企业签署合作意向协议。

21日 2017“文化福州 艺术闽都”‘宜夏’榕城文化艺术季”正式开幕。8月7日举行闭幕晚会——“海丝星空”电影交响音乐会。其间举办5场大型文化艺术赛事、2场原创文化活动、17场精品文艺演出、2场文创园主题活动、3个系列优秀传统文化主题体验活动、100场公益性文化惠民活动。

30日 2017海峡(福州)渔业周·中国(福州)国际渔业博览会在福州海峡国际会展中心开幕,为全球第三大渔业专业展会。展会设国际、台湾、机械设备、水产加工品、天然海产品、鱼丸、食材、钓具和户外用品、福州金鱼及观赏鱼等九大展区,展览面积5.6万平方米,33个国家和地区的500多家企业参展。展会首次引入亚太水产养殖展,为国内唯一以水产养殖为主题的专业展览会,近200家企业参展。展会期间举行重点项目签约仪式,16个重点项目进行现场签约,签约金额近200亿元。第四届福州·连江鲍鱼节、第二届中国(福州)藻类文化节暨第三届连江海带节、第三届中国(福州)鱼丸节、第四届中国(福州)金鱼文化节等活动同期举办。

7月

1日 以“精准医学产业化——挑战、对策与路径”为主题的“精准医学发展战略研究”专题研讨会在福州举行。中国科学院院士陈润生、贺林、金力、葛均波,中国工程院院士丁健、宁光,美国科学院院士王永雄等院士、专家和国家卫计委领导参会。

1日 1日起至2020年12月31日,福州市实施精准扶贫医疗叠加保险政策,为建档立卡农村贫困人口构建基本医疗保险、大病保险、医疗救助、精准扶贫医疗叠加保险等多层次医疗保障体系。

11日 国土资源部批复在福州东南大数据产业园开展国家国土资源大数据应用中心建设试点。根据批复,试点建设由福州市政府、福建省国土资源厅共同承担,探索建立大数据应用机制,研究国土资源数据共享开放服务,建立大数据研发与人才培养基地,应用大数据支撑国土资源管理决策,并推动国土资源大数据发展产业链发展。

11日 主题为“龙脉相传、青春中国——两岸青年携手同创美好未来”的2017年海峡西岸台胞青年夏令营在福州开营。

14日 福州港江阴港区1号泊位A9—A10危货集装箱堆场改造项目工程通过交工验收并投入使用,为全省首个规范化危货集装箱标准堆场。

16日 以“跨越海峡·牵手相约”为主题的第十四届榕台青年夏令营在福州高级中学举行开营式。两岸100多名中学生参加。

17日 “2017中国百强县创新发展论坛”在北京举行。工信部所属的赛迪顾问发布《2017年中国县域经济百强白皮书》,福清(第34名)、闽侯(第46名)、长乐(第47名)入围。

25日 福州市“网络市场监管与服务示范区”创建启动仪式暨创建工作座谈会举行。福州获批成为开展“网络市场监管与服务示范区”创建工作的全国首个省会城市。

26日 “2017榕情四海”系列经贸文化交流活动在马来西亚诗巫市和印度尼西亚万隆市举行。其间,举办学生夏令营、华文教师培训、美食品鉴、武术表演、茶艺表演、厨艺交流培训、闽菜食材出口对接等活动。

8月

9—14日 以“创新·融合·共享”为主题的第五届海峡青年节集中活动在福州举行,安排18项活动内容,涉及创业、教育、科技、体育、艺术、文化、职业技能、民俗等领域,海峡两岸1165名青年报名参加,其中台湾青年643人。

11日 商务部和财政部联合印发《商务部办公厅 财政部办公厅关于开展供应链体系建设工作的通知》,公布供应链体系建设全国首批17个重点城市,福州市入选。按照计划,福州市将重点围绕物流标准化和供应链平台两大方面开展建设工作。

16日 市政府出台《关于发挥价格机制作用促进福州市国家生态文明试验区建设的意见》,其中推出29项价费政策措施,推动福州市形成绿色发展方式和生活方式,培育绿色发展新动能。

18日 福州国家级互联网骨干直联点开通仪式在福州滨海新城举行。

18—20日 2017年“创响中国”福州站活动举行,集中展示福州在“双创”领域、福州新区“双创”示范基地建设的成效。活动期间授予福州高新区、网龙网络公司、中国东南大数据产业园、东湖VR小镇等10家园区、企业及学校“福州新区双创示范基地示范点”称号。

28日 全国首个“数字公民”试点在福州市鼓楼区启动,“数字公民”联合实验室同时揭牌。“数字公民”通过给每名公民一个数字身份,方便公民获取个性化、智慧化精准服务。

31日 福建省住建厅公布第二批省级传统村落名录,全省234个村入选,福州市有33个村入选。

9月

5日 由中国林业文学艺术工作者联合会和中国林场协会主办的“2017中国最美林场”名单公布,福清灵石国有林场入选。始建于1957年的灵石林场,总面积2672公顷,于1992年经林业部批准建设森林公园;2001年提升为国家森林公园,并被评为“国家生态文明教育基地”;2014年获评国家AAA级旅游景区。

7日 国家质检总局网站公示第三届中国质量奖提名奖候选名单,福州市福耀玻璃工业集团股份有限公司、福建船政交通职业学院、福州市乌山小学3家单位入围。

8日 工信部发布2017年中国软件业务收入百强企业名单,福州的福大自动化科技有限公司以47.31亿元收入列第29位,福建星网锐捷通讯股份有限公司以33.87亿元收入列第46位，新大陆科技集团有限公司以31.18亿元收入列第51位。

10—11日　由国侨办、福建省政府、中国新闻社主办，以“‘一带一路’与华文媒体新发展”为主题的第九届世界华文传媒论坛在福州举行。60余个国家和地区的海外华文媒体高层人士、中央主要新闻机构及部分地方媒体负责人等近700人参加。论坛同期举办媒体高端论坛、平行分论坛、专题演讲、莆田主题论坛等活动，并发表《第九届世界华文传媒论坛福州宣言》。

10日　国侨办“海外惠侨工程——中餐繁荣基地”落户福建商学院。“中餐繁荣计划”是国务院侨办海外惠侨工程8项计划之一，旨在推动海外中餐发展、支持侨胞事业进步、促进中外文化交流。

17日　福清核电4号机组完成168小时连续稳定运行试验，正式具备商业运行条件，标志福清核电一期工程（1～4号机组）全面建成投产。

18日　国家林业局公示2017年度国家森林城市名单，包括福州市在内的19个城市入围。

23日　完成修缮的烟台山历史风貌区爱国路2号建筑（原美国领事馆）作为烟台山历史博物馆对外开放，为烟台山历史风貌区首栋完成修缮重开的保留建筑。该建筑最早为J. Forster洋行所有，经营茶叶生意，后归属怡和洋行，在1891—1928年作为美国驻福州领事馆使用。

21日　环境保护部在全国生态文明建设现场推进会上命名授牌全国首批46个国家生态文明建设示范市县，永泰县入选，为全市唯一上榜的县（市）。

26日　福州·马尾基金小镇在马尾区大德广场揭牌成立。基金小镇聚集116家基金类、股权投资类、资产管理类投资机构，注册总资本537亿元，基金管理规模1056亿元，为福建省私募基金投资机构最多、管理基金规模最大的区域。

28日　福州知识产权法庭揭牌成立，为最高人民法院批复成立的第六个知识产权法庭，负责审理发生在福建省辖区内有关专利、技术秘密等第一审知识产权民事案件和行政案件。

30日　新建福州至厦门铁路全线开工。项目正线全长277.42千米，设计速度350千米/小时，计划于2022年建成通车。新建福厦铁路北起福州市，南至厦门市和漳州市。全线设有福州南、福清西、莆田、泉港、泉州南、厦门北、漳州7个站点。该线在福州境内途经仓山、长乐、闽侯、福清4个县（市）区，正线长58千米，设福州南、福清西2座车站，有桥梁25座、14千米，隧道12座、37.5千米。

30日　福州市惠民资金网在福州市市民服务中心正式启用，惠民资金的全部数据向社会大众公开，部门间可交叉互审、查询比对，群众通过登录网站或手机APP，可随时查询监督惠民资金发放情况。

10月

9日　中国城市经济学会中小城市发展委员会等单位在《人民日报》发布2017年中国中小城市科学发展指数研究成果，“2017年度全国中小城市综合实力百强县市”等榜单发布。福清位列“全国综合实力百强县市”榜单第22名，较上年上升4名，并位列“全国新型城镇化质量百强县市”榜单第36名，较上年上升12名。

10日　国家林业局授予福州市“国家森林城市”称号。

16日　中国核学会发布2015—2017年中国十大核科技进展，其中位于福清核电厂的国内三代压水堆核电“华龙一号”全球首堆示范工程穹顶吊装完成居于首位。

20日　“6·18”项目综合金融服务专场对接会在福州举办，对接会征集融资需求项目79个，总需求金额153.5亿元。

26日　由福建省海洋与渔业厅、福州新区管委会、福建省国有资产管理公司、海峡股权交易中心共同设立的福建海洋产权交易服务平台正式启动。

26—28日　2017中国计算机大会在福州海峡国际会展中心举行。会议包括14个特邀报告、2场大会论坛、37场前沿技术论坛及30余场特色活动，近700家企事业单位的6000多名专业人士参会参展，近400名国内外计算机领域知名专家、企业家到会演讲。哈佛大学教授丘成桐和微软全球执行副总裁沈向洋在特邀报告会上发表演讲。

11月

4—10日　2017年福州市暨闽侯社会科学普及宣传周启动仪式在闽侯县闽都民俗园举行。12家单位被授予“福州市社会科学普及基地”牌匾。

6日　长乐区正式授牌成立。撤市设区后，长乐行政区域范围不变，行政隶属关系不变，政府驻地不变，区名保持“长乐”不变，辖区面积658平方千米，人口72.5万人。

8—12日　2017年环福州·永泰国际公路自行车赛举行，赛事在国际自行车联盟注册为2.1级别，共5个赛段，总里程589.4千米，14个国家和地区的22支洲际职业队和洲际车队参赛。

8日　世界城市和地方政府联合组织亚太区“21世纪海上合作委员会”会议在福州召开。会上公布首批加入“21世纪海上合作委员会”的28个城市和组织的名单。

8日　福建省物联网产业联盟成立暨福州物联网产业促进中心揭牌仪式在马尾举行。同日，马尾区政府与华为（福州）物联网云计算创新中心等10家入驻促进中心的企业签订战略合作协议。

9日　2017年城地组织亚太区理事会会议在福州开幕。21个国家65个团组170多人参会。开幕式举行城地组织亚太区“21世纪海上合作委员会”授牌仪式，委员会会址及秘书处永久设在福州。

9—10日　2017中国物联网大会在福州市举行。其间，设置1个主论坛和12个分论坛、百余场主题演讲、高峰对话、物联网专委会工作会、物联网行业组织领袖联谊会、物联网企业家交流会、高端访谈以及展览，并确定福州作为中国物联网大会的永久会址。

14日　中国文明网发布“第五届全国文明城市名单和复查确认继续保留荣誉称号的往届全国文明城市名单”，福州市上榜，并连续三届获“全国文明城市”称号。

14—19日　2017中国羽毛球公开赛在福州举行。中国队收获男单、女双、混双3块金牌,女单获得银牌。

15日 中国国际贸易促进委员会(福建)自由贸易试验区福州服务中心在福州市揭牌,落户福建自贸区福州片区。

15—17日 由中国有色金属工业协会主办,中国铝业公司协办的2017中国国际铝业周在福州举行。其间,开展2017年中国国际铝业大会、泛太平洋铝业高峰论坛等活动。

16日 “2017中国领军智慧城市”获奖名单在国家发展改革委、工业和信息化部、商务部、科技部等9个部委及深圳市政府共同举办的“第19届中国国际高新技术成果交易会”上发布,福州市以综合得分第三名的成绩获“2017中国领军智慧城市奖”,为连续第二年获该奖项。

18—20日 2017年“超级杯”全国气排球联赛总决赛在福清市体育馆举行。赛事分为男、女中年组和男、女青年组(大学生组)共4个组别,全国近80支队伍参赛。

19日 第三届“海上丝绸之路”(福州)国际旅游节在福州启动。启动仪式上举行海丝旅游发展战略合作协议签约仪式。10家国内旅游企业与来自美国、埃及、新西兰、约旦、俄罗斯等国家的10家境外旅游企业共同签署旅游发展战略合作协议。

19日 第三届“海上丝绸之路”国际旅游高峰论坛在三坊七巷举行。世界旅游组织、亚太旅游协会、“一带一路”沿线国家城市旅游机构及“海丝”联盟推广省份的代表等参加论坛。世界旅游组织旅游顾问罗伯特·罗兰·特拉佛斯、亚太旅游协会首席执行官战略顾问张科德分别作主旨发言。

20日 第八届福州温泉国际旅游节在永泰县启动,国内旅游企业与多家境外旅游客商共同签署发展战略合作协议。

20日 福州市启用新能源汽车专用号牌,为全国12个首批推广新能源车牌的城市之一。

22日 “闽都英才卡”颁卡仪式举行,全市8类233名各类高层次人才可享受13项高效、便利、优质的服务。

23日 由福州市政府和上海体育学院共建的政校合作项目——福州体育科技园开园。园区位于飞凤山奥体公园内,覆盖体育用品、健康管理、竞赛服务、体育旅游、体育经纪、体育培训、场馆管理等多个领域。福州体育产业发展论坛同日举办。

25日 地铁2号线金福区间(金屿站—福州大学站)右线洞通,2号线实现首个双区间双向洞通(上街—金屿区间,金屿—福大区间)。

25—27日 首届“榕博汇——北大、清华、人大博士对接会”在福州举行。来自北京大学、清华大学和中国人民大学的282名博士与福州市组织的106家企事业单位进行精准对接。

28日 第四届丝绸之路国际电影节在位于福州琅岐的海峡青年交流营地开幕。电影节持续至12月3日,期间举办电影产业项目创投会、影视大数据发布、“金丝路”传媒荣誉单元、北京放映·丝路再起航等活动,展演展映42个国家和地区的103部电影精品,举办多场电影进社区、校园电影展映等电影惠民活动。

29日 福州市政府与清华大学共建“清华—福州数据技术研究院”协议签约仪式在清华大学举行。研究院将落户滨海新城,打造大数据研究基地、大数据人才培养基地和健康医疗大数据中心、智慧海洋大数据中心、工业大数据中心、互联网大数据中心、虚拟现实大数据中心。

12月

2日 民政部在福州市召开鼓楼区军门社区工作法研讨会。

5日 福州市图书馆新馆开馆。曹德旺被聘为该馆终身荣誉馆长。该馆位于闽江北岸中央商务区,由曹德旺捐资建设,引入中国人民大学对其建设运营给予专业指导,并被中国人民大学列为“中国人民大学学生就业实习基地”。新馆建设面积5.8万平方米,地下1层,地上11层,馆藏图书100万册(件),设阅览座位3000个,实现无线网络全面覆盖。

9—10日 “中国虚拟现实创新创业大赛福州赛区”在位于长乐东湖VR小镇的中国东南大数据产业园举行。全国61家企业(团队)参赛,其中20支参赛队伍进入2018全国总决赛。

11日 由中国航天系统科学与工程研究院、中国航天工程科技发展战略研究院、中国人民解放军军事科学院系统工程研究院及福州市政府主办的第十一期钱学森论坛在福建会堂举行。

12日 福州市首条潮汐车道东浦路(福飞路—北浪路)正式投用。

13日 晋安区、福州地铁集团分别与西门子(中国)有限公司签署投资框架协议和合作备忘录。根据晋安区与西门子公司签署的投资框架协议,福州西门子轨道交通创新研发中心将落户晋安区。

13日 福州市两新组织党建促进会在金山工业集中区成立。

24日 2017福建农信福州国际马拉松暨全国马拉松锦标赛(福州站)开赛。17个国家和地区及国内的3万名跑步爱好者参赛,其中全程马拉松近8000人,半程马拉松1万人,迷你马拉松1.2万人。

25日 福建省儿童医院(区域儿童医学中心)在晋安区横屿组团鹤林片区举行开工奠基仪式。项目位于晋安区横屿组团鹤林片区,北临鹤林路,西接潭桥路,南侧为横屿路(塔头路延伸段),毗邻东二环泰禾广场。作为全省百个“重中之重”项目之一,项目总建筑面积22.69万平方米,总投资27.76亿元,规划床位1000张。

26日 国家地球空间信息福州产业化基地一期项目在福州高新区启动建设。该项目依托武汉大学和国家空间信息智能服务产业技术创新战略联盟,建设福厦泉国家自主创新示范区的首个地球空间信息产业化基地。

26日 福州市扶贫发展基金会授牌成立。该基金会由福州市企业家发起成立。

(编辑 郭秋廷 黄 铭)

自然资源

【地理】　福州市是福建省省会，位于福建省中部东端，介于北纬25°15′～26°39′、东经118°08′～120°31′之间。东临台湾海峡，西靠三明市、南平市，南邻莆田市，北接宁德市。东西最大横距128千米，南北最大纵距145千米，总面积11968平方千米。南部为福州盆地的大部分；北部为山地，从西南向东倾斜；西部为中低山地；东部丘陵平原相间。山地、丘陵占全区土地总面积的72.68%，其中山地占32.41%，丘陵占40.27%。鹫峰、戴云两山脉斜切南北，闽江横贯市区东流入海。　（市方志委）

【资源】　*土地资源*　2017年，福州市土地总面积118.61万公顷（不含平潭），其中，耕地14.93万公顷，园地5.39万公顷，林地68.77万公顷，草地1.16万公顷，城镇村及工矿用地9.98万公顷，交通运输用地2.64万公顷，水域及水利设施用地11.60万公顷，其他土地4.14万公顷。

矿产资源　2017年，福州市境内已发现各类矿产56种（包括亚矿种）。优势矿产以砂、石、土、地热为主，金属矿产矿种少、储量小，高品位矿少。已经探明列入福建省矿产资源储量表的固体矿产14种，已探明资源储量的矿区和已开发利用的矿山以非金属矿为主。开发利用的矿产有11个矿种，主要矿种为饰面用花岗岩、建筑用花岗岩和建筑用凝灰岩、叶蜡石、地热、砂、高岭土。饰面用花岗岩主要产于罗源、连江、福清等县（市），至2016年底，饰面石材采矿权全部关闭退出；建筑用花岗岩、凝灰岩主要产于福清、连江、闽侯、永泰等县（市）；叶蜡石主要产于晋安区、闽清、罗源、福清等县（市）区。产自晋安区北峰山区的雕刻用叶蜡石（寿山石）最为珍稀，其品种达100多种，至今已有1000多年的开发历史。寿山村的“田黄石”和峨嵋村的“芙蓉石”是寿山石的上品，名扬国内外，寿山石于1999年8月被推选为“国石”候选石之首。福州市地热资源丰富且有特色，地热田（点）主要分布于市城区和永泰、闽侯、闽清、连江、福清等县（市）。境内地热资源埋藏浅、水温高、水质好，自古有“闽中温泉甲天下”之美誉，福州市2010年12月获“中国温泉之都”称号，永泰县、连江县及闽清县也先后获“中国温泉之乡”称号。闽江流域福州段天然石英砂资源极为丰富，质量上乘。高岭土矿主要产于闽清县，为建筑陶瓷、电陶瓷的主要原料，支撑闽清县陶瓷业享誉国内外。　（市国土资源局）

水力资源　2016年，福州市年平均降水量2316.5毫米（不含平潭，下同），折合水量272.93亿立方米，比上年偏多30.5%，比多年平均偏多51%，属丰水年。最大点降水量为罗源县中房3122毫米，最小点降水量为长乐区梅花1554毫米。地表水资源量173.10亿立方米（永泰县最大，36.12亿立方米，占福州市地表水资源总量20.9%，比多年平均偏多78.5%；长乐区最少，9.45亿立方米，占5.5%，比多年平均偏多78.0%），地下水资源量39.37亿立方米（扣除山丘区与平原区重复计算量；占福州市水资源总量22.7%；永泰县最多，8.15亿立方米，占福州市地下水资源量20.7%；长乐市最少，2.19亿立方米，占5.6%），地下水与地表水不重复计算量0.52亿立方米，水资源总量173.62亿立方米，人均水资源拥有量2435立方米。年供水总量28.92亿立方米〔其中：地表水源（蓄、引、提）供水量28.56亿立方米；地下水源供水量0.36亿立方米〕。年用水总量28.92亿立方米，比上年下降2.5%，其中，农业用水量10.02亿立方米，占总用水量34.6%；工业用水量11.12亿立方米，占38.5%；城镇公共用水量2.52亿立方米，占8.7%；居民生活用水量3.94亿立方米，占13.6%；河道外生态环境用水量1.32亿立方米，占4.6%。水文部门对福州市主要江河重要河段1034.1千米河长进行评价，其中，水质符合和优于《地表水环境质量标准》（GB 3838—2002）Ⅲ类水的河长为880.6千米，占评价河长85.16%。超标（Ⅳ、Ⅴ、劣Ⅴ类）河长153.5千米，占14.84%，主要超标项目为总磷和五日生化需氧量。（市水利局）

林业资源　2017年，福州市林业用地面积74.95万公顷，其中，生态公益林31.33万公顷，商品林43.62万公顷。林木总蓄积4334万立方米，森林蓄积量4003万立方米。森林覆盖率57.06%。

有国家级森林公园5处、省级10处,省级以上森林公园总面积5.75万公顷,经营面积8133公顷。湿地总面积20.68万公顷,其中,近海与海岸湿地15.82万公顷,河流湿地1.51万公顷,湖泊湿地236.75公顷,沼泽湿地25.04公顷,人工湿地3.32万公顷。沿海防护林基干林带722.94千米。油茶林2.21万公顷,竹林2.84万公顷,经济林5.42万公顷,花卉种植面积3274公顷。

(市林业局)

海洋资源　福州市海域面积10573平方千米。大陆岸线长度920千米,约占全省1/4,其中乡级以上海岛海岸线长度390千米。海岛837个,其中无居民海岛803个,有居民海岛34个(占全省34%)。潮间带滩涂面积641.96平方千米;0～10米等深线浅海面积1314.1平方千米,10～20米等深线浅海面积1404.64平方千米;每年创造约占全省1/3的海洋经济总量,罗源湾、福清湾、兴化湾是全省的三大深水良港。

(市海洋与渔业局)

气　候

【概况】　2017年,福州市气候属较好年景。全市年平均气温20.9℃,比常年平均高1.0℃,属显著偏高;平均年雨量1508.2毫米,比常年平均多0.4%,属正常;平均年日照时数1756.7小时,比常年平均多8.0%,属偏多。

【气温】　2017年,福州市年平均气温

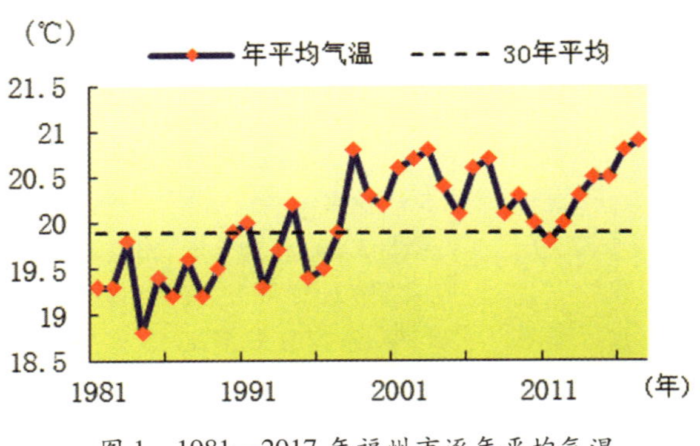

图1　1981—2017年福州市逐年平均气温

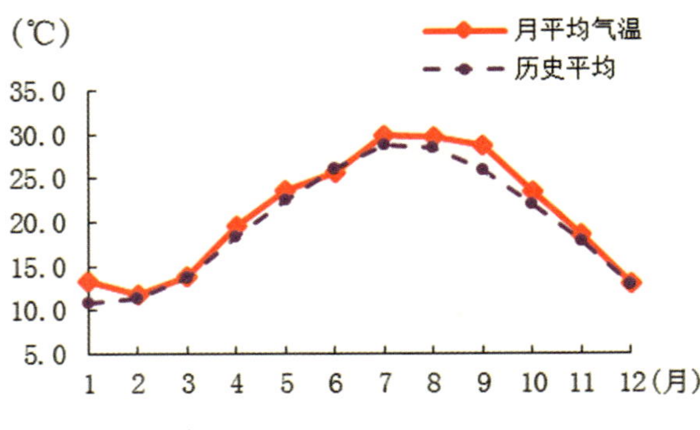

图2　2017年福州市逐月平均气温

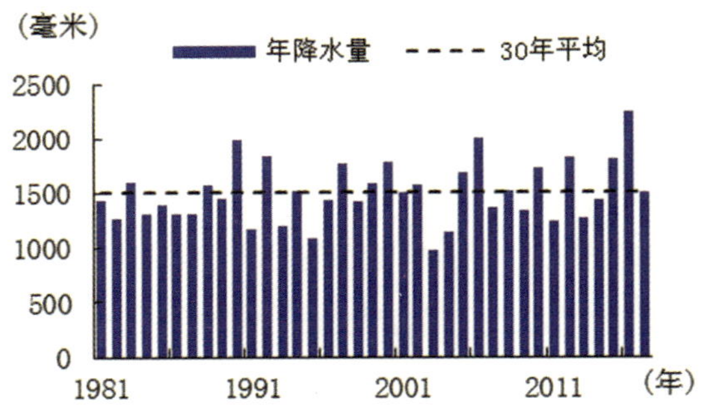

图3　1981—2017年福州市逐年降水量

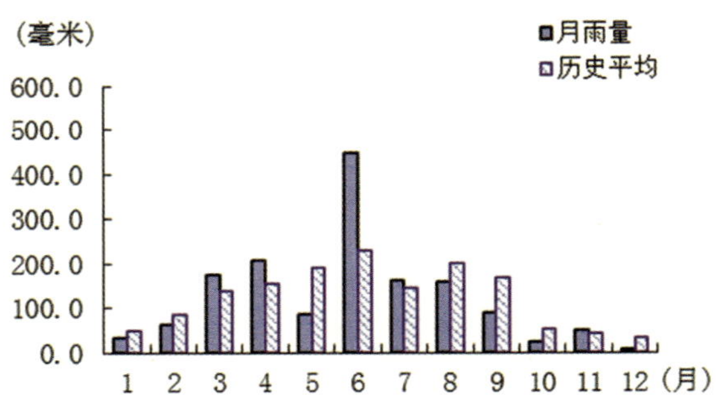

图4　2017年福州市逐月雨量

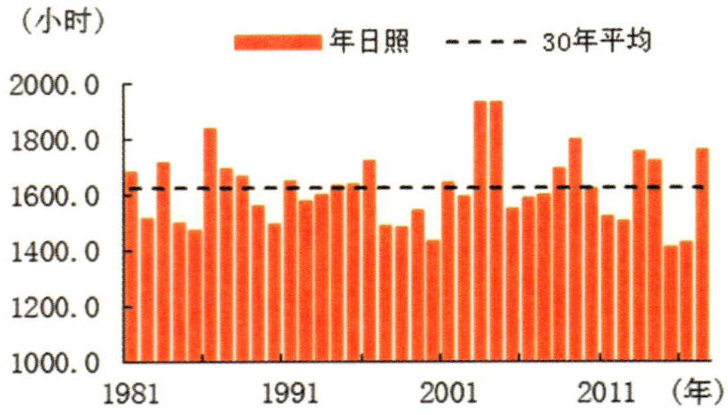

图5　1981—2017年福州市逐年日照时数

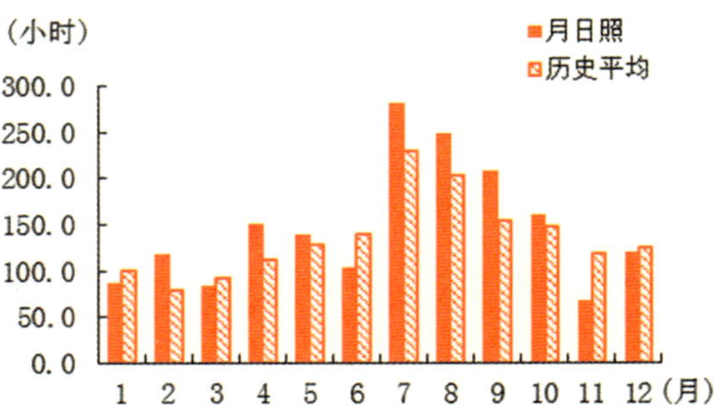

图6　2017年福州市逐月日照时数

表1　**2017年福州市各县(市)平均气温、雨量、日照评价**

	福州市区	闽清	闽侯	永泰	罗源	连江	长乐	福清	全市
平均气温(℃)	21.1	21.3	21.2	20.9	19.8	20.4	21.1	21.3	20.9
距平(℃)	0.9	1.1	1.2	1.0	0.3	1.0	1.2	1.2	1.0
评价	显著偏高	异常偏高	异常偏高	异常偏高	正常	显著偏高	异常偏高	异常偏高	显著偏高
雨量(毫米)	1478.0	1405.0	1365.2	1456.3	1658.9	1740.5	1482.7	1479.3	1508.2
距平百分率(%)	6.1	-3.0	-4.5	-4.2	-0.8	11.5	2.3	-3.7	0.4
评价	正常	正常	正常	正常	正常	偏多	正常	正常	正常
日照时数(小时)	1631.6	1756.8	1798.8	1776.0	1685.8	1756.6	1823.5	1824.7	1756.7
距平百分率(%)	4.7	7.3	11.6	6.4	5.4	12.1	11.2	5.7	8.0
评价	正常	正常	偏多	正常	正常	偏多	偏多	正常	偏多
年最低气温(℃)	4.0	1.9	2.0	1.1	1.1	0.5	5.0	5.8	—
年最高气温(℃)	39.3	40.4	39.8	39.6	38.8	39.2	39.4	37.4	—
最大日雨量(毫米)	84.4	84.9	69.3	117.0	82.1	117.5	127.0	198.0	—

20.9℃，比常年平均高1.0℃，属显著偏高，是有气象记录以来气温最高的年份。在月度平均气温中，1月、5月和7—10月气温属偏高—异常偏高，其余月份正常。各县(市)区年平均气温19.8℃～21.3℃，其中罗源正常，其余县(市)区属显著偏高—异常偏高。各县(市)区年最低气温为0.5℃～5.8℃，多数县(市)区出现在2月13日，以连江0.5℃为最低。各县(市)区年最高气温为37.4℃～40.4℃，福州市区和内陆3个县出现在7月24—25日，沿海4个县(市)区出现在9月26—27日；闽清(7月25日)最高气温达40.4℃，位居年度全市高温榜首。

【雨量】　2017年，福州市平均年雨量1508.2毫米，比常年平均多0.4%，属正常。全市平均逐月雨量分布不均，3月、4月偏多，6月异常偏多，7月、8月和11月正常，其余月份偏少—显著偏少。各县(市)区年雨量为1365.2～1740.5毫米，除连江偏多外，其余县(市)区均属正常。年内，各县(市)区最大日雨量69.3～198.0毫米，有4个县(市)区最大日雨量超过100毫米，其中福清、长乐、连江3个县(市)区出现在7月31日—8月1日(双台风影响期间)，最大为福清198.0毫米；永泰最大日雨量117.0毫米，出现在4月19日，突破当地4月日雨量的历史极值。6月，福州市区、罗源和连江月雨量偏多1.3倍以上，均打破6月雨量历史纪录。

【日照时数】　2017年，福州市平均年日照时数1756.7小时，比常年平均多8.0%，属偏多。其中，2月、4月和7—9月属偏多—显著偏多，6月、11月属偏少—显著偏少，其余月份正常。各县(市)区年日照时数为1631.6～1824.7小时，其中闽侯、连江、长乐偏多，其余县(市)属正常。

(郑颖青)

重要气象事件

【概况】　2017年，影响福州市的灾害性天气主要有台风、暴雨、强对流天气、高温、干旱、强冷空气和低温过程等。7月底，第9号台风“纳沙”和第10号台风“海棠”在24小时内相继登陆福清沿海，给福州市带来严重的风雨影响。

【强冷空气和低温过程】　2017年，福州市主要有5次强冷空气和低温过程。

受强冷空气影响，2月5—7日，全市最低气温下降5.6℃～10.6℃，闽清出现寒潮。

受多次冷空气影响，2月13日，除福清外，各县(市)区的城区出现年内当地低温极值，其中内陆和沿海北部5县(市)城区最低气温达0.5℃～2.0℃，以连江0.5℃为最低；全市30个乡镇最低气温低于0℃，以闽清下祝乡-3.7℃为最低。

受强冷空气影响，12月16—21日，气温持续下降，各县(市)区最低气温过程降幅5.6℃～11.1℃；其中内陆和沿海北部5个县(市)过程降温8.7℃～11.1℃。20—21日，上述县(市)最低气温1.1℃～3.6℃。

受强冷空气影响，12月24—26日，各县(市)区的城区48小时降温幅度6.3℃～10.8℃，其中闽侯、罗源达寒潮标准。

受强冷空气影响，12月30—31日，各县(市)区的城区24小时降温幅度达5.6℃～8.3℃，其中闽侯达寒潮标准。

【强对流天气】　2017年，福州市春、夏季强对流天气多发，影响较大的过程有4次。

3月6日0时11分后，福清市一都镇善山村出现雷雨大风、冰雹。冰雹造成40户民房瓦片、玻璃受损，800公顷基本成熟的枇杷部分被砸伤，部分蔬菜被砸坏，直接经济损失100万元。

6月28日和29日午后至夜间，福州市部分乡镇出现6～9级雷雨大风、短时强降雨；闽清省璜镇和仓山区出现小冰雹；28日，永泰北部的部分乡镇出现暴雨，导致一处县道和部分乡村道路出现小溜方，11个乡镇供电中断，直接经济损失15万元。

8月16日午后,福州市部分乡镇出现强对流天气,15—20时累积雨量5个乡镇超过50毫米,以连江蓼沿乡74.0毫米为最大;28个乡镇出现8级以上的雷雨大风,以连江晓澳镇32.3米/秒(11级)为最大,福州乌山也出现11级大风(28.6米/秒);福州乌山、闽侯竹岐乡和连江丹阳镇出现冰雹。

9月28日午后至夜间,福州市出现强对流天气,局部乡镇出现暴雨,28日12时—29日8时,全市有26个乡镇累积雨量超过50毫米,以长乐江田镇91.5毫米为最大。闽清云龙乡和梅溪镇出现小冰雹。

【暴雨】 2017年,福州市出现暴雨(不含台风暴雨)日数较多,主要的暴雨过程有5次。

受西南暖湿气流和冷空气共同影响,3月9日夜里至10日白天,全市部分乡镇出现暴雨。9日20时至10日20时,全市有117个乡镇日雨量超过50毫米,以长乐江田镇96.2毫米为最大;福清本站日雨量62.8毫米,突破3月历史纪录。

受西南暖湿气流和地面弱冷空气共同影响,4月19日中午起,全市出现明显降雨,中南部地区的部分乡镇出现暴雨,局部大暴雨。19日8时—20日8时,全市有96个乡镇日雨量超过50毫米,14个乡镇超过100毫米,最大为永泰洑口乡165.6毫米。永泰县转移人员73人,房屋后坡溜塌方1处,直接经济损失156万元。

6月1日下午至2日上午,全市部分乡镇出现暴雨到大暴雨,伴有强雷电和6~8级短时大风。1日12时至2日12时,全市24小时雨量有130个乡镇超过50毫米,26个乡镇超过100毫米,最大为闽侯青口镇151.1毫米。

受西南暖湿气流和低层切变线共同影响,6月20日,全市部分乡镇出现暴雨,局部大暴雨。20日8时至21日8时,全市有50个乡镇日雨量超过50毫米,6个乡镇超过100毫米,以连江下宫乡189.0毫米为最大。受强降雨和前期持续降雨的影响,全市多地受灾。永泰、闽侯、连江多处道路出现溜方、路基冲毁的灾情。全市1851人受灾,倒塌房屋20间,直接经济损失672万元。

受西南暖湿气流和低层切变线共同影响,6月26日下午起,全市出现短时强降雨。26日8—20时累积雨量,有55个乡镇超过50毫米,连江县5个乡镇超过100毫米,以连江长龙镇139.2毫米为最大。连江县3个乡镇受灾,转移人员2873人,受灾人口1122人,直接经济损失372万元。

【台风】 2017年,影响福州市的台风有8个,分别为:2号台风“苗柏”(6月13—17日)、9号台风“纳沙”和10号台风“海棠”(7月29日至8月1日)、13号台风“天鸽”(8月22—24日)、14号台风“帕卡”(8月26—27日)、16号台风“玛娃”(9月1—3日)、18号台风“泰利”(9月12—13日)和20号台风“卡努”(10月12—15日),其中“苗柏”“纳沙”“海棠”3个台风给福州市带来严重的风雨影响。

第2号台风“苗柏”于6月11日14时在南海生成,最强时风力10级(25米/秒,强热带风暴级);于12日23时前后在广东省深圳市沿海登陆,登陆时最大风力9级(23米/秒,热带风暴级)。6月13—17日,受“苗柏”外围环流、低层切变线和弱冷空气影响,福州市出现持续性较强降雨,过程累积雨量(13日8时—18日8时)全市有150个乡镇超过100毫米,32个乡镇超过200毫米,最大为福清东张镇283.8毫米。全市2475人受灾,转移人员4392人,倒塌房屋10间,直接经济损失551万元。

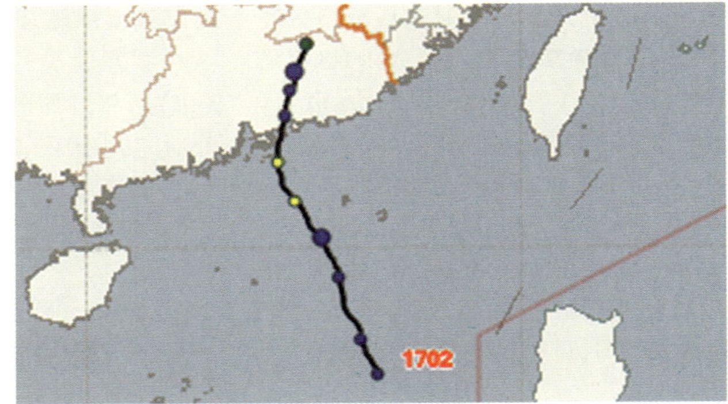

图7 2017年第2号台风“苗柏”路径

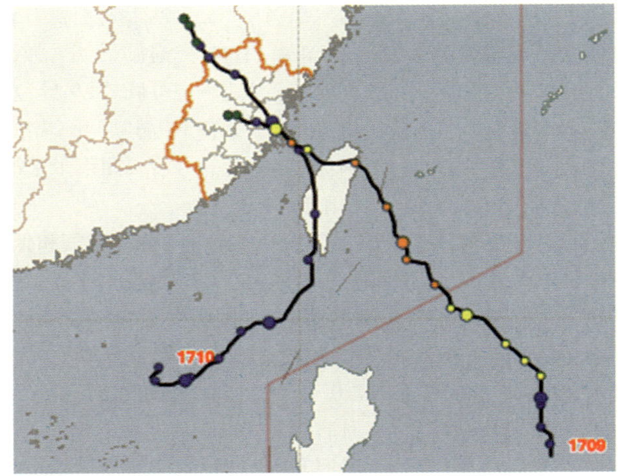

图8 9号台风“纳沙”和10号台风“海棠”路径

第9号台风“纳沙”于7月26日11时在菲律宾以东洋面生成,最强时最大风力13级(40米/秒,台风级);于7月30日6时在福清市沿海登陆,登陆时最大风力12级(33米/秒,台风级)。第10号台风“海棠”于7月28日20时在南海北部生成,最强时最大风力9级(23米/秒,热带风暴级);于31日2时50分前后在福清市沿海登陆,登陆时最大风力8级(18米/秒,热带风暴级)。9号台风“纳沙”和10号台风“海棠”登陆时间间隔之短刷新登陆福建双台风间隔纪录,并创下24小时内两个台风登陆国内同一地点的纪录。受“纳沙”影响,29日夜间至30日上午,福州市沿海普遍出现10~14级大风,10级以上大风持续时间达15个小时;福州市区及沿海各县(市)区的城区出现9~12级大风。30日,福州市部分乡镇出现暴雨或大暴雨。7月31日“海棠”登陆后,福州市沿海出现

10～12级偏南大风；福州市区和沿海地区出现大暴雨或特大暴雨。过程累积雨量（29日08时—2日08时）有100个乡镇超过200毫米，46个乡镇超过300毫米，10个乡镇超过400毫米，3个乡镇超过500毫米，以长乐江田镇550.7毫米为最大。全市118个乡镇受灾，受灾人口27577人，倒塌房屋67间，树木倒伏3449株，全市直接经济损失达2.039亿元。

【高温】 2017年，福州市各县（市）区高温日数（日最高气温≥37℃，下同），除福清1天外，其余县（市）区达6～41天，比常年平均多5～24天，其中内陆3个县高温日数达26～41天，比常年平均多13～24天；福州市区高温日数为18天，比常年平均多9天。高温天气主要出现在6月11日、7月10—15日、7月19—28日、8月4—9日、8月13—16日、8月19—20日、9月11日、9月25—28日、10月2日。

【气象干旱】 2017年8月开始，福州市降水明显偏少，截至11月17日，长乐和福清达到气象特旱标准，福州市区达到气象大旱标准。11月18—26日，全市多降雨天气，福清旱情得以缓解，其余各县（市）区气象干旱解除。

（郑颖青）

行政区划

【概况】 福州市简称榕，辖鼓楼、台江、仓山、晋安、马尾、长乐6个区，闽侯、连江、罗源、闽清、永泰、平潭6个县及福清市。总面积11968平方公里。市人民政府驻鼓楼区乌山路96号。2017年，全市辖43个街道、99个镇、45个乡（含连江县马祖乡）、2个民族乡；有496个社区居委会、2383个村民委员会。

年内，长乐完成撤市设区。福州原有鼓楼、台江、仓山、马尾、晋安5个区，长乐撤市设区后，扩展为6个区。

【长乐撤市设区】 2017年，福州市完成长乐撤市设区申报材料和前期准备工作，并获批。11月6日，举行长乐撤市设区授牌仪式。经国务院批准，长乐行政区划作如下调整：撤销长乐县级市，整建制设立福州市长乐区。撤市设区后，长乐行政区域范围不变，行政隶属关系不变，政府驻地不变，区名保持“长乐”不变。以原长乐市的行政区域为长乐区的行政区域，以已勘定的原长乐市行政区域界线为长乐区的行政区域界线。

撤市设区后的长乐区下辖吴航、航城、营前、漳港4个街道，首占、玉田、松下、江田、古槐、文武砂、鹤上、湖南、金峰、文岭、梅花、潭头12个镇，罗联、猴屿2个乡，共226个村、30个社区，辖区面积658平方千米。

表2 **2017年福州市县（市）区行政区划一览表**

县（市）区名称	面积（平方千米）	所辖街道、乡（镇）名称	社区居委会（个）	村委会（个）
鼓楼区	35	东街、南街、安泰、水部、温泉、鼓东、鼓西、华大、五凤街道，洪山镇	69	—
台江区	18	茶亭、洋中、后洲、新港、瀛洲、苍霞、义洲、上海、宁化、鳌峰街道	52	—
仓山区	142	仓前、下渡、临江、三叉街、对湖、上渡、金山、东升街道，建新、盖山、仓山、城门、螺洲镇	72	102
晋安区	567	茶园、王庄、象园街道，新店、岳峰、鼓山、宦溪镇，寿山、日溪乡	75	113
马尾区	281	罗星街道，马尾、亭江、琅岐镇	14	62
长乐区	658	吴航、航城、营前、漳港街道，梅花、金峰、潭头、玉田、江田、古槐、鹤上、首占、文武砂、湖南、文岭、松下镇，罗联、猴屿乡	30	226
福清市	1518	玉屏、龙山、龙江、音西、宏路、石竹、阳下街道，东张、海口、龙田、高山、渔溪、城头、江镜、三山、江阴、港头、沙埔、东瀚、上迳、新厝、镜洋、一都、南岭镇	53	438
闽侯县	2136	甘蔗街道，白沙、尚干、祥谦、青口、南通、南屿、上街、荆溪镇，竹岐、洋里、鸿尾、大湖、小箬、廷坪乡	29	292
连江县	1168	凤城、晓澳、浦口、琯头、敖江、东岱、东湖、丹阳、马鼻、透堡、官坂、黄岐、筱埕、苔菉、长龙、坑园镇，潘渡、蓼沿、下宫、安凯、江南、马祖乡，小沧畲族乡	35	243
罗源县	1187	凤山、鉴江、松山、起步、中房、飞竹镇，白塔、西兰、洪洋、碧里乡，霍口畲族乡	13	189

续表2

县(市)区名称	面积(平方千米)	所辖街道、乡(镇)名称	社区居委会(个)	村委会(个)
闽清县	1466	梅城、坂东、池园、梅溪、白樟、白中、塔庄、东桥、雄江、金沙、省璜镇,云龙、上莲、三溪、下祝、桔林乡	21	271
永泰县	2241	樟城、嵩口、梧桐、葛岭、城峰、清凉、长庆、同安、大洋镇,塘前、富泉、岭路、赤锡、洑口、盖洋、东洋、霞拔、盘谷、红星、白云、丹云乡	12	255
平潭县	371	潭城、苏澳、澳前、北厝、流水、平原、敖东镇,岚城、中楼、白青、南海、屿头、大练、东庠、芦洋乡	20	192

(吴云峰)

人　口

【概况】　2017年,福州市总户数200万户,总人口数649.03万人(人口数据不含平潭,下同),较上年增加5.75万人,平均每户3.25人。其中,市区(鼓楼、台江、仓山、晋安、马尾五区,下同)总户数68.5万户,总人口数205.57万人,较上年增加2.5万人;七县(市)区(长乐区,福清市,闽侯、连江、闽清、罗源、永泰县,下同)总户数132.1万户,总人口数443.46万人,较上年增加3.24万人。60周岁以上老年人口123.93万人,占总人口19.1%,较上年多2.36万人。男女比例:男性331.63万人,占50.84%,女性317.4万人,占49.16%,男比女多14.23万人,比幅较上年略有缩小。市区男性101.39万人,女性104.18万人,女比男多2.79万人;七县(市)区男性230.25万人,女性213.21万人,男比女多17.04万人。

【人口自然变动】　2017年,福州市出生人口11.48万人,较上年多1.93万人,人口出生率17.77‰,比上年高2.83‰。死亡人数8.01万人,较上年多5.18万人,人口死亡率12.40‰,比上年高7.97‰,人口自然增长3.47万人,人口自然增长率5.37‰。市区人口出生3.44万人,人口出生率16.81‰,死亡人数3.19万人,人口死亡率15.61‰,人口自然增长2456人,人口自然增长率1.20‰。七县(市)区人口出生8.05万人,人口出生率18.21‰,死亡人数4.82万人,人口死亡率10.92‰,人口自然增长3.22万人,人口自然增长率7.3‰。市区人口自然增长率较七县(市)区低6.1‰。

【人口机械变动】　2017年,福州市迁入人口16.45万人,迁出人口14.06万人,人口迁移增长率3.7‰。其中,市区迁入9.79万人,迁出7.5万人,迁入多于迁出2.29万人,人口迁移增长率11.23‰。七县(市)区迁入6.66万人,迁出6.56万人,迁入多于迁出1000人,人口迁移增长率0.22‰。

(林　攀)

民族　宗教

【民族】　福州市56个民族成分齐全,2017年,全市少数民族总人口约8.87万人,占全市总人口的1.32%。畲族人口约4.7万人,其中约4万人生活在少数民族乡村。全市有罗源县霍口畲族乡和连江县小沧畲族乡2个少数民族乡。有82个少数民族行政村,其中罗源县34个,连江县19个,永泰县12个,晋安区8个,福清市7个,长乐区1个,闽侯县1个。85%以上人口居住在边远山区,呈大分散、小聚居状态。

【宗教】　福州市是全国、全省宗教工作的重点地区,佛教、道教、天主教、基督教、伊斯兰教等宗教俱全,依法登记的市级宗教团体有5个(市佛教协会、市道教协会、市天主教爱国会、市基督教三自爱国会、市基督教协会),经认定备案的宗教教职人员1755人。全市依法登记的宗教活动场所1275处,其中,佛教全国重点汉传寺庙有鼓山涌泉寺、怡山西禅寺、瑞峰林阳寺、金鸡山地藏寺、雪峰崇圣寺、福清黄檗山万福寺等。道教重点场所有于山九仙观、金鸡山照天君宫、福清石竹山道院等。天主教重点场所有泛船浦教堂、长乐玫瑰山庄等。基督教重点场所有花巷教堂、铺前教堂、中洲教堂等。伊斯兰教场所有福州清真寺。此外,有近4000处民间信仰场所。

(郭莉萍)

国民经济和社会发展情况

【概况】　2017年,福州市实现地区生产总值7104.02亿元,比上年增长8.7%。其中,第一产业增加值519.49亿元,增长3.7%;第二产业增加值2962.94亿元,增长6.9%;第三产业增加值3621.60亿元,增长11%。第一产业增加值占地区生产总值的比重为7.3%,第二产业增加值比重为41.7%,第三产业增加值比重为51%。人均地区生产总值93290元,比上年增长7.6%。

全年规模以上战略性新兴产业实现增加值482.52亿元,比上年增长7.2%,占规模以上工业增加值21.9%。

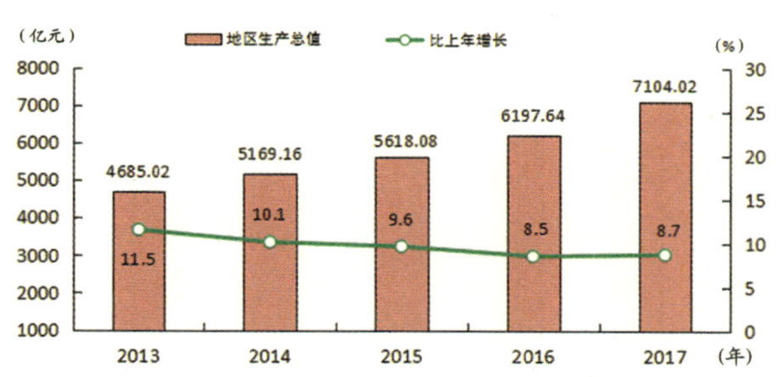

图 9　2013—2017 年福州市地区生产总值(GDP)及其增长速度

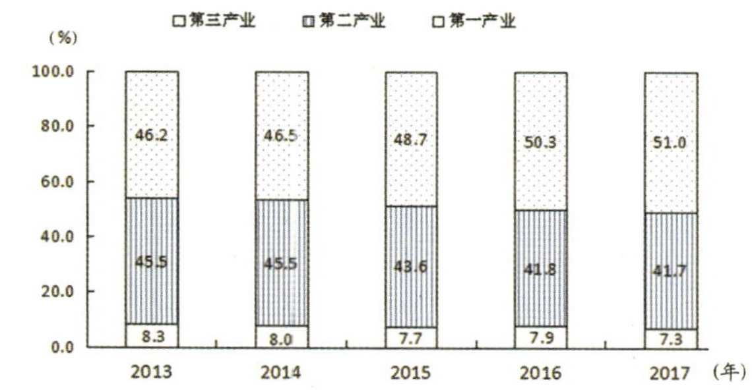

图 10　2013—2017 年福州市三次产业增加值占地区生产总值比重

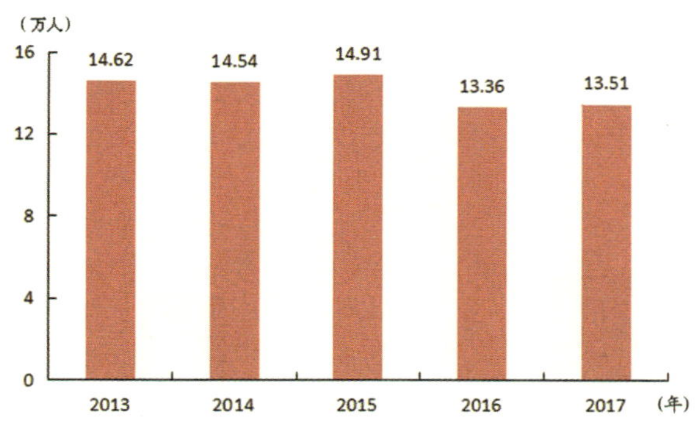

图 11　2013—2017 年福州市新城镇新增就业人数

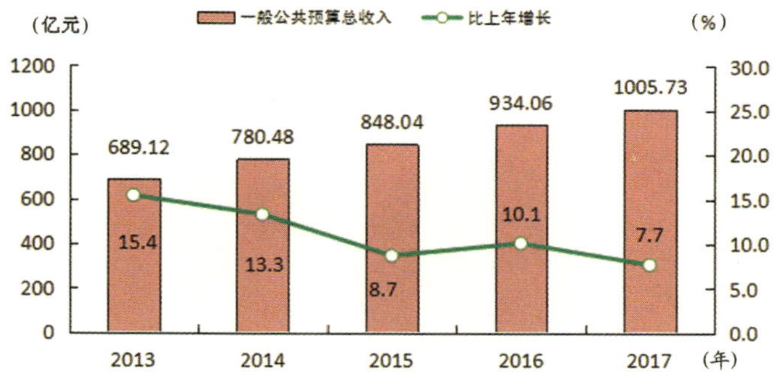

图 12　2013—2017 年福州市一般公共预算总收入及其增长速度

限额以上批发和零售企业实现网上零售额 152.77 亿元，比上年增长 57.8%。“正统网”入驻电子商务企业 1195 家。

年末，全市常住人口 766 万人(人口数据含平潭，下同)，比上年末增加 9 万人，增长 1.19%，增幅比上年提升 0.26 个百分点。其中，城镇常住人口 532.4 万人，占总人口比重(常住人口城镇化率)69.5%。年末，户籍总人口 693.35 万人，全年出生人口 12.37 万人，出生率 17.8‰；死亡人数 8.3 万人，死亡率 12‰；人口自然增长率 5.8‰。

全年城镇新增就业 13.51 万人，就业困难人员实现再就业 4213 人，失业人员再就业 9289 人，农业富余劳动力转移就业 40135 人。年末，城镇登记失业率为 2.40%，比上年末下降 0.03 个百分点。

全年居民消费价格总水平比上年上涨 1.1%，其中食品烟酒类价格下降 2%。工业生产者出厂价格上涨 4.1%。12 月，福州市新建商品住宅销售价格比上年同期下降 1.7%。

全市一般公共预算总收入 1005.73 亿元，比上年增长 7.7%，其中，地方一般公共预算收入 634.16 亿元，同口径增长 10.4%；一般公共预算支出 940.82 亿元，比上年增长 13.1%。全市税收收入 483.81 亿元，比上年增长 11.9%。

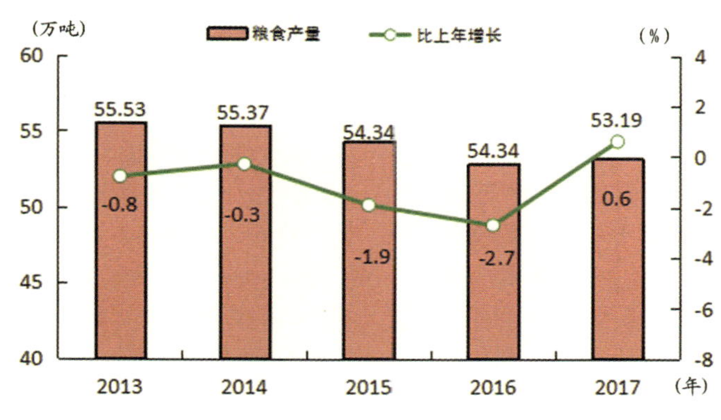

图 13　2013—2017 年福州市粮食产量及其增长速度

表 3　**2017 年末福州市人口数及其构成**

指标	年末数(万人)	比重(%)
常住人口	766	100
其中：城镇	532	69.5
乡村	234	30.5

【农业】　2017 年，福州市农林牧渔业完成总产值 914.87 亿元，比上年增长 3.7%。粮食种植面积约 9.92 万公顷，比上年减少约 533.33 公顷，其中，稻谷面积约 5.02 万公顷，减少约 1853.33 公顷；油料种植面积约 2.27 万公顷，减少 780 公顷；蔬菜种植面积约 13.24 万公顷，增加约 3826.67 公顷。

全年粮食产量53.19万吨，比上年

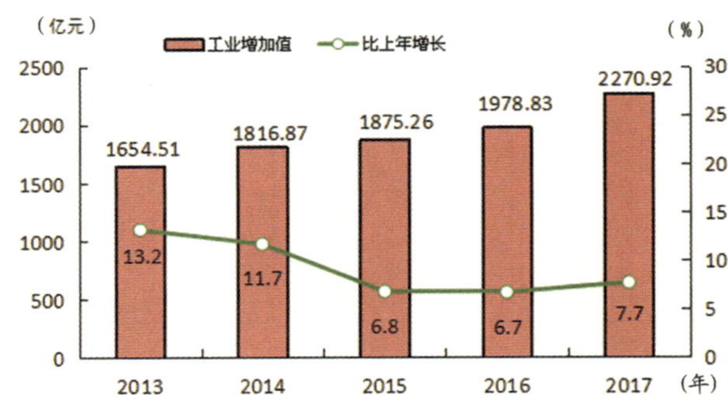

图 14　2013—2017 年福州市全部工业增长值及增长速度

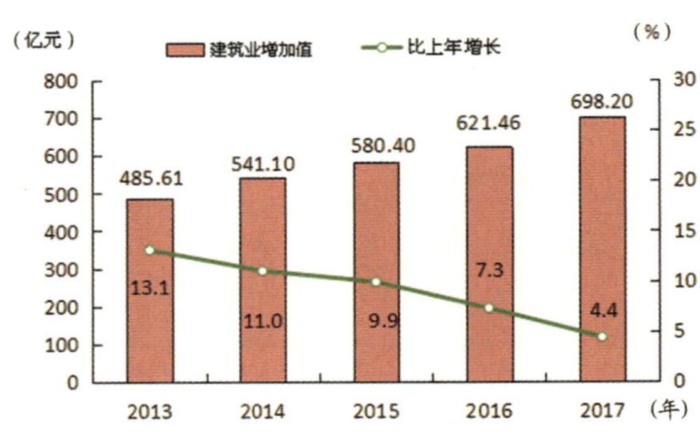

图 15　2013—2017 年福州市全部建筑业增加值及其增长速度

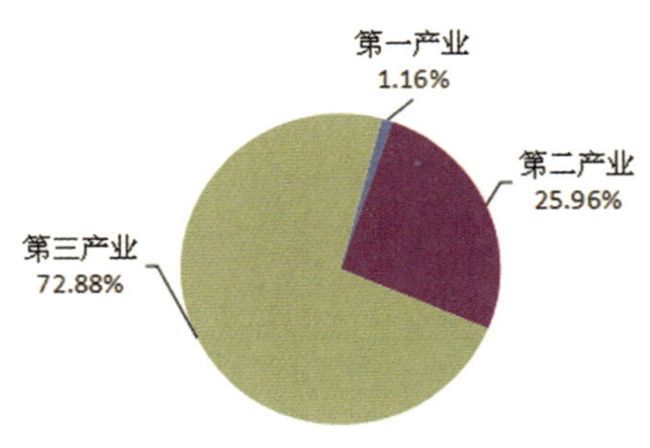

图 16　2017 年福州市固定资产项目投资三次产业投资构成

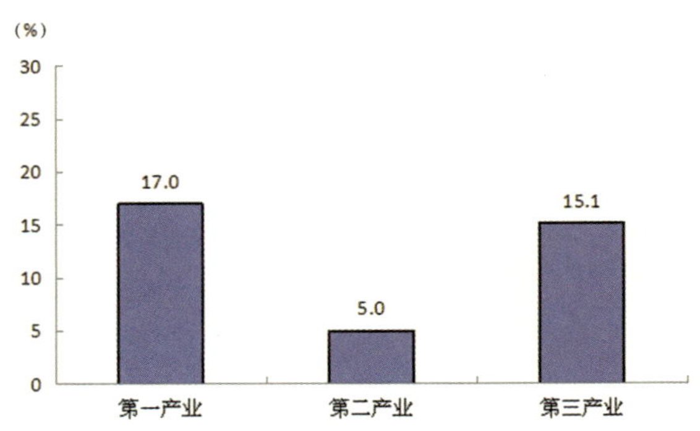

图 17　2017 年福州市固定资产项目投资分产业投资增长速度

增加 0.32 万吨，增长 0.6%。其中，稻谷产量 28.63 万吨，减少 0.95 万吨，下降 3.2%。

全年肉蛋奶总产量 33.67 万吨，比上年同期下降 7.1%。肉类总产量 21.60 万吨，下降 12.7%。其中，猪肉产量 17.10 万吨，下降 16.8%；禽肉产量 2.87 万吨，增长 6.9%；牛肉产量 0.43 万吨，增长 20.1%；羊肉产量 0.77 万吨，增长 8.5%。年末生猪存栏 101.65 万头，增长 0.7%；生猪出栏 207.37 万头，下降 18%。牛奶产量 1.76 万吨，下降 2%。

全年水产品产量 252.78 万吨，比上年增长 6%。其中，淡水产品产量 28.58 万吨，增长 7.4%；海水产品产量 224.20 万吨，增长 5.8%。

农业产业化持续推进，299 家农业产业化龙头企业销售收入 802 亿元，比上年增长 6.9%，其中，挂牌院士(专家)工作站企业 59 家，“国家农产品加工技术研发中心认定企业”7 家。年末，国家级农业标准化示范区 13 个，省级农业标准化示范区 23 个，市级农业标准化示范区 24 个。

【工业】　2017 年，福州市工业增加值 2270.92 亿元，比上年增长 7.7%。规模以上工业增加值增长 8.2%。在规模以上工业中，分经济类型看，国有控股企业增长 20.6%，大中型企业增长 7.9%；国有企业增长 21.3%，集体企业增长 18.9%，股份制企业增长 8.1%，外商及港澳台商投资企业增长 6.7%；私营企业增长 6.1%。分轻重工业看，轻工业增长 7.9%，重工业增长 8.4%。分门类看，采矿业下降 12.7%，制造业增长 7.4%，电力、热力、燃气及水生产和供应业增长 17.8%。工业产品销售率 96.7%，与上年持平。

全市规模以上工业的 35 个行业大类中有 15 个增加值增速在两位数。其中，金属制品、机械和设备修理业比上年增长 29.4%，石油加工、炼焦和核燃料加工业增长 23.1%，汽车制造业增长 21.5%，电力、热力生产和供应业增长 18%，黑色金属冶炼和压延加工业增长 13.1%，废弃资源综合利用业增长 10.6%。规模以上工业中十大主导行业实现增加值 1567.98 亿元，增长 8.1%。其中，纺织业实现增加值 234.50 亿元，增长 7.6%；计算机、通信和其他电子设备制造业实现增加值 228.24 亿元，增长 10.9%。六大高耗能行业实现增加值 524.62 亿元，增长 6.1%，占规模以上工业增加值的比重为 23.8%。规模以上高技术制造业实现增加值 277.25 亿元，增长 9.4%，占规模以上工业增加值的比重为 12.6%。装备制造业实现增加值 581.48 亿元，增长 11.2%，占规模以上工业增加值的比重为 26.4%。2017 年末，全市规模以上工业列入重点监测的战略性新兴企业 210 家。

全年规模以上工业企业实现利润总额 511.97 亿元，比上年增长 17.6%，其中，国有企业 34.68 亿元，增长 93.9%；集体企业 1.59 亿元，增长 67.4%；股份制企业 259.97 亿元，增长 16.6%；外商及港澳台商投资企业 201.38 亿元，增长 15.2%；非公有企业 416.50 亿元，增长 12.3%。规模以上工业企业资产负债率 55.88%，每百元主营业务收入中的成本为 87.75 元，下降 0.06 元，主营业务收入利润率 5.9%。

【建筑业】　2017 年，福州市建筑业实现增加值698.20亿元，比上年增长

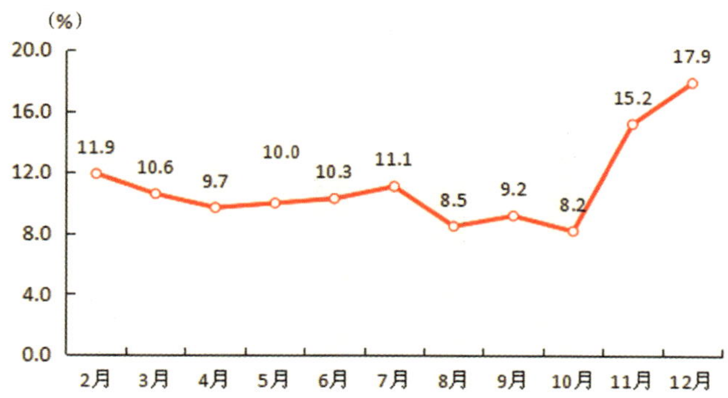

图 18 2017 年福州市社会消费品零售总额增长速度(月度同比)

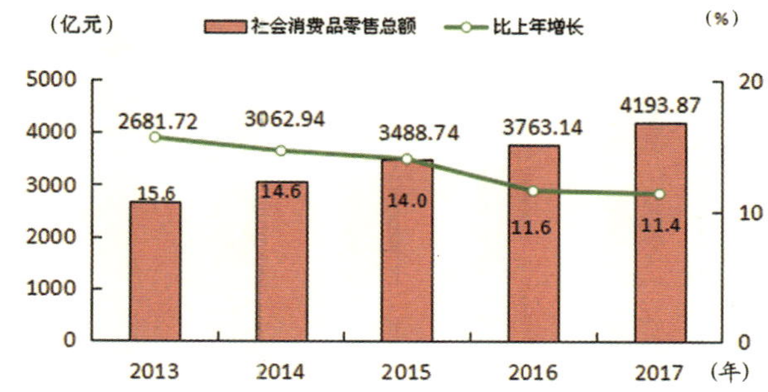

图 19 2013—2016 年福州市社会消费品零售总额及其增长速度

4.4%。全市具有资质等级的总承包和专业承包建筑业企业完成建筑业总产值 3581.51 亿元,增长 16.5%。

【固定资产投资】 2017 年,福州市固定资产投资 5823.39 亿元,比上年增长 12.3%。

从含跨区项目情况看,第一产业投资比上年增长 17%;第二产业投资增长 5%,其中,工业投资增长 6.6%;第三产业投资增长 27%。基础设施投资 2092.64 亿元,增长 27.5%,占固定资产投资的比重为 35.9%;民间投资 2923.06 亿元,增长 9.2%,占固定资产投资的比重为 50.2%;高新产业投资 418.72 亿元,增长 9.4%,占固定资产投资的比重为 7.2%。

全年房地产开发投资 1694.18 亿元,比上年增长 0.9%,其中,住宅投资 1176.99 亿元,增长 4.8%。全年新开工建设城镇保障性安居工程住房 13835 套(户),基本建成保障性安居工程住房 18811 套。

【国内贸易】 2017 年,福州市社会消费品零售总额 4193.87 亿元,比上年增长 11.4%。按消费形态统计,商品零售额 3744.53 亿元,增长 11.7%;餐费收入额 449.34 亿元,增长 9.6%。

在限额以上企业商品零售额中,通信器材类零售额比上年增长 16.5%,服装鞋帽针纺织品类增长 9.2%,金银珠宝类增长 24.4%,粮油食品类增长 26.1%,日用品类增长 8.8%,家具类增长 9.3%,化妆品类增长 20.9%,汽车类增长 14.5%,体育、娱乐用品类增长 38.8%,家用电器和音响器材类增长 21.8%,石油及制品类增

表 4 **2017 年福州市分行业固定资产投资(含跨区项目)情况**

行　业	投资额(亿元)	比上年增长(%)
农林牧渔业	77.54	22.8
采矿业	1.97	-44.6
制造业	1159.75	15.0
电力、热力、燃气及水生产和供应业	327.83	-14.9
建筑业	23.18	-46.4
批发和零售业	141.59	115.5
交通运输、仓储和邮政业	481.14	-1.3
住宿和餐饮业	40.99	-1.0
信息传输、软件和信息技术服务业	211.11	12.1
金融业	4.85	-85.5
房地产业	171.78	-37.1
租赁和商务服务业	76.12	121.2
科学研究和技术服务业	30.35	17.5
水利、环境和公共设施管理业	1127.41	83.7
居民服务、修理和其他服务业	18.64	90.7
教育	62.19	-10.7
卫生和社会工作	58.11	68.4
文化、体育和娱乐业	65.22	-12.0
公共管理和社会组织	49.43	-0.8

表 5 **2017 年福州市对主要市场贸易情况**

国家和地区	出口额(亿元)	比上年增长(%)	进口额(亿元)	比上年增长(%)
美国	342.1	6.0	83.6	49.2
欧盟	245.5	5.3	73.5	29.4
东盟	228.5	6.9	101.2	42.1
日本	85.6	3.8	98.4	47.8
韩国	44.8	12.1	91.6	9.4
俄罗斯联邦	19.4	45.2	8.9	122.0

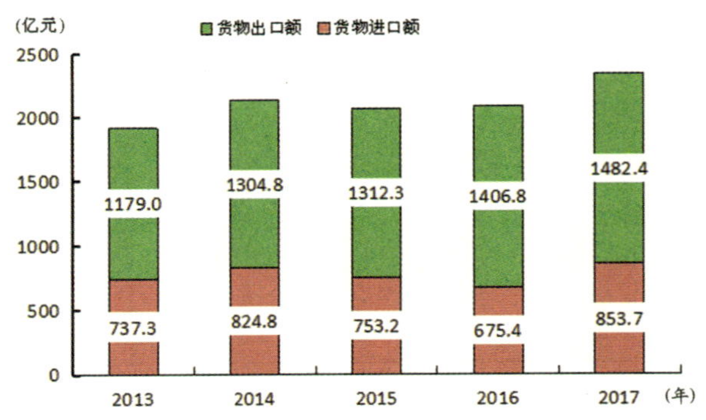

图 20 2013—2017 年福州市货物进出口总额

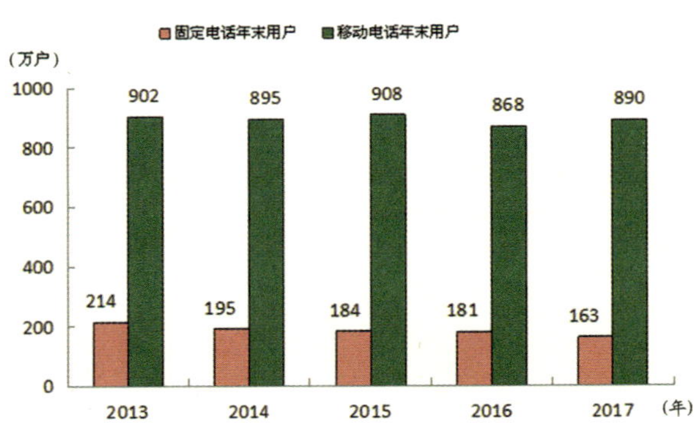

图 21 2013—2017 年福州市电话用户数

长 9.2%。

【对外经济及对港澳台经济】 2017 年,福州市进出口总额 2336.03 亿元,比上年增长 12%,其中,出口 1482.37 亿元,增长 5.1%;进口 853.66 亿元,增长 26.4%。进出口顺差 628.71 亿元。

实际利用外商直接投资 131.76 亿元,比上年增长 14.1%。新批合同外资项目 362 项,下降 25.1%。新批合同外资金额 395.21 亿元,增长 264.7%。

新批境外投资项目(不含自贸区)31 项,新批境外协议投资总额(不含自贸区)10.25 亿美元,其中,中方协议投资额 6.55 亿美元。新批台资项目 137 项,比上年下降 57.1%,对台贸易额 19.67 亿美元,增长 15.4%。

全年对外劳务合作完成营业额 4.04 亿美元,比上年增长 39%;对外劳务合作期末在外人员 38362 人,增长 31%。

表 6 **2017 年福州市交通运输业完成货运量、客运量情况**

指标	绝对数	比上年增长(%)
公路		
货物运输量(万吨)	17496	12.6
旅客运输量(万人次)	8632	-8.1
水路		
货物运输量(万吨)	8939.7	2.6
旅客运输量(万人次)	118.8	4.2
铁路		
货物运输量(万吨)	591.9	21.5
旅客运输量(万人次)	3197.9	11.8
民航		
货邮运输量(万吨)	12.6	3.2
旅客运输量(万人次)	1246.9	7.4

【交通】 2017 年,福州市交通运输、仓储和邮政业实现增加值 324.99 亿元,比上年增长 10.5%。年末公路里程(不含平潭)11465 千米,增长 0.5%。其中高速公路总里程 588 千米,与上年持平;年末铁路总里程 344.94 千米,其中高速铁路总里程 67 千米,与上年持平。

全年沿海港口完成货物吞吐量 11984.39 万吨,比上年增长 0.9%。其中,外贸货物吞吐量 4998.24 万吨,增长 5%。集装箱吞吐量 292 万标箱,增长 12.3%,其中,对台直航集装箱吞吐量 35.5 万标箱,增长 12.7%。

年末,全市汽车保有量 118.37 万辆(含三轮汽车和低速货车),比上年末增长 9.5%,其中私人汽车保有量 102.34 万辆,增长 9.2%。全市轿车保有量 73.03 万辆,增长 8.5%,其中私人轿车保有量 67.43 万辆,增长 8.1%。

【邮政】 2017 年,福州市完成邮政业务总量 81.65 亿元,比上年增长 31.6%;电信业务总量 216.43 亿元,增长 53.8%。邮政业务收入 46.14 亿元,增长 14.3%;电信业务收入 110.66 亿元,增长 7.9%。邮政业全年完成邮政函件业务 3260.34 万件,快递业务量 33959.62 万件。年末全市电话用户总数 1053.17 万户,其中,固定电话用户 162.83 万户;移动电话用户 890.34 万户(3G/4G 电话用户 709.94 万户,净增 74.81 万户)。全市年末互联网宽带接入用户(不含手机上网用户)285.85 万户,增加 40.72 万户。

【旅游】 2017 年,福州市接待境内外游客(含一日游)6737.81 万人次,比上年增长 22%。其中,接待境外游客 131.48 万人次,增长 21%;国内游客 6606.33 万人次。旅游总收入 878.54 亿元,增长 32.4%,旅游外汇收入 15.01 亿美元,增长 11.4%。年末星级酒店 43 家,星级酒店客房 8263 间,A 级旅游景区 45 个。全年经福州口岸赴台旅游 38132 万人次,下降 12.3%。

【金融】 2017 年末,福州市金融机构本外币各项存款余额 13597.68 亿元,比上年末增长 9.4%,其中,非金融企业存款4960.99亿元,增长4.3%,住户存款

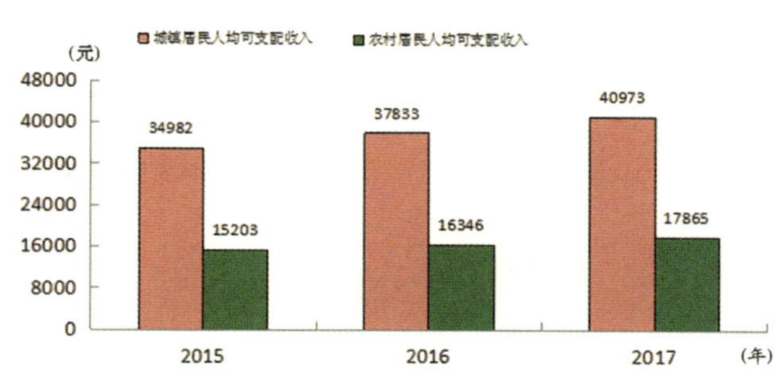

图 22　2015—2017 年福州市城镇及农村居民可支配收入

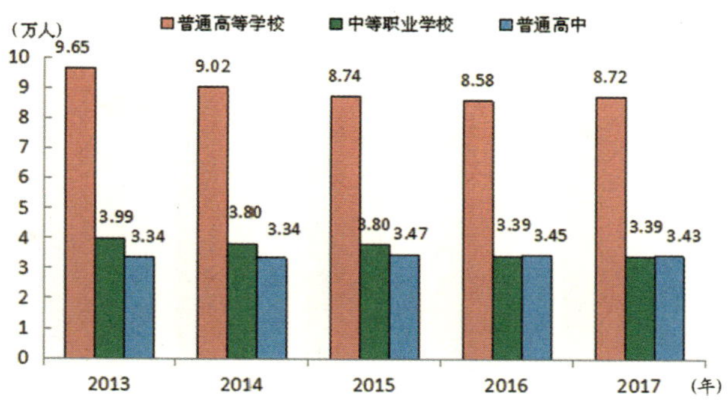

图 23　2013—2017 年福州市各类学校招生人数

4537.32 亿元，增长 6.8%；金融机构本外币各项贷款余额 13746.34 亿元，增长 9.6%，其中，短期贷款 3294.39 亿元，下降 0.9%，中长期贷款 10032.66 亿元，增长 17.5%。金融机构人民币存款余额 13136.68 亿元，比上年末增长 8.8%，金融机构人民币贷款余额 13320.41 亿元，比上年末增长 9.9%。

年末境内上市公司 43 家，比上年增加 11 家，市价总值 8340.23 亿元，增长 16.3%；全市股票、基金交易额 62796.31 亿元，全年期货交易额 19948.23 亿元。年末证券市场投资者资金开户数 311.03 万户，新增 38.81 万户；年末期货公司 3 家，期货营业部 30 个；证券公司 2 家，证券分公司 26 家，营业部 128 个。

全年内外资保险公司保费收入 313.61 亿元，比上年增长 16.6%，其中，财产险保费收入 76.76 亿元；人身险保费收入 236.85 亿元。支付各类赔款及给付 87.76 亿元，增长 0.9%，其中，财产险赔款 40.63 亿元；人身险赔款 47.13 亿元。年末各类保险营业网点 430 个，外资保险机构在福州设立分公司 14 个，代表处 1 个。

【人民生活】　2017 年，福州市居民人均可支配收入 32561 元，比上年增长 8.4%。按常住地分，农村居民人均可支配收入 17865 元，增长 9.3%；城镇居民人均可支配收入 40973 元，增长 8.3%。全市居民人均生活消费支出 23006 元，增长 5%。按常住地分，农村居民人均生活消费支出 15283 元，增长 8.9%；城镇居民人均生活消费支出 27427 元，增长 3.9%。

【社会保障】　2017 年末，福州市社会基本养老保险参保人数 417.17 万人，比上年增加 6.38 万人，其中参保城镇企业职工 173.72 万人，城乡居民养老保险人员 213.91 万人，被征地农民养老保障人员 47.05 万人，机关事业单位养老保险人员 29.54 万人。年末基本医疗保险参保人数 615.53 万人，其中职工基本医疗保险参保人数 159.37 万人，城乡居民基本医疗保险参保人数 455.76 万人。年末生育保险参保人数 113.03 万人，比上年末增加 3.76 万人。全市失业保险参保人数 121.26 万人，比上年增加 1.75 万人。年末工伤保险参保人数 155.03 万人，增加 3.23 万人。

年末全市领取失业保险金人数 6675 人，比上年增加 321 人；全市纳入城市最低生活保障的居民 8423 人，减少 1177 人；纳入农村最低生活保障的居民 46621 人，减少 1162 人；全年保障特困人员供养对象 6532 人，减少 714 人。

年末全市建立社区卫生服务中心（站）177 个，每千人拥有卫生机构床位 4.84 张，每千人拥有医院床位 4.01 张，每千人拥有卫生技术人员 7.41 人，每千人拥有医生 2.75 人。

【教育】　2017 年，福州市研究生教育招生 9419 人，在校研究生 24585 人。普通高等教育招生 87175 人，在校生 313857 人。中等职业教育招生 33943 人，在校生 92392 人。全市普通高中招生 34348 人，在校生 102304 人。初中招生 78825 人，在校生 219459 人。普通小学招生 95048 人，在校生 547999 人。特殊教育在校生 1522 人。学前教育在园幼儿 276605 人。市级示范园 75 所，省级达标中学 73 所。初中毕业升学率 98.2%。

【科学技术】　2017 年末，福州市有国家级创新型企业 3 家，国家创新型试点企业 4 家，省级创新型（试点）企业 186 家；新认定高新技术企业 158 家，总数 744 家。新认定省级企业技术中心 10 家，新认定市级企业技术中心 9 家。全市专利申请受理 25580 件，专利授权 11266 件，分别比上年增长 23.6% 和 4.1%。全年登记技术合同 1465 项，成交额 25.71 亿元。

【文化】　2017 年末，福州市文化系统有艺术表演团体 9 个，公共图书馆 13 个、文化馆 12 个，群艺馆 1 个，剧场、剧院数 1 个，博物馆、纪念馆 37 个。各类艺术表演团体演出 2152 场，公共图书馆藏书量 799.32 万册，博物馆、纪念馆收藏文物 17.01 万件，图书流动点 624 个，乡镇综合文化站 130 个，农家书屋 2195 个。

年末全市有影院 59 个，新增 7 个。电视台 8 座，电视节目 13 套。广播电台 8 座，广播节目 11 套。年末有线电视用户 146.41 万户，入户率 63.1%。年末行政村有线电视联网率 86.6%，广播综合人口覆盖率、电视综合人口覆盖率均为 100%。

【卫生】　2017 年末，福州市有各级各类医疗卫生机构 3959 个，其中医院 109 个，乡镇卫生院 124 个，村卫生所 2119 个。年末全市有卫生机构床位 34878 张。卫生技术人员 53412 人，其中执业（助理）医师 19803 人，注册护士 23373 人，乡镇卫生院卫技人员 5139 人，村卫生所卫技人员 574 人。

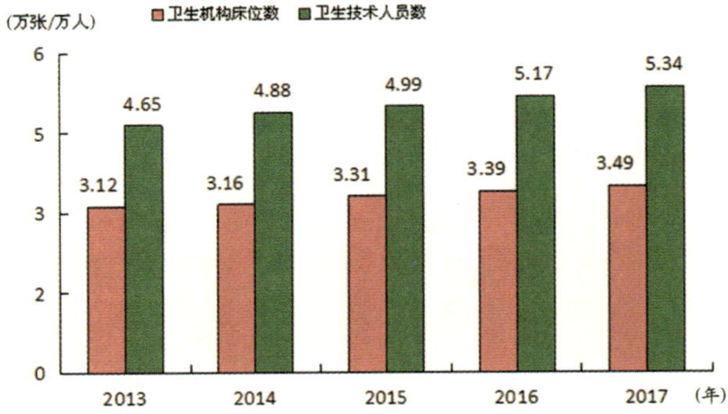

图 24 2013—2017 年福州市卫生机构床位数和卫生技术人员数

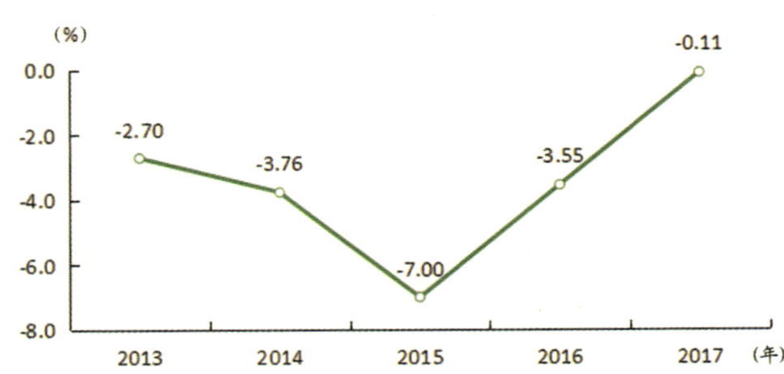

图 25 2013—2017 年福州市单位 GDP 能源消耗增长率

【体育】 2017 年,福州市有体育场馆数 482 个,总面积 41.79 万平方米。为民办实事项目新建 14 个城市社区多功能运动场、6 个社区室内健身房、8 个笼式足球场和 3 个门球场。全民健身运动会开展篮球、羽毛球、飞镖、跳绳等 32 类项目,近千场次活动,参与人数 100 多万人次。获评国家体育产业示范基地 1 个、示范单位 1 个、示范项目 1 个,新增省级体育产业示范单位 3 个。全年体育彩票销售额 17.11 亿元。

【能源消耗】 2017 年,福州市规模以上工业耗能 1349.63 万吨标准煤。全社会用电量比上年增长 10.2%。万元地区生产总值能耗下降 0.11%。

【环境】 2017 年,福州市人工更新造林总面积 4359 公顷,新增 127 公顷。全市森林覆盖率 57.1%。商品材产量 32.81 万立方米,比上年下降 3.8%。年末公园数 114 座,公园绿地面积 3802.92 公顷。年末建成区新增绿地面积 219.34 公顷,建成区绿地率 41.1%。全市新增公园绿地面积 295.67 公顷,人均公园绿地面积 14.74 平方米。新增 2000 平方米以上街头绿地 20 处。

截至 2017 年末,全市有 8 个县(市)区通过国家级生态县(市)区考核验收,累计完成 118 个国家级、130 个省级生态乡镇(街道)和 1919 个市级以上生态村创建。闽江(福州段)干流水质功能区达标率、敖江(福州段)干流水质功能区达标率、龙江流域水质功能区达标率、6 个市级饮用水水源地水质达标率、县(市)级以上饮用水水源地水质达标率均为 100%。区域环境噪声 57.5 分贝,区域交通噪声 69.3 分贝,城区环境空气达标天数 347 天,城区环境空气达标率 95.9%,空气质量综合指数 3.43。年末自然保护区 9 个,其中国家级自然保护区 2 个。全市污水处理率达 91.16%,五城区生活垃圾无害化处理率 100%,各县(市)区建制镇和农村垃圾无害化处理率 99.14%。

【安全生产】 2017 年,福州市发生各类生产安全事故 262 起,死亡 99 人,按可比口径,分别比上年下降 24.5% 和 34.4%。各类生产安全事故受伤人数 241 人,直接经济损失 24.7 万元。

说明:1.“国民经济和社会发展情况”分目未包括连江县的马祖列岛;

2. 数据为初步统计数,部分合计数或相对数由于单位取舍不同而产生的计算误差,均不做机械调整;

3. 福州市地区生产总值、各产业增加值按现价计算,增长速度按可比价格计算;

4. 卫生机构数含村卫生室;

5. 年末有线电视用户及入户率统计口径由“端口开通数”调整为“实际有效用户数”;

6. 分目内容引自《2017 年福州市国民经济和社会发展统计公报》。

(吴翔凌)

机构及负责人

中共福州市委员会

书　记:王　宁
副书记:尤猛军
　　　　林晓英
常　委:修兴高
　　　　王进足
　　　　薛　侃
　　　　林　飞
　　　　陈　晔
　　　　高　明
　　　　蔡战胜
　　　　吴深生
　　　　张　忠
秘书长:张　忠
副秘书长:程小马
　　　　戴清泉
　　　　高明保
　　　　张炜鸣

福州市人民代表大会常务委员会

主　任:陈为民
副主任:鄢　萍
　　　　柯有铭
　　　　陈建平
　　　　陈春光
　　　　关瑞祺
　　　　林　峰
秘书长:刘晓强
副秘书长:丘志强
　　　　杨信增
　　　　郭　云
　　　　叶　勇

福州市人民政府

市　长:尤猛军
副市长:林　飞(常务)
　　　　严可仕
　　　　阮孝应
　　　　潘东升

杭　东
杨新坚
李　春
王寿碧（挂职）
秘书长：朱汉民
副秘书长：黄建新
黄济霖
林　强
郭建国
蔡　文
黄建雄
党　伟（挂职）
刘用全
张则铭

中共人民政治协商会议福州市委员会

主　席：何静彦
副主席：雷成财
林治良
林绍彬
郑　勇
林恒增
郑云春
王绍知
林　锋
罗蜀榕
秘书长：张大斌
副秘书长：陈向上
林　敦
朱宗瑜
路　琳

福州市中级人民法院

院　长：胡志伟
副院长：林志雄
赵彦邦
黄勤民

福州市人民检察院

检察长：叶燕培
副检察长：余深画
顾　颀
董良馨
张　捷
陈秀云
鼓山地区检察院
检察长：叶爱国
副检察长：张治清

中共福州市委工作部门及办事机构

市委办公厅
（市委政策研究室、机要局）
主　任：程小马
副主任：张清泉
兰爱佺
朱红艳
政策研究室
主　任：戴清泉
机要局
局　长：朱秀兰
市国家保密局
局　长：王贤伟
市委、市政府接待办公室
主　任：张炜鸣
副主任：丁如丹
林淑玲
市纪律检查委员会、市监察局
书　记：修兴高
副书记：张娇兴
肖敦颖
叶　谊
常　委：曾开寿
林裕煌
林　海
薛　博
秘书长：薛　博
市监察局
局　长：叶　谊
副局长：曾开寿
林群慧
市委巡察办
主　任：鄢　荣
副主任：郭建刚
李明华
市委组织部（市委非公企业和社会组织工作委员会）
部　长：吴深生
副部长：陈　惠
王　聪
林　舫
邓　岚（兼）
刘毅宙
市委非公有制企业和社会组织工委
书　记：王　聪
市委宣传部
部　长：蔡战胜
副部长：叶友琛（常务）
张学勇
潞　江
楼卫东（兼）
市委精神文明建设办公室（市精神文明建设指导委员会办公室）
主　任：张学勇
副主任：练　文
市委统一战线工作部
部　长：陈　晔
副部长：阮文光（常务）
张性魁
莫雪平
程　辉
市委政法委员会（含市社会管理综合治理委员会办公室）
书　记：高　明
副书记：潘东升（兼）
郭家彬（常务）
李　勇
余永俤
陈武成
秘书长：刘　钟
市社会管理综合治理委员会办公室
主　任：郭家彬
副主任：叶金春
陈元武
市委防范和处理邪教问题领导小组办公室
主　任：陈武成
副主任：陈建祥
刘志杰
市委台湾工作办公室
（市政府台湾事务办公室）
主　任：邓达木
副主任：许春保
谢祖禄
黄炬辉
市委机构编制委员会办公室
（市政府机构编制办公室）
主　任：陈涌华
副主任：林仁健
许开夏
林小宝
市委市直机关工作委员会
书　记：林晓英
副书记：陈晓晖（常务）
刘蓉晖
林世荣
郑慧中

市委老干部局
局　长:邓　岚
副局长:倪为民
曾海方
刘丹峰

市委信访局(市政府信访局)
局　长:陈金友
副局长:郭汉平
金昌铭
郑昌进

福州市人大常委会工作机构及专门委员会

市人大法制委员会
主　委:严孟灿
副主委:张　诚

市人大常委会办公厅
主　任:丘志强
副主任:许海霖
欧阳伟键

市人大常委会研究室
主　任:饶春贵
副主任:杨永生

市人大常委会人事代表工作室
主　任:蓝　锋
副主任:谢晓妹
林韵洁

市人大常委会法制工作委员会
主　任:张　诚
副主任:林　峻
林国晃

市人大常委会内务司法工作委员会
主　任:李　锋
副主任:黄修钗

市人大常委会财政经济工作委员会
主　任:朱光华
副主任:张　航
张　娟

市人大常委会城建环境工作委员会
主　任:陈　巍
副主任:周开城

市人大常委会华侨(台胞)工作委员会
主　任:张修强
副主任:王询斌

市人大常委会农村经济工作委员会
主　任:吴兰铮
副主任:黄文希
杨健浩

市人大常委会教科文卫工作委员会
主　任:陈　燕
副主任:林福明

市人大常委会信访局
局　长:谢晓芳

福州市人民政府工作部门

市政府办公厅(加挂市海防委员会办公室、市双拥工作领导小组办公室、市爱国卫生运动委员会办公室、市政府法制办公室牌子)
主　任:黄建新
副主任:李　强
纪文杰
刘广辉
易承卫

市海防委员会办公室
主　任:黄建新(兼)
副主任:李光宝
陈　明

市双拥工作领导小组办公室
主　任:张则铭(兼)
副主任:陆炳成

市爱国卫生运动委员会办公室
主　任:黄建新(兼)
副主任:林　怡

市政府法制办
主　任:魏善庆(兼)

市发展和改革委员会(加挂市物价局牌子)
主　任:游通铃
副主任:李占卫
黄敬池
王石融
连建华
林　津
总经济师:郑礼招

物价局
局　长:李占卫(兼)

经动办
主　任:游通铃(兼)
副主任:(空缺)

重点办:
主　任:林　津(兼)
副主任:林国信(常务)
蔡峻林

市经济和信息化委员会
主　任:王国晓
副主任:林端雄
林高星
翁云疆
谢竞红
总工程师:王敏辉

市城乡建设委员会
主　任:陈漠诚
副主任:郑　鸿
张麒蛰
郑　军
高　尚
总工程师:林宝钧

市交通运输委员会(加挂城市交通战备办公室牌子)
主　任:陈希治
副主任:林昌达
陈志武
陈思明
庄　骁
王镜秋
总工程师:邱吉忠

城市交通战备办公室
主　任:陈希治(兼)
副主任:李元群

市卫生和计划生育委员会
主　任:林　澄
副主任:叶　明
杨晓煜
叶晓霞
陈新旭

市教育局
局　长:唐　希
副局长:黄　林
陈　亮
念　琪
陈　颖

市科学技术局
局　长:任义文
副局长:王建忠
邹勇志

市民族与宗教事务局
局　长:王寿钦
副局长:杨国富
林小玲

市公安局
局　长:潘东升
副局长:黄作璋
张　鸿
黄敦蒲
曾　晖
朱　卫

林晓东

市民政局（加挂市革命老根据地建设办公室牌子）

局　长：（空缺）

副局长：赵艺萍

林　峰

黄大明

老区办

主　任：刘建平

市司法局

局　长：唐新文

副局长：方振荣

岗永红

丁　萍

市财政局

局　长：林中麟

副局长：郑道新

蒋爱玉

陈龙建

金晖辉

黄　羽（挂职）

杨东林

总工程师：黄振奋

市金融工作办公室

主　任：杨猛猛

副主任：俞　敏

市人力资源和社会保障局（加挂市公务员局牌子）

局　长：王命瑞

副局长：冯　音

熊玉平

高远忠

程良榕

市国土资源局

局　长：郑章干

副局长：彭永麒

张仁灿

聂晓梅

林立淼

总规划师：张　武

市环境保护局

局　长：郭海阳

副局长：汪家升

蔡　芹

谢延风

总工程师：许爱琼

市城乡规划局

局　长：翁华锋

副局长：林　强

张　帆

姚晓征

总工程师：（空缺）

总规划师：官升玲

市住房保障和房产管理局

局　长：罗若谷

副局长：高学良

孙文锋

市城市管理委员会（加挂市城市综合执法局牌子）

主　任（局长）：林　坦

副主任（副局长）：杨立宏

金德荣

葛宏鹏

市安全生产监督管理局

局　长：陈仁德

副局长：林　晞

刘承勇

王学初

总工程师：叶　军

市农业局（市委农村工作领导小组办公室）

局　长（主任）：翁芳明

副局长（副主任）：黄新秋

黄礼滨

黄大文

市林业局

局　长：童桂荣

副局长：张顺恒

冯　平

廖胜彪

总工程师：翁荣声

市水利局

局　长：陈济斌

副局长：吴聪先

吴红城

总工程师：林　凯

市海洋与渔业局

局　长：林海华

副局长：高　琳

陈　钰

陈佳丁

陈明东

总工程师：陈国生

市粮食局

局　长：卢　林

副局长：陈　颖

陈　军

陈友义

市商务局（加挂市支前办公室牌子）

局　长：林汉隽

副局长：黄武闽

沈鹭滨

黄雪勋

徐　强

潘　文

支前办公室

主　任：林汉隽（兼）

副主任：樊新江

市投资促进局

局　长：黄济霖

副局长：严周文

陈　伟

市市场监督管理局（加挂市食品药品监督管理局、工商局、质量技术监督局、食品安全办公室牌子）

局　长：陈宗胜

副局长：陈　敏

陈建荣

颜耀鹏

李振强

高　峰

叶　明（兼）

蔡晓峰

食品安全总监：李巧洪

市文化广电新闻出版局（加挂市文物局牌子）

局　长：孙晓岚

副局长：陈炳荣

陈思源

吴聿建

卓继辉

朱祖辉

市文物局

局　长：吴聿建

市体育局

局　长：张　涵

副局长：刘　丹

黄　毅

郭志农

市审计局

局　长：林良云

副局长：郑生明

刘小红

林光明

市统计局

局　长：彭锦华

副局长：朱　政

陈　杰
杨　航
总统计师:曹寿全

市旅游发展委员会
主　任:潘　威
副主任:李春茂
杨云华

市机关事务管理局
局　长:高明保
副局长:陈起平
范永东
总会计师:赵善才

市政府外事侨务办公室
主　任:吴晓杰
副主任:马亚明
张素燕
杜维广

市人民防空办公室
主　任:陈燕敦
副主任:林金潘
杭　琥

市政府国有资产监督管理委员会
主　任:曾国俊
副主任:陈宙泉
蔡立福
周志坚

福州市人民政府派出机构及其他机构

市机关效能建设领导小组办公室(市机关效能投诉中心)
主　任:吴德泉
副主任:刘常辉
赵爱萍

市政府驻北京联络处(加挂市政府[北京]招商中心牌子)
主　任:罗晓晖
副主任:严周文(兼)
陈建荣(挂职)
林伟航

市政府驻上海办事处
主　任:葛根旺

市政府驻深圳办事处
主　任:林发希

市医疗保障管理局
局　长:郑道新

市行政服务中心管委会(加挂市市民服务中心管委会牌子)
主　任:张晓容
副主任:周建国
翁宜冰
林蔡仁

市历史文化名城管委会(市三坊七巷管委会)
主　任:杨　勇
副主任:吴聿建(兼)
杨洪华
凌　敏
总工程师:林中林

市市场监督管理行政执法支队
支队长:王锦文
政　委:林跃力

市老龄工作委员会办公室
主　任:(空缺)
副主任:陈敬水

市金山工业集中区(市金山工业集中区开发建设有限公司)
主　任:(空缺)
副主任:(空缺)

福州新区管委会
主　任:尤猛军
副主任:黄忠勇(常务)
肖　华
许南吉

福州新区福清功能区管委会
党委书记:王进足(兼)
主　任:张　帆(兼)
副主任:林友华(常务)
项箴雄
黄　侠
杨　林

福州江阴港城经济区管委会
主　任:高双成
副主任:吴云锦
王言霖

福州新区长乐功能区管委会
党委书记:许南吉(兼)
主　任:蔡劲松(兼)
副主任:许南吉
晁　旭
郑子焰
陈家登
黄华贤

福州新区仓山功能区管委会
党委书记:蔡福勇(兼)
主　任:梁　栋(兼)
副主任:任　巍
林谋东

中国(福建)自由贸易试验区福州片区管理委员会(福州保税港区管理委员会)
主　任:黄忠勇
副主任:阮孝应(常务)
陈曾勇(兼)
张　帆(兼)
李　平
梁　栋(兼)
游　力
梁　勇
肖文静(挂职)

福州高新技术产业开发区管委会
党工委书记:许舜举
主　任:叶仁佑
副主任:林松旺
陈志毅
林勉建
林　武

福州台商投资区管委会
主　任:李小荣
副主任:林桂强
李　军

闽台(福州)蓝色经济产业园管委会(筹)
主　任:(空缺)
副主任:李文清
吴忠东

福州临空经济园区管委会(筹)
主　任:王命发

福州地区大学新校区管委会
主　任:李　春(兼)
副主任:陈长泽(常务)
林　蔚
张艳明
程道龙

中国人民政治协商会议福州市委员会工作机构

市政协办公厅
主　任:陈向上
副主任:林忠武
肖湘榕
李　民

市政协调查研究室
主　任:陈小刚
副主任:林辅胜

市政协提案委员会
主　任:余　松
副主任:官　兵

市政协经济建设委员会

主　任:曹　波

副主任:林秀燕

市政协教科文卫体委员会

主　任:汪芷江

副主任:陈　芳

市政协港澳台侨和外事委员会

主　任:郑建平

副主任:张　莉

市政协社会和法制委员会

主　任:张　硕

副主任:李林菁

市政协民族和宗教委员会

主　任:陈光华

副主任:李大林

市政协文史资料和学习宣传委员会

主　任:杨　凡

副主任:张苏飞

市政协人口资源环境委员会

主　任:黄诗杨

副主任:(空缺)

福州市民主党派与工商联

民革福州市委员会

主　　委:林　锋

专职副主委:陈子华

民盟福州市委员会

主　　委:林治良

专职副主委:林文亮

民建福州市委员会

主　　委:罗蜀榕

专职副主委:倪　真

民进福州市委员会

主　　委:严可仕

专职副主委:柴刚丽

农工党福州市委员会

主　　委:林　澄

专职副主委:陈向红

致公党福州市委员会

主　　委:鄢　萍

专职副主委:陈京香

九三学社福州市委员会

主　　委:林绍彬

专职副主委:罗　枫

台盟福州市委员会

主　　委:甘海疆

专职副主委:粘少梅

福州市工商业联合会

主　席:雷成财

副主席:张性魁

宋晓非

张　强

福州市人民团体、群众团体机构

市总工会

主　席:陈　晔

副主席:郑湘国

林如长

金　纶

崔　华

经审委

主　任:尤　山

共青团福州市委员会

书　记:赵春荣

副书记:肖善颖

叶　苏

吴春艳(挂职)

市妇女联合会

主　席:陈　红

副主席:娄月琴

陈　菁

林燕青(挂职)

崔　华(兼)

黄坚瑜(兼)

市社会科学界联合会

主　席:蔡战胜

副主席:陈日官

张春斌

陈　亮

市文学艺术界联合会

主　席:鄢　萍(兼)

副主席:鲍　闽

武夏红

田　磊

市残疾人联合会

理事长:郑永登

副理事长:邱松青

叶　青

徐世元

市科学技术协会

主　席:付贤智(兼)

副主席:尤典真

陈　华

吴　力

市归国华侨联合会

主　席:蓝桂兰

副主席:林良明

李清华

市台湾同胞联谊会

会　长:林鸿榕(人选)

副会长:杨　军(人选)

中国国际贸易促进委员会福州市委员会(中国国际商会福州商会)

会　长:王熙云

副会长:吴毓青

陈晓玲

市计划生育协会

专职副会长:刘惠珍(常务)

王　锋

张孔友

市中华职业教育社

主　任:林治良(人选,兼)

副主任:姚文南

市红十字会

会　长:严可仕(兼)

副会长:胡晓强(常务)

胡树林

胡经民

市法学会

会　长:高　明

专职副会长:陈建忠

秘书长:陈建忠(兼)

市对外友好协会

副会长:(空缺)

福州市参公事业单位

市委党校、市行政学院、市社会主义学院

市委党校(市行政学院)

校(院)长:吴深生(兼)

副校(院)长:陈高英(常务)

林秀玲

王小珍

市社会主义学院

院　长:陈高英

副院长:阮文光(兼)

王小珍

市委党史研究室

主　任:吕　斌

副主任:陈清华

宋建兴

市档案局(馆)

局(馆)长:林香平

副局(馆)长:宋美榕

庄晶萍

刘若清

市委讲师团

团　长:张启强

市“数字福州”建设领导小组办公室
主　任:曾伟东

市政府发展研究中心
主　任:郑　立
副主任:姚瑞强
　　　　郑洪海
　　　　刘　庆

市地方志编纂委员会
主　任:高锦利
副主任:叶　红

市供销合作社联合社
主　任:陈春恩
副主任:林洪锦
　　　　陈建文
　　　　薛　男

市知识产权局
局长:何朝晖

市地震局
局　长:戴　黎
副局长:卓良辉
　　　　江　晨

市园林局
局　长:杨　晓
副局长:陈锵艳
　　　　陈志光
　　　　陈　凡
总工程师:林　诚

市城镇集体工业联合社
主　任:陈　彪
副主任:陈子平
　　　　林爱华

市环境卫生管理处
处　长:林长盛

市卫生计生监督所
所　长:林　强

市文化市场综合行政执法支队
支队长:吴　跃
政　委:(空缺)

市道路运输管理处(加挂市轨道交通运营管理处牌子)
处　长:(空缺)

市水路运输管理处(市地方海事局)
处　长:颜永忠

市国土资源综合行政执法支队
支队长:尚文彬
政　委:商志强

市海洋与渔业执法支队
支队长:陈如祥
政　委:朱　斌

市五一广场管理处
主　任:林　忠

市住房公积金管理中心
主　任:兰仰金
副主任:蔡　颖
　　　　郑宗沐

市不动产登记和交易中心
主　任:林京洪
副主任:邓世清
　　　　林礼岑
　　　　杨荣南

市鼓岭旅游度假区(市鼓山风景名胜区)管委会
主　任:林　峰(兼)
副主任:马建明
　　　　颜学清
　　　　商志强(兼)
　　　　董　健(兼)
总工程师:林　诚

市水电站库区移民开发局
局　长:陈苏闽

福州市事业单位

市“智慧福州”管理服务中心
主　任:陈永辉
副主任:郑世忠
　　　　何晨东

福州广播电视台
台　长:陈　航
副台长:陈建斌
　　　　宋　敏
　　　　郑继业
　　　　念　斌
总编辑:陈建斌
总工程师:林钦华
总会计师:黄一峰

福州日报社
社　长:楼卫东
副社长:陈滨峰
　　　　林雨夏
总编辑:陈滨峰

市社会科学院
院　长:杨　震
副院长:林丽娟

福州地区大学新校区基建管理中心
主　任:陈传熙
副主任:林　震

福州地区大学新校区后勤服务管理中心
主　任:陈永辉

福州仲裁委员会
主　任:薛海玲
秘书处秘书长:黄尚斌

市疾病预防控制中心
主　任:张晓阳

市住宅发展中心
主　任:夏　宁

市国有房产管理中心
主　任:夏　宁
副主任:陈可传
　　　　卢　征

市土地发展中心
主　任:谢　侹
副主任:陈韩德
　　　　刘　锋
　　　　潘建平

市民用建筑统建办公室
主　任:张志强
副主任:林国良
　　　　陈　怡

市城区水系联排联调中心
主　任:(空缺)
副主任:(空缺)

市交通综合行政执法支队
支队长:涂荣册
政　委:黄澄澄

市政工程管理处
党委书记:林　武

市规划勘测设计研究总院
院　长:高学珑
副院长:桂兴刚

市公路局
局　长:林著惠

市建筑设计院
院　长:林兴年

市农业科学研究所
所　长:(空缺)

市蔬菜科学研究所
所　长:(空缺)

市海洋与渔业技术中心
主　任:杨小强

市城市管理综合行政执法支队
支队长:郭绍兴
政　委:程明星

福州市属院校、医院

闽江学院
党委书记:何代钦

院　　长:王宗华
党委副书记:陈　曦
　　　　　刘元芳
纪委书记:詹　林
副院长:金德凌
　　　狄俊安
　　　李新贤
　　　吴建铭

福州职业技术学院

党委书记:林子波
党委副书记、院长:李秋斌
党委副书记:沈锦华
纪委书记:庄晓钟
副院长:张兰英
　　　欧阳少鸣

闽江师范高等专科学校

党委书记:陈荣生
校　　长:林　贤
党委副书记、纪委书记:陈　新
副校长:张昌勋
　　　黄耀荣
　　　张　兰(挂职)

福州教育研究院

院　长:林明华

福清卫生学校

校　长:刘翔炜

福州市体育运动学校

校　长:郭志农

福州第一技师学院(保留省机械工业技术学校牌子)

院(校)长:张美青
副院(校)长:母安明
　　　　　刘伟诚
　　　　　余　丰
　　　　　张挺青
　　　　　林美云

福州第二技师学院

院　长:张礼旺

福州工业学校

院　长:陈　欣

福州市第一医院

院　长:张　帆

福州市第二医院

院　长:朱　琪

福州结核病防治院

院　长:王　琳

福州神经精神病防治院

院　长:张　忠

福州市皮肤病防治院

院　长:王　林

福州市传染病医院

院　长:刘景丰

福州市妇幼保健院

院　长:阮能健

福州市中医院

院　长:张峻芳

福州市第八医院(福州铁路中心医院)

院　长:江　波

中共各县(市)区委员会
县(市)区人大、人民政府、政协

中共鼓楼区委

书　记:薛　侃
副书记:朱训志
　　　王振松
常　委:陈一飞
　　　朱向东
　　　陈　丹
　　　吴　雪(挂职)
　　　徐金泰
　　　陈　辉
　　　杨　辉
　　　杨朝晖
　　　郑寅球
　　　王晓玲(挂职)

鼓楼区人大常委会

主　任:胡道坦
副主任:柯岩辉
　　　唐庆善
　　　马宇建
　　　姚晓敏

鼓楼区人民政府

区　长:朱训志
副区长:陈　丹(人选)
　　　吴　雪(挂职)
　　　陈晓彬
　　　林　诚
　　　黄绍兴(挂职)
　　　郑炳锋
　　　陈　斌
　　　黄瑞忠
　　　马彦萍(挂职)
　　　高　翔

鼓楼区政协

主　席:李瑞琨
副主席:谢裕波
　　　陈宏鸥
　　　钟　薇
　　　王文锐

中共台江区委

书　记:李　凡
副书记:孙　利
　　　陈诸凯
常　委:曹　信(挂职)
　　　李　辉
　　　吴　勤
　　　吴声龙
　　　严立武
　　　王晶晶
　　　吴晓云
　　　陈自勇
　　　张其顺

台江区人大常委会

主　任:何长嘉
副主任:郑功敏
　　　卓小明
　　　刘华杰
　　　薛安发

台江区人民政府

区　长:孙　利
副区长:严立武(人选)
　　　黄胜进
　　　张统廉
　　　林　实
　　　郭　挺(挂职)
　　　林立清
　　　林友惠(挂职)
　　　汪映霞
　　　沈　力(挂职)
　　　邢晓玲(挂职)
　　　洪朱丹(挂职)

台江区政协

主　席:邓万铣
副主席:陈丽霞
　　　黄怀英
　　　唐佑钗
　　　徐　平

中共仓山区委

书　记:蔡福勇
副书记:梁　栋
　　　翁国平
常　委:潘仰武
　　　陈登峰
　　　周龙敏
　　　陈　甦
　　　李　雄
　　　黄炳新

黄　翔
许延华

仓山区人大常委会

主　任:阮　锋
副主任:陈玉莲
张玉俤
刘玉卿
刘金奖

仓山区人民政府

区　长:梁　栋
副区长:潘仰武
魏道航
姚　伟(援藏)
王栋梁
魏辅彧
王香华
潘宣彬(挂职)
林文峰
刘映菊(挂职)
缪　霞(挂职)
余垂霄(人选)
李肖强(挂职)

仓山区政协

主　席:陈　峰
副主席:吴文华
邓　斌
张敬明
吴　滨

中共晋安区委

书　记:刘卓群
副书记:张定锋
林　峰
常　委:郭　勇
林存武
张忠健
李朝波
林文福
叶晓兰
陈劲松
王　嵘(挂职)
赵宁辉

晋安区人大常委会

主　任:赵　坚
副主任:张里岩
王伟国
林　群
刘　磊

晋安区人民政府

区　长:张定锋
副区长:郭　勇
丁振新
俞　华
张　琴
毛向标
林　欣
郑　南(挂职)
刘焕梅(挂职)
陈立新
阮巍伟(挂职)

晋安区政协

主　席:魏晓辉
副主席:张秉洁
郑喜明
张秋英

中共马尾区委

书　记:赵学峰
副书记:陈曾勇
游　昕
马尾区委常委:倪晓嵘
江智文
赵　洵
郑是平
苏　建
林　全
伍南腾
陈　禺
开发区党委书记:赵学峰
副书记:陈曾勇
党委委员:游　昕
倪晓嵘
赵　洵
郑是平
伍南腾
杨木泽

马尾区人大常委会

主　任:李利民
副主任:吴　强
王　峪
林桂英

马尾区人民政府

区　长:陈曾勇
副区长:倪晓嵘
唐　寅(人选)
黄宇清
潘德璋
张发春
陈　昱
江典顺
拜春晖(挂职)
王海峰(挂职)
吴燕榕(挂职)

福州经济技术开发区管委会

主　任:陈曾勇
副主任:陈曾勇
倪晓嵘
陆裔波(挂职)
唐　寅
黄宇清
张发春

马尾区政协

主　席:张　林
副主席:林海鹰
邓文飞
吴永润
卢　融

中共长乐区委

书　记:许南吉
副书记:蔡劲松
林建国
常　委:王命发
鄢挺辉
赵　峰
余岸明
陈　锦
吴尧全(挂职)
吴翔天
郑子毅
包俊林(挂职)
林　盛

长乐区人大常委会

主　任:吴文琪
副主任:林春营
林少惠
沈小航
陈国衍

长乐区人民政府

区　长:蔡劲松
副区长:陈　锦
吴尧全(挂职)
陈航星
卓国鸿
林建华
黄雨涛
罗晓忠(挂职)
林燕枝
吴永忠
张　品(挂职)

长乐区政协

主　席:陈增国

副主席:郑宽挺

林勇魁

李瑞芳

林　宇

中共福清市委

书　记:王进足

副书记:张　帆

王建生

常　委:张新怿

胡万源(挂职)

张志华(挂职)

陈存枫

胡世才

陈恒东

张是全

陈明俤

林　彤

罗明炜

何小明(挂职)

福清市人大常委会

主　任:林　中

副主任:俞大军

朱育平

严　萍

林鹤志

福清市人民政府

市　长:张　帆

副市长:张新怿

胡万源(挂职)

张志华(挂职)

林　泓(挂职)

潘俏黎

林峭立

陈代祥

刘必建

李文清

赖家洪(挂职)

马　杰(挂职)

施家雄(人选)

福清市政协

主　席:林　健

副主席:陈　生

陈永青

吴华云

何德信

中共闽侯县委

书　记:李永祥

副书记:林　颖

陈政宝

常　委:林建善

林朝明(挂职)

李　充

郑学锦

林坤泉

陈祥波

宋亚俊(挂职)

王智武

沈　骅

查水金

闽侯县人大常委会

主　任:王彦强

副主任:郑铭魁

曾小榕

陈剑锋

林　燕(候选人)

闽侯县人民政府

县　长:林　颖

副县长:林建善

林朝明(挂职)

张　旗

叶　玲

樊学双

余深传

张三放(挂职)

魏邦仲

卢占忠

程心东(人选)

闽侯县政协

主　席:陈乐森

副主席:陈昭锋

林　炳

张君著

郑钱清

中共连江县委

书　记:周应忠

副书记:郑立敏

郭春曦

常　委:贾贵泽(挂职)

彭国华

黄齐秋

孙祥光

林毅敏

林贤清

程　靖

冯慧钦

王和平

李兴平(挂职)

连江县人大常委会

主　任:张金潮

副主任:林　竹

魏宗仁

吴贤鹏

邱仁龙

连江县人民政府

县　长:郑立敏

副县长:孙祥光

陈坚斯

谢志成

俞传华

郑　浩(援藏)

李承辉

陈　钦

兰　超

李向阳(挂职)

龚　森(挂职)

连江县政协

主　席:林承祥

副主席:董俊光

凌婷柳

刘麟翔

雷发勇

中共闽清县委

书　记:许用贵

副书记:陈忠霖

郑子记

常　委:郭有旭

张光增

林志斌

江　泳(挂职)

李荣寿

张　薇

赵　勇

余颖凌

郑晓春

闽清县人大常委会

主　任:刘久兴

副主任:林从娇

黄　坚

叶林生

林以銮

闽清县人民政府

县　长:陈忠霖

副县长:林志斌

江　泳(挂职)

黄　斌

杨大兴
陈婉霞
张　凯
张文裕
邱吉忠
高理銮(人选)

闽清县政协

主　席:毛行青
副主席:华秀敏
陈　峰
黄道立
谢养书

中共罗源县委

书　记:何杰民
副书记:林心銮
刘必霖
常　委:高锦芳(挂职)
兰可明
黄元祥
林家枢
郑　勇
沈海勇
黄文华
谢　婧
俞章龙

罗源县人大常委会

主　任:肖永建
副主任:陈敏鸿
赖时铿(候选人)
易建勤
董智先

罗源县人民政府

县　长:林心銮
副县长:兰可明
高锦芳(挂职)
何瑞强
郑育新
蒋金狮
林　颖
徐　超
蒋仁正(挂职)
陈启辉
朱伟明(挂职)

罗源县政协

主　席:董志干
副主席:吴　敏
张振灯
陈明娟
兰志红

中共永泰县委

书　记:陈　斌
副书记:雷连鸣
林从宇
常　委:曾　玉
许以章
柯永华
王礼灯
吴　钢
郑建双
曹方敏
李卫榕

永泰县人大常委会

主　任:王德冠
副主任:陈　榕
张庆宗
黄身瑜
罗智林

永泰县人民政府

县　长:雷连鸣
副县长:许以章
林　巍
魏秀惠
张青雅
侯一晞
唐　磊
余　斌
陈　浩(挂职)
张翠香(挂职)
杨春野(挂职)
叶俊忠

永泰县政协

主　席:陈家恬
副主席:江惠文
张培奋
史　瑜
王　宁(人选)

福州市园区管理机构

福州市软件园管委会

主　任:陈　晖
副主任:刘珍昌(挂职)
陈望青

福州高新技术产业开发区洪山园区管委会

主　任:林善章

福州市台西科技园区(加挂福州海西现代金融中心区管委会牌子)

主　任:何　宝

福州市金山投资区管委会

主　任:赵朝晖

福州福兴经济开发区管委会

主　任:林柳强

福州市火车站地区综合管理办公室

主　任:沈建文

福州市琅岐经济区管委会

主　任:江智文
副主任:邢鼎斌
张如福
袁云福

福建闽江河口湿地国家自然保护区管理处

主　任:郑　航

福清融侨经济技术开发区管委会

主　任:何玉金
副主任:颜美春
蔡和斌
施如星
林　捷

福清江镜华侨农场

场　长:高　勇

福清东阁华侨农场

场　长:庄瑞顺

福州市青口投资区管委会

主　任:程心东
副主任:陈　榕
林碧莹

福建连江经济开发区管委会

主　任:林承文

福建雄江黄褚林国家级自然保护区管委会

主　任:许家琪

罗源湾开发区管委会

主　任:范永刚

永泰青云山风景名胜区管委会

主　任:李志专

(何立斯)

(编辑　黄　铭)

中共福州市委

重要会议及活动

【概况】 2017年，中共福州市委召开全委会4次，召开常委会34次。深入学习贯彻习近平新时代中国特色社会主义思想和党的十九大精神，审议通过长乐市撤市设区相关事项、《中共福州市委关于加快社会事业发展补齐民生短板确保如期高水平全面建成小康社会的意见》等。

【中共福州市委全会】 十一届三次全会 2017年2月9日召开。会议审议通过福州市推荐出席党的十九大代表候选人初步人选名单。省委副书记、市委书记倪岳峰主持会议。

十一届四次全会 2月20日召开。全会审议和表决通过长乐市撤市设区相关事项。省委副书记、市委书记倪岳峰主持会议。

十一届五次全会 8月21日召开。全会审议通过《中共福州市委关于加快社会事业发展补齐民生短板确保如期高水平全面建成小康社会的意见》《中国共产党福州市第十一届委员会第五次全体会议决议》，讨论城乡民生基础设施、教育、卫生与健康、养老等相关配套文件。省委常委、市委书记王宁指出，市委《意见》提出的总体要求和主要目标，归结起来就是要建设环境更美、品质更好、功能更全、服务更优的有福之州。王宁强调，要认识补齐民生社会事业短板的重要性和紧迫性，找准全市民生社会事业领域存在的主要短板，推进补齐民生社会事业短板的重点任务，确保补齐民生社会事业短板各项工作落到实处。市委副书记、市长尤猛军作有关文件说明。

十一届六次全会 11月28日召开。全会审议通过《中国共产党福州市第十一届委员会第六次全体会议决议》。省委常委、市委书记王宁代表市委常委会向全会作报告。王宁强调要认真学习、深刻领会，切实把思想和行动统一到党的十九大精神上来；要认真践行习近平新时代中国特色社会主义思想，奋力开创新时代有福之州建设新局面；要加强新时代党的建设，推动全面从严治党向纵深发展。

【市纪委十一届二次全会】 2017年1月24日召开。会议审议通过市纪委常委会工作报告、市纪委十一届二次全会决议。省委副书记、市委书记倪岳峰强调，要增强推进党风廉政建设和反腐败斗争的责任感使命感，把党风廉政建设和反腐败斗争引向深入。

【全市创新发展大会】 2017年2月6日召开。会上发布推动福州新一轮经济创新发展的10项政策49条措施。省委副书记、市委书记倪岳峰希望全市广大企业家，在技术提升、上市融资、引才用才上鼓足精气神，在传统产业转型升级、新兴产业发展、质量控制和品牌创建等方面勇当排头兵；强调建立健全服务企业的常态化机制。市委副书记、市长尤猛军主持会议，并解读推动福州新一轮经济创新发展的10项政策。

【全市“攻坚2017”行动动员部署暨2016年百日攻坚行动总结会】 2017年2月12日召开。省委副书记、市委书记倪岳峰主持会议并总结百日攻坚行动的经验启示，强调要保持攻坚态势，推动“攻坚2017”行动。市委副书记、市长尤猛军总结百日攻坚行动，部署“攻坚2017”行动。

【福州市党政代表团赴甘肃省定西市开展东西部扶贫协作】 2017年2月27日—3月1日进行。省委副书记、市委书记倪岳峰带领福州市党政代表团赴甘肃省定西市开展东西部扶贫协作，启动实施帮扶协作项目，调研考察当地脱贫攻坚工作，举行东西部扶贫协作工作座谈会暨签约仪式等。

【福州市党政代表团赴成都合肥学习考察】 2017年3月7—10日进行。省委副书记、市委书记倪岳峰带领福州市党政代表团赴成都市、合肥市学习考察。在成都，代表团一行考察成都高新区的高新视窗、创业场、清华四川能源互联网研究院、“创客天堂”郫都区菁蓉镇等；在合肥，实地查看科大讯飞、中科大先进技术研究院、清华大学合肥公共安全研究院等。

【全市"抓招商、促发展"专项行动总结暨"招商2017"行动动员部署大会】 2017年3月17日召开。省委副书记、市委书记倪岳峰主持会议并讲话,强调要把准招商目标和方向,创新招商理念和方法,做优招商环境和服务,抓实招商实效和考核。市委副书记、市长尤猛军作总结部署。

【全市党校工作会议】 2017年3月21日召开。省委副书记、市委书记倪岳峰出席会议并讲话,强调要充分认识党校的重要地位和作用,增强做好新形势下党校工作的政治责任感和历史使命感;要坚持党校姓党根本原则,加强和改进新形势下党校工作;要严格落实党委主体责任,加强和改善对党校工作的领导。市委副书记、市长尤猛军主持会议。

【福州市领导干部"学习贯彻十八届六中全会精神"专题研讨班】 2017年3月23日开班。省委副书记、市委书记倪岳峰出席并作主题报告,强调贯彻落实全面从严治党战略部署,要以永远在路上的决心,推动全面从严治党向纵深发展;要自觉增强"四个意识",坚决维护党中央权威和集中统一领导;要严格贯彻落实《中国共产党廉洁自律准则》,不断增强党内政治生活的政治性、时代性、原则性、战斗性;要加强党内监督,用好《中国共产党纪律处分条例》制度重器;要突出抓好"关键少数",发挥领导干部示范表率作用。市委副书记、市长尤猛军主持报告会。

【福州警备区党委全体(扩大)会议】 2017年4月12日召开。省委副书记、市委书记、警备区党委第一书记倪岳峰出席会议并讲话,强调要坚决维护核心;坚持改革强军;聚焦主业,加快融合发展;从严治军,狠抓党的建设。

【第十九届海交会"海上福州"招商推介暨重点项目签约仪式】 2017年5月18日举行。签订重点项目145个,总投资超2700亿元,涉及滨海新城建设、自贸试验区建设、海上丝绸之路建设、生态文明建设等多个方面。省委副书记、市委书记倪岳峰在仪式上致辞,市委副书记、市长尤猛军介绍福州投资环境。

【金砖国家政党、智库和民间社会组织论坛】 2017年6月10—12日举行。来自金砖国家及部分发展中国家的政党领导人、智库学者、民间社会组织负责人等400多名中外代表,围绕"共谋合作发展,共创美好未来"主题建言献策,在充实金砖国家务实合作新内涵、打造人文交流合作新支柱、构建南南合作新平台等方面进行交流。会议通过《福州倡议》,并就《金砖国家第九次学术论坛对金砖国家领导人厦门会晤的建议》达成一致。

【全市领导干部大会】 2017年7月1日召开。省委书记尤权宣读省委决定,王宁任中共福州市委委员、常委、书记,兼任福州新区党工委委员、书记。尤权对福州市工作提出要求,要树立"四个意识",把讲政治摆在首位;坚持稳中求进,保持经济平稳健康发展;发挥多区叠加优势,推动改革开放取得更大进展;坚持以人民为中心的发展思想,着力补短板、惠民生;推进全面从严治党,营造良好政治生态。王宁表示,将在省委的坚强领导下,旗帜鲜明讲政治,撸起袖子加油干,不折不扣把中央和省委的各项决策部署贯彻好、落实好;坚持不能等、不能停,努力保持经济持续健康发展,加快补齐社会事业短板,把省会城市建设得更加美好。

【全市深入推进移风易俗工作现场会】 2017年7月21日召开。省委常委、市委书记王宁出席会议并讲话,强调要提高思想认识,增强深入推进移风易俗工作的责任感和使命感;把握工作重点,推动移风易俗工作在全市深入开展;坚持标本兼治,促进移风易俗工作常态化长效化。市委副书记、市长尤猛军主持会议。

【全市上半年经济形势分析暨"攻坚2017""招商2017"推进会】 2017年7月26日召开。会议总结分析福州市上半年经济运行情况,通报"攻坚2017""招商2017"行动进展情况,部署下一阶段工作。省委常委、市委书记王宁主持会议并讲话。市委副书记、市长尤猛军作工作部署。

【全市党建工作推进会】 2017年7月28日召开。省委常委、市委书记王宁出席会议并讲话,强调要认识加强基层党建工作的重要意义,把握基层党建工作的重点任务,加强党对国有企业的领导,推进城市基层党建工作创新发展,推动基层党建工作任务落实。市委副书记、市长尤猛军主持会议。

【福州市全面深化改革领导小组第十五次会议】 2017年8月2日召开。省委常委、市委书记王宁主持会议并讲话,强调提升政治站位,敢于担当推动改革;注重创新方法,增强改革实效;盯紧改革任务,着力先行先试;压实主体责任,树立鲜明导向。市委副书记、市长尤猛军对下一阶段改革工作提出具体要求。

【全市高校思想政治工作会议】 2017年9月1日召开。省委常委、市委书记王宁出席会议并讲话,强调要把高校思想政治工作作为重大政治任务和战略工程,充分认识做好高校思想政治工作的重大意义,推动高校思想政治工作落实落地,增强高校思想政治工作的实效性,掌握党对高校工作的领导权。市委常委、宣传部部长蔡战胜作工作部署。

【市委市政府重点工作督查情况汇报会】 2017年9月14日召开。省委常委、市委书记王宁主持会议并讲话,强调要提升督查站位,突出督查重点,提高督查效率,严肃督查问责,强化督查保障,进一步加大力度、加密频度,紧盯重点、紧盯问题,继续抓好专项督查工作。市委副书记、市长尤猛军作具体工作部署。

【福州城区连片旧屋区改造暨城市总体规划编制试点工作动员部署会】 2017年11月1日召开。省委常委、市委书记王宁主持会议并讲话,强调要顺应人民对美好生活的向往,推动连片旧屋区改造,开展城市总体规划编制试点工作。市委副书记、市长尤猛军作工作部署。

【长乐撤市设区授牌仪式】 2017年11月6日举行。省委常委、市委书记王宁出席授牌仪式并讲话，强调长乐区要自觉融入全市发展大局，加强规划编制管理，加快产业转型升级，提升城市建设品质，全力保障和改善民生，从严锻造干部队伍，努力实现长乐与福州主城区全面融合、一体化发展。市委副书记、市长尤猛军主持授牌仪式。

【全市经济形势点评部署暨“招商2017”行动推进会】 2017年11月11日召开。省委常委、市委书记王宁主持会议，点评分析全市经济运行情况，总结推进“招商2017”行动，研究部署下一阶段工作。王宁强调要快速提高工作效率和质量，扩大有效投资，增强发展后劲，促进产业提档升级，确保完成全年目标任务。市委副书记、市长尤猛军作点评和工作部署。

【福州市厅级干部和市管干部学习贯彻党的十九大精神专题研讨班】 2017年，福州市连续举办4期厅级干部和市管干部学习贯彻党的十九大精神专题研讨班，对全市厅级干部和市管干部进行集中轮训。12月4日，省委常委、市委书记王宁出席第一期研讨班开班式并作开班报告。王宁强调要深刻领会习近平新时代中国特色社会主义思想是党的十九大的灵魂；要深刻理解福州是习近平新时代中国特色社会主义思想的重要萌发地；要怀着特殊的感情、带着特殊的责任，坚决用习近平新时代中国特色社会主义思想统领福州工作；要在深学笃用习近平新时代中国特色社会主义思想上走前头、作表率。市委常委、组织部部长吴深生主持开班式，并就开好研讨班提出具体要求。

【全市经济工作会议】 2017年12月27日召开。省委常委、市委书记王宁主持会议并讲话。王宁强调要认真学习领会习近平新时代中国特色社会主义经济思想，坚决贯彻落实中央、省委的决策部署；要把提高发展质量和实现总量赶超高度统一起来，确定2018年经济工作的发展目标；要突出抓重点补短板，全力抓好2018年经济社会发展各项工作；要加强党对经济工作的领导，确保2018年各项目标任务顺利完成。市委副书记、市长尤猛军对做好2018年经济工作作具体部署。

（林吓清）

公务接待

【概况】 2017年，中共福州市委、福州市人民政府接待办公室承办公务接待874批次、13970人。其中，党和国家领导人接待11批次、207人，国家部委接待165批次、2149人，外省及兄弟城市考察团接待174批次、2725人，港、澳、台及华人华侨接待22批次、482人，外国政党及友好团体接待32批次、494人，企业考察团接待98批次、1023人，大型活动接待56批次、4334人，市领导外出考察保障21批次，部队考察团、协助省里重要接待、来宾接送、市委市政府邀请的专家学者接待等其他公务接待316批次、2556人。

【党和国家领导人到榕调研考察】 2017年2月22日，中共中央政治局委员、中央党的建设工作领导小组副组长张春贤到福州，就深入学习贯彻党的十八届六中全会精神开展调研，考察鼓楼区军门社区，省委副书记、市委书记倪岳峰，市委常委、鼓楼区委书记薛侃，市委常委、秘书长张忠陪同调研。

2月25日，中共中央政治局委员、国家副主席李源潮到福州调研群团改革工作，考察中国—东盟海产品交易所、福光科技公司、福建师大新媒体线下体验馆，省委副书记、市委书记倪岳峰，市委常委、秘书长张忠，市政协副主席罗蜀榕陪同调研。

4月10日，省委副书记、市委书记倪岳峰，市委常委、秘书长张忠在悦华酒店拜会中共中央政治局原委员、中国法学会会长王乐泉。

4月25日，市人大大常委会主任陈为民在芳沁园拜会全国人大常委会原副委员长盛华仁。

5月5日，全国政协副主席、科技部部长万钢率致公党中央调研组到福州调研，考察网龙网络有限公司、福建省非遗博览苑、福建省博物院，省委副书记、市委书记倪岳峰，市政协主席何静彦，市委常委、秘书长张忠，市人大常委会副主任鄢萍陪同调研或参加有关活动。

5月8日，全国人大常委会副委员长艾力更·依明巴海率全国人大华侨委员会调研组到福州调研，考察东盟海产品交易所、国脉科技有限公司等侨资企业，市人大常委会主任陈为民、副主任鄢萍、副市长严可仕陪同调研。

5月8日，国务委员兼国防部部长常万全一行考察三坊七巷历史文化街区保护工作，副市长严可仕陪同考察。

5月9日，全国政协副主席王钦敏率调研组到福州，就“构建‘亲’‘清’新型政商关系，促进民营经济健康发展”专题，开展考察调研，考察福建朝日环保有限公司、福建福昕软件开发有限公司、福建利嘉众和商业有限公司利嘉国际商业城项目，省委副书记、市委书记倪岳峰，市政协主席何静彦，市委常委、秘书长张忠，市政协副主席林恒增、王绍知陪同调研或参加有关活动。

6月11日，中共中央政治局常委、中央书记处书记刘云山到福州出席金砖国家政党、智库和民间社会组织论坛开幕式，并发表主旨讲话。市委副书记、市长尤猛军，市委常委、秘书长张忠陪同。

7月17—18日，全国人大常委会副委员长张平率执法检查组到福州开展固体废物污染环境防治法执法检查，检查福州红苗岭垃圾焚烧有限公司、星源农牧科技有限公司、宏源环境资源有限公司、百川资源再生有限公司。省委常委、市委书记王宁，市人大常委会主任陈为民，市人大常委会副主任林峰，副市长阮孝应陪同检查或参加有关活动。

9月10日，全国人大常委会副委员长兼秘书长王晨在福州出席第九届世界华文媒体论坛，省委常委、市委书记王宁，市委副书记、市长尤猛军，市人大常委会主任陈为民，市委常委、秘书长张忠陪同。

【国家部委主要领导到榕调研考察】 2017年1月16日，中联部部长宋涛到福州考察调研，市委副书记林晓英陪同。

2月2日，省委副书记、市委书记倪

岳峰,市委常委、秘书长张忠在芳沁园会见中央社会主义学院党组书记、副院长潘岳一行。

3月22—23日,国务院国资委主任肖亚庆到福州调研国资系统产业转型升级、国企改革、国企党建等工作,省委副书记、市委书记倪岳峰,市委副书记、市长尤猛军,市委常委、常务副市长林飞陪同。

3月30日,中国气象局局长刘雅鸣到福州检查指导气象工作,慰问基层干部职工,省委副书记、市委书记倪岳峰,市委副书记、市长尤猛军,副市长严可仕陪同。

4月18日,中国工程院党组书记、院长周济到福州检查评估福州市创建“中国制造2025”城市试点示范工作,省委副书记、市委书记倪岳峰,市委副书记、市长尤猛军,副市长阮孝应陪同。

5月4日,省委副书记、市委书记倪岳峰,市委副书记、市长尤猛军,副市长阮孝应在西湖宾馆会见中央第五环保督察组组长贾治邦一行。

6月2日,中央农办主任、中央财办副主任韩俊到福州,就“扶持小农生产,服务农业农村”进行专题调研,市委副书记、市长尤猛军,市委副书记林晓英,副市长严可仕陪同。

6月9—14日,中联部部长宋涛到福州出席金砖国家政党、智库和民间社会组织论坛,市委副书记、市长尤猛军,市委常委、秘书长张忠,副市长杭东等市领导陪同。

6月9—11日,中宣部常务副部长黄坤明到福州出席金砖国家政党、智库和民间社会组织论坛,市委副书记、市长尤猛军,市委常委、宣传部部长蔡战胜,市委常委、秘书长张忠,副市长杭东等市领导陪同。

6月19日,民政部部长黄树贤到福州调研居家养老和社区综合服务工作,市委副书记、市长尤猛军陪同。

7月7日,国务院副秘书长、国家信访局局长舒晓琴一行到福州调研信访工作,省委常委、市委书记王宁,市委常委、政法委书记高明,市委常委、秘书长张忠陪同。

8月8日,国土资源部党组书记、副部长孙绍骋到福州调研不动产登记和地灾治理工作,省委常委、市委书记王宁,市委副书记、市长尤猛军,市委常委、秘书长张忠,副市长杨新坚陪同。

9月10日,国务院侨办主任裘援平到福州出席第九届世界华文媒体论坛并赴长乐调研“侨梦苑”建设工作,省委常委、市委书记王宁,市委副书记、市长尤猛军,市委常委、秘书长张忠,副市长杭东陪同。

11月10日,国务院侨办党组书记、副主任许又声到福州调研侨务工作,省委常委、市委书记王宁,市委常委、统战部部长陈晔,市委常委、秘书长张忠陪同。

11月29—30日,中国工程院党组书记李晓红到福州考察院士工作站建设等工作,市委副书记、市长尤猛军,市委副书记林晓英陪同。

12月7日,海关总署党组书记倪岳峰考察福建自贸区福州片区综合服务大厅,省委常委、市委书记王宁,福州新区党工委副书记、常务副主任、自贸区管委会主任黄忠勇,市委常委、常务副市长林飞,市委常委、秘书长张忠陪同考察。

【公务接待规范管理】 2017年,中共福州市委接待办公室指导市直单位上报上年度公务接待工作开展情况,并明确市直部门的接待用餐管理、差旅会议管理、违规违纪处理等事项。配合市纪委,对市委派出的8个中秋国庆廉洁纪律督查组进行培训。开展公务接待规定执行情况调研评估。完成《党政机关国内公务接待管理规定》的调研评估,并向省机关事务管理局上报评估情况。

针对县(市)区存在公务接待不规范的情况,要求各县(市)区明确公务接待管理部门,制定公务接待规章制度,组织开展本级公务接待情况报送和信息公开。至年底,各县(市)区均明确机关事务管理中心为公务接待管理部门,均出台公务接待管理实施细则。

(郑永平)

纪检监察

【概况】 2017年,福州市纪检监察机关聚焦主责主业,强化监督执纪问责,推进纪委派驻机构改革、监察体制改革试点工作。推进市县巡察、派驻监督、乡镇纪委建设“三个全覆盖”,深化“一县一专项”整治,聚焦移风易俗、党员干部参与“两违”等典型问题开展专项整治。加强精准扶贫领域监督,查处群众身边的不正之风和腐败问题,推进全面从严治党向纵深发展。

【“两个责任”落实】 2017年,福州市贯彻落实省委“五抓五看”要求(看有没有抓加强教育、看有没有抓制度建设、看有没有抓一把手、看有没有抓查处、看有没有抓部署检查落实),市委履行管党治党政治责任,市委班子成员履行“一岗双责”(各级领导干部在履行本职岗位管理职责的同时,还要对所在单位和分管工作领域的党风廉政建设负责),带队对全市落实“两个责任”情况进行量化考核。市纪委出台“五抓五看”贯彻意见,改进责任制检查方式,以问题清单和问责清单推动“两个责任”落实;组织县(市)区党委书记向市纪委全会述廉述责、接受评议;对165名落实“两个责任”不力的领导干部进行责任追究、党内问责,对其中73人予以党纪政纪处分。

【监督执纪“四种形态”运用】 2017年,福州市运用“四种形态”处理8096人次,其中第一、二种形态占92%。建立函询了结情况反馈制度,向48名市管干部发函反馈函询了结情况。落实领导干部个人重大事项报告、任前廉政谈话、撰写廉政对照检查材料等制度,市本级建立市管干部廉政档案1717份、纪检监察干部廉政档案221份,各县(市)区纪委建立县管干部廉政档案7951份,率先在全省实现市县管理的在职干部廉政档案全覆盖。根据信访举报和执纪审查数据情况,绘制更新“廉情地图”。

【纪律审查】 2017年,福州市纪委在市信访局设立信访举报来访接待窗口。全年受理检控类初信初访件2816件,比上年增长32.5%;立案2660件,增长91.4%,其中县处级干部案件52件、乡科级干部案件296件,分别增长62.5%、38.3%。在长乐、闽侯、闽清等县区查处多起诬告陷害违纪违法案件。全年追回涉嫌外逃党员和国家工作人员18人。建立健全纪检监察干部廉政档案，全年立案查处纪检监察干部9人。

【扶贫领域监督】 2017年，《福州市脱贫攻坚工作问责办法（试行）》出台，福州市建立扶贫领域精准监督工作机制，实现对建档立卡贫困户访查全覆盖。全年查处扶贫领域违纪违规问题122个，处理246人，其中党纪政纪处分99人。福州市惠民资金网公开32类317项扶贫惠民资金，涉及金额27亿多元。

【作风建设】 2017年，福州市纪委在元旦春节、五一端午、中秋国庆3个节点，组织37个工作小组集中开展督查。全市查处违反中央八项规定精神问题242个，处理323人，给予党纪政纪处分273人，通报曝光83批161个典型问题。出台《福州市党员干部带头移风易俗反对歪风陋习的规定（试行）》，发出“六带头、六严禁”要求（带头遵规守纪，严禁违规操办或违规参加婚丧喜庆活动；带头节俭戒奢，严禁铺张浪费讲排场、搞攀比、比阔气；带头廉洁自律，严禁借机敛财，或收受和违规赠送可能影响公正执行公务的礼品、礼金、消费卡等；带头克己奉公，严禁违规占用公共资源，或侵犯国家、集体和人民利益；带头崇尚科学，严禁组织或参加迷信活动；带头弘扬正气，严禁发生伤风败俗行为或助长不良风气滋生蔓延），查处婚丧喜庆大操大办背后的党风廉政问题。

【市县巡察】 2017年，福州市全面启动市县巡察工作，优先将群众反映强烈、问题线索集中的单位作为巡察对象。全年巡察215家单位，发现党的领导弱化、党的建设缺失、全面从严治党不力等“三大问题”1307个、违反“六项纪律”问题1268个，反映党员干部的问题线索954条，立案审查284人，给予党政纪处分156人，移送司法机关处理33人。市县两级在巡察中提出立行立改问题806个，整改761个；向被巡察党组织反馈问题3515个，整改1669个。落实一线考察干部工作机制，对2249名科级干部提任人选选任程序进行专项巡察。

【机构改革】 2017年，福州市完成市县两级纪委派驻机构改革，将市县两级党和国家机关、群团组织、相关事业单位等全部纳入派驻监督范围，设立市级派驻机构27个，监督单位95家；县级派驻机构130个，监督单位824家。推进监察体制改革，成立市深化监察体制改革试点工作小组，印发《福州市深化国家监察体制改革试点工作实施方案》，明确各项改革任务责任单位及完成时限，推动按时序成立市县两级监察委员会。制定下发《关于进一步发挥乡镇纪委关键作用的意见》，全市173个乡镇（街道）配备559名专兼职纪检监察干部，实现100%人员配备到位、100%接受培训、100%有自办案件。

【廉政教育】 2017年，福州市组织旁听庭审、观看警示教育片等活动，编发严重违纪党员干部忏悔录。市纪委班子成员到市委党校、县（市）区和发案单位上廉政党课15人次，督促发案单位堵塞漏洞。开展党章党规党纪教育，组织全市党员干部参加全省党章党规网络答题，参与人数在全省九地市中位列第一。先后14批对190名新任处级领导干部开展任前廉政法规知识测试。突出廉政主题、地方特色、文化内涵，评选出10个“清风福州”廉政文化示范点。挖掘闽都文化廉洁基因和红色资源，督促指导各县（市）区创建廉政文化示范点。通过“廉洁地铁”、车载LED屏幕、报刊、网络等载体宣传廉政文化，市纪委监察局微信公众号“清风福州”关注用户数达27万人，全年推送廉政信息352期。

（蔡传富）

组织工作

【概况】 2017年，福州市组织开展学习党的十九大精神专题活动，推进“两学一做”常态化，开展领导干部讲党课和党员志愿服务常态化活动。推进一线考核干部工作，提拔或转任重要岗位市管干部303人次。推行“五个一千”人才行动计划和“闽都英才卡”服务模式，培育和引进福州产业发展急需的高层次人才。年内“党员e家”平台入库党组织近1.7万个，党员近31万人。

【学习贯彻党的十九大精神】 2017年，福州市组织开展党的十九大宣讲活动，市领导带队深入基层宣讲。市委党校、市行政学院对全市2000多名厅级干部、市管干部和乡镇党委书记，分批分期开展集中轮训。各地各单位举办学习班、培训班、研讨班等形式的学习活动。

【“两学一做”常态化】 2017年，中共福州市委组织部针对不同领域、不同类型党组织的特点和不同群体党员的实际情况，制定规范党的组织生活的实施方案和5份指导意见，形成“1+5”方案体系。市委常委带头以普通党员身份参加支部的学习研讨，深入基层讲党课，深入联系点调研指导，带动全市各级领导干部讲党课1.5万人次、参加研讨3万人次。编印《党员管理文选》（共3期）。常态化开展党员志愿服务行动，引导党员干部“亮党员身份，当志愿先锋”。举办廖俊波先进事迹专题学习座谈交流会5万多场次，开展“学俊波、我践行”主题党日活动2万多场次；举办“两学一做”先进事迹报告会等活动，编辑出版《百舸争流》《百堂党课——福州市党员领导干部优秀党课选》等特色书籍。

【一线考核干部】 2017年，福州市对急难险重任务一线，采取“动态跟踪、节点对账、列席旁听、明察暗访、综合研判”等方法进行考核；对日常工作一线，采取“个人自评、领导点评、群众评议、组织考评”的“四评”考核法。结合换届“回头看”，对存在问题较多的单位，开展蹲点调研。对全市113家单位开展提振精气神专项督察。在专项督察基础上，指导全市各级党委（党组）召开“担当负责、提速增效”专题民主生活会。强化考核结果运用，年内全市提拔或转任重要岗位市管干部303人次，开展提醒316人次、函询181人次、诫勉40人次。

【干部人事制度改革】 2017年，福州市建立《关于在一线考核干部工作中开展蹲点调研的实施意见》等干部队伍建设制度。推进市县两级法官、检察官单独职务序列改革,完善干部人事调整体制和具体程序办法。建立关心关爱基层干部机制,制定福州市《关于进一步关心关爱基层干部的若干举措》,年度考核的优秀等次向基层、重点项目指挥部倾斜,对在"攻坚 2017""招商 2017"及年度绩效考核、地铁建设排名靠前的单位,适当提高优秀比例;对履职不敢担当、服务不够到位的单位,降低优秀比例。

【干部教育培训】 2017 年,福州市完成县(处)级干部进修班等主体班次 20 期,文明福州等专题班次 16 期,国企党组织书记等其他培训班次 17 期,培训干部 4000 多人次。加强干部专业化培训,围绕城市环境治理、金融服务创新、信用体系建设、大数据产业运用等主题,先后举办赴清华大学等高校、赴深圳等地区及赴台湾等专题培训班 16 期,培训干部 750 多人次。依托"左海大讲堂"论坛,邀请专家学者到福州授课 6 次,培训干部 3000 多人次。选派 500 多名领导干部赴陕西延安、江西井冈山、漳州东山等地开展党性锻炼。完善干部在线学习平台,实现 1600 多个优质课件向全市 4.3 万余名干部开放共享。

【干部监督管理】 2017 年,福州市举办《领导干部报告个人有关事项规定》《领导干部个人有关事项报告查核结果处理办法》专题培训班,印发《领导干部个人有关事项报告查核联系工作机制工作规则(试行)》。对 12 个县(市)区、高新区及 9 个市直单位 2015 年 5 月以来选人用人情况进行专项检查,对 14 名"带病提拔"乡科级干部进行集中倒查。全年组织 1807 名市管干部报告个人有关事项,年度随机抽查 184 人,重点核查 500 人,制定《关于进一步提高选人用人质量防止干部"带病提拔"的若干措施》《关于进一步严肃组织纪律强化领导干部个人有关事项报告查核结果运用的若干措施》。在全省率先出台《关于对市管干部进行提醒、函询和诫勉的操作规程(试行)》,对干部苗头性倾向性问题进行监督预防。

【党的建设制度改革】 2017 年,福州市制定《关于加强干部培训教育中学员党性锻炼的实施意见》及《关于加强县(市)区选人用人专项巡察工作的指导意见》等 5 项配套机制。推进健全党代表发挥作用机制等 4 项任务。出台《关于进一步鼓励应届博士研究生来榕工作的若干措施》等,研究制定深化人才体制机制改革的实施意见。开展党内法规制定试点工作,制定出台《福州市推进乡镇(街道)党员教育培训常态化实施办法(试行)》。

【人才队伍建设】 2017 年,福州市制定出台《关于深化人才发展体制机制改革加快推进闽都人才聚集区的实施意见》,推行"五个一千"人才行动计划。对照福州产业发展方向,派出 18 支引进博士小分队到全国高校推介福州,吸引 630 名博士有意向到福州工作;举办"榕博汇——北大、清华、人大博士对接会",组织 280 多名博士与全市 106 家用人单位对接,85 名博士明确签约意向。赴英国、美国、德国、加拿大等国家开展海外人才招聘,新设 5 家海外人才联络站。建设人才发展平台,与清华大学共建"清华—福州数据技术研究院"。长乐市纺织、福清市平板显示技术 2 个产业人才聚集基地入选省产业人才聚集基地。培育和引进福州产业发展急需的高层次人才,3 人入选国家"千人计划",21 人(团队)入选省引才"百人计划",15 人入选省特支"双百计划",11 人入选省优秀"百人计划",确认省引进 ABC 类高层次人才 107 人,工科类青年专业人才 819 人,入选国家和省级各类人才计划数量位居全省各设区市前列。成立福州人才发展基金会,落实市领导联系高层次人才工作机制,推进联系百家重点企业 520 行动计划,推行"闽都英才卡"服务模式,举办"鼓岭论谈",开通人才大数据平台。省对市"人才发展指数"考核居全省首位。

【基层党组织建设】 2017 年,福州市实施"红色领航工程",落实"红色引领""红色覆盖""红色阵地""红色讲坛"等 10 项措施。推动乡镇党校建设,全市所有的乡镇、街道均成立党校,并在村、社区、两新组织设立教学点,参训党员 16 万人次。开展基层组织建设年活动,开展市县乡三级"联述联评联考",创新"查述问评"方式,坚持"一季度一主题"召开乡镇(街道)党(工)委书记抓基层党建工作交流会,开展党建中心工作重点任务的专项督察。整顿软弱涣散党组织、换届重难点村 178 个,依法依规处理"村霸"3 人。落实"4+3"对接帮扶机制,下派驻村蹲点、驻村任职干部,扶持薄弱村发展村级集体经济。总结"军门社区工作法",以鼓楼区为试点,深化"135"社区党建工作模式和便民代办、民情工作一体化机制。12 月 13 日,福州市两新组织党建促进会成立,确定 16 个首批市级两新组织党建品牌的培育项目。出台《关于

2017 年 11 月 22 日,福州市举行"闽都英才卡"颁卡仪式,为 233 名各类高层次人才提供 13 项优惠政策 (郑帅　摄)

在深化国有企业改革中坚持党的领导加强党的建设的实施意见》，推动市属国企完成党建工作要求纳入公司章程，组建项目党支部260多个。

【党员队伍建设】　2017年，福州市组织开展纪念建党96周年系列活动，部署“五个一”活动（开展一次“学党史”活动、一次走访慰问活动、一次学先进典型活动、一次“党员活动日”活动、一次党员志愿服务活动）。筹备设立福州市市级基层干部关心关爱专项资金，设立临时性走访慰问困难党员专项经费，“两节”期间走访慰问生活困难党员、老党员和老干部6500多人，发放慰问金、慰问品531.36万元。拓展“中心＋基地”党员创业就业培训模式，举办各类培训班1850期次、培训6万多人次。建立健全农村脱贫致富“头雁”人才信息库，举办2期全市农村脱贫致富“头雁领航工程”示范培训班。开展全市党建中心工作重点任务专项督查和党费收缴工作专项检查。依托“党员e家”平台，组织开展党组织和党员基本信息采集，全市入库党组织近1.7万个，党员近31万人。

（何立斯）

宣传工作

【概况】　2017年，福州市以迎接宣传贯彻党的十九大为主线，构建“聚焦第一线·联动大宣传”机制。推进文化体制改革，出台《福州市文化体制改革2017行动计划》《关于进一步加快福州市文化产业发展若干政策》。挖掘闽都文化内涵，出台《关于保护、扶持福州地方戏曲曲艺的实施意见》。承办金砖国家“三合一论坛”、第九届世界华文传媒论坛等重大活动。年内，福州市获评“全国文明城市”称号；市委宣传部获评全国科普工作先进集体、全国舆情信息工作优秀单位；市委讲师团获评全国基层理论宣讲先进集体；福州闽剧院吴则文获全国戏剧表演艺术领域最高奖——梅花奖。全年中央及省属媒体对福州市新闻报道1.8万篇。

【理论工作】　2017年，福州市、县（市）区两级党委举行中心组学习203场。围绕学习宣传贯彻习近平新时代中国特色社会主义思想和党的十九大精神、学习廖俊波先进事迹等主题，开展宣讲3400余场，受众34万余人次。召开全市社科理论界学习贯彻党的十九大精神座谈会，举办全市理论骨干学习贯彻党的十九大精神培训班，组织榕城宣讲团、十九大代表、媒体记者、基层宣讲员等，开展“撸起袖子加油干”“百名记者走基层、百场宣讲到一线”“畲歌唱响十九大”等活动。新增12个市级社科普及基地和37个理论宣讲进基层联系点，开展一线课堂、茶摊故事会、百姓讲堂、社科理论讲坛等“百姓宣讲”。表彰第九届社会科学优秀成果并汇编出版。组织社科规划项目研究，完成省社科规划特别委托项目《贯彻落实发展方略　推进建设滨海新城》，汇编《研究与探索——2017卷》。

【新闻宣传】　2017年，福州市开展“砥砺奋进的五年”大型主题采访活动，“你的笑容　悦动榕城”微笑分享活动被中宣部《辉煌中国》主题宣传推广活动列为全国17项活动之一，海峡金融街“有福之州”灯光秀被编入中央电视台“厉害了，我的国”主题视频。建立市委、市政府中心工作宣传报道快速反应机制，围绕“攻坚2017”、“招商2017”、水系治理、精准扶贫、补齐民生短板、滨海新城建设等开展主题宣传。中央、省属主要新闻媒体对福州市各类正面报道1.8万多篇（条），其中《人民日报》65篇，新华社600多篇，中央电视台100多条，《福建日报》1000多篇，福建省电视台1200多条。组建榕城宣讲团，推出《福州，听我说》宣讲竞赛类电视节目，网络浏览760万人次。完善新闻发布模式，召开“福建自贸区福州片区两周年建设情况”“第三届海上丝绸之路（福州）国际旅游节”等新闻发布会28场。

【文化体制改革】　2017年，福州市实施《福州市文化体制改革2017行动计划》，推进50项改革任务细化落实。市、县两级成立文化市场管理工作领导小组，推进福州市文化市场综合执法改革。创新政府购买公共文化服务机制，策划组织“宜夏”榕城文化艺术季，联动省、市宣传文化力量，为市民送出100多场文艺演出和文化活动。完成福州市曲艺馆划转福州评话伬艺传习所工作。推动市属媒体改革，福州日报社“报网端微屏”用户超600万户，《福州日报》获“中国城市党报媒体融合十强”称号，福州新闻网列全国城市新闻网站综合传播力排行榜第12名、全省设区市第一；福州广播电视台新闻综合频道收视份额比上年增长10%，广播各频率收听份额

2017年，福州市开展的“你的笑容　悦动榕城”微笑分享活动入选中宣部《辉煌中国》主题宣传推广活动。图为群众在“你的笑容　悦动榕城”照片墙前合影

（福州日报社　供）

27.6%;推进市属媒体经营转型,福州日报社培育"一碗福州""糖猫集市""福州有意思"等平台,福州广播电视台拓展大型活动转播业务、专题片制作、影视剧投资和承办大型活动等媒体延伸产业。

【文化事业】 2017年,福州市制定出台《关于保护、扶持福州地方戏曲曲艺的实施意见》,原创闽剧《黄勉斋》成为福建省唯一入选文化部戏曲剧本孵化计划剧目,《银筝断》入选文化部2016年度"剧本扶持工程"项目,福州闽剧院传承项目入选文化部"名家传戏——当代戏曲名家收徒传艺工程",7个项目获福建省地方戏曲扶持专项资金资助。在福建省第八届百花文艺奖评奖中,福州市有20部作品获奖,总数列设区市第一。出台《福州市文化名家遴选暂行办法》,在三坊七巷鄢家花厅挂牌成立福州文学院、福州文艺家之家,评选并授牌26个福州市首批文艺名家工作室。国家公共文化服务体系示范区创建通过文化部中期督查,"艺术扶贫""鸟巢书屋"列入全国推广的20个特色亮点。实施"文化福州·艺术闽都"六大行动计划,推进48个项目落实。市图书馆新馆建成开放,"福州文化地图"数字平台建设完成,70个乡镇(街道)综合文化站和499个村(社区)综合文化服务中心达标提升。举办元宵灯会,周周有戏、非遗地方剧种展演、"文化惠民·六进"、"相约九日台"周末音乐会等公益性文艺演出近400场。

【文化产业】 2017年,福州市制定出台《关于进一步加快福州市文化产业发展若干政策》,争取中央、省级文化产业发展专项资金3048万元。实施重大项目带动战略,推进海峡非物质文化遗产生态园、永鸿文化旅游城(三期)、马尾·中国船政文化城等重大项目建设。福州软件园动漫游戏产业园区、福州海峡创意产业园获评省文化产业重点园区,海峡出版发行集团有限责任公司、福建广电网络集团股份有限公司、德艺文化创意集团股份有限公司、福建网龙计算机网络信息技术有限公司4家企业入选省文化企业十强。开展首届福州市"文化企业十强"和"最具潜力文化企业"评审认定工作。推进朱紫坊漆文化街区建设,制定福州市漆艺术研究院漆艺术品征集管理办法、实施细则,举办"2017福州漆艺回顾展"。

【闽都文化】 2017年,福州市实施红色文化研究整理、精品创作等,在《福州晚报》开辟《闽海神州》红色文化专栏,推进降虎村红军烈士纪念场所建设。上下杭、烟台山、冶山历史文化街区(风貌区)保护修复进入实质性实施阶段,开展闽清宏琳厝等灾后文物修复工作。公布福州市第一批历史建筑、第二批历史文化名城保护名录,编辑出版《福州通史简编》《朱子遗存图影集》等文献资料,举办第六届闽都文化论坛。开展闽剧、评话、伬唱等传统剧本整理及音频、视频数字化保存工作。公布第三批非物质文化遗产代表性项目代表性传承人,首次落实市级非遗传承人扶持资金。出台《"海上丝绸之路·福州史迹"文化遗产保护管理办法》,福州市海上丝绸之路展示馆对外开放,海上丝绸之路汉服文化节、海上丝绸之路国际旅游节、第四届丝绸之路国际电影节(福州主会场)先后举办。

【社会主义核心价值观培育践行】 2017年,福州市推进社会主义核心价值观主题公园、主题街道、主题社区建设,制作、常态化刊播"中国梦·福州美""图说我们的价值观"等主题公益广告。开展各级道德模范、身边好人推荐和评选表彰工作,举办福州市第五届公共文明建设系列"十佳"评比宣传活动,2人入选第五届省道德模范,6人入选中国好人榜,20人入选福建好人榜。开展文明交通行动、文明餐桌行动、文明旅游行动、我们的节日、第十二届福州读书月等教育实践活动,编印《做文明有礼的福州人》《福州市民文明系列读本》。健全诚信"红黑榜"信息联合发布机制,每个县(市)区创建一条诚信经营示范街区。开展移风易俗活动,被中央媒体集中报道。推进"有福之州·文明同行"活动,福州市连续第三次获评全国文明城市称号,17个单位获评为全国文明村镇、文明单位、文明校园。研究制订星级志愿者评定办法,推行"志愿云"志愿服务信息系统,五城区268个社区全部建立志愿服务站点,福州市获评全国岗位学雷锋标兵、学雷锋示范点、最美志愿服务社区各1个。

【文化交流】 2017年,福州市举办海峡两岸民俗文化节、海峡两岸船政文化研讨会、2017台湾文创周等榕台文化交流活动,第十届海峡两岸合唱节、两马同春闹元宵、林则徐生平史绩展、陈靖姑民俗文化旅游节等在台湾举办。承办金砖国家"三合一论坛"、第九届世界华文传媒论坛等重大活动。举办福州市第三届十邑春晚、中国鼓岭中秋国际诗乐会等。组团参加香港国际影视展、2017中国—东盟博览会文化展。11家文化出口企业获评国家文化出口重点企业,13家文化出口企业获评福建省文化出口重点企业。

(杨智文)

统战工作

【概况】 2017年,中共福州市统战系统组织开展中共十九大学习宣传活动,指导各民主党派、非公经济人士、新的社会阶层人士开展各类教育实践活动。制定《福州市统一战线服务新福州建设行动实施方案》,实施"聚共识、献良策、助发展、惠民生、促和谐"五大工程。发动统一战线成员参与和助力攻坚、招商和建设海上福州、绿化福州等专项行动,由市直统战系统单位牵头对接落地招商引资项目10个,总金额40.4亿元;建成同心林、榕商樱花园等统战主题林。

【多党合作和政治协商】 2017年,福州市出台党政班子党员领导干部与党外代表人士联谊交友方案。通过举办演讲朗诵汇报会、培训班等形式,指导支持各民主党派深化"不忘合作初心,继续携手前进"专题教育活动。坚持和完善"季谈会""每月直报"两大政党协商机制,持续推进"党委出题、党派调研、政府采纳、部门落实"的调研机制。年内市委统战部直报件有10件得到市领导批示并转化为政府决策和部门行动,18项民主党派调研课题纳入市委年度重点调研课题并完成。促成市各民主党派与相关社区结对帮扶，推动市各民主党派打造“中山法律援助工作”“烛光行动”“健康扶贫”“同心光明行动”“律师进社区”“民主党派社区学校”等活动品牌，开展扶贫济困、助学助残、义诊、科普宣传等社会服务工作。

【精准扶贫行动】 2017年，福州市100多家企业（商会）参与“百企帮百村”精准扶贫行动，以及与甘肃定西开展扶贫协作，向结对帮扶县困难群众筹集下拨帮扶金近80万元，向定西捐赠帮扶资金近3200万元，春伦集团被全国工商联、国务院扶贫办评为“万企帮万村”精准扶贫行动先进民营企业（福建省2家）；完成“百侨帮百村”助力精准扶贫，促成100名侨胞结对帮扶全市100个贫困村200个贫困户。世界福州十邑同乡总会捐资400多万元用于精准扶贫。

【民族宗教事务】 2017年，连江县承办“中华一家亲”2017海峡两岸各民族欢度“三月三”节暨福建省第六届“三月三”畲族文化节、第十届海峡两岸少数民族丰收节，连江县被授予“创建海峡两岸少数民族交流与合作基地”称号。市委统战部指导相关部门与全市外来少数民族务工人员主要输出地建立工作联系，共同开展在榕外来少数民族务工人员的服务管理工作。

发挥宗教工作联席会议机制作用，加强与宗教人士沟通联系，培养年轻一代宗教界代表人士。加强宗教团体建设，支持团体及时开展换届，提升团体管理水平，举办全市基层宗教工作干部培训班，提升管理宗教事务水平。

【非公有制经济统战工作】 2017年，中共福州市委统战部引导非公经济人士参与“春风·春雨·光彩”行动、“榕商联村”活动，开展扶贫、助学、赈灾等帮扶工作，年内全市非公经济人士、海外乡亲、行业商协会、异地商会通过市光彩事业促进会出资595.1万元帮扶112名贫困家庭大学生，捐建永泰、连江、闽清县等16个村建设公益基础设施项目。持续开展以“守法诚信、坚定信心”为重点的非公有制人士理想信念教育实践活动，推动构建“亲”“清”新型政商关系，在清华大学举办非公经济人士专题研修班，召开福州市异地商会工作交流会，建设盛辉物流集团、网龙公司等示范点。

【新的社会阶层人士统战工作】 2017年，福州被确定为全国新的社会阶层人士统战工作实践创新基地。市委办公厅印发《关于加强新的社会阶层人士统战工作的实施意见》，10名新的社会阶层代表人士首次纳入市党政班子党员领导干部与党外代表人士联系交友对象。先后召开全市新的社会阶层人士统战工作会议、（鼓楼）现场推进会、联席会议，部署全国新的社会阶层人士统战工作实践创新基地建设，推动各县（市）区加强工作机制、平台和队伍建设。推进全国首批创新重点项目之一的福州软件园创客谷项目建设，打造“五凤论见”工作品牌。设立新的社会阶层人士统战工作实践创新示范区、示范单位和活动交流基地三类试点，全市各级各类试点达46家。建立682名新的社会阶层代表人士人物库。举办全市第一期新的社会阶层人士研修班，与市委宣传部共同开展“迎接十九大、凝聚正能量”网络自媒体县区行主题活动。

【港澳台和海外联谊工作】 2017年，中共福州市委统战部牵头市人大侨台委、市政协港澳台侨委、市外侨办、致公党市委、市侨联5个涉侨单位召开联席会议。组织到港澳和深圳、珠海等地参加社团庆典，协助世福总会、香港福州十邑同乡会等榕籍社团完成换届，并引导成立香港福州社团联会。举办第二届海峡两岸中青年篆刻大赛、“第十届海峡两岸金门籍青少年国学夏令营”等活动及港澳榕籍社团骨干国情研修班。

【党外代表人士队伍建设】 2017年，中共福州市委统战部指导市工商联（总商会）、市台联、市中华职教社、市金门联完成换届。开展党外省人大代表和省政协委员推荐的相关工作。向组织部门推荐优秀党外干部，推动党外干部的实职安排工作，提任党外干部正处级1人、副处级4人、企业副职1人，转任（交流任职）市级政府工作部门副职3人、县级政府副职1人。

（彭　霖）

精神文明建设

【概况】 2017年，福州市持续推进“有福之州·文明同行”行动，开展群众性精神文明创建活动，推动移风易俗、志愿服务、“我们的节日”主题活动、“讲文明树新风”公益广告宣传等工作。福州市党员志愿服务的经验在中央文明办《精神文明建设》头条刊登，《道德新风歌》入选全国社会主义核心价值观主题歌曲，福州文明网《网络道德学堂》入选2017年度全国精神文明建设网络宣传十大优秀栏目。福州市蝉联全国文明城市称号，实现全国文明城市“三连冠”。

【文明城市建设】 2017年，福州市持续推进“有福之州·文明同行”行动，实施五大方面、169个重点项目。先后召开市文明委全体成员（扩大）会、文明城市创建工作推进会、文明城市创建工作再部署再推进会议，部署推进创建第五届全国文明城市各项工作。对照《全国文明城市（地级以上）测评体系》进行责任分解，通过召开现场会、点评会、督查反馈会等方式，推动任务落实。制订实施《福州市2017年文明城市建设重点整治工作总体方案》，成立文明宣传、公共交通、交通秩序、各类市场和中小店、市容环境、各类场馆等6个重点整治组，由分管市领导牵头开展专项整治。组建“福州市文明考评工作专家库”，制定实施《福州市文明城市创建督查工作规则》，开展2次模拟测评、12次月专项督查，先后对创建不力的10批次196个（次）单位进行红黄牌警告，督促问题整改。11月，“第五届全国文明城市名单和复查确认继续保留荣誉称号的往届全国文明城市名单”公布，福州市上榜，并连续三届获全国文明城市称号。

【社会主义核心价值观建设】 2017年，福州市开展“讲文明树新风”公益广告宣传，制作“中国梦·福州美”“图说我们的价值观”“有福之州·文明同行”

表 7　**2017 年福州市获评全国文明村镇名单**

获奖名称	获评村镇
第五届全国文明村镇	福清市新厝镇　马尾区亭江镇英屿村　福清市新厝镇江兜村　连江县江南乡梅洋村　长乐市潭头镇泽里村　闽侯县白沙镇孔元村　福清市高山镇前王村　长乐市文岭镇郑朱村
继续保留荣誉称号的全国文明村镇	闽清县梅城镇　马尾区亭江镇　马尾区亭江镇亭头村　福清市阳下街道溪头村　长乐市梅花镇梅新村　晋安区新店镇西园村　福清市宏路街道周店村　长乐市航城街道洋屿村　闽侯县甘蔗街道昙石村

等主题公益广告,协调各类媒体常态化刊播。完善公益广告督查机制,对重要场所公益广告刊播情况组织专项督查和暗访督查。推进社会主义核心价值观主题公园、主题街道、主题社区建设。组织各级道德模范、身边好人学习宣传活动。福州市推荐的刘安娟、许鸿升 2 人入选第五届福建省道德模范;13 人当选第五届福州市道德模范;年内全市有 6 人入选"中国好人榜",20 人入选"福建好人榜"。举办第五届公共文明建设系列"十佳"宣传活动,推选"十佳交通警察""十佳公交驾驶员""十佳环卫工人"等 13 个系列的"十佳"人选。推进诚信建设,开展福州市诚信经营示范街区创建活动,在每个县(市)区培育一条诚信示范街区,推出国内首部原创大型诚信主题动画片《诚信漫游记》。福州市《道德新风歌》入选全国社会主义核心价值观主题歌曲。

2017 年,福州市组织"我们的节日·拗九节"系列活动　(市委文明办　供)

【公民思想道德建设】　2017 年,福州市加强文明单位(行业)管理,推动文明单位发挥示范引领作用。8 个单位获评第五届全国文明单位,21 个单位经复查确认继续保留全国文明单位称号。

加强行业服务窗口规范化建设,以"创文明行业、建满意窗口"竞赛活动为载体,对 32 个行业的服务窗口进行暗访检查并通报。开展"文明服务之星"宣传展示、"树文明新风,迎金砖宾客"等活动,提升窗口行业服务水平和文明程度。

开展文明家庭创建,制定《福州市文明家庭评选标准和评选办法》。成立福州市家风家训宣传教育基地,打造三坊七巷名人家风家训馆、福清市新厝镇乡风乡贤馆等教育基地,举办"家风讲堂""家风家训巡礼"等活动。

开展文明交通行动、文明餐桌行动、文明旅游行动,组织第十二届福州读书月及"我们的节日""推行'八不'行为规范,做文明公民""福州市民文明行为规范"征集等专题教育实践活动。加强福州文明网、"文明福州"微博、"福州微文明"微信公众号等网络阵地建设,推动各县(市)区建立文明网站或文明频道、开设新媒体,形成点多面广的网络文明宣传矩阵。开展"拗九感恩卡·绘出我孝心""共享单车·文明共享""做知书达礼的福州人"古诗词诵读征集等网络活动。福州文明网《网络道德学堂》入选 2017 年度全国精神文明建设网络宣传十大优秀栏目;"福州微文明"微信公众号粉丝超过 30 万人(个),并获评"福建省政务新媒体十佳"称号。

【农村精神文明建设】　2017 年,福州市深化文明村镇创建,在推进 26 个省、市级美丽乡村文明建设示范村创建的基础上,引导更多村镇参与新一届文明村镇创建活动,福清市新厝镇等 8 个村镇获评第五届全国文明村镇,9 个村镇经复查确认继续保留全国文明村镇称号。统筹推进城乡共建,推进"助力精准扶贫,树立文明乡风"活动,培育闽清、永泰等 5 个县的 10 个贫困村为试点村。推动文明单位与农村开展"结对子·种文化"活动,组织 179 家市级以上文明单位与 11 个县(市)区的美丽乡村、幸福家园示范村开展"一对一"结对共建活动。召开农村精神文明建设现场会、"推进厕所革命、弘扬文明新风"工作会议、福州市"助力精准扶贫,树立文明乡风"试点村建设工作推进会。

【移风易俗】　2017 年,福州市成立移风易俗工作领导小组,建立全市移风易俗工作联席会议制度,召开深入推进移风易俗工作现场会。开展福州市"移风易俗示范乡镇、示范村"推选、"践行移风易俗弘扬文明乡风"好榜样推选等活动。推动全市移风易俗"五进"宣传活动,细化 59

项移风易俗专项活动，推动移风易俗宣传进机关、进校园、进企业、进村居、进家庭。推动全市各镇街、村(社区)修订完善村规民约，建立健全红白理事会，成立“移风易俗志愿服务队”。

【志愿服务】 2017年，福州市围绕城区交通治堵、水系综合治理、绿化福州、城市环境卫生整治等10项重点工作开展志愿服务。动员684家文明单位(学校)组织志愿者走进贫困户，开展助力“精准扶贫”志愿服务活动。围绕服务金砖国家政党、智库和民间社会组织论坛、第九届世界华文传媒论坛，组织志愿者开展会务保障、文明引导等志愿服务活动。推动志愿服务制度化，推进社区志愿服务站和志愿服务驿站规范化建设，五城区所有社区全部建立社区志愿服务站点，在人流密集的繁华街区、公园、车站等建立志愿服务驿站19个。在全市推行“志愿云”志愿服务信息系统，完善志愿者注册登记、志愿服务信息发布的渠道，构建志愿服务沟通联系平台。至2017年底，全市在“全国志愿服务信息系统”实名注册志愿者106.2万人，注册志愿团体2.1万个，发布志愿服务项目4.2万多个，登记志愿服务时长1226.5万小时。出台《福州市星级志愿者评定办法(试行)》。开展2016年度全市学雷锋志愿服务“四个最美”推选宣传活动，推选出福州市最美志愿者50个、最佳志愿服务项目30个、最佳志愿服务组织31个、最美志愿服务社区21个。培育省级公共文化设施志愿服务活动示范单位6家、市级示范单位42家。台江区金斗社区获全国“最美志愿服务社区”称号。闽江学院附属中学、鼓楼区温泉街道金汤社区书记叶世姝分别获得全国学雷锋活动示范点和岗位学雷锋标兵称号，为省内唯一获奖单位和个人。

【未成年人思想道德建设】 2017年，福州市以师风师德建设、学生文明素养、校园文化营造为重点，开展各级文明校园创建活动。福州教育学院附属第一小学获评第一届全国文明校园、校长王卫红获新一届全国未成年人思想道德建设先进工作者称号。围绕重要时间节点，开展“我的中国梦”主题教育实践活动，组织“清明祭英烈”、“六一”期间“学习和争做美德少年活动”、“七一”期间“童心向党歌咏”和“十一”期间“向国旗敬礼”等活动。全市逾13万人次通过网络签名、浏览美德少年事迹、参与“学习争做美德少年”活动，逾24万人次参与“向国旗敬礼”网上签名寄语活动。推进“公共文化服务校园行”活动，全年对接项目833个。推进福州市中小学生综合实践基地建设，落实2017年度乡村学校少年宫中央项目学校建设，加强自建乡村学校少年宫建设和管理。推进校外未成年人心理健康辅导站建设，发挥市级未成年人心理健康辅导站和晋安、福清两个省级未成年人心理健康辅导示范站的辐射带动作用，加强县(区)级心健站和学校辅导员队伍建设，组织心理健康辅导“大篷车”下县乡和首届福州市小学留守儿童心理援助夏令营。

(林艺红)

机关党建工作

【概况】 2017年，中共福州市委市直机关工委学习贯彻习近平新时代中国特色社会主义思想和党的十九大精神，组织动员党组织和党员干部开展“建设新福州、机关走前头”“双联双扶”助力精准扶贫活动，确立并初步实现机关党建“三个走前头”(在全省机关工委系统走前头、在全市基层组织建设走前头、在市直部门单位走前头)目标，推进机关党的政治、思想、组织、作风、纪律和制度建设。全年市直机关系统发展新党员305人；开展机关党组织和党员信息采集工作，完善党员电子身份信息档案，2076个党组织和34239名党员录入“党员e家”。

【习近平总书记关于机关党建重要论述研究】 2017年，中共福州市委市直机关工委联合福建省直机关工委开展习近平总书记机关党建重要论述研究，课题研究组收集史料，寻访当事人，形成关于福建时期习近平总书记机关党建重要论述研究与实践的调研报告。该课题获全国机关党建课题研究成果一等奖。

【政治思想建设】 2017年，中共福州市委市直机关工委下发《关于推进市直机关“两学一做”学习教育常态化制度化的指导意见》，召开“两学一做”学习教育常态化制度化座谈会，组织市直机关党员干部参加福州市“两学一做”先进事迹报告会，举办市直机关学习廖俊波同志先进事迹宣讲报告会，部署开展市直机关纪念中国共产党成立96周年暨喜迎党的十九大“十个一”系列活动，在市直机关举办党的十九大专题培训班、学习党的十九大精神座谈会、读书交流会、“百名法学家百场报告会”市直机关专场、“聆听身边十九大代表畅谈党的十九大精神”主题活动等。全年市直单位开展学习教育宣讲活动1658场，参与的党员干部群众13.82万人次。与市委组织部联办市直机关“贯彻十九大、提振精气神”演讲比赛，市直机关11个系统党委、40个直属机关党组织推荐67名选手参赛，21名选手分获一、二、三等奖和优秀奖。福州市林则徐纪念馆、福州辛亥革命纪念馆、中共福州市委旧址纪念馆、三坊七巷历史人物勤廉馆、福州文林山革命烈士陵园、马江海战纪念馆、长乐南阳福建省委旧址、闽侯“二七”烈士林祥谦陵园8家基地授牌成为“市直机关党员干部教育基地”。全年编印《福州机关党员学习文选》12期32万册。

【“双联双扶”工作】 2017年，中共福州市委市直机关工委在全省首创“双联双扶”(即市直机关党组织联系贫困村党支部、党员联系贫困户，做好扶贫、扶志工作，助力精准扶贫活动)工作载体，组织机关党组织和党员干部参与扶贫攻坚。108个市直单位党组织与200个贫困村党组织结对共建，为结对村引进扶贫项目378个，提供帮扶或协调落实各类资金约6550万元；市直机关7300名党员与1068个贫困户结对帮扶，认领并实现困难群众“微心愿”2478个，市直机关党组织“五个一”实现率达100%。

【党员志愿活动】 2017年，中共福州市委市直机关工委牵头建立文明交通劝导志愿服务队和抗灾救灾志愿服务队，推进共产党员志愿服务活动，组织动员省、市、区级机关22.4万人次党员志愿者开展各类志愿服务。市直机关党员志愿者注册人数3.3万余人,以支部为单位注册共产党员志愿服务队1750支,注册率99.7%。

【机关主题实践活动】 2017年,中共福州市委市直机关工委在市直机关启动“红色领航、机关先行”活动,要求机关党员“亮红色身份、作红色服务、树红色形象”。开展“建设新福州,机关走前头”主题实践活动,开展三项主题教育(“对标看齐”教育、“建设新福州”形势任务教育、“持续攻坚当表率”作风纪律教育),拓展三项工作机制(落实机关党建工作责任机制、深化服务攻坚“十百千万”工作机制、拓展联动互动工作机制),开展四项创建评选(“攻坚堡垒”评选、“党员先锋”评选、“优质服务窗口”评选、“优秀党建品牌”评选),评选表彰“党员先锋”130人、“攻坚堡垒”50个、“优质服务窗口”60个。“建设新福州、机关走前头”主题实践活动在全省工委系统推广。市直机关服务攻坚“十百千万”活动被评为全省机关党建创新项目一等奖。

【基层党组织建设】 2017年,中共福州市委市直机关工委建立实施机关党建责任清单、问题清单、整改清单“三单制”管理,组织开展市直单位党组(党委)书记、机关党组织书记、基层党支部书记“三级联述联评”,以及组织实施全面从严治党主体责任落实情况考评、机关党建绩效考评、党群口机构绩效指标核验“三项重点考评”。建设市直机关党员活动阵地,实施“双百”(百佳党建品牌、百优党员活动场所)创建工作,完成福州机关党建活动室设计和工程招标,福州机关党建文化长廊建成开放。拨付98.3万元,帮助市直机关党组织建成20个标准化党员活动室。创建和提升31个优秀党建品牌和34个党员活动室,对市行政(市民)服务中心、市规划局城市规划展示馆、市“智慧福州”管理服务中心、林则徐纪念馆等“福州窗口”的党组织进行重点培育、建设。推进成立社会组织行业(综合)党委工作,成立福州市注册会计师行业党委、律师行业和市场监督管理系统两新组织党委。结合全市“两学一做”学习教育专项督查、2016年度省委全面从严治党主体责任检查“问题清单”,对市直机关党组织开展两轮专项督查。推广实施机关党支部七项基本工作法,落实“三会一课”、组织生活会、党员领导干部双重组织生活、谈心谈话、党性分析和民主评议党员等制度。

加强市直机关党组织专职副书记任前选配考察、任职谈话、任中教育培训、年度述职4个环节,全年考察审批专职副书记23人,评选表彰10名“十佳专职副书记”和15名“优秀专职副书记”;举办党务干部异地培训班;举办3期基层党组织书记培训班,1500名基层党组织书记参加轮训;筹措专项经费59.3万元,慰问困难党员干部职工593人次。

【党风廉政建设】 2017年,中共福州市委市直机关工委建立市直机关落实主体责任工作联系点,组织人员到省直机关试点单位省海洋与渔业厅学习主体责任全程纪实工作经验。针对省委“五抓五看”检查组检查移交的抓制度建设和加强教育两个方面存在问题,向市直各机关党组织下发即知即改通知,围绕全面从严治党主体责任“问题清单”整改、党员领导干部参加双重组织生活会、党员缴纳党费等工作情况进行调研督导。开展党性党风党纪教育、警示教育和从政道德教育,组织市直机关党员观看《巡视利剑》专题片、参观廉政教育书画展、参加省纪委、省直机关工委举办的“党章党规伴我行”网络答题活动,举办市直机关纪检干部培训班,市直各单位开展廉政教育活动1687场,参加人员7.7万人次。制定出台《市直机关违犯党纪报批案件提前沟通意见的试行办法》,与市纪委审理室联合编写模拟案卷。全年受理报批违纪案件25件25人,审结25件25人,沟通案件13件13人。开展问题线索和责任风险谈话,市直各单位开展各类廉政谈话约1.03万人次。

【机关精神文明建设】 2017年,中共福州市委市直机关工委推进创建全国文明城市工作宣传,部署开展“文明市民,机关带头”文明礼仪系列教育活动,在《学习文选》开设“移风易俗”专栏,刊登文明旅游等知识,与市公安局联合开展交通法律法规宣传活动。根据市缓堵办提供的交通违法人员信息,向交通违法人员所在的市直单位发出《关于对交通违法人员情况进行告知教育的通知》。开展市直机关第九届(2015—2017年度)文明单位考评工作。开展“我为党旗添光彩”“热血暖冬　为生命接力”无偿献血活动,市直机关干部职工2000多人次参加献血,累计献血78万多毫升。开展“邻里守望·情暖榕城”学雷锋、“推进城乡绿化美化,建设美丽新福建”义务

2017年,中共福州市委市直机关工委在全省首创开展“双联双扶”工作。图为市直机关工委在永泰县大洋镇康乐村开展“双联双扶”活动

(市直机关工委　供)

植树、市树认种认养等活动，组织市直机关干部6000多人次参加，认养市树740株。开展“迎春送福”系列活动，向市民送上文明宣传、交通安全等对联5000多副，发出“爱绿护绿，共建文明”倡议，赠送市花市树3000多株。

【群团工作】 2017年，中共福州市委市直机关工委推进市直机关工青妇组织换届工作，更新完善团建、劳模和困难职工数据库。开展五一先锋岗、巾帼文明岗、青年文明号等创建活动，培植群团先进典型26个，推荐第35届福州市劳动模范11人，省“五一劳动奖章”1人。开展母亲健康“1+1”活动，收到46个单位为“两癌”贫困母亲捐款11.1万元。举办“助力城市建设管理青春志愿行”活动，宣传引导市民文明交通，规范使用共享单车。举办“喜迎新时代，共谋新发展”家庭文明建设分享会、市直机关青年交谊会、市直机关“劳动者”杯羽毛球、气排球比赛、第二十三届“双拥杯”射击比赛、市直机关“庆元旦　迎新年”趣味运动会、第五届市直机关运动会等，机关干部7562人次参加。开展市直机关在职干部职工温暖工程活动，组织43910名干部职工参加第五期职工温暖工程，全年受理温暖工程补助731件，发放温暖工程补助金397.5万元。

【党建工作研讨会】 2017年，中共福州市委市直机关工委承办全国机关党建理论研讨会，中央国家机关、有关省区市和副省会城市机关工委领导和专家学者300余人参加会议。会议围绕习近平总书记全面从严治党重要论述研究和增强机关党员干部“四个意识”研究两个课题形成28篇论文，福州市直机关工委参与撰写的关于福建时期习近平总书记机关党建重要论述研究与实践的调研报告，在会上作为10个大会交流单位之一进行发言。协办深入学习党的十九大精神、推进“放管服”改革交流研讨会暨第二届全国行政服务大厅典型案例展示活动总结会，中央国家机关工委、中国行政体制改革研究会、人民网有关领导，各省区市直机关工委、相关行政服务中心的负责人及专家学者代表200余人参会，会议表彰第二届全国行政服务大厅典型案例展示活动“百优十佳”单位，福州市直机关工委推荐的市行政（市民）服务中心“马上就办”服务品牌获评全国行政服务大厅典型案例评比一等奖，并在大会上作典型经验介绍。

（侯婷婷）

信访工作

【概况】 2017年，福州市信访局开展“大排查、大化解、大整治”活动，信访工作呈现“五下降一好转”态势。信访总量下降，群众来信来访40416件（次），比上年下降5%；进京到非接待场所上访数量下降，全市群众进京到非接待场所上访189人次，下降73.7%；进京集体上访人次下降，全市群众进京集体上访85人次，下降9.6%；到省集体上访数量下降，全市群众到省集体上访55批538人次，批次下降44.4%、人次下降76.9%；到市集体上访数量下降，群众到市集体上访140批1619人次，批次下降18.1%、人次下降46.6%；信访态势持续好转，较少发生上访群众在党政机关门口聚集、拦截公务车辆、打横幅等现象，没有发生影响较大的信访突发事件，没有因信访问题处理不当引发重大群体性事件、个人极端事件和负面炒作事件。

【信访受理】 2017年，福州市信访局直接办理群众来信来邮12235件，其中群众来信3063件，国家投诉受理办公室转交办网络投诉件2707件，人民网网民通过人民网给省市党政主要领导留言3487条，省长信箱邮件1615件；及时受理率100%，责任单位及时受理率100%，办结率100%。办理初访504件，转送、交办214件，到期办结率100%。

开展“大排查、大化解、大整治”活动，全市排查信访风险隐患问题136个、信访突出问题42个，重点涉访人员1475人，并对52名外省涉访人员、29件外地涉榕信访事项，分别交办相关责任单位。

【信访积案化解】 2017年，福州市信访部门通过综合运用行政、政策、法律、经济等手段，采取专案评审、公开听证、使用解决特殊疑难信访问题专项资金等方法，促进信访积案化解。全市开展专案评审41件、公开听证40件；120件信访积案（省级20件、市县级100件），实现息诉息访103件。研究申报使用特殊疑难信访专项基金214.8万元，用于解决13件特殊疑难信访案件。

【信访工作机制创新】 2017年，福州市继续推进“三无”县乡村创建活动。推广马尾区、罗源县的经验做法，做到“小事不出村、大事不出镇、难事不出县、矛盾不上交”，把信访问题解决在县及以下基层。持续开展市领导每月15日接待群众来访活动。市信访局邀请律师每周一、三上午到市信访局参与接访活动，开展政策和法律法规宣传解释工作，全年律师接待群众来访70多批次。

（王文清）

老干部工作

【概况】 2017年，福州市县两级老干部局服务管理老干部1863人，其中离休干部1187人，厅级退休干部84人，“5·12”退休干部（1949年10月1日之后到1950年5月12日之间参加工作、享受供给制待遇的退休干部）592人。

市委办公厅、市政府办公厅印发《关于进一步加强和改进离退休干部工作的实施办法》。省委常委、市委书记王宁看望暑期读书班市级老领导；市长尤猛军在市老年大学举办“喜说新福州”报告会，通报2017年全市经济社会发展情况。市委老干部局围绕“畅谈十八大以来变化，展望十九大胜利召开”主题，组织离退休干部开展“喜说新福州·喜迎十九大”十大系列主题正能量活动，1500多名老干部参与“建言十九大”专题调研座谈和访谈；征集到离退休干部“喜说新福州”征文500多篇、书画摄影作品700多幅；近1万名离退休干部参观福建省、福州市离退休干部正能量活动成果展。

【老干部服务保障】 2017年，福州市举办离退休干部参加专题报告会、讲座148场次，参会8000多人次；举办老干部读书班35期,参加人数1237人。每季度组织市级老领导参观考察市重点项目,全年组织老干部参观福州市养老工程、永泰嵩口镇美丽乡村、长乐滨海新城、西湖浦东河清淤治理工程等项目。组织市直单位600多名离退休干部参观全市首个海绵公园——牛岗山公园。

全年为918名困难老干部发放困难补助经费67.5万元,为445名离休干部遗偶发放困难补助119.8万元。开展社区服务老干部省、市级示范点创建工作,评出15个市级示范点社区,其中7个成为省级示范点。召开全市社区服务老干部工作部署推进会,创新社区服务老干部工作机制。将易地安置离休干部慰问工作由两年一次调整为每年一次。建立福州市委老干部局挂钩联系老干部工作部门制度,协调解决18个困难问题。开通"福州老干部之家"微信公众号。建立"三单式"(责任清单、问题清单、成绩单)服务管理老干部工作机制,全部落实年初老干部提出的70项意见建议。

【老干部作用发挥】 2017年,福州市老干部民生工作志愿督导组督导落实环境综合整治、旧屋区改造、内河整治、交通拥堵整治、教育医疗文化、绿化福州等民生项目165个。市级老领导结合每季度参观市重点工程,提出意见建议。各级关工委报告团及"五老"(老党员、老专家、老教师、老战士、老模范)报告员开展"学习党史国史、讲好福州故事"社会主义核心价值观教育和实践活动。仓山区、福清市组织老干部民生工作志愿督导组参与民生社会事业。

【老干部学习活动场所建设】 2017年,福州市老干部活动中心举办离退休干部党员电教室宣讲、时事报告会。拓展老年教育平台,市老年大学有分校3所,校本部学员超1万人次,学员总数超1.3万人次,时政讲座月听众近5万人次。

【离退休干部党工委建设】 2017年,福州市市县两级离退休干部党工委全部成立,全市建成离退休干部党支部357个(其中离退休干部临时党支部30个)。举办首期离退休干部党工委(党支部)书记培训班,组织支部书记87人参训。建立市直离退休干部党支部在职联络员制度,有在职联络员95人,连江县创新"口袋党课"学习模式。

(林　东)

党校工作

【概况】 2017年,中共福州市委党校举办各类培训班117期,培训学员超1.3万人次。完成福州市领导干部"学习贯彻十八届六中全会精神"专题培训班、福州市厅级干部和市管干部学习贯彻党的十九大精神专题研讨班等培训任务。推进新型智库建设,市委党校教师参与并执笔的重点课题——关于福建时期习近平总书记机关党建重要论述研究与实践的调研报告被全国党建研究会机关专委会评为"2017年度全国机关党建课题研究成果一等奖"。

【教学工作】 2017年,中共福州市委党校举办各类计划内培训班117期,培训学员超1.3万人次。完成主体班培训任务20期,参训学员近1000人次,其中县处级班5期、中青班2期、科局长班7期、乡镇班3期、组织干部培训班2期、党外干部培训班1期。举办福州市领导干部"学习贯彻十八届六中全会精神"等专题培训班19期,培训学员1500多人次。举办其他各类任职培训班、党外中青年骨干培训班等计划内培训班次21期,培训学员2000余人次。举办四期福州市厅级干部和市管干部学习贯彻党的十九大精神专题研讨班,培训干部近2000人。

全年举办各类委托培训、合作培训班次53期,培训学员近7000人次。拓展校院合作办学,在西部校院合作办学的基础上,与北京东城区、深圳龙岗区、安徽芜湖市、贵州毕节市、新疆奇台县、西藏八宿县等地校院建立合作办学关系。

"福州干部在线学习网"实现全市科级以上干部在线教育学习全覆盖,更新在线教育课件500多课时,并与国家行政学院续签课件采购合同。学员对授课教师的教学质量评估满意率99.9%。

优化课程体系,更新党的十九大精神5个相关教学单元。新增设《习近平总书记建设"海上福州"战略构想》等9个新课题。新开发《当代好干部的历史典范——民族英雄林则徐(林则徐纪念馆)》等3门现场教学课程,配合市委组织部推进全市优秀传统文化教学点和红色文化教育基地建设,打造30个现场教学基地。开展学员微课堂活动、跨教研部开发领导干部应急管理桌面演练课程、开发读书研讨教学课程《不忘初心、牢记使命——读〈习近平的七年知青岁月〉》。邀请省市领导到校讲课,确保领导干部讲课总课时占主体班次总课时的比例不低于20%。

【科研工作】 2017年,中共福州市委党校申报国家社科规划项目2个;申报国家行政学院合作课题4项,立项2项;申报省社会科学规划年度项目6个,立项1个;申报省中国特色社会主义理论基地项目12个,立项2个;申报省委党校中国特色社会主义理论基地课题21项,立项13项;申报市中国特色社会主义理论体系研究中心课题3项,立项2项;申报市社科课题8项,立项1项。

年内全市党校系统申报课题64项,立项44项;承担市委办、市政府办、市委党建办等9项重点调研课题,其中,市委党校承担市直部门年度重点调研课题《加强大数据运用,提升基层行政管理服务水平》获省委常委、市委书记王宁批示,调研课题《把夜市打造成台江新风景线的几点建议》获市长尤猛军批示。市委党校教师参与并执笔的重点课题关于福建时期习近平总书记机关党建重要论述研究与实践的调研报告被全国党建研究会机关专委会评为"2017年度全国机关党建课题研究成果一等奖"。

市委党校校刊开辟"学习宣传贯彻党的十九大精神""习近平治国理政重要论述研究""福州民生建设"和"弘扬红色文化"等新专栏,加强"福州市情研究"等传统专栏。智库建设注重教学科研咨询一体化。举办以"建设滨海新城,加快推进海上福州建设"为主题的"福州市情论坛"。

(王鹏丽)

政策研究

【概况】 2017年，中共福州市委政策研究室起草文稿130余篇，撰写各类调研报告22篇，编发《福州调研》《福州政研专报》《决策参考》《报刊专送件》等142期，《闽都通讯》《福州城市科学》等16期，蝉联全省重点课题优秀调研成果组织奖。市政策咨询研究会、市城市科学研究会完成换届工作。

【课题调研】 重点课题调研 2017年，中共福州市委政策研究室牵头完成《关于加快完善稳定脱贫长效机制的研究》《着力提升“三服务”水平更好服务新福州建设》2篇市年度重点课题，同步协调督促《关于激发民间投资活力助推福州产业发展的建议》等其他11篇市重点课题和《闽都文化视阈下的名镇名村保护与开发》等21篇市直部门重点课题完成。完成《强力引导民资有效投资助力“产业优”新福州建设》等12篇市各民主党派、工商联年度重点调研课题的成果归集。

专项调研 针对老城功能改造提升、新城新区开放开发、城区治堵治涝治水等重点工作，形成《加快滨海新城建设的对策建议》《能快则快 推进城区老旧住房改造》《高水平提升福州地铁服务水平的建议》等专题调研文章；组织开展“查问题、抓整改、促提升”“城乡统筹”等系列调研，完成《当前我市安全生产存在的突出隐患和工作建议》《特色小镇重在“特”》《加快推进城乡统筹的思路建议》等9篇调研报告；针对群众关心关注的热点问题，形成《当前市属医院就医体验存在问题及建议》《推进公交票制改革的对策建议》等调研。

【调研成果转化】 2017年，中共福州市委政策研究室牵头制定《中共福州市委关于印发市委常委会2017年工作要点的通知》和《关于加快社会事业发展补齐民生短板确保如期高水平全面建成小康社会的意见》及配套文件等6份政策性文件。完成金砖国家政党、智库和民间社会组织论坛福州市筹备工作相关文稿50余篇。全年17篇次调研报告获得市领导批示，11篇被省委政研室《调研文稿》《政研专报》等采纳，1篇获评省优秀调研课题成果一等奖。

【决策信息服务】 2017年，中共福州市委政策研究室起草福州市一线考察干部机制信息，修改把关全市脱贫攻坚信息，分别被中办信息、中央扶贫办信息采纳刊发；起草《扣好从事党办工作的第一粒扣子》，在《秘书工作》上刊登；关于《公共自行车、共享单车发展的九条建议》《加快推动物联网产业发展》等4篇文稿在《福州日报》理论版刊登。抽调干部全程参与“三合一”论坛、党内法规试点等重点工作。加强同中国知网等智囊机构以及省内高校、科研院所交流，建设福州新型特色智库。

（俞少奇）

保密工作

【概况】 2017年，中共福州市委召开两次市委常委会专题研究保密工作，出台福州市加强和改进保密工作的实施意见。福州市国家保密局加强保密绩效管理工作，增加县（市）区保密工作绩效考评分值。开展“保密系统素质提升年”和保密法宣传月活动。完成涉密项目、涉密载体印制资质初审等工作。罗源县、闽清县成立保密技术检查中心。

【保密管理】 2017年8月，中共福州市委出台贯彻落实中央和省委决策部署的实施意见，10月在全市开展中央、省委、市委保密工作决策部署贯彻落实情况专项督查，组织市委保密督查组对12个县（市）区和10家市直单位进行现场督查。

举办3场保密业务培训班，对服务金砖会晤福州“三合一”会议相关单位的分管领导、保密员和计算机网络管理员175人进行保密培训。参与金砖会晤福州“三合一”会议安全保密工作，确保“三合一”会议筹备、召开期间没有发生失泄密问题；开展金砖会晤安保专项保密检查，抽查市直10多家参与单位涉密计算机、内网计算机、互联网计算机，发现问题、隐患，当场反馈，限期整改；加强对市直机关单位计算机网络涉密、敏感信息巡查。5月，接受福建省国家保密局对市委政法委、市委宣传部、市公安局、市信访局4家单位开展金砖会晤保密专项检查。

【保密宣传】 2017年，福州市国家保密局组织开展“保密系统素质提升年”活动，举办4期保密业务专项培训。开展保密法宣传月活动，全市各级各单位召开保密工作学习部署会538次，领导讲话502场、批示389次，广播（电视）宣传4230次，放映保密教育录像片631场，举办保密专题培训班218期，组织《保密工作》学刊用刊知识测试人数1.5万人次，在党校、行政学院或中小学校举办保密教育课108期；开展保密宣传检查526次，提出整

2017年8月11日，福州市国家保密局举办保密工作业务培训班

（市国家保密局 供）

改意见616条。在福州市国家保密局门户网站刊登保密工作信息70篇,向福建省国家保密局网站报送保密工作信息591篇,刊登280篇。向《保密工作》杂志报送保密工作信息44条,刊登4篇。

【监督检查】 2017年,福州市国家保密局在全市各级各单位自查自评基础上,组织2个保密绩效考核检查组对12个县(市)区和19个市直单位开展现场保密绩效考评检查,提出整改意见117条,发出反馈意见书23份。5月,协同市公安局、市教育局对福州市及所属县(市)区普通高考保密室开展联合检查。组织开展保密自查自评及互联网门户网站检查工作,收到12个县(市)区、110家市直机关单位报送的互联网门户网站保密自查情况报告,全市各级各单位自查互联网门户网站155个,政务微博236个,微信公众号197个,互联网办公系统21个,政务邮箱396个,未发现违规存储、处理、发布国家秘密现象。10月,对市直22家单位保密自查自评及互联网门户网站工作进行抽查。年内核查4起涉嫌失泄密和违规事件,3名责任人被约谈、内部通报批评,2名责任人被党纪处分。

【技术防护】 2017年,福州市国家保密局运用福州市保密内网管理系统、互联网(文档)检查系统,加强对市直机关单位内网、互联网计算机保密监管。年内申报互联网(文档)检查系统(二期)等2个技术建设项目,通过专家评审。

(陈云娟)

2017年6月7日,省委党史研究室、市委党史研究室组织调研连江长门炮台遗址 (市委党史研究室 供)

党史研究

【概况】 2017年,中共福州市委党史研究室推动《中国共产党福州历史》第二卷出版进度,完成《中国共产党福州市历次代表大会文件汇编》《王荷波传》编撰,开展《福州市抗日战争时期人口伤亡和财产损失》修订,指导连江、闽清、永泰等县委党史研究室开展党史书籍编修。开展习近平在榕工作期间执政理念专题研究,以及"廉政建设""闽台合作及旧城改造""历史文化名城保护"等执政理念研究。年内,13处革命遗址进行党性教育实践基地建设,47处革命遗址及纪念设施被授予福州市党史教育基地,新增28处新挖掘的革命遗址。

【党史征集研究】 2017年,中共福州市委党史研究室继续推进《中国共产党福州历史》第二卷编撰出版,启动修改校对工作,年内完成征求有关部门及专家学者意见,并送交市委审定,编撰完成《中国共产党福州市历次代表大会文件汇编》《王荷波传》,指导完成《砥砺奋进—中国共产党永泰县历次代表大会资料汇编》等,开展《福州市抗日战争时期人口伤亡和财产损失》修订和送审,报请省委审定。

在全市开展习近平在榕工作期间执政理念专题研究,完成"扶贫攻坚""执政为民理念""生态文明理念""国家治理"和《引领——习近平同志在连江》《始终与人民心连心——习近平同志来樟指导文稿汇编》等专题研究,推动"廉政建设""闽台合作及旧城改造""历史文化名城保护"的执政理念研究。

指导编辑《红色连江》系列丛书及《连江县革命老区村史绩》《红色丹阳》《东湖史话》《中国共产党永泰县历次代表大会资料汇编(1956—2016)》《闽清历史大事记(1926—2016)》等党史书籍。

【红色文化传承】 2017年,中共福州市委党史研究室开展红色文化相关文物和文史资料、口述历史调查征集,考察县(市)区现有红色文化遗址、基地和纪念设施,收集整理《抗日功勋昭日月——缅怀抗战英雄陈金来烈士》《罗源红色记忆》《高家大院的红色记忆》等史料23篇、15.6万字。

开通"福州党史"微信公众号。设置市委旧址纪念馆党性教育实践基地建设专栏及其他红色资源宣传推广栏目,推送关于福州的党的历史典型事件。利用"海西红色在线"互联网开辟红色胜迹、红色故事等栏目。指导各县(市)区完善党史短信、微信公众号及"海西红色在线"网页等平台建设。

组织党史文化下乡。福清市在福建师范大学福清分校举办党史知识进校园宣讲活动。连江县编辑印发《红色胜迹》画册、《红色宗祠》《连江县革命烈士陵园》宣传折页,开展省市县三级党史成果进社区赠书活动;在乡镇村居开展连江党史等专题讲座60余场,并开展"红色文化进校园"活动。永泰县在同安镇洋尾村开展社会科学普及宣传,向群众发放《中共福建省委旧址纪念馆宣传册》《永泰革命史》等书籍。闽清县在梅城镇恒晟晶都小区广场开展"党史教育进社区"展览活动;在城关开展社会科学普及宣传,向群众发放《中共闽清历史大事记》《闽清革命史》等书籍。

举办红色纪念活动。福清市与长乐区联合举办纪念黄孝敏、陈炳奎烈士和陈亨源烈士活动。长乐区举办纪念全民族抗战爆发80周年图片展,在罗联乡蕉岭烈士纪念亭组织陈振先、陈亨光、陈清俤三烈士英勇就义70周年纪念活动。罗源县开展纪念全民族抗战爆发80周年重走红军路活动和纪念中国人民解放军建军90周年暨红军北上抗日先遣队攻克罗源城83周年活动。闽侯县在龙山会议纪念馆开展龙山会议召开七十周年纪念活动。

【党史基地建设】 2017年,中共福州市委党史研究室推进市委旧址纪念馆党性教育实践基地建设,组织考察组分赴闽西和闽北考察场馆建设。10月,纪录片《铭记》完成录制,编纂6个革命烈士生平事迹故事,配套建设现场多媒体。年内指导胡也频故居等13处革命遗址进行党性教育实践基地建设。

8月,市委党史研究室组织专家开展全市革命遗址及有关纪念设施的评审和认定,授牌福州文林山革命烈士陵园等47处革命遗址及纪念设施为福州市党史教育基地,并指导各县(市)区开展县级党史教育基地评审认定工作。

【革命遗址保护利用】 2017年,中共福州市委党史研究室在已有普查成果的基础上,开展全市革命遗址情况再调查,删除8处无挂牌保护,保存状况差、又无挂牌计划或已经拆毁的遗址、遗迹,新增28处新挖掘的革命遗址。指导县(市)区开展革命遗址调研和修缮立碑、陈列布展。连江县建设官坂合山闽中工农游击队第一支队旧址宣传栏18米、马鼻红色文化长廊40米、透堡红色廉政文化长廊110米。

纪念场馆建设 落实晋安区降虎村红军纪念园建设有关申报工作。永泰县完成官烈省委旧址纪念馆改造提升,投入280万元。连江县领导赴蓼沿乡蒲边村调研指导福州市建设山区青年志愿队旧址和溪东村抗日骨干训练班旧址修整、布馆情况,赴透堡镇西门村和琯头镇拱屿村调研透堡革命烈士纪念馆和"二七"烈士林开庚纪念馆提升建设情况。中共闽清县委党史研究室完成中共闽清二都区(工)委旧址馆修缮布展并对外开放。中共福清市委党史研究室检查指导漈头革命历史纪念馆完善配套工作。

红色旅游线路 围绕晋安区宦溪镇—连江县潘渡乡—罗源县百塔乡红军北上抗日先遣队途经地沿线革命遗址,整合沿途景点,形成特色红色旅游线路。永泰县形成包含红色文化景点的青龙瀑布全域旅游景区。福清市形成一都镇普礼村罗汉里革命根据地A级旅游景区。

【党史资政】 2017年,中共福州市委党史研究室完成《改革开放以来福州市城市建设历程与经验研究》《从新时期福州市历届党代会报告看民生工作的发展》《中共党史视角下的福州茉莉花产业发展述评》等资政文章,完成《解放初期福州地区拥军优属工作的开展及其启示》《中共福州组织领导下武装斗争述评》等纪念中国人民解放军建军90周年征文。编辑出版《福州党史》刊物4期,发表文章158篇,39.6万字,编辑《福州党史信息》5期64条。指导县(市)区开展资政课题研究,福清市编辑《福清党史》10期,闽清县编辑《资政参考》4期。

(吕南勋)

档案工作

【概况】 2017年,福州市各级各类档案馆接收档案396107卷(册)、294026件,全市档案馆馆藏总量7093652卷(册)、1102830件,其中福州市档案馆馆藏总量为490829卷(册)、146366件。福州市档案馆和马尾区档案馆被福建省档案局、省教育厅确定为省级中小学档案教育社会实践基地。全市7个省级"乡村记忆档案"示范项目完成验收。"同城跨馆"档案利用工作被市效能办作为全市3个典型经验做法之一予以发文通报表扬。

【档案监督管理】 2017年,福州市档案局在档案法和档案法实施办法修订后,修订行政处罚裁量基准、规范行政审批事项。调整行政处罚项目,重新梳理局行政审批事项,修改和新增各1项行政处罚裁量基准,制作9项行政审批事项标准化办事指南。推进"放管服"改革,制定《福州市档案局权责清单》,并和市审改办联合发文,在市档案局网站上公示。入驻福州市行政服务中心,办理行政审批事项。市档案局开展2017年度档案工作执法检查,对市公安局、福清融侨开发区、长乐临空经济区、福清蓝色经济园区等28家市级单位开展执法检查,并首次将检查结果作为保密绩效考评"加重扣分项"的考评依据。印发《关于推广随机抽查规范事中事后监管实施方案》及其配套细则,对市投资促进局等22家市级单位和2家区县档案局进行"双随机"抽查。鼓楼区档案局对全区70多个立档单位开展执法检查,连江县档案局对16个单位进行"双随机"检查。市档案局印发《关于进一步规范编制文件材料归档范围和文书档案保管期限表的通知》,完成新一轮43家市直单位文书档案保管期限表修订审批工作。组织全市执法人员参加省档案局组织的执法资格专业考试,和福州金山中学联合签署"档案法制宣传教育合作协议",联合仓山区档案局和金山街道金环社区在金山榕城广场开展以"弘扬宪法精神,推进依法治档"为主题的法制宣传活动。

【档案资源接收征集】 2017年,福州市54家市直单位纸质档案11322卷、92276件及其数字化副本163.88万页通过验收并移交市档案馆,在全省率先全面实现立档单位纸质档案及其档案数字化副本"双套制"接收,实现进馆档案100%数字化,同时接收福州市锅炉厂等20家国有改制企业档案2987卷,全市综合档案馆接收立档单位26.28万卷(件)纸质档案及其数字化副本357.17万页。各档案馆开展"福州记忆工程",通过开展征集活动、合作收集、组织捐赠等形式,收集涉台涉侨、闽都文化、传统村落等特色档案资料。市档案馆指导市艺术文化研究中心对明清以来4100余册手抄剧本进行修裱、数字化等抢救性保护,并征集到近代中国海军系列抗战丛书35册。市城建档案馆接收建设项目档案119项,整理入库档案2775卷;市不动产登记档案馆完成新登记档案接收、整理、编目、入库28.26万件;市国土资源档案馆接收地籍档案17839宗,查验入库125218宗。

【档案信息化建设】 2017年,福州市各家综合档案馆累计完成存量纸质档案数字化1452.39万页,著录目录136.82万条,其中市档案馆完成档案数字化800.09万页,著录目录106.75万条,馆藏纸质档案数字化率76.6%。市档案局统一组织开展全市民生档案专题数据库建设,年内整合共享全市综合档案馆的婚姻登记、知青等10多类民生档案数字化副本934.32万页、电子目录323.14万条。连江县划拨档案专项经费86万元,用于开展档案数字化、档案保护等工作。市城建档案馆建成福州市数字城建档案管理系统,实现城建档案业务全过程信息化管理。市国土资源档案馆组织扫描地籍档案11339宗、用地档案1500多宗。

【档案服务工作】 2017年,福州市各级各类档案馆接待利用者704987人次,其中综合档案馆接待利用者49439人次,提供利用档案55820卷(册),4381件。市档案局与市国土资源局、市房管局联合出台《福州市土地房屋征收档案管理办法(试行)》,为全市土地房屋征收档案工作提供制度保障,并被省档案局转发推广。市档案馆实施《福州市国家综合档案馆档案跨馆利用服务办法(试行)》,与省内外23家档案馆合作开展档案跨馆利用工作。驻市民服务中心档案利用窗口推行“窗口无否决权”机制、查档“最多跑一趟”、办事服务承诺时限以小时为单位计算、延时服务、双休日正常上班等惠民举措。

市档案局联合市重点办印发《关于做好福州市“攻坚2017”行动项目和市重点项目档案工作的通知》,对项目档案备案登记、检查指导、专项验收等工作提出具体要求,指导全市“攻坚2017”行动和市重点建设项目填写《福州市建设项目档案管理登记表》。完成市政府系统重点调研课题《重点建设项目档案工作的现状与思考》。举办2017年福州市档案人员持证上岗暨重点建设项目管理实务培训班。福州地铁1号线一期工程档案通过验收,总结推广福州地铁1号线工程项目档案工作的经验做法,印发《关于进一步加强福州市轨道交通工程声像档案管理工作的通知》,指导福州地铁公司开展地铁2号、6号线等其他线路档案工作。开展“攻坚2017”行动项目和市重点建设项目档案执法检查,联合市城建档案馆,抽查福州市轨道交通工程、水系综合治理PPP项目、二环五四路交叉口改造工程、金山九期中学建设、海峡文化艺术中心等市委、市政府重点为民办实事项目,参加闽清县葫芦门水库工程下闸蓄水阶段移民安置工作验收(初验)、福州港江阴港区11号泊位及配套石化仓储工程等3个项目档案专项验收。

市档案局联合市农业局出台《福州市精准扶贫档案工作实施细则》,对长乐区农村土地确权档案工作进行调研指导。对马尾区闽安村、福清市牛宅村、福清市瑞亭村、长乐区琴江村、连江县东升村、永泰县月洲村、闽清县后垅村7个省级“乡村记忆档案”示范项目进行监督指导,完成“乡村记忆档案”示范项目建设。

【档案宣传】 2017年,福州市各级档案部门以“档案——我们共同的记忆”为主题开展宣传活动。市档案局联合鼓楼、台江、仓山、晋安区档案局以及市城建、不动产登记、国土资源档案馆,于6月9日在西湖公园晨曦广场开展“国际档案日”主题宣传活动。市档案馆举行“档案馆开放日”活动,市档案局联合新华网福建频道推出“改革印迹——口述福州”系列报道,联合福州广播电视台《福文话》栏目组录制“全城寻福行动”系列节目,两次走进福州广播电视台“政风行风热线”直播间与广大市民在线互动交流。到闽清县东桥镇中心小学、东桥中学、福州金山中学等多所学校开展“档案文化进校园”活动。鼓楼区档案局举办2016年鼓楼区“百日攻坚”摄影比赛获奖作品展等5个展览。台江区档案局举办台江记忆图片展。晋安区档案局联合区广电局开展“档案知识进农村、进校园”活动。马尾区档案局举办“马尾的事——福州经济技术开发区建设成就展”“穿越历史的爱恋——婚证展”,联合党史办联合编辑《马尾区党代会文件汇编》。长乐区档案局举办“乡思”长乐老照片展,首次公开展出清末民初至改革开放初期的353张老照片,举办长乐区纪念全民族抗战爆发80周年图片展。福清市档案局完成省档案局关于《民国时期福建华侨档案目录汇编》编撰工作任务。永泰县档案局推广运用“永泰档案”微信公众号。

【档案馆库建设】 2017年,马尾区档案馆新馆正式启用,库房面积由原来的140平方米增至4000平方米。罗源县档案馆新馆完成搬迁,正式投入使用。连江县档案馆建设项目完成选址,进行建设方案规划。晋安区档案馆建设项目列入该区2017—2018年度补短板项目。长乐区划拨专款解决档案馆搬迁过渡期档案临时用房的安全问题,研究档案馆项目选址方案。

(陈 辉)

(编辑 黄 铭)

2017年9月13日,福州市档案局在闽清县东桥中心小学举办“档案文化进校园”活动 (市档案局 供)

综　述

【概况】　2017年，福州市人大常委会召开常委会会议8次，审议法规草案6件、通过并颁布2件；开展执法检查4项、专题询问1项、满意度测评1项，听取审议“一府两院”专项工作报告31项；作出决定、决议12项；依法任免地方国家机关工作人员161人次；审查规范性文件39件；组织办理代表议案8件、建议392件（含闭会期间）。

【立法工作】　2017年，福州市人大常委会颁布施行《福州市闽菜技艺文化保护规定》，于2018年2月1日起施行；颁布施行《福州市闽江河口湿地自然保护区管理办法（修订）》，于2017年12月11日起施行；对《福州市海上丝绸之路史迹保护条例》《福州市建筑垃圾管理条例》《福州市烟花爆竹燃放管理办法》《福州市户外广告管理办法》进行研究审议。

【人事任免】　2017年，福州市人大及其常委会依法选举任免国家工作人员190人次，其中：选举国家工作人员19人次，办理市人大常委会组成人员和市人大常委会办事机构、工作机构负责人任职、辞职34人次，任免政府组成人员49人次，审判人员52人次，检察人员36人次。

表8　　**2017年福州市人大常委会、政府副职以上和“两院”正职领导选举任免情况**

时　间	被任免人员	通过任免会议	任免职务
1月14日	陈为民	市十五届人大第一次会议	选举为市第十五届人大常委会主任
1月14日	鄢　萍	市十五届人大第一次会议	选举为市第十五届人大常委会副主任
1月14日	柯有铭	市十五届人大第一次会议	选举为市第十五届人大常委会副主任
1月14日	陈建平	市十五届人大第一次会议	选举为市第十五届人大常委会副主任
1月14日	陈春光	市十五届人大第一次会议	选举为市第十五届人大常委会副主任
1月14日	关瑞祺	市十五届人大第一次会议	选举为市第十五届人大常委会副主任
1月14日	林　峰	市十五届人大第一次会议	选举为市第十五届人大常委会副主任
1月14日	尤猛军	市十五届人大第一次会议	选举为福州市人民政府市长
1月14日	林　飞	市十五届人大第一次会议	选举为福州市人民政府副市长
1月14日	严可仕	市十五届人大第一次会议	选举为福州市人民政府副市长
1月14日	阮孝应	市十五届人大第一次会议	选举为福州市人民政府副市长
1月14日	潘东升	市十五届人大第一次会议	选举为福州市人民政府副市长
1月14日	杭　东	市十五届人大第一次会议	选举为福州市人民政府副市长
1月14日	胡振杰	市十五届人大第一次会议	选举为福州市人民政府副市长

续表 8

时　间	被任免人员	通过任免会议	任免职务
1 月 14 日	杨新坚	市十五届人大第一次会议	选举为福州市人民政府副市长
1 月 14 日	李　春	市十五届人大第一次会议	选举为福州市人民政府副市长
1 月 14 日	胡志伟	市十五届人大第一次会议	选举为福州市中级人民法院院长
1 月 14 日	叶燕培	市十五届人大第一次会议	选举为福州市人民检察院检察长,报福建省人民检察院检察长提请福建省人民代表大会常务委员会批准
6 月 28 日	王寿碧	市十五届人大常委会第四次会议	任命为福州市人民政府副市长

表 9　　**2017 年福州市人大常委会组成人员和办事机构、工作机构负责人选举任免情况**

时　间	被任免人员	通过任免会议	任免职务
1 月 14 日	刘晓强	市十五届人大第一次会议	选举为市第十五届人大常委会秘书长
1 月 14 日	王　聪	市十五届人大第一次会议	选举为福州市第十五届人民代表大会常务委员会委员
1 月 14 日	甘海疆	市十五届人大第一次会议	选举为福州市第十五届人民代表大会常务委员会委员
1 月 14 日	丘志强	市十五届人大第一次会议	选举为福州市第十五届人民代表大会常务委员会委员
1 月 14 日	朱光华	市十五届人大第一次会议	选举为福州市第十五届人民代表大会常务委员会委员
1 月 14 日	孙国操	市十五届人大第一次会议	选举为福州市第十五届人民代表大会常务委员会委员
1 月 14 日	严孟灿	市十五届人大第一次会议	选举为福州市第十五届人民代表大会常务委员会委员
1 月 14 日	李　锋	市十五届人大第一次会议	选举为福州市第十五届人民代表大会常务委员会委员
1 月 14 日	肖敦颖	市十五届人大第一次会议	选举为福州市第十五届人民代表大会常务委员会委员
1 月 14 日	吴兰铮	市十五届人大第一次会议	选举为福州市第十五届人民代表大会常务委员会委员
1 月 14 日	吴　菁	市十五届人大第一次会议	选举为福州市第十五届人民代表大会常务委员会委员
1 月 14 日	张性魁	市十五届人大第一次会议	选举为福州市第十五届人民代表大会常务委员会委员
1 月 14 日	张　诚	市十五届人大第一次会议	选举为福州市第十五届人民代表大会常务委员会委员
1 月 14 日	张修强	市十五届人大第一次会议	选举为福州市第十五届人民代表大会常务委员会委员
1 月 14 日	陈吕南	市十五届人大第一次会议	选举为福州市第十五届人民代表大会常务委员会委员
1 月 14 日	陈向红	市十五届人大第一次会议	选举为福州市第十五届人民代表大会常务委员会委员
1 月 14 日	陈　红	市十五届人大第一次会议	选举为福州市第十五届人民代表大会常务委员会委员
1 月 14 日	陈展弘	市十五届人大第一次会议	选举为福州市第十五届人民代表大会常务委员会委员
1 月 14 日	陈　燕	市十五届人大第一次会议	选举为福州市第十五届人民代表大会常务委员会委员
1 月 14 日	陈　巍	市十五届人大第一次会议	选举为福州市第十五届人民代表大会常务委员会委员
1 月 14 日	欧　建	市十五届人大第一次会议	选举为福州市第十五届人民代表大会常务委员会委员
1 月 14 日	罗　枫	市十五届人大第一次会议	选举为福州市第十五届人民代表大会常务委员会委员
1 月 14 日	罗承贤	市十五届人大第一次会议	选举为福州市第十五届人民代表大会常务委员会委员
1 月 14 日	郑云坚	市十五届人大第一次会议	选举为福州市第十五届人民代表大会常务委员会委员
1 月 14 日	郑湘国	市十五届人大第一次会议	选举为福州市第十五届人民代表大会常务委员会委员
1 月 14 日	赵春荣	市十五届人大第一次会议	选举为福州市第十五届人民代表大会常务委员会委员
1 月 14 日	饶春贵	市十五届人大第一次会议	选举为福州市第十五届人民代表大会常务委员会委员
1 月 14 日	姚晓敏	市十五届人大第一次会议	选举为福州市第十五届人民代表大会常务委员会委员

续表 9

时　间	被任免人员	通过任免会议	任免职务
1月14日	柴刚丽	市十五届人大第一次会议	选举为福州市第十五届人民代表大会常务委员会委员
1月14日	倪　真	市十五届人大第一次会议	选举为福州市第十五届人民代表大会常务委员会委员
1月14日	曾小榕	市十五届人大第一次会议	选举为福州市第十五届人民代表大会常务委员会委员
1月14日	蓝桂兰	市十五届人大第一次会议	选举为福州市第十五届人民代表大会常务委员会委员
1月14日	兰　锋	市十五届人大第一次会议	选举为福州市第十五届人民代表大会常务委员会委员
12月27日	罗承贤	市十五届人大常委会第八次会议	接受辞去市第十五届人民代表大会常务委员会委员职务的请求，报市第十五届人民代表大会第二次会议备案

表 10　**2017 年福州市人民政府工作部门主要负责人决定任免情况**

时　间	被任免人员	通过任免会议	决定任免职务
1月8日	王国晓	市十四届人大常委会第四十二次会议	任命为福州市经济和信息化委员会主任
2月27日	林　贤	市十五届人大常委会第二次会议	任命为福州市人民政府秘书长
2月27日	游通玲	市十五届人大常委会第二次会议	任命为福州市发展和改革委员会主任
2月27日	王国晓	市十五届人大常委会第二次会议	任命为福州市经济和信息化委员会主任
2月27日	陈漠诚	市十五届人大常委会第二次会议	任命为福州市城乡建设委员会主任
2月27日	陈希冶	市十五届人大常委会第二次会议	任命为福州市交通运输委员会主任
2月27日	林　澄	市十五届人大常委会第二次会议	任命为福州市卫生和计划生育委员会主任
2月27日	唐　希	市十五届人大常委会第二次会议	任命为福州市教育局局长
2月27日	任义文	市十五届人大常委会第二次会议	任命为福州市科学技术局局长
2月27日	王寿钦	市十五届人大常委会第二次会议	任命为福州市民族和宗教事务局局长
2月27日	潘东升	市十五届人大常委会第二次会议	任命为福州市公安局局长
2月27日	叶　谊	市十五届人大常委会第二次会议	任命为福州市监察局局长
2月27日	林子波	市十五届人大常委会第二次会议	任命为福州市民政局局长
2月27日	唐新文	市十五届人大常委会第二次会议	任命为福州市司法局局长
2月27日	林中麟	市十五届人大常委会第二次会议	任命为福州市财政局局长
2月27日	杨猛猛	市十五届人大常委会第二次会议	任命为福州市金融工作办公室主任
2月27日	王命瑞	市十五届人大常委会第二次会议	任命为福州市人力资源和社会保障局局长
2月27日	郑章千	市十五届人大常委会第二次会议	任命为福州市国土资源局局长
2月27日	郭海阳	市十五届人大常委会第二次会议	任命为福州市环境保护局局长
2月27日	罗蜀榕	市十五届人大常委会第二次会议	任命为福州市城乡规划局局长
2月27日	罗若谷	市十五届人大常委会第二次会议	任命为福州市住房保障和房产管理局局长
2月27日	林　坦	市十五届人大常委会第二次会议	任命为福州市城市管理委员会主任
2月27日	陈仁德	市十五届人大常委会第二次会议	任命为福州市安全生产监督管理局局长
2月27日	翁芳明	市十五届人大常委会第二次会议	任命为福州市农业局局长
2月27日	童桂荣	市十五届人大常委会第二次会议	任命为福州市林业局局长
2月27日	陈济斌	市十五届人大常委会第二次会议	任命为福州市水利局局长
2月27日	林海华	市十五届人大常委会第二次会议	任命为福州市海洋与渔业局局长

续表 10

时　间	被任免人员	通过任免会议	任免职务
2 月 27 日	卢　林	市十五届人大常委会第二次会议	任命为福州市粮食局局长
2 月 27 日	范建敏	市十五届人大常委会第二次会议	任命为福州市商务局局长
2 月 27 日	黄济霖	市十五届人大常委会第二次会议	任命为福州市投资促进局局长
2 月 27 日	陈宗胜	市十五届人大常委会第二次会议	任命为福州市市场监督管理局局长
2 月 27 日	孙晓岚	市十五届人大常委会第二次会议	任命为福州市文化广电新闻出版局局长
2 月 27 日	张　涵	市十五届人大常委会第二次会议	任命为福州市体育局局长
2 月 27 日	林良云	市十五届人大常委会第二次会议	任命为福州市审计局局长
2 月 27 日	彭锦华	市十五届人大常委会第二次会议	任命为福州市统计局局长
2 月 27 日	潘　威	市十五届人大常委会第二次会议	任命为福州市旅游局局长
2 月 27 日	高明保	市十五届人大常委会第二次会议	任命为福州市机关事务管理局局长
2 月 27 日	林汉隽	市十五届人大常委会第二次会议	任命为福州市人民政府外事侨务办公室主任
2 月 27 日	陈燕敦	市十五届人大常委会第二次会议	任命为福州市人民防空办公室主任
2 月 27 日	曾国俊	市十五届人大常委会第二次会议	任命为福州市人民政府国有资产监督管理委员会主任
8 月 31 日	林　贤	市第十五届人大常委会第五次会议	免去福州市人民政府秘书长
8 月 31 日	朱汉民	市第十五届人大常委会第五次会议	任命为福州市人民政府秘书长
8 月 31 日	范建敏	市第十五届人大常委会第五次会议	免去福州市商务局局长
8 月 31 日	林汉隽	市第十五届人大常委会第五次会议	任命为福州市商务局局长，免去福州市人民政府外事侨务办公室主任
8 月 31 日	潘　威	市第十五届人大常委会第五次会议	任命为福州市旅游发展委员会主任，免去福州市旅游局局长
8 月 31 日	吴晓杰	市第十五届人大常委会第五次会议	任命为福州市人民政府外事侨务办公室主任
8 月 31 日	罗蜀榕	市第十五届人大常委会第五次会议	免去福州市城乡规划局局长
11 月 1 日	翁华锋	市第十五届人大常委会第六次会议	任命为福州市城乡规划局局长
12 月 4 日	林子波	市第十五届人大常委会第七次会议	免去福州市民政局局长

重要会议及决议决定

【市十五届人民代表大会第一次会议】 2017 年 1 月 10—14 日在福州海峡国际会展中心举行，出席会议代表 472 人，出席市政协十二届五次会议的政协委员，市人民政府组成人员，市直机关、企事业单位、团体负责人，部分中央、省属驻榕单位、驻榕部队负责人列席会议。20 名市民旁听大会。

会议听取市人民政府代市长尤猛军作的《福州市人民政府工作报告》、市发展和改革委员会代表市人民政府作的《关于福州市 2016 年国民经济和社会发展计划执行情况及 2017 年国民经济和社会发展计划草案的报告》（书面）、市财政局代表市人民政府作的《关于福州市 2016 年预算执行情况及 2017 年预算草案的报告》（书面）、市人大常委会主任周振华作的《福州市人大常委会工作报告》、市中级人民法院院长胡志伟作的《福州市中级人民法院工作报告》、市人民检察院检察长叶燕培作的《福州市人民检察院工作报告》。经过审议，会议决定批准上述 6 项工作报告。

会议选举陈为民为福州市第十五届人大常委会主任，鄢萍、柯有铭、陈建平、陈春光、关瑞祺、林峰为福州市第十五届人大常委会副主任，刘晓强为福州市第十五届人大常委会秘书长，选举产生福州市第十五届人大常委会委员 32 人。选举尤猛军为福州市人民政府市长，林飞、严可仕、阮孝应、潘东升、杭东、胡振杰、杨新坚、李春为福州市人民政府副市长。选举胡志伟为福州市中级人民法院院长。选举叶燕培为福州市人民检察院检察长，报经福建省人民检察院检察长提请福建省人大常委会批准。组织大会

2017年1月10日，福州市第十五届人民代表大会第一次会议在海峡国际会展中心开幕　　（市人大常委会研究室　供）

选举产生的国家机关工作人员进行宪法宣誓。会议通过福州市第十五届人民代表大会法制委员会组成人员名单。

【市十四届人大常委会会议】　第四十二次会议　2017年1月8日召开，会议听取福州市第十五届人民代表大会第一次会议筹备工作情况和会议安排意见的报告；审议福州市第十五届人民代表大会第一次会议日程草案、福州市人民代表大会常务委员会工作报告（稿）、福州市第十五届人民代表大会第一次会议主席团及有关人员名单草案、福州市第十五届人民代表大会第一次会议选举办法草案、福州市第十五届人民代表大会第一次会议关于福州市第十五届人民代表大会专门委员会的设立及其主任委员、副主任委员、委员人选的表决办法草案；审议福州市第十四届人民代表大会常务委员会代表资格审查委员会关于福州市第十五届人民代表大会代表的代表资格的审查报告，表决通过福州市人民代表大会常务委员会相关公告。会议还进行人事任免。

【市十五届人大常委会会议】　第一次会议　2017年2月13日召开。会议听取审议福州市人民政府关于提请审议撤销长乐市设立福州市长乐区的议案；表决通过《福州市人民代表大会常务委员会关于同意撤销长乐市设立福州市长乐区的决定》。

第二次会议　2月27—28日召开。会议审议表决福州市十五届人民政府秘书长和工作部门主要负责人任职事项、市法院和检察院相关人员免职事项，任职人员进行宪法宣誓。会议听取市人大常委会主任会议关于提请审议《福州市人民代表大会常务委员会关于对接国家战略建设海上福州的决议（草案）》的议案的报告及相关说明、关于提请审议《福州市人民代表大会常务委员会议事规则（修订草案）》的议案的报告及相关说明。会议审议市十五届人大一次会议主席团交付市人大常委会审议的代表提出的8件议案办理意见的报告，并表决通过相关决定；表决通过《福州市人民代表大会常务委员会关于对接国家战略建设海上福州的决议》《福州市人民代表大会常务委员会议事规则》；审议并表决通过市人大常委会关于接受个别省十二届人大代表辞去代表职务的请求的决议。

第三次会议　4月26—27日召开。会议听取市人民政府关于消防工作情况、推动现代服务业加快发展情况、2016年环境状况和环境保护目标完成情况、地铁建设情况、外事侨务服务平台建设情况、创业创新工作情况的报告，听取市人大常委会评议公安（边防）派出所工作领导小组关于评议公安（边防）派出所工作情况的报告；表决通过市人大常委会关于授予福州市公安局华大派出所等48个公安（边防）派出所2015—2016年度“人民满意派出所”荣誉称号的决定、市人大常委会关于进一步提高市人大常委会会议审议质量的意见、市人大常委会专题询问办法、市人大常委会开展满意度测评工作暂行办法；审议市人大常委会主任会议关于提请通过福州市第十五届人大常委会代表资格审查委员会组成人员名单（草案）的议案；表决通过市十五届人大常委会代表资格审查委员会组成人员名单。会议还进行人事任免，任职人员进行宪法宣誓。

第四次会议　6月27—28日召开。会议听取市人民政府关于《福州市法律援助条例》实施情况的报告、关于道路交通管理工作情况的报告、关于城区道路建设情况的报告、关于招商引资工作情况的报告、关于台商投资区基础设施建设情况的报告、关于农村土地制度改革工作情况的报告、关于提请审议《福州市海上丝绸之路史迹保护管理条例（草案）》的议案的报告及相关说明、关于提请审议《福州市建筑垃圾管理条例（草案）》的议案的报告及相关说明，听取市人大常委会财经工委关于《闽菜（福州）技艺文化保护与传承条例（草案）》修改情况的报告，听取市人大常委会主任会议关于提请审议《福州市人民代表大会代表议案处理办法（修订草案）》的议案的报告及相关说明，听取市人大常委会执法检查组关于《福州市志愿服务条例》执法检查情况的报告。会议表决通过《福州市人民代表大会代表议案处理办法（修订）》，并进行人事任免，任职人员进行宪法宣誓。会议还进行消防工作专题询问。

第五次会议　8月29—31日召开。会议传达贯彻福建省委十届三次全会、福州市委十一届五次全会精神，听取福州市人民政府关于精准脱贫工作情况、关于深化公立医院改革与药品供应保障情况的报告，关于提请审查批准2016年市本级决算（草案）的议案的报告和2017年1—7月预算执行情况的报告；听取市人民政府关于2016年度市本级预算执行和其他财政收支的审计工作报告、关于2017年1—7月国民经济和社会发展计划执行情况的报告，关于提请审查批准2017年新增地方政府债券分配方案(草案)的议案的报告及相关说明。会议听取福州市中级人民法院关于执行工作情况的报告、福州市人民检察院关于民事行政检察工作情况的报告,听取福州市人大常委会城环工委关于《福州市建筑垃圾管理条例(草案)》修改情况的报告、市人大常委会教科文卫工委关于《福州市海上丝绸之路史迹保护管理条例(草案)》修改情况的报告,听取市人大常委会执法检查组关于《福州市人大常委会〈关于福州市市树、市花、市果的决定〉》《福州市园林绿化管理条例》执法检查情况、关于《福州市荣誉市民称号授予条例》执法检查情况的报告。会议表决通过《福州市人大常委会关于批准2016年市本级决算的决议》《福州市人大常委会关于批准2017年新增地方政府债券分配方案的决议》,审议并表决通过福州市第十五届人民代表大会常务委员会代表资格审查委员会关于个别代表的代表资格的报告。会议还进行人事任免,任职人员进行宪法宣誓。

第六次会议　10月30日—11月1日召开。会议传达贯彻党的十九大精神,听取福州市人民政府关于加快现代职业教育发展情况、关于食品安全工作情况、关于推进海丝旅游工作情况、关于《福州市行政服务条例》实施情况的报告,听取市民宗局、市旅发委、市农业局、市财政局关于市十五届人大一次会议第1319号代表建议办理情况的报告,听取市人民政府关于提请审议《福州中心城区空间发展规划(草案)》的议案的报告及相关说明、关于提请审议《福州市户外广告管理办法(草案)》的议案的报告及相关说明、关于提请审议《福州市烟花爆竹燃放管理办法(草案)》的议案的报告及相关说明,听取市人大常委会主任会议关于提请审议《福州市闽江河口湿地自然保护区管理办法修正案(草案)》的议案的报告及相关说明,听取市人大法制委关于《闽菜(福州)技艺文化保护条例(草案)》修改情况的报告,听取市人大常委会执法检查组关于《中华人民共和国渔业法》和《福建省实施〈渔业法〉办法》执法检查情况的报告,听取市人民政府、市中级人民法院、市人民检察院关于市十五届人大一次会议代表建议、批评和意见办理情况的报告。会议听取市人民政府关于长乐市撤市设区工作情况的报告,听取市人大常委会主任会议关于提请审议《福州市人民代表大会常务委员会关于长乐市撤市设区有关政权机构名称等问题的决定(草案)》的议案的报告及相关说明;听取市人大常委会内司工委、城环工委、教科文卫工委关于市十五届人大一次会议代表议案办理情况的报告。会议对消防工作进行专题询问,对市十五届人大一次会议第1319号代表建议(《关于加大政策扶持力度推进薄弱民族乡村如期实现全面小康的建议》)办理情况进行满意度测评。表决通过《福州市人民代表大会常务委员会关于福州中心城区空间发展规划的决定》《福州市人民代表大会常务委员会关于长乐市撤市设区有关政权机构名称等问题的决定》《福州市人民代表大会常务委员会关于修改〈福州市闽江河口湿地自然保护区管理办法〉的决定》《福州市闽菜技艺文化保护规定》。会议还进行人事任免,任职人员进行宪法宣誓。

第七次会议　12月4日召开。会议听取福州市人民政府关于为民办实事工作情况、关于城区水系综合治理情况的报告。会议审议表决通过《福州市人民代表大会常务委员会关于召开福州市第十五届人民代表大会第二次会议的决定》、福州市第十五届人大常委会代表资格审查委员会关于个别代表资格的报告。会议还进行人事任免,任职人员进行宪法宣誓。

第八次会议　12月27日召开。会议审议并表决通过福州市人大常委会关于接受罗承贤辞去福州市第十五届人民代表大会常务委员会委员职务的请求的决定;表决通过福州市第十五届人民代表大会常务委员会代表资格审查委员会关于个别代表的代表资格的报告。会议听取福州市第十五届人民代表大会第二次会议筹备工作情况和会议安排意见的报告;审议福州市第十五届人民代表大会第二次会议日程草案、福州市人民代表大会常务委员会工作报告(稿)、福州市第十五届人民代表大会第二次会议主席团及有关人员名单草案、福州市第十五届人民代表大会第二次会议选举办法草案、福州市第十五届人民代表大会第二次会议关于福州市第十五届人民代表大会财政经济委员会主任委员、副主任委员、委员人选的表决办法草案;审议并表决通过福州市第十五届人大一次会议主席团交付市人大常委会审议的代表提出的8件议案办理情况的综合报告、福州市第十五届人大一次会议代表建议、批评和意见办理情况的综合报告。会议还进行人事任免,任职人员进行宪法宣誓。

【《福州市人民代表大会常务委员会关于同意撤销长乐市设立福州市长乐区的决定》】　2017年2月13日,福州市第十五届人大常委会第一次会议审议并表决通过。由福州市人民政府按有关程序报批。决定阐明长乐撤市设区的必要性和可行性,为福州市合理配置经济社会资源,打造21世纪海上丝绸之路战略支点城市,更好地服务国家级新区发展,建设滨江滨海现代化国际大都市提供有力支持。

【《福州市人民代表大会常务委员会关于对接国家战略建设海上福州的决议》】　2017年2月27—28日,福州市第十五届人大常委会第二次会议审议并表决通过。决议要求,围绕《对接国家战略建设海上福州工作方案》确定的奋斗目标和实现路径,加快港口建设,壮大海洋主导产业、培育海洋新兴产业;加快"东进南下"步伐,推进滨海新城建设,推动福州从知道海的城市向滨海城市跨越;深化全方位对外交流合作,做足海丝特色文章,加快海洋生态保护,推进海洋经济与文化、社会、生态文明协调发展。

监督工作

【概况】　2017年,福州市人大常委会会议听取审议市人民政府关于福州市道路交通管理工作、市人民政府关于深化公立医院改革与药品供应保障情况、市人民政府关于福州市食品安全工作、市人民政府关于福州市推进海上丝路旅游工作、市人民政府关于2016年度市本级预算执行和其他财政收支的审计工作、市人民政府关于2017年1—7月国民经济和社会发展计划执行、市人民政府关于2017年1—7月市本级预算执行等情况和报告。还听取市人民政府关于创业创新、现代服务业发展、招商引资、台商投资区基础设施建设、农村土地制度改革等情况报告，向政府有关部门提出意见建议。听取市人民政府为民办实事工作情况报告，成立市人大常委会督查领导小组和4个专项督查组，推进办实事项目专项督查，推动项目早建成、群众早受益。组织市人大常委会各工作委员会调研部门预算编制情况，结合工作监督开展预算审查监督，召开预算编制情况通报会、预算草案解读会，扩大代表对预算审查监督工作的参与，推进预算审查监督由程序性向实质性转变。

2017年4月26日，福州市第十五届人大常委会第三次会议听取市人民政府关于消防工作情况的专项报告　　（市人大常委会研究室　供）

【条例实施情况检查】　《福州市志愿服务条例》实施情况检查　2017年4—5月期间，福州市人大常委会对《福州市志愿服务条例》实施情况进行检查。要求福州市各级人民政府鼓励和规范志愿服务活动，优化志愿服务组织发展环境。强化舆论导向，宣传志愿服务先进典型。建立健全联席会议制度，加大对志愿服务工作的协调、指导力度。完善激励机制，研究出台市级志愿服务星级评定和激励办法，推动时间储蓄、优秀志愿者表彰等志愿服务回馈和嘉许制度落实。健全保障机制，逐步探索扩大财政资金支持、政府购买服务的规模、范围和条件，鼓励社会组织孵化基地等公共资源优先优惠向志愿服务组织提供。继续优化整合“志愿云”信息系统，推动志愿服务项目库建设。提高志愿服务队伍专业化水平，推广“社会工作者+志愿者”协作机制，注重招募、使用专业志愿者，建立健全志愿者日常管理培训制度。

《福州市人大常委会〈关于福州市市树、市花、市果的决定〉》和《福州市园林绿化管理条例》实施情况检查　2017年8月1—2日，福州市人大常委会对《福州市人大常委会〈关于福州市市树、市花、市果的决定〉》和《福州市园林绿化管理条例》实施情况进行检查。要求福州市各级政府加大对《决定》《条例》和相关法律法规以及园林绿化规划的宣传力度。加快绿线划定工作，新建项目应严格落实绿化指标。逐步在城市主要窗口、公园、种植基地等区域集中、成片地种植市树市花市果。推进茉莉花种植保护基地的建设，扩大种植面积；研究出台福橘保护发展的相关政策，提升市果福橘的知晓度，宣传推广“福橘文化”。重视人才培养和新技术开发应用，园林绿化主管部门要完善养护管理技术标准和操作规范，加大“大数据”在绿化系统中的应用，提升信息化管养水平，依托园林科研机构做好技术创新。落实条例关于绿化覆盖率指标要求、审批信息抄告以及在房屋买卖合同和建设项目现场予以明示等规定。

《福州市荣誉市民称号授予条例》实施情况检查　2017年8月3日，福州市人大常委会对《福州市荣誉市民称号授予条例》实施情况进行检查。要求福州市人民政府及有关部门尽快制定出台《条例》的实施细则，完善相关配套措施，规范授予程序。注重荣誉市民人才的储备、吸纳和提升，建立健全荣誉市民人才信息库，拓展对外交流平台，优化荣誉市民结构。密切与荣誉市民的联系联谊，定期走访慰问在榕荣誉市民，邀请荣誉市民出席有关会议和重大经贸活动。重视发挥荣誉市民与广大海外榕籍乡亲联系面广的优势，通过荣誉市民的牵线搭桥，有重点地引进国内外先进技术、高端人才与社会资金。

《中华人民共和国渔业法》和《福建省实施〈中华人民共和国渔业法〉办法》实施情况检查　2017年9月27—28日，福州市人大常委会对《中华人民共和国渔业法》和《福建省实施〈中华人民共和国渔业法〉办法》实施情况进行检查。要求福州市人民政府及有关部门加大宣传，提高渔业行政主管等相关部门依法行政的水平和渔业从业人员依法从业的意识。建立多元化渔业投融资体系，逐步建立以政府投入为引导、企业投入为主体的投入和发展机制。加大对转产转业渔民补偿力度，建立健全渔民养老保险制度。调整渔业产业结构，发展境外远洋渔业，引导远洋渔业企业加快渔船转场生产。加强渔业水域生态环境治理，控制陆源污染物随意排放入海。开展渔业资源有效增殖，完善捕捞许可制度。养殖水域规划，合理确定渔业水域的功能定位和发展重点。注重养殖方式转变，推广无公害养殖技术，发展高效设施渔业。加大“福州金鱼”保种创新，扩大养殖规模。加强渔业执法能力和队伍建设，建立健全常态化监管机制。

【“一府两院”专题报告听取审议】

消防工作专题询问　2017年4月26日，福州市第十五届人大常委会第三次会议听取市人民政府关于消防工作情况的专项报告；6月28日，福州市第十五届人大常委会第四次会议对消防工作进行专题询问，会后福州市人大常委会汇总整理问题清单，对政府部门应询承诺事项落实情况进行跟踪监督；11月1日，市第十五届人大常委会第六次会议再次就消防工作进行专题询问，了解上半年专题询问现场承诺事项落实情况。要求市人民政府以及有关部门落实应询承诺事项，开展整改工作。落实消防工作联席会议制度。落实《福州市“十三五”消防事业发展规划》，在新区开发、旧城改造时，按照城市规划和消防规划，完善消防安全布局。研究市人大常委会两次专题询问会议上提出的问题，以及在视察调研中发现和征求到的意见建议，要及时整改落实。

第1319号代表建议办理情况满意度测评　2017年10月30日，福州市第十五届人大常委会第六次会议听取市民宗局、旅发委、农业局、财政局分别作的关于市十五届人大一次会议第1319号代表建议办理情况的报告，并进行审议；10月31日，对各承办单位办理建议情况分别进行满意度测评。4个承办单位满意度测评结果均为“满意”。会议强调市人民政府及有关部门要强化民族乡村产业扶贫，加大旅游产业扶贫，加速对接新业态，创新社会帮扶方式，探索健康扶贫机制，强化民族基础教育、职业教育，建立健全稳定脱贫长效机制。同时，加强资金监管，健全扶贫专项督查与考核机制。

市人民政府关于福州市道路交通管理工作情况报告听取和审议　2017年，福州市人大常委会听取和审议市人民政府关于福州市道路交通管理工作情况的报告。要求福州市人民政府及各有关部门加快交通工程建设进度，完善路网配套，加快公共交通事业发展和停车场规划建设，改进和优化交通组织。强化科技信息应用，推动智慧交通建设。规范通行秩序，规范车辆停放，引导共享单车行业合理发展，提升改善道路通行条件。加强执法队伍建设，完善交通管理业务流程和执法监督机制。

市法院关于执行工作情况报告听取和审议　2017年，福州市人大常委会听取和审议市法院关于执行工作情况的报告。要求福州市中级人民法院推进部门间执行联动机制建设。落实联合惩戒机制，依法采集、管理、公布失信被执行人名单，构建“一处失信、处处受限”的信用监督、警示和惩戒机制。以司法改革为契机，推动形成统一管理、统一指挥、统一协调的执行工作管理体制，优化工作机制，控制时间节点，缩短办案周期，建立科学执行质效考评体系。开展规范执行行为专项整治行动，加强执行队伍建设，提升执行司法效能。推进集中清理执行积案工作，维护弱势群体合法权益。

市检察院关于民事行政检察工作情况报告的听取和审议　2017年，福州市人大常委会听取和审议市检察院关于民事行政检察工作情况的报告。要求福州市检察机关加强民事行政检察工作，实施检察机关提起公益诉讼制度。综合运用抗诉和再审检察建议等法定手段，加大对错误裁判的监督力度。办理环境保护和资源利用、社会保障、征地拆迁、国有资产、外来务工人员权益保护等领域的民事行政申诉案件，畅通群众申诉渠道，完善检调对接、和解息诉、风险评估等工作机制，发挥民事行政检察工作在促进社会管理创新、维护社会和谐稳定方面的积极作用。强化与公安、法院、司法行政等相关部门的协调配合。

市人民政府关于深化公立医院改革与药品供应保障情况报告听取和审议　2017年，福州市人大常委会听取和审议市人民政府关于深化公立医院改革与药品供应保障情况的报告。要求福州市人民政府及有关部门统筹推进公立医院改革、药品供应保障等领域医改工作。强化政府主体责任，明确公立医院公益性质和功能定位，推进“三医”联动改革，加大管理体制、人事分配、绩效管理等方面的改革力度。建立健全财政常态化保障机制，细化并落实对公立医院基本建设和大型设备购置、重点学科发展和人才培养、公共卫生服务及取消药品加成的补助等投入政策。完善公立医院管理体制和运行机制，推进分级诊疗和医联体建设，做实做细家庭医生签约服务工作，推动优质医疗资源下沉，确保老年人、慢性病人、妇女儿童等重点人群获得更多优质服务。健全药品供应保障体系，分级分类改进“药品耗材控制费用”考核指标，强化药品生产经营企业诚信体系和市场清退制度建设，对招标、采购、配送、结算实施全过程监管，满足临床合理用药需求。深化人才队伍建设，推进公立医院人事制度改革，建立健全编制动态管理和职称评聘制度，落实公立医院用人自主权，改进招聘方式方法，扩大本地化人才定向委托培养规模，优先引进和培养紧缺型专业人才。

市人民政府关于福州市食品安全工作情况报告听取和审议　2017年，福州市人大常委会听取和审议市人民政府关于福州市食品安全工作情况的报告。要求福州市人民政府及有关部门加强基层和农村监管队伍建设，规范基层行政队伍配置，强化执法人员业务培训，加强执法装备配备。完善应急处置体系，主动预防和有效控制风险隐患，增强突发事件应急处理能力。总结推广监管试点经验，构建信息化监管系统，加强食用农产品源头监管和食品生产经营各环节监管。加强对重点领域、重点场所的监督管理；开展网购送餐、滥用添加剂等新情况新问题的专项整治，确保不出现重大食品安全事故。加强宣传教育活动，推动政务信息公开，强化社会大众和食品生产经营者的食品安全意识。建立和完善食品安全举报奖励制度，推进食品安全信用体系建设。

市人民政府关于福州市推进海丝旅游工作情况报告听取和审议　2017年，福州市人大常委会听取和审议市人民政府关于福州市推进海丝旅游工作情况的报告。要求福州市人民政府及有关部门加快海丝旅游基础设施配套建设，科学编制福州邮轮旅游发展实验区规划，支持和培育海丝邮轮旅游线路；加强“海丝旅游产品体系建设”，拓展海丝旅游发展新领域；推进海丝文化遗产的保护管理工作，加强海丝文化遗产点的保护和环境整治，加快福州市海上丝绸之路申遗工作步伐；挖掘整合“海丝”文化旅游资源，创意策划海丝主题旅游项目并加快推进开发；通过“海丝”电影节和旅游节等大型节庆活动，凸显福州作为海上丝绸之路发祥地、海上丝绸之路申遗城市的重要地位和作用，促进同海丝沿线国内外旅游市场的深度对接，打响“海上福州”品牌。

市人民政府关于2016年度市本级预算执行和其他财政收支审计工作报告听取和审议　2017年，福州市人大常委会听取和审议市人民政府关于2016年度市本级预算执行和其他财政收支审计工作报告。要求福州市人民政府加强对审计工作的领导，重视审计成果的应用；完善审计整改的问责、督查机制，对审计查出的问题，落实责任，强化跟踪督查，确保问题整改到位；对屡审屡犯、长期未整改的问题，严肃追责，从体制机制上分析原因、完善制度；重视和加强内部审计工作，特别是资金量大的部门要建立内审制度，发挥内审自我防范风险的功能。各相关部门要重视审计查出的问题的整改，查找薄弱环节，提升财务管理水平。财政部门对审计查出的问题，分析原因，查找预算管理的薄弱环节，完善制度、规范管理，提高财政管理的质量和绩效。审计部门深化预算执行审计，加大对民生支出、重大公共投资项目、重点专项资金的审计力度；开展重大政策措施落实情况的跟踪审计，推动政策落实、资金发挥效应；推进国有企业审计全覆盖，推动国企改革和国有资产保值增值；加快绩效审计步伐，促进财政资金使用效益的提高；创新审计模式和方法，加快推进数字化审计、联网审计；加大对经济社会发展中风险隐患的揭示力度，从完善政策和推动改革方面提出意见、建议。

市人民政府关于福州市2017年1—7月国民经济和社会发展计划执行情况报告听取和审议　2017年，福州市人大常委会听取和审议市人民政府关于福州市2017年1—7月国民经济和社会发展计划执行情况的报告。要求福州市人民政府及有关部门加强工业运行监测调度，强化要素保障，深化供给侧结构性改革，鼓励企业增资扩产、优化重组和技术改造，降低重点行业、龙头企业减停产和亏损面。开展政策宣讲，评估和改进政策执行效果，促进企业用足用好各类帮扶、优惠政策。加快培育物联网、大数据、新材料等战略性新兴产业，形成新的经济增长点。提升第三产业增加值比重，推动现代服务业跨越发展，促进商贸流通线上线下融合发展。强化投资拉动，推进“攻坚2017”“招商2017”行动，促进在建重大项目完工投产。优化招商机制，加强重大产业项目谋划和储备。加快园区基础设施和生活配套设施建设，促进产业集聚和园区差异化发展。加快补齐社会事业短板。加强普惠性学前教育资源供给，推动义务教育均衡发展；深化医疗卫生体制改革，提高基层医疗卫生服务水平；加快旧屋区、城中村改造，推进新型城镇化建设；扩大养老服务有效供给，构建高质量的养老服务体系；破解交通拥堵、食品安全、污水垃圾处理等群众关心的热点难点问题，改善城乡宜居环境。

市人民政府关于2017年1—7月市本级预算执行情况报告听取和审议　2017年，福州市人大常委会听取和审议市人民政府关于2017年1—7月市本级预算执行情况的报告。要求福州市人民政府及财税等部门梳理、整合各类产业扶持资金，支持实体经济发展；优化财源结构，增强财政增收后劲；优化纳税服务举措，落实国家减税降费政策，减轻企业负担，涵养财源。优先保障民生领域的资金供给，加快社会事业发展，补齐民生短板。严格执行人大预算，非经法定程序不得调整，强化预算约束，规范转移支付、暂存暂付款、结转结余资金的管理；规范支出管理，强化对支出的动态监控，加快项目支出进度；发挥财政监管职能，强化部门支出责任，加强对资金使用情况的跟踪监督和绩效考评。强化地方政府债务管理，严禁违法违规融资，加强债务风险防控工作。加强国有资本管理，加大国有资本经营预算与一般公共预算统筹使用力度。编制2018年预算和三年滚动财政规划，加强项目库建设和项目前期准备工作，建立预算编制与上年度预算执行情况相挂钩的机制；深化政府预决算公开工作，构建全面规范、公开透明的政府预决算体系。

【公安(边防)派出所工作评议】
2016年10月—2017年4月，福州市人大常委会组织市、县、乡三级人大代表对全市207个公安(边防)派出所2015—2016年度工作进行评议。4月12日，福州市委常委会议听取市人大常委会党组关于评议工作情况的报告。4月26日，市十五届人大常委会第三次会议作出决定，对在2015—2016年度中工作成绩突出的福州市公安局鼓楼区华大派出所等48个公安(边防)派出所，授予2015—2016年度“人民满意派出所”称号。5月19日，市人大常委会召开评议公安(边防)派出所工作总结表彰大会，举行2015—2016年度“人民满意派出所”称号授牌仪式。

代表工作

【议案办理】　关于制订《福州市海上丝绸之路史迹保护管理条例》《福州市海上丝绸之路史迹保护条例》的议案　2017年，经福州市人大常委会研究，该项目列入市人大常委会2017年立法计划，市人大常委会教科文卫工委会同市有关部门研究议案办理工作并开展专题调研。调研围绕海丝史迹保护长效管理机制建立、保护规划编制、保护措施实施、经费保障、社会参与、传承运用等要素。6月27日，市第十五届人大常委会第四次会议审议市人民政府提请的《福州市海上丝绸之路史迹保护管理条例(草案)》。会后，市人大常委会教科文卫工委对草案条文进行研究、修改，形成《福州市海上丝绸之路史迹保护条例(草案修改稿)》。8月30日，提交市第十五届人大常委会第五次会议对草案修改稿进行审议。同时，市人大常委会教科文卫工委配合市人大常委会法工委进行该法规的三审工作。

关于制订《福州市餐厨垃圾管理条例》的议案　福州市人大常委会城环工委会同市人民政府法制办、市城管委研究办理工作，开展专题调研。调研认为，全国已有吉林、杭州、南京、上海、乌鲁木齐等一些省市颁布餐厨垃圾地方法规，在餐厨垃圾一体化运作模式、收费制度、部门监管职责等方面积累经验。福州市中心城区餐厨经营单位共8014家，日均产生餐厨垃圾约900吨，其中相当部分被当作生活垃圾处理，少部分随意倾倒，或交养殖场或油脂加工厂收运处置经营。为解决餐厨垃圾的处置问题，市人民政府计划2018年6月建成红庙岭餐厨垃圾处理厂。福州市餐厨垃圾处理厂还未建成，亦未总结形成一套切实可行的餐厨垃圾处理模式。因此建议，结合红庙岭餐厨垃圾处理厂的建设，由市人民政府先行研究制定相关规定，待条件成熟后将《福州市餐厨垃圾管理条例》列入立法计划。

关于制订《福州市电动自行车管理条例》的议案　福州市人大常委会内司工委对该议案开展专题调研。调研认为,针对福州市道路交通管理和电动自行车管理工作中面临的一些新情况、新问题,需对现有电动自行车管理的政策和手段作出及时调整和创新优化。同时,要进一步开展立法调研论证工作,将实践中的好经验好做法通过法规的形式固化下来。因此建议将该项目列入市人大常委会2018年立法计划。

关于修订《福州市大气污染防治办法》的议案　福州市人大常委会城环工委会同市人民政府法制办、市环保局研究办理工作,开展专题调研。调研认为,从当前污染防治工作的实际情况看,《中华人民共和国大气污染防治法》经修订已于2016年1月1日起实施。新的《中华人民共和国大气污染防治法》对大气污染防治工作提出一系列新的要求,对当前大气污染防治工作存在的问题提出系统的解决方案。2016年10月8日起实施的《福州市机动车排气污染防治管理办法》对影响福州市空气质量的重要因素机动车排气污染防治进行规范。福州市人民政府还出台《提升福州市环境空气质量年度行动方案》《提升福州市环境空气质量工作方案》《福州市轻微污染天气应对办法》等有效措施,基本满足当前福州市大气污染防治工作的需要,推动福州市空气质量提升。因此建议关注《中华人民共和国大气污染防治法》《福州市机动车排气污染防治管理办法》和相关政府规章实施情况,研究适时将政府有效管理举措上升为地方性法规的可能性,学习、借鉴其他城市的先进经验,待条件成熟后将《福州市大气污染防治办法》的修订列入立法计划。

关于制订《福州市建筑垃圾管理条例》的议案　经福州市人大常委会研究,该项目列入市人大常委会2017年立法计划,市人大常委会城环工委研究议案办理工作并开展专题调研。围绕建筑垃圾处置、运输、消纳等环节的管理现状,针对完善管理体制、科学规划建设消纳场所、加快新的垃圾综合处理设施建设等问题,开展座谈、调研和考察,为立法做好准备。6月27日,市十五届人大常委会第四次会议审议市人民政府提请的《福州市建筑垃圾管理条例(草案)》。会后根据审议意见,结合前期调研掌握的相关情况和征求到的修改建议,市人大常委会城环工委会同市人大常委会法工委、市人民政府法制办、市城管委对草案进行研究修改,形成《福州市建筑垃圾管理条例(草案修改稿)》。8月30日,市十五届人大常委会第五次会议对草案修改稿进行审议。

关于修订《福州市城市道路建设与管理办法》的议案　福州市人大常委会城环工委会同福州市人民政府法制办、市城管委、市建委研究办理工作,开展专题调研。调研认为,近年来福州市城市道路拥堵问题成为社会关注的焦点,群众对加强和改善城市道路建设管理的要求日益迫切。市委、市人民政府实施重要民生工程"交通治堵"工程,相关政府部门正在落实城市管理行政执法体制改革,现行的市政设施建设与管理分离体制,对城市管理精细化水平、创造美好生活环境提出更高的要求。《福州市城市道路建设与管理办法》于2000年颁布施行,法规对福州市城市道路规划和建设、道路设施管理、桥涵设施管理、道路照明设施管理和法律责任等内容作出规定,但在道路设施对象范围、道路设施规划、建设和管理体制、城市道路设施的验收和移交程序、挖掘占用道路设施审批条件等方面的规定已难以满足当前道路建设管理工作的需求。各类箱柜、城市家具等尚未纳入被调整的对象,建设与城管部门之间的职责分工,城市道路设施的规划和建设,占道挖掘计划管理等问题,也都需要在法规中予以解决。因此建议将该法规的修订列入市人大常委会2018年立法计划。

关于制订《福州市户外广告设置管理条例》的议案　经福州市人大常委会研究,该项目列入福州市人大常委会2017年立法计划,市人大常委会城环工委会同福州市人民政府法制办、市建委,围绕户外广告管理权限、行政许可、规划编制、公益宣传、社会公开和参与等问题,通过召开座谈会、实地察看等方式开展调研,为立法做好准备。10月30日,市十五届人大常委会第六次会议审议市人民政府提请的《福州市户外广告管理办法(草案)》。市人大常委会城环工委组织开展法规条文研究修改工作。

【代表建议办理】　2017年,福州市十五届人大一次会议期间,市人大代表围绕福州市改革发展稳定大局,针对经济、政治、文化、生态文明建设和社会生活中的重大问题以及人民群众普遍关心的问题,就各方面工作向大会提出建议、批评和意见(以下简称建议)367件。大会闭幕后,市人大常委会在法定时限内对上述建议进行交办,代表对建议办理答复情况表示满意或基本满意的有362件,占总件数的98.64%;表示不满意的有5件,占总件数的1.36%。10月30日—11月1日,市十五届人大常委会第六次会议听取市人民政府、市中级人民法院、市人民检察院关于市十五届人大一次会议代表建议、批评和意见办理情况的报告。

(毛森鑫)

(编辑　姚国榕)

重要会议及活动

【市政府常务会议】 2017年，福州市人民政府召开38次常务会议，均由市长尤猛军主持。

第一次常务会议 1月6日召开。会议审议《福州市“十三五”物流业发展规划》《福州市电子商务物流发展规划（2016—2020年）》《福州市建筑业“十三五”发展规划》，研究推荐全省司法行政系统先进集体和先进工作者候选名单、推荐全省造林绿化工作先进集体和先进个人候选名单、市政府与中国航天系统科学与工程研究院战略合作框架协议等有关事项。

第二次常务会议 1月7日召开。会议审议《福州市开展新一轮国家知识产权示范城市工作方案》（送审稿）、《福州市残疾预防行动计划（2016—2020年）》（送审稿），研究福州市社会福利院老年公寓二期工程增项，土地卫片执法监督检查工作等有关事项。

第三次常务会议 2月6日召开。会议研究2016年百日攻坚行动评先结果、福州市第五批总部企业、福州市中考中招方案调整、2016年度福州市产品质量奖评选工作、“通联大厦二期”地块增容补缴地价款等有关事项。

第四次常务会议 2月20日召开。会议研究京东方二期柔性面板项目投资备忘录和补充备忘录有关事项。

第五次常务会议 2月24日召开。会议研究滨海新城土地房屋征收与补偿建议意见有关事项。

第六次常务会议 3月3日召开。会议审议《福州市全面推行河长制实施方案》（送审稿），研究中央环境保护督察迎检工作、评选福州市首批“十佳院士工作站”和“十佳专家工作站”、评选2016年福州市职工技术创新先进集体和先进个人等有关事项。

第七次常务会议 3月4日召开。会议强调会纪会风整顿有关工作，审议《福州市“十三五”服务业发展专项规划》（送审稿）、《2017年促进全市外贸回稳向好若干实施意见》（送审稿）、《福州市温泉资源综合开发利用工作方案》（送审稿）、《福州市邮轮产业发展规划》（送审稿）、《福州市现代农业“十三五”发展规划纲要》（送审稿），研究福州市与阿里巴巴集团共建外贸出口信用保障资金池，设立福州微软IT学院方案，2016年逾期安置工作完成情况和2017—2018年攻坚计划安排，调整福州市四城区征地补偿标准，鳌峰金融商务区涉及凯捷集团地块收储历史遗留问题等有关事项。

第八次常务会议 3月15日召开。会议审议《关于促进福州长乐国际机场实现年旅客吞吐量快速增长的实施意见》，研究《“抓招商、促发展”专项行动总结》《“招商2017”行动方案》、烟台山历史风貌区改造用地调整等有关事项。

第九次常务会议 3月21日召开。会议审议《福州市促进航运业发展奖励办法》（送审稿）、《福州市人民政府2017年度规章制定工作计划》（送审稿），研究启动实施三叉街旧改项目房屋征收工作等有关事项。

第十次常务会议 3月28日召开。会议研究关于进一步加强房地产市场调控政策措施有关事项。

第十一次常务会议 4月5日召开。会议传达学习《中共中央国务院关于加强耕地保护和改进占补平衡的意见》，部署福州市贯彻落实意见，审议《福州市“十三五”加快残疾人小康进程规划纲要》（送审稿）、《福州市“十三五”卫生计生事业发展规划》（送审稿），研究第十九届海峡两岸经贸交易会总体方案、国务院安委会安全生产巡查迎检工作、福州市创建国家食品安全示范城市工作等有关事项。

第十二次常务会议 4月17日召开。会议研究分析一季度全市经济运行情况，审议《福州市健康医疗大数据资源管理暂行办法》（送审稿）、《福建省教育厅 福州市人民政府共建省属中小学幼儿园框架协议》（送审稿），研究清理批而未供土地提高供地率工作、开行福欧班列、滨海新城土地收储出让、福州市与清华大学共建“清华信息科学与技术国家实验室数据科学研究院”等有关事项。

第十四次常务会议 4月27日召开。会议审议《福州市关于支持总部型航空公司加快发展的意见》（送审稿）、《关于贯彻落实省政府“推动非户籍人口在城市落户实施方案”相关事项的实施意见》(送审稿)、《福州市区“十三五”市政公用基础设施建设规划》(送审稿)、《关于推进仿制药质量和疗效一致性评价工作的若干意见》(送审稿),研究“尼伯特”台风灾后恢复重建工作先进评选、提升福州市环境空气质量工作2016年度先进单位评选、2017年福建省科技小巨人领军企业遴选、福州市第四批众创空间认定、福州市第二批历史文化名城保护名录、福州滨海新城第二批项目、2016年度福州市绩效考评情况等有关事项。

第十五次常务会议　5月8日召开。会议研究市公安局警务保障、京台高速长乐松下至平潭段公铁两用大桥项目涉及福州市出资以及京台高速(平潭)跨海大桥有限公司股比调整、闽江干流马尾罗星塔至水口航道整治工程、福州市与科大讯飞股份有限公司战略合作协议、福马路提升改造工程项目建设模式等有关事项。

第十六次常务会议　5月19日召开。会议审议《福州市建设创新型省会城市实施方案》(送审稿)、《2017年福厦泉国家自主创新示范区福州片区工作要点》(送审稿)、《关于贯彻省政府促进2017年全省工业稳增长调结构若干措施的实施意见》(送审稿)、《福州市加快知识产权强市建设实施方案》(送审稿)、《福州市“十三五”住房建设专项规划》(送审稿),研究第五届海峡青年节总体方案及有关筹备工作、市国投集团参股康乃尔MDI项目、市少儿图书馆新馆选址等有关事项。

第十七次常务会议　5月24日召开。会议审议《福州市户外临时性广告设置管理办法》(送审稿)、《福州市机动车停放服务收费管理办法》(送审稿)和《福州城区实行政府定价和政府指导价的机动车停放服务收费方案》(送审稿),研究授予第四批省派福州驻村工作队集体二等功、2017年市级重点项目前期工作经费安排、设立福州车库咖啡海峡两岸青年创业投资天使基金、中国物联网大会有关工作等有关事项。

第十九次常务会议　6月8日召开。会议审议《关于加快创建特色小镇的若干意见》(送审稿)、《关于推行科技特派员制度的实施办法》(送审稿)、《福州市“十三五”工业和信息化发展专项规划》(送审稿)、《福州市电能替代工作具体实施方案》(送审稿)、《福州市海上丝绸之路史迹保护管理条例》(送审稿)、《福州市烟花爆竹燃放管理办法》(送审稿)、《福州市建筑垃圾处置管理办法》(送审稿),研究2017年福建省优秀教师和优秀教育工作者推荐人选、2016年度市重点项目建设考核评比和“尼伯特”台风灾后恢复重建先进评选工作、推荐评选全国集体林权制度改革先进个人、土地例行督察工作、耀隆化工集团申请转让现有煤气化装置等有关事项。

第二十次常务会议　6月23日召开。会议研究“鑫达富第”项目增容、规划用途变更补缴地价款委托评估结果,西湖全面清淤工程实施方案,福马路马尾段提升改造项目,2017海峡(福州)渔业周・中国(福州)国际渔业博览会・亚太水产养殖展筹备工作,提高五城区被征地农民养老保障金和养老补助金等有关事项。

第二十二次常务会议　7月14日召开。会议审议《关于创新型产业用地管理的实施意见(试行)》(送审稿)、《关于推进轨道交通建设可持续发展实施意见》(送审稿),研究全国住房城乡建设系统先进集体、先进工作者和劳动模范推荐工作,琅岐岛综合文旅产业开发项目等有关事项。

第二十三次常务会议　7月17日召开。会议审议《福州市“十三五”住房建设专项规划》(送审稿)、《福州市生态修复城市修补工作方案》(送审稿)、《福州市海绵城市建设项目规划建设管理暂行办法》(送审稿)、《关于进一步扩大公共租赁住房保障范围的实施意见(试行)》(送审稿),研究评选推荐全省统计系统先进集体和先进工作者、评选推荐全省人社系统先进集体和先进工作者、闽江口(琅岐)生态海洋气象综合观测站项目追加2017年财政经费预算等有关事项。

第二十四次常务会议　7月28日召开。会议审议《关于进一步推进福州市国资委所出资企业及其权属企业贯彻落实“三重一大”决策制度的实施意见(试行)》(送审稿)、《福州市健康扶贫商业补充保险方案》(送审稿),研究推荐评选全国林业系统先进集体和先进工作者、推荐评选全省文化系统先进集体和先进工作者、贯彻落实全国全省安全生产电视电话会议精神及当前安全生产重点工作、第三届“海上丝绸之路”(福州)国际旅游节活动方案等有关事项。

第二十五次常务会议　8月4日召开。会议审议《关于加快教育事业发展的实施方案》(送审稿)、《关于加快医疗卫生事业发展的实施方案》(送审稿)、《关于加快养老事业发展的实施方案》(送审稿),研究推荐评选全国农业劳动模范和先进工作者、推荐评选全国卫生计生系统先进集体和先进工作者、国道主干线福州绕城公路西北段西岭互通至洋门互通路段征迁结算等有关事项。

第二十六次常务会议　9月4日召开。会议审议《福州市关于进一步鼓励外商投资发展若干意见》《关于贯彻落实省政府办公厅推动实体零售业创新型转型实施方案的通知》《福州市深入推进城市执法体制改革实施方案》《福州市“十三五”控制温室气体排放工作方案》,研究从优待警解决民警调入、福州市与菲律宾马尼拉市及柬埔寨暹粒市正式缔结友好城市,学习贯彻习近平总书记重要指示精神、学习关于建立完善食品安全责任体系的通知等有关事项。

第二十七次常务会议　9月11日召开。会议审议《福州市人民政府　福建医科大学共建福建医科大学附属第一医院福州滨海新城分院框架协议》(送审稿)、《福州市城市精细化管理工作方案》(送审稿),研究2017年世界城市和地方政府联合组织亚太区理事会会议暨“海洋经济与城市发展”研讨会总体方案,滨海新城2017年第52、53号地块协议出让方案和滨海新城2017年第13号地块出让方案等有关事项。

第二十八次常务会议　9月15日召开。会议审议厦航《福州—纽约航线运营合作协议》(送审稿)、《福州市推进行政审批和公共服务“一窗受理、集成服务”改革的实施方案》(送审稿)、《福州中心城区空间发展规划》(送审稿)、《关于加大棚户区改造三年行动计划方案》(送审稿),研究开展第六轮简政放权工作、土地例行督察整改工作、“新港苑”配套用房调整为商业及商务办公补缴地价款、飞凤山公园及其通廊项目、地铁4号线一期工程招标等有关事项。

第三十次常务会议 10月23日召开。会议审议《关于福州市深化和扩大实施“证照分离”改革工作方案》(送审稿)、《福州市新能源公交车置换计划》(送审稿)、《关于进一步加快福州市文化产业发展若干政策》(送审稿)、《福州市科技和金融结合试点工作方案》(送审稿),研究推荐全国供销合作社系统先进集体、劳动模范和先进工作者,进一步做好大气污染防治工作和迎接省委省政府对福州市开展环保督察,福州公交集团2017年及2018年购置新能源车资金筹措,兆元光电公司申请签订补充协议等有关事项。

第三十一次常务会议 10月30日召开。会议审议《福州市人民政府关于“十三五”促进民族地区和人口较少民族发展规划的实施意见》(送审稿)、《关于改革社会组织管理制度促进社会组织健康有序发展的实施意见》(送审稿)、《福州滨海新城防潮防洪排涝规划》(送审稿)、《福州市公务员医疗补助实施办法》(送审稿)、《福州市城区排水管网改扩建工程实施方案》(送审稿),研究“红霞新城”项目增容及用途变更补交土地规费、京东方福州第6代AMOLED(柔性)生产线项目协议等有关事项。

第三十二次常务会议 11月6日召开。会议审议《福州市公共信用信息管理暂行办法》(送审稿)、《福州市信用红黑名单管理暂行办法》(送审稿)、《关于进一步推进居家社区养老服务照料中心建设工作的意见》(送审稿)、《福州市促进院士(专家)工作站建设若干规定》(送审稿),研究福州至长乐机场轨道交通先行开工、调整国创项目用地、省送变电工程公司茶园路地块交地、认定2017年福州市院士(专家)工作站等有关事项。

第三十三次常务会议 11月13日召开。会议审议《地铁6号线工程车辆采购招标方案》(送审稿)、《地铁6号线工程车辆牵引系统采购招标方案》(送审稿)、《地铁6号线工程信号系统采购招标方案》(送审稿),研究2017年第7次公开出让地块及近期协议出让安置型商品房、红庙岭一期垃圾填埋场封场及生态修复工程招标方案、设立福清市鑫沅达小额贷款有限责任公司等有关事项。

第三十四次常务会议 11月17日召开。会议审议《关于加快大数据产业发展三条措施的意见》《关于加快中国东南大数据产业园区发展的若干政策》《福州市关于进一步激发民间有效投资活力促进经济持续健康发展的实施意见》《福州滨海新城临空经济区企业及项目准入门槛》,研究福州地区大学新校区公共租赁房项目剩余房源处置方案、第三届福州青年科技奖获奖人员名单、地铁南门兜1号线2号线环形连接通道占道围挡施工交通组织方案、组建福州市电子信息集团实施方案等有关事项。

第三十五次常务会议 11月25日召开。会议审议《福建省教育厅 天津大学 福州市人民政府 阳光控股有限公司关于在福州合作办学的战略意向书》(送审稿)、《福州市促进科技成果转移转化若干措施》(送审稿)、《福州市工业企业优秀创新产品奖评审奖励办法》(送审稿),研究福州长乐国际机场投资建设合作谈判和法规、规章、规范性文件专项清理工作等有关事项。

第三十六次常务会议 12月12日召开。会议审议《关于推进安全生产领域改革发展的实施意见》(送审稿)、《关于进一步提升老旧住宅小区综合整治工作实施方案》(送审稿)、《福州市户外广告设置规划》(送审稿)、《福州市中心城区LED户外广告设置专项规划(2017—2026)》(送审稿),研究申报2018年省重点项目,2017年度补充耕地、高标准农田建设任务整改措施,成立福州市扶贫发展基金会,认定福州市第五批众创空间等有关事项。

第三十七次常务会议 12月20日召开。会议审议《福州市生态文明建设目标评价考核办法》(送审稿)、《福州市绿色发展指标体系》(送审稿)、《福州市生态文明建设考核目标体系》(送审稿)、《关于进一步推进农垦改革发展的实施意见》(送审稿),研究2018年主要指标安排方案、福州市辖区内各类交易场所清理整顿“回头看”拟保留交易场所、实施福州市闽江下游南港北岸(淮安—乌龙江大桥段)岸滩防护工程等有关事项。

第三十八次常务会议 12月24日召开。会议审议《福州市2017年国民经济和社会发展计划执行情况及2018年计划草案的报告》(讨论稿)、《福州市2017年预算执行情况和2018年预算草案的报告》(讨论稿)、福州市十五届人大二次会议《政府工作报告》(讨论稿),研究2018年市委、市政府为民办实事项目,原荧鸿投资集团有限公司地块出让方案等有关事项。

【全市创新发展大会】 2017年2月6日召开。中共福建省委副书记、福州市委书记倪岳峰,市长尤猛军等市委、市人大、市政府、市政协领导参加会议。会议强调,要贯彻落实好习近平总书记的重要讲话精神,在全市营造出浓厚的创新发展氛围,推动全市经济发展迈上新的台阶。

【全市“攻坚2017”行动动员部署暨2016年百日攻坚行动总结会】 2017年2月12日召开。会议动员全市上下进一步提振精气神,再接再厉、加压奋进,全面掀起新一轮攻坚热潮,加快建设新福州,全力当好排头兵。中共福建省委副书记、福州市委书记倪岳峰主持会议,市长尤猛军总结百日攻坚行动并部署“攻坚2017”行动,陈为民、何静彦、林晓英等市四套班子领导参加会议。

【福州滨海新城建设启动暨大数据项目签约仪式】 2017年2月13日举行。仪式上对外发布福州滨海新城规划、重大交通体系规划、滨海新城建设项目,并举行中国东南大数据产业联盟授牌仪式。中共福建省委副书记、福州市委书记倪岳峰,国家信息中心副主任张学颖等省市领导参加会议,市长尤猛军主持签约仪式。

【全市“抓招商、促发展”专项行动总结暨“招商2017”行动动员部署大会】 2017年3月17日,中共福建省委副书记、福州市委书记倪岳峰主持召开。会议总结经验,表彰先进,发动全市上下加压奋进、乘势而上,再掀招商引资新热潮,推动福州大发展。市长尤猛军作总结部署,陈为民、何静彦、林晓英等市委、市人大、市政府、市政协领导参加会议。

【全市全面推行河长制工作动员部署视频会】 2017年3月20日召开。福州市市长尤猛军强调,全面推行河长制,既是保护江河湖泊的有效举措,又是推进生态文明建设的必然要求。要认真贯彻习近平总书记重要指示精神,牢固树立和贯彻落实新发展理念,坚持"绿水青山就是金山银山",不折不扣全面推行河长制。

【中国东南大数据产业合作发展大会暨国家健康医疗大数据平台(福州)发布会】 2017年4月25日举行。有460名来自全国各地大数据领域的企业家和专家学者参会。福州市政府在会上发布国内首部健康医疗大数据资源管理暂行办法。大会启动国家健康医疗大数据平台(福州)、国家健康医疗大数据安全服务平台(福州),公布福建省大数据交易中心等一批拟开放合作的项目,签约组建福州健康医疗大数据建设、运营和开发三家公司。省委副书记、市委书记倪岳峰,陈为民、何静彦、张忠、李春参加发布会,市长尤猛军主持发布会。

【中国·福州物联网开放实验室揭牌仪式】 2017年4月28日举行。中共福建省委副书记、福州市委书记倪岳峰,中科院上海微系统所所长王曦等参加揭牌仪式,市长尤猛军主持揭牌仪式。实验室由中科院上海微系统与信息技术研究所、福州市政府、马尾区政府共同出资建设。揭牌仪式上,福州市政府、马尾区政府与中科院上海微系统所签署中国·福州物联网开放实验室共建协议,与上海新微科技集团等签署中国·福州物联网开放实验室专项协议。

【第十九届海峡两岸经贸交易会"海上福州"招商推介暨重点项目签约仪式】 2017年5月5日举行。有145个重点项目签约落户福州,项目总投资2705.29亿元,涉及滨海新城建设、自贸试验区建设、海上丝绸之路建设、生态文明建设等多个方面。中共福建省委副书记、福州市委书记倪岳峰,市长尤猛军等参加签约仪式,杭东主持签约仪式。

【自贸区福州片区进一步深化改革扩大开放暨央企招商动员部署会】 2017年5月22日召开。会议动员全市各级各有关部门牢记使命、抢抓机遇、开拓创新,努力开创自贸试验区建设和央企招商工作新局面,全力推动省会经济社会发展再上新台阶。中共福建省委副书记、福州市委书记倪岳峰,市长尤猛军等参加会议。

【福州市推动新一轮经济创新发展十项政策兑现落实汇报会暨推动服务业发展、"海上福州"建设推进会】 2017年8月25日召开。会议指出,制定出台创新发展十项政策、推动服务业跨越发展、建设"海上福州",是贯彻落实省委提出福州要加大力度,加快发展的要求,抓住用好"五区叠加"战略机遇,推动全市经济健康发展的重大举措。市领导尤猛军、林飞、阮孝应、杭东参加会议。

【第九届世界华文传媒论坛】 2017年9月10日开幕。论坛由国务院侨务办公室、福建省人民政府、中国新闻社主办,以"'一带一路'与华文媒体新发展"为主题,有来自60多个国家和地区的海外华文媒体高层人士、中央主要新闻机构及部分地方媒体负责人等近700位嘉宾参加论坛,展开高层对话。中共福建省委常委、福州市委书记王宁,市长尤猛军等出席开幕式。

【福州市国际招商暨滨海新城招商推介会】 2017年9月18日在厦门举行,重点推介福州市国际投资环境、滨海新城建设及产业规划、大数据产业园,并对福州市制定的《关于鼓励利用外资的若干措施》进行宣传。省委常委、市委书记王宁,市长尤猛军等出席推介会。

【福州城区水系综合治理百日冲刺动员部署会】 2017年10月9日召开。会议动员全市上下提振精气神,冲刺100天,坚决打赢城区水系综合治理攻坚战,以实际行动向党的十九大献礼。省委常委、市委书记王宁主持会议并讲话,市委副书记、市长尤猛军作总结部署。

【国家林业局授予福州市"国家森林城市"称号】 2017年10月10日,2017森林城市建设座谈会在河北承德举行,市长尤猛军出席授牌仪式并代表福州市作创建工作交流发言。至2017年,福州市森林覆盖率56.0%,位居全国省会城市第二位,形成植绿护绿特色化、城乡绿化一体化、城区道路和内河林荫化、城郊森林公园化、城市公园森林化、森林保护刚性化等特点。

【福州城区连片旧屋区改造暨城市总体规划编制试点工作动员部署会】 2017年11月1日召开。会议动员全市

2017年9月10日,第九届世界华文传媒论坛开幕 (叶义斌 供)

上下深入学习贯彻党的十九大精神，进一步提振精气神，全面打响城区三年旧改攻坚战，加快建设环境更美、品质更好、功能更全、服务更优的有福之州。市长尤猛军作工作部署。

【全市社会信用工作会议】 2017年11月2日召开。会议动员全市上下进一步统一思想、凝聚共识、强化措施，全面推进福州市社会信用体系建设，加快打造"信用福州"。市长尤猛军作工作部署。

【长乐区成立】 2017年11月6日，长乐区授牌成立，福州进入"六区"时代，市长尤猛军主持授牌仪式。撤市设区后，长乐行政区域范围不变，行政隶属关系不变，政府驻地不变，区名保持"长乐"不变，辖区面积658平方千米，人口72.5万人。

【世界城市和地方政府联合组织亚太区"21世纪海上合作委员会"会议】 2017年11月8日召开。会议搭建亚太区城市和地区在海洋渔业合作、海洋保护、航道安全、经济合作等专业领域务实合作和交流的平台，推动城地组织亚太区地方政府在海洋等领域的务实合作。福州市市长尤猛军出席会议。

【2017年城地组织亚太区理事会会议】 2017年11月9日开幕。福州市市长尤猛军致辞并参加签约仪式。市长尤猛军会见部分友城代表，与菲律宾马尼拉市议会多数党领导人卡西米诺·斯颂一起代表两市政府签署缔结友好城市关系协议。

【第十一期钱学森论坛】 2017年12月11日举行。论坛由中国航天系统科学与工程研究院、中国航天工程科技发展战略研究院、中国人民解放军军事科学院系统工程研究院、福州市人民政府主办，以"从大国到强国的准备——钱学森智库聚焦'数字中国'"为主题，旨在纪念钱学森诞辰106周年，传承钱学森战略科学思想，探索"数字中国"建设实践，推动大数据战略落地生根、开花结果。福州市市长尤猛军在论坛上致辞。

2017年12月15日，福州市人民政府、中国公路工程咨询集团、福建省高速公路集团在京举行签约仪式 （福州市政府驻京办 供）

【福州市人民政府、中国公路工程咨询集团、福建省高速公路集团签署战略合作框架协议】 2017年12月15日，福建与中央企业先进制造业项目对接会在北京举行，三方签署协议，将共同在福州打造智慧物流总部等项目。福州市市长尤猛军出席签约仪式并参加座谈。

【全市经济工作会议】 2017年12月27日召开。会议主要任务是认真学习贯彻中央经济工作会议和省委十届五次全会精神，总结福州市2017年经济工作，部署2018年工作任务，动员全市上下进一步提振精神、提高效率，抢抓机遇、加压奋进，推动经济高质量发展，加快建设有福之州。市长尤猛军对做好2018年经济工作作具体部署。

（吴晓萍）

政务督查

【概况】 2017年，福州市人民政府督查室重点开展市政府部署的"攻坚2017"行动、城区水系综合治理、省、市为民办实事项目等30多个专项任务的督查督办，赴实地督查或暗访抽查260多次，召开各类督办协调会70余场。全年编发《政务督办》40期。连续3届受到省人大办公厅和省政府办公厅联合表彰。年内成为全省唯一获评福建省十二届人大代表建议办理工作先进单位的设区市政府，水系治理专项督查、地下配电房提升改造两个工作案例获省政府督查室的肯定，并向国务院办公厅推荐。

【领导批办件督查】 2017年，福州市政府督查室建立《市委市政府主要领导签批交办事项督办反馈工作制度》，制定《市政府办公厅办理书记签批交办事项工作流程图》《市政府办公厅办理市长签批交办事项工作流程图》，规范市主要领导批示（办）件的登记、交办、督办、反馈、归档等环节，细化各项工作流程。全年分办转办省领导、市政府主要领导批示（办）件6236件，其中省领导批示件41件，市长批示件6195件。全年接收分办市委主要领导批示件1284件。

【人大代表建议督查】 2017年，福州市政府系统承办代表建议384件。其中会议期间收到建议359件，均办复。其中所提问题已解决或基本解决的有205件（A类），占总件数57.1%；所提问题正在解决或列入计划逐步解决的有114件（B类），占总件数31.8%；所提问题因政策、财力或客观条件限制暂时无法解决的有26件（C类），占总件数7.2%；所提建议有关部门留作参考的有14件（D类），占总件数3.9%。代表对建议办理情况表示满意或基本满意的351件,满意率达97.8%;不满意的8件,占2.2%。

【政协委员提案督查】 2017年,福州市政府系统承办政协委员提案520件(共1048件次),均办复。其中提案所提建议已采纳、问题已解决或基本解决的(A类)306件,占58.84%;所提建议拟采纳、问题正在解决或列入规划逐步解决的(B类)205件,占39.42%;所提问题因条件限制或其他原因暂时无法解决的(C类)6件,占1.15%;所提建议留作参考的(D类)3件,占0.57%。提案者对提案办理结果的满意率达100%,其中,表示满意的390件,占75%,表示基本满意的130件,占25%。

(市政府督查室)

机关效能建设

【概况】 2017年,福州市机关效能建设领导小组办公室(简称福州市效能办)发出《效能整改通知书》99份、《效能督办单》204份、《效能督查建议书》5份,并印发全市通报27份。全市效能问责203人次(单位),包括效能告诫40人次、通报批评80人次(单位)、诫勉教育83人次;其中市效能办对20名干部进行效能问责,包括副处级领导干部5人。年内市政府办公厅转发《关于全面提升行政服务效能不断增强群众获得感的意见》,持续深化机关效能建设,全面提升行政服务效能,进一步提高为人民服务的水平,不断增强人民群众的获得感。

【效能督查】 2017年,福州市效能办围绕"攻坚2017"、"重中之重"、福州滨海新城建设、促进服务业跨越发展、主要经济指标完成情况、十项政策落实、"五个一批"项目、工程包项目、"补短板"项目等省、市重点项目和市委、市政府中心工作,对项目建设中遇到的问题进行梳理汇总,协调解决难点问题、复杂问题,确定事项办结时限,落实责任分工,进行跟踪督办。对主要经济指标滞后的县(市)区、市直单位分管领导进行约谈,督促完成年度经济指标任务。按照市委、市政府统一部署对城区水系综合治理、"绿化福州"建设、中央环保督查通报问题整改落实情况、交通综合体系建设、大气污染防治、"放管服"、串珠公园建设等重大民生事项开展一线督查,了解项目进展情况,对督查中发现的不作为、慢作为等问题进行严肃问责。针对派出所窗口服务质量、办事窗口无否决权落实情况、办理居住证排长队、职工基本养老保险费缴纳监管主体不明、逾期安置等群众关注的热点、难点问题,以及机关作风问题、机关内部管理与服务问题,开展各类明察暗访,重点查处懒政、怠政、办理不认真、推诿扯皮等问题。全年派出督查人次700多人次,办理市委、市政府批办件273件,开展全市一季度一督查4次、各类专项督查149次,印发各类督查报告172份。

【绩效管理】 2017年,福州市效能办新增市人大办公厅等8个单位为绩效管理考评对象,退出市国有房产中心等3个单位,将9个市级重点工业园区纳入绩效管理。自设指标由45项减少到11项,对县(市)区、市直单位增设9个专项督查工作情况考核。设立"机制创新成果""激励机制措施落实""机制创新不力"等专项考评指标,制订创新成果和正向激励评审工作方案。加强对市直单位业务工作实绩考核,推行绩效指标考核结果公示措施。绩效考评结果抄送相关部门作为评先评优依据。将省对福州市察访核验扣分情况和县(市)区、市级机关单位年度绩效总评挂钩,计入下年度绩效总评,并视情况对相关责任人进行效能问责。设立9项专项督查工作,通过督查中发现的问题及整改落实情况,以倒扣分形式进行绩效考评。加大绩效管理公众评议工作力度,发放2000多份宣传材料。组织专家对县(市)区、市直单位机制创新成果评审工作,组织相关单位做好正向激励加分事项评审工作,组织开展市直单位指标核验工作。年内在2016年度省对设区市绩效考评结果中,福州市位列第一名,获评"优秀"等次。

(林榕捷)

政务公开

【概况】 2017年,福州市推进"互联网+政务服务"改革,各级政府及其工作部门主动公开政府信息25916条,审查受理政府信息公开申请2471件,答复办结2488件(其中19件是上年底受理结转2017年办结的申请件)。全市有政府信息公开单位603家,政府信息公开工作专职人员8名,兼职人员669名。全市各级各部门举办政务公开工作业务培训班11场,908人次参加业务培训。政府信息公开工作经费纳入各级政府财政预算,全年支出29.93万元。3月,市社科院、市数字办联合完成的调研课题《2015年度福州市行政机关透明度报告》获市委2016年度优秀调研课题二等奖。

【预期引导信息公开】 2017年,福州市按月公开全市财政收支情况,市财政局每月15日前在"福州市人民政府"网站(以下简称"市政府网站")公开上一月度财政收支情况。市统计局编制《福州统计月报》《福州统计手册》《福州统计年鉴》《县区经济产业发展动态》《数说"十二五"》等统计资料,在市政府网站开辟"进度数据""年度数据""统计分析"等栏目,发布经济运行情况,解读统计数据。主动公开审计结果公告及审计发现问题的整改情况。市审计局在市政府网站设立"审计公开"专栏,公开《2016年度市本级预算执行和其他财政收支的审计工作报告》及部门审计结果。

【减税、降费、降低要素成本信息公开】

2017年,福州市公开解读减税降费政策。市财政局公开《关于严格落实国家、省相关降费减负政策的函》《财政部关于取消、调整部分政府性基金有关政策的通知》《福建省财政厅 福建省物价局关于清理规范一批行政事业性收费有关政策的通知》《福建省财政厅 福建省物价局关于取消、停征部分省定涉企行政事业性收费的通知》等文件,解读新出台的减税降费政策措施。市国税局利用政府网站、新媒体和传统媒体，及时刊登促进创业创新、支持小微企业、保障和改善民生等相关税收政策公告、报道，进一步扩大税收宣传影响力。全年政府网站发布各类税收政策公告、解读696条。“福州国税”微信公众号发布各类税收政策解读54条，“福州国税”微博发布78条。市国税局分管领导参加“政风行风热线”《深化税收改革，助力企业发展》主题节目直播，在线解答涉税问题。市地税局通过办税服务厅、纳税人学堂、12366服务热线、网站、官方微信等多种渠道，加大政策法规特别是减税降费相关优惠政策公开力度。编印发放《企业上市改制重组优惠政策汇编》，通过网站、微信发布《“大众创业、万众创新”税收优惠政策指引汇编》，发布并更新国务院6项减税政策“二维码”19个。依托纳税人学堂开展新办企业、双创企业、小型微利企业、国务院6项减税政策等税收优惠政策专题培训，举办实体培训21期、培训纳税人近3500人次；网络发布辅导教程、税收政策、公告解读等18份，点击阅读量超过64万人次，为纳税人提供全面的政策辅导。12366服务热线对接问税平台、微信、微博、12345热线等咨询渠道，健全快速响应机制，打造“朋友圈”式的咨询辅导，加强涉税咨询服务。

集中展示行政事业性收费和政府性基金目录清单。市财政局、市发展改革委转发全国性及福建省行政事业性收费目录清单（含政府性基金）、全国性及福建省涉企收费目录清单，编制福州市涉企收费项目清单，在市政府网站公开。实行收费项目清单管理，完善收费监管，清单之外项目不得收费。

公开清理规范涉企收费各项政策措施及执行落实情况。市经信委清理规范各类涉企收费项目，实现所有服务企业事项零收费。市发展改革委公开《关于全面建立政府定价管理的涉企经营服务性等收费目录清单常态化公示制度的通知》等多份关于清理规范涉企收费的政策文件，规范涉企收费行为。市财政局及时转发国家、省清理规范涉企收费相关文件，全年取消、停征、免征涉企行政事业性收费和政府性基金16项。

定期公布社会保险情况。市财政局在市政府网站公开全市及市本级社保基金预决算情况，通过社保中心服务网点电子屏幕及时公布缴费费率。市人社局网站发布涉及养老、工伤、失业保险类费率和基金运行情况信息20余篇，并通报社会保险工作情况。

【重大建设项目和公共资源配置信息公开】 2017年，市发展改革委办理项目审批服务事项211件，其中政府投资项目审批137件、企业投资项目核准25件、企业投资项目备案3件。市发改委及时公开并动态调整办事指南、业务规则、办理情况等相关信息，分别在市政府网站政府信息公开专栏和“福建省工程建设领域项目信息和信用信息公开共享专栏”上公开项目审批服务事项信息159件。年内推进公共资源配置信息公开，建立统一的公共资源交易平台，整合工程建设项目招标投标、土地使用权和矿业权出让、国有产权交易、政府采购等交易信息，实现与省公共资源交易电子公共服务平台和行政监督平台的互联互通。

【政府和社会资本投资项目（PPP）信息公开】 2017年，福州市政府网站开设“政府和社会资本投资项目”专栏，主动公开PPP项目信息35条，包括PPP相关法律法规、政策文件、项目清单、落地项目等信息。

【“放管服”改革信息公开】 2017年，福州市政府网站首页开设“权责清单”专栏，在市政府网站、市网上办事大厅集中发布行政审批事项清单、行政处罚事项清单、投资核准事项清单、国家职业资格目录清单、政府定价或指导价经营服务型收费清单、中介服务事项清单、工商登记前置审批事项目录和企业设立后的经营许可清单等，以清单公开、管理应用推动减权放权，接受群众监督。依托市政府网站“12345政府公共服务系统”，增加在线提交意见建议功能，让公众了解放权情况，监督放权进程，评价放权效果。

规范公开办事指南事项。所有办事指南通过市行政权力和公共服务事项管理系统统一发布，方便办事企业和群众查询了解。在全国率先开展新一轮标准化办事指南梳理，完成市本级1453项行政审批和公共服务事项目录及办事指南事项标准化梳理、公开工作。

公开政策性文件废止、失效等情况。政策性文件废止、失效的，在政府网站已发布的原文件上作出明确标注，全年市政府及市政府办公厅废止或失效的文件401篇。定期公布通过备案审查的规章和规范性文件目录。

“双随机、一公开”监管全覆盖。“双随机、一公开”，指在监管过程中随机抽取检查对象，随机选派执法检查人员，抽查情况及查处结果及时向社会公开。各部门“双随机”抽查事项、抽查结果和查处情况在市政府网站信息公开栏目和全省工商一张网数据汇聚平台公开。市市场监管局全年抽查24个事项、企业4940家。市商务局公开单用途商业预付卡、零售商促销行为、零供公平交易、展会、对外劳务等事项监管检查信息。

【国资国企信息公开】 2017年，福州市公开国有产权交易、增资扩股项目、国有企业生产经营情况信息。全年发布国资运营信息5条，业绩考核信息2条，改制重组信息3条，增资扩股信息6条，产权交易信息3条，公司治理信息2条，管理架构信息2条，重要人事信息8条，政策法规信息3条，国企监管信息2条。

【农业供给侧结构性改革信息】 2017年，福州市推进农产品价格信息公开，在“福州农业信息网”设置“市场信息”和“价格行情”栏目，全年发布市场供求信息和农产品价格信息128条。公开强农惠农政策信息，“福州农业信息网”设立“政策法规”和“政策解读”栏目，全年发布信息20条。通过编印小册子、组织专题培训等方式，解读承包土地“三权分置”、农村土地确权、农村集体权改革、农业补贴等政策措施。公开农村土地承包经营权确权登记颁证等工作进展情况，全市各乡镇、村在主要交通要道悬挂横幅、张贴宣传标语，制作发放土地确权工作小册子，宣传土地确权的意义和工作要求。张榜公示各户承包地情况，接受群众监督，做到农户清楚、认可签字。

【财税体制改革信息公开】 2017年,福州市公开营改增相关政策措施、操作办法、改革进展及成效。市国税局针对所有增值税纳税人开展政策大辅导,参与辅导的系统干部1206人。全年举办营改增试点纳税人政策大辅导培训111场次,参训纳税人26819户;召开纳税人座谈会118场次,参加座谈纳税人2858户;走访企业、上门辅导5816次。发放《全面推开营业税改征增值税试点大辅导资料》《全面推开营业税改征增值税试点大辅导手册》55000份。

公开政府债务领域信息,市政府网站开设"政府债务公开"专栏,市财政局公开政府债务限额、余额、债务(债券)使用和偿还情况等信息,并指导督促各县(市)区财政部门按照相关规定做好政府债务信息公开工作。

公开2017年市本级政府预算和部门预算、2016年市本级政府决算和部门决算,重点公开市本级收支总表、部门收入总表、部门支出总表、部门公共财政拨款支出预算表、部门政府性基金拨款支出预算表和部门"三公"经费财政拨款支出预算表。市直各部门均已公开2017年部门预算及2016年部门决算,实现市级预算单位预决算公开全覆盖。

【"互联网+政务服务"改革】 2017年,福州市推进全市"一体化"网上政务服务平台建设,完成全市政务服务管理平台部署搭建工作,福州市行政审批及公共服务应用系统及数据迁移整合入全市政务服务管理平台。实现网络通、数据通、系统通、业务通、服务通"五通",初步建成"一号、一窗、一网"的"互联网+政务服务"的体系。年内,推进电子证照应用,全市已登记证照目录的市直部门56个、区县部门333个,登记证照及批文类别3235类,实现纸质证照和电子证照同步生成,电子证照累计入库总量1155万份,位居全国前列。3月15日,福州市在全国率先实现行政审批全流程电子证照应用,将电子证照生成作为审批服务环节,纳入办事流程,服务行政审批与公共服务事项全流程网办。

推进社区政务服务综合受理平台建设,在全市推广建设社区综合受理点,推动政务服务从行政服务中心向基层社区延伸,政务服务事项"应沉尽沉"社区办理,形成"前台一口受理,后台分工办理;就近办事、全城通办"的政务服务新模式。建成统一用户与认证体系,支撑政务服务事项全流程网办。依托全市统一的电子缴费公共服务平台,整合线上线下各类支付渠道,建立政务服务网上集中支付系统,为群众提供安全便捷的互联网公共缴费服务。整合政务服务APP,统一建设"e福州"APP,提供各类便民服务。继续接入各部门政务服务和公共服务应用,"e福州"APP便民服务事项有67个。

【发展新产业、培育新动能工作信息公开】 2017年,福州市科技局通过市政府网站、微信公众号、政务微博发布双创工作相关信息,解读与宣传双创政策。参加福州电视台"民生面对面"节目《创新,打造发展新引擎》专题节目录制,宣传全市实施创新驱动发展战略、建设创新型省会中心城市工作情况。4月,在福建财经电台财经961频道解读《关于扶持"双创"工作的七条措施》政策6期,并在微信同步发布。9月,参加省科技厅网站在线访谈,就"福州市推动新一轮经济发展创新十项政策"主题与网友交流,宣传和解读创新发展十项政策。在《福州日报》报道全市37家企业创新典型案例,推广双创工作经验做法。

【化解过剩产能工作信息公开】 2017年,福州市实行"事前公示、事后公告"制度,分批次向社会公示承担化解过剩产能任务的企业名单、已完成化解过剩产能任务的企业名单,公布企业产能、奖补资金分配、违法违规建设生产和不达标情况。是年,市经信委网站公示2家"地条钢"问题企业,并督促整改完毕。化解过剩产能情况通过省经信委网站公示。

【消费升级和产品质量提升工作信息公开】 2017年,福州市商务局网站每月发布福州市商务主要指标运行情况,重点公开与群众密切相关的粮油、食品、饮料、服装、日用品、家用电器、汽车等消费品消费情况。

推进产品质量监管政策法规、标准、程序和结果公开,市市场监管局网站设置"专项执法"和"抽查公告"专栏,公开"质量技术监督类"办事指南、质量违法行为记录、缺陷产品名单及后续处理情况,公开质量提升行动、执法专项行动信息。

公开查处假冒伪劣、虚假广告、价格欺诈等行为信息,推广使用"1+N"版案管系统,加大行政处罚信息公示。依托福建省市场主体信用信息公示平台、"信用福州"网站公开曝光违反法律法规、被市场监管部门查处的经营者。市市场监管局官方网站及微信号公布食品药品类行政处罚案件信息,警示违法行为。全年"信用福州"网站公示行政处罚信息11710件。

【扶贫脱贫和社会救助信息公开】 2017年,福州市政府网站设立"扶贫信息"专栏,贫困户进入、退出实现"两公示一公告",全年发布信息近100条。对贫困人口进行动态调整,动态调整情况录入国务院扶贫办信息系统。扶贫资金全部在"福州惠民资金网"公示,方便群众查询、监督资金发放情况。市民政局网站重点公开城乡低保、临时救助等公众关注度高的信息,每月公布上月份城乡低保对象人数、特困人员人数、低保标准、补助水平、资金支出情况信息;每季度公布临时救助统计数据,包含全市各县(市)区资金支出、救助对象、救助方式等信息。通过新闻媒体、民政局网站公布救灾资金物资调拨使用情况,加大减灾救灾信息公开力度。

【环境保护信息公开】 2017年,福州市公开区域环境质量状况、环境重点监管对象、污染物排放、污染源、建设项目环评、群众举报投诉重点环境问题处理情况、突发环境事件等政府信息,全年公开危险废物转移信息31件,排污许可证60件,重点排污单位环境信息265家,建设项目环境影响评价信息502条,"12369"咨询投诉案件1101件,"12345"咨询投诉案件639件,微信举报案件863件。公开全面推行"河长制"工作实施方案、管理保护目标以及河湖保护情况。市政府网站开设“河长制”专栏，下设5个二级栏目，公开河长制的机构设置、实施方案、河长职责、河湖管护等信息，全年公开各类信息38条。

【教育卫生信息公开】 2017年，福州市教育局推动市属高校进行教学质量报告、毕业生就业质量年度报告和高校信息公开年度报告公开工作。年内发布7份教育督导报告、5份全面改善义务教育薄弱学校基本办学条件、农村义务教育学生营养改善计划进展情况政府信息。年内公开2017年小学和初中招生工作意见、福州市小学招生预报名系统家长操作指南、福州市五区初中招生指南等招生政策文件及相应政策解读材料。公示2017年五区、闽侯县随迁子女小学一年级招生学位余额及电脑派位录取结果，提高招生工作透明度。公开医疗服务及收费信息，各市属医院在门诊大厅电子大屏幕滚动公示各种医疗项目收费标准和药品价格以及常见病、单病种收费情况。推进医德医风建设，加强医患沟通，完善医疗服务咨询和投诉制度。

【食品药品安全领域信息公开】 2017年，福州市公开食品监督抽检信息9期，公布监督抽检信息14357批次，通报外省地（含外系统）不合格样品63批次。健全不合格样品基础台账，全年通报3期不合格（问题）食品核查处置完成情况。组织开展食品安全大讲堂“五进”（进校园、进社区、进企业、进机关、进家庭）及创建国家食品安全城市宣传活动。

【金融风险信息公开】 2017年，福州市推进金融市场相关政策解读和舆论引导工作，通过政策解读和在线访谈等方式，及时将政策意图传递给市场和企业。关注交易场所、银行信贷、金融市场运行、互联网金融等方面的舆情，予以回应。发布资本市场违法违规案件查处情况和稽查执法工作动态。公布福州市非法集资举报奖励实施细则，鼓励公众举报线索，向社会发布风险提示。全年“信用福州”网站公布失信被执行人等“黑名单”信息26万条。

【房地产市场信息公开】 2017年，福州市建立统一规范、准确及时的房地产市场信息定期发布机制。推进市场分析公开化，实时监测房地产市场，定期召开会议分析房地产市场运行情况，根据市场变化，出台并公布调控、稳房价、共有产权等政策，争取市场舆论主导权，推动房地产市场平稳运行。公开房地产市场监管信息，年内开展3轮房地产市场巡查整规活动，公开检查结果，曝光违规企业，并将检查结果记入企业诚信档案。更新房地产经纪、价格评估和物业服务企业、白蚁防治企业的机构名录。公开棚户区改造及相关任务完成情况信息。在市住房保障局网站及市政府网站“住房信息”栏目公布住房保障、旧屋区改造、老旧小区综合整治等工作进展和完成情况信息。公开征地信息，执行征地告知、确认、报批、公告等征地程序，将征地告知书、征收土地公告、征地补偿安置方案公告和政府征地转发批文列入市国土资源局政务公开目录，在市国土资源局网站及时公开。全年发布征地告知书392份，发布一份告知书四种方案、征收土地公告、征地补偿安置方案公告各45份，转发省政府农用地转用和土地征收批复45份。公开土地供应计划、出让公告、成交信息和供应结果信息，全年发布9份公开出让国有建设用地使用权公告，公告31幅出让地块和确认成交地块的成交结果信息。

【安全生产监管监察信息公开】 2017年，福州市政府网站新建“安全生产”专栏，发布重特大事故预警信息和安全提示，公开重大风险隐患排查信息。废除安全生产黑名单管理办法，出台《关于对安全生产领域失信行为开展联合惩戒的实施方案》，公开安全生产监管常规检查执法、暗察暗访、突击检查、随机抽查等执法信息。

【机制建设】 2017年，福州市推进重大决策预公开，市政府法制办印发《2017年“推进重大决策预公开”工作实施方案》，要求各县（市）区人民政府、市直各部门按照实施方案部署，做好规范性文件意见征集公开工作。全年市政府网站发布征集意见信息421条。

年内建立公开内容动态扩展机制。2月，市委办公厅、市政府办公厅制定下发《全面推进政务公开工作实施方案》。3月出台《福州市人民政府办公厅政务公开工作规程》。5月，市政府办公厅印发《2017年政务公开主要任务分解表的通知》，坚持以公开为常态，不公开为例外，推进决策、执行、管理、服务、结果“五公开”。6月，市数字办下发《关于报送2017年市政府网站政务公开重点专栏规划表的通知》，要求各单位对照年度政务公开任务分解表，在市政府网站规划建设相应的专题专栏，并做好相关专栏信息更新保障工作。市政府办公厅每月对专栏更新情况进行检查，并对长期未更新信息的单位进行通报，指导、督促信息及时更新。

建立依申请公开促进依法行政机制。将因依申请公开被申请行政复议、提起行政诉讼情况纳入依法行政考核范围。每季度汇总全市依申请公开工作案例，加强对依申请公开典型案例的学习研究，着重围绕加强依法行政开展研究分析和跟踪调研。对依申请公开工作中发现的依法行政方面问题，及时向相关单位提出工作建议，促进依法行政水平不断提升。

推进人大代表、政协委员提案办理结果公开工作。在市政府网站新建“提案办理”专栏，公开人大代表、政协委员建议提案办理结果。对涉及公共利益、社会关注广泛的建议提案，公开答复全文，及时回应关切，接受群众监督。全年发布人大代表建议案办理结果111件，政协委员提案办理结果162件。

定期通报政务公开工作监督检查情况。市委、市政府制定《福州市2017年度绩效管理工作实施方案》，继续将政务公开工作纳入市对县（市）区、市直部门绩效管理考核体系。8月，市数字办下发《2017年度全市政务公开绩效指标考核评估办法》，进一步明确政府网站建设及政府信息公开（包括政府信息主动公开、依申请公开、年度报告公开、政策解读发布的及时性）等绩效指标及考核计算方法。继续将福州市政府信息公开电子监察系统监察结果作为政务公开绩效考核的主要依据。3月、8月，市政府办公厅分别通报全市政府信息公开年

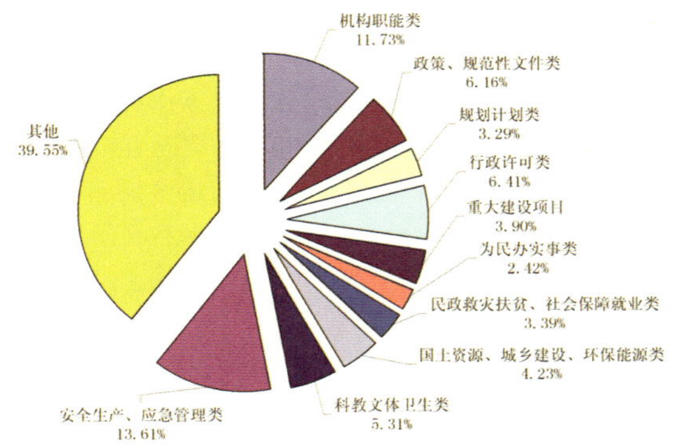

图 26　2017 年福州市主动公开政府信息类别

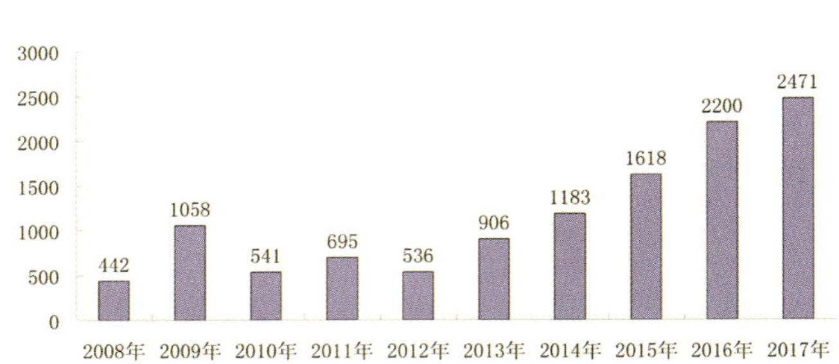

图 27　2008—2017 年福州市受理政府信息公开申请数量

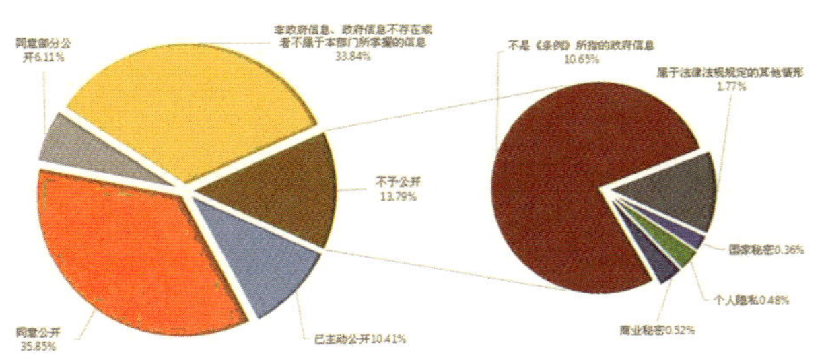

图 28　2017 年福州市依申请公开政府信息受理办理情况

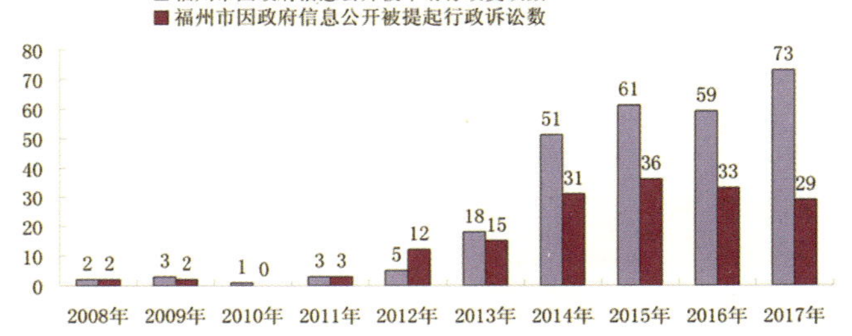

图 29　2008—2017 年福州市政府信息公开行政复议、行政诉讼情况

度报告编制公布及上半年政务公开工作情况,并向社会公开,督促被通报单位按要求整改到位。

【公开渠道建设】　2017 年,福州市依托市政府网站,整合县(市)区及市直各部门网站。全年共关停 123 家部门网站,撤销 12 个县(市)区政府独立网站,各县(市)区政府全部依托市政府网站建设子网站。年内,覆盖市、县(市)区、乡镇(街道)各级政府,集约化的市政府网站群基本建成,成为政务公开的"第一平台"。全市各级政府及其工作部门通过政府门户网站主动公开政府信息 25916 条,网站政府信息公开专栏或网页访问量 1867.45 万人次。市数字办履行政府网站监管责任,保障网站信息内容及时更新,每月开展网站普查并公开通报相关情况。全年"e 福州"微信公众号推送文章 769 篇,"@ 福州发布"官方微博发布微博信息 3356 条,发出评论 659 条,获网友转发、评论、点赞 20698 次,博文总阅读量达 4770 万次,微博粉丝近 57 万人。"@ 福州发布"官方微博继续入选福建十大党政新闻发布微博。各级各部门主动公开政府信息定期送交政府信息查阅场所,市档案馆、市行政服务中心和各县(市)区 12 所档案馆、7 所图书馆建成政府信息查阅场所,开展政府信息查阅服务。全年市档案馆政府信息查阅场所接收市本级政府信息公开单位报送的政府公开信息 4142 条(份)。年内,全市各级政府信息查阅场所共接待现场查阅政府信息的社会公众 405 人次。

【政策解读】　2017 年,福州市政府网站开设"政策解读"专栏,"@ 福州发布"政务微博、"e 福州"政务微信、市直各部门政务微博微信同步发布政策解读材料。年内,市政府网站发布福州市制定出台的政策文件文字解读稿 301 件、图片解读稿 100 件。《福州市推动新一轮经济创新发展十项政策》系列解读被省政府办公厅评为优秀政策解读案例。

【新闻发布】　2017 年,福州市健全新闻发布制度,完善"4·2·1+N"("4",就是与宏观经济、民生关系密切和社会关注事项较多部门,每季度至少举行 1 次新闻发布会,每年 4 次;"2",就是这些部门的负责同志,每半年至少出席国新办新闻发布会 1 次,每年 2 次;"1",就是这些部门的主要负责同志,每年至少出席国新办新闻发布会 1 次;"N",就是发生重大社会关切和重大突发事件时随时召开新闻发布会。)新闻发布模式,选定市发改委等 27 家与宏观经济、民生关系密切和社会关注事项较多的部门作为试点单位。市级新闻发布会实行年初立项和自主新闻发布会指导备案相结合,年初公布全年重大主题重大活动新闻发布会计划,做到重大主题重大活动新闻发布早谋划早安排,各单位自主新闻发布有请示有报备。在市政府网站开设"新闻发布会""在线访谈"专栏,全年召开市级新闻发布会 61 场、开展在线访谈 170 场,其中市直部门主要负责人出席 38 场,实现高层次和频次的新闻发布常态化。

【政府信息主动公开】　2017 年,福州市各级政府及其工作部门主动公开政府信息 25916 条,其中市、县(市)区、乡镇(街道)各级政府主动公开政府信息 9248 条,各级政府工作部门主动公开政府信息 16668 条。至年底,全市各级政府及其工作部门历年累计主动公开政府信息276142条，其中市、县（市）区、乡镇（街道）各级政府累计主动公开政府信息94849条，各级政府工作部门累计主动公开政府信息181293条。年内全市各级政府及其工作部门主动公开政府信息的主要类别有机构职能类信息3039条，占11.73%；政策、规范性文件类信息1597条，占6.16%；规划计划类信息852条，占3.29%；行政许可类信息1662条，占6.41%；重大建设项目信息1012条，占3.9%；为民办实事类信息627条，占2.42%；民政扶贫救灾、社会保障就业类信息879条，占3.39%；国土资源、城乡建设、环保能源类信息1095条，占4.23%；科教文体卫生类信息1375条，占5.31%；安全生产、应急管理类信息3526条，占13.61%。

【依申请公开政府信息】 2017年，福州市各级政府及其工作部门收到政府信息公开申请2471件，其中市本级政府收到178件，下级政府收到333件，各级政府工作部门收到1960件。其中当面申请462件，占18.7%；网络申请1138件，占46.05%；以信函形式申请871件，占35.25%。申请数量居前的事项有：土地征用与补偿、拆迁许可和补偿安置、城市规划和建设、建设项目立项审批、食品安全、工商管理等。受理申请数量较大的部门有市国土资源局、市房管局、市规划局、市市场监管局、市发改委、市公安局等。至年底，全市各级政府及其工作部门累计收到政府信息公开申请11650件，其中市本级政府收到798件，下级政府收1357件，各级政府工作部门收到9495件。

全年各级政府及其工作部门经审查受理政府信息公开申请2471件，已办理答复2488件（其中19件是2016年底受理结转2017年办结的申请件）。其中“已主动公开”259件，占10.41%；“同意公开”892件，占35.85%；“同意部分公开”152件，占6.11%；“不予公开”343件，占13.79%；“非政府信息、政府信息不存在或者不属于本部门所掌握的信息”842件，占33.84%。有2件申请件正在办理，结转下一年度答复。

“不予公开”的政府信息申请内容主要涉及城市规划、城市建设、拆迁安置等

表11 **2016年度福州市市直行政机关政府信息公开工作总体测评结果**

市直机关	总得分	市直机关	总得分
市教育局	93.4	市房管局	75.0
市安监局	93.0	市地税局	75.0
市建委	88.0	市环保局	73.0
市规划局	88.0	市供销社	72.0
市地震局	88.0	市人社局	71.5
市农业局	87.7	市人防办	70.0
市林业局	87.0	市不动产登记中心	68.7
市旅游局	87.0	市商务局	68.5
市文广新局	86.0	市土地发展中心	68.4
市发改委	82.0	市财政局	67.0
市公安局	82.0	市公积金中心	66.0
市司法局	82.0	市行政服务中心管委会	66.0
市市场监管局	82.0	市民宗局	64.4
市统计局	80.5	市体育局	63.7
市城管委	80.0	自贸区福州片区管委会	61.6
市卫计委	80.0	市民政局	58.5
市外事办	80.0	市粮食局	56.0
市园林局	80.0	市金融办	56.0
市交通委	79.7	市城镇联社	53.0
市国土资源局	79.0	市国资委	50.7
市海渔局	79.0	市监察局	49.9
市档案局	79.0	市机关局	49.1
市科技局	78.5	市无线电管理局	44.4
市审计局	78.5	市国有房产中心	35.0
市经信委	76.0	市知识产权局	33.0
市水利局	76.0	市高新区管委会	30.5
市投促局	76.0		

表12 **2016年度福州市县（市）区政府信息公开工作总体测评结果**

县（市）区	总得分	县（市）区	总得分
仓山区	82.0	闽侯县	65.5
鼓楼区	79.7	晋安区	61.5
马尾区	79.5	闽清县	61.2
罗源县	73.5	连江县	58.0
长乐市	70.5	台江区	56.6
福清市	68.9	永泰县	54.7

方面。“不予公开”的主要原因属于国家秘密9件,占2.62%;属于个人隐私12件,占3.5%;属于商业秘密13件,占3.79%;不是《中华人民共和国信息公开条例》所指的政府信息265件,占77.26%;属于法律法规规定的其他情形44件,占12.83%。

【政府信息公开行政复议、行政诉讼】 2017年,福州市因政府信息公开被申请行政复议73件,被提起行政诉讼29件,受理举报1件。至年底,全市因政府信息公开累计被申请行政复议276件,提起行政诉讼163件,受理举报3件。

【政府透明度报告】 2017年3月,福州市社科院、市数字办联合课题组公布《2016年度福州市行政机关透明度报告》,为课题组连续第六年对福州市行政机关开展政府信息公开工作(透明度)情况进行调研和测评的成果。2016年度课题调研对象为福州市所辖12个县(市)区政府和53家市直行政机关。2016年度调研测评指标在维持上一年度测评指标内容的基础上,将政务公开相关领域公开情况分值权重提高到50%。根据工作性质及社会关注侧重点的不同,对县(市)区政府和市直行政机关开展调研测评的指标及权重设置略有差异。

2016年,市直行政机关测评总分排名前十位依次是:市教育局、市安监局、市建委(与市规划局、地震局并列第三)、市农业局、市林业局、市旅游局(与市林业局并列第七)、市文广新局、市发改委(与市公安局、司法局、市场监管局并列第十)。

2016年,各县(市)区测评总分排名依次是:仓山区、鼓楼区、马尾区、罗源县、长乐市、福清市、闽侯县、晋安区、闽清县、连江县、台江区、永泰县。

(叶伟奇)

行政(市民)服务中心建设

【概况】 2017年,福州市行政服务中心入驻46个审批服务部门和单位,受理778个审批和服务事项,全年受理各类申请88万件,日均受理3534件,当日办结79.97万件,当日办结率90.87%。福州市市民服务中心入驻45家部门(单位),提供462项审批服务事项,其中321个事项可实现当场办结,全年受理各类申请246.02万件,工作日日均受理8155件,双休日日均受理4017件;当场办结210.82万件,当场办结率85.69%。福州市公共资源交易累计完成1772项,总金额1103.58亿元,年度交易额首次突破1000亿元,其中政府采购完成1091项,预算金额197.98亿元,成交金额194.96亿元,节约率1.6%;建设工程交易完成600项,总标的492.31亿元,中标金额432.20亿元,降低率13.91%;土地所有权出让37幅地块,中标金额360.95亿元;采矿权交易完成3项,成交金额0.21亿元;国有产权交易完成32项,底价0.58亿元,成交价0.87亿元,增值率51%;PPP项目完成9项,成交金额114.43亿元。

【简政放权】 2017年,福州市行政服务中心推进简政放权放管结合优化服务工作,牵头完成福州市第六轮简政放权,取消32项行政审批服务事项,下放22项行政审批服务事项至县(市)区办理,简化14个事项的办理环节,取消涉及33个事项的54份申请材料,5个事项实行“市区同权、多点办理”。

【一窗受理】 2017年,福州市行政服务中心完成47个市直部门、1435项标准化办事指南编制工作,窗口整合为企业设立类、经营管理类、社会事务类、投资建设类、通关贸易类等5类实行“一窗通办”,设立综合受理窗口和统一出件窗口,推行“前台综合受理、后台分类审批、综合窗口出件”服务模式,推进窗口忙闲不均现象的解决,提高受理办件效率。各县(市)区同步实行“一窗受理”改革,逐步推进全市“一窗受理、一网通办、一套标准、一事一办、一库共享、一体运行”的新型政务服务体系。

【多规合一】 2017年,福州市建设项目实行“前台综合受理、后台分类管理、统一出件”服务模式,优化立项决策、工程规划许可、施工许可、竣工验收4个阶段办理流程,办理时限压缩至46个日历日,年内受理建设项目审批件5000多件。推进“多规合一”项目策划生成,会商通过234个项目。建立“多规合一”监督体系,以及“一张图”动态调整、项目生成、并联审批等监督机制。

【“攻坚2017”行动】 2017年,福州市行政服务中心成立“攻坚2017”行动前期项目审批服务工作领导小组,组建前期项目审批服务攻坚队伍,全流程跟进服务全市414项前期项目,定期召开县(市)区专场协调推进会,主动对接项目业主。建立“周通报、旬督查、月考评、季分析”工作机制,每周通报进展情况,每旬进行一次专项督查,每月形成审核情况报告,每季度分析汇总上报工作情况,实时跟踪盯紧,推动服务实效。福州市前期项目计划1745个节点,完成1748个节点,完成率100.2%。

【“最多跑一趟”改革】 2017年,福州市行政服务中心对入驻事项进行全面梳理、优化流程,市级“最多跑一趟”和“一趟不用跑”事项1334项,占入驻事项的93%。其中“最多跑一趟”事项1102项,占比82.6%,申请人最多只需要一次到窗口申请、提交材料或取件;“一趟不用跑”事项232项、占比17.4%,申请、受理、审查、批准、办结全部实现全程网上办理,证照由快递送达,实现申请人“足不出户”办成事。联合邮政速递推出“榕证通”免费快递业务,为申请人提供证照快递服务,打通政务服务“最后一公里”。

【减证便民】 2017年,福州市行政服务中心推行清单之外无证明,开展减证便民专项行动,对62个市直部门、12个县(市)区收集上报的涉企涉民1445项、5689条证明材料进行梳理审核。各级各部门在办事过程中不得要求申请人提供证明清单以外的证明材料。取消104项涉企涉民证明材料,形成《保留的涉企涉民证明事项清单》,保留涉企涉民证明事项109项,取消的证明事项占比48.8%。

【自助服务】 2017年,福州市启用市民服务中心24小时便民自助服务区,推出24小时便民自助服务，设置涵盖赴港澳旅游二次签注、医社保缴费查询、车辆违章处罚缴费、个人征信查询打印等14种类的自助服务设备，实现79项服务事项全天候自助办理。

【全国率先应用电子证照】 2017年，福州市行政服务中心将电子证照生成作为福州市审批服务的正式环节，纳入市网上办事大厅办事流程。凡是电子证照库中存储的电子证照，不再要求重复递交纸质材料，只需通过数字证书和电子签章在线应用电子证照申报审批业务，就可在市网上办事大厅在线获取、提交业务办理所需电子证照、批文。审批人员在线应用电子证照办理相关审批业务，同步生成、发放纸质和电子证照，并导入电子证照库，方便企业多次重复调阅、使用。

【公共资源交易平台建设】 2017年，福州市公共资源交易平台完善数据报送系统，完成交易数据统计，公共资源交易综合数据报送质量始终保持福建省领先。年内出台《福州市公共资源交易服务中心保证金管理办法》，确定保证金合作银行，为保证金业务的开展提供规范指引。改造提升隔夜评标区设施，完善纸质标、电子标和隔夜评标复合功能，实现“交易环节全记录、交易过程全监控”。推进县（市）区分支机构建设，构建全市统一的公共资源交易服务平台体系。

【政务信用体系建设】 2017年，福州市行政服务中心实现行政许可信息实时公示，福州市网上审批系统与信用福州信息平台对接，入驻单位在作出行政许可决定起7个工作日内将行政许可信息在网站上进行公示，公民、法人和其他组织可随时上网查询，全年公示行政许可信息16000多项。年内推行行政审批和公共服务领域“红黑名单”机制，对守信者提供绿色通道、容缺预审、告知承诺制等优先服务，对失信者加大行政性约束和惩戒。全年处理2家以虚假材料申请建筑业企业资质认定的企业。开展公共资源交易第三方信用评价，引进4家服务较好的信用评价机构入驻“信用评价”窗口，为参加公共资源交易活动的各方主体提供信用信息评价服务。

（张　勇）

机关事务管理

【概况】 2017年，福州市机关事务管理局（简称福州市机关局）继续开展办公用房、公务用车专项检查，稳步推进市直行政、参公单位公务用车制度改革、公务用车专用号牌改挂、保留公车标识化喷涂和黄标车处置等工作，初步完成福州市公务用车服务平台建设，开展国家级和省级节约型公共机构示范单位创建，完成“三合一”会议和金砖会晤专机备降有关后勤服务保障工作，获省委省政府授予金砖会晤筹备和服务保障工作先进集体。

【财务及国有资产管理】 2017年，福州市全面推行公务卡结算，加强公务用车配置、会议差旅、公务接待及一般性支出等各项行政经费监管，压缩“三公”经费支出，主动公开有关情况，完成市委办公厅、市政府办公厅等21家单位的工资、公积金、医保支出和项目经费保障近3亿元。年内完成2017年度固定资产盘点，按财政要求使用固定资产管理软件，进一步提升国有资产集中统一监管水平，加强内部固定资产日常管理审核把关。

【办公用房管理】 2017年，福州市机关局推进办公用房清理整顿工作，限期收回出租（借）办公用房，督促各单位在规定的时限内完成市属行业协会脱钩后办公用房腾空工作。加强办公用房日常管理，及时更新办公用房数据，调剂解决市委办、市政府办等16家市直行政事业单位及涉及全市重点任务的6个临时机构办公用房，按照中央、省市有关规定核准办公用房维修改造申请，核销市少体校等4家单位部分房产，推进乌山机关大院武警驻地有关房屋维修改造、市纪委有关办公用房调整修缮等工作。

【公务车辆管理】 2017年，福州市机关局推进市直行政单位车改后续工作。至5月，完成市直单位车改取消车辆处置工作，处置车辆780辆，其中拍卖692辆、调拨35辆、报废53辆，拍卖所得1437.15万元全部上缴市财政。完成公务用车专用号牌改挂，市本级保留公车标识化喷涂等工作。推进事业单位车改，配合市车改办拟制市事业单位公务用车制度改革有关方案，对全市市直事业单位公车情况进行统计摸底。推进公车日常管理，完成2017—2018年度定点维修、统一保险招投标工作，督促市直各单位落实公车管理制度，规范公务用车使用。

【会议会务管理】 2017年，福州市机关局作为金砖会晤前“三合一”会议和要客专机备降福州工作后勤保障牵头单位，完成各项服务保障任务，获省委省政府授予金砖会晤筹备和服务保障工作先进集体。在“三合一”会议服务保障中，为到福州的金砖国家政党领导人、知名智库学者、民间社会组织负责人400余人（含5个副国级团组）以及近千名工作人员提供优质的食、宿、行保障，有关工作获中联部及与会嘉宾肯定。年内还完成春节团拜会、全市创新大会、福州滨海新城建设启动暨大数据项目签约仪式、第十九届海峡两岸经贸交易会、第五届海峡青年节、第二十一届中国国际投资贸易洽谈会、第九届世界华文媒体论坛等重大活动以及300余场次市级会议服务保障。

【东部办公区管理】 2017年，福州市机关局建立日巡查、月调研工作制度，与东部办公区入驻单位联系沟通，将收集到的意见建议通报物业公司、食堂等保障部门，并督促其及时整改落实，实现东部及乌山机关大院食堂餐卡互刷，优化夜间通勤车线路，简化各类卡证及干部入户等办理手续。完善配套设施建设，优化东部办公区地下车库标识设置和路面交通标识，规范办公区电子信息宣传系统，增设消防安全设施，更换破损玻璃幕墙，维修茉莉花广场吊顶等，推进门禁系统建设，完成门禁系统硬件设施设备安装调试。加强办公区食堂监管，建立同市场监督管理部门的协作联系机制，定期开展食堂安全检查，督促经营单位开展“明厨亮灶”改造，对食堂、超市食品进行随机抽检，建立食品安全追溯系统。

【公共机构节能】 2017年,福州市机关局开展绿色行动,推进节能宣传,推动国家级和省级节约型示范单位创建,规范废旧物品回收利用,推进垃圾分类,鼓励绿色低碳出行,推进市直机关事业单位10万平方米既有建筑节能改造工作,完成省机关事务管理局下达的节能工作目标。

【后勤服务保障】 2017年,福州市直机关物业管理处实行主动上门服务,全年完成水电、办公设施维修1800多次,完成修缮改造项目12项,提升乌山机关大院水电保障、卫生保洁、绿化美化、门卫值班等物业服务水平;推进机关食堂建设,针对干部职工反映的饭菜质量、服务态度、卫生状况等问题进行整改,就餐满意率较往年有较大提升,乌山机关大院食堂全年就餐人数接近25万人次;公务用车服务完成市领导调研考察、走访慰问以及市级重要活动、重大项目督查、应急救灾等中巴保障任务1022辆/次,各类保障车辆安全行车94万千米。

【办公用房、公务用车专项检查】 2017年,福州市机关局在"元旦、春节""五一、端午""中秋、国庆"期间组织开展3次办公用房、公务用车专项检查。全年检查44家市直单位、48家县(市)区单位公务用车情况,发出整改通知书24份;检查36家市直单位、36个乡(镇、街)办公用房情况,发出整改通知书5份。检查结束后均对相关单位整改落实情况进行突击回访,通过常态化、制度化的专项检查实现被检单位全覆盖。

(邓 星)

机构编制

【概况】 2017年,福州市编制工作在保障福州新区、自贸区等重点领域用编的基础上,在全省率先完成中央下达的控编减编和超编消化任务,完成简政放权、审批制度改革,创新推进交通综合行政执法体制改革和社会保险"互联网+政务"服务模式的经验做法获中编办肯定,并在全国重点刊物《中国机构改革与管理》刊登推广。重新组建市、县两级不动产登记和交易中心,获国土部肯定和推广。在全省率先开展"证照分离"改革试点和完成城市管理行政综合执法体制改革。福州市"放管服"改革和"双随机一公开"监管改革工作经验做法先后在全省视频会议上交流。

【政府职能转变和机构改革】 2017年,福州市基本完成新区管理机构设置,新增新区功能区4个正处级机构创新设置方案获省委编委批复同意,分别在福清、长乐、仓山区(市)政府加挂相应功能区管委会牌子,单独设立福州江阴港城经济区管委会(挂自贸区福州片区保税港区办事处牌子);印发《关于设立福州新区福清等功能区管理机构的通知》,明确功能区党委、管委会的主要职责和领导职数配备方案。优化高新区管理体制,构建高新区管委会、大学城新校区管委会与闽侯县三方协商机制,推进高新区和福厦泉国家自主创新示范区协调发展。创新城区水系综合治理体制机制,整合市建委、市城管委、市水利局等3个部门所属4家事业单位,并划转市闽江下游管理处沿江闸站管理使用职责和人员编制,组建正处级的城区水系联排联调中心。推进不动产登记交易,整合重新组建市、县两级不动产登记和交易中心,在全国率先实施不动产"四合一"工作模式,构建集不动产登记和房屋交易于一体、具有福州特色的不动产登记体系,被省政府列入福建自贸试验区第五批可复制创新成果,获国土部肯定和推广。推进河长制管理体制改革,会同相关部门出台《福州市全面推行河长制实施方案》,调整设立市水资源与河务管理中心。

【行政审批制度改革】 2017年,福州市推进一系列行政审批制度改革措施,优化政务环境。

简政放权 开展"减证便民"专项行动,梳理出涉企涉民证明材料213项,其中保留109项,取消104项,取消事项占比48.8%。推进两轮简政放权,取消73个事项,下放22个事项,简化40个办理环节,取消54份申请材料,实施5项多点办理;开展取消、下放和调整事项的对应衔接落实工作,取消78个事项,承接下放及调整364个事项。完成三批市级"一趟不用跑"和"最多跑一趟"办事清单的梳理,公布1137项事项,占本级行政审批和公共服务事项总数的95.70%;各县(市)区于9月中旬前分3批完成该项工作。梳理权责清单,完成42家市直部门(单位)权责清单编制工作。清理涉及福州市的20项行政审批中介服务事项,降低企业制度性交易成本。

便民服务 开展"证照分离"改革试验工作,创新"合并核准"改革方式,继续推进和扩大实施"证照分离"改革的工作方案获省政府批准向福州新区和福州市国家级开发区扩展。推进行政许可标准化,编制41个市直部门的行政审批和服务事项目录,制定《福州市政务服务事项编码规则》,市级行政审批和服务事项全部导入行政权力清单与事项梳理平台系统。推进"互联网+政务服务",福州市被列为国家"互联网+政务服务"综合试点示范城市。

事中事后监管 推进"双随机一公开"监管,全市12个县(市)区和38家市直部门(单位)均制定随机抽查工作方案,12个县(市)区和38个市直部门(单位)分别有652项和473项列入清单的随机抽查事项,各执法部门双随机抽查市场主体名录库和执法检查人员名录库基本设立。强化事中事后监管,集中归集分散的各类企业信用信息,统一在市级公共信用信息平台和市级企业信用信息公示系统向社会公示;运用大数据、云计算、物联网等信息化手段,推动市直部门创新智能监管方式,加强对重点领域、新型业态的监管。

【事业单位改革】 2017年,福州市完成市投资管理公司、少数民族接待站等5家事业单位的转企改制及撤并工作,收回事业编制109名;调整市妇幼保健院等事业单位分类工作,配合相关部门进行公益类事业单位改革中人事、收入分配、养老保险和财政保障等制度建立和完善。加大政府购买公共服务力度,对事业单位中一般事务性岗位原则上实行政府购买服务,减少机构编制需求。探索机构编制动态调整机制,按照逐步实现基本公共服务均等化的要求和公益服务供求变化状况,调整事业单位类型和机构编制,做到有减有增。推进环保监测监察执法机构垂直管理制度改革，指导、督促县(市)区全面完成危险废物管理机构设置。整合市、县医保经办机构及职责，组建市医疗保障基金管理中心。配合推动省属国有林场改革，完成连江陀市、长龙国有林场整合工作。配合市财政局进行事业单位政府购买服务改革工作，增强事业单位提供公共服务的能力。

【重点领域关键环节改革】 2017年，福州市推进综合执法领域改革，创新推进全国商务综合行政执法体制改革试点工作，通过商务部、中编办验收评估并获优秀成绩。梳理交通综合执法体制，构建“执法力量重心下沉、执法区域点面结合”的新型城市交通综合执法体系。创新城市管理行政体制机制，完成城市管理综合执法体制改革任务，梳理城市管理职责，推进城市管理综合执法，构建统一高效城市管理体制。完成纪检全覆盖工作，形成《关于市纪委向市一级党政机关派驻纪检机构的方案》，完成市县两级派驻纪检机构全覆盖和市县两级监察委机构设置工作。推进市工青妇、科协等群团改革，出台群团改革方案，明确群团机关职责、编制、领导职数等机构编制事项调整工作。

【机构编制监督管理】 2017年，福州市完善机构编制实名制管理，健全部门间协调配合机制，规范公务员招录、选调(聘)大学毕业生审核制度，控制招考招聘规模。在全省范围内率先建立市、县两级领导干部职务名称表，动态掌握职数使用情况。及时更新统计数据，要求各县(市)区每季度报送编制变动文件，结合机构编制统计半月报、月报、季报、年报工作。出台《福州市机构编制工作网上巡查预警制度》，开展机构编制工作网上巡查预警工作。开展市、县两级控编减编工作专项督查，推进省控编减编“回头看”迎检工作。在全省率先出台《福州市机构编制问题整改台账管理办法》，开展机构编制问题整改推进审批联动工作。率先启动“机构编制云平台”试点，录入三定系统264家，审核完成135家，审核机构编制文件735份。全面推行“网上核编”，市直单位均可以通过网上核编，简化办事流程。强化域名管理，在全省率先完成未挂标党政机关网站清理，确保市、县两级中文域名注册率100%。率先开通即时通信内网，为市、县两级编办及行政服务中心开通内网账号。

【事业单位登记管理】 2017年，福州市推进登记管理工作创新，主动协调职能部门推进幼儿和老年教育、交通运输、公共安全等行业中其他组织利用国有资产举办事业单位申请法人登记，创新设立福州市邮政业发展与安全服务中心，推动基层消防机构登记为二类事业单位，实现公共服务的多样化、多层次供给。推动社会信用建设工作，在全省率先与市直426家事业单位签订《事业单位法人信用承诺书》，印发《关于开展建立双随机抽查机制加强事中事后监管工作实施方案的通知》，制定《事业单位异常名录管理制度》，推进事业单位诚信运营。提升事业单位登记服务，推进窗口规范化建设，规范办事流程与办理时限，提高即时办结率；在全省范围内率先推行无纸化年报，所有登记事项在全省首家实现“一键公示”。

【机构编制资源调配】 2017年，福州市推进事业单位整合撤并，完成计划生育干部培训中心、房地产职工学校等3家市属干部培训机构以及职能萎缩、规模小、体量小和职责相近事业单位的整合撤并工作，精简收回编制594名。优化机构编制资源绿色配置。对市卫计委、市场监管局、农业局、高新区管委会等部门机构所属事业单位进行调整优化，从现有空编内调剂261名事业编制用于加强中小学、妇幼保健、海域收储、市场监测、地铁工程建设等重点民生领域的用编需求。核定儿童学园、蓓蕾幼儿园编外聘用人员数。

(李中平)

人事人才

【概况】 2017年，福州市面向社会考试录用公务员(含参公管理人员)785人，公开聘用事业单位工作人员4100人，安置军转干部598人，新增省引进高层次ABC类人才107人、省工科类专业人才800人、市紧缺急需毕业生388人、高技能人才1.3万人。

【海西引智试验区建设】 2017年，福州市采取一系列措施，推进海西引智试验区建设。

海外人才引进　承办中国福建海外人才创业周系列交流活动，邀请100名海外博士到福建与福州市105家企事业单位、高校、科研院所、产业园区面对面开展人才和项目对接洽谈活动。成立福州市引进海外人才澳大利亚、英国、美国联络处，面向留学人员、华人华侨举办海上福州宣传推介会和招商引资说明会、福州市高层次人才招聘会和人才政策推介会，发布福州市紧缺急需人才信息。赴美国、加拿大洽谈人才引进和开展海上福州推介活动，与美国福建公所签署人才引进合作协议，与旧金山市、大多伦多地区米西索加市政府开展国际间城市友好交流活动，洽谈成立海外人才项目对接交流平台。与德国高级专家组织(SES)签订人才合作协议，帮助福州市引进急需的高级专家，解决企业和机构发展关键环节和核心技术难题。与瑞典WINNOC迷你硅谷创新集团签署迷你硅谷合作备忘录，为瑞典皇家工程科学院院士、乌普萨拉大学教授Lennart Persson教授颁发“福州市人才顾问”聘书。

中国福州留学人员创业园建设　年内，起草《关于加速推进中国福州留学人员创业园发展的若干意见》，出台创业扶持、创业保障、服务支持等一系列留学人员创业优惠政策。委托厦门大学编写《中国福州留学人员创业园建设总体规划(2017—2021)》。完善《中国福州留学人员创业园管理办法》等规章制度，规范和理顺留创园企业入驻、进出和考核程序，建立健全机构。建设中国福州留学人员创业园大数据分园，规划建设面积1万平方米。

海外人才服务水平提升　将福州市“外国人入境就业许可”和“外国专家来华工作许可”整合为“外国人来华工作许可”，执行“前台综合受理、后台分类审批、统一窗口出件”，实现网上申报、过程留痕。全年核发《外国人来华工作许可通知》154件,其中文教类95件,经技类59件;"外国人来华工作许可证"368件,其中文教类164件,经技类181件;《外国专家来华邀请函》6件。

【闽都人才高地建设】 2017年,福州市采取积极措施,推进闽都人才高地建设。

引才政策完善 研究制定《关于鼓励引进高层次人才的七条措施》《关于加快我市总部经济发展的八条措施》《福州市关于进一步鼓励应届博士研究生来榕工作的若干措施》《关于加快现代职业教育发展的五条措施》等政策。全年全市新增省引进高层次ABC类人才107人,比上年增长87.7%;新增省工科类专业人才800人,增长30倍以上;新增市紧缺急需毕业生388人;发放各类人才补贴奖励1.5亿元。福建春伦茶叶集团有限公司、恒锋信息科技股份有限公司2家企业入选福建省专家服务基地。

人才服务提升 建立联系千家企业制度,印制《福州市高层次人才政策汇编》,由市、县两级人才服务窗口送达全市重点企业。在15个县(市)区、园区组织开展21场政策宣讲会。设立市级、县(市)区、高新区人才引进服务专窗,配备人才服务专员,开展项目申报、对接服务等工作。建成市级第二批人才公寓,为118名申购人才发放一次性货币补贴5417万元。推动在晋安鹤林建设140套酒店式人才公寓。起草福州市人才共有产权住房政策。

高技能人才培养 制定《关于加快现代职业教育发展的五条措施》的高技能人才配套政策,提高高技能人才医疗和住房保障待遇,有7名拔尖高技能人才享受二级保健待遇,有7名优秀高技能人才享受福州市总部高管人员医保待遇,新培养高技能人才1.5万人。开展第三届首席高级技师和优秀高技能人才评选表彰活动,陈大樑、王志华等40人入选。福州第一技师学院、福州第二技师学院入选国家级高技能人才培训基地,福州聚春园饭店有限公司的杨伟华工作室、飞毛腿(福建)电子有限公司的俞峰工作室入选国家级技能大师工作室。在福建省首邑木雕有限公司等16家企业开展企业"首席高级技师"制度试点工作。

【公务员管理】 2017年,福州市通过考录、职位管理、一线考察等措施,加强公务员管理。

公务员考录 2017年,福建省公务员招考公共科目笔试福州考区设51个考点,39553人参考,人数约占全省考生的三分之一。全市新考录公务员(含参公管理人员)785人,市直政府机关录用有两年以上基层工作经验人员的比例继续保持100%。开展公务员登记工作,办理公务员、参公人员登记手续979人,其中新考录公务员486人,新考录参公人员180人,军转安置人员108人,交流调配31人,县区公选9人,其他1人,乡镇科技副职28人,"六类人员"136人。

职位管理 福州市推进科级职数管理及竞争性选拔任用,审查市直单位正科级职务315人、副科级职务416人,审核福州市国土资源局、福州新区管理委员会等2家单位3个职位的竞争上岗方案。实行各县(市区)建立公务员职务与职级并行制度,有296名公务员(含参公管理人员)完成晋级并兑现工资。推进市公安局城区分局职务与职级并行工作,市公安局鼓楼、台江、仓山、晋安、上街(高新区)5个城区分局139人符合职级晋升条件,其中5人晋升正处级,16人晋升副处级,11人晋升正科级,107人晋升副科级。

一线考察 印发《关于落实日常一线干部考察工作有关事项的通知》,明确考核等次标准、机关工作人员评为优秀和称职等次的条件、基本称职等次的六种情形和不称职等次的九种情形。考核优秀比例向一线工作岗位倾斜,根据单位绩效管理、攻坚行动、招商行动、水系治理等业绩排名情况,确定年度考核优秀比例。市直2家单位按30%核定年度优秀比例、29家单位按25%核定年度优秀比例、9家单位按20%核定年度优秀比例、11家单位按15%核定年度优秀比例。全年有9977人参加考核,其中优秀1798人,称职7807人,基本称职16人,不称职4人,不定等次352人(试用期274人,立案待查9人,处分期28人,长期病假41人)。

公务员培训 制定《福州市公务员职业道德建设工程实施方案》,实施公务员职业道德工程,明确职业道德建设主要任务、责任分工和工作时限。分3期对2016年新录用公务员以及往年应训未训人员555人开展培训,分2期对市直及各县区从事办公室及人事工作的100名公务员进行培训,分2期对150名副科级干部进行培训。组织全市公务员应急管理网络培训,30505人参加学习,实际受训人数28322人,通过考试人数27665人,参训率92.84%,培训合格率90.69%。

表彰惩戒 印发《关于规范推荐全国和省级系统表彰奖励工作程序的通知》,规范全国和省级系统表彰奖励候选对象的推荐工作,全年推荐34家单位和202名个人参加省级以上系统表彰。开展"攻坚2017""招商2017"表彰工作,给予做出重大贡献的12人记二等功、做出较大贡献的118人记三等功、表现突出的244人嘉奖。对2007年6月1日起受过党纪政纪处分人员备案统计,政府系统受政纪处分备案582人次、受党纪处分备案651人次。

【事业单位人事管理】 2017年,福州市通过招聘、职称改革、职位管理等措施,加强事业单位人事管理。

事业单位招聘 印发《福州市党政机关、事业单位公开招录(聘)工作人员资格审核办法(试行)》《关于进一步规范事业单位公开招聘有关工作的通知》,规范全市党政机关、事业单位公开招录(聘)工作人员工作。开展全市事业单位统一公开招聘工作,公开招考880人,25799人报名参加笔试,2327人参加面试;面试工作首次聘请85名省属考官、20名异地考官,首次聘请20名市人大代表、政协委员担任监督员。推进自主公开招聘工作,市属高校自主招聘468人,中小学教育专项招聘984人,卫生专项招聘1456人,高层次招聘15人,其他自主普通招聘297人。

职称制度改革 取消职称评审附加条件,对全市职称外语和计算机应用能力考试不作统一要求,由主管部门和用人单位根据职业属性、岗位需求自主确定。支持博士后、流动科技人员申报职称,符合条件的高层次人才直接推荐评审正高职称资格，5人直接考核确认享受教授、研究员待遇高级工程师任职资格。2017年度向省里委托评审高级473人、中级43人。组织23场中高级职称评审委员会，参评高级920人，评审通过710人；参评中级2052人，评审通过1652人。

岗位设置管理　将基层事业单位专业技术人员高、中级比例提高到20%、40%，对在征地拆迁、项目建设、维稳处突、抢险救灾、精准扶贫等急难险重任务中实绩突出的一线干部，在岗位聘任上予以倾斜。出台《关于进一步深化基层医药卫生体制综合改革的实施意见（试行）》，将二级医疗、卫生、计生机构高级专技岗位比例提高至20%，基层医疗卫生机构高级专技岗位比例提高至15%，中级提高至40%，并实行县域统筹管理。开展中小学教师系列交叉评审工作，272人参评，225人通过。批复85家市属事业单位调整、变更岗位，完成市属事业单位聘任662人次、续聘313人次、调动核岗51人、审核干部保健待遇13人。

【工资收入分配制度改革】　2017年，福州市通过调整企业工作收入分配和事业单位绩效工资总量核定等措施，推进工资收入分配制度改革。

企业工资收入分配调整　2017年，福州市调整最低工资标准，将福州市最低工资标准分别调整为1650元/月、17.5元/小时，增幅22%，居全省第一。发布2017年企业工资增长指导线，上线为12%、基准线为8%、下线为3%。建立企业薪酬调查和信息发布制度，发布劳动力市场工资指导价位（涉及16个行业、509个职位和154个技术等级工种）和2016年企业人工成本信息（涉及16个行业）。推进国企负责人薪酬制度改革，完成4家市直单位、指导县（市）区出台国企负责人薪酬制度改革意见。采取企业自查、委托中介审计和行政抽查相结合的办法，对70家市属国有企业开展工资内外收入监督检查。

事业单位绩效工资总量核定　年内，首次核定10所市属公立医院绩效工资总量，其中福州市第二医院绩效工资水平最高，年人均9.95万元；福州市第六医院绩效工资水平最低，年人均3.84万元。拟订《福州市公立医院工资总额管理暂行办法》，规定各市属公立医院的绩效工资总量根据其年度医疗收入情况，实行一院一定、一年一定，确保医护人员的平均收入水平明显高于当地职工平均收入水平。启动市属高校绩效工资改革，核定闽江学院、福州职业技术学院、闽江师范高等专科学校市属三所高校2017年绩效工资总量，人均绩效工资水平分别提高2万元、1.35万元、4.04万元。

【军转干部安置】　2017年，福州市实行军转干部"阳光安置"，完成2017年省下达年度军转干部接收安置任务，其中计划安置268人，自主择业330人。重新审核并发放福州市1168名自主择业军转干部退役金。执行企业军转干部各项解困政策，调整福州市企业退休军转干部生活困难补助标准，全年增发资金近68万元。采取与市委组织部、市委党校联合办学、协同管理的方式开展军转干部培训，培训174人。开展春节、"八一"建军节企业军转干部慰问活动，慰问500人次，发放慰问金17万元。

【退休干部管理服务】　2017年，福州市建设市老年大学五一中路分校，开设摄影、太极拳、声乐、交谊舞、国画、花鸟、瑜伽等9个班，招收学员250人。联系推荐30名70岁以下市处级退休干部参加6个老干部民生及重点项目志愿督导组。举办写春联送祝福、关爱退休干部眼科义诊、老年节登山等活动，参加退休干部超10万人次。

（黄启韩）

发展研究

【概况】　2017年，福州市人民政府发展研究中心组织完成各类调研成果130多项，撰写重要文稿30多篇，其中《抢抓北京非首都功能疏解机遇的若干建议》《提高我市办节办赛水平的建议》《完善福州新区制造业支撑的研究》《对福州开发区转型升级的若干思考》《旅游业助力"海上福州"建设的思路与对策》《我市建筑渣土消纳市场化机制研究》等获市委、市政府主要领导批示。年内编发《研究报告》（专报件）26期，《研究报告》（参阅件）104期，编辑出版《福州经济》杂志6期。编印《2016年福州发展研究报告》文集、《"一带一路"沿线东南亚11国国情研究》。

【重点课题调研】　2017年，福州市政府发展研究中心完成《抢抓北京非首都功能疏解机遇的若干意见》《完善大学城管理体制机制调研报告》《生态文明的福州实践》《关于完善市级重点工业园区体制机制的意见》《提高我市办节办赛水平的建议》《仓山区民生事业补短板工作调研报告》等调研任务10多项。

【政策咨询服务】　2017年，福州市政府发展研究中心参与长乐撤市建区的可行性研究。报送《抢抓发展装配式建筑发展战略，加速我市建筑业变革的若干建议》引起有关方面的重视。进行一线调研，形成《2016年福厦泉发展之比较》《我市轨道交通与城市互动发展研究》《新形势下做好我市利用外资工作的研究》《我市养老服务业发展现状及对策研究》等研究报告。利用国研网、中国智库网等平台，围绕自贸区建设、产业发展、"放管服"改革、补民生短板等热点问题向市委、市政府上报《上海自贸试验区运行三周年改革成效与经验》《台湾地区健康养老产业发展的经验》等15期专报件供决策参考。

【全市政府系统重点课题调研】　2017年，福州市政府发展研究中心召开政府系统重点课题调研推进会2次。指导、协调各县（市）区，市直部门完成市政府下达的调研任务119项。市委、市政府主要领导在《研究报告》上就有关问题作出多项批示。

（林舒浩）

地方志工作

【概况】　2017年，福州市地方志编纂委员会（简称福州市方志委）推进《福州市志（1995—2005）》审查验收及出版，完成《福州年鉴(2017)》编纂出版,开展《福州茶志》《福州审计志》编纂工作,推动县(市)区综合志书和综合年鉴编纂。年内举办5期“方志讲坛”活动,启动村镇村志编修和《福州月报》整理汇编。

【《福州市志(1995—2005)》工作】 2017年4月,福州市方志委按照省方志委《福州市志(1995—2005)》审查验收会议精神,对全书文字、图片进行修改完善并撰写修改说明。7月底,《福州市志(1995—2005)》志稿获省方志委批复通过。8月,与中国文史出版社签订出版合同。11月,《福州市志》编委会名单、市领导序言获市政府批复。

【县级志书出版】 2017年2月,《福清市志(1989—2005)》正式出版发行。全书设39卷,共计199万字,全面反映1989—2005年间福清市的经济社会发展情况。由中国文史出版社出版发行。7月,《仓山区志(1990—2005)》正式出版发行。全书设21卷,共计140万字,全面反映1990—2005年间仓山区的经济社会发展情况。由方志出版社出版发行。

【乡镇村志编修】 2017年,福州市方志委启动乡镇村志编修工作,制定《福州市村镇志文化工程实施方案》,仓山区螺洲镇,永泰县大洋镇、嵩口镇、紫山村,连江县定海村等镇村组织人员开展乡镇村志编纂工作。年内,协助审改《大洋镇志》初稿,指导《螺洲镇志》编修。3月,在永泰召开《大洋镇志》评稿会暨村镇志编修培训班,有50余人参加。7月,永泰县启动村镇志编修。10月,在永泰县举办乡镇村志主编培训班,邀请福建师大教授林国平以及浙江省的乡镇村志专家颜越虎、俞尚曦分别为与会人员做“田野调查方法与口述史”“乡镇志的编纂”“乡镇志编纂中的几个问题”等相关专题的授课,约130人参加培训。

【旧志整理与出版】 2017年3月,福清市方志委聘请多名专家点校的《黄檗山寺志》(清·释隐元),由中华书局出版。年内,重新刊印1960版《福清县志》和民国版《福清县志》;重刊《海口志》,将《海口特志(清)》、《续海口志(民国)》、《瑞岩山志(明)》等三志合刊出版;重刊清代《方成里乡志》,该志书是现知福清留存最早的村志(清光绪十年编纂完成)。

【年鉴编纂】 2017年,《福州年鉴(2017)》在历年各卷的基础上,结合全市政府机构改革,对栏目进行优化设置。针对2016年的年度大事要闻,新增相关资料。年内,福州市各县(市)区综合年鉴2017卷全面开编,至年底,福州市出版年鉴10种,为《福州年鉴(2017)》《永泰年鉴(2017)》《长乐年鉴(2017)》《台江年鉴(2017)》《鼓楼年鉴(2017)》《仓山年鉴(2017)》《闽侯年鉴(2017)》《晋安年鉴(2017)》《闽清年鉴(2017)》《福清年鉴(2017)》。12月,市方志委副主任叶红在中国版协年鉴工委会第四次会员代表大会暨第十五届学术年会上被推选为全国城市年鉴工作部副主任。年内,在中国地方志指导小组、中国地方志学会“全国地方志优秀成果(年鉴类)评审”中,福州市选送的《福州年鉴(2016)》和《台江年鉴(2016)》获二等奖;在中国出版协会组织的2015—2016年度年鉴编校质量检查评比中,《福州年鉴(2015)》《鼓楼年鉴(2015)》获一等奖,《台江年鉴(2015)》《闽侯年鉴(2015)》获二等奖,《长乐年鉴(2014)》《罗源年鉴(2015)》获三等奖;《福州年鉴》2012卷、2013卷、2014卷获2017年福州市社科优秀成果二等奖。

2017年10月17日,福州市方志委在永泰县举办乡镇村志主编培训班
(市方志委 供)

【地情书籍编写与出版】 2017年,福州市方志委启动《福州古代著述录》编纂,已形成修改稿。完成《闽中金石志》(影印版)出版审稿,年底正式出版发行。年内征集福州市区坊巷里弄资料500多条,组织人员对部分消失的街巷进行现场走访拍摄,委托市老年大学摄影班学员对现存的500多条巷进行拍摄,收集、拍摄3000多张照片,启动福州坊巷里弄地情书编写。年内,福清市编纂出版《福清市情手册2017》《福清大事记2016》,闽侯县编写《2017年闽侯县大事记》。

【方志讲坛】 2017年,福州市方志委开展“方志讲坛”系列活动,内容为福州地情人文、方志理论研究、社会实践调查、志书编纂实例。6月16日,第一期讲座邀请福州市地方志学会会长、福建师范大学社会历史学院教授、博士生导师戴显群以《福州历代建治与福州城的历史变迁》为题讲述福州城的历史发展脉络及城垣变迁;7月25日,第二期讲座邀请文史专家、省文史馆原馆长卢美松以《福州境域人口变迁》为主题讲述福州市人口发展的脉络;8月25日,第三期讲座邀请文史专家、昙石山博物馆原馆长欧潭生教授作《介绍昙石山,点评〈三山志〉》专题讲座;10月12日,第四期讲座邀请浙江省方志专家颜越虎讲授乡镇村志编纂；11月24日，第五期讲座邀请福建师范大学地理科学学院教授俞鸣同讲授福州地理。

【信息咨询与服务】 2017年，福州市方志委参与福州市委组织部的党性教育基地建设，向“四知”广场、黄乃裳纪念馆、林觉民故居、上下杭街区等党性教育基地赠送《船政志》《三坊七巷志》等志书，为各基地资料建设提供相应协助。整理出版《福清方志汇编》，将现存的各级、各代、各地史料中涉及福清的内容进行整理汇总，全书114万字，由中国文史出版社出版。

【网站建设】 2017年，福州地情网更新完善福州地情网全文数据库，新增志书20余部，整理上传信息617篇。1月，长乐区方志委开始长乐方志网资料收集工作。2月，完成网站资料收集工作，并得到省方志委关于网站建设的指导。7月，完成网站栏目建设。年内，福清地情网站完成改版工作，将现有市志、年鉴和部分地情书籍信息化后上传网站。

【方志馆建设】 2017年，长乐区方志馆进行搬迁，内设陈列厅、书库，并预留影像资料馆，馆藏图书资料8000多册，实行全日对外开放，节假日照常开馆。

【新媒体建设】 2017年，福州市开通“方志福州”微信公众号，初期主要内容包括方志动态、福州古桥、榕城文化、古地名由来4个部分，中期加入县区方志要闻、方志知识百科、福州古街古巷、闽都人杰等栏目，结合地方舆情，紧扣福州时政推出相应内容。至年底，编辑发布信息约120条。

【期刊出版】 2017年，《福州史志》继续作为季刊发行。设有《特载》《海上丝绸之路》《志鉴论坛》《史海钩沉》《专题研究》《三山人物》《地情民俗》《榕城随笔》《方志动态》等栏目，分送市领导、市直机关和各省市方志机构等，已被市档案馆收藏。年内编辑出版4期，刊登文章约80篇，32万字。

2017年12月21日，福州软件与电子信息产业（北京）招商推介会在京召开

（福州市政府驻京办 供）

【《福州月报》整理汇编】 2017年1月，福州市方志委启动《福州月报》整理汇编，每月10日印发，向市领导及市直部门发送。月报主要记载上个月全市发生的政治、经济、文化、社会、生态等方面的大事、要事、新事，主要有党政要闻、工业商贸、城建环保、社会民生、文体旅游、攻坚2017和统计信息等常设栏目。

【理论研究成果】 2017年，福州市地方志编纂委员会开展理论研究，参加全国、全省相关学术会议。派员参加“继承中华传统，弘扬方志文化”论坛并作会议论文发言，论文《略论如何继承旧方志的地理记述》刊载于《中国地方志》2017年第12期。撰写调研文章《加快推进福州市村镇志编修工作的思考》在福州市委《福州调研》刊登。派员参加2017年全国地方志学会年会、首届全国年鉴论坛暨《中国方志发展报告（2017）》《中国年鉴发展报告（2017）》出版座谈会、中国出版协会年鉴工作委员会第四次会员代表大会暨第十五届学术年会，并作会议论文发言。

（张　灵）

福州市人民政府驻北京联络处

【概况】 2017年，福州市人民政府驻北京联络处（简称福州市政府驻京联络处）完成招商项目任务6个，引资22.08亿元，编辑报送《京榕快讯》82期。北京福州宾馆全年总营业额约756万元。

【招商引资】 2017年，福州市政府驻京联络处完成招商项目6个，引资22.08亿元。分别是罗格斯（福建）石墨烯科技有限公司项目，诺维斯（福建）石墨烯科技有限公司项目，福清海洋微藻高值化产品项目，闽侯冷热电三联供节能服务系统项目，福清小飞科技产业园项目、福清中能电气充电桩、断路器、箱式变电站制造项目。年内，联合市投促局举办福州电子信息产业（北京）推介会，协助鼓楼、连江等县区在北京成立商会、举办专场招商推介会。

【服务保障】 2017年，福州市政府驻京联络处制定《福州市人民政府驻北京联络处国内公务接待管理暂行规定》，建立公务接待审批制度，细化公务接待标准和流程，实行公务接待“工作餐”制度。

【宾馆合作经营】 2017年，福州市政府驻京联络处下属的北京福州宾馆与福州市城投集团下属的聚春园会展酒店进行合作。12月，聚春园会展酒店新组建的管理团队赴京开展与北京福州宾馆的交接工作，接手宾馆的日常经营管理活动。年内，北京福州宾馆完成各项服务保障工作，完成总营业额约756万元。

（陈国栋）

福州市人民政府驻上海办事处

【概况】 2017年,福州市人民政府驻上海办事处(简称福州市政府驻沪办)促成5个项目落地福州,继续推进4个项目落地。年内,接待福州市、县(区)等赴沪考察团20多批次,搜集、整理江、浙、沪改革开放和经济建设方面的重大政策举措和先进经验,报送给福州市委、市政府作决策参考。

【招商引资】 2017年,福州市政府驻沪办促成5个项目落地福州。包括宜家项目,宜家(中国)投资有限公司于5月18日与福州市签订投资协议,于12月20日到福州竞拍土地4.22公顷,成立福州宜家家居有限公司;环球车享汽车分时租赁项目,环球车享汽车租赁有限公司于12月13日成立环球车享(福州)汽车租赁有限公司,选址鼓楼区西洪路528号;中铁合鑫工程器械租赁项目,6月6日,中铁合鑫工程器械租赁有限公司落地台江区;海邦融资租赁福建项目,年内,推动市商务局、自贸区福州经济技术开发区办事处联合对接上海迈好车汽车科技有限公司,重点推介福州经济技术开发区发展前景、政务服务以及马尾基金小镇建设情况,海邦融资租赁(福建)有限公司于9月25日成立;上海斐讯数据通信技术有限公司,该公司计划到福州投资建设云计算大数据产业园,年内在福州市融侨中心设立办事处和市场部。

年内,继续跟踪推进13个项目,包括eBay福建分公司项目、罗森连锁便利店项目、仲益控股集团体汇+项目、圆通速递福建区域总部项目、百联股份福州奥特莱斯项目、戴德梁行福州分公司项目、RDM Asia集团的佛罗伦萨小镇—福州名品奥特莱斯项目、世界500强企业史泰博福建区域总部项目、盈创建筑科技(上海)有限公司的3D打印项目、漫道集团福州项目、上海临港荷福国际机器人产业有限公司的鲲渡航空特色小镇项目、香港中天商置有限公司拟投资改造福州茶亭街商业项目、上实集团的倪德伦百老汇项目。

(吴金捷)

福州市人民政府驻深圳(广州)办事处

【概况】 2017年,福州市人民政府驻深圳(广州)办事处(简称福州市政府驻广深办)保障福州市领导和县(市)区在粤参加"广交会"、"高交会"、福州市政协港澳委员座谈会等大型活动和招商会15场,接待人员61批592人次。年内推动5个项目落地,投资总额10亿元。全年编辑《广深信息快报》纸质版37期、电子版106期,共460条信息。

【招商工作】 2017年,福州市政府驻广深办开展小分队招商,建立"一把手、全员"招商制度,拟订个性化招商方案。针对已有初步意向到福州投资的知名企业,与福州市直和县区有关部门沟通协调,安排到福州考察方案。及时向福州市领导上报有明确意向的大项目和好项目,年内已有明确投资意向的项目有18个,投资总额约120亿元。完成落地项目服务工作,与投资方保持密切联系,与福州市直有关部门和项目所在地政府沟通协调项目落地建设过程中遇到问题,推进"以商招商、以企引企"。全年落地5个项目,投资总额10亿元。

【联络工作】 2017年,福州市政府驻广深办与广州、深圳政府部门、各省市政府驻粤办事处、各国驻广州总领事馆及在粤福州籍乡亲建立沟通协调机制。定期拜访广东各地政府有关部门、中央驻粤单位。宣传福州软环境的提升、"马上就办、真抓实干"的工作作风、优良的生态环境和"五区叠加"的政策。向各国驻广州总领事馆总领事介绍福州的基本情况及近几年经济发展情况,送去第十九届海峡两岸经贸交易会、第十五届中国·海峡项目成果交易会邀请函,邀请各国领事到福州参观考察。

【信息工作】 2017年,福州市政府驻广深办搜集广东地区在政策创新方面的好做法、好经验,为福州市领导及市直有关部门提供参考借鉴。全年编辑《广深信息快报》纸质版37期、电子版106期,共460条信息,被福州市政府办公厅采用19条,被广州市协作办采用52条,办事处被广州市协作办评为"广州市协作系统信息先进单位"。通过网络报送信息到福州市政府办公厅信息处和广州市协作办综合调研处,纸质版《广深信息快报》发给福州市领导、市直有关部门领导、各县(市)区领导、在粤福州籍乡亲。

【商会工作】 2017年,福州市政府驻广深办推进与5家深圳市福州商会、广州市福州商会、东莞市福州商会、肇庆市福州商会、全球闽籍珠宝工商总会的各项联络工作。指导商会党建工作,4月牵头成立全球闽籍珠宝工商总会党支部。推动商会"回归工程"项目,走访商会会员,宣传福州"五区叠加"的优势和强劲的发展势头,组织在粤商会企业家参加第十九届海峡两岸经贸交易会、第十五届中国·海峡项目成果交易会、第二十届中国国际投资贸易洽谈会等活动。引导商会参与公益事业,推动在粤福州籍商会成立"慈善基金会",推动商会企业家参与福州的公益事业,全年在粤福州籍商会向福州捐款捐物600多万元。

(朱凌姗)

(编辑 郭秋廷 李 磊 苏 颖)

中国人民政治协商会议福州市委员会

综　述

【概况】　2017 年，中国人民政治协商会议福州市委员会召开 1 次全体委员会议，5 次常务委员会议。组织开展专题议政性常委会议 2 场，专题协商 7 场，对口协商 25 场，重点提案办理协商 10 场。全年完成"进一步优化对企业和市民的服务""创新科技成果转化机制、助力自主创新示范区建设""构建亲清新型政商关系""福州市政协新型智库建设研究"等 39 个课题调研，组织专项调研活动、委员视察、界别活动 160 多场，委员参加 1800 多人次。全年立案交办提案 523 件，办复率 100%。完成《叙事——福州历史文化名城保护的集体记忆》《福州与琉球》《冶山史话》等史料的征编出版。

【政协委员服务管理】　2017 年，福州市政协以专委会为基础，通过调研、视察等履职平台联谊委员，通过专门走访激励委员。加强政协专委会与市直部门的对口联系、对口协商，并定期通报情况。建设市政协门户网站和微信公众号，举办《政协之声》《委员风采》《委员建言》等特色栏目，刊登政协委员履职故事。督促专委会利用"政协委员之家"活动平台加强委员履职服务引导，开展常规性委员活动。全年组织专项调研活动、委员视察、界别活动 160 多场，委员参加 1800 多人次，参与反映社情民意信息 600 多条。

【提案工作】　2017 年，福州市政协接收提案 637 件，立案 523 件。其中，委员提案 333 件，政协参加单位和专门委员会提交集体提案 190 件；不予立案的 114 件作为委员来信或社情民意转送有关部门研究参考。年内立案提案均在规定时限内办理并答复提案者，办复率 100%。委员对提案办理结果表示满意的占 75.2%，表示基本满意的占 24.8%。

重要会议

【政协第十三届福州市委员会第一次会议】　2017 年 1 月 9—13 日在福州举行。会议审议并同意周宏代表十二届市政协常委会所作的常务委员会工作报告和雷成财所作的提案工作情况的报告。会议期间，委员列席市十五届人大一次会议，听取并审议市长尤猛军所作的政府工作报告和市中级人民法院、市人民检察院工作报告。会议选举产生十三届市政协常委会组成人员，何静彦当选十三届市政协主席，雷成财、林治良、林绍彬、郑勇、林恒增、郑云春、王绍知、林锋、罗蜀榕当选市政协副主席，张大斌当选市政协秘书长，会议选举常务委员 83 名。

【市政协十三届常委会】　第 1 次会议　3 月 28 日召开，会期半天。会议专门组织常委视察福州市休闲步道（一期）建设情况；听取十二届全国政协委员、市政协副主席林绍彬传达十二届全国人大五次会议、全国政协十二届五次会议的主要精神；听取市政协副主席郑勇传达省委、市委常委会（扩大）会议的主要精神；听取、审议并通过《福州市政协常委会 2017 年工作要点》《福州市政协 2017 年协商计划》《中国人民政治协商会议福州市委员会常务委员会工作规则》《中国人民政治协商会议福州市委员会专门委员会通则》《中国人民政治协商会议福州市委员会委员履职工作规则（试行）》《中国人民政治协商会议福州市委员会常务委员会关于授权主席会议对违纪违法政协委员及时作出处理的决定》《中国人民政治协商会议第十三届福州市委员会副秘书长名单》《中国人民政治协商会议第十三届福州市委员会专门委员会主任、副主任名单》。

第 2 次会议　7 月 10—11 日召开，会期 1 天。会议听取、审议并通过"进一步优化对企业和市民的服务"常委会议建议案以及《中国人民政治协商会议福州市委员会全体会议工作规则》《中国人民政治协商会议第十三届福州市委员会部分专门委员会主任、副主任免职名单》《中国人民政治协商会议第十三届福州市委员会不再担任常务委员、委员职务名单》；会议围绕"进一步优化对企业和市民的服务"议题开展专题协商，市委副书记、市长尤猛军及副市长、市政府组成部门和各县（市）区政府主要领导应邀出席会议，尤猛军、何静彦在会上讲话;会议听取市委编办(审改办)通报福州市行政审批制度“放管服”改革有关情况、“进一步优化对企业和市民的服务”常委会议建议案的说明。会上,陈添旭、兰仰金、陈立新、陈艳、谢煜彬等常委或委员从不同角度围绕“进一步优化对企业和市民的服务”议题发言;市行政(市民)服务中心管委会、市数字办、市建委等部门负责人对常委、委员的意见建议作回应发言。

第3次会议　10月17日召开。会议听取、审议并通过《“创新科技成果转化机制　助力自主创新示范区建设”常委会议建议案》《中国人民政治协商会议第十三届福州市委员会部分专门委员会主任任职名单》;会议围绕“创新科技成果转化机制　助力自主创新示范区建设”议题开展常委会议专题协商,就2017年重点提案《关于科技创新驱动海上福州建设的几点建议》《关于汇聚各方力量共建海上福州的相关建议》进行办理协商。市委副书记、市长尤猛军及副市长、市政府有关组成部门和各县(市)区政府主要领导出席会议,尤猛军、何静彦在会上讲话;会议听取市科技局通报福州市科技成果转化情况、《“创新科技成果转化机制　助力自主创新示范区建设”常委会议建议案》的说明、2017年重点提案《关于科技创新驱动海上福州建设的几点建议》《关于汇聚各方力量共建海上福州的相关建议》的说明;会上,林文亮、尤典真、袁耀锋、隋榕华、杨小强、陈学元、严松等常委或委员围绕“创新科技成果转化机制　助力自主创新示范区建设”发言,福州高新区管委会、福州地区大学新校区管委会、市发改委、市经信委、市海渔局等部门负责人对常委、委员的意见建议作回应发言。

第4次会议　12月1日召开,会期半天。会议专门邀请福建省委党校党史教研部主任曹敏华教授作学习中共十九大精神的专题讲座;会议听取市政协秘书长张大斌传达中共福建省委十届四次全会和中共福州市委十一届六次全会的主要精神、市政协副主席林治良传达十二届全国政协常委会第二十三次会议和十一届省政协常委会第二十九次会议的主要精神;会议听取、审议并通过《政协福州市委员会关于学习贯彻中共十九大精神和中共福州市委十一届六次全会精神的决议》《福州市政协关于进一步发挥界别作用的意见》《中国人民政治协商会议第十三届福州市委员会部分专门委员会副主任任职名单》。

第5次会议　12月27日召开。会议听取关于政府工作报告(征求意见稿)起草情况的说明,关于市政协常委会议建议案、主席会议建议案和十三届一次会议以来提案办理的情况,市人民法院、市人民检察院工作报告(征求意见稿)起草情况的说明和2017年工作情况通报,市科技局关于办理市政协提案情况的汇报;会议听取、审议并通过《中国人民政治协商会议第十三届福州市委员会部分专门委员会副主任免职名单》《中国人民政治协商会议第十三届福州市委员会委员变更名单》;会议听取、审议并通过《中国人民政治协商会议第十三届福州市委员会常务委员会工作报告》(草案),并提交市政协十三届二次会议审议,并请主席何静彦在开幕会上作报告;会议听取、审议并通过《中国人民政治协商会议第十三届福州市委员会常务委员会关于十三届一次会议以来提案工作情况的报告》(草案),提交市政协十三届二次会议审议,并请雷成财副主席在开幕会上作报告;会议听取、审议并通过《关于召开中国人民政治协商会议第十三届福州市委员会第二次会议的决定》;会议听取、审议并通过《中国人民政治协商会议第十三届福州市委员会第二次会议议程》(草案),提交市政协十三届二次会议审议;会议听取、审议并通过《中国人民政治协商会议第十三届福州市委员会第二次会议日程》《中国人民政治协商会议第十三届福州市委员会第二次会议分组原则》《中国人民政治协商会议第十三届福州市委员会第二次会议各组召集人名单》《中国人民政治协商会议第十三届福州市委员会第二次会议秘书长、副秘书长名单》;会议书面审议并通过《市政协各专门委员会2017年工作总结和2018年工作思路》,并提交市政协十三届二次会议审议;会议听取、审议并通过《关于授权主席会议审议福州市政协十三届常委会第五次会议未尽事宜的决定》。

政治协商

【全体会议协商】　2017年,在福州市政协十三届一次会议期间,全体委员及列席人员围绕全市工作和政府工作报告展开讨论,就经济产业、城乡管理、交通、文体旅游、教育、医疗卫生、生态环境、科技创新、人才队伍建设、民族宗教、港澳台事务、侨务、外事、县域发展、政府自身建设等方面工作提出313条建议。市政协将所提的意见建议收集汇总后报送市委、市政府主要领导阅批,市政府办公厅予以分解督办,市相关部门和县区政协按期进行办理反馈。

【常委会议协商】　2017年,福州市政协开展两场常委会议协商。一是由市政协主席何静彦和副主席郑勇、王绍知牵头,市政协调研室、社法委具体负责,与市政府及市行政(市民)服务中心管委会、市委编办、市效能办、市法制办、市数字办、台江区政府、晋安区政府、长乐区政府、永泰区政府等开展“进一步优化对企业和市民的服务”常委会议协商。二是由市政协主席何静彦和副主席林治良、郑勇牵头,市政协调研室、教科文卫体委具体负责,与市政府及市科技局、福州高新区管委会、市发改委、市经信委、市教育局、市财政局开展“创新科技成果转化机制、助力自主创新示范区建设”常委会议协商。

【专题协商】　2017年,福州市政协开展7场专题协商。一是市政协调研室、经建委、工商联具体负责,与市政府常务副市长林飞及市经信委、市投资促进局、市财政局、市发改委等,首次以主席会议协商的形式,开展“激发民间投资活力、助推福州产业发展”专题协商;二是市政协教科文卫体委具体负责,与市政府副市长李春及市教育局、市人社局、市财政局、市发改委、市经信委、市国资委,开展“落实深化政校企合作办学政策,加快职业院校技能型人才培养”专题协商;三是市政协社法委具体负责,与市政府副市长杭东及市商务局、市市场监督局、市规划局、市地税局、市国税局、市公安局,开展“振兴福州实体商贸经济”专题协商；四是市政协民宗委具体负责，与市政府副市长严可仕及市民宗局、市教育局、市综治办、市公安局、市人社局、市经信委、城管委、市市场监督局、市司法局、市文广新局、市卫计委，开展“推动完善落实城市少数民族服务管理机制”专题协商；五是市政协经建委具体负责，与市政府常务副市长林飞及市数字办、市“智慧福州”管理中心、市发改委、市经信委、市人社局、市市场监管局、市统计局，开展“加强我市政务大数据应用功能建设”专题协商；六是市政协港澳台侨和外事委具体负责，与市政府副市长杭东及市发改委、市商务局、市外办，开展“深化榕港澳联动，实现优势互补发展”专题协商。七是市政协人资环委具体负责，与市政府副市长杨新坚及市环保局、市建委、市水利局，开展“加快内河水体治理，提升福州市宜居环境水平”专题协商。

【对口协商】 2017 年，福州市政协开展 25 场对口协商。分别是市政协经建委具体负责，与市园林局、市建委开展“关于在小街巷试点棚架绿化的建议”对口协商；与市发改委、市投促局、市商务局开展“建立招商引资项目风险防控机制”对口协商；与市旅游局、市文广新局、市交通委开展“大力开发海上福州旅游资源”对口协商；与市农业局、市市场监管局开展“促进农村中药材种植产业发展”对口协商。

市政协教科文卫体委具体负责，与市卫计委、市人社局、市财政局开展“进一步提升基层医疗机构服务能力”对口协商；与市教育局、市人社局、市发改委、市国土资源局、市经信委、市科技局、市财政局、市地税局开展“推动资源整合与优化配置，提升高职院校办学水平”对口协商；与市科技局、市卫计委、市数字办、市“智慧福州”管理服务中心开展“推进我市健康大数据开放共享平台建设”对口协商。

政协港澳台侨和外事委具体负责，与三坊七巷管委会、文物局、市台办、市旅游局开展“三坊七巷涉台文物保护”对口协商；与市旅游局、市委文明办、市建委、市交警支队、市名城委开展“加强福州城市形象宣传和全域旅游广告投放”对口协商；与市规划局、市商务局、市财政局、软件园管委会开展“加强福州软件园基础和服务设施配套”对口协商；与市环保局、市林业局、市文明办、长乐市政府、马尾区政府、闽侯县政府开展“关于保护好闽江河口湿地的建议”对口协商。

市政协社法委具体负责，与市司法局、市人民法院、市人民检察院开展“完善未成年犯罪嫌疑人诉讼权利保障机制”对口协商；与市信访局、市司法局、市律师协会开展“建议律师参与信访工作”对口协商；与市公安局交警支队、市交通委开展“建议交通主管部门依法履职提高精细化管理”对口协商。

市政协民宗委具体负责，与市民宗局、文广新局、体育局开展“推动福州禅文化与体育融合发展的建议”对口协商；与罗源县政府、罗源县教育局、罗源县民宗局开展“推进罗源县在县教师进修校第二附属小学开办民族班”对口协商；与市农业局、检验检疫局、城管委、民宗局开展“关于设立清真屠宰间的建议”对口协商；与发改委、财政局、人社局、农办（农业局）、科技局开展“关于精准施策，推进我市创新创业的建议”对口协商。

市政协人资环委具体负责，与市规划局、市环保局、长乐市政府、滨海工业集中区管委会开展“科学规划环境基础设施，提升滨海新城生态建设水平”对口协商；与市金融办、相关金融机构开展“探索绿色金融，建设美丽福州”对口协商；与市建委、市城管委开展“建筑垃圾资源化利用的建议”对口协商；与市园林局、市国土资源局、市规划局开展“加快推进福州综合植物园建设”对口协商。

市政协文史学宣委具体负责，与市旅发委开展“发展福州市乡村民宿业的建议”对口协商；与市文广新局、市名城委开展“保护冶山文化文物的措施”对口协商。

【立法前协商】 2017 年，福州市政协社法委组织部分市政协委员，分别就《福州市烟花爆竹燃放管理办法》《福州市闽菜技艺文化保护条例》等地方法规，以及市人大常委会 2018 年立法计划项目开展立法前协商，委员们提出的部分修改意见被吸收采纳。年内，市政协社法委组织市政协委员及市政协办公厅、调研室、各专委会负责人参与市“两院”报告征求意见会。

民主监督

【民主监督工作机制健全】 2017 年，福州市政协代起草并由市委办公厅印发《关于加强和改进人民政协民主监督工作的实施意见》，探索推动专项民主监督工作。将市政府对“进一步优化对企业和市民的服务”所作部署的落实情况，增列为年度重点监督议题，纳入年度协商计划。年内市政府办公厅《关于落实“进一步优化对企业和市民的服务”市政协常委会议协商建议案的实施方案》确定的 31 个项目清单中的 24 项任务按期完成，7 项任务按序时进度推进。

【民主监督多形式】 2017 年，福州市政协通过全会前视察、常委会视察、专委会视察和界别小组视察等多层次视察形式，就年度重点项目建设、滨海新城建设、创新发展政策落地、交通治堵精细化管理、优化对企业和市民的审批服务、福州新区建设等重点工作，组织 30 多场委员视察，开展书面评议和建言献策活动。通过走访委员、召开宣传推介会等方式，助力市委“攻坚 2017”“招商 2017”专项部署的落实。就《建设东街口商圈升级版，打造福州“城市会客厅”的建议》等 10 件重点提案进行协商督办，就学前教育、提升基层医疗机构服务能力、促进养老机构发展等议题开展监督式的对口协商，促进相关政策措施落到实处。组织引导政协委员就市委、市政府部署推进的产业转型升级、优化公立幼儿园招生、完善大病救助保障机制、滨海新城生态保护、内河综合治理、交通拥堵治理等反映一批监督性的社情民意信息，供市委、市政府及有关部门决策参考。

文史资料征编与信息编报

【文史资料征编】 2017 年，福州市政协开展《叙事——福州历史文化名城保护的集体记忆》史料征编出版工作;完成《福州与琉球》《冶山史话》《福州文史资料选辑(第35辑)》编撰工作;完成省政协的协作专题《香港回归20周年历程》《蒙古族百年实录》。编辑《福州文史》季刊4期;支持和协助协调福州市政协书画院开展各项书画笔会办展及采风活动;完成新一届市政协文史研究员换届工作;筹建福州市政协文史馆。

【信息编报】 2017年,福州市政协编发《福州政协信息》动态信息16期、各类协商专报49期、《福州市政协社情民意专报件》110期。全年收集政协委员报送的各类专报信息1500余条,被全国政协办公厅采用2条,被省政协办公厅采用101条,获省领导批示19人次;向市委、市政府编发信息专报110条,主要涉及福州新区、产业转型升级、城市管理、教育、医疗卫生、科技创新、人才队伍建设等方面,获市领导批示65人次。

交流联谊

【党派团体委员调研协商】 2017年,福州市政协加强与市各民主党派、工商联、人民团体的联系,在调研、协商、提案督办、反映社情民意信息等履职活动中搭建履职平台。年内征集大会发言稿28篇,其中11名市政协委员围绕加快建设滨海新城、大力发展新兴产业、推进生态文明建设、强化科技创新、引进培育高素质人才等作口头发言,3个参加单位和部分委员作书面发言。邀请党派团体委员,参加各课题的调研协商活动。

【界别委员调研协商】 2017年,福州市政协以各专委会为主要依托,以界别协商、调研视察为主要途径,通过对口联席会议、联合调研、专题研讨等形式,组织开展50多次界别活动。联合市科技局组织科技、科协界别委员调研福州市众创空间建设情况,从完善扶持政策、加速引进众创空间和创新创业企业等方面对推动福州市众创空间建设提出意见建议;联合市场监管局组织医卫、教育界别委员,调研仿制药质量和疗效一致性评价工作,围绕加强药品行业管理,促进医药产业发展等方面提出意见建议;联合市卫计委组织医卫、科技界别委员开展"我市省级卫生应急队伍建设"视察,了解应急队伍装备项目建设情况,对进一步加强福州市省级卫生应急队伍建设建言献策。组织工商联界别委员赴永泰县调研全域旅游试点县创建工作,现场考察清凉镇北斗村幸福山庄、樟城新安古街开发建设及经营情况。组织九三学社界别委员赴仓山区调研烟台山历史风貌区开发保护工作,实地考察烟台山历史文化风貌区万科项目,参观石厝教堂、福州高级中学英华小礼堂、乐群楼、仓山影院等文保建筑;联合九三学社组织经济界别委员调研科技型企业,在福州市软件园、福州高新区调研西诚电子器材有限公司和莱茵科技有限公司。

【港澳台委员活动】 *海峡论坛·第八届海峡两岸船政文化研讨会* 2017年6月16日,福州市政协与省台盟、省文史馆联合举办的海峡论坛·第八届海峡两岸船政文化研讨会举办,研讨会以"船政文化与中国近现代科技教育发展"为主题。全国政协、台盟中央、福建省委统战部、台盟福建省委、福州市政府等部门领导出席会议,来自两岸23所高校和科研单位的专家学者以及两岸一些民间研究机构的研究人员、文史爱好者、福州高校在读研究生、本科生代表等近300人参会。研讨会期间,同时举办两岸船政名家进校园、两岸中青年学人船政主题圆桌论坛等活动。

海青节·第十四届榕台青年夏令营活动 7月15—22日,第五届海峡青年节系列活动"跨越海峡·牵手相约"第十四届榕台青年夏令营举行,营期8天。7月16日在福州高级中学举行开营仪式,营员由台湾新竹高中、马祖高中、福州市台协会和福州高级中学推举的100多名学生参加,其中台湾青年59名。开展联欢会、体育友谊赛、"结对子"逛福州等活动,参观科技公司、林则徐纪念馆、海峡两岸熊猫基地、两岸青年创业孵化中心等,通过青年间体验式交流,认识和感受福州,了解大陆交通发展现状以及福建茶文化。

2017年福州市政协港澳委员和市海联会常务理事座谈会暨福州滨海新城推介会 10月14日,市政协主席何静彦,市委常委、统战部部长陈晔,市政协副主席王绍知、罗蜀榕,以及120多位市政协港澳委员、海联会常务理事、异地商会负责人出席会议。陈晔通报福州市2017年以来经济社会发展情况,罗蜀榕通报福州滨海新城有关情况,同时还通报市政协和市海联会2017年的工作情况。与会人员围绕福州市项目建设、招商引资及补齐民生短板等方面进行发言。何静彦作总结指导讲话。

其他活动 组团参加福建省澳区政协委员联谊会成立庆典。接待香港青年企业家考察团。市政协十三届二次会议前,组织市政协港澳委员及港澳台侨列席人士视察滨海新城建设项目;组织召开"市领导与出席市政协十三届二次会议的港澳委员及港澳台侨列席人士座谈会"。

【民族宗教委员活动】 2017年,福州市政协民宗委组织界别委员赴委员企业以及福州西禅寺开展两场界别活动。年内,走访林阳寺、万佛寺、涌泉寺、市基督教协会、市基督教爱国会、市道教协会、天主教福州教区参议会等宗教活动场所和部分宗教界知名人士。应邀参加中华一家亲·2017海峡两岸各民族欢度"三月三"节暨福建省第六届"三月三"畲族文化节、第十届海峡两岸少数民族丰收节开幕式,雪峰崇圣禅寺第二十届牡丹花文化节暨闽宁合作二十周年书画联展开幕式,三坊七巷天后宫妈祖诞辰1057周年祝寿堂会暨《溯梦绥安》主题活动。组织界别委员参与对少数民族村的助学帮困、精准扶贫和义诊送药等公益活动。

(庄丽婷 陈小刚)

(编辑 郭秋廷 李磊 苏颖)

中国国民党革命委员会福州市委员会

【概况】 2017年，中国国民党革命委员会福州市委员会（简称民革福州市委会）下辖5个工委，4个总支，50个支部。有党员1014人，其中本科以上502人、占49.5%，中级以上职称628人、占61.9%。担任市级以上人大代表、政协委员18人次。全年提交提案、建议44件。年内，被评为“民革全国组织建设工作先进集体”“民革全国参政议政工作先进集体”，经济工作委员会被评为“民革全国社会服务工作先进集体”。

【参政议政】 2017年，民革福州市委会在省市“两会”提交省政协委员提案1篇，提交市人大建议9件，市政协集体提案22件，委员提案24件。其中《关于“一带一路”视野下的闽江历史文化资源产业化开发的建议》被选作省政协重要提案摘报，获省领导批示，《关于大力推进节约集约用地助推生态文明建设的若干建议》被市政协列为重点提案，《关于推动福州新区农业转移人口市民化的建议》作为市政协十三届一次会议大会发言。年内，到各地开展调研，建立常委会专题听取各课题进展情况机制，形成《加快福州港口发展　推进海洋强市建设》《完善环境公益诉讼制度　打造生态文明示范区》《政校企联动共办职业教育　服务企业创新发展》等6篇重点课题，其中《提升农产品竞争力　推进我市农业供给侧改革》《发展福州医养护集群　建设海西现代化健康产业城》分别获2017年福州市优秀调研成果三等奖、特别奖。参与中共福州市委、市政协召开的协商会、座谈会，“建设自由贸易港”等建议被市政府采用。年内报送三篇“每月直报”，《企业就充分发挥创新发展十项政策效应提出建议》获市委市政府主要领导批示。全年收集、整理、报送社情民意信息210条，被各级部门采用61条。《输美食品贸易三大变数亟待关注》等2条信息被中央统战部采用，《关于对建筑工程劳务分包公司强化税收管理的建议》等18条信息被省委办、省统、省政协采用，42条信息被市委办、市政协采用。《改进创新奖励措施扶持我省龙头企业科技创新》等2条获省领导批示，《企业“腾笼换鸟”遭遇用地门槛过高应引起重视》等10条获市领导批示。年内，完成民革中央副主席到福州调研民革前辈纪念场馆保护与利用的相关工作，形成《民革中央领导近期对陈绍宽故居保护和利用的几点建议》获市主要领导批示。举办陈绍宽故居“民革党史教育基地”揭牌仪式，成立《陈绍宽与胪雷故居》编纂委员会，推动陈绍宽故居保护与利用。信息排名在全市统战系统位列第1位。

【思想理论建设】 2017年，民革福州市委会制订《民革福州市委关于学习贯彻中共“十九大”精神总体方案》，到对

2017年12月9日，“民革党史教育基地”在陈绍宽故居揭牌

（民革福州市委会　供）

口社区村镇和民革基层组织开展宣讲活动。开展"不忘合作初心,继续携手前进"主题教育活动。开展向廖俊波同志学习活动,对老党员、老前辈进行专门走访慰问。开展"喜迎中共十九大,不忘初心再前进——观故居,走多党合作之路"活动,到广东、江苏、辽宁等民革前辈纪念场馆参访。参加柳亚子生平事迹研讨会暨民革前辈纪念场馆联谊会年会。组织撰写《历史视域中多党合作制度的政治文化意蕴》等多篇统战理论文章。其中《聚焦"三农"显特色,积极履职求实效》《立足本职勤建言,倾情海丝助发展》等2篇文章入选《福州市第十一次政协理论研讨会论文选编》。定期编辑《福州民革》刊物。

【组织建设】 2017年,民革福州市委会修订《主委会制度》《常委会制度》等议事制度,完善市委会领导班子年度述职述廉等各项廉洁制度。完成民革福建省第十四次代表大会代表选举、新一届省委委员推荐考核工作,完成代表大会期间各项任务,市委会主委当选为民革福建省第十三届委员会副主委。完成新一届专委会、鼓楼区工委主委、马尾区工委、企业第二支部调整工作,闽江学院支部完成换届。建立民革党员之家,完成党员信息采集,通过民革E家、QQ群、微信群等形式联系基层。年内选送21名党员参加各级党校、社会主义学院培训。举办年度暑期骨干、新党员培训班。完成新一届省人大代表、政协委员推荐,有1人任省政协常委,2人当选为省人大代表。全年发展新党员28人。

【榕台交流服务】 2017年,民革福州市委会主办第五届海峡青年节两岸同源信俗青年爱好者交流体验及文创展演活动,接待中国国民党青年团一行。市委会主要领导率福州市经贸文化代表团到东南亚访问。提交《从民革角度谈发挥福建文化特色开展对台工作》调研报告,报送的《对办好两岸交流活动的几点建议》被省政协采用。推动"隆武帝赐姓赐名郑成功纪念碑"在鼓楼遗址公园落成。走访台资企业,促成市台胞服务中心介入调解入驻仓山利嘉国际商城的台资企业合同纠纷。与民革南平市委联合承办台胞青年游学体验营。

【社会服务】 2017年,民革福州市委会创建民革"博爱·阳光"法律援助服务品牌,与福建省智力残疾人及亲友协会签订合作协议,举办维权讲座。以中山法律援助工作站为平台,推动法律界党员进社区、进校园、进农村,开展普法宣传,提供法律援助3例。开展市委重点任务——生态文明建设和服务企业督查,由市委会主要领导等分别率队深入一线走访调研13次。组织经济界党员参加贵州、定西精准扶贫。到闽清、闽侯和对口社区开展"三下乡"和春节慰问义诊活动,慰问困难党员和民革抗战老兵。党员全年捐资助学115万元。

(王晓莉)

中国民主同盟福州市委员会

【概况】 2017年,中国民主同盟福州市委员会(简称民盟福州市委会)下辖福清、长乐两个县区级市委会,5个区工委,2个总支,68个基层支部,有成员1899人,其中具有中高级职称的占72.5%,教育、文化、科技界占73.7%。

【参政议政】 2017年福州市"两会"期间,民盟福州市委会提交集体提案21件,其中大会发言《关于科技创新驱动海上福州建设的几点建议》被列为市政协2017年的第一号重点提案,由市长尤猛军、政协主席何静彦领办、督办。盟员人大代表、政协委员提出提案、议案、建议21件。全年完成各级各类调研课题11篇,其中中共福州市委重点课题2篇,盟省委调研课题1篇,市政协调研课题2篇,市委每月直报件3篇,市政协理论研究论文3篇。其中《推进福州市公办高职院校资源整合优化的建议》获中共福建省委常委、市委书记王宁,副市长李春批示。年内,向盟省委、市政协、市委统战部上报信息252条,被采用及获领导批示73条。其中《对发改委计划报告和财政部预算报告的反映》《关于进一步提升福州地铁服务质量的建议》被中央统战部《零讯》采用;《对改进政协工作的建议》《对"两院"工作报告的反映》等6条信息被中央统战部采用。《大数据时代的数字福建建设应加强软件项目质量管理》获省主要领导批示,《突破创新瓶颈助力我省纺织化纤业向高端智能化迈进》《关于调整法院结案统计周期的建议》获省领导批示,《关于尽快新建福州民族小学的建议》获市长尤猛军批示,《压茬项目前期时限,助推福州滨海新城建设》获市领导批示。

【思想理论建设】 2017年,民盟福州市委会选送21名盟内中青年骨干参加民盟省委、福建省社会主义学院、中共福州市委党校培训;200余名盟员参加暑期骨干培训班、新盟员学习班;参加市政协、市委统战部等单位举办的学习班300余人次。开展"不忘合作初心,继续携手前进"主题教育活动,举办主题讲座,组织盟员参加汇报演出、书画展。

【组织建设】 2017年,民盟福州市委会发展新盟员67人,平均年龄40.12岁,中高级职称50人。完成鼓楼、台江、仓山、晋安、马尾5个区工委领导班子调整。新成立民盟寿山石雕刻艺术支部、民盟福州金山中学支部、民盟福州鼓楼区机关支部。指导鼓楼、仓山、晋安区工委利用"盟员之家",开展活动,协助长乐区委会成立"盟员之家"。完成妇委会、青工委等7个专委会组成人员调整,调整组建高等与职业教育工作委员会,基础教育工作委员会,成立法制工作委员会。完善《民盟福州市委会基层组织工作制度》《民盟福州市委会联络员工作条例》,推进基层组织生活规范化、制度化。

【社会服务】 2017年,民盟福州市委会组织盟员及农技专家到罗源县起步镇、飞竹镇开展"科技助力精准扶贫"活动3次,在飞竹镇马洋村举办"关于推广稻田养鱼技术"培训班,有50多名村民参加培训。帮助罗源飞竹镇马洋村"圆梦农林专业合作社"申报扶贫科技项目,该项目获2017年市科技扶贫项目支持,获扶贫金额10万元。继续开展"黄丝带"帮教活动,到福建省未成年人戒毒所开展“助力成长戒治，护航青春梦想”迎新春帮教慰问活动，向未戒人员送去保暖内衣、个人洗漱用品等节日慰问品。与省未戒所签订文明共建协议，省未戒所成为市委会开展“黄丝带”活动基地。向闽清第二实验小学捐款10万元用于电教室重建。继续关注贵州省毕节的教育帮扶工作，为毕节层台小学、梨树中学筹集10万元助学款。春节期间，为新夏社区贫困户送上5000元的慰问金及价值800多元慰问品；拗九节、重阳节期间，在新厦社区开展“送拗九粥”“九九重阳节，浓浓敬老情”等敬老活动，联合社区开展移风易俗进社区活动2场。

（王　翀）

中国民主建国会福州市委员会

【概况】 2017年，中国民主建国会福州市委员会（简称民建福州市委会）下设1个县级市委会，5个区工委，1个企业家委员会，30个支部，7个专门委员会（含艺术中心），会员1114人，平均年龄53.2岁，经济界人士占82.6%。年内，7条信息获评省政协2015—2016年度优秀社情民意信息，13名会员被聘为市政协2017—2018年度特约信息员，3名会员被聘为福州市高层次特约信息员，7名律师会员进入福州市法律顾问智库。市委会社情民意信息、组织管理信息系统、新闻宣传、社会服务等多项工作获评全省民建系统年度先进单位一等奖。获评2016年市政协系统信息工作先进单位，2017年市政协系统信息工作第一名。

【参政议政】 2017年，民建福州市委会在市政协年会上，围绕“海上福州”、交通、科技创新、助力新福州建设等方面向大会提交25篇集体提案，委员个人提案31篇。《发挥海洋优势助推海洋高端产业发展》作为大会发言。市委会建言献策内容获《福州日报》《福州晚报》等福州市主流媒体报道。民建各区工委向各区“两会”提交集体提案或调研报告6篇、个人提案73篇、议案12篇，内容涉及教育、文化、卫生、经济等方面。完善市委会下设的财经、科技、文教、法律、理论、艺术中心、创投（筹）等7个专委会。围绕福州市新区建设、“双创”发展、基金业发展、金融服务创新等热点进行调研，完成23篇调研文章。其中《关于设立福州“基金小镇”的建议》被市委办采用并获市领导批示。该调研成果得到转化，福州基金小镇在软件园落地，马尾基金小镇近千亿资金落地。《关于上下杭历史街区保护开发与招商定位的建议》作为直报件获市委、市政府主要领导重点批示。与市政协民宗委联合调研，向中共福州市委提交的《关于精准施策进一步推动我市双创工作上新台阶》获市主要领导批示。全年报送各类信息260条，其中27条被省政协和省委办采用、3条被民建中央采用、58篇被市政协和市委办采用。《我省水产品准出与市场准入管理衔接机制亟待进一步完善》《关于进一步精准施策完善我省物流设施用地选址布局的建议》《关于完善法院邮寄送达制度的建议》等18条信息获省、市领导批示。

【思想理论建设】 2017年，民建福州市委会在全会开展“不忘合作初心，继续携手前进”专题教育活动，各基层组织开展学习中共十九大活动。组织会员参与省委会相关征文和演讲比赛，《不忘合作初心献余热——一名老会员的心声》等4篇征文获民建省委会表彰。《健全协商民主机制　集聚能量促发展》《当好民主党派信息员角色　着力提高议政建言能力》等文章收入《市政协第十二次政协理论研讨会论文选编》，《提升民主党派社会服务工作实效性分析与建议》等理论成果在民建中央理论委员会年会上作交流汇报。年内，市委会在民建省委会开展的全省理论研究课题征集活动中上报9篇研究课题，其中《从延安“窑洞对”谈新时期民建基层组织如何加强民主监督建设》获民建中央优秀成果一等奖。对《福州民建》会刊进行全面改版和提升，启用微信公众号。

【组织建设】 2017年，民建福州市委会发展会员3批57人。其中具有各类技术职称及从业资格60人次，经济界人士53人，硕士研究生以上学历11人。开展新会员回访和会员企业考察工作，举办2017年度新会员培训班暨新会员入会仪式，规范新会员发展入会程序。推荐市、区（县）各级人大代表18人次、政协委员77人次。推荐参加民建中央第十一次全国代表大会代表2人，民建省委第九次代表大会代表30人。当选民建福建省第九届委员会委员9人，其中常委2人，副主委1人。完善民建中央组织管理系统和市委统战部后备人才库，对会员信息进行动态管理。年内，完成马尾区工委调整工作，完成民建福清市委会、鼓楼区工委、仓山区工委和晋安区工委调整（换届）相关准备工作。12月，仓山工委入围福建省级文明单位候选名单。完成台江区工委“会员之家”筹建工作，全市有8家“会员之家”。年内审议通过《中国民主建国会福州市第十二届委员会工作制度汇编》。

【社会服务】 2017年春节前夕，民建福州市委会到鼓楼开元社区开展新春慰问活动，向社区5名困难户送去总值2500元的慰问金和慰问品。10月，到社区养老照护中心开展移风易俗进社区系列活动，宣传市委市政府关于推动移风易俗工作的政策精神，向社区5名孤寡老人送去慰问金和慰问品。年内，市委会参与省委会组织的以“不忘合作初心，继续携手前进”“送健康、送知识、送服务”为主题的活动，支持政和外屯乡美丽乡村建设，向该村20名困难户送去慰问金和慰问品总值15000元。响应市文明办建设美丽乡村活动，到宦溪镇弥高村开展“一对一”结对共建农家书屋活动。鼓楼工委科技支部组织会员前往罗源凤坂村凤坂小学开展六一节慰问捐赠活动，筹得善款6000元，与该校签署为期3年的“智力支持战略合作框架协议”。企业家委员会联合台江工委到永泰白云中学开展扶贫助学活动，捐款3万元。马尾工委开展“让爱传递、构建和谐——走进福州闽侯善恩园孤儿院献爱心”活动，捐赠总值1万多元的慰问品和5000元慰问金。仓山工委组织精准扶贫慰问小组，到闽清县云龙乡柿兜村走访慰问困难群众，向困难群众送去慰问品和慰问金。多次到长乐开展服务企业工作专项督查活动，形成《进一步做好服务企业专项督查工作的建议》社情民意信息被市政协社情民意专报件采用,获市主要领导批示。开展服务会员企业发展专项调研周活动,召集来自不同行业的会员企业家、民建经济研究院专家学者、高校教授、调研室顾问等参加会议,对企业存在问题进行深入交流,对企业存在的融资难、创新弱、自身管理欠缺等问题集中进行研讨,形成相关建言材料。主动对接市经信委、市发改委、市科技局、市发展研究中心等职能部门,邀请相关职能部门负责人与企业家座谈,宣传、解读相关惠企政策。筹办"2017年福州市创新投资论坛",组织会员参加2017首届科技金融国际峰会和民建中央主办的第十九届中国风险投资论、2017(江西)非公有制经济发展论坛。动员会员企业回福州投资兴业,年内签约两个项目落地,首期投资3.3亿元,其中1个项目建成投产。

(余端乐)

2017年6月15日,民进福州市委会在浦下社区开展"粽情过端午,香飘五月五"活动 (民进党福州市委会 供)

中国民主促进会福州市委员会

【概况】 2017年,中国民主促进会福州市委员会(简称民进福州市委会)下辖5个工委,4个总支,39个支部,819名会员。其中,中高级职称428人,占会员总数的52.2%;教育、文化界624人,占76.1%。担任各级人大代表20人,担任各级政协委员59人,担任人大、政协常委26人,有64人在各级政府部门担任实职。担任民进福建省第八届委员会委员6人,担任民进福建省监督委员会副主任1人。调整6个专门委员会,专委会成员数量增至89人。年内,市委会获评"民进全国机关工作先进集体",1个基层组织获评"民进坚持和发展中国特色社会主义学习实践活动先进集体",1人获评"民进全国新闻宣传优秀通讯员";获评"民进全省新闻宣传工作先进集体""民进全省参政议政工作先进集体",2个基层组织获评"民进全省社会服务工作先进集体";3人获评"民进全省新闻宣传工作先进个人",3人获评"民进全省社会服务工作先进个人",9人获评"民进全省参政议政工作先进个人"。

【参政议政】 2017年,民进福州市委会向市政协十三届一次会议提交集体提案23件,在大会上作题为《国家级新区产城融合对福州新区的启示与发展建议》的大会发言。《关于把福州新区建设成为产城融合范本的几点建议》被列为重点提案获市政府领导领衔督办。《关于试点PPP模式发展我市学前教育的建议》《将龙祥岛湿地公园打造成我市生态建设新名片的建议》等2件提案获市政协领导领衔督办。围绕国家自主创新示范区建设、健康扶贫、生态文明示范区建设等开展中共福州市委重点调研课题活动,形成的3篇调研报告均作为决策参考在《福州调研》上刊登。其中调研报告《把福厦泉国家自主创新示范区福州片区建设成为创新高地的研究》获中共福州市委主要领导批示,福州市科技局、高新区管委会召开专题会议,并向市委会形成书面反馈意见。调研报告《关于进一步做好我市健康扶贫工作的对策建议》转化为信息直报件《关于进一步完善我市农村贫困人口大病救助机制的建议》,获中共福州市委和福州市政府主要领导批示。年内,在长乐、连江、台江、秦皇岛、苏州等地开展多项调研活动,向民进福建省委会提交调研报告17篇。调研委员会与经济联络委员会联合前往数字福建(长乐)产业园、福州市软件园、连江长龙华侨农场就"大数据产业发展与人才需求对接研究""以VR产业为例的高端制造业人才培养模式探讨"等课题开展调研活动,并举办物联网专题讲座,形成《关于加强人才支持,服务福州滨海新城建设的建议》《关于促进我市连江长龙华侨农场改革发展的建议》等社情民意信息报送有关部门。妇女儿童委员会组织成员与会外专家实地调研私立教育机构探讨自闭症儿童受教育问题,形成的社情民意信息《自闭症学生家长"随班就读"等配套制度亟待出台》获3名市领导批示,推动市教育局代拟《福州市政府关于推进随班就读工作的若干意见》出台。调研报告《加快我省种业创新发展和闽台种业合作的思考》获评民进全省优秀参政议政成果一等奖;《关于县(区)域内义务教育校长教师交流的思考与建议》获评民进全省优秀参政议政成果二等奖。年内,报送社情民意信息161条,其中被中央级单位采用2条,被省级单位采用45条,被市级单位采用20条,获省领导批示2条,获市领导批示7条。社情民意信息《关于在我省银行网点试行无偿代办工商登记业务的建议》获省领导批示,推动鼓楼区市场监督管理局与中国银行鼓楼支行合作,在全市首推"工商注册也可在银行办理"便民服务。

【思想理论建设】 2017年,民进福州市委会以"不忘合作初心,继续携手前进"为主题,开展学习座谈、参观考察等10多场专题教育活动。组织会员参加民进福建省委会举办的"不忘合作初心,继续携手前进"专题教育演讲比赛,组织机关干部参与民进中央"我与民进共成长"主题征文活动。召开宣传思想工作会议,举办党派新闻稿件专题讲座,创建"民进福州市委会"微信公众号。全年报送宣传报道45篇,其中,中央级媒体刊物采用27篇;省、市级媒体刊物采用15篇;在微信公众号推送工作动态45条。年内,编辑出刊《福州民进》6期,《福州民进工作简报》12期。

【组织建设】 2017年,民进福州市委会召开主委、常委、全委会议13场,完成5个区工委班子调整和8个支部的换届工作。鼓楼幼教支部更名为学前教育支部,归属市委会管理。年内发展新会员38人,选派20人次到中央、省、市社会主义学院及中共福州市委党校等参加学习,派出4名机关干部参加民进中央举办的业务培训班等,举办暑期读书班和新会员培训班,培训会员70人。

【社会服务】 2017年春节期间,民进福州市委会在浦下社区慰问生活困难户,送去慰问金及慰问品4000余元,并与开明画院联合开展"春联进社区"公益活动,为社区居民免费题写春联300多幅。拗九节、端午节期间,市委会领导为浦下社区生活困难群众送去拗九粥、粽子。年内,市委会在浦下社区开展义诊、法律咨询、普法讲座等3场活动,服务群众100多人次。向贵州安龙县万峰湖镇幼儿园捐赠图书1000册;向连江潘渡中心小学和宦溪中学的贫困学生分别捐资5000元,在宦溪中学开展健康知识讲座。在连江、晋安、罗源、鼓楼、闽侯等地开展服务企业工作专项督查活动,走访当地企业和部分会员企业家,向企业宣传福州市推动新一轮经济创新发展的10项政策,就督查中发现的问题,向有关单位提交《我市三个方面的创新扶持政策有待进一步完善》等6条相关建议。

(黄庆华)

中国农工民主党福州市委员会

【概况】 2017年,中国农工民主党福州市委员会(简称农工党福州市委会)下辖1个地方组织(福清市委会)、5个区工委会、71个基层组织,其中总支7个、市直属支部或支部委员会18个。有农工党员1669人,党员平均年龄55岁,中高级职称占81.1%,医卫界占57.3%,环境、人口资源界占5.0%。有16人在各级政府部门担任实职。担任各级人大代表23人,政协委员81人。担任市级及市级以上特约监督员16人。年内被农工党中央评为全国优秀地市级组织,被农工党福建省委评为2016年信息工作先进单位。15人获农工党中央、农工党福建省委、市政协参政议政、社会服务方面的表彰。34人获福建省优秀科技工作者、福州市劳动模范等荣誉称号。

【参政议政】 2017年,农工党福州市委会向福州市政协提交集体提案27篇、书面大会发言1篇,在大会作《关于建设环福州都市圈城郊型森林公园的建议》的发言。其中1篇被列为福州市政协重点提案,获时任市委书记倪岳峰的批示。大会发言和7篇提案被《福州日报》刊登。每月直报《提升海洋生态文明 促进海洋经济可持续发展》获时任副市长严可仕批示。3篇被市政协列入2017年度协商课题,与相关部门开展对口协商座谈。完成调研文章13篇,其中中共福州市委重点课题3篇,农工党福建省委重点课题7篇。1篇被《福州调研》刊登。《关于加快我省医疗卫生供给制改革,提高人民群众获得感的思考》获农工中央2016年"优秀调研论文报告"二等奖、农工党福建省2016年优秀调研论文一等奖、福建省海西论坛优秀调研论文三等奖。1篇获农工党福建省2016年优秀调研论文一等奖,被选为省政协大会发言,1篇获二等奖,2篇获三等奖。1篇获2016年度福州市优秀调研课题成果三等奖。全年报送社情民意信息168条。其中被全国政协等中央部门采用14条,被省委办等省级部门采用119条,市委办等市级部门采用42条。获省市领导人批示10人次,其中获省主要领导批示6条。3条信息被评为2016年度福州市政协优秀社情民意信息三等奖。

【思想理论建设】 2017年,农工党福州市委会以"不忘合作初心,继续携手前进"为主题开展专题宣讲、骨干培训班、书画摄影展、演讲朗诵比赛、参观学习等专项教育活动。在党刊、微信公众号发送信息204篇,2篇被《团结报》采用,1篇被《前进论坛》采用,150篇被媒体刊登。理论研究成果1篇获农工中央优秀论文三等奖,5篇获农工党全省理论研究优秀论文,3篇被市政协2017年理论研讨大会采用,其中1篇作为大会发言材料。

【组织建设】 2017年,农工党福州市委会修订班子议事制度和廉洁制度。参加农工党福建省第十二次代表大会,7人当选委员,2人当选常委;参加农工党第十六次全国代表大会,主委林澄当选为第十六届中央委员会委员。开展创星级支部活动,完成4个支部换届选举工作,新建立市直机关总支,下设2个支部委员会。完成五区工委人选考察,任命台江、仓山、马尾区工委新一任班子。选派21名党员参加农工党中央、省社院、中共省委、市委党校等举办的各类培训班,举办暑期骨干培训班、读书班等,培训党员210人次。年内有8名党员被提拔或转任,其中3人提任处级干部。

【社会服务】 2017年春节期间,农工党福州市委会走访慰问退休老干部、患病及生活困难党员,到闽清县东桥镇大箬村、新店和汤边社区等慰问困难群众,发放慰问品、慰问金总值18400元。参与贵州大方县精准扶贫,落实大方县2名中学行政人员到福州挂职培训;发动党员捐资助学,向大方县绿塘小学捐赠图书3000册。与东岱镇卫生院开展对口"健康扶贫"工作,签订帮扶协议,开

2017 年 6 月 24 日，农工党福州东南眼科医院支部主委、东南眼科医院支部主委、院长赵广愚为缅甸白内障患者讲解手术　　（农工党福州市委会　供）

展医疗帮扶、扶贫助困、“光明工程”、人才培训、法律援助、对接医联体等项目。开展“第九届中国环境与健康宣传周”活动和“第二十九届国际科学与和平周”活动，开展宣传活动 42 场，受益群众 8000 人，发放科普材料 3000 多份，捐赠药品 3000 元，眼科手术 325 人。发挥东南眼科医院支部优势，开展“大爱海峡·光明行动”“美丽乡村光明行”等义诊活动。到企业调研，上报《关于拓宽社会力量办医融资渠道的建议》信息，为企业发展提供全程落地、全程代办和项目对接服务。

（邱　爽）

中国致公党福州市委员会

【概况】　2017 年，中国致公党福州市委员会（简称致公党福州市委会）有县（市）委会 1 个、工委会 5 个、总支部 1 个，支部 35 个。党员 878 人，其中女党员 391 人。党员平均年龄 55 岁，中上层人士占 77.5%，中高级以上职称占 68.1%。有 33 人在政府机关和司法部门担任副科级以上职务。担任各级人大代表 19 人次、各级政协委员 77 人次。年内获评致公党中央社会服务工作先进集体、致公党中央坚持和发展中国特色社会主义学习实践活动先进集体、致公党省委 2017 年度反映社情民意信息工作先进集体、致公党省委 2017 年度调研和提案议案先进集体、致公党省委坚持和发展中国特色社会主义学习实践活动先进集体、2016 年福州市政协系统信息工作先进单位、2016 年度福州市重点调研课题组织奖。党员获市级以上单位表彰 42 人次。

【参政议政】　2017 年，致公党福州市委会在市政协十三届一次大会上提交大会发言 2 件（含书面发言）、集体提案 22 件、委员个人提案 17 件。其中《关于提升福州宜居城市建设水平的建议》被确定为重点提案，《闽江口湿地鸟类数量锐减应引起重视》等 2 篇被确定为对口协商提案。市委会推荐的《关于构建遏制校园欺凌长效机制的建议》《关于加强沿海海域水下文化遗产保护的建议》被致公党中央采纳为全国政协大会集体提案，《关于加强主动认证技术应用，预防电信诈骗的建议》等 3 件被致公党省委采纳为省政协大会团体提案，其中 1 件入选《重要提案摘报》。年内完成各级各类调研文章 30 余篇，其中 2 篇被确定为中共福州市委 2017 年市各民主党派和工商联重点调研，1 篇被确定为致公党省委重点调研，1 篇被确定为市政协对口协商调研。《从致公党“三大”看我国特色政党制度的优势与选择》获评致公党中央优秀理论研究论文；《福建省海外留学归国人才创业创新现状调查与政策建议》获评福建统一战线建言献策成果三等奖；《提升福州内河生态文化品质，助力现代化国际城市建设》获评“2017 年度福州市优秀调研成果三等奖”。各类调研报告、理论研究论文被《人民政坛》《政协天地》《福建省社会主义学院学报》《福州调研》《闽都通讯》等省、市级刊物刊载 7 篇次。年内编辑上报社情民意 157 件，其中被中央统战部采用 2 件，被致公党中央采用 7 件，被中共福建省委办、省政协专报采用 14 件次，被中共福州市委办公厅采用 34 件次，获中共省、市委领导批示 11 件。《建设内河文化博物馆助力城市品味提升的建议》得到转化，市长尤猛军主持召开会议专题研究内河博物馆筹建工作，成立专门工作小组进行部署推进。4 条信息获评“致公党中央 2016 年度参政议政优秀成果”；6 条信息分别获致公党省委“好信息”二、三等奖；4 条信息获评市政协“优秀社情民意信息三等奖”。

【思想理论建设】　2017 年，致公党福州市委会开展 3 次以中心组学习的形式集中学习中共十九大精神以及致公党中央相关会议精神，参加致公党中央、省委开展学习实践宣讲活动，开展各类学习宣传活动 30 多场次。编印《福州致公》杂志 5 期，制作展板 2 版，编发微信公众号信息 10 余期，及时宣传履职内容和成果。组织骨干党员参加中共福建省委、福州市委党校，省、市社会主义学院、致公党中央和省委培训 33 人次，通过各类学习会、研讨会、座谈会以及市委举办的青年骨干党员培训班、新党员培训班培训党员 80 多人次。

【组织建设】　2017 年，致公党福州市委会发展党员 30 名，其中女党员 15 人，研究生 4 人，中高级职称 8 人。选举产生致公党福建省委九代会代表 38 名，推荐出席致公党中央十五大代表候选人 6 名。调整鼓楼、台江、仓山、晋安等 4 个工委班子成员和各专门工作委员会及组成人员。

【对外及对台交流】 2017年，致公党福州市委会接待来自美国、加拿大、新加坡、澳大利亚等国家和地区的海外人士、重要侨领、侨团53人次。完成台湾国际洪门中华总会访问团参访对接工作2次，协助台湾洪门企业到福建投资。参与由致公党中央主办的第九届海峡论坛·两岸社区服务恳谈会。举办“2017年海外华裔青少年夏令营·福州致公营”活动。

【社会服务】 2017年，致公党福州市委会组织引导基层组织、骨干党员参加义诊、扶贫助困及“送教下乡”100人次。继续落实“致公小学”帮扶，完善“致公图书室”建设，捐赠总值1.25万元的图书1000册、总值4.65万元的爱心定制书包，企业家党员继续认捐优秀贫困学生，获评“致公党中央社会服务工作优秀项目”；依托鼓楼区乐天泉社区致公学校、台江苍霞社区致公学校以及福清金墩社区致公学校，设立民意收集箱，开设预防心血管疾病等精品课程6节，组织开展义诊、上门关爱孤残老人、免费进行家电维修等“志愿行动在社区”活动；推进永泰县白云乡蒲溪村精准扶贫工作，继续关爱留守贫困学生，向山区贫困户发放慰问金2000元。参与致公党省委“迎接十九大，助推铁山发展”活动，为政和县铁山镇捐赠项目建设资金5万元。

（陈　锋）

九三学社福州市委员会

【概况】 2017年，九三学社福州市委员会下辖1个县级市委会，1个区委会，5个工委，1个基层委员会，40个支社。有社员725人，其中高级职称351名，占48.41%；中级职称275名，占37.93%。年内，九三学社福州市委获社中央2013—2017年度参政议政工作先进集体、坚持发展中国特色社会主义学习实践活动先进集体、社省委坚持和发展中国特色社会主义学习实践活动先进集体、2017年度参政议政工作先进集体三等奖、全省新闻宣传工作先进集体、社会服务工作先进集体、社务工作量化考评先进集体、信息工作先进集体一等奖等称号。

【参政议政】 2017年，九三学社福州市委成立参政议政专家组，推进参政议政智库建设。向各级“两会”提交大会发言、提案、议案169件，其中《福建融入“一带一路”战略的有关建议》等4件被社省委选为提交省政协党派提案；党派提案《关于建设东街口商圈升级版，打造福州“城市会客厅”的建议》被市政协列为重点提案；《关于加强我市高层建筑消防安全建设的建议》《关于尽快新建福州市皮肤病医院门诊大楼的建议》被市人大列为重点督办件。在市政协十三届一次会议上，主委林绍彬代表社市委作《加大海岸带保护力度建设生态美新福州》的大会发言，被《福州日报》摘登。围绕福州新区和滨海城市建设、海丝文化、科技支撑、生态城市建设、乡土文化保护传承等方面进行调研，提交《推进福州“城市双修”试点，加快建设国际化大都市》等11项课题调研报告；参与市政协常委会协商议题“进一步优化对企业和市民的服务”的调研；开展“烟台山历史风貌区保护开发”“福州市中小科技企业发展现状”的九三学社界别活动及相关调研。与市政协相关专委会联合开展《关于在我市小街巷尽快试点棚架绿化的建议》《东街口商圈改造升级》《福州市共享单车存在问题及整改》《建筑垃圾资源化利用》《福州园林植物园建设》《加快内河水体治理，提升我市宜居环境水平》等6篇课题的协商及调研活动。全年报送信息254件，其中95件次被各级采用。10条获省、市领导批示。4件信息获市政协系统优秀社情民意信息奖。市委会获社中央、社省委“参政议政先进集体”，多名社员获社中央、社省委“参政议政先进个人”称号。

【思想理论建设】 2017年，九三学社福州市委举行成立30周年纪念会，向30名社员颁发特殊贡献奖，表彰14个先进集体和66名先进个人。举办暑期读书班、中共十九大精神学习辅导讲座、学习交流会、座谈会和开展征文活动，组织部分社市委委员、基层骨干社员到革命老区开展主题学习教育活动，邀请社中央原常务副主席陈杭甫作“政治交接与合作共事”专题讲座，参加“颂歌献给党、喜迎十九大”——福州市各民主党派喜迎中共十九大演讲朗诵汇报会，选送作品参加社省委喜迎中共十九大摄影书画作品展，参加“颂盛会　展风采　谱新篇”九三学社福建省各地市气排球赛。开展参政党理论研究，在《福州九三》刊物、网站、微信公众号设立主题学习专栏。

【组织建设】 2017年，九三学社福州市委完成各专委会换届工作。建立班子、常委AB角联系基层组织和专委会制度。完成全国、省、市和县（市）区各级人大代表、政协委员人选推荐，有87人次担任各级人大代表和政协委员。完成社福建省第七届委员会增补委员候选人人选、社福建省第八届委员会委员候选人人选和监督委委员候选人人选、社省委青工委增补委员人选、社省委新一届专委会委员人选、市妇代会代表、省人大代表、政协委员人选推荐，担任社省委委员5人。完成社鼓楼区工委调整及所属各支社的换届工作，完成福清第一支社调整工作，成立福州高新区支社。全年发展新社员35名。提任副处级职务1人，提任正科级职务4人，提任副科级职务4人。举办社市委会新社员暨青年骨干培训班。全年推荐19人次参加7批次由社省委、中共市委组织部、统战部举办的各类培训学习。

【社会服务】 2017年，九三学社福州市委赴闽侯县大湖乡开展爱眼日健康宣传义诊活动，到大湖中心小学开展“爱眼宣传进校园”和捐书助学活动，到晋安区日溪乡汶洋村农家书屋捐赠各类图书300册；组织医疗专家社员在晋安区金鸡山公园、华美社区、仓山区福湾社区和闽侯县、福清市、长乐市、连江县及南平市政和县等地开展健康咨询活动，现场赠送药品，服务居民1000人；到连江县蓼沿乡、晋安区华美社区走访贫困家庭、贫困学生,送去慰问金和慰问品;到市第二福利院开展"送温暖"公益活动,向福利院180余名孤残智障人员捐赠保暖服装;到华美社区、湖前社区开展精准帮扶活动;到闽侯县青口推进精准扶贫帮困工作;到南平市政和县、贵州威宁中学捐款2万元。到闽侯开展"认捐一棵爱心苗·共建九三青年林"植树活动,在闽侯种植"同心樟树林";组织青年志愿者在市青少年活动中心天象馆开展亲子天文观测活动;与福州市首个消防和地震安全体验中心开展共建活动。"九三学社福州市委科普教育实践基地"正式挂牌,并组织青年社员开展防震减灾安全宣传义务讲解员志愿服务活动。

(庄　言)

台湾民主自治同盟福州市委员会

【概况】　2017年,台湾民主自治同盟福州市委员会(简称台盟福州市委会)有鼓楼、台江、仓山、晋安4个基层组织,下设参政议政、青年工作、妇女工作、老年工作4个专委会。有盟员134人,其中新发展盟员13人。盟员平均年龄49.4岁,47人具有中高级职称,各级人大代表4人,政协委员32人。年内,提交议案建议69件,接待台湾客人10批150人次,捐助公益事业2万元。

【参政议政】　2017年,台盟福州市委会在全国以及省、市"两会"上提交提案、议案、建议69件,向中共福州市委统战部、福州市政协等部门报送信息75条,被中央、省、市有关部门采用18条次,获领导批示3条次。完成关于"港产城一体化"、"亲""清"新型政商关系、福建省金融服务实体经济等调研报告10篇。其中《福建自贸试验区福州片区促进台资发展》《福州市政府购买社区公共服务创新的建议》2篇课题分别作为2017年市政协大会发言和书面发言。获台盟中央2017年地市级参政议政先进集体及参政议政突出进步奖。1名台盟机关干部连续10年获台盟中央参政议政先进个人称号,2人分获台盟中央第三、四次协商议政论坛演讲比赛二等奖、一等奖。1—6月,分别联合市政协、市委宣传部等部门开展"关于三坊七巷涉台文物保护与旅游开发""建立文化金融融合发展正面清单,推动文创金融对接""关于建立招商引资项目风险防控机制的建议"对口协商座谈会;7—11月,成立服务企业专项督查工作小组,到闽侯等地开展督查。11月,联合市政协开展台盟界别活动,到连江县调研榕台休闲农业合作交流。

【思想理论建设】　2017年10月,台盟福州市委会组织召开学习贯彻中共十九大精神专题座谈会。11月,联合盟省委举办学习贯彻中共十九大精神专题辅导报告会,邀请中共福建省委党校、福建行政学院科学社会主义与政治学教研部主任、教授、博士田恒国做题为"学习领会十九大报告精神"的专题辅导报告。下发《台盟福州市委会关于学习贯彻中共第十九次全国代表大会精神的通知》。暑期读书班邀请台盟福州市委会参政议政顾问、省社科院台湾研究所原所长吴能远教授做"民进党困境和两岸关系"台情讲座;邀请省委统战部专家做信息专题辅导。

【组织建设】　2017年,台盟福州市委会新发展13名台胞入盟。加强对中青年盟员的培养。推荐3名盟员参加福州市2017年党外中青年骨干培训班,选派1名盟员到霞浦县旅游局挂职,组织青年盟员参加盟省委举办的"不忘合作初心　继续携手前进"暨纪念台盟成立70周年征文比赛及演讲比赛,5名盟员获奖。制定《台盟福州市委会进一步加强日常一线干部考察工作实施办法》,完善《台盟福州市委员会岗位责任制度》,制定台盟福州市委会关于进一步提振干部干事创业精气神的实施意见(试行)。1名机关干部获"全省统战系统先进工作者"称号。

【社会服务】　2017年春节期间,台盟福州市委会组织机关干部赴福屿社区和连江县蓼沿乡慰问困难群众,"三八"国际妇女节期间,组织盟员到市第二福利院、市精神病疗养院开展慰问帮扶志愿活动。与社区共建,开展移风易俗进社区、进家庭活动,慰问社区高龄老人,签订综治共建协议,开展综治巡防、综治宣传等平安志愿活动。

【榕台交流服务】　2017年3月,台盟福州市委会开展共建"榕台青年林"植树活动。组织盟员、机关干部以及台协会会员认捐树苗,与闽侯朝阳农场共建"榕台青年林"。4月,对接台中云山画会到福州开展笔会交流活动,完成台湾云山画会14位书画家到福州参加笔会交流、走访考察等两岸民间文化交流活动的服务工作,以及与福建省海峡生态书画院、福州市政协书画院以及霞光画会的对接工作。6月,协办第八届海峡两岸船政文化研讨会。承办第九届海峡论坛·两岸特色乡镇交流暨生态农业对接会,联合市农业局服务台湾南投县受邀嘉宾到连江贵安开心农场、望江园、福清云中部落等地走访考察。7月,承办以"跨越海峡·牵手相约"为主题的第十四届榕台青年夏令营。夏令营在福州高级中学举行开营式,来自台湾新竹高中、马祖高中、福州市台胞投资企业协会和福州高级中学推举的100多名两岸中学生参加,其中台湾青年60人。10月,主办台湾青年"闽都文化体验行"活动。与台盟省委共同邀请30余名台湾青年"首来族"来闽交流、学习,增进台湾青年对祖国大陆的了解,为吸引更多岛内青年来大陆就业、创业提供机会。

(周金媛)

福州市工商业联合会

【概况】　2017年,福州市有非公有制经济人士近75万人,在外榕商超过65万人。至年底,全市工商联有会员49010个,比上年增长16.59%,其中在榕会员33412个,增长13.5%;组建并发展为工商联团体会员的商会279家,增长11.6%,其中市级异地商会101家、行业商会35家,县级异地商会69家、行业商会37家,乡镇商会46家,街道商会30家,园区商会1家。全市民营经济累计实现增加值4617.61亿元,约占全市GDP总量的65%;民间投资规模2923.06亿元，比上年增长9.2%，占全市固定资产投资总量的50.4%。全市新登记私营企业和个体工商户11.15万户，比上年增长24.28%，平均每天新增305户；全市实有私营企业和个体工商户52.6万户，增长19.19%，占内资各类市场主体的97.52%。全市规模以上工业企业2237家，其中民营企业1629家，占72.8%。融侨集团、福晟集团等6家企业入选“2017中国民企500强”，金纶高纤、永荣控股等6家企业入选“2017中国民企制造业500强”，41家企业入选“2017年省级民营龙头企业”。年内，福州市工商业联合会编辑出版《福州商会史》，完成福州商务总会旧址前期修复工程，开展布展规划、文物征集等工作。全市工商联系统4家集体、5位个人被评为全省工商联系统先进集体和先进工作者。

【参政议政】 2017年，福州市工商联形成调研报告6篇、市委会季谈会发言4篇。《强力引导民资有效投资，助力“产业优”新福州建设》转化为市政协十三届一次大会发言和工商联界别重点提案，获市委主要领导的批示。《激发民间投资活力，助推福州产业发展》转化为市政协主席会议建议案，被市委、市政府出台的《关于进一步激发民间有效投资活力促进经济持续健康发展的实施意见》采纳。筛选福州市工商联调研成果7篇、工商联界别团体和委员个人提案39篇，汇编成《2017年参政议政文集》。

【会员服务】 2017年，福州市工商联利用服务会员企业“十大平台”推动民营经济创新转型。依托科技人才对接平台，与市科技局、市科协合作，帮助符合条件的2家会员企业获准设立院士工作站，4家会员企业获准设立专家工作站。依托专业技术人员职称评审平台，评定各类初、中级职称专业技术人员931名，上报并获评高级职称专业技术人员248名。依托教育培训平台，组织新一届常委、执委、基层商会会长和青年企业家650多人次参加清华大学非公经济人士能力提升研修班以及省工商联、市委组织部、市人社局等部门举办的培训活动，其中年轻一代非公有制经济人士占50%以上；各县（市）区工商联、基层商会开展各类企业家能力提升培训，参训人员5030人次。依托诉求建议反馈平台，开展“排企忧、解企困、送服务、促发展”和“促民生、补短板”走访调研活动，收集商会、企业反映的各类问题和建议24条，形成专报件或社情民意上报有关部门协调解决。依托寻机发展平台，组织14个商会团组、183人次参加第十九届海峡两岸经贸交易会，900多人次参加西安、固原等地到榕招商推介活动19场次。新引进100多家会员企业在商务服务平台展示特色产品与服务。

【回归工程】 2017年，福州市工商联实施“回归工程”，面向异地商会和广大榕商开展招商宣传推介活动，动员在外榕商选择合适的项目参与新福州建设。全年市、县两级工商联征集回归项目83个、总投资746.75亿元，其中胜田食品、中联车网、康乃馨医疗3个总投资10.51亿元的项目作为“招商2017”任务项目已对接落实。对接元洪文旅、正电子药物等5个回归意向项目，推动项目签约落地；向市政府提交专题报告6份，帮助协调冠城大通游艇项目、中联车网等项目落地中的问题，推动项目建设。

【商会建设】 2017年，福州市工商联新组建在外异地商会7家、在榕异地商会5家、市级行业商会2家；指导7家市级异地商会、5家市级行业商会完成换届。10月12日，在广州市召开异地商会工作交流会，近200名异地商会代表参加会议，形成常态化工作交流机制。年内制定《2017—2018年商会工作指导意见》。2家异地商会、1家行业商会被评为AAAAA级社会组织，1家异地商会、1家行业商会被评为AAAA级社会组织。加强与异地商会和在外榕商的联系，开展榕商商情普查，编辑《榕商商情专报》4期；完善在外榕商诉求建议反馈机制，帮助20多家异地商会协调解决会员子女就近入学问题。

【社会服务】 2017年，福州市工商联完成福州市“百企帮百村”2017年建档立卡贫困人口帮扶金、2016年已脱贫人口巩固金79.6万元发放，其中2016年帮扶资金近80%用于发展特色生态农业；推进商会（企业）因地因企制宜，开展产业帮扶，春伦茶业集团采取“公司+合作社+农户+标准”模式开展茉莉花种植，深圳福州商会帮扶罗源县松山镇八井村开发畲药种植基地和畲韵香农家乐项目，带动当地村民增收。参与福州与甘肃定西对口扶贫协作，组织104家企业（商会）帮扶当地109个贫困村，捐赠帮扶金逾2300万元，签订产业帮扶项目5个、商贸项目2个，总投资逾2亿元。动员企业（商会）参与福州市脱贫攻坚“三百”工程之“百企帮百村”结对帮扶，落实帮扶生产、发展项目资金145万元。年内，福建春伦集团被评为全国工商联“万企帮万村”精准扶贫行动先进民营企业，1家会员企业、3名非公有制经济人士获得福州青年五四奖章。

【对外交流】 2017年，福州市工商联加强与境外社团组织的沟通交流。在哥伦比亚福建总商会成立后，采集该商会成员信息，完善相关数据库；参与第五届海峡青年节台湾社团及企业家的接待服务保障工作；配合外侨办完成重点榕籍侨胞在国内投资兴业情况的统计工作；参与由澳大利亚福州总商会与省归国华侨联合会联办的“中国·澳大利亚——商业文化交流高峰论坛”。

【教育培训】 2017年，福州市工商联邀请盛辉物流集团刘用辉、春伦茶业集团傅天龙等企业家代表做弘扬优秀企业家精神主题报告，年内全市各级工商联、各基层商会累计组织专题培训、讲座和会员活动20多场次。

【亲清政商关系建设】 2017年，福州市工商联开展“亲清润榕商，促进两健康”主题教育活动，在福州新闻网榕商频道开设“榕商亲清正能量”专栏、组织企业家参观廉政书法展和榕商廉洁文化示范点等；组织企业家参加市委与企业家座谈会、市政协专题协商会、异地商会工作交流会。在全市非公经济人士中开展“践行移风易俗，倡树文明新风”活动；制定兼职副主席、副会长企业家操办婚丧喜庆事宜报备制度。

（余　芳）

（编辑　郭秋廷　李　磊　苏　颖）

福州市总工会

【概况】 2017年，福州市总工会新增建会单位6181家，新发展会员15.6万人，有建会单位45852家，工会会员131.13万人，其中企业会员114.7万人，农民工会员86.26万人。推荐评选全国五一劳动奖章3名、福建省五一劳动奖状8个、福建省五一劳动奖章33人，提请市政府表彰福州市劳动模范300人、福州市五一劳动奖章118人。4个集体被授予全国“工人先锋号”，58个集体被授予福建省“工人先锋号”“五一先锋号”，新命名授牌福州市“工人先锋号”“五一先锋号”463个。推进职工技术创新活动，推荐888项职工“五小”创新成果参加福建省职工“五小”创新成果评选，获一等奖32项，二等奖48项，三等奖162项，申报数和获奖数均列全省第一。提请市政府表彰职工技术创新班组20个，职工技术创新能手20人，带徒名师20人，金牌技师20人，十佳劳模工作室10个。推荐评选全国示范性劳模工作室3个，福建省示范性劳模工作室3个，福建省劳模工作室11个，命名福州市劳模工作室30个。

【职工劳动竞赛】 2017年，福州市总工会把职工立足岗位参赛作为基本形式，形成市、县、基层“三级”职工建功立业新格局。分别在福州新区、滨海新城、地铁交通等省市重点项目建设，在海洋新兴产业集群、临港工业基地等工业集中区，在环卫、园林、物业行业系统，在市民服务中心、行政服务中心等窗口服务行业举办职工劳动竞赛。全年工会重点组织118场劳动竞赛，其中市级示范性劳动竞赛15场，县级示范性劳动竞赛49场，重点指导基层工会开展54场劳动竞赛。

【职工权益维护】 2017年，福州市总工会成立劳动法律监督委员会，选聘人大代表、政协委员、劳动关系领域专家学者和有关社会人士为特邀监督员，负责指导、督促、推进、规范福州市工会劳动法律监督工作。建劳动争议诉调对接机制，与市法院在市本级建立“福州市劳动争议诉调工作室”，在12个县（市）区建立“维护职工合法权益合议庭巡回审判点”。与市司法局、市律师协会联合组建由55名专业律师组成的福州市职工法律服务队，为职工提供法律咨询、参与劳动争议调解、依据法律提出处理意见，维护职工合法权益。推进集体协商工作，开展“要约行动月”活动，全市各级工会发出要约书2329份，覆盖企业36015家，企业应约率90%，全年签订集体合同4310份，签订工资专项集体合同4355份，覆盖建会企业3.5万家，覆盖职工100万人。

【职工帮扶服务】 2017年，福州市总工会实施“职工温暖工程”，参与职工近

2017年4月28日，福州市召开庆祝“五一”国际劳动节大会，表彰福州市第35届劳动模范 （市总工会 供）

80万人，实施帮扶服务惠及职工43.46万人次，提前超额完成“参与职工60万人”的目标任务。在“两节”送温暖活动中给困难职工、困难劳模10041户送去慰问金、慰问品总值1425.04万元。实施精准帮扶，为建档困难职工中“低保户”“低保边缘户”两类特别困难群体发放常态化帮扶资金270.92万元。开展金秋助学活动，为1085名学生发放助学金473万元。实施困难职工日常紧急生活救助和特别救助，全年发放紧急生活救助款3.7万元、一次性特别救助款20.12万元。开展助力精准扶贫“双联双扶”活动，拨付专款32万元用于结对帮扶村机耕路修复工程、宽带铺设和路灯照明工程建设。通过代购车船票、包车、包机等方式帮助13916名“新福州人”平安返乡，发放车费补贴141万元，协助政府有关部门帮助1886名职工追讨欠薪1054.9万元。

【职工教育培训】 2017年，福州市总工会联合《福州日报》、福州新闻网依托“福州工人E家亲”开展“匠造新时代”网上主题宣传，通过开展主题知识竞答，公益随手拍活动，发表网评文章等形式宣传党的十九大精神。“福州工人E家亲”官方微信有粉丝23.32万人，获评全国工会最具影响力新媒体十强，“匠造新福州”中共十九大精神网上宣传专题，在福建日报10月全省官微监测排行第5；“阿福打工记”聚焦职工关注的中共十九大重点、热点专题，获评全省工会微信最佳主题策划。推进岗位适应性培训、提升性培训和储备性培训，全年依托市工人文化宫以及30家职工教育培训示范点，推出30个示范性技能培训项目，培训职工22450人，超额完成省总工会下达的技能培训任务，组织工会干部8000余人次开展教育培训活动近120场。发挥工人文化宫阵地作用，举办“攻坚2017·咱们工人有力量”五一职工文化节、“永远跟党走——喜迎党的十九大”全省职工文化节等职工文体活动，建设集职工快闪、职工歌会、劳动者风采展、职工拔河赛于一体的劳动文化品牌。

【工会改革】 2017年，福州市推动12个县(市)区总工会成立党组，调整市总工会机关内设机构及职能。经整合撤并，市总工会内设机构10个、直属事业单位4个、市级产业工会9个，精简市总机关18个编制补充到县级工会、工业园区工会。提高工会委员会、常委会中劳模和一线职工比例。市总委员会委员中劳模和一线职工57人，占63.3%，各县(市)区工会委员会中劳模和一线职工比例均提高到60%以上，分别增设1～2名兼职副主席。

(郑　辉)

中国共产主义青年团福州市委员会

【概况】 2017年，福州市有青年191.5万人(14～28周岁青年109.5万人)，其中在册团员23.8万人，团青比例21.7%；全市建有各级团组织26423个，团干部87692人，其中专职团干部266人，乡镇街道团委书记172人、村(社区)团支书2191人。全市有13个团属青少年事务社工机构，专职、兼职青少年事务社工分别有81人、505人。12月13—15日，共青团福州市第十八次代表大会和十八届一次全会召开，选举产生新一届团市委领导班子。

【共青团改革】 2017年，共青团福州市委推进运行机制、团干部管理、工作机制、工作方式、基层组织建设等7个方面，29个领域的改革措施。改革后，团市委领导班子由1正3副减少为1正2副，配备挂职副书记1人，增设兼职副书记2人。团市委精减8名行政编制，充实到部分县(市)区级团委、行业团委和直接服务青年的工作领域。福州青少年活动中心精减20%编制，福州市艺术幼儿园划归市教育局管理。市团代会、团市委员会、团市委常委会中基层和一线代表的比例分别不低于80%、50%、30%。建立专挂兼职团干部队伍，配备不少于50%的挂职、兼职团干部队伍。建立团干部直接联系青年机制，完善1＋100制度，推行4＋1工作机制，建立扁平化、项目化、社会化的工作机制。

【“福州爱”服务特殊青少年自强成长计划】 2017年，共青团福州市委针对特殊青少年群体(智障类、视障类、听障类、自闭症类、综合类)在全省首推“福州爱”服务特殊青少年自强成长计划，实行“社工＋专家志愿者”的工作机制，为特殊青少年提供特长培养、职业发展和生存发展的平台。年内，试点对接30名特殊青少年建立档案，挂牌建立特殊青少年校外活动中心，组建一支由136个专职社工、专家志愿者、支持单位组成的志愿服务队伍。10月，福州市聋哑学校男女足球队在专家志愿者的指导下，分别在全省、全国比赛中取得第一名和第四名。通过开展特殊青少年作品专场义卖会、公益骑行、健康体检等活动，帮助特殊青少年作品义卖达3.87万元，社会募集专项服务资金5万元。

【海峡青少年活动中心建设项目】 2017年，共青团福州市委启动海峡青少年活动中心建设，项目选址位福州滨海新城城南港东路东侧、万新路北侧，实用地面积2.61公顷，拟建设总面积约6万平方米(含地下室)，总投资82575.12万元。建筑采用青年、少年群体活动区域分离设计，少儿活动区域包括美术、体育、音乐(含声乐、器乐)学习训练中心及科技展示中心；青年功能包括12355青少年维权中心、青少年事务社工中心、两岸青年创业孵化中心、青年社会组织孵化器、青年文体活动中心等。

【青少年思想政治引领】 2017年，共青团福州市委结合纪念“五四”运动98周年、“不忘初心跟党走”“我的青春好棒YOUNG”“喜迎十九大、我向习爷爷说句心里话”“新时代、新青年、新福州”等主题教育和实践活动，开展各类宣传活动2200多场次，覆盖青少年32.5万人次。构建以“共青团新媒体中心”为轴，以青年网络智库、青年网评员、网宣青年骨干、网络文明志愿者为4个工作层级的网络宣传格局，开展网上舆论引导、中共十九大精神宣传和参与新福州推介等。全年推送网络文化作品2132篇，阅读量205.6万人次。开展学习宣传贯彻党的十九大精神主题团日活动408个，学习心得分享会11场，覆盖团员青年2.63万人。

【青年志愿者服务】 2017年,共青团福州市委以"文明福州,青年先行""绿化福州,保护母亲河"等为主题,组织青年2.4万人参与城区交通治理、内河整治、春运暖冬、植绿护绿、文明城市创建、共青团员义务星期六等志愿服务项目,创建一批省级志愿服务示范驿站,开发青年志愿者信息管理APP,健全志愿服务长效体系。完成首届金砖国家政党、智库和民间社会组织"三合一"论坛志愿服务工作,组织8379名青年志愿者为"三合一"会议、海上丝绸之路国际电影节、世界华文传媒论坛、中国羽毛球公开赛和国际公路自行车赛等大型社会活动提供优秀志愿服务6.92万小时,被省委、省政府评为"厦门会晤筹办和服务保障工作先进集体",获省委书记于伟国、中联部部长宋涛等各级领导的肯定和与会嘉宾的赞誉。推广应用"志愿汇"青年志愿者信息管理APP,建立52个青年志愿服务驿站,覆盖12个县(市)区,105个镇街,211个村居,其中省级志愿服务示范驿站建成数位居全省首位。

【青春扶贫】 2017年,共青团福州市委推动团干部与贫困家庭青少年"一对一"结对帮扶工作。依托市希望公益服务中心重点帮助贫困家庭在校大学生解决学费、生活费等困难。搭建"扶贫心愿馆"等平台,认领微心愿110件次。举办农村青年电商培训、高校创新创业人才培训、闽江师范高等专科学校高校创业人才培训3期。参与东西部扶贫协作,筹措希望工程款20万元,在甘肃省定西市援建一所福州希望小学,帮扶结对50名贫困大学生。组织青年企业家等到定西寻找投资商机,对接定西青年到福州务工、经商。

【榕台青年交流】 2017年,共青团福州市委参与组织第五届海峡青年节,承办2017海峡青年(福州)峰会和第四届"中建海峡杯"两岸大学生实体建构大赛,有600多名台湾青年、84所台湾院校参与。实体建构大赛被国台办列为重点交流项目。推进台湾青年到榕创业就业,全年受理办结台湾青年创业就业政策申请230件次,受理台湾企业一次性开业补贴申请133件,为台湾青年企业协调或处理工商、国地税、银行开户等服务185人次。整合政府、社会、企业等多方资源,为台湾青年来榕创业就业提供辅导和培训。

(李裕天)

2017年8月12日,2017年海峡青年(福州)峰会在海峡青年交流营地会展中心开幕 (团市委 供)

福州市妇女联合会

【概况】 2017年,福州市妇联有基层组织2908个,其中县(市)区妇联12个、市直机关妇工委1个,市直机关妇委会67个,乡镇妇联130个,街道妇联43个,社区妇联464个,村妇联2191个。推荐评选表彰全国级巾帼文明岗8个,省级巾帼文明岗30个,市级巾帼文明岗87个;全国巾帼建功标兵4人,省级巾帼示范基地8个(含重点1个),省级巾帼美丽家园2个,市级巾帼美丽家园16个;全国三八红旗手1人,省级三八红旗手(标兵)22人,省级三八红旗集体12个,市级三八红旗手标兵9人,市级三八红旗手127人,市三八红旗集体50个。年内,召开全市第七次妇女儿童工作会议,开展福州市"两纲"执行情况年度监测统计工作。指导鼓楼区、晋安区推进"关爱留守流动儿童,推进城乡儿童保护机制建设""两纲"重难点项目的实施。

【妇联改革】 2017年12月28—29日,福州市妇联召开福州市妇女第十四次代表大会,选举产生新一届市妇联领导班子。此次大会,妇女代表大会代表、市妇联执委会委员候选人和常委会委员候选人中各族各界、各行各业劳动妇女和知识女性中的代表比例分别提升到77.1%、70.3%和63.3%,均高于全国、福建省定目标值。改革市妇联机关机构设置,突出家庭文明建设、妇联基层组织建设、网络及新媒体建设职能,组建家庭和儿童工作部、组宣部、发展联络部。出台《市妇联机关干部"双月下基层工作周"制度》《妇联干部直接联系妇女群众制度》等制度,推进各县(市)区妇联改革。

【创业创新巾帼行动】 2017年,福州市妇联召开"巾帼创新业·争当排头兵"座谈会,推动女企业家、创业女青年参与新一轮创业创新、新福州建设。组织女大学生参与第二届中国(福建)女大学生创新创业大赛活动,福州市7个项目获奖,福州市妇联获最佳组织奖。年内,举办女性就业创业专场招聘会38场次,免费服务人数16893人次,达成就业意向2159人。继续联合各级妇联组织举办新农村建设女性大讲堂和"专家快车农村行"专项培训32期,2630名农村妇女参加培训。

【巾帼脱贫攻坚行动】 2017年,福州市妇联在全市妇联系统中推行"巾帼脱贫攻坚八个一行动"。承办第三届福建省"为爱奔跑·母亲健康1+1"大型公益募捐活动,募得善款161万元,安排227.6万元救助663名"两癌"贫困妇女;联合中国人寿福州分公司开展"国寿关爱女性生殖健康团体疾病保险"活动,直接受益贫困妇女1500人;继续开展"榕妇贷",为连江、罗源、永泰、闽清等4县贫困妇女提供创业贴息资金支持,实现创业一人、脱贫一户。依托福州妇联微信公众号开设"爱心集市",帮助贫困妇女推介产品;开展教育扶贫行动,发动社会爱心人士(团体)筹集"春蕾计划"助学款93万元,资助贫困儿童909名;与市司法局法援中心联合印发5000份法律援助证,畅通贫困妇女申请法律援助的通道。以开展精准脱贫家政和陇原巧手技能培训以及妇女干部素质提升培训、春蕾女童救助和"两癌"贫困妇女救助帮扶等项目为载体,组织部分县(市)区及女企业家赴定西市开展东西部精准扶贫对口协作工作,捐赠扶贫资金23.8万元。

【妇女儿童合法权益维护】 2017年,福州市妇联推进反家庭暴力法等各项法律的宣传普及工作。以"建设法治福州巾帼行动"为抓手开展了2103场法治宣传活动,通过法治演出、模拟法庭、法治讲座、幸福婚姻大讲堂、倡议书、承诺签名、法律知识竞赛、亲子学法游戏、法治咨询、发放宣传资料/宣传品等形式,印发了16万多份"七五"普法读本、防拐防性侵、反邪防恐、反家暴、防艾、禁毒等法治宣传材料,惠及13万多人次。首次通过政府购买社会服务方式,设计购买了"妇女儿童法律服务项目"和"幸福家庭成长项目",在微信公众号开设"福妞普法小课堂",为群众提供法律咨询、婚姻家庭指导、情绪疏导、心理干预、法治宣传等服务,受益人数达10000多人;制作《贯彻党的十九大精神 坚持男女平等基本国策》法治宣传视频,在人流量大的地铁站台和车厢进行滚动播放,在福州影响力较大的微博置顶进行宣传,发挥妇联微信公众号、一呼百万福妞姐妹群广泛进行转发、宣传,扩大法治宣传视频的宣传面和影响力。推进婚姻家庭纠纷预防化解机制建设,市、县(区)、乡(镇)三级共建立188个调解委员会(调解室)。全年,市县两级妇联组织受理1022件次信访件。

【家庭文明建设】 2017年,福州市妇联开展"最美家庭"寻访活动,有3户家庭获"全国最美家庭",10户家庭获"福建省最美家庭",98户家庭获"福州市最美家庭"。联合福州电视台少儿频道制作《福妞巧当家》栏目,开展"好家风好家训好家教"征文活动,组织各级"最美家庭"参与"好家风好家训好家教"有声读本录制工作,在福州日报、福州妇联微信公众号推送有声读本15期。建设三坊七巷名人家风家训馆、凤湖社区、乐西社区家风家教示范基地。组织巾帼志愿者开展爱河护河、文明劝导、门前三包、移风易俗等助力城市建设志愿服务和"社区助老""邻里守望"等巾帼志愿服务活动。承办海峡两岸家庭教育高峰论坛;实施家教五年规划;举办"好家风好家训好家教"巡讲111场次,培训家长1.5万余人次。

2017年11月17日,市妇联"好家风好家训好家教"巡讲活动走进鼓楼区华大街道,邀请福州第八中学心理教研室主任谢维兴以《做一个魅力家长》为题进行宣讲 (市妇联 供)

【妇联组织建设】 2017年,福州市妇联推进基层妇联组织改革。改革后,乡镇(街道)妇联配备兼职副主席449人,执委3999人(其中新增2687人);2655个村妇代会升格为妇联,配备兼职副主席4499人,执委24270人(其中新增22120人);社区妇联配备兼职副主席896人,执委5429人(其中新增3953人)。运用现场教学、微课堂、"指尖课堂"等多种形式对基层妇联干部、新履职执委进行培训。推进将服务妇女儿童及家庭的项目列入政府购买社会服务目录。年内,由福建省启福社会工作服务中心承接的"社区家庭教育"服务项目开展活动420余场次,服务13000余人次;"好家风好家训好家教宣传教育"项目服务21000余人次。

(黎 明)

福州市科学技术协会

【概况】 2017年,福州市科协所属市级学会77个,企业科协288个(其中新成立12个)。市本级预算内科普经费1503.01万元,市级人均科普经费1.99万元。县(市)区科普经费1470.11万元。

【校地合作】 2017年,福州市科协推进福州市与福州大学在共建福州大学国家大学科技园、开展科技合作与服务、加强人才引进与培养等三方面进行合作,就重点推进大数据建设等14个重大科技合作项目达成共识。促成福州市与福州大学基本达成续签新一轮战略合作意向。组织北京师范大学、福州大学、福建师范大学、福建农林大学、福建医科大学、中科院福建物构所等院校的108名博士研究生参加福州市百名博士生对接会。组织福州市20名泛VR产业联盟企业代表参与"院士专家八闽行"VR技术对接活动。推动高校院所与福州市企业开展项目对接,促成231个院士专家项目与企业对接成功,组织94名专家作为福州市101家企业的常年科技顾问。

【院士专家工作站建设】 2017年,福州市科协修订《福州市促进院士(专家)工作站建设的若干规定》,简化市级院士工作站认定条件、更改认定时间,加大市级财政对院士工作站建站补助力度。组织开展2017年福州市院士(专家)工作站认定工作,31家院士(专家)工作站通过评审,包括4家院士工作站、26家专家工作站和1家海外专家工作站,其中长源纺织海外专家工作站是福州市首家通过市政府认定的海外院士(专家)工作站。联合市委组织部、人社局、财政局开展"十佳院士工作站""十佳专家工作站"评选,福建星网锐捷通讯股份有限公司院士工作站等10个院士工作站和福建省冠林科技有限公司专家工作站等10个专家工作站获评,给予奖励经费300万元。至2017年,福州市累计引进40名院士,在37家企业、7家事业单位建立45个院士工作站(含1个海外院士工作站、1个第二院士工作站),建站单位与院士团队开展206个项目研发攻关,累计项目总投资29.74亿元,预计新增产值161.88亿元,上缴税收9.51亿元,新增利润23.45亿元。促成张远航院士、吴有生院士、王浩院士、朱蓓薇院士、孙玉院士分别与福州市环境监测中心站、福建省船舶工业集团有限公司、福建三鑫隆信息技术开发股份有限公司、福建亿达食品有限公司和智恒科技股份有限公司建立5个院士工作站,开展7个项目的研发,累计总投资1.75亿元,预计投产后可新增产值14.15亿元,实现税收7155万元,利润3100万元。

【创新驱动助力工程试点】 2017年,福州市科协召开创新驱动助力工程试点工作部署会。推进闽清县、连江县、晋安区等创新驱动助力工程示范县(市)区试点工作,通过邀请国家、省级学会专家,举办学术研讨会,组织企业走访院士、国家级学会、大型企业等方式,推进企业与学会、专家的对接合作。其中闽清县的农博士(福建)生物技术有限公司与中国生物工程学会成功对接,企业生产效率提高5~6倍。福州市规划设计研究院与省土木建筑学会、闽清农博士生物技术公司与中国生物工程共建的学会服务站入选省科协学会服务站。承接中国科协企业科协工程师培训活动,组织开展实施知识产权战略宣讲活动1场、企业专利应用工程师培训3场,发展新增科技信息应用企业87家,培育企业转化应用科技信息新增典型案例24个,直接或间接创造约5亿元经济效益。

【科普阵地建设】 2017年,福州市科协对第一批17个科普标准化试点社区开展检查、评估、总结,筛选、确定17个社区为第二批试点。推进"借力科普"行动,总结首批认定的8个福州科技馆专业分馆运行机制和活动成效,新认定4家分馆。组织福州科技馆"科普大篷车"深入中小学校、社区等开展35场科普活动,参与人数3.2万人次。联合所属学会编印《福州市常见自然灾害及其预防》。实施科普中国·百城千校万村行动,对接科普中国(社区、校园、乡村)e站建设,全市申报、认定科普中国(社区、校园、乡村)e站155个。

【品牌科普活动】 2017年9月16日,福州市科协以"创新驱动发展,科学破除愚昧"为主题,举办2017年福建省暨福州市全国科普日主场活动,主场活动设置双创空间、科学嘉年华、炫彩科普、科学生活、科学DIY、科普大观园、智慧世界、感触科学等八大板块。分片区展示各行各业"双创"成果(福州市"十佳院士工作站"展区)、青少年创新创意成果、福州科技馆专业分馆展区等,并开展科学秀表演、机器人表演、VR科学体验、青少年科学调查体验、科学DIY、电脑机器人挑战赛、移动球幕影院和科普大篷车巡展等重点活动。2月18日,福州科技馆联合福州市动物园、福建仙芝楼生物科技有限公司、福建春伦茶业集团有限公司举办迎春科普游园活动,现场设"对春联""系中国结""摇奖""快乐街球手""微软体感"等10多个游园互动项目,有1万人次参加。12月17日,福州科技馆联合福州大学、福建工程学院、福建农林大学、福州大学至诚学院、闽江学院服装学院5所高校举办以"舞动生命、挥洒青春"为主题的"第七届在榕高校大学生才艺节"。

【基层科普行动计划】 2017年,福州市科协实施福州市"基层科普行动计划"项目,完成项目征集、入库、申报、评审及实施工作。全市有11个社区、3个农村专业技术协会、14个农村科普示范基地、9个农村科普带头人等单位和个人评为优秀实施项目,获得奖补经费93万元。

【科技下乡】 2017年,福州市科协参加2017年全市科技、文化、卫生"三下乡"启动仪式暨集中示范活动,捐赠《全民科学素质系列科普读本》《第32届福州市青少年科技创新大赛获奖作品集》及反邪教宣传品等科普资料1000多册(份),捐款5万元,依托各县(市)区开展"三下乡"活动。组织市级学会和县(市)区科协实施17个"学会联村送科技"项目。

【青少年科技活动】 2017年,福州市科协举办第十三届福州市青少年电脑机器人竞赛,有109所中小学校、257支代表队、580多名选手参赛,组织55支代表队参加第十五届福建省青少年机器人竞赛,9支代表队被推荐参加国赛。举办福州市第33届青少年科技创新大赛和"两马"青少年科技教育交流活动,参赛作品数量约600件,158个项目入围复赛,最终有64个优秀项目推荐参加2018年的省赛。组织60支队伍参加第32届福建省青少年科技创新大赛,6个项目晋级国赛,分别获一、二、三等奖各2项。组织参加中学生五项学科竞赛、

2017 年 11 月 3 日，市科协以"创新驱动 全面振兴"为主题召开第十五届福州市科协年会（市科协）

青少年科学素养竞赛、青少年科学影像节展映展评等各类科技竞赛活动。组织开展青少年科学调查体验活动、中学生高校科学营活动、中国科协"大手拉小手科普报告校园行"活动、社区青少年科学工作室夏（冬）令营活动。

【学术活动】 2017 年，福州市科协以"创新驱动 全面振兴"为主题召开第十五届福州市科协年会，征集论文 1500 多篇，筛选 109 篇，出版《第十五届福州市科协学术年会论文集》。年会主会场邀请中国科学院福建物质结构研究所副所长兰国政，福州市规划设计研究院总规划师、副院长陈亮，分别就科技成果转移转化、福州生态城市和宜居环境建设实践等专题开展学术报告活动。市级学会、县（市）区科协设立 22 个分会场，涉及医学、理学、农学、工学、交叉学科等领域。

【重点调研课题】 2017 年，福州市科协继续组织专家学者围绕福州市经济社会发展中的重点、难点、热点问题开展调研课题 22 项，编印 16 期《专家建言》，其中《3D 打印技术在福州市医疗领域中的应用前景和政策建议》被作为省委专报件采纳。《推进公交票制改革加快打造"公交都市"的对策建议》《福州市科技社团参与精准扶贫的对策建议》被《福州政研专报》采纳，《加快福州市海绵城市建设的对策建议》《福州城市内河黑臭水体治理的对策建议》被《福州调研》登载，《扩大福州市有效投资的对策研究》被《福州经济》刊登，《我市服务业扩容提质发展研究》《加快推进政府购买公共服务的对策研究》等 4 篇调研入选 2017 年度全市政府系统重点调研课题。

【人才工作】 2017 年，福州市科协推荐 26 名福州市优秀科技人员参加各类人才奖励的评选，其中推荐 7 人参加第十四届福建青年科技奖评选，福建亿榕信息技术有限公司高级工程师倪时龙当选；推荐 4 人、2 个集体参评福州青年五四奖章评选，推荐 1 名优秀科技工作者、1 个企业参评全国创先争优先进个人和集体，推荐 2 名个人参评第十五届中国青年科技奖。

【榕台交流与合作】 2017 年，福州市科协申办第九届海峡论坛 · 2017 海峡科技专家论坛分会场活动。联合福州外语外贸学院、台湾网络智能学会、中华海峡两岸企业交流协会主办的海峡两岸创新驱动与双创教育新格局研讨会入选分会场名单。6 月 15 日，海峡两岸创新驱动与双创教育新格局研讨会召开，两岸院校的管理学界知名学者就两岸创新企业教育差异化，应用型人才的联合培养等内容进行研讨，参会专家 200 多人，其中台湾嘉宾 30 多人，两岸达成推动两岸高校共建创新创业教育平台、探索两岸"校校企"（大陆高校、台湾高校、企业）合作共育新模式等 4 个协议。年内，组织"2017 海峡两岸青少年科普夏令营"活动和"福州市两马青少年科技交流团"赴台交流活动。

（王香花）

福州市社会科学界联合会

【概况】 2017 年，福州市社科联成立社会组织行业党委，批准成立独立支部 2 个、兼合式党支部 17 个。联合福建江夏学院成立"福州经济产业研究中心"，依托市法律援助协会、市闽都文化研究会分别成立"法律人智库"和"闽都文化智库"。作为全国"一带一路"沿线城市智库联盟理事单位，于 5 月参加在连云港举办的"'一带一路'战略支点城市与区域合作发展"国际论坛，于 10 月组织参加在天津举办的"'一带一路'战略支点城市与区域合作发展"研讨会，分别作大会发言。举办社会科学普及宣传周活动；出版社科普及读本《话说漆艺》。年内，新增市级社科普及基地 12 个，新成立社科类社团 1 家，1 个学会获评"AAAAA 级社会组织"。在全国大中城市社科联第 28 次工作会议上，市文化艺术交流协会、市诚信促进会被评为"全国大中城市先进社科组织"。林则徐纪念馆、中国（福州）船政文化博物馆在省级社科普及基地年度评估中获优秀等次。

【社科研究】 2017 年，福州市社科联确定立项资助课题 35 项，其中重大项目 5 个，重点项目 15 个，一般项目 15 个，资助金额 95 万元。完成 2014—2015 年度 15 个社科规划项目、2016 年度首批 10 个社科规划项目结项工作。创立并出版集刊《福州社科文库——福州市第九届社会科学优秀成果选粹》，编印社科规划研究《成果要报》。联合市教育局、福州日报社开展挖掘提炼市树市花文化内涵网络征集活动，征集作品 520 余件，评出市树组、市花组获奖作品 18 件。

【学会工作】 2017 年，福州市社科联修订《福州市社会科学界联合会社团管理办法》《福州市社会科学界联合会关于进一步加强社科专家库建设与管理的实施办法(试行)》。11月,举办社会组织行业党委学习宣传贯彻党的十九大精神培训班。指导成立福州市中国人民解放军长江支队历史研究会,23家社团通过年检,市档案学会、市陈靖姑文化研究会、市语言文字学会、市华侨历史学会、市统计学会、市政策咨询研究会、市传统文化促进会等7家学会完成换届工作,注销市职工教育研究会、市民政学会,与市房地产估价学会脱钩,为审计学会、老年学学会、福州文化艺术交流学会、摄影研究会、霞光画院等5家社团6个学术项目提供活动经费23000元。

3月、10月,市老年学学会分别举办"海峡两岸孝道文化暨健康养老"高峰论坛、"老年产业与老年服务业发展问题"理论研讨会。6月,市古琴研究会主办"保护传承非遗,展现生活智慧"——纪念何振岱先生诞辰150周年古琴夏季音乐会暨"闽学杯"第七届福州市古琴、吟唱大赛。9月、11月,市闽都文化研究会分别举办"第六届闽都文化论坛——海外福州人与'一带一路'""昙石山·南岛语族·海上福州"主题论坛。10月,市档案学会开展"档案法制进校园"宣传教育活动。12月,市闽都文化研究会、市诚信促进会联合开发制作的国内首部原创大型诚信主题动画片《诚信漫游记》在福州开播。

【社科宣传普及】 2017年4月,《福州市社科普及工作联席会议制度》实施。联席会议由市政府分管副市长担任召集人,市政府办公厅、市委宣传部分管领导和市社科联主要领导担任副召集人,由市政府办公厅、市委宣传部、市委教育工委、市委党校、市委文明办、市财政局、市教育局、市文化广电新闻出版局、市司法局、市总工会、团市委、市妇联、市社科联、市社科院等14家成员单位组成。11月4—10日,开展2017年社会科学普及宣传周活动,在闽侯县举行主会场启动仪式。以"学习宣传贯彻党的十九大精神·加快构建中国特色哲学社会科学"为主题,举办报告会、图片展、社科讲坛讲座、"社会科学在你身边"大型咨询普及、知识竞答、演讲比赛等社科普及类活动60多场次。30家单位和社科团体,市、县专家学者、干部群众、学校师生、媒体记者等400多人,现场群众2000多人参加主会场活动,发放各类科普读物、社科宣传品3万余份。组织3万多人参加省社科联"学习贯彻党的十九大精神"社科知识有奖竞答活动。11—12月,开展党的十九大精神宣传活动,召开社科理论界学习宣传贯彻党的十九大精神座谈会,组织优秀专家学者到基层举办主题报告会和主题图片展等活动近20场次。

(张　薇)

福州市文学艺术界联合会

【概况】 2017年,福州市文联属文艺家协会有市级会员5853人,省级会员947人,国家级会员356人。开展"新时代　新征程　新福州"主题文艺演出和惠民活动。《道德新风歌》入选中央文明办、中央人民广播电台主办的"唱响主旋律,喜迎十九大"全国20首优秀社会主义核心价值观歌曲;《平安一句话》获"平安中国"歌曲全国比赛创作一等奖;福州语歌曲《我唱哎莎嘛》在央视《中国民歌大会》《音乐优等生》唱响。编撰《福州近现代开先人物画传》(林则徐、严复、冰心、林纾四卷),修编《福州民间文艺三集成》;完成《美丽福州》曲艺专场、"海丝"歌曲创作以及长篇小说《飞翔的白鸽》《茉莉海丝》《戍台令》《双程票》《爱上一座城》《流翠烟台山》作品创作。年内,召开福州市文联七届三次全委会。鄢家花厅作为福州文艺家之家启用,福州文学院挂牌成立。福州写作计划系列活动作为典型案例写入《福建文化发展蓝皮书(2016—2017)》。

2017年11月16日,"新时代·新征程·新福州"——福州市文艺界学习宣传贯彻党的十九大精神文艺演出在福州温泉公园广场举行　(池远　摄)

【中共十九大精神宣传】 2017年7月25—26日,福州市文联举办全市文联系统干部培训班,各县(市)区文联、市各文艺家协会负责人及市文联机关各处室、各直属单位负责人50余人参加培训。培训班采用专题报告、专家讲座、讨论交流等形式,围绕当前文艺和文联工作面临的新形势和新任务深入研讨学习,将培训与基层调研工作相结合,组织培训班学员到闽清了解基层文艺发展状况。7月28—30日,举办"左海传薪——迎十九大福州书法艺术作品展",展出沈觐寿、潘主兰、周哲文、陈清狂等15位书法家近100件作品。10月1—3日,举办"祝福祖国"喜迎十九大——福州市美术作品展暨第二届福建省美术双年展福州选送作品展,展出福州市选送参加第二届福建省美术双年展优秀美术作品90幅。11月9日,召开全市文联系统学习党的十九大精神专题读书班,全市各文艺家协会的文艺家代表、福州市首批文艺名家工作室名家代表、市文联机关全体干部等近80人参加会议。福建师范大学教授、博士生导师郑又贤作题为《党的十九大报告的主要创新点解读》的专题辅导。通过学习原著原文、开展分层次全覆盖的全员培训、举办专题讲座、结合"两学一做"常态化制度化学习教育召开专题研讨、开展“四下基层”宣讲调研活动、组织1000名文艺家组建成50支文艺小分队到各行业宣讲、开展“新时代、新征程、新福州”系列主题文艺创作和展示展演活动。11月16日，举办“新时代　新征程　新福州”——福州市文艺界学习宣传贯彻党的十九大精神文艺演出，晚会由“盛世欢歌”“榕城家园”“丝路远帆”“爱国之恋”“领航新时代”5个篇章13个节目组成，有800多人观看演出。6—9月，举办“迎接党的十九大——砥砺奋进的五年·福州关键词”征文活动，来稿100余篇，有59篇作品获优秀奖并结集成书，部分优秀作品在福州日报副刊《闽江潮》、日报新媒体刊登。7—9月，举办“砥砺奋进的5年　我的福州故事”网络征文活动，来稿700余篇，评选出26篇优秀征文并集结成册，在市属各新闻媒体刊登。11—12月，举办“新时代　新征程　新福州”文学作品征集活动，征集300多篇文学作品，其中有黄文山、朱谷忠等福建知名作家的来稿，有42篇优秀文学作品在福州日报、福州晚报、福州新闻网选登并收录于《榕树2》结集出版。年内，成立文艺志愿者小分队深入各行各业和社区乡村开展中共十九大精神宣讲18场次。

【文艺活动】　2017年5月23日，福州市文联组织市属文艺家协会的文艺志愿者走进福州滨海新城建设攻坚一线，开展“到攻坚一线去”——福州市文艺志愿者滨海新城建设慰问演出活动。文艺演出以歌舞、表演、闽剧、曲艺等文艺表演为主要内容，为一线工人及群众现场赠送墨宝、拍摄肖像等。6月21日，举办福州市中长篇小说选题创作座谈会，邀请知名作家杨少衡、林那北、钟兆云等围绕红色文化、闽都文化、“海上福州”、“海上丝绸之路”、“绿化福州”和当代改革开放重大现实题材等创作主题进行研讨，确定中长篇小说创作选题方向，推进“文化福州·艺术闽都”项目的实施建设。8月7日—9月7日，举办第二届非遗保护福州漆艺高级研修班，有来自全国各地的学员50名参加，学员的优秀作品被推荐参加“海上丝绸之路——福州漆艺东南亚巡展(越南展)”。8月10—12日，举办第五届海峡青年节暨“台湾青年看福州 & 福州青年看台湾”摄影展，展出90幅摄影作品。9月22日，举行福州市首批文艺名家工作室授牌仪式，授予26位杰出文艺家“福州市文艺名家工作室”称号。11月17日，市文联举办福州市中长篇小说作品评论系列学术活动，邀请谢有顺、杨少衡、孙绍振、余岱宗等10多名专家学者对5部中长篇小说作品进行点评，围绕作品的创作技巧、艺术性开展学术研讨，针对如何提高具有福州元素的中长篇小说创作提出建议。12月26日，启动“福州写作计划——2017全国著名作家走进福州”创作周系列活动，邀约中国当代“先锋派”小说的代表作家马原、《大清相国》作者王跃文、“茅盾文学奖”提名作家关仁山、“鲁迅文学奖”获得者葛水平等13位中国当代知名作家到福州“驻市”采风创作，搭建文学创作交流平台，建设对外合作打造福州文学精品新机制。该系列活动的个案课题被作为福建省2017年重要文艺活动之一写入由福建社会科学院编著的《福建文化发展蓝皮书(2016—2017)》。

【文艺惠民】　2017年，福州市文联推进“一县一品”特色文艺示范基地建设，推动文艺服务“四到基层”，开展“文艺进万家”“文艺进校园”“迎新春送万福”“拍摄全家福”等文艺惠民活动。举办“坊巷流韵　闽都文萃”福州文艺精品展、何振岱诞辰150周年纪念活动、“文化中国　风雅榕城”《福道　福州地名诗选》首发式、“有福之州　文明同行”福州市精神文明书画摄影展、“福州记忆”传统节俗摄影作品展、三坊七巷名人家风家训书法扇面展等活动。组织文艺工作者到仓山区、永泰县等开展音乐、书法及广场舞等教学辅导工作，到城门镇和螺洲镇等地开展党建“三级联创”和文艺“四到基层”活动。在重大节日和特色活动期间，组织文艺工作者到山区、军营开展“三下乡”活动。组织鼓楼区文联、台江区文联、晋安区文联等在鼓楼区第一中心小学、福州第七中学、晋安区第六中心小学、象园小学、北峰中学、新店中心小学等学校开展“公共服务文化进校园”系列活动。在鼓楼区文艺家之家、乌山画院、琅岐书画社、省美术馆闽清分馆等基层文化宣传场所开展书法、绘画、摄影、文学创作进学校、社区、农村、企业活动。

（许　超）

福州市归国华侨联合会

【概况】　2017年，福州市有200多万名归侨侨眷，400多万名海外乡亲(其中新侨100多万名)，分布在世界160多个国家和地区，有260多个重点华侨华人社团。福州市侨联第十二届委员会有委员177人，主席、副主席(含兼职)18人，常委58人。聘任海外港澳台60多个国家和地区有影响的侨团领袖担任荣誉职务，其中名誉主席2人，荣誉主席11人，国内顾问6人，港澳顾问28人，海外顾问40人，海外委员72人，台湾侨界特邀委员6人。有基层侨联组织885个，12个县(市)区、3个华侨农场以及重点侨乡的乡镇(街道)、村(居)均建立侨联组织。有团体会员7个，包括侨商会、华侨历史学会、归侨之家、法律顾问委员会、青年委员会、缅甸归侨联谊会、越柬老归侨联谊会。年内，福州市侨联等福州市5家侨联组织和5名侨联工作者获省人社厅和省侨联联合表彰。

【招商引资引智】　2017年，福州市侨联组织市侨联委员、侨青会委员、侨商会成员、海外侨领侨商、侨界高科技人才等到各县(市)区及新区考察投资环境，推动项目落地。年内，推动4个项目落地，总注册资金18.1亿元。举办“英国脱欧后的国际金融形势分析”“党的十九大对经济发展的战略意义”“创新永无止境”侨商创新创业论坛讲座；设立福州市新侨创业创新基地；推动企业参与“一带一路”建设，协助福清建材协会组织30多家建材企业在马来西亚设立大型展销中心。发起“百侨帮百村”脱贫攻坚行动，动员100名侨界热心人士结对帮扶福州市5个县61个乡镇100个村的253个贫困户，筹集帮扶资金94.9万元，资助737人次。牵头世界福州十邑同乡总会侨领乡贤向福州“百侨帮百村”活动捐款500

万元。组织侨领侨商赴定西开展结对帮扶,捐赠10万元给定西市侨联帮扶困难归侨。年内,向90名困难归侨侨眷发放精准扶贫资金共20万元。

【侨胞权益维护】 2017年,福州市侨联建立涉侨纠纷多元化调解衔接机制,与市法院、市司法局、市边防支队、市仲裁委员会等协作共建,通过涉侨诉调法官工作室、侨联法律援助站、"一侨一号"岗、涉侨仲调工作室等护侨机制,为归侨侨眷及侨资企业提供义务法律咨询、涉侨纠纷调处服务。年内,在长乐、福清、闽侯、连江、闽清、仓山等六县区挂牌设立涉侨诉调工作室,在闽清县霞拔村设立全国首个村级涉侨诉调工作站,调解侨胞诉求172件,涉及标的额1亿多元。与共建律师所、法顾委开展为侨法律咨询轮值制度,全年协调、咨询涉侨纠纷500余件次。

【联络联谊】 2017年春节期间,福州市侨联陪同市领导拜访林文镜、曹德旺、陈清泉、孙仁坤等在榕著名侨领和重点人士,到爱尔兰、智利、厄瓜多尔等国家参加世界福州十邑同乡总会等榕籍社团的庆典活动,接待马绍尔、安哥拉、刚果(金)、哥伦比亚、苏里南等20多个国家和地区的新侨社团。开展侨界新生代工作,走访侨二、三代新阶层人士。开展侨界文体活动,举办福州市侨界乒乓球邀请赛、"展示中华文化自信 搭建中外友谊桥梁"中外书画家联谊会、侨界共植"侨心林"等活动。

【参政建言】 2017年,福州市侨联推进政协侨界委员、人大归侨代表的联系服务工作,推动侨界撰写议案提案和侨情专报。完成"优化侨资企业营商环境""精准构建福州市'亲''清'政商关系"两项调研课题,报送专报70余篇、信息200余则,位列全省侨联系统第1位。其中1篇专报获省委书记尤权批示,多篇信息、专报被中央统战部、《福建日报》、省委《福建信息》、省政府《八闽快讯》等采用。

【中共十九大精神海外宣传】 2017年,福州市侨联组织侨联委员、侨青会成员、侨商会成员、归侨侨眷和海外侨胞代表、全市各级侨联工作者和侨联离退休干部代表开展传达学习交流会6场次;与东南网、美国福建公所联合主办在榕海外侨领学习中共十九大精神座谈会,聘请来自18个国家的36位闽籍侨领为市侨联"学习贯彻十九大精神海外宣传员",被人民网、中新网、台海网、美国亚省新闻网、阿根廷华人网、美国华视、凤凰网等国内知名网站和境外华媒转载,被中央统战部《每日汇报》及《福建日报》刊发。建立中共十九大海外精神宣传成果和问题指导定期反馈制度,与海外宣传员建立长效联系机制。引导海外社团在纽约、伦敦等地组织开展学习交流会5场次。西方"平安夜"期间,指导海外宣传员组织旅居美国、阿根廷、新加坡等国家的60余名闽籍侨领在纽约孔子大厦交流学习中共十九大精神。

(唐 宜)

福州市台湾同胞联谊会

【概况】 2017年,福州市有台胞约1900人,其中当选省党代表6人,市党代表9人,市人大代表1人,县(市)区人大代表1人,市政协委员9人,县(市)区政协委员20人;全年,福州市台联接待岛内、海外台湾同胞367人;组织节日联谊活动11次,参加活动330人次;走访慰问困难台胞、80岁以上高龄台胞105人。发放台胞生活扶助金79.49万元、两节慰问款5.66万元;接待和处理台胞的来信来访17件。年内,推进福州台湾会馆复建工作,于6月9日设立复建联络处,并加挂"福州台湾会馆管理处"牌子。11月18日,福州市第八次台湾同胞代表会议召开,选举产生福州市台联第八届理事会和领导班子。

【联谊交流】 2017年,福州市台联接待全国第四届台胞社团论坛嘉宾团、泉州台联台湾师生代表参访团、参加第十九届海峡两岸经贸交易会的台湾商工统一促进会、参加第五届海峡青年节的台湾工商建研会;主办开闽宗亲文化节,参与主办"中华一家亲·2017年海峡两岸各民族欢度三月三"暨福建省第六届"三月三"畲族文化节、第十届海峡两岸少数民族丰收节活动和闽台共建美丽乡村联盟、榕台青年夏令营活动。年内,组织台胞台属到长乐滨海新城开展海峡两岸各界妇女共植"巾帼林"活动;举办台籍党员、台胞骨干元宵联欢会;组织台胞、台商到永泰县嵩口镇欢庆端午并考察闽台合作开发的乡村民俗民风民情文化;接待北京、广州、昆明、青岛、泉州、南平等地台联到福州参观的调研考察团。

【台胞参政议政】 2017年,福州市台联推动各级台籍人大代表、政协委员围绕两岸交流、经济社会建设为重点参政议政,提交《关于注重公务员心理健康的建议》《关于新常态下促进台资企业转型升级的建议》《关于加强陆生服务管理工作的建议》等提案议案20件。开展涉台课题调研,撰写《发挥台联工作优势、深化闽台民间融合》《关于进一步推进闽台文化交流的思考与建议》等5篇调研文章。

【招商引资】 2017年,福州市台联开展台企调研,组织在榕女台商、返乡探亲的大陆新娘代表参加与市妇联联合举办的"巾帼创新业·当好排头兵"座谈会。年内,落实招商引资项目3个,总投资2.49亿元。

(陈 珊)

福州市残疾人联合会

【概况】 2017年,福州市有持第二代中华人民共和国残疾人证残疾人9.5万人,其中肢体残疾4.4万人,视力残疾1.3万人,听力言语残疾1万人,精神残疾1万人,智力残疾1.3万人,多重残疾5000人。福州市残联设市盲人协会、市聋人协会、市肢体残疾人协会、市精神残疾人及亲友协会、市智力残疾人及亲友协会5个专门协会。年内,健全基层残疾人联络员队伍,扶持建设社区残疾人康复站(室)62个,残疾人康复服务机构28个,市残疾人辅具展示厅和县(市)区辅具适配站11个,福乐书屋13个,福乐健身站 17 个，推进总投资 1.6 亿元的市康复就业中心项目建设。编制《福州市“十三五”加快推进残疾人小康进程规划纲要》及实施方案，出台《福州市残联 2017 年精准扶贫工作实施方案》《福州市残疾人基本型辅助器具适配补贴实施方案（试行）》。年内，福州市残疾人辅助器具服务中心主任林凌获第 35 届“福州市劳动模范”称号。福州市贫困残疾人脱贫攻坚工作、辅具适配补贴服务工作等经验先后被省残联和省辅具中心向全省各地转发。

【助残工程项目】 2017 年，福州市残联有 2 项“助残工程”列入省委、省政府为民办实事“助残工程”项目，分别是资助 1315 名居家养护的智力、精神和重度肢体残疾人每人补助 2000 元；扶助 420 名农村困难残疾人开展就业、创业、生产经营等每人补助 5000 元。

【精准扶贫】 2017 年，福州市残联开展党建扶贫，开展党员干部结对帮扶，机关党员到闽清县开展“2017 党建助力精准扶贫暨机关党员干部一助一志愿助残先锋行动”活动，走访省璜镇、白樟镇上莲乡、塔庄镇 19 户建档立卡贫困残疾人家庭，针对不同贫困家庭的不同需求给予困难慰问及康复救助帮扶等，建立联系制度。开展康复扶贫，组织各级辅具干部对闽清、永泰县等扶贫攻坚重点县开展为期半年的残疾人精准帮扶工作。通过一次电话了解、二次入户考察的精准摸底调查，对闽清、罗源、永泰的 600 名建档立卡残疾人开展辅具需求摸底调查。有辅具需求的共 191 人，涉及辅具类别 24 种 303 件辅具。其中，开展文化扶贫，针对罗源县建档立卡贫困残疾人，加强基层残疾人文化建设，开展残疾人文化进家庭活动，为 80 多户贫困建档立卡残疾人购置 239 本书籍总值 6000 余元；结合县文化站农村书屋建设，市、县两级残联联合在凤坂村建设一所残疾人“福乐书屋”，市残联下拨建设扶持经费 2 万元；“心手相连　与爱同行”省残疾人艺术团走进基层巡演暨福州市“爱心辅具”发放仪式在凤坂村文化中心举行，白塔乡有贫困残疾人 50 多人、村民 300 多人观看演出。开展兜底保障扶贫，为具有福州市户籍，持有第二代残疾人证，有托养需求，在劳动年龄段内、未就业，属于当地扶贫建档立卡户的智力、精神和重度肢体残疾人提供居家托养服务，每人补助 2000 元，救助 120 名智力、精神和重度肢体建档贫困残疾人，其中永泰县 52 人、闽清县 37 人、连江县 16 人、罗源县 10 人，闽侯县 5 人。全年有 200 户建档立卡“一户多残”残疾人家庭享受生活困难补贴，每月 300 元；扶持 82 户建档立卡残疾人开展就业创业，每户 5000 元；扶持 45 户建档立卡残疾人家庭助学；为 23 户建档立卡残疾人家庭实施安居工程；对所有未脱贫建档立卡残疾人家庭进行慰问，每户 500 元。

【社会保障】 2017 年，福州市残联落实困难残疾人生活补贴和重度残疾人护理补贴、“一户多残”家庭困难补助、残疾人参加居民养老保险政府代缴补助、重度残疾人参加城乡居民基本医疗保险政府补助、重度残疾人医疗报销、新增 29 个康复项目纳入基本医疗保障支付范围、无业重度残疾人参照单人户纳入最低生活保障范围等政策。2.52 万名困难残疾人享受每人每月 150 元的生活困难补贴，共 4600 多万元；3.2 万名重度残疾人享受护理补贴，共 3000 多万元；7 万名残疾人参加居民养老保险，覆盖面超过 90%；9 万名残疾人建立意外伤害保险；2063 户“一户多残”残疾人家庭享受每户每月 300 元困难补助，共 721.41 万元；210 户残疾人家庭实施无障碍改造。发放残疾人非机动轮椅车燃油补贴 1760 人次。元旦、春节期间，走访慰问贫困重残户、低保边缘户、一户多残户和依老养残户等贫困残疾人 5000 余人，发放慰问物品和资金总值 300 余万元。实现残疾人免费乘坐市内公交车和地铁。

【康复服务】 2017 年，福州市残联出台《福州市残疾人康复服务体系的实施方案》《福州市“十三五”残疾人康复服务实施方案》《福州市“十三五”期间残疾人社区康复站建设和管理实施方案》《福州市残疾人精准康复服务行动实施方案（2016—2020 年）》《福州市残疾预防行动计划（2016—2020 年）》等文件，全市 1 万多名残疾人得到不同程度康复。实施“七彩梦行动计划”等国家和省级重点康复项目，实现残疾儿童康复训练救助、贫困白内障患者复明手术救助、贫困精神病患者服药和住院救助、0～6 岁听力障碍儿童装配电子耳蜗及康复训练救助等各项残疾人康复救助制度化全覆盖。为 1073 名 0～6 岁和 199 名 7～12 岁残疾儿童分别提供每人每学年 1.8 万元和 0.8 万元的康复训练救助；为每例白内障复明手术救助补贴 1500 元；为贫困精神病患者提供服药救助补贴每人每年 500 元，住院救助补贴每人每年 4000 元；开展精神病患者社区康复救助补贴试点工作，为 100 名精神病患者提供救助每人每月 1200 元。年内，培训 100 名康复人才。

【辅具适配服务】 2017 年，福州市残联根据残疾人对辅具用品的需求出台市级辅具补贴实施办法，涉及轮椅、手杖、各类假肢、矫形器、耳背式助听器和定制助听器等辅具。在全省率先推出听力残疾人辅具适配补贴改革。辅具服务大厅增设面向福州市有需求群众开放的辅具借用服务项目。加强全市辅具服务网络建设，开展“零距离无障碍”辅具下基层巡回筛查适配回访，提供各类辅具服务 5021 人次，发放和补贴各类辅具 2035 例。率先实行福州市助残辅具事业与高等院校合作模式，市残联与福州大学物理与信息工程学院签订辅具研发合作协议，协议包含人才培养、科研创新、专业培训、辅具研发成果转化、技术交流等方面。

【就业服务】 2017 年，福州市残联推进残疾人就业和职业培训信息管理系统实名制录入工作，推行用人单位按比例安排残疾人就业，扶持残疾人集中就业、自主就业创业以及灵活就业，落实扶持残疾人就业创业“1+5”政策，发放扶持资金 505 万元。其中，超比例安排残疾人就业 191 人，奖励 128.93 万元；集中安置残疾人就业 230 人，社会保险补贴 74.84 万元；残疾人自主就业创业养老保险 960 人，医疗保险 391 人，补贴 298.87 万元，接纳高校残疾人毕业生就业 5 人，补贴 2.5 万元。年内，举办残疾人就业招聘会 30 场，其中残疾高校毕业生专场招聘会1场,开展职业能力测评等就业安置的推介服务,开展残疾人技能培训1010人次,安置残疾人3605人,新增就业1771人,扶持420名农村贫困残疾人开展就业创业,推荐应届残疾人高校毕业生就业14名,组织86人参加残疾人就业服务人员业务能力远程培训。继续完善盲人按摩机构扶持政策,推进《福州市盲人保健按摩机构(个体)扶持暂行办法》落实。

【扶残助学】 2017年,福州市残联加强残疾人教育保障,对残疾人及残疾人子女考入高中和中专、大专、本科、硕士、博士的,每年分别给予不低于2000元、3000元、3500元、4000元、4500元的补助,全年为1505名残疾学生及残疾人子女发放扶残助学金436.9万元。完成817名未入学适龄儿童少年调查统计、数据信息录入、通报工作,落实"一人一案"。

【残疾人权益保障】 2017年,福州市残联建立残疾人法律救助工作站,建立信访跟踪随访制度,完成残疾人上访的处置和息访工作,受理办结12345政府公共服务系统和12385残疾人服务热线200多件,来信来访175件次。推进残疾人参政议政工作,办理人大代表建议和政协委员提案9件。

【宣传文体活动】 2017年,福州市残联开展推进残疾人文化进家庭"五个一"活动(帮助农村地区贫困、重度残疾人家庭每年读一本书、看一次电影、游一次园、参观一次展览、参加一次文化活动。)和残疾人体育"六个一"活动。继续在福州电视台新闻周末频道《整点播报》栏目开设手语新闻节目。组织参加中国残疾人脱贫及助残扶贫典型事迹展播、第十届福建省残疾人艺术汇演、"帮扶残疾人一件事"主题征文、优秀残疾人艺术家"百人计划"推介活动、首届残疾人书画家(香港)邀请展等活动等各类残疾人文化赛事。举办第27次全国助残日暨第七届闽台残疾人文化周、首个全国残疾预防日、国际残疾人日等重大残疾人节日宣传活动。组织省残疾人艺术团走进罗源巡演活动。组队参加2017年全省青少年特奥融合足球赛、聋人足球赛均获一等奖。开通"福州残联"微信公众号,建设"残疾人在线"网站、"福州市残联"新浪腾讯政务微博等新媒体,编印《有福之州　助残热土——2013—2017年福州市残联工作纪实》宣传图册。

(郑海云)

福州市关心下一代工作委员会

【概况】 2017年,福州市有关工委组织4392个,成员2.93万人,其中"五老"(老干部、老教师、老专家、老劳模、老战士)人员2.2万人。全市有173个乡镇(街道)、2614个行政村(社区)、731所学校、97个机关事业单位以及89家企业组建关工委组织。全市各级关工委有报告团356个,"五老"报告员2236名,涵盖各县(市)区、乡镇(街道)以及部分村(社区)和学校。出台《关于开展福州市青少年"学习党史国史,讲好福州故事""五个一"主题教育活动的实施意见》《关于落实新一轮创"五好"基层关工委有关问题的通知》《新一轮创"五好"基层关工委试点工作目标》。年内,被中国关工委、司法部、中央综治办联合评为全国第三届"关爱明天、普法先行"青少年普法教育活动先进单位。

【思想道德教育】 2017年,福州市关工委联合市委宣传部、文明办、教育局,开展"学习党史、国史,讲好福州故事""五个一"教育活动。分别是一轮巡回宣讲,全年开展"学习党史、国史,讲好福州故事"老少巡回宣讲49场,听众2万多人次;录制一张光盘,从讲故事活动中选出部分优秀作品制作成《学习党史、国史,讲好福州故事优秀演讲集锦》;举办一次征文活动,收到《学习党史、国史,讲好福州故事》征文155篇,评选优秀征文92篇,并从中精选61篇编辑成《福州市青少年学习党史国史优秀征文选》印发全市学校和基层关工委;播出一档电视节目,福州电视台跟进《学习党史、国史,讲好福州故事》活动,进行采访报道;制作一部课件,由杜进兴主编的纪念中国人民解放军建军90周年课件《人民军队最可爱的人》作为向建军90周年献礼的课件于建军节前下发至全市学校和基层关工委。年内,设立林则徐纪念馆等10个基地作为"福州市青少年学习党史、国史教育基地",开展"讲故事"活动2795场次,参加人数238万人次。选拔优秀中小学生报告员各1名,参加全省"向军旗敬礼、向英雄学习"中小学生演讲(讲故事)大赛。闽侯县第一中学林怡获中学组第一名(一等奖);罗源县凤山小学卢翔骞获小学组第三名(二等奖)。

【青少年普法】 2017年,福州市各级关工委配合有关部门开展"法治福州""平安福州"建设和广泛开展平安宣传、"未成年人零犯罪学校"创建活动,到农村、社区、学校宣传《未成年人保护法》《预防未成年人犯罪法》等法律法规,赠送《全国青少年普法教育读本》等书籍,举办各类普法培训班、知识竞赛等。鼓楼区、仓山区、福清市、连江县创建"全国青少年普法教育示范区",完善学校、社会、家庭相结合的法律教育网络。连江县筹措资金200多万元,建立面积700平方米集科技、学习、娱乐互动于一体的大型多功能青少年普法教育基地。

【关爱青少年身心健康】 2017年,福州市关工委联合市教育局、市妇联创办的福州市网络家长学校网课从每月1场增加到每周1场。至2017年,参加网校听课学校数增加到238所,上线听课家长人数115万人次,单次课上最多有11万人次。网校建立福州市、各县(市)区和学校三级管理模式。年内,对网校成立5年以来的工作进行总结,制定工作章程和领导机构,将家长网校工作列入2018年度全市关工委工作品牌向全省推广;组织青少年心理健康服务团到学校、社区、企业,为学生、老师和家长进行专题讲座、开设团体辅导示范课、现场互动交流以及心理咨询等服务活动。4月,联合罗源县关工委在罗源一中举办题为"激励考生成功的艺术"的讲座,开设一堂辅导示范课以及面对面的咨询活动;联合市委老干部局、市老年大学举办多场"祖辈育儿讲堂";组织100人参加省关工委举办的"家教大讲堂";组织全市1019名"五老"网吧义务监督员到网吧、游戏厅等开展明察暗访,引导青少年正确上网,向网吧业主宣传有关政策法规,同时加强监督员培训,建立常态、长效监督机制;暑假期间,继续联合《福州晚报》举办外来工子女夏令营活动,开展艺术类、拳击、武术以及防拐防骗等安全知识课程。

【关爱困难青少年】 2017年,福州市组建各级关爱工作团(组)1285个,开展"大手拉小手""老少结对帮扶""一帮一""一帮二"等工作。推动爱心企业家分别为福清东瀚镇、闽清东桥镇55名贫困学生捐助2017年度每人5000元助学金共27.5万元;联合罗源县关工委筹集10.7万元为中房中心小学322名留守儿童发放营养午餐补助费;六一儿童节期间,捐赠1万元慰问金给儿童福利院。至2017年,全市各级关工委建立教育基金会100多个,累计基金3000多万元,累计资助大中小学生30多万人。年内,把关工委关爱工作融入网格化服务管理,依托各村(社区)对辖区内的"五失"青少年进行摸底,建立台账,明确关爱帮扶对象。鼓楼区在社区构建社区—网格—楼栋(小区)小三级网络,关爱小组建在网格,楼院配备1~3名关爱员;全区69个社区网格、534个单元网格,动员1000多名"五老"就近就地入社区、入楼栋,实现"三化五员";打造特色"四点钟学校",建设对青少年开展理想信念教育、法制教育,学知识、学技能、学动手的教育平台。

【青少年科技基地建设】 2017年,福州市关工委与省关工委"种子工程"对接,帮助贫困家庭青少年"学科技、奔小康",培养各种专业能手;在10个夕阳红青少年科技教育服务示范基地对青少年开展各具特色的科技教育和农村实用技术培训,扶持农村青年创业。参与海峡两岸青少年交流活动,参加全省关工委组织的"6·18"两岸青少年交流、暑期两岸青少年朱子文化交流以及福州市科协牵头的与马祖两岸青少年科技交流。永泰县关工委、县老科协联合举办2场"送科技活动"培训班,邀请黄兔专家谢用福进行授课,为富泉乡23户农民贫困户(包括精准扶贫的贫困户7户)以及大洋青峰村的6户建档立卡贫困户、清凉镇1户贫困户提供品种优良的种兔。

(市关工委)

福州市红十字会

【概况】 2017年,福州市红十字会系统筹募款物3810万元,救助弱势群体1.1万人次。多家媒体刊出或转载报道《人道、博爱、奉献 助力建设新福州——福州市红十字会五年来特色工作成效凸显》《公信运作打造标杆 久久为功奉献爱心——福州市红十字会让爱满榕城》等多篇文章。年内,常务副会长胡晓强参与《不忘初心——图说廖俊波的故事》一书的策划编辑工作,其《胡言晓说》《红十字·三字经》被省红十字会作为中共中央宣传部"两个一"工程奖推荐书目选送参评。4月,北京市红十字会党组成员、副会长谢辉一行9人到福州考察交流红十字宣传筹资、组织建设、生命教育、养老服务及精准扶贫等工作;8月,中国红十字会总会组织与宣传部部长姚立新一行到鼓楼区鼓东街道中山和开元社区红十字会开展调研。

【应急救援】 2017年,位于闽侯荆溪永丰村占地0.81公顷的福州市红十字备灾救灾仓库投入使用,常年储备总值近100万元的救灾器械和应急物资。闽清县、永泰县红十字会继续参与2016年"尼伯特"台风灾后的救助工作。7月29日,第9号台风"纳沙"来袭,福州市红十字会启动防台风应急预案,市、县(市、区)两级红十字会实行24小时值班制度,筹备资金100万元及总值50万元的物资,组织由市红十字医院市一医院联体红十字志愿服务总队、水上救援志愿服务队和社区应急救护队部分志愿者组成的防抗台风应急救援服务队。

【人道救助】 2017年,福州市红十字会开展"博爱送万家 温暖你我他——元旦、春节关怀活动",送出慰问金及"爱心箱"2000余份;开展"救治一个患者 解放一个家庭——重特大疾病医疗救助行动",全年市本级救助180多人次、金额170多万元;开展"关爱农民 关注健康——百千万救助行动",全年救助100户特困农民,培训1000名农民应急救护骨干,为10000名缺医少药农民送医送药上门;开展"博爱情·学子梦——人道助学行动",筹得善款11.9万元,救助贫困生22人;开展"捐闲置物品 助困难群体"活动,将捐赠的闲置物品配送给有需要的困难家庭;以"好心有好报"为宗旨,开展"爱心存折 存储爱心"活动,帮助遇到困难的爱心人士。7月,省、市红十字会联合爱心媒体及公益组织,对闽清县"墨鱼头男孩"池周晶开展系列人道救助行动,经救治,患者于12月从福建医科大学附属第一医院出院。

【生命工程】 2017年,福州市遗体器官捐献报名登记127人,实现遗体捐献16人、器官(含组织)捐献3人。3月30日,在三山陵园人生广场举行主题为"生命的礼赞"遗体和器官捐献者追思悼念活动。继续组织造血干细胞捐献工作,全年采集19人份高分辨血样,体检6人,成功捐献5人。4月,来自台江的建材仓库管理员陈君武成为省内用时最短的造血干细胞捐献者,与温州市的一名4岁白血病女童配型并捐献成功。

【救护培训】 2017年,福州市红十字会开展应急救护"六进"活动,为外(台)资企业、电力、学校、机关事业单位、社区(街道)等各行业人员开展自救互救知识和技能培训工作。全年举办应急护培训班44期,颁发急救员证书1792人,举办应急救护知识讲座174期,受众1.61万人。年内,在福清卫校建立"六进"培训基地。

【志愿者服务】 2017年,福州市有市级志愿者组织263支,登记红十字志愿者超过3万人,志愿服务71534人次,志愿者参与志愿服务总时数超过13万小时。其中,龙祥、龙台、龙洲和敖江4支红十字水上训练救援志愿服务队常年在福州市闽江、乌龙江及东海海域等公开水域开展救生救援工作;情天、阳光、源

2017 年 7 月 23 日,福州市红十字会赴马祖开展两岸红十字人道绿色救助通道考察交流活动 (市红十字会 供)

野等 3 支红十字户外应急救援志愿服务队常年服务于福州、闽侯、罗源等地的野外山林,并从事山地林地环境保护、山区孤寡老人帮扶等公益事业。11 月 23 日,敖江、龙祥两支红十字水上救援队在乌龙江畔开展水上救援演练和志愿服务交流活动。12 月 2 日,为纪念第 32 个国际志愿者日暨《志愿服务条例》颁布实施,福州市红十字会在福建省委党校举办公益晚会,40 支志愿服务者团队,爱心媒体、爱心人士代表约 600 余人参加活动。

【榕台交流】 2017 年,台湾金门红十字组织洪国正率 34 人到福州访问,福州市红十字会组织县(市)区红十字工作人员到马祖进行友好交流。年内,开通连江—马祖"连马"红十字人道绿色救助通道,制定生命救援接力行动方案和应急救助措施,全年双向护送滞留或遇险渔民等 12 人次,受理台胞寻人转信 9 人次。

【精准扶贫】 2017 年,福州市红十字会党组结对帮扶永泰县长庆镇福斗村,多次到福斗村开展助力精准扶贫"双联双扶"活动,为该村建立避灾点,配备 45 个铺位及 45 套被褥和基本生活用品,为村道建设和自来水管道铺设提供资金支持,为村卫生所配备急救箱,开展急救技能培训,给该村 5 户特困户每户送去 3000 元脱贫救助资金,把因病致贫家庭和贫困户子女就学纳入大病救助和博爱助学资助对象。8 月,福州市政府办公厅联合福州市红十字会与爱心企业福州新榕城市建设有限公司、福州民天集团有限公司对闽清县坂东镇文定村开展精准扶贫活动,两家爱心企业分别捐献 17 万多元,共 35 万多元用于帮助该村建设国家精准扶贫"十大工程"之一的光伏发电项目。

(市红十字会)

福州市慈善总会

【概况】 2017 年,福州市慈善总会接受社会捐赠总额 1.53 亿元,各项公益事业支出 2.23 亿元。7 月,慈善拥军项目被省委、省人民政府、省军区授予"爱国拥军模范单位"称号,"百会联百村"扶贫项目被福州市民政局授予 2017 年度"百会联百村"扶贫攻坚行动"扶贫爱心社会组织"称号。

【"慈善情暖万家"系列慰问活动】 2017 年元旦、春节期间,福州市慈善总会开展"慈善情暖万家"系列慰问活动,筹措资金 1928.98 万元,面向城乡各类困难户 1.9 万户开展一系列慰问活动。包括慰问鼓楼、仓山、晋安、马尾、福清、长乐、闽侯、闽清、台江、连江、各类困难户 280 户,慰问麻风病人 19 人;以举办"年夜饭"形式对鼓楼区 300 名困难户进行慰问;发放"永辉"爱心卡 1887.2 万元,救助贫困人员 1.88 万户,每户 1000 元;慰问贵州省瓮安县智华中学贫困生 450 名等。

【慈善助学】 2017 年,福州市慈善总会开展助学活动,累计支出助学金 279.82 万元,其中专项资助农村贫困高中生 258 名,发放助学金 51.6 万元。

【慈善助老】 2017 年,福州市慈善总会开展助老活动,发放助老救助金 57.1 万元,其中专项资助农村孤寡老人 257 人,发放救助金 51.4 万元;对鼓楼区 18 位孤寡老人实施居家养老免费"四帮"服务。

【慈善医疗救助】 2017 年,福州市慈善总会与中华慈善总会合作继续开展特罗凯、拜科奇、安维汀、倍泰龙 4 个慈善赠药项目,分别为肺癌患者、血友病患者、多发性硬化患者、直肠癌患者免费发放药品,总值 9413.02 万元;与福州东南眼科医院合作,联合开展慈善复明行动,在农村地区为 300 名贫困白内障患者免费实施复明手术。

【关爱军人困难家庭】 2017 年,福州市慈善总会联合市双拥办、市民政局开展"关爱军人困难家庭救助活动",救助困难军人家庭 288 个,每个家庭发放救助金 5000 元,共发放 144 万元。

【贫困户生产生活救助】 2017 年,福州市慈善总会针对贫困户生产生活困难情况进行救助,为 64 个贫困户发放生产、生活救助金 12.8 万元。其中为罗源县中房镇下湖村 30 个贫困户发放生产生活救助金 6 万元,每户 2000 元;在永泰县丹云乡投入 50 万元,通过设立"扶贫开发基金"形式,向该乡 34 个贫困户发放生产生活救助金 6.8 万元,每户 2000 元。

【就业帮扶】 2017 年,福州市慈善总会通过设立"就业帮扶基金"形式,对中华技师学院 50 名家庭贫困的毕业生进行帮扶,发放就业帮扶金 15 万元,每名毕业生 3000 元。

【政府对口扶贫工作对接】 2017 年,福州市慈善总会根据市委、市政府对口扶贫工作要求，筹措对口扶贫甘肃省定西市的资金、物资总值80万元，用于救助定西市贫困残疾大学生、学校设施改善和为贫困白内障患者实施免费复明手术。

【“百会联百村”精准扶贫】 2017年，福州市慈善总会参与“百会联百村”扶贫攻坚行动，筹资35000元对罗源县中房镇叠石村进行精准扶贫，其中产业扶贫资金3万元，生活扶贫5000元。

【中华慈善日捐赠活动】 2017年8月28日，福州市委办公厅、市政府办公厅发布《关于开展2017年“中华慈善日”捐赠活动的通知》，市本级各单位员工与社会爱心人士捐款129.60万元，捐款主要用于扶贫、助学、助老、助医、助残等慈善公益活动。

（李孝棋）

福州市个体劳动者协会 私营企业协会

【概况】 2017年，福州市个协、私协有个体会员30.56万户，私营企业会员22.04万家，从业人员209.16万人。

【会员企业服务】 2017年，福州市个协、私协通过短信平台向会员企业发出节日问候、银企对接宣传以及生日问候短信1万多条，帮助会员企业了解新出台的制度和政策。成立商务公司为入驻的会员企业提供注册地址、记账、报税等服务，吸引企业480家，注册资金52.87亿元。定期走访会员企业，为企业协调解决问题，推进企业规范经营。

【技术职称评定】 2017年，福州市个协、私协向会员企业发放3000多份“福州市私营企业协会职称评审须知”，有258人申报参加职称评定，其中76人通过中级职称，100人通过初级职称。

【非公党建】 2017年，福州市个协、私协帮助有条件的私营企业组建党支部，发展新党员，福州市私营企业党委下属1个党总支、46个党支部，党员422人。

（黄　超）

福州市消费者权益保护委员会

【概况】 2017年，福州市消委会受理消费者投诉2062件，解决结案2043件，结案率99.08%。为消费者挽回经济损失233.81万元，其中欺诈行为得到加倍赔（补）偿46件，赔（补）偿金额3.27万元。生活社会服务类、家用电子电器类、服装鞋帽类位居投诉类别前3位，分别占投诉总量的14.45%、13.43%、9.36%。质量问题、合同纠纷、售后服务位居投诉性质前3位，分别占投诉总量的31.23%、14.84%、11.74%。与福建天人和律师事务所联合建立消费维权“快速支持起诉”机制，启动快速支持起诉案件2起。

【“3·15”国际消费者权益日活动】 2017年，福州市消委会组织各种纪念活动93场，参加人数2.47万人次，接受咨询9706人次，受理投诉96件，挽回经济损失5.59万元，发放宣传材料9.82万份。省委宣传部、省高院、省司法厅、省住建厅、省工商局、质监局、食药监局、检验检疫局、市市场监督管理局、省市消委会等部门联合在福建会堂举行纪念“3·15”国际消费者权益日宣传活动。活动现场播放“新消费，我做主”电视专题片，回顾省、市政府职能部门2016年维权工作。会上发布省工商局、质监局、食药监局、检验检疫局就规范市场秩序、保护消费者权益等方面的相关统计数据。为省消费维权志愿者办公室、省消费维权志愿者工作站授牌，网络交易平台及经营者代表在会上发表网络诚信宣言。

【商品质量抽检】 2017年，福州市消委会联合福建省纤维检验局开展婴幼儿及儿童服装线上线下商品比较试验，抽查29家实体店及网购平台旗舰店、专卖店销售的50款样品。依据GB 18401－2010《国家纺织产品基本安全技术规范》、GB/T 5296.4－2012《消费品使用说明　纺织品和服装》、GB 31701－2015《婴幼儿及儿童纺织产品安全技术规范》等相关标准，对甲醛含量、pH值等10个项目进行检测。检测发现有9款样品内在质量未达到国家标准要求，17款样品在使用说明方面存在问题。市消委会约谈相关销售企业，督促不合格产品生产企业进行整改，并发布婴童服装消费警示。

【收费听证】 2017年，福州市消委会依据《福建省实施〈消费者权益保护法〉办法》第43条规定，在市区公开征集、推

2017年3月15日，福州市纪念“3·15”国际消费者权益日活动现场

（市消委会　供）

荐10名消费者代表参加“福州市区巡游出租车指导价听证会”。市消委会代表不特定多数消费者对听证方案提出3点意见和建议。福清、连江分别参与城市污水处理费收费标准、城区管道燃气价格、青芝山景区门票价格及上山公路电瓶车票价等价格听证,代表消费者发表意见和建议。

【消费宣传教育】 2017年,福州市消委会联合市律师协会召开座谈会,解读《消费者权益保护法》《网络购买商品七日无理由退货暂行办法》和“网络诚信,消费无忧”年主题,举办各类消费维权培训班10场次,培训人数730多人次。通过报纸、网站发布“2016年消费投诉十大典型案例”,印发《维权之剑》和“十大案例”1.5万份,发布消费提示、忠告、警示280多篇。到社区、学校开展“老年人保健品消费教育进社区”“大手牵小手,食品安全消费教育进校园”等活动,参与政府及相关部门开展的社会科学普及宣传周、食品安全宣传周、质量月、消费维权“进农村、进景区、进校园”等活动。

【社会监督检查】 2017年,福州市消委会参与政府职能部门组织的消费市场专项执法检查,配合市场监管等执法部门开展电线电缆质量安全等专项整治,参与汽车配件、家用燃气灶具、燃气快速热水器、成人及儿童服装、床上用品等商品质量抽检工作。参加省消委会开展的以“普及乳品知识,强化企业自律意识”为主题的“3·15”系列消费体察活动和百城无障碍设施调查体验活动。联合五城区消委会及部分在榕高校,组织117名消费志愿者对市区23家电影院的服务质量进行体验式消费调查,总体评价为基本满意,对发现的电影票套餐价格不明晰、播放映前广告未事先告知消费者、观影须知涉嫌“霸王条款”等问题,约谈市场占有率较高的3家院线,督促其整改落实。

【消费者维权案例举要】 2017年2月10日,丁女士投诉鼓楼区某温泉会所,称其2016年1月在该会所充值办理一张价格为3999元的温泉消费卡。在2月5日到该会所消费时,被告知卡已过期,不能使用,卡内金额不能退回,要求退卡并提供免费消费20次,遭到拒绝。经调解,由会所办理退卡手续,在扣除已消费相关费用后,退还丁女士3463元。

2月13日,曹女士投诉仓山区某装饰材料有限公司,称其在该公司订购家具,缴纳定金1万元。公司派人上门测量,设计出图,报价总额27万元,并告知需付清余款26万元才能下订单。在其付清余款后,公司又提出要修改方案,在原有基础上增加4万元。曹女士对此不同意,要求公司全额退款。经调解,该公司退还曹女士已付的家具货款27万元。

4月18日,王先生投诉长乐市某汽车租赁店,称其与该店办理租车手续,并交纳押金2000元。在前往该店还车时,被告知由于在租车期间有两项违章记录未处理,扣取押金2000元,王先生对处理结果不认可。经调解,该店扣除车辆违章罚款等相关费用500元后,将剩余1500元退还给王先生。

4月27日,肖先生投诉福州市某建筑公司,称其与该公司办理拆迁安置房交房手续后,发现房屋的顶面和地面2处开裂3米多长,共6处漏水。与该公司交涉,要求按照国家相关法律,对房屋进行修复并给予相应补偿,遭到拒绝。经调解,该公司在原有修复方案的基础上,通过提高修复标准的形式予以适当补偿,并在修复完毕后出具相关修理记录。

7月1日,魏先生投诉福清市某贸易有限公司,称其2016年2月在该公司购买一台中央空调,在2017年5月启用后,发现由于安装人员将冷凝管插在卫生间被封堵的下水管内,导致卧室的地板和柜子泡水受损,要求赔偿相应损失。鉴于双方均有责任,经调解,消费者更换地板和柜子需6500元,该公司承担3500元,其余部分由消费者自行负责。

7月15日,林先生投诉某通信运营商永泰分公司,称在未经本人同意的情况下,该公司从2015年11月起为其名下的手机号码开通百世通等多项增值业务,导致话费被扣1764.32元,要求双倍退还电话费。经调解,该公司退还林先生3500元,并为其取消各项增值业务。

8月5日,潘先生投诉仓山区某小吃店,称其夫妇到该店用餐,在食用期间发现饭菜里有纸皮,并向服务员指出。当晚两人均出现腹痛等症状,经医院初步诊断为肠胃不适引起的。与小吃店进行交涉,要求赔偿,遭到拒绝。经调解,该小吃店赔偿潘先生夫妇2000元,

9月30日,曹女士投诉闽侯县某温泉度假村,称其在某旅游网络平台上团购福州周边游套餐,包括该温泉度假村入场泡温泉及中午自助餐。前往就餐时,被告知中午不提供自助餐,晚上的自助餐需要到下午2点才开放。曹女士对此不予认可。经调解,该度假村为曹女士免费提供午餐。

10月8日,何女士投诉罗源县凤山镇某电器店,称其9月在该店购买一台价格为6000元的某品牌电视机。在售后人员对出现故障的电视机进行维修时,发现电视机为样机,并有样机的代码。与电器店交涉,要求退货退款并赔偿,遭到拒绝。经调解,电器店为何女士办理电视机退货手续,退还货款并给予双倍赔偿1.8万元。

11月28日,黄女士投诉晋安区某游乐场,称其与小孩在晋安区某大型商场游玩时,被该游乐场经营的车辆撞伤,经医院诊断为撕脱性骨折。与游乐场交涉,要求赔偿医药费、误工费等3万元以及对游乐场所的相关防护设施进行加固,遭到拒绝。经多次调解,该游乐场一次性赔偿小孩的医药费、营养费以及护理费等1.1万元。

(刘用福)

(编辑 郭秋廷 李 磊 苏 颖)

外事 侨务 港澳台事务

外事 侨务

【概况】 2017年，福州市人民政府外事侨务办公室接待外宾团组146批1342人次，其中副总理级以上外宾7批211人次，副部（省）级以上团组31批157人次，友城团组11批97人次，外国使领馆团组42批129人次。审核和审批因公出国（境）707批1364人次，其中国家工作人员因公出国（境）599人次，民营企业因公渠道出国（境）765人次。妥善处置涉外和领事保护事件30起；发放领事保护宣传手册5000份；代办领事认证2841件。全年对10个涉外涉侨项目进行跟踪对接服务，其中2个侨商项目落地，投资总额50.5亿元。开展“榕情四海”品牌活动，组织经贸文化交流团赴马来西亚、印度尼西亚、柬埔寨举办闽菜展示与品鉴、武术表演、闽都文化展示等活动。举办“中华文化·寻根闽都”“名师巡讲团行”华文教育品牌活动，来自12个国家和地区的248名榕籍华裔青少年参加海外华裔青少年华文教育夏（冬）令营，授予2所福州学校“福州市海外华文教育基地”称号；组织优秀教师赴马来西亚、印度尼西亚，对354名当地华文教师进行华文教育教学培训。举办“海外华商和专业人士走进海交会”活动，邀请来自14个国家和地区的29名海外华商和高层次华侨华人专业人士到福州参加活动。3月，丹麦、冰岛、斯洛文尼亚、拉脱维亚在福州新设签证申请中心。

年内，市外侨办“中日执政党工作交流机制第七次会议”筹备工作获中联部通报表扬，市外侨办获省委省政府颁发“厦门会晤筹备和服务保障先进集体”“‘三合一’论坛服务保障工作先进集体”；福清市上迳镇南湾村入选国务院侨办首批全国为侨公共服务示范单位；福清市海口镇牛宅村入选福建省侨乡文化名镇名村试点创建单位。

【外国访问团到访福州】 国家级团组访问福州 2017年5月13—14日，越南国家主席陈大光及夫人一行103人在中国驻越南大使洪小勇的陪同下访问福州，考察市民服务中心、三坊七巷、西禅寺，省委常委、市委书记倪岳峰，市长尤猛军，副市长杭东，副市长李春分别陪同参加相关活动。

5月17—18日，埃塞俄比亚总理海尔马里亚姆·德萨莱尼及夫人一行54人访问福州。考察市民服务中心、福州尚飞制衣有限公司，常务副市长林飞、副市长胡振杰分别陪同客人参加相关活动。

12月27日，日本执政党和经济界代表团一行91人访问福州，参观开元寺。

省部级团组访问福州 2017年3月30日—4月1日，纳米比亚人组党中央总书记南戈洛·姆奔巴（正部级）率人组党中央委员研修班一行20人访问福州，听取市房管局介绍福州“安居工程”建设情况，观摩连江县委常委会，参观市民服务

2017年，市外侨办组织在榕外国友人体验福州传统工艺（市外侨办 供）

中心、青年创业中心、三坊七巷。

9月19—21日,保加利亚公民党布尔加斯大区主席、保议会保中友好小组主席博伊切夫率保公民党干部考察团一行10人访问福州,参观市民服务中心、军门社区、新大陆环保科技公司、三坊七巷、船政格致园、春伦茶业集团,了解地方政府治理、基层党建、生态建设、经济发展情况。

9月18—21日,菲律宾民主人民力量党副秘书长、马斯巴特省副省长乔·克里丝汀·雷维尔率人民力量党干部考察团一行14人访问福州,参观三坊七巷。

9月22—23日,欧洲左翼党副主席保罗·费雷罗率青年政治家考察团一行13人访问福州,参观军门社区、新大陆环保科技公司、三坊七巷。

11月8—11日,韩国济州特别自治道知事元喜龙一行5人访问福州,参加2017年城地组织亚太区理事会会议暨“海洋经济与城市发展”研讨会。

11月13日,柬埔寨人民党磅士卑省委员、政府派驻计划部代表腾巴纳屯率柬埔寨人民党考察团一行21人访问福州,参观高新区及中小科技企业。

【友城团组访问福州】 2017年1月3—5日,澳大利亚霍巴特市副市长罗恩·克里斯蒂一行访问福州,签署《友好城市关系协议书》,福州市与霍巴特市正式缔结友好城市关系。

1月10—12日,冲绳县那霸市市长城间干子率那霸市友好访问团一行54人访问福州,参加庆祝福州市与那霸市缔结友好城市关系35周年系列活动。

3月15—17日,法国敦刻尔克城市共同体主席帕特里克·威尔格里耶特一行9人访问福州,与市长尤猛军围绕加强两市友好交流交换意见。

4月20—22日,法国敦刻尔克市副市长让—伊夫·富勒蒙代表团一行5人访问福州,副市长杭东会见客人一行,双方围绕加强港口、经贸、教育等领域合作交换意见。在榕期间,代表团参观乌山小学,探讨加强两地中小学校际交流。

6月29日—7月2日,日本长崎市水产农林部长高山雄彦一行4人访问福州,参加渔博会。

8月31日,法国敦刻尔克城市共同体中国事务顾问阿兰访问福州,洽谈举办“福州日”活动及21世纪海上合作委员会相关事宜。

10月23—26日,日本长崎市上下水道局局长武田敏明一行4人访问福州,考察西厂、洋里污水处理厂,与海峡环保公司针对二供管理和漏损控制进行技术交流。

11月7—10日,法国敦刻尔克市副市长麦克·托马斯克一行2人访问福州,参加2017年城地组织亚太区理事会会议暨“海洋经济与城市发展”研讨会。

11月7—11日,圭亚那乔治敦市市长帕特里夏·切斯·格林一行5人访问福州,参加2017年城地组织亚太区理事会会议暨“海洋经济与城市发展”研讨会。

11月7—11日,马来西亚马六甲市市长塞勒·胡赛因一行3人访问福州,参加2017年城地组织亚太区理事会会议暨“海洋经济与城市发展”研讨会。

11月8—11日,菲律宾马尼拉市议会多数党领导人卡西米诺·斯颂一行5人访问福州,参加2017年城地组织亚太区理事会会议暨“海洋经济与城市发展”研讨会。

【使领馆官员团组访问福州】 2017年1月3—5日,澳大利亚驻广州总领事戴德明一行3人访问福州,考察自贸试验区福州片区,参观新大陆集团。

2月23—24日,白俄罗斯驻上海总领事马采利访问福州,参观三坊七巷。

2月23—24日,埃塞俄比亚驻广州总领事麦拉库·莱格思一行2人访问福州,与市外侨办、武夷实业公司负责人开展座谈。

2月27—28日,新西兰驻华大使馆贸易促进资深顾问(初级产业部)麦康博一行2人访问福州,考察中国东盟海交所。

3月14日,美国驻广州总领事馆新闻文化处领事柯伟立一行4人访问福州,分别与市外侨办、市教育局、市文广新局及市外宣办开展座谈。

3月14日,印度驻广州总领事唐恩施一行2人访问福州,出席“宝莱坞欢乐歌舞之夜”演出活动。

3月14日,希腊驻广州总领事格里高利·塔西奥普洛斯访问福州,出席“希腊时光”摄影图片展。

3月15—16日,丹麦驻广州总领事安雅一行6人访问福州,拜会市领导,参加刘逸民奖助学金启动仪式。

3月15—17日,法国驻广州总领事傅伟杰一行2人访问福州,拜会市领导,考察自贸区综合服务大厅,参加两市企业经贸洽谈对接会。

3月16—17日,赞比亚驻广州总领事卡利米·罗伯特·凯拉一行2人访问福州,拜访市外侨办,参观三坊七巷。

3月27—29日,新加坡驻厦门总领事池兆森率新加坡国际企业发展局中国司官员及新加坡企业代表一行20人访问福州,拜会市领导,了解滨海新城发展规划和项目,与有关部门座谈并探讨合作机会。

4月6—7日,越南驻华大使邓明魁一行5人访问福州,参观三坊七巷等地。

4月21—22日,印度尼西亚驻华大使苏更一行6人访问福州,拜会市领导,与市贸促会商谈商品展事宜。

4月25—26日,新加坡驻厦门总领事池兆森携新加坡国际企业发展局华南区主任翁俊杰等一行3人访问福州,参观仓山旧领馆区。

4月26日,德国驻广州总领事吕海慕访问福州,参加2017中德自动化技术和智能装备研讨会。

6月30日—7月2日,东帝汶、贝宁、柬埔寨、印度尼西亚、泰国、南非、厄瓜多尔7国的驻华使领馆人员一行16人访问福州,参加渔博会巡馆、重点项目签约仪式、全球渔业交流合作会议等活动。

9月23日,美国驻广州总领事馆对外联络部主任Jennifer Bah(白佳丽)访问福州,出席美国领事馆旧址修缮竣工暨烟台山历史博物馆开馆仪式。

9月29日,新加坡驻厦门总领事池兆森一行2人访问福州,参观上下杭历史文化街区。

10月17日,新加坡驻厦门总领事池兆森一行2人访问福州,参观鼓岭。

10月26日,美国驻广州总领馆对外联络部主任Jennifer Bah(白佳丽)一行2人访问福州,参观融侨经济技术开发区。

10 月 27 日，美国驻广州总领馆商务领事谢贝晴一行 2 人访问福州，参观美国领事馆旧址、福耀玻璃集团。

11 月 15—16 日，尼泊尔驻广州总领事巴塔拉伊一行 3 人访问福州，参观三坊七巷、西禅寺。

11 月 19 日，菲律宾、新加坡、泰国驻厦门总领事馆官员一行 4 人访问福州，参加第三届“海上丝绸之路”（福州）国际旅游节。

11 月 26—28 日，澳大利亚驻华使馆公使衔参赞魏柯玲、驻广州总领事戴德明一行 4 人访问福州，出席长乐七中机器人创新中心落成典礼。

12 月 3—4 日，塞拉利昂共和国驻华大使馆临时代办 Kumba Alice Momoh（昆巴·莫莫）访问福州，参加第四届丝绸之路国际电影节闭幕式、签约仪式等活动。

12 月 3—4 日，新加坡驻厦门总领事池兆森一行 2 人访问福州，参加第四届丝绸之路国际电影节闭幕式、签约仪式等活动。

12 月 11—13 日，匈牙利驻上海总领事馆文化与教育领事辛莉薇一行 2 人访问福州，参观三坊七巷。

12 月 25—26 日，日本驻华使馆公使四方敬之一行 6 人访问福州，参观开元寺。

【金砖国家政党、智库和民间社会组织论坛参会团组访问福州】 2017 年 6 月 9—12 日，南非非洲人国民大会副总书记亚斯敏·杜尔蒂一行，南非前副外长、非洲人国民大会全国执委易卜拉欣·伊斯迈尔·易卜拉欣一行 2 人，南非共产党中央委员会中央委员菲基利·扎查瑞·马约拉一行 2 人，赞比亚驻华大使维妮·齐贝萨孔达、驻广州总领事罗伯特·卡里密一行 2 人陪同赞比亚爱国阵线代表团访问福州，参加金砖国家政党、智库和民间社会组织论坛。

6 月 9—13 日，阿根廷共和国方案党总书记弗朗西斯科·哈维尔·金塔纳一行 2 人，埃塞俄比亚人民革命民主阵线中央委员塔费拉·德里布·伊马穆一行 21 人，阿根廷全国代表大会主席豪尔赫·赫罗尼莫·萨皮亚一行 2 人，吉尔吉斯斯坦社会民主党议员古尔坎·马尔塔别科娃一行 2 人，哈萨克斯坦祖国之光党中央书记卡内别克·朱马舍夫一行 3 人，俄罗斯国家杜马科教委员会主席维亚切斯拉夫·尼科诺夫一行 12 人，埃及前总理沙拉夫·伊萨姆一行 2 人，埃塞俄比亚人民革命民主阵线部长级总理特使一行 6 人访问福州，参加金砖国家政党、智库和民间社会组织论坛。

6 月 9—14 日，巴西总统府战略事务特别副秘书马科斯·罗萨斯·迪高特·庞特斯一行 10 人访问福州，参加金砖国家政党、智库和民间社会组织论坛。

6 月 10—11 日，统一俄罗斯党总委员会副书记、国家杜马议员、前国家杜马副主席谢尔盖·热列兹尼亚克一行 9 人访问福州，参加金砖国家政党、智库和民间社会组织论坛。

6 月 10—12 日，菲律宾民主人民力量党总裁、参议长皮门特尔一行 13 人，老挝人民革命党中央政治局委员潘坎·维帕万一行 16 人，柬埔寨副首相、人民党中央常委梅森安一行 9 人，尼日尔争取民主和社会主义党新闻书记、国民议会第一副议长伊罗·萨尼一行 3 人，公正俄罗斯党中央委员会主席团成员阿列克谢·切帕，印度国大党总书记穆库·巴尔克里希纳·瓦斯尼克一行 2 人，赞比亚爱国阵线总书记戴维斯·姆维拉一行 8 人，俄罗斯自由民主党国家杜马议员、杜马国际事务委员会委员安东·莫洛佐夫，印度人民党总书记拉姆·马达夫·瓦拉纳西一行 2 人，巴西民运党主席代表、众议院党团副领袖佩雷拉，巴西劳工党佩尔塞乌·阿布拉姆基金会副主席雅克布森，巴西前总统府民办主任雅克·瓦格纳一行 2 人，墨西哥革命制度党前主席、众议院党团领袖塞萨尔·奥克塔维奥·卡马乔·基罗斯一行 2 人，俄罗斯联邦共产党中央书记米哈伊尔·科斯特里科夫，埃及共和人民党主席哈兹姆·穆罕默德·苏莱曼一行 17 人访问福州，参加金砖国家政党、智库和民间社会组织论坛。

6 月 10—13 日，摩洛哥众议院第一副议长、公正与发展党领导人阿卜杜勒阿齐兹·奥马里一行 3 人，斯里兰卡探路者基金会高级研究员、前斯里兰卡减贫部部长卢帕辛哈·阿拉彻奇格·顿·西里塞纳一行 15 人访问福州，参加金砖国家政党、智库和民间社会组织论坛。

6 月 10—14 日，巴西帕拉州联邦大学副教授克劳迪奥·阿尔贝托·卡斯特罗·布兰科·普蒂访问福州，参加金砖国家政党、智库和民间社会组织论坛。

【第十九届海峡两岸经贸交易会参会团组访问福州】 2017 年 5 月 17—18 日，新加坡驻厦门总领事馆副领事杨时衡访问福州，拜会市领导，参加第十九届海峡两岸经贸交易会。

5 月 17—19 日，印度尼西亚驻华大使苏更一行 18 人访问福州，拜会市领导，出席第十九届海峡两岸经贸交易会印度尼西亚商品馆开幕式。

5 月 17—19 日，泰国驻厦门总领事邱塔泰一行 4 人访问福州，拜会市领导，参加第十九届海峡两岸经贸交易会。

5 月 17—22 日，美国塔科马市市议员约瑟夫·朗尼根率经贸代表团一行 6 人访问福州，参加第十九届海峡两岸经贸交易会，与利嘉集团围绕在利嘉自贸区设立塔科马产品专馆专柜事宜进行进一步对接。

【经贸与文化交流】 2017 年 3 月 20 日，美国驻广州总领事馆在福州欣贝幼儿园组织美国小公民见面会，美国领馆人员与 38 名美籍儿童及 25 名家长见面，宣传领事保护知识。

5 月 17 日，印度共产党（马克思主义）喀拉拉邦委员会委员苏加塔·贝比率青年干部考察团一行 13 人访问福州，参观军门社区，考察社区基层工作。

5 月 17 日，埃塞俄比亚总理海尔马里亚姆·德萨莱尼及夫人一行 54 人访问福州，与广福鑫集团、尚飞制衣负责人进行会谈，表示将进一步支持广福鑫集团在埃塞俄比亚首都亚的斯亚贝巴市设立福州工业园生产电器产品等。

5 月 20 日，尼加拉瓜桑阵国民议会议员阿斯兰率尼加拉瓜桑解阵和萨尔瓦多阵线干部考察团一行 10 人访问福州，参观军门社区并考察社区基层工作。

6 月 6—8 日，意大利佩斯卡拉市市长马克·阿里桑德瑞尼一行 6 人访问福州，洽谈推动总投资 100 亿元的意大利足球城项目，博杰集团与长乐区政府签署滨海新城足球城项目投资意向书。7

日,福州市与佩斯卡拉市签订《建立友城关系意向书》,正式启动两市合作开展校园足球培训项目。7—8月,两市互派师生进行足球交流合作。

7月25—27日,印度尼西亚民主斗争党灾害管理与社会事务委员会主席莉布尔·吉塔宁、妇女儿童与卫生委员会主席斯莉·拉哈尤率干部考察团一行20人访问福州,参观春申集团汉吉斯冷链项目、三坊七巷。

9月10日,闽江师专党委书记陈荣生应柬埔寨亚欧大学、马来西亚马来亚大学邀请,率团赴马来西亚、柬埔寨开展教育交流合作。

9月26日,福州职业技术学院院长李秋斌应威尔士三一圣大卫大学邀请赴英国参加第十四届创新与管理国际学术会议”并商谈合作项目。

11月20日,闽江学院党委书记何代钦应加拿大布鲁克大学邀请,率团赴加拿大洽谈校际合作。

11月26日,闽江学院副院长李新贤随省教育厅组团赴德国参加福建省高校领导干部办学治校能力高级研修班。

12月16日,闽江学院校长王宗华应越南胡志明市美术大学、马来西亚林登大学邀请,率团赴马来西亚、越南开展友好访问和校际合作洽谈。

11月29日—12月1日,冈比亚联合民主党西岸区青年事务协调人、全国执行委员福迪·伽萨马率执政联盟干部考察团一行21人访问福州,参观闽侯县白沙镇孔元村、井下村,鼓楼区军门社区、三坊七巷。

【市领导出访活动】 2017年5月15日,福州市政协副厅级干部郑新清应新加坡国际企业发展局、印度尼西亚三宝垄市政府、马来西亚惠胜集团邀请,率团赴新加坡、印度尼西亚、马来西亚开展经贸活动。

5月20日,市委常委、鼓楼区委书记薛侃应美国纽约州布鲁克林区、加拿大多伦多万锦市政府邀请,率团赴美国、加拿大开展经贸洽谈及友好交流。

6月15日,市委常委、副市长林飞应美国塔科马市政府、美国西屋集团、日本富士电机株式会社邀请,率团赴美国、日本洽谈城市建设与地铁交通等项目并参加塔科马友好城市全球论坛系列活动。

6月19日,市委常委、组织部部长吴深生应英国牛津大学管理咨询有限公司、德国高级专家组织、瑞典乌普萨拉市政府邀请,率团赴英国、德国、瑞典洽谈人才引进和人才项目合作事宜。

6月20日,市政协主席何静彦应阿根廷梅洛市、巴西坎皮纳斯市邀请,率团赴阿根廷、巴西开展经贸洽谈及友好交流。

7月9日,市政协副主席郑勇应美国圣地亚哥市湖滨联合学区、加拿大多伦多大学、墨西哥特佩市政厅教育、文化和体育委员会邀请,率团赴美国、加拿大、墨西哥执行教育交流与合作相关任务。

7月27日,市政协副主席林锋应马来西亚诗巫市政厅、印度尼西亚中华总商会、柬埔寨福建总商会邀请,率团赴马来西亚、印度尼西亚、柬埔寨参加“榕情四海”系列活动。

9月14日,市委常委、统战部部长、市总工会主席陈晔应加拿大本拿比市政府、美国西北港务联盟、日本福建经济文化促进会邀请,率团赴美国、加拿大、日本开展经贸合作和海外联谊工作。

10月9日,副市长杭东应澳大利亚霍巴特市政府、新西兰奥克兰市发展局、菲律宾SM控股集团邀请,率团赴澳大利亚、新西兰、菲律宾开展经贸洽谈、友好交流及侨务活动。闽江学院副院长狄俊安参与活动。

11月6日,副市长李春应美国塔科马市政府邀请,率团赴美国开展旅游推介及教育交流活动。

11月9日,福州自贸区管委会主任、福州新区管委会副主任黄忠勇应俄罗斯乌拉尔航空公司、芬兰邮政公司、德国爱马仕公司邀请,率团赴俄罗斯、芬兰、德国开展经贸洽谈。

11月16日,市委常委、宣传部部长蔡战胜随全国人大常委会办公厅组团赴加拿大参加第四届议联全球年轻议员会议。

11月18日,副市长严可仕应坦桑尼亚总统办公室公务员管理与地方政府事务部、纳米比亚温得和克市政府、肯尼亚肯中友好协会邀请,率团赴坦桑尼亚、纳米比亚、肯尼亚开展农渔业项目洽谈、推进产能合作。

11月21日,副市长、市公安局局长潘东升随公安部组团赴日本开展“3·15”涉日系列电信诈骗案件取证及会谈。

11月23日,副市长杭东应日本长崎市政府邀请,率团赴日本开展经贸洽谈、友城交流及侨务活动。

11月27日,副市长阮孝应应德国劳恩堡市政府邀请,率团赴德国洽谈经贸项目。

【“21世纪海上合作委员会”成立】 2017年4月6日,福州市和中国人民对外友好协会联合倡议在世界城市与地方政府联合组织(城地组织)亚太区成立的“21世纪海上合作委员会”,在菲律宾卡巴洛甘市举行的2017年城地组织亚太区执行局第一次会议获得通过。“21世纪海上合作委员会”旨在进一步加强福州与城地组织会员在海上各领域的交流与合作。5月14日,“21世纪海上合作委员会”在北京举办的“一带一路”国际合作高峰论坛上展示并揭牌,其会址及秘书处永久设在福州。

【2017年城地组织亚太区理事会会议暨“海洋经济与城市发展”研讨会】 2017年11月8—10日,2017年城地组织亚太区理事会会议暨“海洋经济与城市发展”研讨会在福州举行,来自21个国家(含中国)的65个团组170名客人(外宾104人、内宾66人)参加会议。福州市借助城地组织平台,将福州城市外交从“城市对城市”的双边模式转变为多边模式;福州市以“21世纪海上合作委员会”为切入点,结合“海上福州”建设战略,组织召开以“海洋经济与城市发展”为主题的研讨会,邀请海内外专业人士展开探讨,进一步丰富“海上福州”发展思路,表明福州在“提供福州方案,贡献中国智慧,在国际组织中起引领作用”方面迈出重要一步。

【友城事务】 2017年1月,福州市授予日本那霸市长城间干子“福州市荣誉市民”称号,以表彰其为两市友好交流合作事业所做出的突出贡献。

2月6日,福州市赠送肯尼亚蒙巴萨郡价值90147元的药品及医疗器械抵港。

7 月 2—5 日，毛里求斯努瓦迪布市议员杰拉・艾布一行 3 人访问福州，副市长杭东会见客人，签署友好城市关系意向书，就加入由福州市发起成立的 21 世纪海上合作委员会开展磋商。

7 月 24 日—8 月 5 日，福州教育学院附属中学组织师生一行 25 人赴美国塔科马市，与林肯中学开展校际文化交流。

8 月 3—8 日，福州市与日本长崎市联合组队参加由中国人民对外友好协会、日中友好协会、日本乒乓球协会在北京共同举办的"中日友好城市初中生乒乓球友谊比赛大会"。

10 月 18—21 日，市教育局副局长黄林率福州市中小学生交流团一行 21 人，赴那霸市开展友好交流访问活动。

12 月 1 日，经外交部和全国对外友协批准，福州市与菲律宾马尼拉市正式缔结友好城市关系，为两市在经贸、教育、文化等各领域的交流与合作搭建全新平台。

12 月 19—20 日，越南广宁省下龙市市长范红河随广宁省人民委员会副主席武氏秋水一行访问福州，两市正式签署友好城市关系意向书。

【福州海上丝绸之路友城带】　2017 年，福州市与澳大利亚霍巴特市、菲律宾马尼拉市签署结好协议书；与比利时列日、柬埔寨暹粒结好获得全国友协批准，福州市友城增加到 16 个；福州市与意大利佩斯卡拉市、毛里塔尼亚努瓦迪布市、越南下龙市签订建立友城关系意向书。

【福州市与那霸市结好 35 周年纪念活动】　2017 年 1 月，那霸市市长城间干子率那霸市友好访问团一行 54 人访问福州，参加福州市与那霸王市结好 35 周年植树纪念、福州琉球馆史迹陈列展揭幕仪式等活动，在三坊七巷举办"那霸市首里赤田弥勒乐队表演"活动；拜会省委副书记、市委书记倪岳峰，福州市长尤猛军；福州市授予城间干子"福州市荣誉市民"称号。

【侨务招商引资】　2017 年，福州市外侨办参与"招商 2017"行动，重点推进 10 个涉外涉侨项目，其中 2 个侨商项目落地，投资总额 50.5 亿元。

【"侨梦苑"建设】　2017 年 5 月，福州市外侨办举办第四期"科创委员和海外博士走进侨梦苑"活动，邀请具有二次创新创业意愿的中国侨商会科创委员、海外博士等高层次人才、侨商嘉宾等，来自 27 个国家和地区的 110 人，开展创业辅导、博士论坛、项目路演、考察洽谈等活动，有 70 名嘉宾带来生物医药、文化教育旅游、电子工程、电子信息、环保、现代农业、化学化工和新型材料等 75 个海外高层次人才及侨商项目参加对接洽谈，17 个嘉宾项目进行路演推介，23 个项目初步达成合作意向。

【侨务联谊】　2017 年，福州市与 30 多个国家和地区的 665 名华侨华人开展交流活动；举办"海外华商和专业人士走进海交会"活动，邀请来自 14 个国家和地区的 29 名海外华商和高层次华侨华人专业人士到福州参加活动；召开福州市海外交流协会 2017 年理事会年会暨常务理事会议，来自 37 个国家和地区的协会名誉会长、副会长、常务理事、理事及部分海外侨领代表 120 余人参加大会；市领导参加"蒙古国福建总商会 8 周年庆典""世界福州十邑同乡总会第七届妇女部在就职典礼""世界福州十邑同乡总会'百侨帮百村'捐献仪式"等活动；促成马来西亚诗巫卫理中学与福州外国语学校、马来西亚黄乃裳中学与福州华侨中学和闽清二中签订姐妹校友好合作协议，推动校际交流合作。

【海外侨务】　2017 年，福州市打造"中华文化・寻根闽都"华文教育品牌，举办 3 期海外华裔青少年华文教育夏（冬）令营，来自 12 个国家和地区的 248 名榕籍华裔青少年参加活动，授予闽江师范高等专科学校、福州外语外贸学院"福州市海外华文教育基地"称号；打造"榕情四海"活动品牌，组织经贸文化交流团赴马来西亚、印度尼西亚、柬埔寨举办闽菜展示与品鉴、友城交流、武术表演、青少年互动、闽都文化展示等活动；举办 2 期"名师巡讲团东南亚行"活动，组织优秀教师赴马来西亚、印度尼西亚，对 354 名当地华文教师进行华文教育教学培训；协助中央电视台《华人世界》栏目赴新西兰、澳大利亚、巴西、阿根廷拍摄制作《海外福州人》专题片，采访 35 位来自各行各业的榕籍海外乡亲代表，中央电视台四套、央视网、福视悦动，福州新闻网等媒体同期播出；启动第二届海外华裔中小学生"印象・福州"书画、征文、摄影大赛。

【归侨侨眷权益维护】　2017 年，福州市受理华侨、归侨侨眷来信、来访、来电、电子邮件等 1400 多件次，受理华侨到闽定居申请 4736 件，办理"三侨生"高考身份证明 323 份。年内，投入 211.575 万元用于贫困归侨侨眷、华侨农场资助和扶持工作；投入 35.72 万元开展全市归难侨元旦春节慰问活动；投入 36.48 万元对 152 名散居社会贫困归难侨给予固定补助；投入 36.3 万元对全市 121 名因父（母）在国外身亡、丧失依靠的儿童进行生活和就学补助；投入 11.36 万元对全市 91 名困难企业归侨退休职工予以生活补贴。组织福州医疗专家赴闽清县、连江县和福清市开展送温暖医疗队义诊暨侨法宣传活动，1300 多名归侨侨眷接受免费就诊；举办两期华侨农场职业技能培训班，153 名归侨侨眷接受技能培训。

【华侨捐赠管理】　2017 年，福州市华侨捐赠项目 121 个、捐赠金额 4.7 亿元；开展侨捐信息库建设，完成侨捐项目录入 2535 个，总计 48 亿元；配合开展福州市"春风・春雨・光彩"2014—2016 年度社会各界捐赠兴办公益事业表彰活动，10 名侨领（侨资企业家）和 3 家侨资企业分别捐资 1000 万元以上，获"福州市热心公益事业大榕树奖"；争取日本侨领继续注资"旅日福建同乡育英基金"，1999—2017 年，有 876 名归侨子女学生领取奖助学金。

【因公出国（境）管理】　2017 年，福州市审核和审批因公出国（境）707 批 1364 人次，其中国家工作人员因公出国（境）599 人次，民营企业因公渠道出国（境）765 人次；收集整理 2017 年度出访项目 352 个，全年压缩制止无实质性出访70批136人次28天;颁发新版因公电子护照263本、新版通行证332本,为148家民营企业260人向外交部申请APEC商务旅行卡;销毁证件538本;办理签证314批4027人次,签证成功率100%,护照回收率100%。

(曾雯蓉)

港澳事务

【概况】 2017年,福州市审批因公赴港澳724人次,办理港澳通行证287本,处理港澳居民身份确认31份。年内,副市长杭东参加香港特区政府福建联络处在福州举办的庆祝回归20周年系列活动。

【市领导赴港澳交流】 2017年2月8日,市委常委、统战部部长、市总工会主席陈晔赴香港开展专项工作。

3月22日,市政协副主席王绍知应福建省澳区政协委员联谊会邀请,率团赴澳门参加庆典活动。

4月7日,市长尤猛军,市委常委、统战部部长、市总工会主席陈晔应香港福建侨民会邀请,率团赴香港参加庆典活动,开展经贸洽谈和海外侨务工作。

5月4日,市委常委、中共福清市委书记王进足应香港福清同乡联谊会邀请,率团赴香港参加庆典活动,开展招商引资工作。

5月5日,市委常委、统战部部长、市总工会主席陈晔应香港福清同乡联谊会有限公司、世界福清社团联谊会邀请,率团赴香港、澳门参加庆典活动并开展有关工作。

5月14日,市检察院检察长叶燕培随省检察院组团赴香港、澳门开展工作交流。

10月16日,市委副书记林晓英应香港福州十邑同乡会邀请,率团赴香港参加香港福州十邑同乡会80周年庆典系列活动。

【榕港澳交流】 2017年2月27日,福州市港澳办协调市人大前往香港特区政府福建联络处、香港贸发局福州代表处进行调研。

5月18日,市港澳办邀请香港特区政府驻粤办、驻福建联络处、澳门贸发局福州代表处代表参加第十九届海峡两岸经贸交易会活动。会展期间,香港特区政府驻福建联络处设立的“活力香港”专馆获省领导及参展人员的好评;同日,市港澳办与香港特区政府驻福建联络处共同举办葡萄酒推介会,邀请福州市葡萄酒客商参加活动。

5月25日,市港澳办协助举办“创新升级·香港论坛”子论坛,组织闽江学院、福州职业技术学院近百名师生参加活动。

7月26日,香港特区政府福建联络处在福州举办庆祝香港回归20周年系列活动,副市长杭东参加庆祝酒会。当晚,出席的嘉宾与全市观众在福建歌剧院观赏香港青少年交响乐团表演的庆祝回归专题交响音乐会。

10月20日,市政协、市政府“深化榕港澳融合发展,实现优势互补”专题协协商会议召开,就加强榕港澳工作归口管理、进一步深化榕港澳融合发展、实现优势互补,共同推进福州与港澳地区在经贸、科技、金融、人文等多领域的交流与合作。市政协副主席林峰、副市长杭东、市直相关部门负责人以及部分港澳籍人士出席会议。

10月24日,市港澳办组织3家港澳驻闽机构负责人赴滨海新城调研,了解福州市滨海新城规划发展情况。

11月19日,香港旅游局官员一行3人访问福州,出席国际旅游节活动,与市旅游局港澳处洽谈加强榕港旅游合作相关事宜。

11月26—30日,市港澳办推动鼓楼区组织社区干部赴港澳学习交流社区建设经验,推动鼓楼社区建设。

(曾雯蓉)

台湾事务

【概况】 2017年,福州市设立台胞权益保障法官工作室,其经验作为省政府深化改革试点在全省推广。年内,举办第五届“海峡青年节”,琅岐海峡青年交流营地被省台办批准为福建省对台交流基地,福州市传统文化促进会、唯美客文创聚落被省台办批准为台湾青年体验式交流中心;福建网龙计算机网络信息技术有限公司、福州台湾青年创业创新创客中心、唯美客文创聚落被授予省级台湾青年就业创业基地;连江县筱埕镇定海村经省台办批准为省基层对台交流示范点。

【榕台经贸合作】 2017年,福州市新批台资项目144个(含第三地转投资),合同台资3.97亿美元,实际到资3.42亿美元,分别比上年增长3.44%和19.75%;榕台贸易总额19.68亿美元,其中进口额14.12亿美元,出口额5.56亿美元。自贸区福州片区推出“建立对台原产地证书核查机制”等对台贸易便利化创新举措,推动对台旅游、医疗、文创、演艺等17个服务贸易领域开放,促进200多个对台服务业项目落地;创新人才引入机制,聘用台籍招商专员。出台《福州市深化榕台产业对接行动方案》,围绕电子信息、精密制造、人工智能等重点产业以及重要涉台园区,以台湾百大企业、台湾制造业百强企业为主要目标,推进榕台两地产业对接合作。

【台湾青年在榕创业就业】 2017年,高速物流两岸青年创业园、海峡商品交易中心等6个青创平台获批为第二批市级台湾青年创业基地。民企东湖VR小镇设立“台湾青年榕城圆梦”行动基金,5年内每年捐赠100万元,为在榕实习、创(就)业的台湾青年提供资金扶持。推进鼓励台湾青年创业就业政策的落实,为22家台湾青年创业企业发放首批首次装修和租金补贴183.4万元,133家台湾青年企业在榕一次性开业补贴133万元,并发放台湾大学生到榕实训补贴44万及事业单位就职台湾青年工资补助6.8万元,合计367.2万元。通过多种方式吸引台湾青年到榕就业,举办2017台湾青年创(就)业福州行、首届福州台湾青年创业基地招聘会、海峡两岸青年创业项目对接交流会等活动;福州市32家台资企业参加在台湾举办的福建台资企业协会征才博览会,提供就业岗位需求113个、招聘人数261人;

组织赴东莞参加2017年两岸企业家就业创业研讨会，征集各类招聘岗位55个；面向全市征集200个就业岗位、200个实习岗位供台湾青年招聘。

【榕台文化交流】 2017年，海峡青年节、海峡两岸合唱节、闽王文化、海峡两岸船政文化交流活动4项活动被国台办列为重点对台交流项目。全年举办第十五届“两马”同春闹元宵、第十届海峡两岸合唱节、第八届海峡两岸船政文化研讨会等41项特色对台交流活动。全市审批因公赴台交流团组188个2091人次。推进榕台人才交流，设立台湾人才服务工作站和市台协会人才委员会，台胞星瑞格软件公司总经理林俊仁等3名台胞被评为福建省引进高层次人才。

【海峡青年节】 2017年，福州市举办第五届海峡青年节。活动突出“新营地、新面孔、新模式、新思路”四大特色，首次启用总投资约18亿元的海峡青年交流营地，该基地是海峡青年节的永久性会址，是集青年交流活动平台、创业就业平台、联谊融合平台为一体的“两岸青年之家”。第五届海峡青年节开展“两岸青年说”论坛、两岸青年交流分享会、“魅力福州”体验活动等28项交流活动，涵盖就业创业、教育、科技、文化、公益、民俗等领域。集中活动期间，省委常委、市委书记王宁，国台办副主任龙明彪，副省长李德金等出席相关活动，两岸1362名青年参加活动，其中台湾青年646人，首次到大陆的有301人，占47%。

【榕台直航】 2017年，福州至台北松山、桃园、台中、高雄4条空中客运直航常态化航线每周客运有25个航班50个往返架次。全年福州空港往返台湾航班达2245航次，运送旅客327514人次；全国经福州水陆路邮政总包223.755吨，空运邮货量212.418吨。黄岐至马祖客运航线运送旅客40887人次；“两马”航线继续发挥往来通道作用，全年运送旅客20178人次。福州至高雄港、台中港、基隆港等港口海上货运直航常态化运营，全年集装箱运输37.955万标箱，散杂货运吞吐量391.23万吨。

【榕台媒体交流】 2017年，海峡青年组委会邀请台湾旺旺中时媒体集团、联合报系作为第五届海峡青年节合作单位，合作开展两岸青年极限48微电影赛、两岸青年电竞交流、台湾青少年创梦集市等活动，拓展入岛宣传渠道与方式。活动期间，台湾中天电视台、台湾《中国时报》、联合报等多家岛内媒体参与活动的采访报道，刊播海青节新闻报道150多篇(条)、图片新闻86条，报道集中反映希望台湾青年抓住当前大好机遇，到大陆创业创新，实现青春梦想。与台湾《旺报》合作推出“台青在福州”系列报道，宣传福州市鼓励台湾青年到榕创业就业政策。以“环马祖澳旅游区建设”为主题，组织“两岸媒体福州行”活动，推进榕马旅游发展。

【台胞权益保护】 2017年，福州市台办开展宣传党的十九大，“四个一百”服务基层主题活动，走访百家台资企业、拜访百名台湾青年、联系百名台胞台属、解决百项问题。8月，省政府在推广福建自贸区第五批可复制创新成果中，设立台胞权益保障法官工作室作为创新成果在全省复制推广。11月8日，省委台办和省高级人民法院在福州联合召开全省推广台胞权益保障法官工作室创新成果现场会，在全省各设区市设立台胞权益保障法官工作室，推广福州市的经验做法。协助做好厦门“金砖会晤”及福州金砖国家政党、智库和民间社会组织论坛各项涉台维稳工作。推出“福州市台胞权益保障中心”微信公众号，更新台胞维权平台建设宣传资料册，宣传推介福州市惠台政策、台胞维权工作成效。全年受理台胞投诉求助案件91件，办结88件，办结率96.7%。

【福州马祖交流联络会议机制】 2017年2月7日，福州与马祖双方在福州市举办第三次榕马磋商会，就黄岐至马祖航线建设、旅游合作等12项议题进行讨论，形成组织外省籍人员赴马祖旅游、加大“两马”旅游品牌宣传、加强中小学对口交流等初步意见。推进琅岐对台综合客运码头建设，对“两马”航线和黄岐至马祖航线进行财政补贴，调低票价。推出“春季环马祖澳旅游踩线”、两岸“福州蓝”摄影活动、榕马“小三通”旅游踩线交流等活动。年内，公安部授予福州市马尾区、连江县公安机关制作大陆居民前往台湾签注权限；市出入境部门开通赴台旅游再次签注申请自助受理、审批、制证一体化立等可取业务；大陆居民赴台旅游自助受理在网上办理。开展榕马交流“一月一主题”活动，与马祖有关单位共同举办第十五届两马同春闹元宵、第十二届两马体育联谊赛等28项交流活动。马尾与马祖地区10所中小学全面建立对接联系，沿海村居与马祖地区22个村全面建立对接机制。

（杨家铸）

（编辑 郭秋廷 李 磊 苏 颖）

地方立法

【概况】 2017年，福州市人大常委会审议法规草案6个，通过并颁布2个。年内还开展电动自行车管理、餐厨垃圾管理、城市道路建设与管理、修改大气污染防治办法、修改历史文化名城保护条例、制定历史建筑保护管理办法等立法项目调研，组织议案的领衔代表会同市直有关部门，对立法的必要性、可行性进行充分研究论证。

【福州市闽菜技艺文化保护规定】 2017年11月1日，福州市第十五届人大常委会第六次会议表决通过，11月24日，经省人大常委会第三十二次会议批准，于2018年2月1日起施行。该法规是全国首部以保护地方菜系文化为内容的创制性法规。

【福州市闽江河口湿地自然保护区管理办法（修订）】 2017年11月1日，福州市第十五届人大常委会第六次会议表决通过《福州市人民代表大会常务委员会关于修改〈福州市闽江河口湿地自然保护区管理办法〉的决定》，对该办法的第十九条和第二十五条作出修改。11月24日，省人大常委会第三十二次会议批准，于2017年12月11日起施行。

【福州市海上丝绸之路史迹保护条例】 2017年6月27日，福州市第十五届人大常委会第四次会议审议市人民政府提请的《福州市海上丝绸之路史迹保护管理条例（草案）》。会后，根据审议意见对草案条文逐一进行研究、修改，形成《福州市海上丝绸之路史迹保护条例（草案修改稿）》。8月30日，市第十五届人大常委会第五次会议对草案修改稿进行审议。

【福州市建筑垃圾管理条例】 2017年6月27日，福州市第十五届人大常委会第四次会议审议市人民政府提请的《福州市建筑垃圾管理条例（草案）》。会后，根据审议意见对草案进行修改，形成《福州市建筑垃圾管理条例（草案修改稿）》。8月30日，市第十五届人大常委会第五次会议对草案修改稿进行审议。

【福州市烟花爆竹燃放管理办法】 2017年10月30日，福州市第十五届人大常委会第六次会议审议市人民政府提请的《福州市烟花爆竹燃放管理办法（草案）》，主要就禁、限放区域管理，限放区域允许燃放时间等问题进行研究审议。

【福州市户外广告管理办法】 2017年10月30日，福州市第十五届人大常委会第六次会议审议市人民政府提请的《福州市户外广告管理办法（草案）》，主要就户外广告的设置规范、技术规范、审批要求、法律责任等方面内容进行研究审议。

（毛森鑫）

法治政府建设

【概况】 2017年，福州市人民政府提请审议地方性法规草案4件，出台规章和规范性文件47件，审查市直部门、各县（市）区人民政府报备的规范性文件164件。全年办理231件行政复议案件，应诉案件80件。取消68项行政审批服务事项，下放县（市）区22项行政审批服务事项，取消40项行政审批服务事项的办理环节，取消33项行政审批服务事项的54份申请材料，5项行政审批服务事项实行多点办理。组织3次行政执法资格考试，市本级取得行政执法证的行政执法人员2696人（不含公安机关）。全市67家市直单位聘请127名兼职法律顾问，30家国有企业聘请76名兼职法律顾问。

【依法行政】 2017年，福州市政府党组（扩大）会组织学习贯彻《中共中央关于加强党领导立法工作的意见》，市长尤猛军对进一步加强和改进市政府立法工作提出具体的贯彻意见。组织“依法行政与推进福州法治政府建设”专题培训班，各县（市）区政府及相关市直部门的分管领导参加培训。对专业性、技术性较强的决策事项，组织相关领域专家进行必要性、可行性、科学性论证。市政府在推进城区水系综合治理、编制中心城区空间发展规划、加大棚户区改造三年行动计划等项目时，经过广泛地征求意见和专家的科学论证，吸取各界人士的意见。推进法律顾问制度，制定出台《福州市法律顾问制度实施细则》。各级党政机关及其工作部门普遍建立和实施法律顾问制度，有67家市直单位聘请127名兼职法律顾问，30家国有企业聘请76名兼职法律顾问。各县（市）区、乡镇党委和政府也已聘请兼职法律顾问。

【立法工作】　2017年，福州市组织起草并提请市人大常委会审议《福州市户外广告管理办法》《福州市烟花爆竹燃放管理办法》等4件地方性法规草案，制定出台《福州市公共信用信息管理暂行办法》《福州市户外临时性广告设置管理办法》《"海上丝绸之路·福州史迹"文化遗产保护管理办法》《福州市人民政府关于对民用小型航空器和空飘物采取临时性行政措施的决定》《福州市建筑垃圾处置管理办法》《福州市人民政府关于印发〈福州市特困人员救助供养实施办法〉的通知》《福州市人民政府办公厅关于规范共享单车管理的实施意见（试行）》等52件规章规范性文件，同时向上级行政机关、同级权力机关报备。审查各县（市）区政府报备的规范性文件78件，市直部门报备的规范性文件8件。按照福建省政府的部署，开展涉及"放管服"改革、完善产权保护、生态文明建设和环境保护方面的地方性法规规章和规范性文件专项清理。对涉及的54件地方性法规规章，拟继续有效的36件，拟修改后继续有效的14件，拟废止或失效的4件；对涉及的126件规范性文件，决定废止或宣布失效12件，继续有效并需适时修改32件，继续有效82件。

【行政复议、应诉工作】　2017年，福州市政府本级办理行政复议案件231件，比上年增长56.08%，涉及房屋征收、信息公开等类型的案件数量增长明显。执行《福州市行政机关行政应诉暂行办法》，印发《关于进一步加强和改进行政应诉工作的通知》，将提高行政机关负责人出庭应诉率、做好司法建议书的反馈工作等作出具体要求，并纳入绩效指标考核体系。全年市政府办理80件行政应诉案件。

【行政审批制度改革】　2017年，福州市开展简政放权工作，精简行政审批服务事项。取消68项行政审批服务事项，下放22项行政审批服务事项至县（市）区办理，取消40项行政审批服务事项的办理环节，取消33项行政审批服务事项的54份申请材料，5项行政审批服务事项实行多点办理；推行"证照分离"改革，在全省率先开展"证照分离"改革试验工作，创新推出"合并核准"的改革方式，简化市场准入许可；创新行政审批服务机制，通过"互联网＋政务"、电子证照全流程应用、"榕证通"等多措并举，完成"一趟不用跑"和"最多跑一趟"改革。市本级公布"一趟不用跑"和"最多跑一趟"事项总数量为1334项，占本级行政审批服务事项总数的93%。启动"一窗受理、集成服务"改革，建立新型政务服务体系；加强行政审批服务事项目录及办事指南标准化建设，对福州市47个市直单位入驻中心的1548项行政审批服务事项的办事指南进行重新梳理和审核；开展减证便民专项工作，对行政审批服务事项申请材料中的证明材料进行清理，形成《保留的涉企涉民证明事项清单（109项）》《取消的涉企涉民证明事项清单（104项）》《待部门间信息共享可取消的涉企涉民证明事项清单（15项）》。全面推行政府权力清单、责任清单制度并实行动态管理。市直单位完成市级权力清单和责任清单融合编制工作，并录入福州市政务清单管理系统，市直部门行使权力，将受到权责清单的严格约束，实现行政权力进清单、清单之外无权力，且必须根据法律、法规、规章的立、改、废情况，对权责清单事项进行及时动态的调整。

【行政执法监督】　2017年，福州市建委、房管、规划、园林、水利、环保、市场监管等部门的行政处罚权，采取分批移交市城管委实施的办法，推进福州市城市管理执法体制改革。建立行政处罚信息公示系统，统一公示平台和公示内容，全年公示4019条行政处罚信息，并自动推送至市政务交换平台，推进信用福州建设。在自贸区福州片区试行行政执法公示制度，选择福州市马尾区市容管理局、福州经济技术开发区市场监督管理局等作为试点单位，公示信息500余条。开展行政执法案卷评查，以查促改，对检查中发现的问题逐一反馈，并发出整改意见书。执行行政执法人员持证上岗和资格管理制度，组织3次行政执法资格考试，福州市本级取得行政执法证的行政执法人员2696人（不含公安机关）。

（魏善庆）

政法综治

【概况】　2017年，福州市制订《关于进一步提振全市政法系统干部干事创业精气神的实施方案》《关于在全市政法系统中开展"五讲五比"活动　服务"攻坚2017"行动的意见》，推动形成"围绕中心、服务大局，提速增效、比学赶超"的良好氛围。出台《进一步加强日常一线干部考察工作具体办法》《关于对福州市基层法院执行工作一线考察的工作方案》，巩固拓展政法系统一线考察工作成果。实施"全员化、常态化、实战化"业务能力提升工程，组织干警开展"拥抱法治新时代、踏上平安新征程"宣传教育活动，收听收看中央政法委视频学习讲座、参加政法综治干部培训班和应急处突演练等教育培训活动。探索建立政法队伍建设暨党风廉政建设联席会议制度，健全纪律督查、驻点巡查和执法监督等机制，查处违法违纪干警36人。推进法院人员分类定岗，完善繁简分流和诉调对接机制，福清市法院认罪认罚从宽试点被中央电视台列入中共十九大巡礼片主题；加快信息化3.0和"智慧法院"建设，闽侯县人民法院ITC诉讼自助服务终端入选中央"砥砺奋进的五年"大型成就展，市人民法院电子卷宗生成率居全省首位；探索形成覆盖全市的涉台法官工作室网络，相关经验在全省复制推广。推进检察权运行机制改革，构建检察官业绩考评机制，实现纵向扁平化管理；依法加强公益诉讼工作，健全诉前圆桌会议制度，督促保护国土面积1.2万平方米，督促收回土地出让金2.1

亿元;建设电子检务"六大平台",在全省率先启用刑事执行检察等业务系统,打造"智慧检务"新模式;支持监察体制改革,完成人员转隶、案件移交等各项工作。推进公安综合情报平台、人像识别系统等信息化平台建设,"110"巡逻车一体化实战平台获评公安部科技成果集成示范项目;召开全国基层公安文化建设、全国机修业治安管理、全省规范辅警管理等现场会。开展破解"执行难"问题攻坚行动,法院执结率、执行到位金额数分别比上年增长52.92%和60.92%,其中执行到位金额数居全省第一。开设福建省首个市级法律服务公众号,建成服务联络点2621个,实现法律服务全市覆盖;落实"谁执法谁普法"责任制,在全省率先建立司法社工参与涉案未成年人帮教机制,增强群众法治观念和依法办事能力。审议制订《福州市社会治理体制改革2017年工作要点细化方案》,推动完成公共安全综合监管、立体化治安防控、社会服务管理、平安福州建设4个方面22项改革任务。年内,省对设区市综治责任制考评成绩优秀,群众安全感率94.55%,平安建设知晓率和执法工作满意率保持全省第一,全市政法系统中有168个集体、376名个人获得省部级以上表彰。

【国家安全和社会稳定维护】 2017年,福州市在全省率先投入"重点单位网络集中防护系统",推进涉恐隐患排查和严打暴恐行动,实施20余场反恐专项演练,在12个码头进行防恐压力测试,在全市校园开展涉恐音视频清缴,实现案件线索"零暂存",全市未发生重大政治事件、暴力恐怖事件和网络安全事件。开展"风险隐患排查、矛盾纠纷化解、重点人员稳控、社会力量群防"四项行动,累计排查化解5个大类、23个方面的风险隐患问题3.8万件,发动平安志愿者等社会群防力量30余万人,完成党的十九大、厦门金砖会晤、"三合一"会议等重要节点的安保维稳任务。建立维稳专项督查和奖惩机制,成立13个常态化维稳专项督查组,对各县(市)区、67家责任单位累计开展9轮滚动督导和67次随机督查,并在重大活动期间严格实行"蹲点督导"。年内向各县(市)区和责任单位下发85份整改清单、123份工作警示单,对安保维稳工作成效突出的20家先进集体和50名先进个人予以表彰奖励。

【平安创建】 2017年,福州市筛选83个项目列入全市综治亮点培育计划,统一实行项目化培育管理。在全市推广"平安和谐村(社区)三级联创"奖励机制、仓山区对湖派出所"五微"防控体系等亮点品牌。深化各行业系统平安创建,"平安校园""平安医院""平安家庭""平安家庭示范社区(村)"的创建率分别达到97%、100%、96.29%和94.97%;开展小型出海船舶管理、走私成品油打防等专项行动,科学调整33个选址不合理、办公条件差的警务室和船管站,提升"平安海域"创建水平。完善社会化动员机制,组织发动机关事业单位干部职工、退役军人、民兵预备役等群防力量,共同参与路面巡逻、应急处突、服务群众等"多位一体"巡防活动;发动5万名中小学、幼儿园学生家长,组建"校园平安志愿者队伍",共同营造"护校安园"良好氛围。开展2013—2016年度市级综治平安先进表彰活动,评选表彰20个平安先进乡镇(街道)、20个平安先进单位、60个综治工作先进集体和200名先进工作者。年内,鼓楼区获评"全国平安先进县(市、区)",福清市、永泰县获评"全省平安先进县(市、区)",马尾区等9个县(市)区获评全省"平安县(市、区)"。

【社会治安管理】 2017年,福州市推进标准地址二维码管理,全市安装二维码门牌、梯位牌136.98万面,地址标注357.54万条,访查房屋319.62万间,核对更新实有人口225.13万人,实现房屋地址清理、门牌换发、地址标注、房屋登记、人员采集"五个100%",从中查处各类案件4847件,抓获网上在逃人员85人。完善精神卫生防治体系,加快市强制医疗所、长乐区精神病就诊大楼和连江县精神病院等诊疗基础设施建设,推动"一历五单""监护人责任险"等制度落实,全市"以奖代补"协议签订率94.2%,报告患病率提升至4.21‰。在连江县试点建设"康复之家",推动社区戒毒康复由原来定期"尿检"的单一管理模式,转变为突击"尿检"、定期家访、困难帮扶、心理疏导等综合服务管理,促进戒毒康复执行率、管控率提升至100%和97.96%。在全省率先建成市公安局合成情报中心和合成侦查中心,并将合成作战机制向县级公安机关延伸,构建覆盖市县两级的24小时实体化合成作战体系。全市刑事案件总量、八类暴力案件、侵财案件、"两抢"案件、诈骗案件分别比上年下降20.7%、35.6%、21.7%、67.3%和24.8%,累计181天未发生"两抢"案件,"云端2017""飓风肃毒2017"等行动战果居全省第一。

【矛盾纠纷预防化解】 2017年,福州市执行社会稳定风险评估制度,对88个政府投资审批、28个企业投资核准的重大项目,提前摸排化解征地拆迁、环境资源等方面矛盾问题。加强行业调解组织和多元化解机制建设,在全市AAAA级以上旅游景区建立人民调委会,发挥住建、环保等12个行业调解组织作用,成功调解案件1.47万件,调解成功率99.8%。建立参与涉诉信访工作律师库,入库律师事务所57家、律师249名,年内派出律师744人次,接待信访人数3501人,参与化解信访案件740件。开展初信初访规范化建设、信访历史积案化解和"上门接访、入户走访"活动,全部办结化解120件信访历史积案,全市进京到非接待场所上访、进京集体访、到省集体访人次分别比上年下降73.7%、9.6%和76.9%,未发生重大信访案(事)件。

【社会治理创新】 2017年,福州市建设视频图像综治分平台,研发部署预警监测、防控指挥、综治维稳等功能模块,实现对社会治安、城市管理等领域异常事件的预警监测、综合研判和实时调度。重塑福州火车南站治安管控模式,配备综合指挥中心、大数据系统、智能联勤系统、智能灯杆和视频监控等软硬件设施,建成铁路沿线全部620路高清视频监控应建必建点。在全国率先开发应用机动车乱鸣喇叭、滥用远光灯、行人和非机动车闯红灯等"三大自动抓拍系统",在全省率先打造互联网交通安全综合服务平台，提升交通综合服务管理质效。在马尾区、长乐区、福清市等县（市）区试点开展平安智慧小区建设，将智能防控、智能门禁、智能消防等10项智能技术用于物业小区服务管理，实现对住户实名信息、流动人口动态、消防设施状态和室内烟雾浓度等数据的全程掌控、实时预警和远程提醒。在全市各县（市）区、173个镇街、2660个村居挂牌成立综治中心，投资约1340万元建设综治中心信息综合展示系统，统一接入网格化平台和视频监控系统，初步形成“综治中心+网格化+雪亮工程”联动格局。年内入选全国视频监控建设联网应用重点支持城市，获批国家专项资金2300万元，累计建成各类公共安全视频监控6.5万路，汇聚共享3.3万路。

【网格化服务管理体系】 2017年，福州市健全贯穿市县乡村四级的网格化综合平台，完成与福州市政务服务、“数字城管”和“12345”系统等7个平台互联互通，实现网格事项采集处置全流程的“点对点”扁平化。执行网格事项准入制度，制定出台部门网格事项纳入清单和指挥手册，梳理综治、城管等17个部门300余个准入事项。在鼓楼区试行“片长制”网格化管理模式，落实分片包干责任制度，完善监督考核机制。完善社区政务服务平台整体框架，设立社区政务服务综合受理点，开通24小时便民自助服务站，连接“e福州”平安管家APP与市民服务云平台，完成33类政务服务事项通过网格化平台下沉至基层社区，初步实现“一号申请、一窗口受理、一网通办”的政务服务模式。年内，“e福州”平安管家APP注册用户102万人，实名用户51万人，六城区、福清市、闽清县通过平台发布群防任务5195条，参与人数1.15万人次，接收群众举报信息841条。

（张崇煜）

公　　安

【概况】 2017年，福州市刑事案件总量、八类暴力案件、侵财案件、“两抢”案件、诈骗案件分别比上年下降20.7%、35.6%、21.7%、67.3%、24.8%，181天未发生“两抢”案件。现行命案13年来首次全破，八类暴力案件、“两抢”案件破案率分别为96.9%、93.6%，为近10年平均破案率的1.65倍、2.62倍。群众安全感94.547%，提升1.447个百分点，晋升1个位次；执法工作满意率95.29%，提升1.99个百分点，全省第一。公安部、省厅部署的“云端2017”“猎狐2017”“飓风肃毒2017”“砺剑2017”等专项行动全省第一，“护航金砖”4个专项行动战果全省第一。基层公安文化建设、机修业治安管理、规范辅警管理工作经验以现场会形式在全国、全省推广。交通拥堵排名在全国大中城市中下降至第34位，交通、消防安全四项指数全面下降。全年招录221名新警、41名公安文职人员，启动1500名辅警招录工作，培训民警24期6741人。“蓝色家园”获评全省公安政治工作创新案例一等奖，东街派出所、福清市公安局出入境管理大队获评“全国优秀公安基层单位”，1人获评“全国特级优秀人民警察”，3人获评“全国优秀人民警察”。年内完成党的十九大、厦门会晤、“三合一”会议等重大活动391场和中央领导刘云山等到榕警卫任务348批次，“三个不发生”创建活动全省第二，立集体二等功，获评“三合一”会议服务保障先进集体。

【刑事犯罪侦查】 2017年，福州市破获各类刑事案件2.33万件，其中年内案件1.96万件，分别比上年增长16.8%、23.65%，现行案件破案率33.94%；抓获刑事作案成员1.63万人，增长12.03%，摧毁犯罪嫌疑团伙83个、成员337人，分别增长72.92%、100.59%；依法刑事拘留犯罪嫌疑人1.43万人，提请逮捕7860人，移送起诉1.18万人，提起公诉1.18万人，分别增长5.96%、4.09%、10.45%和5.66%。立各类刑事案件5.90万件，案件总量比上年下降20.65%，八类暴力案件下降35.58%，盗窃、抢劫、抢夺、诈骗等几类主要侵财案件分别下降21.43%、48.44%、80.76%和24.78%，电信诈骗立案数和辖区居民被骗损失金额数分别下降29.89%和24.23%。

打击严重暴力犯罪和黑恶势力犯罪　破获八类暴力案件778件，破案率97%，比上年增加9.9个百分点；现行命案发生63件全部破获，13年来首次实现年内现行命案100%全部破获，破获年前命案积案11件。以涉黑罪名判决21人、公诉1人，以九类涉恶罪名判决1977人。立涉枪案件139件，破案率100%，缴获火药动力枪支65支，起诉涉枪犯罪嫌疑人79人。

打击多发性侵财犯罪　侵财案立案4.85万件，比上年下降21.69%；破案1.2万件，比上年下降28.21%，破案率24.68%，比上年减少2.24个百分点。起诉盗窃、抢夺、诈骗和掩饰、隐瞒犯罪所得或收益四类犯罪嫌疑人2358人，判决2278人，其中判5年以上184人，重刑率8.08%，比上年上升2.09个百分点。“两抢”案件立案258件，比上年下降66.75%，破案241件，破案率93.41%。全市电信网络诈骗案件立案6153件，被骗损失金额1.82亿元，其中案值50万元以上案件立案47件，破案32件，大案破案率68.09%；刑拘电信网络诈骗犯罪嫌疑人817人，比上年上升65.05%；市反诈骗中心成功止付涉案账户1899个，涉及金额3106万元。全市发生盗窃电动车案件1.58万件，比上年下降8.73%，破案4908件，刑拘盗窃电动车嫌疑人1082人、治安拘留391人，打处数与警情数比例为7.5%，查扣电动车4714辆；扒窃案件立案3745件，比上年下降42%，破案2264件，刑拘扒窃嫌疑人583人，与立案数的比率为22.5%。

追逃工作　全市抓获2016年6月30日以前网上在逃人员520人，比上年上升31.98%。2017年以前逃犯库存1002人，归案572人，归案率57.09%。

刑事技术应用　全年勘验刑事案件现场4.73万件，勘验率92.2%，其中十三类案件2.23万件，勘验率98.1%；通过指掌纹认定案件1491件，认定率7.6%；通过足迹认定案件5834件，认定率12.3%；通过DNA认定案件613件，认定率5.85%。福清市公安局建成福州市首个、全省第二个县级DNA实验室，实现对现场物证的快取、快比功能。刑侦部门通过视频图侦研判发现案件线

索1.68万条,从中发现涉案嫌疑人车图像线索1.54万条,追踪作案轨迹线路6310条,抓获犯罪嫌疑人2383人,直接或并串破案2279件。

【刑事要案】 涉日跨国电信诈骗案 2017年6月29日,由公安部督办的“3·15”涉日系列电信诈骗案件专案组对福建福州、福清及广东深圳等地的29个涉案窝点开展收网,同时派出警力对逃窜至福建武夷山、河南信阳、广西北海、广东深圳等地的犯罪嫌疑人实施抓捕,抓获犯罪嫌疑人59人,其中日籍人员36人,查扣电脑16部、手机77部、网关电话25部、路由器3部、银行卡90张、诈骗剧本、账本若干等作案工具,收缴人民币2.5万余元、日币748万余元、港币1.9万元等赃款,成功摧毁涉日跨国特大电信诈骗犯罪团伙。

非法制贩枪支弹药犯罪团伙 10月12日晚,闽侯县公安局专案组在市公安局网安支队的支持配合下,分别在晋安和闽侯等地抓获犯罪嫌疑人8人,查扣自制步枪2支、改造射钉枪1支、自制散弹枪1支、气枪4支、步枪子弹100余发、铅弹90余发、枪支零配件100余件、火药300余克、弹壳及其他制枪设备若干,成功摧毁公安部督办的“6·23”网络涉枪案团伙。

贩毒案 6月21日,马尾区公安局专案组抓获正准备实施毒品交易犯罪嫌疑人2人,当场缴获冰毒3175.44克,现金15万元及作案车辆1部,并在其中1人家中查获冰毒24.56克,同时在回重庆的列车上将犯罪嫌疑人1人控制并押解回福州。经预审深挖,6月22日,在犯罪嫌疑人位于仓山区建新镇洪光村内的另一个藏毒窝点查获冰毒3000克、疑似海洛因1000克,在仓山、罗源、马尾等地抓获贩毒嫌疑人4人及吸毒人员8人。

双命案 5月15日晚,在晋安区岳峰台中桥头发生一起杀害两人命案,造成1人当场死亡,1人经抢救无效死亡。市公安局刑侦支队、晋安公安分局经视频拓展、循线追踪,在南平邵武市火车站附近抓获犯罪嫌疑人胡某,查明其因摩的生意纠纷长期被彭某等人欺负而心生怨恨,于5月15日20时许持刀将受害者彭某、尹某捅死。

持枪抢劫案 8月2日22时许,1个蒙面男子在鼓楼区银都花园小区某室门口持枪抢劫受害人倪某价值10余万元黄金首饰未遂,开枪击伤受害人腹部,并在小区保安员闻讯赶来后逃离现场。在省公安厅、市局刑侦部门和合成侦查中心协助下,鼓楼公安分局于3日凌晨在银都花园小区抓获犯罪嫌疑人江某,搜缴气枪1支以及鸭舌帽、面罩、假发、雨衣等作案工具。查明江某因赌博欠下巨额赌债,从网上购买零配件组装气枪,于8月2日晚持气枪抢劫并枪击被害人倪某。

绑架杀人案 2月18日晚,吴某诚报警称其女儿吴某青(系在校生)被人绑架。2月19日下午,仓山公安分局专案组民警对吴某青叔叔吴某文的暂住处进行排查,在其床底下发现吴某青的尸体,当场将吴某文控制住。经预审,吴某文交代绑架杀害吴某青勒索财物并意图误导公安机关侦查视线。

杀人焚尸案 9月26日晚,连江县万家城市广场某楼一房间发生火灾。消防官兵抵达现场扑灭大火,并在现场二楼隔层发现一具女尸,死者头部多处受伤。接报后,连江县公安局于27日凌晨在晋安区鼓山辖区某一网吧内将犯罪嫌疑人吴某新抓获。经查,吴某新为偿还所欠债务,到死者所在的工作单位借钱周转,遭到拒绝后气急败坏将其杀害,因担心罪行败露点火焚尸并逃离现场。

盗窃黄金珠宝案 4月19日,特艺城“康一”珠宝店发现被盗黄金首饰、钻戒、玉器、现金等财物价值300余万元。台江公安分局在市局技侦支队、合成侦查中心协助下,于当天15时许在仓山区抓获嫌疑人单某磊,当场缴获赃物黄金500克、赃款1000余元,并在嫌疑人指认下,在特艺城附近一隐蔽处起获其藏匿的黄金首饰、玉器1000余件。经查,犯罪嫌疑人因手头拮据,经多次踩点后,于4月19日凌晨潜入康一珠宝店盗走现金4万元及黄金首饰、玉器1000余件。

系列入室盗窃案 8月17日,长乐市公安局专案组先后在闽侯县尚干镇抓获犯罪嫌疑人郑某建、乔某和收赃嫌疑人林某杰,深挖破获省公安厅挂牌系列入室盗窃案件38件,涉案价值100万余元,追回红木家具、笔记本电脑、电视等赃物。

诈骗案 9月13日下午,永泰县公安局专案组分别在鼓楼区乌山路某小区、仓山区江滨路某小区抓获犯罪嫌疑人林某、陈某(系母女)。2人供述通过事先预谋,以投资公司为由,骗取受害者罗某等人人民币1950万余元。

【经济犯罪侦查】 2017年,福州市经济犯罪立案1825件,破案1655件,抓获犯罪嫌疑人829人,移送起诉993人。

“猎狐2016”专项行动 全市抓获在逃境外经济犯罪嫌疑人18人(其中红通在逃人员2人),总缉捕率40%,其中存量逃犯7人,存量逃犯缉捕率20.59%,缉捕人数全省第一。

“云端2017”专项行动 重点打击非法集资,洗钱、地下钱庄,银行卡、银行间债券,骗取出口退税、虚开增值税专用发票,内幕交易、操纵证券期货市场,网络传销,假币、制售假冒伪劣商品等7类犯罪。录入上报线索70条,完成反馈线索241条,完成打击应用任务97个,总分1647分,专项行动全省第一。

“春雷”系列专项行动 “春雷一号”专项行动,破获地下钱庄案件立案18件,破获9件,抓获犯罪嫌疑人26人。“春雷二号”专项行动,破获侵权假冒犯罪案件立案832件,破案790件,抓获犯罪嫌疑人792人,捣毁制假窝点539个,省厅挂牌督办案件2件,成功发起云端行动12起,参与云端行动76起,涉案金额7188万元。“春雷三号”专项行动,打击传统“拉人头”式传销和网络传销犯罪,组织领导传销犯罪案件立案61件,破案50件,抓获犯罪嫌疑人259人,移送起诉114人,清查遣送人员993人,涉案金额2.66亿元,发起云端行动5起,参与云端行动4起,省督案件2件,协助全国各地公安机关办理组织、领导传销案件26件。“春雷四号”专项行动,破获妨害信用卡管理案立案19件,信用卡诈骗案立案373件。

【经济犯罪要案】 信用卡诈骗系列案 2017年1月25日,福州市公安局破获省公安厅挂牌督办李某翔等人信用卡诈骗系列案,抓获犯罪嫌疑人洪某、林某、李某翔，查明2015年2月至2016年2月期间3人以循环过户二手汽车等包装手段，虚构办卡人财力证明，骗取工行信用卡后，通过套现非法占有卡内资金222万元。

“2·25”特大跨国经营地下钱庄案　2月21日，经过一年悉心经营，由市局经侦、技侦、网安等部门组成的专案组（代号“2·25”专案）出动200余名警力，在福州、三明、泉州、莆田等地开展统一收网行动，抓获犯罪嫌疑人24人，捣毁作案窝点15个，冻结、扣押赃款2400余万元，涉案金额400余亿元，一举破获“2·25”特大跨国经营地下钱庄案。

制售假玻璃胶水案　3月，经侦支队联合市工商局发起统一收网行动，在仓山某店一举抓获制售假玻璃胶水犯罪嫌疑人6人，现场查扣假冒千里马玻璃胶成品2000余箱，涉案价值70余万元。

【禁毒工作】　2017年，福州市破获毒品刑事案件1964件（其中公安部目标案件11件、省目标案件10件），比上年下降19%；抓获毒品犯罪嫌疑人2279人，下降19.6%；起诉毒品犯罪嫌疑人1824人，下降9.1%；查处吸毒人员7624人次，下降27.8%。缴获各类毒品（折海洛因）96.23千克，下降57.2%，制毒原料（折麻黄碱）1.52吨，下降87.7%；捣毁制麻制毒窝点4个，抓获在逃涉毒犯罪嫌疑人49人。缉毒执法工作考评综合绩效全省第一。

开展“飓风肃毒2017”会战行动，破获毒品刑事案件1544件，比上年上升19.43%；抓获毒品犯罪嫌疑人1994人，查处吸毒人员6414人次，分别占前3年抓获、查处均数的84.9%、70.4%；缴获各类毒品折海洛因96.5千克、制毒物品1.537吨（折合）、枪支45支、子弹2366发；追获涉毒逃犯22人，完成行动前上网在逃毒犯抓获率46.8%。会战综合绩效全省第一，其中长乐、福清、连江包揽40个省级会战重点县（市）区综合绩效全省前3位。

出台《福州市禁毒重点整治地区认定及验收细则（试行）》，对突出毒品问题实行分级整治，明确主体和监督责任，严肃问效追责；形成禁毒经费列入财政预算并逐年递增保障机制，全年市、县财政划拨禁毒经费2197万元，比上年上升14%，其中各县（市）区财政划拨总额均不低于50万元；完善群众举报毒品违法犯罪奖励机制，奖励上限由10万元增长至25万元。依托遍布全市的5331个基础网格、5608名网格员，全面铺开城乡吸毒人员网格化服务管理体系。全年责令社区戒毒社区康复3952人，正在执行3921人，执行率99.2%。查处吸毒人员7624人次，强制隔离戒毒1245人，重嫌必检检测率99.82%，全省第一。年内新建福州高新区则徐自愿戒毒所、福州神康医院戒毒专科等自愿戒毒医疗机构。设立美沙酮维持治疗门诊点及延伸服药点10个，美沙酮维持治疗门诊年保持率87%。

会同教育部门建成毒品预防教育示范学校22所、实践基地14个，福清市岑兜中心小学被省禁毒委授予“福建省毒品预防教育示范基地”称号；将毒品预防教育作为秋季开学中小学在校生的必修课，发动在校师生、家长、禁毒志愿者、社区居民分批参观毒品预防教育基地；组织学生参加全国禁毒知识大赛68.7万人次，分别订阅“中国禁毒”“福建禁毒”微信公众号33.3万人次、28.7万人次。启动“万面禁毒宣传栏进社区”项目，在全市社区住宅、写字楼及娱乐服务场所布建禁毒宣传栏，协定一年内全部版面用于禁毒宣传，一年后不低于50%的版面，年内布建4500余面。在“全民禁毒宣传月”、“6·26”国际禁毒日等重点时段举办“携手同心、共创无毒”主题活动。与省禁毒办共建禁毒教育基地立项建设，着力建设集禁毒教育、毒品犯罪监测技术中心和毒品实验室功能于一体的省级综合性禁毒基础设施。

【巡特警工作】　街面武装巡逻防控　2017年，福州市巡特警支队每日在10个全天执勤点和2个夜间执勤点投入巡特警165人次。重点时期加密武装巡逻，3月3日至10月31日期间，巡特警支队联合武警部队、县级巡特警反恐大队、地铁公安、城区派出所等单位，在城区增设14条武装车巡路线并重点辐射沿线地铁进出口。“厦门金砖会晤”期间，市局启动社会治安防控一级响应时，四城区分别增加1个武装联勤点；启动一级加强时，由巡特警支队再增加2条武装车巡线路，实施加密性武装巡逻。

应急处突特种队伍　支队抽调60名队员成立反恐应急处突队并分为A、B两组，一组于支队基地24小时待命，一组离岗备勤，随时增援，勤务任务两天一轮换。应急处突队根据上级的行动指令，主要承担相应区域的反恐维稳、抢险救灾、群体性事件处置任务，确保社会面安定稳定，同时配合其他单位完成相关任务。全市13支县级应急处置队伍于5月正式成立，由巡特警反恐大队为主牵头组成，人员配备不少于30人、其中

2017年6月26日，福建省及福州市禁毒委在福建省少年儿童图书馆举办“携手同心　共创无毒”纪念“6·26”国际禁毒日系列宣传活动　（市公安局　供）

2017年5月5日,福州市公安局反恐办在地铁1号线胪雷站开展"榕剑5号"反恐实战演练　　（市公安局　供）

民警不少于15人。

重大勤务任务　"三合一"会议期间,派出警力700余人次,安检车辆7812辆次、人员50372人次、物品23810件次,禁限带物品1138件;投入警力1010人次、警犬212头次,搜爆面积217.89万平方米,完成搜爆场次21场次,搜出违禁物品335件。厦门金砖会晤期间,派出123名民警增援安保工作,承担会晤核心区域的安保维稳突击重责,累计出动警力2575人次、警车314辆次,实现"零违纪、零伤亡、零事故"。出动警力3786人次,完成重大节日和演唱会等安全保卫任务133场次。

【出入境与往来港澳台管理】　2017年,福州市办理各类出入境证件109.71万件次,比上年上升3.8%,其中公民因私出国(境)107.89万人次(公民因私出国31.14万人次,内地居民往来港澳地区57.55万人次,大陆居民往来台湾19.20万人次),办理出入境通行证1830人次,办理各类外国人证件、签证、居留许可10487件次。窗口办理台湾居民签注、证件1132件次;长乐国际机场口岸落地签注办证2832件次,"两马"(马尾、马祖)直航办证1916件次。年内,出入境管理处被评为全国工人先锋号、市直机关"攻坚2017"优质服务窗口。

在各县(市)、区(不含福清)出入境大队开通电子往来港澳旅游、赴台旅游签注立等可取业务,全年自助受理赴港澳台旅游再次签注8.63万件次。率先在连江马尾执行"一次有效往来台湾通行证"政策,新增出入境发证窗口1个、派出所窗口受理点10个。对60周岁(含)以上人员申请赴港澳地区探望子女(包括子女的配偶)、配偶或者父母(包括配偶的父母)的,可签发1年多次有效探亲签注。对持"荣誉市民"证书申请人办理出入境证件专窗受理,并缩短办证时限。对申请出境奔丧、探望危重病人、紧急商务活动等开辟"绿色通道"、特事特办8432人次。

依法查处涉外、涉台行政案事件1255件1354人,其中外国人"三非"案件1196件1330人,台湾居民非法居留59件59人。遣送出境外国人128人,依法列入不准入境人员名单18人。

【公安法治】　2017年,在福州市范围继续推行刑事案件法制部门"统一审核、统一出口"机制,市县两级公安机关法制部门全部完成案审队伍组建工作,增加案审力量74人,审核各类案件及强制措施8.9万多件,发现并纠正各类问题5.9万多个。制定出台《福州市县级公安机关执法办案积分制实施意见》,推行执法办案积分制。验收新建、改建派出所"四区八室"18个,执法办案中心2个,另对16个拟新建四区八室派出所进行前期建设规范指导。在福清公安局试点开展政府主导、公检法司共用的刑事诉讼涉案财物管理中心建设,计划于2018年年中完成,其中以龙田派出所为试点的执法办案分中心建设于2017年底前完成。

对行政权力清单进行重新梳理修订,编制市局行政审批服务事项清单116项,并完成标准化办事指南编制。开展权力清单和责任清单两单融合工作,编制完成市局权责清单事项1492项。梳理"最多跑一趟""一趟不用跑"办事清单82项,90项审批事项压缩至法定办事时限30%以下。4979名公安民警参加基本级、中级执法资格考试,287名参加高级执法资格考试。组织执法培训222场,参训人员12232人,派教员授课77人次。

全年开展执法考评150次,考评案件1.3万多件,发现并纠正执法问题3.09万个。开展全市公安机关案件评查活动,第一阶段抽查刑事行政案件258件,第二阶段抽查全市危险驾驶案261件;完成市委政法委分派的对2016年群众满意率落后的台江、仓山、闽清3个单位30件治安处罚案件的评查工作。

组织开展未受纪律处分的涉诉涉刑党员和国家工作人员清理工作,对2016年8月至2017年2月期间办理行政案件中因涉嫌"黄赌毒"被行政处罚或者因其他违法行为被行政拘留处罚的"两员"核实身份信息,并移送同级纪委。办理行政复议案件140件,办结133件;办结刑事不予立案复议案件34件;办结刑事不予立案复核案件17件。办理国家赔偿案件6件,办结3件。办结行政诉讼案件170件,审结116件(一审67件,二审49件)。组织民警784人次参加旁听庭审92次。

全市公安机关接访1954件,比上年下降9.6%。市公安局信访室接访609批956人。登记、转办信访件3512件。办理反馈"厅长信箱件"590件、"局长信箱件"2396件、"12345"诉求件5.5万件。领导接访1573批2304人次,其中市局领导接访268批357人次。在全市公安机关范围开展信访积案攻坚化解和信访重点县区整治活动,积案275件化解238件,化解率86.5%,完成省厅交办的积案化解任务。

【社会治安管理】　2017年,福州市受理治安案件13.38万件,比上年上升30.3%,查结11.62万件,上升37.7%。全市治安系统重点工作考评全省第一。

开展8次社会面管控治安清查集中

统一行动，完成“三合一”会议、厦门金砖会晤、党的“十九大”系列重大安保社会面管控任务。建立公安检查站应急勤务机制，6月1—13日，启动“环榕”防控圈，核查车辆5.4万辆次、人员12.7万人次，查获重点人员370人、吸毒人员53人，收缴管制刀具51把，抓获在逃人员5人、违法犯罪人员20人。建立寄递企业过机安检场所跟班作业制度，先后2次向全市省市际分拨（分拣）中心派驻民警，督促安检快递946.5万件，查获管制刀具21把，疑似管制刀具6把，发现退回可疑快件395件。邀请腾讯公司探索在大型活动安保中引入热力图技术，实时预警人员拥挤等突发情况；采购六旋翼无人机、移动侦察机器人、智能平衡车等设备。分类完善商贸、体育、演艺、会议等活动安保方案，先后完成391场大型活动安保任务。协调群体性非正常上访110批4091人次，指导处置群体性事件8件327人次，协调处置重大医患纠纷33件84场次。

开展清查整治攻坚2017行动，破获涉枪涉爆刑事案件141件145人，侦办刑事拘留九类涉恶案件1725件4885人，完成省市逃犯缉捕25人、3批挂牌案件督办等任务，兑现举报奖励47.5万元，收缴枪支1001支、子弹68.1万发、炸药3703千克、烟花爆竹18494件、管制刀具7456把。处罚易制爆危险化学品从业单位、违法购买单位、违法购买人员等527件。破获“黄赌”刑事案件930件，比上年上升28.4%，查处“黄赌”治安案件3605件，上升15%，破获部省督案件12件，黄赌综治考评全省第一。破获“四黑四害”刑事案件1048件，发起全国集群战役5起，破获部督案件11件、省督案件15件，分别比上年上升1.75倍、2倍，“打四黑除四害”考评全省第二。

督促指导全市3330家治安保卫重点单位、2578所中小学幼儿园落实科技、勤务、制度“三道防线”，查处内保行政案件769件。督促全市480辆市际客运班车、34个客运站、42个售票点全面落实实名制购票及查验工作，全市二级以上客运站全部配备安检设备。组织摸排寄递企业1559家、物流企业1126家，处罚未落实管理制度寄递物流企业109家23.5万元，查处非法寄运案件153件。摸排核实危爆物品从业单位565家，整改隐患255处，处罚民爆从业单位违法违规案件7件、罚款350余万元。摸排“低慢小”持有单位152家、持有人379人，列管“低慢小”目标3317个，摸排总数全省前三，“无人机”摸排总数全省第一。查处非法销售散装汽油案件43件，散装汽油实名销售系统100%覆盖。处罚未如实登记入住旅客身份信息旅馆982家次，取缔无证经营旅馆338家次，通过旅馆业信息系统抓获网上在逃人员291人。处罚机动车修理业违法违规行为58件，抓获网上在逃人员14人。处罚娱乐场所违法违规案件66件，涉毒案件106件，娱乐场所内部发案数比上年下降5.3%。

完成旅馆业人像识别登记系统研发，在3家银行试点安装自助银行反恐催泪应急安保系统，在6所高校推广“快递安全进校园平台”。创新“五级巡逻队伍”建设，设置武装巡逻线路、点位92个，落实村（居）级巡逻力量8001人、小区（单位）级巡逻力量22147人。摸排核实危爆物品从业单位526家。

【社区警务】　2017年，福州市受理制发省内居民身份证53.3万张，申办临时居民身份证2.09万张。受理制发省外居民身份证9168张，省内异地居民身份证11.4万张，登记挂失居民身份证18.84万张，捡拾发还居民身份证19张。受理比对照片信息53.15万人次，排查异常信息18人次，从中发现疑似双重户口13人，注销4人。查处骗领身份证53人，行政处罚24人、收缴骗领身份证29张。推广“派出所窗口业务网上预约系统”，受理微信业务1.6万笔，办结1.1万笔。在全省率先推出居民身份证自助受理，通过自助受理身份证2万余人。

全市登记出租房屋19.05万户，流动人口184.2万人，案前登记率81.42%。查处涉出租房屋案件932件，抓获违法犯罪嫌疑人320人。受理居住证20.17万人，已制证19.77万人，其中通过微信申报暂住登记6039人、居住证3965人。

全市配齐网格民警，设社区警务网格484个，配社区民警595人；农村警务网格425个，配驻村民警522人。全市派出所调解矛盾纠纷1.6万余件，其中土地征用房屋拆迁159件、劳动争议227件、村务管理4件、涉农纠纷16件、生产经营17件。

【网络安全监察】　2017年，福州市报送信息3.1万条（部优2条、省优18条），落地调查2401人，约谈处置网民699人。发布网上巡查执法公开信息1747条，转递线索100余条，警示网民5073人次。“福州网警巡查执法”在全省公安系统网络舆情工作培训班上作经验介绍，福州网警头条号被“今日头条”评为福建“最具影响力政法头条号”。2017年信息核查（落地）工作全省第一，舆情引导、情报信息工作全省第二，参加全国网络特侦比武获优胜奖。

全年立案自侦222件，抓获犯罪嫌疑人368人，分别比上年上升1.16倍、1.3倍。协破涉网刑事案件2707件（其中部督案件5件），抓获犯罪嫌疑人5457人，分别比上年上升15%、26%。联合闽侯县公安局侦办部督“6·23”网络涉枪案，摧毁一盘踞在闽侯县白沙镇的非法制造、持有枪支弹药犯罪团伙，抓获闽侯白沙籍犯罪嫌疑人8人，查扣大量子弹、火药及制枪设备。

成立全市网安部门网络安全案件（事件）应急处置工作队，出台全市网络信息安全大整治实施方案、重大网络安全事件应急处置方案；针对全市党政机关、国有企事业单位网站和重要信息系统开展两轮大检查，发现并督促有关单位整改安全隐患1403处。实地检查全市网吧2.2万家次，处罚违法违规网吧85家次；推进全市提供上网服务宾旅馆落实安全审计措施，完成1049家宾旅馆安全审计措施建设，建设总量全省第一。

完成区县级公安机关网安二级等级队建设，通过验收县级三级互联网监控中心11个、三级电子数据取证实验室10个，建设数均全省第一。

【警卫工作】　2017年，福州市完成各级各类警卫任务348批（场）次，其中级别警卫任务34批次，重要会议和重大活动59场次，其他警卫任务255批次。主要有:省市人大、政协“两会”、“三合一”会议、“5・18”、“6・18”、省市“党代会”、全委会等安保任务。2月22—25日,中共中央政治局委员、中央党的建设工作领导小组副组长、中央新疆工作协调小组副组长张春贤一行7人到福州调研。2月24—26日,中共中央政治局委员、国家副主席李源潮一行6人到福州调研。5月8—10日,中央军委委员、国务委员兼国防部部长常万全率军委工作组到福州调研。5月13—14日,越南国家主席陈大光夫妇等一行130余人到福州参观。5月17—18日,埃塞俄比亚总理海尔马里亚姆夫妇一行52人到福州参观访问。6月8—12日,中共中央政治局常委、中央书记处书记刘云山出席“金砖国家政党、智库和民间社会组织论坛”开幕式,同时分别会见菲律宾、老挝、柬埔寨三个国家政要及领导人。11月14—17日,全国政协副主席何厚铧一行10人到福州考察。

【道路交通管理】 2017年,福州市发生道路交通事故2179起,死亡484人,受伤2239人,财产损失181.93万元,分别比上年下降10.3%、9.4%、15.1%、26.1%。全省大排查大整治工作考评全省第一,“五类十项”严重交通违法查处工作考评全省第一,“三个不发生”创建活动考评全省第二。

查处各类交通违法行为572.5万余件,比上年上升16%,查处总量全省第一。查处非机动车各类交通违法行为37.8万件。查处“五类十项”严重交通违法行为32.6万件,比上年上升32%。查处“两客一危”车辆交通违法6769件,货车交通违法12.7万件。通过缉查布控系统拦截车辆7931辆,查获嫌疑车辆6407辆,处罚6272辆,

完成全市68处为民办实事项目道路安全隐患路段整治任务。建成1524个劝导站,其中示范劝导站83个,劝阻面包车超员、货车拖拉机违法载人、酒后驾驶及其他交通违法行为4万余件。对全市“两客一危”企业开展全面摸底排查,并建立专门基础信息台账。开展“两客一危”、渣土运输企业安全大检查,排查并建立重点企业隐患清单51处,重点车辆隐患清单112处,重点驾驶人隐患清单104处,全部整治完成,整改率100%。

完成第一批缓堵工作128个软件建设项目,城区日均堵情比上年下降34%,福州拥堵排名下降至第32位,环比下降16位。研发道路通行状态大数据智能研判平台,路口绿波协调方案覆盖全市77%的灯控路口,建成并运行全省首条潮汐车道。推出“福州交警”APP,上线以来服务市民出行31.2万人次。

开展为期4个月的“涉案停车场”整治工作,依法依规清理汽车、摩托车、三轮车、电动车2686辆,清理完成率86.6%。研发“人证比对”系统,从源头上遏制驾驶证“买分卖分”违法行为。推出“福州市交通违法处理网上预约系统”,实现群众“网上预约,线下办理”和“一趟不用跑,最多跑一趟”处理交通违法等一站式便民服务,运行以来处理车辆2.7万辆,处理交通违法10万余件,各窗口群众接待量下降50%以上。构建派驻法制员工作制度,日常监督考核案件1000余件,发现并督促整改执法不规范问题6766个。醉酒驾驶吊销案件执行率全省第一,执法记录仪使用管理综合考评全省前列,12345诉求件办理数量和质量全市首位。

受理自学直考业务2892笔,核发机动车驾驶证1675本。落实驾驶人考试网上自主报考,约考考生171万人次,自主预约率100%,将小型汽车初领(增驾)的科目一和科目三安全文明驾驶常识考试、满分学习考试、恢复驾驶资格、外籍换证业务理论考试全部下放县级车管所,在闽侯南通考试场推行小型汽车驾驶人全科目考试。每周二和周四分别向外地市考生提供50个科目二和科目三道路驾驶技能考试预约名额。启用新能源汽车专用号牌,全市小型新能源汽车互联网选号268辆,大型新能源汽车互联网在用车预选3辆;车管所受理窗口办理新能源汽车注册登记748辆、转移登记12辆、转入43辆、在用新能源汽车换发号牌96辆。

【重大交通事故案例】 2017年4月5日12时许,罗某驾驶轿车在三盛滨江国际小区路段遇胡某驾驶无号牌两轮电动车横穿南江滨路机动车道,罗避让不及,撞向胡某两轮电动车左侧车头,造成胡某受伤后经抢救无效死亡。

6月11日零时,冯某驾驶小型轿车途经浦上大道与金洲路路口时向西右转弯,遇黄某锦驾驶两轮电动车后载苏某桢沿浦上大道北侧机动车道由东往西直行,在浦上大道机动车道内,轿车车头碰撞电动车右侧,造成黄某锦受轻伤、苏某桢受伤经抢救无效死亡。

6月26日20时,高某新驾驶小型越野客车途经福建省军区教导大队附近路段时,遇李某彦驾驶两轮电动车后载林某华沿三环路南侧辅道由东往西逆向行驶,越野客车车头碰撞电动车前部,造成李某彦受伤经抢救无效死亡、林某华受伤。

9月2日19时许,唐某生驾驶大型普通客车行驶至南江滨大道江边村村口时,遇郑某喜驾驶两轮自行车沿人行横道横穿道路,唐某生遇险采取措施不及,客车车头碰撞郑某喜,致其受伤倒地经抢救无效死亡。

9月5日21时19分许,夏某驾驶重型普通货车往福建女子监狱方向行驶,行经事故路段时,未注意观察路面情况,采取避让措施不及碾压坐在道路中间的陈某清,其因驾驶无牌电动车与雷某芳驾驶的重型自卸货车于21时07分发生事故受伤,造成陈某清当场死亡。

12月12日10时,蒋某江驾驶重型半挂牵引车至高盛路口右转进入高盛路时,遇黄某生驾驶无牌二轮电动车后载其父黄某超,在路段非机动车道上,牵引车碰刮电动车致其倒地,后车轮继续碾压处于倒地状态下的黄某生和黄某超身体,造成黄某生受伤、黄某超当场死亡。

【消防工作】 2017年,福州市发生火灾1808起,死亡6人(不含放火自杀)、直接财产损失2093.2万元,分别比上年下降17%、40%、26.6%,零伤人。接警出动5950次,抢救被困人员1306人,抢救财产价值6080万元。鼓楼大队三坊七巷中队被公安部记集体一等功,并被评为全国优秀公安基层单位。

市政府与13个县(市)区(含高新区)、29个市直部门签订年度消防目标责任书,将消防工作纳入全市2017年度绩效管理工作内容。争取到消防业务经

费4.8亿元,推进23个消防站建设;投入129万元购置1架消防专业无人机、2架训练机,建立无人机拓展实验室,开展无人机操作AOPA证书培训;投入176万余元为市区及直属消防部队配备4G车载、单兵图传设备等移动作战指挥终端。组建石化重型编队、高层建筑灭火救援专业队、地震灾害重型救援队。支队特勤大队成为全国消防部队首支获得国家级资质的地震灾害重型救援队。

开展火灾隐患大排查大整治、高层建筑消防安全综合治理、电气火灾防控等一系列行动。市政府将"台农"商圈重大火灾隐患整治工作纳入年度消防工作责任书,台江区政府投入186万元用于隐患整治,筹集整改资金101万余元对46个店面进行消防改造。年内摸排重大火灾隐患单位34家,提请政府挂牌督办9家,整改销案28家。检查社会单位4.04万家、发现和整改火灾隐患4.62万处,临时查封305家、责任三停273家,行政拘留138人,罚款1089万余元。制订完善重点单位灭火救援预案1994份,开展灭火救援演练2920次。

全市完成重点单位、社区、街道建立微型消防站2434个,建成率100%。开展消防安全示范社区创建活动,80%以上社区达到创建标准。安装独立式火灾探测报警装置2.61万个、简易喷淋系统1771套。成立全市首个消防和地震安全体验中心,马尾区消防体验馆、三坊七巷消防博物馆被命名为省消防科普教育基地。在全国率先与"ofo"小黄车、永安行等共享单车平台开展"跨界"消防宣传合作,3万辆共享单车成为消防宣传流动站。在全国首次推出共享消防应急救援箱,首批投放200个。

【重大火灾案例】 2017年2月26日上午,福州市台江区洋中街道达道社区朝阳路民房突发火灾,消防支队出动19辆消防车90余名官兵,经过2个多小时扑灭大火。火灾过火面积近300平方米,未造成人员伤亡。

7月14日18时许,闽侯县荆溪镇徐家村9号蜡烛厂发生火灾,消防支队出动18辆消防车90余名官兵赶赴现场处置。火灾过火面积约为700平方米,未造成人员伤亡。

7月29日14时38分,仓山区义序半田村塑胶厂发生火灾,过火面积约为1200平方米。消防支队出动19辆消防车110余名官兵赶赴现场处置。经9个多小时扑救,大火被扑灭。

9月7日14时46分,晋安区厦坊路林德物流有限公司发生火灾。消防支队出动13辆消防车80余名官兵,经5个多小时扑救,大火被扑灭。

【森林公安】 2017年,福州市组织开展"利剑行动"、"绿剑"禁毒、缉枪治爆、督促落实有序停止商业性加工销售象牙及其制品活动、打击走私和非法加工销售象牙及制品活动、严厉打击非法占用林地资源违法犯罪等系列专项行动。全年受理各类森林案件374件,查处315件,打击处理各类涉林违法犯罪嫌疑人565人次,其中森林刑事案件立案129件(重大案件10件、特大案件6件),破获79件,抓获犯罪嫌疑人135人(其中逃犯32人);查处治安案件5件,行政拘留7人次;查处林政案件231件,处罚423人次。收缴木材454.13立方米、省级以上保护野生动物343只(条)、制品152千克,挽回经济损失693.86万元。

集中采购100台执法记录仪和6台采集器,完成福清分局、永泰分局林区道路视频监控、应急指挥中心项目和市森林公安局应急指挥中心建设,实现与地方公安机关网络资源共享。

【边防管理】 2017年,福州市破获刑事案件348件,查结治安案件2153件,刑事发案比上年下降7.7%;收缴枪支11把、子弹407发、管制刀具782把。破获侵财性案件165件,抓获在逃犯罪嫌疑人51人、"三非"外国人139人、偷渡违法犯罪嫌疑人338人,缴获各类毒品54.23千克、台货417件、成品油7106.16吨。成立3支执法船艇编队,开展联合执法行动11次,拆解"三无"船舶7艘,查处违章船舶案件1066件,比上年上升3.8倍。边防业务考评全年综合全省第一,一人获评福建青年五四奖章标兵,是全省部队系统唯一代表。原创微电影《勋章》作为军队系统唯一作品入选"丝绸之路"国际电影节。

构建扁平化指挥体系,完成17个一类警务室、9个一类船管站监控整合。协调市局授权25278路"平安福州"视频专网监控接入支队指挥中心。斥资269万余元为基层配备135台移动警务终端、77台数字集群对讲机、13套船载4G图传设备、10台高清视讯会议终端。完成支队综合指挥平台建设、350兆数字集群通信系统终端采购。

【"110"指挥中心】 2017年,福州市"110"报警服务台接报259.2万件,有效警情115.9万件,其中违法犯罪案件22.4万件,纠纷8.8万件,交通警情47万件,消防警情8335件,举报12.3万件,求助18.8万件以及其他类5.9万件。全市警情倒查率99.8%,警情质量合格率97.5%,群众对110工作满意率93.65%,公众安全感94.55%。

建立三级"关城门"应急堵截指挥机制,依托117个布控堵截卡点、13个环榕公安检查站、20个武装巡逻执勤点,按照目标对象的查缉范围从小到大,逐级启动三级、二级、一级查控圈,实现快速布控追缉。针对可能引发重大事件、敏感舆情的警情和重要案件线索等警情,第一时间推送共享警情资源,实现警情处置与情报研判、案件侦查、舆情管控、跟踪报告"四同步"。平时遇有重大突发案(事)件,启动联合作战指挥部;战时启动联勤、基地、驻地、警卫、现场指挥部,将本作战单位的后台资源全部传输到指挥部前台,实现作战指挥部前台与警种(部门)后台的联动指挥。

完成城区、县级PGIS警用指挥地理信息系统建设,数字电台覆盖全部城区和县(市)城关、重点乡镇,划定城区重大警情1、3、5分钟及城乡结合部10分钟处置区域,建立商圈、火车站等重点部位和安保专项任务视频探头编组,细化应急指挥、联动处置、舆论引导一体化预案,将13类最小作战单元、反恐专家库人员纳入指挥中心调度,实现警务资源"一张图"指挥调度。首期在城区50辆"110"巡逻车装备"110"巡逻车一体化实战平台,集车载视频云台、车载视频NVR主机、车载中控主机、4G多模视频智能化传输终端于一体,与接处警相关业务系统和应用平台对接,实现指挥调度前移、警务信息同步、视频安全传输。

"110"巡逻车一体化实战平台获公安部颁发的科技创新奖。

【监所管理】 2017年,福州市公安监所21个,其中看守所9个、拘留所8个、强制隔离戒毒所2个、收容教育所和精神病收容所各1个。全年新收押22019人,监所转递案件线索277条,协助破获案件614件(其中命案2件),抓获犯罪嫌疑人614人,查获在逃人员612人。

年内,针对公安部监管局蹲点帮扶和督导检查工作组对全市公安监管工作提出的意见和建议,成立专项整改督导检查组,巡查全市监所2890所次,下发网上视频巡查通报6期,处理各类隐患和违规问题66次。市本级4个监所与福州市第六医院建立所院协作关系。闽清、连江、福清、永泰、罗源监所实现由社会专业医院派驻医务人员。新建的强制医疗所完成封顶工作。闽清县、连江县"两所一队"项目主体建设竣工,长乐市"两所一队"建设项目投入使用。市第一、二看守所投入1300余万元对安防技术系统进行升级改造。

针对市、县看守所出现多人患严重疾病、艾滋病罪犯及越南籍罪犯无法交付监狱执行刑罚、强制隔离戒毒人员转投送司法强戒所困难等问题,经沟通协调,35人被拒收的已决罪犯交付监狱执行,市强制隔离戒毒所转投戒毒人员362人至司法强戒所。

【公安科技信息通信建设】 2017年,福州市推进"雪亮工程"建设,系统打造"智慧天眼"视频监控体系。成立福州市高清视频监控系统建设领导协调小组,组织编制《福州市公共安全视频监控系统建设联网应用三年规划(2017—2019年)》。全年建设城区高清视频监控系统10087路,七县(市)5498路,升级改造旧式标清监控1500路。实现福州高清视频监控系统平台(包括福州市公共安全视频共享平台、视频图像大数据平台等)更新换代。完成城区治安卡口防控圈项目建设,新增108个城区治安卡口,并接入平潭综合实验区、七县(市)、长乐机场和高速交警支队1082个卡口数据。建成福州市加油(气)站管控系统,接入城区30座加油(气)站出入口抓拍机设备,实现车辆频繁加油(气)分析预警。试点安装人像识别抓拍设备308台,协助民警抓获在逃、管控等人员172人,找到走失和精神障碍人员28人,抓拍行人和非机动车交通违法行为2.23万件。在城区安装Wi-Fi探针500套,实现与视频监控联动。在海峡国际会展中心建成"福州会展岛云防立体防控系统"平台,全景展现全岛地理信息和资源分布,13个市际环榕公安检查站全部完成高清视频监控覆盖。编制"福州市社会视频资源整合"项目可研报告并通过评审,接入政府机关、交通轨道、电信运营商、体育场馆等二、三类探头20000路。成功申报2017年全国公共安全视频监控建设联网应用重点支持城市,获得中央专项补助资金2300万元。全年利用视频图像信息研判案件9.5万件,从中发现线索2.9万条,破案4783件(含串并案),抓获犯罪嫌疑人4447人,分别比上年增长1.36倍、1.11倍、1.53倍和1.2倍。制定《福州市公安局科技信息化建设项目暂行管理规定》,成立市公安局科技信息化建设领导小组。开展公共安全云平台项目建设准备工作,成立福州市新型"智慧城市"暨公共安全云平台建设领导小组和数据融合专班、大数据应用专班,完成可研方案初稿。福州市公安局安全管理平台投入试运行,实现管辖范围内安全设备统一监控。全年新建PDT基站40个并实现联网互通,完成手持型PDT电台写频发放1288部,基地台(车载台)123部,全市建PDT基站142个,配发各类型PDT电台10147台,城区信号覆盖率和民警电台配备率均超过100%。全年PDT呼叫量193万次,比上年增长31%。

(林 攀)

检 察

【概况】 2017年,福州市检察机关受理提请批捕9605人、移送起诉13825人,经审查决定批准逮捕8035人、提起公诉12070人;查核职务犯罪线索1215条,立案侦查职务犯罪288人;开展刑事检察监督2325件,办理民事行政检察监督1101件。全市检察系统有68个集体和56名个人受到省级以上表彰。市检察院被评为全国维护妇女儿童权益先进集体。派驻省女子监狱、榕城监狱、福清看守所、长乐看守所检察室获评全国一级规范化检察室。"福州检察之窗"微信公众号获评全国检察新媒体优秀奖。侦查监督、刑事抗诉、民事行政检察等方面33个案件获评省级以上精品示范案例。仓山、晋安、福清检察院分别被评为全国查处侵权盗版案件有功单位、全国检察文化建设示范院、全国检察机关文明接待示范窗口。

2017年12月26日,福州市人民检察院召开欢送转隶干部座谈会

(市检察院 供)

汇总移交反贪污贿赂、反渎职侵权、职务犯罪预防部门的人员编制、案件线索和档案资料，按时完成机构、职能和人员的转隶工作。组织业务实训25场，950人次接受培训。两级人民检察院22人入选省级以上检察业务人才库，开展“全国优秀公诉人”“全国刑事申诉检察业务能手”评选活动。针对重要岗位人员、新提任干部等开展提醒谈话342人次。核查反映检察人员问题的线索29条，立案惩处4人。

【刑事检察】　2017年，福州市检察机关围绕重大项目建设、征迁交地等重点环节，制定并落实10条服务和保障意见。依法保障公共投资安全，严肃查处贪污、挪用征迁补偿款等职务犯罪15人，深挖“违法占地、违法建设”背后职务犯罪30人，立案侦查项目推进过程中的贿赂犯罪29人。提供行贿犯罪档案查询4万余批次。深入重点项目开展预防咨询、法治宣讲183场次。

指导长乐区检察院设立滨海新城巡回检察室，保障东南大数据产业园等重点项目建设，严厉打击聚众闹事、阻挠施工等引发的刑事犯罪。起诉非法占用农用地开办养殖场的案件10件16人。参与滨海新城核心区综治宣传活动，运用惩治犯罪、释法说理等举措化解社会矛盾。

开展破坏水资源犯罪立案监督，起诉闽江流域非法采砂、电镀厂超标排放等案件31件。督促整治水体黑臭、防洪水域违建等问题50件，督促清理沿江垃圾1.2万吨。起诉盗伐滥伐林木、非法占用耕地等犯罪嫌疑人75人。督促落实“补植复绿”103.6公顷、收缴生态修复基金195万元。年内闽侯县检察院督促在闽江流域“增殖放流”30余万尾鱼苗。晋安、闽清、永泰等地检察院推动建设生态警示教育基地。

办理涉企民事行政申诉259件，起诉发生在民企、台企、外企中的职务侵占、挪用资金等犯罪37件。办理涉企民事执行申诉案件67件，起诉假冒商标、专利和侵犯著作权、商业秘密等犯罪嫌疑人37人。围绕合同纠纷、劳资纠纷、融资纠纷等企业关注焦点，开展“送法进企业”活动112场。

维护经济金融秩序，惩治涉众型经济犯罪，起诉非法吸收公众存款犯罪嫌疑人141人、金融诈骗犯罪嫌疑人161人、传销犯罪嫌疑人54人。台江区人民检察院妥善办理受害群众千余人、涉案金额近3亿元的系列非法集资案件。参与互联网金融整治，起诉利用网络平台实施的“小额贷”“消费贷”等金融犯罪嫌疑人31人。

依法快捕快诉杀人、重伤、强奸、绑架、涉枪、涉爆等犯罪嫌疑人1520人，其中，依法惩治彭某勋抢劫、杀害网约车司机以及耿某忠驾车斗气故意撞击电动车致人死亡等恶性犯罪。从严处置“村霸”和宗族恶势力实施的寻衅滋事、妨害公务等犯罪嫌疑人136人。打击多发性侵财犯罪，起诉“两抢一盗”犯罪嫌疑人2125人。配合开展危险驾驶专项打击行动，起诉醉驾犯罪嫌疑人1354人。

严惩危害食品药品安全犯罪，依法起诉危害食品药品安全犯罪嫌疑人15人。闽清县人民检察院监督侦查机关立案油条添加明矾超标案件6件。马尾区人民检察院会同食品监管部门创新进口食品安全防控机制。台江区人民检察院发现并呈报反映药企许可证逾期未注销问题，促成省食药监局开展专项清查。

打击毒品犯罪，依法起诉走私、贩卖毒品等犯罪嫌疑人2036人，占同期起诉总人数的17%。遏止互联网贩毒蔓延，起诉通过寄递物流等渠道走私贩运毒品犯罪嫌疑人239人。永泰县人民检察院依法起诉一件涉案麻黄碱原料7万千克的非法制造制毒物品案件。罗源县人民检察院通过检察建议促进开展区域性禁毒专项行动。

会同人民法院、公安机关共同研究电信网络诈骗犯罪证据采集、鉴定规则、法律适用等问题，依法起诉电信网络诈骗犯罪嫌疑人337人，起诉侵犯公民个人信息犯罪嫌疑人43人。向电信运营商、金融主管部门等单位提出检察建议12件，促进完善管控措施。福清市人民检察院依法审查批捕一件公安部挂牌督办的涉案55人的跨国电信诈骗案件。

会同教育局、司法局开展“法治进校园”巡讲，受教育学生达18万人次。依法打击侵害学生犯罪嫌疑人248人，推动112所中小学制定校园欺凌治理预案。结合办案，针对“校园贷”、大学生“伪创业”等问题提出检察建议17件。闽侯县人民检察院联合有关部门在15个乡镇设立未成年人法治教育分基地。

强化检察官案内释法，全面落实法律文书说理和面对面阐释机制。运用公开审查、诉讼式审查等方式，组织当事人、人大代表、律师等共同参与，对218件当事人有疑虑的案件充分释法说理。拓展面向乡村、社区等基层群众的普法宣传，举办法治宣教、法律咨询386场。市人民检察院连续7年被评为全国检察宣传先进单位。

【职务犯罪查办和预防】　2017年，福州市检察机关立案侦查贪污贿赂案件173件242人、渎职侵权案件27件46人，总人数比上年上升5%。立案侦查百万元以上案件46件，追回赃款2641万元，抓获、劝返在逃职务犯罪嫌疑人17人，其中劝返一名潜逃22年的犯罪嫌疑人投案自首。立案侦查涉嫌职务犯罪的原处级干部11人。连江县检察院查办一件国有企业管理人员涉嫌挪用公款2.17亿元、受贿1830万元案件。推进惩防扶贫领域职务犯罪专项工作，查办征地补偿、农村基础设施建设等环节职务犯罪43人。解决财政补贴发放“最后一公里”问题，严厉打击基层干部利用监管漏洞贪污补贴的犯罪22人。查处教育、医疗、社保等民生领域职务犯罪65人。结合办案，针对涉农惠民问题发出检察建议26件。

推进工程建设、社会公共管理服务等领域职务犯罪专项预防。分析系统性、行业性、区域性职务犯罪的特点和成因，提出防治对策建议28件。联合中国邮政集团福州分公司开展“预防职务犯罪邮路”活动。

【司法活动监督】　*刑事立案监督和侦查活动监督*　2017年，福州市检察机关充实“两法衔接”信息平台数据库，督促行政执法机关移送涉嫌犯罪案件47件。依法督促侦查机关立案133件，马尾区检察院监督立案一件醉驾“顶包”案并从中深挖职务犯罪3人。依法纠正有罪不究问题，决定追加逮捕207人、追加起诉214人。加强对公安派出所刑事执法的监督,督促纠正违规取证等违法情形157件。

刑事审判监督　落实出庭监督、量刑建议等机制,督促纠正庭审程序不当等问题23件,公诉案件提出量刑建议率达95%。提出和提请刑事抗诉47件、发出再审检察建议12件,法院改判24件、发回重审2件。两级人民检察院检察长通过列席审判委员会对186件疑难案件发表意见。

刑罚执行监督　排查判处实刑未执行问题,督促收监执行14人。依托减刑假释协同办案平台,审查刑罚变更执行7238件,监督纠正违规减刑假释200人。加强财产刑执行监督,纠正财产刑罪犯适用减刑不当161件。加强对5228名社区矫正对象监管活动的监督,督促纠正脱管漏管等问题37件。

监管活动监督　依法加强对全市2.6万个在押人员监管活动的法律监督。会同看守所、监狱等部门开展监管场所安全检查,办理在押人员控告申诉65件,监督纠正侵害在押人员权益和安全防控不到位等问题367件。完善羁押必要性审查机制,促成变更强制措施615件。

民事检察监督　依法审查民事生效裁判646件,提出和提请民事抗诉9件,发出再审检察建议10件。监督纠正怠于执行等案件119件,起诉拒不执行判决、裁定犯罪嫌疑人31人。深入调查诉讼违法情形,核实纠正恶意调解、审判程序违法等问题72件。台江、晋安、马尾、罗源等地检察院积极监督纠正虚假诉讼问题,鼓楼区检察院监督纠正的一件虚假诉讼案件被评为全国检察机关优秀监督案件。

行政检察监督　推进行政检察与行政执法衔接互动,针对行政机关违法行使职权或者不行使职权等问题,发出督促依法履行职责的检察建议85件。开展防空地下室易地建设费、矿山生态环境恢复治理保证金等收缴情况专项监督,督促追缴拖欠款588万元。针对行政监管领域制度不健全、执法不规范等问题,提出检察建议35件。

【监督渠道畅通】　2017年,福州市检察机关向市人大常委会专项报告民事行政检察等工作,按时办结代表建议件2件。配合落实省市县三级人大代表联动视察机制,邀请视察生态资源检察、行政执法监督、公益诉讼等检察工作218人次。市检察院建立中层副职以上干部定向联络人大代表工作机制,定期沟通联系,主动听取意见,及时反馈情况。

向市政协通报工作,听取政协委员意见建议。协助开展未成年犯罪嫌疑人诉讼权利保障专题调研,保障未成年人健康成长。组织民主监督员参与明察暗访,邀请政协委员视察检务活动126人次。

提请人民监督员监督案件27件,邀请参与检务督查、案件评查等活动。加快"一站式"检务公开平台建设,公开案件程序性信息14620件、重要案件信息76件、终结性法律文书8350份。完善新闻发布会制度,组织服务企业健康发展等主题多样的"检察开放日"活动28场。

【检察改革】　司法责任制改革　2017年,福州市检察机关实施检察人员分类管理,检察官、检察辅助人员、司法行政人员分别占政法专项编制的34%、46%、14%。落实员额检察官单独职务序列管理,构建检察官业绩考核办法。细化检察官权力清单,市检察院累计下放175项法律文书审签权限,对程序性事项充分放权。建立两级院入额领导干部办案机制,办理案件1798件。加强办案监督,预警并防控办案流程瑕疵357件,开展案件质量评查2116件。

刑事诉讼制度改革　发挥审前主导和过滤作用,落实重大疑难案件侦查机关听取检察机关意见制度,完善常见罪名证据指引,对侦查机关不应当立案而立案的,督促撤案113件。贯彻证据裁判规则,对不构成犯罪或证据不足的,不批准逮捕1001人,不起诉238人。听取律师意见,依法督促纠正阻碍律师行使诉讼权利等问题。适应庭审实质化要求,推动"四类人员"出庭接受质证102人次。

认罪认罚　会同法院、公安机关等部门制定实施细则,适用认罪认罚从宽机制办理案件4061件,占刑事案件受理数的43%。在不同诉讼阶段设置逐级递减的从宽幅度,促进犯罪嫌疑人尽早如实认罪。重视当事人权利保障,落实认罪认罚案件值班律师制度。向法院提出从宽量刑建议3613件,已审结案件中建议采纳率达92%。

公益诉讼　发出诉前检察建议144件,通过圆桌会议等形式落实检察建议,督促收回国有资产1133万元、复植林木43.33公顷。依法提起行政公益诉讼11件、民事公益诉讼2件,督促保护国有土地1.2万平方米,督促收回土地出让金2.1亿元。福清、罗源检察院起诉的怠于追缴土地出让金案件分别是全国土地出让领域首件已判决的案件和涉案金额最大的案件。

(黄兰英)

法　　院

【概况】　2017年,福州市两级人民法院受理各类案件191196件,审执结163614件,分别比上年上升12.91%和26.99%,其中,中院受理各类案件28664件,审执结24890件,分别上升3.72%和6.54%。审结再审案件221件,对确有错误的85件依法改判。全市员额法官人均结案数达260.1件。中院员额法官人均结案数达226.3件,名列全省各中院第一。全市法院系统5个集体、82人次受到全国性表彰,38个集体、116人次受到省级表彰,其中1人被评为"全国法院办案标兵"、1人被评为"全省十佳法官"。

举办刑事、民事业务和干部素能培训班。组织全市法院干警参加国家法官学院、省法院举办的各类培训、专题讲座,提高队伍的正规化、专业化、职业化水平。中院连续15年获评全省法院学术讨论会"组织工作先进奖"。

年内,基层人民法院基础设施建设取得进展,其中福清、马尾法院新大楼正式启用,闽清法院大楼已完成用地划拨手续,仓山法院大楼成功立项,闽侯法院执行指挥中心转型升级;福清江阴、东张法庭竣工,永泰清凉、大洋法庭以及闽清白金工业园区法庭等法庭建设取得重大进展。

【刑事审判】　2017 年，福州市人民法院审结各类刑事案件 10792 件，其中中院审结 1901 件。审结杀人、放火、绑架、强奸等犯罪案件 175 件，各类涉毒犯罪案件 2003 件，盗窃、诈骗等侵财犯罪案件 2470 件。中院处理涉及 6 个少数民族的特大冬虫夏草诈骗案，促使被告人积极退赔，成功化解这一重大群体访案件。保障食品药品安全，审结制售假药、劣药、有毒有害食品等犯罪案件 19 件。推进反腐败斗争，审结贪污、贿赂、渎职等职务犯罪案件 286 件。坚持裁前公示、开庭审理、文书公开，依法审结减刑、假释案件 7190 件，督促罪犯积极履行财产刑 5407.8 万元。审结未成年人犯罪案件 401 件，对未成年犯 450 人实行犯罪记录封存。

【民商事审判】　2017 年，福州市人民法院审结各类民商事案件 81869 件，诉讼标的额 398.73 亿元，其中中院审结 9975 件，诉讼标的额 158.83 亿元。审理教育医疗、劳动争议等案件 3774 件，审结房地产纠纷案件 8888 件。开展家事审判方式和工作机制改革试点，仓山法院成立家事审判庭，罗源法院成立反家暴巡回法庭。依法审结婚姻继承等案件 9543 件，中院少年庭获评“全国维护妇女儿童权益先进集体”。为军队全面停止有偿服务提供司法保障，依法审理涉军案件 57 件。中院民一庭被省委、省政府、省军区授予“福建省爱国拥军模范单位”称号。审结民间投资、商品买卖、工程施工等合同案件 5694 件，审结金融借贷、保险证券纠纷等案件 3748 件。依法稳妥处置“僵尸企业”，审结破产清算、企业重组、股权转让等案件 234 件。中院审结的一起借款合同纠纷案入选《2016 年度福建法院十大影响性诉讼案件》。

【行政审判】　2017 年，福州市人民法院审结各类行政案件 3495 件，其中，中院审结 1191 件。依法保护行政相对人合法权益，一审判决行政机关履行法定职责、确认行政行为违法、撤销或变更行政行为 178 件。支持行政机关依法行政，对 437 件行政非诉案件裁定准予执行。保障“两违”治理行动，全市法院审结违法占地、违法建设案件 62 件。依法维护赔偿请求人的合法权益，审结国家赔偿案件 185 件，决定赔偿 462.83 万元。深化行政审判异地管辖机制改革，主办全省行政案件第一司法片区审判工作协调会，与莆田、宁德中院联合发布行政审判白皮书。推进行政首长出庭应诉，提高行政争议化解的有效性，全年行政机关负责人出庭应诉的案件为 101 件。加强司法与行政良性互动，召开府院联席会议，举办全市政府信息公开法律实务培训，发布 2016 年十大行政诉讼典型案例。

【涉外涉港澳台审判】　2017 年，福州市人民法院依法审结涉外、涉港澳台案件 3982 件。探索涉台多元化纠纷解决机制，形成覆盖全市的涉台法官工作室网络，相关工作得到中央台办与国台办简报刊物的专刊登载，被省政府作为成功经验向全省复制推广。中院在各基层人民法院先后挂牌设立 7 个涉侨诉调工作室，形成两级人民法院与侨联横向联动、纵向互通的网格化涉侨纠纷联动维权新格局。中院所完成的相关课题调研成果获评最高人民法院审判理论重大课题优秀奖。

【知识产权审判】　2017 年，福州市人民法院依法审结著作权、商标权、专利权、不正当竞争纠纷等案件 1171 件。中院审结的参考消息报社与福建博瑞网络科技有限公司侵害商标权纠纷等 2 件案件入选《2016 年中国法院 50 件典型知识产权案例》。深入高新技术园区和企业开展调研，主动走访位于福州滨海新城的“VR 小镇”，帮助高新企业健全知识产权保护机制、妥善维权。经最高人民法院批准，设立福州知识产权法庭，整合司法资源，对全省范围内涉专利技术类知识产权案件实行跨域集中管辖。

【生态案件审判】　2017 年，福州市人民法院审理各类涉生态案件 285 件。审结生态行政、民事公益诉讼案件 6 件，成功调解福州首例由环境公益组织提起的民事公益诉讼案件，出台服务保障福州市国家生态文明试验区建设的实施方案。中院成立全省首家生态环境保护诉调工作室，并与市检察院、市公安局、市环保局等 11 家单位联合出台实施意见，实现生态行政执法与刑事司法的无缝对接。全市法院发出“补植令”“管护令”等 1585 份，适用“补种复绿”36 件 40 人，责令被告人缴纳履约保证金 213.39 万元，补种、管护林木面积 122.05 公顷，有效修复受损的生态环境。连江人民法院在贵安景区设置旅游速裁法庭；闽清人民法院在黄楮林国家级自然保护区设立生态法官工作室，前移司法服务端口；永泰人民法院在中国云顶景区设立旅游纠纷调解室，并获评全省生态环境审判示范基地。

【案件执行】　2017 年，福州市人民法院开展春、夏、秋、冬执行专项行动，执结案件 55611 件，比上年上升 52.92%；执行到位金额 56.50 亿元，上升 60.92%，执行到位金额位居全省第一。全市法院执行案件的实际执行率 34.35%，比上年上升 6.12 个百分点；执行标的到位率 36.90%，上升 6.7 个百分点；终本率 50.29%，下降 6.77 个百分点。加强信用惩戒力度，发布失信被执行人信息 24586 条，促使其中 3887 人自动履行义务；严厉打击拒执行为，司法拘留被执行人 624 人次，移送涉嫌拒执罪 107 件 117 人，其中 30 件 31 人获刑。完善“点对点”“总对总”网络执行查控系统建设，进一步扩大查控范围、拓展查控功能。鼓楼法院创新执行“110”工作模式，台江法院对执行案件适用繁简分流，提升执行质效。

【司法服务】　2017 年 3 月，福州市中院出台《关于打好“五大攻坚战”服务保障“攻坚 2017”行动的工作意见》。两级法院联动配合、关口前移，为福州市“火车北站南广场扩建”“光明港改造”“烟台山改造”等 70 多个重点项目提供司法服务。长乐法院设立“滨海新城”巡回法庭，服务保障相关建设。台江人民法院化解征迁纠纷，加快上下杭历史文化街区改造进程。中院与晋安人民法院协同执行，成功对福建拖拉机有限公司部分厂房先予强制拆除，顺利腾空交地，推动省级重点项目的建设工作。开展重大涉稳问题专项排查化解工作，为金砖国家领导人厦门会晤、党的十九大召开创造良好外部环境。

【司法便民举措】 2017年,福州市人民法院登记立案率99.18%。推行"跨域"立案,对属于省内异地法院管辖的案件提供代为立案服务,全市法院共为当事人跨域在福州立案272件,立案至外地法院656件,减轻群众讼累。开展律师参与化解和代理涉诉信访、申诉案件工作,促进息诉息访。中院健全完善院领导预约接访和每日接访、中层干部窗口轮值接访、信访部门负责人随机接访、信访室常规接访的四位一体接访格局,中院院领导共接待来访群众1736件次。全市法院开展"司法六进"活动274场,开展法院开放日活动87场。

【智慧法院建设】 2017年,福州市人民法院全面加快信息化3.0版和"智慧法院"建设,闽侯法院自主开发的ITC自助服务终端入选在京举办的"砥砺奋进的五年"大型成就展,全市法院部署第四代ITC终端设备44台。除开庭质证等亲历性事务外,当事人可就近选择任意终端办理查询、预约、缴费、阅卷、打印文书等诉讼事务。强化电子卷宗随案生成工作,两级人民法院92.5%的新收案件已同步生成电子卷宗,完成率居全省首位。上线运行智能语音识别庭审系统,实现庭审语音同步转换生成庭审文字记录。完善视频监控平台建设,新增监控376路,保障机关与涉诉群众安全。

【司法体制改革】 *以司法责任制为核心的四项改革* 2017年,福州市人民法院实行主审法官和合议庭负责制,取消院庭长对案件的审批审核,全年院、庭长办案74350件,比上年上升60.65%。建立专业法官会议制度,为合议庭正确适用法律提供咨询意见。推进员额制改革,57名法官经过严格遴选入额。强化审判辅助力量,公开招录288名聘用制书记员。成立法官权益保障委员会,完成对首批608名员额法官的职务序列改革工作,推进员额法官等级评定和晋升工作,工资套改及绩效改革取得实质进展。

刑事诉讼制度改革 落实刑事案件证人、鉴定人、侦查人员出庭作证制度,有效防范冤假错案,对2名被告人宣告无罪。推进刑事速裁改革试点任务,全市基层法院审结刑事速裁案件1971件。推进刑事案件认罪认罚从宽制度改革,中院与市人民检察院、市司法局、市公安局、市国安局联合出台相关实施细则,全市法院审结认罪认罚案件2977件3488人。福清法院试点工作成效突出,被央视纪录片《法治中国》报道。

"分调裁"机制改革 中院健全"简案快办、难案精审"的诉讼分流体系,明确简易程序的适用范围。中院适用速裁程序审结民商事案件2313件,服判息诉率98%,平均审理周期13.6天。深化多元化纠纷解决机制改革,在诉讼服务中心配备专职调解员,从事调解指导工作和委托调解工作;加强与律师协会和法律援助中心的沟通联系,鼓励律师参与纠纷解决;邀请人大代表、人民陪审员、仲裁员等担任特邀调解员。全市法院设置程序分流员32人,聘请特邀调解员489人,法院内专职调解员21人,通过"分调裁"机制结案14520件。

【监督渠道畅通】 *人大及其常委会监督* 2017年,福州中院向市人大常委会作关于执行工作情况的专项报告,按照审议意见落实整改。建立"一对一"定向走访联络制度,院领导、联络办主动联络市人大代表,听取建议或问题反映476人次。办理代表建议件7件,代表满意率100%。办理人大代表来信和人大常委会转办件、督办件111件。

政协民主监督 配合政协民主评议工作,及时通报法院工作进展,听取政协委员对法院工作的意见建议,先后办理委员提案3件,委员来信和政协转办件、督办件13件。丰富监督形式,邀请委员视察法院,参加调研座谈、旁听庭审等活动。

检察机关法律监督和社会各界监督 配合检察机关履行职责,全市法院受理检察机关各类抗诉案件47件,审结39件,其中维持5件,改判29件,发回重审3件,撤回抗诉1件,终结1件。健全新闻发言人制度,全市法院召开新闻发布会40场次。完善人民陪审员参审机制,一审案件陪审率达79.51%。中院于国家宪法日新聘33名人民法院监督员。继续加强福州法院新媒体矩阵建设,全市法院在各类新闻媒体上发表报道3012篇,中院司法宣传工作受到最高人民法院通报表扬。

(陈小康)

司法行政

【概况】 2017年,福州市有司法所173个,司法助理员400人;公证处13个,执业公证员101人(实习公证员81人);律师事务所217家,执业律师3692人;法律援助中心13个,法律援助工作人员65人;司法鉴定机构26个,司法鉴定人286人;基层法律服务所21家,基层法律服务工作者130人。

全市司法行政系统6个集体、14名个人受到省部级以上表彰,3个集体、3名个人受到厅局级表彰。市司法局被评为"第三届'关爱明天 普法先行'青少年普法教育活动全国先进单位",连续六届蝉联省级文明单位,市法律援助中心获"全国巾帼文明岗"称号,连续四届获"全国法律援助工作先进集体";市148协调指挥中心获"全省司法行政系统先进集体"称号;市依法治市办获"全省第八轮中华魂主题教育活动先进集体"称号。

【公共法律服务体系建设】 2017年,福州市公共法律服务网站接受访问8277人次,提供在线咨询约26533次,处理留言件1224条。开设全省首个市级公共法律服务微信公众服务号——"福州掌上12348",建成集"咨询、办事、查找、学法"于一体的微官网,将公共法律服务延伸到手机移动终端,推送图文信息335篇,图文阅读量143647次,累计接收咨询12872人次。推进"一村(社区)一法律"顾问工作,基本建成市、县、乡、村4级一站式公共法律服务实体平台,全面覆盖全市2621村(居)。推进"一村(社区)一法律顾问"工作,累计派出律师3670人次,接待群众2.6万人次,提供法律咨询2.2万余次,举办法治讲座600余场。

【人民调解】 2017年，福州市司法行政部门调处矛盾纠纷14762件，调解成功14728件，调成率99.8%；累计排查“三类纠纷”案件2342件，调解成功率100%。完善“三大对接”机制，全市派驻调解室派出所（边防所）115个，人民法院25个，人民检察院7个，信访局调解室2个。推进行业性、专业性人民调解工作，全市245个行业性、专业性调委会，新成立12个“品牌调委会”和4个AAAA级以上旅游景区调委会。在全市培育67个个人（品牌）调解工作室，扩大人民调解社会公信力和社会影响力。开展“大排查、大走访”活动，在全市范围内开展全方位、拉网式的“防风险保稳定，护航金砖会晤，喜迎党的十九大”人民调解专项活动，实现重大矛盾纠纷化解率80%以上，稳控率达100%。受理市检察院案件监督活动26件，累计组织人民监督员86人参与案件监督活动，社会效果良好。

【社区矫正】 2017年，福州市新入矫社区服刑人员3311人，解矫3136人，在矫社区服刑人员4085人，未发生影响社会安全稳定的群体事件、恶性事件。扩大“电子脚环”系统、云视频监管系统覆盖面，通过人防技防的有机结合，加强市、县、乡三级管控力度。在全省率先开展“互联网+集中点验”和夜间活动异常排查整治活动，检查346所次、点验近8000人次，有效预防社区服刑人员脱管、漏管以及重新犯罪。

【安置帮教】 2017年，福州市刑满释放人员1986人，无缝衔接1695人，衔接率高达85.35%。制定下发《关于促进刑满释放人员跨县（市）区安置就业的通知》，全市安置就业基地岗位需求73个。开展入矫集中教育6期，集中教育342人。联合民政、人社、教育等职能部门，开展救助帮扶活动，过渡安置“三无人员”3人、安置“三假人员”3人、协助落实低保2人、一次性救助12人、基地安置就业17人。

【医患纠纷调解处置】 2017年，福州市接访医患纠纷投诉217件（涉及患者死亡的重大医患纠纷87件），立案197件，结案167件，结案率85%，赴现场应急处置重大医患纠纷35件（89场次）。向各医疗机构发出《关于医疗机构医疗纠纷调解室规范化建设的建议函》，推动福州市38个二级以上医疗机构医患纠纷调解室100%全覆盖。

【普法依法治理】 2017年，福州市实行“谁执法谁普法”制度，梳理市直部门“谁执法谁普法”年度责任清单，组建“七五”普法宣讲团，举办“依法行政与推进福州法治政府建设”副处级领导干部专题培训班，开展市直机关国家工作人员统一法律知识考试。推动“一县（市）区一品牌”普法依法治理示范点创建工作，建成连江青少年普法教育基地等25个法治创建精品示范点。全面实施福州市精细普法“十个一”项目，成立高校普法志愿者队伍，开展“法治进企业”、“法治进校园”、“法治进乡村”等系列活动700余场。上线全新法治方言脱口秀《法治福州大家说》和全国首档“谁执法谁普法”专题节目《法治零距离》，打造本土电视类精品普法品牌，《攀讲说法》节目荣获省政法系统微视频大赛三等奖。开通“两微一端”，“法治福州”微信公众号在全国司法行政微信影响力排行榜中最高排至第二，获评“全省政法新媒体优秀账号”。

2017年6月12日，福州市司法局社区矫正管理局开展社区服刑人员集中教育线上点验 （市司法局 供）

【律师工作】 2017年，福州市有律师事务所217家，执业律师3692人，担任各级政府机关、企事业单位法律顾问4910家，代理各类诉求案件4.6万余件，收费9.37亿元，比上年增长62.3%。配合建立全市党政机关法律顾问智库，首批入库律师345人。挂牌成立“海上福州法律服务办公室”，按需对接海上福州战略项目。建立参与涉诉信访工作律师库，全市入库律师事务所57家，律师258名，落实专项经费补助，全年派出律师744人次，接待信访人数3501人次，参与化解案件700余件。作为全省试点率先将党政机关、人民团体纳入公职律师体系。举办福州市律师论坛，教育培训惠及律师8000余人次。

【公证工作】 2017年，福州市办理各类公证23.8万件，公证收费7548万元。开展自贸区挂点企业公证服务，累计办理公证2600多件，涉及标的15亿元。开展“减证便民”行动，配合推进全市重点项目拆迁等公证服务。推进公证信息化建设，全市60%执业公证机构实现涉外、涉港澳台公证事项线上办理。推动鼓楼公证处开展诉讼与公证协同创新试点工作。

【法律援助】 2017年，福州市办理各类法律援助案件7970件，接待咨询19615人次，受理群体性法律援助案件85件、1259人次。主动服务保障滨海新城建设,依托长乐区司法局设立滨海新城巡回法律援助室。开展法律援助律师值班工作试点,为全省首批认罪认罚速裁案件提供法律帮助,累计办理认罪认罚从宽案件3591件。举办司法改革与刑事辩护培训及认罪认罚从宽制度改革学术研讨会,打造刑事法律援助"福州模式",相关成果被司法部网站及《法制日报》刊载并向全国推广。引入"互联网+法律援助"工作模式,搭建法律援助微博、微信"双微平台"。

【司法鉴定】 2017年,福州市办理鉴定业务30883件,司法鉴定业务收入突破4000万元,比上年增长20%。做好社会信用体系建设工作,聘请常年法律顾问,开展"双随机"抽查2次,推动7个司法鉴定机构通过省级资质认定,认证认可鉴定机构数翻番。完成市司法鉴定协会换届,举办司法鉴定培训班2期。

【国家司法考试】 2017年,福州考区报考人数创历史新高,达5272人,参考人数3975人,参考率75.4%。成绩合格人数1029人,合格率25.89%。司法考试网上报名审核、考试组织、证书申请、发放、调档、备案等工作均顺利开展。考务安全管理工作在全省司法考试责任状综合考评中蝉联九地市第一名。

【法律服务专线】 2017年,福州市"12348"法律服务专线接听群众来电19552人次,工单录入25408条。承办福州市"12345"便民呼叫中心诉求443件。

(林梦兰)

仲 裁

【概况】 2017年,福州仲裁委员会受理仲裁案件592件;受案总标的额52.8亿元,比上年增长3.77%。审结案件638件(含上年未审结案件),案件审结率107%,增长6%。调解、和解结案253件,占结案总数的39.66%,调解和解率比上年提高20.86%。全年开庭851场次,合议280场次,专项调解103场次,无一案件被法院撤销或者不予执行。归档卷宗1969卷。

3月底,福州仲裁委员会信息管理系统经过为期10个月的需求分析、修改完善、编码调试,正式上线试运行,对仲裁案件实行全程监控,将不同程序案件的阶段时限要求,通过系统分类提示、预警、待办,督促秘书及时推进办案进程。

【仲裁案件受理】 2017年,福州仲裁委员会受理仲裁案件592件,受案总标的额52.8亿元。其中,受理涉及自贸区仲裁案件26件,标的额3.73亿元;受理涉港澳台仲裁案件和涉外仲裁案件76件,标的额12.8亿元。延伸福州仲裁业务覆盖面,在莆田正荣财富中心设立福州仲裁委员会莆田仲裁中心。

金融仲裁 受理工行、海峡、农行、民生、华夏、中行、中信7家银行金融案件163件,占受案总量的27.53%;标的额33.42亿元,占总标的额的63.3%。推动证券期货仲裁中心、保险仲裁中心、医药食品仲裁中心、互联网金融仲裁中心的行业规范化建设。

物业服务合同类案件仲裁 年内,物业服务合同类案件受理数量增加,申请仲裁的物业公司16家,案件数量64件,涉及福清、长乐、仓山、鼓楼和石狮等多地小区。标的额在100万元以上的建设工程合同纠纷、商品房买卖合同纠纷等类型案件增多。

【仲裁队伍建设】 2017年,福州仲裁委员会从法律、经贸、建设、房地产、科技、金融等领域新聘97名专家型人才扩充仲裁员队伍,仲裁员总数由332人增至418人。分期开设新聘仲裁员岗前培训班。启用仲裁员工作室。10月20日,召开全体仲裁员培训大会,邀请西南政法大学教授谭启平、教授赵万一分别对民法总则和公司法司法解释(四)作专题讲座。全年开展四期仲裁沙龙活动,并开设民法总则系列培训课程,邀请福州大学法学院教授叶知年授课。

【仲裁、调解协调机制建设】 2017年,福州仲裁委员会在福州市归国华侨联合会成立福州仲裁委员会涉侨仲调工作室,促进仲裁与调解在涉侨问题上纠纷解决的转换对接。与福州市企业与企业家联合会合作,向民营企业讲解仲裁优势、推行仲裁法律制度,设立福州仲裁委驻市企联仲裁服务中心。

【仲裁、诉讼衔接机制建设】 2017年,福州仲裁委员会加强仲裁与诉讼协调沟通,向27个人民法院出具仲裁财产保全函58件,涉案标的10.75亿元。3月14日,与市中院召开联席协调会议,对诉调对接、仲裁保全、案件管辖、裁决撤销及仲裁裁决执行等方面的现存问题拟定措施。

年内,福州仲裁委员会成为鼓楼区人民法院多元化解综合协作中心协作单位,1月起,安排仲裁秘书在鼓楼区人民法院受理窗口提供仲裁咨询服务。9月起,与鼓楼区人民法院试点达成《关于建立委托调解工作机制的协议》,对鼓楼区法院已经立案的涉及财产权益纠纷的民商事案件,区分纠纷类型、筛选请求标的额,在取得当事人同意的情况下,由受理部将法院预立案的案件分发给各办案秘书进行调解,达成调解协议的,依照仲裁规则引导当事人进行仲裁确认。至2017年底,收取鼓楼院委托调解案件69件,其中调解成功10件。

年内,福州仲裁委员会与马尾区法院合作建立涉自贸区商事纠纷诉调对接机制,设立福仲国际商事仲裁院驻自贸区法庭仲裁员工作室,明确立案前后的诉调对接程序,落实诉讼全过程的协助调解、调解协议的司法确认及法院协助仲裁院开展调解等各项工作。

表 13　　2017 年福州仲裁委员会受理数量居前十位的案件类型

案件类型	案件数(件)	占总案件数比重(%)
房屋买卖合同纠纷	111	18.75
金融借款合同纠纷	87	14.70
服务合同纠纷(含物业服务合同)	73	12.33
借款合同纠纷(金融不良债转)	68	11.49
建设工程合同纠纷	46	7.77
民间借贷纠纷	44	7.43
买卖合同纠纷	36	6.08
租赁合同纠纷	34	5.74
广告合同纠纷	13	2.20
信用卡纠纷	8	1.35

表 14　　2017 年福州仲裁委员会涉案标的排名前十位的案件类型

案件类型	标的(元)	占总标的比重(%)
金融借款合同纠纷	1,840,944,882	34.87
借款合同(金融不良债转)	1,499,322,750	28.40
房屋买卖纠纷	790,335,195	14.97
建设工程合同纠纷	409,488,938	7.76
民间借贷纠纷	356,581,172	6.75
合同纠纷	98,502,512	1.87
房地产开发经营合同纠纷	74,135,674	1.40
买卖合同纠纷	39,556,801	0.75
租赁合同纠纷	34,750,309	0.66
公司增资纠纷	30,746,215	0.58

（丛　珊）

（编辑　姚国榕）

征兵工作

【概况】 2017年，福州市征兵工作稳步有序推进，18周岁男青年兵役登记率100%，大学生征集比例位居全省第一。

【征兵宣传】 2017年，福州市征兵工作加强传统手段与现代传媒相结合、面上宣传与点上发动相结合、普及教育与主题活动相结合，突出宣传发动的覆盖性、宣传内容的针对性、方法手段的多样性和宣传过程的连续性，实现电视有专题、广播有专栏、报纸有专刊、群众有活动、手机电话有提示、重要场所有标语，提高征兵宣传有效性和时效性。

【廉洁征兵】 2017年，福州警备区纪委与福州市纪委联合行文下发《关于做好廉洁征兵工作的通知》，明确廉洁征兵工作的重点和要求，加强各级廉洁征兵的责任意识。落实"事前规范、事中监察、事后核查"监督机制，征集工作做到"三公开、四公布"。全市征兵工作未出现违规问题。

（苏　敏）

民兵工作

【概况】 2017年，福州警备区围绕国防和军队改革主线，突出海上民兵队伍建设，科学编组民兵队伍，实现海上民兵实时指挥，加强骨干队伍训练，组织实战化演练。

【政治教育】 2017年，福州警备区将迎接和学习贯彻党的十九大精神作为首要政治任务，以习近平新时代中国特色社会主义思想为主要内容，开展"维护核心、听从指挥"主题教育，组织"日学周结月读一本书"活动，推动"两学一做"学习教育常态化制度化。依托"榕兵一号"开设讨论专栏。结合庆祝建军90周年、纪念抗战爆发80周年等，开展党史军史国防动员史学习教育。

【民兵训练】 2017年，福州警备区组织民兵实战化演练，检查官兵相识情况、检查携带装备和指挥所开设情况。2月，福州警备区组织专武干部、民兵营连长、各类民兵骨干集训，在福清龙翔训练基地，组织民兵军事训练教案会审和"四会"教练员评比。6月，组织全区冲锋舟操作手骨干在闽侯县金水湖水域进行考核验收，颁发冲锋舟操作手证书。9月，派员参加全省情报信息员、通信和防化专业骨干集训。10月，全市各人武部组织所属民兵应急连进行野战化训练；参加省军区组织的三级教学骨干集训，取得个人综合成绩第一名。12月，参加省军区国防动员业务考核，取得单位综合成绩第一名，个人综合成绩1个第一名、1个第二名、2个第四名。

（苏　敏）

国防动员

【概况】 2017年，福州警备区落实党管武装双向兼职、任命谈话、工作纳入等

2017年8月4日，福建戏剧界庆祝中国人民解放军建军90周年慰问演出暨第十三届福建省戏剧水仙花奖颁奖仪式在福州举行　（何敬卫　摄）

制度，召开警备区党委第一书记任命会，重新任命人武部党委第一书记。推进“榕兵一号”民兵信息系统的升级，并纳入福州新型智慧城市标杆市建设统筹推进。

【国防教育宣传】　2017年，福州警备区依托媒体平台，通过福州电视台、《福州日报》“爱我人民爱我军”专题专栏、福州双拥网、“情满榕城”微信公众号等媒体，宣传双拥工作动态和双拥先进典型。各县(市)区和各双拥工作领导小组成员单位，通过双拥简报、各种报纸杂志、有线电视、广播、网络、宣传栏(橱窗)公共交通LED屏、横幅标语等开展国防宣传活动。开展建军90周年系列活动，7月1日至8月31日，在全市开展以“人民军队忠于党”大型文艺演出、“双拥杯”征文比赛、“双拥杯”文体比赛和广泛走访慰问部队等为内容“纪念建军90周年”系列活动。7月21日，省市军地领导、驻榕部队官兵和地方干部群众代表1500多人在福建会堂观看“人民军队忠于党”文艺演出。

【后勤保障建设】　2017年，福州警备区推进未关停项目停止有偿服务工作。加强基础设施建设，新建战坂仓库电子围栏、机关车库、营区大门和监控系统等；实施营区绿化美化工程，完成办公场所规范化整治，指导人武部开展在建工程和民兵训练基地建设。

（苏　敏）

双拥共建

【概况】　2017年，福州市开展创建省级双拥模范城(县)活动，创建双拥和国防教育示范区。召开军地联席会、协调会，协调解决驻地部队在随军家属就业、子女入学、部队建设征地等方面问题。优化突发情况应急处置预案，参与重大会议、重要活动安保工作及抢险救灾、处置突发事件等工作。

【拥军支前】　2017年，福州警备区跟踪驻地部队调整改革情况，协调各级政府为新调整组建部队解决实际困难。协调市财政出资500万元对东部战区陆军营区破损道路进行翻修。协调各级司法机关提供司法保障，审结军队全面停止有偿服务案件23件。

2017年8月1日。省委常委、市委书记王宁在长乐江田镇三溪村检查指导防暴雨洪涝工作，并看望慰问抢险一线部队官兵　（黄立新　摄）

【拥军优属】　2017年，福州警备区通过召开军地联席会、协调会研究解决军地相关问题，全市召开各类协调会240多场次，帮助驻榕部队解决随军家属就业、子女入学、部队建设征地等方面问题130余个。元旦、春节等节日，市委、市人大、市政府、市政协领导率领慰问团，分组走访慰问驻榕部队和离退休老干部。

【抢险救灾和执勤工作】　2017年，福州警备区加强重大节日重要会议期间安保工作，优化突发情况应急处置预案。6月，金砖国家政党、智库和民间社会组织论坛在福州举办期间，参与完成会议安保工作。7月31日至8月3日，参与防抗第9号、10号台风，出动民兵480余人次，协调部队200余人，转移群众530人，清理树木800余株，完成抗台救灾工作。

【文明共建】　2017年，福州市政府投入近1000万元创建双拥和国防教育示范区，包括1个双拥和国防教育主题公园、2条双拥和国防教育示范路、2个双拥和国防教育示范基地及4个双拥和国防教育示范点。其中，双拥和国防教育主题公园于8月建成并对外开放，包含双拥主雕塑、八闽开国将军印鉴墙、“军民情·七律”景墙、“雨夜帐篷办公”故事景墙、“8·17”纪念园等景观。

（苏　敏）

人民防空

【概况】　2017年，福州市本级审批防空地下室面积50余万平方米，竣工验收备案面积40余万平方米。在监项目(含县区)350余个，面积200余万平方米。易地建设人防工程20余项，收取人防易地建设费2700余万元。测试防空警报12000余台次，确保警报稳定性。组织开展人防专业训练，参训360人次。福州宝龙万象平战结合人防工程项目竣工。市人防办连续15年被评为全国人民防空宣传教育暨通讯报道工作先进单位，在2017年度全省人防工程建设目标管理考评中获得第一。

【指挥通信建设】　2017年，福州市组织开展人防信息系统联调联训工作。4月21日，组织全市人防警报试鸣工作，并结合警报试鸣活动，在福建师范大学组织全体师生开展防空防灾应急疏散演练。完成国防动员潜力调查。

【人防工程建设】　2017年，福州宝龙万象平战结合人防工程竣工，通过人防专项验收。配合福州滨海新城建设，编制完成《福州滨海新城核心区人防专项规划(2017—2030)》。

全年组织安全检查113次，对租赁到期项目依规分批次开展招投标，全年平战结合项目收入479万元。继续在夏季开放乌山北坡防空洞作为市民纳凉点，组织策划25场道德讲堂、电影、评话等活动。

【人防宣传教育】 2017年“4·21”防空警报试鸣活动期间，通过播放公告、在公交移动频道播放《防空与防灾》动画片等方式，提高试鸣活动的知晓率和市民参与率。5月，连续第29年举行全市中学生防空防灾知识竞赛。向相关中学免费发放《防空与防灾——中小学生读本》4.6万册。组织“人防在我身边”主题征文活动，选取57篇优秀征文编印《“人防在我身边”征文汇编》1万册免费赠阅。

(王 锋)

武装警察

【概况】 2017年，武警福州市支队2个单位被武警福建省总队评为基层建设标兵中队，10个单位被武警福建省总队评为基层建设先进大(中)队。2名干部获武警福建省总队“四会”优秀政治教员授课竞赛二等奖，1名干部获总队演讲比赛三等奖，1名干部获省第八届百花文艺奖三等奖，支队声乐合唱团获得纪念建军90周年合唱展演优秀奖，支队政治部被总队评为先进政治部。

【政治教育】 2017年，武警福州市支队成立10人“学习小组”宣讲队，培养基层理论骨干90余人，购置图书6500余册。完善“每月一课、网络查课、推门听课、点将上课”机制和“周三教育日”，4次邀请地方文史、心理专家授课辅导。结合“三合一”会议和厦门金砖会晤安保实际，组织召开出征誓师大会和政治工作部署会，编印《安保政治工作手册》和30期《战地快报》，开展纪念建军90周年和“卫士风采”系列文化活动。开展“喜迎十九大，争创安全年”主题演讲比赛，开展“学好队史、唱响队歌、喊响队训”和读书体会展评活动，组织到福建省博物馆等爱国主义教育基地参观学习。《福州支队疏堵结合打造绿色上网平台》在《人民武警报》头版头条刊发。

【安保警卫】 2017年1月17—22日，福建省召开十二届人大五次会议、省政协十一届五次会议，武警福州支队完成省“两会”1处主会场、7处代表住地安保警卫任务。

1月8—15日，福州市召开十五届人大第一次会议和政协十三届第一次会议，支队完成市“两会”1处主会场、2处代表住地安保警卫任务。

5月1日和10月1日，支队在五一广场执行国旗升旗仪式任务。

6月1—15日，支队完成“政党、智库、民间组织三合一会议”现场警卫、住地、环榕设卡、社会面巡逻和机动备勤任务。

5月26—30日，2017年中华龙舟大赛福州站比赛在福州海峡国际会展中心浦下河畔举行，支队完成现场安保任务。

6月24—25日，支队负责福建省“党代会”警卫任务，完成1处主会场、3处代表住地安保警卫任务。

7月25日—9月7日，支队参与厦门会晤金砖安保，完成厦门国际会议中心、国际会展中心2处主会场及闽南大戏院文艺演出现场等核心区周界巡逻、通道警戒、现场侦察和反恐前置备勤等任务及福州、平潭社会面25组巡逻防控和长乐机场备降安全保卫勤务。

【抢险救灾】 2017年7月31日，受台风“纳沙”“海棠”影响，福州连遭暴雨袭击，渔溪镇上郑村一河堤决口。武警福州支队接到救援命令后，派出官兵赴现场封堵决口。

【基层建设】 2017年，武警福州市支队推广“福清模式”，派出精干力量跟进指导，分阶段验收讲评，推进10个“福清模式”精品中队建设。探索规范手机使用管理，研发后台管理权限软件。安排6批次领导机关干部蹲点帮建，帮助基层解决问题7类82个。开展百日安全竞赛的做法被武警福建省总队转发，3个大队、10个中队被总队表彰为“百日安全竞赛”活动先进集体。

【后勤保障】 2017年，武警福州市支队完善9类11种后勤保障预案，与中石油、永辉超市、福建凤凰旅行有限公司以及3所三甲医院建立联储联供联保机制，县市中队与驻地应急办建立联动保障机制。购置军需、运输油料、卫生、野营及维修器材等5类148种后勤战备物资，完成“三合一”会议、厦门金砖会晤、野营拉练、“卫士”演习、抢险救灾和武警福建省总队纲要集训、新大纲会审等重大任务后勤保障。

(王峻青)

(编辑 黄 铭)

综合经济管理

发展和改革工作

【概况】 2017年，福州市开展"攻坚2017""招商2017"等专项行动，推进经济社会发展。全市（含平潭，下同）完成地区生产总值7104.02亿元，在26个省会城市中，总量排名第11位，比上年增长8.7%，增幅在总量排名前11位城市中，排名第2位。三次产业结构由2016年的7.9∶41.8∶50.3，优化为2017年的7.3∶41.7∶51.0，第一产业、第二产业比重分别比上年降低0.6个、0.1个百分点，第三产业比重比上年提升0.7个百分点。固定资产投资完成5823.39亿元，比上年增长12.3%，总量（占全省22.2%）、增量（占全省20.5%）均位居全省第一。

【规划编制和政策制订】 2017年，福州市组织实施《福州市国民经济和社会发展第十三个五年规划纲要》，跟踪推进19个重点专项规划，开展海峡西岸城市群规划编制的前期调研工作。

出台《关于加快我市总部经济发展的八条措施》（纳入福州创新发展十项政策），补充提出《关于鼓励新引进企业总部的四条措施》；起草《关于创新管理优化服务培育壮大经济发展新动能加快新旧动能接续转换的实施意见》，促进产业转型和经济升级；制定《关于建立正向激励机制促进有效投资的意见》，出台《关于进一步激发民间投资活力促进经济持续健康发展的实施意见》，促进固定资产投资稳步增长。

【项目投资】 "攻坚2017" 2017年，福州市破解阻碍项目落地的各类矛盾和问题4158个，交地9666.67公顷，拆迁1341.60公顷，动建项目479个，竣工项目238个，2273.33公顷批而未供土地、980公顷供而未建土地得以顺利处置。

重大项目 192个市管省重点项目、792个市重点项目分别完成投资617.49亿元、3562.23亿元，分别占年计划的128.31%、125.74%。"五个一批"项目新增1779个，新增项目总投资15435.25亿元，正向激励综合考评有16个次县（市）区入围全省前十位，占全省的26%。33个补短板工程包完成投资270.4亿元，占年度计划的127.5%。申报国家、省级投资项目23个，申请资金1.7亿元；转下达项目149个、获补助13.3亿元，是上年总额2倍。

基础设施项目 地铁1号线二期、2号线和6号线建设提速，4号线、5号线、滨海快线启动。推进福厦客专全线开工，福平铁路建设。推进福银高速公路闽侯沙堤互通、洪塘大桥拓宽改建工程、江阴港区18—19号泊位工程等项目前期工作。机场二期先期填海工程进展较快，推进扩建工程。

【产业发展】 农业基础夯实 2017年，福州市级以上农业产业化龙头企业299家，新增无公害产地认定20家企业、20个产地。推进农村一、二、三产业融合

2017年4月25日，国家健康医疗大数据云服务平台（福州）发布

（福州日报社 供）

发展,新增市级融合发展示范项目10个。平潭及闽江口水资源配置工程、霍口水库等一批重大水利项目建设有序推进。

工业转型升级　物联网、大数据等重点新兴产业发展迅速,全国首个物联网开放实验室揭牌,全球最大规模的窄带物联网智慧水务商用项目启动,国家健康医疗大数据中心及产业园、360产业园等项目落地。规模以上战略性新兴产业和高技术产业增加值分别完成482.52亿元、277.25亿元,占规模以上工业增加值的比重分别为21.9%、12.6%。开展产业链补链项目精准招商,东南电化年产20万吨TDI、神州优车等一批项目签约或落地,引进的克里贝尔生物医药等项目填补相关产业空白。

服务业发展　服务业增加值比上年增长11%,增速连续三年在三次产业中排名第一。传统服务业转型升级,永辉等大型商超企业推行"互联网+商贸流通"发展模式。现代服务业快速发展,新兴服务业比上年增长14.5%;省会金融业新引进兴业资产管理有限公司等金融机构,金融业增加值增长7.3%;现代物流业增长,完成快递业务量3.4亿件,增长30%;电子商务交易额1790亿元,增长20.9%。

【重点领域经济】　经济社会事业体制改革　2017年,福州市推进放管服改革、行政管理体制改革、供给侧结构性改革、财税金融体制改革、完善社会保障制度等12个领域79项改革任务,出台文件制度成果76份,推进21项国家级、省级试点工作。完成福州市行政机关公车改革,启动国有企业、事业单位公务用车制度改革。

社会信用体系建设　颁布《福州市公共信用信息管理暂行办法》和《福州市信用红黑名单管理暂行办法》。推进公共信用信息平台共建共享,建成联合奖惩应用子系统,梳理公共信用信息目录83052项,归集信用信息数据2.12亿条,全国城市信用状况综合排名由2016年的第24名升至2017年的第9名,获首届全国信用平台及网站建设观摩评比第6名。

生态文明建设　完成重点生态区位商品林赎买、绿色金融制度体系、党政领导干部自然资源资产离任审计等17项年度改革任务。起草制定《福州市生态文明建设目标评价考核办法》及《福州市绿色发展指标体系》《福州市生态文明建设考核目标体系》。全年空气质量保持良好,在全国74个环保重点城市中排名第5;森林覆盖率56%,位居全国省会城市第2位,获评"国家森林城市",被授予"年度可持续发展低碳城市"的称号。

【闽东北区域协作】　2017年,福州市推动闽东北跨区域协作项目的实施,31个跨区域协作重点项目总投资1911.32亿元,2017年计划投资263.62亿元,完成投资303.55亿元,占年计划的115.15%。

【"海上福州"建设】　2017年,福州市推进福州国家级海洋经济示范区申报工作,完成《福州海洋经济示范区建设总体方案》编制;推动海洋经济重大项目库建设,有47个列入省级海洋经济重大项目盘子,总投资916.9亿元;对接国家"智慧海洋"试点示范工作,谋划生成68个项目列入省级储备库,总投资540亿元。

【新型城镇化建设】　2017年,福州市推动福清市国家级新型城镇化综合试点工作,编制完成实施方案和行动计划。出台《关于加快创建特色小镇的若干意见》以及《福州市特色小镇创建工作细则》,福清龙田镇入选第二批全国特色小镇,闽侯海丝时尚居艺小镇、鼓楼金牛"互联网+"小镇等4个列入第二批省级特色小镇创建名单。

【价格管理】　价格调控　2017年,福州市居民消费价格总水平比上年上涨1.1%。发放临时价格补贴和节日食品券1609万元,受益10.42万人次,修订社会救助和保障标准与物价上涨挂钩联动机制,扩大价格补贴对象范围。

价格改革　推进农业用水、管道天然气等价格改革,制订机动车停放服务收费管理办法,贯彻落实国家、省和市差别化停车收费政策,鼓励社会资本兴建停车场;推进出租车运价改革,将巡游出租车由政府定价改为政府指导价,促进出租车行业持续健康发展。

价格监管　执行各项涉企优惠政策,降低企业成本11.01亿元左右,降低和取消部分行政事业性收费7074万多元。牵头建立公平竞争审查联席会议制度,出台《福州市公平竞争审查制度实施方案(试行)》。"12358"价格监管平台受理群众价格咨询8914件。

价格服务　完成民办学校教育收费和对公建公营养老机构收费的调整工作,加强游览参观点门票价格管理;市本级完成成本监审任务26件,核减企事业单位上报不合理成本费用3.13亿元;完成刑事案件涉案财物价格认定1239件,标的金额1.91亿元,协助海关办理涉税价格认定24件,标的金额1.62亿元。

价格检查　开展机动车停放服务收费、涉企收费、医疗收费及电力价格等专项检查。对15家存在价格违法行为的企业作出行政处罚,实行经济制裁135.76万元,其中没收违法所得87.74万元,罚款43.5万元,退还4.52万元。

(林宏圣)

统计与调查

【概况】　2017年,福州市加强对主要经济指标运行情况的监测研判和分析,全年市统计局被省局、两办采用的信息累计185条次;完成统计专题调研46篇,参阅件39篇,简明资料102篇,其中3篇统计分析分获全省评比一、二、三等奖。发布《2016年福州市国民经济和社会发展统计公报》,组织编印《福州统计月报》《福州统计手册》《福州统计年鉴》《县区经济产业发展动态》等统计资料。开展2016年度县(市)区政府绩效管理有关指标数据的科学采集和考核评分工作,参与改进2017年度县(市)区绩效评估指标体系、评估方法、计算方案。国家统计局福州调查队全年编发调查分析45篇,两办信息151条,提供《福州经济运行情况月报》16期。整合升级语音调查中心,增设调查线路,提升电话专项调查水平。推进辅调员"半职业化"改革,提高基层数据采集质量。

【普查与专项调查】　第三次全国农业普查　2017年,福州市启动普查前期筹备工作,入户登记,进行数据采集录入审核上报。市农普办在罗源县组织进行农普数据处理软件与方案培训。通过各种技术手段帮助各县(市)区进行错误修正和数据比对,编写分村的自定义汇总表76张,反馈奇异值、指标存疑的调查对象数万条,处理完成农户超过79万户,其中普通户超过77万户,规模户近2万户,农业经营单位超过6000家。

人口变动抽样调查　召开2017年人口调查工作会议,培训对象从各县(市)区业务骨干,延伸到乡镇街道统计指导员,培训人员124人。采用调查员手持PDA入户的方式采集基础数据,开展摸底督查、正式入户调查、事后质量验收等系列工作,调查1.4万户家庭,登记4.3万人的基本信息。

大城市月度劳动力调查任务　组织月度劳动力调查样本轮换准备工作,编印《福州市月度劳动力调查培训手册》,召开大城市月度劳动力调查培训班,每月初进行调查样本的下发,每月调查40个小区,800户家庭人口信息和就业情况,编制失业人口比对表。

企业创新调查　配合省统计局分别完成《福厦泉国家自主创新示范区》与《开展企业创新活动中的新动向和相关政策落实情况调研》两项调查问卷任务。分别收集30家涉及5个行业的规模以上企业、4家众创空间平台、9家高校与科研院所的相关调研问卷数据,完成4篇《福厦泉国家自主创新示范》调研信息和3篇创新活动的调研报告。

科技统计调查　与市科技局联合召开全市重点研发企业统计培训会,各县(市)区及高新区管委会科技主管部门、各县(市)区统计局、100家重点研发企业分管领导和科技专业人员等近200人参加培训。年内,首次对6000多家规模以上企业开展创新情况调查和企业家问卷调查,根据调查结果显示,受调查的企业中有50.7%企业开展创新活动。

其他专项调查　组织实施农业、工业、建筑业、批发零售住宿餐饮业、房地产开发经营业、服务业等行业,能源、投资、居民收支、价格、人口、劳动、社会、科技、环境等领域各项常规统计调查和城市年报。开展高新技术产业、农业产业龙头企业调查,少数民族乡、村社会经济调查,2016年私营单位工资情况抽样调查,企业用工情况抽样调查,非公有制企业(单位)人才资源状况抽样调查,妇女、儿童"两纲"监测统计调查,"三新"统计调查等。开展党风廉政建设民意调查、全国文明城市测评等专项调查任务;开展福州市政府绩效调查、福州市群众安全感调查等。全年累计拨打电话10多万次,对3万多名城乡居民和企业经营者进行电话调查以及面访调查。

(叶　平　周　杨)

【常规调查】　2017年,福州市完成居民收支住户调查样本轮换工作,在全市范围内新换1820个调查户,提高住户调查记账补贴最低标准。完成规模以下工业抽样调查数据现场核实试点工作。采用遥感空间技术、无人机和手持终端PDA相结合的方式,对农作物播种面积进行遥感测量调查;布设智能估产手持速测仪和农田环境监测站,利用遥感技术对主要粮食作物早稻、中稻和晚稻进行智能估产试点。(周　杨)

【工作机制创新】　鼓楼区街镇标准化建设　2017年,福州市选取鼓楼区作为试点工作样本,下发《关于全面开展创建标准化街(镇)、园区统计站工作实施方案》,方案对完善街镇、园区统计的组织机制、工作机制和激励机制提出具体要求。通过标准化建设,提升乡镇街道统计人员整体素质水平。

月度统计服务入基层机制建设　市统计局各处室每月到县(市)区一线调研,了解调查企业和项目建设情况,帮助指导推进新动工项目申报和新开业、新投产企业入库工作。全年累计下基层141次,组织业务培训587人次,指导企业217家,新增名录数1757家。

为"攻坚2017""招商2017"提供统计服务保障　梳理项目清单,建立攻坚项目统计监测台账,实行一周一通报制度,创新"攻坚2017"项目投资统计方法,提高项目投资数据的时效性和准确性。开展"招商2017"企业纳统工作,参与市政府组织的招商项目考评工作。

(叶　平)

【统计改革】　2017年,福州市组织开展"四众"平台、重点互联网平台和新服务统计等"三新"统计专项调查工作,累计完成115家四众平台、10家重点互联网平台的专项调查工作,完成1024家新服务企业的认定工作。

加强部门间的沟通配合,完善数据采集评估体系,探索新区GDP核算方法,制订测算季度GDP基数的备选方案,实现按季度试算新区地区生产总值。监测9个园区690家企业。开展福州市工业园区调查对象满意度调查工作,九大园区企业满意度超过90%。根据《福建省生态文明建设目标评价考核办法》,制定《福州市生态文明建设目标评价考核办法》及《福州市绿色发展指标体系》《福州市生态文明建设考核目标体系》,于年内开始实施。2017年,福州地区调查队系统开展辅调员"半职业化"管理改革试点工作,向社会公开招聘,招收大学毕业生等高素质人才担任"半职业化"辅助调查员。

【统计法治建设】　2017年,福州市推进社会信用体系建设,建章立制,加强组织领导,完善机制,明确责任处室、责任人、完成时限,推进工作任务落实,累计向"信用福州"报送信用信息90条,被采用60条。开展统计执法检查,按照"双随机"抽查机制,对连江县进行综合统计监督检查,对检查现场发现问题的企业责令及时改正。推动"以市代县"执法检查模式。建立并公开统计违法行为举报受理方式,受理群众举报。全年,福州地区国家调查队系统立案查处统计违法案件16件。

(叶　平　周　杨)

国有资产管理

【概况】　2017年,福州市政府国有资产监督管理委员会履行出资人职责企业(简称"所出资企业")资产总额2513.88亿元,比上年增长15%;所有者权益1183.99亿元,增长23.09%;实现营业收入240.87亿元,增长26.83%;实现利税39.21亿元,增长5.12%。所出资企业的资产总额、所有者权益和上缴税金均位居省内各设区市第二名。年内,国资系统国有资本经营预算收入安排14231.60万元,实际收入36059.27万元,比预算增收21827.67万元,增收153.4%;预算支出安排17129万元,实际支出17080万元。

【国资履职监管】 国资监管 2017年,福州市国资委开展“服务企业行动”,出台《关于进一步推进福州市国资委所出资企业及其权属企业贯彻落实“三重一大”决策制度的实施意见(试行)》,梳理制定并精简优化《权责清单》,精简率32.3%。完成2016年度企业财务决算审计和全地区国有资产统计工作。推进企业重大事项法律审核,建立全市国有企业法律顾问智库,指导所出资企业开展兼职法律顾问选聘工作。加快企业总法律顾问制度建设,一级企业总法律顾问配备率62.5%,居全省设区市国资系统之首。通过海峡纵横电子竞价平台成功竞租403宗,成交价16.79亿元,溢价3.08亿元,总溢价率22.44%。督促所出资企业建立健全安全生产责任制,加强隐患排查整治,国资系统国有企业全年未发生一起较大以上安全生产事故。

外派监事会和县区国资监管 各监事会提交监督检查报告51份,印发监事会提醒函、纠正函18份,反映所监管企业存在问题29个。指导马尾、鼓楼、仓山、台江、晋安、福清、闽清、罗源、永泰等县区成立国有资产管理中心。

国企党建 全年完成市国资系统223家企业“党建进章程”工作,进度列全省设区市国资系统第一,打造“支部建在项目上”等党建品牌。结合一线考察干部机制,完善党建和党风廉政工作目标与企业负责人业绩考核和薪酬兑现挂钩。按照“一企业一办法”原则,制定完善“三重一大”决策制度,即重大事项决策、重要干部任免、重要项目安排、大额资金的使用,必须集体讨论做出决定的制度。开展基层党建7项重点工作和党员组织关系集中排查。

【国企改革工作】 2017年,福州市各所出资企业全年完成投资504.32亿元,完成年计划105%,其中,承担省市重点建设项目96个,年度计划投资298.9亿元,完成431亿元,完成计划144.2%;新区重点项目36个,年度计划投资120.1亿元,完成213.9亿元,完成计划178.1%;完成融资373.7亿元,完成计划101.7%。促进所出资企业与央企、省企和优秀民企合作,借助央企、省企等外力优势,通过“大手拉小手”,布局先进制造业、航空旅游业、大数据产业等领域,推动企业转型升级。监督指导所出资企业完成对福建三峡产业园运营公司和福州轨道交通设计院有限公司的增资扩股;与康乃尔集团和省能源集团合作投资80万吨/年的MDI项目;组建大数据产业园公司;与中科院下属公司上海新微科技集团有限公司合资组建福州物联网开放实验室;与清华大学合作成立福州数据科学研究院有限公司;投资城投科技公司从事装配式建筑材料生产;收购中铝瑞闽40%股权;入股福州长乐机场;履行出资人职责,新组建福州市电子信息集团有限公司。

服务推动所出资企业承担省市重点建设项目96个,年度计划投资298.9亿元,完成431亿元,完成计划144.2%;新区重点项目36个,年度计划投资120.1亿元,完成213.9亿元,完成计划178.1%;完成融资373.7亿元,完成计划101.7%。修订完善《福州市国资委所出资企业负责人经营业绩考核办法及薪酬管理办法》,完成所出资企业负责人经营业绩考核和薪酬评定兑现工作。推进政企脱钩交接后续工作,按照省国资委部署,推进国有企业职工家属区“三供一业”、办市政、社区职能移交分离及消防分类改革工作。

【国有资本运作】 2017年2月20日,福建海峡环保集团股份有限公司在上海证券交易所上市,首发募集资金4.55亿元,对股票异常波动出具公告5份。推进福州聚春园食品公司新三板挂牌工作,企业股份制改制正在进行。推进所出资企业加强债券融资,3月,国投集团获中国证监会核准向合格投资者公开发行公司债券10亿元批复,这是福州市首家获得向合格投资者公开发行公司债券资格的国企。福州安泰楼餐饮有限公司被列为福建省首批国有控股混合所有制员工持股9家试点单位之一。

(孙　锐)

2017年2月20日,福建海峡环保集团股份有限公司在上海证券交易所上市。图为集团厂区 (池远　摄)

市场监督管理

【概况】 2017年,福州市新增内资企业637家,注册资本320.99亿元;新增私营企业49865家,注册资本4720.78亿元;新增个体工商户61631户,资金数额55.92亿元;新增农民专业合作社433户,出资总额23.49亿元。至年底,全市各类内资市场主体总数突破53万户,其中实有内资企业10567家,注册资本2222.71亿元;实有私营企业220391家,注册资本19934.96亿元；实有个体工商户305596户，资金总额208.09亿元；实有农民专业合作社2807户，出资总额103.67亿元。

开展专项执法行动，全市系统立案3852件，结案3382件，罚没6227.79万元，分别比上年增长80.42%，81.24%，99.32%。14家组织和3名个人争创第三届中国质量奖，入围受理总数占全省近半，其中福耀集团、船政交通职业学院、乌山小学3家单位入围提名奖候选名单。福耀集团入围“中国商标金奖—创新奖”提名。福州经济技术开发区获批创建“全国电子信息（微电子物联网）产业知名品牌创建示范区”，创建数增至3个，居全省首位。新增福建名牌产品49项，获评数连续3年蝉联全省第一，总数318项居全省首位。新增市产品质量奖45项，联合市财政局兑现年度有关质量品牌奖励174.5万元。

2017年4月5日，“证照分离”改革在福建省率先落地自贸区福州片区。图为中国（福建）自由贸易试验区福州片区仓山服务大厅 （市市场监督管理局 供）

【“证照分离”改革试点】 2017年4月5日，“证照分离”改革在福建省率先落地自贸区福州片区，成为继上海浦东新区之后的全国第二个试点地区。参与改革的行政审批事项170项，涉及市场监管部门的43项，占比超1/4。11月3日，市政府出台《福州市深化和扩大实施“证照分离”改革工作方案》，明确将改革试验范围扩展至福州新区，将上海市“证照分离”改革做法复制推广至福州高新区等不在福州新区范围内的国家级和部分省级开发区。

【商事制度改革】 2017年，福州市市场监督管理局与市审改办共同对涉企证照清单进行逐项分析，12月7日出台《全面推进“多证合一”改革的实施意见》，第一批整合商务、旅游等19个部门25项涉企证照事项，实现企业“一照一码”。自主研发并投入运行“企业营业执照自助服务终端”，创全国之先。实行证照及行政审批文书邮寄送达制度。启动运行工商总局商标局福州商标受理窗口。推进以电子营业执照为支撑的全程电子化登记，全市发放电子营业执照20万份，电子营业执照覆盖率87%，外资企业年度报告申报均采用电子营业执照登录的方式进行办理。推行住所（经营场所）申报承诺制度，实行企业名称网上“自助查重、自主选用”登记制度，启动企业简易注销改革。新梳理服务自贸区福州片区开放开发4大类14项措施。梳理向上争取政策清单9项，涉及推进全程电子化、下放无行政区划名称和省名预核权限等，制作《企业准入—事中—退出全链条改革流程图》和《市场主体投资便利化集成图》。推动出台《商务秘书服务公司登记管理暂行办法》，完善“商务秘书公司”模式，降低新设立小微企业的准入门槛，节约存续成本，推动分散市场主体监管向相对集中的多方联管转化。全市登记49家商务秘书公司，入驻企业上万家。扶持小微企业发展，配合完善并运用小微企业名录，协助开展小微企业生存发展跟踪调查，帮助解决经营中存在的问题。

【个体经济】 2017年，福州市实有个体工商户30.56万户，比上年增长17.01%；资金数额208.09亿元，增长25.73%；新开业个体工商户6.16万户，增长31.2%；资金数额55.92亿元，增长34.29%；注销、吊销个体工商户1.74万户。在个体工商户总户数中排名前5位的是批发和零售业，住宿和餐饮业，居民服务、修理和其他服务业，制造业，租赁和商务服务业，分别有193352户、52236户、34525户、8581户和4181户，各占总户数的63.27%、17.09%、11.3%、2.81%和1.37%；从事第一、二、三产业的个体户分别为2209户、8832户和294555户，分别占个体工商户总数的0.72%、2.89%和96.39%。

【私营经济】 2017年，福州市实有私营企业22.04万家，比上年增长18.27%；注册资金19934.96亿元，增长39.2%；从业人员140.2万人，增长18.22万人，增长14.94%；注册资金亿元以上的私营企业2687家，增长39.01%；1000万元~1亿元以上的私营企业56554家，增加17179家，增幅43.63%；500万元~1000万元的私营企业21267家，增长16.09%；100万元~500万元的私营企业73638家，增长29.16%。从事一、二、三产业的家数分别为5138家、30804家和184449家，分别占私营企业总数的2.33%、13.98%和83.69%。

【内资企业】 全市新增内资企业637家，实有内资企业10567家，其中国有企业1347家，集体企业2892家，内资公司6018家，其他企业310家。在总家数中排列前5位的是批发和零售业、金融业、制造业、租赁和商务服务业、建筑业，分有2840家、1753家、1143家、1124家和743家，各占总数的26.88%、16.59%、10.82%、10.64%和7.03%。全市内资企业注册资本2222.71亿元，比上年增长32.81%。全市实有农民专业合作社2807个,比上年增长15.28%;出资总额103.67亿元,增长30.57%。成员总数31383个,增长2.9%,其中农民成员29505人,增长2.89%,出资总额1亿元以上的今年新增2家。1000万元~1亿元有250户、500万元~1000万元的有387户、100万元~500万元的有1120户,分别增长17.92%、17.27%、11%。

【市场监管执法】 “红盾护农”专项行动 2017年福州市出动执法人员2372人次,查处案件13件。各县(市)区以化肥为重点,组织开展重要农资商品抽检工作,抽取化肥样品40份,2份样品检测不合格,同时开展农户化肥免费检测。以福清市、连江县、闽清县为农作物重点县,设立若干个固定收样点,其他县(市)区设立1~2个流动点,进村入户巡回收取样品8份,检测均合格。

合同监管 以房地产行业的合同格式条款为整治重点,加大对利用合同补充条款设定不平等格式条款侵害消费者权益违法行为的查处力度。全年查处4起房地产开发企业利用不平等格式条款侵害消费者权益案件。帮助企业解决融资难题,发挥动产抵押职能。开展动产的反担保抵押、资产抵押等多形式的抵押登记工作。年内全市办理动产抵押登记734件,为企业融资231.06亿元。加强拍卖备案,办理网上报备347场次,在线指导补正材料98处,审查拍卖成交确认书2531份,成交金额65.50亿元。

工业产品抽检 建立全市“工业企业产品质量抽检合格率”责任清单,由辖区局将监管任务下达至辖区市场监管所,加强质量管理和质量监督。组织电线电缆、食品相关产品、家具、林木制品、陶瓷砖生产企业相关负责人以及基层监管执法人员进行培训,邀请省质检院专家就相关标准及质量问题进行指导。下发《福州市市场监督管理局关于进一步加强监督抽查不合格工业产品生产企业后处理工作的通知》,明确企业、县区局、市局的职责和工作流程。针对抽检中发现问题较为集中的闽清陶瓷砖、长乐纺织和电线电缆、仓山服装、闽侯林木家具、福清箱包等产品,深入企业生产一线,指导企业整改,提升产品合格率。年内省质监局组织抽查全市企业644家,抽查产品1341批次,合格1322批次,批次合格率98.58%,合格率创历史新高。

流通领域商品质量监督抽查 联合市消委会组织消费问卷调查,依托12315投诉举报平台,对各类市场主体投诉、举报情况进行分析,制订全年流通领域商品质量抽查检验工作方案及计划,将商品质量投诉较高的服装、定配眼镜、灯具、小家电、汽配产品等纳入本级抽查检验的重点,加大对批发、代理、物流、仓储等源头环节的抽检力度。下发《福州市市场监督管理局关于进一步规范流通领域商品质量抽查检验工作的通知》,明确各县(市)区市场监管局经批准可以市局名义在本辖区组织开展抽检工作。年内,全市市场监管系统投入流通领域商品质量检验经费300多万元。年内组织抽检服装、玩具、建材、洁具、汽配、家用燃气灶具、燃气热水器等商品1000多批次。对省级抽查及市局抽查发现的191批次不合格产品企业名单移交相关区县局,加强对后处理情况督导。

产品质量专项整治 印发《电器产品生产质量治理工作实施方案》,组织全市开展电器产品生产质量3年整治。组织开展危化品专项整治和危化品专项检查,加强“三合一”会议、厦门“金砖会晤”保障工作。市、县、所三级监管人员,结合日常监管、专项行动、问题产品处理等工作,对301家企业进行巡查、回访,规范企业生产。联合省质监局,举办“尚德守法 共治共享食品安全”——食品相关产品国家安全标准宣贯培训会。组织开展电线电缆、醇基液体燃料、卡式炉、牙签弩等多个产品专项整治。

【广告监管】 2017年,福州市市场监督管理系统查处广告违法案件153件,罚没款212.91万元,案值137.25万元。

加强日常监管记录,加大对重点区域(路段)和商品的检查频次。召开3场整治虚假违法广告联席会议,开展互联网金融广告、专供特供酒类广告及各类涉医涉药虚假广告等12次专项整治行动。针对部分省市媒体单位涉嫌发布违法广告事宜,依托联席会议机制和三级联动机制,4次约谈新闻媒体单位、2次上门行政指导。建立广告监管预警和应急处置制度,排查重点区域和商品,开展广告排查和预防工作。完善违法广告综合治理机制,制订广告活动主体信用评价管理办法,年内组织县(市)区局抽查1150家广告活动主体,将抽查情况录入全省“一张网”和市局官网。

指导广告企业开展国家、省、市文化产业发展专项资金扶持项目申报工作,争取文化产业发展专项资金支持。引导、鼓励广告企业及相关综合性服务部门在广告产业园区内拓展延伸,促进其

2017年6月26日,福州市市场监督管理局联合省质监局,举办“尚德守法 共治共享食品安全”——食品相关产品国家安全标准宣贯培训会

(市市场监督管理局 供)

关联企业在园区内集聚发展。支持并指导园区基础设施、公共服务平台及招商引资。健全广告产业园区管理机制，协调推动地方政府设立相应管理机构。

配合相关单位开展规模以上广告业增加值指标统计工作，全年规模以上广告营业额比上年增长33.3%。提请市政府出台促进园区发展若干意见，推动公共数据服务平台上线运营，组织奖补资金申报。推动榕台广告交流，举办榕台广告创意交流论坛。建立广告政产学研联盟并落地园区，19所高校与21家广告企业加入政产学研联盟。联合市委宣传部等部门，指导楼宇电视等发布单位利用自身媒体，倡导文明新风，参与公益广告活动，全市700多座楼宇电视完成每月播放时间不少于70个小时、播放数量不少于1900屏的播放任务。

【企业信用监管】 2017年，福州市受理、核查12315转来的举报无证照经营968件。抄告处理信息2592条，立案415件，其中查处无照经营案件308件，罚没款108.09万元，无证案件107件，罚没109.88万元。下发《福州市市场监督管理局关于印发2017年福州市无证无照经营综合治理工作方案的函》《福州市市场监督管理局关于明确无证照经营场所排查、报送、查处责任清单的函》，要求各县（市）区局基层监管所加强对乡镇（街道）、村居协助市场监管等部门开展无证照经营的动态排查和协助“查处无证无照经营行为”工作的指导。

开展无照经营专项治理。组织开展寄递行业、汽车维修、环保、微整形、劳务市场等无照经营综合治理。3次向邮政函告无证经营寄递业的经营者有132家，向卫生部门抄告无证微整形的10件，对“先照后证”登记设立的经营范围含“汽车维修”等386家企业名单通报给各县、区局，要求加强主体准入和信用承诺监管。劳务市场整治工作得到人力资源部和工商总局通报表扬。印发《福州市市场监督管理局关于印发2017年火灾隐患排查整治专项行动方案的通知》，开展督查通报无照经营整治及消除安全隐患工作，要求全系统各级市场监管部门按照消防安全责任规定，参与各乡镇、街道开展火灾隐患经营场所的排查整治。5月、8月分别组织进行无照经营及消防安全工作落实情况的专项督查。中央环保督察反馈意见中所提到的“建平村115家根雕企业”全部属于在非法建筑物内从事经营活动行为，高新区综合执法局拆除根雕作坊建筑面积约59000平方米，115家根雕作坊关停78家。

年内，对市、县两级政府部门涉企信息归集情况通报4期，全市在省工商局协同监管平台公示的信息68046条，居全省第六名，在省空间中心公示的信息有139730条，居全省第一名。行政许可、行政处罚公示100%，其中许可信息以行政服务中心为主，行政处罚信息通过案管系统全部归集在省空间中心。市场主体信用承诺在“信用福州”上公示8600多条。

开展企业信用分类监管。根据省工商局制定的企业信用分类标准在系统上自动分类，经分类，确认守信企业194832家，失信企业13865家，严重失信26919家，在实施抽查过程中，加大对失信企业抽查比例。

实施信用监管。全市以“双随机一公开”为主要方式的企业公示信息和经营行为抽查，以7月30日为基数，全市企业220783家，市级确定抽查24项，抽取企业数11088家，抽查率5.02%。为各类企业查询出具信用证明466家。

开展跨部门联合检查，结合地方政府部署的交通安全、房地产市场、寄递安全、非法集资等工作，与市审改办、人社局、统计局、建委、交通委、金融办、邮政管理局等8个部门，按照“一次抽查、全面体检”的要求，联合印发《关于印发全市企业年报信息和经营行为跨部门“双随机”联合抽查工作实施方案的通知》，通过公开招投标招取4所会计师事务所对被省工商局随机抽中的市局登记企业859家企业进行专项审计。全市抽查企业4940家，其中未发现异常企业2121家，占42.9%；通过登记住所无法联系企业2076家，占42.0%；公示信息隐瞒真实情况弄虚作假432家，占8.7%；不予配合情节严重企业150家，占3%。

加强异常名录管理。年内因年报未报、在原登记住所找不到等原因列入异常名录管理的有27126家，其中市本级6788家，通过登记的住所找不到的有3765家，市局登记住所找不到559家；全市移出异常名录6905条，其中市本级登记的企业移出1462条。全市在异常名录库中的企业信息82837条，涉及35600家企业。

开展失信联合惩戒，建立和完善失信联合工作机制，制定《福州市失信企业协同监管和联合惩戒实施方案》《福州市对严重质量违法失信行为当事人开展联合惩戒实施方案》《福州市对食品药品生产经营严重失信者开展联合惩戒实施方案》，对失信经营行为，市场监管及相关的政府部门采取52种联合惩戒措施。协助人民法院新增冻结股权62家。

【企业年报工作】 2017年，福州市应年报企业187300家，累计有163576家内资企业通过国家企业信用信息公示系统（福建）申报并公示2016年度年报，年报率87.33%，全市个体工商户252775户，年报率93.63%，农民专业合作社2188家，年报率95.43%，与上年相比，全市企业年报率提升4个百分点，参加年报企业增加4万家。

【网络监管】 2017年，福州市在全市市场监管系统层面，依托在“三合一”机构改革中专门组建的网络交易监管处和行政执法支队网监科（加挂“网监中心”牌子），建立完善网络食品药品经营主体库，加强辖区网络食品药品安全日常监管工作。行政执法支队重点加强违法违规案件的查处，加大重大案件、典型案件的查办力度。制订《福州市网络商品交易及第三方平台服务经营者信用联合奖惩实施方案》，对于存在失信行为的网络商品交易及第三方平台服务经营者，可视其失信整改纠正情况进行信用修复。

开展2017网络市场监管专项行动。通过线上检查网站、网店24408个次，实地检查网站、网店12789个次，检查生产加工单位689家，责令整改网站406个次，责令停止平台服务的网店887个次，查处网络违法案件262件，罚没183.47万元。多次走访约谈饿了么、美团外卖、百度外卖等大型平台在榕分支机构，督促平台经营者履行法定义务和责任，引导其合法合规经营。“双十一”期间,联合省工商局、省食药监局召开全市主要电商企业集中约谈会,对电商企业依法依规开展相关经营行为提出具体要求,并现场签署诚信经营承诺书。

开展平台网店监管。全市核查网络订餐主体25217户,发现涉嫌违法网店117家,查处订餐平台网店违法案件123件。在“6·18”“11·11”等重点或集中促销时段,以通过天猫、京东、淘宝等国内大型第三方平台经营的辖区经营商家为重点,就主体信息公示、相关制度公示、保护消费者权益等方面履行法定义务的情况,以及是否存在虚假宣传、虚假标识等食品安全违法行为进行监测,通过“存证云”等技术手段固定相关网页,转办相关案件线索,累计监测网店183家,转办各类案件线索27条。

召开多场监管人员、涉网经营者、消费者参与互动的主题宣传教育活动,通过《福州日报》等主流媒体以及微博、网站、H5等新媒体提示消费者关注电商资质选择、保存消费证据等注意事项。H5宣传片累计播放2万余次,收集网络调查问卷100余份,相关数据及意见建议800余条。7月25日,福州市组织召开创建“网络市场监管与服务示范区”启动仪式暨创建工作座谈会,成为全国第五个获批创建的示范区,也是首个获批的省会城市。

【消费维权】 2017年,福州市推进“12315”“12331”“12365”维权投诉热线及“96196”电梯应急救援热线整合工程。年内,市局消费者投诉举报指挥中心依托“12315”“12365”“12331”消费维权专线以及全国“12315”互联网平台处理消费者诉求237238件,其中咨询186086件、投诉43708件、举报7444件;旅游平台206件。为消费者挽回经济损失2922.25万元,保护消费者的合法权益。“96196”电梯应急救援实现全市(六区七县)覆盖,完成电梯故障救援响应581起,解救被困乘客1037人。以“传帮带”的形式,进行交叉互学,实现接诉员队伍的资源共享。组织全市市场监管系统开展2017年全国“12315”热线电话和全国“12315”互联网平台投诉举报处理工作。3月14—15日,受理消费者投诉举报2562件,其中“12315”热线2448件,互联网平台诉求件114件。开设“3·15”消费纠纷快速处置通道。承办“12345”便民诉求系统诉求件2336件,办结率100%。

【食品安全生产监管】 *食品生产环节信息化可追溯监管* 2017年,福州市对食品生产企业监管实现信息化分类分级管理。推动全市680家食品生产企业上传产品电子追溯信息35万条到省食药监局组织开发的食品安全追溯管理系统,实现产品来源可查、去向可追的电子化追溯管理。

食品生产安全风险排查整治 完成辖区正常生产的868家食品生产企业首次风险分类等级评定及信息系统录入工作,制定辖区重点风险隐患治理清单。通过县级局开展专项检查、市局飞行检查、双随机抽查等方式,全市排查食品生产单位937家次,立案查处食品违法案件105件。开展蜂产品、茶叶、肉制品、酒类、食品添加剂、标签标识等专项治理工作,组织开展供校食品安全专项排查整治,防范食品安全风险。

食品生产加工小作坊示范点创建 排查小作坊300多个次,查处取缔违法生产窝点21个次,新发证98个,新创建验收省、市、县三级小作坊示范点35个。保障厦门重要会议食品生产安全。对厦门市市场监管局提请市市场监管局协查的12批涉及厦门会晤食品生产企业名单进行审评,对确认供会企业严格按照省食药监局以及市委市政府的部署实施“四严”监管,确保供会食品安全。

【食品安全流通监管】 2017年,福州市建成全省首个“一品一码”追溯试点蔬菜批发市场。买卖双方通过手持终端交易后,可现场输出结算小票,小票下方有该批次产品的二维码(包含产品供货商、检测结果等相关信息),买方交易后须凭该小票方可出场。试点大型商超实行可追溯电子管理。指导永辉超市建成全省首个“食品安全云网”,以部分水产品、果蔬、自营品牌食品为试点品种,将食品安全检测中心(站点)、农产品基地种养殖溯源数据、企业数据、第三方数据与永辉食品安全云网管理中心进行实时对接,消费者可通过手机扫码、永辉门店云屏端、永辉食品安全云网官网3种途径查看溯源信息。已采集果蔬类品种300余种及大米、干货等60种纳入云网管理。该项目于6月参加全国“双安双创”成果展。试点建设3家品质生鲜食品示范超市。首批确定3家大型超市的3家门店为试点超市,分别是福建新华都综合百货有限公司、锦江麦德龙现购自运有限公司福州仓山商场、永辉超市股份有限公司福建福州福新八方超市。年内指导辖区对口业务科室开展食品流通领域安全信用体系建设工作,各市场监督管理所负责对食品流通企业开展信用评价,信息采集,跟踪动态信息的采集,充实完善企业诚信档案。全市计划完成经营面积30~1000平方米的食品经营主体17433家。完成食品流通企业信用评级23888家,其中A级23509家,B级188家,C级191家

【餐饮业食品安全监管】 2017年,福州市有餐饮服务单位30295家,比上年增长71.6%。推进量化分级管理工作,除新发证暂不予评定和责令整改情况外,全市完成餐饮服务单位量化等级评定26316家,其中食品安全监督动态等级良好以上10496家。

开展小餐饮专项整治行动,出动22578人次,检查辖区19358家次餐饮经营单位,检查中对1611家餐饮经营单位发放责令改正通知书,取缔取证小餐饮134家,处罚45家小餐饮单位,罚没金额52.9932万元,查处不合格食品及食品添加剂54.8千克。开展餐饮环节违法添加罂粟壳等非食用物质和含铝食品添加剂专项整治工作,出动执法人员7442人次,检查餐饮服务单位7000多家次,餐饮环节食品添加剂和违法添加罂粟壳等非食用物质专项抽检2520批次,违法添加非食用物质86批次,移送公安机关8起,已受理4起。组织开展食用油专项整治。全市出动执法人员2838人次,检查餐饮服务单位5796家,督促整改349家,抽查各类食用油样品310批次,不合格1批次,罚没金额0.5万元,打击采购、回收、使用“地沟油”的违法行为。

加大监督抽检力度。完成全年餐饮环节抽检任务9116批次，其中加强对校园及周边食品安全抽检3000批次，238个批次不合格，不合格率2.61%，上报核查处置179批次，结案（含移送）127个批次。

开展双随机抽查和餐饮环节食品安全信用体系建设、风险分级评定工作，完成对福州市30522家餐饮服务单位风险分级首次评定工作。推行“明厨亮灶”创建工作。创建“明厨亮灶”8271家，占全市餐饮服务单位总数26.4%，在全市公立的中小学校及幼儿园基本实现“明厨亮灶”全覆盖。创建验收15家省级“明厨亮灶”示范单位。

全市创建12条餐饮服务食品安全示范街区，367家示范单位。

全年完成省市两会、市委党校高级研讨班、“5·18”海交会、第72届教育装备展示会、“6·18”、海青节、“三合一”会议、海丝电影节等63项重大活动保障任务。出动监督人员6678人次，分别对接待酒店和食堂、快餐供餐单位、糕点生产单位及接待酒店周边商业综合体的食品经营单位51家进行全程驻点或重点监督检查。全程驻点或重点保障3家接待酒店10915人次、海峡会展中心茶歇1681人次、东部办公区食堂3523人次、快餐供餐10339人次、茶歇生产企业6家次。

在学校食堂等集中用餐单位引进臻源智慧食安平台。推动校园食堂食品安全责任险，在福州大学铜盘校区、长乐外语外贸学院等成立学生代表组成的膳食委员会。率先推行食品安全“党政同责、一岗双责”机制，仓山区建立健全区、街镇、村居三级食品安全考核体系。率先践行小餐饮登记管理工作，全省第一本小餐饮登记证在福州市晋安区鼓山镇颁发。加强农村集体聚餐规范化管理，严防群体性食物中毒事件发生。连江县在对聚餐活动比较密集的乡镇推行农村家宴服务中心，对农村厨师摸底建档培训，争取政府补贴，推行食品安全责任险，诞生全市第一例食品安全责任险赔付案例。

完成独立法人餐饮企业信用等级评定、录入工作。鼓励对餐饮个体工商户开展评级。截至12月31日，完成辖区内25727家餐饮单位信用等级评定、录入工作，其中A级信用单位23770家，B级信用单位1918家，C级信用单位32家，D级信用单位7家。

表15　**2017年福州市食品抽检情况**　单位：批次

抽检环节	抽检	合格	不合格	抽检合格率(%)
生产环节	1987	1971	16	99.19
流通环节	14806	14583	223	98.49
餐饮环节	8427	8201	226	97.35
合计	25220	24755	465	98.16

2017年，福州市推进“12315”“12331”“12365”维权投诉热线及“96196”电梯应急救援热线整合工程。图为工作人员接听市民电话　（市市场监督管理局　供）

全年新增食品药品专家委员7人，协调72人次专家参与食品药品评估认定会22场。完成食品安全快速检测72980批次，完成率158.38%。

【食品安全检测】　2017年，福州市完成食用农产品抽检10047批次，其中不合格266批次，合格率97.35%；县级局实际完成食用农产品抽检任务3734批次，其中不合格61批次，合格率98.37%。对市本级食品监督抽检信息100%公开，公布监督抽检信息12期（每月一期），公开监督抽检数据25104批次，其中不合格样品412批次。全年推送食品药品舆情信息512条，向省食药监局反馈（报告）重点舆情28条。针对“塑料紫菜”、“棉花肉松”、假冒啤酒等网络谣言，协调全国范围内有资质的检验机构开展应急抽检，出具权威检验报告，为公安机关打击网络谣言提供技术支撑，及时避免谣言的扩散，得到省食药监局的肯定。

【药品生产监管】　2017年，福州市出台《福州市人民政府办公厅关于推进仿制药质量和疗效一致性评价的十项意见》。对辖区36家在产药品生产企业开展日常监管84家次，超额完成风险等级评定结果规定的监管频次。完成风险等级首次评定，对37家制药企业进行首次风险等级评定。开展特药监管，提高对辖区2家重点监管单位的监管频次至一月一巡查。组织市县两级和全市药品生产企业相关人员近150人参加培训，学习GMP基础知识、现场检查技巧和日常监管方法等内容。举办药品生产企业安全生产生产培训会，全市药品生产监管人员及全市30家药品生产企业负责人参加会议。出动检查人员360多人次，对辖区内30家药品生产企业开展安全生产日常检查,确保金砖系列会议和党的十九大会议期间全市药品生产企业安全生产形势稳定。

完成药品生产许可证变更现场检查3家次,恢复生产现场检查2家次,拟出口欧盟原料药品种现场检查2次,医疗机构制剂使用调剂审批2家次。完成200批次中药饮片、100批次制剂和18批次药包材抽样。要求辖区相关企业开展自查,配合专项检查组开展工作,督促企业针对不符合GMP规范的问题开展整改。

【药品流通监管】 2017年,福州市完成1752家经营企业检查,对8家擅自撤销注册地址和仓库地址的批发企业和2家日常监管或跟踪检查中发现严重缺陷的批发(连锁)企业报告省局,建议撤销其GSP认证证书或注销其"药品经营许可证";有5家药品批发(连锁)企业申请注销"药品经营许可证";各县区局撤销9家药品零售企业GSP认证证书、110家药品零售企业申请注销"药品经营许可证"。开展GSP跟踪检查,完成20家批发(连锁)企业GSP跟踪检查,对1家严重违反GSP的连锁企业报告省局建议撤销其GSP认证证书,省局已撤销该企业GSP认证证书。全面完成968家零售企业GSP跟踪检查。

开展安全风险和重点问题排查整治专项行动,各区县局出动监管人员4068人次,排查企业1899家,发现474家企业存在问题。其中涉及无证经营企业44家,伪造药品采购来源企业1家,制售假劣药品单位32家,存在其他质量管理方面的问题的企业394家,发现存在安全生产经营问题企业6家。责令整改企业436家,警告企业31家,立案查处案件120件,罚没款48.04万元,移送公安机关案件4件。

首次对110家药品批发(连锁)企业,1569家零售企业,1686家医疗机构开展风险等级认定,同时按不同等级检查频次开展监管工作。对药品经营企业安全生产进行全面排查,完成批发(连锁)企业安全生产标准化认定工作。

开展药品抽样,完成抽样730批次,快检1300批次。开展中药材、中药饮片"防风行动4",抽样中药材、中药饮片200批次。对有"特殊药品"经营范围的药品批发企业开展针对性检查,10月底全部完成检查任务。联合市卫计委、公安局开展美沙酮维持治疗点和延伸点检查。

开展双随机检查,完成27家药品零售企业、25家药品批发(连锁)企业、10家医疗机构双随机检查任务并在市市场监督管理局门户网站公开。对11家涉嫌违法违规的企业移送辖区局处理,同时对9家涉嫌违规的医疗机构通报市卫计委。

开展药店诊所药品质量安全集中整治工作。截至7月31日,1159家药店、1471家诊所开展自查;16家药店、87家诊所未按期提交自查报告,在市市场监督管理局和省市场监督管理局政务网站对相关检查情况进行公示。专项行动检查企业2165家,其中城乡结合部药店591家、农村药店422家,城乡结合部诊所378家,农村诊所774家;存在问题企业344家,其中限期整改企业234家,撤销GSP证书的企业数5家,立案查处34件,罚款48万元。

开展第三方物流企业检查。联合省市场监督管理局对福建鹭燕中宏医药有限公司和福建九州通医药有限公司开展第三方物流和疫苗代储代运进行检查,检查组查看代储代运企业的设施设备、物流分拣系统、冷链运行情况,核实委托企业是否向省局报告,检查代储代运企业安全及风险管控情况,指出企业存在的问题并提出一些具体要求,企业已整改到位。

组织开展疫苗专项检查、医疗机构药品质量检查、开展治理执业药师"挂证"工作、各种不合格药品专项排查等多个专项检查。在全省率先开展销售代表(销售员)检查工作,各企业完成自查,通过自查和核查,查实与全市药品批发企业发生业务关系的外地市药品生产经营企业销售员(销售代表)10039人,全市批发企业销售员(销售代表)1036人。年内下发《关于加强中药配方颗粒监管的通知》,开展专项检查,规范中药配方颗粒剂经营行为。

【保健食品化妆品监管】 2017年,福州市实施企业分级监管,完成7家保健食品生产企业、10家化妆品生产企业以及4533家保健食品经营单位的信用等级评定;完成7家保健食品生产企业和2164家经营企业风险分级评定,实现监管对象全覆盖。

开展2017年度保健食品化妆品安全风险隐患排查治理,组织3343家生产经营企业完成自查整改,完成17家生产企业的安全生产全覆盖排查,检查经营企业3454家次,责令59家次生产经营企业限期整改,对6家经营企业进行立案处理。

开展食品、保健食品欺诈和虚假宣传专项整治工作。累计检查食品生产经营单位18766家次、保健食品生产经营单位3971家次、食品和保健食品入网经营单位1766家次,责令10家生产经营单位限期整改,立案查处案件7件,专项整治中发现的49个问题,相关生产经营单位基本整改到位。开展育发染发类化妆品专项整治工作。检查经营单位973家、美容美发机构657家,建档美容美发机构122家,查获无中文标签化妆品102盒,立案查处2起无中文标签的进口化妆品。

开展保健食品安全追溯体系建设。针对易非法添加、非法宣称功效的辅助降血压、辅助降血脂、辅助降血糖、缓解体力疲劳、减肥、改善睡眠等6类保健食品重点品种开展追溯管理。年内,6家保健食品生产企业、1299家保健食品经营企业完成追溯系统注册,上传追溯品种4021种,追溯数据57390条。

规范保健食品生产经营企业从业人员管理。指导7家保健食品生产企业制定完善食品安全管理制度,年内1903家生产经营企业的食品安全管理人员完成年度40小时的培训学习任务。开展食品安全管理人员抽查考核,组织780名管理人员完成在线考试,并对240名管理人员进行监督抽查考试。

完成国家化妆品监督抽检55批次、省级保健食品监督抽检90批次,省级化妆品监督抽检51批次,省级保健食品重金属专项抽检6批次,育发染发类化妆品专项抽检6批次。对国家食药总局36批次不合格防晒类化妆品进行现场检查,全市各县(市)、区出动执法人员1027人次,检查化妆品经营企业788家次,现场检查未发现总局通告中涉及的不合格防晒类化妆品。

创建化妆品规范经营示范单位,福州各县(市)区局完成化妆品规范经营示范单位创建24家。创建保健食品生产企业质量受权人示范企业,确定2家示范参评企业,报省食药监局考核验收。推进"海上福州"建设任务,加强对8家企业9个重点项目的动态跟踪。

加强国产非特殊用途化妆品网上备案及省际互查工作。缩减网上备案初审和复核的常规审批工作时限,实现网上备案即报、即审、即办。累计完成全市企业注册185家、产品首次备案596件、备案完成563件、确认不受理32件、不予受理1件。对省食药监局分配的36个国产非特化妆品样本进行综合分析并提交互查分析报告。

【医疗器械监管】 2017年,福州市组织风险隐患排查,全市69家生产企业,有61家提交风险隐患排查整治自查表,8家生产企业因停产未提交自查报告。全市2555家经营企业,2457家提交风险隐患自查报告,98家企业未提交自查报告,其中未提交自查报告的企业有66家已注销或系统标注,7家停止营业,25家企业失联,自查盖率100%。开展现场排查,出动检查人员3208人次,检查企业单位2038家(其中生产企业61家、经营企业1416家、使用单位561家),发现1家企业涉嫌无证生产,已立案调查,责令整改28家经营企业、59家使用单位,立案查处10家经营企业、1家使用单位。开展使用未依法注册医疗器械专项整治工作,出动执法人员1135人次,检查各类医疗机构932家次,责令限期整改62家,立案1家。

制订下发《2017年医疗器械生产经营企业及使用单位日常监督检查计划》,完成医疗器械生产和经营企业的首次风险分级评定工作,在全市69家生产企业和2487家经营企业中,评出D级生产企业2家,C级生产企业17家,B级生产企业40家,A级生产企业10家;B级经营企业660家,A级经营企业1827家。年内全市各级市场监督管理局检查生产企业215家次,检查经营企业2527家次、使用单位1148家次。完成25家(4家四级企业、7家三级企业、14家二级企业)的全项目检查工作。注销17家失联经营企业的许可证,处理4件投诉举报件,办理医疗器械案件36件,罚没款达47.1万元。

开展无菌和植入性医疗器械专项监督检查工作,出动检查人员1588人次,检查企业单位675家次,其中检查生产企业50家次、复查生产企业11家,复查率100%;检查经营企业355家、复查经营企业75家,复查率21.1%,责令整改9家,查处违法违规企业11家;检查使用单位169家(其中二级以上医院76家次,覆盖率122.6%)、复查使用单位26家(其中二级以上医院复查17家,复查率27.4%),责令整改7家,查处违法违规单位1家。

培育2家义齿生产企业作为全省义齿企业实施GMP的示范企业,召开全市第一、二类生产企业实施GMP推进暨培训会、告知会,编印涉及生产企业的相关法规规章,举办全市义齿生产企业实施GMP现场推进会。推进医疗器械新兴经营方式,制定下发《关于转发福建省医疗器械代贮代送监督管理指导意见(试行)的通知》和《关于贯彻执行福建省医疗器械代贮代送监督管理指导意见(试行)的通知》,明确医疗器械代贮代送工作流程。

【质量检查和整治】 2017年,福州市创建"全国质量强市示范城市"通过省级预验收。组织开展服务业顾客满意度、市民质量满意度测评工作,涉及银行业、现代物流业等7个领域,服务业顾客满意度测评总体评分80.41分,比上年上升0.71分。年内,市市场监督管理局局委托第三方权威机构开展本年度市民质量满意度测评,根据测评分析,全市市民质量满意度总体评分86.21分,比上年提高0.36分,位居全国同级城市上游水平。国家工商总局商标局5月份批复同意福州市开展商标注册申请受理业务,6月20日商标受理窗口按期启动运行,全年受理申请580件。

完成省政府对全市2016年度质量工作考核迎检相关工作,按时报送有关自评材料,于5月份通过实地核查,考核结果继续列为A级,排名仅次于厦门。组织开展对县(市)区政府质量工作考核,鼓楼区、马尾区、长乐市、福清市、晋安区等5个区(市)列为A级,其余县(区)为B级。

推进质量品牌培育发展工作。制订各级政府质量奖、"福建名牌产品"及"福州市产品质量奖"培育发展计划(2017—2019年),引导、动员全市名优企业争创各项质量品牌。全市有中国质量奖提名奖企业1家、驰名商标54件、地理标志商标25件、马德里商标262件,省政府质量奖3家(全省第二,居泉州之后,与厦门、龙岩并列)、福建名牌产品318项(全省首位),福建省著名商标663件(全省第二,居泉州之后),市政府质量奖企业14家,市产品质量奖134项,市知名商标651件,各类质量品牌总数位居全国同级省会城市前列。

推动市委市政府出台《关于扶持工业企业创建品牌的二条措施》,对认定为"驰名商标""福建名牌产品""福建省著名商标"的工业企业提高奖励额度,新增对参与中国品牌价值评价活动的扶持政策。

推进"全国知名品牌创建示范区"建设工作。跟踪指导长乐区向国家质检总局提请"全国化纤(锦纶)产业知名品牌创建示范区"正式验收,协调三坊七巷创建"全国闽都文化街区旅游知名品牌示范区",指导福州经济技术开发区按时报送"全国电子信息(微电子物联网)产业知名品牌创建示范区"筹建规划。全市3个创建园区报送全国区域品牌价值评价有关材料,组织8家企业参与全国品牌价值评价活动。

加强宏观质量管理。按期完成质监系统统计年报工作,组织2家企业参与质量专家巡诊活动,组织105名企业代表参与首席质量官培训、91名企业代表参与先进质量管理方法培训。开展2期小微企业质量管理知识公益培训,100多名企业代表参加。联合福州市检验检疫局编制《2016年福州市产品质量状况分析报告》,得到市政府分管领导批示,要求印发各县(市)区及市直有关部门。组织开展"质量月"系列活动,包括举办1场质量提升论坛暨质量标杆宣讲活动,学习、宣传、贯彻《指导意见》及中国质量大会精神等。

加强商标知识产权保护。组织开展“4·26”知识产权日相关活动,参与有关展会消费维权活动,开展商标代理机构“双随机”抽查、驰著名商标企业专项检查、“双打”等相关工作,加大商标专用权保护力度。

【标准化管理】 2017年,福州市率先在全省推动出台《福州市人民政府办公厅关于印发推进市政府部门行政许可标准化工作方案的通知》。全市企事业单位参与制修订国际标准5项(发布1项),国家标准121项(发布10项),行业标准56项(发布11项),地方标准92项(发布36项)。新增立项国家级服务业标准化试点项目1个、省级“标准化良好行为”企业试点项目8个,国家级残疾人社会福利机构社会服务标准化试点以93.5分高分通过国家标准委验收。

【计量管理】 2017年,福州市7家县级计量技术机构建有109项社会公用计量标准(在用105项)。检定强检计量器具61283台件,减轻企事业负担569.66万元。授权福州华润燃气有限公司和福州市自来水公司开展燃气表和自来水表检定。加强计量服务与保障作用,福清市计量检测所被省质监局确定为全省10家计量综合服务点之一,并在省局组织的加油机检定技能竞赛中获第三名。

开展重点领域安全用计量器具专项监督检查,出动检查人员2342人次,检查企业933家,立案查处1件。加强机动车安检机构监管,市、县两级市场监管部门出动检查人员376人次,联合交警开展检查46次,检查安检机构118家次,下达整改通知书41份,责令暂停检验工作2家,立案处罚2家。开展加油站计量监督专项检查,出动检查人员920人次,检查全市248家加油站1009台加油机。加强定量包装商品净含量计量监督随机抽查工作,从大米、调味料、食用油、熟肉制品、小食品、涂料、电线电缆7种品种中各抽8家生产企业,每家企业各抽查1批次,抽检企业56家,56批次,净含量标注合格56批次,合格率100%,净含量合格52批次,合格率92.9%。开展民生计量检查,加强对集贸市场、超市、生鲜小店中的计量器具强制检定情况的监督抽查,在福州市五城区开展集贸市场增设公平秤试点工作,解决市场原有公平秤设置距离远、市民复秤不方便等问题,维护消费者合法权益。全年开展计量宣传活动14场,发放宣传材料5600余份,提供免费检测逾600台(件)。开展企业计量管理员培训,组织全市重点用能企业、制造计量器具许可企业、加油站、医院等256家企事业单位的计量管理人员参加培训。

建立完善诚信计量自我承诺单位信息资料,对新增单位及时跟进,督促其向社会做出公开承诺,全年新增诚信计量自我承诺单位499家。

【特种设备管理】 2017年,福州市在册特种设备84179台,其中锅炉3217台,压力容器13687台,电梯50601台,起重机械12641台,场(厂)内专用机动车辆3861台,大型游乐设施169台,客运索道3条,压力管道1320.2千米,气瓶141.5万只。

全市出动监察人员10731人次,现场监察特种设备生产使用单位4841家次。完成日常监督检查使用单位1636家,生产单位102家。下达监察指令书877份,处理各类举报投诉332件。查办特种设备案件100件,罚没257万元。

制订福州市特种设备安全大检查各阶段实施方案,组织开展福州市市场监管系统安全生产大检查工作督查活动,组成4个督查组,对全市各区县局的安全生产重点工作进行全面督查,保障十九大会议期间的特种设备安全。加强福州“三合一”会议特种设备安全保障。制订2017年福州市重要会议《电梯保障提升方案》和《电梯安全应急值守方案》,建立市局特安处、省特检院、涉会场馆和电梯维保单位的四方联络机制,定期召开安全保障联席会议,定期开展巡查督导工作。支援厦门会晤特种设备安全保障。挑选市局特安业务骨干支援厦门会晤特种设备安全保障任务,8月22日至9月6日,在厦门会晤核心区内参与承担特种设备安全保障现场职守工作,受到国家质检总局、省委省政府的表彰。

在全省率先开展特种设备动态监管平台重要问题“清网行动”,督促各县级局处置辖区内特种设备安全监察平台重要事项并及时闭环,提升特种设备日常监管水平与履职能力。截至11月30日,全市需闭环数7045台,闭环率100%。

在全市选择25家企业作为试点单位,试点内容覆盖8大特种设备种类。提前完成辖区所有在用长输管道的使用登记及定期检验工作。推进危险化学品相关特种设备安全专项整治,梳理危险化学品相关特种设备使用单位306家。开展气瓶充装安全专项整治,约请制造厂对所有充装单位充装秤进行密码重置;开展港口码头起重机械安全隐患排查治理,完成32家443台设备的隐患消除工作;配合相关部门完成325台燃煤锅炉节能减排3年行动任务;开展大型游乐设施、客运索道专项整治,促进31家运营单位落实安全主体责任;完成4次电梯产品主动召回工作,召回电梯720台。督促3690家特种设备使用单位提交自查自纠材料。强化特种设备“打非治违”力度,立案查处生产单位违规分包、特种设备经营环节违规等案件,案件数和罚没数均约占全省总数的1/3。

对119台电梯的五方通话、电梯光幕、地坑渗水等问题进行维修,全年抽查维保现场29次,涉及31家维保单位、563台电梯,立案查处电梯使用单位15家、维保单位21家,罚没入库163万元。按期统计公布电梯定期检验不合格单位名单,在市市场监督管理局网站上公布2017年全市电梯定期检验不合格单位名单4批1809台次,通报市房管局、物业协会、省特种设备协会,督促电梯使用单位及时进行整改,未完成整改的单位,要求辖区市场监管局立案查处。建成96196电梯应急救援平台,覆盖全市所有电梯。截至11月30日,中心接听热线电话3493通,其中投诉咨询类电话2950通,困人故障电话543通,解救被困乘客1005人,现场救援平均到达时间17分钟。建设具有一键呼救功能的电梯微信公众监督平台,实现电梯维保质量可追溯。平台通过引入微信公众号、维保工App、统一数据平台三大模块,将“互联网+”的理念融入大数据监管,得到国务院安全巡视组的肯定,并在国家质检总局特种设备信息化建设经验交流会进行经验发言。市市场监督管理局会同市房管局,向市政府提交《福州市电梯安全提升实施意见》(代拟稿),提出提高住宅楼宇电梯配置标准、实施老旧电梯更新改造、探索建立电梯养老保险制度等建议。市政府3次对该意见进行研究讨论,修改完善。

3月,联合省特检院、区县安监局和市场监管局,在社区开展“关爱生命、关注特种设备安全”公益宣传活动;在5所小学、1所大学开展“大手拉小手、安全共相守”为主题的特种设备安全知识进校园活动;6月,联合省特检院、江南嘉捷电梯股份有限公司开展公共领域电梯救援应急演练及电梯安全宣传活动。9月,联合南昌铁路局福州车站,对车站职工进行为期两天的安全知识公益培训。开展2017年安全生产月宣传咨询日活动,现场接受群众咨询200多人次,发放各类宣传资料1000多册。

【科技认证管理】 2017年,福州市质检所“商用燃气蒸箱热效率测试新装置的开发”及福清所“超净工作台校准方法的研究”获批2016年省质监局科技项目。“福州市市售花类代用茶中的多种农药残留现状分析与膳食暴露风险评估”及“液相色谱法测定果蔬汁、饮料、饼干、酱腌菜等食品中新型食品添加剂爱德万甜”获批2017年省质监局科技项目。两项能力提升专项(储备项目)获质检总局审查通过。7月,福州市质检所顺利通过检验检测机构资质认定复评审。12月,福州市食药检所顺利完成实验室搬迁并通过资质认定评审。完成全市系统2016年度质检科技资源数据汇总上报及2018年福建省质监系统技术装备项目及预算汇总上报。

组织全市233家检验检测机构上报2016年度报告、2017年度资质认定监督检查自查以及2016年度检验检测服务业统计工作。要求各检验检测机构登录相应网站上报报告,并进行资质认定自查。

制定下发《2017年度推广随机抽查规范检验检测机构资质认定事中事后监督抽查实施方案》,按照检验检测机构及其运行风险的大小,日常管理表现,投诉举报情况,监督检查结果以及其他方面的信息反馈,将检验检测机构分为A、B、C、D四个类别,实施分类监督管理。全市完成检验检测机构资质认定随机监督抽查36家,其中区县局22家。完成2017年省局下达检验检测机构专项监督检查12家。

组织召开2017年福州市检验检测机构座谈会。全市有107家检验检测机构签订质量安全承诺书。7月24—26日,配合国家认监委和国家食药监总局联合组织的检查组赴福建名成莱茵检测服务有限公司、福建赛福食品检测研究所有限公司、福建省食品药品质量检验研究院开展为期3天的食品检验机构资质认定飞行检查。配合国家认监委检查组完成国家化学工业气体质量检验中心(福建)开展2017年国家级检验检测机构资质认定飞行检查。

4月,举办2017年强制性产品认证监管业务培训视频会,全市系统176人参加培训。5月,印发《福州市市场监督管理局关于2017年度认证活动监督检查实施方案的通知》。设计《认证活动监督检查》《3C获证企业认证及标志标识情况检查检查表》,统一检查数据的采集及监管要求。组织完成省质监局下达认证产品专项风险监测工作及认监委2017年管理体系认证结果专项监督检查配合部署工作。年内,全市检查生产、销售企业636家,其中强制性产品认证134家、食品农产品及管理体系认证48家、有机产品认证11家、认证活动检查443家。

【市场监管法制建设】 2017年,福州市参与《中华人民共和国产品质量法》等20余部地方性法规、政府规章及规范性文件的征求意见及论证工作。配合省法制办、省食药监局开展《福建省食品安全条例》《福建省电梯安全条例》立法调研工作,组织相关经营者、基层执法人员参与立法论证。执行规范性文件合法性审查和备案规定,向市政府备案规范性文件2份。重点针对是否与国务院“放管服”改革决策相抵触或不符合生态文明建设和环境保护要求,对现有的规范性文件进行全面清理。

规范行政执法行为,下发《福州市市场监督管理机关现场监管执法视音频记录工作规定(试行)》《关于加强举报处理有关工作的通知》《关于进一步规范市局案审委会议有关工作的通知》。制定《福州市市场监督管理机关行政处罚自由裁量权适用规则》和80余部市场监管法律、法规和规章的《行政处罚裁量基准》,报经市政府法制办审核后予以印发实施。按照市政府要求取消罚款的自由裁量幅度,实行“零裁量”。完善行政许可制度,制定出台《关于执行市场主体住所(经营场所)申报承诺制的指导意见》《证照及行政审批文书邮寄送达制度》《营业执照自助打印办法(试行)》《商务秘书服务公司登记管理暂行办法》,代拟《福州市人民政府办公厅全面推进“多证合一”改革的实施意见》提交市政府。对原权力清单和责任清单进行重新梳理及融合,经清理融合,有权责事项897项,其中行政许可23项、行政处罚701项、行政强制20项、行政监督检查62项、行政确认2项、行政裁决2项、行政给付1项、公共服务1项、其他行政权力28项、其他权责事项57项。在全省率先出台《基层市场监督管理队伍规范化建设纲要》,印发《关于建立完善法制员制度的通知》,在全市市场监管机关业务处(科)室、市场监管所设置兼职法制员,规定法制员的任职条件、主要职责和监督管理,促进案件核审、普法宣传等工作规范化。

出台《福州市市场监督管理机关行政执法监督办法》,制定印发《行政执法过错责任追究办法》《依法行政(法治建设)评议考核标准》《重大行政执法决定法制审核与备案制度》等配套制度,形成较为完善的行政执法监督制度体系。聘请法律顾问助理,上门定期定点办公,协助处理行政复议应诉等事务。市市场监督管理局受理复议案件102件,被复议案件46件,应诉40件。加大行政执法检查力度,组织开展全市系统2016—2017年度案卷评查,并对评查结果予以通报。与检察、公安机关建立食品药品领域行政执法与刑事司法衔接工作联席会议制度,不定期召开联席会议研讨解决食品、药品等案件行刑衔接中存在的疑难复杂问题,形成指导意见,或对个案处理达成共识。

制定包含近百部市场监管法律法规在内的普法责任清单。利用“3·15”国际消费者权益保护日、世界知识产权日、质量月、世界计量日、世界认可日、世界标准化日、食品安全宣传周、“12·4”宪法日等重要时间节点开展集中宣传活动。创新普法载体,建立福州市场监管、食安福州、福州电梯等微信公众号覆盖近50万关注人数,开展相关法律法规解读,法律知识问答,随时随地、线上线下普及法律知识、传播法治精神。

【行政案件执法】 2017年,福州市依托省工商局“案件线索管理系统”,对机关各内设机构发现的案件线索信息按“三定方案”职能分工实行统一平台管理。建立案源信息共享机制,加强案源信息交换,突出对公平竞争、消费者权益、商标权益等重点领域的案源研判。启动网络定向情报收集机制,对全市外卖平台开展专项行动,搜索并下放全市外卖平台商户信息并指导基层执法人员检查外卖餐饮服务单位。全市核查线上线下主体2.3万户,提交平台制止违法行为893条,线下整改网店771户,约谈第三方平台70个次。刊发网络监管报告3期,情报信息22期,情报筛查2815份,固定网络证据1340余件。及时通报大案要案查处情况,交流推广办案经验,提升全系统执法水平。全年承办案件103件,结案90件,罚没1662.8万元,入库357.14万元。

开展“八闽红盾出击”专项执法行动,加大对不正当竞争突出问题、对垄断、限制竞争、商业贿赂、虚假广告、网络违法行为以及跨行政区域重大案件的调查处理。打击制售侵权假冒行为,加大对反复侵权、恶意侵权等行为的处罚力度。开展农资、旅游、汽车等重点专业市场执法。开展打击侵犯注册商标专用权专项整治行动,重点围绕服装、鞋帽、建筑材料、金饰、腕表、白酒等行业,加大对市场、商场、超市等场所的检查力度,处理一批销售侵犯他人注册商标专用权的违法案件。全系统立案612件假冒伪劣商品案件,罚没864.47万元。其中商标侵权案件123件,办结79件,罚没168.62万元,移送公安线索2条。开展互联网医疗器械专项行动,排查二类、三类医疗器械企业2700家,摸排福州市医疗器械相关网站162家。

建立工作配合制度,与市检察院、市公安局出台案件移送相关规定,明确工作内容,规范工作程序。建立联席会议制度,与市检察院、公安联合印发《行政执法与刑事司法衔接工作联席会议制度的通知》,明确联席会议的职能、会议的组成、成员单位职责分工和案件移送审查、衔接配合规定。召开案件协调会31场次,与公安等部门开展食品、药品、打击传销等联合执法20余次。对于重大、疑难、复杂或者在行政执法中搜集证据难以确定是否达到刑事案件标准或对是否涉嫌犯罪把握不准的案件,确有重大犯罪嫌疑的,与公安机关、检察院沟通协调,共同商讨意见。发挥市场监管领域专家委员会作用,组织高校学者、法律专家、相关行业领域高级职称专业人才参与刑事案件追诉事项的定性论证工作。开展常态化检查,在系统内开展案件评查工作,重点对移送的涉嫌犯罪案件进行清查,发现问题,及时监督整改。实行案件信息公示,通过两法衔接工作信息共享平台公示案件信息,自觉接受监督。

强化案件查办管理,通过季度通报、个案提醒等方式,督促办案单位规范使用“1+N”案管系统,实现所有查办案件全流程录入案管系统。严格执行案件监督,落实案件移交登记备案制、案件查处限时反馈制,转办各类案件173件,办理全国各地行政机关要求协查件91件,收办红盾信箱及12345信息178件,完成药品认定342份。

(邹惠珍)

安全生产管理

【概况】 2017年,福州市安全生产工作重点是加强相关领域改革发展,消除安全隐患。年内发生生产安全事故262起,比上年减少90起,下降25.6%;死亡99人,比上年减少49人,下降33.1%;受伤241人,比上年减少86人,下降26.3%;直接经济损失24.7万元,比上年减少810.4万元,下降97.0%。发生1起较大道路运输事故,比上年减少3起,下降75.0%。全年召开市委常委会议、市政府常务会议、市政府专题会议、全市季度防范重特大事故会议、全市安全生产工作视频会议等有关工作会议,研究部署全市安全生产工作。出台《关于推进安全生产领域改革发展的实施意见》,细化87项安全生产领域改革重点措施任务,建立责任清单和时间表。出台《关于加强福州市城市综合体和大中型商场安全管理工作的意见》《关于进一步加强乡镇船舶综合安全管理工作的通知》,加强城市综合体、海钓船舶等业态活动安全监管。实施安全清单制度,修订《各级各部门安全生产责任清单》《安全生产检查清单》《重点监管对象名录清单》,日常照单监管,失职照单追责。

【道路交通安全综合整治】 2017年,福州市完成68处隐患路段整治,60千米国省道公路安保工程和480千米农村公路安保提升工程建设。1524个行政村建立交通安全劝导站,其中示范劝导站83个。加强驾驶员安全管理,全市重点驾驶人审验率99.38%、换证率99.77%、满分学习率99.93%。加强重点车辆管理,九大类重点车辆的检验率、注销率100%,“两客一危”车辆入网率100%,新注册登记摩托车16210辆,上牌率100%。开展影响城市通行秩序的交通违法专项整治,组织逢六逢九、夜查酒驾等统一执法行动,查处各类交通违法行为517.9万起。

【重点行业领域专项整治】 非煤矿山 2017年,福州市组织专家每月检查全市10个非煤矿山,加强分层开采、边坡检测、爆破作业等环节管理。

危险化学品 实施危险化学品安全综合治理,组织开展醇基燃料、易制爆、易制毒、剧毒危化品专项整治,推进危化品一体化监管。检查企业1236家,排查整改隐患1720处,罚款95.34万元。

建筑施工 开展建筑起重机械和吊篮架、城市地铁施工等专项检查,检查363项房建和市政工程、322台塔吊、295部升降机、18个地铁施工标段,发出责令改正通知书685份,排查隐患2712处,立案46件,处罚196万元。

燃气安全 查处黑气店(点)、违法运输液化气等行为90起,查扣气瓶3278个,拘留22人,处置报废钢瓶69837个,推行瓶装液化石油气销售实名制,33.2

万瓶装液化石油气用户实名制建档。

交通运输　加强"两客一危"动态监管，省际、市(县)际旅游包车100%网上备案。落实物流运输实名登记和开箱验视100%制度。打击非法违法运输车船，处理违章车船4700多辆艘，处罚3939.15万元。

渔业安全　开展海上检查169次，登临检查海上生产船舶306艘次，查获非法捕捞船舶28艘，查获涉渔"三无"船舶12艘并全部予以拆解，立案154件，罚款197.00万元，没收渔获物249.35吨。

消防安全　开展娱乐场所、住宅小区、出租屋、高层建筑、城市综合体、易燃易爆场所等消防安全整治与电气火灾综合治理，检查场所40947家次，排查整改火灾隐患46588处，处罚单位1546家，临时查封危险场所309个，责令"三停"单位274家，罚款1129.03万元，拘留违法人员138人。

职业健康　组织职业病危害状况调查摸底，在职业卫生监督管理系统中建档的企业1450家，职业病危害项目申报企业1209家。开展"四类企业"(陶瓷、耐火材料、石材加工、水泥制造企业)粉尘危害专项治理、新发现职业病用人单位和涉尘涉毒重点企业专项执法检查，检查用人单位612家，发现问题隐患837处，停产整顿1家，立案4件，罚款3.01万元。

【遏制重特大事故试点城市建设】 2017年，福州市召开全市城市安全风险评估项目启动暨培训会议，委托中国安全生产科学研究院摸排评估城市主要风险构成、分布以及整体风险水平，编制《城市安全风险评估报告(含城市安全风险电子地图)》(初稿)。与国际风险控制协会签订遏制重特大事故暨城市风险管控战略合作协议，引进国际风险管控理念和方法。落实福州市重大安全隐患点监管责任人制度，摸排第2批30个市级重大安全隐患点，印发《福州市第二批重大安全隐患点监管责任清单》。出台《福州市推进城市人口密集区高风险危险化学品生产企业搬迁改造工作方案》，启动4家危化品生产储存企业关闭转型或迁入工业集中区。开展仓山塑胶行业安全整治，采取改造升级、取缔关闭、外迁转型等措施，完成335家塑胶企业整治任务。建成"96196"电梯应急救援平台，现场救援平均到达时间由原30分钟缩减至17分钟。

【安全生产大检查与隐患排查整治提升年活动】 2017年，福州市印发《福州市安全生产大排查大整治暨隐患排查整治提升年行动实施方案》《全市安全生产大检查工作实施方案》，推广"五查双随机"监管执法，通过企业周自查、部门月抽查、行业季互查、专家帮助查、远程监控查，随机抽取检查对象，随机抽取执法人员及检查项目，开展跨部门跨区域联合执法。协议聘请专业技术服务机构对260家粉尘企业、140家涉氨制冷企业进行检查指导。制定《小微企业服务补贴券管理办法》，鼓励小微企业购买安全生产管理和技术服务。全市检查生产经营单位46749家次，排查隐患47098处，已整改46280条，责令停产停业111家，关闭85家，罚款4052.04万元，拘留111人，移送追究刑事责任98人，在《福州日报》《福州晚报》等媒体集中曝光39家存在严重安全隐患的企业。

【安全监管基础建设】 2017年，福州市安监局增设综合协调处。建成"智慧安监"(二期)系统，在"智慧安监"(一期)重大危险源监控预警、应急指挥、视频会议、行政执法、隐患排查、日常监管等功能基础上，拓展企业标准化、网格化监管、风险地图等功能，提高安全监管数字化、智能化水平。建设江阴化工应急救援基地，完成基地大楼主体工程施工，江阴消防特勤中队到位战斗人员20人，消防车9辆，投入2000万元采购第2批应急器材装备及训练设施，投入1250万元开发基地应急指挥平台。建设微型消防站与微型消防队，群租房、沿街店面、"九小场所"等区域安装17836个独立式烟感报警器和1771套简易喷淋设施，城市综合体、大中型商场超市等1992家重点单位、43个街道、469个社区建成微型消防站。

【安全宣传教育】 2017年，福州市开展"安全生产七进"活动，组织《中共中央　国务院关于推进安全生产领域改革发展的意见》学习宣讲会，印制宣传册1万份。在《福州日报》《福州晚报》设立安全生产专栏，开通"安全福州"微信公众号。组织安全生产月宣传咨询日、安全知识讲座、拍摄微电影三部曲(《支点》《底线》《直面》)、职业病防治法宣传周等系列活动。组织"百镇千村万企"安全大培训，对各县(市)区、市直有关部门、工业园区领导、县(市)区安监局长、重点企业负责人等进行城市风险管控、突发事件风险评估预警等专题培训。组织地铁建设安全事故综合应急救援演练，依托全市建筑、地铁、消防、工业企业安全体验区体验馆，实施体验式安全教育培训。年内培训市直有关部门、各县(市)区、工业园区、乡镇(街道)领导、安监系统人员、企业负责人及从业人员3.25万人。

(黄鹏程)

审　计

【概况】 2017年，福州市审计机关完成审计和审计调查项目(单位)315个，超计划14.55%。审计查出应上缴财政、归还原渠道资金、调账处理等审计处理处罚金额11.79亿元，移送有关部门处理事项23件，涉及金额3217.15万元，促进增收节支和挽回损失6.52亿元，推动建立健全规章制度和整改措施169项。全市2个审计项目获全省表彰，审计信息化建设、审计宣传、审计统计工作在全省审计系统考核评比中均名列第一名。全年向社会公告审计结果14篇。

【政策落实情况跟踪审计】 2017年，福州市审计机关组织审计人员185人，分季度开展财税政策、精准扶贫政策、征迁政策等11项重大政策及110个省市重点建设项目跟踪审计，涉及部门(项目单位)264个。发现、整改项目问题60个，挽回和避免财政资金损失5293万元，推动项目建设42个，完善制度12项。

【城镇保障性安居工程审计】 2017年3月，福州市两级审计机关派出13个审计组、审计人员66人，对市本级及7

县(市)开展2016年保障性安居工程第五次跟踪审计。审计后,取消保障资格555户,清理收回违规分配使用住房461套,促进配租、调整公租房633套,收回及上缴租金926.17万元,规范管理和加快项目建设11个,出台或调整相关政策5项。

【财政审计】 2017年,福州市审计机关首次实行省市县三级联动方式,采用“集中分析、分散核查”的数字化审计方式,对141个部门(单位)进行预算执行与决算进行审计,其中市级部门预算执行审计21个,县级部门80个,地方政府财政决算审计40个,查出主要问题金额111.94亿元。对福州市本级65家自收自支事业单位运营管理和财务状况进行专项审计调查。

【公用经费审计】 2017年,福州市结合年度审计项目,对市直81个部门(单位)及县(市)区147个单位2016年度公用经费管理使用情况进行专项审计检查,228个部门(单位)公务接待费、公车运行维护费分别比上年下降6.26%和25.42%,公务出国(境)费用比上年上升14.87%,会议和培训费比上年上升8.54%。对审计发现费用支出审批手续不完整、公务接待费及陪餐人数超标、车辆管理不规范、违规发放津补贴、同一项目重复申报补助等问题进行处理和纠正,移送相关部门核实查处的违规违纪线索7条。提出贯彻落实中央八项规定精神、规范公务接待、加快推进事业单位和国有企业公务用车改革等3条审计建议。

【固定资产投资审计】 2017年,福州市对滨海新城、绿化福州、水系综合治理、海上福州等110多个项目及4591个工程和734幅收储地块开展政府投资结算审计,揭示部分项目因拆迁滞后影响攻坚进度、政府投资项目结算不及时、基建程序办理滞后等问题。市长尤猛军主持召开政府专题会议研究部署审计整改。市政府下发《福州市关于进一步规范我市城区征迁补偿安置工作的通知》,促进规范问题34个。完成21个公共投资项目审计,延伸136家单位,审计发现主要问题金额8.46亿元。闽侯、连江、罗源、永泰、仓山、晋安等6个县区政府投资审计中心,对3500个工程项目进行造价审计,送审资金155.34亿元,净核减11.21亿元。

【民生资金和资源环境审计】 2017年,福州市对2016年精准扶贫资金、灾后恢复建设项目、惠民资金入网平台管理等74个重点民生项目和资金进行审计(调查),延伸审计单位463家,调查贫困户、受灾户及危房改造3268户,查出违规改变项目资金和用途、未落实收支两条线和专户管理规定、资金不到位不落实、资金滞留闲置等主要问题金额8.93亿元,移送和建议问责侵害群众利益等问题线索22条。对连江县领导干部自然资源资产经济责任进行试点审计,落实生态文明建设目标。

【经济责任审计】 2017年,福州市对94个单位的110名党政及国有企业领导人员进行任期经济责任审计,其中离任审计78人、任中审计32人。查出主要问题金额13.92亿元,其中应负直接责任0.05亿元、主管责任3.20亿元、领导责任10.67亿元。移送有关部门处理事项10件,涉及金额1395.04万元。

【审计信息采编】 2017年,福州市采集、编报《福州审计信息》《审计要情专报》69期,被采用或批示475篇(次);提出审计建议1059条,被采纳1056条。其中《市审计局全面启动攻坚2017项目暨重大政策跟踪审计》《福州采取“五统一”模式实施精准扶贫审计》《审计进一步规范福州市城区征迁补偿安置工作》被福州市委市政府、审计署网站、《中国审计报》《中国审计》等多方采用,《福州审计跟踪问效 缩减国有资本经营预算2亿元》被省审计厅评为优秀信息。通过“福州审计”微信公众号,宣传报道贯彻党的十九大精神、“两学一做”实践活动、“审计五进”系列活动以及审计工作成效、审计法律法规。

【审计信息化建设】 2017年,福州市构建大数据审计工作模式,市审计局成立大数据审计系统建设应用工作领导小组,组建计算机审计攻坚团队,初步完成大数据联网审计平台升级改造工作。完成全市财政资金信息化管理情况和政务信息系统应用情况的审计调查工作。开发建成审计一线干部考察移动管理平台。建成联网审计中心大数据平台,建设审计移动办公系统,推进大数据审计工作。年内,完成全市审计对象基本情况初步调查工作。

【审计整改】 2017年,福州市委、市政府将审计查出的问题整改落实情况纳入政府绩效管理考核工作,市审计局制定下发《关于审计查出问题整改落实责任制绩效考核实施办法》,对12个县(市)区、福州高新区、9个市级重点工业园区,70个市直部门(机构)审计查出的问题整改落实责任制进行考核。建立建号销号管理和约谈制度,坚持边审边改边规范,3次统一组织整改落实“回头看”,加大跟踪检查、督促推动各有关部门(单位)落实整改,上缴财政、归还原渠道资金等问题金额7.41亿元,整改率95.56%;采纳审计建议和意见236条,完善制度规定23项。

【内部审计】 2017年,福州市内部审计机构80个,其中专职机构16个。内审人员242人,其中专职人员67人。完成审计项目(单位)547个,其中财务审计163个,效益审计4个,经济责任审计65个,内部控制评审65个,信息系统审计27个,基本建设审计117个,其他审计106个。审计总金额243.51亿元,提出建议意见被采纳643条,给予行政处分74人。

市内审协会联合市审计局开展内审情况调查工作,调查结果报告市人民政府后,由市政府出台《关于进一步加强内部审计工作的意见》。举办《内部审计工作法》培训班,408人参训。参加2014至2016年全国内部审计“双先”推荐评选活动,福州市1名内审人员被评为全国内审先进工作者,5个单位和3名内审人员分别获评全省内审先进集体和个人。

【审计学会】 2017年,福州市审计学会组织对“完善审计制度推进审计监督全覆盖”“深化领导干部自然资源资产离任审计研究”等5个重点审计科研课题开展研究。《关于公私合作伙伴关系（PPP）审计若干问题的研究》《行政事业单位内部审计工作探析》等课题被市发展研究中心列入 2017 年度政府系统重大课题，入选《研究报告》参阅件。《大数据审计运用实践研究》课题被省审计厅列为 2017 年度全省重点审计研究课题。“完善审计制度，全力推进监督全覆盖”理论研讨学术项目获市社科联批准立项。《福州市审计志》通过市方志委审核验收并付印。年内，被市政府发展研究中心评为 2016 年度福州市政府系统课题调研组织先进单位。

（林城冰）

项目招商

【概况】 2017 年，福州市组织开展“招商 2017”行动，全年完成招商落地项目 3511 个，总投资 8039.89 亿元，其中总投资 100 亿元以上项目 2 个，总投资 30 亿～100 亿元项目 43 个，总投资 10 亿～30 亿元项目 137 个，总投资 5 亿～10 亿元项目 174 个。年内制定出台推动新一轮经济创新发展 10 项政策 57 条措施，包括《关于加快我市总部经济发展的八条措施》（配套措施《关于鼓励新引进企业总部的四条措施》）《关于扶持企业上市的五条措施》《关于扶持企业技术改造的五条措施》《关于扶持企业技术研发的七条措施》《关于加快物联网产业发展的三条措施》《关于加快大数据产业发展三条措施》《关于扶持工业企业创建品牌的二条措施》《关于扶持“双创”工作的八条措施》《关于鼓励引进高层次人才的七条措施》《关于加快现代职业教育发展的五条措施》。制定出台《关于创新型产业用地管理的实施意见（试行）》《关于创新型产业用地管理的补充意见（试行）》《关于贯彻落实加快新能源汽车推广应用促进产业发展实施方案》《关于加快中国东南大数据产业园区发展的若干政策》和《关于鼓励利用外资的若干措施》（《Several Measures to Encourage the Use of Foreign Capitals》）等一系列招商引资、投资促进优惠政策。

【重点产业领域招商】 2017 年，福州市招商引资重点方向是引进符合生态环保和投资强度高、符合园区产业导向，能够延伸产业链、带动全局、增强后劲、产生重大拉动和深远影响的项目。重点领域为电子信息、机械装备制造、纺织服装、石油化工、冶金建材、轻工食品等先进制造业和大数据、物联网、新能源汽车、生物医药等新兴产业。

中欧生物医药产业园 福建克里贝尔生物技术有限公司与德国两家企业及一所高校合作，在福州市建设克里贝尔—中欧生物医药产业园，打造高新肿瘤分子诊断和治疗研究中心、体外诊断试剂生产基地。总投资 36 亿元，项目用地面积 13.33 公顷，开启福州市与德国生物医药企业“工业 4.0”的合作，建成后将成为东南亚最大的体外诊断产品生产基地。

福州宜家家居项目 宜家集团在福州市投资建设大型家具家居零售商场，总投资 13 亿元，占地面积 4.22 公顷，总建筑面积 10.7 万平方米。

中铝东南研究院项目 中铝中央研究院东南分院以智能制造、高端铝合金精深加工、终端应用领域的新材料、新技术研究为核心，依托中铝中央研究院雄厚的技术研发实力，下设熔铸研究所、轻量化研究所、铝新材料研究所 3 个研究所，研发保障部、科技管理部 2 个职能部门和 1 个中心试验室。

福州市西门子轨道交通信号创新研发中心项目 西门子交通集团管理部研发中心为西门子全球研发的重要分叉，该项目引进西门子先进的系统设计、项目实施、管理理念，重点研发无人驾驶技术、互联互通技术、交通领域大数据应用等方面内容。

意中（福建）国际足球俱乐部项目 项目由意大利博杰集团投资，总投资 50 亿元，在滨海新城规划建设国际足球学校、足球馆、意大利体育文化广场、意大利商品购物中心、特色酒店等一系列与足球运动有关的设施。

福建高铁综合开发有限公司项目 项目主要负责新建福厦高铁车站和周边土地综合开发业务，经营福建省内高铁沿线站场、毗邻土地综合开发工作。总投资 656 亿元，拟开发土地面积 383.9 公顷。

工业创新孵化园项目 由福清洪宽工业村开发有限公司投资建设，分 4 个区域，其中 C 区（人工智能产业园及配套）总投资 26.65 亿元，占地面积 30 公顷，总建筑面积 45 万平方米；D 区（新材料产业园及配套）总投资 25.2 亿元，占地面积 29 公顷，总建筑面积 43 万平方米；E 区（新能源产业园及配套）总投资

2017 年 4 月 26 日，中德自动化技术和智能装备研讨会在福州市举办

（市经信委　供）

23.7亿元,占地面积28公顷,总建筑面积42万平方;F区(现代化教育产业园及配套)总投资22.35亿元,占地面积26公顷,总建筑面积39万平方米。

万科云城 项目用地位于福州市闽侯县大学城板块,总投资80亿元,主要建设两岸清华园、高校科研孵化及大学生创业基地、高新企业园及附属配套设施等。项目致力于建立健全创业服务平台,提高大学生创业成功率,并带动就业。

世茂108大厦项目 由世茂集团在台江区投资开发的地标性建筑"108大楼"。项目位于台江区闽江北岸中央商务区B1地块,总投资65.6亿元,占地面积2.85公顷,总高518米,规划建设为集白金五星级酒店、办公、SOHO及公共配套等于一体的海峡西岸标志性建筑。

永泰智慧信息产业园(福州软件园永泰分园) 项目总投资47.13亿元,地处永泰县葛岭镇,园区规划建设用地230公顷,规划总建筑面积108万平方米。致力于打造成为移动互联网、工业控制系统、信息安全、软件开发、大数据、互联网、智能装备、电子商务、信息服务等为主的特色小镇型科技园区。

新能源汽车动力电池组项目 项目由福建冠城瑞闽新能源科技有限公司建设,总投资34.15亿元,新建厂房及配套8.81万平方米,年产新能源汽车动力电池组5.6GWh。预计年产值91.45亿元,年税收44031.32万元。

光伏光电封装材料及加工生产线项目 项目由福建新福兴太阳能材料科技有限公司建设,总投资30.56亿元,建设年产6×3100万平方米光伏光电封装材料及加工生产线,用地面积68.4公顷,总建筑面积56.1万平方米,建设光伏发电封装生产线6条,熔窑熔化能力为600吨/天,年产18600万平方米光伏光电封装材料。预计年收入28.62亿元,年税收2.3亿元。

清华大学福清联合研究院项目 项目由泽融(福建)投资发展有限公司建设,总投资25亿元,总用地面积22.18公顷,总建筑面积42.13万平方米。建设机器人产业区1~11号厂房、综合生活区及附属配套等,建设中科院院士工作站、国家重点实验室、青少年增智创新体验基地、国际级机器人产业基地。

高端差别化新材料综合项目 项目由福建恒捷实业有限公司建设,总投资22.08亿元,引进具有国际先进水平的锦纶聚合生产、差别化锦纶长丝生产线及高端差别化轻纺新材料生产线58条,年产6万吨高端差别化锦纶纤维和6万吨高端差别化轻纺新材料,预计年产值30亿元。

新福兴新能源汽车玻璃产业园一期项目 项目由福州新福兴浮法玻璃有限公司建设,总投资19.76亿元,用地79.5公顷,总建筑面积44.89万平方米,建设3条日熔化600吨新能源汽车用超薄节能特种玻璃生产线,年产49.28万吨新能源汽车用超薄节能特种玻璃。预计年产值20亿元,预计年税收3.5亿元。

8英寸晶圆生产线建设项目 项目由福建英孚集成电路有限公司建设,总投资19.72亿元,一期占地面积26.67公顷,总建筑面积28万平方米,提供0.35微米到0.13微米制程工艺制造服务,建两座八寸芯片厂,满载时月产8万片硅片,另建设一座满足集团基本需求的封装测试厂,同时建设有关安全、卫生及环保相关等设施。

【招商宣传推介】 2017年5月18日,第十九届海峡两岸经贸交易会在福州市举行。交易会期间,组织开展2017年"海上福州"招商推介暨重点项目签约仪式,签约项目382个,总投资3852亿元,规模为历届"5·18"签约仪式之最。

3月16日,福州投资环境(海南)推介会在海口市举办。海航集团、恒大集团、中国城投建设集团有限公司、海南盛达集团、中国十七冶海南公司、海南福安集团等60多家企业领导参加会议。

4月26日,中德自动化技术和智能装备研讨会在福州市举办。德国驻广州领事馆吕海幕总领事及西门子(中国)有限公司、博世力士乐、卡尔克鲁斯焊接技术(北京)有限公司、铂尔赫工业自动化方案服务及设备公司、德国莱茵科斯特有限公司、菲尼克斯(中国)投资有限公司等一批德国智能制造类企业代表参会,同时邀请福州市50多家本地企业参会。

10月16日,福州投资环境(宁夏)推介会在银川市举办。银川市经合外侨局、宁夏福建总商会负责人及60家企业参加会议。

11月27日,福州投资环境(成都)推介会在成都市举办。四川省福清商会、成都工商联南安商会及成都环球世纪会展旅游集团、新绿色药业、福中集团等100多家商会企业代表参加会议。

12月21日,福州软件与电子信息产业(北京)招商推介会在北京市举办。推介会主要针对福州市电子信息、高新技术战略性新兴产业开展精准招商,吸引100多名企业代表到场参加,其中包括大唐电信、航天科工、中船工业、中科曙光、北控曙光等知名央企、国企,并得到中科院院士林惠民和北京邮电大学教授林中等专家的指导和支持。

(袁庆烽)

(编辑 姚国榕)

财　政

【概况】 2017年，福州市（含平潭，下同）一般公共预算总收入1005.73亿元，完成年初预算的100.6%，比上年增加71.67亿元，增长7.7%，其中地方一般公共预算收入634.16亿元，完成年初预算的102.2%，增加35.25亿元，同口径增长10.4%。支出940.82亿元（含省专款和上年结转等支出，下同），增加108.62亿元，增长13.1%。全市政府性基金收入674.01亿元，完成年初预算的113.9%，增加58.87亿元，增长9.6%；支出693.78亿元，增加194.99亿元，增长39.1%。社会保险基金收入163.89亿元，完成年初预算的99.1%，增加16.79亿元，增长11.4%；支出141.89亿元，增加14.67亿元，增长11.5%。

市本级一般公共预算总收入365.67亿元，完成年初预算的95.5%，比上年增加7.85亿元，增长2.2%。其中地方一般公共预算收入225.79亿元，完成年初预算的97.6%，增加0.72亿元，同口径增长5.4%。支出265.79亿元，增加32.38亿元，增长13.9%。市本级政府性基金收入396.13亿元，完成年初预算的127.1%，比上年减少29.08亿元，下降6.8%；支出398.13元，增加107.53亿元，增长37.0%。市本级社会保险基金收入119.48亿元，完成年初预算的113.9%，增加26.42亿元，增长28.4%；支出103.63亿元，增加25.50亿元，增长32.6%。

【财政保障】 2017年，福州市创新土地增值税中介助审等征管机制。建立337家重点税源监控制度，实时监测宏观经济运行趋势和财政运行情况。全市财政总收入突破千亿元，继闽侯县后福清市成为又一个财政总收入超百亿元的县（市），罗源县财政总收入和地方级收入同口径增速均位居全省第一位。争取中央、省级政策和资金支持，年内中央、省下达转移支付和专项补助资金75.24亿元，比上年增加8.57亿元，增长12.9%。争取省转贷地方政府债券资金279.64亿元，增长23.9%，债券规模大幅增加。按月考核通报市直部门支出情况，督促各级各部门预算支出。控制一般性支出，全年民生支出占一般公共预算支出比重79.4%。

【经济发展投入】 2017年，福州市落实小微企业和高新技术企业等各类税收优惠以及降低“五险一金”缴费比例等一系列减负政策，全年减税降费73亿元。

重大项目建设投入　投入42.30亿元，支持马尾大桥、环南台岛休闲路、尤溪洲北桥头立交、二环五四路口、道庆洲大桥等建设改造。筹措资金27.11亿元，推进地铁、福平铁路、高速公路、国省干线等交通路网建设。

推动产业转型升级　投入5.52亿元，促进推动经济创新发展十项政策49条措施落地。设立40亿元市企业技改基金，首期12.8亿元全部投放完毕，支持传统企业技术改造和转型升级。投入4亿元，推进民航、港口、旅游、电子商务、服务外包等现代服务业发展，支持“海上丝绸之路”交流合作。支持特色现代农业发展。

支持创新驱动发展　统筹资金1亿元，支持引进高层次人才7条措施实施。推进知识产权强市建设，奖励国内外专利2566项、知识产权试点示范企业42家。投入11.18亿元，完善中国东南大数据产业园配套设施，启动建设全国首家物联网开放实验室，支持物联网、大数据等新兴产业发展。

【民生事业投入】 2017年，福州市投入7.25亿元，继续完善财政保障机制，兜住基本民生底线，完成新一轮城乡居民基础养老金、新农合、困难群体医疗救助等提标扩面，完善社会救助和福利体系。投入0.70亿元，支持职业培训、职业鉴定、社会保险补贴等就业政策，鼓励和吸引各类人才就业创业。

公共财政事业　支持教育优先发展，投入17.06亿元，启动实施第三期学前教育三年行动计划，研究出台普惠性民办幼儿园、小学校内午托服务等政策。统筹优化城乡师资配置，提升师资素养，改善市属中小学办学条件。投入6.20亿元，完善城乡基本医疗保障体系，推进城乡居民医保一体化进程。支持公立医院发展建设，提升市属医疗机构诊疗水平。

文体事业　投入7.26亿元,加强重点文物和非物质文化遗产保护修复,支持创建国家公共文化服务体系示范区以及各项文化、体育设施建设,支持开展文化惠民和全民健身各项活动。

环境治理　筹措资金126.65亿元,其中利用社会资本103.90亿元,推进7个黑臭水体治理PPP工程包建设。投入6亿元,支持"五湖三园"建设,提升城市防涝治涝能力。大气污染和垃圾处理投入5.01亿元,淘汰2.63万辆黄标车,建成大气污染实时监测网络。提升城区环境卫生管理,支持红庙岭垃圾处理厂扩建、洋里污水处理厂提标改造。投入3.33亿元,支持"种大树、造绿荫",将森林融入城市;70个串珠公园建成亮相,绿意不断延伸。投入2.50亿元,加强西湖、鼓岭(鼓山)等关键节点、重点地段的环境整治和改造提升。加快农村公共基础设施建设,支持农村公路建设、危桥改造、"黑点"整治等。实施新一轮"千村整治、百村示范"美丽乡村建设,支持创建特色小镇。

城市管理建设　投入11.51亿元,健全城市管理综合体系,增加食品安全抽检。落实公交优惠政策,兑现公共交通运营补贴7.3亿元,提升城市公共交通运行水平。投入76.76亿元,支持廉租房、公租房建设和旧屋区改造等保障性工程,启动货币化安置对接安置型商品房试点。

【财政管理改革】　2017年,福州市基本完成乡镇国库集中支付改革,全市173个乡镇已实行国库集中支付,实现市县乡三级全覆盖。

强化涉农资金监管。建成"福州市惠民资金网",将扶贫资金、低保补助、五保补助等32类288项惠民资金纳入平台管理,涉及群众115万人、资金22.63亿元。扩大预算绩效管理覆盖范围,实现公共财政资金发展性项目全覆盖。压缩投资评审时限,全年评审项目金额696亿元,核减率15.7%。加强法治财政建设,推进财政行政审批制度改革,清理融合"权责清单"。完善财政权力运行监督和约束机制,建立"1+1+3+20"内控制度体系。推进政府采购信息化建设,推行网上超市模式,实现采购活动全过程电子化管控,提高政府采购公开度、透明度。承办省市人大代表建议80件、政协委员提案54件,全部按时办理完毕,答复满意率100%。

(郑思吟)

国家税务

【概况】　2017年,福州市国家税务局组织入库税收收入585.07亿元,比上年增加77.43亿元,增长15.25%。其中营改增四大行业入库税收124.55亿元,增加32.07亿元,增长34.67%;不含营改增四大行业,按可比口径税收入库460.52亿元,增加45.36亿元,增长10.93%。中央级税收收入完成350.64亿元,增加35.82亿元,增长11.38%;地方级税收收入完成234.43亿元,增加41.61亿元,增长21.58%。完成福州市一般公共预算总收入432.37亿元,增加78.79亿元,增长22.29%。管征各类纳税人27.21万户(含一般纳税人6.70万户),其中单位纳税人20.14万户,个体工商户6.72万户。

【税收优惠落实】　2017年,福州市国家税务局办理各类减、免、退税458亿元。办理出口退(免)税136.30亿元,比上年增长13.25%,其中出口退税117.50亿元,增长16.8%,退税规模和增量均为全省第一。营改增总体减税近50亿元,其中营改增四大行业减税31.67亿元,其他行业一般纳税人新增可抵扣进项18亿元。办理其他各类减免退税316.86亿元,其中享受所得税优惠的小微企业范围由年应纳税所得额30万元提高到50万元,全市新增468家小微企业获享减免所得税2737万元,小微企业享受增值税免税约4亿元。落实增值税简并税率,原适用13%税率的行业税率下调至11%。办理软件集成电路增值税退税5.87亿元,资源综合利用增值税退税1.86亿元,安置残疾人就业增值税退税5884.39万元。全市2.42万家次企业享受2016年汇算年度各项所得税优惠,受惠面23.5%。

【税收基础管理】　2017年9月1日起,福州市国家税务局推行实名办税,纳税人办理涉税事项需要实名信息比对通过,不再要求提供工商营业执照、税务登记证件、身份证件复印件等材料。全市领购发票户实名采集率95.65%,实名办税调阅比对2.1万家,涉及4.91万人次。开展数据清理,核实清理问题8100个,清理率100%;国地税共管户联合清理46.16万条。开展欠税清理专项督察,采取依法停供、限供发票、冻结扣缴银行存款、发布欠税公告等多种措施,清理欠税5.27亿元。清理多缴税金11.93亿元,清理率96.29%。

【货物劳务税征管】　2017年,福州市国家税务局开展营改增政策辅导,举办培训111场次,培训2.9万户次营改增纳税人。推行增值税发票管理新系统,一般纳税人及起征点以上小规模纳税人通过新系统开具增值税发票。对原自印通用机打发票的42户纳税人,推行增值税普通发票(卷票)。推行电子发票,全年有6757户纳税人实际使用电子发票,累计开具电子发票891.95万份,开具价税920.87亿元。在住宿业、鉴证咨询业以及建筑业小规模纳税人中开展增值税小规模纳税人自开专用发票试点。实施增值税风险应对2426户,已执行2169户,查补增值税税款1.84亿元,调减留抵983.45万元,加收滞纳金2991.87万元。推广商品和服务税收分类编码。对简并增值税税率涉及的纳税人开展培训辅导,选取典型企业开展调研和效应分析。

【企业所得税征管】　2017年,福州市国家税务局开展企业所得税按季申报入库工作,对长期零负申报企业加强监控分析,利用纳税评估、核定征收等征管手段促进企业据实预缴,确保全年预缴率不低于70%。开展企业研究开发费加计扣除事项核查。与福州市科技局共同建立"研发费加计扣除异议事项争议解决机制",让企业享受优惠政策。开展重大所得税政策执行情况跟踪,多渠道收集和回复问题,统一所得税政策执行尺度、口径和标准。对房地产行业、搬迁企业、物流行业开展高风险事项团队管理，查补企业所得税款超亿元。

【国际税收征管】　2017 年，福州市国家税务局组织入库国际税收 12.99 亿元，其中非居民税收入库 9.4 亿元，反避税补税 3.59 亿元。“9·1”案件历经 4 年查处，入库税款 7.61 亿元，成为福建省历史上金额最大的非居民企业间接股权转让案件。运用“网络爬虫”创新推进境外上市公司股权转让税收监管，建立香港上市企业信息库，涉及 125 家上市企业、379 家非居民企业，抓取各类公告 5.29 万个，5 家企业补缴非居民税收 1.76 亿元。对某投资公司通过反避税监控入库 1.65 亿元，是福建省非居民间接股权转让调整中第一起加收利息过百万元的案例。建立 115 家次“走出去”企业纳税人清册，对 15 家“走出去”企业开展风险管理。向日本、意大利、美国等 14 个国家提供 531 条自动情报信息，完成 1 项日方提出的专项情报请求核查。

【出口退税管理】　2017 年，福州市国家税务局探索运用“大数据”建立出口退税数据监控系统，开展首次申报实地核查，全年核查 381 家涉及退(免)税款 4682 万元。发布预警分析信息 6 期 213 家次，挽回税收损失 2915.37 万元。开展退税疑点函调工作，2017 年发函调查 1765 份，来函调查 986 份。开展预警疑点分析应对，约谈促使 9 家次企业主动放弃存在风险疑点的退税款 182.68 万元。于 5 月 1 日和 7 月 1 日分两批将外贸退税审批权由市局全面下放到各县(市)区局。取消公文办理 3 个环节、压缩公文办理时限、汇总打印凭证批量退税，加快出口退税速度。推广出口退税无纸化，全年 3046 家企业通过电子税务局平台进行无纸化申报退(免)额 166 亿元，申报家数和退(免)税额分别占 98%、99%。

【纳税服务】　2017 年，福州市国家税务局开展“便民办税春风行动”，推出近 30 项纳税服务创新举措。4 月在全省率先研发推出自然人手机代开发票服务平台“易办税”，并实现 APP、微信和支付宝“三合一”开具发票和手机缴税，可一并缴纳地方税费。全年纳税人通过手机代开发票 2 万余份，开票金额 2.53 亿元，征收增值税 757.76 万元。测算为纳税人节约办税时间 3 万个小时，分流办税厅 40% 的代开发票业务量。邮政代开发票全面推开，全市设立 46 个代开网点，代开发票 3.79 万份，开票金额 7.99 亿元，税款 2399 万元。推广“电子税务局”，实现网上申报率 89.61%，发票网上代开率 85.98%，在全省均位居第一。升级 O2O 办税服务，全年网上申领发票 25 万家次、2775 万份，分别比上年增长 3.14 倍和 2.39 倍。创立“纳税人微学堂”，依托 160 个微信群建立“微学堂”，以“语音 + 图片 + 文字”的方式向纳税人授课、解答问题。每期收看收听 1.5 万人次。推送 21 期，培训受众面 31.5 万人。在中心办税厅引进首台税务智能机器人，提供办税引导、涉税咨询、迎宾巡检等智能服务，增设 70 多台 24 小时自助设备。在 2017 年全国纳税人满意度调查中，福州国税得分 81.32 分，比上年增加 17.53 分；在全国 27 个省会城市中排名第 14 名，上升 13 位，得分以及排名增幅均居全国第一。

【国地税合作】　2017 年，福州市国家税务局研究制定《全面深入推进国地税合作实施方案》，推出 21 项重点合作项目。“一窗一人一机”联合办税模式于 12 月在全市各县(市)、区试点推行，次年初正式全面推开，实现“纳税人进一家门，叫一次号、到一个窗、办两家事”。国地税联合税收分析形成常态化工作机制，每年撰写 10 多篇联合分析文章。对 47 家企业实施联合稽查，国税部门查补税款 2356 万元。联合打击发票违法犯罪活动 22 次。互相推送 23 条发票违法行为线索，查补 142 万元。创新联合注销登记、定额核定、合作征收税款的征管新模式。联合参与法院资产拍卖的分配，共同清缴欠税。通过网上代开发票平台，拓展网络合作征收税款领域。共同制定标准，统一房地产开发企业销售未完工开发产品计税毛利率。在福清试点推行国地税“一事不二罚”，已处理行政处罚 39 件。联合培训 2372 人次，互派 30 名干部挂职交流。

开展国地税联合纳税信用评价工作，完成 55431 家企业 2016 年度纳税信用评价工作，评定纳税信用 A 级 4307 家，占 7.79%；B 级 45130 家，占 81.58%；C 级 3702 家，占 6.69%；D 级 2179 家，占 3.94%。对出口企业进行分类管理，全市评定一类企业 86 家，二类企业 1697 家，三类企业 3288 家，四类企业 96 家。国地税联合制定重大税收违法案件当事人联合惩戒和纳税信用 A 级纳税人联合激励措施。联合制定办法，对自贸区年缴纳税款 500 万元以上的新办企业，给予比照纳税信用 A 级企业待遇。开展“银税互动”，为 323 家 A、B 级小微企业凭纳税信用获得银行贷款 1.49 亿元。国地税开展 63 次联合惩戒，联合发布 1 次税收违法“黑名单”。提交 153 条重大税收违法案件信息，将当事人纳税信用级别直接判为 D 级进行严格管理。对 2 家“黑名单”企业法定代表人提请公安机关阻止其出境。

【法治建设】　2017 年，福州市受理重大税务案件审理提请 43 件，决定受理 36 件，处理上年度未结案件 6 件，全年审结 38 件，移送公安机关 31 件。推进执法公开工作，筛选 102 户重点稽查对象和 86 名干部纳入检查名录库，执行 6 批次 74 家企业“双随机、一公开”检查。开展规范性文件清理工作，确定有效文件 9 份，全文失效 8 份。全系统有 14 人通过律师资格和司法考试，新增 4 名公职律师，已有 6 名公职律师。推进法治示范基地建设，福清市国税局、长乐区国税局被命名为 2017 年福建省国税系统法治基地。组织开展税收执法大督察、日常执法督察和疑点核查，核查疑点信息 4.4 万条，发现问题 38 个，涉及纳税人 8231 户次，查补税款 363.5 万元，退税 2.3 万元，问题全部整改到位。

【涉税违法犯罪查处】　2017 年，福州市国税稽查机关检查纳税户 548 户，结案 603 户，自查 77 户，查补收入 34.14 亿元。坚持“查税必查票”“查账必查票”和“查案必查票”，重点检查违法受票企业、涉嫌虚开增值税专用发票、出口骗税、医药行业、“5·23”专案等，查处企业 270 家，查处非法发票 3.75 万份，查补收入 2.45 亿元，移送公安 22 件。开展重点税源企业检查，检查 32 家，与地税部门联合检查21家,查补税款2900万元。清理历史积案,完成125家清理任务,挽回损失4亿元。开展涉税举报案件查处与协查工作,受理举报268件,结案247件,查补收入2328万元。通过协查系统委托发出协查函569件,受托协查函614件,回复率100%。警税协作办案,"公安驻税办"实现市、县两级全覆盖。3次召开警税联席会议,开展案件移送、阻止出境追缴欠税等工作。

(蔡青青)

地方税务

【概况】 2017年,福州市地税系统组织入库税费(含平潭)608.79亿元,比上年减收6.52亿元,下降1.06%(扣除"营改增"因素影响,增长14.29%),其中福州市局税收全年累计入库373.80亿元,减收26.11亿元,下降6.53%(扣除"营改增"因素影响,可比口径增长16.15%)。各项费金全年累计入库177.93亿元,比上年增收13.27亿元,增长8.06%。组织财政总收入(含平潭)420.89亿元,减收0.71亿元,下降0.17%(扣除"营改增"和四城区土地交易契税级次调整因素影响,可比口径增长17.53%),其中组织地方财政收入(含平潭)298.42亿元,占全市地方财政收入的45.14%。全年管征各类纳税人32.55万户,其中单位纳税人20.54万户,个体纳税人7.08万户,其他类型纳税人4.93万户。

【税收优惠落实】 2017年,福州市地税部门落实各项税收优惠政策,减免税收59.31亿元,其中减免住房类税收49.59亿元,高新技术类税收1.64亿元,落实小微企业税收优惠0.86亿元,节能环保、文化体育教育、金融资本市场、三农等各项事业税收5.39亿元,其他税收1.83亿元。开展委托代征工作,代开增值税发票8.28万份,代征增值税税款2.97亿元,减免增值税10.01亿元。

【税收法制建设】 2017年,福州市地方税务局成立内控机制建设工作领导小组,制订下发3份规范性文件,开展税收规范性文件清理。推进法治基地创建工作,台江区地税局被命名为"福建省税务系统法治基地"。审理重大税务案件9件,审结7件;受理行政复议案件3件,均依法审结。

【税务稽查】 2017年,福州市地税部门稽查立案检查企业159家,组织企业自查187家,稽查查补收入2.53亿元。推行"双随机一公开"监管,建立随机抽查"一单、两库、一细则"工作运行机制,实行动态管理,确保监管对象齐全、人员合格、事项合法。推进警税联络工作,联合市公安局经侦部门及市国税局破获2件涉嫌持有伪造发票案,捣毁非法出售发票窝点2个,缴获发票418份,查获犯罪嫌疑人2人,移送司法机关起诉审判2人。

【税收风险防控】 2017年,福州市地税部门通过风险管理系统推送风险纳税人总户数3668户,入库税款21.43亿元,比上年增长121.90%。其中加收滞纳金或处罚的入库税款11.86亿元,入库滞纳金及罚款1.22亿元。深化大数据分析应用,利用金税三期系统大数据、国税共享数据、第三方涉税信息等开展税收风险分析应对,入库风险应对税款8.95亿元。开展互联网涉税情报分析应用,采集上市公司股权转让、股票减持,上市公司年度财务报表与企业所得税年度申报表,非上市公司的股权变更等互联网涉税数据,全年采集涉税信息53446条,查补入库税款2.99亿元。试点开展混凝土行业资源税、公立医院采购药品印花税纳税评估,规范行业管征、公平税负,入库税款491.80万元。

【企业所得税征管】 2017年,福州市企业所得税入库80.84亿元,比上年减收3.51亿元,下降4.16%。与市国税局、市科技局建立协同工作机制,联合开展研发费加计扣除政策培训。与市国税局协同实施企业所得税优惠事项备案管理。2016年度汇算清缴期,市地税局首次为纳税人提供企业所得税政策风险提示服务,通过"申报、扫描、提示、修改"的闭环管理,减少纳税人涉税风险,提升申报质量。全市汇算清缴32251户,占全省汇算清缴户数的35.56%,汇算清缴入库企业所得税25.4亿元,占全年企业所得税入库数的31.42%。

【个人所得税征管】 2017年,福州市个人所得税入库81.13亿元,比上年增收8.74亿元,增幅12.07%。全市92230名年所得12万元以上的纳税人依法进行自行纳税申报,增加17854人,增长23.98%,自行纳税申报人数占全省比重41.94%。依托自然人纳税信息数据库,提升自然人纳税数据信息的准

2017年4月26日,福州市国地税联合开展企业重组改制涉税政策培训

(福州市地税局 供)

确性与完整性，年内全市明细申报户数147796户，增加22893户，增长18.33%，明细申报率99.98%，申报准确率100%。通过政策引导、动态跟踪、简化流程，强化限售股转让个人所得税征管，全年入库限售股转让所得个人所得税15.71亿元，增收4.85亿元，增长45%。重点关注上市公司、集团企业等重点税源企业的大额资本交易行为，掌握股东持股和转让情况的第一手资料，及时跟进，全年入库股权转让所得个人所得税3.04亿元。

【财产行为税征管】　2017年，福州市加强财产行为税各税种明细申报，落实分税种管理规程（指引、办法），入库204.47亿元，比上年增收45.94亿元，增长28.98%。

土地增值税　入库91.22亿元，比上年增收30.63亿元，增长50.5%，增幅创历史新高。执行分类型预征率，按照规定程序实行单项预征率，合理确定预征率水平，入库预征税款46.84亿元。创新土地增值税开发成本审核模式，引入造价咨询专业中介机构开展房地产土地增值税清算审核，印发《土地增值税清算项目委托评审管理办法（试行）》，全年土地增值税清算税款入库44.38亿元，增收22.57亿元，增长103.48%。

房产税和土地使用税　依托“金税三期”系统，开展房产税、土地使用税税源信息清理和维护工作，加大对房产、土地税源的日常监控力度。推广“以地控税、以税节地”工作，通过与国土部门沟通协调，确定数据交换和共享内容，开展土地信息和税收信息的相互比对，强化土地利用和税收管理。入库房产税19.94亿元，比上年增收2.68亿元，增长15.55%；入库土地使用税9.16亿元，增收2.28亿元，增长33.22%。

环保税和资源税　应对2018年1月1日环境保护税正式开征，组织基层一线人员培训，邀请省环保厅、省地税局的业务专家对环保护税法及其相关知识进行专题培训。与环保部门召开座谈会，对税款征收管理工作和环保部门进行、交流。陪同省财政厅和省地税局走访企业，将环保税的立法意义和征收方式对企业进行宣传，收集诉求建议。辅导纳税人正确填写、准确核算、规范申报，入库资源税8846万元，比上年增收6217万元，增长236.48%。

耕契两税　加大对耕地占用税和契税的征管力度，规范管理，强化征管基础工作，坚持“先税后证”原则。落实首套房、二套房的契税优惠政策，支持房地产行业去库存。入库契税44.60亿元，比上年增收6.66亿元，增长17.54%；入库耕地占用税3.16亿元，增收0.59亿元，增长23.09%。

【规费征收】　2017年，福州市地税部门加强基本养老保险费“五率”征管和行业缴费基数预警值管理，实现社会保险费收入持续稳定增长。全年各项规费入库165.31亿元，比上年增收12.40亿元，增长8.11%，其中福州本局基本养老保险费入库86.92亿元，增收10.09亿元，增长13.13%。

【纳税服务】　2017年，福州市地税部门开展“便民办税春风行动”，落实二维码一次性告知，更新发布涉税事项“二维码”646项。推行办税无纸化、免填单服务，提供服务58万次。推行全市通办和省内通办，全年办理全市通办业务14.6万件、省内通办业务300多件。收集纳税人需求，召开税企座谈会28场、走访纳税人3986户、“二维码”征集意见建议1452条。12366纳税服务热线人工接听量超过20万次，通过网络渠道服务纳税人超过1000人次，12366纳税服务热线被评为省级“五一先锋岗”。在税务总局组织的纳税人满意度调查中，综合得分位列全国省会城市第4位。

【税收宣传】　2017年，福州市地税局在省级媒体以上刊发稿件702篇（条），其中被新华社、《中国税务报》等中央级媒体采用16篇，《深化税收改革　助力企业发展》等4篇图片新闻报道在中国政府网新闻栏目首页刊登。参与全国税收公益广告作品征集活动，创作报送作品62篇（条），其中《税收让城市更美好》获年度全国税收公益广告作品入围奖，《老会计新会计》获全国普法作品三等奖。取材于福州地税综合办税中心、以简化流程为主题的图片入选中宣部、国家发改委等多部门在北京联合主办的“砥砺奋进的五年”大型成就展。通过网站、微博、微信等渠道发布税收宣传1555期。

【国地税合作】　2017年，福州市召开深化征管体制改革与国地税合作工作联席会议。联合制定《全面深入推进国地税合作实施方案》，确定20项由基层局具体抓落实的重点项目，国地税主要领导带队赴基层局督导。全年双方交换风险应对任务及疑点315户次，共享双方内部涉税信息及应用11万条。联合开展2017年第二季度千户集团税收风险分析工作，通过核实，涉及国地税风险税款约3100万元。联合完成2016年度纳税信用评价，评价55310户，其中A级4217户、B级45005户。拓展“银税互动”领域，联合中国银行开发“同业联合担保”关税保函业务，中小微企业无需保证金或银行融资即可向中国银行申请开立关税保函。全年“银税互动”发放贷款2.7亿元，惠及企业390家。

（谢浩忱）

（编辑　姚国榕）

新农村建设

【概况】 2017年，福州市农林牧渔业总产值914.87亿元，第一产业增加值519.49亿元，均比上年增长3.7%，超年初市委、市政府下达考核目标0.7个百分点。农村居民人均可支配收入17865元，比上年增长9.3%，增幅居全省第一。福州市在全省农业系统绩效考评中获评优秀等次，位列第一。

【强农惠农政策】 2017年，福州市统筹各类扶贫和涉农资金，加大对扶贫领域的财政资金投入力度，形成“多个渠道引水、一个龙头放水”的扶贫资金投入格局，全年市财政投入资金5.43亿元，比上年增加2.33亿元，增长75.0%，资金支出率达100%。加强金融扶贫，市、县两级设立总额5687.93万元的扶贫小额信贷风险担保金，发放扶贫小额贷款1.01亿元，覆盖2413户建档立卡贫困户，覆盖面54.53%，居全省第2位。创新金融扶贫产品，在全省率先推出扶贫保、脱贫保两款扶贫保险产品，精准对接贫困户抵御风险能力较差的保障需求，为全市贫困户提供意外死亡、伤残保障、医疗津贴、误工补助等保险服务，实现全市建档立卡贫困户风险全覆盖。制定《关于进一步做好扶贫资金使用管理办法》，对扶贫资金用途、资金拨付时限、资金使用监管等方面作出严格规定。创新“互联网＋扶贫监管”，在永泰县试点基础上，建成启用福州市惠民资金网，上线扶贫惠民资金30类300项，涉及金额25.1亿元，将扶贫资金晒在阳光下，着力解决涉农资金虚报冒领、发放过程透明度低等问题。

【幸福家园工程】 2017年，福州市继续开展新农村“幸福家园工程”建设，按照“十个一”标准，全市425个示范村、创建村建设近2000个项目，完成投资8.02亿元，其中11个市级示范村完成投资7671万元，完成计划100.9%。

【造福工程】 2017年，福建省下达福州市造福工程任务10400人，完成搬迁3086户10822人，完成投资5.4亿元，占年度计划投资的129.8%。

【村财监督管理】 2017年，福州市对11个县(市)区开展经管人员兼职代理会计和领取报酬现象排查。加强农村集体“三资”监督管理，对福清、连江、长乐、晋安等地开展督导检查。晋安区创建全国第三批农村集体三资管理示范县，在制度健全、平台建设、监管手段等方面得到提升。实施薄弱村村级集体经济发展项目。扶持176个薄弱村发展村级集体经济，其中扶贫开发重点村76个，项目均启动实施，完成投资7335.9万元。

【三农体制改革】 2017年，福州市闽侯县国家级农村集体资产股份权能改革试点完成清产核资、成员界定和股权量化，14个集体经营性资产改革试点村全

2017年9月30日，福州市惠民资金网举行启动仪式，正式上线运行（张人峰　摄）

部完成章程制定和股权证发放。农村土地确权外业调查和审核公示工作全面完成，基本完成合同签订工作；晋安、福清、仓山、马尾、闽清、罗源、长乐确权成果通过农业部初检并顺利入库，总体进度居全省第一。全市耕地流转总面积3.864万公顷，流转率40.04%，比上年提高10个百分点。建成9个县（市）区土地流转服务平台，县乡联网基本完成。

（张清炎）

农业产业化

【概况】　2017年，福州市福清国家现代农业示范区和省级农民创业园（示范基地）建设项目56个，累计完成投资19.68亿元，完成年度计划的213.9%。认定市级农村一、二、三产业融合发展示范点10个，新增全国主食加工业示范企业1家。评定第七轮市级农业产业化龙头企业299家，比第六轮增加60家。市级农业产业化龙头企业销售收入突破800亿元。9个农民合作社获评省级合作社示范社，16个家庭农场获评省级家庭农场示范场；评定13个市级农民合作社农业类示范社和21个市级家庭农场示范场。

【休闲农业】　2017年，福州市福清市入选全国休闲农业与乡村旅游示范县，福清市牛宅村入选2017中国美丽休闲乡村。新增4个省级休闲农业示范点、3个福建省最美休闲乡村，评选2017年福州市休闲农业示范点（村）16家。连江县31家休闲农业企业组建全市首家休闲农业产业联盟。

【品牌农业】　2017年，福州市新增无公害农产品认证25家企业、38个产品；新增绿色食品标志使用权13家企业、21个产品；新增有机食品认证1家企业、6个产品；新增农产品地理标志登记保护1个（长乐灰鹅）；新增全国绿色食品原料标准化基地1个（永泰李果）。福州茉莉花茶和罗源秀珍菇入选中欧地理标志互认产品清单。福州茉莉花茶品牌价值30.36亿元，居2017中国茶叶区域公用品牌价值第六位。

【智慧农业】　2017年，福州市福清市畜禽养殖数字农业项目列为2017年全国20个数字农业建设试点项目之一，建设长乐猴屿、福清星源、闽侯容益3个省级现代农业智慧园项目，新建市级农业物联网示范点18个。新建各类设施农业大棚（蔬菜、水果、食用菌等）226公顷。

【农业安全监管】　2017年，福州市实施农产品质量安全“1213行动计划”，着力强化监管责任落实、生产源头管控和监管能力提升，年内全市未发生重大农产品质量安全事件。开展重大动物疫病防控工作，强化屠宰监管和病死动物无害化处理，确保兽医和公共安全。

（张清炎）

农业科研与服务

【概况】　2017年，福州市7个主要农业县（市）持续推进基层农技推广体系改革与建设，建设25个长期稳定的农业科技试验示范基地，3380个农业科技示范主体，772名基层农技人员安装使用中国农技推广APP，使用率83.1%，主推技术到位率95%以上。实施基层紧缺人才补充计划，组织招收12名乡镇农技推广紧缺专业定向委培生，招聘30名高校涉农专业毕业生充实到县乡农技推广机构工作；推荐17名非农专业或具有专科及以上学历的县乡农技人员参加专升本“直通车”学历教育；评选出79名福州市最美农技员。

【农村实用人才】　2017年，福州市推荐上报新型职业农民专科学历教育学员135人，超额完成省下达的115名任务；组织27人参加农业部农村实用人才带头人培训；组织农村实用技术远程培训57510人次。年内全市计划培训新型职业农民3500人，实际完成3702人，完成评价3272人，满意度88.38%。培育种粮科技示范主体959户，种粮面积3752.6公顷；954个主要粮食作物科技示范主体推广应用39项主推技术，应用面积3750.6公顷，主要粮食作物主推技术到位率99.9%。

【“五新”技术推广】　新品种　2017年，福州市组织实施“农作物新品种示范推广工程”，落实各类优质、专用、高效重点农作物新品种展示示范项目27个次，192.5公顷；主推品种推广面积3.65万公顷，实现农作物优质专用率87.73%；实现农作物良种覆盖率达98.35%以上。落实重点农作物新品种引种试验、展示和示范项目，征集新品种282个，其中粮油作物新品种50个，建立展示示范片10个；蔬菜新品种232个，建立展示示范片17个。

新技术　全市推广超级稻面积1.52万公顷，超额完成任务1846.7公顷；落实再生稻留桩任务2086.67公顷，其中机收再生稻面积1039.67公顷。完成2017年省粮食产能区建设项目，在永泰县13个粮食主产乡镇建立10个连片33.33公顷以上粮食产能片，在产能区内推广水稻增产“五新”技术0.28万公顷。新建福清星源公司水稻工厂化机插育秧服务中心竣工验收并投入使用。

新肥料　商品有机肥示范推广面积4533.33公顷、辐射面积7933.33公顷，冬种紫云英面积6666.67公顷，推进秸秆还田6666.67公顷。

新农药　开展病虫害绿色防控技术推广示范，全市开展23个示范点，示范面积5973.33公顷次；带动推广面积13.02万公顷次以上。

新机具　主要农作物（含水稻）综合机械化水平完成机耕面积8万公顷（其中水稻机耕面积5.03万公顷）；机插面积1.2万公顷（其中水稻机插面积1.2万公顷）；主要农作物机收面积4.03万公顷（其中水稻机收面积3.54万公顷），农机合作社服务面积9240公顷，水稻耕种收机械化率66.03%。

【农业科研】　2017年，福州市农业局与福建农林大学、福建省农科院合作福橘改良创新与栽培配套技术研究、秀珍菇品种选育及安全高效生产关键技术研究等项目研发，完成市级农业科技（五新）示范推广项目21个。仙芝楼、神蜂

表 16　　2017 年福州市主要农产品产量情况表

产品名称	产量(吨)	比上年增长(%)
粮食	531857	0.6
#春收	41329	4.0
夏收	79417	-15.6
秋收	411111	4.1
油料	56931	0.4
#花生	56018	0.2
油菜籽	890	14.0
甘蔗	23556	1.7
茶叶	33734	9.3
园林水果	614172	12.4
蔬菜	3946608	5.8
食用菌	208220	12.1

说明:统计数据出自《2017 年福州市国民经济和社会发展统计公报》

2017 年 12 月 16 日,“2017 中国·福州橄榄节”在闽清县举行(陈暖　摄)

科技、光阳蛋业、闽榕茶业被市政府授予福州市首批“十佳院士工作站”。全面完成第 15 届中国海峡项目成果交易会工作任务,对接项目 23 个、技术需求 26 个,邀请专家 5 个。

(张清炎)

种　植　业

【概况】　2017 年,福州市水果产量 61.42 万吨,比上年增长 12.4%;蔬菜产量 394.66 万吨,居全省第一,增长 5.8%;茶产量 3.37 万吨,增长 9.3%;食用菌(干鲜混合)产量达 20.82 万吨,增长 12.1%。

【粮食生产】　2017 年,福州市粮食种植面积 9.92 万公顷,比上年下降 0.5%;粮食产量 53.16 万吨,增长 0.6%。

【经济作物】　2017 年,福州市新增设施蔬菜 160.48 公顷,新建蔬菜标准化基地 49 个;新增设施水果 32.93 公顷,新建水果标准化基地 28 个;新增设施食用菌 12.7 公顷,新建食用菌标准化基地 8 个;新建茶叶标准化基地 18 个。举办“首届国际灵芝文化节”“2017 中国·福州橄榄节”。

【植物病虫害防控】　2017 年,福州市开展农作物病虫害防治 50 万公顷次,挽回粮食损失 3.8 万吨,农作物病虫害造成损失有效控制在 3% 以内,属中等发生。完善监测预警体系建设,全市启用病虫测报灯 40 盏。加强农作物病虫预警与控制区域站建设,完成永泰县农作物病虫预警与控制区域站建设项目、长乐市田间观测场及应急药械库建设项目、罗源县田间观测场及应急药械库建设项目的建设任务,并通过专家组验收,全市有 5 个县(市)区建成农作物病虫预警与控制区域站建设。发布病虫情报 151 期、9870 份,手机短信 37 期、18530 条。推动专业化病虫害统防统治工作,开展示范面积 2.84 万公顷次,带动推广面积达 14.21 万公顷次。全市农药使用量 2882.54 吨(商品量),比上年农药使用量 3348.83 吨(商品量)下降 13.92%。全年单位面积农药使用量 8685 克/公顷。

(张清炎)

农　垦　业

【概况】　2017 年,福州市农垦业(市属企业)实现营业收入 1845.61 万元,国民生产总值 12118.45 万元,亏损 572.98 万元,上缴税金 166.30 万元。11 家市属企业在岗职工年人均收入 63077 元,茶叶产量 305 吨,水果产量 340 吨,出栏肉猪 8500 头,家禽 59 吨,禽蛋 536 吨。

【重点项目建设】　2017 年,福州市种禽公司高产蛋鸡良种繁育与产业化工程项目列入省种业创新工程,启动二期项目建设,建设用地 10 公顷(山地),计划总投资 2424.5 万元,总建筑面积 5200 平方米,其中育雏育成舍 2 幢,建筑面积 1200 平方米,种鸡舍 4 幢,建筑面积 4000 平方米,配套育雏育成 6 万套、本交笼 6 万套等饲养笼具设备及环保、水电等基础设施。

特色农业江洋农场继续发展特色果蔬基地，同时开拓渠道，加强对农场民生、环境和基础设施的改造，通过农场果蔬专业合作社将农场村治理纳入属地县小流域综合治理项目。全年改造乡村道路硬化3公里，农村机耕路10千米，并对三叠井进行全面清淤，农场农村面貌得到改善。

红旗茶场开展招商引资工作，引进福建都市菜园农业开发有限公司“现代都市菜园”项目，计划在3年内投资1亿元，建设13万平方米水肥一体化温控大棚，利用现代生态农业科技技术及“互联网+”的流通模式，为都市居民提供都市新型生态有机菜园种植解决方案，项目投产后，可提供就业岗位80个，年可生产特色蔬果苗150万组，实现销售收入1.5亿元，税金900万元。

【农业扶贫】 2017年，福州市实施农业部国有农场精准扶贫项目，鸿尾农场大模工区现代化果园基地基础设施建设项目基本完成并组织项目验收。项目总投资120万元，建设农田护坡524米、防冲护岸230米、蓄水池1座、机井2口，建成并改善机耕路、引水渠、排水沟等农田基础设施。完成2017年新农村“幸福家园工程”“薄弱村”建设项目。按照“幸福家园工程”10项建设要求，逐项对照存在的不足以及相应改进完善方案予以落实。县级示范村的江洋农场江洋村升级村委公开栏，配备并完善环卫工作人员和设施，建设2千米健身路径，完成休闲公园基础建设，开展新建卫生所选址和三通一平工作，完成便民服务超市的装修；县级创建村的江洋农场澎湖村安装完成党务村务公开栏，增加卫生工1人，建设5个垃圾集中处理点，更换村主干道老化的路灯、电线杆，完成老年活动中心建设；薄弱村江洋农场武竹村发展村集体经济项目，完成土鸡养殖项目建设。

【污染整治】 2017年，福州市组织专项工作组到所属企业辖区开展清理整治，全面完成畜禽养殖污染整治工作，其中江洋农场辖区内14个猪场，拆除猪舍总面积20421平方米；恩顶茶场辖区内3个猪场，拆除猪舍总面积8423.4平方米；田垱茶场配合闽侯县政府按照中央环保督察组对辖区内的“华阳”“福丰”养猪场要求按时完成整改及节能减排工作。

【社会职能改革】 2017年，福州市推进农场办社会职能改革工作，逐步剥离企业的社会管理职能，实施划归属地管理。根据《福建省农垦国有农场办社会职能改革实施方案》及《福州市农垦国有农场办社会职能改革实施方案》，涉及社会职能剥离的8个市属国有农场（福州市鳝溪农场、福州红旗茶场、福州市鸿尾农场、福州市江洋农场、福州市北郊畜牧场、福州市优山茶果场、福州市恩顶茶场、福州市田垱茶场）均成立农场办社会职能改革领导小组，并重新调查摸底，科学统筹，对原先制订的“一场一策”改革方案进行细化、完善。

【土地确权】 2017年，福州市落实农垦国有土地确权具体实施方案，对土地确权工作进行专项部署，市属与县属各相关农场制定土地确权工作实施方案，选择勘测机构等作业单位。年内，福州垦区土地权籍调查率41.14%。

（张　春）

林　业

【概况】 2017年，福州市林业总产值300.68亿元，比上年增长7.99%，其中第一产业78.56亿元，第二产业192.28亿元，第三产业29.84亿元。全市林业用地面积74.95万公顷（其中生态公益林31.33万公顷，商品林43.62万公顷）。林木总蓄积4334万立方米，森林蓄积量4003万立方米。森林覆盖率57.06%。有国家级森林公园5个、省级10个，省级以上森林公园总面积5.75万公顷，经营面积8133公顷。湿地总面积20.68万公顷，其中近海与海岸湿地15.82万公顷、河流湿地1.51万公顷、湖泊湿地236.75公顷、沼泽湿地25.04公顷、人工湿地3.32万公顷。沿海防护林基干林带722.94千米。油茶林2.21万公顷、竹林2.84万公顷、经济林5.42万公顷、花卉种植面积3274公顷。

【国家森林城市创建】 2017年，福州市以“城乡绿化一体化、城区道路林荫化、城郊森林公园化、城市公园森林化、森林保护刚性化”为着力点，推进森林城市规划项目建设。《福州市国家森林城市建设总体规划》近期规划（2015—2017年）建设项目全面完成，完成森林城市建设23类重点工程，项目近1000个，面积完成率139.6%。闽清、福清、连江和罗源4个县（市）通过省级森林城市验收，福州市所辖县（市）区均实现省级森林城市创建目标。按照“在森林中建城”“先造森林再造城”的理念，开展滨海新城森林城市建设。10月，福州市被授予“国家森林城市”称号。福州市森林城市建设经验在“国家森林城市”授牌仪式上作典型发言。

【集体林权制度改革】 2017年，福州市新增林业专业合作社62个，在永泰开展整乡逐村成立各类新型林业经营主体建设试点。全市有各类新型林业经营主体组织340个，其中林业类农民专业合作社306个（国家级示范社1个，省级示范社6个、省级规范社8个、市级示范社14个）、家庭合作林场25个、股份合作林场6个、林业行业协会4家。建成20个林下经济示范基地，新增林下经济面积1500公顷。永泰县、晋安县成立国有性质的林木收储机构。建立市级绿色金融服务平台，设立市级绿色生态基金。在闽清县、永泰县开展普惠制“福林贷”业务试点工作。

【造林绿化】 2017年，福州市完成植树造林面积0.82万公顷、占任务的146.4%，其中“三带一区”造林0.37万公顷，占任务的106.5%，其中沿海基干林带860公顷，生物防火林带120公顷，森林生态景观带353公顷，重点区位林分修复2406公顷；其他人工造林更新0.45万公顷，占任务的214%。完成森林抚育0.94万公顷、占任务的107.3%，封山育林1.02万公顷、占任务的100%。完成45个乡村生态景观林造林任务，造林面积30公顷。组织全民义务植树活动，全市参加义务植树318万人，尽责率96%；完成义务植树1198万株，完成率达104%；新建义务植树基地28个，面积

52.53公顷。

【森林资源保护】 2017年,福州市召开各类森林防火工作会议645场次,开展防火督查165次,新设固定宣传牌969面,发布警示短信和微信49.6万条,新建半专业队伍27支410人,全年森林防火工作实现人员零伤亡、森林零受害。《福州市湿地保护管理办法》实施,全市9个湿地列入省第一批重要湿地目录,涉及面积3.87万公顷,占全省重要湿地面积39.7%。2017年起,福州市全面停止国有林场商业性采伐,年减少林木采伐量4.5万立方米。组织开展严厉打击破坏野生动物资源违法犯罪专项行动、"飓风肃毒2017""缉枪治爆""利剑行动"以及打击非法占用林地资源违法犯罪等系列专项行动,全市森林公安机关立森林刑事案件71件(其中重大案件8件,特大案件3件),查处林政案件303件。

【林业产业】 2017年,福州市有国家级林业产业化龙头企业1家、省林业产业化龙头企业6家。拥有中国名牌产品1个、省著名商标6个。有木材与林产品加工企业693家,包括产值超千万大中型企业91家,其中木材与林产品加工企业442家、木竹胶合板企业57家、纤维板与其他人造板55家、建材、家具企业139家。推进福清市、连江县、罗源县、福州高新区等省级现代农业(花卉)生产发展项目建设,建设智能温室28354平方米、占任务的100.3%,总投资1042.33万元。建立林业招商项目库,连江国兰培育示范基地开工建设,一期投资3000余万元;培育9个省级竹业重点乡镇,完成配方施肥竹林0.13万公顷,建设竹林机耕道123千米。全市林下经济发展总面积6.55万公顷(其中林下种植1.1万公顷、林下养殖1.33万公顷、采集加工2.4万公顷、森林景观利用1.71万公顷),比上年增加面积0.01万公顷,产值达16.3亿元。全市森林旅游人数达110万人次,年产值超7000万元。

【林业有害生物防治】 2017年,福州市对马尾松毛虫、松材线虫病、松墨天牛、松突圆蚧、松针褐斑病、毛竹枯梢病、柳杉毛虫、木麻黄毒蛾和棉蝗等有害生物进行监测,实施监测面积158.48万公顷,监测覆盖率95.87%。全年发生林业有害生物1.22万公顷,比上年减少0.36万公顷,下降22.9%,成灾面积786.66公顷,成灾率2.79%。其中松材线虫病发生2540.06公顷,比上年(含重度松墨天牛)减少408.25公顷,马尾松毛虫发生面积400.46公顷,减少3125.13公顷。全年开展林业有害生物防治1.08万公顷,其中人工物理防治0.62万公顷,生物防治0.42万公顷,化学防治386.67公顷,无公害防治率100%。完成松采伐改造清除松材线虫病疫情面积1440公顷,占计划面积的102%,预防性松采伐改造完成633.27公顷,占任务108.7%;清除松树枯死木37235株,挂设松墨天牛诱捕器2870个,占任务的130.04%,诱集松墨天牛45.6万条,完成以菌治虫3876.47公顷,占任务的122.3%,以药治虫358.73公顷,占任务的248.2%。

【林业科技】 2017年,福州市省科技推广项目"五节芒免'炼'造林耕作技术推广"、市级科研项目"油茶老树桩嫁接山茶花定向培育技术研究"通过检查验收。继续实施"阔叶林林下仿野生金线莲丰产栽植技术推广示范""雷公藤丰产栽培技术推广示范""华重楼林下仿生态育苗及种植技术研究""福州市滨海沙地不同树种凋落叶分解及养分释放""油茶茶果处理及加工关键技术及工艺研究"等科技项目。组织开展全市林木种苗质量监督检查,开展2017年度国家级和省级林木品种审定申报工作,完成林木种子储备、山茶花项目建设等调研报告。

【林业审批服务】 2017年,福州市推行"四个一线"(即一线服务、一线协调、一线办公、一线督察)工作机制,采取市林业局和县(市)区政府召开联席会议的形式,班子成员定期到县(市)区集中研究协调当地项目建设和涉林问题。全面实行"市县同权"涉林审批机制,优化占用征收林地审批(核)服务,由市林业局窗口办理的审批权限下放到县级窗口办理,市、县同时审核、同时一次性告知,实现审批收件即收即批或即收即转,平均1个审批项目比原来缩短10个工作日。全市办结林地征占用审核219宗,面积1150公顷。

【国有林场建设】 2017年,福州市有国有林场9个,经营面积3.03万公顷,林地面积2.94万公顷,有林地面积2.76万公顷,活立木蓄积量370万立方米,森林覆盖率91%。建立国有林场网络管理平台,全市国有林场的生产经营等活动均通过管理平台实行网络竞价阳光运行。推广运用国有林场财务管理网络化应用软件,在全省率先完成直属国有林场建账工作。印发实施《福州市省属国有林场改革实施方案》。连江陀市国有林场、连江长龙国有林场合并为连江国有林场。

(高佳景)

2017年10月10日,福州市在2017森林城市建设座谈会上被授予"国家森林城市"称号并作典型发言 (市林业局 供)

畜牧业

【概况】 2017年,福州市肉蛋奶总产量33.8万吨,比上年下降6.7%。生猪出栏212.11万头,比上年下降16.1%;家禽出栏1812.56万羽,增长6.5%;牛出栏3.97万头,增长18.5%;羊出栏56.08万头,增长7.2%。其中,家禽、牛、羊出栏数增幅较上年同期分别提升5.4个、16.4个和2.7个百分点。

【产业化经营】 2017年,福州市开展生猪规模养殖场标准化改造工作,计划保留生猪规模养殖场164个,其中完成标准化改造验收163个,1个停产拟关闭取缔。下发《福州市加快推进畜禽养殖废弃物资源化利用工作方案》,编制《畜禽养殖废弃物资源化利用规划》。福清市永诚畜牧有限公司生猪核心育种场改扩建项目总投资695万元,其中中央资金460万元,地方配套和自筹资金235万元,年内完成建设任务。推荐福州市农工商种禽公司申报福建省种业创新与产业化工程(2017—2020年)项目。建设福清生猪产业园、罗源和闽清蛋鸡产业园等畜禽现代产业园。推动畜禽养殖标准化示范场建设,3个通过国家级畜禽养殖标准化示范场验收,9个通过省级畜禽养殖标准化示范场验收。

【动物疫病防控】 2017年,福州市完成春、秋两季重大动物疫病强制免疫工作,全面落实动物免疫日制度,全年免疫高致病性禽流感2857.12万羽、口蹄疫331.63万头、小反刍兽疫24.73万只、猪瘟270.99万头,确保存栏畜禽"应免尽免,不留空档"。集中组织开展4次大规模消毒灭源工作,覆盖141个乡镇、1965个行政村、1282个规模场、180个市场、22个屠宰场,消毒面积达3829.19万平方米。开展动物疫病净化五年行动。

【动物卫生监督】 2017年,福州市产地检疫生猪109.4785万头,牛羊1.2328万头,禽类109.2788万羽。屠宰检疫生猪146.6046万头,牛羊5.0644万头,禽类43.8253万羽。全市动物卫生监督所均实现跨省调运动物检疫合格证明电子出证数据全国互联互通。出动执法人员151人次,开展动物诊疗机构和从业人员监督检查45次,对全市47家动物诊疗机构开展监督检查,发出整改通知书7份。

【牲畜屠宰监管】 2017年,福州市下发《关于进一步加强牲畜屠宰行业管理工作的意见》,编制《福州市"十三五"生猪屠宰行业发展规划》,制定《福州市生猪定点屠宰资格审核清理方案》,关闭15家不合格生猪定点屠宰企业。组织开展生猪屠宰监管"扫雷行动",市农业局与市场监督管理局联合组织开展严厉打击危害肉品质量安全违法违规行为"百日行动"。年内,全市开展生猪屠宰执法检查434次,出动执法人员1720人次,查获案件18件,捣毁私宰窝点21个。

【病死动物无害化处理】 2017年,福州市养殖环节、屠宰环节病死猪无害化处理市级补助经费全部列入市级发展性专项资金预算,全市上报养殖环节病死猪无害化处理115634头。年内,市农业局、市公安局、市市场监督管理局联合印发《福州市打击销售病死畜禽违法行为专项整治方案》。

【饲料行业监管】 2017年,福州市开展饲料生产企业年度备案和备案督查,有72家企业通过年度备案,有13家饲料生产企业通过农业部《饲料质量安全管理规范》验收,其中4家获得部级"饲料质量安全管理规范"示范企业称号,3家获得省级"饲料质量安全管理规范"示范企业称号,6家获得市级"饲料质量安全管理规范"示范企业称号。在省厅农资监管平台注册的兽药经营企业有157家,企业上线74家,上线率59.73%。

(张清炎)

海洋与渔业

【概况】 2017年,福州市渔业经济总产值1138亿元,比上年增长6.5%。水产品总量252.78万吨,比上年增长6%,占全省31%;产值534.59亿元,增长4.9%,占全省39%,占全市大农业58%。年内获批11个项目围填海指标,面积316公顷,居全省首位;获批项目用海22个,面积708公顷。

【海洋经济】 "海上福州"建设 2017年,福州市海洋与渔业局履行"海上福州"领导小组办公室职责,开展软件优化、项目协调、督查考核、阶段评估等系列工作,推进"海上福州"建设,年度完成投资405.9亿元,超年度计划7个百分点。

海洋经济发展模式创新 编制完成《福州市"十三五"海洋经济发展专项规划》。对16个海洋经济创新示范立项项目首次分配资金1.31亿元。推动福州

2017年7月24日,福州市海洋与渔业局与中国农业发展银行福建省分行营业部签订战略合作框架协议
(市海洋与渔业局 供)

2017 年 6 月 30 日至 7 月 2 日,2017 海峡(福州)渔业周·中国(福州)国际渔业博览会在福州海峡国际会展中心举行。图为水产加工品参展企业“金奖产品·金奖企业”颁奖仪式　　(市海洋与渔业局　供)

市申报国家海洋经济示范区方案通过国家海洋局办公会审定。完成福州市“智慧海洋”工程总体设计方案。牵头制订福州海洋研究院启动阶段实施方案。

海洋经济调查　完成涉海单位清查;编制《福州市海洋生产总值核算工作方案》并完成 2015 年、2016 年核算工作。

【海洋综合管理】　海域管理基础体系　2017 年,《福州市海洋功能区划(2013—2020)》上报省政府待批,并计划新一轮海洋功能区划修编;《福州市海砂开采用海规划(2018—2022 年)》编制工作有序推进;福州市海岸线核查工作有序开展。

重点用海项目　制定重大任务 75 项清单,挂图作战、一线服务,强化用海保障,获批 11 个项目围填海指标,面积 316 公顷,居全省首位;获批项目用海 22 个,面积 708 公顷。

海域管理改革　出让海域使用权 3 宗,成交价 2.08 亿元。成立福州市海域收储中心,推动罗源、连江、长乐、福清成立海域收储机构,全市海域收储体系初步建成。年内,福建省海洋产权交易平台落户福州。

无居民海岛开发　加强无居民海岛信息统计工作;推进福清黄官岛等无居民海岛开发利用;完成连江洋屿岛综合开发项目,推动长乐东洛岛保护与开发利用示范项目。

海域动态监视监测　福州市县级海域动态能力建设通过国家海洋局验收。全年开展 15 次监视监测,编制监视监测报告 15 份,编制各类海域信息通报 24 份。

【海洋生态文明】　海洋监测监管　2017 年,福州市编制完成《2016 年福州市海洋环境状况公报》、《罗源湾海水水质监测通报》12 期、《福州附近海域赤潮监测情况报告》25 期。

海洋生态整治修复　全面启动海漂垃圾整治和考评工作,建立覆盖县、乡、村三级的保洁工作机制,并纳入环保目标责任制考核。出台福州滨海新城岸线沙滩保护规划、长乐滩长制实施方案,罗源湾红树林海岸公园规模达到 100 公顷。开展包括“6·6”八闽放鱼日主会场在内的 15 场水生生物增殖放流活动,投放各类苗种 2.9 亿尾(粒)。

【现代渔业经济】　水产养殖布局　2017 年,福州市扩展湾外养殖空间,采用新模式、新技术,引进新品种,发展水产养殖事业。完成水产养殖标准化示范基地建设 733.3 公顷。罗源湾网箱退养任务基本完成。

远洋渔业　加快远洋渔船更新改造,鼓励印尼项目远洋渔船转场生产,远洋渔业强势回升。全市投产远洋渔业企业 13 家,拥有远洋渔船 392 艘。推进南极磷虾资源开发项目。

水产精深加工　全市水产品加工总量 159.54 万吨,比上年增长 2.77%,占全省 43%;产值 299.38 亿元,增长 4.06%,占全省 33%。

渔业品牌建设　全市新增 4 件省级以上名牌称号,“福清白对虾”获评地理标志。

科技创新　引进澳洲龙纹斑、云龙斑等新品种,长势良好。稻田综合种养和“莲田养鱼”项目取得较好经济社会效益。

渔业交流合作　举办 2017 海峡(福州)渔业周·中国(福州)国际渔业博览会,展区面积 5.6 万平方米,来自 34 个国家和地区的 528 家协会和企业参会参展,现场签约、交易、零售额达 200 亿元。赴台湾开展渔业交流,促成金枪鱼直销大陆等 3 个两岸合作项目。

【安全体系建设】　基础设施建设　2017 年,福州市筹建、续建、新建和已建渔港项目 12 个,推进黄岐、苔菉中心渔港建设;完成渔港建设及产业融合工程包年度投资目标,全年完成投资 1.6322 亿元,占总投资额的 132.48%。完善海洋立体监测系统,发布各类海洋观测预报产品 11 种 4000 多份、赤潮灾害预警报 60 期,预警信息 1 万余条。

应急保障能力　修订《福州市渔业防台风应急预案》《福州市风暴潮灾害应急预案》,建成福州市海洋与渔业应急指挥系统并投入使用,全市渔业防御寒潮和防汛防台无事故。全年有效应对台风 11 次,撤离渔船 15050 艘。

渔业生产安全　开展渔船安全隐患排查治理,检查渔船 8022 艘次。组织开展渔业安全生产专项督查 21 次,接警应急事件 38 起,协助营救海上遇险人员 88 人。加强渔船管控,避免重要时点渔船赴敏感海域作业引发涉外涉台事件。

水产品质量安全监管　出动执法人员 821 人次,水产品药残超标案件查处率 100%。完成国家、省、市三级水产品产地抽检 925 批次,合格率 100%。

海洋渔业综合执法　强化部门协作,形成高压态势,全市查处海洋案件

163起，收缴罚没款5356.92万元；查处渔业案件237件，收缴罚没款243.91万元，没收非法渔获物249.35吨。查获涉渔"三无"船舶58艘并全部予以拆解。全市捕捞渔船伏季休渔形势平稳，无群体性违规现象。

（林　莹）

水　利

【概况】　2017年，福州市完成水利投资45.01亿元，占年度任务44.45亿元的101.26%，其中马尾区完成投资2.04亿元、晋安区0.06亿元、高新区0.28亿元、闽侯县4.00亿元、长乐区1.62亿元、福清市5.68亿元、连江县4.83亿元、罗源县7.94亿元、永泰县2.08亿元、闽清县3.54亿元、福州市闽江下游防洪工程建设公司5.19亿元、福州水务平潭引水开发有限公司5.48亿元、福州市水系治理0.81亿元；重大水利项目完成投资35.72亿元，占年度计划35.15亿元的101.6%；面上项目完成投资9.29亿元，占计划100%。

【水行政工作】　"河长制"工作　2017年，福州市编制出台市、县、乡镇三级"河长制"实施方案。市级、县区级、乡镇级分别设置办事机构（河长制办公室），设置河长制办公室187个、河长684名、河道专管员1983名。自3月1日至12月31日，全市河长及河道专管员巡河43.1万人次，发现和整改问题4.33万处，其中督查11次，暗访3次。

水利规划编制　开展福州滨海新城防潮防洪排涝规划、福州市河道岸线及河岸生态保护蓝线规划和福州新区水资源配置规划编制工作。

涉河工程管理　开展地铁4、5、6号线，长乐滨海快线，中庚喜来乐游艇码头，尤溪洲大桥连接段工程和福州洪山大桥至洪塘大桥拓宽改建工程等15个项目的涉河、涉堤事项协调、论证工作。

行政审批与水利工程招标投标工作　受理审（查）批项目103个，办结95个。依法征收水资源费960.51万元、水土保持补偿费202.07万元。核准福州市本级公开招标水利工程项目42个，开标42个。

水行政执法　开展闽江违法采砂行为整治，查扣违法船舶31艘，上缴罚款208万元。

【水利工程建设】　城区水系治理　2017年，福州市城区水系内涝治理计划实施36个治涝工程项目建设，近期目标为2017年底增加晋安河过流能力18%，江北城区增加排涝能力264万立方米；中期目标为2018年底江北城区排涝能力增加527万立方米；远期目标为2020年底"江北城区山洪防治及生态补水工程"完成后大部分区域达到20年一遇排涝标准。年内完成21项工程，完成晋安河5座阻水桥梁拆除与改建、20座桥梁桥下清障、6处阻水栈道拆除、5处局部缩窄段拓宽、上游东浦路桥至公益支路桥扩河、全线河道清抛石清河道种植植物、3处垃圾上岸点改造等工程，增加晋安河过流能力约30立方米每秒；完成井店湖、桂后溪湖、义井溪湖、温泉公园湖、琴亭湖、洋下海绵公园、斗顶雨洪公园、八一雨洪公园等五湖三园（扩容、新挖）建设，新增库容95万立方米；福州市重点防治的47个易涝点治理完成五四片排涝站、水闸等改造，完善五四片、湖前片、福州火车站南北广场、洋下片等45个易涝点治理。

重大水利项目建设　续建、新建、筹建71个重大水利项目（基本建成8个，开工15个）。其中，平潭及闽江口水资源配置工程（福州段）输水线路建设累计完成投资10.54亿元，占中央投资计划11.7亿元的90.09%（2017年完成5.48亿元，占2017年计划4.6亿元的119.13%）。霍口水库工程开展大坝主体工程建设，累计完成投资6.6亿元。江北城区山洪防治及生态补水工程3个标段建设完成投资3.31亿元，占年度计划3.3亿元的100.4%。

水利基础建设　完成去冬今春水利建设任务（建设期间2016年9月至2017年3月），完成投资9.03亿元（含2016年），修复水毁水利工程650处（含2016年），完成闽清、永泰两县"7·9"尼伯特水利灾后重建任务。今冬明春（2017年9月至2018年3月）农田水利基本建设2017年完成投入6.14亿元，修复水毁水利工程193处。完成常态化小型水库除险加固项目21个，新增高效节水灌溉面积1000公顷，发展高标准农田节水灌溉面积2206.67公顷，受益人口2.39万人。

中小河流治理项目　完成罗源县起步溪护国段防洪二期工程、永泰县梧桐镇潼关溪中小河流工程和大洋镇富泉溪中小河流工程等3个中小河流项目建设任务。新增连江县、罗源县、永泰县、闽清县、闽侯县等5个县13个中小河流治理项目，治理河长55千米，其中开展闽清芝溪中小河流治理工程建设、永泰长

2017年3月17日，福州市水政监察支队执法人员使用无人机巡查乌龙江沿岸违法堆砂场情况

（李吉　摄）

庆溪嵩口防洪工程招标投标工作和连江敖江流域防洪治理工程、罗源护国溪潮格至杭山段防洪工程（左岸）、护国溪潮格至杭山段防洪工程（右岸）等项目的初步设计方案编制工作。福清市中小河流治理重点县项目总投资2.93亿元，包含11个项目区，虎溪阳下奎岭、音西溪下、音西山前以及渔溪南前亭4个项目区完工，其余7个项目区均进入有序施工阶段，累计完成总投资2.74亿元，占项目总投资的92.5%，其中完成地方配套资金2.01亿元，完成中央投资资金7300万元，占计划100%。

水利设施管理工作　开展22座常态化病险水库除险加固项目建设，其中完工21座，完成投资5957.51万元。提前开展计划于2018年度实施的38座水库除险加固常态化项目前期工作。开展水库注册登记和管理工作，向福建省水利厅上报除闽侯溪尾水库外的福州市438座水库〔大型水库2座、中型水库12座、小（1）型水库106座、小（2）型水库318座〕注册登记资料。福清市友谊海堤、北郭海堤、陈厝海堤、虎丘海堤和连江县大官坂海堤列入福州市2016—2017年海堤除险加固工程，总长9.46千米，总投资1.02亿元，均完成工程总进度的90%。实施福清过桥山水闸、罗源松山纳潮闸、长乐洋屿港水闸除险加固工程。2017年度中央、省、市财政补助水利工程养护维护项目完成投资1877万元。

农村水电站增效扩容改造工程　完成2座"十二五"农村水电增效扩容改造项目验收，"十二五"农村水电增效扩容改造项目概算总投资1.41亿元，累计完成投资1.23亿元，其中2017年完成1288万元。有13座农村水电站列入福州市"十三五"农村水电站增效扩容改造工程，均完成招投标工作，其中罗源柏山、溪坪、港里、永泰龙潭和牛皮潭电站完成机组设备改造并投入试运行，完成投资6546万元，其中中央奖励资金2689万元。

水土流失治理　完成水土流失综合治理8660公顷，投入资金9793.2万元，占年度任务的118.1%，其中水利部门完成治理面积3780公顷，投入资金3281.41万元。完成福建省级水土流失综合治理重点县（永泰县、闽清县）和重点乡镇（长乐市鹤上镇、闽清县池园镇、连江县长龙镇、永泰县长庆镇、永泰县大洋镇）的治理工作。完成福州·定西水土流失综合治理（生态林）试验项目综合治理面积68公顷。

农村饮水安全工程　农村饮水安全巩固提升工程计划投资2500万元，受益人口2.39万人，农村集中供水率89%以上，自来水普及率84.5%以上。年内实际完成投资2500万元，受益人口2.39万人，完成年度计划。

农田水利建设　完成福州市高标准农田建设工程包涉及水利部门建设任务2206.67公顷，占计划2093.33公顷的105%。完成高效节水灌溉项目建设任务1060公顷，占计划1000公顷的106%。

（陈　嘉）

防汛抗旱

【概况】　2017年，福州市洪涝灾害等级属于一般洪涝灾害年。降雨量总体正常，累计平均降水量1450.5毫米，较常年偏多68.8毫米，其中6月份平均降雨448.4毫米，比常年偏多9成左右，福州市区、罗源和连江3个县（市）雨量偏多1.3倍以上，均打破6月雨量历史极值纪录。1—10月，福州市经历24次暴雨天气过程（含4次台风暴雨过程），其中6月7—8日、13—17日、20—21日和26—27日4次暴雨过程造成部分县（市）区受灾。影响福州市的台风有8个，其中9号台风"纳沙"、10号台风"海棠"20小时内相继在福清沿海登陆，带来严重的风雨影响，双台风登陆间隔之短刷新1997年8月29—30日登陆福建双台风间隔纪录（22小时）。全市因强降雨与台风造成的直接经济总损失22517万元，无人员伤亡和失踪，13个县（市）区、118个乡镇街道受灾，受灾人口33825人，倒塌房屋97间，转移人口62156人。农作物受灾5245.47公顷，其中粮食作物3562.6公顷，经济作物损失0.42亿元，农林牧渔业直接经济损失1.1亿元。公路中断16条次，供电中断215条次，通讯中断262条次，工业交通运输业直接经济损失0.6亿元。损坏堤防9处，0.46千米，损坏护岸79处，损坏灌溉设施166处，水利设施直接经济损失0.37亿元。

【雨季强降雨灾害】　2017年6月7—8日，福州市普降大雨。强降雨主要集中在福州市西南部，降雨历时主要集中在7日13—23时。据气象部门统计，福清、罗源、闽清、永泰、闽侯和连江6个县（市）有18个乡镇24小时累积雨量超过50毫米，以福清石竹街道103.4毫米最大。受梅溪上游短历时强降雨影响，梅溪流域发生小洪水，下游闽清县城关段洪峰接近警戒水位（警戒水位15.80米），其他江河水势平稳。短时强降雨造成永泰县与闽清县受灾。永泰长庆镇岐峰村路段上边波溜方约300立方米，占半幅路面，影响交通；长庆镇岐峰村（闽清往返嵩口方向）上边坡溜方约400立方米，造成交通阻断。永泰部分乡镇供电短暂中断。长庆镇农田受淹8公顷，乡村道路溜方5处。盖洋乡部分农田受淹，镇区供电中断。全市受灾人口800人，转移82人，直接经济总损失500万元，其中农作物受灾34.93公顷，农林牧渔业直接经济损失163万元；公路中断2条次，供电中断2条次，工业交通运输业直接经济损失32万元；损坏护岸21处，损坏灌溉设施35处，水利设施直接经济损失245万元。

受2号台风"苗柏"影响，6月13日起福州市出现持续性大雨到暴雨天气过程。13日08时—17日10时共有个12县（市）区135个乡镇累积雨量超过100毫米，86个乡镇超过150毫米，9个乡镇超过200毫米，其中以闽侯青口镇224.2毫米最大。15日0时40分大樟溪上游永泰县嵩口水位站洪峰水位达137.36米，超警戒水位0.16米；16日0时40分梅溪闽清县闽清站洪峰水位达15.82米，超警戒水位0.02米。17日1时30分水口水库出现最大出库流量，达11500立方米每秒。持续强降雨造成104国道连江琯头岭段发生山体滑坡，闽清县云龙乡梅城屠宰场后方和永泰县东洋乡锦坪自然村一屋后发生崩塌。全市受灾人口2475人，转移4392人，倒塌房屋10间，直接经济损失551万元，无人员伤亡。农作物受灾面积39.87公顷，成灾23.33公顷，因灾减产粮食45吨，经济作物损失40万元，水产养殖损失0.67公顷，水产损失4吨，农林牧渔业直接经济损失70万元。停产企业1家，公路中断4条次，供电中断2条次，工业交通运输业直接经济损失204万元。损坏护岸18处，损坏灌溉设施23处，水利设施直接经济损失131万元。

6月20—21日，福州市出现强降雨天气，中北部地区部分乡镇出现暴雨，其中连江、罗源、马尾出现大暴雨。20日8时—22日8时，60个乡镇累积雨量超过50毫米，8个乡镇超过100毫米，以连江下宫乡193.9毫米最大。受强降雨和前期持续降雨的影响，多地受灾，永泰、闽侯、连江多处道路出现溜方、路基冲毁的灾情。全市受灾人口1851人，倒塌房屋20间，直接经济损失672万元，无人员伤亡。农作物受灾面积11公顷，经济作物损失18万元，农林牧渔业直接经济损失123万元。公路中断3条次，工业交通运输业直接经济损失251万元。损坏护岸6处，损坏灌溉设施16处，水利设施直接经济损失232万元。

6月26—27日，出现强降雨天气。6月26日08时—27日16时，有87个乡镇累积雨量超过50毫米，8个乡镇超过100毫米，以连江长龙镇142.7毫米最大。连江县3个乡镇受强降雨影响受灾，受灾人口1122人，转移2873人，直接经济损失372万元，无人员伤亡。农作物受灾面积238公顷，经济作物损失15万元，农林牧渔业直接经济损失72万元。损坏护岸2处，损坏堤防2处，损坏灌溉设施4处，水利设施直接经济损失250万元。

【台风灾害】 2017年，第9号台风"纳沙"和第10号台风"海棠"相继于7月30日6时左右、31日2时50分在福清沿海登陆。受"纳沙"和"海棠"台风叠加影响，沿海地区普遍出现10～13级大风，福清高山站出现13～14级大风，以长乐石屏山风力45.7米每秒(14级)最大。出现暴雨到大暴雨，局部特大暴雨。7月29日8时至8月1日18时，有99个乡镇过程累积雨量超过200毫米，其中40个乡镇超过300毫米，9个乡镇超过400毫米，2个乡镇超过500毫米，以连江下宫乡546.6毫米最大。连江、长乐24小时降雨量分别为499毫米、412毫米，均突破当地历史极值；7月31日18时至8月1日18时，有18个乡镇24小时降雨量超过200毫米、2个乡镇超过300毫米，以连江县下宫乡352.8毫米最大，长乐江田335.6毫米次之。敖江支流牛溪发生超警洪水，8月1日1时45分朱公站最高洪峰水位47.35米，超警戒水位0.57米；敖江流域上游霍口溪发生超警洪水，洪峰水位105.57米，超警戒水位0.17米。受9号、10号台风强降雨影响，福州市12个县(市)区118个乡镇受灾，受灾人口2.7577万人，倒塌房屋67间，树木倒伏3449株，直接经济损失达2.0393亿元，其中农作物受灾面积4921.67公顷、成灾面积1618.8公顷，水产养殖损失1659.47公顷、0.54万吨，农林牧渔业直接经济损失1.05亿元；供电中断211条次，造成61.53万户低压用户停电；通信中断262条次，基站中断2899个(主要分布在福清、连江、长乐等地)；公路中断7条次，停产工矿企业7个，工业交通运输业直接经济损失0.55亿元；损坏堤防6处0.24千米，损坏护岸30处，损坏水闸9座，冲毁塘坝3座，损坏灌溉设施88处，损坏机电泵站8座，水利设施直接经济损失0.28亿元。

【防汛备汛工作】 2017年，福州市修编全市防汛防台风应急预案与2860个村级预案。编制完成市县两级防汛指挥图。完成福州市12座中型水库、106座小(1)型水库、318座小(2)型水库汛期防洪调度运用计划和防洪抢险应急预案审查审批工作。建立福州防汛微信公众号，福州市人民政府第二防汛防台风应急指挥系统安装完成并投入试运行。开展98场防汛常识技能培训和376场山洪地质灾害群众逃生避险演练。成立专业抢险队8支3434人、群专结合抢险队伍2251支44502人，组建市、县两级灾后恢复重建技术队伍394支、施工队伍367支。开展晋安区、马尾区、长乐区、闽侯县、福清市、连江县、罗源县、永泰县、闽清县等9个县(市)区2013—2015年山洪灾害非工程措施补充完善项目验收和连江崩溪、罗源洪洋溪山洪沟竣工验收，启动188个乡镇高清视频系统建设和闽清县山洪灾害调查评价成果率定工作。开展内河、易涝点水位监测、暴雨监测、灾害预警等监测预警系统建设工作和城区库、河、湖、闸、站联排联调信息化指挥平台、防汛科学指挥服务平台建设工作。市防汛抗旱指挥部组织召开会商会17次，启动防台风防暴雨应急响应23次，发出水库调度令4份，发出城区内涝、山区地质灾害、道路交通、地铁、建设工地、共享单车管理专项指令6份，应对9个台风、24场暴雨对福州市的影响。

(陈　嘉)

(编辑　周弭姣)

工 业

综 述

【概况】 2017年，福州市规模以上工业企业2236家，规模以上工业增加值完成2202.7亿元，比上年增长8.2%，增速提高0.5个百分点，居全省第3位。工业固定资产投资完成1489.6亿元，比上年增长6.6%，总量居全省第2位；其中技改投资完成996.2亿元，增长57.5%，增速居全省第1位。软件和信息技术服务业实现业务收入1175亿元，比上年增长16%。制定出台《关于扶持企业技术研发的四条措施》《关于加快物联网产业发展的三条措施》《关于贯彻省政府促进2017年全省工业稳增长调结构若干措施的实施意见》等一系列政策。举办10余场政策宣讲会，服务企业1000多家。精简流程、压缩时限，累计下达各类惠企资金3亿元，进度较往年提早3个月。重点加强龙头与高成长企业的运行监测和要素保障，69家省级制造业龙头企业实现产值2401.7亿元，比上年增长15%，高于全市平均水平3个百分点。全年累计工业用电比上年增长10.4%，增速提高7个百分点，高于全省平均水平3.8个百分点，居全省第2位。开展企业“好中差”情况综合研判，企业减停产面由2016年最高的36.5%下降到2017年末的21.7%，降低14.8个百分点。

【重点项目投资】 2017年，福州市经信委实施跟踪服务工业重点项目行动计划，全力推动工业项目加快建设。全年投资超过5000万元的项目396个，累计完成投资1221.8亿元，占全市工业固定资产投资的82%，京东方8.5代面板、东旭光电等57个项目全年完成投资超过5亿元，雪人磁悬浮离心机、罗源闽光60万吨高线升级改造、奋安铝业精加工铝型材等52个工业重点项目开工建设，京东方8.5代面板、申远聚酰胺一体化、中江石化年产35万吨聚丙烯等104个工业重点项目投产或部分投产。开展“招商2017”专项行动，跟踪对接京东方

表17 **2017年福州市规模以上工业企业主要产品产量情况表**

产品名称	产量	比上年增长(%)
发电量(亿千瓦时)	617.00	31.9
#火电(亿千瓦时)	269.40	37.0
水电(亿千瓦时)	72.63	-21.9
核电(亿千瓦时)	255.01	57.8
风力(亿千瓦时)	19.96	21.1
食用植物油(吨)	625064.00	2.8
纱(万吨)	295.41	5.9
化学纤维(吨)	4280312.00	1.3
人造板(立方米)	366110.00	6.1
皮革鞋靴(万双)	13097.60	0.0
塑料制品(吨)	1211152.00	10.2
水　泥(吨)	5885244.00	-4.7
花岗石板材(万平方米)	279.00	-98.6
钢(吨)	6056947.00	7.3
钢　材(吨)	8583582.00	9.0
铝　材(吨)	762484.00	-0.6
汽　车(辆)	191860.00	42.3
显示器(万台)	2914.45	-3.7
打印机(万台)	125.75	-14.8

说明：1. 统计数据出自《2017年福州市国民经济和社会发展统计公报》；
2. 发电量为全社会口径

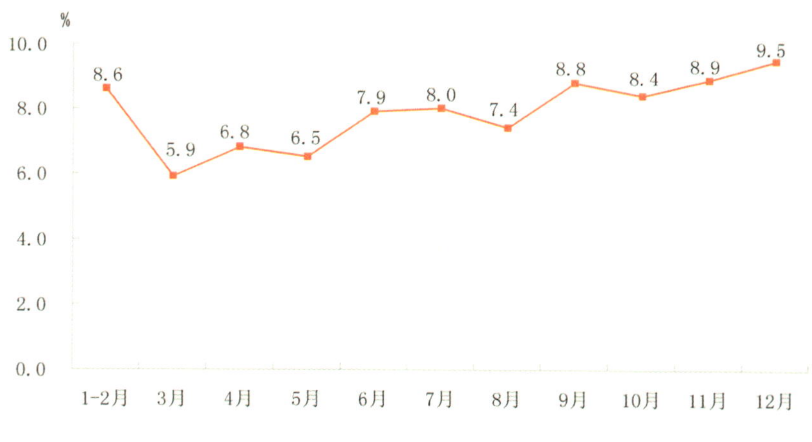

图 30　2017 年福州市规模以上工业增加值增长速度(月度同比)

2017 年 11 月 8 日,中国(福州)物联网产业促进中心在福州市马尾区揭牌
(邹家骅　摄)

柔性面板、康乃尔 MDI 等一批重大在谈项目。全年有中国电信东南信息园、凯邦锦纶年产 4 万吨高性能锦纶、山力化纤熔体直纺柔性化技改等 20 个招商项目落地,总投资 105.2 亿元。出台扶持工业企业技改五条措施、技改项目完工奖励、正向激励等多项政策;组织实施市级重点技改补助专项 3 批次,补助项目 52 个;首期 12.8 亿元省技改基金均完成签约,支持重点技改项目 13 个。

【工业动能转换】　2017 年,福州市推动传统产业转型升级,纺织化纤产业持续高速增长,万鸿纺织差别化锦纶、景丰科技聚酰胺超细化纤维、锦源纺织技改等项目建成投产,新型化纤原料供给大幅增加,化纤产品差别化率提升,国内一流、国际领先的纺织化纤产业基地基础进一步夯实。电子信息产业补短板提速,京东方、东旭光电等项目建成投产,加快新型显示产业的"填屏"进程,全年电子信息产业工业产值增速达 10.1%。石油化工产业链逐步完善,中景石化、中江石化、申远新材料等大型石化项目建成投产,聚丙烯、己内酰胺产能实现翻番。冶金建材产业加大传统生产工艺和流程的技术改造,加快延伸冶金下游精深加工产业,新增宝钢德盛、罗源闽光 2 家百亿元企业;机械制造产业规模效益提升,东南汽车累计销售 16.2 万辆,实现产值超 110 亿元,奔驰汽车累计销售超 2 万辆,产值比上年增长 119.1%。

加快发展新兴产业,全市高技术产业增加值 277.25 亿元,占规模以上工业增加值比重达 12.6%,比上年增长 9.4%。战略性新兴产业增加值 482.52 亿元,占规模以上工业增加值比重达 21.9%,比上年增长 7.2%。物联网产业发展提速,全国首个物联网开放实验室、福州物联网产业促进中心相继揭牌,中国(福州)物联网产业孵化中心动建,打造窄带物联网水务应用样板工程,举办第八届中国物联网大会,大会永久会址落地福州。大数据产业合理布局,全力打造中国东南大数据产业园区。园区总规划面积 10.19 平方千米,建成面积 1.6 平方千米,待开动面积 4.2 平方千米,总体布局为"三园一区",即健康医疗大数据产业园、VR 产业园、大数据融合产业园和融合创新支撑服务区。年内园区总对接项目 212 个,其中落地 87 个,在谈 62 个,有注册企业 133 家。

推动产业提质增效,实施质量品牌战略,新增全国质量标杆 1 个、省级 1 个,国家工业品牌培育试点企业 1 家,省级 7 家,4 个工业品牌入选中国 500 最具价值品牌。推进新一轮技术改造升级,6 个项目入选工信部 2017 年度技改升级导向计划。推动工业基础能力提升,9 个省级工业强基重点项目顺利实施。

【创新驱动战略】　2017 年,福州市强化创新体系建设,新增省级企业技术中心 10 个,数量居全省第一;新增国家工业设计中心 1 个,省级工业设计中心 1 个;新认定市级企业技术中心 9 个、市级工业设计中心 4 个。福耀玻璃、新大陆支付、力恒锦纶、升腾资讯 4 家企业被评为第二批工信部制造业单项冠军示范(培育)企业,数量居全省首位。联迪商用设备等 16 家企业被评为首批福建省制造业单项冠军企业(产品)。深化产学研对接,重点扶持 49 个产学研项目建设。利用"6·18"平台对接企业技术需求 50 个,实现项目对接 60 个。加强与在榕高校院所的对接交流,推动光电产业园、化工中试基地、荧光陶瓷产业化项目、新能源材料及器件联合实验室的落地实施。推进两化深度融合,福州市入选国家智能制造专项、试点示范项目数量和获得补助资金额均居全省前列。新增省级智能制造试点示范企业6家、智能制造样板工厂1家。工业化和信息化深度融合,列入工信部两化融合管理体系贯标试点企业15家,列入工信部两化融合管理体系贯标示范企业2家,数量居全省首位。

【工业供给侧结构性改革】 2017年,福州市加大去产能力度,促成福泰钢铁通过产能交易向外地转移50万吨产能,提前1年完成钢铁行业化解过剩产能任务,两年退出和压减钢铁(粗钢)产能合计100万吨。淘汰涉及"地条钢"落后产能2家企业(闽清盛鑫金属、长乐宏顺型材)。推动行业兼并重组,福建大东海实业集团有限公司正式破产重整鑫海冶金。

【中小企业服务】 2017年,福州市出台《福州市推动新一轮经济创新发展十项政策》并开展宣传贯彻工作。年内累计举办各类宣传贯彻活动10场,现场服务企业1000多家。与福州电视台、省广播电台、福州广播电台等媒体合作,参加福州新闻综合频道《民生面对面》《政风行风热线》等节目,详细解读政策,回答企业疑问。加强服务平台建设,建成中小企业公共服务平台及2个产业集群服务窗口,汇聚20多个优质服务机构,累计提供服务4500余次,服务企业2万余家次。开展中小企业示范平台培育工作,新增国家中小企业公共服务示范平台1个、国家小型微型企业创业创新示范基地1个、省级小型微型企业创业创新示范基地1个。至年底,累计培育国家级示范平台3个,省级14个;国家级"双创示范基地"2个,省级7个。建立健全中小微企业统计调查、监测分析制度,密切跟踪中小微企业发展情况。组织召开全市经信系统中小企业运行监测工作部署会,将年内新认定的39家"专精特新"中小企业纳入运行监测样本,并开展报送人员进行业务培训,督促企业报送数据及时、准确。强化中小企业示范平台服务情况跟踪与管理,组织召开中小企业服务机构工作会议,落实示范平台、基地运营情况季度统计报告制度。组织企业管理人员参加龙头企业和高成长企业高级经营管理人才培训班、企业高级经营管理人才研修班、"专精特新"企业高级经营管理人才培训班。举办中小企业法律风险防范专题培训班,50名中小企业高管参加为期两天的培训。

【园区建设】 2017年,福州市制订出台《关于完善市级重点工业园区体制机制的意见》《2017年度市级重点工业园区绩效管理工作实施方案》,落实9个市级重点工业园区整建制托管、干部交叉任职、财政支持新兴园区等措施。年内实施工业园区改造升级工程包项目22个,完成投资30.97亿元,超序时进度71.8个百分点。提升园区规模实力,福州市经济技术开发区、临空经济区、滨海工业集中区、融侨经济技术开发区4个园区产值超900亿元,福州经开区、融侨经济技术开发区、福州软件园3个国家级新型工业化产业示范基地在全省新一轮综合考评中包揽前3名。年内,制定出台《滨海新城临空经济区企业及项目准入的意见》和《关于进一步规范金山工业园区工业厂房改扩建的实施意见(试行)》。

(林 捷 范韩军)

表18 **2017年福州市工业设计中心名单**

级别	企业名称
国家级工业设计中心(1个)	德艺文化创意集团股份有限公司
省级工业设计中心(10个)	福建瑞达精工股份有限公司、福州宜美电子有限公司、祥兴(福建)箱包集团有限公司、考克(福建)工业设计有限公司、福州小神龙表业技术研发有限公司、福建歌航电子信息科技有限公司、东南(福建)汽车工业有限公司、福州盛世天工工业产品设计有限公司、福建创高安防技术股份有限公司、福建星网锐捷通讯股份有限公司
市级工业设计中心(11个)	福建睿能科技股份有限公司工业设计中心、福建福田服装集团有限公司工业设计中心、福建宝利特科技股份有限公司工业设计中心、茶花现代家居用品股份有限公司工业设计中心、好事达(福建)股份有限公司工业设计中心、福建恒杰塑业新材料有限公司工业设计中心、鸿盛家具(福建)有限公司工业设计中心、福州弘博工艺有限公司工业设计中心、福建联迪商用设备有限公司工业设计中心、福州尚飞制衣有限公司工业设计中心、福建星海通信科技有限公司工业设计中心

表19 **2017年福州市国家级企业技术中心名单**

序号	企业名称	序号	企业名称
1	福耀玻璃工业集团股份有限公司技术中心	3	福建新大陆科技集团有限公司技术中心
2	福建星网锐捷通讯股份有限公司技术中心		

表 20　**2017 年福州市省级企业技术中心名单**

序号	企业名称
1	福州天宇电气股份有限公司技术中心
2	福建福日电子股份有限公司技术中心
3	福建省福抗药业股份有限公司技术中心
4	福人集团有限责任公司技术中心
5	冠城大通股份有限公司技术中心
6	福建亚通新材料科技股份有限公司技术中心
7	福建捷联电子有限公司技术中心
8	福建嘉达纺织股份有限公司技术中心
9	国网福建省电力有限公司技术中心
10	福州海王福药制药有限公司技术中心
11	振云塑胶(福建)集团公司技术中心
12	福建实达电脑设备有限公司技术中心
13	福建省苍乐电子企业有限公司技术中心
14	中铝瑞闽股份有限公司技术中心
15	飞毛腿(福建)电子有限公司技术中心
16	福州市华冠针纺织品有限公司技术中心
17	日立数字映像(中国)有限公司技术中心
18	福州钜全汽车配件有限公司技术中心
19	福建富士通信息软件有限公司技术中心
20	东南(福建)汽车工业有限公司技术中心
21	福建恒杰塑业新材料有限公司技术中心
22	福建海源自动化机械股份有限公司技术中心
23	福建三元达通讯股份有限公司技术中心
24	福建财茂集团有限公司技术中心
25	福建南少林药业有限公司技术中心
26	福建榕基软件股份有限公司技术中心
27	福建省金得利集团有限公司技术中心
28	福建华科光电有限公司技术中心
29	福建光阳蛋业股份有限公司技术中心
30	福州百洋海味食品有限公司技术中心
31	福建邮科通信技术有限公司技术中心
32	福州高意科技有限公司技术中心
33	福建海壹食品饮料有限公司技术中心
34	福建省长乐市华源纺织有限公司技术中心
35	福建祥龙塑胶有限公司技术中心
36	福建瑞达精工股份有限公司技术中心
37	马尾造船股份有限公司技术中心
38	福建省凯特科技有限公司技术中心
39	福建顶点软件股份有限公司技术中心
40	福建仙芝楼生物科技有限公司技术中心
41	福建亚太建材有限公司技术中心
42	福建联迪商用设备有限公司技术中心
43	福建联合动力设备制造有限公司技术中心
44	福州德盛织染有限公司技术中心
45	福建福晶科技股份有限公司技术中心
46	福建雪人股份有限公司技术中心
47	福州福大自动化科技有限公司技术中心
48	福建省长乐市长源纺织有限公司技术中心
49	福建省冠林电子有限公司技术中心
50	福建锦江科技有限公司技术中心
51	福建国通信息科技有限公司技术中心
52	福州金飞鱼柴油机有限公司技术中心
53	鸿博股份有限公司技术中心
54	福建省金纶高纤股份有限公司技术中心
55	长乐力恒锦纶科技有限公司技术中心
56	福建天晴数码有限公司技术中心
57	福建中能电气股份有限公司技术中心
58	福建歌航电子信息科技有限公司技术中心
59	福州闽海药业有限公司技术中心
60	福建福铭食品有限公司技术中心
61	福建伊时代信息科技股份有限公司技术中心
62	祥兴(福建)箱包集团有限公司技术中心
63	福建思嘉环保材料科技有限公司技术中心
64	福州宜美电子有限公司技术中心
65	福州万德电气有限公司技术中心
66	福州瑞芯微电子有限公司技术中心
67	丽珠集团福州福兴医药有限公司技术中心
68	国脉科技股份有限公司技术中心
69	福建宝利特集团有限公司技术中心
70	福建天马科技集团股份有限公司技术中心
71	福州坤彩精化有限公司技术中心
72	福州小神龙表业技术研发有限公司技术中心
73	福建春伦茶业集团有限公司技术中心
74	福建省长乐市金源纺织有限公司技术中心
75	华映科技(集团)股份有限公司技术中心
76	福州日兴水产食品有限公司技术中心

续表 20

序号	企业名称	序号	企业名称
77	福建恒久集团股份有限公司技术中心	91	福建建华管桩有限公司技术中心
78	福建福光股份有限公司技术中心	92	福建福特科光电股份有限公司技术中心
79	福建鸿博光电科技有限公司技术中心	93	天一同益电气股份有限公司技术中心
80	海欣食品股份有限公司技术中心	94	福州明芳汽车部件工业有限公司技术中心
81	福建永强力加动力设备有限公司技术中心	95	恒锋信息科技股份有限公司技术中心
82	福州大北农生物技术有限公司技术中心	96	福州丹诺西诚电子科技有限公司技术中心
83	福建省大地管桩有限公司技术中心	97	福建博思软件股份有限公司技术中心
84	中富通股份有限公司技术中心	98	福州诺贝尔福基机电有限公司技术中心
85	闽榕茶业有限公司技术中心	99	福建世纪电缆有限公司技术中心
86	福州辰星药业有限公司技术中心	100	明一国际营养品集团有限公司技术中心
87	福建睿能科技股份有限公司技术中心	101	长乐聚泉食品有限公司技术中心
88	福建东龙针纺有限公司技术中心	102	嘉园环保有限公司技术中心
89	福州迈新生物技术开发有限公司技术中心	103	福建东南造船有限公司技术中心
90	福建奋安铝业有限公司技术中心	104	福建晟扬管道科技有限公司技术中心

机械冶金

【概况】 2017年,福州市机械制造及冶金建材行业完成产值2771.2亿元,其中机械制造行业有规模以上企业491家,完成规模以上工业增加值353.2亿元,比上年增长9.8%,增速提高3.9个百分点;完成规模以上工业总产值1605.2亿元,占全市规模以上工业总产值的16.9%。冶金建材行业有规模以上企业306家,完成规模以上工业增加值254.3亿元,比上年下降3.5%;完成规模以上工业总产值1166亿元,占全市规模以上工业总产值的12.3%。

【机械制造行业】 汽车制造业 2017年,福州市规模以上汽车及零部件企业100家(含整车生产企业),全年完成规模以上工业增加值91.3亿元,比上年增长21.5%,增速提高9.4个百分点;完成规模以上工业总产值417.7亿元,增长27%。整车产量超18万辆,比上年增长33.3%,其中东南汽车实现产值连续两年超百亿元;福建奔驰产值90亿元,增长1.19倍。

船舶工业 规模以上企业22家,完成规模以上工业总产值78.7亿元,比上年下降6.2%;完成规模以上工业增加值21.1亿元,下降5.3%,降幅减少25.1个百分点。其中福建省马尾造船股份有限公司依托马尾船政(连江)特种船舶项目加快转型升级,逐步摆脱困境,全年产值增速25.7%;公司研发的105米饱和潜水支撑船入选2017年福建省首台(套)重大技术装备。福建省东南造船厂产值比上年下降39.9%。

金属制品业 规模以上企业61家,完成规模以上工业总产值200.1亿元,比上年增长13.8%;完成规模以上工业增加值39.5亿元,增长12.4%。其中昇兴集团股份有限公司产值比上年增长15%,福州德通容器有限公司产值增长19%。

通用设备制造业 规模以上企业75家,完成规模以上工业总产值135.5亿元,比上年下降0.3%;完成规模以上工业增加值30.7亿元,下降8.7%。其中福建佳新创辉集团有限公司产值比上年增长29.9%;福建兴航机械铸造有限公司大型精加工及智能成套设备生产线技改项目获评福建省智能制造试点示范项目。

专用设备制造业 规模以上企业71家,完成规模以上工业总产值135.9亿元,比上年增长13.1%;完成规模以上工业增加值37.5亿元,增长17.3%。福建省鑫港纺织机械有限公司研发的全电脑带压纱板高速多梳栉提花经编机XGHF83/1/32(268英寸)被评为2017年福建省首台(套)智能制造装备;福建海源自动化机械股份有限公司研发的HE750/4000全自动LFT-D模压生产线、福建天骏工业有限公司研发的H-GLC800/2×300系列滚切式连续采挖机入选2017年福建省首台(套)重大技术装备。

电气机械及器材制造业 规模以上企业127家,完成规模以上工业总产值503.9亿元,比上年增长6.7%;完成规模以上工业增加值96.1亿元,增长4.1%。其中,建明辉电力系统有限公司产值比上年增长8%,福州大通机电有限公司产值增长30.1%。

仪器仪表制造业 规模以上企业37家,完成规模以上工业总产值86亿元,比上年增长10.2%;完成规模以上工业增加值24.3亿元,增长15.5%。其中福建上润精密仪器有限公司产值比上年增长6.5%,公司牵头的高精度硅压力传感器技术研究与产业化开发项目获国家高技术研究发展计划立项,在建的国内首条年产万套的高端产品生产线,将推动高精度硅压力传感器国产化进程,实现世界顶尖技术量化生产。

金属制品、机械和设备修理业 规

2017年11月15日，宝钢德盛不锈钢有限公司举行产值超百亿元冷轧产品出厂仪式
（刘其燚　摄）

模以上企业8家，完成规模以上工业总产值47.3亿元，比上年增长34.6%；完成规模以上工业增加值12.8亿元，增长29.4%。其中云集（福建）实业有限公司产值比上年增长20.2%。

【冶金建材工业】　黑色金属冶炼及压延加工业　2017年，福州市有规模以上企业36家，完成规模以上工业总产值534.2亿元，比上年增长42.3%；完成规模以上工业增加值106.4亿元，增长13.1%，增速提高25.3个百分点。推进供给侧结构性改革，促成福泰钢铁通过产能交易向外地转移50万吨产能，提前1年完成钢铁行业化解过剩产能任务，两年累计退出和压减钢铁（粗钢）产能100万吨。淘汰涉及"地条钢"落后产能闽清盛鑫金属、长乐宏顺型材2家企业。福建大东海实业集团有限公司重整鑫海冶金。新增2家百亿企业宝钢德盛、闽光钢铁。其中宝钢德盛不锈钢有限公司产值比上年增长44.9%，福建罗源闽光钢铁有限责任公司产值增长120.4%。

有色金属冶炼及压延加工业　规模以上企业15家，完成规模以上工业总产值216.5亿元，比上年增长10.7%；完成规模以上工业增加值31.5亿元，增长5.7%。其中中铝瑞闽股份有限公司产值比上年增长16.2%，公司高端铝合金功能材料智能制造新模式入选2017年国家级智能制造综合标准化与新模式应用项目，并获评2017年福建省智能制造试点示范企业。

非金属矿物制品业　规模以上企业255家，完成规模以上工业总产值415.2亿元，比上年下降10.9%；完成规模以上工业增加值116.4亿元，下降14.7%。其中福建宝丰管桩有限公司产值比上年增长8.9%，福耀玻璃工业集团股份有限公司产值下降25.8%，金强（福建）建材科技股份有限公司产值增长26.1%。

（鲍建森）

电力工业

【概况】　2017年，福州地区全社会用电量416.10亿千瓦时，居全省第二位，比上年增长10.30%，增速居全省第二位。第一、二、三产业和居民生活用电分别为5.86亿千瓦时、240.26亿千瓦时、80.02亿千瓦时、89.95亿千瓦时，分别比上年增长6.09%、10.93%、11.53%、7.86%。连江、福清地区增幅居前，分别为31.88%和20.23%。

【电力供应】　2017年，福州供电区域面积1.21万平方千米，供电人口727万人，供电户数325万户。福州地区电网拥有220千伏变电站36座，主变73台，变电容量1410.0万千伏安，220千伏输电线路2209.8千米，其中电缆线路71.79千米。110千伏变电站134座，主变255台，变电容量1176.2万千伏安，110千伏输电线路2606.14千米，其中电缆线路295.71千米。35千伏变电站32座，主变56台，变电容量45万千伏安，35千伏输电线路692.65千米，其中电缆线路26.88千米。10千伏线路长度1.7万千米。

【电网建设】　2017年，福州市完成2018—2022年电网规划滚动修编，编制滨海新城电网发展规划。投产送电110千伏百户等42项输变电工程，全年新增35千伏及以上输电线路281.1千米、变电容量135.8万千伏安。国家电网公司将福州纳入"世界一流城市配电网"建设试点城市，鼓楼、台江63条支路实现缆化，全地区供电可靠率提升至99.912%，其中城市用户供电可靠率99.979%，农村用户供电可靠率达99.893%。城区用户年平均停电时间缩短至1.84小时，农村用户年平均停电时间缩短至9.37小时。

【新农村电气化建设】　2017年，福州市实施农网改造升级工程，全年完成投资9.85亿元，新增农网、小城镇（中心村）等项目如期竣工，新建改造10千伏配变993台、线路717.4千米，户均容量提升12%，低电压、超重载台区分别比上年下降24.2%、26.7%。投入4.03亿元提升电网防灾能力，完成72座易涝地下站房搬迁，312座配电站房防水改造，沿海地区增设窄基塔1009基，增立水泥杆1420基，补打防风拉线3408组。

【电力技术创新】　2017年，福州市新一代电力调控系统上线运行。29座变电站实现全遥控操作，3座试点变电站实施"一键式"顺控。开展配网不停电作业方式1825次。实施"先复电后抢修"，抢修时长比上年下降16.73%。鼓励新能源并网发电，优化分布式光伏发电并网审批流程，推动清洁能源发电量比上年增长12.59%，全市并网风电装机61万千瓦，占全省风电总量的30%，全年累计消纳电量1.39亿千瓦时。推广以电代柴、以电代煤以及港口岸电、空港陆电等电能替代项目，服务电动汽车发展，实现替代电量16.6亿千瓦时。

【电力安全生产】　2017年，福州市完善市县两级电力综合安全执规体系，编

表 21　　2017 年福州地区全社会用电量情况表

地区	全社会用电量（亿千瓦时）	增长率（%）	工业用电量（亿千瓦时）	增长率（%）
市区	133.50	6.11	32.43	-7.68
长乐	94.06	6.43	78.27	7.28
福清	71.61	20.23	48.35	26.88
罗源	35.58	6.69	30.85	7.38
闽侯	37.30	13.70	18.02	12.21
连江	23.60	31.88	12.11	66.43
闽清	11.95	3.84	8.08	-0.05
永泰	8.49	6.80	5.22	11.32
全市	416.10	10.30	233.33	10.57

制岗位人身安全风险防控手册，实施作业人员“定人定帽”二维码管理。开展安全生产大检查、电力建设工程安全年等活动。完成新区变等 32 座变电站整站、半站集中检修。推进配网设备“两排查一整治”。全面开展信息网络安全综合治理工作。完成“三合一”会议保电等一系列重大会议活动保电和“纳沙”“海棠”双台风抢修复电，累计实现连续安全生产 3835 天。

【客户服务】　2017 年，国网福建省电力有限公司福州供电公司主动对接“攻坚 2017”、民生领域补短板等重点工作，为市政重点工程开辟用电“绿色通道”，定制个性化服务、提速供电方案审批、提供延伸服务等 12 项对接措施。联合服务中心“一口对外”实现 13 项业务“一趟不用跑”、10 项业务“最多跑一趟”，流程提速 35.6%，保障 156 个重大项目快速落地，98 个重点项目提前送电。推动营销服务覆盖所有乡镇，全市设置营业网点 136 个，配置窗口服务人员 442 人。推进老旧小区配电设施“一户一表”改造，累计投资 2.36 亿元，改造 3.71 万户。

（许　璠）

医药化工

【概况】　2017 年，福州市生物医药行业完成规模以上工业总产值 83.3 亿元，比上年下降 9.5%；完成规模以上工业增加值 21.2 亿元，比上年下降 7.2%。石油化工行业规模以上企业 64 家，完成规模以上工业总产值 309.8 亿元，比上年增长 36.4%；完成规模以上工业增加值 82.2 亿元，比上年增长 10.3%。

【生物医药工业】　2017 年，福州市生物医药工业主要子行业包括化学制药、中药工业、医疗器械和生物制药业，有规模以上企业 30 家，完成规模以上工业增加值 22.9 亿元，比上年下降 7.2%。形成以福抗药业、丽珠福州福兴医药为代表的原料药生产（发酵生产工艺）企业；以迈新生物、金山生物制药、博奥医学、大百特科技等为代表的基因工程药物、基因诊断试剂的生产企业；以北京同仁堂、海王金象、金陵药业福州梅峰制药厂、南少林药业、麝珠明眼药、闽海药业、回春中药饮片厂、屏山制药等为代表的中药及天然药物生产企业；以梅生医疗、丽声助听器、福州大学科技开发总公司等为代表的医疗器械、生物医学分析仪器、生物应用软件生产企业。

【石油化学工业】　石油加工及炼焦业　2017 年，福州市规模以上企业 5 家，完成规模以上工业总产值 33.7 亿元，比上年增长 47.8%；完成规模以上工业增加值 7.5 亿元，增长 23.1%。其中，福建中源新能源股份有限公司产值比上年增长 7.9%。

化学原料及化学制品制造业　规模以上企业 59 家，完成规模以上工业总产值 276.1 亿元，比上年增长 35.1%；完成规模以上工业增加值 74.7 亿元，增长 9.2%。产业链逐步趋于完善，中景石化、中江石化、申远新材料等大型石化项目陆续建成投产，聚丙烯、己内酰胺产能实现翻番。中江石化、申远新材料 2 家新投产企业新增产值超 40 亿元，天辰耀隆、中景石化累计新增产值均超 5 亿元。福建申远新材料有限公司聚酰胺纤维全产业链生产数字化工厂入选 2017 年国家级智能制造综合标准化与新模式应用项目，己内酰胺智能制造数字化车间项目获评 2017 年福建省智能制造试点示范项目。

（郑桓　鲍建森）

轻纺工业

【概况】　2017 年，福州市轻纺工业规模以上企业 1179 家，累计完成工业增加值 1050.6 亿元，比上年增长 10.1%，工业增加值占全市的 47.7%，经济总量继续位居 6 个行业之首。年内，工业和信息化部发布第二批全国制造业单项冠军企业和单项冠军产品名单，其中长乐力恒锦纶科技有限公司获评单项冠军示范企业；福建锦江科技有限公司（聚酰胺纤维）、长乐市长源纺织有限公司（化纤短纤维）、福建省鑫港纺织机械有限公司（多梳栉拉舍尔经编机）获评福建省制造业单项冠军企业，长乐恒申合纤科技有限公司(氨纶丝)获评福建省纺织行业单项冠军产品。长源纺织的“皓光”牌、“长源”牌纱线均为中国棉纺织行业“最具影响力产品品牌”。福建坤兴海洋股份有限公司、闽榕茶业有限公司、长乐聚泉食品有限公司、明一国际营养品集团有限公司等获“2016—2017 年度全国食品工业优秀龙头食品企业”称号。

【纺织工业】 2017 年,福州市有规模以上企业 491 家,完成规模以上工业增加值 640.6 亿元,比上年增长 7%,占全市规模以上企业工业增加值的 29%,位居全市八大产业首位。其中纺织业企业 269 家,实现规模以上工业增加值 234.5 亿元,比上年增长 7.6%;化学纤维制造企业 31 家,实现规模以上工业增加值 147.6 亿元,增长 3.3%;毛皮、羽绒制造企业 125 家,实现规模以上工业增加值 217.3 亿元,增长 8.8%;服装企业 66 家,实现规模以上工业增加值 41.1 亿元,增长 6.7%。

【轻工食品业】 2017 年,福州市有规模以上企业 688 家,完成规模以上工业增加值 410 亿元,比上年增长 10.8%,位居全市八大产业第二位。其中,食品业规模以上企业实现规模以上工业增加值 203.9 亿元,比上年增长 6.7%;其他轻工规模以上企业 408 家,实现规模以上工业增加值 206.1 亿元,增长 9.6%。食品业规模以上企业中,农副食品加工业企业 189 家,实现规模以上工业增加值 142 亿元,比上年增长 12.4%;食品制造业企业 56 家,实现规模以上工业增加值 29 亿元,增长 7.8%;饮料制造业企业 35 家,实现规模以上工业增加值 32.9 亿元,增长 5.4%。

【龙头企业】 2017 年,福州市金纶高纤、恒申合纤工业总产值分别比上年增长 10%、7.2%,成为化学纤维制造业两家超百亿元企业。景丰科技(产值比上年增长 86%)、泰源纺织(产值比上年增长 49.7%)等企业依托技术改造转型升级,增速在行业中名列前茅。棉纺行业克服原料价格波动影响和经济下行压力,总体运行稳中有升,金源集团、经纬集团产值超百亿元,长源纺织、锦源纺织、长乐二棉、翔隆纺织等 10 家企业年产值超 20 亿元。福建元成豆业有限公司工业总产值比上年增长 11.1%,祥兴(福建)箱包集团有限公司工业总产值增长 6.5%。

【重点项目】 2017 年,福州市纺织行业实施重点项目 45 个,万鸿纺织年产 9 万吨差别化锦纶纤维项目、景丰科技年产 53000 吨聚酰胺超细化纤维节能加弹建设项目等竣工投产;轻工行业实施重点项目 22 个,祥兴箱包年产 800 万只箱包项目、和盛塑业电力用表箱及井盖生产项目竣工投产;医药行业实施重点项目 5 个,海王福药创新药产业化项目、丽珠集团福州福兴医药产品升级改造项目顺利推进。

【技术进步】 2017 年,福州市明一国际营养品集团有限公司、长乐聚泉食品有限公司、福建晟扬管道科技有限公司 3 家企业被认定为省级企业技术中心;福州尚飞制衣有限公司被认定为市级工业设计中心;福州开发区正泰纺织有限公司、福建省宏港纺织科技有限公司 2 家企业获评市级企业技术中心。

【企业智能化改造】 2017 年,福州市围绕“中国制造 2025”发展新趋势,推动企业智能化改造,建立智能工厂和数字车间,发展智能装备,实现智能生产。年内,爹地宝贝股份有限公司新一代超薄芯纸尿裤集成化智能工厂建设项目被评为省级智能制造样板工厂(车间)示范项目;爹地宝贝股份有限公司、长乐恒申合纤科技有限公司被列入福建省智能制造试点示范企业;福建省鑫港纺织机械有限公司全电脑带压纱板高速多梳栉提花经编机 XGHF83/1/32 项目入选 2017 年福建省首台(套)智能制造装备。福建绿欧家居有限公司(无醛防潮型定制家具的研发及产业化)、福州春晖制衣有限公司(新型多功能消防战斗服的研发及产业化)、福州路雅鞋业有限公司(新型环保、高回弹力蛋卷鞋的研究开发)、福建祥龙塑胶有限公司(高性能建筑用屋面彩塑瓦共性关键技术研发及产业化)、鸿盛家具(福建)有限公司(多功能组合式公寓床的工艺及产品研发与产业化)、福建福铭食品有限公司(烘烤型即食罗非鱼片生产工艺研究及产业化)等企业获市级产学研资金补助支持。

(王建宁 颜芳华 郑 桓)

工艺美术行业

【概况】 2017 年,福州市工艺美术行业规模以上企业 119 家,完成产值 216 亿元,比上年增长 5.3%;完成出口交货值 103 亿元,增长 9.7%。8 月 12 日,福州市政府成立福州漆艺产业发展工作小组,组长由市委副书记、市长尤猛军担任,副组长由副市长阮孝应、李春担任,成员由市政府办公厅、市经信委等 15 个部委、办、局领导及国企、院校、协会领导兼任。工作小组下设办公室,挂靠市经信委开展工作,办公室主任由经信委主任兼任。年内结束前期调研,正在编写福州市漆艺产业保护发展规划。

【工艺美术人才培养】 2017 年,福州市突出重点抓工艺美术行业的工作指导和传统技艺传承、创新人才的队伍建设,协调内部矛盾,加强行业自律,同时继续抢救濒危技艺,扶持重点项目,促进行业的有序发展。年内,工艺美术行业有 12 人被评为省级非物质文化遗产传承人,17 人被评为市级非遗传承人,17 人被评为区级非遗传承人。推荐 7 名艺人参加第七届中国工艺美术大师评选,推荐 89 名艺人参加第五届福建省工艺美术大师评选,推荐 65 名艺人参加第五届福建省工艺美术名人评选。年内,国家标准化协会、国家传统文化和传统工艺发展工程工作委员会授予福州守望传统文化艺术有限公司、福州传统工艺传习中心“传统工艺示范基地”牌匾。

10 月,第二十四届工艺美术“如意杯”创新设计大奖赛在南后街举办,有 300 多件作品报名参赛。大赛评出金奖 6 名,银奖 12 名,铜奖 18 名,最佳创意奖 2 名,以及最高人气奖 3 名。市木雕行业协会举办“闽匠杯”木雕创新大奖赛,评出特等奖 1 名,金奖 5 名,银奖 10 名,铜奖 15 名,获奖作品参加“如意杯”大奖赛评选。

【工艺美术行业重大活动】 2017年2月,福州脱胎漆器行业协会进行换届;7月,福州市旅游职业中专学校成立"工艺美术非遗研究中心";8月,寿山石鉴定中心组织社会学者、行业专家调研寿山石矿藏,为编写《寿山石鉴定手册》做前期准备;9月,市经信委牵头省社科院、市政府经研中心等专家赴江苏扬州、陕西西安、甘肃天水等地调研中国漆器行业的发展状况和保护措施;11月,福州市首开先河,带领四大名石产区在深圳市国风艺术馆举办第十三届国石雕刻艺术展;12月,文化部非遗司与省非遗中心联合开展摄制国家级非物质文化遗产代表性传承人、中国工艺美术大师郑益坤和吴学宝的技艺纪录片工作。

【工艺美术展会活动】 2017年,福州寿山石行业协会、福州脱胎漆艺协会、福州木雕行业协会、福州西园软木画协会等组织重点企业和协会会员,参加第十二届中国(莆田)海峡工艺品博览会、第十五届中国工艺美术博览会、2017厦门海峡文博会、第九届福建省"争艳杯"工艺美术大奖赛、"5·18"福州二十一世纪海上丝绸之路展、2017年寿山石精品拍卖会、第二届"匠心神韵"中国寿山石青年创新大赛暨十大新锐雕刻青年活动、亚洲漆艺展、第14届中国工艺美术博览会暨古典家具收藏品博览会以及杭州工艺美术博览会等活动。

(陈国光)

城镇集体工业

【概况】 2017年,福州市城镇集体工业完成工业总产值1005亿元,比上年增长3.05%;完成工业增加值327.2亿元,增长9.61%。联合社所属行业17家企业的17个项目列入福州市2017年工业重点项目,总投资25.39亿元,其中塑胶类总投资20.18亿元,家具类总投资1.16亿元,鞋革箱包类总投资4.05亿元。福建恒杰塑业新材料有限公司、福建思嘉环保材料科技有限公司、鸿盛家具(福建)有限公司、福建宝利特科技股份有限公司和福建亚通新材料科技股份有限公司被认定为福建省高新技术企业。

【产学研工作】 2017年,福州市城镇集体工业联合社所属行业有5家企业及其项目列入2017年市级产学研项目,包括福州路雅鞋业有限公司、三明学院海峡动漫学院"新型环保、高回弹力蛋卷鞋的研究开发";福建宝利特科技股份有限公司、福州大学材料科学与工程学院"高性能环保超纤革共性关键技术研发及产业化";福建友和胶粘科技实业有限公司、闽江学院化学与化学工程系"特种基材苯丙乳液涂布胶粘带的研发及产业化";福建祥龙塑胶有限公司、福建省功能材料技术开发基地"高性能建筑用屋面彩塑瓦共性关键技术研发及产业化";鸿盛家具(福建)有限公司、福建农林大学艺术学院"多功能组合式公寓床的工艺及产品研发与产业化"。

【塑胶行业技术创新中心】 2017年,福州市塑胶行业技术创新中心联合中石化北京市场营销研究所,走访调研全市塑胶行业发展情况并探讨新形势下塑胶企业转型升级的总体框架,为塑胶企业出谋划策。开发5项新产品及配方工艺设计,提供检测化验、咨询服务280多项次。为高等院校提供实训基地,联合培养高分子材料专业学生60多人次。组织30多家塑胶企业参加2017国际橡塑展。

【名牌战略】 2017年,福州市城镇集体工业联合社系统有福建闽森家具有限公司"闽森牌木家具"、好事达(福建)股份有限公司"好事达、Homestar牌木制家具"、福州宝恒家具有限公司"DOUBLE TREES+图形牌木制家具"等14家企业拥有17个福建名牌产品;有福州闽荣鑫家具有限公司"闽荣鑫"、福州美丰鞋业有限公司"FM及图"、福州路雅鞋业有限公司"蛋卷鞋及图"等22家企业拥有23个福建省著名商标。

【企业改革改制】 2017年,福州市城镇集体工业联合社直属10家涉迁企业参与福州市"攻坚2017"行动。市电容器厂、市提升机械厂、市电镀厂等企业按照职代会或职工大会通过的方案实施开展改制工作,其中电容器厂、提升机械厂2家企业完成在册职工安置、退休人员补偿,偿还内外债等工作,安置工作基本完成。市电镀厂安置方案在10月底获得批复,11月开展职工安置工作。市铝材厂、市塑料橡胶厂列入台江区红星片区改造工程,编制企业安置方案。市人民造纸厂、市化工汽车队、市毛纺织厂等3家完成企业改制工作,其中市人民造纸厂、化工汽车队2家企业移交市属集体服务中心管理,市毛纺织厂移交市棉纺联社代管。

【企业服务协调】 2017年,福州市城镇集体工业联合社编印《联合社规章制度汇编》,内容涵盖改革、党建、廉政、资产管理等10项规章制度,并印发给各直属单位。规范已改制企业留守处负责人聘用程序,年内对福州市时代服装厂等30家已改制企业负责人实行聘任制管理。推进"服务企业123机制"党建品牌,帮助企业解决存在的问题与困难。通过困难救济、医保补助等渠道帮扶困难职工。

(于孙墩)

(编辑 周弭妓)

建筑业管理

【概况】　2017年，福州市完成建筑业总产值3581.5亿元，比上年增长16.5%，产值总量居全省第一；实现建筑业增加值698.2亿元，增长12.3%，增加值总量约占全省1/4，居全省第一，增幅居全省第三。完成房地产开发总投资1619.94亿元，比上年增长2.6%。

【建筑市场管理】　2017年，福州市建委与市信用办联合发布《关于在房建和市政建设工程项目施工、监理招投标中试行使用第三方信用报告的通知》，在全省首创在房建和市政建设工程项目施工、监理招投标中使用第三方信用报告，推进福州市建筑市场信用体系建设。出台《关于福州市建筑市场实行负面清单管理的实施意见（试行）》，在全省率先尝试实行负面清单管理，规范建筑市场。在全省率先全面推广农民工实名制，规范用工管理，为全省全面推广农民工实名制管理奠定基础。发布《关于对建筑领域严重失信行为实行联合惩戒的实施细则》，对在建筑领域存在严重失信行为的责任主体与相关单位实行联合惩戒。

【装配式建筑】　2017年，福州市装配式建筑项目完成投资17.59亿元。在全省率先出台《福州市人民政府关于加快发展装配式建筑的实施意见》，推动装配式建筑项目开工建设，开工装配式建筑项目面积86万平方米，居全省第一位。投产生产基地数量占全省一半以上，均入选国家级装配式建筑产业基地，包括福建建工集团有限责任公司、中建科技有限公司、福建博那德科技园开发有限公司、福建鸿生高科环保科技有限公司、金强（福建）建材科技股份有限公司。

【建筑节能和绿色建筑】　2017年，福州市开展建设行业BIM应用试点，福州市强制医疗所等33个项目被列为省级试点。启动国家第二批公共建筑节能改造重点城市试点。按绿色建筑设计的新建建筑面积占新建建筑的73%，福州市绿色建筑发展居于全省前列。在政府投资公益性项目、10万平方米以上住宅小区、大型公建、保障性住房及海峡奥体片区新建建筑全面推广绿色建筑。“福州绿色生态城区绿色建筑适宜性技术研究”中期成果通过专家评审，完成屋顶绿化、建筑通风等适宜的生态城区绿色建筑关键技术研究。

【建筑工程招标】　2017年，福州市依法监督房屋建筑和市政基础设施工程招投标项目376个，建筑面积193.39万平

2017年8月9日，采用装配式构件的福州市强制医疗所项目实现首吊
（市建委　供）

方米,中标价102.83亿元,节约投资12.16亿元,投资节约率11.82%。处理行政处罚案件27件,依法对13个投标人的违法行为予以行政处罚。组织工程招标代理机构从业人员岗位资格学习考试976人次。

【建设工程质量监管】 2017年,福州市落实“双随机一公开”监管机制,开展“双随机”监督检查826次,发出工程质量隐患整改通知书936份,工程监管考评完成率100%。开展全市工程质量安全大检查大提升行动及工程质量通病专项整治行动,提升工程性能,打造精品工程。全市获得“榕城杯”工程127栋、市级优良工地项目65个,获得“闽江杯”工程13个、省级优良工地项目33个,获评国家级“建设工程项目施工安全生产标准化工地”3个,获评“鲁班奖”工程1个。开展城区水系综合治理质量监管工作,抽调质量监督专业技术人员总数的78%驻点一线开展质量监督检查工作。严格监管工地扬尘,对在建工地网格化监管;探索建立工地PM_{10}、$PM_{2.5}$数值多级预警监管机制,巩固“福州蓝”。

【地铁工程质量监管】 2017年,福州市把控地铁1号线二期、2号线、6号线18个施工标段的实体质量和安全文明施工,保障地铁工程建设。开展“双随机”动态监管考评,完成率100%,检查地铁在建工地80项次,发出责令改正通知单73份,排查隐患491处;开展专项整治及质量安全文明提升行动,重点抽查涉及主体结构安全和主要使用功能的部位以及施工现场重大危险源的内业控制资料、工程质量行为,同时委托第三方机构抽测实体及结构材料力学性能;利用远程监控系统对地铁施工现场的进度、文明施工、安全作业等进行实时监控;通过“福建省建设工程项目信息交互平台”,对施工资料进行实时管理。

【工程造价管理】 2017年,福州市参与2017年版《福建省建筑与装饰工程预算定额》等8套新定额编制,主编《福建省建筑与装饰工程预算定额》《福建省通用安装工程预算定额》《福建省古建筑保护修复工程预算定额》,配套编制建筑与装饰专业工程量计算规范福建省实施细则、2017版福建省混凝土、砂浆等半成品配合比等。采集、编制、审核及发布《2017年福州市建设工程材料价格》年刊7册,刊登材料价格信息约10万条。完成施工企业合同履约评价1131次,评价率100%。完成全市111家造价咨询企业(含分支机构)的专项治理检查工作。

【建设项目审批服务】 2017年,福州市建委29个大项、43个细项服务事项全部入驻市行政服务中心,实现审批服务事项100%入驻,完成“三集中、两到位”改革。全年受理量18479件,办结率100%。建立“绿色通道”,重大项目审批提前介入、上门服务、全程代办;一般项目主动协调。简化程序,将“串联式”审批改为“并联式”审批,对攻坚项目即报即批,其他项目压缩时间30%。增值服务按照服务无缝隙、工作无缺位要求,提供多层次代办服务。查缺补漏,及时整改,规范管理制度。

【房地产开发企业资质检查】 2017年,福州市完善房地产企业动态监管机制,建立健全房地产开发企业资质差异化制度建设,对房地产开发企业区分红色、黄色和绿色三类实行差异化资质管理,依托省厅房地产管理信息系统在资质检查中实行无纸化申报,完成502家企业的转正升级、延续、资质检查工作,其中暂定延续、核定及升级48家;资质检查454家,其中通过检查413家,注销房地产开发资质41家。

【城建档案管理】 2017年,“福州市数字城建档案管理系统”正式投入使用,实现城建档案业务管理信息化。核发《福州市建设项目档案审查意见书》134项,出具市政基础设施工程档案移交清单11项,接收福机第一生活区及新村一里限价房工程、奥体阳光花园一期等建设项目档案176项,整理入库档案2775卷。接待查档1473人次,调阅档案3496盒。

【建筑专业人才培训】 2017年,福州市完成“八大员”、安管人员、特种作业人员、监理人员、专业技术人员、职业技能鉴定等人员培训,其中继续教育网络培训22344人,继续教育面授3537人;各类延期10531人;岗位培训8154人;组织开展全省统一考试14126场;发证20926本;建筑普通工种职业技能鉴定1934人。

(黄金寿)

房地产业管理

【概况】 2017年,福州市商品房销售(网上签约口径,下同)面积1174.17万平方米,销售金额1293.14亿元,分别比上年下降3.3%、6.64%;二手房成交71294套,面积681.7万平方米,分别增长7%和4.8%。新增商品房预售批准面积945.74万平方米,比上年增长7.7%,其中住宅批准面积622.18万平方米,增长20.68%。商品房库存面积885.25万平方米,比2015年底减少723.75万平方米,下降45%,去化周期10.39个月。完成房地产开发投资1694.18亿元(含平潭),比上年增长0.9%。完成房地产业增加值386.21亿元,比上年增长15.2%。

【房地产新政】 2017年3月28日,福州市出台《福州市人民政府办公厅关于进一步加强房地产市场调控的通知》,五城区户籍居民家庭在福州市五城区拥有一套住房,购买第二套住房商业性住房贷款首付比例不低于50%;自3月29日起,五城区户籍居民家庭购买第二套住房,非五城区户籍居民家庭购买第一套住房,取得不动产权证未满2年的,不得上市交易,不得办理转让公证手续。11月28日,出台《福州市人民政府办公厅关于贯彻落实省政府房地产市场调控八条措施的意见》,提出加快推进棚户区改造工作、加大土地供应力度、完善多层次租赁住房供应体系、启动共有产权住房建设、加大促开工促销售工作力度5条措施,明确2017年启动建设4.93万套443.63万平方米安置型现价商品房,2018—2019年继续建设4.4万套400万平方米,市本级公开出让用地竞买保证金不低于底价的30%，全额土地出让金支付期限不高于3个月。启动共有产权住房建设，共有产权住房产权比例为购房人60%、政府40%，政府产权份额由市国有房产中心持有，销售价格以周边2千米范围内普通商品住房平均价格为基础，结合购房人所占产权比例予以折扣后确定，套型比例以90平方米以下中小套型为主。

【商品房销售政策】　2017年，福州市实行商品房价格备案制度，新建商品住宅项目首次开盘申请价格备案按照同区域、同品质、同类型项目备案均价确定首次备案价格，同一批次房源应当在批准商品房预售许可后10天内一次性全部公开对外销售，并按照“一房一价”的明码标价规定，在经营场所醒目位置公示所有批准预售房源的销售价格及相关信息。非福州市五城区户籍居民家庭不得通过补缴个人所得税或社会保险取得五城区购房资格。业主或房地产中介机构公开发布的二手房出售信息必须标明房源信息编码，二手房办理网签必须具备房源信息编码。房产中介机构接受二手房出售委托前，应按照规定核验房地产权属证明，通过市不动产登记和交易中心二手房网签平台核实房地产的权属状况，取得房源核验信息编码。房产中介机构未取得房源信息编码，或不符合交易条件的房源，不得接受交易委托，不动产登记机构不予办理二手房网签备案手续。

【房地产市场管理】　2017年，福州市开展房地产市场专项巡查整规活动，检查房地产开发企业和中介机构135家，其中停业整顿26家，责令整改21家。建立楼盘跟踪监管机制，建立楼盘联系人制度，对市区新批商品房预售项目派员进驻楼盘销售现场，实施现场监管，对34个房地产项目开盘销售情况开展驻场监督。发展住房租赁市场，11月23日，福州市人民政府与建设银行福建省分行开展住房租赁战略合作，签订战略合作协议，依托金融机构资金优势，提供200亿元优惠利率贷款，支持发展社会租赁住房业务。12月16日，“福州市住房租赁监管服务平台”上线运行。推动专业化社会化机构经营住房租赁业务，全市有5家大型住房租赁企业，其中市国有房产中心管理各类保障性租赁房源1.3万套65万平方米，4家民营企业持有社会化租赁住房1700套6.9万平方米。

【住房保障】　2017年，福州市制定出台《关于完善公共租赁住房和社会租赁住房保障体系实施意见》，扩大住房保障范围，实行分类保障，公共租赁住房保障对象增加中等收入住房困难家庭（B型保障对象），申请人应取得福州市五城区居民户籍，或为在五城区稳定工作，且累计缴纳社保满3年的一般务工人员，或为具有全日制本科及以上学历、中级以上（含中级）职称的技术人员、技师以上（含技师）的技能型人员，且缴纳社会满1年的专业技术人员；社会租赁住房供应对象为B型保障对象和具有硕士以上学历或具备高级以上职称的急需型技术人员（C型保障对象）；B型、C型保障对象租金标准按市场平均租金的60%、70%确定。福州市保障性安居工程开工13835套（户），占省下达任务的101.69%，基本建成18811套（户），占省下达任务188.11%，完成投资111.13亿元，占年度计划108.75%，新增公共租赁房配租13051套。五城区受理公共租赁房申请家庭1.9万户，登记保障资格1.18万户，筹集公共租赁房和社会租赁房源1.2万套，分配8900套。

【房屋征收】　2017年，福州市出台《关于加大房屋征收货币化补偿安置的意见（试行）》，全面推行货币化对接安置模式，按照商品房运作模式组织开发建设面向被征收人定向销售的安置型商品房。被征收人与征收部门签订货币补偿安置协议后，可购买不超过上靠标准房型面积的安置型商品房，同等条件下优先办理合同网签备案手续，且政府提供一定价格优惠。五城区完成征收改造连片旧屋区42个，占地面积695.5公顷，涉及旧房面积566万平方米，搬迁签约26875户，其中11个项目完成交地，10个项目全部签约。完成水系治理涉及征迁的河道86条，征迁面积169万平方米。制定2018—2020年连片旧屋区改造三年计划，按照“三年计划、两年安排”要求，计划城区实施旧屋区改造106个项目2333.3公顷，征迁旧房面积2339万平方米9.3万户。全市完成回迁安置20764户34664套302.56万平方米，其中六城区完成15209户25335套214.36万平方米，提前完成攻坚2017年度任务。

【物业管理】　2017年，福州市制定《福州市物业服务行业联合惩戒工作方案》，规范物业服务企业服务行为和项目负责人的从业行为，对管理服务不到位、严重违法违规的企业建立“黑名单”制度并清出物业服务市场，对物业服务企业或业主在物业服务领域的失信行为，首次实行跨部门联合惩戒措施，包括依法限制或者禁止惩戒对象的市场准入、行政许可或者融资行为；停止执行惩戒对象享受的优惠政策，或者对其优惠政策的申请不予批准。结合全国文明城市创建迎检、消防安全检查和防汛检查等工作，健全完善物业服务项目巡查机制，对物业服务项目履行合同约定的物业管理服务职责情况进行抽查，组织巡查467个物业服务项目，对存在管理服务不到位的135个物业服务项目下发书面整改通知书，黄牌警告8家、红牌警告2家物业服务企业。五城区新归集住宅专项维修资金7.3亿元，累计归集余额63.26亿元，覆盖物业区域1071个，向开发商追缴822.8万元，申请使用1313 4万元。实施老旧住宅小区综合整治35个，投入整治资金1.09亿元，涉及房屋建筑面积87.9万平方米，受惠居民9320户，同步实施雨污分流改造和防涝设施提升完善，完成40个住宅小区地下室变配电房上移改造，提高小区防内涝能力。

（温昌经）

【住房公积金管理】　2017年，福州市归集住房公积金74.36亿元，比上年增长16.14%；新增缴存职工16.56万人；1996—2017年，累计归集住房公积金478.88亿元。全年提取住房公积金49.40亿元，比上年增长11.30%。其中，购买、建造、翻建、大修自住住房提取14.79亿元；用于偿还购房贷款本息提取21.23亿元；离休、退休提取5.84亿元；与单位终止劳动关系未再就业和职工部分或全部丧失劳动能力造成家庭生活严重困难提取6.57亿元;户口迁出福州市或出境定居提取0.42亿元。1996—2017年,累计提取住房公积金285.23亿元。

受房地产市场调控的限购、限贷、限转让等政策影响,全年发放个人住房贷款35.82亿元,比上年下降39.7%,涉及8693户家庭。全年回收公积金贷款17.71亿元,比上年增长19.04%。年末住房公积金贷款逾期率0.068‰,公积金贷款风险控制良好。1996—2017年,累计发放贷款85517笔、298.67亿元,其中住房公积金贷款79222笔、271.13亿元;累计发放贴息贷款6295笔、27.54亿元;贷款余额212.49亿元,其中住房公积金贷款余额188.55亿元;贴息贷款余额23.94亿元;住房贷款使用率(含贴息贷款)109.72%;住房贷款使用率(不含贴息贷款)97.36%。把握"房子是用来住的,不是用来炒的"定位,年内出台《关于加强福州住房公积金资金流动性管理的通知》《关于规范住房公积金部分业务的通知》等住房公积金新政策,加强市场调控和公积金资金运行风险防控,通过调控逐步降低过高的住房公积金贷款使用率。

全年实现增值收益2.58亿元。提取廉租房建设补充资金2.26亿元。1996—2017年,实现增值收益20.59亿元,累计提取廉租房建设补充资金11.6亿元,上缴廉租房建设补充资金11.6亿元。

开展"放管服"改革及"减证便民"专项行动,取消"无法律依据的证明材料"和"通过提交有效证件即可证明材料",实行"清单之外无证明"。简化公积金缴存比例调降和缓缴流程,推出文书送达"无偿服务"和代办模式"走心服务"。全面实现"最多跑一趟",29个住房公积金公共服务在办事项实现标准化、规范化和"最多跑一趟",最大限度为群众提供便捷、高效、优质的服务。惠民服务方式多元化,开通"12329"短信服务平台,免费发送短信,方便职工了解掌握住房公积金缴存和使用情况。接入住建部银行结算系统、开展异地转移接续业务,实现跨地区就业职工的住房公积金"账随人走、钱随账走"。网上服务大厅功能升级,全面升级改版互联网查询系统功能,免费为缴存职工提供住房公积金电子对账单下载服务,优化网上缴存基数调整系统功能。开通退休职工网上提取、自动入账和职工贷款进度查询功能。 (余珊珊)

【商品房销售】 2017年,福州市新建商品房销售(网上签约口径,下同)14.66万套(非住宅为间/个,下同),比上年增长4.22%;面积1174.17万平方米,下降3.30%;金额1293.14亿元,下降6.64%。其中住宅7.59万套、面积833.48万平方米、金额820.91亿元,分别比上年下降11.9%、11.77%、22.67%。商品房预售批准新增供给面积945.74万平方米,比上年增长7.7%;其中住宅面积622.18万平方米,增长20.68%。

市本级(五城区,不含长乐区)新建商品房销售4.96万套、面积329.91万平方米、金额596.20亿元,分别比上年下降14.9%、26.6%、16.26%;其中住宅1.51万套、面积161.50万平方米、金额279.27亿元,分别下降47.57%、47.03%、43.22%。商品房预售批准新增供给面积294.02万平方米,比上年下降22.79%,其中住宅面积140.82万平方米,下降28.8%。

【不动产统一登记制度】 2017年1月6日,福州市本级颁发第一本林地使用权"不动产权证书",标志着市本级不动产登记范围在房屋、土地的基础上扩大到林地。全年市本级受理不动产登记申请35.94万件,日均1066件,发放"不动产权证书"和"不动产登记证明"27.19万本。全年落宗房屋自然幢33876幢,落宗率92.76%;已编不动产单元1822651户,编号率81%。市林业局、海洋渔业局和鼓楼、台江、仓山、晋安不动产登记档案21717件全部移交市不动产登记档案馆。福州市召开第103、104次不动产权证登记发证遗留问题例会,研究解决17个房地产开发项目不动产权证办理问题(涉及1088户群众)。

【不动产登记交易"四合一"模式在全省复制推广】 2017年8月25日,福州市不动产登记交易"四合一"工作模式("出具住房情况查询证明+房屋交易+纳税申报+不动产登记")被福建省人民政府列入福建自贸试验区第五批可复制创新成果,在自贸区福州、厦门、平潭片区进行推广。福州市马尾区、长乐区、六县(市)初步实现出具住房情况查询证明、房屋交易、不动产登记"三合一",除长乐区外的县(市)及马尾区地税部门入驻各地行政服务中心,与不动产登记部门联合办公。

【不动产登记网上办事平台建设】 2017年4月1日,福州市不动产登记和交易中心率先全省推出不动产登记"外网申请、内网审理"网上办事平台。新建商品房转移登记、二手房转移登记、一般抵押权设立登记、预告登记、抵押权预告登记、抵押权注销登记、拆迁安置房办证、开发企业保留登记以及国有建设用地使用权、国有建设用地使用权及房屋所有权、土地承包经营权及森林林木所有权、海域使用权首次登记等12大类登记类型上线。群众可随时登录该平台预申请不动产登记,待中心内网预审核通过后,持申请材料原件到窗口进行现场核验后,即可当场缴纳(税)费、领证,立等可取,实现"全程最多跑一趟"。6月20日,率先全国推出微信版不动产登记网上办事平台,申请人使用手机通过微信即可申请办理新建商品房转移登记、二手房转移登记两项业务。年内市本级不动产登记外网申请4.52万件,占全年同类业务件数15.91%,其中12月申请量占中心当月同类业务件数57.28%。福州不动产登记网上办事模式在省内泉州、漳州、龙岩等设区市以及福州市全域进行复制推广。

【不动产登记"放管服"改革】 2017年,福州市本级一般不动产权证登记业务办事时限由13个工作日压缩至5~7个工作日,抵押权转移登记、最高额抵押权确定登记、房屋一般抵押权设立登记、抵押权变更登记、房屋最高额抵押权设立登记等5项抵押权登记业务办事时限由8个工作日压缩为4个工作日,在建工程抵押登记业务压缩至5个工作日;企业类抵押登记业务压缩至2个工作日。涉及"攻坚2017"项目的拆迁项目冻结以及旧改项目土地证注销登记实行“即来即办”；产权注销登记10件以内即来即办，10～100件2天完成，100件以上的批量件3天内完成；产权信息检索工作50人以内的由5天压缩至1天办结。1月19日，房屋所有权首次登记（房屋总登）和国有建设用地使用权竣工变更登记（土地变更登记）两项业务合并为“国有建设用地使用权及房屋所有权首次登记（总确权）”，收取一套材料。4月1日，对权证遗失或通过司法拍卖取得物权，但未持有权证，申请抵押权注销登记的，不再收取权证，且无需公告，直接办理。4月11日，简化服务旧屋区改造、简化拆迁房屋原权证注销工作程序，由原先的区政府提供出具的拆迁户花名册的确认函扩大为可由区政府或区房管局或区征收办出具。7月1日，精简优先顺位抵押权人的同意函、债务人身份证明材料等2件收件材料，规范已设立住房按揭贷款抵押的房屋设立后顺位抵押权登记、将已存在的未清偿债权纳入最高额抵押权担保等登记操作，简化最高额抵押权登记的登记要素。10月17日，涉及金山工业园区不动产抵押登记不再收取福州金山投资区相关证明。原权证遗失办理拆迁注销的，取消登报公告，改由中心网站公告作废。10月，土地抵押登记业务精简股东会决议等材料。

【不动产登记便民利民惠企机制】
2017年1月9日起，福州市不动产登记和交易中心下属市房地产市场服务公司（以下简称为服务公司）推出代缴费领证及邮政速递服务，申请人在不动产登记受理后可到中心大楼一楼的商务中心或福州市市民服务中心四楼申请该项服务，服务公司将如期代申请人缴费领证，并及时通过EMS快递将权证安全送达申请人。全年受理代领证申请1830次，受惠群众1744户。1月18日起，市不动产登记和交易中心对办事群众因出国签证即将到期、小孩入学办证落户及急重病症卖房治病等特殊困难急需申请加快办理不动产登记的情况专门开辟绿色通道，给予加急办理。对存在融资困难急需加快办理不动产登记的企业开辟绿色通道加急办理346次。7月20日，市不动产登记和交易中心下属服务公司开展金融机构抵押权登记送取件代办业务（12月推出“福州市金融机构查询平台”，可直接申请查询抵押物状态信息）。8月，市不动产登记和交易中心台江分中心增设“延时服务号”，在当天号码取完的情况下，可发放“延时服务号”，由专人按号码顺序延时服务受理。8月1日起，市不动产登记和交易中心代征的税费全部可通过POS机刷银联卡缴交。10月26日，市不动产登记和交易中心在福屿路200号本部推出不动产登记网上办事自助申报机、自助查档服务机、自助填单机、自助导办机等多种新型自助终端设备，群众可自助查询打印房屋登记信息、申报一手房、二手房办证、填单、查询办事指南等。不动产登记信息自助查询机新增以下功能：一是通过预告登记证明号、不动产登记证明号，可查询抵押、冻结状态；二是对于被查封者，可查询查封单位和查封文号、查封时间；三是查询个人房屋登记信息的，自助机可查询并打印证明的登记记录条数从5条拓展至15条。台江分中心办理点提供不动产登记信息24小时自助查询并自动盖章服务。11月1日起，市不动产登记和交易中心对新受理的个人不动产登记业务，通过系统自动发送短信提醒申请人退补件、不予登记及可领证情况。

【房地产市场调控】 2017年3月29日，福州市出台《福州市人民政府关于进一步加强房地产市场调控的通知》。在五城区实施住房限售政策，对五城区户籍居民家庭购买第二套住房、非五城区户籍居民家庭购买第一套住房，取得不动产权证未满2年的，不允许上市交易；继续执行榕政办〔2016〕186号文件限购政策，要求非福州市五城区户籍居民家庭不得通过补缴个人所得税或社会保险取得福州市五城区购房资格。明确房产中介机构接受二手房出售委托前应取得房源核验信息编码。6月、12月开展2次“双随机”抽查工作，对9个楼盘开展检查，抽查结果通过官网向社会公布。加强商品住宅项目价格备案，实现福州市新建商品房住房同区域、同品质、同类型项目价格“零增长”，获市政府及住建部巡查组肯定。

【新《商品房买卖合同》示范文本启用】
自2017年5月1日起，福州市对新取得商品房预售许可证或现售备案手续的项目，一律要求使用住建部和工商总局《商品房买卖合同（预售）示范文本》（GF－2014－0171）、《商品房买卖合同（现售）示范文本》（GF－2014－0172）。

【不动产登记服务“攻坚2017”项目】
2017年，福州市完成37家征迁单位委托的304个项目［涉及59307户（人）及612栋楼房］的产权信息检索以及54个项目的拆迁冻结、11个项目土地证注销登记、32个项目的产权注销、4个项目国有建设用地使用权首次登记、2个项目测绘数据备案工作。市不动产登记和交易中心获中共福州市委市直机关工作委员会颁发的“市直机关‘攻坚2017’优质服务窗口”称号。

【不动产登记涉及信息实现共享】
2017年，福州市不动产登记和交易中心与市人社、地税、公安、民政、市中院等部门建立政务信息共享联动机制，实现社保、个税、户籍、婚姻信息共享，并提供不动产登记数据供市中级人民法院共享使用。

表 22

2017 年福州市区商品房交易情况表

月份	面积 (万平方米)	金额 (亿元)	均价 (元/平方米)
1 月	24. 20	36. 89	15246
2 月	18. 23	30. 05	16486
3 月	28. 88	50. 22	17389
4 月	27. 87	52. 16	18717
5 月	19. 65	33. 71	17157
6 月	23. 42	38. 77	16556
7 月	24. 86	39. 28	15801
8 月	33. 38	54. 51	16332
9 月	33. 41	64. 51	19310
10 月	26. 00	47. 36	18218
11 月	31. 33	66. 02	21071
12 月	38. 71	82. 74	21375

说明:1. 统计数据为福州市区(五城区)新建商品房网签销售量统计数据,包括住宅、商业、办公等所有房屋;均价为简单算术平均价,受物业类型影响,不反映城市“均价”及其变化情况。

2. 统计口径是参照上报市政府的月报口径,各月的统计时点为上月 29 号到本月 28 号

表 23

2017 年福州市新建商品住宅销售价格涨跌幅度情况表

月份	1 月	2 月	3 月	4 月	5 月	6 月	7 月	8 月	9 月	10 月	11 月	12 月
比上年增长(%)	25. 7	24. 0	21. 3	17. 6	15. 6	14. 1	12. 0	7. 1	1. 5	-1. 1	-1. 8	-1. 7

说明:统计数据出自《2017 年福州市国民经济和社会发展统计公报》

表 24

2017 年福州市房地产开发和销售主要指标完成情况表

指标	绝对数	比上年增长(%)
投资完成额(亿元)	1694. 18	0. 9
商品房屋施工面积(万平方米)	7947. 59	2. 4
#住宅(万平方米)	5070. 58	3. 1
本年新开工面积(万平方米)	1212. 44	-14. 0
商品房屋竣工面积(万平方米)	1155. 74	40. 3
#住宅(万平方米)	765. 17	45. 9
商品房屋销售面积(万平方米)	1685. 46	38. 0
#住宅(万平方米)	1276. 80	25. 0

说明:统计数据出自《2017 年福州市国民经济和社会发展统计公报》

(曾彩华　吴敏华)

(编辑　周弭姣)

商贸流通与服务业

商贸经济

【概况】 2017年,福州市消费市场总体平稳,实现社会消费品零售总额4193.9亿元,比上年增长11.4%,比全国平均水平高1.2个百分点,总量居全省第一,增幅居全省第五。实现第三产业增加值3621.6亿元,比上年增长11.0%,比全国平均水平高3个百分点,比全省平均增幅高0.7个百分点,总量居全省第一,增幅居全省第四。第三产业增加值占全市GDP比重达51%,对全市经济增长贡献率达63.1%。

【市场建设】 2017年,福州市有10个商品交易市场建设改造项目,其中省级商品交易市场4个、市级标准化菜市场5个、专属项目1个;财政补助资金540万元,其中省级财政资金240万元,市级财政资金300万元。

【"菜篮子"工程】 2017年,福州市拥有市级直控城市蔬菜基地面积1.05万公顷(其中年内新建蔬菜基地160公顷),全市蔬菜基地年产蔬菜75万吨以上;重新认定市级直控副食品基地41个,其中生猪基地25个、蛋禽基地11个、肉禽基地1个、羊基地2个、特色品种基地2个,均通过无公害农产地认证,年储备60千克以上的活体生猪10.8万头,年可出栏生猪55万头、蛋1800万千克、肉禽200万羽、肉羊1万头、灰鹅4万只、黄兔9万只以上。蔬菜和生猪基本满足市区供应要求。基地拥有"鑫星源""玉华山""高山羊""长乐灰鹅""融绿"等品牌产品。

【零售业】 2017年,福州市大型综合超市、仓储式商店和量贩店发展较快,其中便利店发展呈快速扩张趋势。百货商店从纯百货业态向集购物、娱乐、休闲、餐饮于一体的综合业态转型。全市零售企业以不同形式尝试新的发展模式,发挥永辉的"超级物种"、阿里巴巴的"盒马鲜生"、泰禾的"大有码头"等新零售业态。全市有连锁经营企业34家、连锁网点1154个。有商业特许经营企业49家,其中年内新增9家,主要集中在餐饮、零售、居民服务等行业。直销行业步入法治化轨道,直销市场规模持续扩大,在福州市设立分支机构的直销企业(内资企业)11家,其中年内新增3家。鼓励支持老字号企业开展品牌培育、知识产权保护、信息化系统升级改造、技术改造、工艺创新等创新转型工作。全市有福建老字号34个、中华老字号10个,主要涉及零售、百货、餐饮、服务等行业,均正常运行。

表25 **2017年福州市连锁企业名录**

序号	企业名称	在福州市连锁门店数(个)
1	永辉超市股份有限公司	63
2	超级物种	7
3	永辉云创科技有限公司(永辉生活)	35
4	沃尔玛(福建)商业零售有限公司	13
5	福建新华都综合百货有限公司	17
6	福州世纪联华商业有限公司	2
7	福州家乐福商业有限公司	2

续表25

序号	企业名称	在福州市连锁门店数(个)
8	兴福兴贸易有限公司	5
9	国美电器	18
10	福建苏宁云商商贸有限公司(苏宁易购)	35
11	蓝天超市	4
12	大润发超市	2
13	福州屈臣氏个人用品商店有限公司	35
14	福州六意企业管理有限公司	125
15	福州麦多万嘉超市有限公司	557
16	福州市禾盛粮油食品连锁有限公司	13
17	福州佳的商贸有限公司	7
18	福州民天实业有限公司(民天超市)	21
19	福建省百汇万宁超市有限公司	69
20	福建康力士便利超市有限公司	26
21	福建世纪佳源超市有限公司	11
22	东南电器	20
23	爱家电器	3
24	福建省好家园食品贸易有限责任公司	12
25	新华都百货	3
26	福建东百集团股份有限公司	4
27	大洋百货	3
28	万达百货	3
29	福州天虹百货有限公司	2
30	王府井百货	1
31	福建冠业投资发展有限公司(冠超市)	2
32	福建源莱商贸有限公司	30
33	锦江麦德龙现购自运有限公司福州仓山商场	1
34	红星美凯龙	3

表26　**2017年福州市特许经营企业名录**

序号	企业名称	备案时间
1	福州状元澜餐饮管理有限公司	2017年11月7日
2	福建省桥亭餐饮管理有限公司	2017年10月11日
3	福建伍车贸易有限公司	2017年6月20日
4	福州市马尾区坛兄弟餐饮管理有限公司	2017年8月25日
5	美亚百岁康健康产业集团有限公司	2017年7月5日
6	福建相逢客投资有限公司	2017年6月13日
7	福建涂奈克环保科技股份有限公司	2017年9月20日
8	福州雪品保洁服务有限公司	2017年4月14日

续表 26－1

序号	企业名称	备案时间
9	福州祥广记餐饮管理有限公司	2017 年 5 月 4 日
10	福州巧云餐饮管理有限责任公司	2016 年 12 月 30 日
11	福州豆府花城餐饮管理有限公司	2016 年 9 月 26 日
12	福州市品果源餐饮管理有限公司	2016 年 9 月 1 日
13	福建令狐冲餐饮管理有限公司	20160 年 6 月 21 日
14	福州周麻婆餐饮管理有限公司	2016 年 7 月 7 日
15	福州市早晨餐饮管理有限公司	2016 年 6 月 15 日
16	福州尼奥餐饮管理有限公司	2016 年 4 月 20 日
17	福州小叫天餐饮管理有限公司	2016 年 4 月 20 日
18	福州国荣餐饮管理有限公司	2016 年 3 月 25 日
19	福州六意企业管理有限公司	2015 年 12 月 28 日
20	福州尚干餐饮管理有限公司	2015 年 12 月 22 日
21	福州麦多万嘉超市有限公司	2015 年 12 月 22 日
22	福建省华莱士食品股份有限公司	2015 年 11 月 12 日
23	福州禾诚餐饮管理有限公司	20150 年 9 月 15 日
24	福州玛格利塔餐饮管理有限公司	2015 年 7 月 30 日
25	福建八方云集餐饮管理有限公司	2015 年 7 月 30 日
26	福建佳客来食品股份有限公司	2015 年 7 月 21 日
27	福建盛世经典餐饮管理有限公司	2015 年 5 月 6 日
28	福州明视眼镜有限公司	2015 年 3 月 12 日
29	福建仙芝楼生物科技有限公司	2014 年 10 月 11 日
30	福州金拱门食品有限公司	2014 年 5 月 14 日
31	福州市淳百味餐饮管理有限公司	2014 年 4 月 15 日
32	福州树人家政服务有限公司	2013 年 10 月 29 日
33	福州市生生润家政服务有限公司	2013 年 10 月 15 日
34	福建省尧山铁观音茶业股份有限公司 （尧山国际控股股份有限公司）	2013 年 7 月 5 日
35	福州四季如春旅馆有限公司	2012 年 9 月 25 日
36	福州王氏贸易有限公司	2012 年 4 月 9 日
37	优蒂（福州）餐饮管理有限公司	2011 年 9 月 9 日
38	苏门至品燕窝（福州）有限公司	2011 年 5 月 16 日
39	福建宝岛眼镜（连锁）有限公司	2012 年 1 月 11 日
40	福州杰士餐饮管理有限公司	2012 年 6 月 15 日
41	福州市二七三汽车经纪有限公司	2009 年 9 月 14 日
42	福州豪亨世家餐饮管理有限公司	2009 年 7 月 14 日
43	福州宝岛眼镜有限公司	2009 年 7 月 14 日
44	福州文武雪峰农场有限公司	2009 年 4 月 22 日
45	福州仁量生物制品有限公司	2009 年 3 月 19 日

续表 26－2

序号	企业名称	备案时间
46	福州石山水餐饮娱乐有限公司	2008 年 12 月 9 日
47	福建骊特房地产综合服务有限公司	2008 年 8 月 19 日
48	福建九峰农业发展有限公司	2008 年 6 月 25 日
49	淘帝(中国)服饰有限公司	2007 年 11 月 19 日

表 27　**2017 年福州市直销企业(内资企业)名录**

序号	企业名称	在福州市设立分支机构时间
1	新时代健康产业(集团)有限公司	2008 年 12 月
2	天津天狮生物工程有限公司	2012 年 6 月
3	南京中脉科技发展有限公司	2014 年 3 月
4	天福天美仕(厦门)生物科技有限公司	2015 年 4 月
5	佳莱科技有限公司	2015 年 12 月
6	广东九极生物科技有限公司	2016 年 6 月
7	湖南炎帝生物工程有限公司	2016 年 7 月
8	河北华林酸碱平生物技术有限公司	2016 年 7 月
9	苏州绿叶日用品有限公司	2017 年 8 月
10	江苏安惠生物科技有限公司	2017 年 10 月
11	北京罗麦科技有限公司	2017 年 10 月

表 28　**2017 年福州市中华老字号企业名录**

序号	单位名称	认定时间	字号名称
1	福州民天集团有限公司	2007.02	民天
2	福州回春医药连锁有限公司	2007.02	回春
3	福州聚春园集团有限公司(聚春园大酒店)	2011.02	聚春园
4	福州鼓楼区同利肉燕老铺	2011.02	同利
5	福州市鼓楼区老卤酱鸭店	2011.02	老卤
6	福州台江老天华乐器行	2011.02	老天华
7	福建老酒酒业有限公司	2011.02	鼓山牌
8	福州市鼓楼区永和鱼丸店	2011.02	永和
9	福建省宏盛闽侯酒业有限公司	2011.02	青红牌、闽江牌
10	福州依海肉燕老铺	2011.02	依海

表 29　**2017 年福州市福建老字号企业名录**

序号	单位名称	认定时间	字号名称
1	福州聚春园集团有限公司(聚春园大酒店)	2007.02	聚春园
2	福州民天集团有限公司	2007.02	民天
3	福州回春医药连锁有限公司	2007.02	回春

续表 29

序号	单位名称	认定时间	字号名称
4	福州豪峰食品有限公司	2007.02	赛园
5	福州台江老天华乐器行	2007.02	老天华
6	福州鼓楼区同利肉燕老铺	2007.02	同利
7	福州青芝田(正记)寿山石雕精品行	2007.02	青芝田(正记)
8	福州市鼓楼区老卤酱鸭店	2007.02	老卤
9	福州安泰楼酒家	2007.02	安泰楼
10	福建省宏盛闽侯酒业有限公司	2007.02	青红牌、闽江牌
11	福建老酒酒业有限公司	2011.02	鼓山牌
12	福州市鼓楼区永和鱼丸店	2011.02	永和
13	福州市台江区土伯捞化店	2007.02	土伯
14	福州亨得利钟表眼镜有限公司	2007.02	福州亨得利
15	福州市鼓楼区苏苏酱鸭店(停业)	2009.02	苏苏
16	福州市台江区兴利剪刀店	2009.02	郑兴利
17	福州市鼓楼区老伊海拌粉干店	2009.02	老伊海
18	福建东百集团股份有限公司	2009.02	东百
19	福州市鼓楼区老还童眼镜店	2009.02	老还童
20	福州桐口白鹤粉干有限公司	2010.06	桐口
21	福州生顺茶业有限公司	2014.07	生顺
22	福州台江区没牙伯花生汤店	2014.07	没牙伯
23	福州市鼓楼区姜世琛艺术品店	2014.07	姜世琛
24	福州福民茶叶有限公司	2014.07	福民王
25	福州尚干餐饮管理有限公司	2014.07	尚干
26	鼎鼎(福州)食品有限公司	2014.07	鼎鼎
27	福建沈绍安脱胎漆器有限公司	2014.07	沈绍安
28	福州福胜春茶业有限公司	2016.11	福胜春
29	福州市木金食品有限公司	2016.11	木金
30	福州市台江区耳聋伯元宵店	2016.11	耳聋伯
31	永泰县嵩口清华饼屋瑞丰分店	2016.11	新泰成
32	福建瑞回春生物科技发展有限公司	2016.11	瑞回春
33	台江区彬德桥小吃店	2016.11	彬德桥
34	闽清闽茶粉干有限公司	2016.11	林大漠

表 30　**2017 年福州市举办的国家级展会**

展会时间	展会名称	展会面积(平方米)
4 月 19—21 日	2017 中国饲料工业展览会	50000
5 月 7—9 日	第 72 届中国教育装备展示会	130000
6 月 30 日至 7 月 1 日	亚太水产养殖展览会	9000
11 月 14—16 日	2017 中国国际造纸和装备博览会暨全国纸张订货交易会	9000
11 月 25—29 日	首届中国(福州)世界遗产主题文化博览会	30800

【会展业】 2017年,在福州海峡会展中心举办各类展会活动103场,规模以上的展览8场,展会规模达103.63万平方米,其中国家级展会5场,包括2017中国饲料工业展览会、第72届中国教育装备展示会、首届中国(福州)世界遗产主题文化博览会、亚太水产养殖展览会、2017中国国际造纸和装备博览会暨全国纸张订货交易会等。在引进举办国家级展会的同时,加大本土品牌展会的培育,其中新创办首届福州(春季)家居博览会、海峡读者节暨全国夏季馆配会、首届生活美学趋势展等3场本土展会。

2017年12月28日,福州港集装箱年吞吐量首破300万标箱。图为第300万个标箱装上印巴国际航线集装箱船 (廖云岚 摄)

【物流业】 2017年,福州市有各类物流企业4490家,全年实现物流业增加值420亿元,比上年增长20%,占第三产业比重11.6%。福州港口货物吞吐量1.48亿吨,比上年增长2.22%;集装箱吞吐量300.8万标箱,增长12.19%。全市有A级物流企业53家,其中AAAAA级物流企业5家、AAAA级物流企业13家;AAAAA级物流企业占全省近半比例。高速物流园、汇丰杜坞物流园被列为国家级第一批智慧物流示范基地(园区),福港综合物流园获批全国示范物流园区,翔福物流园、高速物流园获批省级示范物流园区,高速物流园获批省级现代服务业示范区。

【拍卖业】 2017年,福州市经批准续存在营拍卖企业81家,总成交额3177199万元,拍卖场次1110场,佣金收入21930万元。年内全市30家企业申报参评中国拍卖行业等级评估,评出AAA级企业7家、AA级企业11家、A级企业10家。

表31 **2017年福州市A级物流企业名录**

级别	企业名录
AAAAA级(5家)	福建省交通运输集团有限责任公司、盛辉物流集团有限公司、盛丰物流集团有限公司、福建汇丰物流有限公司、福州港务集团有限公司
AAAA级(13家)	福建八方物流股份有限公司、福建省宏捷物流有限公司、福建省邮政速递物流有限公司、福州万全物流有限公司、福建万集物流有限公司、福建省交通建设投资有限公司、福建运杰物流有限公司、中国福州外轮代理有限公司、福建高速物流有限公司、福建九州通医药有限公司、福州青州集装箱码头有限公司、福清盛辉物流有限公司、福州顺丰速运有限公司
AAA级(31家)	福建八方迅通物流有限公司、福州商业储运公司、福州大榕树物流有限公司、福建省中通通信物流有限公司、福建华威现代物流有限公司、福州烟草物流有限公司、福州外代储运有限公司、万全仓储(福州)有限公司、福建星胜丰物流有限公司、福建蓝海物流有限公司、福建飞远城市配送有限责任公司、福建万达物流有限公司、福州胜狮货柜有限公司、福建星泰安物流有限公司、福州星光德邦物流有限公司、福建金运国际物流有限公司、福州中外运大裕保税仓储有限公司、福建兴顺物流有限公司、福州新港国际集装箱码头有限公司、福建江阴国际集装箱码头有限公司、福建东迅储运有限公司、福州世海国际物流有限公司、福建合利物流有限公司、福建泰航国际物流有限公司、福建川捷物流服务有限公司、福州博通太平物流有限公司、中邮恒泰药业有限公司、福州盛辉物流有限公司、福建庆丰物流有限公司、福建可门港物流有限责任公司、福建友昌物流有限公司
AA级(4家)	福建吉源物流有限公司、福州开发区马尾沥青有限公司、福建保达物流有限公司、福建浩嘉冷链物流股份有限公司

表 32　**2017 年福州市省级示范性家政服务站名录**

序号	企业名称	序号	企业名称
1	福建省家政服务有限公司	2	福州洁丽保洁技术服务有限公司
3	福州博爱家政服务有限公司	4	福州建兴家政服务有限公司台江分公司
5	福州雪品保洁服务有限公司	6	福州市仓山区奥美林保洁服务有限公司
7	福州市仓山区阳光家政服务中心	8	福州市鼓楼区家家乐家政服务中心
9	福建冠捷家政服务有限公司	10	福州市生生润家政服务有限公司道山路分公司
11	福州鑫铼易家庭服务管理有限公司	12	福州市鼓楼区好生活家政服务有限公司
13	福州树人家政服务有限公司	14	福州中青家政服务有限公司
15	福州鑫兴源家政服务有限公司鼓楼区分公司	16	福州市鼓楼区助人家政服务中心
17	福州清新时代保洁服务有限公司	18	福州市鼓楼区好运家庭服务有限公司
19	福州依佰分家政服务有限公司	20	福州馨雅安家政服务有限公司
21	福州正忠信家政服务有限公司	22	福州市鼓楼区晨林家政服务有限公司

【餐饮业】　2017 年，福州市餐饮业实现营业收入 497.55 亿元，比上年增长 10.1%，其中规模以上企业、连锁或集团企业营业收入均有较大增幅，酒店业增幅 15.43%。“互联网 +”餐饮业成为消费热点，有力带动小型餐饮企业销售增长，尚干小吃销售比上年增长 10% 以上，企业规模不断发展壮大，有门店 68 家，其中年内新增 5 家。

参加国家旅游局“首届中国金牌旅游小吃”竞赛，聚春园太极芋泥、尚干拌面、同利肉燕获“首届中国金牌旅游小吃”国家级大奖。福州市餐饮烹饪行业协会获中国烹饪协会颁发的“中国餐饮 30 年优秀社团奖”；福州聚春园饭店、文儒九号获“中国餐饮 30 年优秀企业奖”。尚干小吃获福建餐饮促进会颁发的福建餐饮 50 强、厦门“9·8”博览会老字号金奖、第十二届海青会优秀奖等奖项。福州和谐苑公司获得“福建省餐饮优秀企业”“福州市餐饮十大名店”“中国国际美食最具影响力品牌”等称号。

表 33　**2017 年福州市淘宝村名录**

县(区)	名称
闽侯县（13 个）	甘蔗街道横屿村、甘蔗街道山前村、甘蔗街道昙石村、荆溪镇关口村、荆溪镇光明村、荆溪镇徐家村、南屿镇高岐村、南屿镇后山村、上街镇建平村、上街镇马保村、上街镇湍口村、上街镇岐安村、上街镇沙堤村
仓山区（10 个）	城门镇城门村、城门镇胪厦村、城门镇前锦村、盖山镇白湖村、盖山镇北园村、盖山镇高湖村、盖山镇郭宅村、盖山镇后坂村、盖山镇江边村、盖山镇叶下村
晋安区（6 个）	鼓山镇鼓四村、鼓山镇横屿村、鼓山镇樟林村、新店镇西园村、新店镇象峰村、岳峰镇鹤林村
连江县（1 个）	潘渡乡贵安村

【家庭服务业】　2017 年 5 月 2 日，福州市出台《促进家政服务业规范发展六条措施》，围绕鼓励信息化平台建设、加大从业人员培训力度、缴纳工伤失业等保险、开展员工体检、家政服务站进社区、扶持家政企业做大做强 6 个方面，解决全市家政服务业发展存在的问题和制约行业发展的瓶颈。全市有省级示范性家政服务站 22 个，年内新增认定 5 个。开展家政服务业标准化试点工作，福州雪品家政服务有限公司、福州树人家政服务有限公司、福建正忠信家政服务有限公司、福州洁丽保洁技术服务有限公司、福州“好月子”月子会所 5 家企业列入家政行业标准化试点单位。

【电子商务】　2017 年，福州市电子商务交易额 1790 亿元，比上年增长 21%；批发零售业通过公共网络实现零售额 152.77 亿元，增长 57.9%。经福州市跨境电子商务公共服务平台进口 64 万票，比上年增长 1.37 倍；销售额 2.1 亿元，增长 1.24 倍。

全市电商产业园超过 10 个，拥有 30 个淘宝村，位居全省第二。福建纵腾网络有限公司、福建利嘉电子商务有限公司被商务部评选为 2017—2018 年度国家级电子商务示范企业；利嘉电商、网龙公司、中金在线入选中国互联网百强企业；“双 11”单日全市电商交易额 19.375 亿元，位居全省第一。

【废旧资源回收(黄标车)】　2017 年，福州市完成 19996 辆老旧汽车（其中摩托车 1636 辆、提前淘汰“黄标车”3446 辆）的拆解任务，淘汰拆解率 100%。

根据《福建省商务厅关于做好报废汽车回收企业资格认定下放衔接工作的通知》,结合企业申请,新批福建省裕源再生资源利用有限公司和福建长源报废汽车回收有限公司2家回收拆解公司。全市有6家拆解公司、8个拆解场、8个回收站,分布在9个县(市)区,日拆解能力达80辆。

(陈　婉)

粮油贸易

【概况】　2017年,福州市粮食工作围绕确保粮食安全总目标,结合全国粮食行业开展"深化改革　转型发展"大讨论活动,围绕中心,开拓创新,落实粮食安全省长责任制取得明显成效,位居全省第一。年内全市粮食市场和价格稳定,供应充足。新增市级动态储备原粮1.5万吨。全市储备粮规模达到历史新高44万吨,储备油9000吨,宜存率100%。在保持全市储备粮总规模不变的情况下,新增应急成品粮储备4685吨,规模达19685吨,可满足城区城镇常住人口12天的需求。完成年度轮换计划13.17万吨,其中市级6.84万吨,县级6.33万吨,每年有1/3的储备粮实现"推陈储新"。开展春、秋两季储备粮油库存检查,贯彻实施"一规定两守则",实现储备粮数量真实、质量良好、储存安全、管理规范。

【粮食安全保障体系】　2017年,福州市创新粮食产销协作机制,在"6·18"第十三届粮洽会上,福州市签订购销合同113万吨,举办福州粮油精品展,取得良好成效。建立省外粮食生产基地,上瑞集团公司在黑龙江省抚远市建立2000公顷粮食基地。落实扶持政策,15家企业获得省"引粮入闽"奖励658.24万元;申报确定省级应急加工企业6家、企业技术改造项目3个,获得省产业发展补助资金395.7万元;16家市级骨干加工企业、29家市级骨干粮店获得政策补贴313.96万元。设置应急网点265个、市(县)应急加工企业28家。市军粮综合保障中心建设取得突破性进展,在晋安益凤物流园区落实用地1.6公顷,规划投资初定2000万元,年内完成投资1710万元,投资比例达85.5%。

【粮食物流项目建设】　2017年,福州市长乐松下港粮食物流产业园入驻国家、省、市、区级储备粮库及多元化粮油加工企业12家,储备仓容75万吨,年粮食吞吐量200多万吨。粮食批发市场实现交易量262万吨,交易额70亿元。推进市区东郊粮库、禾福中心油库、洪山粮库迁建工作;完成县(区)29万吨中心库建设,马尾、连江、闽侯、罗源、长乐、福清、永泰均交付使用,完成总投资43668.3万元。

【粮食市场监管】　2017年,福州市结合国家局"大快严"集中行动,加强行政执法、质量安全监管体系建设,坚持和完善"双随机一公开"机制,强化监督检查职能,提高市场监管能力。开展粮食安全隐患"大快严"集中行动,检查粮食库存197361吨,检查比例超过50%,检查结果显示储备粮数量真实,质量良好。开展粮食质检机构第三方检验服务试点,市粮油质检站被国粮局指定为试点机构。加强粮油质量安全、卫生监管,开展治理"餐桌污染"专项检查、季度质量安全专项检测等8次,粮食质量卫生情况良好。深化"放管服"改革,开展粮食收购资格许可指导协调工作,全市有135家企业持有粮食收购许可证。加强信用体系建设,与市诚信促进会联合开展"粮食经营诚信示范单位"创建活动,第二批10家企业入选授牌。

【国有粮食企业改革】　2017年,福州市致力打造知名粮食品牌,"稻花香"大米、"茉莉花"面粉、"榕香"食用油、"禾盛粮油"被列为2017年市委"1号文件"品牌战略实施项目,"稻花香"正在申请国家驰名商标。推进国有粮食企业改革发展,市米业公司、福州米厂引入社会资本,发展混合所有制经济实体,完成组建福州市稻花香米业有限责任公司,创新体制机制,主打"稻花香"商标大米,满足市场优质大米需求,提高综合经济效益。"茉莉花"面粉日处理小麦400吨生产线建成投产,并与中粮集团联合,开展委托加工,满负荷生产,一年实现扭亏,提升粮食品牌,优化供给结构。"禾盛粮油"连锁公司开展"中国好粮油行动",开办22家粮店,其中年内新增3家。推行国有企业负责人薪酬制度改革,强化绩效考核机制,理顺收入分配格局。

(胡艳霞)

2017年12月28日,福州市稻花香米业有限责任公司正式成立　(市粮食局　供)

烟草专营

【概况】 2017年，福州市销售卷烟30.02万箱，比上年增长1.09%；实现销售额96.84亿元，增长4.71%；实现税利25.67亿元，增长6.29%。全年查获案件3929件，比上年增长8.3%，其中1万元以上案件264件；涉刑移送的5万元以上大要案78件。

【卷烟销售】 2017年，福州市卷烟营销状态良好，持续优化品牌布局。全国重点品牌销售26.9万箱，占总销量比重89.59%。细支、高端、低焦油产品增长较快，细支烟销售1.95万箱，比上年增长1.47倍；低焦卷烟销售9.24万箱，增长24.15%；超高端卷烟销售1730箱，增长10.27%。销售结构持续上移，单箱销售额32255元，比上年增长3.6%。一至三类卷烟销售26.93万箱，比上年增长2.32%，占总销量比重89.71%。

【营销网络建设】 2017年，福州市持续开展"限大扩中扶小"工作，投入205万元用于现代终端建设，农村现代终端占比39%。推广现代移动支付方式，使用移动支付的零售客户占比53%。保障中小客户利益，推广贷记卡结算，贷记卡结算金额占比34%，排名全省第二。零售客户开展POS扫码，PC—POS活跃客户占比99.22%，排名全省第一。物流运营提质增效，落实"1656"精益物流管理体系，实践责任成本法、配送外包试点、中转站改对接点三大课题应用。全年单箱物流费用203.29元；人均配送效率1145.97箱，比上年增长2.63%。物流费用率0.74%，比上年降低0.02个百分点。攻关细标合一柔性分拣课题，细支烟分拣效率由55件/小时提升到130件/小时以上，大幅提升作业效率。

【专卖市场监管】 2017年，福州市开展"清网打非"三期暨"集结号"八期市场整规会战、物流寄递企业驻点监管"零点"行动、"云端·春雷"专项行动。查获各类非法卷烟1252.9件，破获国标网络案件4件，其中部督案件1件，刑事拘留32人、提请批准逮捕10人、公安直诉8人，判刑13人。联合省警察学院成立"涉烟情报研究实验室"，建立专卖大数据信息库和分析平台，搜集整理数万条涉烟信息。推进"违法违规"大户治理，建立"三项机制"（即违规大户从重处罚机制、日常监管机制、动态控制机制）和"一项规定"（即取消违法零售户烟草专卖经营资格适用规定），全区立案查处"违法违规"大户99户次，破获"双五"案件11件，取缔18户，注销25户，责令停业1户，判刑1人。加快"互联网+政务管理"建设，建立证件类事项办理"服务、流程、文书"三统一标准化作业模式，运用微信公众号"榕烟客"、网上行政审批服务平台，实现微信端上传材料一站式办理完结，做到零售客户"少跑一趟路，不跑一趟路"。

【企业管理】 2017年，福州市烟草专卖局围绕"精益管理改善年"主题，开展精益课题实践11项。推进对标管理，科学设置"五层五维"对标指标，提取公司层面指标36个，县级局层面指标49个，形成"对标—分析—改进—提升"的管理闭环。在全省16项行业对标指标中，有13项指标优于全省平均水平，4项指标全省排名前三，指标提升率68.75%。全年企业三项费用率4.11%，比上年降低0.25个百分点，其中业务招待费、车辆运行费、会议费分别下降91.91%、15.25%、20.38%。累计实现降本增效1587.98万元，完成目标任务的318%，通过首批烟草行业商业标准化示范企业复评。年内福州市局获评第五届全国文明单位，下属单位有8家企业获评福建省文明单位。

（林伟民）

石油销售

【概况】 2017年，福州市有成品油零售企业398家，其中加油站321个，加油点17个，加油船60艘，从业人员2909人，成品油零售汽油87.12万吨、柴油29.72万吨，销售收入84.34亿元。全市成品油批发企业8家，拥有油库50.21万

表34　**2017年福州市成品油批发企业基本情况表**

企业名称	油库库容（万立方米）	成品油销售量（万吨）			
		汽油	柴油	煤油	合计
中国航油集团福建石油有限公司	4.81	51.69	43.20	—	94.89
福建省长乐市中海石化储运有限责任公司	3.83	37.94	2.24	—	40.18
中国石油天然气股份有限公司福建福州销售公司	3.60	0.50	4.70	—	5.20
福州港燃油供应有限公司	1.79	14.31	1.33	—	15.64
福建闽海石化有限公司	23.00	252.40	14.00	—	266.40
福州保税区联合石油有限公司	1.00	0.02	4.47	0.09	4.58
中国石化销售有限公司福建福州石油分公司	4.18	—	—	—	—
中国航空油料有限责任公司福建分公司	8.00	—	—	31.00	31.00
合　　计	50.21	356.86	69.94	31.09	457.89

立方米,批发油品 457.89 万吨,销售收入 225 亿元。成品油仓储企业 3 家,拥有油库 16 万立方米,油品储量 22 万吨,仓储收入 0.44 亿元。 (陈 婉)

【成品油监督抽检】 2017 年,福州市组织开展成品油专项抽检 300 批次,检出 27 个批次柴油不合格,2 个批次汽油不合格。对于检测不合格油品的企业,严格依据产品质量法、大气污染防治法等相关法律予以查处。

(邹惠珍)

供销合作

2017 年 11 月,福清市供销社与福建便利宝有限公司合作成立的福清惠农电子商务有限公司设立云仓集配福州中心站 (市供销社 供)

【概况】 2017 年,福州市供销社系统实现商品销售总额 237.75 亿元,比上年增长 46.92%,其中售给农民的农资 7.82 亿元,增长 9.52%;消费品零售额 106.7 亿元,增长 40.56%;农产品购进额 124.4 亿元,增长 37.47%;再生资源购进额 10.2 亿元,增长 27.66%。全系统利润汇总实现盈利 8015 万元,比上年增长 65.58%。福州市供销社在全省供销社系统综合业绩考核中获得一等奖。

【农资供应服务】 2017 年,福州市供销社系统累计完成化肥冬储任务 4.8 万吨,实现土地托管、流转业务 2900 公顷。新建庄稼医院 5 家,改造提升新型庄稼医院 10 家,为农民提供农业科技咨询、技术指导、现场会诊、优质农资推介等系列服务活动。

【"新网工程"建设】 2017 年,福州市供销社系统完成建设农资配送中心 2 个,消费品配送中心 5 个,再生资源交易市场(分拣中心)1 个,按全国总社行业标准完成 26 个农资网点、28 个消费品网点的改造提升工作,完成 150 个农资连锁经营网点、30个日用消费品连锁经营网点建设任务。

【为农服务平台搭建】 2017 年,福州市供销社系统发展专业合作社 57 个(其中农民专业合作社联合社 4 个),发展各类协会 3 个,发展农村综合服务社 299 个,改造提升基层社 10 个。闽清县大龙湾农业专业合作社、东桥镇森林王红菇专业合作社被评为省级农民专业合作社示范社,填补市社供销系统在省级农民专业合作社示范社上的空白。连江县凤苔水产养殖专业合作社和罗源县绿之园生态农业专业合作社被评为省社农民专业合作社示范社。福清市社、永泰县社以基层社为依托,创办逸都惠农果蔬种植专业合作社、龙田东壁惠农水产养殖专业合作社、永泰惠农、益农专业合作社等带动当地农业生产规模化发展。

【电子商务】 2017 年,福清市供销社控股的福清市惠农电子商务有限公司,通过云仓集配中心、乡镇提货网络、社区生活综合服务点和创客中心作为公司运营的四大板块,构建起具有供销特色的县域农村电商流通体系。全市有连锁配送网点 592 个,日均交易额 3 万多元。福州市闽清三农供销电子商务有限公司与近 20 家的农民专业合作社及龙头企业开展深度合作,线下设立闽清特色农产品 O2O 体验展销中心,线上整合闽清特色农产品近 30 余种,2017 年销售额达 300 多万元。

【项目建设】 2017 年,福州市供销社系统按序时进度推进完成市政府"招商 2017"任务 1 个;谋划生成市社系统重点项目 7 个,完成 2 个,按序时进度推进 5 个。供销社直属企业福州物资回收利用公司在象园携城茶都成立茶都服务部,牵头与省茶叶质量检测与技术推广中心签订合作协议,设立"茶叶质量检测样品受理点",开展检测业务咨询与专业技术推广等服务。闽清龙得宝农资有限公司建设农资配送中心仓库,建筑面积 3218 平方米,为闽清县农业生产资料供应提供有力保障。

(陈 现)

(编辑 周弭姣)

金融业

综　述

【概况】　2017年,福州市金融业增加值完成590.4亿元(含平潭),比上年增长7.3%,占全市第三产业和GDP的比重分别达到16.3%和8.31%。

银行业　全市有银行业机构59个(含法人机构19个),其中外资银行11家(含代表处),金融资产管理公司6家(含法人机构2个),财务公司2家,信托公司1家。全市本外币各项存款余额13597.68亿元,比年初增加1165.37亿元,增长9.37%,占全省新增存款的32.37%;本外币各项贷款余额13746.34亿元,比年初增加1208.1亿元,增长9.64%,占全省新增贷款的29.38%。全市涉农贷款余额4000.05亿元,比年初增加403.35亿元,增长11.22%,占全省新增总额的31.78%。全市小微企业贷款余额4294.28亿元,比年初增加335.50亿元,增长8.47%,占全省新增总额的34.64%。

保险业　全市有保险公司主体58家(含法人机构1个,外资15家),其中财险公司27家、寿险公司31家。全年保费收入313.61亿元,比上年增长16.6%,增速高于全省平均水平4.2个百分点,占全省总额的30.41%,比上年提高1.12个百分点;保险赔付支出累计87.8亿元,增长0.9%,占全省总额的26.99%。

证券业　全市有法人证券公司2家,证券公司分公司26家,证券营业部128家,营业部手续费收入12.96亿元,利润总额3.99亿元;法人期货公司3家,期货营业部30家,营业部手续费收入4852.95万元,利润总额69.58万元。

表35　2017年福州市金融机构本外币存贷款情况表

指　　标	年末数(亿元)	比上年末增长(%)
各项存款余额	13597.68	9.4
其中:住户存款	4537.32	6.8
非金融企业存款	4960.99	4.3
其中:人民币存款	13136.68	8.8
各项贷款余额	13746.34	9.6
其中:短期贷款	3294.39	-0.9
中长期贷款	10032.66	17.5
其中:人民币贷款	13320.41	9.9

说明:统计数据出自《2017年福州市国民经济和社会发展统计公报》

上市企业　年内新增11家上市公司,位居全省第一,首发募集资金40.79亿元。全市有境内外上市企业82家,其中境内上市企业43家,境外上市企业39家。有上市后备企业331家,其中省重点上市后备企业151家,数量居全省第一,7家企业进入实质上市程序,其中2家进入证监会审核程序、5家在福建证监局辅导备案。场外融资方面,场外挂牌交易企业119家,其中"新三板"113家。

【地方类金融】　2017年,福州市有融资性担保机构38个(含政策性担保公司5家),注册资本40.26亿元,在保余额7.73亿元,融资性担保总额17.36亿元,代偿余额2.89亿元,被担保中小企业531家次。全市有小额贷款公司17家,注册资本合计36.7亿元,累计贷款47.82亿元,贷款余额32.74亿元。全市有典当行50家,注册资本总额15.9亿元,典当行典当余额10.05亿元,实现典当总额32.03亿元。全市有融资租赁公司589家,其中内资融资租赁试点企业7家,注册资本14.7亿元,外资融资租赁企业122家,注册资本30.4亿美元。

【金融创新】　2017年,福建自贸区福州片区新增14个金融创新案例,累计发布3批55个金融创新案例,发挥自贸试验区金融创新示范带动效应,支持实体经济发展,促进贸易投资便利化。经福建省金融办、人行福州中心支行、福建银监局、福建证监局、福建保监局等部门联合评选,福州市融信租赁公司"新三板快易租和工程设备快易租"、兴业银行福建自贸试验区福州片区分行"推动外汇资金集中运营管理业务落地"等项目获评"福建自贸试验区十大金融创新项目",海峡保险"民用电梯养护综合保险项目"入选全省金融创新创意项目。推广工业园区企业资产按揭贷款业务,兴业银行福州分行在福州软件园、福州清华紫光科技园、金牛山互联网产业园开展园区按揭贷款,审批通过46户,审批金额2.71亿元,贷款余额1.78亿元。推广小微企业贷款保证保险,通过保险的增信功能服务实体经济及小微企业,实现支持贷款企业71家,新发放贷款金额4596万元。(林　城)

【福州市金融控股集团有限公司】2017年6月26日,福州市金融控股集团有限公司成立,下辖市投资管理有限公司、市国有资产营运公司、市创业投资有限责任公司、绿色金融(福州)投资管理有限公司、市金山工业区开发建设有限公司5家全资子公司和市担保有限公司、福州隆达典当有限公司2家控股子公司,主要业务涵盖银行、保险、证券、担保、典当、基金、绿色金融、供应链金融、商业保理、融资租赁等金融领域,着力打造集金融、财政、经济服务于一体的大型国有金控平台,优化资源配置,发挥规模效应,助推福州实体经济发展。

发挥集团金融综合服务和助推产业发展的功能,整合自身资源优势,通过政府引导基金推动社会资本、金融资本支持重点基础设施和产业建设。发起设立包括华侨基金母基金(5只子基金)、紫荆海峡科技母基金、福州新区投资基金等8只不同投向的政府引导基金,总规模265亿元。其中紫荆海峡科技母基金首期11亿元,投资设立的12只子基金中有7只在福州市注册,基金规模37.5亿元。完成百亿元规模的福州新区基金"资金池"建设,助推福州新区建设。12月,福州新区基金投放福州地铁6号线首笔5亿元贷款(总额度10亿元)完成资金划拨。年内2家投资企业(福州星云电子股份有限公司和福建海峡环保集团股份有限公司)上市,新增投资1家物联网企业福水智联技术有限公司1200万元。推进企业技术改造投资基金、企业上市培育基金等创设工作,其中一期技改基金投资福州市企业11家,投资金额13.2亿元。

发挥所属市担保有限公司政策性融资担保平台的作用,开拓创新,为中小微企业和"三农"服务。创新反担保方式,通过接收"新三板"企业股权作为反担保措施,解决轻资产优质企业融资难题。为市智慧水务行业标兵企业智恒科技股份有限公司提供2000万元的贷款担保。全年为38家客户提供38笔金额13701万元的贷款担保。为省内15家中小企业办理转贷15275万元。为"三农"提供金融服务,参与闽清县、永泰县1079家建档立卡贫困户获得精准扶贫贷款3858.3万元,两县扶贫贷款覆盖率分别达到50.4%和52.9%,均超额完成省下达目标任务。

探索开展绿色金融投融资工作,完成绿色投融资平台的组建工作,于11月注册绿色金融(福州)投融资投资管理有限公司。发展供应链金融,与央企中安安产实业集团合作,应用区块链技术,以建材领域为试点,搭建供应链金融服务平台,助力打造以福州市为中心、辐射全国的大宗商品全产业链供应链结算、交易和服务示范中心平台。推动设立绿色生态环保基金,与国内著名投资机构深圳市创新投资集团有限公司(深创投)合作,投向福州市绿色产业项目和传统企业的绿色转型项目。与永泰县等重点林业生态县合作,创新林业资源的收储和林业资产金融运作。

(林　斌)

2017年6月26日,福州市金融控股集团有限公司举行揭牌仪式

(市金融控股集团有限公司　供)

中国人民银行福州中心支行

【概况】　2017年,中国人民银行福州中心支行结合"货币政策+宏观审慎政策"双支柱调控框架要求,稳步落实宏观审慎评估政策。指导地方法人金融机构合理规划广义贷款投放,采取相应的业务预调微调措施。发挥宏观审慎政策评估的逆周期调节和系统性风险防范作用,引导地方法人金融机构狭义信贷稳健投放。完善货币信贷政策窗口指导,创新发展区域金融市场。深化福建自贸试验区福州片区(简称自贸区福州片区)金融开放创新,推进福州打造21世纪海上丝绸之路战略枢纽城市。推进普惠金融发展,加强外汇监管与服务。

【服务实体经济】　2017年,中国人民银行福州中心支行辖内金融机构累计从高污染、高耗能和高环境风险行业退出贷款逾110亿元;压减钢铁、煤炭行业过剩、落后产能项目融资授信11.42亿元。因城施策去库存,实施差别化住房信贷政策,提高福州市居民购买第二套及以上住房的贷款首付比例,缩短贷款期限;加强住房贷款投放"窗口指导",合理控制贷款增速和占比。全市新增房地产贷款占全部贷款的33.76%（其中五城区为21.99%），比上年降低13.48（其中五城区降低25.93）个百分点。以推动市场化债转股和调整优化融资结构为重点，有序降低实体经济杠杆率水平。针对无序加杠杆投机购房的情况，加强对金融机构消费贷款管控，发挥福州市利率定价自律机制作用。组织产融合作和重点项目、上市后备企业融资对接，引导金融机构加大对产业转型升级重点项目的支持力度。牵头推进绿色金融体系建设，在绿色信贷、绿色证券、绿色保险、绿色信托、绿色租赁、环境权益交易等方面先行先试，推动福州市金融控股集团成立绿色金融（福州）投资管理有限公司，筹设全省首只绿色生态基金，辖内排污权交易活跃度、碳排放权和碳汇交易规模居全国前列。会同省金融办、福建银监局、省林业厅、省国土厅制定《关于进一步深化林业金融服务的指导意见》，就优化林业金融资源配置、加强林业金融外部环境建设提出具体措施。推进农村“两权”抵押贷款试点，解决试点在确权、评估和流转处置等方面的问题，支持试点县（市）探索扩大农房抵押物交易范围。推动银行间市场企业发债，“一带一路”债券和并购票据发行实现零突破。

年内，自贸区福州片区区累计办理人民币跨境业务1468.17亿元，比上年增长2.91倍，占福建自贸试验区业务量的52.12%。跨境双向人民币资金池业务、全口径跨境融资宏观审慎管理、跨国公司本外币资金集中运营等改革试点有序推进。支持区内个人办理经常项下和直接投资项下的跨境人民币结算业务，支持区内银行基于实需和审慎原则开展跨境贸易融资业务，区内贸易和投资便利化程度不断提高。拓展自贸区福州片区区金融服务，推动国内首家省级“金融超市”——福建省金融综合服务平台在自贸区福州片区区上线运行。自贸区福州片区区台企台胞征信查询业务快速发展，年内区内查询台企台胞在台信用信息记录13笔，累计发放贷款2500余万元。加强自贸试验区金融监管，推动金融机构建立与自贸试验区相适应的反洗钱（反恐融资）内控制度，探索建立自贸试验区金融联合统计监测制度。

2017年12月21日，中国人民银行福州中心支行、福州经济技术开发区管理委员会、马尾区人民政府共同主办的“学习贯彻十九大，普惠金融进马尾”启动仪式在福州马尾区举行

（中国人民银行福州中心支行　供）

推进福州打造21世纪海上丝绸之路战略枢纽城市。在人民币跨境结算、银行间市场发债和深化外汇管理改革等领域，支持辖内企业与“一带一路”沿线国家和地区开展经贸和投资往来。推动省内有资质的支付机构开展跨境外汇支付业务试点，至年底，有快钱支付清算信息有限公司等10余家第三方支付机构可办理跨境结算。支持中国—东盟海产品交易所与银行、第三方支付公司合作开发本外币跨境结算平台，提高境外会员单位资金收付效率。

【金融稳定与安全维护】　2017年，中国人民银行福州中心支行加强重点领域及跨行业、跨市场风险监测，组织开展重点区域不良贷款风险、非金融企业债务风险、实体企业投资金融、民营银行经营情况等11项专题调查，及时掌握苗头性问题，把握潜在风险状况。强化金融风险提示，全年发出金融风险预警33次，涉及信贷资金约260亿元，督促有关部门及时处置化解金融风险。组织对辖内部分银行业金融机构开展不良贷款真实性、普惠卡业务、案件风险等专项评估和核查，督促金融机构稳健经营。推进“两管理、两综合”工作，规范4个新设机构管理与服务，对41家银行业机构进行综合评价。开展存款保险风险监测与核查工作，建立问题投保机构名单制度，对辖内所有问题投保机构的风险进行核查，开展对8个问题投保机构的早期纠正工作。加强重大事项报告管理，全年收到辖内银行业、证券业、保险业金融机构重大事项报告106次，并及时妥善处置相关重大事项。继续组织开展“打击利用离岸账户和地下钱庄跨境转移赃款专项行动”，严厉打击电信网络新型违法犯罪活动，开展整治非法买卖银行卡专项行动。推进互联网金融风险整治，开展“聚合支付”“比特币”“莱特币”“宝特币”等交易风险排查，在全国率先反映“宝特币”违法乱象情况。整顿违规交易场所，推动打击整治假币违法犯罪专项行动常态化。

【普惠金融发展】　2017年，中国人民银行福州中心支行制定《农村普惠金融服务点规范指引》，被总行列为全国服务点金融行业标准，8月启动试点，至年末福州市23个试点服务点全部完成升级改造，办理业务43056笔、金额3711万元，点均业务1872笔、金额161.34万元。推进移动支付便民工程，促成全国首个银联交通行业二维码支付项目——福州地铁二维码扫码支付APP上线运行。建立支付系统安全生产“三道防线”责任体系，五大支付清算系统可用率均达100%。

推进农业领域政银企对接，落实新型农业经营主体贷款“主办行”制度，创新农林金融产品。通过推广“无间贷”等无还本续贷产品、推动供应链金融服务创新、推进小微企业应收账款融资、丰富增信手段等措施,持续改进小微企业金融服务。

理顺小面额货币投放流通渠道,推进辖内硬币自循环工作,年末福州市投入使用硬币自助兑换机52台、硬币清分机47台,累计实现硬币自循环数量1.74亿枚。完善硬币自循环平台和机制建设,逐步形成金融机构硬币集中清分、社会机构上门清分服务,以及手机APP硬币存、取预约,银行网点硬币供应情况公示的硬币循环服务体系。

创新开展“国债额度下乡”业务,利用农村普惠金融服务点指导农村居民通过网银渠道购买储蓄国债(电子式)。推动银行业金融机构与税务、非税收入执收单位及社保等部门的信息共享,实现交通罚没收入等非税收入、社保资金在农村地区就地缴交。

维护和运用金融信用信息基础数据库,全国首批二代个人信用报告自助查询机在福州市市民服务中心正式上线。推进福州市全国信用示范城市建设,福州市公共信用信息平台高效运行,至年末平台采集税务、市场监管、公安、法院等48家单位在履职过程中归集的824万余条信用信息,并按照信息分类分级原则,通过“信用福州”门户网站向政府部门和社会公众开放查询。

【外汇监管与服务】 2017年,中国人民银行福州中心支行落实跨境资金监测约谈工作机制,防范大额异常购付汇风险。加强资本项目监管事后核查工作,防控异常资本流出。开展银行内保外贷专项检查,查实9家银行涉嫌违规办理内保外贷业务1.78亿美元,总量位居全国前列。

深化货物贸易外汇管理改革,落实企业名录分类管理制度。鼓励银行出台个人结汇业务优惠措施,拓宽外汇流入渠道。推进资本项目外汇账户改革,组织全辖对11类专用账户进行清理整合。推进全口径跨境融资宏观审慎管理,鼓励企业用活全口径政策,拓宽境外融资渠道。提供便捷的外债登记和购付汇服务,助推中国平板显示行业“两大一小”重点支持企业福州京东方光电科技有限公司,以15.8个月业界全球最快工期的“福州速度”实现投产。

促进外汇监管创新,在全国率先制定《2017年个人外汇业务专项核查方案》,查实银行涉嫌违规办理个人分拆购付汇业务2.25亿美元、分拆提取外币现钞2879万美元。强化资本项目事后监督,发现部分境外机构利用境内外人民币利差通过本外币NRA账户资金循环套利异常情况。修订发布《关于贯彻“展业三原则”进一步便利和规范外汇收支的指导意见》,以自律机制为平台促进“展业三原则”落地。

推进人民币资金跨境流动双向平衡管理、境外放款、全口径跨境融资宏观审慎管理等系列政策实施,引导银行业机构创新跨境人民币结算产品和管理模式,提高为企业提供跨境人民币业务综合服务能力。全年办理跨境人民币业务1422.09亿元,占全省业务量的54.18%,比上年提高25.48个百分点。

(王　勉)

银　行　业

【概况】 2017年,福州地区银行业资产总额2.02万亿元,比上年增长7.03%。各项存款余额12303.94亿元,比上年增长7.28%;各项贷款余额13918.84亿元,增长11.65%,高于全省贷款增速0.77个百分点;存贷比达113.13%,比全省水平高18.09个百分点。福州地区银行业不良贷款率1.47%,比全省水平低0.49个百分点。福建海峡银行、福州农商行等地方法人银行的资本充足率、拨备覆盖率和流动性等主要指标均符合监管要求。首家民营银行福建华通银行开业,福清泰隆、长乐泰隆等2家村镇银行完成组建。

强化制造业金融服务,研究制订《福建银行业服务实体经济质效统计监测评价办法》,引导银行业机构增加信贷供给总量、优化信贷供给结构。至年末,制造业贷款余额1973.18亿元,比上年增长9.42%,比年初增加169.84亿元,持续保持增长态势,信贷供给结构有所优化。

支持福建自贸区建设,建立健全“机构+中心”服务体系,至年末,福建自贸区福州、平潭两个片区有银行业经营性机构66个,在福州设立的服务自贸试验区的各类特色业务中心11个,持续推进跨境金融和闽台金融融合创新。至年末,福建自贸区福州、平潭两个片区各项存款余额、各项贷款余额分别为904.8亿元、802.7亿元,分别比上年增长26.6%、39.2%。持续改进台胞置业生活金融服务,扩大台胞个人住房按揭贷款、台胞信用卡业务量。

研究制定《福建银行业推进普惠金融发展行动纲领》,组织开展专项督察,推动完善普惠金融组织体系。大型银行省分行全部建立普惠金融事业分部,引导银行在小微、“三农”客户等较为集中区域设立社区支行、小微支行。

深化小微企业金融服务。至年末,福州地区银行业机构小微企业贷款余额3925.45亿元,比上年增长7.72%;小微企业贷款户数8.62万户,增长11.66%。无还本续贷覆盖面持续扩大,有效支持小微企业“降成本”。推进“银税互动”等新模式,福州地区银行业机构运用纳税信用评价结果累计发放小微企业贷款2481户、金额105.59亿元。

持续改进农村金融服务,组织制定《2017年银行业支持国家生态文明试验区(福建)建设工作要点》《关于进一步深化林业金融服务的指导意见》等政策文件,引领银行精准施策。至年末,福州地区银行业机构涉农贷款余额4000.05亿元,比年初增加403.45亿元,增长11.22%,高于全省平均增幅0.99个百分点。

推动金融精准扶贫,完善扶贫专项工作机制,研究出台《推进银行业支持扶贫开发行动方案》《创建福建银行业支持扶贫开发示范基地指导意见》等,加大金融精准扶贫力度。至年末,实现福州地区建档立卡贫困户信用建档全覆盖,已信贷对接2421户贫困户,占全部建档立卡贫困户的55.26%,授信余额9425.6万元。

(张　丽)

表 36　　**2017 年福州银行机构主要经营指标**　　单位：亿元

机构分类	银行机构	本外币各项存款年末余额	比上年增长（%）	比年初增减数	本外币各项贷款年末余额	比上年增长（%）	比年初增减数
政策性银行	国家开发银行	476.93	-23.29	-144.78	2593.43	4.02	100.14
	进出口银行	22.76	62.95	8.79	616.59	32.23	150.27
	农业发展银行	89.77	7.51	6.27	290.39	33.37	72.65
国有五大银行	中国工商银行	1296.99	9.11	108.25	1217.89	15.01	158.95
	中国农业银行	1172.77	6.72	73.84	979.24	11.51	101.07
	中国银行	1240.74	7.23	83.64	976.25	17.62	146.27
	中国建设银行	1807.55	6.67	113.01	1788.58	-6.79	-130.26
	交通银行	288.55	-5.63	-17.21	316.24	7.82	22.93
股份制商业银行	中信银行	445.04	-6.34	-30.15	349.73	-8.93	-34.30
	中国光大银行	346.37	31.89	83.75	323.35	3.05	9.57
	华夏银行	103.25	8.80	8.35	169.38	5.51	8.85
	广发银行	82.56	-0.95	-0.79	119.81	-17.18	-24.85
	平安银行	169.35	8.82	13.72	176.27	10.88	17.30
	招商银行	365.66	2.11	7.56	432.03	22.93	80.60
	浦发银行	252.07	21.85	45.20	226.58	6.83	14.48
	兴业银行	1550.69	23.54	295.44	737.78	30.87	174.02
	中国民生银行	355.70	-14.03	-58.05	415.42	17.88	63.01
	恒丰银行	234.41	45.08	72.84	92.44	-6.94	-6.89
	渤海银行	100.18	137.73	58.04	86.61	56.65	31.32
城市商业银行	厦门银行	97.65	16.33	13.71	87.63	10.12	8.05
	泉州银行	50.79	52.58	17.50	30.34	58.70	11.22
	厦门国际银行	283.32	12.38	31.20	171.06	27.53	36.93
	稠州商业银行	29.89	16.92	4.33	33.49	10.42	3.16
	福建海峡银行	700.49	10.60	67.15	419.36	7.94	30.85
农村合作机构		1097.30	10.44	103.72	661.06	13.76	79.98
其中：福州农商行		763.45	10.02	69.55	449.98	13.85	54.73
邮储银行		286.86	8.04	21.35	208.94	16.21	29.14
村镇银行		24.03	7.27	1.63	27.55	22.92	5.14
外资银行		91.38	36.53	24.45	111.65	57.76	40.88

【国家开发银行福建省分行】　2017 年，国家开发银行福建省分行在福州地区累计实现融资总量 475.23 亿元，占分行全年融资总量的 58.43%，其中发放表内本外币贷款 373.22 亿元，占分行全年发放量的 53.33%。分行累计向福州地区发放棚改贷款 95.71 亿元，占分行全年棚改投放量的 64.45%；发放公路、铁路、轨道交通等重大交通领域项目贷款 95.74 亿元，占分行全年同领域投放量的 58.64%；发放战略性新兴产业项目贷款 91 亿元，占分行全年同领域投放量的 70.94%。至年末，分行在福州地区的表内贷款余额 1187.77 亿元，比年初增加 107.23 亿元，增长 9.92%。分行与福州市各级政府以及重点市属企业深化银政企合作和项目对接，跟踪开发市本级 7 个水系综合治理 PPP 项目融资进展，帮助、指导社会资本方完善 PPP 相关手续，确保项目规范运作，与相关部门对接，跟进并推动 PPP 相关手续变更进展。

支持棚改项目　累计向福州市棚改客户承诺棚改项目 44 个，表内承诺额 637.12 亿元；累计发放表内外棚改资金 480.82 亿元，其中表内贷款资金 476.95 亿元、专项建设基金 3.87 亿元（执行利率年化 1.2%）；累计发放享受 PSL 棚改

表37　**2017年国家开发银行福建省分行与福州市银政企合作协议情况表**

签约时间	签约双方	协议名称	合作金额(亿元)	项目个数(个)	已承诺项目数(个)	已承诺金额(亿元)	累计融资(亿元)
2017.04	国家开发银行福建省分行、福清市人民政府	进一步加快福清经济社会发展开发性金融合作备忘录	600	82	19	250	67
2017.06	国家开发银行福建省分行、福州新区管委会	支持福州滨海新城产城融合开发性金融合作备忘录	1000	42	3	319	44
2017.06	国家开发银行福建省分行、福州地铁集团	开发性金融支持福州轨道交通战略合作协议	700	4	3	547	18
2017.09	国家开发银行福建省总行、福州市人民政府	支持省会中心城市跨越发展深化开发性金融合作备忘录	3500	93	19	1414	231

专项优惠利率贷款433.68亿元;棚改贷款余额284.36亿元。

支持交通体系建设　在福州市公路、铁路、轨道交通等重大交通领域项目贷款余额为562.53亿元,占分行在全省同领域贷款余额的42.30%。作为福州地铁已开建全部项目的银团牵头行,累计向福州地铁集团授信804亿元、发放表内贷款77.81亿元、发放专项建设基金20亿元(执行利率年化1.2%)、引导银团资金158.67亿元。

支持重点区块建设　累计向福州新区发放贷款660.92亿元,重点支持福清核电5~6号机组、京东方8.5代、长平高速、魁岐棚改、闽亭棚改、福清市重建道路等项目。支持福州市"一带一路"建设,为福州优质企业"走出去"提供融资支持,累计向福州市发放外汇贷款23.38亿美元,重点支持福耀玻璃、宏龙水产、科立视触控显示屏等项目和企业。

支持战略新兴产业　对接京东方8.5代以及福清核电6台机组等福州地区战略新兴产业重点项目,累计向京东方8.5代项目发放表内贷款130.99亿元、发放专项建设基金33亿元(执行利率年化1.2%),支持该项目创造全球最快的从打桩建设到产品点亮的"福州速度";累计向福清核电6台机组投放表内外资金234.38亿元,占项目总体银行融资额的45%以上,是该项目最大贷款行和资金保障主力银行。　(黄　羽)

【中国进出口银行福建省分行】　2017年,中国进出口银行福建省分行在福州市的人民币贷款余额(不含平潭)254.45亿元,较年初新增71.02亿元;美元贷款余额2.04亿美元,较年初减少0.31亿美元;本外币贷款合计276.02亿元人民币,较年初新增74.35亿元。全年累计发放贷款157.46亿元。

支持重大项目建设　全年为福州辖区内福清核电5~6号机组、"华龙一号"示范工程项目、长乐恒申合纤10万吨差别化纤维项目、吴航不锈钢等25个国家和省重点项目批贷194.84亿元,贷款余额147.2亿元,支持福建长乐纺织化纤产业集群、福清新能源产业集群等福建"十三五"千亿元产业集群发展壮大。全年为纳入《福建省"十三五"工业转型升级专项规划》培育壮大的福州辖区福清核电、长乐恒申、长乐力恒、福建经纬、福耀玻璃、祥兴箱包、吴航不锈钢、中铝瑞闽8家百亿元企业发放贷款52.09亿元,贷款余额116.04亿元。

支持制造业转型升级　贯彻落实扶持企业技改、研发、上市、创建品牌16条措施,支持纺织化纤产业山力化纤等项目建设、机械制造产业马尾造船等龙头企业发展、石油化工产业申远聚酰胺项目建设,提升福州传统制造业。全年支持福州辖区制造业信贷业务余额151.05亿元。

支持现代服务业发展　发放10亿元贷款支持三坊七巷AAAAA级旅游景区建设;发放58.94亿元贷款支持福州辖区核电、风电等基础电力供应业发展。

支持"海上福州"建设　服务实施"海上福州"建设工作方案,发放10亿元贷款支持江阴工业区建设、利嘉国际物流园等项目建设,发放5亿元支持宏东、宏龙等福建海洋经济龙头企业,支持福州海洋经济发展。

支持自贸区、园区建设　全年发放23亿元以支持江阴平行车进口业务发展为重点,推进自贸试验建设;支持马尾造船厂、福州港务集团、中铝瑞闽、科立视等企业发展,支持福州经济技术开发区建设。

服务"一带一路"建设　发挥政策性金融引领作用,做优主业、做精专业,支持"21世纪海上丝绸之路"核心区建设,服务企业与"一带一路"沿线国家开展资源进口、产业合作、船舶制造、境外投资、境外加工贸易等合作,延伸产业链和价值链;加大对机电成套设备、高新技术产品出口以及关键技术设备和战略性稀缺资源进口的支持力度,重点支持福建船舶集团、福耀玻璃等一批进出口龙头企业,推动福建外贸形势回稳向好。至年末,分行支持福州辖区外贸及外贸转型升级(对外贸易、对外投资、对外合作)贷款余额178.82亿元,比上年增长13.70%,占全省的44.89%;支持实现商务合同金额302.85亿美元,占全省的59.9%。其中,分行批贷4亿元支持的福州宏东渔业股份有限公司建设毛塔远洋渔业综合基地,是中国境外投资规模最大的远洋渔业基地;支持的福耀玻璃集团在俄罗斯、美国投资建造汽车玻璃生产基地项目均为福建在所在国最大的境外投资项目;联合进出口银行广东省分行共同为吴航不锈钢制品有限公司下属企业投资中马(马来西亚)关丹产业园350万吨钢铁联合企业提供境外投资贷款支持,推进国际产能合作实现产能转移。

推进普惠金融发展 分行支持涉农企业贷款余额380.40亿元,增长24.07%,其中支持农业对外合作项目3个,贷款余额5.54亿元;支持小微企业贷款余额143.2亿元,比年初新增22.5亿元,增长18.7%。年内分行与海峡银行签署7亿元小微企业统借统还贷款合作协议,用于支持福州辖区40户小微企业生产经营。分行"小微企业统借统还贷款"项目获评"福建省金融创新创意项目"奖。 (李 寒)

【中国农业发展银行福建省分行营业部】

2017年,中国农业发展银行福建省分行营业部累放各类贷款112亿元,年末各项贷款余额270亿元,比年初增加63亿元,增长31%;各项贷款日均余额232亿元,比上年增加49亿元,增长27%;各项存款余额82亿元,比年初增加8亿元,增长11%;各项存款日均余额72亿元,与上年持平;国际业务结算1.3亿美元;不良贷款实现"双降",年末不良贷款余额4731万元,不良率0.17%,下降0.06个百分点。下辖机构4个,分别是长乐支行、闽侯县支行、福清市支行和连江县支行。

融资方式创新 创新新型融资模式,加强对形势的研判,探索"公益性项目、市场化运作"融资模式,2月在全省系统获批首笔公司自营模式农村路网建设贷款15亿元,率先实现融资模式的突破,经验做法被省分行刊发推广,得到政府及项目单位认可。凭借融资模式的破题转型,加强与省级客户合作,全年累计审批"十三五"农村公路等省交通厅项目5个、贷款65.6亿元。年内吉林省交通厅调研组到行学习借鉴项目融资经验做法,政府部门、业主单位邀请参与项目策划、融资方案确定等工作,参加省旅发委等重大项目调研活动,拓展银政合作新领域、新空间。全年累计审批公司自营性融资模式项目15个、贷款金额103亿元,PPP项目2个、贷款金额17.5亿元,实现从较为单一的融资模式向多元化融资模式的转变。变更存量项目融资模式,适应政策变化,配合政府开展融资行为规范工作,加强信贷政策和融资模式宣介工作,加大与政府职能部门和项目业主沟通协调力度,根据实际情况,区分做法,引导急需用款、还款的业主单位、地方政府变更存量项目融资模式,原政府购买服务融资模式4个项目、涉贷金额26亿元变更为公司自营融资模式,实现投放3亿元。

服务粮食安全 全年发放粮油购调储贷款8.44亿元,支持粮油储备轮换、跨省移库45.5万吨;发放"北粮南调"贷款5.6亿元,支持调入粮食33万吨;审批仓储设施建设项目1个、金额0.4亿元,投放仓储设施建设贷款1亿元。

服务脱贫攻坚 探索沿海中心城市行扶贫路径,开展产业扶贫、东西部协作、定点扶贫、"万企帮万村"工作,全年累计投放各类精准扶贫贷款8亿元,向扶贫客户发放流动资金贷款6亿元;引导辖内客户向贵州省锦屏县等地捐赠现金60万元,吸收建档立卡贫困人员22名,从新疆等贫困地区调入棉花等原材料15万吨;推动信贷支持企业到省定扶贫县开展投资,主厂区在福清市的光阳蛋业投资8亿元在永泰县兴建全国禽蛋产业标杆建设基地。

支持农业农村基础设施建设 对接棚户区改造、农民集中住房、内河整治、美丽乡村建设等农业农村基础设施建设项目,累计审批政府关注、百姓关心的重大项目28个、金额186亿元,其中PSL贷款项目9个、金额48亿元。全年累计投放农业农村基础设施建设贷款71亿元,年末农业农村基础设施建设贷款余额191亿元,比年初增长43%;年末农业农村基础设施建设贷款占比70%,较年初提高7个百分点。

支持绿色生态建设 拓展业务新"蓝海",与市林业局、市海洋与渔业局签订战略合作框架协议,营销对接"海上福州"、绿色金融、旅游扶贫项目9个、资金需求53.6亿元,全年累计审批福州港罗源湾港区泊位扩能改造工程等"两色经济"项目4个、贷款17亿元。

完善服务手段 利用沿海中心城市行优质大客户资源多,以及省会城市直接服务省级客户的优势,支持一批资产规模大、经营实力优、盈利能力强、承接项目多的中央企业、上市公司、省市大型国有企业客户,全年累计审批央企客户项目2个、贷款6亿元,审批省级公司项目6个、贷款68.6亿元。配套大客户项目启动费用、销售费用、管理费用等经营性资金需求,发挥政策产品组合优势,开展农业农村基础设施建设短期贷款业务,全年累计审批农业农村基础设施短期贷款项目2个、金额6亿元。"一企一策"开展国际业务,按照国际结算客户的行业分布、规模大小逐一分析、分类,将外销型海产品加工行业作为营销重点,满足客户结算需求。全年办理国际贸易融资业务打包放款1000万美元,国际业务结算金额12924万美元,比上年增加2889万美元,增长29%。满足客户结算需要,优选代理机构,梳理操作流程,严格防控风险,办理全国系统首笔电子银行承兑汇票代理业务,全年累计为客户办理电子银行承兑汇票业务5笔、金额2亿元。

强化合规经营 以"信贷队伍建设年"活动为契机,夯实基础管理,严守风险防控底线。加强粮食库存监管,组织开展储备粮油企业库存交叉检查、异地库存大检查,对寄存在三明、南平、宁德等地的粮食库存约212万吨进行核查,对3家客户安装远程监控系统。创新贷后管理方式,研发、试行贷后检查尽职管理系统,着力解决贷后检查"做什么""怎么做""真记录""严管理"等问题,推动贷后管理从静态反映到动态监控转变,从注重结果到注重过程的转变,提升贷后检查的有效性。系统成功运行,得到省分行肯定和认可,并在全省系统推广运用。清收不良贷款,"定人定企""一企多策",对4家不良贷款客户提请诉讼,其中嘉叶、源华2家公司的诉讼案件一审均判决农发行福建省分行胜诉,推进对嘉叶公司不良贷款550万元的强制执行流程,收回不良贷款。

(倪晓颖)

【中国工商银行福建省分行营业部】

2017年,中国工商银行福建省分行营业部各项存款余额超1300亿元,比上年末增加100亿元;各项贷款余额超1200亿元,比上年末增加150亿元。不良贷款额、不良贷款率持续下降。推进文明创建工作,参与2017年福州市窗口行业文明服务之星评选活动;南门支行、闽都支行继续保持全国文明单位称号;长乐支行、鼓楼支行、南门支行被工商银行总行确认保持“中国工商银行文明单位”称号。

服务经济建设　把握福州市重点项目的信贷投向,成立滨海新城(“海上福州”)重点项目营销团队,专职负责对接和营销福州滨海新城建设项目,对接国家战略建设“海上福州”项目和58个福州滨海新城第一批项目,服务城市基础设施、公路、战略新兴产业和现代服务业等城市功能提升项目,对“海上福州”项目办理融资15个,发放贷款45.86亿元。法人网上票据池质押融资、法人网上信用贷款两大标准化法人网络融资业务品种取得零的突破,为福建省安然燃气投资有限公司发放全省工商银行首笔网信通贷款7622万元。发展债券承销业务,为六建发行短期融资券3亿元,发行超短期融资券9亿元;为福建省高速发行超短期融资券10亿元、为省能源集团发行超短期融资券5亿元,发行总金额达27亿元。全年投放公司贷款468.5亿元,比上年增加109.6亿元,其中累计投放项目贷款123.8亿元、房地产贷款27.6亿元。加大小微企业服务力度,获批软件园小微企业固定资产购建贷款方案、海峡国际家居建材城小微企业贷款方案,前者是依托工商银行总行小微企业新产品开展市场拓展的突破,也是福建省工行第一个获批的专业市场方案。年末监管口径小企业融资总余额比年初增加24.69亿元;总户数比年初增加197户。通过投行业务多渠道满足客户融资需求,持续跟踪服务大型知名企业并购业务,全年发放并购贷款47.74亿元,完成2笔并购贷款审批。推进债权融资服务,福州地铁资源开发有限公司5亿元理财计划直接投资业务提款8500万元;为福建阳光集团办理债权融资业务4亿元,为福建电子信息集团子公司福建省数字福建云计算运营有限公司办理债权融资业务1.32亿元。投资资本市场融资业务项目9个。全年办理投行项目33个,总金额262亿元。提升国际业务服务能力,创新发展“存贷通”业务;办理全省工商银行首笔“出口收汇宝”业务和“进口融资宝”业务;在全省工商银行首次采用备兑期权策略,办理1笔卖出购汇期权业务200万美元反向平仓业务。提升机构业务对福州经济社会发展的服务能力,取得福建省机关事业社会保险局省本级养老金的收入支出户的开户资格,完成每月1800多家省直机关单位涉及6万人近3亿元养老金发放工作。推荐并完成两笔股份制商业银行同业资产结构化项目和多单资本市场投资业务。新增同业类托管客户福建交易所清算中心,竞标取得福建省东南电化企业年金集合计划的账户管理和托管人资格。发展结算与现金管理业务,推广e缴费平台,完成华润燃气连江、罗源、永泰分公司委托代扣等项目的上线工作。

2017年1月6日,中国工商银行福建省分行营业部与福州榕城一卡通公司在工行榕城通地铁公交闪酷卡合作签约暨启用仪式上签约

(中国工商银行福建省分行营业部　供)

个人金融业务　推进二手房贷款业务,与20多家二手房中介达成合作,全年累计发放二手房贷款67亿元,余额比年初增加61亿元,比上年同期增加53亿元。开展区域内优质房地产开发企业的综合服务工作,全年新准入合作机构32个、项目49个,累计发放个人一手住房按揭贷款69.78亿元,余额较年初增加19亿元,比上年同期增加5亿元。发行工行榕城通地铁闪酷卡12.7万张,满足市民出行需求。在装修、车位、婚庆等各消费领域与优质企业合作开展保证类分期付款业务。推出消费信用贷款及现金分期服务,全年发放个人信用消费贷款13.52亿元,余额比年初增加4.28亿元。线上线下融合,加强电子工资单、融e借等网络金融产品和融e行、融e联、融e购等网络金融平台的组合服务功能。整合公司和投行项目资源,满足私人银行客户收益需求,阳光集团员工持股计划薪酬收益权业务和阳光城高管增持上市公司股票薪酬收益权项目两单创新业务同时落地实行,是全省工商银行首单创新业务,也是全国工商银行第5单落地业务。

网点建设　全辖有网点163个、附行式自助银行154个、离行式自助银行75个、自助点104个,覆盖全市各区县。加快网点智能化改造,11月底在全省工商银行率先实现100%网点智能化配备,同步完成智能网点动线改造工作。完成32个支行设计和装修改造工作。加强向福清、长乐、连江和闽清等重点县域进行机构布局。

风险管控　开展内控合规“执行强化年”主题活动和“三违反”“三套利”“四不当”“市场乱象”综合整治活动。增强反洗钱履职能力。加大对电信等新型诈骗风险的防控力度,自2016年5月福州市公安局反诈骗中心专线专席入驻至2017年末,快速查询涉案账户3647件,涉及金额4.86亿元、0.75万美元;快速止付1083户,堵截1072.8万元、0.95万美元。

文明服务　开展创建中国银行业文明规范服务“百佳”“千佳”示范单位和

总行级服务五星级网点工作。福清支行营业室保持“中国银行业文明规范服务百佳示范单位”称号，南门支行营业室、鼓楼支行营业室保持“中国银行业文明规范服务千佳示范单位”称号。晋安支行营业室首次获评“中国银行业文明规范服务五星级示范网点”。八一七铜盘支行、仓山阳光支行、福清渔溪支行、连江琯头支行创建“总行级四星级网点”。鼓楼西城支行、长乐航城支行、台江商场支行等18个网点创建“总行级三星级网点”。至年底，省分行营业部创建“总行级五星网点”4个，“总行级四星网点”36个，“总行级三星网点”56个，占网点总数的50%，继续保持全省工商银行获评星级网点最多的二级行部。开展“服务口碑新变化，喜迎党的十九大”主题活动，全年收到客户表扬工单与媒体正面报道191件，客户满意度指标达99.18%，比上年提升0.18个百分点。下半年超时等候客户平均占比较上半年降低6.86个百分点。

服务社会　为福建省重点项目——金强（福建）建材科技股份有限公司年产3700万平方米硅酸盐纤维保温板生产线项目累计发放节能环保项目贷款3.85亿元；为福州市地铁建设提供信贷服务，为地铁2号线项目发放3.5亿元项目前期贷款，为地铁6号线项目建设提供50亿元的信贷服务。发放助学贷款315人次，金额219.6万元。参加福州市总工会举办的帮扶活动，为指定的结对子帮扶对象发放慰问金2000元。在闽侯永丰小学等双留子女小学开展“爱心红书袋”关爱农民工子女活动，并在省分行营业部捐赠的工行爱心图书室里与农民工子女开展“一对一帮扶，手拉手导读”活动。开展志愿服务，组织团员青年走上街头，为市民提供金融服务指导。

（陈　燕）

【中国农业银行福建省分行营业部】　2017年末，中国农业银行福建省分行营业部各项存款1107亿元，比年初增加74亿元；各项贷款1079亿元，比年初增加102亿元。继续保持全国文明单位称号，辖下湖东支行获评“第五届全国文明单位”。

服务实体经济　围绕供给侧结构性改革和“三去一降一补”五大任务，优化信贷资源配置，服务省市发展战略、重点项目、重大工程以及优质客户，落实农总行与福州市政府战略合作协议各项内容，突出服务福州新区开发、水系综合治理、城市基础设施建设、“三农”、棚户区改造等重点项目，落实“项目清单化”，提升服务全市经济社会民生建设的广度和深度。坚持把提高供给体系质量作为主攻方向，加快发展战略新兴业务，通过债券、理财融资、产业基金等多元化融资方式，加大实体经济资源供给，全年拓展重大项目29个、金额248亿元，建立多品种高端投行项目储备库，涉及金额360亿元。

服务“三农”　按照“大、新、特”三农协同发展的思路，以“一县一方案”为抓手，开展对城镇化、美丽乡村、农村基础设施建设、农业产业化龙头企业、县域主导产业以及大型专业市场、高新技术园区的金融服务，创新推出渔船抵押贷款、推进政府增信机制模式和农村两权抵押贷款、试点开办新农村住房建设贷款，提升服务“三农”质量和水平。全辖推广“一县一快农贷、一产业一快农贷”金融服务，依托金穗快农贷，运用互联网、大数据技术，实现批量化、标准化发放农户贷款，提高服务质量和效率，加大对特色产业的支持力度，实现罗源食用菌、连江海带、渔船、永泰扶贫项目上线“快农贷”。精准扶贫落实“一村一品”金融服务方案，在省级重点扶贫县永泰推行国有企业“永泰建总”与扶贫小额信贷资金合作经营模式，完成134户贫困户建档立卡工作，发放贷款1739万元。

服务提升　以做福州市民最认可的银行为目标，以建设“环境美、服务优、效率高、零投诉”的四佳网点为要求，在全辖启动创服务品牌工程，打造最好的服务环境、最好的服务流程、最好的获客渠道、最好的服务产品、最好的服务团队。加快专业化市场化发展步伐，推进个贷提升试点，成立个贷业务经营中心、分期业务服务中心，强化专业机构、专业团队建设，加快互联网金融、新兴市场发展，推出“E码通”线上自助办理交通罚款缴费业务，打造便民利民新亮点，提升服务客户的品质和能力。

风险管控　降旧控新两端发力，落实“净表计划”战略，强化信贷基础管理，推进信用风险监控中心、审查审批中心以及放款中心建设，强化不良资产管控，严格落实责任，运用多种方式加大清收处置力度，实现不良贷款继续“双降”。强化案件防控和“双基”管理，推进“三线一网格”管理模式推广，强化员工行为管理，运营管理基础，落实安全生产，创造和谐稳定的经营环境。　（陈　鸿）

【中国银行福州地区直属支行】　2017年末，中国银行福州地区人民币各项存款1138.94亿元，突破千亿元大关，市场份额比上年提升0.02个百分点；外币各项存款15.58亿元；本外币各项贷款比上年提高0.48个百分点；福州地区人民币储蓄存款市场份额11.08%，提升0.43个百分点。非息收入市场份额20.83%，比上年增长0.28%。

重点业务　通过抓时间窗口，调整业务重点，运用比较竞争优势和产品，不断夯实客户基础。存款业务锁定重点领域，加大对福州地区各级政府部门、重点企业、存款大户营销力度；锁定拳头产品，依托理财投资、理财销售、债券承销、并购和托管等产品积极派生存款；锁定优势行业，为协和医院独家打造领先同业的“多点多功能移动结算平台”，实现医院领域的重大突破；锁定低成本资金拓展，将保证金业务作为拓展存款、提升获客能力的重要手段，年内个人保证金交易量在本行系统内位列全国第一，其中福州地区交易量13.9亿元；银行卡业务回归“做多、做小、做散”的个人消费型业务轨道，通过做大卡户分期、汽车分期和爱家分期，激活新的营销热点，年末福州地区累计分期交易量达62.75亿元。

自贸区业务　对接自贸区投资贸易体制改革、机制创新，推出配套金融服务，引导客户共享政策红利，降低企业融资成本，支持自贸区实体经济。在福建省金融办举办的2017年福建自贸区十大金融创新项目评选中，中行“跨境资金集中运营系统创新”项目获评一类项目，“同业联合担保海关税款保函”项目与“整车平行进口企业供应链金融服务”项目获评二类项目，成为获评福建自贸试验区十大金融创新项目占比最高的金融机构。

中小微企业服务　“6·18”期间与省行金融办、人行福州中心支行、福建银监局联合发布《福建省中小微企业综合金融服务试点方案》,作为全省唯一一家试点银行在福州市(包括福州自贸区、福州新区)开展中小微企业综合金融服务试点工作,开创小微企业金融服务新局面。至年末,福州地区累计批复试点方案授信客户48户,信用及类信用授信额度1.1亿元,试点方案授信客户资产质量良好。

营销模式优化　完善个人客户积分商城,搭建与客户、商户共生共赢的生态场景,成为全国首家搭建个人客户支付生态闭环机构。通过紧缩零售中间环节,提高商品竞争力,并组织策划营销活动激活商城人气,吸引客户参与,实现客户回馈及用卡环境的改善。至年末,福州地区签约客户37.11万户,签约客户全量金融资产222.18亿元,其中个人存款143.74亿元。

渠道建设　网点硬件建设新建离行式自助银行16家,离行自助服务点21个,成为首家ATM进驻福州地铁1号线的金融机构。发挥智能柜台在重塑服务流程和销售流程方面的作用,促进网点建设智能化转型,至年末,福州地区累计投放智能柜台240台,覆盖122个网点。网点软件建设方面,顺应移动互联背景下客户消费、支付行为的变化,推出分行特色线上线下聚合支付产品"中银支付通",丰富应用场景、扩大消费规模,营销协和医院、网龙信息技术有限公司等一批优质客户。

风险管控　组织实施"蓝天工程2017"内控合规联合行动,覆盖内控合规教育、内控合规大检查、问题整改、整章建制等工作,及时排除案件风险隐患,有效防控重大违规事件、重大操作风险事件,实现连续13个平安年目标。加快不良贷款化解,在贸易融资方面采取资产转让、核销等手段积极化解不良资产;在中小企业贷款方面,加强主动风险管理,及时调整潜在高风险产品的授信政策,及时退出潜在高风险客户,开展潜在不良呵护的重整重组及续贷,同时拓宽不良清收思路,加大现金清收力度。全年福州地区化解不良资产7.48亿元,不良率0.91%,资产质量同业领先。

(陈　琼)

【中国建设银行福建省分行】　2017年末,中国建设银行福建省分行福州地区一般性存款日均余额1531.61亿元,新增104亿元;各项贷款余额1402.11亿元,新增114.29亿元。所辖建行福州城东支行继续保持"全国文明单位"称号。城东支行营业室获"中国银行业文明规范服务百佳示范单位称号"。

支持重点项目和区域　发挥建行集团金融全牌照的优势,透过信贷、投行、资管、信托、租赁、保险、基金等多种渠道,为客户发展提供全方位的综合金融服务。开展"把握新机遇,营销我先行"专项活动,落户一批高铁、过江通道、水系综合治理PPP项目。开立全省建行首个军旅级单位基本账户,支持"海丝1号"——福州城投投资基金、"海丝11号"——福州新区基金及中建海峡城镇化产业基金投放,为京东方、元成等重点客户提供信贷支持。中标并上线福建省政府采购保证金托管银行服务项目,开立保证金账户34个。所辖县域支行支持大唐新能源、中交台商投资区PPP项目、永泰抽水蓄能等建设项目发展。服务滨海新城建设,对接其中的30多个重点项目,为长乐市滨海发展有限公司、福建省数字福建云计算运营有限公司、长福高速等提供一系列金融服务。服务交通建设,助力福州轨道交通建设,年内累计为地铁1号线、2号线投放贷款5.21亿元,提供地铁1号线上门收款服务,为各站点提供零钞配送服务。服务新区建设,为东南绕城项目投放贷款7.9亿元,西北绕城项目投放贷款1.07亿元,为仓山区、晋安区旧城改造工作提供金融服务保障,其中在仓山区征迁旧改市场份额达60%左右。

支持民生建设　支持福州住房建设,贯彻落实与福州市人民政府签署的住房租赁工作战略合作协议,推进住房租赁业务,通过搭建平台、资源整合、融智融技,打响"要租房,到建行"的新品牌,并将"快贷"产品作为个人消费信贷的拳头产品,加强精准营销。探索新缴费场景,打造榕城通APP龙支付线上充值、养老服务费缴费、汽车租赁费收缴及"悦生活"宗教寺院善款捐赠场景应用。探索"互联网+银校""互联网+医疗"模式,通过推进"银校通""学易收"等产品应用,参与高校"一卡通"建设,为福州大学、福建幼儿师范高等专科学校、福建江夏学院等多所院校搭建银校直连、校园一卡通等电子渠道。通过开发建设掌上医院、支付宝服务窗、银企直联退款等平台,为福州市红十字会、福建省肿瘤医院等卫生系统客户提供服务。建立并完善覆盖PC端、手机、短信、微信等不同渠道的服务体系,持续开展汽车分期、装修分期、账单分期等多种信用卡分期付款业务。

普惠金融　福州城区普惠金融贷款达32.63亿元,比年初新增12.22亿元。加大扶持小微企业力度,尤其是对绿色、低碳、环保企业的支持。推出"小微快贷"业务,实现在线申请、审批、签约、支用、还款的全流程网络化、自助化操作,有效提升客户体验,实现小微快贷客户新增1831户。继续发挥网点的营销主渠道作用,重点推动以账户结算、POS交易、纳税金额等大数据为依据的"信用快贷"和建设银行认可的优质房产或企业主在建设银行的住房按揭贷款的抵押快贷产品。依托建行大数据衍生的"POS贷""税易贷""医保贷""薪金贷"等产品,坚持普惠大众,助力民生。

风险管理　面对区域风险凸显、银行业资产质量普遍下滑的形势,对出现风险的客户实施差别化对待,不盲目抽贷,科学、合理、针对性制订风险化解处置方案,确保全省整体金融生态环境的稳定。运用法律诉讼、减免息、呆账核销、债权转让以及贷款重组等手段,加快不良资产处置,全年福州地区清收转化处置不良贷款12.98亿元。针对暴露的风险问题和管理薄弱环节,加强对信贷业务的全流程风险管控,突出关键领域的风险防控,对部分区域、行业、产品、客户实施重点监管和动态监控,重点加强对担保公司、保理业务、贸易型企业、民营企业、小企业等关键领域的风险控制和处置化解。至年末,福州地区不良贷款额25.2亿元,不良贷款率1.44%,逾期贷款27.5亿元,逾期率1.57%,表外垫款4.3亿元。　(潘舒宁)

【交通银行福建省分行】　2017年末,交通银行福建省分行在福州各项存款余额269.58亿元,比年初减少10.76亿元,下降3.84%；各项贷款314.64亿元，比年初增长23.06亿元，增长7.9%。

业务结构优化　对接国家战略实施和地方经济社会发展，坚持服务实体经济、小微企业、“三农”和民生消费领域，重点项目储备常态化推进、制度化落实、规范化管理。扩大投行、国际、同业、托管和个金销售、银行卡业务规模，拉动非利息收入高位增长。优化业务结构，压降负债成本，提高资产收益，稳定息差水平。

风险管控　强化风险文化引领，深化内部控制管理，坚定风控定力，坚守合规底线，推进全面风险管理落地，形成“依法合规，稳健经营”的良好氛围。通过整章建制、宣讲培训、知识竞赛、团队建设、定期考评等方式强化基础管理，推动“围绕全面管风险，突出重点管风险，强化合规管风险，落实责任管风险”四项重点工作落地生效。发挥保全准事业部制改革和风险板块专项行动的制度性安排优势，综合采取资产重组、诉讼清收、呆账核销、打包处置等多种方式，有效遏制风险上扬势头。

巩固行业市场　推进客户分层分类分级管理，推进客户工程建设和“一体三翼”个金基础客群建设，启动“名单制营销，销号式管理”，不断夯实客户基础。与重点行业客户合作多层次展开，提高融合度，新增福建省公安民警英烈基金会、林则徐基金会、市重点项目中心等客户，与福建省军区、海军福建基地、福建信保、福建省农村信用社联合社、福建省移动等单位展开多层次合作，新建案款管家、银校通、资金监管、党费管家4个系统。以圈、区、链零售批发和代发、零贷、收单、银行卡业务为突破口，持续强化公私联动和圈层营销，提升客户可联系度、交叉销售率和综合贡献度。

网点建设　按照“精准性打造综合型旗舰网点，动态性整合提升一般性网点，补充性布局普惠型网点，适度性铺设自助网点”的原则，加快基层营业机构转型步伐，“减员压面”摆上日程，“优柜减柜”协调推进。年内，通过营业场所迁址、部分退租、重装改造等方式，压降营业网点面积，精减营运人员。优化物理网点、自助机具的网络布局和服务环境，提前完成年度16家网点创新服务模式试点推广工作。　　（林　俊）

【中国邮政储蓄银行福州市分行】

2017年，中国邮政储蓄银行福州市分行总资产304.54亿元。实现考核收入7.39亿元，比上年增长4.67%；实现考核利润2.89亿元，增长37.25%。不良贷款余额1.9亿元，不良率0.91%，资产质量整体较好。年内，市分行获“福建省五一劳动奖状”，平潭支行、福清支行营业部分别获得福建省金融工会授予的“福建金融五一劳动奖状”和“福建金融先锋号”称号，平潭支行营业部入选“福建省2017年度中国银行业文明规范五星级营业网点”。

存款业务　全年新增各项存款4541万元，余额81.03亿元。个人存款持续网点转型、拓展代收代付、抢抓结算客户、开展客户活动，年增1.57亿元，余额52.87亿元；年日均余额净增2.97亿元，余额54.28亿元，净增量居全省第一。VIP资产占比比上年增长1.65个百分点。公司存款搭建合作平台，推进项目落实，年日均余额净增5.12亿元，完成率155.24%，其中，地方债项目总入账金额3.91亿元。

零售信贷　三农金融开展“万村千乡”营销活动和“一村一品、信用村”建设工作，并以家庭农场（专业大户）贷款为主打产品，新增1.73亿元、余额14.48亿元，居全国省会城市第一。个商贷款优化产品要素，推广城市核心区域快捷贷业务，新增7.75亿元、余额59.13亿元，居全省第一。小企业贷款推进“三化”建设和大走访营销活动，年增1.59亿元。推进政银合作，建立政银合作模式，全年通过各类平台累计发放贷款1.5亿元。消费贷款按照“稳房贷、促消贷”的发展思路实行转型，新增24.09亿元、余额83.38亿元，均居全省第一。其中房贷新增14.58亿元，余额50.32亿元；非房信贷新增9.51亿元，余额33.06亿元，余额居全国省会城市第一。

公司业务　公司信贷、贸易融资、外币存款均提前完成全年任务，投行业务实现全省首笔突破。公司信贷净增10.41亿元、余额32.8亿元，资金归行率12%；累计办理贸易融资13.5亿元、余额2.69亿元；办理全省首笔在银行间市场独立主承销超短期融资券并发行；办理全省首笔额度项下履约保函业务。

中间业务　全年实现收入8414万元，占收入比重11.48%。信用卡立足优质客群，深耕“悦享”品牌，打造专职团队，全面提高发卡产能，全年新增发卡4.97万张、新增客户3.19万户，均居全省第一，消费金额66.14亿元，完成率110.23%。理财累计销售22.3亿元，基金3.1亿元，实物金1219万元，均居全省第一。手机银行新增注册数、激活数、完成率均排名全省第一。

风险防控　将“三个三”风险管控机制作为风险管理的核心纲要，着力强化横向部门风险管理工作，制定风险联络员工作制度，提高条线实质性风险防范能力；提升风险管理履职质效，优化支行风险管理评价体系，引导支行主动创新并开展实效性强的风险管理工作。健全案防体系，细化案防工作制度，创新设立非现检查团队及问题审核小组，落实问题整改、员工主动合规意识和能力全面增强。全年问责734人次，登记违规积分605.8分，减发绩效工资75770元，其中开除1人、警告处分3人、告诫8人、通报批评39人。增强资产管控能力，以处置与化解不良贷款为核心主线，巩固常规处置，创新资产保全手段。全年处置不良贷款1.39亿元，其中清收1.08亿元，核销后收回2230.96万元，全年核销不良贷款（含信用卡）3041.9万元。

（张惠雯）

【福建省农村信用社联合社福州办事处】

2017年，福建省农村信用社联合社福州办事处下辖福州、长乐、福清、平潭4家农商银行及闽侯、闽清、永泰、连江、罗源5家农信社9家行社，339个营业网点、3070名从业人员；资产总额1269.82亿元，比年初增加101.69亿元，增长8.71%；负债总额1158.70亿元，比年初增加83.99亿元，增长7.82%；所有者权益111.12亿元，比年初增加17.70亿元，增长18.95%。各项存款余额1083.52亿元，比年初增加106.53亿元，增长10.90%，其中人民币存款余额1078.40亿元，比年初增加105.57亿元，增长10.85%；6家法人行社存款市场份额居当地首位，福州农商银行、闽侯联社、福清汇通农商银行、长乐农商银行、连江联社5家行社存款超百亿元。各项贷款余额651.20亿元,比年初增加75.84亿元,增长13.18%;4家行社贷款市场份额居当地首位。资本充足率拨备覆盖率301.91%,拨贷比4.64%;资产利润率1.49%,资本利润率17.76%;资产质量居全省农信、福州市银行业金融机构前列。6月,福州莆田审计中心成立,围绕福建省农村信用社联合社2017年审计工作要点,制定《福州莆田农信系统法人行社监事长履职评价暂行办法(讨论稿)》等制度,突出重点加强检查、堵新守旧化解风险,组织实施资金业务、新增不良贷款、大额贷款、重要领域内控制度执行情况等22项次现场检查工作,提出整改意见69条、处理意见172条,有效构建案防长效机制,提升审计工作的针对性、有效性。11月,福清汇通农商银行获证监会核准在"新三板"公开转让,成为全国第三家登陆"新三板"市场的农商银行和福建省内首家挂牌"新三板"的银行业金融机构。

支农支小工作　以"支农支小"为第一使命,在服务"三农"和小微企业上持续发力。以精准建档、信用评定为切入点,以推广"福e贷"业务品牌为主线,开展大数据分析、推行预授信模式,实现金融科技与"三农"服务"无缝对接",满足农民群众生产生活资金需求,助力乡村振兴。构建多层次、广覆盖的小微企业金融服务体系,缩短决策半径,优化贷款模式,服务实体经济。推广无还本续贷,创新供应链融资,推出"小微宝""助保金"贷款,为小微企业发展引入新"活水"。至年末,全辖涉农贷款余额438.15亿元,占各项贷款余额67.28%,比上年增长14.12%,高于各项贷款增速0.94个百分点;支持小微企业19513家、贷款余额171.81亿元,比年初增加3819户、25.51亿元;小微企业申贷获得率99.50%,比年初增加0.07个百分点。

精准扶贫　闽侯、闽清、永泰、连江、罗源5家联社开展金融精准扶贫先行工作,依托地区资源和特色产业,通过产业带动,因地制宜创新金融产品和服务方式。开发"惠农宝·扶贫贷""万通宝·扶贫贷""担保金·扶贫贷"等金融扶贫专项信贷产品,助力金融扶贫"输血造血"工程。对扶贫单位制定的4232名贫困户实现100%建档,为其中1873户有资金需求的贫困户提供扶贫贷款8612.14万元。给予2家农业企业1340万元授信,为52名贫困户提供就业岗位;通过贫困户入股模式,与15家企业达成扶贫协议,发放扶贫贷款638万元,支持农户128户,产业主要集中食用菌培育、茶叶、海产品生产等方面。通过吸收闲散劳动力,建立可持续扶贫模式,防止扶贫再返贫。

绿色金融　建立绿色信贷长效机制,运用"绿色信贷+"理念,加大对绿色经济、低碳经济、循环经济的支持,以多元化融资工具支持客户发展绿色项目。至年末,全辖绿色信贷余额12.99亿元,比年初增加2.59亿元,增长25%,高于各项贷款增幅12.82个百分点,贷款户数3519户,比年初增加791户,实现绿色信贷"三个不低于"目标。

渠道建设　福州辖区9家行社持续加大电子化渠道建设,缩短金融服务半径,提高广大群众金融服务可得性,在辖内布设ATM机具206台、CRS机具612台、POS机0.51万台、小额便民点1791个,满足客户7×24小时不间断业务办理需求;创建智能化网点1个,开业社区银行4家,升级村级金融服务便民点630个,提档升级便民惠农工程;参与创建"福州市移动支付示范工程",累计建设示范商户4000余户,并成为唯一代理榕城通相关业务的银行金融机构。

(林丽萍)

【福州农商银行】　2017年,福州农商银行实现账面利润2.5亿元,净利润7579万元,资本利润率3.46%,资产利润率0.23%,资本充足率12.78%,不良贷款率2.98%,拨备覆盖率158.66%,非信贷资产覆盖率223.20%,拨贷比4.73%。各项存款余额288.23亿元,比年初增加14.98亿元,增长5.48%。6月起,加大负债结构调整力度,优化低成本存款结构,非银存款从8.49亿元下降为零、理财从26.93亿元下降为24.99亿元,核心存款增长16.54亿元。表内不良贷款清收化解31362万元,其中现金清收18395.78万元,重组、盘活化解12966.22万元。完成逾期超90天以上关注类贷款迁徙至账面不良贷款及清收化解6.3亿元,全年完成不良贷款剥离7亿元,不良贷款偏离度100%,比年初下降117.42%。参与福建省财政资金公开招标工作,中标3次财政存款公开招标,累计取得财政性存款3.68亿元。响应福州市总工会关爱环卫工人十年行动计划,在辖内20个营业网点设立环卫职工爱心服务点。扶持农村弱势群体发展,通过"福万通"慈善基金捐助贫困大学生,全年资助30名贫困大学生,捐助金额达15万元。

精准建档　建立精准建档工作激励约束机制,同时安排专人定期抽查建档信息的真实性。至年末,精准建档户数达到34483户,户数较6月末增加34328户,精准建档的数量、质量逐步提升。创新配套产品支持增户扩面工作,年内配套推出"小榕卡"授信产品,面向新增精准建档客户,以普惠卡隐形卡形式发放,纯信用,授信金额最高3万元,期限3年,执行4.75%三年期基准利率。批量营销客户,采用测评表和"白名单"制等方式,通过"福e贷""小榕通"等产品,做大客群、做小贷款金额,促进项目营销工作落地。制定出台整村、整机关企事业单位推进项目激励机制,推进批量获客渠道建设。至年末,申报立项15项,拟授信客户数1395户,录入白名单并完成授信客户数519户,完成授信覆盖面37.20%,已用信人数221户。

信贷服务　坚持零售银行的市场定位,坚持"小额、流动、分散"信贷原则,严格行业投向、区域投向审查,营销"小、散、押"贷款。加强大额授信业务风险管理和统一授信管理,防范关联客户信贷风险。加大绿色信贷支持,为现代农业企业、节能环保型企业、绿色建材企业提供配套信贷支持,并对符合国家产业政策和环保政策的项目,建立绿色通道,简化审查审批程序,提高审批效率。至年末,绿色金融余额0.96亿元,较年初增长0.42亿元,实现绿色金融"三个不低于"目标。持续优化贷款操作流程,简化贷款手续,打造拳头产品。优化升级内部评估管理系统,年内对内部评估数据库结构进行调整,新系统调整基准价、评估价的算法实现及时更新基准价、手机查询、远程办公等功能,保障营销人员在调查过程中迅速生成准确、有效的评估数据。

电子银行业务　探索各类大额分期业务，在汽车分期、供应链分期等方面均有所突破。推出直销银行“榕商 Bank”，秉持“家银行、慧生活”的经营理念，围绕用户金融需求和生活场景，提供一站式、全方位的智能服务体系。推动贷记卡业务发展，主动优化调整利率年费政策与优质单位清单管理模式，制定并推进普惠金融卡全员营销方案。扩容收单业务，丰富产品线。立项平安聚合支付及口袋零钱移动支付新系统；在农信系统内首批尝试布设智能 POS 终端，推动 POS 终端从功能机到智能机的升级。至年末，电子银行交易占比 86.93%，比年初上升 3.26 个百分点；全年实现发卡及电子银行业务收入 1.54 亿元，比上年增加 1130.86 万元。手机银行客户存量 21.2 万户，比年初增加 10.92 万户，增长 106.2%。

金融市场业务　自营同业和代客理财业务总余额 136.5 亿元，比年初减少 26.28 亿元，下降 16.14%，实现营运收入 5.31 亿元，营运资金加权收益率 4.7%。年内成立投资决策委员会，并独立设置中台部门派驻风险审查岗，强化风险防控，提升决策效率。合理把控业务规模，平稳开展金融市场业务。优化资产端结构，新增资产配置坚持低风险、高流动性。调整负债端，拓展融资渠道。调整主动负债，营运杠杆倍数稳步下降；拓展负债渠道，开展债券借贷、买断式回购等业务。争取人行常备借贷便利支持，年内累计办理常备借贷便利 5 笔，金额 16 亿元。调整代客理财业务结构，个人和企业理财占代客理财业务比重为 76.73%，比年初提高 23.23 个百分点。梳理和拓展交易对手，根据最新准入和授信标准开展交易对手准入、授信，并拓展负债端交易对手，年内累计新增线上负债交易对手 290 家。

国际业务　推进业务转型创新，外汇产品逐步多元化，其中办理本币存单质押项下“外币贷款 + 远期购汇”组合业务带动贸易融资 1274 万美元，人民币存款沉淀 9352 万元；与满利通（亚洲）有限公司汇款清算合作，推出“满利通汇款业务”；开立农信系统首个外债专户。坚持外币服务本币，推动本外币联动发展，在发展外汇业务的配套营销本币业务。6 月，鼓山支行在为客户办理外汇汇款业务的同时，营销人民币存款 1100 余万元；马尾支行通过单证业务与客户建立良好关系。至年末，交单业务量 1622.53 万美元（出口议付及出口托收），比上年增长 157%。搭建与兴业银行总行、招商银行福州分行、中国银行福州分行的人民币跨境支付系统（CIPS）合作平台。负责代理系统内 9 家农商行的外汇资金清算业务，并与 41 家行社签订速汇金业务合作协议，全省办理速汇金业务的网点达 434 个。

合规文化建设　培育合规文化，通过案防会议和专项检查，加强案件防控力度。7 月 10 日，组织召开“案防专题会议”，部署案防专项排查工作，排查内部控制执行以及制度、流程、系统等存在的案防缺陷，查找“三道防线”工作中存在的问题。加强合规培训和警示教育，增强案件识别和防控能力，制订案件防控及重点业务培训方案，加强员工专业技能和思想道德教育，强化员工合规意识。签订“经济案件防范责任状”“案件防控承诺书和廉洁从业承诺书”，明确案件防范责任和岗位职责。以防范案件风险为重点，常态化开展案件专项治理。通过建立预警机制，推动风险控制关口前移，通过条线检查、工作调研、政策研究等多元化信息接收渠道，提升非现场风险监测分析水平。同时利用二代审计系统、风险监测系统、会计事后监督系统等平台的规则和数据模型，将工作重心由事后处置向事前预防与主动出击前移，促进案防管理科学化、系统化。严肃追责违规操作，加强违规处罚震慑力度。全年继续保持安全运行无案件、无重大责任事故。（曾水旺）

【招商银行福州分行】　2017 年，招商银行福州分行人民币一般性存款年日均余额 350.64 亿元，比年初减少 68.41 亿元。其中人民币对公一般性存款年日均余额 243.11 亿元，比年初减少 64.73 亿元；人民币储蓄一般性存款年日均余额 107.53 亿元，比年初减少 3.68 亿元。人民币信贷资产（含非标）时点余额 527.93 亿元，比年初增加 54.72 亿元。其中人民币对公信贷资产时点增量 221.19 亿元，比年初增长 1.47 亿元；人民币零售信贷资产时点增量 306.74 亿元，比年初增长 53.25 亿元。年末不良资产余额 38.43 亿元，比年初下降 1.80 亿元；不良贷款额 10.01 亿元，比年初下降 0.64 亿元；不良贷款率 1.89%，比年初下降 0.36 个百分点，不良率自 2013 年以来首次低于 2%，低于全省平均水平。现金清收大幅增加，成为历年来现金清收最多的年份，其中零售全年累计清收不良近 2 亿元；对公不良存量现金清收 5.31 亿元（总行考核口径 4.53 亿元）。不良资产生成额 5.2 亿元，比上年同期少生成 5.09 亿元，是自 2013 年以来生成不良贷款最少的年份。全年累计实现经济利润 3.04 亿元（剔除 EL 政策性拨备），剔除政策性拨备经济利润 8.06 亿元。

零售业务　零售经济利润稳步增长，实现 5.57 亿元，比上年增加 0.89 亿元，贡献率 69%。打造“零售信贷 2.0”，零售贷款占比提升至 58.1%，比年初提升 4.53 个百分点，规模突破 300 亿元大关，小微贷款重回百亿元，当年新增投放 37.5 亿元，比上年增长 331%，扭转连续 3 年负增长的态势。客群建设方面，私人银行、钻石、金葵花、金卡客户数较年初均有增长。基础客群存量代发 AUM 首度超百亿，重点金卡、金葵花资产配置率分别达 14.8%、20.51%。

批发业务　开展公司金融战略客户集中经营、专业化经营工作，对公信贷资产企稳回升。人民币对公信贷资产余额 221.19 亿元，比年初增加 1.47 亿元。加大对核心客户、优质客户的资源投入力度，对公客户结构中投资级客户占比提升至 75.37%。战略客户集中经营，形成一批支撑公司金融可持续高质量发展的基石客群。战略客户年日均存款占全行 15.56%，比年初提升 5 个百分点；战略客户融资总量占全行 27.48%，较年初提升 6 个百分点。整合小企业团队，完善公司、机构、同业客户分层分类经营，累计对公新开户 6203 户，大中企业价值客户数较年初净增 205 户。投资银行主攻投资基金引存增存，承揽福建省现代服务产业基金 100 亿元，首笔出资 15.76 亿元；承做自营非标投资新区基金地铁项目 4 亿元投放。

金融科技　手机银行客户数比上增长近 20%，存量非零客户 APP 下载率达

69%；一网通线上收单新上线榕城通、健康之路、校园捐款等覆盖智慧校园、智慧城市、智慧医疗等各类场景；“白名单闪电贷”“小微银税互动”通过“线上+线下”营销模式实现批量获客。 （林　亮）

【浦发银行福州分行】 2017年末，浦发银行福州分行资产总额690.7亿元，各项存款余额291.7亿元，各项贷款余额369.04亿元。年内以基础设施建设、上市公司、绿色金融、电子信息、物流、教育、医疗为重点服务行业，支持地方经济转型升级，全年新增对公客户超过400户。利用投贷联动创新服务客户，PPP业务投放超过6亿元；推动中铝瑞闽、中能电气等一批重点项目的信贷资产证券化；联动香港分行担任漳龙集团债券联席账簿管理人。践行普惠金融、服务民生，推进小微企业金融产品和服务方式创新工作，推出个人经营性融资易贷款、银税贷、通联宝POS贷、中移动“和利贷”、无还本续贷等特色小微金融服务。将风险防控处置作为首要任务，强化风险化解处置，加大现金清收力度，加强贷款分类管理，持续提高贷款分类准确性，总体资产质量得到明显提升，不良贷款实现双降。1月，开展以“温暖守护——贫困地区儿童保险礼物募捐行动”为主题的第10次全行志愿者活动，对接“无忧计划——儿童保险礼物公益项目”，通过上海保险交易所平台购买针对儿童疾病和意外的公益保险，捐赠云南部分地区的贫困学龄儿童。 （蓝晋平）

【兴业银行福州分行】 2017年末，兴业银行福州分行资产总额1867.84亿元，本外币各项存款余额1550.67亿元，本外币各项贷款余额737.67亿元，次级以下不良贷款余额2.28亿元，不良率0.31%。

服务实体经济　小微企业贷款余额238.42亿元，扶持小微客户近1600户；推进小微企业信用产品创新，利用新技术实现网上自助“循环贷”，面向创业企业推出“创业贷”“三板贷”等产品，为本地省级以上工业园区度身定制专属的工业厂房按揭、租金贷、园区流转贷等产品，推出兴业管家移动支付产品，为小微企业提供随时随地账户管理、移动办公等服务。快速布局“智慧”产品，加快收单智能化，上线多个领域移动支付项目。全行首家省级“智慧法院(智慧执行+智慧诉讼)综合金融服务方案”系统率先上线，“智慧医院”覆盖面进一步扩大，与17家医院建立平台系统合作关系。配合省政府设立福建PPP引导基金和福建技改基金，为福建省产业补短板，促转型升级提供低成本资金支持。响应国家支持实体经济去杠杆的精神，落地省内首笔市场化债转股项目——省建工集团下属福建招银高速债转股，落地福建省能源集团“降杠杆”类永续债业务等。与神州优车签订总对总战略合作协议，落地神州优车应收账款资产证券化项目；落地国内混合所有制改革标志性项目——新华都并购贷款；落地泰禾投资、三盛投资、阳光集团境外美元债务工具等项目。助力生态文明建设，稳步推进绿色金融。至年末，绿色金融融资余额达155.67亿元，涵盖风电、水电、环保产业等众多实体经济产业。持续深化“安愉人生”养老金融服务，并获评第二届全国“敬老文明号”称号。年内，福建省首家钱大掌柜校园体验店开业。

风险防控　以资产质量管控为重心，建立不良贷款“一票否决制”，强化重点领域风险管控，加大不良资产重组和清收化解力度，落实“降旧控新”。持续推动风险体系建设，落实全面风险排查和各专项治理及自查工作。严把授信准入关，持续规范授信业务办理流程，调整业务范围，提升项目审查时效。建立健全分行对公信用业务审批后的全流程管控，提升授信风险管控水平。开展“兴航程”合规内控提升年活动，建立健全分行合规管理长效机制。严肃违规问责，持续完善“啄木鸟”员工异常行为管理长效机制。 （陈　艳）

【福建海峡银行】 2017年，福建海峡银行资产总额1616.60亿元，比上年末增加70.50亿元，增长4.56%；各项贷款余额663.33亿元，比上年末增加60.88亿元，增长10.10%；各项存款余额998.51亿元，比上年末增加73.39亿元，增长7.93%。专注主业，服务实体，围绕供给侧结构性改革目标，重点关注制造业、小微企业、“三农”、新经济领域和绿色信贷等重点领域，全年对接福州市“攻坚2017”、“招商2017”、滨海新城等市重点项目21个，审批金额58亿元，投放20亿元；完成小微“三个不低于”、无还本续贷提高5个百分点、制造业投放、涉农贷款增速高于上年水平。在福建辖区23家银行机构服务实体经济质效排名第9位。发展普惠金融，满足人行2017年度普惠金融定向降准考核。严格落实监管要求，规范同业、理财和表外业务发展，在降低自身杠杆率的同时，防止资金脱实向虚。服务市民，推出福州地铁“众行卡”，参与服务无现金城市建设、“智慧福州”九大场景建设，建设“榕医通”医疗移动支付平台。开展信用风险清收工作，现金清收再创新高，创新开展零售类不良资产收益权转让业务，存量风险化解处置取得明显进展。全年化解处置问题资产40.35亿元，其中核销10亿元，现金清收7.45亿元，逾期贷款余额比年初减少18.19亿元，下降34.47%；逾期90天以上贷款余额较年初减少19.93亿元，下降42.06%；逾期90天以上贷款与不良贷款比例180.18%，较年初下降119.18个百分点。3月18日起，开展以“六个确保、五个做到”为任务目标的“百日攻坚行动”，至年底攻坚目标基本完成，定向发行、不良清收、经营指标、服务实体和一线考察等方面成效显著，攻坚行动驱动发展的效应凸显。开展信用风险检查、案件风险排查、违规与中介机构合作专项检查、存款风险滚动式检查、员工异常行为排查等常态化管理。开展“员工行为规范年”活动，建成“内控、合规、操作风险”三合一管理系统，员工行为管理六项机制常态化开展。在全省银行业率先开展消费者投诉分类标准应用试点，保护客户权益。按照穿透原则统一全口径信用管理，推进实现授权差异化。全年完成40个审计项目，强化对分支机构的审计监督，促进分支机构提升内控管理。 （张易楠）

【汇丰银行(中国)有限公司福州分行】

2017年，汇丰银行(中国)有限公司福州分行资产总额5.46亿元，比上年末7亿元下降22%。各项贷款余额5.42亿元，比上年末6.96亿元下降22%；各项存款余额0.9亿元，比上年末1.04亿元下降13%。分行主要开展的业务类型为对公客户的存款、贷款、贸易融资及承

2017 年 6 月 28 日，海峡银行福州滨海新城支行开业，成为首家以滨海新城命名的银行机构　　（市金融办　供）

兑汇票业务等，发展定位和服务对象主要是福建省内上市公司、各优势行业龙头企业，以及世界 500 强和大型国企，同时兼顾本地市场上优秀的中型企业。分行整体授信风险管控水平良好，信贷投向主要定位于省内国有企业、上市公司以及优势行业龙头企业的日常生产经营发展。分行贷款主要投向制造业、养殖业、交通运输业等行业，均符合国家政策导向和地方实体经济发展。各信贷资产质量良好，未发生关注贷款、逾期贷款和不良贷款。同省内优质制造业龙头企业和上市公司保持深度的信贷和金融合作关系，资源配置支持倾斜本地高科技、创新型、轻资产型产业。利用全球网络和资源优势，发挥一站式金融服务的平台优势，加强同境外联行和资本市场的联动协作业务和资金管理业务，向福建省优秀企业宣传推介日常生产经营融资产品和跨境融资渠道产品，其中有日常信贷支持、境外汇丰联行授信、帮助企业赴境外上市和发债、银团贷款等，服务支持涉外和新兴企业“走出去”战略，协助客户完成产业升级及市场拓展，帮助企业利用外资服务实体经济发展。年内未发生流动性、市场、操作等风险事件和违规案件。6 月 3 日，分行社区志愿者在福州鼓楼区开元社区开展普及反洗钱知识、防范电信诈骗、防范非法集资的宣传活动。

（刘　嘉）

证券期货业

【概况】　2017 年，福州市有上市公司 82 家，其中境内上市公司 43 家，境外上市公司 39 家；有证券公司 2 家（兴业证券股份有限公司、华福证券股份有限公司），证券分公司 26 家，证券营业部 128 家，期货公司 3 家（兴证期货有限公司、金友期货经纪有限责任公司、鑫鼎盛期货有限公司），期货营业部 30 家。

【上市公司】　2017 年，福州市有上市公司 82 家，其中境内上市公司 43 家，境外上市公司 39 家。年内新增 11 家境内上市公司，其中福建天马科技集团股份有限公司、茶花现代家居用品股份有限公司、福建海峡环保集团股份有限公司、福建坤彩材料科技股份有限公司、福建顶点软件股份有限公司、福建睿能科技股份有限公司在上海证券交易所主板挂牌上市；恒锋信息科技股份有限公司、德艺文化创意集团股份有限公司、福建星云电子股份有限公司、福建阿石创新材料股份有限公司、福建永福电力设计股份有限公司在深圳证券交易所创业板挂牌上市。全年有 37 家次上市公司从资本市场筹集资金 692.69 亿元，其中首发 11 家，融资 40.79 亿元，5 家次非公开发行股权融资 293.11 亿元，21 家次通过发行公司债、短期融资券等方式融资 358.8 亿元。

【场外市场】　2017 年，福州市有上市后备企业 331 家，7 家进入实质上市程序，其中 2 家进入首发审核程序、5 家在福建证监局上市辅导；有 113 家中小企业进入全国中小企业股份转让系统（“新三板”）挂牌交易，2 家企业取得挂牌函，6 家企业进入海峡股权交易中心挂牌交易。

【证券期货】　2017 年，福州市有证券公司 2 家，证券分公司 26 家，证券营业部 128 个，占全省（不含厦门）总数的 37.76%；手续费收入 129570.31 万元，占全省（不含厦门）总数的 49.61%；利润总额 39883.27 万元，占全省（不含厦门）总数的 45.74%。全市有期货公司 3 家，期货营业部 30 个，占全省（不含厦门）总数的 46.51%；手续费收入 4852.95 万元，占全省（不含厦门）总数的 41.34%。

【债券融资】　2017 年，福州市续存期企业债券有 11 只，发行企业 8 家，累计发行额度 90 亿元，债券总量位居全省第二位。其中福州建工（集团）总公司发行 5 亿元、福州市城乡建设发展总公司发行 22 亿元、福州京福高速公路有限责任公司发行 6 亿元、福清市国有资产营运投资有限公司发行 20 亿元、福建省连江县国有资产营运有限公司发行 10 亿元、福州高新区投资控股有限公司发行 7 亿元、长乐市国有资产营运公司公司发行 10 亿元、福州开发区国有资产营运有限公司发行 10 亿元。

【基金业】　2017 年，福州市在中国证券投资基金业协会登记的私募基金管理公司 170 家，私募基金 572 只，私募基金管理规模 1195.09 亿元。　（李　晗）

【华福证券】　2017 年，华福证券公司实现营业收入 29.81 亿元，比 2011 年的 5.05 亿元增长 490%，年均复合增速 34.4%；净利润 9.18 亿元，比 2011 年的 1.44 亿元增长 539%，年均复合增速 30.9%。经纪业务市场份额连续 4 年保持福建辖区第一，区域发展渐趋均衡，在全国排名第26位,较2011年末上升10位;资产管理业务降低资管通道规模,致力向主动管理转型;投资银行业务以债券和资产证券化业务为突破口,涉足股权投行业务,实现全国首单绿色创投债、首单创新创业可转债、首单地产类租赁资产证券化等业务实现突破,获深交所2017年度优秀固定业务创新机构和优秀地方债承销机构两个核心奖。连续6年获中国证监会评级A类券商。5月,泉州分公司投资者教育基地获批省级证券期货投资者教育基地。连续多年被评为福建省纳税百强企业,2011年至2017年累计贡献的各类税收44亿元。

年内帮助中锐网络等5家“新三板”上市企业完成股票定向发行,募集资金0.89亿元;发行福建漳州农村商业银行股份有限公司二级资本债券,发行规模为4.5亿元;发行宁德市国有资产投资经营有限公司公开发行公司债券,发行规模5亿元;泉州台商投资区开发建设有限责任公司非公开发行公司债券,发行规模8亿元。公司主承销的“2016年泉州市城建国有资产投资有限公司小微企业增信集合债券”获评福建省2016年度十大金融创新项目,是福建省首单小微企业增信集合债券。

年内,福州分公司实现营业收入31752.29万元,净利润14902.73万元,其中经纪业务实现营业收入20137.46万元,占福州分公司营业收入的63.42%。福州投资银行部为福州辖区企业融资提供承销、财务顾问和辅导等投资银行专业服务。作为财务顾问和基金管理人,设立福建建工债转股并表基金,总规模14.3亿元;完成1家“新三板”定增备案,为中锐网络“新三板”项目募集资金1000万元。

(崔　伟)

保　险　业

【概况】 2017年,福州市有保险公司主体58个(含1个法人机构),其中财产险公司27家、人身险公司31家,各级营业机构网点430个,保险专业中介公司网点139个。实现保费收入313.6亿元,比上年增长16.6%,规模居省内9个设区市首位,其中财产保险76.8亿元,增长9.8%,人身保险236.8亿元,增长19.1%。人身保险项下包含寿险162.7亿元、比上年增长23%,健康险65.1亿元、增长9.7%,意外险9亿元、增长24.1%。全年累计各项赔付支出87.8亿元,比上年增长0.9%。全市保险业累计承担风险总额13.5万亿元,总资产超过600亿元。全市保险业为社会提供超过6万个就业岗位。

服务实体经济　出口信用保险为福州市出口贸易提供58.4亿美元的收汇保障,保单融资业务协助福州出口企业获得银行贷款2.8亿美元。继续开展小微企业贷款保证保险试点工作,支持福州地区71家小微企业融资4596万元。同时以股权、债权、企业债券、集合信托等多种形式参与福州市重大项目建设。推动中国保信与东南健康医疗大数据中心的合作并取得进展。推进电梯安全责任险、扶贫保险、老年人意外险等在福州落地试点。责任保险为福州的安全生产、医疗卫生、环境保护、食品安全等密切关系公众利益的领域提供风险保障554.6亿元。推进福州交通事故快处中心建设工作,福州快处中心累计处理案件6.3万余件,日均处理170余件,处理事故车12.5万辆,日均处理超340辆。

助推脱贫攻坚　推动开展政策性农村住房叠加保险,建档立卡贫困户保费由财政全额负担,实现扶贫、提标相结合。创新推动水产养殖台风指数保险,提供风险保障逾5000万元。启动设施食用菌保险工作,弥补种养殖业保险在食用菌产业方面的空白。推动福州启动健康扶贫商业补充保险,探索商业保险参与健康保险扶贫,承办建档立卡农村贫困人口健康扶贫商业补充保险。鼓励助学贷款保证保险业务开展,创新推出个人助学贷款履约保证保险,有效填补国家助学贷款的相对不足。

助力民生保障　推动商业保险机构承办大病保险业务,辖内保险公司承办的城乡居民大病保险基本覆盖全市,参保居民约470万人。保险业累计为福州市145万职工提供城镇职工大额医疗费用商业补充保险,提供风险保额3335亿元。受托管理闽侯新农合业务,为45万参合群众提供健康保障服务,托管基金2.9亿元。加强与医保办等部门的沟通协调,推动职工医保个人账户资金购买商业健康险业务在福州稳步推进。

(刘可香)

【中国人民财产保险股份有限公司福州市分公司】 2017年,中国人民财产保险股份有限公司福州市分公司保费收入16.4亿元,比上年增加0.1亿元;赔付支出8.05亿元,综合赔付率51.44%,下降5.94个百分点;综合费用率39.3%,下降0.1个百分点;综合成本率

2017年2月10日,由市金融办组织的福州市上市后备企业大会在海峡国际会展中心召开,近200家上市后备企业参会　(市金融办　供)

90.74%，上升6.06个百分点。公司实现报表利润总额1.34亿元，考核口径利润1.08亿元，利润完成率101.74%。应收保费总量6884.15万元，增量310.52万元，应收保费率3.2%（剔除助贷险），比上年上升0.26个百分点，按险种主要集中在船货险2123.6万元、信用保证险1651万元、工程险2136.4万元及财产险656.8万元；按经营单位主要集中在主营非车险业务的西湖、城北、华林3家支公司，应收保费分别达到2454.2万元、1072.4万元、2170.6万元。

车险实现保费收入13.9亿元，比上年下降0.54%。车险市场份额25.37%，居全市第一，比上年下降0.9%，增量份额下降4.74%。车险业务综合赔付率52.87%，综合费用率40.13%，实现考核口径利润总额9716.5万元。实现新车保费收入2.49亿元，比上年下降3.37%；实现推修码保费9.75亿元，下降1.75%；二类修理厂实现保费收入9189.88万元，下降35.04%。至年末，福州地区合计报牌87790辆，人保报牌38112辆，占比43.41%，比上年下降7%。

推进商业非车险改革，制定一系列改革配套措施，完成非车险毛保费2.48亿元，比上年增长7.51%，利润3649万元。传统非车完成保费1.5亿元，利润3817万元。其中家财险条线完成毛保费55.3万元，比上年下降63.62%。加强政企互动，实现电梯安全责任险零突破、"执行无忧"悬赏保险服务合作协议、承保马尾区14所公立学校的校园食品安全责任险等。

在营业厅"全球眼"网络视频监控铺设基础上结合实际理赔管理工作和市场实践创新管理方法，将新型信息技术、工具融入理赔服务前后端，搭建理赔服务管理平台，运用4G数据传输实现可视化理赔服务管理。年内开展人保厨房美食课堂、"人保财险杯"大客户篮球邀请赛、国石品鉴交流会、"小儿饮食调理"健康讲座等特色主题活动。理赔中心创建专职微信平台，推出新客服电话0591－83615518，后台专人对接，为客户及时答疑解惑。同时加强查勘定损岗抽查，实行定期与不定期抽查，保证服务标准化。运用"人保财险多维度精准送修及救援系统"搭建"救车、救人、救灾、推修"于一体的四端多角色新型智能系统，将人保精准推修与可视化道路救援系统结合起来，将救援服务的每一个轨迹、时间节点实时有效地反馈给客户、查勘员、4S店售后，实现从现场报案、救援响应出发、救援过程再到精准推修的可视化操作。（宁　蕊）

【中国人寿保险股份有限公司福州分公司】　2017年，中国人寿保险股份有限公司福州分公司实现总保费31.7亿元。其中长期保险首年保费13.83亿元，长期保险首年期交保费6.88亿元，短期险保费1.46亿元，意外险保费6073万元，总保费占福州市场份额17.09%。获中国人寿保险（集团）公司"大中城市业务发展奖"；获中国人寿保险股份有限公司"城市领航奖""模范职工之家"。围绕"重价值、强队伍、优结构、稳增长、防风险"的经营思路，对标市场竞争，加快转型升级，实施"以队伍驱动为轴心，以主管自主经营和发展大短险为两翼"的"一轴两翼"核心战略，提升可持续竞争力；开展营销机制创新，强化网点布局，开展客户经营；推进销售转型，提升销售渠道经营管理模式的专业化和体系化，转变销售团队经营管理模式；推进市场化改革，实行市场化资源配置，完善市场化考核机制。开展以销售误导治理为主题的诚信合规专题教育，参与中国人民银行和反洗钱协会组织的各项活动。年内安永会计事务所对公司开展两轮外部审计工作，公司取得无缺陷的审计结果；通过中国人民银行福州中心支行的反洗钱"回头看"现场监管检查，实现零案件零处罚。年内《十年赞歌　反洗钱人在前行》获建省反洗钱协会重点课题和主题征文评审活动一等奖。公司纪委被中国人寿保险股份有限公司评为纪检监察系统先进集体。公司客户服务中心旗舰店被中国人寿保险股份有限公司评为"2016—2017年度青年文明号"。1名柜员获福州市文明办"文明服务之星"称号。在"3·5"学雷锋志愿服务日、"3·15"国际消费者权益日、"7·8"全国保险公众宣传日及法定节假日，开展"诚信　沟通　维权"客户服务咨询活动，参加福建保险业保险宣传周咨询服务活动，组织党员干部、共青团员及员工进学校、进社区、进农村、进机关、进企业，开展保险知识普及和保险消费者权益维护活动。（姚　颖）

【中国太平洋财产保险股份有限公司福州中心支公司】　2017年，中国太平洋财产保险股份有限公司福州中心支公司保费收入4.82亿元，占全市产险市场份额9.44%；赔款支出3.96亿元，比上年下降9.5%。推进以电网销、交叉销售和车商三大核心渠道为主、结合地方特色的其他渠道为辅的渠道管理体系建设，强化自上而下渠道经营，实施渠道分客群策略，加快核心渠道发展；巩固提升风险筛选及定价能力，加强大数据应用，强化品质管控；深化业务品质与资源投入动态匹配机制，提升资源配置效率；推进商业车险保障范围和程度的提升，加强品质管控。在非车险方面强化专业化能力建设，加大传统业务结构调整力度，推进前中后台一体化运作机制，建立差异化的客户经营模式；培育在新兴市场、新兴业务、创新业务上的发展能力；探索新型团体客户作业模式，强化"财富U保"承保品质管理，实现中小企业业务领域的领先发展；推动管理和技术创新，实现农险增长方式根本转变。

销售渠道建设　建设多元化销售体系，发挥县域公司的功能与作用，利用各县域机构地理位置优势及特色，加大当地特色业务及板块业务的经营推进，福州片区支公司重点开发旅游客运车辆；闽侯支公司重点发展团车业务；青口支公司重点发展车商渠道业务；仓山支公司推进建立个代渠道。开展"费赔折绩"工具使用及培训，私家车业务按照"费赔分档"配置、团单等按照保单成本率控制业务品质。开展"车电融合"项目试点，将车商续保业务由电销前置坐席跟踪维护。建立团车业务部，专项开展团车经营，从承保、理赔、维护等多方面专业知识上加强团车业务经营。

客户服务　10月，开展太保首届客户节"牵手太保、品味生活"系列活动，包括保险服务进社区、微信互动、优质服务评选、"我服务我承诺"活动、主题品茶沙龙活动等。"双11"期间，开展以"王者钜惠，全心出击"为主题的门店体验活动，创新客户体验模式。强化日常服务规范化管理,提升服务人员技能、改善服务人员形象、提高服务意识,深化各项客户关怀及增值服务举措。

特色理赔服务 “95500”客户服务平台推出赔款催领、关切回访、气象提示、短信提醒等一系列增值服务。贯彻落实新《中华人民共和国保险法》,对现有理赔等业务流程进行梳理并整改提高。以“极速、极易、极暖”的客户体验为目标,在“五一”、中秋、国庆等节假日开展现场服务活动,在高速路口及重点景区设置快速理赔服务点,现场为客户提供便民咨询、小额极速赔付、免费道路救援等服务,同时为车主和游客提供安全行车咨询、胎压监测、轮胎充气、备胎更换等增值服务,向客户发放饮用水、爱心雨伞、常用药品等物品。对“三年未出险客户”和“优质女性客户”提供“金钥匙”服务;对新车首次出险客户提供全程导赔服务;对非人伤单方事故,提供微信自助查勘服务;对“单玻险”案件,提供玻璃上门安装服务;对女性客户提供女性专属的“一遇女神,蓝友包办”服务。以“3721”人伤全程导赔工程项目为基础,面向交通事故出险的太平洋保险客户和伤者,提供6项人伤服务,包含3项赔付服务和3项关爱服务,推进太好赔人伤无忧服务,着力打造“太好赔”理赔服务品牌。 (杨 倩)

【中国平安人寿保险股份有限公司福建分公司】 2017年,中国平安人寿保险股份有限公司福建分公司福州地区实现总保费收入54.3亿元,比上年增长32.0%,其中个险业务总保费收入48.2亿元,银保业务总保费收入1.9亿元,其他业务渠道总保费收入4.2亿元。有效客户数96.9万户,缴纳税金25861.5万元,赔付支出6.7亿元。公司在福州地区设有福建分公司、福建自贸试验区平潭片区中心支公司、6家支公司、1个营业部及31个营销服务部,合计40个分支机构。福州地区内勤员工689人,保险代理人14294人。

年内,依托科技创新,首创“智慧客服”,运用AI技术,构建业务甄别、风险定位、在线自助和空中门店四大核心能力,实现所有业务“在线一次性办理”。上线“闪赔”服务,简化理赔流程。推出全新“闪赔”服务,针对理赔程序复杂、时效性差和安全性不足等问题,通过新科技运用及作业效率提升,为客户打造30分钟内完成理赔的极快极简服务。通过风险管理、风险识别、风险控制、风险教育、风险处置5方面举措,完善分公司风险防控合规体系,建立长效机制。开展常规风险排查及专项排查,定期开展销售误导滚动自查自纠排查、常规风险排查工作,对销售误导行为、保险资金案件风险、财务管理风险、业务管理风险及内控管理缺陷等进行常规排查及专项排查。

5月27日,在首个“平安公益日”为福建平安希望小学募捐善款42万余元。7月起,向全社会广泛招募平安支教志愿者,并确定18名优秀志愿者参与2017平安年度支教项目。7月,向宁德市周宁县、宁德市屏南县、南平市浦城县、南平市顺昌县4个县建档立卡贫困人口20329人捐赠意外保险保障,捐赠总保险金额9.36亿元。年内完成3例理赔,累计赔付金额15万元。 (陈楚菲)

【海峡金桥财产保险股份有限公司福建分公司】 2017年,海峡金桥财产保险股份有限公司福州辖区完成保费收入21082.01万元,在福州地区保险市场排名第六。海峡保险福州自贸区支公司获得福建保监局批复并于4月26日取得营业执照开业;仓山营销服务部于12月12日取得营业执照开业。

年内首席承保中闽海上风电有限公司福建莆田平海湾二期250兆瓦海上风电项目工程建工一切险,为该项目工程提供39.6亿元总额风险保障,项目总保费1995万元,公司保费收入598.54万元。参与共保福建船舶工业集团权属企业年度统保业务,含企业财产一切险、机器损坏险、船舶建造险等,签单保费35万元。独家承保福建投资集团权属企业(福投新能源、闽投资管)团体意外伤害、重大疾病、补充医疗保险业务,签单保费32万元。独家承保中交广州航道局有限公司漳州古雷石化园区填海工程项目1标段建筑工程一切险,项目总保费798.37万元,公司保费收入160.22万元。承保福建建工集团有限责任公司莆田石门澳园区道路一期工程施工人员团体意外伤害保险,保费收入120万元。承保罗源霍口水库工程建筑工程一切险,份额内保费48.15万元。承保宁德时代新能源科技股份有限公司财产一切险,份额内保费37.50万元。独家承保福建闽都置业发展有限责任公司建筑工程一切险,保费收入41万元。参与共保道庆洲过江通道工程建筑工程一切险,份额内保费108万元。参与共保兴泉铁路宁泉段6标建筑工程一切险,份额内保费124万元。6月20日,完成福州市鼓楼区60岁以上老年人公益性民生保险项目落地,承担该区10.8万名老人(保额48.6亿元)的民生性保险,确定以服务民生为导向的公益性项目的开展。协助福州市举办“福州市环境污染责任保险推进会”,并牵头成立福州市环境污染责任保险共保体,为福州市推进环境污染责任保险工作提供保障。至年底签单4件,公司作为主承保占总份额30%,保费收入29691.51元。

(章 榕)

(编辑 周弭姣)

旅游业

综述

【概况】 2017年,福州市旅游接待总人数6737.81万人次,比上年增长22%;旅游收入878.54亿元,增长32.4%;接待入境游客131.48万人次,创汇15.01亿美元。其中,国庆"黄金周"期间接待游客364.10万人次,比上年同期增长25.1%;实现旅游收入22.73亿元,增长35.2%。

全市有国家A级旅游景区45个,其中国家AAAAA级旅游景区1个,国家AAAA级旅游景区14个,国家AAA级旅游景区22个,国家AA级旅游景区8个。

【景区升级创建】 2017年,福州市连江县贵安温泉旅游度假区开展省级旅游度假区创建工作,在原有贵安新天地休闲旅游度假区的基础上,修订度假区名称与范围,通过初评并上报省旅发委;以创建A级旅游景区工作为载体,对照《旅游景区质量等级的划分与评定》国家标准,金鸡山公园、中国寿山石馆景区、川捷休闲文体旅游区、汇雅温泉休闲旅游度假村等景区进一步完善旅游基础配套设施,优化景区环境,提高服务质量,推进A级景区创建工作。年内,金鸡山公园、中国寿山石馆景区等10家景区正式获评国家AAA级旅游景区。

【乡村旅游】 2017年,福州市编制2个重点规划,其中《福州市区周边乡村旅游布点专项规划》,对全市有旅游资源的乡村旅游点(村)进行统筹规划,科学指导乡村有序开发,安排旅游发展的优先项目与重点地区,促进产业结构调整、优化和升级,改善乡村居民生活质量,助推福州市休闲度假旅游目的地的建设;《28个贫困村旅游发展规划》,在全市200个贫困村中筛选出有旅游发展潜力的28个贫困村,编制旅游产业发展总体规划,并根据每个村的特点量体裁衣,制定一村一规,做到精准施策,精准扶贫。

组织并指导县(市)区开展乡村旅游产业培育。全市有乡村旅游精品示范点11个、乡村旅游休闲集镇8个,特色村69个,闽台乡村旅游实验基地5个,星级乡村旅游经营单位40家,其中四星级12家,三星级28家。

5月,市旅游局、市财政局联合出台《福州市旅游发展专项资金管理办法》,推出旅游富民建设资金补助政策,明确对乡村旅游示范点、休闲集镇、特色村、星级乡村旅游经营单位、扶贫重点村等资金扶持范围、补助标准、申报要求等。

推进乡村旅游游客服务中心、停车场、旅游厕所、垃圾集中收集站、医疗急

表38 **2017年福州市国家A级旅游景区名单**

评级	景区
AAAAA级(1个)	三坊七巷历史文化街区
AAAA级(14个)	福州国家森林公园、于山风景区、鼓山风景区、中国船政文化景区、青云山风景区、永泰天门山风景区、石竹山风景区、福清天生农庄、中国云顶、贵安新天地休闲旅游度假区、溪山休闲旅游度假区、旗山森林人家旅游区、罗源湾海洋世界、永泰百漈沟景区
AAA级(22个)	长乐冰心文学馆、长乐显应宫、长乐九龙山庄、东壁岛滨海旅游度假区、连江青岛啤酒梦工厂、长乐猴屿洞天岩、灵石山森林公园、福州春伦茉莉花文化创意园、三叠井森林公园、罗源畲山水景区、闽清宏琳厝、源脉温泉园、金鸡山公园、中国寿山石馆景区、川捷休闲文体旅游区、汇雅温泉休闲旅游度假村、索佳艺陶瓷文化创意园、福清后溪旅游区、闽都民俗园、天泽·奥莱时代、贵安温泉景区、福建豪业七叠温泉景区
AA级(8个)	福州市博物馆、福州文庙、邓拓故居、绿丰农业生态园、福建省委旧址纪念馆、閶亭寺、琴江满族村、卧龙谷

救站、农特产品商店、旅游标识标牌等旅游基础设施的“六小工程”,对从事乡村旅游经营的乡村进行改厨、改厕、改房、整理院落,提升改善旅游接待条件,改善乡村旅游基础和公共服务设施。

8月中旬,举办第四期福州市乡村旅游培训班。全市分管旅游工作的县(市)区政府领导、旅游局局长和业务骨干、福州市乡村旅游精品示范点、省级乡村旅游休闲集镇和特色村、星级乡村旅游经营单位、全市发展乡村旅游产业的村镇主官和乡村旅游管理人员、主要新闻媒体172人参加培训。

【榕港澳旅游】 2017年,澳门同胞到榕旅游1.48万人次,比上年增长7%;香港同胞到榕旅游14.51万人次,比上年增长6.7%。

4月4—10日,组织三坊七巷、马尾船政文化景区等单位参加在香港、澳门举办的“美丽中国——2017年港澳地区主题旅游宣传推广活动”以及第五届澳门国际旅游(产业)博览会。年内各港澳游组团旅行社结合港澳地区表演、展览等活动,向市场推出港澳文化旅游新线路,以港澳地区独特的当地文化为卖点,推出家庭亲子游、情侣游等线路,让到港的游客分享“欢乐香港”等大型庆祝活动。自2月开始,福州市户籍居民持有效卡式往来港澳通行证,在市民服务中心出入境办证窗口的出入境业务自助办证机上可自助办理港澳旅游再次签注,即办即拿,立等可取。三坊七巷景区经国家旅游局评审,创建港澳游学基地。

【海峡旅游】 2017年,福州市持续推动榕台海峡旅游发展,重点拓展台湾到榕旅游客源市场,台湾同胞到榕旅游34.35万人次,比上年增长10.7%。提升福马旅游工作,台湾同胞通过马祖—福州航线到榕旅游人数比上年增长295.2%;全市组织20075名游客赴马祖旅游,增长9.9%。持续推动“两马”旅游和环马祖澳旅游品牌建设。福州市与台湾地区推动旅游交流合作,加强政策引导和扶持,持续拓展海峡旅游客源。出台“今冬游连江 免费去马祖”“情系两岸 畅游两马”旅游惠民政策。推动榕台两地宗教、文化、体育、商务、会展等行业与旅游融合发展。福州宝胜寺与台湾嘉义县震安宫签订促进榕台宗教文化旅游交流合作协议。组织选手赴马祖参加“台湾马祖首届超级马拉松”比赛和“两马运动会”。

继续加大福州海峡旅游宣传推介力度,在台湾通过公交车站、公交车身、地铁车厢等媒介投放福州旅游及马祖—福州旅游广告,举办“两马”旅游推介会和“环马祖澳”旅游专场推介会。在第十九届海峡两岸经贸交易会上设置“福州—马祖”旅游展区,向境内外客商宣传推介“两马”旅游和环马祖澳旅游。在福州市酒店投放马祖旅游宣传册,在邮政报刊亭和公交车身投放福马旅游广告。

支持榕台两地旅游企业开展业务交流与合作,全年接待台湾岛内以及金门、马祖地区旅游同业协会以及旅行社、媒体、航空公司等业界到榕交流活动8次;组织旅游企业赴台参加“第十一届台北两岸观光博览会”;指导榕台两地旅游企业首次合作发行“海峡青年旅游卡”,助推两岸青年开展修学旅游活动;联合厦门航空公司邀请上海、广州、天津、西安等城市的旅行社以及人民网、新华网等媒体业界代表58人经黄岐前往马祖开展2017年福州—马祖航线旅游踩线交流活动,与马祖旅游业界进行互动和沟通。

持续推动环马祖澳旅游区发展。福建省外居民赴马祖旅游可在福州市提前办理或委托旅行社提前代办赴马祖团队旅游一次有效通行证件,福州居民再次赴台旅游,签注立等可取。全年黄岐—马祖航线运送旅客40952人次,1349航次;环马祖澳旅游区内定海湾山海运动小镇、粗芦岛滨海旅游度假村、百胜牛头山休闲渔业基地、赶海一号休闲渔业基地、古石石屋聚落综合开发等旅游项目落地生成;新建的环马祖澳旅游集散服务中心于10月开业,建筑面积900平方米,总投资1000万元,按三级旅游集散服务中心标准建设,为游客提供旅游资讯查询、票务代理、预订和采购景点门票等“一站式”便捷服务;组织旅行社、媒体开展环马祖澳旅游踩线活动,丰富旅游产品供给,推动环马祖澳旅游升温。福州—马祖两地通过福马旅游磋商工作机制,加强安全和服务品质监管,全年福马旅游投诉率为零,未发生旅游安全事故。

2017年,福州市鼓岭旅游度假区开展国家级旅游度假区创建工作,并于2018年1月9日正式获评 (福州日报社 供)

【自贸区特色旅游】 2017年,福州市参照国际通行的旅游服务标准,开发特色旅游产品,建设休闲度假旅游目的地。推进福州片区琅岐岛文化旅游项目开发,推动中国船政文化城等项目建设。编制完成《福州邮轮产业发展规划》,邮轮副码头设在自贸区马尾琅岐岛。6月27日福州市“中国邮轮旅游发展实验区”获国家旅游局发文批准设立,8月4日国家旅游局为福州授牌。(王苏婷)

【鼓岭获评国家级旅游度假区】 2017年,福州市鼓岭旅游度假区开展国家级旅游度假区创建工作,并于2018年1月9日获评国家级旅游度假区,为福建省首家国家级旅游度假区。全年接待游客量突破1000万人次，比上年增长10%。其中鼓岭片区游客量175万人次，比上年增长50%；鼓山片区游客量850万人次。

基础设施建设　完成度假区饮用水改造提升工程，推进度假区污水管网（二期）建设，实现度假区污水接入市区排污管网。完成鼓岭核心区电力缆化二期工程，对度假区住户进行“一户一表”改造并实现度假区核心区三线入地。完成鼓山登山道改造提升工程。完成南大门停车场建设，并对十八景停车场、柳杉王停车场、松香阁停车场进行改造提升。

旅游配套设施提升　提升度假区住宿设施，完成建工集团精品酒店、建发集团兰德山庄提升改造，加快推进世茂柱里国际会议中心酒店施工。加强对山庄及农家乐的规范管理，重点培育梅森古堡、临里沐里等主题民宿。实施度假区外部标识系统建设，在全市各大站点、主要道路安装鼓岭度假区旅游专用外部交通标识。完成鼓岭柳杉王游客中心、鼓山松涛楼游客中心、导游接待室、十八景登山文化救助中心改造提升建设。按照三星级公厕标准要求，对景区内的旱厕进行拆除，对柳杉王停车场、万国公益社、十八景、万松湾、半山亭、石鼓名山处6座公厕进行改造提升，新增1座环保公厕。完成一期柳杉王公园核心区广播系统建设。对各节点及道路、游步道、登山道沿线垃圾桶进行统一设计并完成安装，新增699个垃圾桶。推进度假区监控系统、免费Wi－Fi全覆盖系统及智慧平台建设，为游客提供预订、导览、地图、虚拟旅游等服务。完成关键节点亮化布置，在柳杉王公园、映月湖公园、古街、鼓岭游步道等重要景点安装320盏景观灯。

环境整治　开展环境综合治理工作，完成度假区内重要节点、景点综合整治提升及功能性设施美观化遮挡。加大清理整治力度，对特殊地段实行重点管理，建立健全环境卫生长效保洁机制。年内组织30余次联合执法行动，取缔占道经营商铺158户。成立鼓岭旅游度假区综合执法中队，制定鼓岭旅游度假区“两违”整治监管机制，组织12场大型拆违行动，拆除26处违建点面积3725平方米。

绿化景观提升　完成鼓山景区火烧迹地更新及枫树谷林相提升改造工程阶段性养护工作，对枫树谷附近疫情除治地及火烧迹地周围林相进行恢复。推进中心城区环城一重山森林景观林相改造工程，完成3.33公顷的面城一重山林相改造任务。实施度假区绿化提升工程，开展鼓宦公路（下院至过仑）沿线、村民房前裸露地块、景区游步道裸露地块等主要节点绿化提升及补植工程。

文物保护　加强对各级文物保护单位以及福州市历史建筑的巡查、监管工作。完成福州市鼓山摩崖石保养维护工程（一期）项目，涉及范围主要是古石蹬道两侧、灵源洞景区（含灵源洞、听水斋、石门、龙头泉、水云亭）、梅里范围内的摩崖石刻。

宣传推广　参加“5·18”海交会、厦门“6·18”旅博会、海西嘉年华旅游推介会等10多场展会，宣传鼓岭品牌。加大中央、省、市电视台广告投放力度，筹拍鼓岭旅游度假区宣传片、创建片。全年在鼓岭举办各类文艺体育活动30多场，包括中国旅游日福建分会场（鼓岭）主题活动、“中国体育彩票”全国群众登山大会、“温泉古都”中国福州鼓岭精英越野赛、环福州永泰国际公路自行车赛、福州鼓岭秋季徒步越野赛、福州鼓岭山径赛等，联合上海协和国际学校在上海举办“故园归梦——国际友人镜头下的鼓岭”图片视频展，联合福建省歌舞剧院在鼓岭开展多场文化演出活动，举办第四届“中国·鼓岭（Kuliang）中秋国际诗乐会”及“寻梦追忆鼓岭行”——美国友人走访鼓岭系列活动。

（刘久元）

旅游资源开发

【旅游资源规划】　2017年，福州市顺应全球邮轮经济重心快速东移趋势，结合“海上福州”发展战略，紧抓滨海新城建设机遇，将邮轮产业作为福州市新的经济增长点与国际旅游城市建设的重要支点，编制完成《福州市邮轮产业发展规划》工作，谋划福州邮轮产业发展。完成《福州城区周边乡村旅游布点专项规划》《加快海上福州旅游发展的思路与对策研究》，推动乡村旅游精准扶贫、海丝旅游工作。指导督促福清、罗源等县区开展区域旅游总体规划编制（修编）以及重点景区的规划编制，完成《福清市旅游总体规划修编》《福清市沙浦镇滨海休闲小镇旅游发展规划》《福清市一都镇旅游发展暨乡村复兴规划》《罗源县中房镇旅游产业规划》《霍口乡岗尾村旅游项目总体规划暨核心地块详细设计》《福州市罗源县巽屿红色滨海旅游区发展总体规划》《罗源县厝坪旅游发展总体规划》编制并通过专家评审。

2017年9月，福州市闽安古镇保护开发一期项目正式对外开放。图为闽安楼
（马新　摄）

【旅游项目建设】　2017年,福州市在建旅游项目22个,总投资334.76亿元,其中连江定海湾上海运动小镇项目总投资50亿元,中国瓷天下旅游区项目总投资34亿元。全市纳入省旅游休闲重大项目8个,年度计划完成投资19.87亿元,实际完成投资21.62亿元,完成投资比例108.8%。年内建成开业一批新项目,闽安古镇建设项目一期于9月正式对外开放,罗源世纪金源号豪华游轮正式开业。大三坊七巷旅游区、中国船政文化城、“八仙过海”旅游文化综合项目、闽侯闽越水镇项目、福州光明旅游温泉小镇等项目进展顺利。年内新开工一批旅游项目,琅岐国际海岛度假综合园项目三期,总投资22.9亿元;罗源休闲渔业旅游开发综合项目,总投资3亿元;罗源福湖畲风旅游开发项目,总投资5000万元。

(王苏婷)

旅游服务

【旅游公共服务】　2017年,福州市建成福清中旅旅游集散中心、永泰县旅游集散中心、罗源县旅游集散中心、福州旅游集散服务中心4个旅游集散中心。委托福州市国际旅行社运营长乐机场游客服务中心,全年长乐机场咨询服务中心累计接待旅游咨询25万人次,发放观光旅游资料10万余份,为到榕游客提供购票、住宿、乘车等引导服务。

全市建设旅游厕所63座,其中新建33座、改扩建30座。根据省旅发委关于旅游厕所建设管理工作的要求,由福州市旅游厕所等级评定委员会组成检查组,对旅游厕所进行验收,并根据《福州市旅游局　福州市财政局关于印发〈福州市旅游发展专项资金使用管理办法〉的通知》中旅游厕所的市级补助标准进行资金奖励。

【星级饭店】　2017年,福州市有星级饭店43家,其中市区30家、福清市7家、长乐区4家、连江县1家、闽清县1家。有五星级饭店8家、四星级饭店21家、三星级饭店12家、二星级饭店2家;有客房8263间,床位1.3万张。

表39　2017年福州市五星级、四星级饭店名单

星级	饭店
五星级(8家)	福州西湖大酒店、福建外贸中心酒店、福州金源大饭店、福州美伦华美达大饭店、福州香格里拉大酒店、长山湖(长乐)国际酒店、福州万达威斯汀酒店、福州名城豪生大酒店
四星级(21家)	福州大饭店、福清融侨大酒店、连江国惠大酒店、福清兰天大酒店、福州梅峰宾馆、福清冠发君悦大酒店、福建山水大酒店、福建阳光假日大酒店、福建省闽江饭店、福州(晋都)戴斯酒店、福清瑞鑫大酒店、福建黄金大酒店、福州新紫阳大酒店、福建国惠大酒店、福建银河花园大酒店、最佳西方财富酒店、福州铭濠酒店、福州景城大酒店、福建丽景假日大酒店、福州聚春园大酒店、福州于山宾馆

表40　2017年福州市金牌和AAAAA级、AAAA级旅行社名单

评级	旅行社
金牌(4家)	福建省中国旅行社、福建省康辉国际旅行社、福建省旅游公司、福建春秋国际旅行社
AAAAA级(10家)	福建省中国旅行社、福建省康辉国际旅行社、福建省旅游公司、福建春秋国际旅行社、福建省康泰国际旅行社、福建省铁路国际旅行社、福建省青旅国际旅行社、福建海外旅游实业总公司、福州建发国际旅行社、中国国旅(福建)国际旅行社
AAAA级(12家)	福建省白云旅行社、福建省中旅假日旅行社、福州市国际旅行社、福建省金龙国际旅行社有限公司、中青旅(福建)国际旅行社、福清南方国际旅行社、福清世纪假日旅行社、福清市光大旅行社、福清市信天游航空旅游、福建省假日国际旅行社、福建环球国际旅行社、福清市中信旅行社

对取得星级资质的饭店,组织开展年度复核和满3年期星级饭店复评。福州万达威斯汀酒店、福州名城豪生大酒店、福建省闽江饭店、福州晋都戴斯国际酒店、福清瑞鑫大酒店、最佳西方财富酒店、福清卓越大酒店、福建省龙祥大酒店、闽清启源大酒店9家星级饭店通过满三年期复评。

【旅行社】　2017年,福州市有旅行社181家,其中出境游组团社38家,赴台游组团社8家。有AAAAA级旅行社10家,AAAA级旅行社12家。

【导游队伍】　2017年,福州市有持证导游3033人,其中初级导游2910人,中级导游96人,高级导游27人,中级以上占导游总人数的3.14%。全市有外语导游159人,其中英语127人,日语11人,印尼语3人,德语2人,朝鲜语2人,法语1人,西班牙语1人,俄语1人。

(王苏婷)

旅游市场推广

【旅游客源市场拓展】　2017年6月、9月、12月,福州市旅发委联合闽东北五市一区旅游部门,组织各县(市)区旅游局及重点旅游企业分别赴西安、成都、重庆、郑州、石家庄、天津、杭州、上海、南京九市开展旅游宣传促销活动,展示福州以闽都文化、温泉养生、清新生态、主题

休闲、滨江滨海等为主题的丰富多彩的旅游资源，介绍新出台的旅游客源招徕奖励政策，吸引当地旅游协会、主要组团社及主流媒体的参与。借助福州—纽约直航航线开通的契机，赴美国开展“温泉古都·有福之州”境外旅游推介会，推广福州旅游资源和精品线路。

【展会营销】 2017年5月12—14日，福州市组织各县市区旅游管理部门、旅游企业参加第十三届海峡旅游博览会。旅博会福州展区位于主展馆中心位置，面积近270平方米，有30个展位。旅博会期间市旅发委开展丰富多彩的互动活动，展示品类众多、极富创意的福州旅游特色伴手礼，获最佳设计奖和最佳组织奖。5月18日海交会开幕当天，借印度尼西亚驻华大使苏更·拉哈尔佐率领印尼旅游企业代表组团到榕契机，与印尼方携手举行旅游推介会，面向两地重点旅行商推介印度尼西亚、福州的特色旅游资源。印度尼西亚旅游企业代表与福建省旅游有限公司、福建省康辉国际旅行社、福州建发国际旅行社等福州重点旅游企业代表进行“一对一”洽谈，加深了解并达成初步合作意向。

【第三届“海上丝绸之路”(福州)国际旅游节】 2017年11月19日至12月31日，由国家旅游局、福建省人民政府主办，福建省旅游发展委员会、福州市人民政府共同承办的第三届“海上丝绸之路”(福州)国际旅游节在福州举办。11月19日上午举行启动仪式暨境内外旅行商采购大会，11月19日下午举行海上丝绸之路国际旅游节高峰论坛，11月20日至12月31日举行第八届福州温泉国际旅游节，11月25日举行2017(福州)国际旅游摄影展，12月13—15日举行第二届福州民俗旅游节。旅游节邀请世界旅游组织、亚太旅游协会顾问以及“一带一路”沿线约30个国家和地区旅游部门官员、境外旅行商代表等近千名嘉宾。《人民日报》、中央电视台、中国国际广播电台、香港卫视、台湾中天电视台等70余家境内外主要媒体对活动进行报道，刊播各类新闻报道2200余篇(条)，百度搜索“第三届海丝旅游节”相关条目30.7万余条。11—12月，福州市接待游客

2017年11月19日至12月31日，第三届“海上丝绸之路”(福州)国际旅游节在福州举办。图为旅游节启动仪式 (叶义斌 摄)

1285.57万人次，比上届增长19.9%；实现旅游总收入174.16亿元，增长29.9%。国家旅游局副局长魏洪涛表示，第三届“海上丝绸之路”(福州)国际旅游节是福建落实全面打造21世纪海上丝绸之路核心区建设的重要举措，成为促进旅游合作、加强人文交流的重要平台。

【媒体宣传营销】 2017年，福州市通过各种媒体加强福州形象宣传，推广美丽福州。

电视媒体营销 继续在中央电视台《新闻30分》《国家记忆》和福建电视台《福建新闻联播》等栏目播放15秒福州城市旅游形象宣传片。在海峡卫视策划推出《遇见福州》人文旅游节目，该节目在“第四届中国电视旅游节目创优评析”中获栏目类一等创优节目。1月起在全球性财经有线电视卫星新闻台CNBC世界频道、美国频道、欧洲频道和亚洲频道等四大主频道投放15秒福州城市旅游形象宣传片。

户外媒体营销 开展城际巴士车载电视媒体投放，在江浙区域长途客运车载媒体CCTV—移动传媒快客频道投放福州旅游城市形象15秒宣传片和5分钟专题片，巩固长三角传统客源市场。

新媒体营销 整合政务微博、政务微信、携程旅行网福州旅游官方旗舰店、Facebook、YouTube、TripAdvisor、Twitter、Instagram等境外社交媒体平台等新媒体渠道推广福州旅游产品和线路，福州市旅发委新浪微博获得2017上半年度福建政务微博影响力第三名，双微(微博、微信)影响力居全国前列。开展热门电影院线旅游宣传、旅游视频营销、微信朋友圈广告，实施定点定时定向营销。通过移动、电信、联通三大运营商向到榕游客统一发送欢迎短信。

平面媒体营销 在《中国旅游报》《福建日报》《海峡都市报》《福州日报》《福州晚报》5家报纸媒体针对旅游厕所建设、文明旅游、旅游扶贫等主题开展宣传。策划编印《福州周末休闲自由行二日游线路导览手册》《遇见福州中英双语宣传手册》等宣传品，继续在全市星级饭店实行定期配送，为到榕游客免费提供旅游景点、交通、美食、酒店、购物、娱乐等资讯的一站式旅游服务资讯。

【智慧旅游服务】 2017年，福州旅游电子信息系统二期项目完成初验，二期项目建设两平台一中心即智慧旅游服务平台、智慧旅游管理平台和旅游数据中心。智慧旅游服务平台包括多语种旅游资讯网、旅游电子信息服务系统升级、“遇见福州”手机APP升级、导游领队预约与点评系统等；智慧旅游管理平台包括旅游运行监测与分析系统、旅游行业管理系统、旅游市场监督管理服务系统、景区流量识别系统等；旅游数据中心包括旅游综合信息库、旅游数据采集系统等子系统。

11月19日，在第三届“海上丝绸之路”(福州)国际旅游节启动仪式上，国家旅游局数据中心福州分中心正式揭

2017年11月19日,国家旅游局数据中心福州分中心在第三届"海上丝绸之路"(福州)国际旅游节启动仪式上正式揭幕,成为全国第一家挂牌成立的分中心
(市旅发委 供)

牌,成为全国第一家挂牌成立的分中心,同时首次在网易、搜狐、凤凰网、中国网等50家主流网站同步发布国内9个海丝沿线城市2017年前三季度旅游大数据。年内,国家旅游局数据中心福州分中心在东南大数据产业园设点落户。

(王苏婷)

旅游管理

【旅游数据监测】 2017年,福州市委托第三方统计调查企业开展抽样调查及数据测算;开展全市住宿单位名录库更新、各类其他旅游专项调查等工作,联系省旅发委、市统计局,实时跟踪指标完成情况。开展春节"黄金周"、"五一"小长假、国庆"黄金周"等假日统计工作布置、统计值班、数据监测及总结分析等工作。按照全国《"黄金周"旅游信息统计调查制度》的要求进行包括全市的旅游住宿设施、旅行社、主要景(区)点、铁路、民航、公路等相关交通运输部门旅游数据监测、统计并监督落实报送情况。

【旅游安全管理】 2017年,福州市举办全市旅游行业安全生产培训班,开展旅游行业安全生产大检查等专项整治活动,组织开展企业安全生产自查和整治工作,推动全市183家大中型旅游企业的安全生产标准化建设,年内全部通过评审,达标率100%。加强与安监、消防、市场监督、交通等相关部门配合,开展旅游安全等专项整治活动,全年未发生旅游安全责任事故。

【旅游服务质量管理】 2017年,福州市旅发委全面梳理公开权责清单,创建"阳光政务窗口"。全面落实"双随机"抽查工作,研究制定《2017年福州市旅游市场秩序监管第一次"随机抽查"工作实施方案》,组织县(市)区旅游主管部门联合开展全市旅游市场随机抽查。组织开展"不合理低价游"专项整治行动,打击"不合理低价、零负团费及强制购物"等严重扰乱旅游市场秩序的违法违规行为,通过开展日常检查、联合检查、随机抽查等形式,整顿规范旅游市场秩序。全年开展旅游市场检查行动次数136次,出动检查609人次,检查旅游企业258家次,作出行政处罚13起,罚没款总计17.02万元,责令旅游企业停业整顿3家。指导县区旅游局作出行政处罚1起,罚款12000元。

组织开展全行业从业人员质量提升培训2000多人次,完成"三合一"、世界华文传媒论坛等全市重大会议与活动接待任务。评选福州十佳导游(讲解员),树立旅游行业文明典型。推进"爱旅游、行文明"活动,创建九彩社区文明旅游社区示范点,全国首创文明旅游示范社区"五个一"服务标准;公开招募福州市文明旅游志愿者,发动高校大学生深入A级旅游景区开展文明旅游志愿服务活动。

【旅游投诉处理】 2017年,福州市旅发委落实"放心游福建"服务承诺工作,安排专人定岗,及时办理各平台、群众来信、来访等旅游投诉。全年接到各类旅游投诉与咨询("12301""12315""12345"平台及来访)389起,办结率100%,为游客挽回经济损失113756.68元。

【旅游法治建设】 2017年,福州市在"3·15"国际消费者权益日,组织开展旅游消费维权暨法治宣传活动,组织各县(市)区旅游局撰写旅游消费维权提示,并择优在《福州日报》和《海峡都市报》刊登。以"12·4"国家宪法日为契机,在福州市旅游集散服务中心组织开展"学习贯彻党的十九大精神 维护宪法权威"为主题的旅游普法宣传活动。同时,在旅发委官方网站发布信息,以案释法。积极宣传旅游法治、旅游消费和维权知识,引导旅游消费者文明旅游、理性消费、依法维权,引导旅游企业依法经营、诚信经营。年内,福州市旅游质量监督管理所被福州市依法治市领导小组评为"6·5"法治宣传教育先进单位。

(王苏婷)

(编辑 周弭姣)

信息业

电子信息产业

【概况】 2017年，福州市电子信息产业保持良好发展态势，其中电子信息制造业完成产值1246亿元，比上年增长10.1%；软件和信息技术服务业完成主营业务收入1175亿元，增长16%。福建星网锐捷通讯股份有限公司和飞毛腿电池有限公司入选2017年"中国500最具价值品牌"榜单。第十一届中国电子企业品牌价值评议结果，星网锐捷品牌价值206.55亿元，比上年增长20%，并以第52名入选中华电子品牌价值300强，较上年提升5个位次，在所有参评的福建企业中排名第一。在各类行业品牌评选中，上润精密仪器入选"2017中国工业压力传感器品牌TOP10榜单"；创高安防入选"2017中国安防十大品牌"；冠林科技入选"2017年度中国市场十大智能家居产品品牌"。

【信息科技创新和参与标准制定】 2017年，联迪商用入选2017年度国家知识产权示范企业，新大陆电脑和高意通讯入选2017年度国家知识产权优势企业。星网锐捷、福光股份、高意光学等3个院士工作站入选福州市首批"十佳院士工作站"，冠林科技、福特科光电、阿石创新材料等3个专家工作站入选福州市首批"十佳专家工作站"。新大陆公司参与起草的《商品二维码标准》发布，标准规定商品二维码的数据结构、信息服务和符号印制质量要求等技术要求，提出统一、兼容的商品二维码数据结构。联迪商用公司参与起草的《银行卡受理终端安全规范》发布，规范规定POS终端、ATM终端、电话支付终端、所有银行卡受理商户信息系统和PIN输入设备的软硬件安全要求。

【"两化"融合】 2017年，福州市有118个项目列入省级"两化"（信息化和工业化）融合重点项目，覆盖电子、纺织、汽车、机械、建材等多个行业，总投资363.3亿元。有1家国家级信息化和工业化深度融合示范企业、2家国家级"两化"融合管理体系贯标示范企业；33家企业列入工信部"两化"融合管理体系贯标试点；54家企业通过"两化"融合管理体系评定。信息技术在研发、生产、营销、管理等领域的集成应用不断扩大，实现生产过程智能化、生产装备数字化和经营管理网络化。

【平板显示产业】 2017年，京东方第8.5代新型半导体显示器件生产线产品下线及客户交付仪式在福州举行，京东方公司向三星、LG、长虹、康佳、创维、海信等客户交付首批产品。该生产线的产品下线，填补福建省大尺寸面板行业空白，以该生产线为龙头，吸引东旭光电玻璃基板、旭友偏光片、联华林德气体等项目落地动建，产生巨大的集聚效应。年内，全球首届国际显示技术会议在福州举办，显示领域的专家学者与行业精英近千人参会，会议举行专题技术讲座、主

2017年9月20日，福州市联合省经信委和华为公司举办"如果未来可以预见—华为云中国行"福州站活动 （市经信委 供）

题演讲和研讨会报告等。

【物联网产业】 2017年,福州电子信息产业以窄带物联网(NB－IoT)为代表,加快发展新一代信息技术。平台建设方面,中国·福州物联网开放实验室在马尾区揭牌,由中科院上海微系统所、福州市政府、马尾区政府共同合作建设,致力于建设成为物联网标准制定和市场应用等方面的引领者和先驱者。中国(福州)物联网产业孵化中心、省级物联网产业联盟、福州物联网产业促进中心等相继揭牌。网络建设方面,三大电信运营商支持推进NB－IoT网络建设,加快建设进度,年内实现福州市城区、县城、乡镇NB－IoT信号的全覆盖。试点应用方面,智润公司与市自来水公司、三大电信运营商合作选定试点小区安装NB－IoT智能远传水表,实现远程抄表和流量监控。技术培训方面,福州市联合福州物联网开放实验室主办NB－IoT应用与产业升级培训,促进产业链上下游企业的技术合作交流。产业生态方面,福州市联合华为公司、中国NB－IoT产业联盟举办2017年中国(福建)NB－IoT产业生态大会,联合省经信委、华为公司举办华为云中国行福州站活动,推动构建NB－IoT产业生态系统。搭建高端产业交流平台,推动中国物联网大会永久会址落地福州。11月9—10日,2017中国物联网大会在榕举办,参会的专家学者、企业行业代表超过6000人次,刷新历届大会规模纪录。

【软件产业】 2017年,福大自动化、星网锐捷、新大陆科技集团分别以第29位、第46位、第51位入选2017年(第十六届)中国软件业务收入前百家企业名单;网龙、利嘉电子商务分别以第47位、第76位入选中国互联网百强企业;福大自动化、星网锐捷、网龙公司分别以第34位、第60位、第88位入选2017中国软件和信息技术服务综合竞争力百强企业;瑞芯微获2017“中国芯最佳市场表现奖”。全市软件相关企业上市公司达67家(含新三板),其中境内上市公司60家,境外7家。全市有76家企业获得计算机系统集成3级以上资质,53家企业获得软件能力成熟度模型集成(CMMI)三级以上认证,12家企业通过国家信息技术服务标准(ITSS)认证,企业创新能力和管理能力进一步增强。中国东南大数据产业合作发展大会、大数据产业创业创新论坛、2017中国计算机大会、首届军民融合与物联网大数据论坛、2017中国物联网大会、中国虚拟现实创新创业大赛(福州赛区)、第七届海峡两岸信息服务创新大赛等一系列产业盛会在榕举办。微软、华为、腾讯、阿里巴巴、东软、浪潮、盘古等国内外知名企业纷纷在榕设立机构、孵化中心或技术平台,软件和信息技术服务业呈现蓬勃发展态势。

【大数据产业】 2017年,东南大数据产业园加速大数据产业集聚发展,实现数字福建云计算中心“政务云”与“社会和企业云”、国家级互联网骨干直联点、海峡一号光缆、省超算中心等通信基础设施的配套,为大数据企业提供通信服务保障。国家健康医疗大数据中心、国家国土资源大数据应用中心、三大运营商大数据中心、360产业园、贝瑞和康基因测序公司、浪潮集团东南运营总部、神州优车福州运营总部等入驻中国东南大数据产业园,初步形成一批面向医疗、教育、旅游、位置服务等大数据行业应用平台。编制《福州市大数据产业发展规划(2017—2020)》《中国东南大数据产业园暨数字福建(长乐)产业园发展规划(2017—2020)》和《福州市健康医疗大数据产业发展规划(2017—2020)》,实现大数据产业发展和园区建设高位对接、高点定位。深入实施国家健康医疗大数据中心和产业园建设国家试点工程,率先出台《健康医疗大数据资源管理暂行办法》,启动国家健康医疗大数据平台(福州)和国家健康医疗大数据安全服务平台(福州),组建国家健康医疗大数据试点工程生态联盟,在健康医疗大数据领域实现全国领跑。

(卓　鹏　严文倩　林仁平)

政府信息化建设

【概况】 2017年,“数字福州”重点建设项目284个,组织“数字福州”专家组评审信息化项目53个,评审标书48个,变更评审福州市公共服务信息化统一平台二期变更项目等10个。新开工建设福州市时空信息公共服务平台、“e福州”综合指挥平台项目、福州市综治信息综合展示系统项目、福州市政务服务多数字证书互认平台、福州市公共资源电子交易平台建设项目等52个,竣工验收福州市“多规合一”空间数据建设项目、福州市电子政务容灾备份公共平台建设项目、福州市2016年数码航拍及影像数据处理、福州市政府网站群运维监管项目、福州市森林公安应急指挥中心等37个。福州市电子政务、智慧城市建设工作继续走在全国、全省前列。6月,福州市被国务院办公厅确定为国家“互联网＋政务服务”综合试点和政务服务协同化专项试点城市。市政府门户网站绩效考核成绩连续第7年位居全省各设区市首位,11月获第十六届(2017年)中国政府网站绩效评估省会城市第七名。“@福州发布”政务微博继续入选福建十大党政新闻发布微博。9月,在人民日报社、中国城市报社、国家大数据专业委员会主办的“第二届全国政务服务博览会”上,市数字办、市行政(市民)服务中心管委会双获中国“互联网＋政务服务”创新奖。11月,在第19届中国国际高新技术成果交易会上,福州市以综合得分第三的成绩获得“2017中国领军智慧城市奖”,连续两年获此奖项。福州市移动政务服务能力被中国社科院评为全国第四。11月底,在国家发改委主办的首届全国信用信息共享平台和信用门户网站建设观摩评比中,福州市公共信用信息平台和信用门户网站以全国第六名的成绩获得国家公共信用信息中心授予的“全国信用信息共享平台和信用门户网站一体化建设标准化平台网站”奖。

【信息化制度建设】 2017年,福州市制定出台《福州市城市信息化专项资金管理办法》,规范管理财政投资的信息化项目,避免项目重复建设,提高信息化项目资金使用效率。组织“数字福州”专家组评审信息化项目53个,核减财政投资概算24572.84万元,项目资金节约率21.65%。编制印发《数字福州“十三

表 41

2017 年福州市部分信息化制度规范文件

发布时间	文件名	文号
3 月 28 日	《福州市电子政务外网(智网)网络管理暂行办法》	榕政办〔2017〕82 号
3 月 28 日	《福州市电子政务外网(智网)网络管理及运行维护实施细则》	
5 月 3 日	《2017 年数字福州工作要点》	榕政办〔2017〕129 号
5 月 5 日	《2017 年数字福州建设项目表》	榕数办〔2017〕19 号
5 月 8 日	《数字福州"十三五"发展规划》	榕政综〔2017〕328 号
5 月 23 日	《福州市城市信息化专项资金管理办法》	榕政办〔2017〕158 号
7 月 5 日	《福州市居民地名标志设置规范(试行)》	榕政办〔2017〕191 号
7 月 20 日	《福州市"互联网＋政务服务"综合试点示范工作实施方案》	榕政综〔2017〕1720 号
7 月 27 日	《福州市政务数据资源管理暂行办法》	榕政综〔2017〕1726 号
9 月 6 日	《福州市政务信息系统整合共享实施方案》	榕政办〔2017〕249 号
11 月 13 日	《福州市公共信用信息资源目录编制指南(2017 年版)》	榕数办〔2017〕55 号
11 月 13 日	《福州市公共信用信息公示规范(2017 年版)》	榕数办〔2017〕56 号
11 月 13 日	《福州市公共信用信息基础数据项规范(2017 年版)》	榕数办〔2017〕57 号
11 月 14 日	《福州市公共信用信息分类与编码规范(2017 年版)》	榕数办〔2017〕59 号
11 月 14 日	《福州市公共信用信息标准体系框架(2017 年版)》	榕数办〔2017〕60 号
12 月 25 日	《福州市法人信用数据规范(2017 年版)》	榕数办〔2017〕70 号
12 月 25 日	《福州市自然人信用数据规范(2017 年版)》	榕数办〔2017〕71 号

五"规划》,明确"十三五"时期数字福州发展的总体要求、目标任务和保障措施,作为全市信息化工作的指导性纲领,成为各行业各部门在"十三五"期间实施信息化建设的重要依据。制定发布《福州市政务数据资源管理暂行办法》,对政务数据的采集管理、开发利用、监督管理等作出具体规定。明确市数字办为承担福州市政务数据管理工作的机构,负责福州市行政区域内政务数据的统筹管理、开发利用管理和指导监督等工作。政务数据按照开放类型分为普遍开放类和授权开放类。属于普遍开放类的,公民、法人或者其他组织可以直接从政务数据开放平台获取;属于授权开放类的,内资控股法人企业、高校或者科研院所可以向市数字办申请。制定实施《福州市政务信息系统整合共享实施方案》,明确政务信息系统整合共享目标任务,会同市审计局摸清各部门各类政务信息系统使用情况,清理部门僵尸信息系统,推动分散隔离的政务信息系统整合共享。

【信息化基础设施建设】 政务网络建设 2017 年,福州市加快建设全市政务外网城域骨干网("智网工程"),涵盖福州市政务外网横向网,实现市、县(市)区、乡镇(街道)、村(社区)、网格化社区五级网络贯穿。年内,智网 A 平面接入 21 个业务系统,接入 145 家市直单位和 1026 家县区单位,开通智网线路 1756 条,开通 926 个 VPN 账号;B 平面接入 1500 路公安视频。

市级政务云计算平台 市级政务云平台为 45 家市直党政机关单位的信息化应用提供云资源服务和技术支撑,累计开通虚拟机近 1200 台,部署上云的应用系统近 140 个。开展政务外网云平台扩容建设,扩展政务外网云资源池等硬件设施服务能力。

城市公共基础数据库 加快建设城市公共基础信息资源数据库,建立完善全市政务信息资源共享交换体系,建成人口、市场主体(法人)、电子证照、空间地理、宏观经济等基础数据库,实现多部门基础数据的多方校验、审核、共享、复用和协同审批,为各项应用提供基础信息保障和数据支撑。继续完善空间地理数据库,建设"多规合一"信息联动平台空间数据库项目,实现规划区 1026 平方千米 1:2000 比例尺的数字正射影像图、数字线划图和矢量电子地图全覆盖,为全市"多规合一"工作提供数据支撑和基础底图。建设福州市滨海新城 1:500 地形图测绘项目,为滨海新城规划提供基础地图。建设福州市时空信息公共服务平台,为城乡一体化规划、建设和管理提供支撑。开展地理信息共享应用,推进地理信息数据在市气象局、市国土资源局、市环境科学研究院、市环境卫生管理处和供排水管理等部门共享应用。

公共信用平台和网站 2016 年底,福州市公共信用信息共享平台一期建成上线,2017 年 8 月对平台进行升级改造。平台依托福州市政务云、电子政务外网(智网)建设,按照"一库、一平台、一网、八应用"的设计架构,建成福州市信用信息资源库(自然人、法人信用信息资源库)、公共信用信息平台、"信用福州"门户网站以及掌上信用服务、重点领域联合奖惩信用应用、政务信用服务、专业机构信用服务、公共信用服务、信用专项应用、信用大数据分析应用、双公示服务等应用系统,具备目录共享、信用查询、联合惩戒、守信激励、大数据分析应用、统一集成管理和展现等功能,实现与国家和省级信用平台、市直各单位和各县(市)区的互联互通,自动向国家、省平台推送红黑名单和双公示数据。完成公共信用信息目录编制工作,梳理公共信用信息目录83052项,其中法人信用信息16类、目录50286项,自然人信用信息13类、目录32766项。6月,“信用福州”门户网站改版上线运行,累计访问量279.44万人次,网站改版上线后日均访问量1万人次以上。建成“信用福州”微信公众号、“信用福州”网站手机版、“e福州”APP信用专栏,利用新媒体开展信用工作宣传。12月15日,福州市信用联合奖惩服务系统上线试运行。平台为各级政府、企业、社会公众和信用中介服务机构提供信用信息查询服务,累计提供查询服务近1000万次。市发改委、财政局、行政服务中心、建委、房管局等35个部门在行政管理过程中将公共信用信息作为重要参考依据。先后与福州广电网络、榕城一卡通、福建省企业信用信息公司等17家单位建立信用信息共享机制,促进公共信用信息与商业信用信息共享融合,拓展信用信息应用场景。

数据共享交换应用　建成福州市数据交换平台(二期)项目,进一步扩充数据源,优化功能、增强安全措施,打造覆盖全市所有部门的政府数据采集、存储、发掘、分析和应用的福州市大数据平台。开展政务信息资源目录编制工作,梳理编制政务信息资源目录15238项,位居全省首位。开展政务数据归集大会战工作,对接卫计、医保、教育、税务、市场、司法等部门专网,预归集政务数据30亿条。

“智慧福州·公益无线”　在六城区开放“SmartFuzhou”热点,布设1万多个无线AP,统一提供信号并定制“智慧福州”个性化认证界面,每月登陆人数超过60万人次,持续为公众提供公共场所免费上网服务。

机房基础设施管理　改造提升东部办公区机房基础设施,建设市政务网络运维管理系统,将乌山机房、东部办公区机房统一纳入运维管理。市公安局、国土资源局、财政局、房管局、民政局、卫计委、教育局、发改委、环保局等34家市直部门政务内网、政务外网、互联网等多种业务系统入驻东部办公区机房,服务器柜使用率76.92%,网络柜使用率72.15%。指导督促各县(市)区加快建设整改机房基础设施,确保全市政务基础设施安全、规范运行。完成172场电视电话会议(含视频汇报系统)的技术调试、现场值守,保障全市电视电话会议系统正常运转。

推广应用办公自动化系统　启动建设全市统一的综合协同办公系统(OA系统),在全市街道(乡镇)以上党委、政府、人大、政协统一部署,整合各级机关办公自动化系统,实现全市各级各部门共用一套办公系统。全年有66家市直单位完成系统部署并上线运行,各县(市)区开展系统部署工作。

【政府信息化应用】　“互联网+政务服务”建设　2017年,福州市整合网上审批系统、并联审批系统、县(市)区行政审批系统、福州社区综合受理系统等行政审批及公共服务应用系统,构建全市“一体化”网上政务服务平台。升级改造市政府门户网站、市网上办事大厅、市民公共服务平台,实现市政府门户网站与市网上办事大厅、市民公共服务平台前端融合、平台对接和应用兼容,市政府门户网站提供统一的前端展现。整合全市各类网上政务服务资源,综合提供政务信息公开、新闻资讯、政策发布、网上办事、市民服务等网上政务一站式服务。初步建成“一号、一窗、一网”政务服务体系,实现网络通、数据通、系统通、业务通、服务通“五通”。取消行政审批和公共服务事项318项、下放256项,调整合并75项,减证便民行动取消证明材料104项,实现政务服务事项清单、办事指南和审查细则标准化、全公开。各级政务服务大厅、社区综合受理点、网上办事大厅、手机APP等多渠道提供政务服务。95.3%市级政务服务事项实现“最多跑一趟”,群众办事满意率99.99%,政务服务水平全省领先。

市政府门户网站服务　2017年,福州市政府门户网站进行两次页面改版,提升网站搜索功能,方便市民快速查找服务信息。制订出台全市政府网站集约化建设实施方案,依托市政府门户网站,整合县(市)区及市直部门网站资源,全年关停123家部门网站,完成12家县(市)区政府网站迁移入市政府门户网站集约化建设工作,丰富网站内容,实现一站式服务。新设《图解政策》《提案办理》《河长制》等栏目,提升政府透明度;梳理公布福州市保留的市级前置审批事项目录、福州市涉企行政事业性收费目录、福州市调整规范的市级行政审批中介服务事项目录等10项权责清单,清理取消不必要的证明事项,实现政务服务“清单之外无证明”;完善网上办事大厅、互动交流知识库,增加便民服务栏目,优化群众办事服务;建设虚拟演播室,拓展公众参与渠道,用户体验持续提升。建立健全政府网站模拟普查机制,自6月开始网站模拟普查工作频率从每季度一次提升至每月一次,按照全国政府网站普查评分要求,运用网站运维监测平台全覆盖扫描全市各政府网站栏目,指导督促各单位及时修改网站存在的问题,政府网站运维水平显著提升。市政府门户网站绩效考核成绩连续第7年位居全省各设区市首位。

“两微一端”服务　运用政务微博、微信公众号、手机APP等新媒体拓宽信息发布面和服务渠道,提供阳光政务发布、在线办事、互动交流等服务。年内“e福州”微信公众号推送文章769篇,“@福州发布”微博发布微博信息3356条,获网友转发、评论、点赞20698次,博文总阅读量达4770万次,微博粉丝近57万人。“e福州”手机APP整合已建、在建、待建的各县(市)区、市直各单位APP,打造全市移动互联网统一服务入口。

市民公共服务平台　3月,市民公共服务平台上线,围绕市民一生各重要阶段的政府和社会公共服务需求,整合全社会服务资源,融合各种便捷服务渠道,面向市民提供政务服务、公共服务、商务服务等多元服务内容。年内,平台对接43个委办局820个办事事项,提供便民服务136个,注册用户数102.84万人,其中实名注册用户数51.68万人。

社区政务服务综合管理平台　社区政务服务综合管理平台建成上线,整合业务部门专业窗口,打造政务服务综合受理窗口,实现市民政局、卫计委、人社局、司法局、城管委等8个部门40项业务事项下沉社区综合受理,构建“综合窗口统一受理、后台分工办理”的政务服务新模式。在各县（市）区72个社区政务服务综合受理点开展平台部署和系统推广工作，实现政务服务资源整合、流程优化、数据共享和业务联动，推动社区政务服务模式创新，提高社区政务服务办事效率。

电子证照共享应用　电子证照库实现与网上审批系统、办公自动化系统、国土资源局土地利用系统、市网上办事大厅、自贸区福州片区监管信息共享平台、福州市民公共服务平台等业务系统的对接。年内累计完成56家市直部门和333家区县部门3235类证照梳理、模板配置和登记发布，对接福州市网上审批系统42家单位749个审批事项619类证照，累计入库电子证照总量1155万份，位居全省第一。

市民统一身份认证　以公民身份证号码为身份标识，为全市实体政务大厅和网上政务服务提供用户身份实名认证和服务权限控制管理。建设全市政务服务多数字证书互认平台，实现不同单位颁发的合规证书间的互认，为政务服务事项全流程网上办事创造条件。市民统一身份认证平台与“e福州”APP、两违APP、福州公安公众服务平台、福州便民网、统一缴费平台及福州市网上审批平台等业务系统实现统一实名认证共享及单点登录。年内平台实名注册个人用户508019个，其中通过实名认证的有58324个；企业用户12316个，使用数字证书注册214个。

公共服务网上支付应用　建设福州市电子缴费公共服务平台，推进统一移动支付在政务服务及公共服务领域应用，为群众提供便捷的公共缴费服务。编制《福州市公共服务电子支付二维码技术规范（试行）》，9月14日颁布实施，为全国首创。公共服务电子支付二维码首批在信用支付、公共交通（公交、地铁、咪表等）、行政服务中心大厅、不动产服务大厅、看病就医、教育缴费、24小时自助图书借阅、公园景点缴费、社区服务等9个应用场景开展应用。年内福州市电子缴费公共服务平台基本完成平台核心系统开发工作，软件系统和相关接口开发完毕，进入联调测试阶段，并通过码上行APP、榕城通APP在地铁、公交领域开展测试。

城市综合应急指挥平台建设　完成市、县（市）区、街道（乡、镇）、社区（村）四级基础网格和综治、城管等12个部门业务管理网格的划分工作。以全市时空地理信息一张图为基础、以服务群众为中心、以融合通信为支撑，建成“e福州”综合指挥平台，整合综治管理、政务服务、“12345”公众服务、平安福州视频监控、音视频通信及卫星定位等资源，实现互联互通、信息共享、日常防控、监测预警、部门联动、齐抓共管，打造统一的城市综合应急指挥平台，推进全市社会综合治理可视化、扁平化的应急指挥、调度管理。

社会保障卡（市民卡）、敬老卡制发　2017年，累计制发市民卡682.5万张，实现市民卡在社保、就诊、新农合、公交、水电煤气及广电缴费等领域应用。继续面向年满70周岁的福州户籍老年人统一制作、发放敬老卡。年内累计制发敬老卡49.66万张，年满70周岁的高龄老人凭敬老卡享受乘坐地铁、公交免费等优待政策。

【政务信息安全】　电子政务容灾备份体系建设　2017年，福州市开展电子政务容灾备份体系建设，项目包括“三大平台、两个示范应用、一套规范”，年内项目终验正式运行。完成人口、法人、宏观经济、地理空间和电子证照5大基础数据库，信用、环境、城市管理等10余个专题数据库业务系统数据的容灾备份。

政务云计算平台安全体系建设　建设统一的福州市政务云计算平台安全保障体系，覆盖云平台政务信息网、政务外网和互联网应用。采取云安全日常监控服务、云安全风险评估与加固、云平台渗透测试、应急响应等安全服务措施，构建云平台基础设施安全基线。建立云应用漏洞管理体系，实现云平台常态化安全措施有限性监控，为云平台提供事前风险管控、事中威胁监控、事后紧急处置的立体化安全防护服务，满足国家等级保护以及相关安全标准和规范要求。聘请福建省海峡信息技术有限公司作为政务云平台安全运维服务商，开展24小时驻点值班，确保政务云平台在厦门金砖会晤、党的十九大会议等重要会议期间安全运行无事故。

【国家“互联网+政务服务”综合试点城市】　根据2017年6月8日国务院办公厅电子政务办公室《关于开展“互联网+政务服务”综合试点示范工作的通知》，福州市被确定为国家“互联网+政务服务”综合试点示范地区，同时入选政务服务协同化专项试点示范地区。福州市是国家“互联网+政务服务”唯一综合试点示范城市，开展“互联网+政务服务”综合试点示范，重点是要解决网上政务服务存在的办事不便捷、服务不标准、平台不互通、数据不共享、线上线下不通畅等难点痛点问题，主要任务是全面对照《国务院办公厅关于印发“互联网+政务服务”技术体系建设指南的通知》，开展综合试点示范，构建市级统筹、部门协同、安全可靠、一体化办理的“互联网+政务服务”技术和服务体系，在全国“互联网+政务服务”工作中发挥较好的引领和示范作用。

【国家推广福州市电子证照典型经验】

福州市于2014年8月在全国率先建设电子证照共享应用系统，2015年建成并投入运行。2017年3月，在全国率先实现行政审批全流程应用电子证照，同步生成纸质证照和电子证照，电子证照跨部门、跨层级汇聚共享应用。9月，中央网信办主办的《国家电子政务工作动态》专文介绍推广福州市电子证照典型经验。福州市电子证照建设主要特色：一是首创“两同步两优先两支持”的电子证照应用机制。即同步生成、同步发放纸质和电子证照，优先受理和验证电子证照，支持公众在线应用电子证照办理行政审批业务和公共服务事项，支持设区市、县（市）区两级部门开展全流程电子化、网络化应用，推动“确立电子证照、电子文件作为法定办事依据，普遍推行电子证照和全流程电子化登记管理”，实现电子证照提交、查验、复用、生成等全流程应用。二是率先开发电子证照通用模板，提供全省各设区市复制使用。三是电子证照生成模式形式多样。对接部门业务系统在线实时生成、抽取相关数据线下批量生成，以及扫描识别纸质证照或手工录入数据生成等，满足各种增量和存量证照电子化的需求。四是基于文件的可信电子证照。电子证照是按照福建省电子证照数据标准生成的、基于文件的可信证照,具有难篡改、易验证、可共享、可复用、展示直观等特性。五是安全可控的数据管理。电子证照共享应用系统建立两方面的安全保障:网络硬件层由政务云平台提供安全保障;系统应用层安全主要从共享安全级别设置、数据脱敏处理、数据权限管理、安全日志审计等方面进行防护保障。六是电子证照全省跨区域互认共享。通过与省、其他设区市电子证照共享服务系统对接,实现福州市电子证照与省及其他设区市的互联互通和共享应用。

【政府信息化重大成果】 中国"互联网+政务服务"创新奖 2017年9月27日,在人民日报社、中国城市报社、国家大数据专业委员会主办的"第二届全国政务服务博览会"上,福州市数字办、市行政(市民)服务中心管委会双获中国"互联网+政务服务"创新奖。近年来,市数字办会同市行政(市民)服务中心管委会、市审改办等部门,加快推进国家"互联网+政务服务"综合试点示范工作,建设一批政务服务和公共服务领域的应用项目,构建形成全市统筹、部门协同、安全可靠、一体化办理的"互联网+政务服务"技术体系和服务体系,初步实现政务服务的标准化、精准化、便捷化、平台化、协同化,有效提升行政效率和服务质量,推动网上政务服务更加惠民便民。

福州蝉联"中国领军智慧城市奖" 11月16日,在国家发展改革委、工业和信息化部、商务部、科技部等9个部委以及深圳市政府共同举办的"第19届中国国际高新技术成果交易会"(高交会)上,公布"2017中国领军智慧城市"获奖名单,福州市以综合得分第三的成绩获得"2017中国领军智慧城市奖",福州市连续两年获颁此奖,电子政务、智慧城市建设工作继续走在全国前列。

福州市移动政务服务能力获评全国第四 11月23—24日,由中国社会科学院信息化研究中心、北京国脉互联信息顾问有限公司联合主办的"2017互联网+智慧中国年会"在北京召开,会议发布《2017中国城市移动政务服务能力评价研究报告》,报告从关键数据、评价指标、评价对象、分析结论、数据洞察及趋势思考6个方面对3个直辖市、19个省会及计划单列市进行评价,福州市评价得分在22个城市中排名第4位。

福州公共信用平台和网站获评全国第六 11月28—30日,在国家发展改革委主办的首届全国信用信息共享平台和信用门户网站建设观摩评比中,福州市信用平台和网站以全国第六名的成绩获得国家公共信用信息中心授予的"全国信用信息共享平台和信用门户网站一体化建设标准化平台网站"奖。福州市信用平台和网站建设有六大"亮点":一是坚持标准先行。先后制定出台《福州市公共信用信息标准体系框架》《福州市公共信用信息分类与编码规范》《福州市公共信用信息资源目录编制指南》等14项标准规范,印发17个重点领域联合奖惩措施方案、1313份信用制度文件,推动信用平台建设和信息数据归集、公示、应用制度化、规范化开展。二是多渠道归集数据。全市各级422家信用成员单位全部通过市电子政务外网(智网)接入市公共信用信息共享平台,使用登入系统直报、接口对接、系统交换、活化目录、文件传输等多种方式实时汇交数据,做到应归尽归。平台实现与国家、省信用信息平台互联互通,定时接收国家、省平台回流数据,自动向国家、省平台推送红黑名单和双公示数据。至年底,已向"信用中国"网站上报双公示数据超过35万条。三是数据归集实现全覆盖。数据归集覆盖全市各级行政机关、司法部门、事业单位、社团组织等在履行公共管理职能过程中产生的法人、自然人和社会机构的信用信息。至年底,全市公共信用平台归集公共信用信息数据2.12亿条,其中法人及其他社会组织公共信用信息7906.59万条、自然人公共信用信息13349.08万条。全市18岁以上户籍人口、法人和其他组织公共信用信息(含基础信息)归集覆盖率100%,归集个人信用信息人均20.71条,归集企业信用信息户均135.19条。四是开展大数据分析应用。平台建设信用大数据分析系统,运用多维决策方法分析区域信用分布、行业信用指数、区域信用对比、行业信用对比、信用变化动态、失信解读等,实现从宏观及微观上动态了解区域信用变化及趋势,建立企业法人和自然人信用档案,生成信用报告,具备信用综合查询以及大数据可视化展现等功能,为社会公众、政府部门、行业协会等提供"一站式"查询信用信息服务。五是首创城市公共服务支付二维码标准。在行政服务、公共交通、医疗就诊、教育缴费、24小时自助图书借阅、公园景区景点、社区服务等领域推广使用,实现"一卡一码,统一支付",保护个人隐私,实现信用消费、信息归集和监管。六是重视信息安全。先后制定下发《福州市公共信用信息平台运行维护及安全管理工作规程》《"信用福州"网站运行维护及安全管理工作规程》,明确安全管理工作主体和职责。实行用户实名认证,对网站、平台深度查询及业务办理进行实名制验证。严格用户访问权限控制管理,设置独立的分类共享、授权体系。对信用敏感信息进行脱敏处理,自然人身份证号码等涉及到法律法规规定不能公开的敏感信息采用掩码方式显示。建立容灾备份机制。信用平台和网站通过信息安全三级等保测评。

(叶伟奇)

中国电信

【概况】 2017年,中国电信福州分公司完成业务收入31.97亿元,比上年增长3.05%。完成"三合一"会议、省"两会"、"5·18"海峡两岸经贸交易会、"6·18"海峡项目成果交易会、中华龙舟赛等重要活动的通信保障。保障期间,制订详细覆盖与容量保障方案,启动福州重要会议省级重保专项工作,提前对海峡会展中心等4个重保区域主要场所天翼网络进行优化,并及时开展清网排障,派驻专人在重保区域的接入网机房以及母局机房现场驻守,确保通信畅通。年内获评"全国文明单位""中国电信集团模范职工之家""金砖国家领导人厦门会晤通信保障先进单位"等称号。

【通信业务】 2017年,中国电信福州分公司聚焦网络智能化,建设高低频协同的高品质4G网、端到端高品质的全光网及广覆盖质量优的物联网3张精品网络。推进业务生态化发展,公众市场聚焦无限流量、翼支付红包、千兆光宽、高清电视及智能家居等,政企市场聚焦云、物联网、大数据及行业应用等,推进移动、宽带及新兴业务的融合发展。构建健康安全网络,落实防范打击通信信息诈骗工作要求及实名制等相关工作,营造健康安全的互联网环境。年内,固话、移动、宽带、ITV用户规模分别达到153万、220万、172万、91万户。流量单价比上年降低53%,用户户均流量提升1.45倍;宽带平均速率比上年提升86%。

【网络运营】 2017年,中国电信福州分公司持续打造端到端大带宽光宽承载网,实现城区、乡镇98%光覆盖,行政村光改100%;全年完成PON+LAN端口改FTTH端13万个、新建FTTH端口超30万个;布局城市千兆接入能力,在城区范围基本具备10GEPON接入能力,城域网出口带宽能力由2.8T扩容至4T,大幅提升高带宽业务保障能力。无线网络方面,统筹800M/1.8G/2.1G频率资源,推进L800网络建设,年内全市新增LTE 800M站点3853个,建成具有差异化优势的4G网络,实现与C网相当及竞争对手可比覆盖质量水平。

【信息化建设】 2017年,中国电信福州分公司落实"互联网+"行动,对接福州市重大项目建设,做好重点项目信息化服务支撑响应,围绕平安福州、智慧经济、智慧民生三大领域提供信息化应用,助力"数字福州"建设。平安福州方面,提供专业化的智能监控解决方案,满足城市治安管理、交通管理、应急指挥等需求,为灾难事故预警、安全生产监控、重大活动组织管理、消防管理等诸多行业的经营管理和科学决策提供图像、数据资源信息服务;同时提供全球眼智能分析服务,支持智能监控、数据采集、人脸识别、车牌识别、边界报警、火灾报警等多种智能化拓展应用。智慧医疗方面,以方便群众就医、优化医疗机构服务流程,提升全市居民健康管理水平为重点,打造"云—管—端—用"整体医疗行业信息化建设模式,结合中国电信天翼医疗安全可信云平台,实现医疗信息的互联互通,提供便民惠民、群众受益的"互联网+医疗"服务模式。智慧教育方面,年内有1000多所中小学接入电信教育网络,覆盖率超过80%,全面实现中小学班均6M宽带;在此基础上搭建教育云平台,为学校提供智慧卡、校园安全监控、智慧教室等产品。智慧交通方面,助力各级政府提升对交通行业的监管和服务能力,实现以信息化建设手段提升交通行业管理和服务水平。由福州分公司为东南汽车有限公司研发的新车型DX3、DX7提供TSP平台研发以行车记录、导航、多媒体服务、智能安防等刚需功能提升用户体验实现各项车联网应用。智慧园林方面,综合应用云技术、无线网络技术、GPS定位技术、信息化技术等数字技术,为福州各级公园提供整体的智慧公园综合解决方案,树立现代化园林形象。智慧小区方面,综合运用物联网NB-IoT、云计算、大数据等技术,以中国电信综治网格平台为基础,综合NB智能水表、智能井盖、智能停车、智能门禁、智能消防、智能烟感、智能路灯、智能梯控等12项NB应用场景,一期在马尾名城国际小区试点部署物联网应用,覆盖社区内13个物联网应用场景,实现政府有效管理、物业高效服务、居民便捷生活。智慧水务方面,年内在福州市城区47个主要易涝区域832个目标点位完成首批NB-IoT传感器的调试部署,包括500个智能井盖、200个路面积水和井下水位监控点、100个水库湖泊水位监测点、20个江河流域流速监测点、12套小型气象站,实现降雨、蓄洪、泄洪、排涝、导流的水系全程"联排联调"。

2017年8月23日上午,中国电信福州分公司联合福州地铁在地铁1号线三叉街站市民角举行"爱心雨伞,温暖传递"便民伞平台启动仪式

(中国电信福州分公司 供)

【客户服务】 2017年,中国电信福州分公司聚焦实体渠道、装维、投诉处理等客户触点开展精细化服务,在实体渠道方面,落实营业厅服务评价标准贯标工作,组织开展"实体渠道销售服务执行力"暗访活动、"实体渠道服务能力提升专项活动"、服务窗口"三比一创"专项活动等,开展"创建全国文明城市"营业窗口服务迎检工作;在装维方面,重点抓宽带服务三项承诺的推广,即"当日装当日修慢必赔",提升用户感知,针对网络质量阶段性突出、突发事件,迅速会同相关部门、单位采取措施、积极应对、妥善解决,同时通过投诉案例分析、专项服务稽查、派发服务问题单等将客户服务关口前移,提前释放批量投诉风险。全年发布16期《服务追踪》,通过对典型服务案例的剖析点评,督促相关部门、单位梳理流程、调优政策、夯实基础、强化支撑。

加强服务稽查工作,按月组织专项稽查活动,针对存在问题落实整改提升,在2017年全省季度服务稽查项目评选中,每季度均有被评为优秀服务稽查项目,其中二等奖、三等奖各2次。牵头开展用户个人信息安全保护,通过组织专项培训、签订《用户个人信息保护责任状》、对各单位系统权限进行管控等,加强日常此项工作的推进实施,在工信部组织的"电信行业行风纠风暨提升信息通信领域服务质量和效率工作监督检查"中未发现存在福州个性问题。年内中国电信福州分公司工信部百万用户申诉率月均3.23次,为历年最好水平,服务健康度评价月均得分82.56分,评价等级稳定在良好水平。

(陈俏彬)

2017年7月19日,福州市教育局与中国移动福建公司福州分公司签署战略合作协议 (中国移动福建公司福州分公司 供)

中国移动

【概况】 2017年,中国移动福建公司福州分公司完成通信服务收入51.57亿元,比上年增长6.26%,增幅超过行业平均水平。与市政府开展战略合作,加快专线与信息化融合,拓展重点行业及物联网市场,实现政企信息化创新发展。全年信息化收入突破10亿元,比上年增长43.3%。集团专线净增2500条,比上年增长60.0%。与市教育局签署战略合作协议,在教育信息化、人才培养、教师发展以及产学研一体化四大领域,推动福州市"教育信息化十三五规划"落地,开启新一轮5年全面合作。把握物联网大会召开契机,紧密对接产业联盟成员,在水电气、智能停车、智能家居等领域全方位开展合作。全年净增物联网客户66.2万户,累计达220.8万户。获评"全国文明单位"称号。

【网络建设】 2017年,中国移动福建公司福州分公司网络工程建设耗资11.2亿元,新建4G基站5892个,整合2G基站1475个,4G基站规模超1.8万个,实现全部乡镇镇区有效覆盖、24个重要乡镇连续覆盖、480个特色场景深度覆盖。4G客户、4G网络驻留时长占比由95.6%提升至98%以上,全年2G/3G和4G网络投诉量比上年分别下降18.8%和29.9%。有线宽带端口超148万个,全区域覆盖率与全光接入率分别提升10%和17%,农村区域FTTH宽带覆盖率从35.7%提升至60.4%。建设535个NB-IoT网络站点,满足福州NB-IoT商用示范项目需求。

【通信保障】 2017年6月,中国移动福建公司福州分公司部署金砖国家政党、智库和民间社会组织"三合一"论坛服务保障工作,实现"零重大网络事故投诉、零重大安全事件、零重要客户投诉、零重大客户投诉、百分百重要客户满意"的目标。8月,沈海高速福泉段"生命线"光缆全线贯通,为骨干路由、核心100G-OTN、PTN、专线业务、国省干保护业务提供保障。全年完成129个容灾站点整改及三段高速路由布缆建设,全面提升网络抗灾容灾能力。

【提速降费】 2017年,中国移动福建公司福州分公司持续推进"提速降费"工作,全面推广不限流量套餐,实现4G客户规模稳步健康增长。全市4G客户规模达404.6万户,4G客户月户均流量超2.4G。全年净增宽带客户26.9万户,达68.9万户,互联网电视客户渗透率从40%提升至69%。

【客户服务】 2017年,中国移动福建公司福州分公司构建端对端服务质量管理体系,完善品质闭环管控和服务能力提升两大体系,强化服务风险考核,建立营销溯源机制,打造标准化、一体化品质监测体系,全面提升服务品质,标准满意度比上年提升1.7%。建设87家营业厅家庭体验区,为客户提供智慧家庭体验。建立"一点支撑、宽带在线、质检管控"三大支撑组和"统一预约、实时跟进"装机管控机制,打造面向装维人员的两级支撑机制,响应解决时长由2小时缩短至0.3小时。自主开发宽带新装全流程周期视图、故障实时监控视图、社区经理人力模型三大平台,宽带故障处理及时率从69%提升至98%。

(陈　豪)

中国联通

【概况】 2017年,中国联通福州分公司实现主营业务收入18.7亿元,利润规模3.77亿元。完成党的十九大、金砖国家"三合一"论坛、金砖会晤等重要会议保障。系统内蝉联全省年度先进单位。

【网络建设】 2017年,中国联通福州分公司持续打造匠心网络,优化全市通

2017 年 8 月 26 日，中国联通“匠心网络万里行”福州站开展应急通信保障拉动演练巡游活动（中国联通福州分公司 供）

信体验。移动网方面，坚持聚焦网络建设，全年新建 4G LTE 站点 522 个，完成校园扩容 200 个小区和福厦高铁 95 个 4G 站点改造，4G 网络实现四大关键场景 100% 覆盖，即福州 101 所高校全覆盖、72 个景区全覆盖、188 个乡镇全覆盖、350 千米高铁全覆盖。4G + 网络下行峰值速率 300Mbps，局部热点提升至 525Mbps。固网宽带方面，全年新增覆盖 8.8 万户，全区宽带端口规模达 108.1 万线，50M 以上网络速率接入能力占比 100%，宽带接入校园网速全部提升至 50M。

【市场营销】 2017 年，中国联通福州分公司实施互联网化运营，线上线下同步发力，各项业务取得增长。4G 用户数量迅速增长，达 129 万户。顺应流量消费、互联网化消费快速增长的形势，与 BAT 等互联网企业强势联手，推出创新型系列产品，其中冰激凌套餐开启超出后流量采取不限量和“放心用”双模式，解决消费者流量不够用、不敢用，怕流量超出而到处蹭 Wi－Fi 的窘况；同时结合产品应用免流量优势，与腾讯联合推出腾讯大王卡，提供腾讯应用宝免流量服务。全年释放流量 6259 万 GB。

开展“提速降费”工作，针对所有宽带用户进行免费提速，全区 50M 及以上的宽带用户达 100%；通过融合产品推广，进一步降低宽带接入的产品资费。年内推出 100M 包年 600 元宽带单产品、沃快卡 76 送 100M 宽带的融合产品，单位宽带资费比上年下降 20%。自有营业厅总体规模达 137 家，实现商圈覆盖率 96%、重点乡镇覆盖率 54%。

【通信保障】 2017 年，中国联通福州分公司完成金砖国家“三合一”论坛、金砖国家领导人第九次会晤等高级别会议保障工作，做到“零故障、零中断、零投诉”。完成青运会、永泰国际公路自行车赛、福州国际马拉松赛、“5·18”海峡两岸经贸交易会、“6·18”海峡项目成果交易会、第二届海丝电影节等重大活动等和强台风的应急通信保障工作。通过多项重要会议保障总结，总结一本台账对任务、一份清单对责任、一个机制抓协同、一套指令作指挥的“四个一”全流程保障管理方案。

【信息化服务】 2017 年，中国联通福州分公司聚焦政府信息化市场，助力福州市信息化进程，实现全市政务、环资、金融、军警、交通、能源、教育等行业市场的多方位突破。传统业务方面，与顺丰速运、平安人寿深度合作，通过固网双线服务的提供，提升企业运作效率。创新业务方面，在市公安局技侦支队微蜂窝基站、莆炎高速、智慧工地、智慧街区等一系列创新业务领域开展合作，其中市公安局技侦支队微蜂窝站点项目由福州联通为公安技侦支队承建特定位置、持定范围基站，为技侦侦查提供大数据分析，进一步提升现代公安通信信息化水平；与莆炎高速公路有限公司签订“国高网莆炎高速公路永泰梧桐至尤溪中仙段公路福州段信息化管理系统项目（SN1 标段）”协议，实现 ICT 项目签约合作。该信息化系统集成项目包含云服务、综合固网、视频会议系统、人员定位、隧道门禁系统和施工现场监控，强化福州市交通信息化监测和指挥能力；发挥联通 NB－IoT 等技术优势，在晋安区突破试点智慧街区（含智慧 Wi－Fi、智慧井盖、安全监控、智能环保箱等）；与水务、电力、燃气提供智能抄表技术支持，推进“数字福州”建设。

【客户服务】 2017 年，中国联通福州分公司推进“服务云”建设工程，配合总部、省公司客户服务云平台建设工作，整合福州市自助服务入口，形成福州市共享能力；提升在线服务和“手厅、微厅入口”的自服务能力，通过“查缴办”业务的自办理，实现“让数据多跑路，客户少跑路”的便民服务。配合外部的单位，开展“3·15”服务保障工作和政风行风热线工作，实现与客户的近距离沟通交流，解决群众关心的热点难点问题，优化客户口碑，提升品牌形象。汇聚全专业力量，改善客户感知。全面梳理 NPS 贬损问题和员工众筹意见，对标先进，形成工作清单，根治影响客户感知的痛点问题；完善宽带专家坐席，推广宽带故障自助服务，进一步便捷用户端的故障处理，提升客户感知。年内获“全国通信行业用户满意企业”的国家级荣誉。

金砖国家“三合一”论坛期间，培养 31 名具备中英双语对话能力的服务人员进驻会场为国内外来宾提供客户服务；会场外安排热线专席 27 名，内含双语专席 1 个，为来宾提供便捷的咨询渠道，完成金砖会晤“三合一”论坛的服务保障工作。

（吴卫航）

（编辑　周弭婈）

利用外资及港澳台资

【概况】 2017年，福州市新批外商投资企业362家，合同外资395.2亿元。实际到资131.8亿元，比上年增长14.1%，排名全省第三，超过全省平均增幅5.9个百分点。全年新批港（澳）资企业151家，合同港（澳）资308.9亿元，实际到资71亿元，占全市实际到资总额的53.9%。全年新批台资项目（不含第三地）137个，合同台资18亿元，实际到资17.1亿元。福州市政府于9月30日印发《关于鼓励利用外资若干措施的通知》，主要从税收减免、经营贡献奖励、高管人员生活补助、大项目投资奖励、引荐人奖励、外资项目用地保障、拓宽外资企业融资渠道、吸引外资企业设立总部等方面进行鼓励和扶持。

【利用外资重大项目】 2017年，福州市新批总投资1千万美元以上项目146个，合同外资55亿美元，占全市合同外资项目的93.9%。度也实业、吉泰圣院、万维恒基、宜家家居等一批新项目获得备案通过。

【"海交会"和"厦洽会"签约情况】 2017年，第十九届"5·18"海峡两岸经贸交易会福州市签约外资项目78个，投资总额67.73亿美元，利用外资33.28亿美元，其中合同项目53个，投资总额17.29亿美元，利用外资10.22亿美元。包括制造业类项目19个，投资总额30.64亿美元，利用外资11.17亿美元；商贸服务业类项目25个，投资总额23.86亿美元，利用外资15.03亿美元；物流类项目7个，投资总额4.61亿美元，利用外资3.47亿美元。项目主要来源地有美国3个，投资总额30.04亿美元，利用外资12.04亿美元；中国香港29个，投资总额10.01亿美元，利用港资5.03亿美元；中国台湾26个，投资总额8.31亿美元，利用台资3.38亿美元。

2017年，厦门国际投资贸易洽谈会福州市签约项目120个，利用外资37.18亿美元；合同项目98个，利用外资22.78

表42　**2017年福州市外商直接投资分行业（产业）分析表**

行业	实际利用金额（万美元）
总计	198527
农、林、牧、渔业	108
制造业	84057
电力、热力、燃气及水生产和供应业	3344
建筑业	4453
批发和零售业	20677
交通运输、仓储和邮政业	2054
住宿和餐饮业	2326
信息传输、软件和信息技术服务业	4330
金融业	36842
房地产业	25929
租赁和商务服务业	9823
科学研究和技术服务业	564
水利、环境和公共设施管理业	1390
居民服务、修理和其他服务业	6
教育	0
卫生和社会工作	0
文化、体育和娱乐业	2624

说明：统计数据出自《2017年福州市国民经济和社会发展统计公报》

亿美元。其中签约现代服务业项目89个，占比74.2%，利用外资31.22亿美元，比上年增长28.7%，占比84%，涵盖融资租赁、咨询管理、环保工程、文化创意、冷链物流、体育业等新业态；签约高端制造产业项目27个，占比22.5%，利用外资5.73亿美元，占比15.4%。签约项目来自中国香港61个，占比50.8%，利用港资25.96亿美元，占比69.8%；来自中国台湾24个，占比20%，利用台资3.57亿美元，占比9.6%；另有一批来自美国、加拿大、英国、德国、意大利、丹麦等欧美发达国家的项目签约。总投资1000万美元以上的合同项目54个，占比55.1%，利用外资21.65亿美元，占比95%；总投资1亿美元以上的合同项目13个，占比13.3%，利用外资12.03亿美元，占比52.8%。签约项目累计利用外资超过1亿美元的有闽侯、晋安、福清、长乐、马尾、连江、仓山、鼓楼、台江、罗源10个县(市)区。

服务贸易

【概况】 2017年，福州市服务贸易进出口呈增长态势。服务贸易进出口总额1483.07万美元，比上年增长26.53%，其中出口额1242.79万美元，增长137.96%；进口额240.28万美元，下降63.03%。

【服务外包】 2017年，福州市服务外包合同金额42848.89万美元，其中离岸服务外包合同金额10312.2万美元；执行金额35949.25万美元，其中离岸服务外包执行金额9775.09万美元。注册服务外包管理系统企业212家，其中年内新增企业16家。全市服务外包业务以ITO(信息技术外包)为主，执行金额26649.35万美元，占全市服务外包执行金额74.13%，主要包含软件研发及开发服务和信息系统运营和维护服务；BPO(业务流程外包)增长较快，年内执行金额3064.86万美元，比上年增长105.26%。

【技术进出口】 2017年，福州市(不含马尾)技术进出口总额15530.38万美元，比上年增长12.49%；签订引进技术和进口设备合同项目38个，合同金额7765.7万美元，比上年增长24.33%；签订技术出口合同项目610个，合同金额7764.68万美元，比上年的7559.81万美元增长2.71%。

对外及港澳台投资与劳务合作

【概况】 2017年，福州市(不含自贸区)经备案核准在境外投资设立27个项目，协议投资总额9.07亿美元，其中中方投资额5.39亿美元。投资方涉及美国、澳大利亚等13个国家和中国香港地区，投资行业涉及海洋渔业、商务服务业、对外工程承包等。

年内，中国香港投资项目9个，协议投资总额3.04亿美元，其中中国内地投资额2.06亿美元，投资行业主要为软件和信息技术服务业、商务服务业、批发业、零售业等；中国台湾投资项目1个，协议投资总额66.01万美元，其中中国大陆投资额46.21万美元，投资行业为餐饮业。

【对外劳务合作】 2017年，福州市派出人员19546人次，期末在外人员38362人，比上年增长31%。新签劳务人员合同工资总额41616万美元，劳务人员实际收入总额40385万美元。

对外及港澳台贸易

【概况】 2017年，福州市进出口总值2336亿元，比上年增长12%。出口总值1482.4亿元，比上年增长5.1%，占福州市GDP的20.87%，占全省出口总值的20.84%；出口商品销往218个国家与地区。进口总值853.66亿元，比上年增长26.4%，进口商品来自135个国家与地区。

在贸易总值中，对中国台湾地区贸易总值133.63亿元，比上年增长18.34%，其中销往台湾37.72亿元，下降5.09%，占全市比重的2.54%；来自台湾95.91亿元，增长31.08%，占全市比重的11.24%。中国港澳地区贸易总值74.25亿元，比上年下降16.03%，其中销往港澳73.47亿元，下降14.64%；来自港澳0.78亿元，下降66.68%。

【民营对外贸易】 2017年，福州市有进出口实绩的民营企业达3565家，进出口总额1181.9亿元，比上年增长10.8%，占全市进出口总额的50.6%，其中进口额352.9亿元，增长27.67%，占全市进口总额的41.34%；出口额829亿元，增长4.9%，占全市出口总额的55.9%。

表43 **2017年福州市进出口主要分类情况表**

指标	绝对数(亿元)	比上年增长(%)
进出口总额	2336.0	12.0
出口额	1482.4	5.1
其中：一般贸易	1068.6	4.6
加工贸易	409.4	6.9
其中：机电产品	447.7	-15.7
其中：高新技术产品	120.0	-10.8

续表 43

指标	绝对数(亿元)	比上年增长(%)
进口额	853.7	26.4
其中:一般贸易	659.7	28.8
加工贸易	135.8	-3.7
其中:机电产品	257.9	6.8
其中:高新技术产品	160.2	10.3

注:统计数据出自《2017 年福州市国民经济和社会发展统计公报》

表 44　**2017 年福州市出口额 3000 万美元以上商品情况表**

金额分类	商品名称	出口金额(万美元)	占出口总额比重(%)
5 亿美元以上(3 项)	其他彩色监视器,未列名已加工花岗岩制品,液晶显示板	232174	10.63
1 亿~5 亿美元(18 项)	其他木家具,用栓塞法装配鞋底及面的橡、塑鞋,塑料或纺织材料作面的提箱、小手袋等,其他液晶显示器彩色电视接收机,织物制其他男式服装,车身(包括驾驶室)的未列名零件、附件,干香菇,未列名电灯及照明装置,机动车辆用点火布线组及其他布线组,未列名贱金属雕塑像及其他装饰品,未列名已加工大理石、石灰华及蜡石制品,干木耳,车辆用层压安全玻璃,橡、塑或革外底,皮革制鞋面的其他运动鞋靴,磷酸氢二铵,其他橡、塑或再生皮革外底,皮革鞋面的鞋靴,棉≥85% 未漂平纹布、100 克 < 平方米重≤200 克,拖轮及顶推船等	325037	14.88
5000 万~1 亿美元(40 项)	灯船、消防船、起重船等不以航行为主的船舶,塑料制小雕塑品及其他装饰品,6301 至 6307 的未列名制成品、包括服装裁剪样,塑料制餐具及厨房用具,其他卧室用木家具,电动的挂钟,塑料片或纺织材料作面的其他类似容器,其他金属家具,波分复用光传输设备,橡、塑外底及鞋面的短统靴(过踝),未列名化纤男式带风帽防寒短上衣、防风衣等,其他未搪瓷钢铁餐桌、厨房等家用器具及零件,天然石料制的长方砌石、路缘石、扁平石,厨房用木家具,其他运动或户外游戏用设备、游泳池或戏水池,其他彩色投影机,其他木制小雕像及装饰品,涂布无机物的多层纸及纸板,手持(包括车载)式无线电话机,棉制针织或钩编的女式上衣,化纤制机制花边,尼龙-6 纱线、未加捻或捻度≤50 转/米,聚酯短纤、未梳或未经其他纺前加工,其他硅,圣诞节用品,非电气的灯具及照明装置,花岗岩碑石或建筑用石及其制品,已镶框玻璃镜,压燃式内燃机发电机组、P≤75KVA,瓷制固定卫生设备,其他玩具,压燃式内燃机发电机组、375KVA < P≤2MVA,未列名水泥、混凝土或人造石制品,棉制未列名狭幅机织物,5903、06 或 07 织物制 62011100 至 1900 类型服装,装有点燃式活塞内燃发动机的发电机组,热轧不锈钢板材、厚 < 4.75 毫米、宽 < 600 毫米,塑料制其他家庭用具及卫生或盥洗用具,未列名塑料制品,5903、5906 或 5907 的织物制其他女式服装等	285526	13.08

续表 44

金额分类	商品名称	出口金额（万美元）	占出口总额比重（%）
3000 万～5000 万美元（39 项）	未列名成卷成张矩形浸涂印花纸、纸板、纤维纸，车辆用钢化安全玻璃，压燃式内燃机发电机组、75KVA＜P≤375KVA，其他雨伞及阳伞，其他钢铁结构体、钢结构体用部件及加工钢材，未列名的机器零件、不具有电气器材特征的，其他点燃式活塞内燃发动机的零件，橡胶或塑料制外底及鞋面的其他运动鞋靴，其他铅酸蓄电池，棉制女裤，初级形状的乙烯－乙酸乙烯酯共聚物，折叠伞，其他非工业用铝制品，品目 8471 所列其他机器的零件、附件，棉制针织或钩编的男式上衣，合成纤维制染色其他针织或钩编织物，液体泵零件，8525 至 8528 所列其他装置或设备用其他零件，冻鲣鱼，用于起动活塞式发动机的铅酸蓄电池，聚酯弹力丝，棉制女式上衣，棉制其他男裤，未列名非醋制作的未冷冻蔬菜及什锦蔬菜，活鳗鱼、鱼苗除外，枝形吊灯及天花板或墙壁上的电气照明装置，电子节能灯，电动的闹钟，2,4－和 2,6－甲苯二异氰酸酯混合物（TDI），家具的零件，灯座、线路 V≤1000V，棉制针织或钩编的婴儿服装及衣着附件，聚酯短纤 85%及以上的单纱，未列名已装配的光学元件，尼龙－6 弹力丝、每根单纱细度≤50 特，硫酸铵，合纤针织钩编物、宽＞30 厘米，弹性线≥5%无胶线，鞋面及其零件、但硬衬除外，其他未列名抗菌素等	146192	6.69
合　计	100 项	988929	45.29

表 45

2017 年福州市主要出口市场及对港台贸易情况表

国别（地区）	金额（万元）	占总额比重（%）
美　国	503973	23.08
欧　盟	361514	16.55
东　盟	336491	15.41
日　本	126178	5.78
中国香港	107757	4.93
中　东	82617	3.78
韩　国	65920	3.02
中国台湾	55566	2.54
巴　西	46292	2.12
印　度	42361	1.94
澳大利亚	42237	1.93
加拿大	35840	1.64
俄罗斯	28562	1.31
墨西哥	27851	1.28
巴基斯坦	27297	1.25
南　非	20090	0.92

续表 45

国别(地区)	金额(万元)	占总额比重(%)
智　利	19956	0.91
尼日利亚	12370	0.57
哥伦比亚	12017	0.55
孟加拉国	10027	0.46
合　计	1964916	89.97

表 46　**2017 年福州市进口额 3000 万美元以上商品情况表**

金额分类	商品名称	进口金额(万美元)	占进口总额比重(%)
10 亿美元以上(1 项)	其他未锻造金,非货币用	194133	15.40
1 亿美元以上(17 项)	液晶显示板,饲料用鱼粉,褐煤、不论是否粉化、但未制成型,铬铁、按重量计含碳量在 4% 以上,丙烯,1,2 - 乙二醇,制造平板显示器用的分布重复光刻机,对二甲苯,其他制造平板显示器用的机器及装置,平均粒度≥0.8 毫米、<6.3 毫米未烧结铁矿砂及精矿,其他煤,液化丙烷,其他芳烃混合物,T = 25℃、蒸馏出芳烃≥65%,其他烟煤,制造平板显示器用的化学气相沉积设备(CVD),其他测量或检验用光学仪器及器具,乙烯聚合物的废碎料及下脚料等	442845	35.12
5000 万 ~1 亿美元(13 项)	6 - 己内酰胺,未列名机动车辆用变速箱及其零件,平均粒度≥6.3mm 未烧结铁矿砂及其精矿,仅冷轧铁或非合金钢卷材,厚<0.3 毫米,镍矿砂及其精矿,制造平板显示器用的物理气相沉积设备(PVD),制造平板显示器用的其他湿法蚀刻、显影等装,甲醇,其他液化丁烷,车身(包括驾驶室)的未列名零件、附件,其他低芥子酸油菜子,其他铸制或轧制的非夹丝的玻璃板、片,45000≥空载重量>15000 千克的飞机等航空器等	97753	7.75
3000 万 ~5000 万美元(12 项)	含铝量低于 99.95% 未锻轧非合金铝,其他升降、装卸、搬运单晶柱等的装置,偏振材料制的片及板,8525 至 8528 所列其他装置或设备用其他零件,制造平板显示器的扩散、氧化等热处理设备,其他汽油货车,车总重≤5t,其他饱和无环一元羧酸等及其衍生物,其他工业用单羧脂肪酸;精炼所得酸性油,初级形状的乙烯 - 乙酸乙烯酯共聚物,除鱼肝油以外的鱼油、脂及其分离品,品目 8471 所列其他机器的零件、附件,装入 2 升及以下容器的鲜葡萄酿造的酒等	44396	3.52
合　计	43 项	779127	61.80

2017年5月18日，第十九届海峡两岸经贸交易会在福州海峡国际会展中心开幕。图为以“展翅”“千帆”与“海浪”等为造型元素的海交会中心展厅 （黄立新　摄）

表47　**2017年福州市主要进口市场及对台贸易情况表**

国别（地区）	金额（万美元）	占总额比重（%）
东　盟	149342	11.84
日　本	145186	11.52
中国台湾	141171	11.20
韩　国	134707	10.68
美　国	122868	9.75
欧　盟	108723	8.62
瑞　士	103852	8.24
巴　西	77184	6.12
澳大利亚	70362	5.58
南　非	42762	3.39
中　东	33700	2.67
秘　鲁	18075	1.43
加拿大	17906	1.42
英　国	17130	1.36
俄罗斯	13065	1.04
印　度	10045	0.80
合　计	1206078	95.66

（陈　婉）

（编辑　周弭姣）

经济协作

【内联城市交流】 2017年，福州市借助闽浙赣皖福州经济协作区、闽东北经济协作区、泛珠三角区域等区域协作平台，加强高层互访，搭建对话平台，完善合作机制。在福州市、景德镇市分别组织召开2017年闽浙赣皖福州经济协作区联络员会议，在三明市召开闽浙赣皖福州经济协作区第十九次市长联席会议。参加第十三届泛珠三角区域省会城市市长（长沙）联席会议，参与闽东北经济协作区工作，年内与银川市签订《深化友城合作实现共同发展框架协议》。

【区域互联互通】 2017年，福州市协作区内重大交通基础设施建设加快推进，京台高速宁（德）福（州）段，宁（德）连（江）高速福州段，湄（洲湾）渝（重庆）高速公路（莆田段），（南）昌九（江）高速“四改八”（通远段）等高速公路建成通车，厦沙高速年底全线开通。宁（南京）安（安庆）高铁正式通车，南（平）三（明）龙（岩）铁路进展顺利，合（肥）安（庆）九（江）高铁、衢（州）宁（德）铁路开工建设。福州航空新开通16条航线，三明沙县机场开通4条航线，上饶三清山机场正式通航，温州通用航空基地开工建设。安庆至福州（马尾港）开通直航班轮，安庆港实现江海直达。

【区域经贸合作】 2017年，第十九届“5·18”海峡两岸经贸交易会福州市有18个内联城市近500人客商团组参加。第十五届赣台经贸文化合作交流大会在九江市召开，第十三届海峡两岸（三明）林业博览会暨投资贸易洽谈会在三明市举办，闽浙赣皖福州协作区域城市企业积极参加。借助向莆铁路开通为契机，发挥南昌、抚州、福州、三明、莆田等九市共同成立的向莆铁路沿线旅游营销联盟的平台优势，开展旅游交流活动。组织相关企业赴向莆铁路沿线、浙江杭州、安徽合肥、安庆等地开展旅游宣传推介。

【东西扶贫协作】 2017年，按照福州市人民政府和定西市人民政府签订的东西部扶贫协作框架协议内容要求，市经信委与定西市工信委主动对接，签订《合作开展企业精准扶贫促进产业开发框架协议》。年内组织3批100余家企业家赴定西市考察对接。协调企业面向定西市开展人员招聘工作，5家企业向定向招聘定西市大学生11人。举办3期福州市对口支持西部人才培训班，培训人数150人。

（林忠强）

山海协作

【概况】 2017年，闽东北经济协作区跨区域重点基础设施与产业协作项目250个，总投资7634.08亿元，其中由福州市对接的区域协作项目有31个，总投资1907.15亿元，占协作区的28%，年计

2017年12月8日，闽浙赣皖福州经济协作区第十九次市长联席会议在三明市召开 （市经信委 供）

划投资 263.62 亿元，完成投资 303.55 亿元，占年计划的 115.15%。7 月 27—28 日，福州市环保局牵头召开 2017 年闽东北经济协作区环保协作活动。

【福宁山海协作】　2017 年 12 月 3 日，福州·宁德山海协作座谈会在宁德市召开。省委常委、福州市委书记王宁，福州市市长尤猛军，宁德市委书记隋军、宁德市市长郭锡文等出席会议。会上，福州市向宁德市捐赠山海协作资金 200 万元，两市有关部门签订 8 项合作协议。

【福莆山海协作】　2017 年 12 月 8 日，福州市山海协作代表团赴仙游县，开展福州莆田山海协作对口帮扶活动，并由福州市、仓山区和闽侯县分别向榜头何乐小学、大济西南小学、盖尾星庄小学捐赠 110 万元帮扶资金，用于 3 所学校的教学楼和宿舍建设。

【省级扶贫开发重点县帮扶】　2017 年，福州市 8 个县（市）区开展对省级扶贫开发重点县的帮扶工作，全年落实帮扶资金 11450 万元，其中鼓楼区帮扶永泰县 2700 万元、台江区帮扶建宁县 1250 万元、仓山区帮扶周宁县 1250 万元、晋安区帮扶霞浦县 1250 万元、马尾区帮扶寿宁县 1250 万元、福清市帮扶连城县 1300 万元、长乐市帮扶松溪县 1250 万元、闽侯县帮扶平和县 1200 万元。

（张清炎）

扶贫开发

【概况】　2017 年，福州市减贫目标完成，2758 名贫困户达到脱贫标准，200 个建档立卡贫困村、省级扶贫开发重点县永泰县和市级扶贫开发重点县闽清县全部达到摘帽退出要求。

【精准扶贫】　2017 年，福州市实施产业带动扶贫和推动就业增收等措施，实施精准扶贫。

产业带动扶贫　全市有 207 家企业组建传统工艺联盟、民宿酒店联盟等 9 个产业联盟，带动 297 户贫困户稳定增收。实施第六轮市级扶贫济困“春风行动”，安排 415 万元补助 2017 年初未脱贫的贫困户用于发展生产；市级财政另安排 200 万元产业扶贫专项资金，扶持 4186 名贫困户发展种养业、休闲农业等产业发展项目。发展电商扶贫，推动阿里巴巴在闽清、永泰设立 57 个农村淘宝服务站。

推动就业增收　实施“雨露计划”、就业技能培训等，累计开展各类就业创业培训 8000 多人次。出台鼓励就近就地务工就业政策，对招用贫困劳动力的企业给予工资补贴和单位缴交社保补贴，为 2100 名贫困劳动力发放城乡居民保补贴。加大就业援助力度，为 3303 名贫困劳动力办理“就业创业证”并认定为就业困难人员，享受与城镇居民同等的就业创业扶持政策；开发各类公益性岗位 884 个，托底安置 716 名贫困劳动力。

教育扶贫工作　综合运用减免学费、教育补助、教育救助、助学贷款等政策措施，对学前教育到在校大学生的建档立卡贫困家庭子女进行全程扶持。其中，义务教育阶段全部免杂费，对学前教育每生每年补助 2000 元，小学阶段每生每年补助 2000 元，初中阶段每生每年补助 2250 元，高中阶段每生每年补助 3000 元，大学阶段每生每年补助 4000 元。

医疗救助工作　在全省率先启动家庭医生签约贫困户工作，对建档立卡贫困户全部签约家庭医生、发放就医明白卡并建立电子健康档案，为 8876 名贫困人口进行健康体检。在全省统一实施医疗叠加保险的基础上，进一步开展商业补充保险，扩大大病救治范畴，提高医疗报销比例。自 9 月实施以来，为 2317 名贫困户报销医疗资金 73.41 万元。

落实低保兜底　永泰县、闽清县、罗源县农村低保标准提高到每人每年 4200 元，闽侯县、连江县提高到每人每年 5400 元，均超过 2017 年省定贫困线 3750 元的标准。将农村低保同扶贫开发有效衔接，年初未脱贫的 2628 名贫困户中符合低保条件的 951 人全部纳入低保，实现“两线”合一，确保应保尽保。

2017 年 12 月 26 日，福州市扶贫发展基金会授牌成立（叶义斌　摄）

【社会扶贫】　2017 年，福州市开展“双联双扶”结对帮扶活动，筛选 108 个市直单位党组织与全市 200 个贫困村结对，组织各类活动 185 场，7303 名市直机关党员参与，落实帮扶资金 3550 万元。组织助力精准扶贫志愿服务活动，推动 684 个文明单位开展结对帮扶，开展活动 1347 场，帮扶贫困户 3487 户，落实扶助资金 384.7 万元。广泛发动社会各界力量帮助贫困群众，深入实施百企帮百村、百会联百村、百侨帮百村“三百”工程，组织 169 家企业帮扶 129 个贫困村、105 个商会（协会）联系 94 个贫困村、100 个华侨帮扶 100 个贫困村，筹集帮扶资金 470 万元。成立福州扶贫发展基金会，首批落实企业捐赠资金 7000 万元，受捐规模居全省首位。

2017 年 4 月 14 日,福州·定西东西扶贫协作招商推介会在福州举行。图为推介会签约仪式
(池远　摄)

【对口帮扶】 2017 年,福州市与甘肃省定西市签订《东西部扶贫协作框架协议》,编制《福州市扶贫协作定西市"十三五"规划》,两市组织、人社、教育、卫计、工商联、农业、经信、投促、商务、团委、妇联等 11 个部门签订协作专项子协议。安排鼓楼区、台江区、仓山区、晋安区、长乐区、福清市、连江县等 7 个县(市)区,分别与定西市 7 个县区建立结对帮扶关系;选定 28 个乡镇、2 个区直单位、1 个村,与定西市 28 个乡镇、14 个贫困村建立结对帮扶关系;组织 101 家企业与定西市 109 个贫困村(其中深度贫困村 93 个)建立结对帮扶关系。福州市选派 17 名优秀党政干部、9 名专业技术人才赴定西挂职,定西市选派 16 名干部到榕挂职。组织福州市专家教授赴定西市举办专题讲座2期,培训党政干部 250 多人,接收定西市党政干部到榕培训 4 期 240 人。选派 16 名省、市级学科带头人与定西市 18 名高中骨干教师分学科开展"同课异构"及教学交流研讨,为定西市培训 1295 名教师。组织 80 名定西市教师到福州优质学校跟岗培训,选派 33 名职业教育管理人员到福州职业院校培训学习。选派 5 名医疗卫生专家人才赴定西举办讲座,定西市选派 100 名医疗机构人才到榕学习。全年援助定西市资金 9829.81 万元,捐赠物资折价 440 多万元。

产业扶贫方面,开展巨菌草种植、阳光房建设、食用菌、牧草、光伏、种养殖等产业项目,投资 3000 余万元,带动贫困人口增收;生态扶贫方面,在安定区建设福州·定西水土流失综合治理(生态林)试验一期项目68公顷,投资 649.63 万元;教育扶贫方面,福州社会各界捐赠教育帮扶资金和物资 2100 多万元,资助贫困学生就学和改善教学条件,闽江师范高等专科学校等 4 所院校招收 51 名定西籍贫困学生,为其减免学费、提供生活补助、安排勤工俭学岗位;医疗扶贫方面,捐赠资金 200 万元,协调福建省协和医院、上海儿童医学中心对定西市建档立卡贫困户先心病儿童进行筛查,并为 18 名患儿实施先天性心脏病手术治疗,免费实施建档立卡贫困户白内障手术 29 例;公共服务设施方面,开展陇西、通渭县贫困村公共服务设施、危房改造、村道建设等基础设施项目建设,投资 300 余万元。

年内,举办福州·定西东西部扶贫协作招商引资推介会,现场签订 27 项合作协议,签约总金额 56.43 亿元,涉及制药、加工、物流、文化、旅游、新能源开发等领域。组织开展"福暖陇中"大型招聘会、宣传推介会和"两后生"招聘会 26 场,提供就业岗位 52619 个,帮助定西市在福州市建立劳务工作站 10 个。实施劳动力岗前技能培训工程,举办劳动力技能培训 73 期,培训 71620 人,实现到福州务工人员技能培训全覆盖。安排 293 名 2017 年应届毕业生在福州企业勤工俭学。定向招录定西市 94 名建档立卡贫困户高校毕业生到福州企事业单位就业,组织输转 3567 名劳动力,其中建档立卡贫困劳动力 1902 名。

(张清炎)

(编辑　周弭姣)

福州新区

【概况】 2017年,福州新区完成地区生产总值1648.17亿元,比上年增长10.1%;固定资产投资1359.69亿元,增长18.4%;规模以上工业增加值819.55亿元,增长10.3%;一般公共预算收入225.94亿元,增长9.9%。

【体制创新】 2017年,福州新区完善“市县协同、两级联运”管理运行模式,成立福州新区福清、长乐、仓山功能区和江阴港城经济区管理机构,组建市级滨海新城、三江口、琅岐岛开发建设指挥部。推进“放管服”改革,成立福州新区审批窗口,制定完善审批流程图和办事指南,承接省级经济管理权限。设立滨海新城代批窗口,启用福州新区管委会审批专用2号章,在全省首创审批权限代批模式,实现“新区审批不出区”。健全银企对接、政银合作等机制,与国开金融有限责任公司合作推动“投贷结合、融建结合”新模式,拓展福州新区投融资渠道。年内开发马尾基金小镇,集聚基金类、股权投资类、资产管理类投资机构118个,基金管理规模超1000亿元,成为全省私募基金投资机构最多、管理基金规模最大的区域。

【规划编制】 2017年,福州新区落实完善新区上位规划。《福州新区发展规划》获发展改革委备案;《福州新区总体规划(2015—2030年)》完成社会公示和送审稿编制,上报省政府审批。编制市政公用基础设施规划、水资源配置规划等新区专项规划,邀请国内外设计单位开展滨海新城总体规划、核心区城市设计、东南大数据产业园城市设计、滨海新城森林城市规划、琅岐国际文化生态旅游岛全域开发概规等区域规划。

建立规划协调和会审机制,完善“多规合一”信息联动平台建设。11月17日,《福州中心城区空间发展规划》获市人大常委会审议通过。

【产城融合】 基础设施建设 2017年,福州新区投资逾1000亿元,加快建设滨海大通道、道庆洲大桥、地铁6号线、福平高铁、绕城高速公路东南段等重大交通项目,推动布局电力设施、环保处理、地下管廊等市政公建设施。推动建设海峡文化艺术中心、北京师范大学福清附属学校、福州滨海新城医院、马尾沿山棚户区改造等民生保障项目。以PPP模式推进新区重大交通基础设施建设和城市公共设施建设。推进新区公共交通智能化建设,在滨海新城推广“窄马路、密路网”模式,建设级配合理的城市道路网系统,构建公交优先的绿色交通体系。

产业升级 落实供给侧结构性改革任务,重点推进电子信息、机械装备、石油化工等主导产业提升发展及纺织化纤、冶金建材等传统产业转型发展,58个新区“两化”(工业化和信息化)融合项目列入福建省重点项目。培育扶持大数据、物联网、VR产业、现代物流、金融服务等战略性新兴产业和高端服务业。年内福州经济技术开发区被工信部授予“国家新型工业化产业示范基地(电子信息·物联网)”,成为全国第4个,也是福建省唯一的国家级物联网产业示范基地。2月7日,总投资300亿元的福州京东方第8.5代新型半导体显示器件生产线项目投产。2月13日,中国东南大数据产业园启动建设入围第一批健康医疗大数据中心与产业园建设国家试点工程。

重点区域开发 结合长乐撤市设区,在福州新区闽江口区域规划建设188平方千米的滨海新城,策划生成两批136个、总投资3000亿元的重点项目,打造以“大数据+”为发展重点的宜居宜业智慧城市。推进三江口片区规划建设,加快疏解老城区人口。引进国开金融有限责任公司、山水文园集团等项目投资方,推动琅岐岛全域整体开发。协同推进江阴湾组团等总面积约185平方千米的7个重点区域和组团的建设,并通过PPP等方式加快建设一批“镇级小城市”项目,打造新区现代城市群。

项目建设 安排521个新区重点项目,完成投资2342.09亿元,占年度投资计划的129.97%。招商项目对接引进福建复寅精准医学创新中心、宝湾仓储现代物流园等项目落户新区,推进中欧空中航线、福州机场跨境直邮及快件等项目接洽。实施《福州新区创建双创示范基地工作方案》,加快高新区海西创业基地、福州外语外贸学院创业创新示范中心等双创载体建设,拥有7个国家级、128个省市级众创空间。通过福州新区国家级双创示范基地建设和政策落实情况第三方评估,举办2017年"创响中国"福州站活动。

【绿色发展】 2017年,福州新区建立生态文明绩效考评体系,健全环境治理体系,整体推动生态创建工作。新区涉及的4个区均完成创建省级生态县(市)区,其中3个获得国家生态县(市)命名,19个乡(镇)街道获得国家级生态乡镇命名。

加强水系治理、湿地保护、园林绿化提升等生态建设工作。推进三江口"海绵城市"试点建设,设立一批自然保护小区。发展非化石能源,推进清洁能源替代,新建福清海上风力发电厂、华龙一号全球首堆示范工程福清核电5号机组等,降低能源污染排放量。

【合作交流】 2017年,福州新区对接国家"一带一路"倡议,在新区举办海丝(福州)国际旅游节、海交会等重大活动,推动与"一带一路"沿线国家的经贸交流。宏东渔业在毛里塔尼亚建设境外投资规模最大的远洋渔业基地。

推进福州新区空港、海港建设,加快建设国际性综合交通枢纽。福州港有万吨级以上生产泊位55个,江阴港"一带一路"航线9条,福州国际机场通航点82个。年内,福州—纽约直飞航线实现首航。推动平潭岛与新区共建共享、融合发展,加快建设福平铁路、长平高速,推进平潭第三通道前期工作,构建与平潭互联互通的大交通格局。发挥新区、平潭两地比较优势,打造对台产业承载腹地。

推进与中国台湾产业深度交接、融合发展。新区累计批准台资项目342个(含第三地),新设台资企业337家,注册资本26.79亿元。促进台湾青年到榕创业就业,设立台湾青年创业中心,入驻台湾青创企业逾300家,吸引创业就业台湾青年700多人。

(万　粒)

2017年11月23日,高腾博士在福州市物联网开放实验室接受央视记者采访拍摄,介绍由物联网和传统产业深度融合、转型升级的"智能井盖"

(福州新区管委会　供)

中国(福建)自由贸易试验区福州片区

【概况】 2017年,中国(福建)自由贸易试验区福州片区新增企业8113家(其中内资企业7963家,外资企业150家),新增企业注册资本1750.83亿元,分别占全市15.98%、30.94%,区内企业实现税收52.43亿元,比上年增长93.82%。全区港口货物吞吐量3870.47万吨,比上年增长24.99%,集装箱吞吐量完成263.07万标箱,增长25.85%,区内注册企业进出口总额260.14亿元,增长43.81%。福州片区实施范围31.26平方千米,分为马尾区块(17.4平方千米)、福清区块(9.26平方千米)、仓山区块(4.6平方千米)。

【体制创新】 2017年,福建自贸区福州片区在投资、贸易、金融、税务、事中事后监管、对台等领域推出3批44项创新举措,其中全国首创12项,创新举措复制推广到全国、全省分别有2项、26项;出台《进一步深化中国(福建)自贸试区福州片区改革开放方案》,新拟订3~5年124项深化改革任务;完善国际贸易"单一窗口"管理制度,实现企业通关申报、物流管理、查验、放行等66个项目全程信息化服务,通关无纸化97.9%。建立全国直属海关层级第一个手机微信"通关预约服务平台",进行加班预约和查验预约,全国首创行政审批全流程应用电子证照,制定完善960余项服务标准,成为全省自贸区唯一通过省级服务标准验收单位。全省率先开展"证照分离"改革试点,通过"六个一批"方式,梳理确认实施分类改革的行政审批事项170项。

【金融创新】 2017年,福建自贸区福州片区推出第3批14个金融创新案例;挂牌成立马尾基金小镇,落地项目178个、产业基金40多只、基金规模1135亿元,成为全省私募基金投资机构最多、管理基金规模最大的区域;全国首创跨境人民币"反向风险参贷",增进跨境银行间合作,推动跨境人民币使用;融信租赁公司全国首创"新三板快易租"业务,为162家中小企业融资13亿元;全国首创进出口外包金融服务平台,为1.6万家中小进出口企业办理国际结算20亿美元。

【重点产业建设】 整车进口　2017年,福建自贸区福州片区在江阴设立整车3C认证服务中心,江阴整车进口口岸成为全国首个提供全方位3C认证服务的试点口岸。年进口整车10049辆,比上年增长21%,连续4年进口量居全国26个整车进口口岸第6位、新批口岸第2位。

跨境电子商务　福建优购机场跨境监管中心及国际快件监管中心建成投入使用。引进eBay、菜鸟网络等境内外跨境电商企业，eBay在区内设立全国首个跨境电商全产业链聚集园区，并联合福建商学院成立eBay跨境电商学院。全国首创跨境电商“海关税收同业联合担保”制度。全年实现跨境电商保税进口64.07万票，比上年增长1.37倍，销售额2.1亿元，增长1.24倍。

物联网产业　挂牌成立全国首家物联网开放实验室和物联网产业促进中心，动建福州物联网产业孵化中心，全国物联网大会永久会址落户区内，在城市供水漏损治理方面启动全球最大规模的NB-IoT商用项目。全年通过认定的物联网企业104家，其中上市企业19家，物联网产值610亿元，比上年增长8.9%。

2017年4月28日，全国首个物联网开放实验室在福州揭牌。图为福州物联网开放实验室展厅　（黄立新　摄）

【对台交流合作】　2017年，福建自贸区福州片区对购入原产于中国台湾地区的一般成套设备及单机实施备案管理，创新涉台业务“先报、预核、后补”快捷通关模式，提高通关效率40%以上。建设两岸物联网应用示范中心、两岸智慧城市研发中心暨中试基地，推动物联网产业合作，新设对台离岸金融、国际结算等特色业务中心7个，累计办理对台跨境收支420.15亿元、对台融资169.38亿元。在全国率先发行台胞信用卡，率先实施榕台技能工种“一考双证”，推动榕台职业资格互认。挂牌成立在榕台湾地区居民任职资格评审（试点）办公室，开辟台湾地区人才职称评聘绿色通道，聘请台籍招商专员。创新推行两岸出入人员“无障碍、零等待”通关。琅岐海峡青年交流营地成功举办第五届“海峡青年节”系列活动，开工建设闽江马尾对台综合客运码头。

【对外交流合作】　2017年，福建自贸区福州片区内56家企业与欧盟、韩国、新加坡等31个国家和地区实现AEO互认，取消海丝沿线国家和地区非处方（OTC）药品、非特殊用途化妆品进口经营许可，实行备案管理。全国首创国际航行船舶供水检验检疫“开放式申报+验证式监管”模式，获批为国际船舶登记船籍港和全省唯一的中资“方便旗”船回国登记船籍港。江阴港新开通“印尼线”“马尼拉线”“越泰线”3条海丝航线。构建福州—营口—满洲里—欧洲海铁联运货物通道，实现市场化运作，拓展“一带一路”市场腹地。

【事中事后监管】　2017年，福建自贸区福州片区制定完善行政处罚程序规范、自由裁量权行使标准和案件管理平台，建立健全跨部门、跨区域执法联动响应和协作机制。在全省率先试点行政执法公示制度，推行行政执法事前事中事后全流程公开。推动建立企业自律、行业自治与政府监管协同配合管理模式，率先在跨境电商领域采用第三方信月评级；依托海峡水产品交易中心建设全国首家电子化可追溯水产品交易平台，形成“来源可查、去向可追、责任可究”追溯体系。

【法治化建设】　2017年，福建自贸区福州片区“台胞权益保障法官工作室”获得省台办和省法院认可并联合在全省进行推广。自贸区“两法”衔接平台获评为省检察院“十佳预防项目”，在全国检察院进行经验推广。设立自贸区知识产权法庭、知识产权调解中心和知识产权公共服务平台。建立专利、商标、版权“三合一”知识产权综合保护和管理机制，率先开展专利保险试点工作，年内福州片区企业获得专利授权近2400件。

（林仕锋）

（编辑　黄雯倩）

福州高新技术产业开发区

【概况】 2017年，福州高新区托管区域内完成固定资产投资187.5亿元，工业固定资产投资54亿元，实际利用外资5988万美元，出口9.8亿元，规模以上工业产值134.7亿元，一般公共预算总收入21.63亿元，在全国国家高新区中排名第32位。

【开发建设】 2017年，福州高新区攻坚项目完成交地180.23公顷，拆迁33.76万平方米，建设投资118.3亿元。乌龙江大道一期、高新大道AB标段、创新路、3号、4号、13号路等9条主干道路和区实验小学、轮船港等项目征迁取得突破，国家知识产权专利审查协作分中心、国家地球空间信息产业基地、创新园二期、仙芝楼、福耀模具、斯坦利等项目在建。12月9日启动“产业项目集中交地月”行动，推进省光电产业基地、福大百特、榕基软件等26个产业项目征迁交地。

【招商引资】 2017年，福州高新区对接祥鑫铝业、蓝网科技、金山医药、万润新能源、熔城半导体、源磊LED封装、省属企业科研集中区、众赢智能影像产业基地等重点项目，全年招商考评认定项目125个，总投资453亿元。园区新增各类注册企业713家，新认定省级众创空间3个、高新技术企业6家，恒锋信息、艺根新材、光速达科技、睿能科技、永福电力设计5家企业上市，中科院海西研究院关联企业中科光汇、中科芯源、中科3D打印等4家光电企业落地发展。

【创新引智】 2017年，福州高新区根据市政府推动新一轮经济创新发展十项政策，出台支持企业发展、创新创业和扶持集成电路、LED、地球空间信息等产业发展的“7+8”系列政策，兑现政策奖励1882.4万元。与大学城产学研融合发展，组建高新区发展战略智囊团队，首期试点招聘规划、环保、安监等领域专技人才9人，出台引才专项政策和人才公寓使用管理办法，海西园人才公寓一期约8500平方米，180套即将交付使用。

【民生保障】 2017年，福州高新区拆除“两违”26.85万平方米，完成40个省级宜居环境项目投资8亿元，开展29个村（居）生活污水垃圾治理、公厕建设等工作。渣土、地材运输专项整治中查扣违法车辆249辆、立案236件。委托新加坡邦城公司和市规划院编制《中小学设计导则》《幼儿园用地布局专项规划》，区实验中学、第一中心小学旗山分校等新学校项目建成使用。

（凌　托）

2017年12月8日，福州高新区两园安置房一期建成并基本回迁

（福州高新技术产业开发区　供）

福州软件园

【概况】 2017年，福州软件园技工贸总收入648亿元，比上年增长25%；税收上缴17亿元，增长15%；园区规模工

2017 年，福州软件园创客谷孵化项目 252 个。图为张涟漪团队正在工作
（黄立新 摄）

业总产值 94 亿元，增长 20%；上缴鼓楼地方财政 1.01 亿元，增长 8.5%；实际利用外资 1692 万美元，增长 23.4%；营利性服务业收入 50 亿元，增长 50%；内资注册企业数 170 家，增长 16%；出口 3.81 亿元，增长 3%。园区顶点软件(603383)、睿能科技(603933)两家企业在上交所上市。

【招商引资】 2017 年，福州软件园完成招商引资项目 42 个，总投资额 172.31 亿元。引进华为云平台、百度创新中心、谷歌体验平台、闽台两岸软件与集成电路产业基地等项目。

【管理服务】 2017 年，福州软件园建设政务服务平台，通过“掌上软件园”APP、政务服务中心、党群服务中心三点共面，形成线上线下窗口联动。打造“五凤论见”平台，建立政府、企业、研究机构沟通渠道，举办 37 期，被中央统战部作为全国新阶工作品牌在全国范围推广。协助企业兑现市、区政策，兑现各类政策奖励总金额 3247 万元，位列全区首位、全市前列。推进近百家企业申请使用华为开发云平台、基金大厦等平台项目。打造“智慧园区”，完成“三网一库”管网信息管理系统、园区微信公众号等线上服务和管理平台建设，实现主干道无线 Wi-Fi 覆盖、重点区域“光纤到桌面”。年内，福州软件园获评“省级专家服务基地”，增加一名“千人计划”专家。获评 2017 年度福建省“国家新型工业化产业示范基地”第二名、福州市“创业创新示范中心”等称号。钱塘小学软件园教学点开学、侨城广场人才公寓竣工。

【产业规划】 2017 年，福州软件园着手“海西硅谷”规划，主要范围为鼓楼区行政区划范围的铜盘和洪山 2 个编制单元，总面积 1759 公顷。拟构建“一轴、两镇、四区、一长廊”空间结构；新增 5 个超 10 亿元企业，打造 3 个百亿产业集群(行业应用、互联网服务、智能制造)，争取 2 个国家级智慧产业集群。以“海西硅谷”规划核心发展区为中心，向北与荆溪电子信息产业延伸发展，向西与闽江对岸大学城形成智力对接，向东南通过与物联网产业基地、东南大数据产业园、滨海新城等合作，形成环闽江智慧产业长廊。

（叶敏英）

福州台商投资区

【概况】 2017 年，福州台商投资区完成规模以上工业总产值 222.39 亿元，比上年增长 21.8%；辖区财政收入 2.37 亿元，增长 29.9%；固定资产投资 64.47 亿元，增长 28.8%。园区入驻企业 64 家，其中投产企业 48 家，在建企业 6 家(航塑、嘉寓、百泓达、澳蓝科技、福源盛大、骏瑞达)，完成土地招拍挂企业 5 家(联塑、德塔、兴腾、辰达、金吕)。

【基础设施建设】 2017 年，福州台商投资区基础设施投资 9.09 亿元，超时序进度 35.7 个百分点。大、小获片防洪排涝工程小获片防洪堤 4.9 千米填筑完成，闸站基础、控制楼土建部分完工，闸站设备安装工作进入扫尾阶段；小获片区路网工程的岐鹤南路等 3 条主干道、4 条支路完工；滨江路及小获片区内河工程完工；松岐中路跨大小获溪桥梁动建；填海工程吹填砂完成约 740 万立方米，填方面积 200 公顷。

【招商引资】 2017 年，福州台商投资区完成招商项目 9 个(启瀚、盛大、骏瑞达、联塑、德塔、方畅、金吕、辰达、兴航)，总投资约 61 亿元。总投资 3 亿元以上项目 8 个，2 个为外商投资项目，其中联塑项目总投资 1.8 亿美元，公司注册资本金 6123 万美元，含港资 3000 万美元。其母公司中国联塑集团是全球最大的塑料管道及管件生产销售企业。

【项目建设】 2017 年，福州台商投资区安排 3 个省重点项目和 6 个市重点项目，其中企业项目 5 个，年度计划投资 3.9 亿元。全年完成投资 5.87 亿元，超时序进度 50.5 个百分点。

新型聚合物锂离子动力电池研发生产基地项目 拟分两期投资 60 亿元，建设研发、生产新型聚合物锂离子动力电池基地。一期租用标准厂房 9 栋(建筑面积 12.68 万平方米)作为生产车间。二期自建新能源产业基地，项目于 4 月 5 日完成发改备案，完成厂房改造方案的设计和审查、消防方案备案及建筑图纸设计。

福建澳蓝空调科技有限公司制冷设备工业园项目 规划总面积 7.43 万平方米，总投资 2.46 亿元。项目分 3 期建设，主要建设制造车间、研发中心及综合实验室、仓储中心、行政办公及综合配套服务区、配套设施等。

聚烯烃医用薄膜罗源湾生产基地建设项目 规划总面积 3.9 万平方米，建设年限 2017—2018 年，总投资 3.33 亿元。项目主要建设厂房3座、仓库、聚烯烃医用薄膜生产线6条和功能涂层涂覆设备4条及相关生产、研发设施。

百泓达人防门及钢质门窗生产基地项目　规划总面积4万平方米，主要建设生产车间2栋、五金配件车间1栋、检测车间1栋及附属配套设施等。建成后年产人防门8万平方米（5万樘）、防火窗13万平方米（8万樘）、防火卷帘（7万樘）、钢质门40万平方米（30万樘）。

（李敬元）

金山投资区

【概况】　2017年，金山投资区有企业1813家，其中工业企业540家，服务业企业1144家，其他类型企业129家，共有员工8万多人，上市企业7家（星网锐捷、中能电气、鸿博股份、联合动力、海欣食品、海源机械、福大自动化），新三板上市企业5家（森达电气、锐达互动、海药股份、圣力智能、浩达智能），上市后备企业3家（瑞达精工、壹刻食品、美菰林），“国家级企业技术中心”企业1家（星网锐捷），“省级企业技术中心”企业11家，“市级企业技术中心”10个。全年规模工业产值405.96亿元，工业增加值8.46亿元；工业固定资产投资13.49亿元；其他营利性服务业收入9.64亿元；地方财政收入3.01亿元，财政总收入5.53亿元；社会消费品零售额33.88亿元；资质建筑业产值2.02亿元。全年新提升规模以上工业企业18家，限上商贸企业18家，有资质建筑企业4家，规模以上服务业企业35家。

【基础设施建设】　2017年，金山投资区完成多条干道建设，形成总体交通骨架。东西向有金山大道东端通过金山大桥与市区相连、西端通过金山大桥与316国道相通；南北向有闽江大道、南二环、建新大道和三环路，其中建新大道从中部贯穿南台岛，南端与福厦路衔接，形成南台岛的发展轴线。

金山工业园区供电配置设计双回路，220千伏变电站各一座；福州西区水厂和金山水厂为工业区提供两套供水系统，日供水能力15万吨；工业区污水管网接入市政污水管道，日排污能力6万吨，并开通金山污水处理厂及城门污水处理厂；在工业园区各片区内均设有垃圾转运站或垃圾处理设施；电话装机容量1万门；设计配套管道液化气。

【项目建设】　2017年，金山投资区在建项目34个，完成投资16.36亿元。推进福建星网锐捷网络有限公司“面向高等教育公共服务的大数据示范应用”等项目。

【招商引资】　2017年，金山投资区大部分工业用地和标准厂房租出售出。利用《福州市人民政府关于创新型产业用地管理的实施意见》《福州市人民政府关于进一步规范金山工业园区工业厂房改扩建的实施意见（试行）》，以提高“用地效益”为基点，对工业园区产业进行优化布局、提升整合。提高容积率、推进工业厂房加层改扩建、优化园区的产业结构。

（汪富诚）

福兴经济开发区

【概况】　2017年，福兴经济开发区完成规模以上工业产值260亿元，比上年增长8%；工业固定资产投资21亿元；实际利用外资4123万美元，自营出口84亿元。对接市、区新一轮经济创新发展十大政策，帮助企业争取省、市、区各类科技项目经费800多万元，配套各项企业奖励200余万元。高意、海峡环保等5家企业成功申报市级科技项目，钜立、德格索兰等4家企业列入省、市知识产权优势（示范）企业，高意光学、海王福药、钜全汽车3个企业工作站成为福州市首届“双十佳院士（专家）工作站”。大型骨干企业跨越发展，德通容器等6家企业列入市级新增长点企业，高意光学、华科光电等企业新增投资15亿元。第一家主板上市企业诞生。2月13日，茶花现代家居用品股份有限公司（茶花股份603615）在上海证券交易所上市。新增总部企业1家，喜相逢汽车服务公司获评入选福州市第三批总部企业，年内开发区有3家企业入选总部企业。

【招商引资】　2017年，福兴经济开发区镇及开发区招商注册、备案项目106个，总投资306.859亿元，其中3亿元以上项目44个，总投资269.31亿元；5亿元以上项目20个，总投资189.13亿元；30亿元以上项目1个。招商落地项目数和考评总分均列晋安区第一。12月20日，宜家（中国）投资有限公司以挂牌方式拿下原鸿福纺织公司出让地，标志着全球最大的家居用品零售商瑞典宜家正式落户开发区。

【项目建设】　2017年，福兴经济开发区614地块收储实现阶段性进展，完成横屿村、三友制衣、农工商集团、鳝溪农场、中国轻工等地块收储交地，总面积11.6公顷。配合相关部门实施福兴河、陈厝河、新厝河黑臭水体整治，所涉及征迁交地任务全部完成；完成樟林路、埠兴支路污水管网铺设，缓解开发区内涝问题。4月28日，福州福兴经济开发区资产运营开发有限公司完成工商注册并运营，开展上洋村厂房的试点工作。落实中茶大厦扩建项目、盛丰物流分拨中心建设项目。

【基础设施建设】　2017年，福兴经济开发区开展“种大树，造绿荫”行动，福光南路、红光路新种大树120多棵，种植炮仗花1.93万余株，长2823米，园区绿化率由33%提升到40%。路网建设逐步推进，福光路1标段建成通车；红光路主车道建成，进行非机动车道扫尾；后屿路改扩建施工。开发区环评报告通过省环保厅审查，11月7日，《福州福兴经济开发区控制性详细规划环境影响报告书》通过省环保厅审查小组会议审查。

（潘鸿杰）

融侨经济技术开发区

【概况】　2017年，融侨经济技术开发区完成规模以上工业产值958.03亿元，完成工业固定资产投资249.05亿元，累计外资到资1.5亿美元。区内规模以上企业数140家，全年新增规模以上企业16家、高新技术企业12家（其中复核5家）、省级科技型企业8家。国家级新型工业化产业示范基地综合评价全省第三，入选福建省十大重点开发区。通过ISO 9001质量管理体系、ISO 14001环境管理体系认证，创建国家级出口平板显示产品质量安全示范区通过省级验收，入列全省首批购售电业务改革试点园区。

【基础设施建设】 2017年，融侨经济技术开发区投资动建西环小区职工文体中心，推动冠捷家园、捷星人才公寓报批动建；完成南部片区污水管道疏通改造，融元污水处理厂提标改造工程建成并投入使用，建设东旭光电供水供电专线、虎溪河道山前段改造等工程，启动京东方片区道路管网及变电站、南部片区配套管网及324国道污水管网、龙江南路D段（大埔大桥—324国道）等项目规划建设。

【招商引资】 2017年，融侨经济技术开发区确立电子信息、精密汽车部件、光学三大产业为重点和铸链、建群的产业招商思路。签约总投资465亿元京东方柔性面板项目，全年利用闲置厂房引进导入项目38个，其中与京东方光电科技配套项目11个，总投资19.2亿元。年内，新备案项目136个，总投资328.12亿元，其中新引进项目46个，总投资296.88亿元；技改项目20个，总投资12.09亿元；增资项目70个，总投资19.15亿元。全年新增列入招商项目库的在谈类、线索类项目37个，总投资452.51亿元。

【项目建设】 2017年，融侨经济技术开发区落实“两单一表”，推行目标管理。14个福建省、福州市、福清市重点项目年度计划投资108.9亿元，全年完成投资187.69亿元，完成172.35%；28个福清市三大行动项目，年度计划投资115.51亿元，完成投资194.41亿元，完成168.31%；19个“攻坚2017”项目年度计划投资112.5亿元，完成投资192.35亿元，完成170.98%；20个“攻坚2017”前期项目任务节点数72个，完成74个。

2月7日，福州京东方光电科技有限公司第8.5代薄膜晶体管液晶显示器件（TFT—LCD）项目点亮投产，创从打桩建设到点亮投产15.8个月的业界最快速度，完成产值36亿元。3月12日，福州东旭光电科技有限公司一期项目开始设备安装。5月10日，良品下线，完成产值6.1亿元。6月16日，冠捷家园项目奠基。6月30日，福州旭友电子材料科技有限公司竣工投产，从开工到投产105天。9月20日，福建奋安铝业有限公司铝型材加工制造项目（奋安三期）开工。11月29日，福建中能电气有限公司充电桩研发与制造项目开工。12月11日，福建冠城瑞闽新能源科技有限公司一期项目建成投产。

【管理服务】 2017年，融侨经济技术开发区推行全员挂钩服务企业机制，成立6个服务企业小组，推动干部职工入企业、下工地。引进安全生产社会化服务，落实安全监管责任，做到“三个必须”“五落实、五到位”。启动园区规划环评修编，建立园区危险废物企业目录，推进危废及工业固体废弃物规范处理，完成黄标车淘汰任务，园区万元产值能耗下降超过5%。组织企业进行商标品牌、技术专利、技术创新、高新企业等申报工作，鼓励企业加大技术投入，推进转型升级。启动并通过园区管委会质量管理体系、环境管理体系认证，修订汇编管委会内部各项规章制度、办事流程，落实“两单一表”工作机制。化解“热点难点”问题，组织企业校招、社招、赴甘肃定西等异地招工，缓解企业用工难问题；全年协调劳资纠纷11起，解决419名企业员工子女入学问题。

（林煜杰）

元洪投资区

【概况】 2017年，元洪投资区累计完成工业总产值174.26亿元，比上年增长29.69%，其中规模以上工业产值完成170.74亿元，增长29.81%；上缴税收3.10亿元，增长63.15%；固定资产投资累计完成65.29亿元，增长49.16%，其中工业固定资产投资60.63亿元，增长71.06%；实际利用外资累计完成5749万美元，增长30.01%。4月14日，福建坤彩材料科技股份有限公司成为元洪投资区首家成功在上海证券交易所主板上市的企业，证券代码603826。

【机构改革】 2017年10月，福州市设立福州新区福清功能区管委会，在福清市政府加挂牌子，设立中共福州新区福清功能区委员会。12月8日，元洪投资区根据《关于福州新区各功能区管理体制的批复》《关于设立福州新区福清等功能区管理机构的通知》《关于福州新区福清功能区、福州江阴港城经济区党委、管委会机构编制事项的批复》，撤销元洪投资区、龙田经济开发区等自行

2017年，坤彩科技生产线正式投入使用（元洪投资区　供）

设立的园区管理机构,保留元洪投资区(国家级开发区)、龙田经济开发区(省级开发区)牌子。

【基础设施建设】 2017年,元洪投资区重点推进园区水、路网及生活配套等设施项目29个,涉及投资额62.85亿元,完成总投资约2.4亿元的食品园一期填方工程;总投资53亿元的17条道路及A区4.83平方千米填海于11月15日开工动建;新东皋溪河道排洪闸工程及西部片区污水管网工程分别完成相关验收手续和施工任务;西部片区道路人行道改造及部分路段路灯配套工程基本完成;创业生态公园和华侨公园主体工程基本完成;总投资5亿元的创业服务中心(口岸服务中心)项目进行方案深化设计。1月16日,福州港元洪作业区进境水果指定口岸获国家质量监督检验检疫总局批准筹建;3月27日,福州港元洪作业区进口肉类指定口岸获国家质量监督检验检疫总局批准筹建。

【招商引资】 2017年,元洪投资区以元洪国际食品产业园全产业链招商为主要载体,推动食品产业不断集聚。产业园引进20个项目,总投资约167.5亿元,其中动建项目4个,投资额约10亿元;摘牌待动建项目3个,投资额16.5亿元;拟摘牌项目1个,投资额15亿元;拟挂牌项目6个,投资额78.5亿元;在谈项目6个,投资额47.5亿元。初步形成储备一批、洽谈一批、跟踪一批、建设一批的梯次结构和二、三产业齐头并进的良性发展格局。

【项目建设】 2017年,元洪投资区12个项目列入2017行动计划,其中省重点项目7个,福州重点项目2个,年度计划投资27.82亿元,实际完成投资33.79亿元,完成年度计划的121.46%。新福兴光伏深加工项目完成填方工程,办理土地证变更手续;经纬差别化涤纶纤维项目长丝项目设备安装调试;集中供热项目围墙、绿化及生产配套逐步完善,二期项目核准;宇邦纺织生产项目一期部分车间投入生产,路面提升及绿化工程施工、路灯工程启动;坤彩珠光材料项目完成大部分厂区绿化及生产配套,部分车间试投产,展厅装修完成;鸿生建材生产项目完成桩基工程2座再生资源粉料罐、生产车间钢构厂房、再生资源生产线及构件堆场,修建生产车间设备基础;中节能电镀6~13号楼已办理竣工手续,正在招商;福州港松下区元洪作业区1号、2号泊位工可经省发展改革委批复,西1号、2号泊位工可上报福州发展改革委;总方量150万方的万佳油脂项目填海造地工程完成。

(念　忠)

江阴港城经济区

【概况】 2017年,江阴港城经济区完成规模以上工业产值212.43亿元,比上年增长30.65%;完成固定资产投资83.64亿元,增长24.54%;完成外资实际到资6730万美元;完成税收4.5亿元,增长125%。江阴港集装箱吞吐量突破155.43万标箱,比上年增长22.67%;完成进出口贸易额58.19亿美元,增长13.28%;完成江阴铁路支线货物进出港59.47万吨,增长195.46%;到港外贸汽车突破1万辆,增长24.89%。

园区新一轮总体规划《福州市江阴港城总体规划(2012—2030年)》原规划面积158.29平方千米,整合后园区规划面积168.85平方千米。依托港区,发展以临港石化、现代物流、海洋产业、装备制造、国际航运物流、整车及零配件进出口贸易、国际中转划拨集拼、保税仓储物流展示和融资租赁等现代服务业。自贸试验区福州片区保税港区面积9.26平方千米,系海关特殊监管区,分为A、B两个区块,分别位于福清市新厝镇和江阴镇。A区块面积2.95平方千米,为加工贸易区;B区块面积6.31平方千米,包含国际物流园区、铁路物流园区、港口集散区。8月,福州市江阴工业集中区管委会和自贸试验区福州片区保税港区办事处整合,设立中共福州江阴港城经济区委员会、福州江阴港城经济区管委会,推进产港城全面融合。

【基础设施建设】 港口泊位建设 2017年,福州市推进江阴港区6~7号、8~9号码头工程,两个项目分别于9月和7月获得"水上水下施工许可证"批复。年内开展陆域回填、沉箱预制等工作。11号码头4月份投入试运行,11月初完成竣工验收。12号泊位于5月份投入运营,9月通过通航核查,对外开放。

园区配套建设 完成赤厝220千伏变电站填方工程、原中化项目用地填方工程,以及林芝路水渠改线工程、港前路东段建设和应急消防池工程建设。保税港区4号、5号码头围网、新海关大楼围墙改造、国际物流区巡逻通道、海关监控中心升级改造工程完工,扩建进口汽车保税仓储堆场4.6万平方米。园区推进华兴路延伸段、华兴支路建设前期工作,以及区内部分道路的路灯照明、消防栓、道路修复和绿化提升等一批园区基础配套项目,推进加工贸易区和国际物流园内的道路、电力提升改造工程。园区继续实施东部填海工程,多方探讨东部物流园区填海造地的PPP建设方案。

【招商引资】 2017年,江阴港城经济区签订正式投资合同项目17个,其中总投资10亿元以上项目6个,备案项目20个。年底对接洽谈有望落地项目16个。对接洽谈闽投售电公司、科瑞医药、鸿生集团、宝钢集团、缘泰石油化工集团、美国乙烷公司、东方电气集团、阿石创新材料公司等一批企业;同时争取"创之源"红木产业项目、华夏勇士汽车升级改造项目、3C认证服务中心二期、圣博中星整车进口、韵达快递等项目入驻保税港区。

【项目建设】 2017年,江阴港城经济区列入福建省重点项目12个、福建省行动计划项目13个、福州市重点项目18个,福州市"攻坚2017"项目15个,福清市"三大行动计划"项目36个,福清市"攻坚2017"项目31个。中江石化年产35万吨聚丙烯装置于4月份投入试生产,与京东方配套的东进世美肯项目7月中旬竣工投产。在建总投资40亿元的三峡海上风电装备产业园、总投资20亿元的美得丙烷脱氢项目,以及投资3.4亿元的中安环保、投资0.7亿元的达嘉利塑胶制品等项目。建设福能(江阴)化学园子项目中总投资35亿元的大型煤气化、总投资10亿元的环氧氯丙

2017年7月7日,福州东进世美肯平板显示项目竣工投产仪式在项目工厂内举行 （江阴港城经济区 供）

烷、总投资37.7亿元的TDI、烧碱扩建和总投资1.65亿元的福化环保等项目,开展总投资126亿元的康乃尔MDI项目核准前期工作。整车口岸配套重点项目银河国际汽车园一期2号、3号整车大卖场封顶。年内投入使用并启动包括整车大卖场、汽车检测线、汽车保税仓储等区域功能,利嘉国际物流园项目年内建成10万平方米保税仓并交付使用。总投资4.1亿元的富仕新材料二氯氧钛项目、总投资40亿元中景二期项目、投资34亿元美得二期项目、总投资5.19亿元榕青汇绿色建筑产业园、总投资19.76亿元新福兴新能源汽车玻璃产业园、总投资42亿元友谊新材料科技园等项目落地动建。继续贯彻实施"腾笼换鸟"相关政策及配套措施,盘活土地存量。

"镇级小城市"建设项目　8月底,园区完成"镇级小城市"PPP建设项目招标工作;9月中旬,与中建五局签订框架协议;12月正式启动"镇级小城市"建设,分3年建设12个项目。

（陈书强）

闽台(福州)蓝色经济产业园

【概况】　2017年,闽台(福州)蓝色经济产业园规划总面积约65平方千米,距福州市区69千米,福清市区30千米,平潭综合实验区25千米,福州长乐机场71千米,福建自贸区福州保税港区和福州港江阴港区8千米,渔平高速从园区北部穿过,滨海大通道从园区南部穿过。主要包括三大类产业,分别是铝精深加工与高端电子材料功能产业、海洋装备制造与智能制造(新能源汽车)产业、智能制造和智能服务产业。

【基础设施建设】　2017年,闽台(福州)蓝色经济产业园打造"三横三纵"主干路网,"三横"即滨海大道、江华大道及连接线、湖滨大道3条道路,"三纵"即蓝色大道、闽台大道、海洋大道,其中蓝色大道基本完成沥青层铺设,江华大道及连接线完成沥青层铺设4.5千米,滨海大道完成路基填筑3.6千米。闽台大道、湖滨大道于6月开工。水电气配套设施建设逐步推进,江镜谢塘口至蓝色大道临时给水供水管道完成铺设并通水;污水处理厂进行项目收尾工作,具备接收企业污水尾排条件;专供企业的一回路上迳至前张110千伏线路T接至中铝变工程建设完成并通电;220千伏江镜变电站建设中。

【招商引资】　2017年,闽台(福州)蓝色经济产业园引入中铝汽车轻量化铝板带材生产线项目,完成项目备案,拉长产业链条,以商招商,以企引企,实现上下游产业对接。对接中铝美铝汽车板项目、永同昌新能源汽车平台项目落地。年初引进蓝园海工装备和生物聚集创新中心项目,与各大科研院所、大学院校联系合作,重点引进高新技术、新兴产业等项目。

【项目建设】　2017年,闽台(福州)蓝色经济产业园与中铝瑞闽公司、铝精深加工项目指挥部对接,保障中铝序时进度需求。项目一期高端电子与环境友好型包装智慧工厂项目进行厂房建设,其中精整一车间一区、二区主厂房完成,厂区公共辅助设施建设同步推进,项目多台设备安装并完成调试。

（王丽颖）

滨海工业集中区

【概况】　2017年,滨海工业集中区规划区面积92.44平方千米,东临东海,面对台湾海峡,北至机场专用线,南至松下港区,西毗福北线。全年规模以上工业总产值1028亿元,比上年增长8.29%;财政收入9.52亿元,增长39.26%;规模以上企业两税合计上缴4.61亿元,增长10.06%;固定资产投资135.02亿元,增长8.66%。11月获批福建省首批购售电业务改革试点园区。全年安排重点项目24个,年度计划投资73.2亿元,完成投资82.7亿元。其中7项在建项目完成投资15.8亿元,完成年度计划113.6%;10项计划新开工项目完成投资66.9亿元,完成年度计划112.8%。

【招商引资】　2017年,滨海工业集中区引进优美屋新生态科技、沃屋物联网、沃屋生态装修、福投新能源、榕冠建筑、炜晨贸易等14个项目,总投资85.65亿元;安排4个重点技改项目,完成投资15.06亿元;获批恒盛管业、慧宇纺织等23个项目用地51.81公顷。

【攻坚项目建设】　2017年,滨海工业集中区金纶三四期加弹、永丰针纺、中储粮项目等8个在建项目完成或超过年度投资任务,完成投资49.670亿元,完成年度计划109.41%;华讯亚太商业项目等4个前期项目均按序时进度推进。

【大数据项目建设】 2017年,滨海工业集中区引入"无创心电""坐视布管"等本地大数据项目,成为中国东南大数据产业园第一批项目落地最快、入园人数最多的企业;国家骨干互联网直连点项目完成建设,6月投入运营;佳视信息、坐视布管、优美屋生态科技、蓥荣科技等项目完成装修工作并入驻数字产业园;浪潮东南运营总部项目完成公司注册、备案及项目用地选址工作,3.2公顷项目用地获省国土厅批复。

【鑫海冶金破产重整工作】 2017年,滨海工业集中区内鑫海公司破产重整作为福州地区第1例民营企业破产案件,涉及900多个债权人、10家银行,43亿元债务,也是福建省涉及债务最大的一个破产案件。年初正式启动破产重整工作,先后完成鑫海系3家公司审计、评估工作,开展债权人债权申报、审核工作,对未履行完毕的合同进行处置,推进鑫海生产恢复工作。举行第一次、第二次债权人大会,重整计划草案经大会投票通过,并获得长乐区人民法院正式裁定批准,进入执行阶段。

【基础设施建设】 2017年,滨海工业集中区金纶大道拓宽改造工程竣工,完成预验收工作;滨海工业区二期供水及路灯建设工程完成路灯、变压器、电缆等主材政府采购,进入施工招投标程序;松下物流园区3号支路完成雨污管网工程;滨旺路完成招投标手续,确定施工单位;职工活动中心(幼儿园)完成装修及附属工程建设。

(江 航)

福州临空经济区

【概况】 2017年,福州临空经济区规划总面积174.48平方千米,其中纳入福州新区规划范围126平方千米,纳入滨海新城规划范围62平方千米。北至闽江,南至机场高速,西至绕城高速东南段,东至东海;涵盖机场周边漳港(东北部)、湖南、文岭、金峰、潭头、梅花、鹤上(部分)7个镇街,包含原航空港工业区开发区域,辖有85个行政村(社区),总人口25万人。规划区域内可开发建设用地总面积60平方千米,海岸线长34.8千米。全区规模以上工业企业212家,规模以上工业总产值937.6亿元,固定资产投资230亿元,税收11.6亿元。

【滨海新城临空经济区建设】 2017年,福州临空经济区根据市委、市政府推进福州滨海新城产城融合发展思路,在临空经济区范围内规划建设47平方千米滨海新城临空经济区,分为装备制造园区、信息科创园区、保税物流园区、航空制造园区、航空维修园区、高新技术园区、综合产业园区7个产业园区。滨海新城临空经济区产业发展定位是打造高端装备制造基地和现代物流园区,重点发展高端装备制造产业和现代物流产业,包括飞机维修及零部件制造、轨道交通装备、纺织装备、人工智能装备、军民融合装备、新能源汽车零部件、高端纺织材料、航空物流、保税物流、跨境电商、现代仓储11个产业。

【福州空港综合保税区建设】 2017年,福州临空经济区项目申报范围1.83平方千米,其中一期封关范围0.71平方千米,与机场重叠范围0.85平方千米,产业功能依托航空港建设,发展临空偏向型业态,有飞机维修、飞机租赁、航空物流等产业。年内推进保税区设立申报工作,优化规划设计方案,开展招商、土地报批、村庄拆迁等工作。

【招商引资】 2017年,福州临空经济区引进骏鹏精工、利嘉国际自由贸易产业园、立华智纺、拓普达钛合金、新密机电等项目,并对接洽谈纵腾网络、克诺尔轨道交通、雪人氢燃料电池、隆祥航空产业园等项目。

【重点项目建设】 2017年,福州临空经济区列入省市重点项目59个,总投资423.3亿元,年度计划投资额56.9亿元,完成58.3亿元,占年度计划102.5%。列入福州市百日攻坚行动重点项目13个,含开工项目3个、在建提速项目2个、竣工项目8个。

【网龙网络控股有限公司】 2017年,该公司在福州临空经济区湖南镇境内规划开发5个项目,总投资56亿元,包括一期研发交流、素质拓展区;二期动漫核心研发区;三期游戏终端动漫应用项目(简称AI项目);四期福州软件职业技术学院新校区项目;五期远期规划,规划建设智能教育小镇,含酒店、住宅、学校等配套项目。年内,网龙一期、二期及三期高管楼部分投入使用。四期软件学院教学楼、宿舍楼进行装修工作。

【博那德科技园】 该科技园位于临空经济区文岭镇境内,是福建省、市重点项目、发展改革委牵头设立的国家专项建设基金支持项目,并列入省"五个一批"项目。由澳大利亚博那德公司与福建金强建材公司联合投资兴建,建设冷轧成型钢构件、房屋配件制造设计、板材生产及深加工、房屋装备5条生产线,产品主要为轻钢集成房屋、标准化钢结构住宅等,并为集成家具、涂料、门窗、智能化等房屋标准企业提供配套。总投资26亿元,用地面积54.41公顷,全部投产后年产值100亿元以上,利税2亿元以上。2017年完成一期3栋厂房建设并试投产。

【基础设施建设】 2017年,福州临空经济区建成201省道(鹏程路)、金港路、梅文路、鹏程路三期、漳湖路、仙昙路、仙宅路、长港路、长鹏路、网龙至滨江滨海路连接段、江夏路11条道路,里程21.66千米。年内推进马山路、江夏路、仙富路、长乐滨海至鹏程线(网龙段)、福港路、东环路、文北路、旗山路、四鹏路12条主次干道路建设。年内湖南片区安置房配建项目落成并陆续开展入户,项目包括安置房面积4万平方米,商业店面3000平方米。

(乐立杰)

青口投资区

【概况】 2017年,福州市青口投资区是省市重点打造的汽车生产基地。规划面积56平方千米,规划工业用地16平方千米，开发工业用地12平方千米，主要发展汽车、机械、电子等工业，汽车产业占主导地位。青口投资区作为以汽车研发、整车及零部件生产为主导的汽车产业新城及海峡西岸汽车制造业生产基地，发挥"东南汽车"和"奔驰汽车"的龙头带动作用，实施自主品牌和国际品牌并重发展战略。全区落户企业280多家，拥有东南（福建）汽车工业有限公司、福建奔驰汽车有限公司2家整车厂、180多个配套厂和海峡汽车文化广场及4S品牌专营区。到青口投资区投资兴业的有德国戴姆勒汽车公司、美国克莱斯勒汽车公司、加拿大麦格纳公司、日本三菱汽车公司、日本三井物产株式会社、日本获原模具、爱德克斯等来自20多个国家的公司，以及中国台湾地区的台湾中华汽车公司、台湾六基集团公司、台湾中华台亚公司等企业。

2017年，青口投资区完成规模以上工业产值453.17亿元，东南汽车产量162097辆，产值114.04亿元；奔驰汽车产量23983辆，产值90.28亿元。全区完成税收33.77亿元，固定资产投资66.11亿元，外资实际到资2213万美元。汽车4S店累计销售汽车26420辆，销售金额46.09亿元。

【招商引资】 2017年，青口投资区推动东南汽车DX系列技改项目，电咖牌电动汽车项目，奔驰汽车V系列车型投产、量产；引进配套企业福建海通星升、盛富强、福翔、铨达；对接洽谈上汽集团延锋汽车内饰系统项目、北汽集团海纳川汽车零部件项目和宁波华翔汽车车门系统项目等；以北汽集团入股福建奔驰汽车有限公司和东南汽车技改提升车型为契机，引进汽车配套企业。奔驰汽车增产1万多辆，超额完成全年产量1.8万辆目标。

【项目建设】 2017年，青口投资区重点推进东南汽车多用途乘用车（DX系列）技改、东南（福建）汽车DK01新能源汽车、海峡汽车文化广场等项目。东南汽车多用途乘用车（DX系列）技改项目2017年度计划投资0.65亿元，DX3运动版4月19日在上海车展上市，完成投资1.08亿元。东南（福建）汽车DK01新能源汽车项目完成固定资产投资4亿元，投产并试生产安装106台样车。海峡汽车文化广场项目、金淘湾项目2017年度计划投资3.5亿元，完成投资3.58亿元，占目标任务102.3%。重点推进民生项目千家山生态主题公园建设。

【基础设施建设】 2017年，青口投资区安排23个项目建设实施，其中续建13个（水利工程6个、道路工程4个、绿化工程1个、装修工程2个），新开工10个（道路工程5个、水利项目3个、路灯工程1个、绿化工程1个）。在建项目以千家山生态主题公园、白水路改造、双龙河、三港河河道整治、东台河下游段河道整治、河道清淤、龙琯路、龙洋路道路工程等项目建设为重点，累计完成投资3.3亿元。拟建项目重点推进东台大道至陶精路污水干管、东南大道（三期）、祥谦大道及支线、陶精路道路改造等项目前期工作，陶精路道路改造、峡南社区、新建社区、枕峰村、洋洋村供水工程、洋下片区岸线防护补充工程完成招投标工作，其余拟建项目逐步推进。

2017年8月15日，省委常委、市委书记王宁一行到青口投资区调研

（青口投资区　供）

【市政设施建设】 2017年，青口投资区通过社会化招标提升环卫清扫保洁、绿化养护工作整体水平。对中心城区的道路段路灯杆加挂中国结灯具、道路中间隔离栏杆、绿化补齐修整种植、垃圾收集示范片等示范路创建活动。对投资区重要路段进行滴、漏、洒整治清理。制定市政道路监管管理日常工作要求，制定道路日常巡查制度，落实责任制。维修更换雨污水井盖60多个，疏通污水管道30多条、共计40千米，污水提升泵站清淤、机电检修1座；市政设施改造20多处，投资1100万元。五虎山园区辅洲路两侧种植马尼拉草皮834平方米，新城路环岛外圈98平方米绿化地重新种植鲜花；对投资区范围7个垃圾收集站点进行维修和规范化建设，所有路段基本配备垃圾箱；年投入300多万元，实现垃圾清运社会化。

【管理与服务】 2017年，青口投资区通过微信服务平台发布政府各项政策、通知，扩充企业获取信息途径；搜集企业意见和建议，增进青口投资区与企业之间联系。青口投资区项目审批等职能由市县统管，在为企业办理各类证件等硬性服务上多方协调。

（郑　瑜）

连江经济开发区

【概况】 2017年，连江经济开发区实现规模以上工业产值330亿元，比上年增长7.1%；完成固定资产投资57亿元，实际利用外资150万美元，对外直接投资1900万美元,进出口总额4.48亿美元,上缴税收2.007亿元,其中国税1.47亿元,地税0.537亿元。工业年产值2000万元以上的规模以上企业64家。

【基础设施建设】 2017年,连江经济开发区基础设施建设完成投资2.52亿元,其中丹江大道路基土石方工程、山岗片区区间二路工程竣工;给水管道工程、污水管道工程开工动建;燃气管网工程办理公路局审批手续。山岗片区排水工程、排污工程和普洛斯一桥工程完成工程招投标;丹港大道、产业大道、桂美路、兰云路启动规划设计等前期工作;作为现代高端电子产业代表的裸眼3D终端显示器项目一期19.7公顷用地的林业获批,中马建材项目林地报批工作启动;中国海峡(连江)康复辅具产业园规划工作启动。粗芦岛防洪排涝工程完成总量97%;污水处理厂尾水排海工程竣工验收并投入使用;全长5千米的粗芦岛环岛公路二期项目(即塘下—龙沙—国道228接线段)、铭林钢构地块东侧海堤工程规划设计工程启动;投资600万元建成从龙楻水库至粗芦岛6千米长日供水5000立方米的DN300自来水管道工程,并同县海峡水业公司协调启动日供水1万立方米粗芦岛水厂二期项目的规划设计工作。

【招商引资】 2017年,连江经济开发区签约落地爱莱格游艇、瑞福莱城市冷链速配、铭林钢构、升兴水产、新航食品、宜联管业、福宗实业、佳昆食品、中马装配建材9个项目,用地总面积58.85公顷,总投资额50亿元。

【项目攻坚】 2017年,连江经济开发区有11个市县"攻坚2017"项目,完成年度投资18.42亿元,完成年度计划投资的116.63%,超序时进度11.63个百分点。其中,福凯塑胶项目1号厂房和综合楼封顶,宜联管业项目完成招拍挂手续,航天发展(二期)、普洛斯物流(连江)仓储项目开工动建,宏东水产品交易中心项目按序时推进,科辉机械、德力动漫等项目均按序时推进。

【转型升级】 2017年,连江经济开发区摸底琯头园区现有土地资源和空置厂房情况,实现福泰钢铁和福州城建集团及钰龙轧钢、瑞福莱城市冷链物流"嫁接",瑞鑫电缆、聚力达机械等项目在琯头园区实现产业升级,海王药业地块实现政府收储,冠海造船公司破产重组工作启动,整修天汇无纺布公司按有关协议,拟引进省著名品牌金盾消防门项目。对接县土地中心,加快青塘片区工业用地征迁收储力度,"二产"转"三产"提升转换工作推进,完成瑞鑫电缆、金山药业、港发机电、龙强龙机等12家企业工业用地的政府收储工作,面积约47公顷;洽谈收储东海漆业等17家,面积32公顷。

(陈济奋)

罗源湾开发区

【概况】 2017年,罗源湾开发区规模以上工业产值完成406.4亿元,比上年增长66%,完成全年任务数的143.6%;地方级财政收入6.1亿元,增长74%,占全年任务数的165.5%;社会消费品零售总额完成2.3亿元,增长19%,占全年任务数的141.7%。固定资产投资完成17.3亿元,占全年任务数的69%;出口总额完成2.4亿元,增长10%,占全年任务数的108%;外资实际到资30.4万美元。罗源湾开发区位于罗源湾北岸,以松山、白水两个垦区为腹地涵盖周边区域,规划总面积31.46平方千米,管辖松山南片区、松山北片区和金港工业区。其中福州台商投资区松山片区规划面积5.46平方千米。开发区累计引进项目123个,合同投资总额500多亿元,投产项目93个,在建项目30个。在宝钢德盛、华能集团、世纪金源、时代包装、华东造船等一批企业带动下,初步形成冶金建材、轻工食品、船舶修造、机械制造、港口物流等临港产业集群。

【招商引资】 2017年,罗源湾开发区引进项目15个,合计引资106.94亿元。其中30亿元以上项目1个,10亿元以上项目5个,3亿~10亿元项目9个。分别为:宝钢德盛二期项目、亿鑫余热发电项目、恒久充电桩项目、福建嘉思多食品项目、BOPP二期、BOPP三期、闽光物联云商项目、闽光提升改造配套设施、兴航机械不锈钢加工项目、新型建筑产业园项目、福州海鑫洲新材料开发有限公司服饰加工生产项目、品上新薄膜制品仓储销售项目、家具、木质装饰材料仓储销售项目、年产95万立方米新型轻质墙板项目、炼钢品种结构调整技术改造项目,新型建筑产业园项目改落地白塔乡。

【重点项目建设】 2017年,罗源湾开发区列入县级以上项目14个,项目合计总投资75.93亿元,年度计划投资13.6亿元,已完成投资约13.83亿元。列市攻坚项目6个、县重点项目8个均完成或超额完成年度目标任务。

【基础设施建设】 2017年,金港工业区防洪排涝工程累计完成投资0.32亿元;南片基础设施工程(鹤屿泵站滞洪区)累计完成投资0.3亿元,完成全年投资任务;金港横路(西段)工程完成投资0.05亿元,按序时进度完成;大小获防洪排涝工程(一期)完成投资0.1亿元,完成全年投资任务,年内进行抛石压载、部分驳岸护坡施工。

(周 志)

(编辑 黄雯倩)

城乡规划

【概况】 2017年，福州市城乡规划局编制完成《福州市空间发展战略规划》，启动新版《福州市城市总体规划（2017—2035年）》编制工作，推进《福州新区总体规划（2015—2035年）》《福州新区城市综合交通规划（2015—2030年）》报批工作；以"总体规划＋实施方案"的基本思路，构建"福州市生态修复城市修补总体规划＋各专项规划"（1＋N）的规划编制体系。组织编制螺洲、林浦、阳岐等历史文化名镇名村保护规划及冶山历史文化风貌区保护规划。

【总体规划】 2017年，福州市完成《福州市空间发展战略规划》《福州市城市总体规划（2011—2020年）实施评估》编制工作。9月，住房和城乡建设部将福州列为全国15个城市总体规划编制试点城市之一，启动编制《福州市城市总体规划（2017—2035年）》，研究制定《福州市新一版城市总体规划编制工作方案》。

【滨海新城规划】 2017年，福州市编制福州滨海新城规划，推进滨海新城4个层次、20多项规划的编制工作。委托国内外规划设计单位编制滨海新城核心区城市设计及各片区控制性详细规划，协同开展防洪防潮排涝规划、森林城市规划、海绵城市规划、地下空间规划等重要专项规划编制工作。

【控制性详细规划】 2017年，福州市完善《福州市中心城区闽江北岸片区单元控制性详细规划》《福州马尾新城三江口组团南站片区控制性详细规划（修编）》《福州市南台岛（金山片）控制性详细规划》《福州市南台岛（奥体片）控制性详细规划》《福州市南台岛（烟台山片）控制性详细规划》控规成果。推进《福州新区三江口南台岛东部片区控制性详细规划（修编）》编制与审查工作，实现中心城区控规全覆盖。

【公共停车场建设】 2017年，福州市挖掘城市边角地、闲置收储地以及拟新、改、扩建学校操场、公园、绿地地下空间等现有土地空间资源，建立福州市公共停车场项目储备库。并会同业主单位定期组织人员赴各县（市）区开展上门服务工作，督导公共停车设施建设。年内，新增12439个城乡公共停车泊位。

【生态公园】 2017年，福州市12个生态公园中完成部分用地面积约500公顷。利用山水资源条件，与人文资源有机融合；运用海绵理念，进行地形塑造、水系改造、植物造景；注重对原生地貌及植被条件的保护，利用荒地、废弃地、渣土堆场等进行生态修复；融入地方历史文化、名人典故、传统建筑等元素，突出当地特色；出入口设置停车场、公交站等便民服务设施。步道沿途设置自然教育展示馆、休息驿站、书吧、公厕、指示标识等配套服务设施，并辅以智能化管理。

【"多规合一"工作】 2017年，福州市启动"多规合一"一张图年度动态更新工作。拟订《福州市年度空间实施规划与项目生成规则》，完善"多规合一"信息联动平台，提出优化完善县（市）区"多规合一"平台的具体意见与建议，完成"多规合一"信息平台监督功能。

【城市设计】 2017年，福州市开展控规调整和城市设计，将城市设计的内容和要求纳入控规指标体系中。借鉴先进城市经验做法，组织编制三江口南台岛东部片区、江南CBD、金鸡山南部区域、南台大道沿线区域等多项城市设计，并将城市设计要求融入控制性详细规划。

【"城市双修"试点】 2017年3月22日，住房和城乡建设部印发《关于将福州等19个城市列为生态修复城市修补试点城市的通知》，福州市被列为第二批"城市双修"试点城市。《福州市生态修复城市修补工作方案》明确城市工作范围为"五城区＋试点区域"，主要内容包括现状调查评估、规划编制、项目实施与建立保障机制等，开展"生态环境修复""宜居社区建设""历史文化延续""景观风貌优化""公共设施修补""市政及交通提升"六大行动。由市园林局、市房管局、市名城委、市宜居办、市规划局、市建委牵头开展各项行动实施工作。

建立“行政统筹、技术协同”的工作组织框架,设立市级和区级两级领导体系,成立市级“城市双修”领导小组,下设办公室,挂靠市规划局,成立“六大行动”工作组,成立区级“城市双修”指挥部。

构建“福州市生态修复城市修补总体规划+各专项规划”(1+N)规划编制体系。其中“1”是指《福州市生态修复城市修补总体规划》,“N”是指《福州市街头绿地建设导则及实施计划》《福州市中心城区山体公园主题策划及建设导则》《福州市传统老街巷保护与整治导则及实施计划》《福州市宜居社区建设导则及实施计划》等专项规划。制订《福州市第一批城市双修项目实施计划》,推进一批示范项目建设。

【市政规划】 2017年,福州市启动新版《福州市城市总体规划(2017—2035年)》编制工作,推进《福州新区城市综合交通规划(2015—2030年)》《福州市城市综合交通规划(2010—2020年)实施评估》《福州滨海新城骨架交通研究及启动区总体交通设计》《福州滨海新城核心区竖向工程专项规划》《福州滨海新城核心区通信工程专项规划》等市政专项规划的编制工作。

【各县(市)规划】 2017年,福州市完成连江县城市总体规划、福清市城乡总体规划专家评审工作,督促指导各县(市)开展生态控制线和城市开发边界划定工作,配合住房和城乡建设部开展2017年乡村规划检查工作。

【规划管理】 2017年,福州市规划部门收件4765件,办结4481件,其中涉及水系治理418件,办结417件,涉及攻坚项目872件,办结866件。

(胡华锋)

智慧福州建设

【概况】 2017年,福州市获评“中国领军智慧城市奖”、2017中国新型智慧城市“创新设计奖”“智慧城市建设20强”“2017中国新型智慧城市惠民服务优秀示范城市(服务类)”称号,并入围国际标准化组织智慧城市标准试点初选城市。

【新型智慧城市标杆市】 2017年2月9日,《福州市新型智慧城市标杆市顶层设计》通过市委常委会审议,成为指导全市新型智慧城市建设的行动纲领。各县(市)区及滨海新城根据自身实际情况开展新型智慧城市专项规划编制。其中鼓楼区、长乐区、罗源县等县区完成专项规划编制工作。

5月,市政府印发《福州市新型智慧城市标杆市建设项目清单》,规划项目88个,由市级单位负责立项建设项目67个。其中处于前期准备阶段的项目9个,处于可研编制阶段的项目9个,处于招投标阶段项目4个,处于建设阶段项目14个,处于试运行阶段项目5个,完成建设的项目11个,尚未到启动节点的项目15个。

重点项目　城市运营管理中心项目完成项目实施方案编制,项目可行性研究报告完成正式评审。福州规划馆三楼及四楼智慧城市综合项目开展前期相关工作。“智慧福州”APP于3月底上线试运营,涵盖首页、生活、出行、办事、账单五大功能板块,为市民提供政务信息查询、交通路况直播、疫苗预防接种、在线教育、景区推荐等服务。“榕兵一号”项目可研方案通过专家评审,启动招投标工作。

市、县(市)区联席会议制度　召开4次市、县(市)区智慧城市工作联席会议,研究推进新型智慧城市重点项目、重要政策措施和相关规划实施,督促、指导、检查各县(市)区贯彻实施全市新型智慧城市标杆市创建工作落实情况,协调解决新型智慧城市建设过程中存在的问题。

组建专家咨询委员会　6月8日,经市政府常务会研究审议,同意组建成立福州市新型智慧城市专家咨询委员会。

【便民服务】 2017年,福州市“12345”便民服务平台受理群众有效诉求件38.12万件,比上年增长27.66%,群众基本满意率99.74%。在“攻坚2017”行动中,“12345”服务大厅被市直机关工委授予“优质服务窗口”。“12345”便民服务平台移动端APP开发工作正在进行中。

对省属32条热线开展可行性调研,完成18条省、市共建共享类热线“一对一”协商工作,配合省属热线主管部门进行热线整合的可行性方案研究。7月1日,福州市“12345”新平台一期正式上线试运行,对接省“12345”平台。“12345”便民服务平台“即问即答”服务范围扩大,知识库常见问题2000多条。12月27日,市政府办公厅印发修订后的《福州市“12345”便民服务平台运行管理办法》。

【数字城管】 2017年,福州数字城管系统受理上报有效案件91.45万件,日均发现问题约2500件。年内开展共享单车乱停放、施工扰民、私装地锁等专项巡查20项,开展路灯、公交站亭等专项普查4项。“榕城大家管”APP于9月投入使用。福州高新区数字城管系统8月完成部署并上线试运行,实现福州市(县)区数字城管系统全覆盖。推进连江数字城管系统与市级平台的互联互通,实现数据资源共享。12月,数字城管系统二期项目通过竣工验收。研究出台《福州市数字城管处置责任单位的办理流程和工作职责》,建立易复发问题“黑名单”,强化重点案件特别是急要件的跟踪、督办和效能问责力度。提高业务办理效率,在数字城管系统中增设“急要件”“督办件”栏目,方便全市各级智慧中心、各处置责任单位实时查阅跟踪、办理急要件、督办件,提高案件办理效率。

【监督考评】 2017年,福州市“智慧福州”管理服务中心制订并印发《2017年度专项工作绩效指标考核评估具体办法》,从智慧城市建设、数字城管系统的运行等方面开展对有关县(市)区及市直部门的考核工作。在对县(市)区智慧中心批转、报备“12345”诉求件等工作进行考核的同时,建立每月通报制度,提醒出现诉求件逾期办理情况的承办单位引起重视,及时整改。定期分析各承办单位逾期件数量、及时回复率等指标,以通报的形式向市效能办移送线索。市效能办发出通报1份、效能督办单8份。

【网格化管理平台建设】 2017年，福州市完成全市网格化管理综合服务平台方案编制，补充细化现状与需求分析。市“智慧福州”管理服务中心与市综治办对市民政局、市司法局等12家联动单位展开网格化事项及字段梳理，完成整理事项380多项。通过接口对接方式，实现网格化平台与“12345”便民服务平台的诉求件互联互通，打通网格化平台中部分诉求件无法处置问题。8月，组织联通、数字城管厂家完成数字城管系统搬迁及扁平化方案，并在鼓楼区试点数字城管系统与网格化平台的融合。10月，完成网格化管理综合服务平台招投标工作。

（翁凌艳）

国土资源管理

【概况】 2017年，福州市累计出让经营性用地1163.52公顷，成交价款722.07亿元；办理划拨国有建设用地使用权498宗，面积2624.36公顷；协议出让58宗，面积234.93公顷，出让价款75.23亿元。其中市本级累计公开出让土地35宗，土地面积137.05公顷，成交价款346.13亿元；市本级办理划拨国有建设用地使用权86宗，土地面积529.57公顷；协议出让11宗，土地面积24.49公顷，出让价款41.85亿元。年内，福州市被评为2017年全国土地节约集约利用、土地利用秩序、土地利用计划执行好的城市，获333公顷用地计划指标奖励。

全市经国务院和省政府批准的农用地转用和土地征收项目231个批次，批准用地面积2151.25公顷，其中市本级批准农用地转用和土地征收项目65个批次，批准用地面积412.77公顷，涉及农用地181.86公顷（耕地72.33公顷），新增建设用地211.29公顷，包括轨道交通6号线、福州市西岭互通铜盘路接线工程、福建闽江水口水电站枢纽坝下水位治理与通航改善工程、莆炎高速公路永泰梧桐至尤溪中仙段（永泰县境内）及多条水系改造项目用地获批。

表48 2017年福州市四城区商服用地基准地价表

级别	基准地价			修正幅度
	地面价（万元/亩）	地面价（元/平方米）	楼面地价（元/平方米）	
一级	1087.5	16312.5	6525	±17%
二级	827.5	12412.5	4965	±17%
三级	650.0	9750.0	3900	±17%
四级	502.5	7537.5	3015	±17%
五级	390.0	5850.0	2340	±17%
六级	280.0	4200.0	1680	±17%

表49 2017年福州市四城区住宅用地基准地价表

级别	基准地价			修正幅度
	地面价（万元/亩）	地面价（元/平方米）	楼面地价（元/平方米）	
一级	890	13350	6675	±16%
二级	688	10320	5160	±16%
三级	532	7980	3990	±16%
四级	412	6180	3090	±16%
五级	320	4800	2400	±16%
六级	232	3480	1740	±16%

表50 2017年福州市四城区工业用地基准地价表

级别	基准地价		修正幅度
	地面价（万元/亩）	地面价（元/平方米）	
一级	70	1050	±10%
二级	60	900	±10%
三级	50	750	±10%

表51 2017年福州市各类用地地下楼层修正系数表

用地类型	楼层	修正系数(K)
商服用地	地下一层	0.6
	地下二层	0.4
	地下三层（及以下）	0.3
停车场用地	地下一层	0.4
	地下二层	0.3
	地下三层（及以下）	0.2

说明：地下空间建设用地使用权按分层利用、区别用途原则，根据所属地块对应用途的基准地价楼面价（地面价/容积率）的一定比例进行修正得出

【土地利用总体规划】 2017年12月,福州市及8个县级土地利用总体规划调整完善方案获省政府批复。全年完成99个批次规划调整,13个批次的规划修改,保障滨海新城、重点交通基础设施建设等重点项目用地需求。

【土地整理复垦开发】 2017年,福州市上报省国土资源厅核定旧村复垦项目18个,规模32.40公顷,可新增耕地31.67公顷,可产生增减挂钩指标29.90公顷;验收旧村复垦项目18个,规模41.71公顷,新增耕地40.24公顷,完成增减挂钩指标40.24公顷。

【土地利用管理】 2017年,福州市清理批而未供土地2313.33公顷(其中中心城区906.67公顷),促进89个项目428公顷土地动工建设,收回22宗151公顷土地。

规范留用地安置补偿管理 10月,福州市出台《福州市四城区村集体使用留用地货币补偿款对接回购商贸综合用房实施细则(试行)》,建设项目由政府统一征收农村集体用地时,原则上按被征收农用地面积10%的比例作为被征地村集体留用地,给予每亩100万元的留用地货币补偿,晋安区宦溪镇、寿山乡、日溪乡留用地货币补偿标准50万元/亩;留用地货币补偿款按规定和就近原则使用,各村集体经济组织可利用留用地货币补偿款购买协议出让安置房及公开出让地块配建的商贸综合用房。

规范创新型产业用地管理 8月,福州市出台《创新型产业用地管理的实施意见(试行)》,就创新型产业使用对象与范围、加强规划引导、准入评估制度等做出明确规定。12月,福州市出台《创新型产业用地管理的实补充意见(试行)》,规定创新型产业用地出让年限最长不超过30年,明确创新型产业项目缴纳的履约金,在项目动工后即可退还50%,在项目投产后退还剩余的50%。

规范土地评估机构及评估专业人员管理 12月,福州市国土资源局发布《土地评估机构及评估专业人员管理办法》。凡在福州市注册的土地评估机构,公告之日前三年内未因业务质量问题和违法违规问题受到司法和行政处理、行政处罚,并符合入围条件的,可申请列入地价评估机构库并提交相关材料。同一项目同步评估,各个评估机构评估结果平均值差距超过20%,暂停列入地价评估机构库1年;超过30%的,暂停2年;评估机构或评估专业人员违反有关规定,受到评估行政管理部门处罚及构成犯罪的,该评估机构从地价评估机构库中予以除名,该评估机构及相关评估专业人员不良行为记入信用档案。

【基准地价更新】 2017年,福州市四城区土地级别及基准地价修编范围为福州市四城区(含鼓楼区、台江区、仓山区、晋安区除寿山、日溪、宦溪),北至国家森林公园,南至乌龙江,东至南台岛最东端,西至南台岛西北端,面积约203平方千米(不含闽江水域),基准地价估价期为1月1日。商服用地级别价的标准容积率2.5,住宅用地的标准容积率2.0,工业用地的标准容积率1.0。

四城区商服用地基准地价地面价(万元/亩)一级1087.5、二级827.5、三级650、四级502.5、五级390、六级280;四城区住宅用地基准地价地面价(万元/亩)一级890、二级688、三级532、四级412、五级320、六级232;福州市四城区工业用地基准地价地面价(万元/亩)一级70、二级60、三级50。

【地籍管理】 2017年,福州市国土资源局开展2016年度土地变更调查工作。推进市本级不动产权籍调查工作,全年办结市本级权籍调查100宗。

开展农村地籍房屋调查工作,福州市有2288个行政村,年内累计开展调查行政村数1263个,完成调查行政村数1171个,完成调查比例51.2%。

【农村土地管理】 2017年,福州市审查并批准农村村民住宅农用地转用15个批次,批准用地面积16.9277公顷。

【耕地保护】 2017年,福州市政府与各县(市)区政府签订耕地保护目标责任书,将耕地保护任务列为各县(市)区政府第一责任人工作业绩考核的重要内容,将补充耕地与高标准基本农田建设任务分解下达到各县(市)区。全市完成补充耕地613.33公顷(完成率121%),高标准农田建设12486.66公顷(完成率126%)。编制并下发《福州市高标准农田建设规划(2016—2020年)》《福州市2017年高标准农田工程包实施方案》。

【地质灾害防治】 2017年,福州市国土资源局确定地灾隐患点1478处,查明高陡边坡4645处。印发福建省第一部《地质灾害防治工作标准化、规范化实施指南(试行)》;确定9家专业技术单位、95名专业技术人员作为地灾应急专业技术支撑,推进225户地灾威胁户进行异地搬迁避让工作,下拨搬迁补助资金450万元。推进全市58个地灾点工程治理工作,各级财政累计投入治理资金7500多万元。

【矿产管理】 2017年,福州市编制第三轮矿产资源总体规划,并通过省国土资源厅审查;开展探明储量的矿产资源确权登记试点和矿业权人勘查开采信息公示工作。公开出让4宗采矿权,成交价款3739万元,办理矿产资源储量评审备案1宗。年内,全市采矿许可证尚在有效期内的矿山25个,其中建筑石料14个,叶蜡石2个,高岭土1个,陶瓷土2个,矿泉水2个,地热4个。

【执法监察】 2017年,福州市国土资源局发现卫星遥感监测图斑涉及违法用地1698宗,面积177.6公顷(其中耕地80.96公顷),全部予以查处。土地卫片执法检查工作通过省国土资源厅验收。受理上级批办转办件、群众来电、来信投诉件1202件,全部办结;接待群众来访426批1195人次;办理信访复查70件。

【永久基本农田划定】 2017年,福州市国土资源局在城市周边划定永久基本农田面积0.44万公顷,划定后基本农田保护率51.76%。全域划定永久基本农田面积13.25万公顷,基本农田耕地质量平均等别为8.37,基本农田保护率87.87%。划定成果于5月率先通过省级验收,数据库报国土部复核并完成备案。

【数字城市地理空间框架建设】 2017年,福清市完成"数字福清"地理空间框架建设项目获得“2017 年中国地理信息产业优秀工程银奖”。“数字福清”地理空间框架建设是由福建省测绘地理信息局、福州市国土资源局、福清市人民政府共同投资建设，项目主要收集福清市地理信息数据资源，建设福清市地理信息公共平台，建立福清市统一、权威的地理空间框架，并开展应用示范建设，实现福清市地理信息资源共建共享与利用；项目建设按照“城市主导、统筹规划、需求牵引、统一设计、多元投资、资源共享”原则，采用参照设区市的建设模式进行，项目成果实行国家、福建省、福州市、福清市四级共享。

【打击非法违法采矿专项行动】 2017 年，福州市国土资源局组织开展安全生产大排查大整治，建立形成联络人制度，同时部署开展打击非法违法采矿专项行动督查，全市组织督查组 362 个次，出动检查人员 4646 人次，检查排查持证矿山 54 个次，无证矿点 1771 个次。

【“中国温泉之都”建设】 2017 年，福州市国土资源局对长乐（滨海新城）、罗源、永泰、连江、闽清、闽侯、福清等县市内存在的温泉资源点水量、水温、水质等情况进行资料调查，编制《福建省福州市温泉（地热）资源综合调查评价报告》。

【不动产登记】 2017 年，福州市颁发不动产权属证书及证明 79.84 万本（份），其中证书 31.95 万本，证明 47.89 万份，全市办证总量居全省第一。通过网上申请不动产登记 9.2 万件，网上提交量占同期申办总量 60% 以上。

不动产登记“外网提交　内网审核”试点工作　4 月，市本级先开展试点，不动产登记网上申请系统网页版、微信版分别于 4 月 1 日和 6 月 20 日上线，涉及房、地、林、海等 12 类不动产登记业务，业务量涵盖 90% 以上，试点成果逐步在省内各设区市推广。

县级不动产登记及房屋交易职能整合　市政府办公厅 9 月印发《关于加快县级不动产登记及房屋交易经办机构整合划转的通知》，开展县级不动产登记及房屋交易经办机构整合。至 11 月下旬，各县（市）区划转办事窗口 36 个，划转编制 35 个，划转人员 88 人，移交房屋交易网签系统、交易合同备案系统各 7 个，实现全市不动产登记和房屋交易一个部门经办、一个窗口进出。

市、县两级不动产登记信息系统接入国家级平台　1 月，全市所有不动产登记信息系统与国家级平台实现接口连接，数据实时上报。

不动产登记存量数据整合工作　11 月 15 日，完成全市中心城区现势有效存量数据整合工作，汇交地籍区数据 179 条、地籍子区数据 2699 条，房屋自然幢落宗数据 1.1 万条，不动产单元数据 103.7 万条。

（韩　清）

市政建设

【概况】 2017 年，福州市城市建设委员会完成城建固定资产投资 209.03 亿元；完成全市宜居环境建设投资 579.9 亿元。福州城市建成区面积 267.32 平方千米，市区市政道路总长度 1951 千米，道路面积 3368 万平方米，道路密度 7.3 千米/平方千米，路网面积率 12.6%。五城区污水处理率 89.38%，市政供水普及率 99.3%，管道燃气覆盖率 67.3%。

【海绵城市建设】 2017 年，福州市海绵城市建设完成投资 5.08 亿元。全面推进三江口、鹤林两个试点片区建设，完成牛岗山公园、会展岛海绵化改造等打样项目。完成海绵城市系统化方案中期专家评审，颁布标准图集，《福州市海绵城市建设项目规划建设管理暂行办法》发布实施。通过国家三部委组织的对福州海绵城市试点建设 2016 年度绩效考核。

【市政路桥建设】 2017 年，福州市完成市政路桥投资 152.49 亿元。新改扩建市政道路 398 千米，道路长度 1864 千米。第一批缓堵硬件项目 124 个中，完成二环五四路口改造工程、浦上大道改造工程、尤溪洲北桥头互通立交改造工程等项目 94 个，推进马尾大桥、南台大道等项目 30 个；形成包含 253 个项目的第二批缓堵硬件项目清单。完成城区进出城关键节点和会展岛接待区及周边提升改造项目 340 个。

推进综合管廊建设试点工作，完成《福州市中心城区综合管廊专项规划》《福州滨海新城核心区地下管廊专项规划》编制，并通过规委会及市政府专题会议审定；完成管廊建设 3 年滚动项目计划编制。年内新开工建设福马路提升改造地下综合管廊、福泉高速公路连接线地下综合管廊等合计 16.47 千米；建成前屿西路地下综合管廊、琅岐渡亭路地下综合管廊 1 千米。

【夜景灯光提升及户外广告】 2017 年，福州市完成夜景灯光及户外广告投资 2.9 亿元。完成城区“一江”（闽江）“一轴”（八一七路）“一线”（华林路、五四北路）“三中心”（西湖公园、五一广场及会展中心周边区域）亮化提升改造，重点打造闽江海峡金融商务区南北岸灯光秀，形成福州市夜景灯光基础构架。开展《福州市户外广告管理办法》《福州市户外广告设置规划和 LED 专项规划》编制工作。

【城区水系治理】 2017 年，福州市完成城区水系治理投资 49.94 亿元（含拆迁投资）。探索引入 PPP 模式，按流域形成 7 个水系治理项目包，基本实现城区内河水系治理全覆盖。3 个月内拆除改造沿河旧屋区 183 万平方米，消除 914 个沿河污水直排口；5 个月内新建沿河截污系统 75.56 千米，改造沿河问题排口 1031 个，完成清淤 131.7 万立方米，打通阳岐河、跃进河、龙津河、浦上河、台屿河 5 条断头河，并针对 41 处市政管网不完善、截流污水短期内无法送走的点位，临时建设 41 个应急水处理设施，年内福州市五城区 43 条黑臭水体基本消除黑臭，黑臭水体河道公众满意度均在 90% 以上。（黄金寿）

【水务建设】 2017 年，福州市水务投资发展有限公司开展六大类攻坚，涉及项目 200 多个，总投资 200 亿元。全年完成投资 129 亿元，其中 PPP 项目完成固定资产投资总额 113.47 亿元，包含征迁费用94.07亿元。年内，污水处理量

表 52　　**2017 年福州市自来水公司供水水质合格率汇总表**　　单位：%

项目＼月份		1月	2月	3月	4月	5月	6月	7月	8月	9月	10月	11月	12月	全年平均
出厂水		100.00	100.00	100.00	100.00	100.00	100.00	100.00	100.00	100.00	100.00	100.00	100.00	100.00
管网水	浑浊度	98.96	100.00	99.50	100.00	99.48	98.45	99.46	99.01	98.91	100.00	99.48	100.00	99.44
	色度	100.00	100.00	100.00	100.00	100.00	100.00	100.00	100.00	100.00	100.00	100.00	100.00	100.00
	臭和味	100.00	100.00	100.00	100.00	100.00	100.00	100.00	100.00	100.00	100.00	100.00	100.00	100.00
	余氯	100.00	100.00	100.00	100.00	100.00	100.00	100.00	100.00	100.00	100.00	100.00	100.00	100.00
	细菌总数	100.00	100.00	100.00	100.00	100.00	100.00	100.00	100.00	100.00	100.00	100.00	100.00	100.00
	总大肠菌群	100.00	100.00	100.00	100.00	100.00	100.00	100.00	100.00	100.00	100.00	100.00	100.00	100.00
	COD_{Mn}	100.00	100.00	100.00	100.00	100.00	100.00	100.00	100.00	100.00	100.00	100.00	100.00	100.00
	其余 31 项	100.00	100.00	100.00	100.00	100.00	100.00	100.00	100.00	100.00	100.00	100.00	99.96	100.00
水质综合合格率		99.87	100.00	99.94	100.00	99.94	99.81	99.93	99.88	99.86	100.00	99.94	100.00	99.93

19913.86 万吨；垃圾渗滤液处理量 72.98 万吨。全年温泉供水量 176 万立方米，源脉、原汤等温泉休闲营业单位接待客流量 17.78 万人次（日均 487 人次）。雨、污水管网清疏排查 1388 千米（含四城区项目1106 千米，维护疏浚项目 282 千米）。

西湖及周边环境整治　2017 年，西湖全面清淤工程及上游内河截污系统建设、西湖及周边水系污染源整治（沿河截污项目）水上别墅、西湖截污渠排查清疏和修复 3 个工程完工，其余项目有序推进中。

鼓岭提升项目　2017 年，鼓岭污水工程（二期）完成污水管道铺设 300 米（2 根）和相关辅助构筑物施工，鼓岭（永久性）供水和温泉工程规划选址，鼓岭柯坪水厂改造工程新增两套超滤膜组安装调试并正常通水。

重点项目工程建设　2017 年，“一闸三线”工程各项前期工作正常推进，年内完成投资 54756 万元，完成年计划 117.6%；塘坂引水二期工程完成投资 12914 万元，完成年计划 99.3%。推进 1－5标段隧洞施工，掘进 30803 米，完成管道安装 5349 米；洋里外管三期工程完成投资 2400 万元，完成年计划 400%；连坂外管二期工程完成投资 4000 万元，完成年计划 200%。　（徐　莹）

表 53　　**2017 年福州市自来水有限公司原水水质评价表**

制水厂	符合 GB 3838—2002 表 1 中Ⅲ类标准情况		符合 GB 3838—2002 表 2 补充指标标准情况	
	次数	比例	次数	比例
东区、东南区水厂（敖江）	6	54.5%	10	83.3%
西区水厂、北区水厂	9	75.0%	7	58.3%
城门水厂	8	66.7%	0	0
飞凤山水厂	9	75.0%	8	66.7%

2017 年 6 月 8 日，福州市亮化提升改造项目——海峡金融街商务区南北岸灯光首秀　（市城乡建设委员会　供）

【供水】　2017 年，福州市自来水有限公司日供水总能力 157.2 万立方米/日，年供水总量 42820.34 万立方米，比上年增长 3.07%，水费回收率 99% 以上。全年日均供水量117.32万立方米，比上年增长3.9万立方米。完成售水量27457.82万立方米，比上年增长0.43%。完成工业总产值现价6.43亿元，增长24.37%。出厂水水质综合合格率100%，管网水水质综合合格率99.93%。

基建项目建设　2017年12月29日，东南区水厂工艺改造工程正式启动。福州市第二水源重点配套项目东南区水厂敖江引水原水管道全线贯通，全长8.03千米。第二水源（敖江）供水保障率从25.86%提高至38.79%，双水源水量超过创建国家环保城市标准，东南区水厂停止从鳌峰洲水源地取水。

管网建设及排查　完成市政道路管道改造42项，改造长度8.9千米；完成小街巷管网改造14项，改造长度7.5千米；完成代建、新建项目38个，新建管道长度23.9千米。管网压力合格率99.46%，管网平均压力0.241兆帕。

二次供水和管线维护　完成3万户老旧小区一户一表改造；建设小区管网65千米；完成66个小区、143个生活水池（箱）不锈钢人孔盖改造；完成2.03万个（次）小区生活水池（箱）清洗消毒工作，经清洗消毒后水样检测合格率100%，累计公布水质检测报告5322份；完成市政管道维修3799次，检修维护阀门、阀门井、井盖、消防栓等附属设施3008次，查找并修复各类明暗漏水点916处。

客户服务　终端抄表用户数量增长到100.12万户，用水人口超过287.5万人，供水普及率99.86%，抄表到户率98%。（桑　莹）

【污水处理】　2017年，福州市完成投资3.1亿元。制定《福州市城区水系综合治理第二阶段工作方案》，启动四城区排水管网排查清疏建档、污水厂提标改造，全面停止污水厂污泥填埋处置。四城区新建市政污水管57.1千米，完成300千米污水管网排查和初级改造，发放排水许可208件，行政处罚28件。五城区处理污水26078.5万吨，污水处理率89.38%。

年内，福州市水务投资发展有限公司建成并投入运营污水处理厂7座（洋里、祥坂、永泰、青口汽车城、青口新区、浮村、侯官），建成琅岐污水处理厂、闽清白金污水处理厂、闽清梅溪污水处理厂，于2018年投入运营，在建污水处理厂1座（福清江镜）。建成并投入运营的污水处理设施处理能力79万吨/日，垃圾渗滤液处理规模2100吨/日。

【城市供气】　2017年，福州市完成市本级燃气设施项目投资0.8亿元。五城区供应天然气1.92亿立方米，供应液化石油气4.9万吨。新建和改造五城区燃气管网57千米；完成五城区管道液化石油气供应区域天然气转换；五城区管道燃气用户点火数增至61万户；完成《福州市城市燃气专项规划（2015—2030年）》编制工作；推行瓶装液化石油气销售实名制；推进瓶装液化气市场安全专项整治。

【城区水系联排联调】　2017年，福州市在全省率先成立城区水系联排联调中心，建设统一的城区水系联排联调指挥平台，实现“九龙治水”到“多水合一”转型；建成移动排水能力5.8万吨/时，完成45个涝点整治、6000套防坠网安装和福飞、桂山、首山、迎宾路等下穿通道防水淹挡板改造；开展四城区排水管网清疏、排查和修复工作，建立排水管网健康度档案；全年启动联排联调应急预案15次，出动人员超过2600人次、应急抢险车辆和排水排涝设备600多台次；引入闽江活水8.1亿立方米，“一闸一策”和“一流域一方案”纳潮引水有效实施，日均可向城区100多条内河纳潮补水1150万立方米，同步在332个点位开展3039项水质监测并建立水质档案。

【公共代建】　2017年，福州市完成公共代建投资3.5亿元。推进市强制医疗所、市妇幼保健院等省市重点项目建设工作。试行市级财政投资项目代建量化考核制度，统一代建管理行为。

【村镇建设】　2017年，福州市完成村镇建设投资3.15亿元。全市创建111个美丽乡村，在首届全国改善农村人居示范村评选中，晋安区前洋村被住房和城乡建设部等单位评为美丽乡村示范村、永泰县大喜村被评为环境整治示范村。建成19个乡镇污水处理设施，实现全市乡镇污水处理设施全覆盖；推进农村生活污水处理项目第三方建设运营；完成661个行政村污水治理，新建改造7.19万户三格式化粪池。完成433户农村贫困户危房改造。

【温泉资源开发利用保护】　2017年，福州市完成《螺洲温泉资源保护、开发利用总体策划和初步规划》编制工作，提出“一心、一轴、双向、三区”开发思路。规划以螺洲镇为温泉开发核心区并将螺洲温泉引入三江口片区进行开发，中远期将螺洲温泉引入龙祥岛和五虎山开发；

2017年5月5日，福州市开展联排联调防汛应急演练（市城乡建设委员会　供）

推进螺洲温泉水厂项目建设,完成项目立项等前期工作和EPC总承包招投标工作;加强对日常温泉资源管理工作和市区温泉资源动态监测工作。

2017年8月8日,福建海峡源脉温泉股份有限公司与长乐市国资运营公司成立合资合作公司(福建长乐海峡源脉温泉有限公司)并增资扩股。在长乐漳港地区探明温泉资源及完成滨海新城源脉温泉站房选址等相关工作。

(黄金寿　徐　莹)

2017年6月27日,台风“苗柏”登陆前,工人在北江滨修剪树木

(市园林局　供)

园林绿化

【概况】　2017年,福州市建成区新增城市园林绿地219.14万平方米,梳理提升林荫道150多条,完成绿道建设85.7千米。绿化覆盖率44.36%,绿地率41.12%,人均公园绿地面积14.74平方米。

【城市绿化】　2017年,福州市通过绿化福州行动、道路花化等工作,提升城市绿化水平。

绿化福州行动　梳理提升林荫道157条,渠化岛及公交站遮荫142处,建成林荫停车场13处,整理树池5万多个(涉及道路451条),城区种植乔木12万棵。

串珠公园建设项目　结合城区水系综合治理项目,推进内河沿岸串珠公园建设,发挥福州“山”“水”优势,串绿成线(绿道),串珠(公园绿地)成链。完成70个和7条(段)沿河景观段。

广植市树市花　建设市树市花主题公园、主题绿地,共种植榕树1万多株,在五城区休闲步道、公园等地成片种植茉莉花,种植面积6万多平方米,总计200多万株。在螺洲镇与盖山镇交界的帝封江片区,打造一个面积44.4万平方米的茉莉花主题公园。

道路花化工作　养护单位完成10余次花化任务,新增华林路、乌山路、湖滨支路等道路莳花种植面积约9300平方米,彩叶草面积约500平方米;新增江滨大道沿线绿地、会展岛周边绿地、东部办公区、省长楼等地,莳花种植5428.31平方米,小品11个;新增五一路、五四路、梅峰支路、观风亭街、五一广场等地,莳花种植4197.2平方米,观叶植物及地被6465.61平方米。

【公园景区建设】　2017年,福州市加强公园景区建设,优化城市生态环境。

生态公园建设　全年全市建12座生态主题公园,分别是鼓楼区福山郊野公园、台江区台江体育公园、仓山区高盖山生态公园、晋安区晋安公园(鹤林生态公园)、马尾区天马山生态公园、长乐区南山生态公园、福清市市民生态休闲公园、闽侯县青口千家山生态公园、连江县含光生态公园、闽清县江滨生态公园、罗源县凤梅生态公园、永泰县小汤山生态公园,公园占地总面积466.67公顷,并配建总长50多千米的生态步道。12座生态公园利用依山、临水、环湖等自然资源,并与人文资源相结合,沿途设置休息驿站、公厕、停车场等配套服务设施,并辅以智能化管理,打造自然与人文融为一体的民众休闲“后花园”,公园于2018年春节前全面开放。

“五湖三园”建设项目　“五湖”包括改造扩容井店湖、新建涧田湖、义井溪湖、改造扩容温泉公园湖体、新建晋安湖。“三园”包括新建洋下海绵公园、八一公园、斗顶公园。项目运用海绵技术,助力福州中心城区水系实现“水清、河畅、安全、生态”的总体目标。以“慢排缓释”和“源头分散”控制为主要海绵设计理念,做到海绵公园“渗、滞、蓄、净、用、排”六大作用。完成井店湖、涧田湖、义井溪湖、温泉公园湖体及洋下海绵公园、八一公园、斗顶公园“四湖三园”项目建设。

西湖环境提升建设项目　10月,西湖公园环境提升工程动工,总投资3900多万元,先后完成西湖公园南大门、宛在堂、更衣亭、诗廊等景点维护翻新,更换柳堤、游船码头等景点的杂乱铺砖,扩建新建8个林下空间。在西湖公园开化屿增设600米长的矮凳石栏杆,改造菊花园和梅花园等著名景点,对公园内不适宜古典园林的景观进行改造升级。

西湖夜景灯光建设项目　西湖公园夜景灯光亮化提升工程总投资2700万元,灯光电缆敷设50多千米,范围覆盖公园环湖木栈道,开化屿、榭坪屿、福建省博物馆、湖心岛以及西湖梦山景区等部分景点。引进一套智能灯光系统,优化夜景灯光控制模式,实现夜景灯光白、紫、绿、红等多种色彩变换。

动物园动物繁殖　成功繁殖动物8种17只,其中白长角羚、梅花鹿为国家一级保护野生动物;引进长臂猿、小熊猫、雉鸡等动物9种92只,输出绿狒、骆驼等动物2种6只,与广东粤北华南虎省级自然保护区开展华南虎合作繁殖,与上海动物园开展黑猩猩合作繁殖,与哈尔滨动物园达成金丝猴交换协议;开展野生动物收容救护工作,建立收容救护制度、规范收容救护行为,接收救助穿山甲、缅甸蟒、鹦鹉等林业部门收缴移交的动物556只。

【古树名木保护】 2017年,福州市对地铁5号线樟岚停车场、海峡体育中心项目、福人集团出让地块等多个工程的古树进行调查,新鉴定古树31株,新鉴定古树采取GPS定位、数据确认、挂牌、建档、录入古树名木地理信息系统的措施,纳入全市古树名木一树一册保护名录。开展古树名木病虫害防治、修剪及支撑树体等工作。针对市区古树名木生长状况,对朱紫坊河边、衣锦坊、岳峰小学、时代中学、师大附中、鼓山、台六小、沈葆桢故居前等部分古树名木实施保护措施。全年完成两次古树名木巡查工作。针对地铁站、安置房等需移植古树的重点建设项目,配合建设单位开展古树移植工作;组织各古树管护单位对需进行修剪、病虫害防治等养护作业的古树及时开展古树养护工作。(邱启伦)

【海峡(福州)熊猫世界】 位于福州市区西端的大梦山麓,占地3.5公顷,由"大熊猫馆""小熊猫馆""熊类展区""熊猫博物馆""熊猫影剧院""熊猫艺术馆""梦山蝴蝶生态园""鼓岭熊猫山庄"8个部门组成。2017年,饲养5只大熊猫、25只小熊猫、10只马来熊。9月13日,亚运会"盼盼"原型——37岁的大熊猫"巴斯"离世。年内,"巴斯"分别获得由吉尼斯世界纪录机构颁发的"现存年龄最大的圈养大熊猫"证书和在柏林举办的2017全球大熊猫评选盛典大会颁发的"终身成就奖"。(黄金寿)

【园林管理】 2017年,福州市园林局加强园林管理,提升城市园林绿化水平。

组织园林抗台抢险 针对因园林绿化受灾导致的安全、电力、交通3个方面进行重点保障;针对市动物园、市园林科学研究院2个地质灾害点进行重点布控;针对5个滨江、滨河园区进行重点预防(西湖公园、晋安河公园、闽江公园、花海公园、沙滩公园)。在台风期间,先后投入人员1853人次,车辆205车次,完成处置树木倒伏3407株、断枝2059处、清场162车次。

道路绿化养护管理 市园林局直接负责城市市管主干道、重要次干道街头绿地养护管理绿地面积6661241.59平方米、99195株行道树、105座高架桥三角梅的日常养护工作。全年受理数字城管案件10745件,完成10477件,未完成268件,结案率97.5%;"12345"诉求件1852件,完成1852件,办结率100%。

审批审查工作 推进"简政放权"工作,取消"城市园林绿化企业资质认定"行政许可类审批事项。办结各类收件267件,其中砍伐、移植城市树木审批188件,占用绿地19件,城市园林绿化企业资质认定49件,施工许可11件。开展园林绿化设计企业资质批后"双随机"抽查工作,完成34项园林绿化规划文本、工程项目建议书、工程可行性方案、设计方案、施工图设计文件审查。

园林宣传服务 征集种大树增绿荫线索263个,全年建成榕商园、劳模林、桃李林等15处,开展赠送茉莉花和教授种养活动50余场次,赠送茉莉花苗5万多株。组织认捐认建、义务植树、劳动换盆栽、垃圾换鲜花、赠送花苗花种、评选最美单位、最美阳台等活动。

(邱启伦)

城市管理与执法

【概况】 2017年,福州市城市管理委员会处置"两违"建筑面积918.47万平方米,拆除"两违"实体面积890.76万平方米。出台《城区自由市场管理办法》《福州市户外临时性广告管理办法》,组织开展清摊点、整两车、拔钉子、除地锁、拆围墙、疏通道等专项整治活动。完成《福州市环卫专项规划》《福州市五城区公厕布局专项规划》编制。完成行政村垃圾治理任务1095个、乡镇生活垃圾收运系统建设23个;开展垃圾分类试点工作。推动红庙岭重点项目建设,完成红庙岭循环产业园区规划。

【清理违法建设】 2017年,福州市处置"两违"面积918.47万平方米,完成进度229.62%,处置量和完成进度均居全省第一。实现全市范围内运用卫星遥感监测手段查控新增"两违",全年四城区及滨海新城整治卫片违法图斑四批次1637宗,处置建筑面积21.77万平方米。对2012—2016年查处建档的历史遗留违建除进行拆除外,采用没收、补办手续等方式分类处置。全年化解历史遗留违建2527宗,处置面积181.37万平方米,处置率28.16%。3月24日,全省"两违"综合治理现场会在福州举行,省政府副省长洪捷序、省治违办主任林瑞良等省市领导及各市、县(区)相关部门负责人近300人参会。4月20日,全国违法建设专项治理和历史文化街区划定历史建筑确定工作推进会在福州召开。

【市政设施维护】 2017年,福州市政工程管理处完成人行道日常中小修面积35万平方米、沥青路面日常维护面积11.3万平方米,修灯1.85万盏,保养桥梁670座次。道路维护率93%,主次干道亮灯率99.11%,桥梁合格率95%。

道路日常养护 3—6月,对全市人行道进行整修,重点整治树池石、井框高差、无障碍等细节,总投资2500万元。对市区病害较为严重的31条道路的人行道进行大修改造,完成投资约6660万元。完成潘墩路、南二环等多处路面塌陷抢修工作;配合治堵工作完成乌山西二环路口、法海路花园路口、光禄坊通湖路口等路口道路机非分离改造。全年完成沥青路面修补11.3万平方米,人行道维护35万平方米。

路灯日常维护 完成中修项目福州市区路灯整治提升工程和市区洪湾南路、红江路、高宅路等45台路灯箱变加装景观罩等项目。全年修灯1.85万盏,主次干道亮灯率平均99.11%,支路亮灯率平均98.24%,景观灯亮灯率平均98.07%。

桥梁日常维护 对245座桥梁进行常规定期检测,大桥、特大桥每日1次,中、小桥每周1次。全年发现各类病害1122项次,处治零星病害及保养桥梁670多座次,涉及桥梁泄水孔、桥梁栏杆、伸缩缝后浇带、人行道铺砖等设施维护。

【市容环境综合整治】 2017年,福州市城市管理委员会制定下发《市区占道经营专项整治实施方案》《2017年市区两车停放专项整治工作方案》《市区废弃闲置自行车清理整治工作方案》《校园周边市容环境专项整治实施方案》《重点道路沿线市容环境卫生保障工作方案》《市区消防通道专项整治方案》《市区盲道专项整治方案》,推进以占道经营、摊点、两车停放为主要内容的专项整治。各区出动执法人员18.78万人次,检查清理路段7.32万条次,清理取缔流动摊点4.61万起,查处烧烤摊点2037起,配合查处机动车占道售货316起,查缴占道销售各类非法出版物书籍4325本,盗版光碟1万张,六合彩报1.24万张。新增签订"门前三包"责任书商家3987户,查处违反"门前三包"行为1852起,清理乱悬挂、乱晾晒1.33万起,清理乱堆放9635起,清理店外店3.36万起;纠正"两车"乱停放16.89万起,搬离暂扣1.23万起,拆除违规店招、广告1635面;收缴布条、布幅广告4012面,收缴移动广告牌3425面,清理"乱张贴"19.52万张;移送停机号码879个;查处沿街发放小广告传单2987起,收缴各类传单10.32万张。查处已审批占道市场越线经营403处,超时经营399处;收容流浪犬267只。

【环境卫生管理】 2017年,福州市加强环境卫生管理,提高城市保洁水平。

道路保洁　全年全市道路清扫保洁面积4296万平方米(含三环路、螺洲大桥等)。清扫保洁道路2933条:一类道路605条(段);二类道路1090条(段);三类道路848条(段);四类道路390条(段)。其中鼓楼区582万平方米、台江区465万平方米、仓山区1363万平方米、晋安区781万平方米、马尾区490万平方米、市环卫处直管三环道路614.7万平方米。全市道路100%实行市场化作业,道路年经费4.489亿元,17家保洁企业中标。

环卫市场化改革　制定《福州市道路清扫保洁市场化经费提升方案》《福州市道路清扫保洁质量标准与检查考核导则》,对全市道路实行分类管理、分类考核。拟订《关于进一步完善环卫道路保洁企业考核奖惩制度的办法(试行)》。鼓楼区7个街道和仓山区完成垃圾收运市场化改革,台江区实现一级收运市场化;区管63条河道全面推行市场化保洁。

内河水面保洁　7月起,纳入环卫管理的73条内河河道水面保洁全面推行市场化,经公开招标交由专业保洁公司统一按照精细化保洁管理标准实行社会化管养。河道保洁长度143.2千米,保洁水域面积330.6万平方米,配编保洁人员基数354人,年保洁经费约1810万元。

环卫检查考评　检查道路5000多条次、内河1000多条次,公厕、转运站1000多座次、垃圾运输车7万余辆次。落实绩效奖惩,下发各类检查通报70多期,市、区扣罚道路清扫保洁公司150多万元经费;查处违规垃圾运输车120辆次,取消运输资格1辆。

农村垃圾治理　制定《福州市农村生活垃圾治理行动实施方案(2017—2019年)》。完成行政村垃圾治理任务1095个,乡镇生活垃圾收运系统建设23个;建成城乡公厕347座。

垃圾处理费征收情况　全年征收垃圾处理费8532万元,其中自来水代征收6376万元。加强非居民户"搭水征收"模式改革,完成自来水代征95万户。

【环卫基础设施建设】 2017年,福州市城区有垃圾转运站58座,日转运生活垃圾3000~3500吨;公厕1090座,其中环卫部门管理438座,全部免费开放;各种环卫专用车辆834辆(不含红庙岭垃圾处理厂车辆)。五城区新建公厕87座,新建环卫工人休息室33座,新建垃圾桶房50个;改造提升垃圾转运站8座、公厕37座;购置后压式垃圾压缩车13辆、应急用车厢可卸式垃圾车2辆、应急用移动式压缩箱体2个、转运站负压除臭设备6套、果皮箱850个。

【垃圾无害化处理】 2017年,福州市处理红庙岭垃圾综合处理场消纳生活垃圾168.5万吨,其中焚烧74.2万吨、填埋94.3万吨。日均处理量4615吨,其中焚烧处理2032吨/日、填埋处理2583吨/日。焚烧发电厂发电2.49亿千瓦小时,稳定化处理飞灰1.77万吨,综合利用炉渣12.2万吨,处理渗沥液73万吨。

红庙岭垃圾焚烧发电厂三期项目　4月13日动工建设,总投资5.22亿元,占地面积4.9公顷,设计规模1200吨/日。

危险废物综合处置项目　4月13日动工建设,总投资3.03亿元(含政府配套三通一平8810万元),占地13.7公顷,设计处理危险废物规模38000吨/年,填埋场容积10万立方米。

餐厨废弃物处理及资源化利用项目　2月13日动工建设,总投资2.58亿元,占地面积6.06公顷。一期建设规模:处理餐厨垃圾250吨/日+废弃油脂25吨/日;二期续建规模:处理餐厨垃圾250吨/日+废弃油脂25吨/日。

一期填埋场封场覆盖及生态修复项目　12月22日进场施工,总投资2.13亿元,主要包含垃圾堆体边坡整形、污泥塘整治、封场覆盖系统、渗滤液收集导排及处理系统、填埋气体收集导排及处理系统、地表水收集导排系统等。

红庙岭循环经济产业园　11月27日,福州市政府批准《福州市红庙岭循环

2017年,福州市政工程管理处组织工人进行人行道修补工作。图为6月30日,工人在白马路进行人行道修补　(市城市管理委员会　供)

经济生态产业园区专项规划》，园区总规划用地358公顷。启动实施生活垃圾焚烧发电厂四期、厨余垃圾处理厂、垃圾填埋场三期、大件垃圾（园林）处置厂、园区基础设施建设的前期工作。

【建筑垃圾管理】 2017年，福州市加强建筑垃圾管理，处置违法倾倒建筑垃圾行为。

渣土处置执法监管　下发《渣土整治专项行动方案》，组织市容管理执法部门开展渣土整治专项行动。渣土执法职能从市级调整下移至各区，市城管执法支队41名执法人员分片区配合执法。8月1日实施《福州市建筑垃圾处置管理办法》。持续开展各类渣土运输专项整治行动，年内对违法违规行为立案3522件，扣车2436辆次，查封车辆475辆次，处罚932.113万元；同时依法关停7家渣土运输企业。

渣土运输行业监管　与交警部门配合，对各渣土运输公司旧款渣土车及新购的第三代环保智能车辆进行核查审验，审验合格第三代环保智能车辆997辆次。重新核查渣土车辆保有数，渣土运输公司37家，渣土运输车1602辆，轻型自卸货车公司19家，轻型自卸货车266辆，并确保全部纳入在线监管。组织开展渣土车驾驶员安全教育培训，累计组织1892名驾驶员参与培训，一律持证上岗。运输单发放由“多车一单一路线”改为“一车一单多路线”，累计配发运输单10.39万张。渣土运输车辆采用智能化管理，发放携二维码标识的渣土车辆1505辆。督促各渣土车运输公司将运输车辆全部按照交警部门规定要求恢复车厢原状，776辆渣土运输车经审验合格。开展安全生产大检查，制定《福州市渣土运输企业安全管理检查制度》，各渣土运输公司安全管理工作现场检查，累计检查34家公司。

渣土统筹消纳工作　每月定期征集重点项目出土需求，根据《2017年县（市）区月消纳重点项目渣土任务清单》向周边县（市）区政府征集次月可受纳的渣土资源点。

渣土受纳场规划建设工作　经市政府审定通过《福州市进一步加强建筑垃圾消纳利用管理实施意见（试行）》《福州市中心城区建筑垃圾消纳场及综合利用处理厂规划布点方案》《福州市建筑垃圾资源化利用项目运作实施方案》。经各县（市）区政府确认，最终确定7个渣土受纳场选址（晋安区新店镇益凤村、长乐区古槐镇福坊村、长乐区漳港街道龙峰村、长乐区玉田镇大溪村罗里、闽侯县青口镇西台村、高新区窗厦消纳场、马尾区茶洋山姜元仑）。其中晋安区新店镇益凤村项目动工建设。

【制度法规建设】 2017年，福州市城市管理委员会组织举办福州市城管系统行政执法业务骨干法律知识培训班，对全市197名城市管理执法业务骨干进行法律法规知识培训。印发《年度普法工作计划》《普法工作责任制实施方案》《“谁执法谁普法”责任清单》《以案释法工作实施方案》，编制《城市管理常见法律知识宣传小册》，制作《不要乱扔垃圾》普法微动漫。在门户网站“政策解读”专栏对群众关注度高的建筑垃圾处置管理、户外临时性广告设置管理、共享单车停放管理进行政策解读。在《福州日报》专栏《谁执法谁普法》发表《建设施工车辆未净车出场受罚》等4篇以案释法稿件。制定出台《福州市建筑垃圾处置管理办法》《福州市户外临时性广告设置管理办法》2部政府规章，拟制《福州市建筑垃圾处置管理条例》立法草案上报市人民政府和市人大常委会审议。开展对《福州市城市道路建设与管理办法》《福州市餐厨垃圾管理办法》的立法调研工作，拟制立法调研报告和法规草案上报福州市人大常委会。

【规范行政审批和行政处罚】 2017年，福州市城市管理委员会推进行政审批标准化改革，制定《行政审批审查工作细则》《行政审批服务事项工作规范》。对城市建筑垃圾处置核准等10项行政审批和服务事项办事指南进行标准化梳理。率先实行城市建筑垃圾处置核准、从事城市生活垃圾经营性清扫收集运输处理服务审批、缴纳城市道路挖掘修复费（占用费）3个行政审批事项全流程电子证照应用。压缩特殊车辆在城市道路上行驶审批、从事城市生活垃圾经营性清扫收集运输处理服务审批、在城市建筑物设施上悬挂张贴宣传品审批3个行政许可项目办理时限4个工作日，所有行政许可事项承诺时限控制在法定时限30%以内。将运输企业运输建筑垃圾备案、建设项目消纳建筑垃圾回填基坑洼地备案2个服务事项类型更改为即办类，即办类事项比例提高到40%。优先办理攻坚项目和民生工程，全年实现62家次单位104个申请事项提前办结，提前197天完成审批任务。推行“最多跑一趟”，全年实现107个次申请人跑一趟，9个次申请人一趟不用跑即领到批准文书。规范重大行政执法集体讨论制度，对4起行政处罚金额较大或情节复杂的案件开展集体讨论。健全行政执法案卷评查制度，对867件行政处罚案卷、416件行政许可案卷进行自查自评。

（叶　璐）

（编辑　黄雯倩）

交通运输与邮政

公路建设与养护

【概况】 2017年,福州市公路总里程11465千米,其中高速公路588千米,普通国道736千米,普通省道572千米。全年完成交通运输固定资产投资125.9亿元,市级重点项目完成投资108.7亿元。其中,公路类项目完成投资92.1亿元,枢纽场站及运输装备项目完成投资16.6亿元。专养公路建设与养护总投资6.5亿元,公路养护综合优良率91.08%、干线优良率92.92%,养护工程质量合格率100%。

【重点项目建设】 2017年,福州市重点推进专养公路"白改黑"工程建设,完成省道305线福清三山至东瀚段、省道203线永泰梧桐至嵩口段、县道177线福清中央大道至海口段水泥混凝土路面"白改黑"工程53.8千米。"尼伯特"台风损毁的闽清溪口大桥历时163天于1月20日正式建成通车。新溪口大桥较旧桥拓宽6米,增加非机动车道和路灯照明。

【高速公路建设】 2017年,福州市高速公路完成投资57.39亿元,占年度计划的119.56%。沈海高速镜洋互通建成通车;推进东南快速通道、福州机场第二高速、沈海高速扩容工程福州段、政和杨源至永定高速福州段等项目前期建设;动建洪塘大桥拓宽改造工程、道庆洲过江通道工程、长福高速、莆炎高速、福银高速闽侯沙堤互通、228国道长乐外文武围垦堤至下沙段等项目。

长平高速公路项目　起于长乐市古槐镇前塘村,与福州绕城高速公路东南段枢纽互通相连,经江田镇、松下镇,终于海坛海峡长乐岸,全长21.7千米,设计速度100千米/时,项目总投资32.6亿元,年内完成投资7亿元,占年度计划100%。

长福高速公路项目　起于东南绕城高速前塘枢纽互通,经长乐罗联乡、福清阳下街道、龙山街道、海口镇、龙田镇、上迳镇、江阴镇,终于渔平高速公路庄前枢纽互通,全长40.23千米,设计速度100千米/时,项目总投资57.929亿元,完成投资13.7亿元,占年度计划171.75%。

莆炎高速公路项目　起于福州市永泰县梧桐镇潼关村,设潼关枢纽互通与甬莞高速公路福州至永泰段衔接,路线主要经过永泰县梧桐镇、嵩口镇及尤溪县中仙乡、坂面镇,路线终点位于尤溪县坂面镇华口村,设华口枢纽互通与沙厦高速公路衔接,路线全长65.8千米,其中,福州段42.14千米(含三明插花地)。设计速度100千米/时,福州段项目总投资56.89亿元,年内完成投资11.6亿元,占年度计划145.04%。

沈海复线连江洋门至闽侯青口段项目　起于连江洋门,接已建成通车的福州绕城公路西北段和沈海高速公路罗源至长乐段,经连江浦口,在长门、琅岐分别跨越闽江长门水道、梅花水道,经长乐市潭头、鹤上、罗联、玉田,终于闽侯县青口镇青口村,全长91.6千米。其中主线73.9千米,疏港连接线17.7千米,设计速度100千米/时,项目总投资138.03亿元,年内完成投资25亿元,占年度计划100%。

道庆洲过江通道工程　起于福泉高速公路福州连接线下洋村段,终于长乐市洞头村与福州东南快速通道衔接,全长约7.2千米,与地铁6号线公轨共线4.35千米,采用双向六车道城市主干道兼一级公路标准,设计速度60千米/时,项目于2017年5月动建。年内完成投资8亿元,占年度计划100.3%。

福州洪山桥至洪塘大桥拓宽改建工程(洪山桥至三环路段)　起于洪山桥与杨桥西路、洪甘路交叉口处,终点与三环快速路洪塘互通衔接,路线总长2千米,总投资15.37亿元,采用双向八车道城市主干道标准,设计速度60千米/时,项目于2016年6月动建。年内完成投资5.03亿元,占年度计划100.7%。

福州洪塘大桥拓宽改建工程　起于洪塘大桥东侧桥头洪塘立交处,终于洪塘大桥西与国宾大道相接,路线总长2.431千米,总投资约18.42亿元,采用双向八车道城市主干道标准,路基宽度47.5米,设计速度60千米/时,项目于2017年3月底动建。年内完成投资2.1亿元,占年度计划105%。

228国道长乐外文武围垦堤至下沙段路堤结合工程　位于长乐市文武砂镇和江田镇,起点接已建228国道(南北澳至外文武围垦堤段)，终于下沙路，路线总长5.42千米，采用一级公路标准兼城市主干道，设计速度60千米/时，年内完成投资15.49亿元，项目于2017年底动建。

【农村公路建设】 2017年，福州市完成农村公路建设190千米，占年度计划126.6%；完成投资4.78亿元，占年度投资计划238.6%；完成农村公路安保工程220千米，完成年度计划里程184%；完成危桥改造8座，投资12239万元，完成年度计划160%；完成撤渡建桥投资1030万元，完成年度计划103%。行政村通达率100%，建设和改造省级53个重点扶贫县(罗源、连江、永泰)的农村公路87.6千米。

【交通安全检查】 2017年，福州市道路运输行业事故起数和死亡人数分别比上年下降50%、56%，内河水上和交通建设项目未发生死亡事故。道路运政方面，处理4730辆各类违章处罚车辆，收取罚金1986万元，其中客车处罚301辆，货车处罚416辆，出租车处罚2861辆；公路路政方面，收取各类罚款1933万元；水路运政、地方海事方面，检查渡口375处次、各类船舶1073艘次，查处违章船舶42起，收取罚金20.15万元。落实物流“两个100%”制度，督促全市965家物流企业、2家货运站场实名登记和开箱验视制度，查处违法行为23起、处罚26万元。组织各类应急演练532场。

【管理养护】 2017年，福州市完成普通公路移交接养协议签订，理顺普通公路管养分类事权和责任主体，实现“国省道由公路管理机构管养、农村公路由县乡村分级管养”要求。以“基础设施标准化，养护作业标准化，服务管理标准化”为载体，开展标准化养护年活动。对全市专养公路462座桥梁与10座隧道开展定期检查，重点推进新接养139座桥梁和6座隧道定期检查。实施生命安全防护工程556千米、灾害防治工程10项、市级交通安全隐患路段整治49处、危(病)桥改造5座、国省干线绿化提升131千米，“四好农村路”绿化景观建设33千米、标准化改造提升26座班站大门，完成“尼伯特”台风损毁的闽清坂东公路站拆旧新建工程。在国省干线上新增布设3个高清监控点、3面F型可变情报板。

2017年1月20日，台风“尼伯特”灾毁重建工程——闽清溪口大桥建成通车

(林龙锦 摄)

【路政管理】 2017年，福州市取消路政许可事项1项、调整下放4项；重新编制许可办事指南、申请和结果范本，融合编制权责清单；推动4个事项实行全程网办服务，压缩部分超限运输许可时限至3小时。许可事项全程监管，建设信用约束体系，执行案卷评查。开展路政“两创”、公路执法服务大走访等活动，落实审批窗口无否决权服务。与当地政府、交通综合执法机构联勤联动，提高路损案件索赔力度，全年开展联合整治行动282次，纠正制止各类违章1591起，办理许可案件145件、路产赔偿案件164件。

(王东曜 李 然)

公路运输

【概况】 2017年，福州市公路累计完成旅客运输量8631.99万人、周转量438489.98万人千米，累计完成货物运输量17496.46万吨、周转量2832358.67万吨千米。

【客运市场管理】 2017年，福州市客运企业83家，其中班车客运32家，旅游(包车)客运企业46家，全市道路旅客运输车辆3584辆，道路旅客运输经营从业人员9393人。道路旅客运输班线548条，其中市际班线155条，县际班线167条，县内班线226条。全市有34个等级客运站，其中4个一级客运站、5个二级客运站、2个三级客运站、13个四级客运站、10个五级客运站。

开展非医疗转运试点 福州市安豪旅游汽车客运有限公司投放10部车辆、福州市陆闽旅游汽车有限公司投放7部车辆入驻省、市属各大医院，开展非医疗转运试点，专门提供不需要随车医生护士监护治疗或放弃治疗回家的临终患者出院后转运任务。

定制班线特色服务 4月1日，福建省汽车运输有限公司推出福州—泉州定制班线试点服务。该班线车辆为全新7座商务车，车内配备饮用水、充电器、车载Wi-Fi，为乘客提供沿途就近上下车的定制和预约班车服务，乘客只需要通过手机“定制”班车选择就近地点上下车。

客运实行实名制购票、检票 3月1日起，福州市19个省市际班线起讫点和中途停靠站点的客运站及车票代售点实行实名制购票、检票。

【运输保障】 2017年，福州市道路运管处每周五、周日晚上安排出租车运力到火车南北站进行常态化保障，法定节假日出行返程高峰期、福州市重大活动期间组织公交、出租车企业开展服务保障,并完善极端天气运输保障。

大型活动保障　在福州市举行的金砖国家政党、智库和民间社会组织论坛(简称“三合一”会议)、第九届华文传媒论坛、“5·18”“6·18”、教育装备展、计算机大会、物联网大会、马拉松赛等重大活动期间,采取延伸公交线路、开辟区间车、强化出租车保障等措施。年内被省委省政府评为“金砖会晤筹备和服务保障工作先进集体”。

法定节假日服务保障　在春节、清明、端午、中秋、国庆等法定节假日的出行返程高峰期,市道管处组织公交、出租车企业参与现场服务保障工作,在原有常态化保障基础上,再增加保障企业及车辆。

极端天气运输保障　针对强降雨、台风等天气特点,福州市各级运管部门提前预防,监测值守和预警管控,落实应急保障运力。

【货运市场管理】　2017年,福州市有1316家道路货运企业,其中危货运输企业47家,普通货运企业1269家。道路货物运输经营从业人员54615人,拥有各种类型货运车辆4.85万辆。

在全省率先推出无车承运试点,鼓励企业利用互联网平台开展物流运输。通过创新行政审批服务方式、简化流程,颁发全省首张“无车承运人”经营许可证。年内福州市“无车承运人”试点企业8家,平台注册车辆数30万辆,活跃车辆约7万辆;提升物流效率15%,降低物流成本10%。福州市965家货运企业100%与所辖运管部门签订《物流企业落实2个100%制度责任状》,各货运企业与1.03万名员工签订《物流企业员工落实2个100%制度承诺书》,对运往厦门的货物100%加贴安检标识。福州市199家货运代理企业向市运管部门备案,并按要求落实“2个100%”。组织开展危货企业、车辆、人员“摸家底、清底数”工作;强化车辆动态监管,对离线车辆开展日排查、日通报;从企业资质、车辆及运输装备、从业人员、车辆动态监控管理、停车场管理5个方面对危货运输企业进行排查整治。

【巡游出租车管理】　2017年,福州市区有出租车企业19家,市区出租车6345辆,经营使用权属企业的出租车4142辆,占65.28%,经营使用权属个体的出租车2203辆,占34.72%;出租车从业资格驾驶员4.3万余人,在岗驾驶员1.3万余人。草拟尚未到期的2870辆出租车和尚未延续许可仍继续使用的1472辆出租车经营权有偿使用费退还和补收工作方案。组织开展出租车经营权使用费退补和到期出租车经营权延续许可工作。

出租车运价改革　市道管处配合物价部门,推进出租车运价调整工作,出租车运价由政府定价调整成政府指导价。调整后的出租车运价为:起步价3千米10元;车公里租价每千米2元;停车等候或车速低于每小时12千米时,每分钟按0.8元收取;起收空驶费的里程为8千米,空驶费按车公里租价的50%收取;夜间(23:00—次日5:00)按车千米租价加收20%。9月15日起,福州市区所有巡游出租车运价按新标准执行。

老旧出租车更新　制订车辆更新工作方案,对车龄超5年的出租车,按使用年限长短进行分类,明确时间节点限期更新。对不按规定时间节点更新的,暂停服务监督卡办理等相关业务。年内更新出租车1162辆,新车率18.31%。

营运秩序整治　市道管处与市交通综合执法支队、市交警支队等单位联合对福州市出租车运营环境和秩序存在的问题进行综合整治,通过增强行业监管能力、加大路面监督力度、督促企业落实主体责任、加强司机队伍管理、完善运营设施等措施。

【网约车管理】　2017年,福州市有网约车平台公司7家,网约车2210辆,网约车驾驶员7094人。制订网约车办事指南、《福州市网络预约出租汽车行政许可工作规范》等网约车行政许可工作规范配套文件。2月27日,福州市发出首本“网络预约出租汽车驾驶员证”;3月8日,神州专车福州分公司取得福州市第一本“网络预约出租汽车经营资格证”;3月16日,神州专车福州分公司自有车辆闽AG0852取得福州首本“网络预约出租汽车运输证”。年内7家网约车平台公司获得福州市经营许可,办理网约车运输证2210本,发放网约车驾驶员证7094本。通过座谈、约谈、下发整改通知书等方式,督促网约车平台公司加快合规车辆办证进度,组织从业人员培训考试,清理不合规车辆,并停止向不合规车辆派单。

【机动车维修管理】　2017年,福州市有一、二、三类机动车维修企业661家,机动车综合性能检测机构9个。形成以一类企业为骨干、二类企业为基础、三类企业为补充的机动车维修市场服务体系。

综检站升级改造　6个综检机构完成升级改造并通过现场能力评审,实现综检、燃料核查等有关数据与运政系统的直传连接。

经营许可审批制度改革　针对部分机动车维修连锁经营网点无证经营问题,开展机动车维修企业经营许可审批制度改革,推动机动车维修企业连锁经营“承诺即办”工作。年内办结9个连锁经营网点的经营许可工作。

营运黄标车淘汰攻坚收尾　通过采取约谈督导相关重点运输企业、停办涉及营运黄标车企业的相关车辆审验等业务、集中注销运输证件等措施,开展营运黄标车淘汰攻坚收尾工作,年度营运黄标车淘汰任务累计完成1647辆。

机动车维修市场专项整治　市道管处与市交通综合执法支队联合开展机动车维修市场专项整治活动,加强各县(市)区运管所无证告知、许可办证等有关业务工作指导,建立全市整治情况季度通报制度。各地运管部门现场告知无证经营企业303家,抄告属地交通执法机构291个,告知抄告后引导相关企业办证24家。

【运输驾驶从业人员培训管理】　2017年,福州市全地区机动车驾驶培训机构82个,教练车5762辆,教练员7316人,年培训人数19.2万人,全市从业资格培训机构5个。

推广培训计时收费、先培训后付费的新型服务模式。初步制订新型服务模式信息化建设可行性分析及阶段性实施方案。规范驾培机构招生,拟订驾培行业自律公约，核定驾培机构培训能力，启动驾培市场风险预警机制，严格驾培机构准入和规模扩增审批行为等举措。

按照国标要求复核所有驾培机构资质情况，并督促整改。全市82个驾培机构教学场地有78个符合国标要求，合格率95.1%。质量信誉考核等级AAA级4个、AA级46个、A级30个、B级驾培机构1个、暂不评级1个。

12月1日起，福州市出租车驾驶员从业资格考试全国公共科目与区域科目考试实行两考合一，在一次考试中完成；取消区域科目实际操作项目；考培分离，取消原有培训要求；公开考试题库（含答案），方便市民考取巡游、网约出租车从业资格证。

【公共交通】 2017年，福州市区有公交车辆4485辆，市区公交线路252条（其中快速公交9条），定制公交（含定制校车）260条，公交场站（含枢纽站、停车场）57个，载客量4.38亿人次；公交从业人员8141人。

公交都市建设　实施公共交通一体化、公共交通提速、公共交通枢纽、智能公共交通、绿色低碳、需求管理、特色示范7项工程，32项指标中15项指标达到或基本达到创建目标。其中公共交通出行占机动化出行比例46.5%；城市建成区公交线网密度3.05千米/平方千米；城市周边20千米范围内城乡客运班线公交化改造率100%；市区实现万人公交车车辆保有量18标台。绿色能源公交占比63.74%；城市公共交通乘客IC卡使用率43%；公交车进场率94.1%以上；城市公共交通乘客测评满意度75%；公共交通站点500米覆盖率95.1%。

文明城市建设交通专项整治　制订出租车和公交车的文明城市建设专项整治工作方案，通过安全行车、文明服务、车容车貌等方面的督查。市区各公交企业加强驾驶员文明行车的宣传教育，以“树文明新风　迎金砖宾客”为主题，开展评选2017年度公交文明示范线路、公交场站文明示范窗口、优秀公交驾驶员、优秀公交调度员为主要内容的文明服务竞赛活动，并成立公交行业文明督导组，督查公交车斑马线文明礼让等文明行车情况，规范驾驶员服务行为。

表54　**2017年福州市新增公交线路表**

序号	线路	始末站
1	197路	康驰奥体公交停车场—福新公交枢纽站
2	200路	金山金桔站—省军区（马鞍）站
3	201路	红旗环岛客运站—下院公交总站
4	330路	厚美村—海峡奥体公交枢纽站
5	331路	火车站北广场—桂湖公交站
6	332路	鹤林建材家具广场环线
7	335路	闽运汽车北站—公交海峡国际会展中心东站
8	199路	白湖亭—长乐下洋
9	M1路	快安公交站—马尾保税区
10	贵安旅游公交7号线	闽运汽车北站—贵安新天地
11	529路	福建对外经贸学院—下院公交总站
12	530路	福州[illegible]客运站—快安公交站
13	532路	魁岐佳园—马尾青洲公交总站
14	闽清11路	梅花园—高铁站
15	长乐11路	森林公园—马厝
16	福清909路	京东方—中联名城
17	福清910路	福清核电小区—宏路闽运车站
18	福清911路	福清医院新院—龙江枢纽站
19	永泰17路	葛岭—永泰东方学院
20	闽侯518支	员工公寓环线
21	闽侯603支	白沙客运站环线
22	连江县13路	连江汽车站—玉泉山廉租房
23	连江县15路	连江汽车站—浦下村

发展定制公共巴士　针对近郊的科技园、工业园和市中心的大型CBD、行政单位集中区等区域推出定制公共巴士线路，累计推出260条定制公共巴士线路。

公交片网覆盖　完善城区公交线网，解决原先公交欠发达区域的群众出行问题，开通马尾区4条区域公交、滨海新城定制公交以及贵安、桂湖公交线路，推进城乡客运公交化改造工作。

公交智能化建设　将公交企业基础信息、实时数据录入市区公交智能管理与服务平台，年内市区所有公交企业均实现智能调度，掌上公交软件覆盖市区所有公交线路，注册人数达154万人次，累计点击量1.6亿人次。

火车南北站公交接驳工作　根据火车北站运营时刻表，市道管处日常延时6条公交线路，增加班次10趟，在此基础上，节假日再延时8条公交线路，增加班次13趟，实现运营时间从6:00至次日凌晨6:00。根据火车南站运营时刻表，市道管处延时6条公交线路，增加班次14趟，在此基础上，节假日再延时6条，增加班次30趟，运营时间5:30至23:40。

【整治城市交通拥堵】 2017年，福州市道路运输管理处采取优化公交线路、发展特色公交、左转跳站、推进场站建设等措施缓解城区交通拥堵，逐项按进度完成。全年优化调整公交线32条，新建改造公交站台100个，开通260多条定制公交、25条社区巴士和10条旅游公交。对尤溪洲大桥北段、仓山万达广场、宝龙城市广场等重点拥堵地段,采取公交线路分站停靠和左转线路跳站停靠两种措施,缓解两个区域公交列车化停靠问题。开展公交督导、文明服务竞赛、出租车乱象整治等系列措施夯实缓堵成效。

(宋彩惠)

铁路

【概况】 2017年,福州站每日图定开行184.5对列车(普速列车14对、动车组列车114.5对、动检列车6.5对、回空动车组列车17.5对、货物列车14对,单机18对);福州南站每日图定开行列车143对[旅客动车组列车117.5对(办理乘降88.5对)、动检列车4.5对、回空动车组列车17对、货物列车4对]。福州客运段担当福州—北京、福州—北京西、福州—南京、福州—成都、福州—贵阳、福州—重庆北、福州—呼和浩特等13对图定普速旅客列车(运用车底44组,班组88个),以及福州—北京南、福州—上海虹桥、福州—西安北、福州—重庆西、福州—昆明南、福州—龙岩等111.5对动车组列车(运用动车车底148组,班组346个)的乘务工作。福州机务段配属机车306台,福州车辆段配属客车1371辆,福州动车段配属动车组159组。年内福州车站发送旅客2789.99万人,比上年增长7.2%;福州车务段发送货物802.15万吨,比上年增长32.5%。

【福平铁路建设】 2017年,福州铁路完成福平铁路建设投资32亿元。开工累计完成投资180.3亿元,占设计的71.81%;完成路基土石方408.65万方,占设计的74.71%;完成隧道及明洞30719.85成洞米,占设计的88.39%;完成中桥以上桥梁29083.18成桥米,占设计的72.67%;完成涵洞533.79横延米,占设计的81.79%。

【福州可门港铁路支线建设】 2017年,福州可门港铁路支线完成投资50万元。开工累计完成投资11.65亿元,占设计的91.52%;完成路基土石方254万方,占设计的99%;完成中桥以上桥梁9424成桥米,占设计的100%;完成涵洞559.62横延米,占设计的98.76%;完成隧道2031成洞米,占设计的100%;完成房建工程4368平方米,占设计的41.2%。

【福州车站基础环境整治】 2017年,福州铁路部门管辖福州站、福州南站两个客运一等站。结合高铁站车基础工作专项整治、客运安全专项检查、厕所卫生达标年活动,开展基础环境整治,集中整治厕所卫生、跑冒滴漏、通风照明等问题260个。争取福州市、相关区政府对火车站周边区域综合治理整治项目23个(福州站15个、福州南站8个),争取整治资金2273万元,项目包括两站标识改造、贵宾通道改造、贵宾厅修缮、北站房钢梯建设、五区服务台改造、南北站房景观灯亮化提升、职工自行车棚及运转信号楼地面硬化改造、福州南站东站房停车场工程等客运服务方面。

【福州动车段标准化建设】 2017年,福州动车段配属动车组159组,其中CRH1A型55组、CRH2A型38组、CRH380A型42组、CRH1A-A型24组;有动车组检修列位28个、检查线10条、存车线42条、临修线2条、镟轮线2条、运输机械动力设备182台。承担福州、厦门、龙岩等城市,至上海、南京、杭州、宁波、长沙、南昌、深圳、成都、合肥、郑州、西安、北京、昆明、重庆、武汉、商丘、赣州、宝鸡等地共106.5对动车组的图定运用维修任务。

梳理各动车所工装设备配置现状表,通过更新改造、补强建设等措施完善工装设备,提高检修效率;开发并推广系统集成平台,将办公软件、生产系统、控制系统进行整合,实现办公数据、生产信息的交互共享;推广动车组一二级检修全景仿真实训及考试系统,将系统客户端延伸到班组;建立TEDS综合评价系统,实现对职工工作量、业务素质、作业质量、作业纪律等方面综合考评;以作业指导书为基础,推进标准化动车组、标准化班组、标准化调度室、标准化配送中心、标准化资料室、标准化探伤间6个标准化载体创建,提高标准化工作水平。该段厦门北动车组运用所获得"2017年度全路示范标准化动车所"称号。

(曾 进)

地铁

【概况】 2017年,福州地铁建设完成投资75.56亿元,其中1条线路建成试运营、3条线路续建、3条线路新开工建设。建成线路1号线(一期)21个站点,共计24.89千米,1月6日全线试运营。续建线路1号线(二期)完成投资8.83亿元;2号线完成投资38.09亿元;6号线完成投资26.5亿元。新开工线路5号线(一期)于9月底开工建设,完成投资2.14亿元;4号线(一期)于年底个别站点前期工程开工;福州至长乐机场轨道交通(简称"滨海快线")机场站及大数据站12月29日先行开工。

【1号线运营】 2017年,福州市地铁一期全线1月6日正式试运营,上半年开行列车4.5万列次,运营总里程107.8万列千米,运行图兑现率100%,正点率99.97%,总客运量2300.2万人次;全年共开行列车9.06万列次,运营总里程217.02万列千米,运行图兑现率100%,正点率99.98%,总客运量4930.92万人次,单日最高客运量突破20万人次;各设备系统的运行可靠度均高于国家标准,未发生运营安全事故。

推行"厦航式服务"模式,设立、推广"厦航式"服务示范站;启用站内母婴室、共享雨伞、地铁便利店等设施设备;打造"地铁+共享单车"生态服务圈,在每个地铁站设立共享单车专用停车点;缩短列车行车间隔,延长节假日运营时间;福州地铁码上行APP正式上线,实现手机扫码过站,下载用户突破20万人次,并相继推出5折优惠、0.1元钱乘地铁、全年8折优惠等活动;推进地铁志愿者活动,全年到岗服务超过6000人次;开展老夫子主题车厢等特色营销活动,推出闽剧等主题票卡名片。

福建省首部有关轨道交通的地方性法规——《福州市轨道交通条例》于1月1日起正式施行。

表 55　　2017 年福州地铁线路建设情况表

序号	线路	进展情况
1	1 号线二期	4 个站点全部动工，其中 3 个站点进入主体结构施工，1 个站点进行围护结构施工，火车南站站至安平站区间盾构掘进超 98%
2	2 号线	完成 12 个站点主体结构(累计 18 个)，竹岐停车场主体及鼓山车辆段大型建筑主体结构全部封顶；17 个车站出入口或风亭展开施工；14 个车站、车辆段及停车场进入风水电工程；10 个区间实现双线贯通；启动铺轨基地建设及接触网安装，正式步入机电施工阶段
3	6 号线	全线动工，其中 9 个站点进入主体结构施工，5 个站点进入围护结构施工，1 个车站主体结构完工
4	5 号线一期	完成总体设计评审、初步审计评审；3 个站点进行围护结构施工，3 个站点完成施工围挡，5 个站点进行管线迁改等前期工程
5	4 号线一期	完成总体设计评审、初步设计评审；5 个站点完成交通疏解及施工占道、绿化树木移植等审批
6	滨海快线	完成工可评审；机场站及大数据站先行开工

2017 年 1 月 6 日，福州地铁 1 号线(一期)全线开通试运营。图为湿地主题车厢
（福州地铁集团有限公司　供）

【资源开发】　2017 年，福州市首个地铁上盖地块(1 号线新店车辆基地)以 50.4 亿元完成土地转让，政府实现收益 32 亿元；车站商业、广告传媒、民用通信等非票务资源实现收入约 6086 万元；整理出各条地铁线路沿线第一期可开发地块 30 宗 339.4 公顷；开展 2 号线金山轻轨场站预留地块等储备项目的控规调整、方案设计、可行性研究、立项等前期工作；推进 1 号线黄山站、上藤站、南门兜站等附属用房建设工作。

（陈　强）

水路运输

【概况】　2017 年，福州市水路运输业 60 家，其中海运企业 38 家、内河企业 22 家；备案水路运输辅助业 67 家。拥有经营性船舶 467 艘，300.77 万载重吨，其中沿海 179 艘，164 万载重吨；内河船舶 227 艘，15.46 万载重吨；远洋船舶(省属企业)34 艘，120.66 万载重吨。内河在册有各类船舶 1235 艘，总吨 40.80 万吨，其中散货船 615 艘，总吨 30.93 万吨；一般液货船 117 艘，总吨 3.15 万吨；引航船 1 艘，总吨 62 吨；油污水处理船 1 艘，总吨 97 吨；公务船 26 艘，总吨 884 吨；游艇 19 艘，总吨 198 吨；非运输船舶 222 艘，总吨 5.13 万吨；油船 61 艘，总吨 7433 吨；客(渡)船 168 艘，总吨 5942 吨；其他 5 艘，总吨 1304 吨。全年在册有注册船员 2077 人。在册有内河适任船员 1030 人，其中持内河一类适任证书船员 368 人，持内河二类适任证书船员 420 人，持内河三类适任证书船员 242 人。

【水上运输】　2017 年，福州市水路运输货运量 1.06 亿吨，货物周转量 1920 亿吨千米，分别比上年增长 7.7% 和 15.23%。旅客运输量 190 万人，旅客周转量 4458 万人千米，分别比上年增长 1.39% 和 2.5%(以上数据含平潭)。对台水上运输主要由福州程泰船务公司经营"马尾—马祖"和"黄岐—马祖"旅客运输航线。受空中直航的影响，"两马"航线客运量增长有限。全年运送旅客 2.48 万人，比上年增长 31.14%。对台货运完成 91 万吨，比上年下降 27.35%；对港澳航线运输基本稳定。

【内河水上交通安全监督管理】　2017 年，福州市水路运输在金砖会议、中共十九大等活动期间，制订重大活动期间管控实施方案，督促企业严格落实"2 个 100%"，摸清 9 家辖管水路运输企业发往(经停)厦门的 16 艘货船信息。全年组织检查 336 次，出动执法人员 1209 人次，检查渡口 375 处次，客渡船 448 艘次，通知限期整改 11 起，整改率 100%。

加强危险化学品重大危险源管控，

严查水路危货运输企业和人员资质情况。5月26日,组织开展内河交通应急救援跨部门联合演习。牵头联合公安、航道、急救、专业团体等单位,有13艘船艇、230多人参加实战演练。年内处置油污事件2起,救助落水人员1人,救助遇险船只1艘。与市气象台签订气象信息合作协议,建立气象预警联动机制;与水口电厂建立水口泄洪预警预报机制;与泉州德化涌口电站构建防汛备汛预警联动机制,及时共享大樟溪汛情预警信息。配套的水口、永丰、湾边巡航搜救艇及苍霞码头改造工程进入公开招标阶段;服务闽江航运开发战略,对接永丰、湾边配套码头建设。

【水上运输行业管理】 2017年,福州市根据《国内水路运输管理条例》《国内水路运输管理规定》,对符合资质条件的,准予进入水路运输市场经营。每年开展一次企业经营资质核查结合"平安船舶""内河航运市场秩序"等专项整治行动,对有问题的企业进行整改,整改仍不合格的给予取消经营资格。结合企业的日常表现,构建水路运输市场信用体系,建立航运企业"红黑"名单,并向社会公布。加强船舶防污染管理,完成船型标准化改造59艘,申请核发补助资金177万元。禁止生活污水排放不达标的内河运输船舶进入闽江水域航行。

(汤枫灵)

港　　口

【概况】 2017年,福州港全港完成投资37.17亿元(福州27.17亿元,宁德5.79亿元,平潭4.21亿元),超额完成3.16%。26个攻坚项目稳步推进,全港年度固定资产投资超额完成3.16%。

【港口建设】 2017年,福州市新开工闽江马尾对台综合客运码头1~3号泊位工程及松下港区防波堤二期工程2个项目,完工罗源湾港区将军帽作业区15万吨级泊位工程、可门作业区下屿1~4号泊位等4个项目,新增通过能力1452万吨。码头污染防治建设方案完成编制并上报申请对外发布实施。召开岸电建设推进会和座谈会,动员企业开展港口岸电建设。福州港绿色循环低碳港口主题性项目完成省内预考核。年内全省唯一的水运工程品质工程示范项目现场观摩交流会在福州港举办。

【港口运输】 2017年,福州港货物吞吐量1.48亿吨,比上年增长2.2%。集装箱吞吐量首次突破300万标箱,比上年增长12.2%。对台客运量17.36万人次,比上年增长10.7%。对台货物吞吐量797万吨,集装箱37.9万标箱。平潭至台北货运滚装快轮首航成功。拟定兑现港口生产发展扶持政策,省福州港口管理局开展新一轮福州港口生产发展补贴政策的拟订、报批工作。兑现市县两级2016年补贴资金5716万元,初核11家企业2016年度省级港航发展专项资金2996万元。集装箱业务向江阴集聚。加快完善以江阴港区支线网络,开通4条闽赣班列,集装箱海铁联运突破2万标箱。集装箱业务向江阴港区集聚态势形成,每年增幅均超过10%。全年江阴港区集装箱量完成155万标箱,增幅22%。港口经营主体优化重组。福州港务集团和华能国际分别取得碧里作业区4号、5号泊位和将军帽电厂码头100%股权,罗源湾北岸港口资源整合再次取得阶段性成果。继与巴生港缔结友好港之后,与马六甲港建立友好港口关系,"一带一路"航线增至9条。

【港口安全监管】 2017年,福州港完成厦门金砖会议和党的十九大等重大活动期间港口安保任务。强化港口危险货物作业安全监管,完成辖区10家港口危险货物储存企业在役危货储罐整治任务;完成辖区危货企业安全生产37项全年全覆盖监督检查任务;组织开展危货企业主要安全管理人员能力考核;建立重大危险源数据库。制订安全监管责任清单、审批细则和办事指南及《福州港安全生产事故隐患和非法违法行为举报制度》等6项监管制度;全省第一个标准化危货集装箱堆场在江阴港区建成投入使用。开展"平安工地"达标考核,参与考核的建设项目均"达标"。三都澳港区漳湾10号泊位工程达到"示范"等级,被省交通质监局授予平安工地"青年安全生产示范岗创建项目"。创建航道联合执法长效机制,与地方政府、海事、边防联合打击违法侵占航道行为。重点港区航道日常管养,建立应急反应机制。省福州港口管理局视频监控系统平台建成并与省港航局对接;推进港口智慧工程项目江阴港区危险货物集装箱堆场安全监管信息系统建设,实现危险货物集装箱作业全过程实时监测管理;推进智能航道建设,闽江南港航道航标遥控遥测系统通过验收,实现对航标灯、实时航道水位、航道视频的监控。

【安全引航】 2017年,福州港引领进出港船舶5219艘次,其中5万吨级以上大型船舶2033艘次,10万吨级以上船舶494艘次,20万吨级以上111艘次。

(任芝芬)

航　　空

【概况】 2017年,福州长乐国际机场有航线120条,其中国际及地区航线26条、国内航线94条。全年飞机运输9.55万架次,比上年增长2.77%;旅客运输量1246.92万人,增长7.43%;货邮运输量12.56万吨,增长3.24%。年内,完成二轮扩能初步设计与二轮扩能餐饮地块、新增商业规划等工作,以及新旧远机位交替期间的招商、装修工作,南北站坪均投入使用,机位增加至76个。元翔福州空港安护部"翔云"班组获中华全国总工会授予全国"五一巾帼标兵岗"称号。元翔福州空港候机楼管理公司、福建兆翔机场建设有限公司福州目部获福州市总工会授予市"工人先锋号"称号。元翔福州空港安护部旅检班组长周林获福建省总工会授予省"五一劳动奖章"。元翔福州空港候机楼管理公司运行管理部经理获福州市总工会授予市"五一劳动奖章"。

【航空运输】 客运 2017年,福州长乐国际机场新引进航空公司6家,其中马来西亚航空公司是机场引进的第二家外航公司;新增航点10个;新开航线23条;飞机日均起降313架次。加密前往全国区域枢纽机场、干线机场、省会机场等重点热门机场航班密度，境内航班每天4班以上前往的重点城市19个，基本形成空中快线。基地航空增投运力，中国东方航空7月起增投过夜飞机1架，并开通郑州、桂林等5条航线。到三明、宁德、莆田、南平等地区开展大规模推介活动，推出“机场+酒店+快线”联合补贴产品。全年境外旅客运输量178.04万人，其中国际航线客运量101.49万人；国内客运量1068.88万人。

货运　2017年，福州长乐国际机场有顺丰开通福州—杭州全货机航班，每周五班。发展出港跨境业务，引进优购跨境电商项目，打通欧洲至福州跨境货物运输通道。推进肉类口岸建设，完成进口肉类指定口岸查验场所建设与基础设施配备工作。全年货邮运输量12.56万吨。

【航空安全】　2017年，福州长乐国际机场持续开展二轮扩能安全运行管控，完善二轮扩能管线交底、设备设施验收机制，建立《新施工区域投用前清单》等6类安全清单制度。

【安全管理】　2017年，福州长乐国际机场补齐体系落地不足短板，完成《机场使用手册》涉及19个章节的全面修订，组建9个风险专家队伍、7个部门级安全行动小组和24个分部级风险管理小组，制定下发《深入开展风险管理活动工作方案》，开展5项专项风险评估，重新修订《不停航施工管理规定》，完善工程项目交底、安全教育培训和运行协调机制。通过华东管理局联合检查组效能评审，成为福建辖区首家通过SMS效能评估的运输机场。建立“应急信息发布模块”，初步实现发生突发事件时通过多机场系统与消防分部进行精准信息传递，弥补现有对讲机等通信工具信息传递不畅的不足。

【机场服务】　2017年，福州长乐国际机场候机楼引进永和大王、陈家生煎等品牌与“睡机场”等中转配套商业项目以及轻奢店、跨界书店、网红小吃、自助娃娃机、咖啡机、迷你KTV等新业态，并引入博思软件，推进智慧车场与智慧商业建设，全年引入与引导商户投入各类促销资金130余万元，商家商业成交额1000万元。开展地勤贵宾业务，推广“逸通行”贵宾卡，发展散客贵宾，全年贵宾部接待商务贵宾23.82万人次。打造中转旅客休息厅并于6月投入运营，为1300余人提供中转休息服务。拓展空港医院业务，引进口腔专科，取得健康体检资质并承接第一笔外部体检业务。

【机场基础设施建设】　2017年，福州长乐国际机场组建机场二期扩建及机场综合交通枢纽规划研究小组，开展二期扩建平面深化、机场综合交通等专题研究并向市政府提交方案；编制机场滑行道及停机坪改扩建工程可研报告；机场二期扩建工程预可行性研究上报发展改革委，并于12月召开民航专家评估会。南北站坪26个机位投入使用，机位增加至76个。航站楼完成外立面施工，楼内处于装修改造阶段，国内远机位候机厅投入使用；海景酒店项目完成主体结构；雨水泵站工程于12月进场施工；航空业务配套用房4～7楼完成装修。

（李　拯）

【福州航空】　2017年，福州航空运营14架飞机，安全飞行3.95万小时，比上年增长19%；完成总运输周转量3.62亿吨千米，增长28.5%。全年飞行班次达1.91万班，旅客运输量260万人，其中福州旅客运输量143万人，在福州民航业占市场份额逾13.8%。

安全运行　2017年，福州航空从防空停、飞行偏航、可控飞行撞地及飞行管理效能提升4个方面制订相应的风险管控工作单和具体各项KPI指标。年内未发生发动机空停、飞行偏航、飞行撞地等事件。建立“公司—部门”二级安全核心风险监控体系，制定《福州航空安全核心风险管控方案》，明确TOP10公司级安全核心风险条款。制定下发《关于深入落实管理干部下一线，确保“四个安全”的通知》。

航线运营　2017年，福州航空有限责任公司引进5架飞机。福州航空机队规模达到14架波音737－800型客机。年内，福州航空通航64个城市，开通46条航线，新增福州—珠海、福州—洛阳—兰州、福州—长沙—遵义、福州—桂林—遵义、福州—揭阳—柳州、西安—池州—宁波、西安—南昌、西安—泉州—舟山、宁波—郑州、哈尔滨—唐山—厦门、哈尔滨—石家庄、哈尔滨—青岛等航线，逐渐形成以福州为基点，辐射哈尔滨、西安的“福—黑—陕”大三角网络布局。

全年新增航线20条，其中夏秋航季新增14条，冬春航季新增6条。夏秋换季，有36条航线通过审核进入中国民航。夏秋航季飞行计划36条航线，比上年增长44%。2017—2018年冬春换季，有32条航线通过审核进入中国民航，冬春航季飞行计划32条航线，比上年增长6.67%。参与滨海新城建设，成立维修公司。10月，海航航空技术股份有限公司与福州航空有限责任公司合作成立海航航空技术（福州）有限责任公司，这是海航与福州市合作的又一个实体产业落户福州。

（陈　晗）

邮　政

【概况】　2017年，福州市邮政行业业务总量累计完成81.65亿元，比上年增长31.6%，占全省比重20.78%；业务收入累计完成46.14亿元，增长14.32%，占全省比重21.62%。其中邮政公司实现业务总收入9.47亿元，比上年增长13.55%。快递业务量完成3.4亿件，比上年增长28.5%；快递业务收入完成33.26亿元，增长21.93%；快递业务投递量完成3.7亿件，增长27.52%（以上数据含平潭）。

全市取得合法快递业务经营许可证企业140家，比上年新增5家，备案分支机构633个，新增181个，登记快递末端网点1579个。拥有快递主要品牌22个（包括EMS、顺丰、申通、圆通、中通、韵达、百世、天天、国通、优速、德邦、京东、品骏、速尔、快捷、全峰、宅急送、DHL、UPS、TNT、FedEx、邮政），从业人员数超1.8万人。车辆约1850辆，电动三轮车近2200辆。各类快递品牌在福州设有分拨中心22个，占地面积近20万平方米，其中处理中心面积近10万平方米，日均处理量近195万件，设计最高处理量250万件。8月,福州市邮政管理局快递许可服务窗口被福州市直机关授予“攻坚2017”优质服务窗口称号,年内累计受理完成行政许可申请、许可变更543件,按时办结率100%。

全市普遍服务营业网点238个,与上年持平。其中电子化网点199个,人工网点39个,电子网点比上年增加2个,人工网点减少2个。四项法定业务开办率100%,乡镇网点覆盖率100%。建有村邮站424个,便民服务站2950个。全市实现村村通邮,且通邮频次合标率100%。先后完成47个市区普服网点、120个乡镇普服网点营业时间调整。

【政策规划】 2017年12月,福州市“闽七条”落地文件《福州市加快现代物流业(含快递业)发展的若干措施》的项目申报及验收工作全部完成。根据公示的2017年现代物流业项目拟扶持资金安排,福州市有5家快递企业获市扶持资金240.11万元。其中顺丰、德邦、闽韵3家快递企业首次获得场地租金补贴180.21万元;腾云宝、优源物流分别在建设快递综合服务网点、校园快递服务中心项目中获资金扶持59.9万元。

【县级邮政安全监管】 2017年,福州市出台《关于进一步落实县域寄递安全管理工作的实施意见》,率先实现全市市、县邮政行业安全中心全覆盖。3月15日,闽侯邮政管理局正式挂牌成立,同时开展县域邮政业市场监督管理工作。11月28日,全省首个市级邮政业发展与安全服务中心——福州市邮政业发展与安全服务中心成立。12月26日,福清邮政管理局揭牌成立。

【末端投递建设】 2017年,福州市建成快递公共投递服务站1579个、智能快件箱2529组,日均派件量超13万件,占市区投递量20%;本土第三方运营企业升腾集团在厦门、泉州、深圳等分别设有4000余个全国性的快递综合服务站点。“双十一”期间,“人工投递服务站+智能快递件箱”快递末端网点日均投递量超19万件,为日常投递量2.1倍,占市区投递量23%。

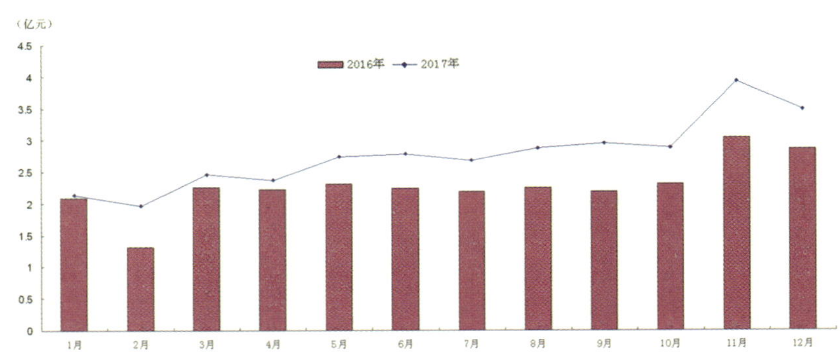

图31 2016—2017年福州市快递业务收入情况

【智能信包箱推广】 2017年,福州市完成旧住宅小区智能信包箱升级改造工程,在10个小区建成智能信包箱22组,格口2385个,服务业主2199户。在写字楼、机关单位建成智能信包箱13组,格口1000个。

【“快递+”项目】 2017年,福州市推进“快递+跨境电商”,持续助力福建农林大学和福州EMS校企合作创办的“大学生跨境电商创业孵化基地”发展。挖掘“快递+电商+农业”项目,重点挖掘闽侯“橄榄”项目,月均产生快件量超过2万件;推进“盈乐线面”项目,年内产生快递业务量近10万件。跟进“快递+制造业”,持续推进福州乔韵达仓配一体化项目等,年内产生快递业务量1100万件,实现收入3750万元,服务制造业产值6.5亿元。开通平潭到台湾“台北快轮”货运滚装航线。

【安全执法】 2017年,福州市邮政管理局出检1827人次,检查企业609家,其中立案102件,罚款金额85.3万元,行政处罚数量居全省第一,下达责令整改70份,约谈企业23家。厦门金砖会议和中共十九大期间,出检423人次,检查企业161家,其中立案22件,下发责令改正通知书17份。开展实名登记监管系统(APP)推广工作,全市系统注册快递营业网点1091个、快递员1.84万人,通过系统实名收寄快件5047万余件。受理福州市“12345”政府公共服务系统和省局“12305”转办申诉868件,其中有效投诉件621件,为消费者挽回直接经济损失12余万元。

【行业文化】 2017年6月7—8日,由福州市邮政管理局、市人社局、市交通委和市商务局主办的以“快递,让世界触手可及”为主题的第二届快递行业职业技能竞赛在福州市工人文化宫举行。7月27日,福州市选送的快递员代表获福建省首届邮政行业职业技能竞赛个人二等奖,并获2017年中国技能大赛——全国邮政行业职业技能竞赛决赛个人三等奖。

【集邮业务】 2017年8月,福州市邮集作品获评世界邮展大奖。长乐市集邮协会罗道光的邮集作品《“液体面包”——啤酒》斩获2017年万隆世界邮展专题类大金奖,成为中国第一部在世界邮展上获得大金奖的专题类展品。福州市集邮协会林伟编组的邮集《福建印花税票(1913—1927)》通过2017中华全国税票集邮展金奖,是福建省参展邮集的最高奖项。福建省3名集邮家罗道光、陈国成和宋晓文获评第四批“中华全国集邮联合会会士”称号。

(周炜赟 叶剑彬 陈武进 周李娜 许 林)

(编辑 黄雯倩)

口岸

口岸管理

【概况】 2017年,福州海港口岸完成货物吞吐量12195.88万吨,比上年增长3.25%,其中完成外贸货物吞吐量5056.3万吨,增长5.81%;完成集装箱吞吐量292.96万箱,增长12.35%,其中完成外贸集装箱累计吞吐量174.33万标箱,增长14.4%;"马尾—马祖"客运出入境旅客累计2.02万人次,增长3.1%;"黄岐—马祖"客运出入境旅客累计4.1万人次,下降15.58%;进口外贸整车1万辆,增长24.89%;空港口岸出入境旅客178.83万人次,增长2.73%。

【口岸开放】 2017年,福州港口岸扩大开放罗源湾港区国家级验收前的相关工作;8月5日,黄岐港区扩大开放获国务院批准;罗源湾港区第26轮、黄岐港区(黄岐—马祖客运航线)第5轮临时靠泊国际航行船舶继续获得交通运输部批准;江阴港区福州江阴建滔化工码头有限公司、福州中江化工码头有限公司各5万吨级化工码头通过省级验收。

【口岸建设】 2017年,总投资2.7亿元、面积2.09万平方米连江县可门查验中心,总投资350万元、面积1000平方米罗源湾港区检验检疫应急处置中心均建成。

表56 **2017年福州口岸客运统计表**

口岸类型	出/入境	累计(人次)	比上年增长(%)
海港口岸	出境	29759	-12.56
	入境	31390	-7.85
	合计	61149	-10.2
空港口岸	出境	837131	-4.16
	入境	951176	9.67
	合计	1788307	2.73

表57 **2017年福州口岸海运统计表**

类别	完成量	比上年增长(%)	进口累计	比上年增长(%)	出口累计	比上年增长(%)
货物吞吐量(万吨)	12195.88	3.25	—	—	—	—
外贸吞吐量(万吨)	5056.30	5.81	3348.38	-3.30	1707.92	29.78
集装箱(万标箱)	292.96	12.35	—	—	—	—
外贸集装箱(万标箱)	174.33	14.40	87.10	16.32	87.23	12.54

【福州港区】 2017年,福州港口岸有闽江口内港区、松下港区、牛头湾港区、江阴港区4个开放港区和罗源湾港区(2014年获国务院批复)、黄岐港区(2017年获国务院批复)2个拟开放港区,拥有福州保税港区、福州保税区、福州出口加工区3个特殊监管区。全港有生产性泊位113个(包含外贸作业点32个和临时进靠国际航行船舶靠泊点8个),其中万吨级以上泊位46个,5万吨级以上泊位21个,10万吨级以上16个,最大可靠泊15万吨集装箱和30万吋级散杂货船舶。

【口岸航线】 2017年,福州海港开辟至美国西部、西非、日韩、东南亚、中国台湾、中国香港、内支线43条外贸航线及"两马"(福州马尾—台湾马祖)、"黄岐—马祖"2条海上直航客运航线,与世界上40多个国家和地区开展贸易往来。

福州空港通航境内外航点80个,其中国际11个、地区4个、国内65个;运营航线112条,其中国际19条、地区5条、国内88条。2月,福州机场开通福州—纽约航线,这是福建省首条直飞美国的洲际航线。福州成为继北京、上海、广州之后,全国第四个可直飞纽约的中国内地城市。

【口岸通关】 马尾海关 2017年,马尾海关推进修撤单无纸化、直接退运货物网上申请等作业改革,提升"单证瘦身"水平,辖区通关无纸化比例98.48%;应用"互联网+海关"创新成果,完成福州海关微信预约平台查验工作领域全覆盖,实现企业、海关、港区三方联动,缩短企业预约、布控指令细化、港区吊柜等工作时间,提高贸易自由化便利化水平。落实总署压缩货物进出口通关时间、逐步降低出口查验率、免除查验无问题企业集装箱查验作业费用等举措。指导帮助辖区地方政府完成外贸指标绩效考核工作。

福州国检 2017年,福州国检建立审单放行新模式,压缩80%的通关放行时长,全国首单审单放行货物于11月1日在马尾口岸顺利通关;在福建国检局系统内推广"即查即卸即放"模式,促进罗源湾口岸进口矿产品1709万吨、11.25亿美元,位居全省第一;深化"5+1"跨境电商监管新模式,检验检疫网购保税进口出区包裹33.94万单、9382.1万元,分别比上年增长37.24%、2.08%,检验检疫直邮进口包裹2.85万单、1124.5万元;帮扶福建翔福物流园获国务院批准,建设成为福州唯一(B型)保税物流中心;探索入境维修/再制造"过程监管+结果评估"质量安全监管模式,助推福州维修再制造产业健康发展。

福州边检 2017年,福州边检应用"边防网上办事大厅"和"网上便民服务平台",配合完成"单一窗口"试点任务,提升口岸通关效率;构建"互联网+"边检服务矩阵。年内,"掌上直通车"服务入选省自贸区可复制创新成果,"边检网上便民服务平台"获推荐参评省"放管服"改革典型案例,相关经验在总队"福建模式"现场会上作展示;通过"企业、船方自管为主,边检机关巡查监管"的勤务模式、深化分区域执勤模式,提升边检监管和服务港区企业水平。

福州海事 2017年,福州海事持续服务两岸交流,简化"两马""黄岐—马祖""小三通"客船进出口岸申请手续,定期开展服务性安检,强化动态监控和服务保障,在"重点时段"、敏感时期开辟VTS专窗监控,为海峡两岸相关交流活动"保驾护航";加强电子政务建设,推动"一趟不用跑"和"最多跑一趟"简政放权政策落实,完成行政审批事项3254件,办结率100%;服务自贸区建设,包括推动国际贸易"单一窗口"标准版运输工具申报系统首次在福州口岸实现"一单四报"、船舶进口岸审批、进(出)口岸查验全程无纸化、国籍证书等"三证合一"并联受理。 (陈 勇)

海关监管

【概况】 2017年,福州海关管辖范围包括福建省内的福州、莆田、三明、南平、宁德5个地市及平潭综合实验区,关区总面积6.5万平方千米,海岸线总长2278千米。关区主要口岸有福州港、莆田港、宁德港以及福州长乐国际机场和武夷山机场2个空港。全年关区监管进出口货物5995万吨,进出口总值2154.9亿元,进出境人员234.5万人次,进出境运输工具2.70万辆(架)次;征收关税和进口环节税171.8亿元;刑事立案84件,案值11亿元;走私行为案件立案71件,案值502.8万元;违规违法案件立案512件,案值4.6亿元。

支持地方建设 年内,福州海关开展税则调研,支持福建特色产业发展,2016年提交税则修订和调整建议34项,其中1项被列入世界海关组织2017版《协调制度》,7项被国务院关税税则委员会采纳,其中福耀集团车用玻璃一项,每年可增加出口退税近亿元;全年有11项税则调整建议被采纳,企业年受益1.2亿元。推动临时开放泊位16个,新增进出境空中航线12条,全年监管进出境旅客234.5万人次。配合宁德市建设军民融合创新示范区,支持漳湾作业区8号、9号码头临时开放。与乌鲁木齐海关签署合作备忘录,深化两个核心区海关协作。服务企业"走出去",AEO认证50家,4篇分析报告被中共中央办公厅、国务院办公厅采用。整合优化海关特殊监管区域,批准设立宁德中铝项目保税仓库,助推福州空港综合保税区设立申报,福州出口加工区(二期)通过正式验收,全省首家10万平方米露天保税堆场投入使用。支持福州航空、福清核电、福州京东方、福州地铁、宁德新能源、青拓集团、莆田华佳彩等重点项目发展,支持宁德市冶金新材料、锂电池新能源、清洁能源三大龙头、若干重点的"3+N"产业体系发展。支持外贸增长多措并举,落实促进福建外贸回稳增长12项措施。开展港口竞争力、贸易便利化、船舶行业发展等课题研究,60篇次统计监测信息被省委省政府采用。配合福州、平潭申报自由贸易港。开展集装箱合规成本专项整治,落实查验无问题企业免除吊装、移位、仓储费用政策,惠及5863家企业。推动闽台交流,指导平潭两岸快件中心落地运营,支持开通平潭至台湾货运航线。规范对台小额商品交易市场管理,销售额7.8亿元。监管ECFA项下货物突破850亿美元,优惠关税金额近60亿元。促成福清南青屿、莆田秀屿等对台小额贸易监管点成为"第四批试行更开放管理措施点"。

【通关监管】 2017年,福州海关开展实战演练50余次,零差错完成17架次专机备降任务,完成厦门金砖会议期间保障工作。封堵固体废物、濒危动植物制品、枪支弹药、毒品等入境,查获"洋垃圾"112.4万千克,缴获象牙125.5千克、枪支及配件93件(套)、毒品3.26千克、易制毒化学品1400千克。支持进口结构优化,自贸协定项下货物享受优惠关税76.7亿元。12月,关区进口平均通关时间8.49小时、出口0.23小时,分别压缩70.3%、79.6%。全年税收入库171.8亿元,比上年增长48.9%。验放跨境电商清单140.3万票、货值4.2亿元，分别增长2.2倍、2.8倍。江阴口岸进口整车首次突破万辆，货值30.4亿元，分别增长27.5%、31.6%。首创企业认证前置工作法，认证期限缩短50%以上。采取知识产权保护措施128批次，查扣各类涉嫌侵权货物43.9万件、案值689.7万元。破获"4·12""6·28""7·5"等重大案件10件，其中9件被署局列为一级挂牌督办案件。

【关检改革试点】　2017年，福州海关支持福建自贸试验区建设97项措施及试验任务，22项被评为全国首创，4项列入国务院第二批可复制可推广改革试点成果，9项入选总署第二批全国复制推广清单，保税冷链物流监管等集成应用为企业节约成本约30%，政策好评率和受益率均在90%以上。通关一体化改革落地实施，"一次申报、分步处置"正式启动，二级风险防控中心挂牌运作，隶属海关功能化完成建设。"单一窗口"试点覆盖率35.6%，通关作业无纸化率97.9%。关检"一站式"查验模式入选商务部2017年"最佳实践案例"。优化行政执法领域内部核批186项。"双随机、一公开"改革深化运用，随机布控占比98.3%，布控有效率7.7%。

（陈斯友）

检验检疫

【概况】　2017年，福州出入境检验检疫局检验检疫进出口货物6.69万批、货值52.32亿美元，分别比上年增长6.23%和13.39%，批次占福建检验检疫系统31.69%，居第一位，货值占福建检验检疫系统16.75%，居第二位。牵头建立"一口对外、一口对内"的福州检区一体化管理工作机制。3项创新措施被中国（福建）自由贸易实验区工作领导小组办公室采纳，对台湾地区引入一般成套设备及单机实施备案管理的措施被评为全国首创，为福建检验检疫系统唯一一项。深化"质量评价+质量考核+质量奖惩"质量管理机制，助力福州市通过"全国质量强市示范城市"省级验收。服务福州市获得粮食安全省长责任制考核全省第一，服务福州市国家级食品安全城市创建通过省级测评验收。

【出境货物检验检疫】　2017年，福州出入境检验检疫局检验检疫出口货物5.35万批、货值18.37亿美元，分别比上年增长7.89%、11.42%。检出不合格出口货物141批、货值834.68万美元，批次、货值不合格率分别为0.26%、0.45%。主要不合格产品为食品（110批）、化工品（31批）。出口前4大国家和地区为美国、东盟、欧盟和日本，出口货值占出口总货值77.08%。出口美国5.27亿美元，比上年增长17.53%；出口东盟3.27亿美元，增长20.70%；出口欧盟2.92亿美元，增长2.54%；出口日本2.70亿美元，下降5.55%。传统大宗出口产品竹木草制品（含家具）、食用菌、烤鳗、粮食制品、海藻类产品出口均居福建检验检疫系统第一。其中出口竹木草制品（含家具）4.30万批、9.20亿美元，分别占福建检验检疫系统出口批次、货值的（以下简称"占比"）44.78%、40.87%；出口食用菌2806批、3.28亿美元，占比57.17%、59.42%；出口烤鳗555批、1.02亿美元，占比43.06%、36.87%；出口粮食制品881批、1877.19万美元，占比52.01%、44.38%；出口海藻类产品328批、909.61万美元，占比86.32%、78.98%。

【入境货物检验检疫】　2017年，福州出入境检验检疫局检验检疫进口货物1.34万批、货值33.95亿美元，分别比上年增长0.05%、14.49%。检出不合格2249批、货值15.13亿美元，分别比上年下降31.08%、22.38%，批次、货值不合格率分别为16.84%、44.58%。主要不合格产品为铁矿砂、煤炭、大豆、机电产品、食品等。在福建检验检疫系统首次截获有毒河豚，退运销毁不合格进口食品54批（货物批）、142.62吨；退运销毁不合格进口工业品60批（货物批）、跨境电商产品4批，检出不合格进口矿产品119批次，出证对外索赔68批次、提赔约560万美元。促进马尾口岸进口水产品23.80万吨、2.97亿美元，分别比上年增长13.24%、26.42%；促进松下口岸进口粮食207.36万吨、8.65亿美元，增长8.63%、13.52%；服务进口铁矿配矿项目落地并规范管理，推动福州港罗源湾港区扩大开放验收，"即查即卸即放"模式在省局内推广，促进罗源湾口岸进口矿产品1810万吨、11.85亿美元；助推海丝商城进口预包装食品3660.82万美元，增长24.24%；深化"5+1"跨境电商监管新模式，检验检疫网购保税进口出区包裹37.81万单、9966.54万元，分别增长39.76%，下降1.51%，直邮进口包裹4.26万单、1545.73万元。

【动植物检疫】　2017年，福州出入境检验检疫局截获进境植物疫情1199批、342种、11845种次，分别比上年下降28.42%、16.59%、5.35%。其中，检疫性有害生物21种、732种次，分别下降25.00%、23.83%，非检疫性有害生物321种、11113种次，分别下降15.97%、3.82%。

【卫生检疫】　2017年，福州出入境检验检疫局检疫出入境船舶5081艘次，比上年下降3.38%，其中出境2584艘次，入境2497艘次。检疫查验出入境人员12.30万人次，比上年下降4.93%；其中出境6.11万人次、入境6.19万人次。检出发热及其他相关症状人员104例，筛查率8.44人次/万人，确诊传染病34例，确诊率32.69%；旅检口岸实施放射性监测3.12万次，发现6例旅客放射性诊疗导致的放射性剂量超标，予以排查放行；发现1起化学因子（消毒液），排查涉恐并予以扣留销毁；对货物、集装箱实施核生化有害因子监测，核辐射超标4例，均排除涉恐；截获医学媒介疫情并报信息453条，数量10.19万只；入境船舶截获医学媒介7.37万只，增长43.82%；入境集装箱截获媒介2.66万只，下降47.46%。医学生物媒介携带病原体累计检测220项次，开展鼠疫F1抗体、鼠疫F1抗原、汉坦病毒、钩端螺旋体核酸检测汉坦病毒阳性，均为阴性。对34个码头供水及外供食品单位实施卫生监督114次。签发卫生许可证书食品生产经营类7份。开展船舶食品快检7批次，未检出异常。码头供水监测2批次，未发现异常。开展湿度、相对湿度、风速、一氧化碳、二氧化碳、细菌总数、照度、噪声、可吸入颗粒物、甲醛等口岸内环境因素微小气候监测,按每3个月两次要求对“两马”客运站候船厅监测8次。

【进出境集装箱检验检疫】 2017年,福州出入境检验检疫局受理进出境集装箱报检25.75万标箱,比上年下降0.36%;查验1.87万标箱,下降9.94%,查验率7.27%;对19.55万标箱实施卫生除害处理,增长0.09%,卫生除害处理率75.94%。进境集装箱重箱检出不合格25标箱,检出率1.73%,分别比上年下降59.02%,增长2.98%;空箱检出不合格1537标箱,检出率20.68%,增长140.91%、139.91%。主要截获米象、鬼针草、假臭草、死蝇、苣荬菜、天兰苜蓿、玉米、多裂叶老鹳草、四纹豆象、苦苣菜、知风草、一点红、谷蠹、烟草甲、白腹皮蠹、小杆目线虫、链格孢属、青霉菌属、滑刃属线虫、根霉菌属、肉食皮蠹、麻皮蝽、曲霉菌属、腐霉属、老鼠等,对携带疫情的各批次集装箱均作有效的检疫除害处理。

【涉台检验检疫】 2017年,福州出入境检验检疫局检验检疫往来台湾的海上直航客轮1932艘次,比上年下降6.40%,货轮1871艘次,下降4.64%。其中,出客轮965艘次,货轮972艘次;入客轮967艘次,货轮899艘次。出入人员9.85万人次,下降6.98%,发现有传染病症状55人次,下降44.44%;确诊病例16人次,下降36%。检疫旅客携带物6.45万批,增长6.97%,发现问题248批次,增长12.73%。对台小额贸易船舶456艘次,下降5.79%,其中,出船舶228艘次,入船舶228艘次。受理报检入对台小额贸易货物1070批次、货值842.99万美元,完成检验检疫464批次、货值72.16万美元。

【产地证业务】 2017年,福州出入境检验检疫局签发各类原产地证书5.83万份、签证金额21.58亿美元,分别比上年增长0.14%、10.19%。其中签发普惠制原产地证书2.20万份,签证金额7.78亿美元,分别下降10.70%、8.75%;一般原产地证1.04万份,签证金额3.67亿美元,分别下降1%、8.19%;区域性优惠原产地证书2.59万份,签证金额10.13亿美元,分别增长12.26%、43.43%,其中签发ECFA证书49份,签证金额81万美元,分别下降30.99%、40.39%。累计减免进口国关税1.4亿美元。

【行政处罚】 2017年,福州出入境检验检疫局强化行政处罚办案工作,行政处罚案件数保持福建检验检疫系统首位,全年办结行政处罚案件35件,涉案金额127.77万美元,罚款6.15万元人民币,发放行政建议书21份。持续开展“双打”活动,出动执法人员3640人次,检查企业1844家次,对大宗出口商品实施检查1241批次,货值3221.36万美元,其中不合格商品11批次,货值268.39万美元。创新普法手段,拍摄的法治微视频《朱嫂闯榕关》在质检系统“12·4”国家宪法日主题活动中展播,并获得质检法治微动漫、微视频展播活动微视频类二等奖。

(林婧一)

边防检查

【概况】 2017年,福州边防检查站检查出入境(港)船舶4907艘次,其中货轮2966艘次、客轮1941艘次;检查出入境(港)人员12.71万人次,其中员工6.60万人次、旅客6.12万人次;办理各类证件2.31万份;查获违法违规19件。年内连续第5次在全省口岸通关满意度测评中获“综合得分奖”,“边检掌上直通车”服务举措入选福建省自贸区可复制创新成果,获省政府发文推广。“边检网上便民服务平台”获推荐参评省“放管服”改革典型案例,1个单位被评为“公安边防部队执法示范单位”,获评“福州市双拥工作先进个人”“福建省三八红旗手”、被授予“第十四届福建青年五四奖章个人”称号各1人。

【对台海上客运航线】 2017年,“两马”和“连江黄岐—马祖白沙”航线完成客运班轮1900余艘次,通关旅客6万余人次。福州边检站针对两条客运航线同步运行,会同旅游部门规范旅行社、领队管理,建立团队签注旅客预报机制,实行旅游团队“分时通关、分团验放”,提高旅游团通关效率,并梳理整合近年来推出的“四三”服务定式、“2+1”无缝服务、“船到客下”检查模式等服务举措,丰富“两岸亲情通道”品牌内涵,服务保障“惠游两马”“到连江走走,去马祖逛逛”等大型优惠旅游活动,旅客满意率99%以上。12月23日为该航线开通两周年纪念日。

【口岸重点项目建设】 2017年,马尾琅岐推进对台客运站、百年马尾造船厂新厂、罗源湾神华储煤一体化以及连江

2017年1月21日,福州边检站助力“连江黄岐—马祖白沙”航线春运客流高峰期旅客便捷通关 (福州边防检查站 供)

申远聚酰胺一体化等口岸重点建设项目。福州边检站按照“主动介入、跟踪情况、靠前指导”的工作思路,组建“口岸开放专项服务队”,先后派出16批次120余人次,实地踏勘、靠前指导口岸边检基础设施建设,向驻地党委政府、码头企业提出可行性意见建议30余项。

【口岸通关环境优化】　2017年,福州边检站查验货轮总量和所辖港口吞吐量居福建省现役边检站第一。在落实边检“福建模式”以及“福建边检综合便民服务机制”基础上,推行“马上就办”海港边检通关服务体系,整合大型国企诚信“自助办证”、远洋渔船锚地通关查验等6项创新服务举措。完成福建省国际贸易“单一窗口”试点运行任务,深入应用边防网上办事大厅和“网上便民服务平台”,构建“互联网+”边检服务矩阵,口岸通关效率提升30%以上。

（张　磊）

海防管理

【概况】　2017年,福州市海洋与渔业部门查处海洋案件163件,收缴罚没款5356.92万元,查处渔业案件237件,收缴罚没款243.91万元,全年拆解涉渔“三无”船舶89艘。公安边防部门查获偷私渡案件26件,查获组织者36人、偷渡人员323人,办理“三非”案件156件164人,破获“4·25”特大组织他人偷越国(边)境案,摧毁偷渡团伙7个,抓获组织者21人、偷渡人员91人,查获涉毒案件679件690人,缴获各类毒品54.25千克,破获“6·15”特大走私毒品案,缴获毒品K粉51.15千克。海警部门办理各类案件42件,查获无合法齐全手续成品油1.02万吨,重油723.14吨。海事部门处置各类险情34起,协调海事系统船艇39艘次,专业救助船20艘次、商船及其他社会船舶132艘次,专业救助飞机9架次,救助遇险人员243人,成功救助遇险人员233人,人命救助成功率95.9%,救助遇险船舶28艘,成功救助19艘,船舶救助成功率67.8%。年内福州市制订部分老化的监控设备升级改造方案并逐步实施,除一条道路受台风损毁外,其余设施运行正常。

【平安海域创建】　2017年,福州市公安边防支队出台《沿海边防治安管控基础信息摸排专项工作方案》《关于强化沿海管防十项任务的紧急通知》等5份规范性文件,组织民警深入摸排,实现辖区船舶与渔船民“底数清、情况明、控到位”,摸排各类船舶1.04万艘、渔船民2.35万人,采集核对14类边防治安要素信息3.46万条,向涉私热点地区派驻3支执法船艇编队,部署开展“靖海固边2017”“撼海2017”以及打击违章船舶等海上治安整治专项行动,全年查获无合法、齐全手续成品油案145件、8884.46吨,比上年增长70.09%。查处违章船舶案件1329件,比上年增长4.09倍,拆解“三无”船舶7艘。省海警一支队先后开展“国门利剑2017”“净海”等海上联合执法行动10次,全年出动舰艇1004艘次,依法查处违规船只65艘、渔船民305人。7月29日,支队联合福清市政府在亭江驻地举办中国海警“福清舰”命名仪式。市海洋与渔业局开展“蓝剑2017”海上联合执法行动,实现省、市、县纵向联勤执法,严防渔船进入敏感海域生产作业,对马祖、白犬附近等敏感海域开展水上巡查,劝阻渔船21艘,查处“三无”船舶5艘,驱赶到敏感海域钓鱼的快艇3艘。

船舶管理　8月,市海防办、市财政局联合下发《关于提高全市沿海船舶管理站经费保障标准的通知》,追加船管员保障经费179.775万元,将船管员工资从950元/月提升至1650元/月,并缴纳每人250元/年的社保、医保。市公安边防支队根据“北片注重船管站,南片突出警务室”原则,科学调整33个选址不合理、办公条件差、使用效能低的警务室、船管站和非边防辖区执勤点、船管站。市海洋与渔业局深入开展渔船安全隐患排查治理,全市登临检查渔船8359艘次,查处存在安全隐患渔船227艘次,责令现场整改到位113艘次,发出整改通知书114份,实现整改到位率100%。福州海事局加强与气象、海洋、媒体等部门合作,建立健全恶劣天气和海况预警机制,做到早预警、勤跟踪。

海上安保　在福州“三合一”会议及厦门金砖会议期间,福州市涉海职能部门加强协作,开展“净海”“蓝剑2017”等专项行动,配合完成“三合一”会议及厦门金砖会议期间海上安保任务,6月5—14日,省海警一支队派遣海警35101、35_04舰、35001艇等7艘舰艇在平潭至东冲口附近海域执行政党、智库、民间“三合一”会议海上安保任务,总航程3652.9海里,总航时423小时52分钟,检查船舶25艘、渔船民213人,确保会议期间环福州片区海域安全稳定。年内,省海警一支队1个单位被福建省委省政府评为“厦门金砖安保先进集体”,1人被评为“厦门金砖

2017年6月5—14日,福建省海警一支队执行“三合一”会议海上安保任务

（省海警一支队　供）

安保先进个人”。市海洋与渔业局2个集体、10个个人获得福建省海洋与渔业厅厦门金砖安保先进表彰。

【军警民联防】 2017年,福州市继续推进中共福州市委、福州市政府、福州警备区出台的《关于大力推进军民融合深度发展的实施意见》。马尾、长乐、连江、罗源等地边防、海事、海洋与渔业等部门开展海上联合执法行动,罗源县边防大队与罗源海事处、罗源县海洋与渔业局共同签订海上联合执法行动方案,市公安边防支队船艇大队与福州边检站、马尾海事局等单位在马尾三江口海域开展海上执法演练活动。省海警一支队完善抗台风预案,强化防台演练,采购配发舰艇防台防汛物资14类211件,配合地方提高应对台风等自然灾害能力。市海洋与渔业局发动群众举报,对全市3085艘应休渔船形成全方位、全覆盖的伏休监管局面,全市查获违反伏休制度渔船61艘,罚款137.42万元,没收渔获物249.35吨并予以公开拍卖,全年开展敏感海域相关宣传会53场,分发宣传材料1.3万多份。

(高晓燕 连裕钟)

打击走私

【概况】 2017年,福州市组织开展反走私联合专项行动,依法清理道路沿线非法销售涉嫌走私油的加油站(点),指导沿海县(市、区)打私办完成打私科机构设置,完成沿海县(市、区)反走私综合治理责任制考评。开展反走私宣传月活动,试点建设反走私综合治理示范村,推进反走私综合治理工作重点下移,延伸到基层、落实到群众,优化反走私综合治理工作新格局,逐步建立基层反走私综合治理基本框架和运行机制。全市刑事立案59件,立案案值2.1亿元;行政立案4692件,立案案值5.3亿元。查获物品主要有成品油、食冻品、化工原料、电子产品、“洋垃圾”等。

【综合治理】 2017年,福州市实行市、县(市、区)、镇、村、船(人)五级反走私综合治理责任体系,采取责任倒查追究工作机制,逐级签订反走私综合治理工作责任书,开展形式多样的反走私宣传。建立辖区港澳口、码头(简易码头)、加油站、供水船、运砂船、船管站等数据台账,借助村(居)委、船管站、警务室以及执勤点等基层力量,开展反走私防控工作。指导福清市打私办在龙田镇东营海滨村建立“反走私综合治理示范村”,实行分片管理、责任到人、阵地管控、重点整治的综合治理机制。

【专项行动】 2017年,福州市打私办聚焦中央关注、社会关切、群众关心的热点和难点问题,组织开展打击走私“国门利剑2017”联合专项行动,打击非法运输、储存、买卖无合法来源成品油专项整治行动,打击“洋垃圾”走私专项行动、打击走私和非法加工销售象牙及其制品专项行动,通过联合执法、精确打击、综合治理,重点领域走私活动得到控制。

【重大案件】 文达(福州)国际货运代理有限公司走私普通货物案 2017年1月6日,福州海关缉私局破获文达(福州)国际货运代理有限公司走私普通货物案。该公司自2015年以来,将来源于美国的奶粉、保健品等应税货物通过水客携带、伪报贸易方式等手段走私进境,并运至福州、深圳等地仓库后进行分销。同时还查获王某青、李某容等7件个人涉嫌走私普通货物案。经计核,该系列案案值约1亿元,涉嫌偷逃税款3300万余元,提请逮捕犯罪嫌疑人11人。

“翊龙9号”走私冻品案 2016年12月13日,福州海关缉私局所属福清海关缉私分局立案侦办“12·13”“翊龙9号”船涉嫌走私冻品案,查获冻品总净重1381.44吨,其中814.94吨货物属于禁止进口货物。该案涉嫌走私国家禁止进出口货物81494吨,涉嫌走私普通货物566.5吨,全案案值约2500万元。2017年2月13日,海关总署缉私局将“12·13”“翊龙9号”船涉嫌走私冻品案系列案件列为一级挂牌督办案件。

“6·15”走私毒品案 2017年6月15日,福州公安边防支队在福建省公安边防总队和福州市公安局的统一指挥以及厦门公安边防支队的配合下,破获“6·15”走私毒品案,在连江县黄岐镇兴海大酒店抓获涉嫌走私毒品的犯罪嫌疑人6人,查扣车辆2辆,船舶2艘,该团伙涉嫌从黄岐走私300千克毒品K粉至台湾未遂。

“5·19”走私冻水产品专案 2017年6月22日,福州海关缉私局在北京、上海、福州、宁德、广州、南宁等多地同时开展“5·19”走私冻水产品案抓捕和搜查行动。行动当日出动警力240余人,抓获犯罪嫌疑人38人,主要目标嫌疑人全部到案,当场查扣部分走私冻品,查获涉案单证及电子证据一批,摧毁走私团伙5个,斩断一条由越南经广西边境至全国多地市的冻水产品走私链条。查证涉案冻水产品4.1万吨,案值6.4亿元,涉嫌偷逃税款1.18亿元。

“6·28”走私麻黄碱案 2017年,福州海关缉私局侦办的“6·28”走私麻黄碱案,抓获犯罪嫌疑人9人,查证涉案麻黄碱1.42吨,摧毁一个以福清籍犯罪嫌疑人为主的走私犯罪团伙及一条由福建至澳大利亚的货运渠道走私制毒物品链。该案实现福州关区货运渠道走私制毒物品案件“零”的突破。7月14日,该案被列为公安部毒品目标案件。

“4·12”走私冻水产品案 2017年4月28日,福州海关缉私局秘密立案侦查“4·12”走私冻水产品案。12月27日,福州海关缉私局在北京、上海、福州、广州、湛江、南宁等地同时开展案件抓捕和搜查行动,抓获犯罪嫌疑人27人,当场查扣部分走私冻品,查获涉案单证及电子证据一批。经查证,福清新海宝食品有限公司利用其关联企业海宝国际投资(香港)有限公司及子公司、福清敬国贸易有限公司将应以一般贸易方式进口的冷冻水产品伪装作委托边民采购方式走私入境,涉嫌偷逃税款2.6亿元,总案值13.6亿元。

【职能部门打私工作】 马尾海关缉私分局 2017年,该局刑事立案12件,立案案值7636万元,涉嫌偷逃税款2291万元,采取强制措施48人(经福州市人民检察院批准逮捕7人,取保候审29人,解除取保候审22人),其中刑事拘留23人,拘留变更为取保候审8人,提请批准逮捕9人,移送审查起诉4案7人,法院判决6案15人,刑事罚没76.87万元。行政立案250件,立案案值23719.6万元,其中一般案件59件(走私行为36件,违规行为23件),两简案件191件。查获主要货物物品有:柴油1675吨(成品油案件立案10件,其中刑事案件8件,行政案件2件),实际查实8665吨,燃料油1000余吨、冻品150吨,枪管36根,奶粉、面膜、日用品等台货334项,废矿渣79.19吨,碎牛皮7.07吨。罚没入库221.72万元,补税9.32万元。

福清海关缉私分局　2017年,该局刑事立案10件,立案案值13361.62万元,涉嫌偷逃税额4086.19万元;查实案值152092.51万元,涉嫌偷逃税额31028.10万元。行政立案99件,立案案值8044.65万元,涉嫌偷逃税额305.97万元。其中10月25日立案侦查福建瀛润塑业有限公司涉嫌走私固体废物案,查扣涉案废塑料366吨;查获大米走私案件2件,案值6091.6万元,涉嫌偷逃税额2654万元;查获"翊龙9号"走私冻品案,案值2500万元,涉嫌偷逃税额174万元,查扣涉案冻品1381.44吨。查获成品油案件17件(其中刑事立案1件,涉案柴油7000吨,立案案值3500万元,涉嫌偷逃税额1500万元;行政立案16件,查扣成品油383.59吨,立案案值184万元)。

福州长乐机场海关缉私分局　2017年,该局刑事立案6件(毒品走私2件,枪支走私1件,象牙案件3件),刑事拘留7人,报捕3人,批捕3人,取保候审2人,移送审查起诉2件。行政立案90件(旅检渠道案件83件,货运渠道案件5件,后续监管案件2件),涉案案值2491.73万元,涉税金额9.51万元。办结案件78件(其中走私行为案件5件,违规案件61件,其他案件12件),涉案案值1408.69万元,执行完毕73件,罚没入库138.84万元。

福州海关驻邮局办事处　2017年,该处向海关缉私部门、法规部门移送各类线索141条,立案77件。移送毒品案件线索5条,其中麻黄碱案件1件5024.5克,大麻2件483.13克,麻古1件136.01克,摇头丸1件3263.3克;枪支零配件及管制刀具案件线索15条,其中管制刀具案件4件104把,枪械及配件案件11件,查获仿真枪3把,枪支配件64件;濒危动植物案件线索44条,查获象牙及制品22件3120克,沉香木及制品61件12778克,红珊瑚及制品31件2062克;淫秽色情出版物案件线索38条,查获违禁印刷品及音像制品5574件;侵权物品案件线索14件;查获伪造证件和金银饰品等案件线索25条。

省海警一支队　2017年,该支队查处成品油案件42件,查获涉案成品油10015.15吨,重油723.14吨,涉案案值8573万元,现场查获涉案人员212人、船舶42艘、油罐车4辆,其中移交海关缉私部门涉嫌走私案件4件,移交成品油1.02万吨,重油723.14吨。专案经营方面,1月7日参与查缉侦办由中国海警局和海关总署缉私局统一指挥收网的代号"2·25"特大成品油走私案,该案现场抓获犯罪嫌疑人170人,查扣走私船舶15艘,油罐车31辆,扣押涉案账册、电子证据及作案工具一批,现场查扣成品油3537吨,涉案成品油约17万吨,案值约9.4亿元,涉嫌偷逃税额3.5亿元,成功捣毁以刘某语为首的成品油走私团伙。

福州市公安边防支队　2017年,该支队查获涉嫌走私类案件153件,其中成品油案件146件(含移交海关缉私部门刑事立案3件),抓获涉案人员318人,查扣无合法、齐全手续成品油8399.68吨,涉案案值3300万元,车辆177辆、船舶47艘、油罐(库)77个;走私台货案4件,抓获涉案人员14人,查扣走私台货417件,案值250万元;走私毒品案1件,抓获涉案人员6人,缴获毒品K粉51.15千克;非法运输珍贵野生动物案1件,抓获涉案人员1人,缴获不同品种鸟类258只,案值130万元;非法经营卷烟案1件,抓获涉案人员8人,缴获各类香烟1037.6条,案值300万元。

福州出入境检验检疫局　2017年,该局在马尾口岸检验检疫进口水产品5900批21万吨,货值27599.11万美元;进口肉类产品56批1027.7吨,货值408.4万美元;查获进口有毒河豚2批次66箱、1625千克。检验进口废钢4批2190吨,货值23万美元,其中检验不合格1批1000吨,货值7.70万美元。接受并完成马尾海关委托的11批进口货物属性鉴别,经鉴定其中1批碎牛皮属于固体废物原料。查获进境旅客禁止携带物共85批(其中肉类及制品18批、蛋及制品8批、水生动物产品4批、新鲜水果55批),退回6批,销毁处理65批。

福州市市场监督管理局　2017年,该局立案查处无合法来源成品油、不合格成品油案件27件,结案17件,案值30.6万元,罚没款29.2万元,涉及油品126吨。立案查处无中文标签进口商品案件106件,结案104件,案值102.82万元,罚没106.43万元。

福州市商务局　2017年,该局查处成品油经营违规案件4件,其中无成品油经营批准证书从事成品油经营案仵1件,罚款0.5万元,责令改正;出借成品油经营批准证书案1件,罚款0.5万元,责令改正;从不具有成品油批发经营资格的企业购进成品油及超越经营范围进行经营活动案1件,罚款3万元,责令改正;超越经营范围进行经营活动案1件,给予警告。

福州市烟草专卖局　2017年,该局查处涉嫌走私刑事案件30件,其中国标网络案件4件,涉案金额847.16万元,刑拘21人,批捕8人,直诉2人。查处涉嫌走私行政违规案件3929件,涉案金额1684.54万元。

(陈明亮)

(编辑　黄雯倩)

综　述

【概况】　2017年，福州市城区环境空气质量达标率95.9%，环境空气质量综合指数3.42，在全国省会城市排名第3位（位列海口、拉萨之后），在全国74个重点城市中排名第5位。闽江（福州段）、敖江（福州段）和龙江干流水质达标率100%，Ⅰ类～Ⅲ类水质比例90%；74个省控小流域Ⅰ类～Ⅲ类水质比例70.3%，比上年增长8.1%；县级以上饮用水水源地水质达标率100%。城市区域环境噪声57.5分贝。城市生活污水集中处理率94.26%，生活垃圾无害化处理率98.43%。全市工业废水排放量5071.05万吨，工业废水处理排放达标率95.79%，工业固体废物综合处置利用率98.08%，工业危险废物综合处置利用率100%，医疗废物处置率100%。

【环保信息化建设】　2017年，福州市环保局配合福建省环保厅开展福建省生态环境大数据平台（生态云）建设工作，对市、县（市）区两级环保局各个业务部门进行需求调研，并对在用的信息系统进行细化梳理，初步实现福州市环保局主要应用系统的环保业务数据与福建省生态环境大数据平台（生态云）有效对接；在福州市政府政务信息系统整合和数据归集大会战的统一工作部署下，开展福州市环保局环保业务应用系统的梳理和环保政务信息资源目录编制工作；根据新型智慧城市标杆市创建工作要求，及福州市环保局十三五“智慧环保”建设工作规划，开展福州市环境监测管理支撑系统、福州市生态红线管理信息系统、福州市环保网格化监管平台等项目的建设工作；把“福州环境保护”网站整合到“中国福州”门户网站中，形成福州市环境保护专栏，保证网站安全和更新维护，同时开展“福州环保”微信公众平台及微官网的管理维护工作。

【环境保护改革创新】　2017年，福州市环保局组织实施县（市）区党政领导生态环保目标责任制。推动实施环保机构监测监察执法垂直管理制度改革，编制“福州市环保机构监测监察执法垂直管理制度改革工作方案”。配合开展“多规合一”和生态保护红线划定。建立福州市生态环境保护补偿长效机制，下达生态转移支付资金7318万元。福州市环保局与福州市法院共同成立福州市法院生态环境保护诉调工作室，开展环境污染第三方治理、企业信用评价工作。在全市环境高风险行业中推行环境污染责任保险工作，全年投保环责险的高风险企业54家，保费149.14万元，责任限额10650万元。推动生态环境损害赔偿试点工作，在2017年前期先行开展生态环境损害赔偿探索工作基础上，根据福建省政府部署，选取永泰县开展生态环境损害赔偿探索试点工作。推进排污权交易改革创新。研究制定《关于全面实施排污权有偿使用和交易工作的意见》，修订《福州市建设项目主要污染物排放总量指标管理实施细则》，将排污权有偿使用扩展到全行业。全市累计进行262笔排污权交易，交易金额4282万元。

环境质量

【大气环境】　2017年，福州市城区环境空气达标天数347天，达标率95.9%（全年有效监测天数362天）。全年15天超标，超标污染物为可吸入颗粒物（PM_{10}）、细颗粒物（$PM_{2.5}$）和臭氧（O_3）。福州市空气质量综合指数3.42，在环境保护部发布的74个重点城市中排名第5位，省会城市中排名第3位。6项环境空气质量达到国家二级标准，其中可吸入颗粒物（PM_{10}）年均浓度51微克/立方米，细颗粒物（$PM_{2.5}$）年均浓度27微克/立方米，二氧化氮（NO_2）年均浓度29微克/立方米，二氧化硫（SO_2）年均浓度6微克/立方米，一氧化碳（CO）日均值第95百分位数浓度0.9毫克/立方米，臭氧日最大8小时滑动平均值第90百分位数浓度141微克/立方米。全年福州市城区降水pH均值5.93，酸雨率8.5%。各县（市）中，永泰城关空气质量最好。

【水环境】　2017年，福州市闽江流域福州段水质总体为优，全流域水质功能区达标率100%，Ⅰ类～Ⅲ类水质比例

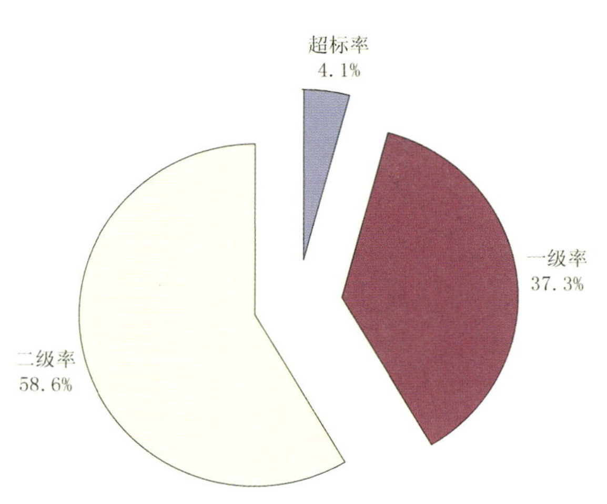

图 32　2017 年福州市空气质量分级比例

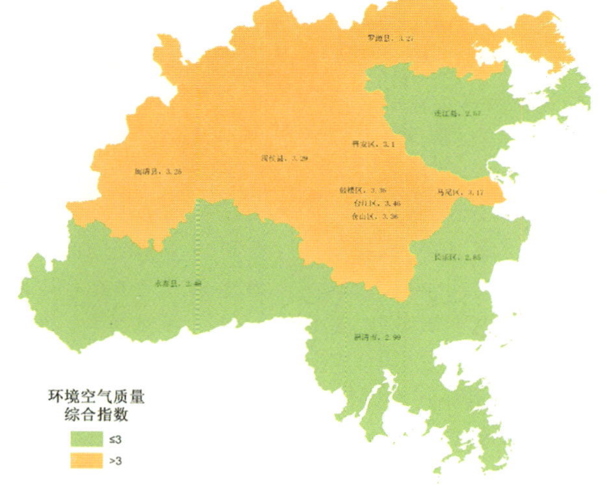

图 33　2017 年福州市各县(市)环境空气质量综合指数

100%。敖江全流域水质功能区达标率 100%，Ⅰ类~Ⅲ类水质比例 100%。龙江流域水质功能区达标率 100%，Ⅰ类~Ⅲ类水质比例 50%。海口桥、倪浦桥达到Ⅴ类水质标准。

福州城区 8 个饮用水水源地(含 1 个备用水源地)水质达标率 100%。各县(市)城关饮用水水源地水质良好，达标率均为 100%。山仔水库总体水质为“良好”，东张水库总体水质为“优”，西湖全年水质为“中度污染”。山仔水库、东张水库水质富营养状况均处于中营养水平，西湖水质处于轻度富营养水平。福州城区内河水质达标率 75%，彬德闸断面的氨氮年均值超功能区标准。福州市近岸海域 17 个站位中，Ⅰ类~Ⅱ类水质比例 88.2%，主要污染物有五日生化需氧量、无机氮。

表 58　**2017 年福州市流域水质达标情况**

河流		水域功能达标率(%)		Ⅰ类~Ⅲ类水质比例(%)	
		2017 年	2016 年	2017 年	2016 年
闽江	干流	100	100	100	100
	梅溪	100	100	100	100
	大樟溪	100	100	100	100
	全流域	100	100	100	100
敖江干流		100	100	100	100
龙江		100	100	50	50
合计		100	100	90	90

【声学环境】　2017 年，福州市建成区区域环境噪声年均值 57.5 分贝，处于“一般”水平(55.1 分贝~60.0 分贝)。道路交通噪声年平均值 69.3 分贝，维持在“较好”水平。

环境监察整治

【大气污染防治】　2017 年，福州市环保局加强重点行业大气污染源管控。完成火电厂 12 台燃煤机组脱硫、脱硝、除尘设施超低排放改造，推进钢铁行业除尘设施升级改造与建陶行业煤改天然气。加强锅炉大气污染物排放监管，完成全市市级以上工业园区 10 蒸吨以下燃煤锅炉淘汰改燃。强化挥发性有机物治理。开展重点行业企业挥发性有机物(VOCs)污染物整治，加强常态化机动车尾气路检，淘汰黄标车 6203 辆。全年进行机动车尾气监督抽测 205 次，抽测 2707 辆次，处罚超标车 327 辆次，金额 16.35 万元；开展机动车环保检验机构检查，对 25 家违规检验机构进行处罚，金额 78 万元；开展加油站油气回收治理情况检查 76 次，督促国控点 3000 米内加油站完成喷淋装置。严控城市扬尘污染，建立常态化督查、通报机制。出动 1000 多人次检查拆除及在建工地 600 多家，责令“海西商务大厦”等工地立即整改并报送市提升办予以挂牌通报。开展金砖会晤保障。重点检查大气污染企业错峰生产落实情况，对未落实错峰生产、不能稳定达标排放的，立即责令整改。会晤期间检查企业 1311 家次，其中查封扣押 73 家，限产停产 32 家，移送拘留 1 家，拟立案处罚 28 家，要求企业错峰生产 187 家次。强化轻微污染天气应对，组织启动市、区两级联动的轻微污染天气应急响应。

【水环境综合整治】　2017 年，福州市环保局开展水源保护区划定和变更工作，推动农村饮用水水源保护范围划定。加强已划定水源保护区规范化建设，取缔饮用水水源保护区内各类生产性、经营性排污口，拆除一级保护区内与供水设施和水源保护无关的建设项目。对水源一级保护区实施封闭式管理，补充完善缺失或损坏的水源保护区标志牌和隔离围网。强化饮用水水源常态化管理，对全市水源地开展定期巡查。开展饮用水水源地年度调查评估工作,开展饮用水水源地环境综合整治。督促完成133个水污染防治项目整治。推进全市28条未达Ⅲ类水质小流域实施水体达标整治;筛选福清市大坝溪等6条小流域综合整治项目纳入"省为民办实事"项目,完成投资3.1亿元。开展沿岸污染源整治工作。实施城区内河沿岸污染源整治,完成整治任务1986项,建设内河水质自动站9座。

推进畜禽养殖污染整治,全年拆除生猪养殖场278家;拟保留的164家生猪规模养殖场完成标准化改造;查处畜禽养殖环境违法行为60件次,处罚金175万元,移送公安机关行政拘留8件次。逐步建立农业面源污染防控体系,推进化肥减量增效及农药减量控害,全年累计推广测土配方施肥0.95万公顷,示范推广商品有机肥0.43万公顷、推广绿色防控面积超过209.2万公顷、专业化统防统治面积超过17.15万公顷,全市农药使用量呈现逐年下降趋势。

推进小流域治理工作,分批组织开展市控以上小流域周边污染源摸排工作,全面排查小流域沿线一重山或500米范围内一级支流汇入口、工业污染源、农业污染源、生活污染源、集中式污染治理设施等信息。针对水质未达到Ⅲ类的小流域及部分重点小流域,根据"一河一策"原则水体达标方案。

以河长制为突破口,建设监管统筹共进,全市4名市级河长、105名县级区域河长、894名乡级河长到位,1983名河道专管员上岗履职。针对区域和流域实际,围绕水资源保护、水域岸线管理保护、水污染防治、水环境治理、水生态修复、执法监管6个项目,突出"六治""三清"工作重点,梳理26类69种问题现象,形成《福州市河长制河流治理负面清单及对策》。

全年新建完成污水管网465.9千米,全面启动17座县级以上污水处理厂一级A提标改造工作,其中4座完成改造,城市污水处理率89.92%,比上年提高1.12%。全市130个乡镇均建成生活污水处理设施(或实现污水接驳处理)及压缩式垃圾转运设施,完成6.95万个三格化粪池新建改造任务及1105个农村生活垃圾治理行政村任务。

【污染减排】 2017年,福州市减排目标为二氧化硫、氮氧化物排放总量均低于2015年水平,化学需氧量、氨氮分别比2015年减排1.72%、1.48%,经核定,四项指标均完成年度目标任务。完成燃煤机组超低排放改造,全市12台燃煤机组全部稳定达到国家超低排放要求。持续推进污水处理设施厂网建设和维护。启动近岸海域汇水区域生活污水处理厂提标改造工程,加大工业园区污水集中收集处理力度,实现所有省级以上工业园区污水集中处理。推动建陶企业煤改天然气工作,闽清县建陶企业完成釉烧窑炉煤改天然气工程。巩固提升钢铁、平板玻璃等行业大气污染治理设施运行管理水平,综合脱硫脱硝效率提高。全市4家钢铁企业13台烧结机(球团机)全部实现"一机一塔"的脱硫模式;完善平板玻璃行业烟气在线监控设施和中控系统,提高治污设施运行稳定性。完善总量控制目标责任考核制度,实行总量减排与环境质量挂钩的减排考核方式,完善重点减排项目日常调度制度。

【固体废物处置】 2017年,福州市一般工业固体废物产生总量623.58万吨,其中综合利用量607.1万吨(含综合利用往年贮存量1.24万吨),处置量9.67万吨(含处置往年贮存量0.04万吨),贮存量8.09万吨,工业固体废物处置利用率98.7%。工业危险废物产生总量132255吨,其中综合利用量66565吨(含综合利用往年贮存量457吨),处置量59484吨(含处置往年贮存量8772吨),贮存量15435吨,工业危险废物全部依法安全处置。医疗废物产生量7196.12吨,集中进行焚烧处理,处置率100%。

【环保专项整治】 2017年,福州市以落实新的环保法及4个配套办法为重点,深化完善两法衔接机制,推动环境监管执法全覆盖,对环境违法行为保持高压态势,对突出环境问题实施挂牌督办,持续开展环境执法大练兵、"清水蓝天—利剑行动"、纳污坑塘专项整治、水泥玻璃行业专项检查执法、重点行业专项执法等专项行动。通过"双随机"、测管联动等方式查处违法排污,打击环境违法行为。全年立案查处环境违法案件887件、处罚金额3155.48万元,其中按日计罚4件、查封扣押237件、限产停产3件、移送行政拘留25件、移送涉嫌犯罪9件。其中市本级查处环境违法案件109件、处罚金额507.6万元。

【环境安全】 2017年,福州市环保局开展环境安全隐患排查,对饮用水水源、化工园区、印染、造纸、建陶等行业企业的环境安全隐患大排查,并将检查情况向各县(市)区通报。全年出动执法检查4229人次,检查1667家企业,对72家存在环境安全隐患的企业要求限期整改。组织参加硝酸泄露突发环境事件应急演练、地铁建设生产安全事故综合应急救援演练等。配合处置3月份闽江福州段西北区水源保护区水面油污污染事件,该事件未对市区供水造成影响。

受福建省环保厅委托向全市发放44本辐射安全许可证(其中新发12本)。年内福州市环保局受福建省环保厅委托发证的放射源及射线装置226家,放射源346枚,射线装置数量1678台。结合危险物品一体化专项行动对受福建省环保厅委托发证的全市37家使用放射源单位346枚Ⅳ、Ⅴ类放射源开展检查,并对全市65家667枚放射源单位(含省部级管理单位)进行抽查。组织核应急中小学校园宣传教育活动,组织福州市环保志愿者实地参观福清核电厂,了解中国核电产业发展现状及趋势;组织核应急桌面推演。严格落实核应急值班,确保台风等恶劣条件下及大型活动等重要时间节点期间的核与辐射安全。

【土壤环境综合整治】 2017年,福州市成立市土壤污染防治工作领导小组。8月,完成农用地土壤污染状况详查点位核实和布设,10月20日启动农用地土壤污染状况详查。11月建立并向社会公开福州市土壤环境重点监管企业名单,各县(市)区与列入名单中的企业签订土壤污染防治责任书。12月,在省内率先印发实施《福州市土壤污染治理与修复规划(2017—2020年)》。

环境监测与科研

【环境监测】 2017年，福州市环保局推动国家地表水环境质量监测事权上收工作。指导相关县(市)区做好水站建设摸底和水质自动站选址，按期设立断面桩，协调解决水质自动站建设相关问题，推动采测分离落实和水质自动监测站征地及"四通一平"建设。组织召开2017年上半年福州市环境质量分析会，分析半年环境质量状况，加强对污染成因分析和下半年环境质量研判。全年环境监测领域在研科研项目6个，其中《水质六价铬的测定 流动注射分析—二苯碳酰二肼分光光度法》通过环境保护部审议，年底发布；《水质高锰酸盐指数的测定连续流动分析和流动注入分析法》国家标准修订计划项目提交征求意见稿；福州市大气颗粒物在线来源解析、福州市电磁辐射环境网格法调查等4项科研课题完成阶段性任务。

【环保科研】 2017年，福州市环保局完成"饮用水水源地环境状况评估""闽江口大气臭氧及其前体物联合观测"等课题，启用福州市环境影响评价中心，建成福州市臭氧研究观测站一期、城区内河水质自动监测站，开展"生态环境损害赔偿制度""福州市土壤污染治理与修复规划""福州市国家生态文明建设示范市规划""海西城市群福州市生态环境保护建设研究"及福州市生态保护红线划定第二轮工作，开展闽江下游流域和敖江水源地环境保护研究，以及"排污权交易制度"等体制机制创新研究。与复旦大学、河海大学、环境保护部环境规划院、环境保护部南京环科所等国内知名高校和科研单位开展交流合作。

2017年6月5日，由省环保厅主办、市环保局等单位协办的"绿水青山就是金山银山"——"六五"世界环境日主题宣传活动在西湖公园晨曦广场举行。图为市民观看环保宣传展板 (梁吉江 摄)

【环保督察】 2017年，中央环境保护督察组和省委省政府环境保护督察组先后对福州市开展环境保护督察(或延伸督察)。中央环保督察反馈意见涉及福州市28项整改任务均按序时进度推进。中央环保督察组交办的1500件信访件，扣除555件不属实或重复件，实际受理945件，完成整改876件，完成率92.7%，剩余63件。

环保宣教与环境信访

【环保公益组织及活动】 2017年，福州市环保局围绕大气污染防治、流域环境整治、环保督察、黄标车淘汰、新《环境保护法》实施等重点工作，开展新闻宣传和纪念世界环境日等社会宣传活动。联合《福州日报》《福州晚报》《海峡都市报》开设专栏宣传环境保护各项工作，全年在中央、省、市各级媒体发布环境新闻报道近400条。发挥"福州环保"微信公众号宣传作用，实时发布环境保护工作动态及环保相关知识254期，763条信息。参加"12·4"国家宪法日主题活动暨国家机关"谁执法谁普法"微访谈、"中国福州"门户网站在线访谈和"政风行风"访谈活动，解读各项环保政策措施。开展环境日、节能宣传周等环保公益宣传活动。组织环保志愿者500人次参加各项宣传活动，引导市民保护环境。

【环保投诉】 2017年，福州市环保局受理环境保护部"12369"环保举报微信投诉863件、环境保护部信访信息系统信访件36件、省环保厅"12369"案件751件、省环保厅转办厅长信箱投诉件388件、市政府"12345"便民呼叫中心诉求件639件、市"12369"环保热线电话350件、市环保局官网投诉件465件、群众环境信访来信131件，接待上访群众24批次90人。

(谢冠君)

(编辑 黄雯倩)

科学技术

综 述

【概况】 2017年，福州市科技局聚焦攻坚2017任务，推进福厦泉国家自主创新示范区建设，并通过国家创新型城市评估。全社会研究与开发（R&D）投入水平快速提升，投入总量居全省第一，占GDP比重1.98%。

【政策措施】 2017年，福州市科技局牵头制定福州市《关于扶持"双创"工作的七条措施》，推进创新创业工作开展；出台《福厦泉国家自主创新示范区福州片区2017年工作要点》和第一批18项可复制可推广的改革创新政策举措的实施意见；制定《福州市建设创新型省会城市实施方案》《福州市2017年实施创新驱动发展战略行动计划工作要点》《福州市科技和金融结合试点工作方案》和《福州市促进科技成果转移转化若干措施》。

【创新主体培育】 2017年，福州市新增高新技术企业158家，总数达744家。新增106家企业进入省科技小巨人领军企业培育发展库，总数达231家，居全省第3位。其中113家企业享受研发费用加计扣除奖励资金5217万元，占全省45%，获得奖励企业数、资金数均居全省第一。认定省级科技型企业390家，总数达1021家。推进科技创新平台建设，投入1000万元支持"中国·福州物联网开放实验室"建设，推荐认定天晴数码有限公司为研发中心职能总部企业，新认定省级新型研发机构6个，省企业工程技术研究中心9个，省级重点实验室4个，全市有3个国家级重点实验室、93个省级（企业）重点实验室、152个省级（企业）工程技术研究中心。组织实施市级科技计划项目，支持各类项目169个，安排经费2526万元；获得省级科技计划项目84个，经费2830万元；安排国家级、省级科技项目和平台建设配套奖励3904万元。130家企业获得科技创新券补助，总金额649.2万元，获得补助的企业数和金额均居全省首位。

【"双创"载体建设】 2017年，福州市科技局落实《关于扶持"双创"工作的七条措施》，全市新认定市级双创示范中心2个，总数达7个。推进众创空间建设，新认定45个市级众创空间，总数达到90个；新认定省级众创空间16个，总数达38个；新认定国家级专业化众创空间1个、国家级众创空间3个，总数达7个；在孵企业和团队总数超过3400个，增加近3倍，众创空间内累计有300多家企业获得投资6.6亿元。4人入选科技部人才推进计划"创新创业人才"，4人入围参评国家"万人计划"；9人进入省第三批"双创"领军人才公示名单，数量居全省第一。年内，有5人入选国家"万人计划"科技创业领军人才，13人入选科技部"科技创新创业人才"，24人获省"双创"领

2017年8月19日，"创响中国"福州站榕创嘉年华活动举行 （市科技局 供）

军人才。举办创新创业大赛,22 家企业获市级创新创业大赛奖励,14 家企业入围中国创新创业大赛和省创新创业大赛总决赛,其中福州福耀模具获第六届中国创新创业大赛先进制造行业总决赛成长企业组第二名,2 家企业获得省决赛第一名,取得历届参赛的最好成绩。打造"榕创嘉年华"双创品牌,举办"创响中国"福州站榕创嘉年华活动,搭建创客(团队)和投资者的对接平台,促进人才和资本等创业要素在福州市集聚。

【知识产权示范城市建设】 2017 年,福州市制定出台《福州市加快知识产权强市建设实施方案》,推进"知创福建"知识产权综合服务平台落户福州软件园,提升知识产权创造运用水平,全年资助发明专利 2085 件、奖励 1925 件,总金额为 1717 万元;专利申请总量 2.55 万件,有效发明专利拥有量 1.07 万件,居全省首位,每万人发明专利拥有量达 15.11 件。2016 年,专利指数绩效考核位列全省第 2 名;新增市知识产权示范企业 25 家,省级优势企业 13 家。在年度全国知识产权示范城市考核中,成绩在全国 41 个地级城市中排名第 10 名,被授予"国家知识产权示范城市工作先进单位"。

【重点任务攻坚】 2017 年,福州市 R&D 经费投入总量 122.46 亿元,占全省 27%,比上年增长 24%,居全省第一。R&D 经费占地区 GDP 比重达 1.98%,居全省第二。落实《福建省企业研发经费投入分段补助实施办法》,预补助总额达 4500 万元。440 家企业申报享受研发费用加计扣除额 22.84 亿元。推进科技扶贫工作,出台《关于推行科技特派员制度的实施办法》,认定省级、市级科技特派员 100 多人。举办"科技下乡"活动 22 场。对接定点帮扶的甘肃省定西市,签订合作框架协议,开展包括食用菌、农业电子商务等方面的扶贫工作。完成创新创业重大载体阿里巴巴创新中心和新型研发机构福建南方济民医药研发中心有限公司项目的落地。全年完成招商项目 8 个。

(詹志勤)

科技创新体系建设

【福厦泉国家自主创新示范区(福州片区)建设】 2017 年,福州市委市政府召开推动新一轮经济创新发展大会,出台《福州市推动新一轮经济创新发展十项政策》,制定 10 项政策 49 条措施,印发《福厦泉国家自主创新示范区福州片区实施方案》,同时借鉴、吸收中关村、武汉东湖、成都高新区等先进地区高新区经验,根据福州高新区 5 月印发实施的"7+8"创新发展政策,有 6 项改革创新举措被列入福厦泉国家自主创新示范区第一批可复制改革创新政策举措,并在全省推广。按照《福厦泉国家自主创新示范区建设工作领导小组办公室关于印发 2017 年福厦泉国家自主创新示范区建设工作要点的通知》的要求,市政府办公厅出台《2017 年福厦泉国家自主创新示范区福州片区建设工作要点》,围绕 5 个方面主要任务、开展 14 项具体工作,重点推进 8 个特色园区、5 个创新平台和 12 个重大项目建设。全年市政府安排福厦泉国家自主创新示范区专项资金 3.14 亿元,并把福厦泉国家自主创新示范区建设任务纳入市政府年度绩效考核内容。 (李梅婷)

2017 年 9 月 5 日,科技部专家调研福州市专业化众创空间(市科技局 供)

【行业技术创新中心建设】 2017 年,福州市有 46 个行业技术创新中心。各行业技术创新中心根据市场需求与自身的发展特点,建立技术研发部、品质检测部、技术培训中心、信息中心等服务平台,集聚一批高素质的行业技术带头人和技术骨干,向企业提供技术信息、技术咨询、技术转让、产品开发、产品检测等服务。全年完成技术创新项目 188 个,为企业完成近 3.5 万批次的检测及成型服务;举办各种培训活动 114 场,培训各类人员 9000 多人次;为企业提供新产品开发、配方工艺设计、技术咨询等服务 1400 多次;为企业引进专业技术人才近 300 人;举办 83 场专项研讨会;取得市级以上各类奖项 20 项;在行业关键技术和共性技术研发上取得突破,获得专利授权 92 项,专利申请 49 项;经济效益近 12 亿元。行业技术创新中心依托单位为高校科研院所的有 32 家,有效集成高校科研院所系统的科研成果落地转化。

年内,福州市建筑智能化行业技术创新中心获得中国智慧城市领军企业奖 1 项,获得全国智能建筑精品工程 3 项,获得中国安装工程优质奖 1 项,获得"闽江杯"优质工程奖 2 项,获得山城杯安装工程优质奖 1 项,1 人获得全国科技创新优秀企业家、第九届紫金科技创新奖,获得 2017 年福建省科技小巨人奖励,参与国家行业标准地方标准编写各 1 项,被认定为第 21 批省级企业技术中心,获得智慧健康养老应用试点示范企业、"中国机房工程企业 30 强""全国建筑业企业信用等级 AAA"等称号。福州市数字电视行业技术创新中心获得 2016

年度福建省科学技术进步奖一等奖1项,并位列科技进步奖入围项目第一名,相关产品获得"广播电视十大国内知名品牌""福建名牌产品""福建省自主创新产品""国家重点新产品"等称号。福州市光电子晶体材料与器件行业技术创新中心获2016年福建省自然科学一等奖1项。福州市机电装备与自动化行业技术创新中心获2016年度福建省科学技术进步奖一等奖2项,获2016年度福建省科学技术进步奖二等奖1项。福州市材料与模具行业技术创新中心获2016年度省科技进步奖二等奖1项,获国家自然科学基金项目5个,总项目经费100万元。福州市工业集成自动化行业中心获省科技进步奖二等奖1项。福州市动物疫病防控行业技术创新中心获得省科学技术奖三等奖1项,获得神农福建农业科技奖三等奖1项。福州市化工新材料行业技术创新中心获得福建省科技进步奖三等奖1项。福建省电子政务安全行业技术创新中心获得福建省科技进步奖三等奖1项。福州市塑胶行业技术创新中心依托其单位福塑科学技术研究所有限公司被授牌为省级新型研发机构。福州市茉莉花茶行业技术创新中心修订国家标准1项,制定福建地方标准1项,4人获福建省张天福茶叶发展基金会第二届张天福茶叶发展贡献奖,1人获福建省第四届非物质文化遗产"福州茉莉花茶窨制工艺"传承人。福州市电子信息产品质量检测行业技术创新中心制定国家标准1项、地方标准1项。福州市气体行业创新中心主导起草国家标准通过标委会审定,形成报批稿。福州市电子政务行业技术创新中心获得国家知识产权局软件产品著作权登记3项,通过国际质量管理体系认证1项。福州市工业设计行业技术创新中心获得厦门工业设计大赛金奖1项、中国创新设计红星奖1项。福州市钟表行业技术创新中心获得第四届(2017)福建文创奖"文创产品奖金奖",获得福州市产品质量奖。福州市汽车机电行业技术创新中心获得第十二届福建省自然科学优秀论文三等奖1项。6月,协助福建星云电子股份有限公司向马尾区科学技术局申报"用于新能源汽车的容量1MWh微型储充电站开发与应用"技术攻关项目,累计投入资金1100万元。

(范丽琴)

【科技企业孵化器建设】 2017年,福州市有省级互联网孵化器24个,科技企业孵化器备案32个(含省属6个),其中国家级科技企业孵化器5个,省级科技企业孵化器13个,总服务场地面积近50万平方米,在孵企业1000余家,开展创业教育培训活动近500场,培训1万多人次,创业辅导员、导师近700人。其中高速物流两岸青年创业创新基地申请科技企业孵化器新备案;特力林孵化器被评上省级科技企业孵化器,并获省级科技企业孵化器50万元奖励;福州软件园台湾青年创业基地示范中心等4个获得福建省互联网孵化器称号,各获省科技厅30万元奖励。

年内,福州市认定创四方园等45个为福州市级众创空间,台创星秀等16个为省级众创空间,点筑众创空间等3个被认定为国家级众创空间,"工业互联网+"众创空间被认定为第二批国家专业化众创空间。全市有市级以上众创空间90个,其中国家专业化众创空间1个,国家级7个,省级38个。总服务场地面积20万平方米,在孵企业和团队总数近2000家。

(叶　巧)

表59　**2017年福州市新增福建省科技企业孵化器名单**

序号	孵化器名称	运营管理单位
1	特力林孵化器	福建特力林孵化器管理有限公司

表60　**2017年福州市新增福建省互联网孵化器名单**

序号	孵化器(众创空间)名称	运营管理单位
1	创共体众创空间	福州创业共同体投资发展有限公司
2	软件园台湾青年创业基地示范中心	福州软件园产业服务有限公司
3	点筑众创空间	福建筑影建筑工程设计有限公司
4	摩天之星孵化器	福州市摩天之星企业孵化器管理有限公司

表61　**2017年福州市新增国家专业化众创空间名单**

序号	孵化器(众创空间)名称	运营管理单位
1	工业自动化国家专业化众创空间	福州福大自动化科技有限公司

表 62

2017 年福州市新增国家众创空间名单

序号	孵化器(众创空间)名称	运营管理单位
1	点筑众创空间	福建筑影建筑工程设计有限公司
2	阳光众创空间	福州福大科技园管理有限公司
3	零到壹	福州零到壹孵化器运营管理有限公司

表 63

2017 年福州市新增福建省众创空间名单

序号	众创空间名称	运营管理单位
1	福建工程学院大学生创业孵化基地	福建工程学院
2	福州创客街	福州创客街投资管理有限公司
3	海峡青创小镇	福建省汇众创新创业研究院
4	启迪之星福州孵化基地	福州启迪之星孵化器管理有限公司
5	软件园台湾青年创业基地示范中心	福州软件园产业服务有限公司
6	三坊七巷闽台青年创业基地—唯美客文创聚落	福建唯美客文化创意有限公司
7	索佳艺众创空间	福建索佳艺陶瓷有限公司
8	台创星秀	福州奕腾青年企业管理有限公司
9	特力林创客基地	福建特力林孵化器管理有限公司
10	腾讯众创空间	福州靠谱之宝孵化器管理有限公司
11	云泽速创—福州微软云暨移动应用孵化平台	福州云泽信息科技有限公司
12	优梦空间	福建省优梦空间商业管理有限公司
13	至诚紫荆众创空间	福州紫荆动漫游戏股份有限公司
14	朱紫坊漆艺众创空间	福州漆艺术研究院有限公司
15	紫藤青创	福州紫藤青创网络新科技有限公司
16	创四方园	阳光学院

表 64

2017 年福州市新增福州市众创空间名单

序号	众创空间名称	运营管理单位
1	CFIIP 天马 e 创	福建高盛云谷产业园投资管理有限公司
2	YOU + 青年创业社区	福州台江区优家投资管理有限责任公司
3	百度(福州)创新中心	福州易瑞通网络科技有限公司
4	百获 U 创	福建要百获电子商务有限公司
5	多层次资本交易中心众创空间	福建省融智金控资产管理有限公司
6	福州 3W 空间	福州三大不六孵化器管理有限公司
7	高速物流两岸青年创业创新基地	福建高速物流股份有限公司
8	光合魔方空间	福州光合空间企业管理有限公司
9	海峡青创小镇	福建省汇众创新创业研究院
10	环球盛世众创空间	福州市环球盛世商业管理有限公司
11	慧创业	福建慧舟信息科技有限公司
12	健客空间	福建健客空间信息科技有限公司
13	京东福州馆电商众创空间	福州绿星生物技术有限公司

续表64

序号	众创空间名称	运营管理单位
14	聚创	连江众创空间装饰设计工程有限公司
15	乐探机器人	福建省机器人科教协会
16	闽江学院创意创业教育园	闽江学院、福建省盛世金领文化发展有限公司
17	摩天之星众创空间	福州市摩天之星企业孵化器管理有限公司
18	三坊七巷闽台青年创业基地—唯美客文创聚落	福建唯美客文化创意有限公司
19	索佳艺众创空间	福建索佳艺陶瓷有限公司
20	腾讯众创空间	福州靠谱之宝孵化器管理有限公司
21	万宝众创空间	福建省独角兽众创空间有限公司
22	怡山文创园众创空间	福州怡山文化创意有限公司
23	优梦空间	福建省优梦空间商业管理有限公司
24	众智创英众创空间	福建智游信息科技有限公司
25	朱紫坊漆艺众创空间	福州漆艺术研究院有限公司
26	紫藤青创	福州紫藤青创网络新科技有限公司
27	相思岭农创基地	福清市相思岭农创农业发展有限公司
28	福州闽都旅游创客空间	福州闽都旅游文化投资有限公司
29	创四方园	阳光学院
30	福建师范大学福清分校大学生创新创业孵化基地	福建师范大学福清分校
31	3s众创空间	福州地球空间实业有限公司
32	“e+生活”互联网众创	福建金森信息科技有限公司
33	云创生活	福州云创生活信息科技有限公司
34	福建融侨体育众创空间	福建省青年体育文化产业协会
35	福州车库咖啡孵化器	福州车库咖啡孵化器运营管理有限公司
36	餐议院新型餐饮	福州禾尖餐饮管理有限公司
37	福建师范大学协和学院众创空间	福建师范大学协和学院
38	蔚蓝众创空间	福建蓝房网络科技有限公司
39	福建江夏学院众创空间	福建江夏学院
40	三维创客谷	福建三维孵化器管理有限公司
41	牧马人众创空间	福建牧马人企业管理有限公司
42	在路上	福建省进步教育科技有限公司
43	红茶创客空间	福州元泰创客空间管理有限公司
44	橄榄湖创客小镇	福建省闽清县雄江投资开发有限公司
45	福州云工坊	福州市万创空间投资发展有限公司

(叶　巧)

【生产力促进体系建设】 2017年,福州市服务企业233家,服务专家2406人,审核项目445个,其中378个通过初审,67个初审不合格;制订异地评审方案,按行业分类对373个项目进行评审。全年分两批完成450家科技型企业备案材料的审核、汇总、专家评审及后期整理工作。完成两批623家企业研发项目的申报受理、审核及评审工作。

通过线上线下相结合,开展培训工作。依托“福建省知识产权远程教育平台福州分站”平台,组织举办“知识产权远程教育培训班”5期,培训1500多人,涉及30门课程;承办“专利布局初级培训班”“专利分析初级培训班”“专利分析中级培训班”3期,培训150多人。年内福州市生产力促进中心被中国生产力促进中心协会授予“2016年度全国生产力促进(服务贡献奖)先进单位”。

(林　东)

表 65　**2016—2017 年福州市科学技术支出情况表**

考核年份	本级科学技术支出（万元）	本级财政一般预算支出额（万元）	本级科学技术支出占本级财政决算支出比例（%）
2016	38729	2333736	1.65
2017	43315	2657900	1.63

表 66　**2016—2017 年福州市科学技术支出使用情况表**

序号	使用领域	经费主管部门	经费金额（万元）	
			2016 年	2017 年
1	科学技术管理事务	市科技局等	695	789
2	基础研究	市科技局等	26	41
3	应用研究	市科技局等	1821	2086
4	技术研究与开发	市科技局等	4210	5462
5	科技条件与服务	市科技局等	14009	12974
6	社会科学	市社科院等	602	732
7	科学技术普及	市科协等	1605	1916
8	科技交流与合作	市科技局等	—	—
9	科技重大专项	市科技局等	625	694
10	其他科学技术支出	市科技局等	15133	18621
合计			38726	43315

（林　硕）

表 67　**2017 年福州市奖励省创新型企业名单**

序号	企业名称	经费奖励（万元）
1	茶花现代家居用品股份有限公司	15
2	金钱猫科技股份有限公司	15
3	福州数码视讯智能有限公司	15

（丁可锋）

【科学技术经费】　2017 年，福州市科技事业费用专项经费安排 4.33 亿元，比上年增长 11.9%。组织引导企事业单位申报国家、省级各类科技计划项目，全年获国家和省级科技计划项目 105 个，获扶持经费 4000 万元。其中，国家级 5 个，获得扶持经费 570 万元；省级 100 个，获得扶持经费 3430 万元。168 家企业获得 2017 年企业年研发经费用分段补助，获得省级补助经费 1311 万元。

（林　硕）

高新技术产业

【高新技术企业】　2017 年，福州市有高新技术企业 744 家（其中 2017 年认定 345 家），占全省（厦门除外 1629 家）的 45.67%。推荐 378 家企业参与高新技术企业认定，认定通过 345 家。根据《福州市创新驱动发展若干配套奖励政策》对年内新认定的福建源光电装有限公司等 196 家高新技术企业各奖励 10 万元，对福州高意通讯有限公司等 149 家重新认定高新技术企业各奖励 5 万元，奖励总金额 2705 万元。

（叶　巧　陈艳梅）

【创新型企业】　2017 年，福州市继续推动企业技术创新工程建设，全市有国家创新型企业 3 家，国家创新型试点企业 4 家，省级创新型企业 139 家，省级创新型试点企业 47 家。年内，给予茶花现代家居用品股份有限公司等 3 家 2016 年度新认定的省创新型企业奖励 45 万元。

（丁可峰）

农业科技推广

【农业科技园区】 2017年,福州市闽侯经济技术开发区(福州农业科技园区)列入闽侯县重点项目20个(政府投资项目4个、企业项目16个),总投资18.88亿元。其中市级攻坚项目海源新能源汽车碳纤维车身部件生产工艺及生产线装备产业化项目完成投资1.6亿元,生产线建成投产。大兴油墨二期、升达新一代智能立体停车设备制造项目等12个项目开工建设。

全年对接福建力得电气有限公司智能电网设备产业基地项目、福建快科城建增设电梯股份有限公司快科万台生产基地等6个,总投资56.2亿元,智能电网设备产业基地项目开工建设。

园区内拥有高新技术企业15家,国家重点实验室1个(中科海西研究所海源中建新材料工程技术研究中心),院士专家工作站1个(福州新北生化工业有限公司),博士后科研工作站1个(福建海源自动化机械股份有限公司),市级专家工作站5个,省级企业技术中心2个,市级企业技术中心3个,市级以上农业产业化龙头企业7家;中国驰名商标1个,中华老字号3个,省名牌产品企业9家,省著名商标19个。实施人才强区战略,确定海源机械等10家人才工作联系服务重点企业,年内园区引进国家"千人计划"专家蒋华博士与福州通产光电技术有限公司合作,开展光通信与光学器件研究。

实施创新驱动发展战略,通过腾笼换鸟引导产业转型,推动福建乾达重工、尚美装饰、朗宇环保、昌华动力等多家企业实现腾笼换鸟。助力东亚鼓风机、创合电气2家企业新三板上市。

园区距福州市中心10千米,涵盖甘蔗、荆溪、竹岐、鸿尾、白沙5个乡镇(街道),规划工业用地25平方千米,主园区和竹岐园、白沙园、鸿尾园3个分园区累计开发建设约540公顷,其中主园区370公顷,竹岐园22.3公顷,鸿尾园60.6公顷,白沙园87公顷。主园区主导产业为装备制造、电子信息、食品加工等产业,分园区以创意家居、机械电子、建材等产业为主。年内完成市政道路建设总长19.8千米,道路面积约23万平方米,人行道面积8.5万平方米,绿化养护面积约13万平方米,路灯杆835杆,路灯变压器14台。区内建有1座铁岭大桥、4座小型桥涵,内河及环山渠总长8.4千米、污水管道11.92千米、雨水管道14.2千米。配套大型排涝站、雨水提升泵站、污水提升泵站、垃圾中转站各1座。园区正在实施县道112线拓宽改造工程及区内道路交通设施完善工程。

(陈 巍)

【星火计划】 2017年,福建省星火计划围绕粮食安全、优质农业、海洋生物、农业疫病防控、智能农业、农机装备与农产品精深加工等领域,重点支持先进成熟适用的农业科技成果转化和产业化示范,为推进农村一、二、三产业融合发展和做大特色优势农业提供技术支撑。年内福清市东威水产食品实业有限公司的"白对虾高品质加工及副产物虾头酶解关键技术"获得省科技厅区域发展项目立项支持;福建天马科技集团有限公司的"高效鲟鱼膨化沉性配合饲料的规模化开发与推广应用"、福州市农业科学研究所的"优质高产甘薯新品种示范推广与产业化"等6个项目获得省科技厅星火项目立项支持;福州市农业科学研究所的"福橘种质资源的收集、保存、利用和创新"等3个项目获得省科技厅设区市农科院所建设发展项目立项支持。全年实施市农业科技项目24个。

(赵 龙)

科技成果管理

【科学技术奖励】 2017年,福州市有18项科技成果被授予2017年度福建省科学技术奖,其中锐捷网络股份有限公司"'锐捷网络'网络通信设备技术创新工程"等6项成果获福建省科学技术进步奖二等奖,中铝瑞闽股份有限公司"高档阳极氧化用铝带材的研发"等12项成果获福建省科学技术进步奖三等奖。

表68 **2017年福州市省级星火计划项目表**

序号	项目名称	承担单位
1	白对虾高品质加工及副产物虾头酶解关键技术	福清市东威水产食品实业有限公司
2	高效鲟鱼膨化沉性配合饲料的规模化开发与推广应用	福建天马科技集团股份有限公司
3	优质高产甘薯新品种示范推广与产业化	福州市农业科学研究所
4	园林高效精准扫描喷雾机的应用推广	福州市农业科学研究所
5	低褐变丝瓜新品种农福丝瓜801推广	福州市蔬菜科学研究所
6	菠菜新品种"榕菠1号"的推广	福州市蔬菜科学研究所
7	高蛋白藻类应用于养殖废水深度处理及其资源化回收的研究	福建禹一环境科技有限公司
8	福橘种质资源的收集、保存、利用和创新	福州市农业科学研究所
9	名优花卉设施栽培与物联网应用	福州市农业科学研究所
10	福州市农科所农作物新品种试验示范基地建设	福州市农业科学研究所

表 69

2017 年福州市农业科技项目表

序号	项目名称	申请单位	合作单位
1	虾仁清洗保水生产工艺优化及装置升级创新项目	福清朝辉水产食品有限公司	
2	茉莉花品种资源收集保存与评价利用研究	福建农林大学园艺学院	
3	油茶杂交后代重要经济性状的遗传解析与新品种选育	福建农林大学林学院	
4	高品质米粉加工关键技术研发及产业化应用	福建省粮油科学技术研究所	
5	基因组结构变异对野生和栽培菠萝品质性状差异的影响	福建农林大学海峡联合研究院	
6	食用菌栽培过程中的碳循环与二氧化碳排放研究	福建农林大学菌草研究所	
7	耐热优质黄瓜新品种选育	福州市蔬菜科学研究所	
8	利用基因编辑技术生产抗褐化双胞蘑菇	福建农林大学海峡联合研究院	
9	枇杷花茶研发技术	福州市农业科学研究所	
10	耐低温弱光普通丝瓜新品种选育	福州市蔬菜科学研究所	
11	物联网云平台智慧果园系统的应用与推广	福州市凯达生态农业有限公司	福建农林大学园艺学院
12	水稻根系生长发育过程及对养分逆境反应的自动化数据采集体系	福建农林大学海峡联合研究院	
13	海洋藻类来源的新型天然防腐剂的研发	福州大学生物科学与工程学院	
14	营养液和光照调控对植物工厂生菜硝酸盐含量及营养品质的影响	福建农林大学园艺学院	
15	油茶深加工创新基地	福建胜华农业科技发展有限公司	福建师范大学化学与化工学院
16	牛肉高汤冷冻熟面生产工艺研究与产业化	福州昌盛食品有限公司	
17	霉菌毒素生物降解剂对青年母猪霉菌毒素中毒症的作用效果	福清市丰泽农牧科技开发有限公司	
18	平菇种质资源评价及优良菌株选育研究	福州市农业科学研究所	
19	马铃薯品种对重金属富集能力的研究	福州市农业科学研究所	
20	螺肉年糕片加工与贮藏工艺研究	福州旭煌食品有限公司	福建省农业科学院农业工程技术研究所
21	仿手工机械化生产蛋饺关键技术研究与开发	海欣食品股份有限公司	
22	出口型甘蓝品种筛选及盐碱地 GAP 种植技术示范与推广	福建嘉叶现代农业有限公司	
23	根系高效觅磷杉木基因型的筛选及适应低磷环境策略研究	福建农林大学林学院	
24	灰树花营养食品产业化关键技术研发	福建农林大学食品科学学院	

（赵　龙）

表 70

2017 年福州市获省科学技术奖项目

序号	项目名称	获奖等级	主要完成单位	主要完成人员
1	“锐捷网络”网络通信设备技术创新工程	二	锐捷网络股份有限公司	
2	东南 DX7 多用途乘用车	二	东南(福建)汽车工业有限公司	许　茼　宋名洋　于冯森　金一峰　蒋延国

续表 70

序号	项目名称	获奖等级	主要完成单位	主要完成人员
3	福州地铁1号线越江盾构隧道建设关键技术	二	福州地铁集团有限公司、西南交通大学、上海市基础工程集团有限公司	潘红卫 何 川 王士民 叶晨立 孙智勇 张 华 郑世兴
4	公安监管信息化实战 & 应急指挥平台研发与应用	二	恒锋信息科技股份有限公司	魏晓曦 欧霖杰 熊炳中 陈朝学 戴新富 欧莉莉
5	面向云计算的虚拟桌面技术合作研究	二	福建星网锐捷通讯股份有限公司、福建升腾资讯有限公司	张 辉 罗 伟 李 涛 杨荣尊 谢昭梁
6	数字音乐网络传播运营云服务系统研发及推广应用	二	福建星网视易信息系统有限公司、福建星网锐捷通讯股份有限公司、华中科技大学、福建凯米网络科技有限公司	郑维宏 刘灵辉 林剑宇 涂 来 林鎏娟 刘 旺 田中敏
7	猪优质高效养殖关键技术研究与应用	三	福清市丰泽农牧科技开发有限公司、中国农业大学、福建农林大学、福建丰泽农牧饲料有限公司	马秋刚 李 健 陈家钊 赵丽红 计 成
8	基于数字光纤双通道传输的LTE室内覆盖系统	三	中邮科通信技术股份有限公司	陈群峰 范叔亮 林 玮 谭金生 张健荣
9	高档阳极氧化用铝带材的研发	三	中铝瑞闽股份有限公司	谢金辉 江钟宇 冉继龙 张宸玮 黄瑞银
10	特早芽“榕春早”茶树新品种选育及加工技术研究	三	福州市经济作物技术站、福建农林大学、罗源县茶叶技术指导站	许长同 郭雅玲 江月平 陈思聪 黄 江
11	福州城乡0—14岁儿童哮喘危险因素分析研究	三	福建省福州儿童医院、福建省妇幼保健院(福建省妇儿医院)、长乐市妇幼保健院	唐素萍 刘艳琳 王世彪 郑建云 陈 燊
12	新一代85型耐热植酸酶的研制及其生产技术开发	三	福建福大百特科技发展有限公司	叶秀云 李仁宽 靳伟刚 陈彩芳
13	RK3288高性能移动互联网SoC芯片	三	福州瑞芯微电子股份有限公司	林峥源 方赛鸿 陈丽君 陈晓冬 黄 涛
14	智慧应急可视化指挥平台	三	长威信息科技发展股份有限公司	林韶军 陈征宇 黄炳裕 林文国 黄 河
15	联迪终端管理系统(TMS)	三	福建联迪商用设备有限公司	林福雄 陈 垚 唐胤曦 陈瑞兵
16	全自动长纤维增强热塑性复合材料(LFT—D)模压生产线	三	福建海源自动化机械股份有限公司	李良光 廖永辉 王 琳 施跃文 余建斌
17	非结构化数据国产化基础支撑软件关键技术研究	三	福建亿榕信息技术有限公司	倪时龙 王秋琳 宋立华 张 垚 闫丽飞
18	高温多雨地区公路水泥混凝土路面加铺沥青面层关键技术研究	三	福州市公路局、福州大学、福建省公路管理局、福建南方路面机械有限公司	刘发水 胡昌斌 林晓威 张 峰 张培旭

(郑荣火)

技术市场管理

【技术合同认定登记】 2017年,福州市完成技术合同认定1465项,合同成交总额25.714亿元。其中技术开发合同999项,金额16.18亿元;技术转让合同182项,金额9.23亿元;技术咨询合同173项,金额1580万元;技术服务合同111项,金额1437.57亿元。

【平台建设与交易活动】 2017年,福州市与福建师范大学签订促进科技成果转移转化战略合作协议,举办"2017年专利周福建师范大学科技成果(专利)网上对接会"等3场科技成果网上对接会;举办"2017·福州经济技术开发区专项科技成果推介会"和"浙江大学科技成果及项目合作对接会";应邀参加"南平市绿色发展创新大会暨军民融合生物产业产学研对接会";组织在榕高校科研院所等有关部门和专家与南平的企业进行交流和项目对接,促成福建龙竹工贸有限公司与福建师范大学、福建和意农业发展有限公司与福州大学等4个项目对接。组织开展专家深入企业活动,邀请浙江大学等有关专家深入福州东星生物技术有限公司等多家企业进行现场洽谈对接活动。

福州技术市场的科技成果交易公示平台,为福建师范大学、福建省农科院、福建省农业机械化研究所等18项科技成果或专利包进行交易信息公示,涉及交易金额近180万元,发挥国家专利技术展示交易中心的作用,为在榕高校院所提供第三方公示平台。为福清市、福州高新区、连江县等县(市)区科技局在科技项目的评审、中期监理和科技计划项目验收工作提供服务;与福清市科技局签订专利运营合作协议,为福清市提供专利监控服务;联合仓山区、福清市、连江县、永泰县等县(市)区的科技部门在县区开展相关科技政策培训、宣传等活动;发挥国家专利技术展示交易中心平台的作用,开展专利转化和交易。全年完成专利权转让20项(包括专利包),专利实施许可2项。

(李海峰)

知识产权保护

【知识产权示范城市建设】 2017年,福州市知识产权局出台《福州市加快知识产权强市建设实施方案》,推进知识产权示范城市、强县、试点园区建设。制订《2017年福州市国家知识产权示范城市建设工作计划》和《福州市2017年专利事业发展战略推进计划组织实施方案》。加大县域知识产权工作力度,提高县域知识产权实力,鼓楼区、闽侯县被确定为新一轮国家知识产权强县工程示范县(区),其中鼓楼区以全国第3名的综合成绩入选示范县(区)。拥有国家知识产权强县工程示范县(区)2个(鼓楼区、闽侯县)、试点县(区)2个(福清市、仓山区),福建省知识产权强县(市、区)7个。福州高新区12月入选年度新一批国家知识产权试点园区。福州市在2016年度国家知识产权城市考核中位列地级市行列第10名,被授予"国家知识产权示范城市工作先进集体"。专利绩效考核成绩位列全省第2,连续3年位列全省前3位。有效发明专利拥有量、发明专利申请量在全省率先突破万件关口,保持全省首位,分别占全省总量的34.74%、37.94%。国家专利审查协作北京中心福建分中心项目建设,主体工程基本完成,转入运营准备阶段。福建省知识产权公共服务平台在福州软件园落成,进入试运营阶段。

【知识产权创造】 2017年,福州市按照"量质并重、质量优先"原则,加大对发明专利申请的引导和资助力度,优化专利申请结构。全年专利申请总量25580件,授权总量11266件,其中发明专利申请量、授权量分别为10038件和2725件,连续7年双双保持全省首位,分别占全省发明专利申请总量和授权总量的37.94%和31.26%。企业创新主体地位突显,企业有效发明专利量占全市比重50.01%,有效发明专利拥有量排名前五强企业分别为星网锐捷网络、瑞芯微电子、华映科技、联迪商用设备、福光股份,其中星网锐捷网络公司有效发明专利拥有量400件,位居全省企业首位。全市知识产权局受理专利资助2085件,资助金额1015.5万元;受理专利奖励1925件,奖励金额701.5万元。全年获得第十九届中国专利优秀奖5项,评选出福州市专利奖金奖3项、优秀奖18项,推荐20件专利申报福建省专利奖。

提升专利质量,重点考核"每万人发明专利拥有量""专利授权量增长率""发明专利申请量增长率"等内容。市效能办与科技局、知识产权局分解落实指标工作,加强指标运行监控,提升指标考核水平,推动加强知识产权强市建设工作落实。定期通报各县(市)区专利申请、授权数据和增幅情况,督促县(市)区知识产权局以质量为导向调整优化扶持政策,提升县域专利数量和质量。各县(市)区和高新区均出台促进知识产权政策,晋安区、罗源县等6个县(市)区对政策进行修订。核查全市108件PCT国际申请未进入国家阶段原因,强化对非正常专利申请的查处;配合国家、省开展集中整治专利代理从业资格证书挂靠行为工作,规范专利代理行为,提高代理机构服务质量。

福州市科技局、知识产权局同时对各审批、服务项目的流程进行简化优化,实现由市行政服务中心窗口集中受理、统一反馈,提高便捷性和规范性。年内新增国家知识产权示范企业1家和优势企业5家、福建省知识产权优势企业23家、福州市知识产权示范企业25家。新增福建省专利导航试点企业3家。22家省知识产权优势企业通过复核,20家国家知识产权示范、优势企业通过年度考核。全市拥有各级知识产权示范、优势企业446家,其中国家级56家、省级156家、市级234家,数量居于全省前列。对通过《企业知识产权管理规范》国标认证的企业执行15万元后补助奖励政策,年内安排榕基软件、亿榕信息、鑫诺通讯等27家企业开展"贯标"工作,先后于7月、12月份举办两期贯标培训班,各贯标培育企业正在辅导培育中。年内福州市有5家企业通过贯标认证。

【知识产权金融服务】 2017年,福州市实施科技金融结合试点工作。市人民政府办公厅印发实施《福州市科技和金融结合试点工作方案》,支持高新区在加快建设科技支行,探索投贷联动业务,发展创业投资,建设科技金融服务平台,推动科技型企业上市融资和发行债券等方面开拓创新,先行先试。市金融办、市科技局联合举办“福州市中小企业产融对接会”,解读科技和金融试点方案内容,邀请农业银行、兴业银行、海峡银行、邮储银行、市金控集团、人保财险等机构领导宣讲科技金融产品,组织企业与金融机构现场对接洽谈。推广“保险+银行”的知识产权质押融资模式,修订贴息和保费补贴办法。引导金融机构发展专利权质押融资业务。8月4日,福州市知识产权局与交通银行福建省分行签订中小微企业知识产权金融服务战略合作协议。交通银行承诺拟在3年内提供累计最高额不超过10亿元的意向性授信额度,双方将在简化操作程序、风险补偿基金建设、业务推荐和对接服务、人才培训等方面互相配合。全年24家企业获得银行专利权质押贷款4.8亿元,年内全市累计有100家次企业获得银行专利权质押贷款,获得贷款15.3亿元,贷款金额居全省前列;对福州市推荐的列入福建省专利权质押贷款贴息项目的同一笔贷款给予贴息,贴息比例为同期银行贷款基准利率的30%,全市累计推荐25家企业列入福建省企业专利权质押贷款贴息项目,获得省、市贴息项目扶持资金876.5万元。全市60家企业606件专利投专利执行保险,投保金额36.85万元,保障金额820.95万元。全市有276家企业投保2200件专利,投保金额150万元,保障金额3500万元。其中有福州富莱仕影像器材有限公司、福建兢辉环保科技有限公司等4家投保企业因发生专利权侵权诉讼获得保险公司理赔。

【知识产权服务平台建设】 省级重点项目 2017年,福州市承接国家知识产权局专利局专利审查协作北京中心福建分中心建设,该项目由国家知识产权局、福建省政府、福州市政府合作共建。年内工程建设接近尾声,中心招聘专利审查员150人。

“知创福建”公共服务平台 由福建省知识产权局、福州市政府、鼓楼区政府共同建设的“知创福建”福建省知识产权公共服务平台于1月入驻福州软件园B区国家863软件专业孵化器服务中心大楼。平台拟设立“12330”知识产权综合服务热线呼叫中心、知识产权金融服务中心、军民知识产权融合运营中心、知识产权转化应用中心等,按照“政府引导、市场驱动、多方参与、资源共享、模式创新”要求,在全国率先构建知识产权“大服务+大保护+大运营”发展模式的重要载体。年内,平台装修施工基本完工,并确定平台运营机构,引入全国唯一的国防知识产权局国防专利代办处。

引进高端知识产权服务机构 市知识产权局引入中知(北京)认证有限公司等16个知识产权高端服务机构。苏州慧谷知识产权服务有限公司在榕注册成立“福建金慧知识产权服务有限公司”;与深圳峰创智诚科技有限公司签订战略合作框架协议,在专利运营和人才培养方面达成合作意向;引入江苏佰腾科技、杭州千克知识产权代理公司等人才、技术服务机构在福州市设立服务网点开展业务。年内,福州市经登记注册专利中介服务机构10个、专利代理机构分支机构6个。全市专利中介服务从业人员322人,其中具有专利代理资格证人员106人。

【知识产权保护】 2017年,福州市制订《福州市知识产权系统执法维权“护航”专项行动方案》,成立由各县(市)区知识产权局局长和分管负责人组成的知识产权执法专项行动工作领导小组,指导县区知识产权局开展“护航”专项行动,全市拥有市县两级专利行政执法人员28人。全年市知识产权局联合其他部门出动人员300多人次,检查涵盖医药、食品、玩具、电器等十几类商品,处理假冒专利案件227件,处理专利侵权纠纷案件33件,处理专利调解案件4件。在中国饲料工业展览会、第72届中国教育装备展示会、第十九届海峡两岸经贸交易会等展会期间,引导境内外参展商规范使用专利标识,运用知识产权权利,受理展会假冒专利案件12件,专利侵权案件33件,专利调解案件2件。继续加强闽粤沿海12城市知识产权保护协作机制,共享案件资源,提升执法合力,全年接受福建省知识产权维权援助中心移送案件50件,接受福建自贸区福州片区管理委员会知识产权局移送专利调解案件1件。按照全市统一部署,市知识产权局制定《福州市知识产权项目相关责任主体信用管理办法(试行)》《福州市知识产权信用档案制度》《福州市知识产权保护信用评价制度》等,为福州市知识产权信用体系建设提供制度保障。加强政务诚信,履行保护知识产权职责,及时上报行政处罚案件、检查抽查、奖励表彰等信用数据。根据国务院“双公示”工作要求,健全知识产权系统信用信息目录,建立起包括专利保护行政处罚、双随机检查、行政执法检查抽查、奖励表彰等信息在内的知识产权系统信用信息目录。

【知识产权培训与宣传】 2017年,福州市知识产权局举办专利分析利用中级培训班1期,培训学员20多人;举办专利布局初级实战培训班1期,52人获得结业证书;举办专利分析初级实战培训班1期,64人获得结业证书;开展5期远程教育培训班,培训人数1509人次。加强企业、高等学校和科研院所知识产权管理,福州市推荐2家研究所、7所高等学校、171家企业305人申报知识产权专员。推荐35名专业人才申报福建省知识产权师资库人选。开展“公共文化服务校园行”活动,到鼓楼第一中心小学、福州三中等学校举办5场知识产权创新文化课。利用“4·26”世界知识产权宣传日、进社区、进高校、入企业、入园区开展知识产权现场咨询宣传活动,提高公众知识产权保护意识。年内编辑发行福州知识产权简报12期,《2016年福州市专利统计分析报告》《2016年福州市知识产权发展情况通报》增刊2期。

(穆清龙)

表 71 **2017 年福州市专利申请与授权量统计表** 单位：件

县/市区	专利申请量				专利授权量			
	总数	发明	实用新型	外观设计	总数	发明	实用新型	外观设计
鼓楼区	5374	2429	2598	347	2032	561	1162	309
台江区	893	325	416	152	407	75	209	123
仓山区	3885	1310	1918	657	1975	487	1075	413
晋安区	3553	1782	1559	212	543	101	322	120
马尾区	1518	596	755	167	1004	287	561	156
闽侯县	3651	1774	1610	267	1994	678	1094	222
长乐市	2241	553	1442	246	1466	380	965	121
福清市	2109	641	1291	177	825	123	557	145
连江县	947	297	589	61	401	10	340	51
罗源县	355	75	226	54	233	10	172	51
永泰县	359	112	201	46	87	3	45	39
闽清县	695	144	429	122	299	10	170	119
合计	25580	10038	13034	2508	11266	2725	6672	1869

表 72 **2017 年福州市获第十九届中国专利奖项目**

序号	获奖等级	项目名称	专利号	专利权人	发明人
1	中国专利优秀奖	用于整机启动的芯片、方法及网络设备	ZL201310247201.7	锐捷网络股份有限公司	章建钦
2	中国专利优秀奖	一种阿德福韦酯的 M 晶型及其制备方法和药物应用	ZL200710009482.7	福建广生堂药业股份有限公司	康惠燕　陈国华
3	中国专利优秀奖	基于最短路径算法的路径相似台风分析方法	ZL201310456978.4	福建四创软件有限公司	洪水洁　黄　敏
4	中国专利优秀奖	防止玻纤轴向游走的玻纤切割方法及其装置	ZL201310162027.6	福建海源自动化机械股份有限公司	李良光　廖永辉　王　琳
5	中国专利优秀奖	无线局域网的数据发送装置及方法、无线接入点装置	ZL200910208809.2	锐捷网络股份有限公司	黄　赞

表 73 **2017 年第七届福州市专利奖获奖项目**

序号	奖项类别	专利名称	专利号	专利权人	发明人	实施单位
1	金奖	抗静电抑菌热湿舒适性夏装制服面料及其制备工艺	ZL201410839101.8	福建省长乐市长源纺织有限公司	郑永光	福建省长乐市长源纺织有限公司
2	金奖	基于有线数字电视机顶盒中间件系统	ZL201110278840.0	福建新大陆通信科技股份有限公司	曾振宇	福建新大陆通信科技股份有限公司
3	金奖	a－淀粉酶，其编码基因及其表达	ZL200910055204.4	福建福大百特科技发展有限公司	叶秀云　靳伟刚　张　洋　罗鋆琳　赖庆安	福建福大百特科技发展有限公司

续表 73－1

序号	奖项类别	专利名称	专利号	专利权人	发明人	实施单位
4	优秀奖	虚拟交换系统的构建方法、装置和交换设备	ZL201210260573.9	锐捷网络股份有限公司	舒兆港	锐捷网络股份有限公司
5	优秀奖	解码扫描组件及其解码方法	ZL201310534455.7	福建新大陆自动识别技术有限公司	刘荣生　苏孝利 陈国巍	福建新大陆自动识别技术有限公司
6	优秀奖	导热绝缘电力电缆护套管专用料及其生产工艺	ZL201310243652.3	福建和盛塑业有限公司	陈秀俊　彭　超 吴惠民　梁璋富 叶　艳	福建和盛塑业有限公司
7	优秀奖	锻造工件喷雾防锈机及其防锈方法	ZL201310645325.0	福州金锻工业有限公司	陈文重	福州金锻工业有限公司
8	优秀奖	防止玻纤轴向游走的玻纤切割方法及其装置	ZL201310162027.6	福建海源自动化机械股份有限公司	李良光　廖永辉 王　琳	福建海源自动化机械股份有限公司
9	优秀奖	老龄化垃圾渗滤液的处理方法	ZL201310753307.4	嘉园环保有限公司	陈新芳　李泽清 唐艳萍	嘉园环保有限公司
10	优秀奖	一种头孢美唑钠的合成及提纯方法	ZL201310696053.7	福建省福抗药业股份有限公司	唐仕阳　张　颖 张发香	福建省福抗药业股份有限公司
11	优秀奖	基于基层灾情预警发布的方法	ZL201210240628.X	福建四创软件有限公司	黄　敏	福建四创软件有限公司
12	优秀奖	一种大面积养殖有机螺旋藻的方法	ZL200910114809.6	福清市新大泽螺旋藻有限公司	郑　行	福清市新大泽螺旋藻有限公司
13	优秀奖	一种自适应超厚介质的打印装置	ZL201410055457.2	福建实达电脑设备有限公司	李桂海　沈清周 戴　乐	福建实达电脑设备有限公司
14	优秀奖	木质素磺酸盐改性氨磺酸系高效减水剂及其制备方法	ZL201410144511.0	福清市永春混凝土外加剂有限公司	余振春　余秀龙 林为祥	福清市永春混凝土外加剂有限公司
15	优秀奖	一种复方薏米红茶的加工方法	ZL201410079481.X	福建拓天生物科技有限公司	肖志勇	福建拓天生物科技有限公司
16	优秀奖	一种高铜高镍液态模锻铝合金活塞材料及其制备方法	ZL201310013848.3	福州钜全汽车配件有限公司	薛玉田	福州钜全汽车配件有限公司
17	优秀奖	一种燕皮加工方法及其加工装置	ZL201410101524.X	福州金翔食品机械设备技术有限公司	祝华园　祝华华 祝挺挺	福州金翔食品机械设备技术有限公司
18	优秀奖	烘烤鹌鹑蛋生产线	ZL201310155748.4	福州闽台机械有限公司	俞兆志　郭椿龄 林玉籐	福州闽台机械有限公司

续表 73－2

序号	奖项类别	专利名称	专利号	专利权人	发明人	实施单位
19	优秀奖	具有明显类别划分的非结构化电子文档的检索方法和系统	ZL201210525908.5	福建亿榕信息技术有限公司、国家电网公司	倪时龙　宋立华 余深田　郑　映 洪顺淋	福建亿榕信息技术有限公司
20	优秀奖	一种光电转换接入装置	ZL201110272356.7	金钱猫科技股份有限公司	林　涛　黄宗荣 郑敏忠	金钱猫科技股份有限公司
21	优秀奖	北斗外置式通话器、北斗语音通信系统和方法	ZL201110302459.3	福建星海通信科技有限公司	李小霞　陈家龙 林　醒　谢源鑫	福建星海通信科技有限公司

表 74

2017 年福州市新入选福建省知识产权优势企业名单

序号	单位名称	序号	单位名称
1	福州皇家地坪有限公司	13	光隆精密工业(福州)有限公司
2	福建星云电子股份有限公司	14	中国水利水电第十六工程局有限公司
3	福州金锻工业有限公司	15	福建万润新能源科技有限公司
4	福州闽台机械有限公司	16	福建建工建材科技开发有限公司
5	福建省鑫港纺织机械有限公司	17	福建中澳科技有限公司
6	福州钜立机动车配件有限公司	18	中铝瑞闽股份有限公司
7	福建省长乐市欣美针纺有限公司	19	福建施可瑞医疗科技股份有限公司
8	福建新大陆支付技术有限公司	20	德艺文化创意集团股份有限公司
9	福建省航韩机械科技有限公司	21	福州东星生物技术有限公司
10	福州宜美电子有限公司	22	福建阿石创新材料股份有限公司
11	福建天晴数码有限公司	23	福州金翔食品机械设备技术有限公司
12	福州天宇电气股份有限公司		

表 75

2017 年福州市知识产权示范企业名单

序号	单位名称	序号	单位名称
1	福建骏鹏通信科技有限公司	14	福州福大自动化科技有限公司
2	福州弘博工艺有限公司	15	长乐力天针纺有限公司
3	福州万山电力咨询有限公司	16	福州联泓交通器材有限公司
4	福建亿达食品有限公司	17	福州福大海矽微电子有限公司
5	福建海源三维打印高科技有限公司	18	福建拓天生物科技有限公司
6	中国电建集团福建省电力勘测设计院有限公司	19	福建睿矽微电子科技有限公司
7	福州品行科技发展有限公司	20	长乐聚泉食品有限公司
8	福建三鑫隆信息技术开发股份有限公司	21	福州闽海药业有限公司
9	福建建华建材有限公司	22	蓝佳堂生物医药(福建)有限公司
10	福州斯狄渢电热水器有限公司	23	福建省光速达物联网科技股份有限公司
11	福州天石源超硬材料工具有限公司	24	福建博思软件股份有限公司
12	智恒科技股份有限公司	25	福建星网物联信息系统有限公司
13	福州德格索兰机械有限公司		

表 76　　2017 年福州市入选国家知识产权示范企业、国家知识产权优势企业名单

名称	单位
示范企业	福建联迪商用设备有限公司
优势企业	嘉园环保有限公司
	福建新大陆电脑股份有限公司
	福建恒杰塑业新材料有限公司
	福建宝利特科技股份有限公司
	福州高意通讯有限公司

(穆清龙)

科学普及

【科技政策宣传培训】　2017 年,福州市科技局召开福州新一轮经济发展十项政策宣讲会,各县(市)区、高新区科技局业务部门负责人,市级孵化器、众创空间代表等近 200 人参会。2 月 21 日,福州市科技局联合省科技厅、省国税局召开高新技术企业认定培训会,312 家企业 650 多人和县(市)区科技局相关人员参加培训。3 月 21 日,省科技厅、省国税局、市科技局、市国税局联合对福州市研发企业开展政策宣讲与业务培训,就国家有关部门出台加计扣除新规的目的与意义进行宣传介绍。全市近 500 多家企业 700 多人参训,来自各县(市)区、高新区科技主管部门、国税基层分局及专管局的 40 多名工作人员同期参训。至 2017 年,市科技局持续 10 年联合市国税局、市地税局举办面向全市企业的加计扣除政策的年度免费宣讲培训专场,帮助有研发投入企业从加计扣除政策中获得优惠。全市企业研发费用税前加计扣除应税所得额 22.84 亿元。(王庆全)

【科普宣传活动】　2017 年 5 月 20—27 日,福州市以"科技强国　创新圆梦"为主题,组织举办群众性科技活动,并首次举办"科学之夜"活动。5 月 20 日省科技厅、省委宣传部、省科协和市政府联合在福建农林大学举办 2017 年福建省暨福州市科技活动周启动仪式。省、市有关部门领导、企业、高校专业技术人员、外国留学生和福建农林大学的部分师生共计 300 余人参加。

10 月起,市科技局、市科协、市教育局、市环保局、市关工委联合主办第 33 届福州市青少年科技创新大赛,参赛对象为五区七县及省、市直属中小学校,内容包括发明创造、技术创新、科学论文、信息技术、应用成果,涵盖环境科学、医药与健康学、社会科学等多个学科,经初赛、复赛后推荐优秀科技创新项目 64 项。

年内,福州市科技系统组织开展科技下乡 22 场,其中大中型科技下乡宣传活动及科技知识有奖竞猜活动 10 场,科技下乡培训咨询服务 11 场,开展农家书屋建设工作 3 场。发放各类科普、农业资料和图书 1049 册,发放有奖竞猜奖品 200 件,赠送优良蔬菜种子 2715 包,马铃薯种薯 900 千克,发放福字贴、春联 2500 副。科技下乡参加人数 5210 人次。

(王庆全　肖登峰)

【科普场馆建设】　福州科技馆　位于仓山区金山橘园洲大桥下,占地面积 2.53 公顷;展区面积 6000 平方米,分为科学探索、儿童乐园、机器人世界、航天、光影世界、古生物、生态福州户外(开心农场、茉莉园、科普果园)7 个展区。结合场馆情况,打造"光影世界"展区、VR 体验中心、院士画廊、中国航天展区,更新升级"科普农场"。全年参观量超过 30 万人次。

福州科技馆分馆　2017 年,福州市科协探索"1+N"馆"借力科普"模式,组织实施第二批福州科技馆分馆认定工作,认定福州科技馆动植物标本分馆(福建师大综合展览馆)、福州科技馆闽江河口湿地分馆(福建闽江河口国家湿地公园)、福州科技馆物质结构知识分馆(中科院福建物质结构研究所结构化学国家重点实验室)、福州科技馆眼健康分馆(福州东南眼科医院金山新院)为第二批福州科技馆分馆。认定 12 个分馆,各分馆不定期开展大型科普主题活动。

(王香花)

气象服务

【概况】　2017 年,福州市气象局下辖气象台、气象信息网络与装备保障中心、气象服务中心(预警信息发布中心)、农业气象试验站、财务核算中心、气象灾害防御技术中心及 8 个县(市、区)气象局和 2 个气象分局。建有 1934 个 LED 气象灾害预警发布终端,313 个自动气象站,285 个乡镇气象信息服务站,2 部风廓线雷达、1 部移动应急指挥车和 2 部卫星接收站。

完成厦门金砖会议、国际龙舟赛、渔博会等十多个活动和春节、国庆等节日的气象保障工作,制作专题服务材料 144 份。厦门金砖会议期间,启动特别工作状态 2 次。

【气象防灾减灾】　2017 年,福州市气象局晴雨预报准确率 86.9%,高、低温预报准确率分别达 85.2% 和 93.7%,24 小时暴雨 SPC 得分全省第一。有效防御 4 次较强冷空气、4 次冰雹强对流天气、24 次暴雨过程和 8 次台风过程。福州市发布各类预警信号 2775 次(红色 46 次),制作决策材料近 2583 期,发送各类预警短信 4057 条,服务近 443 万人次。

【公共气象服务】 2017年，福州市气象局成立“气象全媒体工作室”，发布原创天气资讯1780多篇，三次台风服务，多次位列福建政务微博榜榜首和全国气象政务微博榜前列，台风话题阅读量超1000万人次。开展以“净化空气”“应对持续干旱”为主要目的的人工增雨作业22次，发射火箭弹58发。结合福州智慧城市标杆市建设，推进网格化业务应用，打造“智慧气象”业务平台。加强内涝预警业务，气象预警“消息树”为台风暴雨天气治涝治堵工作抢得先机。

【台风气象服务】 2017年，福州市受8个台风影响，分别为2号台风“苗柏”（影响时间6月13—17日）、9号台风“纳沙”和10号台风“海棠”（7月29日—8月1日）、13号台风“天鸽”（8月22—24日）、14号台风“帕卡”（8月26—27日）、16号台风“玛娃”（9月1—3日）、18号台风“泰利”（9月12—13日）、20号台风“卡努”（10月12—15日），其中“苗柏”“纳沙”“海棠”3个台风给福州市带来严重风雨影响。“纳沙”和“海棠”双台风24小时内先后在福清登陆，登陆影响期间福州市气象局开展五天四夜精准服务，发布各类决策服务材料85期，滚动提供40份实时雨情，全市气象部门累积发布决策气象服务产品455份，预警信号258次，累计预警短信发布条数446条，服务近56万人次，新浪微博发送信息496条，微信发送信息68条，专家接受媒体采访20次。

【为农气象服务】 2017年，福州市气象局实现全市335家农企及合作社分门别类的个性化信息推送。开展都市农业智慧气象服务系统项目建设。晋安新特温室蔬菜试验基地及晋安北峰农业气象试验基地初显成效。联合海洋渔业局、农业局开展“一县一品”特色农业气象专题服务，并制定气象指标。

【气象现代化建设】 2017年，福州市气象局应用智能网格预报产品，开展落区到乡镇的强降水精细化预报。年内，福州智慧气象业务平台投入业务试用。完成晋安北峰农业气象试验基地及人工影响天气固定作业示范点建设。闽江口（琅岐）生态海洋气象综合观测站建设稳步推进。马尾气象分局业务楼投入业务运行。永泰县和晋安区预警信息发布业务平台完成建设。福清新址观测场开展对比观测，完成上山道路建设、业务楼封顶。在罗源建成福建省首个实训基地。

【气象观测网络系统建设】 2017年，福州市安装完成降水天气现象仪、串口服务器和3G应急传输设备。完成国家地面天气站落地改造升级工作。连江黄岐—马祖航线上建成福州市首套船舶自动站。完成福州市国家地面观测站标准化改造，成为福建省观测站标准化创新标杆。

2017年3月23日，福州市气象局举办“3·23”世界气象日开放活动。图为专业技术人员向参加活动的学生讲解人工降雨 （市气象局 供）

【气象法治建设】 2017年，福州市气象局落实国务院优化建设工程防雷许可决定，完成与建委等相关职能部门防雷许可项目交接工作。编制行政审批和公共服务事项标准化指南。落实“最多跑一趟、一趟不用跑”工作。建立防雷安全监管名录库，开展防雷安全大检查，覆盖率达96.4%。强化施放气球安全管理，建立日常巡查工作机制。查处无资质或超资质防雷案件2件，破坏探测环境案件3件。

【部门合作】 2017年，福州市气象局与市城区水系联排联调中心建立防渍排涝联动机制。与福建农林大学作物科学学院组建专业科研攻关团队，拓展学术交流、项目申报和人才培养合作。与环保部门联合开展空气质量指数业务。与福州地方海事局完善信息共享，为内河航运安全提供气象保障。与连江旅游局合作，开展黄岐—马祖、马尾—马祖航线气象保障服务。

【气象科普宣传】 2017年，福州市气象局围绕“3·23”世界气象日、“5·12”防灾减灾日、科技活动周和安全生产月开展气象科普宣传，联合市委文明办、市数字办、市科技局、地震局等部门，组织气象专家进校园15场、进社区3场、进农村3场，邀请福州晚报小记者团开展探秘气象局体验气象人活动，通过电视、网络、微博、微信、手机app等多种渠道，传播气象科普知识。

【气象科技创新与人才培养】 2017年，福州市气象局组建2支市局创新团队，从省外引进2名专业技术人员，其中1名农业气象专技人才。省局科研课题立项3项，市局课题立项20项。举办9个气象业务面授培训班，143人次参加培训；6期视频远程培训班、3期“福州气象学坛”、15期“十分钟业务学坛”，共840人次参加远程培训。

（黄　蓉）

表 77　2017 年福州市新建国家地震安全示范社区名单

序号	地区	社区名称
1	马尾区	福州市马尾区马尾镇凯隆社区
2	福清市	福州市福清宏路街道景江社区
3	闽清县	福州市闽清县梅城镇西门街社区
4	罗源县	福州市罗源县凤山镇凤东社区

防震减灾

【概况】　2017 年,福州市地震局服务福州新区和滨海新城建设,福州新区(重点地区)地震小区划项目完成滨海新城核心区 86 平方千米相关数据采集,数据成果用于完善滨海新城抗震防灾专项规划。完成永泰、闽清地下流体观测台井房建设、钻井施工。与晋安区消防大队共建福州首个综合消防与地震安全体验馆——福州晋安消防与地震安全体验馆并对外开放;建成 3 个防震减灾基层科普基地和 4 个国家地震安全示范社区。年内,福州消防支队特勤大队地震灾害紧急救援队通过重型救援队能力测评并或获中国地震局授牌。

【地震监测预报】　2017 年,福州市地震局完成震情信息 26 次,编制震情简报 9 期。全年重要时段完成震情"零报告"56 期次,厦门金砖会议期间报送宏微观异常"零报告"52 期次。

完成永泰、闽清前兆地下流体观测台站井房建设、钻井施工,开展仪器招投标采购。开展周、月震情会商,向福建省地震局报送周月会商 54 期。组织召开福州市半年和年度地震趋势会商会。落实福州晋安浦东前兆地下流体观测井水位和鼓楼区鼓西路机械厅宿舍楼摇晃 2 项异常。完成防震减灾"三网一员"名单更新,全市有助理员 174 人、速报员 995 人、宣传员 983 人。6 月,举办"三网一员"培训班。

【地震灾害防御】　2017 年,福州新区(重点地区)地震小区划项目完成滨海新城核心区 86 平方千米的相关数据采集。市地震局参与滨海新城抗震防灾专项规划工作,提供福州新区部分地区地震小区划施工成果。配合东南快速通道等重点项目直接责任单位,为滨海新城建设提供抗震设防技术服务保障。推进抗震设防"双随机一公开"监督检查,服务社会信用体系建设。5 月 12 日,市地震局与晋安区消防大队共建的福州晋安消防与地震安全体验馆开放,为全市首个综合消防与地震安全体验馆。在福建省船舶工程学校、长汀社区、晋安区第六中心小学建成 3 个防震减灾基层科普基地。年内新建成 4 个国家地震安全示范社区。

【地震科普宣传】　2017 年,福州市地震局分别与晋安区政法委、晋安公安消防大队、福州市民政局、福州市气象局、福建省曙光救援中心、王庄街道砌池社区、福州电视台等部门合作,在晋安区砌池社区、长乐滨海新城文武砂中学、连江树德中学等社区学校,开展以"平安福州·防灾减灾"为主题的科普宣传及救援演练活动。7 月 28 日,联合福州新闻广播 FM944 开展"纪念唐山大地震 41 周年"在线访谈活动,联合福州新闻广播频道在晋安消防及地震安全体验中心开展防震减灾线下科普体验活动。7 月 28 日至 8 月 14 日,联合《福州晚报》开展 7 期"防震减灾"知识有奖问答活动。年内制作防震减灾科普宣传动漫系列短片 5 部。

【地震应急救援】　2017 年 3 月,福建省、福州市开展省市共建的地震灾害紧急救援队测评演练,福州市消防支队特勤大队地震灾害紧急救援队通过地震灾害重型救援队能力分级测评,达到重型救援队能力,被中国地震局授牌,为消防部队第一支获得国家级资质认证的地震灾害重型救援队。7 月起,市地震局先后 9 轮对全国文明城市创建实地检查项目——市区 29 处地震应急避难场所全面巡检;7 月 28 日,组织福州市抗震救灾指挥部成员单位开展地震桌面应急演练,邀请中国地震应急搜救中心专家到福州指导;8 月下旬,对各县(市)地震办地震应急工作部署落实情况开展专题调研,开展厦门金砖会晤时期地震应急保障工作;组织福州市地震系统开展 4 次地震现场工作队演练。

【防震减灾纳入综治网格化管理】　2017 年,福州市地震局将防震减灾工作融入社会公共安全体系建设,纳入社会综治网格化管理。11 月,晋安区将防震减灾工作纳入社会综治网格化管理。

(郑彩婵)

(编辑　黄雯倩)

综　　述

【概况】　2017年，福州市社科规划继续采取“1+N”模式，确定立项资助课题35项，其中重大项目5个，重点项目15个，一般项目15个，资助金额95万元。完成2014—2015年度15个社科规划项目、2016年度首批10个社科规划项目结项工作。创立《福州社科文库》并出版《福州市第九届社会科学优秀成果选粹》，创建社科规划研究《成果要报》。新增12个市级社会科学普及基地。

表78　　2017年福州市获省社会科学规划项目立项课题

项目名称	项目类型	负责人	所在单位
基于系统动力学的福建省节能减排政策仿真研究	一般项目	郗永勤	阳光学院
统战视域下创新福建城乡社区微治理研究	一般项目	王青松	福州市社会主义学院
福建省加快融入“一带一路”战略支点建设研究	一般项目	杨秀平	福州职业技术学院
生态视域下的冰心翻译思想研究	一般项目	林晓琴	福州外语外贸学院
康德与后现代批判美学构建研究	一般项目	陈开晟	闽江学院
心理健康国家战略背景下国民心理健康变迁的横断历史元分析及科学知识图谱研究	青年项目	廖友国	闽江学院
农村留守儿童受欺负影响因素及反欺负策略量化和质性研究：基于社会生态系统论的视角	青年项目	谢履羽	阳光学院
中国制造业贸易利益测度与攀升全球价值链路径研究	青年项目	林斐婷	闽江学院
突发公共事件社会化媒体舆情引导与传播机制研究	青年项目	李　群	闽江学院
古代中国与朝鲜半岛“朝贡”制度下的音乐文化交流研究	青年项目	吴明微	闽江学院

表79　　2017年福州市社会科学规划项目结项项目

项目名称	负责人	工作单位
福州市发展工业循环经济机制与政策研究	吴飞美	闽江学院
福州市乡村旅游发展的驱动系统研究	范高明	福州职业技术学院
福州海洋水产养殖政策性保险定价研究	彭建林	福州职业技术学院
基于海陆统筹的福州现代海洋服务业发展壮大研究	叶向东	福州市海洋经济学会

续表 79

项目名称	负责人	工作单位
人力资本视域中的福州市生态文明建设	林孟涛	闽江学院
福州生态文明建设的顺势与突破	李　为	福州外语外贸学院
基于自贸区背景下两岸高职在线教育合作的研究	兰绍清	福州职业技术学院
面向海西高职院校创新发展的学生顾客感知价值构成维度研究	闫丹文	福州职业技术学院
畲族非物质文化遗产发掘、传承及发展对策研究	陈　栩	闽江学院
福州漆艺文化创意产业化研究	周榕清	福州市漆艺文化研究会
基于淘宝指数与谷歌趋势下的电子商务发展研究	陈　洪	福州外语外贸学院
福建自贸区跨境电子商务发展研究	许振宇	福州外语外贸学院
创新驱动福州产业转型升级的机制与路径研究	王珍珍	福建师范大学
福州新区开放开发与琅岐国际生态旅游岛建设研究	林丽娟	福州市社科院
福州乡村农业经济转型发展策略研究	林巧莺	泉州师范学院
榕籍旅美"新移民作家"创作研究	古大勇	泉州师范学院
福州地区碑刻历史文化资源现状及保护研究	杨济亮	福州市社科院
闽台髹漆艺术在服饰设计中的传承应用研究	陈　达	福州外语外贸学院
基于福州城市文化的公共交通导向系统设计研究	何增炎	华侨大学
福州红色旅游发展现状与对策研究	林万国	福州市闽浙赣边区革命史研究会
基于2.0的智慧福州建设策略研究	薛寒欣	中共福州市委党校
福州自贸区高专英语人才培养的目的	黄凌云	闽江师范高等专科学校

表 80　**2017 年福州市新增市级社会科学普及基地名单**

序号	基地名称	基地地址
1	福州市传统文化促进会(刘家大院)	福州市鼓楼区三坊七巷光禄坊 34 号刘家大院
2	福州社区大学	福州市台江区广达路 55 号
3	鼓楼区安泰街道综合文化站	福州市鼓楼区乌山路天皇岭一号
4	鼓楼区三坊七巷社区学习促进会	福州市鼓楼区光禄坊 30 号
5	福州历史文化名城展示馆	福州市鼓楼区福飞南路 139 号屏山公园镇海楼景区
6	台江区图书馆	福州市台江区学军路 92 号台江区文化活动中心 5、7 层
7	福州则徐中学禁毒教育展厅	福州市晋安区王庄俊伟路 10 号
8	福州马江海战纪念馆	福州市马尾区昭忠路 1 号
9	闽侯闽都民俗园	闽侯县甘蔗街道学院路 63 号
10	闽侯县图书馆	闽侯县文化中心
11	罗源县霍口畲族乡福湖民俗馆	罗源县霍口畲族乡福湖村
12	福建(官烈)省委旧址纪念馆	永泰县塘前乡官烈村

【社科宣传普及】　2017 年，福州市社会科学界开展以"学习宣传贯彻党的十九大精神·加快构建中国特色哲学社会科学"为主题社会科学普及宣传周活动。市政府办公厅等 14 家社科普及联席会议成员单位参与协办。举办报告会、图片展、社科讲坛讲座、"社会科学在你身边"大型咨询普及、知识竞答、演讲比赛等社科普及类活动 60 多场次。

全年闽都大讲坛播出讲座 52 集；林则徐纪念馆举办临时展览 15 场，外出展览 17 场，举办"源远流长　根深叶茂——林则徐出生地竣工 20 周年暨林则徐遗迹保护回顾展"；船政文化博物馆开展"文化与自然遗产日"进校园系列活动，在福建师范大学附属第二小学、福州大学阳光学院等学校传播物质文化遗产相关知识，承办2017年“中国涉海类博物馆馆长论坛”；闽侯县闽都民俗园举办福州特色民俗游园活动，组织开展采摘向日葵、特色手工艺品、特色美食、茉莉花茶制作等农事体验活动，举办闽剧演出、传统技艺展、民俗文化展、茉莉花茶文化展、道德模范展等系列展演活动；晋安区中国寿山石馆举办“匠心千年——寿山石文物精品展”；台江区图书馆以“欢庆十九大，科普趣味学”为主题，通过绘本学习、虚拟现实互动、科普图书展阅、视频展播等形式，开展科普知识宣传活动和“远古探秘”少儿科普知识宣传——AR与VR体验活动；鼓楼区首批社科宣传志愿者向旗山五凤书院等单位赠送《福州话拼音教材》《鼓楼民俗》等闽都文化书籍；罗源县霍口畲族乡福湖民俗馆举办“畲歌唱响十九大文化科技卫生三下乡”大型文艺表演活动等。

【社科普及基地建设】 2017年，福州市新增社科普及基地13个，至年底，全市累计有社科普及基地22个。

（张　薇）

学术交流活动

【“海峡两岸孝道文化暨健康养老”高峰论坛】 2017年3月31日，由福州市老年学学会、福建省居正孝道文化交流中心在福建中医药大学屏山厅联合举办。论文作者、中医药大学部分师生及两家主办单位理事、会员代表120多人参加。论坛就对孝道去伪存真和与时俱进的统一、物质尽孝和精神尽孝的统一、大社会和小家庭的统一、长辈爱幼和晚辈尊老的统一等议题进行交流探讨。

【“一带一路”战略支点城市与区域合作发展国际论坛】 2017年7月3—4日，论坛由福州市社科联等14个城市社科联发起创建的全国“一带一路”沿线城市智库联盟在连云港市举办。福州市社科联副主席、高级经济师张春斌作题为《提升福建“海丝”城市形象构建能力的策略与路径》大会发言；100名来自中国社科院、北京大学等国内社科机构、高等院校，以及俄罗斯、波兰、越南、孟加拉国等国家社科研究组织的智库专家参加论坛，研究新常态下“一带一路”相关区域合作发展的重大问题，就相关战略支点城市在推进“一带一路”建设中发挥独特优势，融入和服务国家与地方“一带一路”建设提出建议。

【第六届闽都文化论坛——海外福州人与“一带一路”】 2017年9月27日，论坛由市闽都文化研究会、厦门大学南洋研究院、华侨大学华侨华人研究院联合举办。130多人参加。论坛就如何发挥海外福州人的优势，推动福州融入“一带一路”战略，弘扬闽都文化，扩大闽都文化影响展开研讨。收到论文47篇，涉及海洋文化视阈下的闽都文化、福州从昙石山文化到“一带一路”的发展、海外福州人对传播中华文明的贡献、历史以来福州海上丝绸之路的发展、海外福州人参与“一带一路”建设、建设福州海洋经济等多方面内容。厦门大学历史研究所原所长、教授、博导、闽都文化研究会学术委员会名誉主任杨国桢《福州与海上丝绸之路》，福建省社科院历史所原所长、研究员徐晓望《中国传统海上丝绸之路的顶点：晚清福州的武夷茶贸易》，闽江学院人文传播学院院长、教授薛菁《闽都文化在东亚文化圈的流播》，厦门大学南洋研究院副教授王付兵《生存与发展：福清新移民问题研究》、闽都文化研究院院长王坚《发挥闽都文化作用，服务滨海新城开发建设—基于“五区叠加”背景下的闽都文化研究》在会上做主旨发言。会上还举办《闽都文化读本》《福州通史简编》新书首发式，“闽都文化智库”成立仪式和《福州通史》委托编纂签约仪式等系列活动。

【第二届全国“一带一路”沿线城市智库联盟理事大会暨“一带一路”城市发展战略专题研讨会】 2017年10月，由天津市社科联、福州市社科联等14个城市为理事单位的全国“一带一路”沿线城市智库联盟在天津举行第二届理事大会。研讨会期间举行以“献礼党的十九大，献力国家大战略”为主旨的“一带一路城市发展战略专题研讨会。福州市社科联副主席张春斌在研讨会上作《福州：借力“一带一路”打造海上丝绸之路战略支点城市》发言。中联部、中国社科院、光明日报社和北京、上海等37家高校和智库机构负责人、专家学者150多人，围绕丝绸之路城市网建设、雄安新区建设与区域创新体系、“一带一路”沿线城市发展与对外开放新联动等方面进行研讨。天津市社科联与南京大学、光明日报社签署合作协议，共同推动中国特色新型智库建设和智库评价体系地方版工作。

【老年产业与老年服务业理论研讨会】 2017年10月11日，由福州市老年学

2017年10月，福州市社科联参加第二届全国“一带一路”沿线城市智库联盟理事大会暨“一带一路”城市发展战略专题研讨会　　（市社科联　供）

学会在福州市退休人员活动中心会议厅举办。来自社区的老龄工作者、老年群团组织代表、部分民办养老机构负责人、论文作者及福建师范大学从事老年问题研究的专家教授100余人出席会议。研讨会收到论文45篇,内容涵盖居家养老、老年健康、养老机构经营、社团组织与老年养生的关系等,其中41篇选编入论文集。

【"昙石山·南岛语族·海上福州"主题论坛】 2017年11月29日,由福州市文化广电新闻出版局、闽侯县政府、福州市闽都文化研究会联合主办。专家学者介绍昙石山文化、南岛语族文化、海上福州战略及三者间的密切关系,认为昙石山文化是福建古文化的摇篮和先秦闽族的发源地;福州文化历史悠久,是南岛语族的重要组成部分;福州濒海濒江的独特地理位置,集农耕文化和海洋文化于一体的闽都文化,对中国近代史产生重要影响。

【诚信主题动画片《诚信漫游记》开播】 2017年12月8日,作为福州市创建全国信用示范城市的标志性工程——国内首部原创大型诚信主题动画片《诚信漫游记》在福州开播。该剧由福州市诚信促进会、市委文明办、市发改委与福建盛世金尊动漫科技有限公司多家机构合作共同开发制作,旨在宣传诚信理念、诚信思想、诚信作为,弘扬诚信精神。

(张　薇)

社科研究成果

【福建师范大学研究成果】 2017年,福建师范大学获批"全国中国特色社会主义政治经济学研究中心"(全国共7家)、国家"马克思主义文艺理论与文艺批评建设工程"福建基地;新增8个省级工程研究中心、重点实验室,入选福建省高校特色新型智库2个;印度尼西亚研究中心获批教育部"国别和区域研究基地"。新增国家级、部省级科研项目293个(人文社科类157个、自然科学类136个),其中国家社科基金重点项目立项数位居全国第9位,获省科学技术奖励5项。教师在《自然·通讯》等顶尖期刊发表创新成果,A&HCI收录论文数居全国高校第37位。18件作品获省百花文艺奖。大型历史文献《台湾文献汇刊续编》在北京人民大会堂首发;与台湾合编的语文教材在台湾多所高中投入使用。

(陈培坤)

【闽江学院研究成果】 2017年,闽江学院获各级各类社科项目立项88个(其中国家级项目1个、省部级项目12个,市厅级项目75个),新增社科横向委托项目39个,到校社科科研经费392.841万元(其中纵向119.6万元,横向273.241万元)。推荐30项社科优秀成果申报福建省第十二届社科优秀成果奖评选。三大检索系统收录论文68篇,其中SCIE收录论文28篇、EI收录论文26篇、ISTP收录论文14篇,教师主编出版专著17部,4部教材获得福建省2017年本科优秀特色教材评选。

(丁宗银)

【福州市社会科学界联合会研究成果】 2017年,福州市社科联张春斌的《提升福建"海丝"城市形象构建能力的策略与路径》获2017年全国"'一带一路'战略支点城市与区域合作发展"主题研究论文评选二等奖,并在连云港市举办的"一带一路"战略支点城市与区域合作发展国际论坛上作大会发言,被人民出版社《首届"一带一路"沿线城市智库联盟论坛文集》收录出版。《凝心聚力提高城市基层党建工作水平》在全市基层党建工作经验交流会上作专题发言,入选市委组织部党建实务丛书《城市基层党建工作探索》。《福州:借力"一带一路"打造海上丝绸之路战略支点城市》在第二届全国"一带一路"城市发展战略专题研讨会上作大会交流,并在《"一带一路"城市发展战略》《经济瞭望》刊物上发表。《现代质量管理视域下的电视节目质量建设》在人民日报新闻战线上刊发。市社科联参与策划的大型电视文献纪录片《过台湾》在中央电视台纪录片频道及台湾东森电视台等媒体播出,是首部展示闽台、榕台人文关系的影像史。

(张　薇)

【福州市社科院研究成果】 2017年,福州市社科院立项院重大课题1项,院重点课题4项,院一般课题10项。《市树市花与福州城市精神的构建》获立项为2017年度福州市社科规划重点项目。《福州新区开放开发与琅岐国际生态旅游岛建设研究》《福州地区碑刻历史文化资源现状及保护研究》2项2016年度福州市社科规划项目结项。《海丝战略支点建设背景下福州与东盟深化经贸合作的路径研究》获立项为2017年度福州市中国特色社会主义理论体系研究中心一般项目。

年内完成科研成果45项,其中院重点课题成果6项,院一般课题成果15项,院管理项目和管理课题成果7项,其他成果17项。《"海上福州"船政文化资源产业化开发利用研究》《台湾制造业全要素生产率动因研究》等23项科研成果在公开刊物上发表,其中3项科研成果在核心期刊上发表。1项成果获2016年度福州市优秀调研课题成果二等奖,1项成果获全市宣传思想文化系统2016年优秀调研成果二等奖,1项成果获2017年福州市妇女理论研讨论文评选二等奖。18人次参加9场不同类型学术交流和考察活动。在全国城市社科院第27次院长联席会议暨全国城市智库联盟第三届年会上,福州市社科院获"全国先进社科院"称号。

继续开展福州市委宣传部委托的"福州市深化文化体制改革"课题研究工作,完成《2016年度福州文化体制改革调研报告》。开展船政文化研究,完成市委宣传部交办的船政文化研究系列课题《船政学堂对近代中国翻译的影响》《船政人物在台事功述评》《船政文化与福州文化创意产业发展》。开展红色文化研究,推进《毛泽东社会调查思想研究》《福州市红色文化旅游资源保护和利用》等课题研究。

推进新型智库建设,成立智库建设办公室,实施研究所和研究人员对策研究责任制,启动《领导参阅》智库平台。

年内编辑出版《福州社会科学》6期,刊出文章63篇,其中党建研究11篇,经济研究15篇,社会研究21篇,文史研究14篇,学习十九大专题2篇。刊物发放范围涵盖市直各单位、全国各地市社科联院等相关单位300多家。

（丁　琼）

【中共福州市委党校研究成果】　2017年，中共福州市委党校申报国家社科规划项目2个；申报国家行政学院合作课题4个，立项2个；申报省社会科学规划年度项目6个，立项1个；申报省中国特色社会主义理论基地项目12个，立项2个；申报省委党校中国特色社会主义理论基地课题21项，立项13项；申报市中国特色社会主义理论体系研究中心课题3项，立项2项；申报市社科课题8项，立项1项。系统课题申报64项，立项44项。承担市委办公厅、市政府办公厅、市委党建办的9项重点调研课题，其中承担的市直部门年度重点调研课题《加强大数据运用，提升基层行政管理服务水平》刊于《福州调研》2017年第61期，《把夜市打造成台江新风景线的几点建议》刊于《决策咨询参考》2017年第5期。教师参与并执笔的重点课题《福建时期习近平总书记机关党建思想与实践》被全国党建研究会机关专委会评为"2017年度全国机关党建课题研究成果一等奖"。中央党校《党校工作通讯》2017年第30期，以《改革创新，多措并举，努力建设新型智库》为题，介绍中共福州市委党校推进智库建设的做法经验。

校刊用稿重点突出党建特色和福州特色，开辟"学习宣传贯彻党的十九大精神""习近平治国理政思想研究""福州民生建设"和"弘扬红色文化"等新专栏，加强"福州市情研究"等传统专栏。举办以"建设滨海新城，加快推进海上福州建设"为主题的"福州市情论坛"。

全校教职工发表科研论文71篇，其中在省级CN以上期刊上发表50篇，市级CN刊物14篇。主要立项项目有全国行政学院科研合作项目：徐安勇《以共享发展理念引领福建新型城镇化建设研究》；林善炜《习近平在福建工作期间关于生态文明建设的思想与实践研究》。省社科规划项目：蔡雄杰《习近平文化软实力思想研究》。省中国特色社会主义理论研究项目：陈盛兰《从"摆脱贫困"到精准脱贫：共享发展视域下习近平脱贫攻坚思想研究》。市社科规划项目：李娣《福州市"一线考察干部"机制的理论研究》。市中国特色社会主义理论体系研究中心项目：王林佳《牢牢把握稳中求进总基调　主动引领经济发展新常态》，宋丰华《推动福州综合行政执法改革探究》。全市政府系统重点调研课题《大数据对基层政府行政管理影响探析》等。

（王鹏丽）

【福州市政府发展研究中心研究成果】

2017年，福州市政府发展研究中心组织完成各类调研成果130多项，撰写重要文稿30多篇，其中《抢抓北京非首都功能疏解机遇的若干建议》《提高我市办节办赛水平的建议》《完善福州新区制造业支撑的研究》《对福州开发区转型升级的若干思考》《旅游业助力"海上福州"建设的思路与对策》《我市建筑渣土消纳市场化机制研究》等获得市委、市政府主要领导批示。年内编发《研究报告》（专报件）26期，《研究报告》（参阅件）104期，编辑出版《福州经济》杂志6期。编印《2016年福州发展研究报告》文集、《"一带一路"沿线东南亚11国国情研究》。完成《抢抓北京非首都功能疏解机遇的若干意见》《完善大学城管理体制机制调研报告》《生态文明的福州实践》《关于完善市级重点工业园区体制机制的意见》《提高我市办节办赛水平的建议》《仓山区民生事业补短板工作调研报告》等任务10余项。

（林舒浩）

【中共福州市委讲师团研究成果】

2017年，中共福州市委讲师团5项课题获省、市中国特色社会主义理论体系研究中心立项。其中，谢碧珠的《运用法治思维和法治方式推动社会主义核心价值观建设的研究》、黄晓的《以媒介素养为视角解构领导干部"走好网上群众路线"的路径研究》、林梅的《精准扶贫政策的实施困境及突破方向》获中共福建省委讲师团中国特色社会主义理论体系研究中心课题一般项目立项；陈经苏的《加快国家自主创新示范区福州片区建设研究》获福州市中国特色社会主义理论体系研究中心课题重点项目立项、林梅的《习近平总书记精准扶贫思想的基层实践——以永泰县为例》获福州市中国特色社会主义理论体系研究中心课题一般项目立项。

年内在《福建理论学习》《发展研究》等CN刊物上发表何芸的《全民直播时代的网络舆论引导研究》《培育社群网红引导网络舆论的研究》、肖建明的《探索福州新区与平潭一体化联动发展研究》、林梅的《实现基层党建和农村社会治理的共促双赢》、谢碧珠的《用法治思维和法治方式引导自媒体舆论的研究》5篇研究文章；在《福州社会科学》上发表何芸的《社交媒体时代拟态环境下常识性判断引导的研究》、林梅的《充分发挥基层党组织在农村社会治理创新中的作用》、谢碧珠的《供给侧改革视阈下的机关党建工作思考》3篇研究文章。

（黄　晓）

（编辑　黄　铭）

教育

综　述

【概况】　2017年，福州市教育部门年度预算24.52亿元(不含高校)，预算执行率95%以上。完善学生资助政策体系，实施精准认定、精准资助和精准帮扶，下拨资助经费5.42亿元。落实教育用地规划调整联合审批制度，同步加快推进教育预留地征迁、配建学校规划和建设，全市新增义务教育学校学位2.2万个、公办幼儿园学位4410个。实施校舍安全工程、义务教育薄弱学校改造工程等，改造校舍37.47万平方米、运动场2.92万平方米，购置教学仪器设备361万元。

福州市学前教育普惠性学额率提高至74.87%。获评首批省义务教育教改示范性建设学校98所，居各设区市首位；提前一年实现省级达标中职学校全覆盖。全面完成"攻坚2017"、市重点建设、"为民办实事"和中小学校舍安全工程，新改扩建义务教育学校32所、高中8所、幼儿园13所；在马尾新办2所市属学校。全市高考文理科平均分均列全省第二(4所高中文理科平均分进入全省前10名)；市教育局获评教育部第一批区域教育信息化试点优秀单位，"安全教育实验区"建设经验在全国性大会上交流。

【教师管理】　2017年，福州市教育局聘请16名人大代表担任师德师风监督

表81　2017年福州市新建、改扩建公办幼儿园一览表

序号	学校名称	建设类型	建成学位(个)
1	仓山区首山丽景配套幼儿园(暂名)	新建	360
2	仓山区双湖新城配套幼儿园(暂名)	新建	360
3	晋安区保利香槟幼儿园	新建	360
4	马尾区魁岐小区配建幼儿园	新建	360
5	长乐区鹤上中心幼儿园	新建	360
6	福清市占阳中心幼儿园	新建	360
7	闽侯县青口玉山幼儿园	新建	360
8	连江县安凯中心幼儿园	新建	270
9	闽清县坂东镇中心幼儿园	新建	360
10	永泰县城关幼儿园(分园)	新建	270
11	永泰县赤锡中心幼儿园	新建	270
12	永泰县梧桐中心幼儿园	新建	360
13	高新区儿童学园	新建	360

表82　2017年福州市新建、改扩建义务教育学校一览表

序号	学校名称	建设类型	建成学位(个)
1	福湾新城保障房配套小学(暂名)	新建	1620
2	福州市温泉小学	扩建	900
3	福州市双虹小学	扩建	540
4	福州市后坂小学	新建	810
5	福州市尚保小学	扩建	270
6	福州市螺洲中心小学	扩建	270
7	福州市联建小学	新建	1080
8	福州市战坂小学	新建	1080
9	晋安区第二中心小学	扩建	1080

续表 82

序号	学校名称	建设类型	建成学位(个)
10	晋安区教师进修学校附属第二小学	新建	1620
11	福州市船政小学	新建	1080
12	福州市海屿小学	扩建	450
13	福州市凤窝小学	扩建	270
14	长乐区壶井中心小学	扩建	540
15	福清市音西康辉小学	新建	540
16	福清市阳下东田小学	新建	270
17	闽侯县上街榕侨小学	扩建	810
18	闽侯县尚干中心小学	扩建	450
19	连江县鲤鱼山小学	新建	2000
20	连江县敖江中心小学	扩建	540
21	闽清县池园镇隔兜小学	扩建	405
22	福州金山九期中学(暂名)	新建	1950
23	长乐区金峰中学	扩建	300
24	长乐区感恩中学	扩建	600
25	福清市城头五龙中学	扩建	400
26	连江县第五中学	扩建	300
27	闽清县城关中学	扩建	450
28	闽清县第三中学	扩建	300
29	永泰县白云中学	扩建	400
30	连江县长龙学校(九年一贯制)	扩建	180
31	连江县百胜学校(九年一贯制)	扩建	270
32	连江县安凯学校(九年一贯制)	扩建	270

表 83　**2017 年福州市改扩建高中一览表**

序号	学校名称	建设类型	建设面积(平方米)
1	福州金山中学	改扩建	6299
2	福州十一中	改扩建	7550
3	福州亭江中学	改扩建	10667
4	福州琅岐中学	改扩建	11868
5	永泰三中	改扩建	3200
6	福清融城中学	改扩建	8000
7	长乐一中	改扩建	32000
8	长乐四中	改扩建	2734

员，对教师履职行为予以监督。重点督查处理师德师风信访举报 125 件。组织开展教师培训项目 70 多个、各类培训讲座 1400 余场次，参训教师 45 万余人次。建成并启用福州市名师工作室网络平台，全市有名师工作室 27 个。完善临聘教师管理，开发市临聘教师供求信息系统，为用人学校、临聘教师搭建供求信息平台，将临聘教师代课薪酬标准由 40 元提高到 60 元。推进义务教育阶段教师校际交流，全市交流教师 2144 人，占应交流人数的 13.6%；交流校级干部 187 人，占应交流人数的 25.5%；交流骨干教师 454 人，占交流教师人数的 21.2%。

【素质教育】　2017 年，福州市教育系统拓宽校外教育渠道，开展研学旅行工作试点，实现各县(市)区校外活动场所全覆盖。出台《关于全面加强和改进学校美育工作的实施意见》，推进第二课堂教育和夏令营等活动，开展优秀中小学生乐团、中华优秀文化传承学校、校园文化美育环境候选单位等评选。5 所中小学被确定为省首批美育师资合作联盟校。全国和市级青少年校园足球特色学校分别达 120 所、203 所，福清市被教育部命名为全国青少年校园足球试点区(县)，提前 3 年实现《福州市青少年校园足球发展规划(2016—2020)》目标。市规范汉字书写教育特色学校新增 17 所，省、市语言文字规范化示范校分别新增 17 所和 16 所。举办中小学生校园足球冠军赛、夏日畅响专场音乐会、首届小学生规范汉字听写大赛等文体、科普活动和社会实践活动，组织福州市学生参加全国、省科技创新大赛、电脑机器人竞赛、中职职业技能竞赛。

【教育信息化】　2017 年，启动教育大数据运用，主动对接科大讯飞、北京超星两家企业引进相关产业项目；推进日常考试扫描阅卷与分析补救等大数据试点应用，提高复习备考实效。全面实现师生网络学习空间“人人通”。启动 55 所学校智慧校园建设，新建智慧教室 320 间。全面完成全市教师每人 80 学时的信息能力提升培训，189 件教师信息能力提升工程培训成果作品入围省优秀作品，获奖率 83%。教育信息化建设经验在全省基础教育信息化工作推进会上交流。

【教育教学交流】　2017 年，福州市教育局出台规范对外友好学校交流和友好学校缔结相关规定，完善报批程序，推动 9 个因公团组赴外交流。接待加拿大、英国等国教育部门和学校到福州开展友好教育交流访问。推进对台教育交流，

2017年12月11日，第十一期钱学森论坛在福建会堂举行，福州三中"钱学森班"授牌仪式同时举行。图为教授钱永刚向福州三中学生签名赠书（池远 摄）

举办第五届"海青节"教育项目，开展福州—新北职业教育交流活动。组织900多名学生参加新马汶小学现场华文创作精英赛。派出67名教师赴西藏、宁夏、甘肃定西以及省级扶贫开发工作重点县等地支教；接收安排来自定西县、省重点扶贫县的210名教师到福州市区优质学校跟岗学习。

【民办教育】 2017年，福州市下拨民办教育发展专项资金289.85万元。开展新修订的民办教育促进法专题讲座培训。市教育局指导设立民办学校，重点支持融侨集团在长乐市滨海新城设立双语学校，总投资10亿元，年内项目开工；年内设立福州中加学校、福州辅仁学校，两所学校均于2017年9月开学。解决4所未达标民办中等职业学校停办后的善后工作。在福州金山中学举办2017年民办学校教师人才专场招聘会，提供各县(市)区100余所民办学校和培训机构近1000个岗位空缺，2000余人到场应聘。开展全市民办非学历文化教育培训机构清查整顿工作，清查无证培训机构273所。年内市教育局与海峡教育报社合作研发"福州市区正规民办教育培训机构查询系统"。

【全省首个"钱学森班"落户福州三中】

2017年12月11日，以"从大国到强国的准备——钱学森智库聚焦数字中国"为主题的第十一期钱学森论坛在福建会堂举行，11名院士、专家围绕论坛主题分别作专题报告，同时进行福州三中"钱学森班"授牌仪式，为全国第29个、全省首个"钱学森班"。

（郑 丹）

学前教育

【概况】 2017年，福州市有独立幼儿园1206所，附设幼儿园(教学点)563所。在园幼儿27.66万人，毛入园率100.81%。3～5岁在园幼儿27.05万人，3～5岁幼儿入园率98.56%，其中，农村3～5岁在园幼儿4.87万人，农村3～5岁入园率97.26%。年内制定下发《福州市第三期学前教育行动计划(2017—2020年)》。

【政府购买教育服务】 2017年，福州市出台《福州市普惠性民办幼儿园管理办法》《福州市政府购买普惠性民办幼儿园教育服务暂行办法》，完善民办幼儿园普惠发展机制，并从五城区试点向全市全面推进，在增加公办学额的基础上，引导和扶持民办园提供普惠服务。全年有提供普惠性服务的民办园461所，其中接受政府购买服务的普惠性民办幼儿园101所，全市普惠性学额覆盖率74.87%，比上年增长32%；公共财政惠及的幼儿20.71万人，比上年增加9.29万人。市级下拨财政补助资金1859.7万元，省级下拨财政补助资金3326万元。

【公办性质幼儿园招生改革】 2017年秋季，福州市有214所独立公办幼儿园、366所附设公办幼儿园以及193个教学点参加公办幼儿园派位，总计划招生数3.01万人，用于公开派位的学位2.48万个，占全市参与公办园招生改革试点工作的园所招生总比的81.82%，比上年增加6.64%。

【教学开放活动】 2017年，福州市有259所幼儿园开展各级各类的教学开放活动，其中国家级开放41所，省级开放60所，市级开放31所，县(市)区级开放137所，开放活动授课节数2109节，参与开放活动教师2.81万人次。开放的园所涵盖省、市、区级示范性幼儿园、乡镇幼儿园、民办幼儿园。

【示范性幼儿园创建】 2017年，福州市有5所幼儿园晋级市级示范性幼儿园(公办园4所，民办园1所)，3所公办幼儿园晋级省级示范性幼儿园。全市三级示范性幼儿园390所，比上年增加48所，示范性幼儿园就读占比44.62%，提升4.42个百分点，提前完成"教育十三五规划"中对示范园就读比例达42%的指标任务。

【评估专家评委库建设】 2017年，福州市教育局在各县(市)区教育行政部门、省市直属高校、幼儿园推荐申报的基础上，审核研究，遴选首批140余名市示范性幼儿园评估专家库成员。专家库成员按照随机抽取的方式参与福州市示范性幼儿园评估工作；参与福州辖区省市级示范性幼儿园质量跟踪复评工作以及福州市教育局组织的其他学前教育评选、评审活动；实行加入和退出机制，对入库专家实施动态跟踪管理，定期调整。

【0～3岁早教工作】 2017年，福州市教育局委托闽江师范高等专科学校举办两期"中级育婴师职业资格培训班"，培训人员145人，鉴定合格率均为100%。制定早教指导相关制度，印发《福州市早教指导中心工作制度》《福州市早教基地

园工作制度》，指导市级早教指导中心、50所市级早教基地园推进0～3岁婴幼儿早期教育试点工作。完成《构建福州市0～3岁婴幼儿早期教育公共服务体系的策略研究》早教课题，于8月22日在福州市早教指导中心进行现场结题。

（郑　丹）

初等教育

【概况】　2017年，福州市有小学897所，比上年减少3所；在校学生54.8万人，比上年增长2%；专任教师2.8万人，增长5.9%。

【初等教育教学】　2017年，福州市教育局开展"义务教育管理标准化学校"创建工作，抽调72名专家，分成23个评估组，对77所小学开展管理标准化市级评估验收，其中41所小学通过省级认定。开展教育教学成果评选及教学改革基地校遴选工作，全市31个项目申报，选出11个项目参加省级评选，7所小学获得省教学成果奖，其中2所小学获特等奖。成立小学各学科1262人次组成的初等教育专家库。改革市级学业质量抽测机制，增加质量抽测样本数，全市4.01万名小学毕业班学生分别参加语文、数学、英语3个学科之一的抽测。推动"一师一优课"活动，推进信息技术与学科教学深度融合，小学107节课（不含美育）获评省级"优课"，在全省占比14.2%。加大优质教育资源辐射示范力度，在马尾区创办市属福州市船政小学，推动5所市属校与6所晋安区属学校、2所市属校与滨海新城学校签订协议开展教育教学联盟。

【课程与教材管理】　2017年秋季起，福州市全面执行小学科学新课程标准，小学科学课程起始年级从三年级调整为一年级，一、二年级每周不少于1课时，从综合实践活动、地方和学校课程中统筹安排，三至六年级课时数保持不变。采取全封闭入闱方式确定选用福建少儿出版社的《公共安全教育》（1～6年级）为全市1～6年级公共安全教科书。

【小学招生】　2017年，福州市小学招生9.5万人。五城区实行小学招生预报名，3.7万名适龄儿童进行网络预报名，其中1.4万名随迁子女进行网络填报志愿。对五城区随迁子女设置优先派位等级，完善政策照顾对象认定办法和审核程序，明确军人子女、高层次人才等照顾对象的文件依据和申请入学时间。通过福州教育网、福州初教网、中国福州、教育手机报、政务微博、主流报媒等渠道主动向社会公开招生政策信息以及工作咨询方式、信访接待地址等，主动接受社会监督。

2017年6月1日，福州市乌山小学举办"喜迎十九大　我向习爷爷说句心里话"六一主题活动　（市教育局　供）

【初中招生】　2017年，福州市初中招生7.9万人。五城区初中招生实行中小学相对就近对口升学办法，公办小学毕业班学生按初招对口方案安排公办初中升学。五城区小学毕业生3.15万人，其中录取体艺特长生132人，录取福州外国语学校日德法班150人，录取福州艺术学校5人，录取民办初中4947人，回原籍升学1942人，对口升学2.44万人。

【随迁子女招生】　2017年，福州市将随迁子女入学条件调整为，随迁子女就读公办小学需具备原籍户口簿和父母身份证、父母双方辖区内居住证或房产证（不动产登记证）。五城区及闽侯县仍对满足入学条件的进城务工人员随迁子女进行电脑派位。调整随迁子女优先派位等级设置。

年内，全市小学一年级招收随迁子女2.53万人，全市义务教育阶段随迁子女在校生19.5万人（小学14.68万人，初中4.82万人），占义务教育阶段在校生的25.4%，随迁子女在公办学校就读比例达91.5%。

【学籍管理】　2017年，福州市教育局导入市属学校初一新生学籍16102人次，核办毕业后跨省就学（含上海六年级学生跨省转学）49人次；核办市属小学一年级新生学籍2751人次；汇总上报无学籍学生补录信息311条，处理学籍异动休学13条、出国35条、复学14条、留级2条、其他离校3条、关键数据变更37条、问题学籍38条。

（郑　丹）

特殊教育

【概况】　2017年，福州有特殊教育学校14所，比上年增加1所，其中智障类7所，视障类1所，听障类1所，自闭症类1所，综合类4所。在校残疾学生2708人，其中特教学校在校生1511人，随班就读1144人，附设特教班就读11人，重度残疾送教上门42人；在校残疾学生中，小学生2031人，初中生677人；在校残疾学生中，智障类1797人，视障类117

人,听障类317人,其他435人。特教学校教职工483人,其中专任教师437人。

【特殊教育机构建设】 2017年,福州市教育局依托福州星语学校成立福州市特殊教育资源中心,为随班就读工作提供巡回指导。推动普通学校建设特殊教育资源教室,全市设立17个资源教室。仓山区培智学校被确认为省级标准化学校。在福州教育学院四附小开展自闭症融合教育试点,由福州教育研究院特教中心组、福州星语学校组织开展特殊教学工作指导,引领、辐射全市随班就读教育教学。

【特教学校青少年学生培养】 2017年,福州市教育局从全市1510名特教学生中筛选出137名有各方面挖掘潜力的特殊青少年,依托福州青少年活动中心,采取"教师(专家)+社工+青年志愿者"的工作模式,为残疾青少年建档立案,实现一人一策精准帮扶,有针对性地加强特教学校青少年学生培养。

(郑　丹)

普通中学教育

【概况】 2017年,福州市有中学315所,其中,完全中学69所,高级中学22所,初级中学188所,九年一贯制学校26所,十二年一贯制学校10所。在校初中生21.95万人,在校高中生10.23万人。

【义务教育管理标准化学校】 2017年,福州市17所中学被省教育厅确认福建省义务教育管理标准化学校,分别为福州格致中学鼓山校区、福州第十八中学、福州第四中学橘园洲中学、福州江南水都中学、福州文博中学、福州第四十中学、福州二十四中学、福州江滨中学、福清市玉融初级中学、长乐吴航中学、闽侯六中、连江黄如论中学、连江凤城中学、闽清城关中学、闽清东桥中学、永泰青云中学、永泰三中。

【义务教育教改示范校】 2017年,福州市22所中学被省教育厅确认为福建省义务教育教改示范性建设学校,分别为福州第一中学、福州屏东中学、福州第十一中学、福州第十六中学、福州第四中学橘园洲中学、福州第十九中学、福州金山中学、福州时代中学、福州延安中学、福州杨桥中学、福州第二十中学、福州第七中学、福州市秀山初级中学、福州第十二中学、福州第四十中学、闽侯县实验中学、闽清县城关中学、长乐市朝阳中学、长乐市吴航中学、永泰县青云中学、连江黄如论中学、福清第二中学。

2017年5月23日,福州市教育局举办"落实中小学生守则　推进行为习惯养成"德育工作经验交流会　（市教育局　供）

【优质普高建设】 2017年,福州一中、师大附中、福州三中、福州四中、格致中学、福州八中、福州高级中学、长乐一中、福清一中和闽侯一中申报省示范性普通高中建设学校项目立项并接受一级达标高中省级复评。连江文笔中学和福清德旺中学申报省二级达标高中。

【基础教育省级教学成果奖】 在福建省教育厅2017年基础教育省级教学成果奖评选中,福州第三中学《以科技创新促地理实践力培养的教学研究》、福州教育研究院《体验探究·问题解决:回归物理教学之本源》获特等奖;屏东中学《信息技术与数学学科融合的教学模式研究》、福州教育研究院《慢悟理,重过程:中学物理教学研究与实践》获一等奖;格致中学《基于学科思想方法的教学实践与研究》、福州教育研究院《中学生生涯规划辅导的研究与实践》、福州八中《项目·知识·技能——福州八中通用技术项目教学模式研究》、福州教育研究院《如影随行　臻于至善——福州市中学名优教师研训模式创新与实践》、福州八中《构建"一路两环境五策略"的智慧校园与中学学科教学深度融合》获二等奖。

【"一师一优课、一课一名师"活动】 2017年,在"一师一优课、一课一名师"评选活动中,市级评选"优课"360节,福州市教师获评省级"优课"209节,部级"优课"113节。

【新疆内地高中班教育】 2017年,福州市协调下拨一年480万元新疆内地高中班定额补助金,协调发放8万元新疆班春节慰问金,并于春节期间组织慰问新疆班师生。新疆班学生高考成绩优异,福清华侨中学与考32人,本一上线8人,本二上线22人,专科2人;长乐华侨中学与考36人,本一上线3人,本二上线20人,专科11人。

【中考中招工作】 2017年,福建省首次实行全省统一命题、统一中考。全市(不含平潭)初中毕业学生6.27万人,其中市区2.55万人,参加初二地理生物考试6.7万人。普高提前自主招生679人,福州旅游职专"福州市非物质文化遗产保护专业"推免保送录取1034人,中招投档录取58887人(不含职业学校秋季自主招生),其中普高34104人,职业24783人。全市设81个标准化中考考点,初三2127

个考场，初二2494个考场。新建标准化考点42个，新建或改扩建考场1717个。有2877名考生在普高投档中取得加分照顾资格，其中计生加分1636人，军人（警察）子女加分61人，民族考生加分875人（不含305人报民族学校或民族班加15分），台侨类考生加分305人。设立"绿色通道"，为17名残疾考生参加中考提供合理便利，为2名需要延长考试时间的考生设立单独考场。

根据2017年首次全省统一命题，设区市无法把握难易值的特点，福州市做好预判，对普高最低投档控制线进行调整，变固定桥为浮动桥，以与考人数的55.2%比例划定普高最低投档线，保证中招工作平稳有序。调整2018—2019学年中招办法。增加物理、化学、政治、历史和体育学科中考投档分的奖励分值，带动初中教学质量提升，衔接高中教学。

【科技实践活动】　2017年，福州市学生在第32届福建省青少年科技创新大赛中，获优秀青少年科技创新项目（含台湾马祖项目）一等奖13项；在第32届全国青少年科技创新大赛中，福州代表队的选手全部获奖，获青少年科技创新项目一等奖2项、二等奖2项、三等奖2项，科技辅导员科技创新成果一等奖1项，并获得高士其科普奖、"国科大"科技创新奖、中鸣科学奖各1项，英特尔英才奖2项，获奖总数位居全省首位。其中，第六次晋级全国竞赛的马祖科技创新项目获一等奖、二等奖各1项，高士其科普奖1项。在"第十五届福建省青少年机器人竞赛"中，福州市获一等奖、二等奖、三等奖的队伍分别为9支、15支、31支，获奖率100%，占赛事总授奖数的18.3%。其中福清市玉屏中心小学代表队、福州第十九中学代表队、福州铜盘中学—福州第八中学—福州外国语学校联队分获小学、初中、高中VEX项目冠军队，福州第二中学获优秀组织学校。在第17届全国机器人赛VEX机器人工程挑战赛项目中福建师大附中代表队、福清市玉屏代表队、福州铜盘中学—福州第八中学—福州外国语学校创未来机器人联队获一等奖，福州第十九中学—福州时代中学创未来机器人联队获三等奖。

表84　**2017年福州市参加青少年科技创新大赛、机器人比赛及高中学科竞赛获全国三等奖、福建省一等奖以上名单**

姓　名	选送学校	奖项名称
杨同舟	福建师范大学附属中学	第32届全国青少年科技创新大赛一等奖
曹瑀芯　陈冠茵　王俊霖	马祖高级中学	第32届全国青少年科技创新大赛一等奖
张淑蔚	福建师范大学附属中学	第32届全国青少年科技创新大赛二等奖
陈邑瑄　王晧宇	台湾马祖东引中小学	第32届全国青少年科技创新大赛二等奖
林子琳　张旭文　徐　杰	福建师范大学附属中学	第32届全国青少年科技创新大赛三等奖
陈星熠	福建师范大学附属中学	第32届全国青少年科技创新大赛三等奖
郑　健	福州格致中学鼓山校区	第32届全国青少年科技创新大赛三等奖（中鸣科学奖　科技辅导员）
蔡陈仪	福州第一中学	第32届福建省青少年科技创新大赛一等奖
涂舜译	福州杨桥中学	第32届福建省青少年科技创新大赛一等奖
江彦章	福州时代中学	第32届福建省青少年科技创新大赛一等奖
林和光	福州第一中学	第32届福建省青少年科技创新大赛一等奖
林子琳　张旭文　徐　杰	福建师范大学附属中学	第32届福建省青少年科技创新大赛一等奖
陈星熠	福建师范大学附属中学	第32届福建省青少年科技创新大赛一等奖
杨宜放	福州时代中学	第32届福建省青少年科技创新大赛一等奖
杨同舟	福建师范大学附属中学	第32届福建省青少年科技创新大赛一等奖
蔡冰洁　颜益民	福州第三中学	第32届福建省青少年科技创新大赛一等奖
曹瑀芯　陈冠茵　王俊霖	马祖高级中学	第32届福建省青少年科技创新大赛一等奖
陈邑瑄　王晧宇	台湾马祖东引中小学	第32届福建省青少年科技创新大赛一等奖
邱恺頔	福州格致中学	第32届福建省青少年科技创新大赛一等奖
张淑蔚	福建师范大学附属中学	第32届福建省青少年科技创新大赛一等奖
游斌涛　林明源　林芃硕	福清市玉屏代表队	第17届中国青少年机器人竞赛VEX机器人挑战赛小学组一等奖
何游龙　李力奇　林哲明　林宇灿	福州铜盘中学　福州第八中学　福州外国语学校　创未来机器人联队	第17届中国青少年机器人竞赛VEX机器人挑战赛高中组一等奖

续表 84－1

姓　名	选送学校	奖项名称
黄俊炜　黄星瑞　瞿王诚　郭佳圻	福建师范大学附属中学	第 17 届中国青少年机器人竞赛 VEX 机器人挑战赛高中组一等奖
张楚涵　谢辰昊　翁楚皓	福州第十九中学　福州时代中学　创未来机器人联队	第 17 届中国青少年机器人竞赛 VEX 机器人挑战赛初中组三等奖
吴其祥　刘梦灵	闽侯县白沙中心小学	第 15 届福建省青少年机器人竞赛综合技能一等奖
郑　霏　张义谋	闽侯县白沙中心小学	第 15 届福建省青少年机器人竞赛综合技能一等奖
游斌涛　林明源　林芃硕　吴雨昕	福清市玉屏中心小学	第 15 届福建省青少年机器人竞赛 VEX 一等奖
赵佐泰　郑建航　张宸晟　张博寒	福清市玉屏中心小学	第 15 届福建省青少年机器人竞赛 VEX 一等奖
黄煜轩　谢辰昊　张楚涵　何皓程	福州第十九中学	第 15 届福建省青少年机器人竞赛 VEX 一等奖
郭　炼　林建东	福州华侨中学	第 15 届福建省青少年机器人竞赛 FLL 一等奖
何游龙　李力奇　林哲明　林宇灿	福州铜盘中学　福州第八中学　福州外国语学校	第 15 届福建省青少年机器人竞赛 VEX 一等奖
黄星瑞　黄俊炜	福建师范大学附属中学	第 15 届福建省青少年机器人竞赛 VEX 一等奖
郭佳圻　瞿王诚	福建师范大学附属中学	第 15 届福建省青少年机器人竞赛 VEX 一等奖
钱弘灿	福建师范大学附属中学	第 33 届中国数学奥林匹克(CMO)二等奖
陈恒宇	福州第一中学	第 33 届中国数学奥林匹克(CMO)三等奖
周瑞松	福州第一中学	第 33 届中国数学奥林匹克(CMO)三等奖
林　璇	福建师范大学附属中学	第 33 届中国数学奥林匹克(CMO)三等奖
林　璇	福建师范大学附属中学	2017 年全国高中数学联赛福建赛区一等奖
钱弘灿	福建师范大学附属中学	2017 年全国高中数学联赛福建赛区一等奖
周瑞松	福州第一中学	2017 年全国高中数学联赛福建赛区一等奖
陈恒宇	福州第一中学	2017 年全国高中数学联赛福建赛区一等奖
陈蔚骏	福州第一中学	2017 年全国高中数学联赛福建赛区一等奖
胡尔东	福州第一中学	2017 年全国高中数学联赛福建赛区一等奖
苏　展	福州第三中学	2017 年全国高中数学联赛福建赛区一等奖
杨昊翔	福州第一中学	2017 年全国高中数学联赛福建赛区一等奖
吴文涵	福建师范大学附属中学	2017 年全国高中数学联赛福建赛区一等奖
蔡凌晟	福州第一中学	2017 年全国高中数学联赛福建赛区一等奖
郭世勇	福州第一中学	第 34 届全国中学生物理竞赛福建赛区一等奖
余光煜	福建师范大学附属中学	第 34 届全国中学生物理竞赛福建赛区一等奖
叶子琰	福建师范大学附属中学	第 31 届中国化学奥林匹克决赛银牌
林泽熙	福建师范大学附属中学	第 31 届中国化学奥林匹克决赛银牌
郑昱笙	福建师范大学附属中学	第 31 届中国化学奥林匹克决赛银牌
王浩任	福州第一中学	第 31 届中国化学奥林匹克决赛银牌

续表 84－2

姓　名	选送学校	奖项名称
陈学鑫	福建师范大学附属中学	第 31 届中国化学奥林匹克决赛铜牌
叶子琰	福建师范大学附属中学	第 31 届中国化学奥林匹克福建赛区竞赛一等奖
郑昱笙	福建师范大学附属中学	第 31 届中国化学奥林匹克福建赛区竞赛一等奖
林泽熙	福建师范大学附属中学	第 31 届中国化学奥林匹克福建赛区竞赛一等奖
陈学鑫	福建师范大学附属中学	第 31 届中国化学奥林匹克福建赛区竞赛一等奖
王浩任	福州第一中学	第 31 届中国化学奥林匹克福建赛区竞赛一等奖
林夷畅	福建师范大学附属中学	第 31 届中国化学奥林匹克福建赛区竞赛一等奖
姜　铖	福建师范大学附属中学	第 31 届中国化学奥林匹克福建赛区竞赛一等奖
吴一非	福建师范大学附属中学	第 31 届中国化学奥林匹克福建赛区竞赛一等奖
陈逸洋	福州第一中学	第 31 届中国化学奥林匹克福建赛区竞赛一等奖
郑劭轩	福建师范大学附属中学	第 31 届中国化学奥林匹克福建赛区竞赛一等奖
黄若奕	福州第一中学	第 31 届中国化学奥林匹克福建赛区竞赛一等奖
严子玄	福州第一中学	第 31 届中国化学奥林匹克福建赛区竞赛一等奖
雷梓阳	福州第一中学	第 26 届全国中学生生物学竞赛金牌
黄　越	福建师范大学附属中学	第 26 届全国中学生生物学竞赛银牌
黄　越	福建师范大学附属中学	第 26 届全国中学生生物学联赛福建赛区一等奖
雷梓阳	福州第一中学	第 26 届全国中学生生物学联赛福建赛区一等奖
李昀韬	福州高级中学	第 26 届全国中学生生物学联赛福建赛区一等奖
杨　潇	福州第一中学	第 26 届全国中学生生物学联赛福建赛区一等奖
姚江川	福建师范大学附属中学	第 26 届全国中学生生物学联赛福建赛区一等奖
林雨昕	福建师范大学附属中学	第 26 届全国中学生生物学联赛福建赛区一等奖
闫书弈	福州第三中学	第 34 届全国青少年信息学奥林匹克金牌
潘云舟	长乐第一中学	第 34 届全国青少年信息学奥林匹克金牌
钟子谦	福州三牧中学	第 34 届全国青少年信息学奥林匹克金牌
林旭恒	福建师范大学附属中学	第 34 届全国青少年信息学奥林匹克金牌
吴润哲	福州第一中学	第 34 届全国青少年信息学奥林匹克银牌
杨昊翔	福州第一中学	第 34 届全国青少年信息学奥林匹克银牌
陈　彤	福州第一中学	第 34 届全国青少年信息学奥林匹克铜牌
周永隆	福州第一中学	第 34 届全国青少年信息学奥林匹克铜牌
吴作同	福州第一中学	第 23 届全国青少年信息学奥赛福建省赛区一等奖
钟子谦	福州第三中学	第 23 届全国青少年信息学奥赛福建省赛区一等奖
钟知闲	福州第一中学	第 23 届全国青少年信息学奥赛福建省赛区一等奖
胡学浚	福建师范大学附属中学	第 23 届全国青少年信息学奥赛福建省赛区一等奖
林旭恒	福建师范大学附属中学	第 23 届全国青少年信息学奥赛福建省赛区一等奖
董欣然	长乐第一中学	第 23 届全国青少年信息学奥赛福建省赛区一等奖
闫书弈	福州第三中学	第 23 届全国青少年信息学奥赛福建省赛区一等奖
潘云舟	长乐第一中学	第 23 届全国青少年信息学奥赛福建省赛区一等奖
王文铎	福州第三中学	第 23 届全国青少年信息学奥赛福建省赛区一等奖

续表 84－3

姓　名	选送学校	奖项名称
杨昊翔	福州第一中学	第23届全国青少年信息学奥赛福建省赛区一等奖
柳文骏	福州第三中学	第23届全国青少年信息学奥赛福建省赛区一等奖
吴润哲	福州第一中学	第23届全国青少年信息学奥赛福建省赛区一等奖
王建楠	福州第一中学	第23届全国青少年信息学奥赛福建省赛区一等奖
王　颖	长乐第一中学	第23届全国青少年信息学奥赛福建省赛区一等奖
陈喆桓	福建师范大学附属中学	第23届全国青少年信息学奥赛福建省赛区一等奖
邵培圣	福州第三中学	第23届全国青少年信息学奥赛福建省赛区一等奖
石　泉	福州第三中学	第23届全国青少年信息学奥赛福建省赛区一等奖
周　易	福州第三中学	第23届全国青少年信息学奥赛福建省赛区一等奖
李朴凡	长乐第一中学	第23届全国青少年信息学奥赛福建省赛区一等奖
高泽斌	长乐第一中学	第23届全国青少年信息学奥赛福建省赛区一等奖
李诺凡	福州第三中学	第23届全国青少年信息学奥赛福建省赛区一等奖
陈彦谞	福州第一中学	第23届全国青少年信息学奥赛福建省赛区一等奖
刘子彬	福建师范大学附属中学	第23届全国青少年信息学奥赛福建省赛区一等奖
王安哲	福州第三中学	第23届全国青少年信息学奥赛福建省赛区一等奖
林云涛	长乐第一中学	第23届全国青少年信息学奥赛福建省赛区一等奖
黄雨庭	福建师范大学附属中学	第23届全国青少年信息学奥赛福建省赛区一等奖
陈　彤	福州第一中学	第23届全国青少年信息学奥赛福建省赛区一等奖
黄新炜	福州第一中学	第23届全国青少年信息学奥赛福建省赛区一等奖
周永隆	福建师范大学附属中学	第23届全国青少年信息学奥赛福建省赛区一等奖
叶景源	福州第一中学	第23届全国青少年信息学奥赛福建省赛区一等奖
林靖沅	福州第三中学	第23届全国青少年信息学奥赛福建省赛区一等奖
周　正	福建师范大学附属中学	第23届全国青少年信息学奥赛福建省赛区一等奖
刘　畅	长乐第一中学	第23届全国青少年信息学奥赛福建省赛区一等奖
陈昊旸	福州第三中学	第23届全国青少年信息学奥赛福建省赛区一等奖
吴瀚哲	福建师范大学附属中学	第23届全国青少年信息学奥赛福建省赛区一等奖
陈佳博	福州第三中学	第23届全国青少年信息学奥赛福建省赛区一等奖
王河山	福州第一中学	第23届全国青少年信息学奥赛福建省赛区一等奖
张颜彬	福州第三中学	第23届全国青少年信息学奥赛福建省赛区一等奖
黄睿丰	长乐第一中学	第23届全国青少年信息学奥赛福建省赛区一等奖
汪昊楠	福州第三中学	第23届全国青少年信息学奥赛福建省赛区一等奖
叶若晴	福州第三中学	第23届全国青少年信息学奥赛福建省赛区一等奖
林伟程	福州第一中学	第23届全国青少年信息学奥赛福建省赛区一等奖
孙慧洁	福州第三中学	第23届全国青少年信息学奥赛福建省赛区一等奖
王恺欣	福州第三中学	第23届全国青少年信息学奥赛福建省赛区一等奖
余锦天	长乐第一中学	第23届全国青少年信息学奥赛福建省赛区一等奖
赖思颖	福州第一中学	第23届全国青少年信息学奥赛福建省赛区一等奖
蔡　飞	福建师范大学附属中学	第23届全国青少年信息学奥赛福建省赛区一等奖

续表 84－4

姓　名	选送学校	奖项名称
陈鸿基	福州第一中学	第 23 届全国青少年信息学奥赛福建省赛区一等奖
姚靖龙	福州第一中学	第 23 届全国青少年信息学奥赛福建省赛区一等奖
李鸿宇	福州第一中学	第 23 届全国青少年信息学奥赛福建省赛区一等奖
连奕航	福州第一中学	第 23 届全国青少年信息学奥赛福建省赛区一等奖
杨嵘涛	福州第一中学	第 23 届全国青少年信息学奥赛福建省赛区一等奖
邱而沐	长乐第一中学	第 23 届全国青少年信息学奥赛福建省赛区一等奖
陈睿扬	福州第一中学	第 23 届全国青少年信息学奥赛福建省赛区一等奖
孙谌劼	福州第一中学	第 23 届全国青少年信息学奥赛福建省赛区一等奖
俞晨阳	福州第一中学	第 23 届全国青少年信息学奥赛福建省赛区一等奖
陈秋泓	福州第一中学	第 23 届全国青少年信息学奥赛福建省赛区一等奖
林章鹏	福州第三中学	第 23 届全国青少年信息学奥赛福建省赛区一等奖
庄杼衡	福州第三中学	第 23 届全国青少年信息学奥赛福建省赛区一等奖
陈申洋	长乐第一中学	第 23 届全国青少年信息学奥赛福建省赛区一等奖
熊皓哲	福州第一中学	第 23 届全国青少年信息学奥赛福建省赛区一等奖
林子骏	福州第三中学	第 23 届全国青少年信息学奥赛福建省赛区一等奖
龙牧云	福州第三中学	第 23 届全国青少年信息学奥赛福建省赛区一等奖
蔡玉聪	福州第一中学	第 23 届全国青少年信息学奥赛福建省赛区一等奖
卢　祺	福州第三中学	第 23 届全国青少年信息学奥赛福建省赛区一等奖
黄煜松	福州第一中学	第 23 届全国青少年信息学奥赛福建省赛区一等奖

（郑　丹）

中等职业教育

【概况】　2017 年，福州市有中职学校 26 所（不含技工和省属在榕学校），其中民办学校 3 所。24 所达到“省级达标中职学校”标准，达标率 100%（盲、聋哑学校除外），提前一年实现省级“达标中职学校”目标任务。其中列入省级示范性现代中职学校培育项目学校 5 所，省级规范化中职学校 1 所。中职学校全日制（三年制）在校生 3.78 万人，非全日制学历教育在校生 1179 人。

【中职学校分级建设】　2017 年，福州机电工程职业技术学校、福州建筑职业中专学校、长乐职业中专学校、福清卫生学校、罗源县高级职业中学 5 所中职学校 2017 年度建设通过省级专家组考评验收，继续认定为 2017 年福建省示范性现代中等职业学校建设工程培育项目。永泰城建职业中专学校被省教育厅认定为福建省第一批规范化中等职业学校。福州商贸职业中专学校、福州外贸职业中专学校、福州环保职业中专学校、福州艺术学校、闽侯美术职业中专学校、福清西山职业技术学校等 6 所被省教育厅认定为福建省“达标中等职业学校”。

【中职招生】　2017 年，福州市中职学校全日制招生 1.46 万人，比原招生计划增加 1570 人，增长 12.1%，同时扩大中职学校办学规模。5 所中职学校 15 个专业 587 名学生与 9 所高职院校联办“3＋2”五年制高职教育。非全日制招生 166 人，比往年有所下降。年内，秋季停止福州经济职业技术学校、福州榕西高级职业中专学校、福州国防教育职业中专学校、福建防卫科学职业技术学校、福清西山职业技术学校 5 所学校招生。

【毕业生就业】　2017 年，福州市中职学校毕业生 8543 人（不含五年制学生），就业人数 8200 人，就业率 96%，与上年基本持平，对口就业率占 84%，比上年提高 4%。其中，直接就业人数 5084 人；升学高一级学校人数 2533 人，占毕业生总数 32%，比上年提高 5%。

【现代职业教育奖补政策】　2017 年，福州市教育局推动职业（技工）院校新开设 26 个与福州市新一轮经济创新发展重点产业对接的急需紧缺人才专业，完成招生 1023 人；推进 15 所中职学校 18 个专业 758 名学生参加与 45 家企业合作的现代学徒制试点；福州旅游职专、文教职专等与闽江师专联合成立的闽江文旅演艺职教集团列入福建省第二批多元投资主体职教集团培育建设项目；由闽江师范高等专科学校负责建设的福建小学教育公共实训基地、由福州软件职业技术学院和福建省网龙普天教育科技有限公司牵头组建的福建 VR 职业教育公共实训基地等列入福建省第二批职业教育公共实训基地培育建设项目。落实市属11所职业(技工)院校33个项目(含急需紧缺专业、现代学徒制、职教集团、公共实训基地),申请市财政"五条措施"奖补资金2425万元;开展企业员工职业技能培训补贴资金953.01万元,学生到企业顶岗实习发放补贴20.43万元。全市合计发放奖补项目资金达5830.53万元,其中各县(市)区发放2938.82万元。

【特色专业建设】 2017年,福州旅游职业中专学校旅游服务与管理专业确定为全国职业院校旅游类示范专业点,福州机电工程职业技术学校交通运输类、福州旅游职业中专学校旅游服务类、福清龙华职业中专学校信息技术类、福清卫生学校护理类、罗源县高级职业中学加工制造类5所学校5个专业群列入省级职业院校服务产业特色专业群建设项目。福州建筑职业中专学校建筑装饰专业和长乐职业中专学校汽车运用与维修专业列入福建省职业院校产教融合示范专业点培育项目。

【实训基地建设】 2017年,福州市职业教育公共实训基地推进数控、机械加工、电子电工、网络工程和智慧旅游创新实训中心等项目建设,完成与福州职业技术学院和福州机电工程职业技术学校合作建设的网络技术工程实训中心并投入使用,承办省市相关专业赛项,并开展选手赛训工作。福州旅游职业中专学校旅游专业群和福州机电职业技术学校交通运输专业群、罗源县高级职业中学加工制造专业群3所学校3个专业群实训基地分别列入福建省职业院校专业群实训基地A类和B类培育项目。福州商贸职业中专学校、福州机电工程职业技术学校、长乐职业中专学校3所学校列入福建省第一批VR/AR职业教育实训基地建设项目。福州机电工程职业技术学校制冷设备运行与维修、物联网创新实训中心等7所学校8个专业(类)实训基地列入福州市第一批职业教育公共实训基地建设培育项目。

【校企合作】 2017年,福州市中职学校与378家企业合作,订单培养学生5187人;合作企业接收顶岗实习学生5614人,接收毕业生就业3097人;中职学校为企业培训员工2.98万人次,开展技能鉴定3030人次,开展技术咨询或项目44个;校外实训基地315个;中职学校牵头组建职业教育集团14个。

市人社局与市教育局共同举办第十四届福州(秋季)校企用工对接洽谈活动,福州旅游职业中专学校等17所学校与64家企业现场达成校企对接意向,签订校企用工对接协议。

【教师教研培训】 2017年,福州市开展中职学校教育教学展示交流系列活动。先后在长乐职业中专学校、福州跨洋职业中专学校、福清龙华职业中专学校和福州旅游职专学校举办4场市级教研活动和专题校长论坛,相关专业学科教师2000多人次参加。全面开展"四课一评"教学教研活动,评选25节市级优质课和16个市级优秀讲座课题。开展市级教学质量检查和质量提升综合诊断督导工作,加强市级学科教研和骨干教师培训,全面启动教师网络教研课程培训。

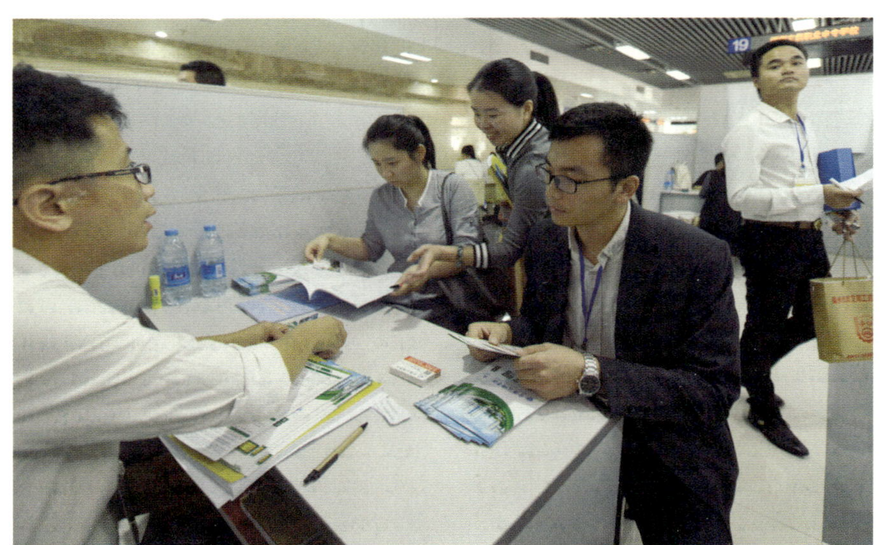

2017年11月3日,福州市人社局、教育局举办第十四届福州(秋季)校企用工对接洽谈活动。图为企业与校方进行对接洽谈 (池远 摄)

【教学改革创新】 2017年,福州市教育局省市级职业教育改革试点项目学校开展教学成果总结工作,福州旅游职业中专学校等4所学校教改项目获福建省职业教育教学成果奖一等奖1个,二等奖3个。市教育局出台《福州市普通高中学生与中等职业学校学生相互转学试行办法》,推进普职融通,实现教育资源共享;组织市级教科研课题研究和市级年度论文评选,结集汇编《2016年福州市中等职业教育教学改革创新案例集》《2016年福州市中等职业教育质量报告》《2017年福州市中等职业学校现代学徒制试点工作案例汇编》。

【学生技能竞赛】 2017年,福州市中职学生参加全国职业院校技能大赛获国赛一等奖2个(占福建省代表队获一等奖数50%)、二等奖6个、三等奖13个。参加全省职业院校技能大赛获一等奖35个(占全省27.7%)、二等奖37个、三等奖31个、优秀奖15个,省赛获得金牌总数和团体积分均位居全省第一。市教育基金会拨款15万元经费对国赛三等奖及以上的获奖选手和指导教师予以奖励。

福州旅游职业中专学校和福清龙华职业中专学校选送的学生作品《琥珀微缩软木画》和《龙腾微装》参加中华职教社组织的首届全国职业教育创新创业大赛分别获得金奖(全国仅4个)和银奖(全国仅8个)。

年内,举办2017—2018学年福州市中职(技工)院校学生职业技能竞赛暨福莆宁三市联赛,大赛设18个类别81个赛项,在福州建筑职业中专学校等11个赛点举办,1229名选手参加,评出个人和团体一等奖114个、二等奖200个、三等奖255个。在市级比赛基础上,选拔168

名选手参加省级比赛47个项目。

【社区教育】 2017年，福州市推动社区教育示范基地和品牌建设，列入全国终身学习品牌项目4个，全国优秀成人继续教育院校3个，省级社区教育示范基地培育项目4个（其中A类3个，占全省30%），省级社区教育示范品牌培育项目11个（占全省23%）。组织福州市80名成教专干参加社区成人教育骨干培训班。

【终身教育】 2017年，福州市以“推动全民终身学习，加快建设学习型社会”为主题，在鼓楼区光禄坊公园举办“9·28”终身教育系列活动启动仪式，并组织各县（市）区及学校开展100多场终身教育日系列宣传活动。长乐职业中专学校等6所中职学校被确定为福建省农民工“求学圆梦行动”项目培养学校；福清龙华职业中专学校等8所中职学校被确定为福建省农民工“求学圆梦行动”项目培训基地。

表85　**2017年全国职业院校学生技能大赛福州市获奖选手及指导教师名单**

序号	参赛项目	获奖名次	参赛选手	所在学校	指导教师
1	物联网技术应用与维护	一等奖	占仕浩　林海涛 程　志	福州机电工程职业技术学校	林　超　杨金勇
2	酒店服务	一等奖	林锦广	福州旅游职业中专学校	杨　松
3	护理技能	二等奖	陈雪瑜	福清卫生学校	郑玉春
4	单片机控制装置安装与调试	二等奖	张胜杰	福州机电工程职业技术学校	闫亚红
5	建筑设备安装与调控（给排水）	二等奖	彭时民　林　远	福州建筑工程职业中专学校	刘小涛　陈　锋
6	工程测量	二等奖	陈　鸿　林建伟 郭可松　毛文程	福州建筑工程职业中专学校	林松江　陈　希
7	酒店服务	二等奖	黄晓烨	福州旅游职业中专学校	陈　恬
8	汽车营销	二等奖	林文诗　赖飞燕	长乐职业中专学校	严　丽　梁　超
9	护理技能	三等奖	李　涓	福清卫生学校	朱晓玲
10	单片机控制装置安装与调试	三等奖	陈　烨	福州机电工程职业技术学校	王安琪
11	智能家居安装与维护	三等奖	潘德豪　陈伟杰 谭有轩	福州机电工程职业技术学校	涂世昌　陈　敏
12	数字影音后期制作技术	三等奖	周晨涛	福州机电工程职业技术学校	王　斌
13	数字影音后期制作技术	三等奖	柯震锋	福州机电工程职业技术学校	王　斌
14	网络空间安全	三等奖	陈　鸿	福州机电工程职业技术学校	任义旦
15	建筑装饰技能	三等奖	史训潘　郑明明	福州建筑工程职业中专学校	赵崇晖　程桦
16	电子商务运营技能	三等奖	林锦明　林雨欣 程妍婷　张烁明	福州商贸职业中专学校	郑元芳　叶玲娟
17	车身修复（钣金）	三等奖	李祥麟	长乐职业中专学校	李艳花
18	车身涂装（涂漆）	三等奖	王　菲	长乐职业中专学校	刘秀科
19	车身涂装（涂漆）	三等奖	林　淏	长乐职业中专学校	张丽娟
20	化学生产技术	三等奖	林　也　郑　彦 刘姝怡	福州工业学校	郭剑恩　林　斌

表86　**2017年全国首届职业教育创新创业大赛福州市获奖情况**

序号	学校名称	获奖作品	获奖奖次
1	福州旅游职业中专学校	《琥珀微缩软木画》	金奖
2	福清龙华职业中专学校	《龙腾微装》	银奖

（郑　丹）

高等教育

【概况】 2017年,福州市有普通高校34所(市属高校11所),其中本科院校14所,独立学院4所,高职高专院校16所。在11所市属高校中,有应用型本科4所,高职7所;公办3所,民办8所。

市属高校招生21684人,全日制在校生7.42万人,专任教师4522人,专业总数275个,其中第二产业与第三产业的专业比例为1:4.14。有省级以上创新创业基地12个。总体就业率达97.1%。

年内,4所高校7个实验中心入选2017年省级实验教学示范中心,4个实验中心入选省级虚拟仿真实验教学中心。16个学科被列入省高等学校应用型学科建设项目。12部教材获评2017年省本科优秀特色教材。闽江学院被确定为省首批深化创新创业教育改革示范高校。指导阳光学院五大服务产业专业群建设,并建成国内首座创新创业教育基地——创四方园。福州外语外贸学院成为全省唯一获评2017年度全国创新创业典型经验高校;获批教育部产学合作协同育人2个项目。福州职业技术学院与阿里巴巴集团合作成立全国第一所阿里巴巴大数据学院。福州外语外贸学院、福州黎明职业技术学院等院校完成办学质量评估。福州英华职业学院与国德公司达成合作意向并启动实质性合作。市属高职院校首次完成年度质量报告。筹组成立市属高校工作协调联席会议,建立完善市属高校工作部门协调机制。

【高校思想政治工作】 2017年,《中共福州市委、福州市人民政府关于加强和改进新形势下高校思想政治工作的实施意见》出台。市教育局委托市属高校协作中心举办思想政治"最佳一堂课"比赛,组织学科建设论文征集并结集出版。5所高校成立马克思主义学院和习近平新时代中国特色社会主义思想研究中心,其中福州外语外贸学院成立全国第二所、福建第一所民办马克思主义学院。福州职业技术学院教授陆芳获评全国"高校思政课建设影响力人物"。

表87 **2017年福州市普通高校一览表**

学校类型	院校名称
本科院校(14所)	福州大学、福建师范大学、福建农林大学、福建医科大学、福建中医药大学、福建工程学院、闽江学院、福建警察学院、福建江夏学院、福州外语外贸学院、福州理工学院、阳光学院、福建师大福清分校、福建商学院
独立学院(4所)	福州大学至诚学院、福建师范大学协和学院、福建农林大学金山学院、福建农林大学东方学院
高职高专院校(16所)	福建船政交通职业学院、福建信息职业技术学院、福州职业技术学院、福建卫生职业技术学院、福建农业职业技术学院、福建幼儿师范高等专科学校、福建艺术职业学院、福建生物工程职业技术学院、福建体育职业技术学院、闽江师范高等专科学校、福建华南女子职业学院、福州英华职业学院、福州科技职业技术学院、福州黎明职业技术学院、福州软件职业技术学院、福州墨尔本理工职业学院(中外合作办学)

2017年5月26日,阳光学院大学生创新创业教育基地——创四方园开园。图为创四方园内的创业团队 (林颖 摄)

【"海上福州"教育项目实施】 2017年,闽江学院组建海洋学院,举办"海上丝绸之路——福州漆艺东南亚巡展(越南展)"项目。推动闽江师范高等专科学校马来语专业聘请国外马来亚大学外教,青少年华裔祖籍地文化交流培训中心正式挂牌成立并开展活动,按期完成"海上福州"教育项目任务。

【《福州市加快现代职业教育发展的五条措施》出台】 2017年,福州市出台《福州市加快现代职业教育发展的五条措施》,并制定实施奖补政策的具体办法。经专家组审核,市属高校落实"五条措施"项目有:省级公共实训基地2个,现代学徒制试点专业8个780人次,新增急需紧缺产业人才专业9个。

【高招工作】 2017年,福州市普通高考应考人数30224人,比上年增加2661人,增长9.65%。全市设12个考区,36个考点,1040个考场。

成人高考报考人数12573人，其中免试生2人。全市设17个考点，426个考场。

高等职业教育入学考试报考人数9077人（其中高中生3586人，中职生5491人），比上年减少2895人。全市设12个考区，16个考点，其中市区8个考点，县（市）8个考点。

攻读硕士学位研究生招生全国统一考试报考人数15877人，比上年增加3594人。全市设21个考点，531个考场。

【自学考试】 2017年，福州市组织14次18项考试，报考总规模405375人、493952科次，考生数居全省第一。审定自考毕业生1058人，审批新增社会助学机构1所。（郑　丹）

【福州大学】 2017年，福州大学设有19个以全日制本科生和研究生培养为主的学院及1个独立学院。有国家"双一流"建设学科群1个、国家重点学科1个、国家重点（培育）学科1个、省级优势学科创新平台5个、省级特色重点学科6个、省级重点学科26个，化学、工程学和材料科学3个学科进入国际ESI学科排名前1%。有1个国家级大学科技园，12个国家级、88个省部级科技创新平台。有2个国家级人才培养基地、7个国家级实验教学示范中心、1个国家人才培养模式创新实验区、7个国家特色专业、3个国家级专业综合改革试点项目、4个教育部"新工科"研究与实践项目、6个校企合作的国家工程实践教育中心等。有博士后流动站11个，一级学科博士点11个、二级学科博士点2个（不含一级学科覆盖）、一级学科硕士点39个、二级学科硕士点4个（不含一级学科覆盖）、专业学位授权点12个（其中工程硕士专业学位授权点含22个工程领域），本科专业82个。有福州旗山、怡山、铜盘和厦门集美、鼓浪屿以及泉州泉港、晋江等多个校区，占地面积466.67公顷。有教职工3183人，专任教师2056人，普通本一批学生2.4万余人，各类博、硕士研究生1.05万余人。

"双一流"建设　入选国家"双一流"建设高校和省"一流大学建设高校"，获批建设6个高峰学科、11个高原学科。入选美国USNews世界大学排行榜、英国泰晤士世界大学排名榜和上海交通大学世界大学学术排名等世界权威大学排名榜，排名位居全球634～735名之间，内地高校第31～59名之间。

学科建设　在全国第四轮学科评估中，化学学科进入全国前10%，管理科学与工程、工商管理两个学科进入前20%。新增1个一级博士学位点，2个一级硕士学位点，完成26个专业学位点（含工程领域）的合格评估工作。新增3个本科工学专业，工科专业数增至48个，工科专业比例提高至58.6%。累计有7个专业通过国家工程教育专业认证，3个专业通过台湾IEET工程教育专业认证，3个专业通过住建部工程专业评估。

2017年9月16日，福州大学学生在第三届中国"互联网+"大学生创新创业大赛获金牌1枚、银牌2枚、铜牌1枚（福州大学　供）

教育教学改革　推进国家示范性微电子学院建设，获批42项国家级、62项省级大学生创新创业训练计划项目。新增1个省级实验教学示范中心、1个省级虚拟仿真实验教学示范中心、2个福建省高等学校创新创业教育改革试点专业项目、3门省级精品视频共享课、14门省级精品在线开放课程。获福建省高等教育教学成果特等奖2项、一等奖1项、二等奖4项。1项教改案例入选中国高教学会"2017年高校教学改革优秀案例"。8门慕课课程入选国家级精品在线开放课程，全国排名第16名，地方高校排名第一。加强创新创业基地建设，孵化福大北斗等创业项目。学校入选首批"全国深化创新创业教育改革示范高校"和"全国高校实践育人创新创业基地"。"阳光众创空间"获评"科技部国家众创空间""团中央全国大学生创业示范园"。

师资队伍　举办第一、二届福州大学国际青年学者论坛。新增国家级高层次人才27人次（其中双聘院士3人）、省级高层次人才45人次，累计有省级以上高层次人才177人。11名"旗山学者"入选省级高层次人才计划，17人获批国家自然科学基金项目21个。学校有博士学位教师占比60.2%，具有半年以上海外留学经历教师占比34.6%。"绿色石油化工学科创新引智基地"入选国家"111引智计划"，"光催化研究所教师团队"入选"全国高校黄大年式教师团队"。新增博士后研究人员23人，其中全职博士后16人，1人入选全国博士后创新人才计划并获得"IUPAC－SOLVAY国际青年化学家奖"（全球5人，全国唯一），1人入选中德博士后计划，7人在站博士后获得国家自然科学基金，7人获批海峡博士后项目。

人才培养　学生在各类省级以上学科竞赛活动中取得国际级奖项42项、国家级367项、省级奖项287项，其中ACM国际大学生程序设计竞赛、全国大学生电子设计竞赛等10类国家级以上学科竞赛成绩在省内高校排名第一。在第三届中国“互联网+”大学生创新创业大赛全国总决赛中获金牌、银牌、铜牌数分别为1枚、2枚、1枚,连续三届获“先进集体奖”,位列全国第八名。7篇博士学位论文、37篇硕士学位论文被评为福建省优秀学位论文,学位论文获奖数量居省属高校首位。硕士、博士论文在国务院学位办组织的论文抽检中通过率为100%。2017届毕业生就业率96.12%,本科生升学率22.49%,创业率2.55%。有学生注册公司133个,在校运营项目800余个,带动就业近2000人。学生创业项目获各类投资1.9亿元。

科研工作　学校全年科研总经费逾4.7亿元,比上年增长17.5%。获得各类纵向科研项目资助770个,其中获批国家基金117个。军工科研实现新突破,首次作为牵头单位获批国防科技创新特区项目。新增1个国家地方联合工程研究中心、15个省级科技创新基地。1支团队入选科技部科技重点领域创新团队。获省部级以上科技奖22项,其中国家科技进步奖二等奖1项(合作单位),中国石油化工联合会科技进步奖一等奖1项(第一单位)。新增三大检索论文1588篇,其中,SCI收录719篇,EI收录759篇。2名教授入选“全球高被引科学家”名单,8名教师继续入选“中国高被引学者”榜单。获得各类知识产权授权788件,其中国际专利2项,国内发明专利436件。

社会服务　对外签订合作合同430项,横向合作到校经费超过2.5亿元,经费增幅逾30%。开展校地校企战略合作,与福州市达成新的合作意向,与南平浦城、龙岩上杭签订科技合作框架协议,与福建石油化工集团新签共建协议支持石油化工学院建设,推进晋江科技园建设,与规模企业共建产学研合作平台4个,新增福州市专家工作站3个。推进国家大学科技园铜盘园区的总体规划和容积率提升审批工作。36家新企业、2个公共服务机构获准入驻国家大学科技园,入孵企业获高新技术企业3家。2个智库获批“福建省高校特色新型智库”。由福州大学主办的《海上丝绸之路与中国海洋强国战略丛书》首批成果发布。

合作交流　学校与海外20多所高校新签或续签校际合作协议。推进非独立法人的中外合作办学机构——“福州大学梅努斯国际工程师学院”申报。获批“土木工程博士研究生”中外合作办学项目。先后聘请海外长期专家56人,短期专家89人,外籍专家获福建省“友谊奖”和中国产学研合作创新奖。年内接受来自30个国家的留学生200余人次,选派学生705人次赴海外访学交流。与新加坡南洋理工大学、马来西亚天龙国际集团等签订合作协议,在“一带一路”沿线国家建立实习基地以及教师海外研修和科研合作基地。与台湾高校联合建设的“海洋学院”有4批约1200余名学生先后赴台学习。　(林　林　程龙吟)

【福建师范大学】　2017年,福建师范大学有本科专业83个(年内招生专业76个),全日制普通本科学生23504人,各类研究生7420人,专任教师1700多人。年内整合成立教育学院、教师教育学院、数学与信息学院(软件学院)、化学与材料学院、索莱达学院。

学科建设　年内,学校有文、史、哲、理、工、教、经、法、管、农、艺等11个学科门类,国家重点学科1个、省高校优势学科创新平台(含培育)3个、省特色重点学科9个、省重点学科26个,博士后科研流动站19个,博士学位授权一级学科19个,硕士学位授权一级学科37个,硕士专业学位授权点13个。编制一流大学建设方案,完成省级高峰高原学科的遴选、申报和建设方案编制工作。入选全国21家重点马克思主义学院行列,26个学科进入教育部全国高校学科评估榜单,其中A类学科3个、B类学科12个、C类学科11个,上榜学科数、A类学科数、AB类学科数均位居福建省属高校第1位,A类学科数并列全国高校第45位。在5个一级学科涵盖的所有二级学科中实行博士生“申请—考核”选拔制。

师资队伍　实施杰出人才专项津贴和“宝琛计划”中青年人才支持计划,发布“百万年薪　千万资助”面向全球招聘人才公告,全年引进博士学位以上层次人才82人;新增国家级人才19人次,其中,“千人计划”人才2人,长江学者特聘教授2人,国家杰青(含海外)获得者3人,国家“万人计划”领军人才1人,青年拔尖人才1人,全国文化名家暨“四个一批”人才3人,国家百千万人才工程人选2人,国家有突出贡献中青年专家2人,国家“优青”获得者1人,科技部科技创新领军人才1人,教育部新世纪优秀人

2017年11月17日,福建师范大学庆祝建校110周年文艺晚会在福建师范大学旗山校区举行　(福建师范大学　供)

才支持计划人选1人。设立1个院士工作站,"两岸文学教育与交流教师团队"入选首批全国高校黄大年式教师团队。

人才培养　3个专业申报省"应用型人才培养示范性专业群"试点项目,增设2个专业、停招2个专业,增列12个学士学位授权专业,改授9个学士学位类别专业。首次开展工程专业认证,生物工程专业进入CEEAA认证受理名单。获省级高等教育教学成果奖8项,基础教育教学成果奖3项。成为教育部"卓越教师培养计划实施院校"。新增全国教育硕士专业学位研究生联合培养示范基地1个、省级专业学位案例库4个、省级专业学位研究生联合培养示范基地2个,省级教改项目18项。学生连续4年获"挑战杯"国家金奖,在全国高校学生讲思政课公开课展示活动中获一等奖,在全省高校大学生学习党的十九大精神竞赛本科组中获个人冠军、团体总分居省属高校第一位。学生丁中贤被评为第十二届中国大学生年度人物。研究生为第一作者在国内七大核心刊物发表学术论文1800多篇,其中在南大核心以上期刊发表论文125篇,在SCI、EI、SSCI等收录期刊上发表论文220篇。研究生为第一承担人获专利40多项。2017届本科生、研究生就业率分别为97.17%、96.64%。

科研工作　获批"全国中国特色社会主义政治经济学研究中心"(全国仅7家)、国家"马克思主义文艺理论与文艺批评建设工程"福建基地;新增8个省级工程研究中心、重点实验室,入选福建省高校特色新型智库2个;印度尼西亚研究中心获批教育部"国别和区域研究基地"。新增国家级、省部级科研项目293项(人文社科类157项、自然科学类136项),其中国家社科基金重点项目立项数位居全国第9位,获省科学技术奖励5项。教师在《自然·通讯》等顶尖期刊发表创新成果,A&HCI收录论文数居全国高校第37位。18件作品获省百花文艺奖。大型历史文献《台湾文献汇刊续编》在北京人民大会堂首发;与台湾合编的语文教材在台湾多所高中投入使用。

合作办学　与英国伦敦大学等18家国(境)外机构新建合作关系,获批8个国家留学基金委"优本"项目。与省委办公厅、省高级人民法院、省社会主义学院、中国社科院研究生院、福建能源集团、省广播影视集团开展合作;与省委讲师团联办高端理论杂志《理论与评论》。服务基础教育发展,成立名师教育发展有限公司;与省教育厅、河仁教育基金会合作成立"福建河仁基础教育研究院";与三盛集团合办时代中学三盛分校;与龙旺集团合作成立"福师龙泽文旅产业投资集团"。服务特殊教育,与郑声滔校友合办"自强大学",服务"一带一路"建设;菲律宾红溪礼示大学孔子学院第3次获"全球先进孔子学院"。

(陈培坤)

【福建农林大学】　2017年,福建农林大学有23个以全日制本科生和研究生培养为主的学院,在校生2.8万人,其中博士、硕士研究生5500人。学校设有福州金山、旗山、南平、安溪4个校区。学校总占地面积320公顷,科教基地面积78.53公顷,教学林场面积3060公顷。设有省部级以上科研创新平台120个,其中国家重点实验室、国家工程技术研究中心等国家级科研平台7个。

学科建设　学校有2个国家重点学科、2个农业部重点学科、7个国家林业局重点学科,21个福建省重点学科。有11个一级学科博士点,25个一级学科硕士点,11个博士后科研流动站,硕士专业学位授权点10个。在全国第四轮学科评估中,学校21个一级学科参评,17个学科进入榜单,10个学科进入前40%,其中生态学、植物保护学、风景园林、林学4个学科进入前20%。植物学与动物学、农业科学2个学科领域进入ESI全球前1%,生命科学位列2017年自然指数国内高校第40位。

师资队伍　有教职工3155人,专任教师1693人,其中中国科学院、中国工程院院士11人(含双聘院士10人),全国杰出专业技术人才2人,国家"千人计划"专家12人,"万人计划"科技创新领军人才3人,国务院学科评议组成员5人,"长江学者"8人,国家杰出青年科学基金获得者4人,国家优秀青年科学基金获得者6人,国家百千万人才工程一、二层次人选13人,国家级有突出贡献的专家12人,科技部中青年科技创新领军人才6人,教育部新世纪优秀人才支持计划5人,先后有157人享受国务院特殊津贴。有首批地方高校"111"计划创新引智基地1个,教育部创新团队1个,农业部创新团队2个,科技部重点领域创新团队2个。年内,新增国家级人才11人次和省级人才33人次,1名专家入选农业科学领域全球高被引科学家,18名专家入围国家现代农业产业技术体系;1支团队入选全国首批黄大年式教师团队,1支教育部创新团队获得滚动支持,1支团队入选科技部创新人才推进计划重点领域创新团队,部级教学科

2017年5月21日,福建省农信系统普惠金融工作推进会在福建农林大学召开。省委常委、常务副省长张志南为福建省农信联社与福建农林大学合作组建的的福建普惠金融研究院揭牌　　　(福建农林大学　供)

研团队总数达6支。

人才培养　在27个省(自治区)开展本一批次招生。学校获首批教育部在线教育研究中心混合式教学试点单位,为全省唯一入选高校。新增3门国家精品在线开放课程,4门课程在爱课程"中国大学慕课"上线。省级在线开放课程立项27门,比上年度增加20门,立项数量居省属院校第一。制药工程专业通过工程教育认证,食品科学与工程等5个专业通过认证专家现场考评。研究生公开发表各类学术论文1160篇,其中以第一作者在《Nature》《Cell》子刊等核心以上期刊发表的458篇,食品科学学院博士研究生郑凌君以共同第一作者在《Nature》发表研究成果。国家级学生竞赛获奖279项,省级学生竞赛获奖215项,在全国"挑战杯"竞赛中第四次捧得"优胜杯",连续13年位居全国农林院校和福建省高校首位。2017届全校学生一次毕业生就业率达97.07%。

科研工作　全年到账科研经费2.29亿元,其中纵向科技计划项目到位经费1.77亿元,横向科技计划项目到位经费5214万元。138个项目获2017年度国家自然科学基金项目立项,项目直接经费6003万元,项目和经费比上年分别增长40%和105%,立项数居福建省属高校第1位、全国高校和科研单位第71位、全国农林院校第5位。新增6个省部级创新平台,其中教育部害虫生态防控国际合作联合实验室为全省首个国际合作联合实验室,教育部"南太平洋岛国研究中心"为全省首批获建的国别和区域研究中心,国家林业局集体林业改革发展研究中心为学校人文社科领域首个部级研究平台。教师以第一作者或通讯作者单位发表SCI收录论文640篇、EI收录论文264篇,SSCI收录论文26篇,CPCI-S收录论文24篇,CPCI-SSH收录论文19篇,有26篇论文入选ESI高被引论文,1篇论文入选"中国百篇最具影响国际学术论文"。1项(合作项目)获2017年度国家科技进步奖二等奖,1项(合作项目)获2017年度高等学校科学研究优秀成果奖(科学技术)。18项(含合作5项)成果获福建省科学技术奖,其中一等奖3项(含合作1项),二等奖6项,三等奖9项(含合作4项)。另有3项(合作项目)获得福建省标准贡献奖。获批专利517项,其中新授权发明专利162项,授权计算机软件著作权31项,省级以上审(认、鉴)植物新品种4项。

社会服务　全年承接企业、地方委托项目369个,政府研究报告(课题)采纳76个,科技成果转化项目46个,转让金额570万元。参与省内和贵州、新疆、宁夏等省区的精准扶贫工作,帮助武平、沙县、永安等县市深化集体林权制度改革。菌草项目被中国—联合国和平和发展基金列为重点推进项目。在第十五届"6·18"海峡项目成果交易会上,福建农林大学获创意设计奖项和优秀组织奖,对接项目数连续15年居所有参展高校首位,转让成果43项。年内学校入选首批全国新型职业农民培育示范基地、第二批国家级星创天地,与平潭综合试验区组建平潭科技研究院,与沙县共建小吃产业研究院。

合作交流　年内学校与德国科布伦茨兰道大学签署"1+2"联合培养研究生协议,并通过该大学进入欧盟伊拉斯莫斯世界计划。与加拿大不列颠哥伦比亚大学续签学生交换协议。获批国家留学基金委各类学生交流项目13个,新增政府间交换生奖学金项目1个,选派65名本科生和15名研究生出国留学;88名教师获得国家和省政府留学项目资助。学校德班理工大学孔子学院被评为"2017年全球先进孔院"。

(沈必胜　刘静怡)

【福建医科大学】　2017年,福建医科大学有上街、台江2个校区,占地面积约100公顷。设有20个学院(部),学生2.1万人、教职医护员工1.07万人(含附属医院),其中校本部1200多人。有6所直属附属医院,其中附属第三医院和附属平潭协和医院在建。有非直属附属医院15所(含临床医学院2所),临床教学医院23所,专业实践教学基地87个。临床医学继续保持ESI全球排名前1%。

学科建设　临床医学、基础医学、药学、口腔医学入选福建省一流学科建设"高峰"学科,公共卫生与预防医学、护理学入选"高原"学科。新增公共卫生与预防医学、药学、护理学、口腔医学4个一级学科博士点,临床医学、口腔医学2个专业学位博士点和医学技术1个一级学科硕士学位点。有福建省国家重点学科培育建设学科1个,国家临床重点专科10个,国家中医药管理局重点专科1个,省级临床重点专科31个,省中医、中西医结合重点专科1个,省"211工程"重点学科2个,省特色重点学科4个,省级重点学科9个,省一流学科建设"高峰"学科4个、"高原"学科2个,省应用型学科3个。有临床医学和基础医学2个博士后科研流动站,3个院士工作站。口腔医学、药学、公共卫生与预防医学、护理学4个一级学科获得博士学位授权资格;临床医学、口腔医学获得博士专业学位授权资格;医学技术获得一级学科硕士学位授权资格。

师资队伍　专任教师1533人(含附属医院临床教师),具有博士学位占40.12%,硕士学位以上占84.80%,高级职称占67.45%。年内引进119名特聘教授、客座教授、博士等,累计有博士生导师149人,硕士生导师1072人。实施"优秀骨干教师赴国外研修计划",遴选71名优秀青年学者前往11个国家或地区的高水平院校和科研机构研修。新增国家"万人计划"1人,"国家卫生计生突出贡献中青年专家"2人。连续4年入选中国高被引学者榜单2人。入选省外专百人计划1人,闽江学者"讲座教授"2人,省高校新世纪优秀人才计划5人,省高校杰出青年科研人才培育计划7人。护理学院教师团队入选首批全国高校黄大年式教师团队。7人分获2017年福建省优秀教师、省优秀科技工作者、运盛青年科技奖、福建青年科技奖称号。

人才培养　全日制在校本科生12800余人、博士研究生250余人、硕士研究生2800余人,在校留学生400余人,成人教育学生4900余人。2017届学生年度就业率96.09%,其中硕博毕业生就业率98.95%。有普通本科专业26个,国家级特色专业4个。完成临床医学、护理学专业认证。新增5个学士学位授权专业、2个省级创新创业教育改革试点专业。学生参加全国第三届"互联网+"大学生创新创业大赛获全国铜奖1项,省级奖项3项,其中银奖1项;参加省大学生文化创新创意大赛获金奖3项、铜奖2项;获第十三届"挑战杯"省大学生课外学术科技作品竞赛二等奖3项，三等奖6项。学生代表队获第八届全国高等医学院校大学生临床技能竞赛总决赛二等奖，首届全国研究生院联盟研究生临床技能(医学影像)竞赛二等奖及全国首届来华留学生临床思维与技能竞赛最佳团队合作奖、优异团队最高奖和基本技能单项优秀奖。

科研工作　年内，学校获批建设福建省新药研发中心，以及数字福建肿瘤大数据研究所、省远程心电监护中心与大数据平台、VR康复训练中心、中国辅助技术研究所视障辅助技术研究中心、东南肝胆健康大数据研究所5个大数据研究平台；获批建设病理学诊断中心、福建省糖尿病研究院以及省医疗改革与发展研究中心省高校特色新型智库。新增血管病离子通道信号调控、睡眠医学2个省高校重点实验室。干细胞医学研究院联合华大基因研究院、福建汉氏联合干细胞科技有限公司共同申报福建省精准医学工程研究中心。全年获得各级各类科研项目674个，资助总经费1.5亿元。获中华医学科技奖三等奖、中华护理科技进步一等奖各1项，1项合作项目获教育部高校科研优秀成果一等奖(学校为第三完成单位)。获省科技进步奖、福建医学科技奖等省级科技奖22项。全年发表SCI、EI、CSCD、CSSCI收录论文1386篇，其中SCI论文870篇，比上年增长33%。免疫治疗研究所与大有华夏生物医药集团签署免疫治疗研究合作协议。获国家授权专利38项，比上年增长52%。

合作交流　年内学校与美国希望之城国家医学中心、西澳大利亚大学等签署合作协议，累计有国(境)外协议院校和科研机构31所。全年境外200多名专家学者到校访问交流，104人次赴国(境)外开展学术交流。承办福建省援助博茨瓦纳医疗队培训工作。选派78名学生赴国(境)外交流学习。来华留学生近400人，来自41个国家。继续举办“闽台澳青年学子夏令营”。

附属医院　累计组建医联体155个。在复旦大学医院管理研究中心发布的排行榜中，协和医院进入中国医院百强排行榜；附属医院5个专科进入全国专科声誉排行榜(提名)，30个专科进入华东区专科声誉排行榜。在中国医学科学院发布的“2017年度中国医院科技影响力学科排行榜”中，附属医院28个专科进入前100名。协和医院2017年在全球最新自然指数中位列全国第61名。附二医院“管理型服务中心”项目获评中国医院管理案例评选十佳口碑案例。

(陈燕萍)

【福建中医药大学】　2017年，福建中医药大学有两个校区，占地面积66.67公顷。设有13个学院(部)，2个研究院，4所直属附属医院。学校有教职医护员工(含4所直属附属医院)3000多人，其中具有高级职称的专业技术人员500多人。

学科建设　临床医学学科首次进入ESI全球排名前1%行列，成为继南京、上海、北京、广州、浙江之后全国6所拥有ESI全球前1%学科的中医药院校之一。推动“双一流”建设，中医学、中西医结合获批为福建省“高峰”学科，中药学、药学、护理学获批为福建省“高原”学科，临床医学、管理学获批为福建省应用型学科。

师资队伍　新增国医大师1人、全国名中医3人，入选“闽江学者奖励计划”讲座教授6人。启动实施岐黄人才储备工程，与美国南加州大学合作培养康复相关专业人才。选送144名教师到国内外高水平大学研修访学，其中选派23名教师赴美国克瑞顿大学、杜肯大学、华盛顿大学等境外高校进修访学；选派66位教师赴外参加培训。在全国范围内遴选16名中医药专家并聘为指导教师，选拔21名校内中青年骨干教师作为学术思想传承人。

人才培养　年内，有本科生10671人；研究生1609人，其中，硕士研究生1517人，博士研究生92人。遴选博士生导师10人、硕士生导师66人；招收博士生23人、硕士生602人。中药学专业通过教育部试点认证，新增健康服务与管理专业，护理学、中药学2个专业通过学士学位授权审核。录制“精彩一堂课”27门，《中医诊断学》等4门课程获省级精品在线开放课程立项，《小儿推拿学》等3门课程获省级精品资源共享课立项。继续从2017级中医学(“5+3”一体化)专业中遴选30名学生组成“修园班”，并探索开展中西医临床医学“力钧班”人才培养模式改革。推进教改研究，获省级教学成果一等奖1项、二等奖3项，获批省级教育教学改革研究项目12个。获“岐黄杯”第八届全国中医药博士生优秀论文评选一等奖1篇、三等奖2篇；获福建省优秀博士学位论文1篇、优秀硕士学位论文4篇。

科研工作　全校立项科研课题406项，获资助经费3524.4万元，其中，国家自然科学基金项目35个，福建省社科联重大项目1个，实现人文社科领域“零”的突破。获中国中西医结合学会科学技术奖一等奖1项、三等奖1项，福建省科学技术奖二等奖1项，中华中医药学会科学技术奖二等奖1项、三等奖2项，中国康复医学会科学技术奖二等奖1项；申请专利27件，授权专利7件；发表论文747篇，其中SCI源期刊收录95篇、EI收录6篇。数字福建康复大数据研究所、数字福建中医健康管理大数据研究所获福建省发展和改革委员会批准立项建设，海峡两岸牛樟芝产业工程研究中心、中医药文化研究中心、中西医结合皮肤病重点实验室获福建省教育厅批准立项建设。

合作交流　推进与“一带一路”沿线国家的交流与合作，与印度尼西亚中爪哇省政府就培养针灸学本科生合作达成初步意向；与艾尔朗加大学、苏多莫医院就落实合作项目，签署合作谅解备忘录；与泰国华侨中医院达成中医药专业人才培养合作意向。承办“2017起点营·中医药传统文化研习营”。11月，学校被确定为国家留学基金委优秀本科生国际交流项目实施院校。

社会服务　年内中国康复产业研究院获批筹建，首个附属康复养老中心落户武夷山。参与2017年中国·海峡项目成果交易会，设立康复专题馆，举办康复馆签约仪式，与省民政厅、南平市政府等6个单位签订战略合作协议书，转让认知康复评估与训练系统等3项技术成果。中医健康管理中心应邀参加中共中央对外联络部举办的“中国共产党的故事——绿色发展”专题宣介会。参与编制《2016年全民中医健康指数研究报告》。

附属医院　附属第三人民医院成为首批“全国省级中医健康状态评估与监测示范基地”。国医堂年门诊量超40万人次。（吴镇聪）

【福建工程学院】　2017年，福建工程学院有全日制本科生24140多人，研究生及留学生260余人，设有55个本科专业，4个一级学科硕士学位授权点，3个专业学位授权点。

学科建设　开展一流学科建设工作，提出交通、材料2个高原学科及学校一流学科建设方案，土木、机械、电气、工管、建筑学、环境科学6个学科获福建省高等学校应用型学科立项或培育，交通、材料、土木3个一级学科硕士点通过合格评估。开展学科建设规划和新一轮硕士学位点申报评审工作，确定14个校级重点学科按3个梯队进行建设的学科策略。

人才培养　新申报金融工程、产品设计、数字媒体艺术、网络空间安全4个专业；数据科学与大数据技术、电子商务、国际商务3个新专业首次招生；学校成为国家第二批和省内率先设立数据科学与大数据技术专业高校。土木工程和给排水专业通过住建部专业认证，城乡规划等3个专业通过住建部专业评估；材料科学和工程专业接受中国工程教育专业认证(CEEAA)。13门课程获批省级精品在线开放课程建设项目，并上线福课联盟(FOOC)平台。建设第一批本科课程高水平案例及案例库建设项目。设置创新创业学分，初步建立“通识课程—专业课程—MOOC课程”的创新创业课程体系。获得省创新创业教育改革试点专业2个、精品资源共享课3门。建立由200名企业家、创业者、风险投资人、技术创新专家和校内教师组成的创新创业导师队伍，2人受聘为福建省创业导师，1人被评为“全国创业教育工作先进个人”，学校先后获批“首批福建省大学生创新创业园”“福建省众创空间”“福州市众创空间”等称号。学生在省级以上创新创业、学科竞赛中获奖672项，其中国际级14项、国家级371项。新增国家级大学生创新创业训练计划项目36个、省级93个。毕业生就业率97.27%，签约率81.03%。

科研工作　新增7个面向产业前沿的省级科研创新平台，5个省市级科研创新平台通过考核评估。年内，首次获得国家社科后期资助项目立项，在福州市社科联重大课题、省科协重大课题、省委宣传部重大课题等方面均有立项。参与申报并获得省科学技术进步奖一等奖1项、二等奖2项、三等奖1项。专利提升行动计划成效显现，获得授权专利121项，其中发明专利61项、实用新型专利60项。

社会服务　学校与省住建厅、福建建工、中建海峡等多主体协同共建“建筑现代化产业学院”；与“新三板”挂牌公司智恒科技合作共建“智慧水务产业学院”。与福建省住房和城乡建设厅、中建海峡建设发展有限公司续签产学研战略合作框架协议；与南安市政府、福建建工集团总公司、福建一建集团有限公司、福建省二建建设集团有限公司、福建时创电子科技有限公司、福建大亿能源管理有限公司等17家单位签署产学研合作协议。推动建筑信息化(BIM)校企平台建设，与福建品成公司共建“校企BIM联合研究中心”；与南安市机械装备产业科技创新服务中心共建“福建工程学院(南安市)装备制造业创新服务中心”。

合作交流　推动与“一带一路”沿线的波兰、捷克、马来西亚、缅甸、巴基斯坦、越南等10个国家开展合作办学，与沿线高校合作在土建类、机电类等专业领域培训当地需要的高级应用型人才。与波兰、捷克、匈牙利等高校签署校际合作协议，加强和拓展与中东欧地区“一带一路”沿线国家知名高校的国际交流与合作。（宁启超）

【闽江学院】　2017年，闽江学院有大学城本部校区、工业路校区、洪塘校区、首山校区4个校区，总占地面积161.84万平方米。学校设有15个学院(系)，拥有工商管理专业硕士学位点，开设本科专业55个；建有省级重点学科8个，国家级特色专业2个，省级特色专业5个、服务产业应用型专业群6个、服务产业特色专业7个。年内完成校园总平面规划调整，图书馆新馆、艺术教学楼二期、学生公寓等新建项目纳入福州市攻坚项目。完成校南大门广场、校园标识等20多项工程建设。

学科建设　工商管理专业硕士学位点为服务国家特殊需求人才培养项目，入选“福建省MBA教育创新基地”。文物与博物馆学、应用统计学、信息安全、税收学、社会工作5个专业获批教育部新增本科专业。高分子材料工程、轻化工程2个专业获省级创新创业试点专业立项。电子信息工程、计算机科学与技术、纺织工程3个专业获批参加福建高校第三批IEET工程及科技教育认证。经济管理虚拟仿真教学中心被评为省级虚拟仿真实验教学中心，传媒技术实验教学示范中心被评为省级实验教学示范中心。广告创意课程获评省级精品在线开放课程，品牌管理、国际商法、跨境电商运营实训3门课程获评省级精品资源共享课程。

师资队伍　专任教师1006人，具有高级职称教师503人(其中正高118人)、硕士以上学位教师868人(其中博士学位教师311人)；外聘教师237人。年内新引进具有博士学位教师48人。全职引进高层次人才6人，其中省“百人计划”1人、省特支“双百计划”科技创新领军人才1人、省新世纪优秀人才支持计划1人。柔聘高层次人才5人，其中国家“千人计划”专家、“长江学者”讲座教授1人，教育部新世纪优秀人才支持计划1人。推荐1人入选“闽江学者”特聘教授、3人入选“闽江学者”讲座教授、1人入选台湾高层次人才“百人计划”。实施毓秀工程培育优秀人才，遴选闽都学者45人。选派18名教师参加闽台合作培训师资，13名教师参加出境访学，12名教师完成境内访学。

人才培养　有全日制普通本科生1.8万余人。在读硕士研究生108人，其中，全日制专业学位硕士50人(含外国留学生27人)，非全日制专业学位硕士58人。年内招收本科生4300人，预科生91人。选拔10名国际小学期进修生和2名交换生到中国人民大学学习，13名学生参加温州大学交换生项目交流学习。组织6批36名学生，前往日本、加拿大合作大学和友好城市，参加相关学分互认、课程研修、专题交流、语言培训以及友好城市交流等活动。学生参加各类学科竞赛获奖303项(国家级奖项178

项、省级奖项125项),其中,在全国大学生电子设计竞赛中获得全国一等奖。新增校外实践教育基地38个。应届毕业生初次就业率97.88%,硕士研究生就业率100%。

科研与成果应用 福建省中国漆新型材料工程研究中心、数字福建智能化生产物联网实验室、福建省新型功能性纺织纤维及材料重点实验室、福建省高校人文社科研究基地海洋旅游研究中心、福州海洋产业技术研究院等省、市级科技创新平台获批立项建设。与省文化厅签订文化产业合作框架协议;与市委宣传部合作成立福州文化发展研究中心;与市海渔局共同筹建"福州海洋研究院";与鼓楼区、连江县、闽清县签订科技、文化与人才交流全面战略合作协议。与福州致道漆器文化艺术有限公司合作,共建洪塘校区漆艺文化创意园,成立"闽江学院中国漆文化与产业研究中心";省级众创空间"闽江学院国际青年漆艺家孵化基地"入选文化部产业双创服务体系建设扶持名单。与福建盛世金领文化发展有限公司共同申报的"闽江学院创意创业教育园"入选福州市众创空间,并承办第二届"非遗保护·福州漆艺高级研修班"。与福建星海通信科技有限公司、福建榕基软件股份有限公司、福州尚飞制衣有限公司、厦门斯坦道科学仪器股份有限公司、厦门市巨龙软件工程有限公司等多家企业联合开展课题研究和技术攻关,提供技术咨询与技术开发服务。与福建网龙公司联合设立VR技术研究院。

合作交流 年内,主(承)办大型学术会议论坛6场。通过"3+1"联合培养、学分互认、交流生等项目赴台湾学习学生1200人次。教职工赴台湾学习交流访问92人次,15名台湾教师到校全职任教。完成3个闽台项目的评估整改申报,与台湾辅仁大学法学院合作的"国际商法实验班"项目顺利进行。向国家留学基金委申报"青年骨干教师出国研修项目"和"优秀本科生国际交流项目"实施院校获批。与日本松荫女子学院大学和美国奥特本大学签订优秀本科生国际交流项目协议。选派36名学生赴日本广岛大学、松荫女子学院大学和加拿大布鲁克大学等学习交流。新招收13名外国学历生到校对外汉语、服装设计与工程专业学习,全年有41名留学生在校学习。与英国哈德斯菲尔德大学、越南胡志明市国立美术大学、美国奥特本大学、日本广岛大学、加拿大布鲁克大学等国(境)外大学签署(续签)校际合作交流协议(备忘录)12份。 (丁宗银)

【福州职业技术学院】 2017年,福州职业技术学院设阿里巴巴大数据学院、机器人学院、机电工程学院、交通工程学院、智能与建筑工程学院、国际教育学院、商学院、文化创意学院、特殊教育学院9个二级学院,有全日制高职在校生8600多人,各类成人学历在校生7800多人。年内在全省高职院校率先成立"习近平新时代中国特色社会主义思想研究中心",在福建省高职院校首家挂牌成立马克思主义学院。被教育部授予"全国第二批深化创新创业改革教育示范高校"。入选"福建省示范性现代职业院校建设工程"(A类)培育项目院校。"福职校园阳光健身跑"(福跑)项目挂牌全国高等职业院校首批体育工作"一校一品"示范基地,并获全国高等职业院校第三届体育工作成果二等奖。

学科建设 调整优化专业结构,新设大数据技术等4个专业(方向),增设无人机应用技术等7个专业。35门课程探索实践"一课双师"教学模式改革,25门课程借助网络教学平台、云班课等开展教学模式改革,引入11门"智慧树在线教育平台"慕课资源,获国家级信息化教学大赛二等奖1项;立项建设校企共建专业核心课程25门,制定课程标准957门,建设广告设计与制作省级教学资源库1个,精品在线开放课程3门,资源共享课程7门,视频公开课29门,微课1617个。获福建省教学成果奖特等奖、一等奖、二等奖各1项。专业与课程改革新增特色专业群、产教融合示范专业点培育项目等省级以上教学质量工程17个,旅游管理专业获评全国职业院校旅游类示范专业点。

师资队伍 专任教师中副高以上职称占37.3%,硕士以上学位占74%,"双师型"专业教师150人,企业兼职教师123人,企业兼职教师中高技能人才占41.4%,教育部"现代学徒制"专家1人,全国行职委委员2人,省级行职委委员8人。年内引进高层次人才16人,柔聘5人。引进台湾人工智能教学团队1个(10人)、国内高层次人才6人。新增优秀青年骨干教师3人、优秀科研团队1个,励园名师3人,名师(技能大师)工作室8个。成立教师发展中心,选派教师参与国家、省级、各行业企业培训达133人次。

人才培养 新增3个"现代学徒制"试点项目和1个"二元制"试点项目;以资产入股形式与企业联合成立"福州东湖教育科技有限公司",共建"微软创新学院",建设大数据产教融合基地;与福建鸿博公司共建广告设计与制作(特教方向)专业"厂中校";与东南汽车共建新能源汽车试制线"校中厂",与国民软件公司共建"校中厂"项目——大数据加工示范生产线;启动与苹果公司等企业合作的"A+雏鹰计划"项目;与北方天途合作开展无人机AOPA认证培训。创新创业园区总面积达6431平方米,吸纳63个学生创新创业项目团队入驻。学生在各类创新创业竞赛中取得国赛一金一铜、省赛三金四银三铜,7个创业项目获得省级资助26万元扶持资金,1人获评省大学生创业之星,在福建省第三届"互联网+"大学生创新创业大赛中成绩位居全省高职院校前列。学校特教学院听障生"清新福建 我爱我家"蛋雕作品入选中宣部等五部委主办的"砥砺奋进的五年"大型成就展。2017届毕业生获证率96.24%,初次就业率99.96%。

实训基地建设 学校投入3699万元新(改)建44间实训室,105间实训室实现专业全覆盖。建成文化创意、轨道交通等理实一体化专业实训室;新建大数据加工和计算机网络技术2个生产性实训基地;2个专业群实训基地被确定为2017年福建省职业院校专业群实训基地A类培育项目。

社会服务 申报"文创产业虚拟现实与可视化应用技术协同创新中心",组织完成公益项目30个、技术培训项目23个,引入科研与技术服务经费244.15万元。开展面向在校生与在职人员的非学历技能鉴定与培训工作。联合福州市会计学会成立"会计从业人员继续教育培训基地",开展3期会计从业人员继续教育1010人次。全年完成社会考生职业技能鉴定3590人次,社会化培训24612人次。福州市社区大学被福建省教育厅评为“福建省社区教育示范基地”。

交流合作　与宁夏财经职业技术学院、周宁县职业中专等5所院校开展院校帮扶工作,在专业建设、师资队伍建设、校企合作、职业培训等方面实施精准帮扶。联合华南女院开展学生志愿者“三下乡”社会实践工作,“寿宁县下党乡大学生思政教育实践基地”入选第五批福建省大学生社会实践基地名单。与匈牙利高新技术和教育产业中国发展中心签订战略合作协议;完成中外合作会计电算化专业招生60人;选派9名人员赴国(境)外访问交流培训。

成立“福职阿里巴巴大数据学院”　5月4日,学校与阿里巴巴集团、慧科集团三方合作成立“阿里巴巴大数据学院”,为全国第一所阿里巴巴大数据学院。

首届福州职业技术学院校友商品博览会　11月18—19日,学校举办首届福州职业技术学院校友商品博览会,参展校友企业100多家,参与学生近3万人,成交额约2400万元。

承办赛事及活动　承办7个技能大赛赛项,学生参加省职业技能大赛获奖数达36个,参加国赛获奖数达23个(并列全国第16名),获2个国赛一等奖,连续7年获得全省职业院校技能大赛团体一等奖。承办“第四届海峡两岸应用技术类大学校长论坛会前研讨会暨第二届闽台现代职业教育论坛”,吸引两岸108所院校(含本科、中高职)参加,获得2018年全国高职高专校长联席会年会承办权。　(江允英)

【闽江师范高等专科学校】　闽江师范高等专科学校有旗山、仓山、甘蔗、光禄坊(福州教育研究院)4个校区,占地面积37.89公顷,总建筑面积近20万平方米。有22个专业,其中师范类专业11个。主办学术期刊《创新教育》《福州教育研究》。

2017年9月6日,闽江师范高等专科学校举行2017年教师节表彰暨首届冰心教育奖颁奖典礼　(闽江师范高等专科学校　供)

学科建设　应用英语、英语教育、数学教育、导游等4个专业获批福建省现代学徒制教学改革试点项目。工业分析专业、音乐教育专业获批省级创新创业教育改革试点专业。表演艺术和工业分析技术专业入选福建省“二元制”技术技能人才培养模式改革试点项目,为全省首例。申报数字展示技术等6个新专业,重点建设小学教育等5个专业群。申报获批建设福建省小学教育公共实训基地、物联网福建省高校应用技术工程中心。

师资队伍　专任教师231人,其中正副高职称教师86人,具有硕博学位人员136人,“双师型”教师136人。闽剧表演专业教师林梦萍入选福建省第四批非物质文化遗产代表性项目(闽剧)传承人,3名闽剧教师入选福州市非物质文化遗产代表性项目传承人。

人才培养　全校大中专录取2185人,其中大专录取1696人。学校作为福建省首批师范男生免费教育试点单位,90名免费师范男生招生计划全额完成。2017届毕业生就业率97.94%,对口率85.73%。在全国职业院校技能大赛中,获得一等奖1个、二等奖1个、三等奖4个;在福建省职业技能大赛中,获得团体和个人奖项93个,其中一等奖21个;在参加其他专业赛项中,学校获全国一等奖1个、三等奖2个,获省级奖项24个,其中特等奖1个、一等奖3个。年内牵头组建福建省首家文化艺术职业教育集团——闽江文旅演艺职业教育集团。

教学研究　年内获省教育教学成果奖8项,其中职业教育教学成果奖2项,基础教育6项,包括特等奖1项,一等奖3项,二等奖4项;获得市厅级以上科研课题39项,其中,省部级以上课题4项。发表各级各类学术刊物论文122篇(其中权威和核心刊物12篇),论著16种。完成302项市级以上教育规划课题的立项、监管、结题、评选工作,其中教育部重点课题成果《互联网+教学应用研究》由福建教育出版社出版、课题《市级未成年人心理健康辅导站功能开发与管理》获教育部“全国中小学德育工作优秀案例”。

社会服务　组织走访全市县(市)区教师进修学校和部分中小学、幼儿园26所,调研福州市基础教育现状并形成报告。举办中高考论坛126场次、举办研训514场次,参加教师7万多人次。2017年成人教育学历提升招生983人;开展各类技能鉴定13个工种23批次,共1767人。

(庄翠冷)

(编辑　黄　铭)

专业文艺

【概况】 2017年，福州市出台《关于保护、扶持福州地方戏曲曲艺的实施意见》，组织申办2019年第十六届中国戏剧节。组织金砖国家政党、智库和民间社会组织论坛系列文艺演出，4天完成12场活动。启动第24届福州市戏剧会演，推动福州市专业及民营剧团发展，加强舞台优秀剧目的储备。举办福州市首届中青年闽剧演员比赛。举办第三期福建省青年戏剧演员（编剧）读书班，邀请中国剧协分党组书记季国平为青年演员授课。组织闽剧折子戏专场晋京演出等国家级展演5次，全年完成宣传贯彻党的十九大文艺专场演出近百场。

年内13个项目获国家级和省级资金扶持，原创闽剧《黄勉斋》入选文化部戏曲剧本孵化计划，为全省唯一入选项目；闽剧《银筝断》入选文化部2016年度“剧本扶持工程”项目。福州九日台音乐厅爱乐合唱团等3支队伍获第十四届中国合唱节金奖。1人获梅花奖，7部作品获福建省第八届“百花文艺奖”，3人获福建省第九届青年演员比赛金奖，6人获第十三届福建省“水仙花奖”，3部作品、4人获第四届福建舞蹈“百合花奖”。全年，福州市舞台艺术人才获省级以上奖项有42人次，其中获得一等奖10个、二等奖13个、三等奖19个。在第二届福建省曲艺“丹桂奖”大赛中，福州市8部作品获奖，其中一等奖4个，一等奖和获奖作品数量均位列全省各设区市第一；闽剧演员杨帅分别获得第十三届福建省戏剧水仙花奖和福建省第九届青年演员比赛第一名。

表88 **2017年福州市专业文艺获奖情况表**

获奖单位（个人）	奖项名称	获奖项目	获奖级别
福州闽剧艺术传承发展中心 吴则文	第二十八届中国戏剧梅花奖	闽剧《兰花赋》饰演严子轩	国家级
福州闽剧艺术传承发展中心	第十三届福建省戏剧水仙花奖优秀组织奖		省级
福州闽剧艺术传承发展中心	福建省第八届百花文艺奖三等奖	闽剧《林则徐与王鼎》	省级
福州闽剧艺术传承发展中心 杨　帅	第十三届福建省水仙花奖专业组表演奖一等奖	闽剧《林则徐与王鼎》选段饰演林则徐	省级
福州闽剧艺术传承发展中心 陈敬昱	第十三届福建省水仙花奖专业组演奏奖一等奖	闽剧《碧玉簪·纠错》选段演奏中三弦	省级
福州闽剧艺术传承发展中心 黄　萍	第十三届福建省水仙花奖专业组演奏奖一等奖	闽剧《牡丹亭》选段演奏扬琴	省级
福州闽剧艺术传承发展中心 谢　金	第十三届福建省水仙花奖专业组表演奖三等奖	闽剧《打金砖》选段饰演刘秀	省级

续表 88－1

获奖单位(个人)	奖项名称	获奖项目	获奖级别
福州闽剧艺术传承发展中心 王佳文	第十三届福建省水仙花奖专业组演奏奖三等奖	闽剧《红裙记》选段演奏主胡	省级
福州闽剧艺术传承发展中心 林　颖	福建省第27届戏剧会演剧本征文三等奖	闽剧剧本《临水夫人》	省级
福州闽剧艺术传承发展中心 杨　帅	福建省第九届青年演员比赛金奖	闽剧《水牢摸印》饰演董洪	省级
福州闽剧艺术传承发展中心 黄允杰	福建省第九届青年演员比赛银奖	闽剧《风雪山神庙》饰林冲	省级
福州闽剧艺术传承发展中心 谢婉萍	福建省第九届青年演员比赛银奖	闽剧《打神告庙》饰敖桂英	省级
福州闽剧艺术传承发展中心 干晓滢	福建省第九届青年演员比赛铜奖	闽剧《潘金莲·戏叔》饰潘金莲	省级
福州闽剧艺术传承发展中心 郑家炆	福建省第九届青年演员比赛铜奖	闽剧《兰花赋·夜审》饰胡传海	省级
福州闽剧艺术传承发展中心 汤文星	福建省第九届青年演员比赛铜奖	闽剧《一文钱·吴起杀妻》饰吴起	省级
福州市曲艺团	福建省第八届百花文艺奖荣誉奖(最高奖)	福州伬唱《月白天青》	省级
福州市曲艺团	福建省第八届百花文艺奖荣誉奖(最高奖)	福州评话《孝义巷传奇》	省级
福州市曲艺团	福建省第八届百花文艺奖一等奖	福州评话《风雨苍霞人》	省级
福州市曲艺团	福建省第八届百花文艺奖二等奖	福州伬艺《春回坊巷》	省级
福州市曲艺团	福建省第八届百花文艺奖三等奖	福州评话《孝子》	省级
福州市曲艺团 林　婕	福建省第九届青年演员比赛二等奖	扬琴《灭山诗画》《春回坊巷》	省级
福州评话伬艺传习所 黄林勇	第二届福建省曲艺“丹桂奖”大赛表演奖	福州评话《兄妹》	省级
福州评话伬艺传习所 汤露莹	福建省第九届青年演员比赛二等奖	古筝《云裳诉》《水榭欢歌》	省级
福州评话伬艺传习所 陈燕彬	福建省第九届青年演员比赛二等奖	福州评话《金玉良缘》	省级
福州市闽都文化艺术中心	第四届福建舞蹈“百合花奖”专业舞蹈大赛群舞组表演金奖	群舞《长恨天涯隔一水》	省级
福州市闽都文化艺术中心 林姝敏　邹　洋	第四届福建舞蹈“百合花奖”专业舞蹈大赛创作银奖	群舞《长恨天涯隔一水》	省级
福州市闽都文化艺术中心 蔡丝露	第四届福建舞蹈“百合花奖”专业舞蹈大赛单双三舞表演银奖	独舞《尚香初遇》	省级
福州市闽都文化艺术中心 王建纲	第四届福建舞蹈“百合花奖”专业舞蹈大赛创作银奖	独舞《尚香初遇》	省级

续表 88－2

获奖单位(个人)	奖项名称	获奖项目	获奖级别
福州市闽都文化艺术中心 胡 琦	第四届福建舞蹈“百合花奖”专业舞蹈大赛单双三舞表演铜奖	独舞《庄生梦蝶》	省级
福州市闽都文化艺术中心 邹 洋	第四届福建舞蹈“百合花奖”专业舞蹈大赛创作铜奖	独舞《庄生梦蝶》	省级
福州市闽都文化艺术中心 于永祺、马燕飞	第二届福建省曲艺丹桂奖大赛北方曲艺组节目奖一等奖	对口快板《紧跟时代阔步走》	省级
福州市闽都文化艺术中心 陈乃航	福建省第九届青年演员比赛声乐组金奖	《秋水长天》《故乡是北京》	省级
福州市闽都文化艺术中心 王高扬	福建省第九届青年演员比赛声乐组银奖	《春天的芭蕾》《炫境》	省级
福州市闽都文化艺术中心 阮晓玲	福建省第九届青年演员比赛声乐组银奖	《烛光里的妈妈》《HERO》	省级
福州市闽都文化艺术中心 布尔帖	福建省第九届青年演员比赛声乐组铜奖	《追寻》《阿楚姑娘》	省级
福州市闽都文化艺术中心 程 艳	福建省第九届青年演员比赛声乐组铜奖	《我爱这片土地》《我亲爱的爸爸》	省级
福州市闽都文化艺术中心 高菲菲	福建省第九届青年演员比赛舞蹈组金奖	《心尘》	省级
福州市闽都文化艺术中心 王雅楠	福建省第九届青年演员比赛舞蹈组铜奖	《扇骨》	省级
福州市闽都文化艺术中心 蔡丝露	福建省第九届青年演员比赛舞蹈组铜奖	《月移水影》	省级
福州市闽都文化艺术中心 曾 钺	福建省第九届青年演员比赛民族器乐组铜奖	《诉——读唐诗琵琶行有感》《夜深沉》	省级
福州市艺术创作研究中心 周祥光	福建省第 27 届戏剧会演剧本征文三等奖	《泉山小书旦》	省级
福州市艺术创作研究中心 马文正	第二届福建省大学生戏剧节编剧荣誉奖	《我们的严院长》	省级
闽江师范高等专科学校 蔡玉榕	福建省第 27 届戏剧会演剧本征文二等奖	《玉钊记》	省级

【福州闽剧演员获中国戏剧梅花奖】 2017 年 5 月 22 日，中国戏剧表演艺术领域最高奖——第 28 届中国戏剧梅花奖晚在广州揭晓，由福建省文联、福建省戏剧家协会、中共福州市委宣传部、福州市文化广电新闻出版局组织选送的福州闽剧艺术传承发展中心演员吴则文，凭借原创廉政闽剧《兰花赋》，获颁“梅花奖”，成为福州市继闽剧名家陈乃春之后，时隔 24 年再度获此奖项的闽剧演员。

【艺术创作】 2017 年，福州市 13 个项目获得国家、省级资助，扶持资金 1080 万元。闽剧《银筝断》入选国家艺术基金 2017 年度资助项目大型舞台剧和作品创作资助项目，实现福州市在国家艺术基金大型舞台剧和作品创作资助项目中零的突破。原创闽剧《黄勉斋》入选文化部 2016 年度戏曲剧本孵化计划。福州闽剧艺术传承发展中心申报的“名家传戏——当代戏曲名家收徒传艺”项目，入选中华优秀传统艺术传承发展计划 2017 年度“名家传戏——当代戏曲名家收徒传艺”工程。长乐市大众闽剧团闽剧《苏秦还乡》入选 2017 年全国基层院团戏曲会演。舞剧《林觉民》、音乐剧《茉莉(莫离)》分别获得 2017 年度、2018 年度福建文艺发展基金资助。传统闽剧《孟丽君》入选 2018 年度福建省地方戏曲扶持专项资金项目。2017年度中央文化产业发展专项资金——优秀基层戏曲院团奖励项目中,福建省有12家民营院团上榜,福州市占11家,共获得资金奖励330万元。1月5日,福州市首届中青年闽剧演员比赛决赛在福州闽剧艺术传承发展中心剧场谢幕。8月1日、8月7日分别举行福建省第九届青年演员比赛福州市预赛"音乐舞蹈杂技类"和"戏剧曲艺类"两个专场,选拔32名演员参加福建省决赛。

【艺术演出】 2017年,福州市完成非遗地方剧种展演、"周周有戏"等惠民演出455场,其中,开展2017年中国戏曲文化周地方园地方戏演出,活动以开展"乡音乡情乡韵乡味"地方戏展为主,推出近20个剧种150余场演出。

3月15日,春暖福地——福州市创建国家公共文化服务体系示范区区域文化联动惠民演出在福州大戏院上演。6月21日,2017"'宜夏'榕城文化艺术季"开幕。7月25日、26日,长乐大众闽剧团闽剧《苏秦还乡》在北京梅兰芳大剧院上演,是唯一代表福建省晋京参加"2017年全国基层院团戏曲会演"的剧目。9月23日,"不忘初心 永记党恩——喜迎党的十九大文艺晚会"在福州工人文化宫职工演艺中心举行。9月26日,由福州第一技师学院、福州市闽都文化艺术中心共同举办的"匠心筑梦 技能成才 喜迎十九大"文艺演出在学院举行。11月12日,福州伬艺《秦楼月·春回坊巷》亮相福建省泉州晋江戏剧中心木偶剧场,参加全国曲艺、木偶剧、皮影戏优秀剧(节)目展演。福州评话《金玉良缘》参加首届中国东部优秀曲艺节目展演。举办《榕城平安颂》福州市综治平安文化建设文艺汇演。

(柳 锴)

【2017"宜夏"榕城文化艺术季】 2017年6月21日至8月6日,福州日报社承办全市首个大型文化艺术季——2017"宜夏"榕城文化艺术季,组织2场大型文化比赛、8场大型文创活动、31场精品文艺演出、近100场公益文化活动、探索3条城市文化脉络。7月2日成立全国首个"媒体+文创"产业联盟——"在艺起"联盟。"在艺起"联盟成员单位设置互动机构,定期组织论坛、沙龙、资源对接会、路演等活动。建成"福州有意思"文化惠民平台,设计制作的"一碗福州"瓷碗获第四届(2017年度)福建文创奖。

(林玉和)

【传统戏剧保护】 2017年,福州市首次落实包括闽剧、评话、伬唱在内的市级非遗传承人扶持资金,继续开展闽剧传统剧本修复与数字化保存工作。全市保存涉及明清以来的传统闽剧剧本4100余册,包括乾隆年间的《梁武访宝志》、同治年间的《芙蓉园》、光绪年间的《包公二判石狮》等珍贵手抄本160余册。福州市档案局制定"修复整理——数字化处理——保管利用"抢救保护方案,从修复裱糊、清整编号、录入扫描、杀菌消毒等方面提供业务指导和技术支持。

(柳 锴)

公共文化

【概况】 2017年,福州市创建国家公共文化服务体系示范区通过文化部中期督查,35个创建指标有一半指标被评为优秀,"艺术扶贫"和"鸟巢书屋"列入全国推广的20个特色亮点。年内,出台《福州市文化馆总分馆服务体系建设实施方案》《福州市推进基层综合性文化服务中心建设实施方案》。完成市图书馆新馆建成开放,全市70个乡镇(街道)综合文化站和499个村(社区)综合文化服务中心达标提升。年内,文化部公布第四次文化馆评估定级结果,福州市群众艺术馆、鼓楼区文化馆、台江区文化馆、仓山区文化馆、福清市文化馆5家单位被命名为"一级文化馆"。开展"春雨工程"文化志愿边疆行,赴西藏拉萨开展公共文化服务交流。全年举办"周周有戏"、非遗地方剧种展演、"相约九日台"周末音乐会、"文化惠民·六进"等公益性文艺演出逾400场。

【国家公共文化服务体系示范区创建】 2017年,福州市制定《全市公共文化服务机构设置免费无线网络工作方案》《公共文化设施错时开放工作方案》。市文广新局完成第三期城市街区24小时自助图书馆建设项目选点调整方案。开展第十一届"书香八闽"暨第十二届"书香榕城"全民读书月系列活动,推出主题图书展、名家签售会、读书交流会、好书推荐等阅读活动。举办"喜迎十九大 金秋庆国庆""致敬新时代"曲艺专场等文化惠民演出。市文广新局向省文化厅推荐福清市(闽剧)、长乐市(闽剧)、连江县(十番古乐)参加2017—2019年度福建省"民间文化艺术之乡"创建。

2017年5月22日,福州市闽剧演员吴则文获中国戏剧梅花奖。图为《兰花赋》剧照 (市文广新局 供)

【群众性文化活动】　2017年，福州市组织开展“相约九日台”周末音乐会、“文化惠民·六进”等公益性文艺演出逾400场，其中，组织第十一届福州市合唱音乐节、第九届福州市少儿故事大王比赛等群众性文化赛事。8月28日，福州评话伬艺传习所（市曲艺团）“七夕”曲艺专场非遗公益性演出，在乌塔会馆公益曲艺书场举行。9月29日，福州市曲艺团开展“我们的节日·中秋”主题演出活动。年内，鼓楼区新三山红星合唱团获第十九届老年合唱节金奖。

【全民阅读活动】　2017年，福州市举办“书香之州”、最惠购书节等全民阅读活动。推广“乌巢书屋”进校园，福州市图书馆、福州市少儿图书馆作为首批推广单位，与福州市艺术扶贫挂钩的25所中小学共建100个“乌巢书屋”，福州市邮政报刊发行局、福建城市绿洲文化传播有限公司、越洋图书城和福州新课堂文化传播有限公司4家企业为“乌巢书屋”推广工作捐赠图书3000余本。12月5—11日，第一届书香文化周活动在福州市图书馆新馆举行。

【福州市图书馆】　2017年，福州市图书馆图书总藏量191.1万册（件）（条目数据均含新馆），其中纸质普通图书113.1万册（含盲文图书143册），报刊71万册，古籍1143册，电子图书78万册（件），视听文献1.7万件（套）。年内新入馆藏图书21万册（件）、接待读者77万人次，外借图书38.6万册（次），开展各类型读者活动54场次。网站改版后全新上线，网站年访问量10万余次。完成服务体系系统平台搭建，并在各县（市）区图书馆开展通借通还的试运行工作。完成第三期24小时自助图书馆项目的选点、监控中心拼接屏系统建设等工作，至年底已有52台。

【福州市图书馆新馆建成开放】　2017年12月5日，福州市图书馆新馆开放。新馆位于台江区望龙一路2号，占地面积1.65万平方米，建筑面积5.8万平方米，由福耀集团董事长曹德旺捐资4亿元建设。至年底，市图书馆新馆累计接待读者15万人次，文献外借6万册（次），数字资源访问2700次，为读者提供信息咨询2400条。

2017年12月5日，福州市图书馆新馆对外开馆　（叶诚　摄）

【福州市少儿图书馆】　2017年，福州市少儿图书馆图书总藏量约52万册，其中年内新增图书约3万册，新增报纸杂志374种（册）；年度购书款60万元。全年接待读者约16万人次，新增读者证3726本，新增图书流通点7个，流动图书20万多册。全年举办文化下乡活动18次，图片巡回展出15次，读书阅读讲座13次，参加活动总人次约2万人。4月23日，市少年儿童图书馆在台江第三中心小学鳌峰分校开展“在悦读中飞扬，遇见最美的自己——‘4·23’世界阅读日”主题活动；8月25日，在仓山区金山街道金环社区举办“文明起航，诚信相伴——小志愿者主题夏令营”活动；12月19日，在闽清下祝中心小学设置流通点与乌巢书屋，并开展普法宣传活动。

【福州市群众艺术馆】　2017年，文化部公布第四次文化馆评估定级结果，福州市群众艺术馆被命名为“一级文化馆”。“文化志愿手拉手”在完善招募办法和管理机制等基础工作的同时，赴拉萨开展的“春雨工程”边疆行活动和重大节假日、纪念日大型志愿服务入选文化部2016年基层文化志愿服务活动典型案例。在“总分馆制”运行机制下积极探索公益性培训创新模式，全年各类培训项目累计近80项、授课5600课时，受训群众达37万人次。市群众艺术馆联合仓山区、台江区和长乐市文化馆在福州仓山小学、台江区实验小学、长乐区屏山小学、闽侯县荆溪镇关东小学4所学校开展戏曲教育实践。福州文化艺术男声合唱团获第十届海峡两岸合唱节金奖；在第二届“海峡杯”闽渝台少儿歌手赛和第十三届福建省少儿讲故事大王比赛中，福州市选送选手分获金牌9枚、银牌11枚和金牌17枚、银牌7枚。市群众艺术馆微信平台开展线上报名的公益培训50余期；免费赠票活动39场，赠票5000多张。

【福州画院】　2017年，福州画院常务副院长郭辉的国画作品入选由文化部等主办的第四届丝绸之路国际艺术节展览及中国画学会等主办的全国中国画名家学术邀请展。画师李木教的书法作品参加中国书协主办的全国第四届草书作品展及全国草书名家邀请展。陈云撰写的《线条是中国画的生命线》在《美术报》发表。画师梁丹雯的国画作品参加中国文化丝绸之路——水墨重彩风书画名家全国巡回展。画师柯学刃的书法作品参加中国书协主办的全国草书名家邀请展。画师李君琳的个人画集由福建美术出版社出版发行。定居美国纽约的艺术家陈琰，3月24日在福州画院举办个人艺术作品展，展览其创作的上百件陶艺、国画、根艺作品。

8月1—3日，福州画院举办“纪念

中国人民解放军建军90周年'八闽鱼水情'第二届双拥书画集邮展暨邮票首发式";8月12—14日,举办"军魂浩气 长城雄风——庆祝建军九十周年主题书画展"。

(柳 锴 陈文浩)

非物质文化遗产

【概况】 2017年,福州市累计有闽剧、福州评话、福州伬艺、茶亭十番音乐、寿山石雕和脱胎漆器髹饰技艺等15个国家级非物质文化遗产代表性项目,65个省级非遗代表性项目(含三项增设保护单位),107个市级非遗代表性项目(含一个增设保护单位);15名国家级、107名省级和203名市级非遗代表性传承人。年内,福州市政府公布第三批市级非物质文化遗产代表性项目代表性传承人名单,福州市非物质文化遗产保护中心公布第三批福州市非物质文化遗产项目传承示范基地名单。

【非遗宣传活动】 2017年2月9—10日,2017海峡两岸民俗文化节在花海公园举行。文化节包括醉美非遗——民俗摄影展及摄影大赛、创建国家公共文化服务体系示范区宣传展、台湾手工技艺展示、猜灯谜送"福"礼、"手艺新生"手工技艺集市及创意、"茉莉芬芳"茉莉花茶文化体验、"家乡年味"福州传统小吃体验等活动。

6月10日,文化和自然遗产日中心场活动"非遗保护——传承发展的生动实践"在南公园举办,宣传福州市非遗保护成果,同时举行茉莉花茶窨制工艺、汉服、剪纸、中国结、扇面书画、油纸伞制作技艺等现场展示及互动体验。

12月12日,"丝路定西情·非遗福州行——定西市传统手工制作技艺成果展"在福州市博物馆举办,集中展示定西市洮砚、定西剪纸等18个国家和省、市级非物质文化遗产代表性项目的500余件成果展品。

年内,福州市群众艺术馆和《福州晚报》合作推出"非遗探秘"大型系列报道,完成37个版面的采写和报道,并启动结

表89 2017年福州市第三批非物质文化遗产代表性项目代表性传承人情况表

类别	人数(人)	类别	人数(人)
民间文学类	1	传统音乐类	6
传统舞蹈类	4	传统戏剧类	9
曲艺类	2	传统体育、游艺与杂技类	7
传统美术类	7	传统技艺类	27
传统医药类	6	民俗类	3

表90 2017年福州市第三批非物质文化遗产项目传承示范基地名单

类别	传承示范基地
传统音乐类	福州市闽都文化艺术中心(福州方言歌曲、十番音乐)
传统戏剧类	闽侯县闽剧艺术传承发展中心(闽剧)
	连江县闽剧团(闽剧)
	连江县艺昌闽剧团(闽剧)
	福清市闽剧艺术研究会(闽剧)
	福清市侨乡闽剧团(闽剧)
	长乐市大众闽剧团(闽剧)
	长乐市壹加壹闽剧团(闽剧)
	马尾区海峡闽剧团(闽剧)
曲艺类	福州评话伬艺传习所(福州评话、福州伬艺)
传统体育、游艺与杂技类	福州文庙儒家拳传承基地(儒家拳)
传统技艺类	林氏寿山石艺术馆(寿山石雕)
	郑幼林寿山石创意研究中心(寿山石雕)
	孙兆勇寿山石体验基地(寿山石雕)
	手作陶社(薄胎酱釉器制作技艺)
	福州油纸伞体验中心(福州油纸伞制作技艺)
	董雅萍剪纸工作室(剪纸)
传统医药类	福建永同惠中医药非遗创意园(中医)

2017年12月12日,"丝路定西情·非遗福州行——定西市传统手工制作技艺成果展"在福州市博物馆举办 (市文广新局 供)

集出版《福州非遗探秘系列丛书》项目。

【福州市第三批非物质文化遗产代表性项目代表性传承人名单公布】 2017年9月27日，福州市政府公布第三批市级非物质文化遗产代表性项目代表性传承人名单，共72人。

【福州市第三批非物质文化遗产项目传承示范基地公布】 2017年，福州市组织开展第三批市级非遗示范基地评选，18家单位入选。至年底，全市有非物质文化遗产项目传承示范基地48个。

（柳　锴）

文化市场监管

【概况】 2017年，福州市加强对文化市场重点场所、重点部位督查，开展“扫黄打非”工作。结合移风易俗加强文化演出市场整治，通过提前介入与事主沟通的方式制止乐队人数超标的演出活动6场。探索“个性影院”监管方案并开展点播影院摸底调查。继续巩固政府软件正版化成果，开展“知识产权宣传周”“绿书签2017”等宣传活动，获评全国查处侵权盗版案件有功个人5人。东街街道军门社区入选2017年全国“扫黄打非”进基层示范标兵。

【文化市场管理】 2017年，福州市文化市场执法部门实地检查各类文化市场经营单位5985家次，警告、责令改正145家次；受理举报104件，立案查处141件，办结137件，罚款40万元；联合公安机关查处刑事案件2件。开展涉未成年人网络环境专项整治，网上巡查、检查网站223个，与公安部门联合执法12次，取缔黑网吧4个，收缴非法运营电脑42台。取缔游商地摊45个，没收非法出版物1.58万册。

【“扫黄打非”行动】 2017年，福州市查获违法出版物15800件，清理游商地摊45处，判刑10人，集中销毁非法出版物97506件。举办2017年侵权盗版及非法出版物集中销毁活动，启动“绿书签2017”系列宣传活动，组织200多名企业和各界代表在“绿书签2017”系列宣传板上签名。福州主会场销毁各类侵权盗版及非法出版物等97506件。

（柳　锴）

文博事业

【概况】 2017年，福州市推进朱紫坊、上下杭、烟台山、冶山、苍霞等历史文化街区（风貌区）保护工作，开展全国文物保护单位林则徐故居、华林寺大殿、于山大士殿保护修复工程；完成福建协和大学建筑群抢救性修缮，开展福建船政建筑群、罗源陈太尉宫，省级文物保护单位郑氏宗祠、泉山仁寿堂、福清东关寨、闽清宏琳厝保护修缮工程；开展城市建设中文物保护工作；配合近30个省市重点项目开展文物调查勘探，完成地铁4号线化工路遗址考古发掘。推动海丝申遗，出台《“海上丝绸之路·福州史迹”文化遗产保护管理办法》；福州市海上丝绸之路展示馆、陈绍宽故居建成开放；举办“昙石山·南岛语族·海上福州”论坛，与福建博物院合作，在云南省普洱市、丽江市、玉溪市、楚雄市、大理市举办《海丝遗珍——“碗礁一号”沉船出水瓷器展》。承办福建省文物保护工程技术人员——泥水工（北片地区）培训班。出版《福州朱子文化遗存图影集》《福州市文物古迹摄影集》《千年古港　海丝帆影——福州海上丝绸之路图录》。

【大型基础设施建设文物考古调查勘探】 2017年，福州市文物局配合城市建设需要，组织开展乌龙江大道上街段工程、滨海新城道庆路及连接线工程、东南快速通道工程（长乐营前到滨海新城段）、罗源昌西（曹垅）水库工程项目、闽侯二桥项目、中共福建省委党校闽侯新校区、福清京东方虎溪变电站等20多个省市重点项目文物调查勘探工作，提出文物保护意见。市文物局协调滨海快线、东南快速通道等项目业主单位尽可能调整线路，以避让所涉及文物，会同相关县区文物部门开展相关文物保护工作。

【历史文化名城范围内城建项目文物审查】 2017年5月起，福州市文物局对福州市历史文化名城范围内涉及建设项目、土地出让等出具文物部门书面意见，至年底，对泉头旧屋区改造项目、福厦客专、福州南站土地综合开发地块等234多个涉及文物保护的建设项目出具书面审查意见，明确保护要求，并在图纸上标注文物位置及本体范围、保护范围等。开展“多规合一”工作，对266个项目进行协同会商。10月起至年底，对市国土资源局报送的285个项目土地征用项目是否涉及文物提出意见。

【水系治理中文物保护工作】 2017年6月，福州市文物局收到26条内河选址项目，要求提出文物保护审查意见。市文物局会同业主单位、区文物部门在资料比对的基础上对河道进行现场勘察，核查所涉及文物情况，明确文物保护要求，出具审查意见，并在水系治理项目实施过程中加强监管。同时市文化广电新闻出版局向各区文体局下发《关于加强城区水系综合治理工程中文物保护工作的通知》，要求各区文体局核实水系治理所涉及文物，并督促业主及建设单位确保水系综合治理工程所涉及文物安全。

【化工路遗址考古发掘】 2017年1—3月，福州市文物局开展化工路遗址考古发掘工作。该文化遗址是福州城区首次发现新石器时代遗存，距今5000～7000年。遗址文化内涵丰富，地层完整，涵盖新石器、商周时期、西汉、唐、宋、元、明、清各时期的地层。考古出土大量夹砂黑炭陶片及石锛、石斧、陶簋、陶钵等文物，并发现商周墓葬、西汉水井等遗迹，对研究福州地区早期人类活动、海平面变迁，增强福州古城历史底蕴和内涵等方面具有重要意义。

【省委党校新校区建设项目考古调查勘探】 2017年，福州市文物局配合中共福建省委党校（福建行政学院）新校区建设，5—6月对福建省委党校（福建行政学院）新校区建设项目用地涉及范围地面、地下遗存进行实地考古调查、勘探。用地红线范围内涉及登记在册文物点赤塘山遗址及新发现清代四方井和芝山唐代墓葬群。在赤塘山遗址发现的商周墓葬并出土的17件典型器物;在赤塘山遗址发现16座唐代墓葬,对研究侯官古县治历史及唐代葬俗具有重要意义。

【福清虎溪宋墓调查勘探】 2017年10—11月,福州市文物局完成福清虎溪变电站建设工地宋墓的调查勘探,该墓原地面建筑基础保存较好,未有后期修补改建痕迹,基本保存宋代修建时的形制,对于研究宋代墓葬平面布局、结构及修复保护,研究福清宋代历史和名人文化具有重要意义。

【福建省文物保护工程技术人员——泥水工(北片地区)培训班】 2017年11月15—20日,福州市文物局和福州市名城委联合承办培训班,来自福建省北片地区(福州、宁德、南平、三明)39家古建公司80余人参加。课程涵盖古建筑瓦石作法风格、故宫官式古建筑传统技艺、福建省北片地区古建筑砖瓦营造类型、福州明清古建筑石砖瓦作技法等内容。来自中国文物保护基金会专家、高级工程师刘大可,故宫博物院修缮技艺部原主任李永革等古建专家应邀为学员传授知识技艺。

【福州海丝申遗】 2017年2月25日,福州市政府出台《"海上丝绸之路:福州史迹"文化遗产保护管理办法》,《福州市海上丝绸之路史迹保护管理条例》通过市人大常委会审议。4月19—21日,国家文物局在广州市召开海丝联合申遗会议,同意福州市会同海丝申遗相关城市共同推进海丝申遗工作。10月,广州市邀请福州市参加由其牵头的海上丝绸之路保护与联合申遗城市联盟。12月,福州市文化广电新闻出版局参加国家文物局在莆田市和海南琼海主办的"跨海和声"海上丝绸之路文化遗产保护论坛和第三届南海海上丝绸之路文化遗产保护国际论坛。年内出版《千年古港 海丝帆影——福州海上丝绸之路图录》,参加在南京举办的"CHINA与世界——海上丝绸之路沉船与贸易瓷器大展"。

【《"海上丝绸之路·福州史迹"文化遗产保护管理办法》实施】 2017年4月1日实施。"海上丝绸之路·福州史迹"文化遗产(简称"福州海丝遗产")指鼓楼区恩赐琅琊郡王德政碑(闽王祠)、仓山区怀安窑址及接官道码头、马尾区迴龙桥(邢港码头)、东岐古码头、长乐市圣寿宝塔、天妃灵应之记碑、登文道码头等已列入中国世界文化遗产预备名单的与"海上丝绸之路"有关的文化遗产,以及省文物行政主管部门批准的与"海上丝绸之路"有关的文化遗产。

"福州海丝遗产"根据保护要求划定为遗产区和缓冲区,分级进行保护。遗产区和缓冲区分界线由市政府根据批准的保护规划确定,并设立界碑(桩),区内禁止进行任何损害或者破坏遗产资源的建设活动。

【海丝遗珍——"碗礁一号"沉船出水瓷器展】 2017年,福州市博物馆相继在云南省普洱市、丽江市、玉溪市、楚雄市、大理市举办"海丝遗珍——'碗礁一号'沉船出水瓷器展"。"碗礁一号"沉船是一艘清康熙年间满载景德镇民窑瓷器的货船,航行到福州市五洲群礁触礁沉没。展览主要展出福州市博物馆馆藏的"碗礁一号"沉船出水瓷器,为沉船出水文物中遴选的代表性瓷器。

【"昙石山·南岛语族·海上福州"主题论坛举办】 2017年11月29日,"昙石山·南岛语族·海上福州"主题论坛在闽侯县文化中心演播厅举行。与会专家从多个角度论证昙石山文化、南岛语族文化、海上福州战略及三者间的关系。

【水下考古】 2017年6—9月,福州市文物考古工作队先后参加长江口海域、辽宁绥中海域水下遗存以及广东(南海)水域水下考古调查项目。

【陈绍宽故居对外开放】 陈绍宽故居始建于1921年,位于福州火车南站西侧站前路,占地面积754平方米。2017年,为配合火车南站周边环境整治提升,福州市文物局投资对陈绍宽故居进行修缮。1—5月,陈绍宽故居"船政海军的标杆领军——陈绍宽生平展"完成陈列大纲编写、展览设计施工,5月1日免费对外开放,8月18日通过专家验收。

【纪念林则徐诞辰232周年暨百年中国禁毒文物展】 2017年8月30日—9月8日,"纪念林则徐诞辰232周年暨百年中国禁毒文物展"在林则徐纪念馆举办,展出历史文物79件,展品由香港警察历史收藏学会提供,包括百年来中国各个时期关于禁毒的官私文献、证书令状、旧报章、老照片、老明信片和书刊等历史实物,展现百年中国禁制毒品禁令和政策、百年鸦片贸易和毒品经济、林则徐与鸦片战争、鸦片吸食文化与鸦片器物文化、戒毒机构及戒除毒瘾医药、百年禁毒教育及宣传等。

【林则徐家风展】 2017年,"清廉自律 慎守儒风"——林则徐家风展专题展览先后在福州市东部办公区、闽侯县、台江区,龙岩市及武平县、永定区,三明市及宁化县、尤溪县,北京市、新疆伊犁,上海市等地巡展。展览围绕"名言墙——美德家训世代传""林则徐家风——淡泊、仁爱、勤奋""秉承家风百年传""林则徐后裔和各界群众缅怀林公"等主题展开。

【福州市博物馆】 2017年,福州市博物馆在福州文庙道德讲堂开展国学讲座,每周举办一次。继续在市博物馆开展每月一次的免费文物鉴赏活动。完成福州市海上丝绸之路展示馆"福地宝船 海丝帆影"展览。开展茶园山宋墓丝织品信息采集工作,对文物进行测量、描述、拍照,年内完成74件文物的信息采集工作。8月18日,"海丝之光——八闽古陶瓷精品展"在福州市博物馆开展,来自全省的180件瓷器藏品参展,其中有明代德化制瓷大家何朝宗的瓷塑作品、海外回流的青花精品及大量克拉克瓷作品等陶瓷精品。

市博物馆参与福建博物院"八闽藏珍——福建省第一次全国可移动文物普查成果展",提供碗礁一号出水的清康熙景德镇窑青花花卉纹将军罐及南宋茶园山宋墓出土的包金角梳;参与省文化厅主办,省美术馆、福建博物院、宁化县政府承办的"朴茂敦穆 恢廓高邈——伊秉绶书法艺术展",提供参展文物为清伊秉绶临颜书裴将军贴册页、清伊秉绶临柳公权等行楷四贴摺扇面；参与福建博物院举办的“绿叶对根的情意——华人华侨奉献展”，提供参展文物为朱德题词“教子有方”、朱德题词“伟成阮母、德被异土；宝婺虽陨、范式千古”、彭德怀题词“彤管昭然”。

【福州市海上丝绸之路展示馆对外开放】　福州市海上丝绸之路展示馆位于鼓楼区三坊七巷文儒坊17号尤氏民居，2017年元旦试开放。馆内展览“福地宝船　海丝帆影”突显福船海丝文化元素以文物、文献、图片资料为主要载体，并辅以高科技手段，制作福州各时期海上丝绸之路航线图，并对邢港古渡、福州港进行场景复原。

【林则徐纪念馆】　2017年，林则徐纪念馆举办临时展览15场，外出展览17场。赴马祖举办“民族英雄林则徐生平史绩展”，赴福建省未成年犯管教所举办“无毒青春　筑梦青春——林则徐与禁毒教育展”。为庆祝林则徐出生地修复工程竣工20周年，在林则徐出生地（罗氏试馆）举办“源远流长　根深叶茂——林则徐出生地竣工20周年暨林则徐遗迹保护回顾展”；为庆祝中国人民解放军建军90周年，从南昌起义纪念馆引进举办“共和国将帅展”；为迎接党的十九大胜利召开，庆祝中华人民共和国成立68周年，从中共一大会址纪念馆引进举办“光辉的历程——中共一大至十八大图片展”。赴澳门参加民族英雄林则徐诞辰232周年暨澳门林则徐纪念馆建馆20周年系列活动。

（柳　锴）

文化交流活动

【概况】　2017年，福州市加强榕台文化交流，举办海峡两岸民俗文化节、海峡两岸船政文化交流活动；赴台开展第十五届“两马同春闹元宵”，首次在马祖举办林则徐生平史绩展。赴台举办第十届海峡两岸合唱节，福州市两支队伍获金奖。组织第五届海青节联欢会主要活动——两岸青年“携手·同心”联欢晚会，配套开展“中华传统文化体验”和放映电影《战狼2》等活动。对接国家“一带一路”倡议，组团参加香港国际影视展、2017中国—东盟博览会文化展，向海丝沿线国家和地区推介第四届丝路电影节；同马来西亚、新加坡、意大利等国家电影机构初步建立联络机制。12月18—21日，由福建博物院和福州市文化广电新闻出版局联合主办、福州市博物馆和法国欧瑞尚国际交流中心承办，在法国巴黎玛黑区COMMINES艺术中心展出“丝路帆远——中国海上丝绸之路文物精品展”。

【海外文化交流活动】　2017年7月26—30日，鼓楼区文化访问团赴马来西亚诗巫市参加2017年婆罗洲文化节文化交流活动。9月28日，由中国文化部与泰国国家旅游局共同主办的“澜沧江—湄公河文化行”福建站欢迎仪式在三坊七巷林则徐纪念馆举行，文化行以车队路演形式，首站经过福建省福州，参观福州的三坊七巷、林则徐纪念馆，开展文化交流、合作等相关推介活动。

（柳　锴　陈文浩）

2017年，福州市海上丝绸之路展示馆对外开放　（陈建国　摄）

【榕台文化交流活动】　2017年1月24日，福州日报社与市教育局、（台湾）海峡两岸儿童文学研究会联合主办以“遇见最美古诗词”为主题的第三届“海峡两岸好文章”青少年征文活动，两岸近20万名学子参与，1207篇文章获奖。

2月8日，福州闽剧艺术传承发展中心携《珍珠塔》《碧玉簪》《八仙贺喜》等经典剧目，赴马祖参加“两马同春闹元宵”活动。

6月3日至7月10日，由林则徐纪念馆、马祖民俗文物馆承办的“民族英雄林则徐生平史绩展”在马祖民俗文物馆举办。

6月14日，福州日报社与福建省文化经济交流中心、台湾大硕青年关怀基金会联合主办，以“更好服务于台湾大学生来闽发展”为主题的首届海峡两岸大学生创业就业实训平台建设研讨会举行。

6月16日，《福州晚报》参与承办的第九届海峡论坛暨第八届海峡两岸船政文化研讨会在福建会堂举办。

7月25—27日，“我们的节日——两岸剪纸艺术展”在马祖民俗文物馆举办。

7月25—31日，福州日报社与台湾大硕青年关怀基金会、台湾中华日报社共同主办以“中华文化与台湾”为主题的第八届榕台大学生新闻营在台北举行，来自吉林大学、华东师范大学、台湾中山大学、台湾世新大学等两岸15所高校的30多名学生参加。其间，榕台大学生新闻营台湾培训基地在台北正式挂牌，为榕台大学生新闻营在台北的常设基地和继两岸青年新闻讲习所之后的第二个常设基地，以及两岸共办的第一个设于台湾的以培养青年记者为目标的公益性常设机构。

8月12日，两岸青年“携手·同心”联欢晚会在海峡青年交流营地上演。

9月28日至10月6日,由新竹县政府、中国音乐家协会、福州市政府、台湾海峡两岸音乐交流协会共同举办的第十届海峡两岸合唱节在台湾新竹举办,海峡两岸24支合唱队伍参加,其中台湾地区8支,总参与人数1200人。

(柳 锴 陈文浩 林玉和)

【榕港文化交流】 2017年10月15—20日,福州闽剧艺术传承发展中心50人组成文化交流代表团,赴香港参加"香港福州十邑同乡会成立80周年暨第二十七届理监事就职典礼",在荃湾大会堂演奏厅演出大型闽剧《杨门奇事》,并与在港福州乡亲开展文化交流活动。

【内地文化交流活动】 2017年,"金鸡报春、百鸡百福——全国15省市剪纸名家作品联展"在福州、莆田、宁德巡展,展出全国15个省市80名艺术家的100余件(套)剪纸艺术作品。9月6日至10月6日,"清廉自律 慎守儒风——林则徐家风展"在上海陈云纪念馆举办。12月10日,"苍洱镌石——大理历代名碑拓片精品展"在林则徐纪念馆左海厅开展。

(柳 锴 陈文浩)

新闻出版

【概况】 2017年,福州市有印刷企业446家,工业总产值80.9亿元,比上年增长14.2%,其中,规模以上重点印刷企业(年印刷总产值超过5000万元)23家,产值55.6亿元;上市印刷企业3家,产值23.9亿元;实施绿色印刷的出版物印刷企业18家,产值10.7亿元;数字印刷8家,产值2216.4万元;外商投资印刷企业25家,产值23.7亿元;仓山区集聚印刷企业143家,晋安区76家,形成印刷企业集群。全市出版物发行单位736家,其中,出版物批发企业159家,出版物零售单位577家。通过年度核验688家,出版物销售总额66.4亿元,从业人员22691人。加强对4家市属报刊、9家侨刊乡讯(1家暂缓)、39家连续性内部资料的日常监督管理。

【出版管理】 2017年,福州市属报纸、期刊完成年检初审;9家侨刊乡讯完成年检初审,暂缓1家;连续性内部资料44家,通过年检39家,暂缓1家,注销4家。出版物批发(连锁)经营单位159家,通过年检135家,缓检24家。规范福州市属书报刊审读制度,继续聘任9名报刊审读员。组织申报扶持资金,全年向省新闻出版广电局推荐优秀印刷企业2家,获得转型升级扶持资金4万元。

制订全民阅读年度工作计划、三年(2018—2020)规划、全民阅读示范点建设标准。围绕"喜迎十九大 书香伴我行"主题,组织2017年福州市"书香之州"全民阅读启动仪式暨"4·23"世界读书日最惠购书节、第十一届"书香八闽"暨第十二届"书香榕城"全民读书月活动和书香之家、读书明星评选活动等全民阅读活动。

【版权管理】 2017年,福州市开展市直政府机关软件正版化考核。开展知识产权宣传周版权宣传系列活动,进驻第十九届海峡两岸经贸交易会开展版权保护宣传咨询服务,前往企业开展作品登记及版权示范创建宣传。开展打击网络侵权盗版"剑网2017"专项行动和"打击侵犯知识产权和制售假冒伪劣商品专项行动",核查办理侵犯著作权案件(含线索)13起,上报执法信息12期。5名工作人员、2个专案组分别获国家版权局2016年度查处侵权盗版案件有功个人一等奖和二等奖称号。 (柳 锴)

【福州日报社】 2017年,福州日报社日报、晚报、新闻网、手机客户端、微博微信和智能显示屏总用户数、粉丝数逾600万人。福州新闻网日均PV(网站的浏览次数)112万人次,在中央网络安全和信息化领导小组办公室发布的全国城市新闻网站排行榜上位居第12名,综合传播力位列全省九地市第一。《福州晚报》微信公众号位居全省纸媒微信影响力排行榜前五,晚报类第一。《福州晚报》在美国、英国、澳大利亚、印尼、马来西亚、南非等国家开办的海外版刊出279期、606版。投放融媒体智能显示屏174座,建成20座以地铁一号线沿线各出入口为主要布点的阅报栏。11月,第23届福建新闻奖公布,《福州日报》《福州晚报》及福州新闻网有25件新闻作品获奖,其中,一等奖4件,二等奖7件,三等奖14件。

全媒体建设 5月,福州日报社组建新媒体中心。报社全媒体指挥中心实现新闻信息"一次采集、多种生成、多元传播、全时传播",被列为省新闻出版广电局扶持的重点媒体融合项目。11月,在中国报业协会党报分会第30届年会上,《福州日报》获"中国城市党报媒体融合十强"称号,为全省唯一获此奖项的地市党报媒体。

内容大数据库建设 福州日报社内容大数据库建设(一期)完成1982—1998年《福州晚报》3.28万个版面的数字化,和2017年《福州日报》《福州晚报》内容数字化。梳理"福州文明城市建设""百日攻坚""熊猫巴斯"等重要历史专题新闻。报社新媒体中心影像福州事业部签约1242名摄影师,收录25万张图片。

重要主题宣传报道 2017年,福州日报社开设80多项主题宣传报道专栏。2月,组织开展"福州十大创新发展故事"征集评选活动。6月10—12日,金砖国家政党、智库和民间社会组织论坛期间,《福州日报》开设《当好东道主,笑迎八方客》专栏,推出中英文双语新闻特刊《世界之约·共享幸福》;《福州晚报》推出特刊《福州向世界问好》。党的十九大召开前夕,10月18日推出《喜迎十九大——砥砺奋进,幸福长卷》104版全彩特刊,为省内媒体首次推出"四联版"纸媒产品。11月中旬,结合党的十九大精神宣讲活动与采访活动,推出"百名记者走基层、百场宣讲到一线"宣讲采访活动。

文化报道及活动 开展"福州非遗探秘""海峡两岸船政知识有奖征答""茉莉福州春天故事主题漫画大赛""福州十大滨海文化景观评选""一起打造书香之州""福清海丝遗存调查""福州诗词状元选拔大赛""晒出你家珍宝"等系列文化活动。

民生报道及活动 组织策划"补绿行动""爱心茶摊送清凉""爱洒寒门·希望圆梦"助学行动、晚报便民征迁服务队等活动。4月,报社与市园林局联合开展"补绿行动",征集市政道路补种大树线索。7月5日，与福州市委文明办、市城管委联合开展第四届“爱心茶摊送清凉”活动。7月14日，与团市委、市希望公益服务中心联合举办“爱洒寒门·希望圆梦”活动，两个多月内募集110.538万元，资助151名寒门学子。9月、11月，组建“福州晚报便民服务队”，分别进驻浦下、洋下片区征收指挥现场和台江区红星及周边地块旧改项目。

防抗台风宣传报道　7月，防抗“纳沙”“海棠”台风期间，《福州日报》开设《众志成城　防抗台风》专栏，《福州晚报》开设《全力防抗台风“纳沙”“海棠”》专栏，福州新闻网和新媒体矩阵滚动播出台风动态消息。灾后恢复生产期间，刊发《感人故事就在身边》系列报道。

产业经营　推进经营转型，重点围绕文体产业，运作“宜夏艺术季”“台湾文创周”“你有笑容，悦动榕城”“福州橄榄节”等项目。日报教育工作室先后策划全国作文考级暨现场作文大赛、海峡两岸好文章征文、中高考现场全媒直播等活动。推进城区15所小学小记者站挂牌，开展小记者活动100多场。晚报文体工作室创建的“福小子”体育青训平台有10余个青少年体育培训俱乐部加盟。福州新闻网建设“宣传联动”新媒体矩阵，完成福州文林山革命烈士陵园、中共福州市委旧址等10个党性教育实践基地现场教学点专题宣传片签约摄制工作，完成市教育局《聚焦福州教育信息化》等摄制工作。（林玉和）

【《文化生活报》】　2017年，福州广播电视台旗下的文化艺术生活类专业周报《文化生活报》在文化艺术领域，继续与省市文联、省市美术家协会、省市书法家协会、福建省博物院、福州市寿山石行业协会、福州市雕刻工艺品总厂、福州市脱胎漆器行业协会、东方书画社、寿山石交易中心等协会和机构开展合作，共建信息发布和文化交流平台；在金融服务领域，与福建海峡银行、光大银行等金融机构共建大金融平台，发布金融理财服务信息，在100多个银行网点设立《文化生活报》阅读点；在生活休闲领域，提供各种生活资讯与养生信息。全年《文化生活报》发行量15万份。（任　平）

【新华书店】　2017年，福建新华发行（集团）有限责任公司福州分公司实现销售码洋19468.41万元，比上年下降0.52%；实现利润总额665.19万元，增长1.91%。其中，一般图书销售额5971.85万元，中小学教材教辅销售额8907.31万元，大中专教材销售额4007.34万元，多元产业销售额581.91万元。

政治理论读物发行　在学校、部队、机关、企事业单位、社区开展党的十九大文件等政治理论读物宣传征订，并在各门市网点设立理论专柜，全年实现党的十九大相关文件等各类政治理论读物销售871.46万元，其中《党的十九大报告辅导读本》《决胜全面建成小康社会夺取新时代中国特色社会主义伟大胜利》《中国共产党第十九次全国代表大会文件汇编》《中国共产党章程》实现销售额223.65万元。

中小学教材教辅发行　全年实现中小学教材教辅销售额8907.31万元，比上年增长7.37%。其中，中小学教材实现销售额5084.13万元，增长5.55%；中小学教辅实现销售额3823.18万元，增长9.89%。推进读书活动用书的征订发行工作，推动《公共安全教育》《全国青少年爱国主义读书教育活动指定用书》的征订发行，其中《公共安全教育》实现全年销售码洋120万元。

大中专院校教材投标　全年参与15所大中专院校教材投标，中标8所院校；先后与福建艺术职业技术学院、福州电子职业中专学校、福州二十二中等学校续签供货合同。全年大中专教材销售额4007.34万元，比上年下降13.49%。

福建高校精品教材巡展　举办“2017年福建高校精品教材巡展”，为大中专教材的招投标业务提供配套服务。组织机工、铁道、北大、电子、人大、人邮、社科文献等16家重点高校教材出版社到福建师范大学、福建农林大学、闽江学院、福建商学院、福建信息职业技术学院等高校开展教材的选订工作。

图书网点建设　创新网点业态模式，在鼓西路225号一层开设以简易工业风为基调的教材书店，在世欧天虹百货内开设集图书销售、咖啡茶艺、休闲聚会、文化沙龙于一体的复合经营休闲书店——世欧天虹店。至年底，全市有新华书店网点22家。

馆配图书市场　全年实现中小学馆配图书销售额800万元。举办2017年福州市“中小学馆藏图书现采会”，78家出版社参展，参展图书总码洋861万元，并首次面向全省中小学和图书馆发出邀请，共有近百家单位参与现场采购，实现馆配图书销售额530万元。福清分公司承办全省首届县级分公司馆配样采会，邀请150家单位参与采购，实现销售额275万元。

营销创新　开展集文创、美食、花艺等综艺内容为一体的集市营销活动，在元旦和世界读书日期间开展“不闲集市”“虎纠手帐集市”。开展以阅读、朗诵为主题的全民参与互动体验营销活动，举办第五届“夏青杯”朗诵大赛青少年专场复赛、“小小新华人”读书活动及“超级飞侠亲子阅读party”“榕树下朗读者主题沙龙”“心中有月亮”“第十届晚安宝贝作文诵读比赛”“阅读马拉松挑战赛”等体验式活动。以新华书店成立八十周年、福州读书月等主题活动为载体，开展签售、买赠、打折、微信红包、手工制作等营销活动，开展“DIY制作多肉拼盘”“黏土制作”等营销活动。推动全民阅读品牌建设，福州分公司与市教育局联合开展“暑期读一本好书”活动。

（林　云）

【“福州写作计划”系列活动】　2017年12月27—29日，福州市文联、《中篇小说选刊》杂志社和福州日报社联合举办“福州写作计划——2017全国著名作家福州创作周”系列活动，邀请马原、关仁山、王跃文、陈应松、海男、王祥夫、葛水平、艾伟、荆歌、兴安、程绍武、巴音博罗等12名作家到福州采风创作。“福州写作计划”作为全市唯一的文化项目代表，入选《2017福建文化蓝皮书》。

（林玉和）

广播电影电视

【概况】　2017年，福州广播电视台有5个电视频道、4个广播频率，以及公交移动频道、地铁电视频道、文化生活报、福州明珠网、福视悦动手机客户端、城市户外LED大屏等媒体资源。年内,福州市完成党的十九大、金砖国家"三合一"等重大主题的宣传报道,举办第四届丝绸之路国际电影节。全市开展农村公益电影放映约2.7万场,观影199.5万人次。

(柳 锴 任 平)

【第四届丝绸之路国际电影节】 2017年11月28日至12月3日,第四届丝绸之路国际电影节在马尾琅岐海峡青年交流营地举行。电影节征集到67个丝路沿线及周边国家(地区)的588部外语影片和416部华语影片,涵盖日本、俄罗斯、意大利、印度尼西亚、斯洛伐克、捷克、法国、德国等国家,其中103部影片进入展映单元,并在15家省内外影院放映。开展"面向新时代的电影合作——第四届丝绸之路国际电影节中外合作论坛"、电影海报学术论坛等系列高峰论坛。

【《福州听我说》电视宣讲比赛】 2017年,福州市广播电视台组织开展《福州听我说》电视宣讲比赛。《福州听我说》作为"宜夏"榕城文化艺术季系列活动之一,参赛选手围绕党的十九大、改革开放40周年、新时代福州建设展开讲演。

【广播影视公共服务体系建设】 2017年,闽侯县完成县广电台演播厅建设及搬迁改造,实现电视节目前期制作高清化和高标清同播。闽侯县雪峰地面数字电视覆盖工程基本建成,实现4个山区乡镇大部分行政村可接收中央、省、市、县16套无线地面电视节目的目标。闽清县广播电台中断8年后重新开播。福清五马山机站第二光缆路由建设继续推进。

(柳 锴)

【新闻宣传报道】 2017年,福州广播电视台围绕党的十九大、一线攻坚与一线考察、"水系综合治理"、"攻坚2017"、"招商2017"、补齐民生短板、提升宜居品质、福州新区滨海新城建设等重大主题,策划推出"一把手谈一线攻坚与一线考察"系列主题报道,以及《新福州我骄傲》《以环保督察为契机 推进生态文明建设》《当好东道主 喜迎八方客》《防抗台风"纳沙"特别报道》《砥砺奋进的五年》《喜迎十九大》《聚焦十九大》《十九大时光》等专栏。

全年,福州广播电视台电视新闻在央视播出133条,其中央视《新闻联播》13条;在省电视台播出828条,其中《福建新闻联播》和《福建卫视新闻》470条。广播新闻被中央广播电台用稿58条;省广播电台用稿302条,其中《福建新闻》24条。广播新闻《福建福州创新干部考察机制,服务发展大局,赢得群众信赖》在中央广播电台中国之声《新闻和报纸摘要》头条发布。

【广播电视频道频率】 2017年,福州广播电视台的电视新闻综合频道、生活频道和广播新闻频率全面改版。电视新闻综合频道开设晚间9点档《正点播报》栏目,实现当天重要新闻当天播出;开设《@新闻110》全媒体交互式直播节目,通过直播车巡街、4G连线、融媒体传播等方式,实现交互式融媒体直播常态化;创新使用场景式人物专访,在《福州新闻》栏目开设《一把手谈一线攻坚与一线考察》专栏,播出13期,节目平均收视率达1.7。广播频率改版重点打造FM94.4新闻频率,新设市民服务中心广播直播间,加强《政风行风热线》品牌栏目的线上线下互动功能。

【产业经营】 2017年,福州广播电视台实现总收入2.18亿元。1月,举办2017十邑春晚;5月,举办第29届城市电视台技术年会;11月,承办第三届海丝国家旅游节和环福州·国际公路自行车赛转播。推进广电网络教育项目,主要是拓展智慧教育的软硬件业务,综合运用中防万宝城线下体验和线上啦啦操项目,推进"广电运动圈"产业项目发展。

2017年11月28日,第四届丝绸之路国际电影节开幕式在马尾琅岐海峡青年交流营地举行 (陈暖 摄)

表 91　**2017 年福州市广播电视台频道、广播频率市场份额**

电视频道	市场份额(%)	广播频率	市场份额(%)
福州新闻综合频道	3.2	新闻频率(FM94.4MHZ)	3.9
福州影视频道	5.9	音乐频率(FM89.3MHZ)	5.6
福州生活频道	3.6	交通频率(FM87.6MHZ)	11.6
福州少儿频道	1.8	左海频率(FM90.1MHZ)	6.7
总份额	14.5	总份额	27.8

说明:表内不包含福州家禧购物频道

表 92　**2017 年福州市广播电视获奖作品情况表**

序号	获奖作品(机构、个人)	奖　项	颁奖单位	获奖单位
1	《血砂—我要当村长》	2015—2016 年“八闽清风”廉洁主题优秀网络视听作品一类扶持	中共福建省纪委 福建省新闻出版广电局	中共闽侯县纪委 闽侯县检察院
2	《坏爸爸》	2015—2016 年“八闽清风”廉洁主题优秀网络视听作品二类扶持	中共福建省纪委 福建省新闻出版广电局	中共福州市纪委 福州广播电视台
		社会主义核心价值观主题微电影征集展示活动三等奖	中共中央宣传部	福州广播电视台新闻中心
3	《问卷》	2015—2016 年“八闽清风”廉洁主题优秀网络视听作品三类扶持	中共福建省纪委 福建省新闻出版广电局	福州市文化广电新闻出版局
4	《崖之花》	2015—2016 年“八闽清风”廉洁主题优秀网络视听作品三类扶持	中共福建省纪委 福建省新闻出版广电局	福州市国税局 福州市检察院
5	《八闽鼎甲　四正传家》	2015—2016 年“八闽清风”廉洁主题优秀网络视听作品入围扶持	中共福建省纪委 福建省新闻出版广电局	中共福州仓山区城门镇党委　城门镇政府
6	《公正廉明》	2015—2016 年“八闽清风”廉洁主题优秀网络视听作品入围扶持	中共福建省纪委 福建省新闻出版广电局	福州象形动漫科技有限公司
7	《追梦老“玩”童》	“2016 年第四批中国梦主题短纪录片”奖补片	国家新闻出版广电总局	福州广播电视台
		“中国梦　福建故事”全省短纪录片一等奖	福建省新闻出版广电局	福州广播电视台
		2016 年度“福建省广播电视艺术奖”三等奖(短纪录片)	福建省文学艺术界联合会	福州广播电视台

续表 92－1

序号	获奖作品(机构、个人)	奖　项	颁奖单位	获奖单位
8	《垃圾不落地，文明添福气》	“2015—2016 年度广播电视公益广告”二类广播类作品	福建省新闻出版广电局	福州广播电视台
		“2015—2016 年度广播电视公益广告”国家级三类广播类作品	国家新闻出版广电总局	福州广播电视台
9	《文明每一步，安全每一天》	“2015—2016 年度广播电视公益广告”二类电视类作品	福建省新闻出版广电局	福州广播电视台
10	《旅行，遇见更美的自己》	“2015—2016 年度广播电视公益广告”三类广播类作品	福建省新闻出版广电局	福州广播电视台
11	福州市广播电视台	2016 年度广播电视公益广告扶持项目(二类传播机构)	国家新闻出版广电总局	福州广播电视台
12	《鼓岭情缘》	“中国梦　福建故事”全省短纪录片优秀作品	福建省新闻出版广电局	福州广播电视台
		2016 年度“福建省广播电视艺术奖”一等奖(短纪录片)	福建省文学艺术界联合会	福州广播电视台
		2016 年度“福建新闻奖”二等奖(电视专题)	福建省新闻工作者协会	福州广播电视台
13	黄建东	“中国梦　福建故事”全省短纪录片创作人才	福建省新闻出版广电局	福州广播电视台
14	《我们的鹭鸟》	福建省第八届百花文艺奖二等奖(文艺纪录片)	福建省百花文艺奖评审委员会	福州广播电视台
15	《土豆侠(第二季)出征》	福建省第八届百花文艺奖二等奖	福建省百花文艺奖评审委员会	福州天之谷网络科技有限公司
16	《分手吧！毒品君》	2016 年度广播电视公益广告扶持项目(二类广播类作品)	福建省新闻出版广电局	福州广播电视台
17	《我爱我们的家》	2016 年度广播电视公益广告扶持项目(三类电视类作品)	福建省新闻出版广电局	福州广播电视台
18	《深化金融改革，两岸首推“赴台险”》	2016 年度全国对台港澳广播创优新闻类三等奖(长消息)	中国广播电影电视社会组织联合会	福州广播电视台
19	《轮椅上的爱情》	2016 年度中广联全国城市台新闻评析二等奖(专题片)	中国广播电影电视社会组织联合会	福州广播电视台
		2016 年度“福建新闻奖”三等奖(电视专题)	福建省新闻工作者协会	福州广播电视台
20	《全国首家“涉侨诉调工作室”在福州揭牌》	2016 年度中广联全国城市台新闻评析三等奖(广播消息)	中国广播电影电视社会组织联合会	福州广播电视台

续表 92－2

序号	获奖作品(机构、个人)	奖　项	颁奖单位	获奖单位
21	《血铸河山》之《不能忘却的记忆》	中国影视大奖广播电视节目奖	中国广播电影电视社会组织联合会	福州广播电视台
22	《寻觅柳永》	2016年度“福建省广播电视艺术奖”一等奖(广播文艺作品)	福建省文学艺术界联合会	福州广播电视台
23	《福州迈向美好地铁时代》	2016年度“福建省广播电视艺术奖”一等奖(广播播音与主持作品)	福建省文学艺术界联合会	福州广播电视台
24	福州广播电视台新闻综合频道形象包装——五觉篇	2016年度“福建省广播电视艺术奖”一等奖(电视科普、包装)	福建省文学艺术界联合会	福州广播电视台
25	MTV《茉莉情》	2016年度“福建省广播电视艺术奖”一等奖(电视综艺节目)	福建省文学艺术界联合会	福州广播电视台
26	《福州新闻》	2016年度“福建省广播电视艺术奖”一等奖(电视播音与主持作品)	福建省文学艺术界联合会	福州广播电视台
27	新闻110《住在陵园里的老人》	2016年度“福建省广播电视艺术奖”一等奖(电视播音与主持作品)	福建省文学艺术界联合会	福州广播电视台
28	靓声靓影——张靓颖首场电播歌友会	2016年度“福建省广播电视艺术奖”二等奖(广播文艺作品)	福建省文学艺术界联合会	福州广播电视台
29	《奔跑吧,足球少年》	2016年度“福建省广播电视艺术奖”二等奖(电视少儿节目)	福建省文学艺术界联合会	福州广播电视台
30	闽剧《林则徐与王鼎》录音剪辑	2016年度“福建省广播电视艺术奖”三等奖(广播文艺作品)	福建省文学艺术界联合会	福州广播电视台
31	《一视同仁》	2016年度“福建省广播电视艺术奖”三等奖(广播剧作品)	福建省文学艺术界联合会	福州广播电视台
32	《仓前到岭后》	2016年度“福建省广播电视艺术奖”三等奖(长纪录片)	福建省文学艺术界联合会	福州广播电视台
33	《新闻110》	2016年度“福建省广播电视艺术奖”三等奖(电视播音与主持作品)	福建省文学艺术界联合会	福州广播电视台
34	《城市台提升广播文学专题感染力的问题初探——以广播文学专题〈用文字的修行温暖一座城〉为例》	2016年度“福建省广播电视艺术奖”三等奖(论文类)	福建省文学艺术界联合会	福州广播电视台
35	《大陆首张〈台企台胞信用信息报告单〉发出　标志着两岸征信信息实现共享》	2016年度“福建新闻奖”二等奖(广播消息)	福建省新闻工作者协会	福州广播电视台
36	《艾伦的鼓岭情》	2016年度“福建新闻奖”二等奖(广播专题)	福建省新闻工作者协会	福州广播电视台

续表92-3

序号	获奖作品(机构、个人)	奖项	颁奖单位	获奖单位
37	《奥运女排夺冠场上有俩福清妹》	2016年度"福建新闻奖"二等奖(电视消息)	福建省新闻工作者协会	福州广播电视台
38	《英烈的赞歌》	2016年度"福建新闻奖"三等奖(广播系列)	福建省新闻工作者协会	福州广播电视台
39	《家庭小数据　社会大数据》	2016年度"福建新闻奖"三等奖(广播访谈)	福建省新闻工作者协会	福州广播电视台
40	《六旬村支书救灾途中遭遇泥石流殉职》	2016年度"福建新闻奖"三等奖(电视消息)	福建省新闻工作者协会	福州广播电视台
41	《洪水淹没村镇　群众互助脱险》	2016年度"福建新闻奖"三等奖(电视消息)	福建省新闻工作者协会	福州广播电视台
42	《房产中介扎堆跑路的背后》	2016年度"福建新闻奖"三等奖(电视专题)	福建省新闻工作者协会	福州广播电视台
43	《新闻午报》	2016年度"福建新闻奖"三等奖(电视编排)	福建省新闻工作者协会	福州广播电视台
44	《试论重大主题报道的"谋篇布局"》	2016年度"福建新闻奖"三等奖(新闻论文)	福建省新闻工作者协会	福州广播电视台

【新媒体传播】 2017年9月,福州广播电视台新升级的福州悦动APP正式上线,并配套升级新媒体后台软硬件设施。开设《新时代　新气象　新作为》《提振精气神　大家在行动》《福州听我说》《新福州我骄傲》等20多个各类专题。福视悦动APP推出时政频道,微信公众号推出的时政热点专区,全天24小时随时发布消息,并实现电视同步直播、电视节目点播、时政专题点播、新闻报料、手机直播等功能及时政新闻的随时点播查阅。年内,广电新媒体产品先后与央视新闻频道、新华社、人民日报社等媒体及今日头条、优酷网等平台签订合作协议,并加入全国主流媒体新媒体矩阵。

(任　平)

【电影与动画】 2017年,福州市有影院59家,总屏幕数357块,每个县(市)区至少有1家数字影院。全年电影票房5.69亿元,比上年增长13%,继续居全省第一。全市有影视制作企业84家,电影剧本通过备案审查28部,取得公映许可证6部;有5部福州本土企业作为第一出品单位的影片进入影院公映,占福建省出品影片总数的71.4%,总票房25791.9万元。

推进农村电影室外转室内放映试点建设工作,完成农村公益电影放映27455场。3个行政村列入室外转室内放映试点村。推进"电影进校园"活动,全年放映1848场次,观影学生23万人次。推动全国首个俯仰式坊巷文化影音秀落户三坊七巷。举办"福州茉莉春天故事"主题漫画大赛、"榕述·福州故事"随手拍大赛等活动,拍摄《绿涌榕城》宣传片。永泰县广电局等摄制的微电影《家宴》获2017年全国主题微电影优秀作品三等奖。

(柳　锴)

主流媒体看福州

【概况】 2017年,中央、省属新闻媒体对福州市各类正面报道1.8万多篇(条)。其中,《人民日报》刊登65篇,新华社播发600多篇(条),中央电视台播出100多条,《福建日报》刊发1000多篇,福建电视台主要频道播出新闻1200多条。

【党的十九大宣传】 2017年,党的十九大召开后,福州市全面深入开展学习宣传贯彻党的十九大精神宣传报道工作。《人民日报》刊登《基层群众回响——福州军门社区:为民服务　永无止境》,讲述基层学习贯彻党的十九大精神的具体实践;中央人民广播电台中国之声《新闻和报纸摘要》栏目《砥砺奋进的五年·为了总书记的嘱托》专栏10月4日的专题《创新发展,政府要搭台》,回顾2014年习近平总书记到福州考察调研的情况;中央电视台《新闻联播》栏目在党的十九大特别节目《中国有我》,讲述福道建设一线劳动者的故事;中央电视台《新闻频道》喜迎党的十九大特别节目《还看今朝·清新福建》、《金秋十月　山河锦绣》栏目报道福州的金牛山福道,《福建日报》头版推出《喜迎党的十九大·全面小康的福建故事(福州篇)》特刊,全面展现福州市加快建设环境更美、品质更好、功能更全、服务更优的有福之州。

【全国“两会”宣传报道】 2017年，全国“两会”期间，《人民日报》、新华社、《光明日报》、《经济日报》、中央人民广播电台及《福建日报》、福建电视台等中央、省属主要媒体，通过文字、图片、视频、访谈等形式，刊发多篇重点报道，展示福州市“机制活、产业优、百姓富、生态美”的新福州形象。

《人民日报》刊发《代表委员谈扎实开展“两学一做” 补精神之钙 铸党性之魂（全面从严治党）》《数说获得感·保障更全了》等报道，采访全国人大代表、福建福州市委常委、宣传部部长蔡战胜和全国人大代表、福州市鼓楼区华大街道环卫所路段班长谢智波；新华社《新华每日电讯》持续刊发《撸起袖子干 走好“下半程”》《“做好事是一个圆，总会转到你身上”》《承载人民重托 引领风气之先》等报道；《光明日报》刊发新华社文章《承载人民重托 引领风气之先》，报道2017年福州市全面开展“两学一做”学习教育，推动全面从严治党向基层延伸；《经济日报》刊发《蔡战胜代表：政府工作效率体现软实力》，专访蔡战胜代表讲述持续推进政府职能转变，更好发挥政府作用，深化简政放权、放管结合、优化服务改革；《福建日报》在头版的“两会聚焦”专题中刊发《扩大开放，同奏合作共赢新乐章》，之后刊登《雪中送炭，要更及时更有效些——访全国政协委员林绍彬》《陈秀容：惦福州这个好所在》等报道。

【一线考察干部工作宣传】 2017年，中央、省属主要新闻媒体聚焦福州一线考察干部工作的新举措、新成效。《人民日报》在“两学一做”专题中刊登《拧紧干事创业的发条》，全面展示福州市一线考察干部机制所取得的成效和亮点；《光明日报》刊登《福州推行一线考察干部机制“成绩单”提振精气神》，报道福州市推行一线考察干部新机制，推进全市各项事业发展提速增效；中央人民广播电台《新闻和报纸摘要》头条刊播《福州在急难险重中培养干部 “问题不过夜 事事往前赶”》，报道一线考察干部机制为各项事业发展提供制度保障；中央电视台新闻频道在《苟日新 日日新》栏目中播出《福州：考察干部的“一线法则”》，报道一线考察工作成效和亮点；《福建日报》刊登《一线考察，鼓足福州干劲》，讲述一线考察工作对提升干部干劲的重要作用。

【移风易俗新气象宣传报道】 2017年，《人民日报》刊发《长乐 三问风气之变》报道，报道长乐市开展移风易俗工作新面貌；新华社刊发报道《婚丧嫁娶从简 节省费用做慈善——福建福清市“移风易俗”见闻》《党风带民风 再使风俗朴——福建长乐移风易俗实践调查》，对福州市规范党员领导干部婚丧喜庆操办等事宜，要求婚丧嫁娶一律从简，抵制封建迷信活动进行正面报道；中央电视台综合频道《新闻联播》栏目以《福建长乐：狠抓作风转变党风社风》为题，报道长乐移风易俗整治活动。

2017年，福州市推进建设“绿城、花城、水城”生态宜居城市。图为花湖公园（黄立新　摄）

【“一带一路”建设宣传】 2017年，福州市“一带一路”建设得到中央、省属主要新闻媒体持续关注。《人民日报》头版刊登《福州：贸易重镇 向海而歌》；新华社刊登《勇闯丝路 续写传奇——福建民企“西行漫记”》；中央电视台《新闻联播》播出《〈一带一路：合作共赢〉合作渔业开发“海上丝绸之路”获共赢》；《光明日报》头版刊登《千年海风吹 扬帆再启航》。

【滨海新城建设宣传报道】 2017年，福州市启动滨海新城建设。新华社刊登《福州滨海新城建设正式启动》；《中国日报》报道《福州滨海新城建设启动，将实施69个重大项目，总投资超1500亿元》；中新社发文《福州滨海新城开建：从知道海的城市迈向真正的滨海城市》；《经济日报》发文《福州VR小镇乘“云”而起》等；《福建日报》连续推出《力助滨海新城大数据产业集聚发展》等报道；东南卫视推出三集系列报道《再上新台阶，建设新福建·福州向海》。

【生态文明建设宣传报道】 2017年，福州市水系综合治理在内涝治理、黑臭水治理、水系联排联调、污染源治理、沿河环境提升等方面取得成效，中央、省属主要媒体持续关注。新华社推出报道《福州全力推进城区水系综合治理进行时：系统 科学 管用》《福州开展城区水系综合治理百日攻坚》；中央电视台《朝闻天下》栏目播出《福州：统筹治理内河水污染 成效初显》；中央人民广播电台刊播《福州向黑臭水体宣战 全面打响内河综合整治攻坚战》、中新社刊登《福州加速整治城区黑臭水体：坚决一点、快一点》；《福建日报》刊登《百日冲刺，只为早日水清河畅》《福州内河整治再掀新高潮》等报道。

【“尼伯特”台风灾后重建工作宣传报道】 2017年，《人民日报》、新华社、中央电视台、《福建日报》等中央、省属主要媒体围绕“尼伯特台风”灾后重建工作进行报道。其中，《人民日报》刊登《闽

清洪灾区　百姓迁新居》;新华社刊登《福建闽清重建的溪口大桥即将通车》《福建闽清洪灾灾区百姓喜迁新居》等相关报道;中央电视台《新春走基层》专栏播发专题报道《福建闽清:洪灾之后的第一个新年》。

【“三合一”论坛宣传报道】　2017 年,金砖国家政党、智库和民间社会组织论坛在福州召开,是厦门金砖会晤的重要组成部分。会议期间,新闻媒体刊发各类稿件 500 多篇(条)。

《人民日报》、新华社、中央人民广播电台、中央电视台、《福建日报》等中央、省属主要新闻媒体持续刊发论坛的相关报道,其中,《人民日报》持续刊发《金砖国家政党、智库和民间社会组织论坛在福州开幕》《福州倡议》《金砖国家政党、智库和民间社会组织论坛在福州闭幕》等多篇报道;新华社刊发《金砖国家政党、智库和民间社会组织论坛将在福州举行》《金砖国家政党、智库和民间社会组织论坛通过〈福州倡议〉》《金砖国家首次举行政党论坛　助推金砖合作》等报道;中央电视台《新闻联播》栏目播出《金砖国家政党、智库和民间社会组织论坛在福州开幕　刘云山出席并发表主旨讲话》报道。

【第十九届海峡两岸经贸交易会宣传报道】　2017 年,第十九届海峡两岸经贸交易会期间,福州市邀请中央、省属新闻媒体 50 多家,200 多名新闻记者参与采访报道。中央、省属新闻媒体刊播各类新闻报道 500 多篇(条)。

《人民日报》刊发《第十九届海交会开幕》,报道会议开幕;新华社刊登《台湾“智造”产业争先亮相第十九届海交会》;中央人民广播电台连续刊播《2017 年“海上福州”重点项目签约仪式今天举行》《第十九届海峡两岸经贸交易会明日将在福州开幕》《第十九届海峡两岸经贸交易会今天开幕　海丝味浓厚》《平潭自贸区 40 家企业亮相第十九届海峡两岸经贸交易会》等报道;中央电视台《新闻联播》栏目播出《第十九届海峡两岸经贸交易会开幕》;《福建日报》连续刊登《第十九届海峡两岸经贸交易会 5 月 18 日—22 日在福州举行》《120 家台湾企业亮相“海交会”》《第十九届海峡两岸经贸交易会开幕》《海交会:守正出新、搭建开放大平台》等报道。

【第十二届两岸青年联欢节暨第五届海峡青年节宣传报道】　2017 年,第十二届两岸青年联欢节暨第五届海峡青年节期间,中央、省属新闻媒体综合运用音、视、图、文等播报形式,报道大会的相关情况。

新华社连续刊登《第五届海峡青年节即将在福州琅岐岛举行》《眼见方为实——第五届海峡青年节活动开营见闻》《2017 年海峡青年(福州)峰会举行》《两岸大学生共话创业》等报道;中央人民广播电台刊登《第五届海峡青年节集中活动今天起在福州举行》《海峡青年交流营地在福州启用》等报道;中央电视台中文国际频道《海峡两岸》栏目播出《第五届海峡青年节在福州举行》;《福建日报》连续刊登《海青节:我们有了欢聚的新家园》《第五届海青节集中活动在榕举行》《2017 年海峡青年(福州)峰会举行》《两岸大学生领袖榕城共话就业创业》《燃烧吧,青春梦想—海峡青年(福州)峰会侧记》等报道。

【第九届世界华文传媒论坛宣传报道】

2017 年,第九届世界华文传媒论坛在福州召开,论坛由国务院侨务办公室、福建省政府、中国新闻社主办,由福州市政府、福建省侨务办公室、中新社福建分社承办。五大洲 60 多个国家和地区的 460 多名海外华文媒体高层人士、中国中央主要新闻机构及部分地方媒体负责人等近 700 人参加,论坛以“‘一带一路’与华文媒体新发展”为主题开展高层对话。会议期间,《人民日报》《光明日报》《经济日报》《中国日报》及新华社、中央人民广播电台、中央电视台、中国新闻社、人民网、新华网、中国网等中央媒体,《福建日报》《海峡都市报》《东南快报》及福建电视台、东南网等省属媒体,《香港商报》、香港《大公报》、香港《经济导报》等媒体记者聚集福州开展全景式报道。

《人民日报》刊发开幕消息《第九届世界华文传媒论坛福州开幕》;中央电视台综合频道《新闻联播》栏目播出《第九届世界华文传媒论坛在福州开幕》,中央电视台国际频道《华人世界》《中国新闻》栏目播出《第九届世界华文传媒论坛在福州举行　海外华文媒体迎来新机遇》《第九届世界华文传媒论坛在福州举行》等报道;新华社、《光明日报》、中新社等多家中央媒体对此次论坛进行深入报道,省属媒体原创报道 60 多篇(条)。

(雷振宇)

(编辑　黄　铭)

历史文化街区

综　述

【概况】　2017年,福州市三坊七巷、朱紫坊、上下杭等历史文化街区完成投资2.49亿元,占计划投资比104%,全年实现营业收入1.12亿元,利润总额1795万元,净利润1306万元。三坊七巷历史文化街区获"中国旅游投资奥斯卡奖"——第六届中国旅游投资艾蒂亚奖"中国最佳历史文化旅游项目奖"。

【街区立法规划】　2017年10月10日,福州市政府公布《福州市历史文化街区国有房产租赁管理办法》及《福州市历史文化街区国有文物保护单位使用管理办法》。管理办法设立准入门槛、业态负面清单、退出机制等条款,明确历史文化街区国有房产出租的程序、承租人与管理者的权责,并对租金收取、扶持对象与安全责任等进行规范。

【三坊七巷历史文化街区】　2017年,福州市三坊七巷历史文化街区加强闽都传统民俗文化和坊巷文化内涵挖掘,以光禄吟台、天后宫、福建省海峡民间艺术馆、福建省非物质文化遗产博览苑、福建民俗博物馆、宗陶斋等为平台,全年组织开展新春文化节、拗九节、端午民俗文化节、中秋节日文化节、"百年记忆　匠心传承"第二届福州民俗旅游节等大型传统民俗文化活动,以及"坊巷文化体验PAPAPA"系列活动等文化展览活动,共228场。

【朱紫坊历史文化街区】　2017年,福州市朱紫坊历史文化街区以深化漆文化品牌传承为重点,举办2017福州漆艺回顾展,培育朱紫坊漆艺众创空间,建设完成漆检测、孵化研习、品牌研发等三大功能区,并开设公益性漆艺培训班和零基础实训课程。

【上下杭历史文化街区】　2017年,"宜夏文化季"相关活动在福州市上下杭历史文化街区举办,街区策划推出"首届福州话'喝诗'大赛""上下杭福州民谣季"等文化赛事、文艺演出和民俗活动,其中,"喝诗"作为福州民间艺术,在首届"喝诗"大赛中包括福州话的喜娘喝彩、文言朗诵、戏文表演、小品脱口秀及现代RAP和童谣等参赛内容。年内,街区三捷河酒吧一条街部分项目开业。

【闽台(福州)文化产业园】　2017年,闽台(福州)文化产业园通过福州市国资委指定的竞租平台,组织商铺(院落)招租54处,成交51处,引进福建新橙文化传播有限公司、咏丽健康服务有限公司等项目。启动上下杭历史文化街区三捷河酒吧一条街招商,12个项目正式开业。

保护修复

【三坊七巷保护修复工程】　2017年,福州市三坊七巷保护修复工程完成投资

2017年1月24日,2017福州漆艺回顾展在朱紫坊历史文化街区开幕,展期半年
（黄立新　摄）

2017 年,朱紫坊芙蓉园完成修复　　（叶义斌　摄）

1.57 亿元,唐城宋街遗址博物馆项目主体结构完工,推进通湖路省三办地块,文儒坊 M2、M3、M5 地块及光禄坊原省高院地块方案设计和拆迁扫尾工作。

【朱紫坊保护修复工程】　2017 年,福州市朱紫坊保护修复工程完成投资 2030 万元,基本完成芙蓉弄 3 号等 7 处保护修复工程主体修复,完成朱紫坊 45 号、法海路 34 号保护修复工程招标工作。

【上下杭保护修复工程】　2017 年,福州市上下杭保护修复工程完成投资 7180 万元,修复文保单位、登记文物点及传统风貌建筑 23 处,建筑面积 1.75 万平方米;完成三捷河酒吧街电力、自来水、市政污水接驳及周边 3 个临时停车场的建设工程。

【冶山保护修复工程】　2017 年 8 月 11 日,《福州市冶山历史文化风貌区保护规划》获得市政府批复。年内,完成欧冶池、喜雨轩、剑光亭周边环境整治,疏浚净化水体;泉山摩崖题刻保护修复及周边环境整治,以及仁寿堂保护修复。

文化宣传

【主题文化活动】　2017 年 1 月 18 日,“我心中的那片海——第四届‘海洋杯’中国·霞浦国际摄影大展”在三坊七巷福建省海峡民间艺术馆举行。

2 月 28 日,“金鸡报春　百鸡百福——全国 15 省市剪纸名家作品联展”在三坊七巷福建省海峡民间艺术馆展出。展出 100 余件(套)剪纸艺术作品。

3 月 5 日,“见盏——寻味千年造盏工艺”展在三坊七巷福建省非物质文化遗产博览苑举行。展示近百件宋代和现代两个不同时期的建盏精品。

4 月 25 日,“无声诗·立体画——福州软木画作品展”在三坊七巷福建省海峡民间艺术馆展出。展出作品 59 件。

5 月 1 日,“礼赞布衣——五一劳动节民俗汇演”在三坊七巷光禄吟台上演。

6 月 24 日,“纪念中国共产党建党 96 周年——漳州非遗进三坊七巷”大型民俗展演活动在三坊七巷南后街举行。

7 月 1 日,“‘不忘初心跟党走’纪念中国共产党建党 96 周年主题活动——中国建窑建盏精品展”在三坊七巷福建省非物质文化遗产博览苑联合开幕。展示现代建盏精品百余件。

8 月 4 日,“匠心筑梦——纪念建军 90 周年福建非遗精品展”在三坊七巷福建省非物质文化遗产博览苑举行。展览展品涵盖寿山石雕、莆田木雕、惠安木雕等国家级非遗代表性项目。

8 月 10 日,“竹韵——清代竹刻艺术展”在三坊七巷福建民俗博物馆举办。展览遴选济南市博物馆藏的清代竹雕艺术精品 56 件(套),包括清初竹林七贤竹雕笔筒、竹根雕人物山子、竹雕和合二仙等展品。

9 月 22 日,福州市第 24 届工艺美术“如意杯”大奖赛精品展在三坊七巷雕刻艺术馆开展。展出“寿山石雕及玉石雕刻作品”“漆艺与综合类作品”“木雕与相关作品”等 107 件精品。

国庆节期间,“庆祝香港回归祖国二十周年摄影作品展”在三坊七巷福建省华侨文化展示中心举行。展览以迎接党的十九大和庆祝国庆为主题,展出 100 多幅具有香港特色的作品。

10 月 12 日,第三届世界华侨华人摄影展在三坊七巷宗陶斋开幕。展出 293 幅(组)作品。

10 月 18 日,“帽美如花　童年记忆——晋式童帽专题巡展”在三坊七巷福建民俗博物馆展出。展出清代至近代的晋式童帽 96 件(组),分“四季风”“三晋艺”“黄土情”“山西娃”4 个单元。

11 月 19 日,海上丝绸之路国际旅游高峰论坛在三坊七巷举行。论坛聚焦“如何挖掘海丝历史文化遗产,打响海丝旅游品牌,联合打造具有海丝特色的旅游产品”主题,特邀世界旅游组织旅游顾问 Robert Travers、亚太旅游协会首席执行官战略顾问张科德分别作主旨发言。

11 月 27 日,福州市文化旅游演艺剧目坊巷文化影音秀《三坊七巷》正式开业上映。

11 月 28 日,第四届丝绸之路国际电影节首场活动“影迷之夜”在三坊七巷举办。

12 月 16 日,“瓷彩盛世——白瓷与唐卡艺术交流展”在三坊七巷福建省海峡民间艺术馆开展。展出 50 多件中国白瓷瓷器和 40 多幅唐卡作品。

12 月 24 日,“温暖童心　彩色新年”彩虹基金公益画展在三坊七巷光禄吟台举行。展出 100 幅美术作品。

【宣传活动】　2017 年,福州市三坊七巷、朱紫坊等历史文化街区举办“坊巷文化体验 PAPAPA”系列活动、首创儿童二手艺文市集“萌市集”“宜夏文化季”大型文化主题活动等 60 多场宣传活动,推出 3 期《漫游坊巷》文化闯关地图手册。年内,三坊七巷第五次亮相央视新年直播,并通过中央电视台以及央视客户端、中央人民广播电台等中央媒体和在线直播平台，进行春节、元宵以及端午节等大型文化活动的电视直播和网上直播；中央电视台《文化十分》栏目的《三坊七巷：开风气之先　谋天下之福》、《我有传家宝》栏目的《三坊七巷故园情》，浙江卫视户外真人秀《一起来奔跑》首期节目，以及电影《百年长安》、《非常直播》等在三坊七巷历史文化街区拍摄。

【民俗节庆活动】　2017年，福州市三坊七巷历史文化街区举办春节、拗九节、妈祖诞辰、端午、中秋、“百年记忆　匠心传承”第二届福州民俗旅游节等传统民俗节庆活动15场，其中“金鸡贺岁　坊巷送福”三坊七巷新春文化节有“一元复始有福之州”民俗祈福活动、“喜气洋洋，好年头”喜娘贺岁专场、“奏响新春华彩”民俗音乐会、“唱响福州新歌声”福州语歌曲新春专场、“华人同岁迎财神”天后宫妈祖迎财神祈福、“丝竹贺春”传统乐坊展演等系列活动；拗九节举办“有福之州　共享福粥”赠粥及文化活动、“以粥传情，孝行天下”等活动；“品粽怀古过端午·乐享佳节返童真”端午民俗文化节活动，展示沐兰汤、点雄黄、立蛋、午时茶泡制以及传统祈福仪式和民俗表演等福州传统端午民俗；“吟台桂香贺中秋”中秋节日文化活动举行传统拜月祈福仪式和民俗表演；“我们的节日·重阳”开展重阳诗会、传统习俗体验、讲解重阳节传统民俗等活动。

2017年“金鸡贺岁·坊巷送福”三坊七巷春节文化节活动期间，在光禄吟台举办的“禅和乐”专场音乐会吸引大批游客　（叶义斌　摄）

旅游开发

【旅游接待】　2017年，福州市三坊七巷景区旅游接待量1145万人次，其中接待团队游客7948批次、7.5万人次。年内，接待来访街区的有“三合一”论坛各国政要，老挝人民革命党、中央政治局委员、中央书记处常务书记、国家副主席，柬埔寨人民党中央常委、政府副首相兼议会联络与监察部大臣，摩洛哥众议院第一副议长、公正与发展党领导，中非共和国政府代表团、越南领导干部联合参访团等重要外国政要、代表团27批次；完成海丝国际旅游节、丝路国际电影节、海峡青年节等重要会议来宾的考察接待工作。

【旅游营销】　2017年，福州市三坊七巷景区累计签订合作旅行社103家，事业单位102家，大型企业20家，电商平台5家，酒店9家。借助电商平台资源，推出经典风情游线路票、自由背包线路票等。参加第十三届海峡旅游博览会（厦门）、第31届香港国际旅游展、第五届澳门国际旅游（产业）博览会、“清新福建．生活的艺术”旅游推广活动（澳大利亚、新西兰）等7场大型旅博会、旅游推介会。

【景区建设】　2017年，福州市三坊七巷社区博物馆建设继续推进，对林觉民故居、严复故居进行党性教育专题提升，打造优秀传统文化教学点；何振岱故居引入张志在寿山石传习基地，鄢家花厅引入“福州市文艺家活动之家”。

【吴孟超先进事迹展示馆】　位于福州市三坊七巷文儒坊21号，建筑面积约1200平方米，2017年9月9日正式向社会公众免费开放。展示馆通过照片及实物，展示吴孟超从少年至今的成长经历和从医历程。

吴孟超，男，1922年出生于福建闽清，中国科学院院士，国际著名肝胆外科专家，中国肝脏外科的开拓者和主要创始人，2015年度国家最高科学技术奖获得者。现任第二军医大学东方肝胆外科医院院长、东方肝胆外科研究所所长、全军第九届医学科学技术委员会常务委员等职。2011年5月，国家天文台将17606号小行星命名为“吴孟超星”。

（林妙花）

（编辑　黄　铭）

体育

群众体育

【概况】 2017年1月17日，福州市人民政府出台《福州市全民健身实施计划（2016—2020年）》。2017年5月12日，福州市人民政府办公厅出台《关于进一步加强新形势下老年人体育工作的实施意见》，结合两江四岸户外“全民健身长廊”、生态公园、沿河串珠式公园等项目建设，协调推进健身步道、自行车道、篮球场、小型足球场等各类体育休闲设施建设。年内争取到中央、省级、市体彩公益金4190万元，建设多功能球场、全民健身活动中心、室内健身房、纳凉点轨道棋等4类52个项目，更新提升社区、城镇、行政村“三大中心”345条健身路径和100个农民健身工程。突出以县（市）区、项目协会为主体，以社区、乡镇、学校为重点，开展43项1135场次全民健身活动，参与人数100多万人次。

【全民健身活动】 2017年，福州市举办新年登高、十万人健步行、鼓岭山径赛、全民健身日项目展示、12小时超级马拉松赛、千人畅游闽江等大型全民健身活动。在市级各类品牌赛事活动助推下，各县（市）区设项完成700多场次活动，其中有永泰武术、仓山龙舟等“一县一精品、一项一品”全民健身项目。年内老年人体育协会、各体育项目协会举办46项100多场次活动，参与人数10万多人次。

【健身科学指导】 2017年，福州市新增二级社会体育指导员585人，举办各等级社会体育指导员培训班15期，培训骨干近6000人次，其中健身气功项目市、县（区）两级共培训骨干2000多人。各县（市）区结合体育“三下乡”、8月8日“全民健身日”等活动搭建服务平台，开展体育项目推广、活动组织、健身信息咨询、业务交流等服务。

【体育组织建设】 2017年，福州市新增排球、射箭、台球、击剑等6个市属体育协会（俱乐部），有35家协会成立“兼合式”党组织，覆盖社会组织38家，在有党员参加的体育类社会组织中覆盖率88%；有9家协会成立裁委会并报送备案，完成200多名裁判员等级认证。通过政策激励、联办赛事活动等形式，强化协会实体化和自我造血功能。足球、冬泳、网球、健身气功等协会以赛事为平台，与相关企业共同打造体育俱乐部、品牌赛事等，通过市场化运作向社会集资办赛经费200多万元。

【体育交流】 2017年，福州市通过举办大型两岸体育交流赛事活动、中美文化交流活动、中国门球公开赛、福州12小时超级马拉松赛等一系列体育赛事和交流活动，搭建对外体育交流平台，其中中国门球公开赛、福州12小时超级马拉松赛为两岸常年赛事，中美文化交流活动主要开展儒家拳、香店拳、咏春拳、六合拳、鸣鹤拳、纵鹤拳、食鹤拳、义香拳法、龙门武当、太极拳等公益展演。6月21—25日，派员赴阿根廷布宜诺斯艾利斯、梅洛等地开展体育文化交流；7月4日—8月3日，由福州市与意大利佩斯卡拉足球俱乐部主办福州—佩斯卡拉校园足球培训班，为福州市100名青少年学生举行为期一个月的青少年校园足球培训；2017年8月21日—2018年2月9日，福州市派遣乒乓球、羽毛球项目教练员赴斯里兰卡开展训练教学工作。

竞技体育

【概况】 2017年，福州市体育局以封闭训练、依托省队训练、外训等方式有序组织1200多名运动员开展集训，派出1284名运动员参加省运会年度赛的28个项目，获12枚金牌、19枚银牌、16枚铜牌。组织98名福州籍运动员参加第13届全国运动会的田径、举重、武术套路等23个竞技项目比赛，37人入选群众项目决赛名单，参赛人数和参赛项目为历届全运会最多。其中，竞技体育项目获4枚金牌、6枚银牌、8枚铜牌；群体项目（龙舟、羽毛球、健身气功、气排球）获个人2个第一、团体5个第二和2个第三。

【体育后备人才培育】 2017年，福州市体育局审批发放232名二级运动员等级证书。编印《体育竞赛裁判员管理办法》《福州市足球中长期发展规划》，修改完善《福州市体育竞赛奖励办法》。创建国家、省级体育后备人才基地和体育传统校，福州市体校、福清市体校成功创建国家高水平后备人才基地；闽清县少体校、闽侯县少体校被命名为2018—2021周期福建省重点体育后备人才基地，晋安区少体校、台江区少体校、长乐区少体校、永泰县青少年业余体校、连江县体育训练中心等5所体校被命名为2018—2021周期省体育后备人才基地。制定《福州市单项体育后备人才基地及传统校评估办法》，与教育部门联合开展2018—2021市级单项体育后备人才基地及传统校考核，认定命名30个市级单项人才基地、106所市级体育传统校。组织全市少儿体育竞赛和中小学生联赛，举办历时8个月的13个项目比赛，从中选拔一批好苗子充实到市级运动员队伍。与教育部门联合开展校园足球活动，组织校园足球联赛，比赛场次达到1800场。

【赛风赛纪教育】　2017年，福州市修订完善《福州市体育局赛风赛纪管理规定》，实行体育赛事赛前裁判员、教练员、运动员赛风赛纪集中培训机制。中国羽毛球公开赛、环福州·永泰国际公路自行车赛、中华龙舟大赛、福州国际马拉松赛等大型赛事赛前均组织赛风赛纪教育培训会；开展市级少儿体育竞赛赛风赛纪培训13场。

体育产业

【概况】　2017年，福州市体育局与市规划勘察设计院签约，启动《公共体育设施布局专项规划(2018—2030年)》编制工作，逐步推动实现体育设施均衡优质发展目标。出台《福州市体育产业发展专项资金使用管理暂行办法》，指导各县(市)区政府和企业申报国家级、省级体育产业示范基地。

【产业政策研究】　2017年，福州市组织各县(市)区完成2015—2017年新增体育设施情况统计。梳理、查找全市体育企业数据库，及时掌握企业名录，与企业进行有效对接，对全市体育企业数据库进行动态管理。“打响上山下海运动休闲品牌”，与所在县(区)对接8个服务业项目，开展实地调研，提供服务。完成推动体育产业园发展、促进福州新区体育产业发展、推动体育产业园区建设发展等课题调研。

【产业发展平台】　2017年，福州市指导各县(市)区政府和企业申报国家级、省级体育产业示范基地。仓山区获评国家体育产业示范基地，福建鸿博光电科技有限公司获评国家体育产业示范单位，福州宜美智慧体育应用项目获评国家体育产业示范项目，永泰大樟溪青少年户外营地等6家获评省级示范基地。建立福州市体育局“招商2017”领导小组统筹协调机制，成立3个招商行动小分队，完成体育科技园、澎湃体育、贵安足球小镇、海峡天翔体育文化创意园项目4个招商项目，项目注册资金近12亿元，总投资额35.99亿元。在国内首推“体育校府合作”模式，一批综合性项目落地，与上海体育学院联合创办福州体育科技园项目，吸引40余家企业入驻；与北京行知探索文化发展股份有限公司签署战略合作协议，开发合作鼓岭山径赛、鼓岭精英越野赛等特色体育旅游项目；国内首个中德足球小镇落户福州贵安。

【体育基础设施建设】　2017年，福州市体育运动学校改扩建项目完成投资额7780万元，占全年计划投资111%，第2标段完成1号综合馆三层底板梁板浇捣，2号射击馆1～3层砌体施工完成，第3标段正式开工。福州市水上运动项目管理中心基地健身项目于2017年7月启动施工，已完成主体工程建设。福州市老年体育活动中心二楼加盖顶棚增项项目全面完工。

【体育市场管理】　2017年，福州市体育局制订《市县两级行政职权纵向清单》《“双随机一公开”工作方案》等，形成完备的市场管理制度体系。与市卫计委、市安监局联合，对18家企业开展综合执法行动。各县(市)区开展安全生产大检查及重点抽查行动10余场。

【专项资金管理】　2017年，福州市通过设立产业引导资金，采取项目补贴等方式，支持品牌赛事、骨干企业和体育产业功能区建设，年内有16家企业受补助，奖励资金693万元。支持福建省体彩中心在各地开展体育彩票的销售和业务工作，截至12月20日，全市体彩销售16.74亿元，占全年任务数108%，超额完成年度目标。

大型赛事

【概况】　2017年，福州市举办环福州·永泰国际公路自行车赛、中国羽毛球公开赛、福州国际马拉松赛、中华龙舟大赛(福建·福州站)、围棋人工智能与物联网大会等五大国际国内高水平赛事。中央电视台一套、五套等频道对中国羽毛球公开赛、福州国际马拉松赛、中华龙舟大赛(福建·福州站)、人工智能围棋等赛事进行现场直播及转播。

【2017中国羽毛球公开赛】　2017年11月14—19日在海峡奥体中心综合体育馆举办，赛事有来自中国、印度尼西亚、丹麦、马来西亚、韩国、日本、德国等20个国家和中国台湾地区的242名运动员参赛，男子排名世界第一的丹麦选手阿萨尔森，女子排名世界第一的西班牙选手马林，以及林丹、谌龙、李宗伟等羽坛名将悉数参赛，吸引近3万市民到场观赛。世界羽联主席霍耶·拉尔森、秘书长托马斯·伦德和国家体育总局乒乓球羽毛球运动管理中心主任雷军到榕观赛。比赛期间同时举办为期6天的嘉年华活动，邀请顶级羽毛球运动员与市民互动。

【2017环福州·永泰国际公路自行车赛】　2017年11月8—12日在福州市举办，赛事有来自13个国家和地区的22支职业队伍参赛，所有车队和参赛人员均达到UCI2.1级要求。赛事总里程589千米，路线途经福州鼓岭、马尾船政、长乐滨海、贵安温泉、永泰云顶、嵩口

古镇等风景名胜区和人文景观。赛事在东南卫视、福州电视台直播的基础上,扩大到央视专题新闻和新兴媒介,尤其是主流网络直播和移动客户端,共有央视网、腾讯、爱奇艺、嗨体育等20余家网络平台连续4天对赛事进行同步直播和互动,赛事直播点击率超过2亿人次。赛事入选2017年度中国体育赛事最具价值百强榜。

【2017中华龙舟大赛(福建·福州站)】 2017年5月29—30日在福州海峡国际会展中心浦下河龙舟池举办,比赛设标准龙舟和传统龙舟赛,有36支标准龙舟队、18支传统龙舟队参赛。赛事邀请中央电视台体育频道主持人张斌和《百家讲坛》主讲郦波、《中国成语大会》嘉宾蒙曼现场主持和点评,并组织"旱龙舟划进福州校园"和少儿演唱福州歌《扒龙船》等活动。中华龙舟大赛吸引观众20万人次到现场观赛,中央电视台各频道累计播出时长53小时。

2017年5月29—30日,2017中华龙舟大赛在福州海峡国际会展中心浦下河龙舟池举办 (市体育局 供)

【2017福州国际马拉松赛】 2017年12月24日在福州市举办,赛事为2017全国马拉松锦标赛系列赛中的重要一站,竞赛项目有全程马拉松(42.195千米)、半程马拉松(21.0975千米)和迷你马拉松(5千米),总参赛规模3万人,吸引来自欧洲、美洲、亚洲、非洲的17个国家和地区的选手参赛,行业跑团137支,专业跑团45支。赛事路线围绕闽江两岸,起点设在海峡奥体中心,终点设在海峡会展中心。赛事获评"2017中国田径协会金牌赛事"。

【"有福之州 智慧之城"2017围棋人工智能与物联网大会】 2017年6月16—18日在福州长乐滨海新城举办,大会期间举行男子围棋甲级联赛、人机配对赛、围棋人工智能与物联网高峰论坛等活动。此次人机配对赛有中国的马晓春和神算子、中国台湾的黑嘉嘉和CGI、韩国的李昌镐和石子旋风等三对组合参赛,进行三场比赛,最终黑嘉嘉和CGI组合两胜夺冠。围棋人工智能与物联网高峰论坛上,中国国家围棋队总教练、世界冠军俞斌,清华大学航天航空学院博士生导师、围棋研究基金会秘书长由小川,台湾交通大学资讯工程研究所教授吴毅成,北京邮电大学教授、北邮计算机围棋研究所所长刘知青,以及世界第一围棋手柯洁、Alpha Go围棋执行官樊麾等,分享围棋人工智能的发展现状和前景。

表93 **2017年福州市运动员参加全国以上比赛获得冠军汇总表**

类别	项目	姓名	比赛名称	比赛小项
国际	摔跤	周张婷	国际摔联古巴站A级赛	女子自由式58公斤级
国际	网球	何佳颖	ITF国际青少年G3	女双
国际	网球	何佳颖	深圳笔架山ITF国际青少年网球赛	女双
国际	武术套路	陈惠颖	第十四届世界武术锦标赛	女子南拳
国际	武术套路	林慧敏	第十四届世界武术锦标赛	女子56公斤级
国际	羽毛球	田厚威	常州大师赛	男单
国际世锦	蹦床	刘灵玲	第32届蹦床世界锦标赛	女子蹦床团体
十三运决赛	举重	柴丽娜	第十三届全国运动会举重比赛	女子58公斤级总成绩
十三运决赛	举重	李发彬	第十三届全国运动会举重比赛	男子56公斤级总成绩
最高级	赛艇	郝 鑫	全国赛艇锦标赛	男子成年组轻量级四人单桨
最高级预赛	举重	李发彬	全国举重锦标赛暨十三运会预赛	男子56公斤级抓举
最高级预赛	举重	李发彬	全国举重锦标赛暨十三运会预赛	男子56公斤级挺举

续表 93

类别	项目	姓名	比赛名称	比赛小项
最高级预赛	举重	李发彬	全国举重锦标赛暨十三运会预赛	男子 56 公斤级总成绩
最高级预赛	摔跤	周张婷	十三运会女子自由式摔跤资格赛暨全国女子自由式摔跤锦标赛	女子 58 公斤级
最高级预赛	击剑	黄梦恺	全国击剑锦标赛暨十三运会击剑预赛（第四站）	男花团体
国内预赛	武术套路	陈惠颖	全国武术套路锦标赛	女子南拳
国内预赛	武术套路	陈惠颖	全国武术套路锦标赛	女子南拳、南刀、南棍全能
国内预赛	武术套路	陈惠颖	全国武术套路锦标赛暨全运会预赛	南拳
国内预赛	武术套路	陈惠颖	全国武术套路锦标赛暨全运会预赛	南拳、南刀、南棍全能
第一次预赛	击剑	黄梦恺	全国击剑冠军赛（第二站）暨十三会运击剑预赛（第一站）	男花团体
第二次预赛	击剑	黄梦恺	全国击剑冠军赛（第三站）暨十三运会击剑预赛（第二站）	男花团体
第三次预赛	拳击	吴　愉	十三运会拳击第三次资格赛暨全国 18 – 22 岁拳击锦标赛	女子 51 公斤级
国内	帆板	黄先婷	全国帆板冠军赛	女子 RS:X 级场地赛
国内	举重	柴丽娜	全国举重冠军赛	女子 58 公斤级挺举
国内	举重	柴丽娜	全国举重冠军赛	女子 58 公斤级总成绩
国内	举重	乌天琪	全国举重冠军赛	女子 75 公斤级抓举
国内	举重	乌天琪	全国举重冠军赛	女子 75 公斤级总成绩
国内	举重	李佳琪	全国举重冠军赛	女子 75 公斤以上级抓举
国内	射箭	王文选	全国射箭冠军赛	男子团体第一 70 米轮赛
国内	射箭	王文选	全国射箭奥项锦标赛	全国射箭奥林匹克锦标赛男子团体淘汰赛决赛
国内	田径	郑幸娟	全国室内田径锦标赛（2）	女子跳高
国内	田径	郑幸娟	全国室内田径锦标赛（3）	女子跳高
国内	田径	郑幸娟	全国田径大奖赛（2）	女子跳高
国内	田径	郑幸娟	全国田径大奖赛（3）	女子跳高
国内	武术套路	庄莹莹	全国武术套路锦标赛（太极拳赛区）	团体项目
国内	武术套路	庄莹莹	全国武术套路锦标赛（太极拳赛区）	集体项目
青年	田径	邓雪琳	全国青年（U20）田径锦标赛	女子 100 米栏
青年	田径	余玉珍	全国青年（U20）田径锦标赛	女子标枪
青少年	羽毛球	翁泓阳	全国青少年羽毛球分站赛	男单

（郑毅娟）

（编辑　姚国榕）

卫生 人口与计划生育

卫生事业

【概况】 2017年，福州市有各级各类医疗机构1840个（含省属，不含平潭及卫生室），其中医院109所；医疗卫生机构床位3.49万张，比上年增长2.95%，其中医院床位2.89万张，增长4.84%；专业卫生技术人员5.34万人，增长3.31%，其中医生1.98万人，增长5.11%，护士2.34万人，增长4.47%。每千人拥有卫生机构床位4.84张，每千人拥有卫生技术人员7.41人，每千人拥有注册医师（助理医师）2.75人，每千人拥有注册护士3.24人。全市社区卫生服务中心49个，卫生技术人员1756人；社区卫生服务站128个，卫生技术人员1059人；乡镇卫生院124个，卫生技术人员5139人。市属13所医院总诊疗量511.33万人次、住院量14.63万人次、总收入41.95亿元。

【公立医院综合改革】 2017年，福州市对市属公立医院管理委员会成员和内设工作机构进行调整，完善市医管委组织架构和制度建设。出台《2017年市属公立医院综合改革工作要点》，从院长目标年薪制、绩效考核、医疗服务价格调整、医保支付方式改革、总会计师试点、预算管理和成本核算、公立医院精细化管理、工资总额管理等方面综合施策。出台《关于加强市属公立医院预算管理的通知》，加强成本核算和资产管理。完成2016年度市属公立医院院长绩效考核工作，兑现3所试点医院院长目标年薪。市属三级医院及长乐、福清、闽清、罗源、永泰县级医院实行院长目标年薪制和院长年度绩效考核。新成立以市二医院和肺科医院为龙头的医联体，全市组建8个市级医联体，三甲医院100%参与牵头医联体组建，在全省率先实现医联体乡镇卫生院和社区卫生服务中心全覆盖，形成三级医院、二级医院、基层医疗机构“321”区域纵向联合和跨区域专科联盟、远程医疗协作等组织模式。启动以闽清县和永泰县为试点的紧密型县域医共体建设。安排专项补助资金150万元，提升基层医疗服务能力，继续深化城乡对口支援工作。启动公立医院综合改革全员培训工作，卫计委联合人社、财政、医保、医改办等部门于6月30日前完成各县（市）区及各级公立医院全员培训。通过2016年公立医院综合改革效果评价和2017年省级深化医药卫生体制改革情况督查。全市门诊次均药费和住院次均药费分别比上年下降11.61%和22.08%；医疗费用降低2.52个百分点；药品耗材收入占比41.08%，降低7.37个百分点。

【基层医疗卫生】 2017年，福州市出台《关于进一步深化基层医药卫生体制综合改革的实施意见》《福州市家庭医生签约服务实施方案》《福州市乡村卫生服务一体化实施方案》，全面启动财

2017年9月19日，福建省、福州市领导调研健康医疗大数据中心，在市一医院展台听取医联体工作相关汇报 （市卫计委 供）

政保障、基础建设、人才培养、人事职称、收入分配与激励机制、药品保障、医保支持等“强基层”的政策措施，构建完善家庭医生成为居民健康、医疗资源和医保经费三重“守门人”的家庭医生签约服务机制。全年基层医疗卫生机构总诊疗量616.9万人次，比上年增长38.42%，签约人数196.7万人，全人群签约率30.6%。全市一体化村卫生所规划设立一体化行政村卫生所2182个，设立率100%，其中，全市2079个行政村设立卫生所，建成业务用房产权为集体的村卫生所1085个，建成率52.2%，位居全省第一。开展基层医疗卫生服务能力提升年活动，罗源飞竹、连江坑园等8所乡镇卫生院争创第三批全国群众满意的乡镇卫生院，台江宁化、仓山下渡等5个社区卫生服务中心获评第一批全国优质服务示范社区卫生服务中心。台江区瀛洲、宁化等两个社区卫生服务中心获“全国百强社区卫生服务中心”称号，连江琯头镇中心卫生院获第一批“全国百佳卫生院”称号。开展60个行政村（贫困村28个）村卫生所标准化建设，总投入460.8万元，其中市级投入211.2万元，县级投入249.6万元。落实乡村医生多渠道补偿机制，在岗位津贴、一般诊疗费、基本药物制度补助、基本公共卫生服务补助等多渠道补助的基础上，对79个边远乡镇农村的1324名乡村医生每月增加100元岗位津贴，对82个少数民族村164名乡村医生在上述基础上每月再增加100元的岗位津贴。13965名农村建档立卡贫困人口由乡镇卫生院全科医生、乡村医生签约服务，为13965名贫困人口建立电子健康档案，为8876名贫困人口提供《国家基本公共卫生服务规范》规定项目的免费体检服务，为4274户有贫困人口的家庭发放张贴就医明白卡。

2017年12月1日，由福州市防治艾滋病工作委员会办公室、市卫计委和市疾病防控中心联合出品的福建省首部防艾公益微电影《至爱无间》首映仪式在福建省人民剧场举行 （市卫计委 供）

【基本公共卫生服务】 2017年，福州市城乡居民人均基本公共卫生服务经费提高到50元，服务项目拓展到14类48项。高血压患者规范管理率63.65%；糖尿病患者规范管理率63.97%；重性精神疾病患者规范管理率85.33%。引入第三方考核评价机制，提高项目实施效果，2015—2017年连续3年在省级基本公共卫生服务考核中排名第二。

【疾病预防与控制】 2017年，福州市甲、乙类传染病报告发病率276.91/10万，比上年下降12.20%，报告死亡率0.48/10万，下降19.79%。完善市防治重大疾病工作联席会议和市防治艾滋病工作委员会作用，推进疾病防治联防联控，登革热、流感、人感染H7N9、艾滋病、结核病等重点传染病疫情防控成效明显。加强疫苗流通和预防接种管理，各县（市）区以县为单位适龄儿童免疫规划疫苗报告接种率保持在98%以上。逐步剥离疾控机构医疗服务职能，撤销福州市疾控中心预防医学门诊部，将各县（市）区结核病防治门诊从疾控中心转移至定点医疗机构。持续推进高校、中等职业学校预防艾滋病教育试点建设，创新防艾宣传方式和扩大宣传覆盖面，拍摄福建省首部防艾公益微电影《至爱无间》。艾滋病抗病毒治疗覆盖率维持在90%以上，社区戒毒药物维持治疗率保持85%以上，艾滋病疫情维持低流行状态。完成结核病“三位一体”综合防治服务体系建设，实现结核病分级诊疗和综合防治。推进精神卫生工作，市卫计委会同综治办、公安局等部门研究出台“一历五单”管理制度，加强严重精神障碍患者救治管理，全市严重精神障碍患者报告患病率4.25‰。启动全民健康生活方式第二阶段行动，开展死因监测、空气污染对人群健康影响监测和饮用水监测，完成24个重大公共卫生疾病预防控制项目，维持消除疟疾和碘缺乏病状态，鼓楼区成功创建国家级慢性病综合防控示范区。开发国内首个提供职业健康检查信息的市民公共服务平台，实现数据快捷查询和实时共享，推进对劳动者的职业健康监护。

【卫生监督执法】 2017年，福州市开展“放管服”工作，完成市卫计委权责清单融合编制工作。市卫计委权责事项414项，其中行政许可12项、行政确认1项、行政处罚283项、行政强制4项、行政监督检查42项、公共服务事项13项、其他权责事项59项。开展以医疗机构、学校卫生、生活饮用水及公共场所监管为重点的专项整治工作，打击非法行医，查处生活饮用水、公共场所违法行为，立案51件，罚没金额18.7万元；现场处罚16件，处罚金额共320元。推进治理出生人口性别比，落实怀孕14周以上终止妊娠手术审批制度，健全完善新生儿出生、死亡登记报告制度，保持打击“两非”案件查处高压态势，全年全市查处“两非”案件128件，其中重大案件2件。

【卫生应急处置】 2017年，福州市加强4支省级卫生应急队伍和2支反恐最小作战单元建设,规范卫生应急队伍管理办法,增加反恐最小作战单元人员编制和装备配置。健全卫生应急预案和制度体系,组织制定《福州市卫计委核和辐射事故卫生应急预案》《福州市轨道交通运营突发事件卫生应急预案(试行)》《福州市突发化学中毒事件卫生应急预案》等9份卫生应急预案,开展应急演练11次、培训19次,参与多部门联合演练5次。建立突发事件风险评估机制,开展季度风险评估4场,“三合一”会议专项风险评估2场。推动卫生应急区域协作,签署《福莆宁岚卫生应急区域合作框架协议》,组织莆田、宁德、平潭联合开展“健康使命—2017”福建省地震海啸灾害卫生应急综合演练。组织开展卫生应急技能竞赛,获得全省团体一等奖、优秀组织奖、单项个人一等奖1名,两名选手入选福建省代表队参加全国卫生应急技能竞赛复赛和决赛,其中1人获突发中毒事件应急处置类项目个人二等奖。开展卫生应急知识“六进”宣传活动,组织市级“六进”宣传活动5次。开展三轮反恐专项督查,发出督导检查表17份,发现问题47处,逐项督促整改落实。及时有效处置人感染H7N9、聚集性胃肠炎等突发公共卫生事件5起和连江丹阳车祸等突发事件紧急医学救援3起。在人感染H7N9疫情防控工作中,承担福州市防治重大疾病工作联席会议领导小组办公室职责,牵头宣传、爱卫、农业、林业、市场监管、商务、城管、环保、教育、体育、出入境检验检疫等各成员单位落实联防联控工作机制,实行信息日报和周报制度,严防疫情蔓延,疫情防控工作受到国家卫生计生委的通报表扬。

【妇幼保健】 2017年,福州市推进永泰县和晋安区妇幼保健院建设。强化孕产妇系统和儿童系统保健服务和管理,落实高危妊娠和高危儿的筛查与专案管理。完善转诊救治工作机制,建成分级负责、上下联动、应对有序、运转顺畅的孕产妇、新生儿和儿童危急重症急救、会诊、转诊网络。加强出生缺陷综合防治体系建设,推行一级防治措施,推进婚前保健和孕前优生健康检查工作,孕前优生健康覆盖率83.68%,为农村孕产妇免费增补叶酸16779人次,免费为20260对夫妇开展地中海贫血筛查。落实二级防治措施,动员宣传怀孕妇女孕28周前在自愿情况下至少接受1次出生缺陷产前筛查,免费为16534名城乡低保和农村孕妇开展产前筛查,项目覆盖7个县(市)。加强三级防治措施,实施出生缺陷救助和先天性机构畸形救助试点项目,开展福州市新生儿遗传性耳聋基因筛查试点项目。新增产科床位90张(福州市妇幼保健院26张、福兴妇产医院31张,伽禾妇产医院33张)。福州市二、三级综合医院妇产科床位比例100%达标。

【卫生人才队伍】 2017年,福州市印发《福州市卫生和计划生育委员会关于进一步加强市属卫生计生系统日常一线干部考察工作的暂行办法》。实行分级分类精准引才,按照《福州市关于鼓励引进高层次人才的七条措施》落实人才措施。完成2017年度市属12家医疗卫生单位和7个县(市)区委托人员招聘笔试工作,3660人参加考试。组织完成福州市第一医院、福州市第二医院、福建医科大学孟超肝胆医院、福州市中医院、福州肺科医院、福州市神经精神病防治院6家单位2017年度对台卫生专业招聘岗位审核工作。开展省外高层次人才引进,20名博士与市属卫生计生单位签订意向协议。与市人社局沟通协调,经批复,2018年开始,市属14家医疗卫生单位全面实行自主招聘,印发《关于市属卫生计生单位自主招聘暂行规定》。从市属公立医院调整70名人员编制支持市妇幼保健院新院人才储备用于该院招聘临床人才。对2016年度福州市卫生计生系统科学技术进步活动中做出突出贡献的个人和单位予以奖励,下达科研成果奖励经费22.5万元。组织申报2018年省卫生计生科研人才培养项目22项。开展全科医生、住院医师、乡村医生规范化培训工作及定向委培工作。开展校地合作,同意福建省福州儿童医院申请成为福建医科大学非直属附属医院,福建省福州神经精神病防治院通过评估验收成为福建医科大学非直属附属医院。

【中医药服务工作】 2017年,福州市中医院与中国中医科学院望京医院签订合作协议,以“送出去,引进来”的方式深入合作。加强临床重点专科建设,福州市中医院儿科、福州市第二医院急诊科、福建医科大学孟超肝胆医院中医疫病科列为福建省医疗“创双高“建设省级临床重点专科(中医类)建设项目。市中医院眼科等9个项目列为市级第七期中医、中西医结合重点专科项目。开展国医大师、全国名中医推荐工作,吴熙主任医师当选首届全国名中医。开展首批市级名老中医药专家传承工作室建设

2017年11月25日,福州市卫计委在福州左海公园北门广场举办“中医中药中国行——福州市中医药健康文化推进行动启动仪式”宣传活动

(福州日报社　供)

项目,谢宝慈全国名老中医药专家传承工作室建设通过省级验收达标。开展国家第六批老中医药专家学术经验传承工作:3名指导老师(全国名中医1名,省名中医2名)带教6名弟子。市中医院原丹列为第四批全国优秀中医临床人才研修对象。推动创建全国基层中医药工作先进单位,晋安区通过省级预评估,罗源县完成省级复评。加强基层医疗卫生机构中医药服务条件建设,全市96%社区卫生服务中心、85%乡镇卫生院、80%社区服务站、60%村卫生室能够提供中医药服务;106家社区服务中心和乡镇卫生院设有中医馆;各县(市)区老年人和儿童中医药健康管理率40%。开展中医药健康文化推进行动,11月在福州左海公园北门广场举办"中医中药中国行——福州市中医药健康文化推进行动启动仪式"宣传活动。

【医疗服务管理】　2017年,福州市对开展《限制临床应用的医疗技术》(2015版)、《福建省首批第二医疗技术目录》在列医疗技术的27家医疗机构71项医疗技术进行备案并在市卫生计生委官网向社会公示。新增福州神经精神病防治院精神科精神病专业、福州市第二医院康复医学科、福州市第一医院消化内科等3个专科进行重点建设,完成2015年度3个市级临床重点专科中期评估。开展临床岗位技能竞赛活动,组织34支代表队和136名选手参加市级竞赛,市第二医院、闽侯县卫计局为"2017年福州市临床岗位技能竞赛优秀组织奖",福州市第七医院等18家医院获得"2017年福州市临床岗位技能竞赛团体奖",36人获得"2017年福州市临床岗位技能竞赛个人奖"。印发《福州市卫生和计划生育委员会关于推动市属医院改善医疗服务的通知》,开展整改行动,形成《改善医疗服务主要问题整改责任清单》,群众就医满意度(省卫计委委托第三方评价结果)逐年提升,年内获评86.62分,比上年上升2.26分。印发《福州市县级"平安医院"创建工作考核办法及考核标准》,加强医院投诉管理,将第三方患者满意度、疾病应急救助工作开展情况、医疗责任保险参投保率纳入考核指标体系,指导医疗机构开展医患突发事件应急处置演练90次,医患纠纷第三方调处成功率87.4%,市县两级医疗机构1038家参投医疗责任保险,其中公立医疗机构参投率100%。

【医疗质量监管】　2017年,福州市完成二级医院2016年度评价,印发《福州市2017年加强医疗安全管理专项整治活动方案》,制定《关于做好2016年医院评价检查问题整改及2017年医院评价的通知》,持续改进医疗质量。印发《福州市2017年加强医疗安全管理专项整治活动方案》《关于开展加强医疗安全管理和风险防控工作专项整治及整治医疗机构违法违规医疗行为专项行动督查的通知》,开展医疗安全专项整治,督查范围延伸到基层和民营医疗机构。组织对18个市级质控中心年度考核,结果进行排名并通报,规范医疗质量控制机制。出台《福州市市级医疗质量控制中心财务管理若干规定(试行)》,实现病案、临床用药、护理、院感、放射、超声、临床检验等7个专业质控县级全覆盖。依托市级质控中心开展专业质控培训和检查,质控检查结果纳入年度医院评价,逐步实现管理规范化、工作标准化、标准同质化。出台《2017年全市二级及以上综合(专科)医院病历质量评比活动的通知》,委托市病案质控中心开展评审,评选出8本优秀病历系统内巡展。印发《福州市医用耗材专项整治工作活动方案》,落实2017年纠正医药购销领域及医疗服务中不正之风工作要点。落实医疗废物管理制度,规范全市小型医疗机构医疗废物集中处置工作,目前医疗废物集中处置率100%。

【医学鉴定】　2017年,福州市受理医疗事故技术鉴定案件35例,其中按照法定程序完成鉴定22例,鉴定为医疗事故8例,占36.4%,不属于医疗事故14例,占63.6%。鉴定案例涉及前四位的学科:妇产科、骨科、消化内科与眼科。鉴定案例涉及的医疗机构级别:省级9例、市级2例、县(市)级7例、民营(诊所)4例。有3例正在提交材料中,8例双方协商解决,2例按规定中止,协助其他设区市医鉴办完成医疗事故技术鉴定4例。受理并完成首次职业病鉴定1例(职业性接触性皮炎),维持原诊断结论,协助其他设区市医鉴办完成职业病诊断鉴定8例。未受理预防接种异常反应鉴定,协助其他设区市医鉴办完成预防接种异常反应鉴定1例。受理法院委托的医疗损害鉴定2例,完成鉴定2例,鉴定结论其中1例与医疗机构无因果关系,另1例与医疗机构有一定因果关系。完成福州市病残儿医学鉴定29例。

【民营医疗】　2017年,福州市批准筹建28个民营医疗机构,床位697张,其中10个医学检验实验室,10个血液透析中心(280个血液透析单元),3个医学影像诊断中心,1个病理诊断中心,1所护理院,1所二级中医医院,1所二级专科医院,1所三级专科医院,总投资15.85亿元。筹建完成已执业登记10个民营医疗机构,床位385张,其中1所三级专科医院,3所二级专科医院,4个医学检验实验室,1个病理诊断中心,1个血液透析中心。鼓励外籍、港澳台地区医师到福州市执业,至年底,在福州市执业的外籍医师有6个,台湾医师有18个。　(张先玲)

【国家卫生城市长效管理】　2017年,福州市开展对占道经营、"门前三包"、停车泊位等专项整治。督查市容环境、农贸市场、食品安全、"五小"行业、社区、城中村。整治城乡结合部、背街小巷、城中村、旅游景点及集贸市场等重点场所环境卫生脏乱差现象。市政府下发《福州市农村生活垃圾治理行动实施方案(2017—2019年)》《福州市农村生活污水治理行动实施方案(2017—2019年)》,重点推进水系综合治理、环境卫生整治、饮用水水源地保护、生态环境建设、农村垃圾污水治理、环境污染防治等工作,打造"整洁有序、设施完善、清新亮丽、环境优美"的宜居福州。全市完成1095个行政村的垃圾治理工作任务,建制镇生活垃圾处理率98%。对生活垃圾进行处理的行政村比例96.7%。全市130个乡镇全部建成生活污水处理设施,建制镇生活污水处理率100%;创建557个美丽乡村、17条美丽乡村景观带。

开展景区环境卫生整治行动,A级景区重点整治垃圾乱丢弃、垃圾陈留、场地脏乱、污水乱排放、垃圾箱设置不规范、餐饮加工和就餐环境不卫生、住宿场所卫生设施和环境不整洁、购物场所灰尘较多、吸烟现象不管控等现象。完善厕所设置,确保AAA级及以上旅游景区厕所在节日期间游客等候不超过10分钟。A级景区杜绝景区厕所简陋脏臭,旅游厕所卫生状况达到"十净"。2015年以来完成新建、改扩建国家A级旅游厕所151座。

五城区开展乱张贴专项整治工作,各区爱卫办组织各街镇、社区(村)每半月向市执法局和市公安局移交一次辖区内收集的乱张贴、乱涂写小广告电话号码,由市执法局和市公安局统一处置。全年出动人员99654人次,清洗乱张贴146915张,新设置便民信息栏558面,更换1217面,清洗维护6931面。收集便民类信息小广告1839个,违法类小广告1263个,对违法类小广告电话号码进行停机处理。

【爱国卫生月活动】 2017年,福州市制定《2017年福州市爱国卫生月活动方案》。开展3个主题活动。

开展"历史与展望——为了人民健康的65年"的主题宣传活动。印发国家卫生城市,灭蚊宣传张贴画、折页4.2万份,在学校、公园、建筑工地、农贸市场、车站、居民区、机关单位、旅游景区等场所张贴。组织收看中央电视台中文国际频道(CCTV-4)国家记忆栏目《纪念爱国卫生运动65年来的辉煌历史和伟大成就》节目;将登革热、寨卡病毒等传染病防控知识作为主要内容利用公共视频滚动播放。在100辆公交车显著位置上安装PVC板宣传牌,60辆公交车尾LED屏滚动播出爱国卫生宣传标语21.6万次。各县(市)区爱卫办组织爱卫会各委员单位在辖区内举办爱国卫生月大型宣传活动,免费赠送除四害药械,开展健康咨询、义诊等活动。各街(镇)、社区(村)利用电子显示屏、社区宣传栏普及卫生及除四害常识。机关、企事业单位开展健康生活方式宣传。此次爱国卫生月活动有26715人次参与宣传,发放宣传材料56188份,接受群众相关咨询11112人次。

开展以"清洁家园、除害防病、促进健康"为主题,以清洁环境、清除"四害"孳生场所为主要内容的环境整治活动。在城区,突出对食品加工、内河周边、公共厕所、农贸市场、"五小"行业以及社区等重点场所的专项环境卫生治理。按照"洁、净、美"的要求对公共娱乐场所、学校、机关企事业单位等环境卫生展开督查检查,动员单位干部职工、小区居民群众参与翻盆倒罐,疏通沟渠,清理卫生死角,铲除四害孳生地。爱国卫生月期间,全市外环境除四害消杀累计出动专业消杀人员635人次、大型消杀设备40台次、背负式设备276台次,使用卫生杀虫剂530公升、灭蚊蚴剂547千克,施药消杀面积206.9万平方米,清除蚊虫孳生地1.1万处。在农村,开展农村生活污水治理及美丽乡村建设,推进新农村"幸福家园工程"。以清洁化、秩序化、优美化、制度化、常态化"五化"为标准,对农村环境进行综合整治。

开展以"适宜体重保健康"为主题的健康教育活动。在全市倡导健康生活方式,宣扬保持健康体重理念,推广普及科学的减重方法,提高群众身体素质。

【健康城市和健康村镇建设】 2017年,福州市各县(市)区、市直部门推进健康单位建设。在城区推进健康"细胞"工程建设;在农村推进健康镇村试点建设,全市有5个乡镇、10个村列为健康村镇试点。各县(市)把健康中国的目标转化为健康村镇的指标,形成可推广的建设模式,以典型示范带动全市健康村镇建设广泛开展。

【病媒生物防控】 2017年,福州市城区开展12次全市统一外环境消杀活动。其中,2次外环境统一灭鼠,4次下水道灭蚊蟑和6次外环境灭蚊蝇活动,开展2次室内烟熏灭蚊蟑活动。出动专业消杀人员9265人次、大型消杀设备396台次、其他喷雾器背负式设备7653台次。使用灭鼠药62吨、各种杀虫剂16155公升,建设灭鼠毒饵站4.4万个。制定《福州市病媒生物监测工作方案》,在全市设置国家级监测点9个(含福州市抗药性监测),登革热媒介伊蚊监测点3个和常规监测点5个。6月,"三合一"国际会议在福州市召开,市爱卫办制定《福州市"三合一"会议病媒生物防制工作方案》和《福州市"三合一"会议病媒生物防制技术方案》。3—6月,市、区爱卫办派出督导人员191人次,对公园、广场、农贸市场、超市、公厕、垃圾转运站、建筑工地、学校、闲置空地等容易产生四害孳生地的场所进行92次实地督查。

【农村改厕】 2017年,福州市以新农村幸福家园工程建设、安居造福工程、水流域周边村庄、老少边贫地区为改厕重点,把农村改厕与农村危房改造等项目相结合,对建档立卡的扶贫村改厕情况进行专项摸底调查,确保资金到位、专款专用。完成市级爱卫系统改厕项目任务1078户,涉及12个乡镇38个村,其中闽侯228户、连江100户、永泰750户。全市建设系统完成农村三格化粪池新建、改建71921户。

【卫生县城、村镇创建】 2017年,福州市闽清县、罗源县、永泰县启动省级卫生县城创建工作。各县(市)结合新农村幸福家园、美丽乡村建设,推进卫生村镇创建工作,福清市、闽侯县各创建省级卫生镇2个、卫生村15个,市级卫生镇2个、卫生村15个;连江县、罗源县、闽清县、永泰县各创建省级卫生镇1个、卫生村3个,市级卫生镇1个、卫生村5个。

(韩　建)

人口与计划生育

【卫生计生宣传】 2017年,福州市在市电视台生活频道开设每周一期的《健康福州》栏目,播出39期节目。完善市卫计委门户网站、政务微博和政务微信建设,市卫计委门户网站刊发卫生计生新闻资讯1263条,健康科普知识848条,政务微博刊发送及转载信息342条,政务微信推送信息533条。开展主题宣传工作,鼓励各县市区因地制宜建设示范性的人口健康文化园(阵地),全市建有示范性的人口健康文化园29个。与市教育局联合开展"拒绝烟草危害"征文比赛,发动市属49所中小学和全市18家市属卫生计生单位参与活动。10

月11日,鼓楼区通过全国健康促进区国家考评组考核评估验收。

【全面二孩政策】 2017年,福州市实行一孩、二孩生育登记服务制度,推行个人生育情况承诺制,由家庭自主安排生育,开展符合政策生育第三孩的审批工作。出台《关于加强出生人口信息管理工作的通知》,健全基层出生人口登记和信息采集机制,及时准确掌握出生人口变动态势。开展1360份个人问卷和68份村居问卷,完成2017年全国生育状况抽样调查工作。开展村级计生管理员养老保障调研工作,形成《福州市村级计生管理员养老保障情况调研报告》。创新开展基层计生专干职能转型工作,在连江县、永泰县试点计生管理员兼职妇幼保健员、健康管理员等工作,培育新型计划生育计生专干。年内,出生人口7.87万人,出生率12.27‰,自然增长率7.37‰。出生人口政策符合率94.93%,出生人口性别比为108,各项指标均控制在责任指标以内。

2017年2月12日,福州市闽清县卫计局、县计生协会和县老体协在乃裳广场联合举行以"人口流动,健康同行"为主题的闹元宵健身舞蹈大赛及健康咨询义诊活动

(市卫计委 供)

【计划生育特殊家庭帮扶】 2017年,福州市落实计划生育特殊家庭双岗联系人和就医绿色通道制度,凭统一印制的"就医服务证",享受优先就诊医疗服务、免费健康体检服务和家庭医生签约服务,将计划生育特殊家庭作为第二类救助对象纳入市城乡医疗救助范围,减轻其医疗支出负担。加大对计划生育家庭的资金扶助力度,市级财政拨款2928.48万元,其中城镇部分计划生育家庭奖扶94298人(其中低保269人),奖励金额11348.82万元(市级补助1134.82万元);农村部分计划生育家庭30848人(其中低保1246人),奖励金额3851万元(市级补助205.5万元)。农村部分计划生育家庭贡献奖励15484人,奖励金额557.42万元(市级补助55.75万元)。独生子女父母光荣证领证法定奖励2261人,奖励金额226.1万元(市级补助金额33.95万元)。独生子女伤残死亡特别扶助3003人,其中低保276人,计划生育手术并发症6人,奖励金额4423.68万元(市级补助688.4万元)。农村二女夫妇奖励39862人,奖励资金1447.564万元(市级补助金额217.15万元)。全市建立失独家庭县(市)区、乡镇(村居)干部同时挂钩的双岗联系人帮扶工作机制,形成多样化的帮扶方式。鼓楼定期组织计生特殊家庭开展联谊活动、为失独老人办理"便民优待卡",发放居家养老服务券;投入29.6万元通过金太阳老年综合服务中心为年满60周岁的失独老人提供居家养老服务;依托曙光社会工作服务中心,对失独家庭建立一户一档,组织参加集体活动,与市中医院、市七医院合作提供就医绿色通道。仓山区建立全区计生特殊家庭信息库,开展节日慰问、紧急救助、爱心保险房屋修缮以及开展团体或兴趣小组活动。罗源县将计生困难家庭儿童全部纳入闽都助学对象,资助至大学毕业,对未列入低保的计生困难家庭孤儿给予每月每人500元的补助,列入低保的给予差额补助,并联系生育关怀领导小组成员单位结对帮扶到大学毕业。福清市与福建师大福清分校心理学专业联合建立计划生育特殊家庭心理辅导志愿者队伍,为失独家庭提供常态化志愿服务活动。晋安、闽侯、长乐、罗源、连江为失独家庭购买综合医疗保险。

【流动人口服务】 2017年,福州市流动人口总数169.04万人,流入人口119.69万人,其中已婚育妇29.43万人,流入统计出生2.88万人,政策符合率96.68%。跨省流入73.05万人,占流入总数的61.03%,全市流动人口仍以跨省流入为主;流出人员49.35万人,其中已婚育妇17.27万人。省内流出30.54万人,全市流出人口主要集中在省内。开展流动人口健康教育和促进行动,全市创立流动人口健康促进示范企业1个,健康促进示范学校1个,健康促进示范家庭10个。在鼓楼区在省级重点联系县(市、区)的基础上,新增台江区为流动人口基本公共卫生计生服务均等化省级重点联系县(市、区)。

(张先玲)

(编辑 姚国榕)

居民收入支出

【概况】 2017 年,福州市居民人均可支配收入 32561 元(不含平潭),比上年增长 8.4%。人均消费支出 23006 元,比上年增长 5%。

【城镇居民收入】 2017 年,福州市城镇居民人均可支配收入 40973 元(不含平潭),比上年增长 8.3%,扣除价格因素实际增长 6.8%。其中,工资性收入 25356 元,比上年增长 7.4%;家庭经营净收入 3654 元,增长 7.2%;财产净收入 5468 元,增长 15.4%;转移净收入 6495 元,增长 7%。

【城镇居民消费支出】 2017 年,福州市城镇居民人均消费支出 27427 元,比上年增长 3.9%,扣除价格因素实际增长 2.5%。其中,食品烟酒类、居住类、交通通信类、其他用品和服务类分别增长 3.6%、9.1%、8.0%、12.6%;衣着类、生活用品及服务类、教育文化娱乐类、医疗保健类分别下降 3.0%、2.2%、2.1%、11.2%。

【农村居民收入】 2017 年,福州市农村居民人均可支配收入 17865 元(不含平潭),比上年增长 9.3%,扣除价格因素实际增长 9.1%。其中,工资性收入 9555 元,增长 10.3%;家庭经营净收入 4656 元,增长 7.6%;财产净收入 855

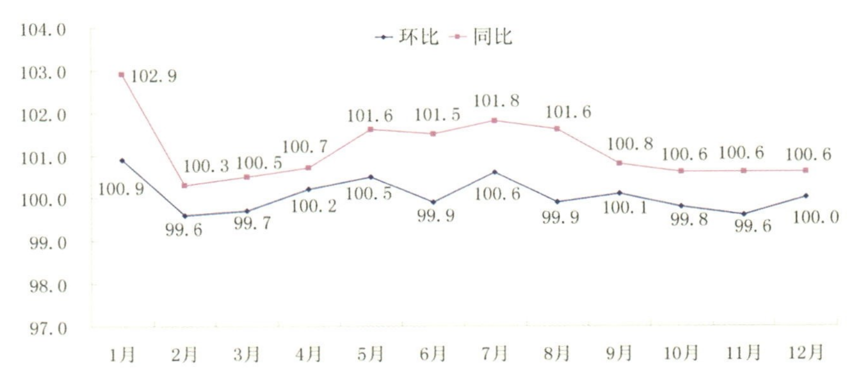

图 34 2017 年福州市居民消费价格分月指数

表 94 **2017 年福州市居民消费价格指数**

指标	指数
福州市居民消费价格总水平	101.1
市区居民消费价格总水平	101.4
食品烟酒	99.3
衣着	101.3
居住	102.5
生活用品及服务	98.9
交通通信	100.7
教育文化娱乐	104.7
医疗保健	101.7
其他用品和服务	106.8

说明:以上年指数为 100

元,增长 9.8%;转移净收入 2799 元,增长 8.6%。

【农村居民消费支出】 2017 年,福州市农村居民人均消费支出15283元,比

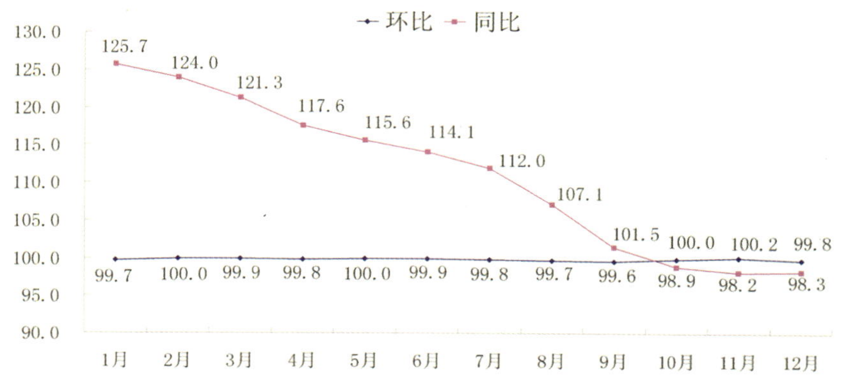

图 35　2017 年福州新建商品住宅销售价格分月指数

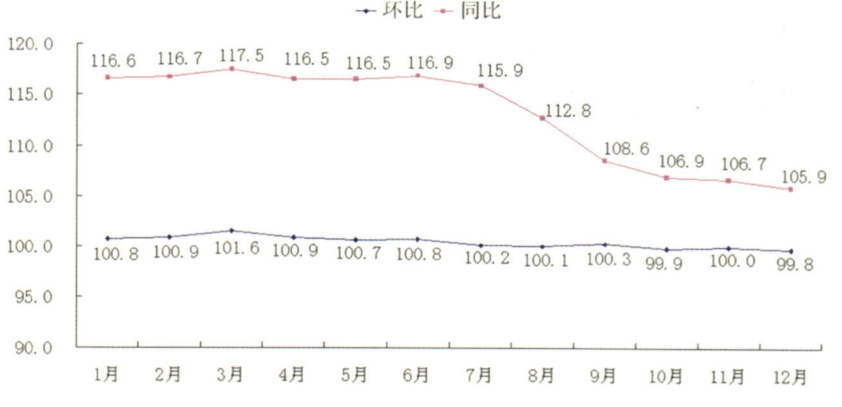

图 36　2017 年福州二手住宅销售价格分月指数

上年增长 8.9%，扣除价格因素实际增长 8.7%。其中，食品烟酒类、衣着类、居住类、生活用品及服务类、交通通信类、医疗保健类及其他用品和服务类分别增长 7.7%、10.9%、4.1%、26.4%、1.3%、26.3%、88.7%；教育文化娱乐类下降 3.8%。

（周　杨）

市场物价

【概况】　2017 年，福州市居民消费价格总水平比上年上涨 1.1%，走势温和。工业生产者出厂价格比上年上涨 4.1%，全年涨幅冲高回落。住宅销售价格保持平稳。

【居民消费价格】　2017 年，福州市居民消费价格总水平比上年上涨 1.1%（不含平潭）。其中，消费品价格持平，服务价格上涨 2.9%；食品类价格下降 3.3%，非食品类价格上涨 2.2%。八大类商品价格“六涨二降”，其中衣着类上涨 0.4%，居住类上涨 2.2%，教育文化娱乐类上涨 4.3%，医疗保健类上涨 4.8%，其他用品和服务上涨 6.5%，生活用品及服务类下降 0.2%，交通通信类上涨 1%，食品烟酒类下降 2%。

【工业生产者价格】　2017 年，福州工业生产者出厂价格比上年上涨 4.1%（含平潭）。全市 35 个工业大类行业中，有 27 个行业出厂价格同比出现上涨，1 个行业持平，7 个行业下降，行业上涨面达 77.1%。上涨的重点行业有黑色金属冶炼及压延加工业、化学纤维制造业、纺织业，分别上涨 26.3%、11.4%、2.4%。

【房地产价格】　2017 年，福州房地产市场延续高压调控态势，政策继续加码升级，房价过快上涨态势得到有效控制。新建商品住宅价格全年保持稳定，除 11 月外，各月价格环比均保持不涨或微跌，价格同比涨幅逐月缩窄，12 月福州新建商品住宅价格比上年同期下降 1.7%（不含平潭）；二手住宅价格走高回落，一季度二手住宅价格处于相对快速上涨区间，其中 3 月价格环比上涨 1.6%，为全年最高。随着 3 月 28 日《福州市人民政府办公厅关于进一步加强房地产市场调控的通知》出台，调控的持续深入，各月价格环比涨幅逐渐回落，市场日趋理性。

（周　杨）

劳动就业

【概况】　2017 年，福州市城镇新增就业 13.51 万人，完成全年任务 12.2 万人的 110.75%；失业人员再就业 0.93 万人，完成全年任务 0.85 万人的 109.28%；就业困难人员再就业 0.42 万人，完成全年任务 0.38 万人的 110.87%；新增农业富余劳动力转移就业 4.01 万人，完成全年任务 3.8 万人的 105.62%；全市城镇登记失业率 2.4%，控制在省下达的年度任务指标 3.5% 范围以内。年内，市人社局获评“全国人社系统先进集体”。

【就业创业】　对口帮扶定西市　2017 年 2 月，福州、定西两地人社部门签订《劳务输转技能培训暨大中专毕业生就业协作协议》，确定“十三五”期间共同实施劳务协作“十百千万工程”（“十百千万工程”指 2020 年前，支持定西市在福州市建立 10 个劳务工作站，组织重点用工企业在定西市举办 10 场大型招聘活动，为定西市培训职业技工院校管理人员和“双师型”教师 100 人，资助 250 名定西市贫困户子女到福州市技师学院就读，协助安排 1000 名定西市贫困家庭大中专生和毕业生到福州市实习、就业，协助安排 2500 名定西市职业院校在校生到福州市企业实习，组织转移 1 万名农村贫困劳动力到福州市就业）。福州市全年建立定西劳务工作站 10 个，组织 22 场招聘会，提供就业岗位 52619 个，输转 3567 名劳动力，其中建档立卡贫困劳动力 1902 人，全面完成年度扶贫劳务协作目标任务。福州市为定西市培养“双

2017年4月10日,甘肃省定西市驻福州劳务工作站在福州市劳动就业管理中心揭牌　　(张铁国　摄)

师型”教师20人。资助35名定西市贫困户子女到福州第一技师学院就读。组织福州市事业单位、国有企业定向招聘定西94名建档立卡贫困户大学生,其中事业单位46人,国有企业48人。国务院扶贫办在《扶贫信息》专刊登发福州与定西就业扶贫协作成效。

精准扶贫　出台《福州市人力资源和社会保障局关于农村贫困家庭劳动力参加城乡居民基本养老保险享受社保补贴有关事项的补充通知》,为2100名农村贫困家庭劳动力发放城乡居民保补贴10.5万元。开发各类公益性岗位1134个,托底安置821名农村贫困家庭劳动力,发放公益性岗位补贴409万元。对13902名贫困人口进行调查摸底,为4832名有转移就业意愿的农村贫困家庭劳动力办理就业创业证,享受与城镇居民同等的就业创业扶持政策。

公共就业服务　每周三、五常态化举办免费招聘会,举办“就业援助月”“春风行动”“民营企业招聘周”“退役士兵和随军家属专场招聘会”等系列招聘活动,累计79场,提供1.2万个岗位数。举办第十三届(春季)和第十四届(秋季)福州校企用工对接洽谈会,组织208家企业与84所技工、职业院校签订校企用工对接协议,引进技工、职业院校毕业生9000多人。继续开展企业诚信用工承诺活动,1900多家企业参加,149家重点用工企业获评“诚信用工企业”称号。升级手机“摇工作”平台,作为福建省就业服务参展项目之一参加首届全国创业就业服务展示交流活动,获“优秀项目奖”。

高校毕业生就业　2017年,福州市在榕高校毕业生9万人,就业率96.27%;实名登记本地生源离校未就业毕业生4048人,实现就业3904人,实名登记就业率96.44%。印发《福州市人民政府关于做好2017年高校毕业生就业创业工作的通知》《福州市委办公厅、市政府办公厅印发〈关于进一步引导和鼓励高校毕业生到基层工作的实施意见〉的通知》。招募207名高校毕业生到基层服务,其中选调生50人,大学生村官97人,“三支一扶”计划45人,服务社区计划15人。为37所在榕高校的5696名毕业生发放求职创业补贴1139.2万元。开展首届“植根榕城”优秀创业项目资助评审,评选出100个优秀创业项目给予每个3万~10万元的资金支持,发放资金500万元。

【职业能力建设】　放管服改革　2017年,福州市出台《福州市人力资源和社会保障局转发人力资源社会保障部关于公布国家职业资格目录的通知》《福州市人力资源和社会保障局转发福建省人力资源和社会保障厅关于做好国家职业资格目录公布实施后技能人员职业资格后续工作的通知》,取消营销师、美甲师、插花员、装饰美工、计算机操作员、营业员、涂装工、服装制作工、芳香保健师、工艺品雕刻工等86个福州市职业工种考核鉴定。全市69个职业技能鉴定站(中心)停止使用无国家职业标准、无题库的职业工种技能鉴定和认定工作。

职业技能培训　全市参加各类职业技能培训人数61238人次,其中通过鉴定并取得证书51127人次,申请职业技能培训补贴14999人次,发放补贴953.01万元。开展维修电工、快递员、育婴师、美容美发、家政养老护理等6场职业技能竞赛。增设《专业技术人员绩效管理与业务能力提升》《供给侧改革》《2016—2017学年教师公修课》等继续教育课程,办班872期,51212人次参加培训,审验39083人,其中教育专技人员33248人,卫技人员5168人。

技工教育　年内,福州市技工院校开设物联网技术、智能制造与3D打印技术、焊接加工等10个与福州市新一轮经济创新发展重点产业对接的急需紧缺人才对口专业。福建福光光电科技有限公司、飞毛腿(福建)电子有限公司、飞毛腿电池有限公司、东南(福建)汽车工业有限公司、福建华电可门发电有限公司5家企业与福州第一技师学院、福州第二技师学院、福建技师学院、飞毛腿高级技工学校等4所技工院校联合开展“企业新型学徒制”试点工作,开设数控加工、电子设备装接工、维修电工、汽车维修等4个专业,计划培养400名新型学徒,其中中级工300人、高级工100人。

【劳动关系维权】　2017年,福州市在全省率先运用企业社会保险缴费大数据,筛查社会保险缴纳异常的企业,对欠缴社保1个月、2~6个月的企业分别给予黄灯、红灯预警,并对100人以上缴费异常的企业进行重点排查,对可能出现的劳动关系风险隐患点提前介入,防止出现劳动争议群体性事件。开展非公有制企业实施劳动合同制度专项行动,推广各类劳动合同示范文本,推进制造、餐饮、建筑等行业及小微企业、非公有制企业签订劳动合同,全市备案用人单位2.2万家、用工33万人,备案用工数比上年增长14%。全面下放劳务派遣审批权限,加强监管劳务派遣经营单位、企业实行特殊工时工作制、企业集体合同、企业使用未成年工等用工行为。

劳动争议调解仲裁　依托金保二期工程推广调解仲裁办案信息系统,初步实现人力资源社会保障系统内部信息互联互通。市本级和12个县(市)区组建劳动人事争议仲裁委员会,设立仲裁院,全年处理劳动人事争议案件10094件,涉及劳动者11000人,结案率91%,其中调解结案率67%。

解决拖欠农民工工资问题　先后开展清理整顿人力资源市场专项行动、用人单位遵守劳动用工和社会保险法律法规情况专项检查、保障农民工工资支付专项检查3个专项检查活动,全市劳动保障监察机构检查企业12564家,为4718人追回工资2958万元。全年召开企业普法座谈会、教育警示会15场,评出守信企业99家、一般失信企业18家、严重失信企业18家,向社会公布3家企业存在的重大违法行为。市劳动保障监察支队被人力资源和社会保障部、国家工商总局评为"清理整顿人力资源市场秩序突出成绩单位"。

(陈　榕)

社会保障

【概况】　2017年,福州市参加养老保险415.8万人,参加基本医疗保险参保615.53万人,参加工伤保险155万人,参加失业保险121.3万人,参加生育保险113.03万人。12.8万名机关事业单位在职人员全部纳入参保范围。

【养老保险】　城镇职工养老保险　2017年,福州市在全国率先开发启用"社保可信证明云平台"和"社保缴费随手查"APP,实现城镇职工养老保险参保信息互联互通,打印社保证明"一趟不用跑"。通过人脸识别认证系统完成全市企业退休人员养老金资格认证工作,福州市企业退休人员通过"刷脸"完成资格确认。全市企业退休人员月人均养老金2418.68元,月人均增加141.57元。全市城镇职工养老保险参保单位7.61万家,参保职工144.18万人,基金收入86.92亿元,支出83.03亿元,历年滚存结余8.22亿元。

城乡居民养老保险　全市城乡居民保应参保人数215.29万人,已参保人数213.91万人,参保率99.36%。全面实施全民参保登记计划,完成入户调查158.44万人。审核征地报批258个批次,涉及耕地面积765.07公顷,预留被征地农民养老保障金5.19亿元。城乡居民社会养老保险基础养老金标准从每人每月100元提高到130元。全市47.05万人纳入被征地农民养老保障,五城区被征地农民养老保障金从原来每人每月570元提高至700元,养老补助金从原来每人每月285元提高至350元。

机关事业单位养老保险　年内福州市在全省率先完成检察院、法院参保人员转移确认工作,涉及在职人员3020人、退休人员851人。全市机关事业单位养老保险数据全部纳入系统管理,参保单位2442家,参保人员17.28万人,其中在职人员12.09万人、离退休人员5.19万人。基金收入35.68亿元,支出31.11亿元,当年结余4.57亿元,滚存结余25.17亿元。　(陈　榕)

【医疗保险】　2017年,福州市在2016年12月底成立市医疗保障管理局的基础上,于2017年4月又成立市医疗保障基金管理中心,完成机构组建工作,实现城镇职工医保、城镇居民医保和新农合统筹管理。完成城乡居民医保政策整合工作,实现城乡居民医保覆盖范围、筹资标准、政策待遇、医保目录、定点管理和基金管理"六统一",将城镇居民医保、新农合基金合并成为城乡居民医保基金,实行市级统筹,城乡居民医保大病保险与城乡居民医保同步实行市级统筹,增强基金抗风险能力和水平。

2017年,全市职工医保统筹基金当期收入37.8亿元,当期支出26.81亿元,当期结余10.99亿元,累计结余52.92亿元;全市职工医保个人账户当期收入23.67亿元,当期支出16.79亿元,当期结余6.88亿元,累计结余39.14亿元;全市城镇居民医保基金当期收入8.35亿元,当期支出7.93亿元,当期结余4200万元,累计结余1880万元;全市新农合基金当期收入20.51亿元,当期支出21.11亿元,当期亏损6000万元、累计结余1.99亿元。至2017年末,全市基本医疗保险参保人数615.53万人,其中职工基本医疗保险参保人数159.37万人,城乡居民基本医疗保险参保人数455.76万人。

年内取消医保参保人员就医区域限制,参保人员在福州市范围内异地就医,无需办理异地就医登记手续;将城乡居民医保普通门诊就医医疗机构范围,扩大到参保地所有定点社区服务中心和乡

2017年,福州市在全国率先开发启用"社保可信证明云平台"和"社保缴费随手查"APP　(黄立新　摄)

镇卫生院;将城乡居民医保参保人员门诊特殊病种就诊可选择的定点医疗机构从1个增加为2个。所有完成事前提醒接口改造的定点医疗机构自动为参保人员门诊特殊病种就诊医疗机构;在全省率先出台持有居住证人员参加医保的新政;在全省率先开通新农合住院预结算业务和门诊特殊病种刷卡即时结算;拓宽职工医保个人账户资金使用范围。个人账户在定点医疗机构、定点零售药店、健康体检机构、口腔门诊部的结算费用不设最高支付限额,并可用于支付参保人员在定点医疗机构发生的预防性免疫费用(包括所有的二类疫苗)和为家庭成员(含农村居民)缴纳城乡居民医保费用,取消使用个人账户资金购买与基本医疗保险相衔接商业健康保险产品的资金门槛。

各县级以上公立医院设立服务站,将服务站延伸至乡镇卫生院和社区卫生服务中心,提供医保政策咨询、门诊特殊病种登记、外伤审核、转诊转院审核、异地安置登记和手工报销等业务办理。率先在福州市第一医院试点,县级医院在福清市医院率先启动,闽清县实现医保服务站设立全覆盖。推进跨省联网异地就医即时结算,7月并入全国联网系统,实现全市医保参保人员跨省异地住院直接刷卡结算。(苏明辉)

【工伤保险】 2017年,福州市受理工伤案件3920件。在福清试点探索"工伤认定+医疗费联网结算"模式,对受理的事实清楚、权利义务明确的工伤认定案件,审核材料清楚后10工作日内出具工伤认定的决定,被确定为省重点创新项目。推进"互联网+政务服务",建设工伤保险医疗费联网结算系统。全市工伤保险参保企业7.85万家,参保职工155.03万人。基金收入3.56亿元,支出1.75亿元,滚存结余19.91亿元。

【失业保险】 2017年,福州市失业保险参保人数121.26万人,失业保险基金总收入5.84亿元,总支出3亿元,失业保险基金滚存结余48.39亿元。全年领取失业保险金人数13335人,发放失业保险金9419.5万元,基本医疗补助金3259.83万元,农民工一次性生活补助998.94万元,价格临时补贴97.49万元,稳定岗位补贴8993.2万元,技能提升补贴3.8万元。元旦春节期间,全市慰问困难企业的特困职工、困难农民工、特困登记失业人员3170人,发放慰问金191.28万元。(杨成殷)

【生育保险】 2017年,福州市职工生育保险基金当期收入2.31亿元,当期支出4.27亿元,当期亏损1.96亿元,累计结余3.3亿元。至2017年末,全市生育保险参保人数113.03万人,比上年末增加3.76万人。

【药品联合限价阳光采购】 2017年5月1日起,福州市各级医保定点公立医疗机构统一在福建省药品联合限价阳光采购平台上进行药品阳光采购,并探索高值医用耗材阳光采购工作。市医保局联合市卫计委对全市35个二级及以上公立医疗机构高值医用耗材阳光采购情况进行专项检查,开展高值医用耗材基础数据库比对维护。对不在省联合限价阳光采购挂网目录内的临床治疗急(必)需药品、国家规定特殊管理药品等相关药品,允许通过省级平台先采购后备案,确保医疗机构临床用药需求。5—12月,全市各级公立医疗机构药品实际采购金额金额15亿元,比上年减少11432万元,下降7%。

全市定点公立医疗机构执行药品购销"两票制",加强配送企业在省级平台上传药品购销票据管理,要求医疗机构在入库验收药品时,规范落实生产企业开具给配送企业第一票、配送企业开具给医疗机构第二票的核对工作,对生产企业名称、药品批号、药品名称、药品数量、药品金额等相关内容进行审验,经验明票、账、货三者一致后验收入库。建立"企业黑名单"制度,鼓励企业诚信,对于不诚信者直接"拒之门外",重点打击带金销售和不按时供货行为。

改变由配送企业直接与医院结算货款的做法,改由医保经办机构代为结算,8月1日起,全市采取分区分批推进,第一批和第二批选择福州市第六医院、第七医院和第八医院等10家公立医院试行药品货款阳光结算,结算金额1.48亿元。全市二级及以上公立医疗机构探索高值医用耗材网上阳光采购,将原卫生部确定的血管介入、非血管介入、骨科植入、神经外科、电生理类、起搏器类、体外循环及血液净化、眼科材料等10类高值医用耗材全部纳入网上阳光采购。

【医疗服务价格改革】 2017年,福州市医保局出台调整公立医疗机构部分医疗服务价格实施方案,7月1日起对全市公立医疗机构价格结构矛盾仍然比较突出的3级及以上手术类项目医疗服务价格进行适当调整;在市级(含)医疗机构实行生化检验项目组合收费;调整公立医疗机构门诊诊查费。9月12日起,调整全市公立医疗机构门诊诊查费标准。以上3次价格调整金额13531万元,医保配套跟进。

年内,在省属公立医院实行100个病种的按病种收(付)费。率先全省在市、县、乡级公立医疗机构也实行按病种收(付)费。国家卫计委将福州市第一医院列为全国按疾病诊断相关分组(DRG)收付费改革试点医院。

(苏明辉)

民 政

【概况】 2017年,福州市制定出台《福州市"十三五"综合防灾减灾专项规划》《福州市特困人员救助供养实施办法》《关于加快养老事业发展的实施方案》等政策,完成城乡低保标准提高,全面推行特困供养政策,开展"百会联百村"扶贫攻坚行动。年内长乐完成撤市设区。

【社会救助】 2017年,福州市提高城乡低保标准,城市最低生活保障标准占最低工资标准的42.42%,农村最低生活保障标准平均占上年度农民人均生活消费支出的41.9%。城市低保标准为700元/月、农村不低于350元/月,较上年增长22.8%、32%。

特困供养政策全面落地。制定出台《福州市特困人员救助供养实施办法》,推行城乡统筹、分类定标、差异服务的特困供养新政策。全面完成特困人员生活自理能力评估、供养标准核定、供养形式确认等工作，实现政策落实到人。全市城乡特困供养平均标准分别为17457元/年、14023元/年，比上年提高9087元、4543元。

推进精准扶贫、精准脱贫。加强与扶贫工作部门沟通协调，将符合条件的农村低保对象、特困人员统筹纳入相关政策覆盖范围，建立健全建档立卡贫困户申请审批快速反应机制，年内全市建档立卡未脱贫的贫困户2628人中有951人被纳入低保。

开展临时救助工作。建立健全“一门受理、协同办理”救急难快速响应机制，实行救助资金1000元以下由乡镇（街道）审批制度，加快临时救助时效。全市实施临时救助20014人次，支出临时救助资金2440.14万元，全市平均救助水平为1219元/人次，比上年提高374元/人次。

加强救助对象识别。完善救助申请家庭经济状况核对机制，与房产、车管、金融等部门建立24类信息横向对比平台，完成低保对象和特困人员年度复核认定。全年有城乡低保对象5.5万人（城市8423人、农村46621人）、特困人员6532人，发放低保金3.29亿元、特困供养金7073.27万元。推进公租房配置网上运行工作，四城区登记保障资格21批，配租8208户。

推进乡镇敬老院运营管理，将乡镇敬老院床位使用率纳入县（市）区绩效考核指标。各县（市）区出台社会化运营试点工作实施方案，推进安全达标和设立许可工作，通过许可、整改、搬迁等方式，完善乡镇敬老院硬件设施。全市乡镇敬老院58所，床位2370张，其中社会化运营39所，社会化运营率67.24%。敬老院入住1551人，床位使用率提高至65.44%。

开展未成年人救助保护和农村留守儿童关爱保护工作。引进未成年人社工服务项目，招募高校志愿者参与滞留受助未成年人的心理咨询、普法知识教育、道德教育等工作，并对回归家庭的儿童进行回访。制定出台《福州市人民政府关于加强农村留守儿童关爱保护工作的实施意见》，推进马尾、连江、永泰试点工作，启用运行全国农村留守儿童信息管理系统，开展信息采集、动态更新和通报共享工作。

2017年，福州市组织“炎热送清凉”行动，为市政工作人员送上防暑降温物品（叶义斌　摄）

推进流浪乞讨救助工作。采集滞留流浪人员DNA数据并录入全国打拐DNA信息库，帮助113名流浪人员成功寻亲。全市救助流浪乞讨人员6909人次，其中未成年人168人次。开展“寒冬送温暖”“炎热送清凉”专项救助行动，设立35个开放式救助点和临时庇寒场所，劝导救助2088名流浪乞讨人员，其中913名经劝导护送进站接受救助；对不愿进站的流浪乞讨人员，按需发放棉被104件，棉衣186件，食品4065件。

【防灾减灾救灾】　2017年，福州市制定出台《福州市“十三五”综合防灾减灾专项规划》，下发《福州市政策性农村住房保险实施方案的通知》。下拨自然灾害生活补助金1210万元，发放冬令物资136万元，保障4.69万名受灾群众基本生活。下达省、市两级自然灾害避灾点补助资金235万元，提升改造全市3200个自然灾害避灾点。推进农村住房保险工作，为1611户受灾农户办理农房保险理赔1166.64万元。

【福利慈善】　2017年，中共福州市委、福州市政府出台《关于加快养老事业发展的实施方案》，健全养老事业“1+N”政策体系。投资3.66亿元的市社会福利中心完成建设，安排床位1500张。推动12个县（市）区建设社会福利中心，总投资7.2亿元，安排床位5759张，其中鼓楼、罗源、闽清、永泰和长乐投入使用。福建海峡健康养老中心、奥体11号地养老中心和福清静馨嘉园养老中心等招商项目落地，计划总投资9.75亿元，拟设床位1500张。新建农村幸福院261个。开展养老院质量建设专项行动，梳理汇编《福州市养老服务质量大检查操作手册》，指导督促各县（市）区开展工作。

落实孤儿、困境儿童保障工作，健全儿童福利保障体系。提高孤儿养育标准，从1月起，福州市孤儿基本养育标准调整为社会散居孤儿每人每月不低于900元，机构供养孤儿每人每月不低于1500元。重点实施“残疾孤儿手术康复明天计划”，对城乡各类社会福利机构和民政部门监护分散供养的0～18周岁具有手术适应症的残疾孤儿进行手术矫治和康复，将社会散居孤儿纳入救治范围。全面录入困境儿童信息，建立困境儿童信息台账，实现动态管理。

【优抚安置】　2017年，福州市出台加强新形势下优抚安置工作的实施意见。全年接收退役士兵2105人，下达年度退役士兵各项经济补助金。动员702人参加职业技能培训。提高优抚对象精细化管理水平，二代身份证采集率99.15%。完成1978年以来符合政府安排工作条件的转业志愿兵、士官、义务兵相关数据采集统计工作,采集4万多名符合政府安排工作条件退役士兵信息。“八一”期间走访慰问2613人次,发放慰问金43万余元。

【基层政权和社区建设】 2017年,福州市开展全国、省级农村社区建设示范单位创建活动,42个村获评省级农村社区建设示范单位。全面推广军门社区、百户村社区治理典型经验,制定《关于加强和完善城乡社区治理三年行动方案》。全市2015个村、452个社区修订村规民约或居民公约。全市征集优秀村规民约136篇,其中20篇推荐上报民政部。

【民间组织管理】 2017年,福州市出台《关于改革社会组织管理制度促进社会组织健康有序发展的实施意见》,对全市社会组织管理制度改革工作进行全面部署。开展“百会联百村”扶贫攻坚行动,105家社会组织与102个贫困村对接,精准扶贫98户、贫困人口280人,捐赠资金、各类生活物资等171.86万元。推进社会组织党建工作,组建90家党支部,覆盖107家社会组织。推进行业协会商会与行政机关脱钩工作,市级行业协会商会脱钩目标任务总完成率达96%,通过省级检查验收。推进市、县(市)区两级社会组织孵化基地建设,五城区均完成建设并投入使用,长乐撤市设区后也按要求开始启动建设工作。加强社会组织执法,开展社会组织信用建设,建立社会组织信用“红黑名单”。

【区划地名和边界管理】 2017年,福州市完成长乐撤市设区申报材料和前期准备工作,并成功获批,长乐区于11月6日正式挂牌设立。完成地名“二普”各阶段工作任务,普查地名68398条,完成迎接国家、省级验收准备。完成市区道路名称命(更)名114条、路牌制作或维护186面,选出福州老地名保护名录171处。总投资约1亿元,以各县(市)区为主体,更换全市“二维码”门牌、梯位牌125.34万块;完成4条共139.38千米长县级界线、39条共354.463千米乡(镇)级界线联检任务。

【婚姻登记】 2017年,福州市推进婚姻登记规范化和信息联网建设,基本完成1994年以来婚姻登记历史数据录入工作,导入全市人口数据平台的婚姻登记历史数据230万条。年内,全市婚姻登记94025对,其中涉港澳台侨和外国人3865对。

【殡葬改革】 2017年,福州市推行惠民殡葬改革,全年惠民基本殡葬服务受惠人数9582人次,减免金额2007.4万元。开展常态化陵园墓地巡查检查工作,推进毁林建墓专项整治,组织开展殡仪服务公众观摩日和骨灰撒海公益活动。

【老区建设】 2017年,福州市将22个老区村列入省、市扶贫开发重点村进行帮扶,倾斜支持罗源、永泰、闽清等县的老区村贫困村开发建设,确定33个帮扶项目,落实市级老区扶建专项补助资金335万元。组织开展4期全市性老区农村实用技术培训。下达革命“五老”人员定期生活补助市级配套资金144.47万元。各县(市)区革命“五老”人员定期生活补助标准均高于省级(每人每月970元)、市级(每人每月980元)标准。资助革命“五老”人员参加城镇居民基本医疗保险,下达医疗补助市级配套资金6.91万元。落实革命“五老”人员物价上涨补贴联动机制,落实联动补贴资金2.745万元。组织开展“两节”走访慰问革命“五老”人员活动,发放慰问金139.91万元。

【老龄事务】 2017年,福州市开展《福州市老龄事业发展和养老服务体系建设“十三五”规划》编制工作。新建37个社区居家养老服务照料中心,完成24个居家养老服务站提升任务。全面落实80周岁以上老年人高龄津贴制度,对年满80~99周岁(含80周岁)高龄老人,按每人每月不低于100元标准发放高龄补贴,发放131910人,金额1.97亿元;对年满100周岁以上(含100周岁)高龄老人,按每人每月不低于200元标准发放百岁老人营养补贴,2017年百岁老人355人,发放省、市百岁老人营养补贴67.45万元。探索创新老龄工作有效机制,完成《福州市居家养老服务体系建设实践与思考》课题调研。举办福州市“孝亲敬老之星”评选活动,评选出30名“孝亲敬老之星”。

【福利彩票销售】 2017年,福州市拓展中福在线和“刮刮乐”销售市场,全年完成福利彩票销量2.95亿元,其中,中福在线视频票销售2.44亿元,刮刮乐即开票销售0.51亿元。

(林志鸿)

民族宗教事务

【概况】 2017年,福州市民宗局申请下达省级以上民族发展与补助资金590万元,落实市级民族发展补助专项资金912万元;召开城市民族工作会议,推动建设“少数民族服务站”。举办2017年福州市基层宗教干部培训班及宗教界科学放生培训班、民间信仰场所培训班、道教教职人员培训班,建成首批市级民间信仰场所联系点。年内,连江县被国家民委授予“海峡两岸少数民族交流合作基地”称号。

【少数民族乡村工作】 2017年,福州市申请下达省级以上民族发展与补助资金590万元,落实市级民族发展补助专项资金912万元。将73%的民族发展与补助资金,集中扶持福州市少数民族贫困村和薄弱村经济社会事业发展,推进少数民族乡村脱贫攻坚。推进全市建档立卡的少数民族贫困户135人全部脱贫。在安排项目资金中重点扶持民族乡村道路硬化、安全饮用水、造福工程搬迁配套设施等基础设施建设。优先推进18个民族村“幸福家园工程”建设工作,其中市级示范村2个,县级示范村16个。造福搬迁少数民族群众197户770人。

推进少数民族经济产业发展。重点扶持10个民族村发展光伏电路项目、水果种植、油茶种植等“一村一品”特色产业。组织41名少数民族群众参加少数民族月嫂、电子商务、新型职业农民技能等培训班。5月,在福建师范大学福清分校举办“2017年全市民族村主干培训

2017 年 12 月 27 日，2017 年“互联网 + 宗教事务”福州论坛在连江举行

（市民宗局 供）

班”，全市 42 名民族村主干参加培训，其中 20 名来自全市少数民族贫困村、薄弱村，并赴“全国扶贫第一村”——宁德赤溪畲族村开展“精准扶贫、精准施策”现场教学。推进 5 个民族村的第三批少数民族特色村寨试点建设，重点改善少数民族村生产生活条件、培育特色产业、民居保护与建设、民族文化保护与传承。11 月，举办全市少数民族特色村寨工作现场推进培训会，组织 11 个少数民族特色村寨建设村 21 名干部赴漳州市华安县官畲村考察学习，现场观摩官畲村民俗文化、少数民族特色村寨项目和经济建设等。

推进少数民族社会事业发展。3 月，在连江县举办中华一家亲 · 2017 海峡两岸各民族欢度“三月三”节暨福建省第六届“三月三”畲族文化节、第十届海峡两岸少数民族丰收节活动，专门设置一个主会场、两个分会场和海峡两岸少数民族文化展示交流区域。连江县被国家民委授予“海峡两岸少数民族交流合作基地”称号。9 月，罗源县在县教师进修校第二附属小学开设民族班，招收 45 名少数民族适龄儿童入学。推荐福州民族中学作为新一轮“福建省少数民族传统体育项目训练基地”。落实省级民族发展专项资金 40 万元，改善福州民族中学、富泉民族中心小学、钟厝小学等民族中小学寄宿制学校办学条件及基础设施建设。

【城市民族工作】 2017 年 3 月，福州市召开城市民族工作会议，邀请新疆到榕经商的少数民族代表人士参会并与相关职能部门进行互动交流，帮助解决城市少数民族“入口、入住、入学、入土”等问题。在全市各县（市）区民族团结进步试点社区加挂“少数民族服务站”牌子，增加引导经商、就医、就业等服务内容，将少数民族流动人口纳入到街道、社区服务中，共同加强对外来经商、务工少数民族流动人口的教育引导和服务管理工作。

【宗教事务管理】 2017 年，福州市备案教职人员 200 人，新登记场所 7 处，公民民族成分确认 9 人。9 月，对福州市基督教两会和台江区、仓山区的宗教活动场所安全、财务管理以及鼓楼区公民民族成分确认等开展“双随机一公开”检查。10 月，开展宗教政策法规学习月宣传活动。11 月，举办 2017 年福州市基层宗教干部培训班，对近 200 名县、镇基层宗教工作干部进行新修订的宗教事务条例培训。开展全市宗教活动场所统一信用代码赋码和换发新版宗教活动场所登记证工作。

宗教界自身建设 4 月，市佛教协会完成省佛教协会换届人选的推荐工作。9 月，市民宗局推荐 8 名宗教界人士到宗教高等院校深造。11 月，市民宗局在闽侯青岐举办宗教界科学放生培训班，城区佛教场所负责人和管理人员近 60 人参加培训班，福州市海洋渔业局专家对科学放生的有关知识进行专题培训，并组织放生草鱼苗 40 万条；同月举办福州市民间信仰场所培训班、道教教职人员培训班，引导宗教界开展科学放生和移风易俗活动。12 月，市民宗局指导福州市天主教爱国会完成换届工作。年内市民宗局筛选 13 个民间信仰场所作为首批市级民间信仰场所联系点；指导完成清真寺给排水项目建设、花巷基督教堂修建和鼓岭基督教堂一期景观改造工作。

宗教界参与公益事业 9 月，市民宗局通过宗教慈善周的“公益助学、五教同行”项目发动宗教界捐款近 40 万元，资助福州市贫困学生 52 人，其中大学生 22 人，高中生 10 人，初中生 12 人，小学生 8 人。52 名学生中，低保户或建档立卡贫困户 39 人，孤儿 3 人，单亲且父亲残疾智障 2 人，连江外来少数民族务工子女 5 人，宗教界学生 3 人。年内协调省少数民族发展基金会、省畲家企业商会认捐福州市少数民族贫困学生 15 人。

【宗教文化宣传与交流】 2017 年，福州市民宗局指导举办陈文龙信俗文化节、2017 榕台古榕文化节和“游田了”张圣君信俗活动。推动张圣君信俗列入福建省第五批非遗名录。12 月，举办 2017 年“互联网 + 宗教事务”福州论坛，来自中国社会科学院、北京大学、中央民族大学、北京语言大学和上海科学院等高校和科研研究所的专家学者对互联网时代的宗教与宗教学理论、网络宗教活动与宗教问题现状调查、网络宗教事务管理相关法律问题、互联网宗教信息服务与涉宗教媒体建设、运用互联网讲好中国宗教故事等议题开展探讨。

（郭莉萍）

（编辑 黄 铭）

鼓 楼 区

【概况】 鼓楼区区域面积35.7平方千米。辖9个街道、1个镇，有69个社区，户籍人口57.9万人。

2017年，鼓楼区143个“五个一批”项目完成投资316亿元，138个“攻坚2017”市级项目完成投资234.4亿元，33个市级以上重点项目完成投资128亿元，8个市级工程包完成投资9.83亿元，完成年计划120.6%；10个区级工程包完成投资10.31亿元，完成年计划119.1%。获评“全国综合实力百强区”“全国投资潜力百强区”称号，分别位居全国第35位、第24位。

【经济建设】 2017年，鼓楼区实现地区生产总值1468.4亿元，比上年增长8.8%；三次产业结构比例为0:18:82；一般公共预算总收入66.29亿元，增长1.1%；地方一般公共预算收入41.4亿元，同口径增长8.1%；城镇以上固定资产投资525.5亿元，增长14.5%；外贸出口总额331.73亿元，增长0.5%；城镇居民人均可支配收入4.8万元，增长8.4%。

工业 实现规模以上工业增加值71.4亿元，比上年增长6.1%。“海西硅谷”规划启动实施，福州软件园创业创新新城加快建设，“五凤论见”等平台不断优化，引进华为云开发平台、闽台软件与集成电路合作基地等项目，园区实现技工贸总收入648亿元，比上年增长25%。高新区洪山园与金牛山互联网产业园有效整合，鼓楼金牛“互联网+”小镇列入省级第二批特色小镇创建名单，华润城市综合体二期加快建设，园区实现技工贸总收入300亿元，比上年增长15%。

服务业 社会消费品零售总额1067.7亿元，比上年增长8.6%。国家服务业综合改革示范典型工作深入推进，服务业专项扶持资金提升至1亿元，落实市推动新一轮经济创新发展10项政策，区17项配套政策出台，全区三产增加值占GDP比重82%，比上年提高1.6个百分点。福大怡山文化创意园、高新区洪山园列入第二批省级现代服务业集聚示范区，总数占全市一半，4家企业纳入首批省级家政服务业标准化试点。楼宇经济加速发展，成立全省首个楼宇联盟，举办“吾鼓丰登”楼宇论坛系列活动，建成海西商务大厦AAAAA商务楼宇，税收超亿元、超千万元楼宇分别增至25栋和118栋。市级总部企业、上市企业和“新三板”挂牌企业分别增至29家、24家和43家，数量均居全市首位。32家基金类企业落户，资管规模超200亿元。东街口商圈加快业态调整，东百中心、大洋百货等重装运营，南街城市生活综合体开展招商工作。数字经济、温泉经济、夜间经济等新经济增长点加快培育，举办达明路首届美食节，全区旅游总人数突破2025万人次，文化产业

2017年9月18日，福大怡山文化创意园入选第二批福建省现代服务业集聚示范区。图为怡山文化创意园园区 （陈可亮 摄）

主营收入居全市首位。

招商引资　实际利用外资3.92亿美元,比上年增长23.9%。引进福建高铁综合开发、经纬行动东南区域总部、古雷石化股权投资等445个项目,总投资749.12亿元,新增世界500强、中国500强企业12家,综合排名全市第三。

【城乡建设与管理】　2017年,鼓楼区征收晋安河西岸沿线5栋楼、左海12栋水上别墅,按时完成21条内河两岸25万平方米征迁工作。对古乐路沿线、红墙新村等17个项目47.4万平方米旧屋区进行改造,完成龙峰雅居园、陆庄庭苑等7个安置房项目的回迁。

八一七路、鼓屏路等道路沿线48栋楼体景观改善,156栋楼体完成亮化提升改造,143条区管道路3.4万平方米人行道完成整修。16个老旧小区完成整治,30个老旧小区新纳入长效管理,完成123部住宅旧电梯更新改造或增设。7家农贸市场完成标准化、品质化升级改造。完成二环五四路口改造等49个缓堵项目建设,新建改造祭酒岭路、西洪支路等9条市政道路和肃威路等12条小街巷,新增13个公共停车场1350个泊位。

拆除违建11.7万平方米,"公厕长"制做法在全市推广,改革垃圾收运模式,率先全面取消垃圾板车,建成全省首座花园式地下垃圾转运站,文明创建测评成绩居省市前列。在全省率先建成社区政务服务综合受理点,全国社区治理和服务创新实验区通过民政部中期评估,"军门社区工作法"得到民政部和省委、省政府肯定。建设一流法治城区,法律顾问制度实现全区党政机关、街镇、社区全覆盖。

【社会事业】　科技　2017年,鼓楼区高新技术企业、科技小巨人领军企业约占全市1/3,新增省市众创空间12家,国家级孵化器、省市众创空间数量及专利申请量居全市首位,获评国家知识产权强县工程示范区。

教育　新增学前教育普惠性学额约7300个,普惠率87.1%,居全省前列;建成温泉小学、旗汛口幼儿园教学综合楼,基本建成屏山小学、琼河小学等项目,新增小学及幼儿园班级59个、学位1800个。鼓楼区被确定为少先队改革全国少工委办公室直接联系示范区。

文化体育　实施文化惠民工程,区内非物质文化遗产互动体验厅、数字图书馆、网上博物馆建成并投入使用,10个街镇综合文化站全部达到国家二级以上标准。百场文艺活动走进社区。开展全民健身运动,举办区第十二届全民健身运动会等体育赛事。

卫生和计划生育　推进健康城区建设,建成区疾控中心实验室、五凤街道湖前社区卫生服务中心及医养结合项目并投入使用,率先推行分级诊疗、双向转诊服务,家庭医生签约服务实现69个社区全覆盖,居民签约率31.4%,居全市前列。获评国家级慢性病综合防控示范区、全国健康促进区。

社会保障　全区新增就业2.5万人,失业人员实现再就业2210人,开展甘肃岷县劳务对接工作。健全社会保障体系,提高低保户、优抚对象等困难群体生活补助标准,落实临时救助、医疗救助等政策,发放各类补助资金4463.92万元。在全省率先试行为辖区60周岁以上老年人购买意外伤害险和第三者财产损失险,惠及老年人10.8万人。推进省级居家和社区养老服务示范区建设,在全省率先建成10个五星级街镇社区养老服务照料中心,提升8个社区居家养老服务站,创新"三重三化三量"养老工作模式,获评"全国养老服务业发展典型案例"。

生态建设　文藻河、梅峰河、泮洋河消除黑臭,整治西湖左海及周边环境,建成开放5处串珠公园。开展"全民动员、绿化福州"鼓楼专项行动,新增各类绿地35万平方米,绿化覆盖率40.01%,绿地率34.13%,人均公园绿地10.25平方米。全面淘汰黄标车,城区空气质量优良率96.1%,西北区饮用水水源保护区水质连续22年100%达标。"福道"获2017年"国际建筑大奖",鼓楼区城市更新项目获评"中国人居环境范例奖"。

平安建设　开展隐患排查整治提升行动和安全生产大检查等各项工作,完成40个老旧小区消防设施修复改造,安全生产各项指标均控制在市下达指标范围内。健全社会治安防控体系,开展"1369"社会治理行动,区矛盾纠纷多元调处中心投入使用,"片长制"网格化服务管理经验做法在全市推广,完成十九大、"三合一"会议、厦门金砖会晤等重大活动的安保维稳工作,提升平安"三率",获评全国平安建设先进区。

表95　**2017年鼓楼区街道(乡镇)基本情况一览表**

街道(乡镇)	辖地面积(平方千米)	人口		社区(经合社)(个)	财政总收入(万元)	地方财政收入(万元)	规模以上工业总产值(万元)
		户数(户)	人数(人)				
鼓东街道	1.084	15073	48371	5	113363	68337	69768
鼓西街道	1.837	19358	62336	6	38752	28019	5324
温泉街道	2.242	19807	74816	7	108553	65631	32567
东街街道	0.720	10053	32894	4	58475	40969	94023
南街街道	1.544	15971	46441	6	16072	13206	5535
安泰街道	1.588	9179	26259	4	42187	29236	32405
华大街道	3.349	24376	88447	9	67526	38086	104058

续表 95

街道(乡镇)	辖地面积(平方千米)	人口		社区(经合社)(个)	财政总收入(万元)	地方财政收入(万元)	规模以上工业产值(万元)
		户数(户)	人数(人)				
水部街道	1.310	11559	34039	5	50960	38911	33181
五凤街道	9.625	25145	73414	11	34115	19878	108352
洪山镇	12.401	30968	92168	12	77094	53559	862181

说明:数据来自鼓楼区统计局

(吴锦地　张兴荣　俞文龙)

台江区

【概况】　台江区辖区面积 18 平方千米,下辖 10 个街道、52 个社区,常住人口 45 万人。总户数 118273 户,人口 320790 人,其中男性 158647 人,女性 162143 人,迁入 13551 人,迁出 16357 人。政府门户网站获评"中国政务网站领先奖",通过第五届全国文明城市测评。

【经济建设】　2017 年,台江区实现地区生产总值 433.47 亿元,比上年增长 3%;规模以上工业增加值 32.2 亿元,增长 6.2%;一般公共预算总收入 22.87 亿元,比上年下降 5.2%;地方一般公共预算收入 13.86 亿元,下降 1.2%;实际利用外资 1.79 亿美元,比上年增长 12%;社会消费品零售总额 406 亿元,增长 6%;全社会固定资产投资完成 171.27 亿元。

服务业　第三产业占 79%,其中商贸、金融、总部经济、文化休闲等产业增加值占 50%。引进运营金融、类金融企业 850 家,13 个金融总部项目入驻运营,外资银行数量占全市数量 50%。海峡电子商务产业基地一期年销售额突破 50 亿元,基地二期建成投用。新增公司类经济主体 5534 家;阿里巴巴众创空间开业运营,全区众创空间 13 家、创业团队 224 个。出台扶持企业创新发展 13 项政策 72 条优惠措施,惠及企业 114 家次,申请及兑现各类奖励金 3.6 亿元;设立投资促进服务中心,推行企业服务月、重点企业挂钩帮扶等制度,推动实体经济发展。顶点软件成功登陆 A 股主板,利嘉电子商务获评国家电子商务示范企业,新增新中冠等 8 家省级上市后备企业、智恒科技等 3 家市级总部企业,新申报"五上"企业 147 家。上下杭酒吧一条街开街运营。

2017 年 6 月 18 日,台江区上下杭历史文化街区三捷河沿岸酒吧一条街开放运营。图为三捷河沿岸　(谢贵平　摄)

"攻坚 2017"专项行动　实施"攻坚 2017"专项行动,推进项目攻坚和征迁交地。38 个市级重大建设项目累计完成投资 128 亿元,超年计划 41.4%。34 个市级攻坚征迁项目实现交地 33 公顷、征迁面积 21 万平方米、征收户数 3702 户。凯捷集团地块收储交地,4 个逾期安置项目、2 个逾期交地项目全面完成年度任务。招商项目落地 275 个,总投资 382 亿元,超额完成年度招商任务;引进福中集团、新盒网络科技等项目,"海西第一高楼"——世茂"108 大楼"落户闽江北岸中央商务区,"两区"入驻企业突破 2000 家。推进重点项目建设,33 个市级重点项目完成投资 245 亿元,超年度计划 36 个百分点;96 个"五个一批"项目完成投资 205 亿元,超年度计划 41 个百分点。科技电子商务中心、富力中心等 41 个项目竣工交付使用;郑和大厦、天御城等 15 个项目主体结构封顶;国资大厦、神福商务中心等 21 个项目在建。

【城乡建设与管理】　2017 年,台江区水系综合治理在全市率先完成市政府下达的第一批水系征迁交地任务,拆除总面积近 18 万平方米。开展黑臭水体治理工作,7 条内河基本消除黑臭,改善水系周边环境。市中心面积最大的连片旧屋区红星地块全面启动,一期征收基本完成,二期征收签约率 96.8%;太平汀洲、华通天香日化厂、交通路小学地块等历史遗留征迁项目全面交地,全年实施房屋征收 145.5 万平方米、涉迁群众 11937 户。推进保障性安居工程建设,锦祥佳园交房,1900 户居民得到回迁。落实"绿化台江"行动,光明港公园休闲步道一期、闽江北港驳岸整治一期工程(台江段)全面完工,9 个串珠公园建成开放。完善城区基础设施,修复 3800 处人行道、290 处道路后退线,14 条市政道路、10 条小街巷、15 处内涝点、10 个老旧小区得到整治提升,新增停车泊位 900

表 96

2017 年台江区街道基本情况一览表

街道	辖地面积(平方千米)	人口		社区(个)	规模以上工业总产值(万元)	财政总收入(万元)	地方财政收入(万元)	财政支出(万元)
		户数(户)	人数(人)					
瀛洲	2.20	13248	36148	5	0.0	15768	7243	2360
义洲	0.87	11598	31386	5	7824.5	3861	1874	1762
洋中	0.88	9903	27071	4	94566.0	16616	11412	1774
新港	1.35	12849	36356	5	1497563.0	54848	20788	2646
上海	2.65	17143	47260	7	5187.6	15095	9522	2078
宁化	2.90	8856	24021	5	37576.8	24345	12608	1760
后洲	0.96	12791	30677	6	12620.3	10076	4876	2022
茶亭	0.88	9006	25166	4	13216.1	20428	10300	1762
苍霞	1.07	12019	31389	5	7075.8	6352	3271	1812
鳌峰	5.10	10860	31316	6	17928.2	26619	15362	2818

说明:数据来自台江区统计局

个。完成老药洲路、横街巷、广达支路、高桥支路等一批景观综合整治及 78 个城区亮化提升工程,海峡金融商务区北岸立面灯光秀取得良好社会反响。推动大气污染防治工作,完成黄标车淘汰任务,空气质量优良天数占全年的 98.9%。实施“公厕革命”,落实“公厕长”机制,建设“园林公厕”“智能公厕”。推进“无违建示范区”创建提升工作,拆除“两违”面积 4.88 万平方米,超额完成年度治理任务。

【社会事业】 教育 2017 年,台江区幼儿园净入园率 98.82%,幼儿园毛入园率 102.47%,在园幼儿数 12991 人。小学入学率 100%,在校生数 23762 人。初中入学率 100%,在校生数 5379 人;高中在校生数 1119 人。完善校园基础设施,外贸职专通过全省达标校评估,鳌峰学校新建工程正式动工,育智学校加固及附属设施改造全面完成;第二实验幼儿园通过省级示范园评估,宁化园、凤乐园、福机限价房配套幼儿园改扩建工程基本完工,新增学位 510 个。

文化体育 推进国家公共文化服务体系示范区创建工作,打造宁化街道文化站等 4 个基层文化阵地示范点,提升区级“三馆”、游泳馆及 8 个街道、41 个社区文化站(室)功能,新增 30 条健身路径。

卫生和计划生育 全年出生人口 4237 人,人口出生率 13.09‰,人口自然增长率 8.4‰,出生人口性别比 102.27。提升医疗卫生服务水平,义洲、茶亭、鳌峰街道社区卫生服务中心完成改造。推行家庭医生签约服务,“家庭医生工作站”建设项目全面推广。瀛洲、宁化街道社区卫生服务中心成功获评“全国百强社区卫生服务中心”。每门诊人次药品费用下降 10.87%。

社会保障 全年民生社会事业支出 13.94 亿元,占一般公共支出 73.74%。推动年度投资 4.4 亿元的 24 项为民办实事项目建设。提高社会保障水平,新增城镇就业人员 7251 人,安置下岗失业人员 2358 人,动态消除“零就业”家庭。建立困难群众基本生活保障工作协调机制,累计发放低保金、医疗补助金、救助金等 3000 多万元。在全区推行居家养老日间照料模式,启动新港街道、义洲街道社区养老服务中心建设。

平安建设 实施隐患排查整治提升专项行动,加强“平安台江”创建,完成区、街道、社区三级综治中心和“雪亮工程”建设,推动医患纠纷巡回法庭、检爱驿站、派出所阳光 E 警务室等工作开展;全区综治“三率”实现提升,群众安全感率、平安建设知晓率、执法工作满意率分别为 95.47%、96.73%、97.33%,其中平安建设知晓率、执法工作满意率居全省第一。

依法行政 全区党政机关建立法律顾问和公职律师制度,向社会公开部门权责事项 3430 项,审查和清理 15 件规范性文件。应用行政诉讼、行政复议、信访事项复查等多元化手段促进社会各类矛盾纠纷的防范和化解,确保政府行政行为的合法性和有效性。

(台江区政府办公室)

仓 山 区

【概况】 仓山区区域面积 142 平方千米。辖 8 个街道、5 个镇,有 64 个社区、102 个行政村。户籍人口 575567 人。

2017 年,仓山区完成为民办实事项目 8 大类 36 项,其中市级项目 19 个。全年报送项目 501 个,总投资额 1143.94 亿元,聚焦现代服务业、高新技术产业等领域,引进落地度也实业、锟泰投资等项目 485 个,总投资 787 亿元,其中 5 亿~30 亿元项目 33 个,30 亿元以上大项目 5 个,综合排名位居全市前列。

【经济建设】 2017 年,仓山区完成地区生产总值 536.5 亿元,比上年增长 9.5%;地方一般公共预算收入 32.5 亿元,同口径增长 9.7%;社会消费品零售总额 507 亿元,比上年增长 15.5%;固定资产投资 636.8 亿元,增长 14.1%;居民人均可支配收入 37797 元,增长 8.8%;

工业　推动市政府出台创新型产业用地(M1)政策。利用旧厂房嫁接招商取得实效,石墨烯产业园、恩歌实业等29个项目落地园区。加大企业技术改革力度,推动骏鹏科技等企业实施"机器换工",全年完成工业固定资产投资22.5亿元,比上年增长26.3%。加快推进制造业主辅分离,浩达智能获评"福建省服务型制造示范企业"。全年列入省级、市级上市后备工业企业分别为13家、19家,数量位居全市前列。

服务业　商贸服务、电子商务、现代金融、会展物流、文体旅游等重点主导产业提速发展,纵腾网络、淘易淘等一批电商龙头企业发展迅速,利嘉进口商品保税展示交易中心入驻企业300余家。eBay跨境电商产业园启用。全省第一家体育类产业园——福州体育科技园投入运营,入驻企业40家,注册资本近2亿元。全年新增(提升)限上商贸业、规模以上服务业企业156家,社会消费品零售总额、实际利用外资两项指标连续9个月排名全市第一,第三产业增加值占GDP比重48%,比上年提高1.6个百分点。

【城乡建设与管理】　服务福州新区建设　2017年,成立福州新区仓山功能区管委会,编制完成《三江口南台岛东部片区控制性详细规划》,明确三江口片区商务办公、总部基地、商贸会展等功能定位。完成40个新区项目征迁任务,拆迁114.3万平方米、交地322.53公顷。推进地铁5号线、6号线等项目征迁建设,加快推进市第一医院新院、永南中学、三江小区安置房等项目。海峡文艺中心基本建成,加快征迁建设樟岚商住片区等高端产业基地。

服务福州自贸区建设　推动基金业创新平台、会展经济平台等8大重点平台建设,全年新增企业1280家,注册资本263亿元。完善自贸区金融创新服务体系,吸引福旅联信基金、中科信融资租赁等一批优质企业入驻,引进金融和类金融企业332家,融信租赁"新三板快易租、工程设备快易租"入选2017年福建自贸试验区十大金融创新项目。引进会展企业6家,海峡会展中心全年举办展会103场。推进两岸"三创"工作,设立4家台湾青年创业基地,引进创业团队和企业250多家。

征迁安置　全年完成交地面积850.45公顷,完成率99.88%;拆迁面积308.44公顷,完成率99.82%;拆迁14648户,完成率99.73%。安排逾期回迁安置项目9个,完成兰花园、金凤新苑(一期)等项目,回迁面积73.15公顷,完成率103.14%。建成潘墩新城等10个安置房项目,面积110公顷。完成浦口新城、江边新苑等12个项目选房、交房工作,协议回购安置房170套,实现安置回迁9768套、89公顷,回迁量居全市第一。

市政建设与管理　新建、改扩建北园路等11条道路,完成浦上大道等18个治堵工程,建成双湖新城等14个公共停车场,新增公共停车位1527个。新建公厕20座,108座公厕全部落实"公厕长"制。

提升改造程埔路等8条小街巷,完成辖区68条2.6万平方米人行步道修复工作。完成27个易涝点整治,公园路等24条道路完成管网增设、清疏。完成河道清淤42千米、截污36千米,金港河等18条内河基本消除黑臭,建成10个沿河串珠公园,新增滨河绿道8千米。全面落实"河长制",56名河道专管员开展常态化巡河护河。682条道路保洁、108座公厕管理服务、24座垃圾转运站运行和13条内河管养全部实行政府购买服务。高盖山生态公园一期6.1千米绿道、飞凤山奥体公园(二期Ⅱ标段)2.4千米山体步道基本建成。

生态建设　完成会展岛及周边、进出城关键节点等69个环境提升改造项目。加强重点领域污染整治,立案处罚环境违法问题49件,取缔小散乱污企业79家,完成207件环保信访件问题整改。排查内河污染源1384个,745家沿河餐饮业完成隔油池安装,水源地水质达标率连续8年保持100%。建立大气污染应急响应机制,淘汰黄标车985辆,全年空气质量优良率96.4%。实施18个旧屋区改造项目,拆迁面积132公顷。完成6个旧住宅小区整治,整治面积41公顷。改造提升中洲岛等3个亮化项目,江心公园、上江城等灯光秀亮灯运行。"绿化仓山"深入实施,完成92个城区绿化提升项目,新增绿地106.36公顷,建成区绿化覆盖率44%,人均公园绿地面积15.1平方米。

【社会事业】　科技　2017年,仓山区制定出台区十五项配套政策,全年兑现总部经济、"双创"等政策扶持资金2584.2万元。新增市级以上众创空间10家,居全市第一;新增总部企业4家,居全市第二。新认定高新技术企业58家,省科技小巨人领军企业29家,居全市第二。培育企业自主品牌,星网锐捷入围"中国500最具价值品牌",瑞达精工获评工信部"第五批工业品牌培育示范企业",仙芝楼等4家企业商标获评中国驰名商标。

教育　福湾保障房小学等9个新建、改扩建项目建成投入使用,新增学位7350个。创新政府购买服务方式,新增10所普惠性民办幼儿园,6所小区配套幼儿园移交区教育部门办学,提供普惠学位4500个。6所中小学通过省级义务教育管理标准化评估认定,10所中小学被认定为全省首批"义务教育教改示范性建设学校"。新成立17个中小学名师工作室,认定市级学科带头人41人、骨干教师98人。

文化体育　健全文化服务网络体系,推行文化馆总分馆制度,完成国家公共文化服务体系示范区验收工作。举办陈靖姑民俗文化节以及福州国际马拉松赛、中国羽毛球公开赛等重大赛事。加快烟台山历史风貌区建设,加大淮安、阳岐、林浦等历史风貌区和历史文化名镇名村保护开发力度,加强对旧屋区改造中历史建筑的保护与利用。开展"庙会季""花海季""纳凉季""海丝季"等旅游节活动,打造仓山"四季游"品牌。建设飞客小镇等项目,加强福州体育科技园、海峡奥体中心、大榕树文化创意园等平台运营。

卫生和计划生育　严复纪念医院完成土地收储,市妇幼保健院新院一期开工建设。金山街道(葛屿)社区卫生服务中心主体竣工,下渡街道社区卫生服务中心获评"全国优质服务示范社区卫生服务中心"。13所基层卫生院全部加入医联体,家庭医生签约覆盖率30%。全区社区卫生服务中心、乡镇卫生院和70%以上村卫生室均可提供中医药诊疗

表 97　　**2017 年仓山区街道(乡镇)基本情况一览表**

街道(乡镇)	辖地面积(平方千米)	人口		社区(村)(个)	财政总收入(万元)	地方财政收入(万元)	财政支出(万元)
		户数(户)	人数(人)				
下渡	1.700	11434	32957	5	6314	4941	1613.13
仓前	1.900	9539	28522	5	4232	2911	1822.54
上渡	2.000	11812	34288	5	3878	3257	1758.45
临江	1.980	6893	19610	4	4778	2865	1563.99
对湖	2.500	12401	35984	5	3696	2846	1501.74
三叉街	0.597	6650	18799	4	4710	3529	1303.33
东升	1.200	3982	10808	3	1714	1319	1002.68
金山	13.090	31487	94791	16(8)	15885	11516	7222.50
仓山镇	5.800	—	—	1(10)	31666	20236	3865.32
城门镇	55.000	27257	94172	25	53542	36367	11553.01
盖山镇	36.000	29533	95429	2(30)	58524	42645	10596.21
建新镇	30.000	33720	97440	15(22)	58507	47052	9234.86
螺洲镇	6.400	4061	12767	1(7)	11913	8958	3309.98

说明:1. 仓山镇人口分属在对湖、仓前、上渡和下渡街道中统计;2. 数据来自仓山区公安局、统计局、财政局、民政局

服务。优化基层医疗卫生机构人才队伍,卫技岗位中、高级职称比例分别提高至40%和20%。

全年出生7579人,出生率16.22‰,政策符合率98.26%,人口出生性别比106.74。实现婚前医学检查与孕前优生健康检查项目"一站式"便捷服务,全年免费孕前优生健康检6794人、免费婚检517人;全面实行生育登记制度,实行一孩登记2788例,二孩登记4351例,再生育审批113例。

社会保障　全年财政用于民生支出29.9亿元,占地方一般公共预算支出的81%。八大类36项为民办实事项目全面完成。新增城镇就业15089人、失业人员再就业1540人。城乡居民养老保险参保5.4万人,缴费率97.2%,被征地农民养老保障参保12万人,城乡居民基本医疗保险参保28万人。推进城乡低保、城乡特困对象供养、医疗救助等工作,全年累计发放各类救助资金3608万元。启动区社会福利中心建设,建成5个以上星级居家养老照料中心、15个农村养老服务设施,实现13个镇街全覆盖。拓宽就业渠道,新增城镇就业1.5万人、失业人员再就业1500人。引导涉迁村利用10%留用地资金,加大商贸楼回购力度;探索利用边角地,实行股份制合作开发建设大型商贸项目等方式,解决被征地农民生产生活出路问题。

平安建设　已拆未签个案487件,化解253件,省、市交办的13件积案全部息访息诉,进京非访16人次,比上年下降89.6%,到省集体访27人次,下降84.1%,进京非访总量从连续5年全省前三,下降到全省15名之后。坚持"七五三"工作法,"平安仓山"建设成效明显,全区刑事案件发案数比上年下降21.4%,盗窃警情下降26.9%。完成87处安全隐患点整改,全年未发生重特大安全事故。

政府自身建设　"三公"经费支出比上年下降3.4%。立案查处违纪案件139件,处理139人。全年办理人大代表建议194件、政协委员提案142件,办复率、满意率均为100%。

(陆范欣怡)

晋安区

【**概况**】　晋安区区域面积552平方千米。辖3个街道、4个镇、2个乡,有78个社区、113个行政村。常住人口85.5万人。

2017年,晋安区54个省(市)级重大项目完成投资256.3亿元,230个省"五个一批"项目完成投资440亿元,2次获得省级投资正向激励奖励。"攻坚2017"行动期间,开工项目77个,竣工项目34个,完成投资374.4亿元,交地933.33公顷,攻坚行动综合考评位列全市第一。

【**经济建设**】　2017年,晋安区实现地区生产总值642.84亿元,比上年增长10.2%,三次产业比例为0.86:33.28:65.86。一般公共预算总收入42亿元,增长8.2%;地方一般公共预算收入28.15亿元,同口径增长15.6%;固定资产投资额659.89亿元,增长17.7%;自营出口135.42亿元,增长8%。城镇居民人均可支配收入41544元,增长8%,农民人均纯收入18320元,增长9.7%。

农业　实现农业总产值9.99亿元,比上年增长5%。出台扶持竹产业发展等一批惠农政策,加快特色农业、生态农业、设施农业、休闲农业发展,新增2个市级休闲农业示范点,新获评1个省级家庭农场示范场。完成农村土地承包经营权确权登记工作,通过农业部初检并

入库。全市首个农业气象试验基地落户北峰。

工业　实现规模以上工业总产值490.2亿元,比上年增长12.6%;规模以上工业增加值129.3亿元,增长7.9%。工业品质持续提升,茶花家居、海峡环保在上海主板A股上市,18家企业列入省(市)重点上市后备企业。高意科技、华科光电等重点企业新增投资15亿元,7家企业列入市级新增长点企业,8个项目列入省(市)重点技改项目,先进制造业产值增长12.4%,战略性新兴产业产值增长14.5%。福兴经济开发区改造提速,福光路、红光路等基础设施加快建设。

服务业　实现服务业增加值423.4亿元,比上年增长12.4%;实现社会消费品零售总额720.09亿元,增长12%。东二环泰禾广场二期项目全面建成,洲际智选、铂尔曼等高端酒店相继开业。中通物流等3个项目落户益凤、园中等物流园。新业态提速发展,规模以上信息传输、计算机服务和软件业营业收入增长11.1%,洁丽家政公司入选省级家政服务示范站,力士达机电公司获得省级跨境电商政策扶持。新增金鸡山公园、寿山石馆等4个AAA级旅游景区,鼓岭获评国家级旅游度假区。

招商引资　实际利用外资1.14亿美元,比上年增长7.8%。"招商2017"行动综合考评位列全市第一,引进落地项目431个、投资总额920.9亿元,其中5亿元以上项目48个、30亿元以上项目2个,西门子技术研发中心、宜家集团等项目落地。第十九届海峡两岸经贸交易会签约项目13项,内资总投资87.4亿元,利用外资1.88亿美元。2017年厦门国际投资贸易洽谈会签约项目9个,总投资8.6亿美元,拟利用外资5.6亿美元。总部经济、楼宇经济壮大,总部企业增至8家,新增税收超千万元楼宇5栋、超亿元楼宇2栋。

【城乡建设与管理】　城乡规划　2017年,晋安区完成城区绿化提升项目40个,新种植大树2.1万株,城区绿化覆盖率48.1%。牛岗山公园及鹤林生态公园建成开放,人均公园绿地面积提高到35.3平方米。北峰山区新建"美丽乡村"3个、"幸福家园工程"9个,改建农村道路13条,完成生命安全防护工程8个,山区公路应急养护基地投入使用,桂湖公交线路开通运营。

征迁安置　实施泉头等五大片区85个旧屋区改造项目,洋下、浦下等危旧房基本完成征迁。征收房屋412.7万平方米,回迁安置房屋7447套、60.2万平方米。

市政建设　完成火车北站地区117个综合整治项目、乐南小区等3个老旧小区整治项目、进出城关键节点景观提升工程等。城区11.5千米排水管网完成清理疏浚,实施晋安河扩河、清障、清淤及生态驳岸改造,新增过水流量40立方米/秒。建成井店湖、桂后溪湖、义井溪湖和洋下海绵公园、斗顶雨洪公园、八一雨洪公园,辖区新增调蓄库容87万立方米。新建公共停车场18个,新增停车泊位1293个,湖东东路等10条市政道路陆续通车。提升市容环卫等7个领域管理标准,"两违"治理成效明显,落实"公厕长制",开展垃圾分类试点工作。

【社会事业】　科技　2017年,晋安区新增23家高新技术企业、9家省科技小巨人领军企业、7家省(市)知识产权优势企业,5家企业通过省科技型企业备案,11个项目成果获省(市)科技进步奖、市专利优秀奖,天宇电气研发中心获评省级企业国内工程技术研发中心,赛福食品检测研究所被认定为首批省级新型研发机构。

教育　东山中学等5所学校开工建设,战坂小学等8所新校投入使用,福州中加国际学校开学招生,全区新增学位6480个。推进"新优质学校"教改试点工作,实施城乡联动教育帮扶工程,12所学校获评全省首批义务教育教改示范性建设学校,鼓山中心幼儿园获评省级示范性幼儿园,鼓山中心小学代表队获工信部举办的世界机器人大赛小学组总冠军。

文化体育　创建国家公共文化服务体系示范区,新建提升4个乡镇(街道)综合文化站、27个村(社区)综合文化服务中心。"寿山石"作为福州市唯一地理标志商标参加世界地理标志大会。首批31个笼式球场免费开放,区少体校再次入选省体育后备人才基地。晋安区通过全国文明城市测评、第五届省级文明城区总评。

卫生和计划生育　省儿童医院动工建设,推进区医院、区妇幼保健院改扩建工程。开展家庭医生签约服务,"创建基层中医工作先进单位"通过国家级验收,区医院与省附一医院建立医疗联合体。全年出生人口数4399人,人口出生率11.5‰,出生人口政策符合率98.68%,出生人口性别比108.88,人口自然增长率7.16‰。晋安区获评全省计划生育工作先进单位。

社会保障　各级财政用于民生支出27.5亿元,占一般公共预算支出80%。新增就业2.1万人、失业再就业1500多人。完善覆盖城乡的社会保险体系,新农合筹资水平提高至630元/人;低保标准每人每月由570元调整为700元。发放各类助残资金1000多万元。发展城乡养老事业,为7类、1.4万名老年人购买基本养老服务。区城乡社区居家养老综合服务中心建成启用,建成3个社区居家养老服务照料中心、新店镇多功能嵌入式养老机构。象园街道连辉社区获"国家级充分就业社区"称号。

生态建设　完成面城一重山水土保持工程200公顷,封山育林666.67公顷。城市内河11条黑臭水体消除黑臭,管控629个沿岸污染源,10个串珠公园建成开放。推进主要污染物减排、大气污染防治、水污染整治、土壤治理等工作,空气质量综合指数居城区第一,"河长制"全面覆盖,水环境保持优良,通过中央环保督察。

平安建设　开展"平安晋安建设年"行动,加强防控技术应用,在全市首创"一键式"报警系统。组建"猎鹰突击队""飞翼行动队",建成统一图侦平台,各类刑事案件比上年下降19.3%,"两抢"案件下降71.4%。推进国家食品安全示范城市创建工作。开展安全生产隐患大排查大整治,形成"政府出资、专家排查、企业落实、部门督改"的安全隐患治理新模式。新建成区公共法律服务中心、9个乡镇(街道)公共法律服务工作站,实现"一村(社区)一法律顾问"全覆盖。获评全省平安县(区)。

表 98　**2017 年晋安区街道(乡镇)基本情况一览表**

街道(乡镇)	辖地面积(平方千米)	户籍人口(人)	社区(村)(个)	规模以上工业总产值(万元)	财政总收入(万元)	财政总支出(万元)
鼓山镇	50.0	119738	40	2917815	48080	20492
新店镇	48.3	106136	44	1125949	36855	15810
岳峰镇	11.3	71207	21	81306	45084	21263
宦溪镇	133.0	12915	24	531924	11685	8291
寿山乡	170.8	11932	22	229615	5362	8643
日溪乡	130.6	6968	12	—	3591	6406
茶园街道	4.7	65387	12	15565	26534	18407
王庄街道	3.6	35968	9	—	17410	8192
象园街道	1.6	22853	7	—	5090	9203

说明:数据来自晋安区统计局、晋安区财政局、晋安区民政局　(周碧云)

基层建设管理　建设6个村级综合服务场所,开展寿山乡石牌村、红寮村、宦溪镇中心村、板桥村等省级第二批农村社区建设示范单位创建工作。社区分类管理稳步推进,打造第一批精品社区5个、优秀社区11个。开展标准地址二维码管理工作,全区制作安装标注门牌梯位牌67906面,投入经费105万元。

马尾区

【概况】　马尾区区域面积275.58平方千米,其中福州经济技术开发区面积23平方千米。辖1个经济区、3个镇、1个街道、75个村居,户籍人口17.6万人。

2017年,马尾区完成168个重点项目投资273.74亿元,其中,70个市级以上重点项目完成投资184.7亿元,占年度计划投资的1.22倍,建成海峡青年交流营地等58个项目,启动建设深海时代产业园等52个项目。完成64个市级攻坚项目投资219.97亿元,占年计划投资的2.2倍。

2017年11月4日,福州·马尾基金小镇揭牌运营(马尾区政府办　供)

【经济建设】　2017年,马尾区完成地区生产总值494.55亿元,比上年增长9.2%;三次产业结构比例为1.3:61:37.7;一般公共预算总收入35.12亿元,增长2.2%,其中地方一般公共预算收入23.94亿元,增长11.3%;固定资产投资353.76亿元,增长14.2%;出口总额193.8亿元,增长5.3%;实际利用外资208.6亿元,增长11.6%;城镇居民人均可支配收入4.5万元,增长9%;农村居民人均可支配收入2.3万元,增长9%。

农业　完成第一产业增加值6.2亿元,比上年增长4.8%。新增市级休闲农业企业2家。保障农产品质量安全,在全省首创水产品安全"一品一码"可视化追溯系统,主要农(水)产品抽检合格率95%以上。琅岐锯缘青蟹入围厦门金砖会议专供产品。

工业　完成规模以上工业增加值272.86亿元,比上年增长8%;规模以上工业总产值978.8亿元,增长8.9%;完成工业固定资产投资69.9亿元,增长102.7%。34个技改项目完成投资32.8亿元,增长66.5%。加快产业转型升级,获第一批省级绿色开发区、中国物联网产业发展先进城市等称号。全国首家物联网开放实验室揭牌运营,全球最大规模窄带物联网智慧水务商用项目正式启动,中国(福州)物联网产业孵化中心开工建设,物联网促进中心投入使用,全国微电子物联网品牌创建示范区获国家质检总局批准筹建,举办福建省首届物联网项目创新大赛,协办2017中国物联网大会。引进物联网相关项目208个,物联网企业26家,新认定物联网企业39家,物联网企业总数104家,物联网产业产值610亿元。

服务业　社会消费品零售总额184.61亿元,比上年增长14.6%。全省首个由政府主导的基金小镇揭牌运营,集聚投资机构177个,基金管理规模1133亿元,成为福建省私募基金投资机构最多、管理基金规模最大的区域。菜鸟网络、中海仓供应链等项目落地,在全国首创跨境电商同业担保模式、全省首创"先理货后报关"等新举措,跨境电商业务量占全市总量的97.4%。亿载金城开业运营,名城中心、中环自贸广场等商业综合体人气逐步提升,新增限额以上商贸企业46家、规模以上服务业企业38家。启动建设科乐通、海文铭等冷链物流项目,发展冷链物流产业,冷库容量突破50万吨,占全市冷库总容量80%以上。

招商引资　建立健全小分队招商、产业链招商、央企招商等模式,全年通过市级认定的招商项目246个,总投资498.3亿元,其中,5亿元以上的项目24个,总投资328.6亿元。

【城乡建设与管理】　2017年,马尾区启动闽亭、福马路沿线等6片旧屋区改造,累计完成房屋征收2241户、拆迁面积28万平方米、交地面积83.87公顷。"两违"整治成效明显,全区拆除违法建筑17.1万平方米,完成年度计划的1.54倍。天台水库、亭江防洪防潮工程(一期)、亭江中心区山洪排涝工程加快建设。新改扩建道路35千米、雨污管网73.5千米。琅岐环岛路实现全线贯通,铁南东路一期等10条市政道路顺利建成,君山西路北段等9条市政道路加快建设。建成济安西路立体停车场等3个公共停车场,新增公共停车泊位615个。完成缓解交通拥堵软硬件项目74个,平均车速提高6.9%,高峰期平均车速位居全市第一位。全区62个村全部实行农村生活垃圾治理市场化运作,完成14个行政村1688户三格化粪池改造,新改建公厕20座。建成新农村"幸福家园工程"11个、美丽乡村1个。

【社会事业】　科技　2017年,马尾区新增高新技术企业30家、国家和省级技术创新示范企业2家、省市众创空间6家,新增省名牌产品7项。授权专利数比上年增长15.7%,每万人有效发明专利拥有量增至34件,位列全省第1位。

教育　三牧中学马尾校区落户,市属船政小学、船政幼儿园入驻办学,基本建成凤窝小学等5个重点教育项目,马尾实验小学等4所小学入选省级义务教育教改示范性建设学校,师大二附中等7所学校通过省义务教育管理标准化学校评估验收。船政文化景区获教育部第一批"全国中小学生研学实践教育基地"称号。

文化体育　开展创建公共文化服务体系示范区活动,举办第十五届"两马同春闹元宵"、"中体杯"海峡国际女篮邀请赛等活动,协办第五届海峡青年节、第四届丝路国际电影节,完成4个镇(街)文化站、75个村(社区)文化服务中心达标改造,新改建健身路径30条。马尾船政入选中国20世纪建筑遗产名录,船政衙门及学堂复建工程获2017年度全国优秀建筑工程设计三等奖、福建省优秀建筑工程设计一等奖。

卫生与计划生育　莲花医院一期、罗星街道社区卫生服务中心建成投用。马尾区医院新增精神疾病和心理健康门诊。完成区医院、镇卫生院对口支援机制和医联体建设,建立乡村卫生服务一体化管理和家庭医生健康签约服务机制。

社会保障　新增城镇就业人口9324人,城镇登记失业率降至1.14%。城乡居民低保补助金标准提高至每人每月700元,城乡居民医保财政补助标准提高至每人每年480元,城乡居民养老补助标准提高至每人每月130元,企业退休人员养老金提高至人均每月2586元。建成保障性安居工程7223套,新增公租房配租231套。区社会福利中心开工建设,罗星街道居家社区养老服务照料中心建成投用。

生态环境　全面完成黄标车淘汰任务,空气质量优良率98.1%,空气质量综合指数位居五城区第2位。全面完成104国道沿江廊道景观改造、天马山休闲步道等44项绿化提升工程,新改造提升绿地面积44.6万平方米。实现"河长制"全覆盖。推进君竹河水系综合治理,黑臭水体基本消除。

平安建设　提高"平安三率",群众安全感率94.97%,执法工作满意率位居全省第2位,平安建设知晓率位居全省第6位,综治考评连续两年位居全市优秀行列。完成21处重大安全隐患点整改。

表99　**2017年马尾区街道(乡镇)基本情况一览表**

街道(乡镇)	辖地面积(平方千米)	人口		社区(村)(个)	规模以上工业总产值(万元)	财政总收入(万元)	财政总支出(万元)
		户数(户)	人数(人)				
罗星街道	28.08	11194	35829	10	247.01	108564	63118
马尾镇	53.62	12311	38877	17	581.27	113241	75019
亭江镇	105.60	9977	27752	20	150.55	23106	17255
琅岐镇	88.28	21221	73135	28	—	—	—

说明:数据来自马尾区公安局、民政局、统计局、财政局

(郑　凯)

长 乐 区

【概况】 长乐区陆域面积723平方千米，海域面积3313平方千米，江海岸线总长130千米。辖4个街道、12个镇、2个乡，30个社区、226个村，户籍总人口736600人，有海外华人、华侨及港澳同胞50余万人，遍布世界近百个国家(地区)，是福建省著名侨乡和台胞祖籍地。2017年2月13日，福州滨海新城建设启动暨大数据项目签约仪式召开，福州滨海新城建设正式启动。11月6日，长乐撤市设区。

2017年，长乐区安排省、市、区重点项目295个，完成投资453.16亿元，占年度计划投资的103.6%，年内获2016年度福州市重点项目建设综合二等奖。实施省"五个一批"项目307个，完成投资203.72亿元，第一季度、第四季度"五个一批"项目正向激励综合考评均位列全省第一。落实"海上福州"重点项目30个，完成投资32.71亿元。"攻坚2017"完成投资380.86亿元、交地1228万平方米、拆迁110.45万平方米，综合考评位列全市第三。"招商2017"落地项目219个、总投资889.62亿元。综合经济实力位居全国县域百强、全省十强行列。

【经济建设】 2017年，长乐区实现地区生产总值740.31亿元，比上年增长11%，增幅位列全省、全市第一，三次产业结构比例为7.5:61.0:31.5；一般公共预算总收入(不含基金)65.03亿元，增长17.5%，其中地方一般公共预算收入42.43亿元，增长11.9%；固定资产投资605.61亿元，增长21.7%；出口总值50.49亿元，增长12.3%；进口总值72.36亿元，下降12.3%；城镇居民人均可支配收入42304元，增长7.8%；农民人均可支配收入20304元，增长7.8%。

农业 实现农林牧渔业总产值102.1亿元，比上年增长4.8%，省级农民创业园投资2.26亿元，农村土地承包经营权确权登记颁证工作合同签订基本完成。飞思农庄获全国农业农村信息化示范基地称号，茂丰休闲农庄获省级休闲示范点称号，青山贡果生态园等4家农业企业获市级休闲示范点称号。组建农民专业合作社201家，其中市级15家。有家庭农场49家，其中省级示范4家、市级示范8家。

工业 实现规模以上工业总产值2357亿元，比上年增长11.5%，其中规模以上纺织业完成产值1729.22亿元，增长11.2%。"百亿企业"2家(福建省金纶高纤股份有限公司、长乐恒申合纤科技有限公司)，福建省金纶高纤股份有限公司、福建永荣控股集团有限公司上榜2017中国民企500强，长乐恒申合纤科技有限公司获评中国驰名商标并入围中国民企制造业500强。"互联网+纺织"区域化链条化省级试点"乐纺云"平台和中国建筑钢材电商平台上线运营。推进泰铭新世纪不锈钢卷板、吴航不锈钢拉丝深加工等项目和鑫海冶金公司破产重整工作。上市后备资源库企业50家，阿石创新材料股份有限公司在创业板上市，福建闽威科技股份有限公司在新三板挂牌，福建雪人股份有限公司获批市级总部经济企业。推进临空产业发展，与航空产业关联度高的海航(福航)技术维修中心揭牌，与利嘉集团签订空港保税区开发框架协议，一期地块挂牌出让，功誉实业、福达智能仪表、国发重工等项目入驻高端装备制造产业园。

服务业 第三产业占长乐区GDP比重31.53%，比上年提升2.98个百分点，拉动GDP增长6.26个百分点。实现社会消费品零售总额212.64亿元，增长12.4%。引进红星美凯龙项目，推进佰翔海景酒店主体工程，中天恒基广场、莱法州文化商业中心封顶，鹤上汽车商务项目开工。

招商引资 全年内资实际到资237.27亿元，比上年增长167.5%；实际利用外资3563万美元。中国东南大数据产业园对接招商项目212个，其中落地项目94个，注册企业134家，注册总资本98.06亿元。

【城乡建设与管理】 2017年2月13日，福州滨海新城建设启动暨大数据项目签约仪式召开，福州滨海新城建设正式启动。完成滨海新城核心区、启动区、大数据产业园等三大城市设计，以及基础设施工程规划等16个专项规划编制，征交地733万平方米，拆除建(构)筑物面积60.98万平方米，策划生成总投资约3000亿元的两批136个重点项目，其中总投资1242亿元的42个项目开工建设。推进地铁6号线、东南快速通道、综合医院、国际双语学校、研发楼二期等项目，购置滨海新城人才公寓135套，开通从福州市区到产业园定制公交线路6条以及长乐城区、人才公寓到产业园往返巴士，引入聚春园餐饮、永辉超市。年内东湖一路、三路通车，滨海快线、租赁房一期动建，漳港至滨海新城供水干管完工。

对接福州市新一轮城市总体规划，完成"多规合一"信息平台搭建。推进营前瀛洲片区旧改，启动航城江莲片区旧改。推进东湖VR省级特色小镇建设，网龙智能教育小镇列入第二批省级特色小镇创建名单。"幸福家园工程"示范村(创建村)40个、完成投资6386万元，"美丽乡村"10个、完成投资3007万元。福州长乐国际机场2017年旅客运输量突破1246.96万人次，推进机场第二轮扩能改造。松下港区及闽江口内港区建成码头泊位27个(其中万吨级以上泊位12个)，年总吞吐量2506万吨，松下港区12号、13号泊位和防波堤二期工程动工建设。推进福平铁路、长平高速、东绕城高速、长福高速、道庆洲过江通道长乐段建设，金梅路、文浮路透头段、溪滨路等"断头路"贯通。扩建营前220千伏变电站，漳港百户110千伏变电站投入使用。优化延伸6条公交线路，建成公交智能IC卡收费系统，实现与福州榕城一卡通系统联网。城区19处道路易涝点改造完成，郑和路立体停车场投入使用。启动滨海污水处理厂二期建设，推进城区污水处理厂和潭头污水处理厂提标改造，新建污水处理设施2项，新铺设污水管网42.45千米。

【社会事业】 科技 2017年，长乐区专利申请2241件，专利授权量1466件，向33家企业发放科技奖励1021万元，向48家企业和93名个人发放奖励1045万元。山力化纤差别化涤纶纤维、博那德低碳建筑一体化等105个重点技改项目完成投资225.06亿元。成立智华基

2017年10月8日,长乐区推进东湖VR省级特色小镇建设。图为东湖VR小镇二、三期工程施工现场（叶义斌 摄）

金麦考瑞大学福建机器人创新中心。新增福建省鑫港纺织机械有限公司等5家福建省知识产权优势企业,长乐聚泉食品有限公司等2家福建省知识产权优势企业,金强(福建)建材科技股份有限公司等9家省科技小巨人领军企业。福建元成豆业有限公司等8家企业被认定2017年第一批省科技型企业,福建雪人股份有限公司、长乐聚泉食品有限公司通过省级重点实验室认定,锦源纺织有限公司等3家企业获省级工程技术中心认定,长乐长源纺织有限公司获2017年福州市专利奖金奖,福建和盛塑业有限公司获2017年福州市专利奖优秀奖。

教育　全区各类学校293所,在校生11.13万人,其中普通高中学生8178人,中等职业学校学生3217人,初中生20561人,小学生53762人,在园幼儿25503人,特殊教育学校学生140人。年内投入8970万元实施校安工程31项,长乐一中首占校区、长乐四中、金峰中学、玉田坑田小学和鹤上中心幼儿园等新改扩建校舍投入使用。

文化体育　闽剧《苏秦还乡》参加2017年全国基层院团戏曲会演。举办长乐区第二十八期社会艺术教学成果展、百姓舞台梦想秀、长乐区第十届民俗文化节、"我们的节日"系列活动等文化活动,区文化馆获国家二级文化馆称号。推进"全国武术之乡"工作,承办"有福之州·智慧之城"2017围棋人工智能与物联网大会、2017年环福州·永泰国际公路自行车赛长乐赛段等活动赛事。

卫生和计划生育　深化医药卫生体制改革,推进公立医院综合改革,区医院外科综合大楼和空港医院主体建筑开始装修,启动古槐中心卫生院新院建设,区人民医院项目施工招标,区社会福利中心投入使用。全年出生人口数8344人,人口出生率11.08‰,出生人口政策符合率93.85%,人口自然增长率6.64‰,出生人口总性别比107.82。

社会保障　民生支出51.96亿元,占公共财政支出比重79%。147个民生补短板项目完成投资86.74亿元,7大类33个为民办实事项目完成投资20.8亿元。新增城镇就业7560人,再就业211人,转移农村富余劳动力5532人,建成公租房366套。开展吴航街道西关、胜德等4个社区居家养老政府购买服务试点,建成并投入使用营前街道长安村、马头村和松下镇松下村等幸福院。依托慈善总会、红十字会、老区建设促进会、见义勇为基金会、计生协会等,开展医疗救助、扶贫济困、老区帮扶、关爱母亲和少年儿童、见义勇为等活动,累计救助金额1643.15万元,受益群众约3.7万人次。

生态建设　开展"蓝箭行动",整治突出环境问题69个。东洛岛保护与开发利用示范项目开工建设,清理炎山水源保护区内违法建筑和排污口。开展"绿化长乐"行动,启动滨海新城森林城市景观带(防护林)建设,在全区种植香樟、秋枫、榕树4000多株,完成老旧公园改造、城区绿化提升、机场周边景观优化等7大类37个绿化项目。推进南山生态公园建设,建成"二环"休闲步道4.5千米。启动洞江湖公园建设。实施"四绿"工程,造林绿化449.5万平方米,森林覆盖率26.53%,空气质量优良天数比例99.73%。133项宜居环境建设项目完成投资47亿元。开展"裸房"、山体保护和墓地生态整治、黑臭水体、垃圾污水、畜禽养殖场污染等专项治理行动,处置"两违"589宗,拆除面积109.6万平方米。

平安建设　推进"信用长乐"相关工作,开展"七五"普法和平安长乐建设等工作,分批投入1.2亿元建设社会治理应急指挥中心和"天网"工程,完成社会治理应急指挥中心主体项目建设,"天网"工程高清视频监控接入专网6000路。完成全区自然灾害避灾点规范化建设,年内吴航航兴社区、航城仁辉社区获"全国综合减灾示范社区"称号。潭头镇泽里村、文岭镇郑朱村获第五届"全国文明村"称号,漳港街道百户村获首批"全国农村幸福社区建设示范单位"称号,江田镇获"福建省农村宣传思想文化工作示范乡镇"称号。

【高新产业】　2017年,福州"数字中国"会展中心、国家健康医疗大数据中心、国土资源大数据应用中心等国家级平台落户大数据产业园,国家级互联网骨干直联点正式开通,引进北京奇虎科技(360)、贝瑞和康、神州优车、湛华智能科技等数字经济龙头企业。

【移风易俗】　2017年,长乐区聚焦婚丧喜庆大操大办、铺张浪费等陋习,通过建章立制、压实责任、分类施策、宣传引导,开展移风易俗专项整治,相关经验做法在全省推广,并被央视《新闻联播》等多家中央权威媒体先后报道。

表 100　　**2017 年长乐区街道(乡镇)基本情况一览表**

街道(乡镇)	辖地面积(平方千米)	人口		社区(村)(个)	规模以上工业总产值(万元)	财政总收入(万元)	财政总支出(万元)
		户数(户)	人数(人)				
吴航街道	8.04	21562	55752	13	—	59403	1611
航城街道	55.35	16767	51590	21	1217684	44443	2400
营前街道	34.56	11135	36290	13	918041	31525	2439
首占镇	30.00	8600	31365	14	78002	57198	2564
玉田镇	54.00	11426	42880	11	102656	3357	1302
罗联乡	21.50	3432	11536	8	66003	655	1025
鹤上镇	48.50	18737	61715	22	2058087	16465	1917
古槐镇	51.80	17905	62966	23	535244	12168	2114
江田镇	86.40	15964	60197	17	3798763	24853	2517
松下镇	38.60	6990	27527	9	1751176	21298	1630
文武砂镇	28.30	7316	26039	9	2870667	29981	2638
漳港街道	36.95	17451	58025	19	3465992	27069	3183
湖南镇	32.53	9572	30720	11	2396390	31252	1379
金峰镇	29.88	19785	70285	21	1307109	28196	4177
文岭镇	28.77	10442	34768	12	1258577	8568	986
梅花镇	5.80	5802	15250	6	177955	1257	1914
潭头镇	45.00	16834	54756	23	770042	6653	1643
猴屿乡	22.02	2037	4939	4	—	1363	1100

说明:数据来自长乐区民政局、统计局、财政局　　(林　熙)

福　清　市

【概况】　福清市区域面积 2430 平方千米。辖 7 个街道、17 个镇。户籍人口 135.87 万人。有旅居海外华侨和新移民近 90 万人,遍布世界近 130 多个国家和地区。年内与印度尼西亚玛琅缔结福清首个国际友好城市。

2017 年,福清市完成 117 件省市县三级为民办实事项目。开展“攻坚 2017”行动,累计完成项目交地 1666.67 公顷,拆迁 81 万平方米,清理处置批而未供、供而未建项目 120 个,新形成净地 256 个。新解决拖延 2 年以上的历史遗留项目 156 个,环城路北半环建成通车,江阴环保隔离带全面完成搬迁。开展三期重点项目征迁行动,打通福业大道等 15 条城区“断头路”,实施 19 条城市道路“畅通工程”,完成 2 个旧片区拆迁。全市 581 个“三大行动计划”项目,累计完成投资 848.7 亿元;140 个重点项目,累计完成投资 677.1 亿元。

江阴口岸进口外贸整车首次突破万辆。江阴港区集装箱吞吐量 155.4 万标箱,比上年增长 22.7%;江阴铁路支线货物进出港 59.5 万吨,比上年增长 158.8%;已开通国际航线 11 条,其中“一带一路”沿线国家国际航线 9 条。

【经济建设】　2017 年,福清市实现地区生产总值 996.6 亿元,比上年增长 9.9%;公共财政总收入 100.3 亿元,增长 13.1%,其中地方公共财政收入 62.3 亿元,增长 11.5%;社会消费品零售总额 427.41 亿元,增长 14.3%;固定资产投资 1009.5 亿元,增长 16.4%;出口总额 400.1 亿元,增长 6.5%;城镇居民人均可支配收入 4.13 万元,增长 8.5%,农村居民人均可支配收入 2.12 万元,增长 10.5%。

农业　实现农业生产总值 180.9 亿元,比上年增长 3.6%。完成全市 59 家保留的规模化生猪养殖场标准化改造,成为全国首个同时获批 2 个畜禽数字农业建设试点项目的县市。建成 100 公顷江镜省级蔬菜现代产业园。“福清花蛤”“福清白对虾”注册为国家地理标志证明商标,新增“三品一标”认证产品 7 个、省级农业物联网示范点 2 个,新增福州市级以上农业示范合作社 5 家、示范家庭农场 7 家。

工业　规模以上工业总产值 1862.5 亿元,比上年增长 16.8%。福耀玻璃进入中国品牌价值 500 强。天马科技、坤彩科技 2 家企业主板上市。鸿生科技被住建部认定为第一批装配式建筑产业基地。京东方液晶面板项目正式投产,填补全省高世代液晶面板的空白。福清核电一期 1～4 号机组全部建成商运,5 号机组“华龙一号”全球示范首堆进入设备安装阶段。三峡海上风电国际产业园及园内金风科技、中车株洲等 4 个项目动工。中江石化等 12 个重大产业项目建成投产,新福兴新能源汽车玻璃产业园等35个重大项目开工建设。

服务业　实现社会消费品零售总额427.4亿元,增长14.3%。利嘉国际物流园建成10万平方米保税仓,360网络小额贷款公司投入运营;推进东壁岛滨海旅游度假区等重点项目建设;星泰安物流园区、华强山庄酒店、黄檗文化旅游园等一批现代服务业项目动工建设。年内福清市获"全国休闲农业和乡村旅游示范县"称号。

招商引资　开展"招商2017"行动。健全产业链招商、小分队招商、异地商会委托招商等精准招商工作机制,推进常态化全员招商。举办2017年福清商会工作交流会,新签约引进京东方显示科技新项目等85个总投资1233亿元的项目。注册楼宇经济企业371家,入库税费2.6亿元。元洪国际食品园获批国家水果和肉类进境指定口岸,签约落地产业项目18个,总投资164亿元,胜田食品等5个项目已挂牌或动工建设。玉融国际创业小镇嘉元温德姆至尊豪廷大酒店和一期12栋企业中心动工建设。旅游产业策划生成22个总投资117亿元的重点项目,三山东龙湾花蛤小镇等6个项目已签约或动工建设。全年实际利用外资4亿美元,比上年增长20.7%。

【城乡建设与管理】　2017年,《新时代大福清发展战略行动纲要(2016—2025)》编制完成并经福清市人大常委会审议通过。完成城乡总体规划修编、"多规合一"一张图和12个专项规划编制。规划建设总面积31.26平方千米的城市中央公园,全长6.7千米的五马联动主线工程贯通。启动新一轮城市绿地系统规划修编。建成环石竹湖北岸休闲步道、市民休闲公园等16个项目。滨海大通道建成通车13.3千米,沈海高速镜洋互通建成通车,长福高速全线交地并动工建设,推进福厦高铁福清西站征迁工作。完成大真线、海城线路面"白改黑"工程,新建、改扩建城区道路28千米、农村公路18千米。新建和改造供水管网27千米、燃气管网23.9千米、10千伏高压架空线路264.2千米,建成城乡公共停车泊位1200个。开展第三批国家级新型城镇化试点,推进龙田、高山、渔溪小城镇和江阴小城市试点建设,龙田镇入选2017年"全国综合实力千强镇"和第二批全国特色小镇。

创建车辆文明停放示范街区。成为新一届(2018—2020)全国文明城市提名城市。引进杭州金通共享单车,首批投放500辆。实施城管执法体制改革,完成农贸市场管理体制改革。完成数字城管系统普查建库。推行城区"牛皮癣"清除保洁市场化运作,实行渣土车数字化监控。全年拆除违建1076宗,4672户个人建房获批挂牌施工。推进移风易俗,探索建设生命公园,推行喜事新办、厚养薄葬、丧事简办。实施110个新农村精品村、示范村、创建村建设,投入4.6亿元,实施1352个建设项目,建成项目1327个。新厝镇、新厝镇江兜村、高山镇前王村获评第五届"全国文明村镇",海口镇牛宅村入选2017中国美丽休闲乡村,渔溪镇建新村等10个村入选第二批农村社区建设省级示范单位

2017年9月17日,福清核电一期1~4号机组全面建成商运。图为福清核电一期建设现场　(林孟启　摄)

【社会事业】　科技　2017年,福清市新培育高新技术企业12家、省科技小巨人领军企业9家。与中科院海西研究院签订战略合作框架协议。福清市专利申请量2109件,其中发明专利641件;授权专利825件,其中授权的发明专利123件。

教育　新建、改扩建公办中小学18所、幼儿园9所,新增学位3500个。福建师大福清分校申办独立本科院校——福建应用科技学院已经公示,德旺中学通过省二级达标高中评估验收。有幼儿园183所,小学347所,初级中学43所,完全中学17所,高级中学3所,九年一贯制学校3所,十二年一贯制学校3所,职高(专)6所,特殊学校1所,镇(街)文化技术学校24所,省市属大中专院校1所,教师进修学校1所。

文化体育　福清市文化馆获评"国家一级文化馆",福清市图书馆、科技馆建成正式启用。承办2017年全国"超级杯"气排球总决赛、全国女子排球超级联赛福建赛区比赛,推进"文化惠民乐万家"活动。完成一都东关寨等文物修缮工程。福清市文体局获评全国群众体育先进单位,福清市少体校获评国家重点高水平体育后备人才基地,侨乡合唱团、融声合唱团获中国第14届合唱节金奖。

卫生和计划生育　健全公立医疗机构管理委员会工作机制,深化医药卫生体制改革。福清市医院升格为三级综合性医院。福清市中医院完成搬迁,120急救指挥中心建成启用,福清南方医院、海西口腔医院等社会力量办医项目动工建设。福清市出生人口17072人,总人口138.13万人,人口出生率12.42‰,人口自然增长率7.60‰,出生性别比109.1。

社会保障　民生支出64.44亿元,占一般公共预算支出73.3%。完成全民参保登记入户调查,提高企业退休人员养老金、城乡居民基础养老金、城乡低保

和特困人员救助供养标准。开展政府购买社区居家养老服务试点,建成37个居家养老服务站、2个日间照料中心,引进6个社会养老项目,健全多层次养老服务体系。新增城镇就业2.76万人,转移农村富余劳动力4904人。新开工各类保障性住房180套,基本建成332套。

生态建设　完成重大节能减排项目20个,新淘汰黄标车835辆。城区环境空气质量优良率98.1%,城市、乡镇集中式生活饮用水水源地水质达标率分别为100%和93.3%。推进生态水系治理,编制完成湖库连通工程规划并报请市人大常委会审议通过。开展东张水库至阳下新局输水线路等8个工程可研方案编制,实施东华水库扩建等3个先行启动项目包,日供水量15万吨的观音埔水厂建成运行。入选第二批省级综合治水实验县。实施"两江八溪"12条河道整治,完成闽江调水江阴支线和峡南泵站扩容改造工程。完成融元污水处理厂提标改造,新建污水管道19千米。实施城区道路易涝点整治和火车站片区排涝应急工程建设。推进"河长制",推行全民治水模式,开展无人机巡河、万人巡河清障活动。开展"全民动员、绿化福清"行动,新增绿地45公顷,绿化覆盖率46.82%,新增植树造林656公顷,获评省级"森林城市"称号。

平安建设　健全综治平安"五不漏体系",强化"齐看家保平安"行动、"巡更保平安"常态化机制,建成"福清人民"综治管理平台,全年刑事案件立案数比上年下降34.98%,获评全省"平安先进县(市)"。实施隐患排查整治攻坚年行动,开展加强安全生产、食品安全、防汛抗台、森林防火等工作。

【园区建设】　2017年,福清市基本完成江阴化工应急救援中心、福州新区福清功能区东西部BT路网、华侨公园和蓝色经济产业园华侨城一期安置房、污水处理厂等园区配套建设。融侨开发区入选全省十大重点开发区。

表101　**2017年福清市街道(乡镇)基本情况一览表**

街道(乡镇)	辖地面积(平方千米)	人口		社区(村)(个)	规模以上工业总产值(万元)	固定资产投入(万元)	税收收入(万元)
		户数(户)	人数(人)				
玉屏街道	7.30	23825	70029	19	—	285738	56033
龙山街道	34.00	19108	57913	20	95160	458739	28163
龙江街道	31.10	12267	39608	13	1164057	467632	23946
音西街道	51.10	18705	59575	22	1052430	2223770	107096
阳下街道	69.00	13434	43457	24	3171022	722029	58279
宏路街道	36.60	10843	35703	14	630617	713183	56486
石竹街道	15.40	5493	16664	10	5052816	622855	109951
海口镇	52.64	23754	78033	19	144181	205659	12126
城头镇	70.50	18151	63400	26	1460216	524421	27865
南岭镇	34.30	2278	7715	8	—	42819	788
龙田镇	88.00	37149	138585	42	1007436	270513	17961
江镜镇	56.70	26743	103511	26	65739	253564	18798
港头镇	45.00	24945	85196	31	52314	116888	2034
高山镇	40.50	20365	72220	25	66281	235026	15092
沙埔镇	40.00	13241	52402	22	25137	272309	4028
东瀚镇	74.00	12101	43922	17	—	27494	3950
三山镇	102.00	35851	125670	36	829381	976460	32763
渔溪镇	115.30	15594	50889	22	277418	254910	10004
上迳镇	52.53	9565	33753	16	332998	163335	8725
新厝镇	73.60	8016	26847	16	322552	140024	8909
江阴镇	69.75	26881	91107	23	2124251	890538	46615
东张镇	128.50	9512	31651	19	18663	38107	5647
镜洋镇	88.60	8673	27113	17	731833	126085	14189
一都镇	108.00	3557	11890	7	—	18305	492

说明:数据来自福清市统计局、财政局、公安局

(福清市政府办公室)

闽侯县

【概况】 闽侯县区域面积2136平方千米,辖1个街道、8个镇、6个乡,325个行政村(社区),户籍人口68.2万人。县域经济基本竞争力跃居全国百强县(市)第51位,连续8年入选全省县域经济实力"十强县"。

2017年,闽侯县落地项目171个,总投资586.6亿元,10亿元以上项目12个。

【经济建设】 2017年,闽侯县实现地区生产总值560.07亿元,比上年增长9.6%,三次产业结构优化调整为6.2:58.1:35.7;一般公共预算总收入112.14亿元、一般公共预算收入71.09亿元,均位居全省县(市)第2位;固定资产投资561.42亿元,增长21.6%;社会消费品零售总额276.74亿元,增长16.1%;城乡居民人均可支配收入26875元,增长8.3%。

农业 农业总产值60.78亿元,比上年增长5%。划定永久基本农田24773公顷,新增设施农业24.7公顷,南通海峡蔬菜批发市场率先建立并运行食用农产品"批批检测""一品一码"可追溯系统。农村集体资产股份权能改革试点工作得到国家农业部肯定,并在全国总结交流会上作典型发言,农业农村工作综合排名全省第六。

工业 实现规模以上工业产值960.5亿元,增长14%。东南汽车DX系列、祥鑫铝业特种铝材等11个工业技改项目和晶华生物等12个工业建设项目建成投产,新培育规模以下转规模以上企业20家,创合电器、东亚环保等企业上市,新增建材产业为百亿产业集群,汽车产业产值增长31%,福建奔驰成为全市首家纳税超10亿元工业企业。

服务业 实现服务业增加值200.12亿元,比上年增长11.2%。推进南通永嘉天地、荆溪新华都物流等项目建设,普洛斯物流、金港赛道等项目投产运营,新增限下转限上企业65家。加快建设闽越水镇项目,凤翔首邑温泉度假村建成开业,闽都民俗园、奥莱时代获评国家AAA级旅游景区,全年接待游客510万人次,实现旅游收入10亿元,分别比上年增长16%和17%。

招商引资 发展开放型经济,引进外资项目20个,实际利用外资12831万美元,比上年增长7.5%;加大出口扶持力度,实现出口100.64亿元,增长7.5%。深化对台交流合作,引进品记食品、富国新物流等台资项目11个,高速物流两岸青年创业园成立运营,成为全市首家由台湾专业团队主导运营的两岸青年创业项目。

【城乡建设与管理】 城乡规划 2017年,闽侯县开展县域"一张图"工作,完成县城、上街大学新校区、青口汽车城等重点片区及大部分乡镇城乡总体规划方案,划定生态保护红线和城镇开发边界线"两线",土地利用总体规划调整完善方案获省政府批复。

征迁安置 县级以上重点项目开工99个、竣工53个、完成年度投资421.5亿元、分别比上年增长36%、83%、10%,其中"攻坚2017"专项行动征收房屋143.44万平方米、交地1340公顷。完成逾期安置项目15个,建成8324套76.2万平方米安置房,安置回迁4848户。

市政建设 推进177个基础设施项目建设,滨河路(二期)、溪源江安全生态水系、兰圃变电站主变增容工程等19个项目建成投用。在全市率先开展"裸房"整治工作,整治"裸房"517栋18.8万平方米。实施129个宜居环境项目,建成公共停车泊位3600个,新建(改造)三格化粪池7507户,新增公厕33座,依法拆除"两违"面积110.3万平方米。

【社会事业】 科技 2017年,闽侯县入选国家知识产权强县工程示范县。认定专家工作站3个,落实产学研重点项目15个,阳光众创空间获评国家级众创空间,新增高新技术企业32家、科技小巨人企业19家、省级战略性新兴企业2家,高新技术产业营业收入415.7亿元,比上年增长20.2%。

教育 推进22个校舍项目建设,县教师进修校附属幼儿园、尚干中心小学新校区、昙石山中学等12个项目建成投用,新增学位3700个。闽侯六中及上街、祥谦中心小学通过省级学校管理标准化评估验收,县实验幼儿园获评省级示范性幼儿园。公办幼儿园覆盖率提高到42.2%。

文化 推进国家公共文化服务体系示范区创建工作,"点单点将台""片区文化联盟""三联合三共建"等经验做法在省市推广,"文化市场管理"和"群众体育"两项工作获全国先进,县图书馆通过国家一级馆评估定级,青橄榄合唱团再获全国金奖。

卫生和计划生育 推进县医院新病房大楼、南通卫生院等5个项目建设,洋里、大湖卫生院建成投用,祥谦中心卫生院和鸿尾卫生院获评市级"群众满意的乡镇卫生院"。加快转变医疗卫生服务方式,完成省市下达30%的家庭医生签约率。全年出生人口6994人,人口出生率1.155%,人口自然增长率0.648%。

社会保障 全年财政用于民生支出72.4亿元,占公共财政预算支出76.6%。新增城镇就业9503人,转移农村富余劳动力4588人,城镇登记失业率控制在2%以下。落实精准脱贫稳定机制,造福工程搬迁、雨露计划培训、财政资金投入等工作均超额完成市下达任务,扶贫小额信贷覆盖率68.4%,全市第一。20个建档立卡贫困村全部退出,加快实施433个民生补短板项目,53个省市县三级为民办实事项目办结完成。城镇居民医保和新农合并轨运行,城乡居民医保补助受益53.8万人次,比上年增长17.5%,城乡居民医保政府补助标准、农村低保标准、城镇低保标准分别提高14.3%、28.6%、22.8%。

生态建设 投入6607万元,创建美丽乡村11个、"幸福家园工程"示范村17个。开展"全民动员、绿化闽侯"行动,完成造林绿化和森林经营4000公顷,新增绿地5.3万平方米,加大五虎山国家森林公园等重点项目区域保护开发力度,千家山生态公园建成开放。落实"气十条",实施节能检测中心、大世界橄榄循环经济等节能减排项目,淘汰299辆黄标车。推行"河长制",治理河流34千米,铺设污水管网55千米,竹岐、鸿尾污水处理厂及白沙污水处理站建成投

表 102

2017 年闽侯县街道（乡镇）基本情况一览表

街道（乡镇）	辖地面积（平方千米）	人口		社区（村）（个）	农林牧渔业总产值（万元）	规模以上工业总产值（万元）	财政总收入（万元）
		户数（户）	人数（人）				
青口镇	127	26854	88082	40	87654	3518875	290759
尚干镇	5	5855	17979	13	11416	152245	15046
祥谦镇	89	19485	66069	20	67870	860557	31845
南通镇	112	16679	48719	17	76560	189061	30468
南屿镇（含高新区）	171	25869	83331	24	41722	1347103	158452
上街镇	157	23331	86201	23	19541	412010	114063
竹岐乡	224	8857	30459	22	49766	187171	11373
鸿尾乡	157	9468	34115	20	45146	332687	4922
荆溪镇	131	15127	47792	19	67516	1747893	63476
甘蔗街道	47	18507	52314	19	17257	1507844	124992
白沙镇	175	9982	33798	25	37040	199964	6609
洋里乡	151	8490	29718	23	55201	17802	960
大湖乡	282	10160	36330	27	56260	16690	372
廷坪乡	217	9645	35028	25	27162	—	254
小箬乡	46	2681	10111	8	15618	—	376

说明：数据来自闽侯县统计局

用，实现乡镇（街道）污水处理厂（站）全覆盖，新增日处理污水能力 1.35 万吨，闽江干流（闽侯段）水质达标率稳定在 100%。祥谦、南通等 4 个垃圾中转站建成投用，整治甘蔗、尚干白沙垃圾堆放点，转运生活垃圾 18.3 万吨。

平安建设　治安防控、信访维稳、法治宣传、应急管理、防震减灾等工作全面加强，推进“平安闽侯”“法治闽侯”“诚信闽侯”建设，提升群众安全感、满意率。

（郭　清）

连　江　县

【概况】　连江县区域总面积 4280 平方千米，其中陆地面积 1168 平方千米，海域面积 3112 平方千米。辖 22 个乡镇，有 277 个村居，人口约 67 万人。

2017 年，连江县实施重点项目 242 个，完成投资 269.46 亿元，占年度计划投资的 107.6%。全年列入福州市“攻坚 2017”项目 159 个，其中建设类项目 52 个，完成投资 242.03 亿元；征迁类项目 69 个，完成征迁总户数 2603 户、拆迁 47.01 万平方米、交地 1302.87 公顷。

【经济建设】　2017 年，连江县实现地区生产总值 432.38 亿元，比上年增长 6.8%，三次产业结构为 34.4∶39.1∶26.5。一般公共预算总收入 46.1 亿元，增长 7.1%，其中，地方一般公共预算收入 31.53 亿元，增长 15.0%。城乡居民人均可支配收入 22743 元，增长 8.9%。

农业　实现农林牧渔业总产值 267.98 亿元，比上年增长 4.4%。完成粮食播种任务面积 0.93 万公顷，年产量 5.03 万吨。完成土地流转面积 0.68 万公顷，涉及农户 2.93 万户。完成农村土地确权登记颁证工作。苔菉中心渔港动工建设，筱埕屿仔尾二级渔港、苔菉北茭二级渔港竣工。全面启动“全国农村产业融合试点示范县”工作，在全省率先完成新一轮《连江县海水养殖水域滩涂规划（2018—2030 年）》编制。年内连江县获评全国水产品质量安全示范县。

工业　实现规模以上工业增加值 174.81 亿元，比上年增长 7.2%。全年工业用电量 11.9 亿千瓦时，增长 65.8%。固定资产投资 441.96 亿元，下降 6.8%。推进“海上福州”建设，28 个项目完成投资 61 亿元。申远新材料一期、法液空、福建建工、华电供热改造一期等项目竣工投产，推动金榕废润滑油还原提纯等项目建设。福建世纪电缆有限公司被认定为省级企业技术中心，神华煤港电一体化等 16 个项目实施技术改造。中国海峡（连江）康复辅具产业园在连江正式挂牌。

服务业　实现社会消费品零售总额 156.55 亿元，比上年增长 14.5%。《连江县“十三五”城市商业网点专项规划》编制完成，万星广场、时代广场建成，安顺达物流园动工建设，中农城投电商产业园签约落地。环马祖澳旅游集散服务中心投入使用，晓澳牛头山休闲渔业基地等 6 个项目获评三星级乡村旅游经营单位，丹阳镇坂顶村、黄岐镇古石村、小沧乡小沧村被列为福州市乡村旅游特色村。

招商引资　实际利用外资 8.7亿

2017年7月1日,申远新材料一期建成投产。图为公司厂区

(连江县政府办　供)

元,比上年增长20.4%。开展"招商2017"专项行动,年内招商引资落地项目260个,总投资473亿元,其中新批合同外资项目6.6亿美元,中德足球小镇、国投城市资源利用等10亿元以上项目12个。

【城乡建设与管理】　2017年,《连江县城市总体规划(2015—2030年)》获市政府批准实施,《中心区东片区控规》修编完成,完成青塘片区、动车站站前区域城市设计工作。改造朝晖路片区、玉荷东路片区棚户区247户、2.5万平方米。

新解放大桥竣工通车,全面启用连江客运站。金凤南路、城区第二水厂基本建成。全年提升城市立体绿化景观5个。实施92个宜居环境建设项目,开展下山河、浦乌河等内河整治工作。年内改造旧城区供水管网12千米,新增城区公共停车泊位640个。盘活原红星美凯龙项目用地19.67公顷,收储原海王药业项目用地19.13公顷。

加快建设黄岐滨海特色小镇,筱埕定海湾山海运动小镇创建市级特色小镇,琯头镇入榜全国综合实力千强镇。建设美丽乡村13个,新农村"幸福家园工程"58个,江南乡梅洋村获评第五届全国文明村。完善城乡交通基础设施,推动104国道连江至晋安段改线、228国道下岐至东边段、滨海大通道奇达至安凯段等工程建设。年内,处置"两违"面积67万平方米。新建改造村庄三格化粪池7600个,铺设农村雨污管网18千米,完成70个行政村生活污水治理、71个行政村垃圾处理工程。

【社会事业】　科技　2017年,连江县百获U创、聚创众创空间通过市级认定,年内新增院士(专家)工作站4个,引进"福建省引进高层次人才"11人。全年专利申请量947件,比上年增长95.98%,其中发明专利297件,实用新型专利589件,外观设计专利61件。

教育　全县幼儿园在校生27009人,小学在校生46841人,初中在校生17420人,高中在校生8439人,中职在校生1700人,特教在校生216人。全年投入4.28亿元推进农村薄弱学校改造、城区学校扩容等17个教育民生工程,消除危旧校舍2.5万平方米,新改扩建校舍11.5万平方米,新增各类学位6830个。鲤鱼山小学、进修校三附小、敖江中心园、百胜中学等建成投用。

文化体育　推进公共文化服务体系建设,达标提升乡镇综合文化站9个、村级综合文化服务中心74个,新改建、扩建乡村文体公园58个。2017年,环福州·永泰国际公路自行车赛(连江赛段)、中华一家亲·2017海峡两岸各民族欢度"三月三"节暨福建省第六届"三月三"畲族文化节、第十届海峡两岸少数民族丰收节等活动在连江县举办。年内获评"海峡两岸少数民族交流与合作基地""福建省双拥模范县城"。

卫生和计划生育　深化医药卫生体制改革,县、乡公立医院全部加入市级医疗联合体。东岱、苔菉、下宫等8栋卫生院附属楼建成,剑桥景三影像科研项目落地。全年出生7764人,人口出生率11.15‰,性别比108.60,人口自然增长率5.76‰。

社会保障　全县城镇新增就业2917人,新增农村劳动力转移就业5050人,提供就业岗位19348个。城乡居民养老保险参保率99.65%。开展与甘肃陇西县、西藏八宿县扶贫协作工作,脱贫攻坚成效考核位居福州市第一,全年建档立卡贫困户158户475人实现脱贫,贫困村50个全部退出。设立罗山畲族社区居委会,全年实现异地搬迁23户107人。创新社区居家养老服务,9个乡镇敬老院投入使用。

生态建设　敖江万里安全生态水系建设通过省级验收,丹凤东路沿河景观带建成,含光生态公园开园、敖江沿江休闲步道开放。落实"河长制"和最严格水资源管理制度,兰水溪、花园溪、牛溪水质从劣Ⅴ类提升到Ⅲ类标准。推进敖江流域饰面石板材加工企业关停退出后续清理整治、堆渣场闭坑和矿山覆土绿化工作。加大畜禽养殖污染源治理力度,完成保留的30家生猪养殖场标准化改造。山仔、塘坂水力发电站入选全国第一批"绿色小水电站",实施郭婆溪等20座水库除险加固。取缔落后小型燃煤锅炉,淘汰黄标车。全县造林绿化3333.33公顷,森林覆盖率52.3%。连江县被评为"福建省森林县城"。

平安建设　打击非法采捕红珊瑚行为,年内累计拆解涉渔"三无"船舶56艘。落实粮食安全省长责任制,中心粮库拆旧建新工程主体竣工。开展安全生产检查,整改安全隐患点1633处。开展信访、维稳、矛盾纠纷调解、社区矫正、安置帮教等工作。年内连江县被评为"全国平安农机示范县""福建省平安县城"。

表 103　　**2017 年连江县(乡镇)基本情况一览表**

乡镇	辖地面积(平方千米)	人口		社区(村)(个)	固定资产投资(万元)	规模以上工业总产值(万元)	财政总收入(万元)
		户数(户)	人数(人)				
凤城镇	6.19	27089	85988	14	76491	12719	35008
敖江镇	41.54	10672	39684	14	83321	2618480	30635
江南乡	75.18	7731	26272	16	36882	86745	3775
东湖镇	45.85	4955	16920	10	65896	661980	5167
浦口镇	52.40	10619	36521	14	64838	91722	5660
东岱镇	24.73	9932	33966	9	44436	213345	2494
晓澳镇	20.08	11142	35729	7	25302	681625	6963
琯头镇	61.09	18333	56734	28	105075	184340	10760
潘渡乡	142.87	6562	22203	14	144802	—	25016
小沧乡	65.24	1203	4404	5	8072	—	106
丹阳镇	111.53	8511	29354	19	72910	11211	1632
蓼沿乡	124.57	8354	30074	23	26477	—	798
长龙镇	66.51	3798	13022	7	34890	7275	2919
透堡镇	25.81	6367	23054	8	60500	18237	7103
马鼻镇	38.82	13060	48193	15	61196	25701	11784
官坂镇	49.44	8999	33953	16	71710	48610	1695
坑园镇	39.33	6617	25293	8	118542	344159	4686
下宫乡	32.36	4349	15836	9	107955	170216	3339
筱埕镇	32.99	8229	27844	11	102836	389916	1385
黄岐镇	13.43	7303	24015	11	108806	160279	1699
安凯乡	30.87	4953	17481	11	74969	308881	552
苔菉镇	8.30	7807	26396	8	75995	151948	1865
其他	—	—	—	—	3925900	838791	296267

说明:数据来自连江县统计局　　（王　宇）

闽　清　县

【概况】　闽清县区域面积 1466 平方千米,辖 11 个镇、5 个乡,有 21 个社区、271 个行政村,户籍人口 32.4 万人。有 20 余万侨胞旅居新加坡、马来西亚、印尼等国家和地区。2017 年,闽清县实施 120 个重点项目,完成投资 57.6 亿元;20 个工程包完成投资 17 亿元。

【经济建设】　2017 年,闽清县实现地区生产总值 166.2 亿元,比上年增长 7%,三次产业结构为 18.2∶53∶28.8;一般公共预算总收入 17.3 亿元,增长 12.5%,其中地方一般公共预算收入 9.7 亿元,增长 10.3%;固定资产投资 92 亿元,增长 18.5%,其中工业固定资产投资 30 亿元,增长 32.1%。出口总额 8.3 亿元,增长 2%;建筑业总产值 550 亿元,增长 27.1%;城镇居民人均可支配收入 28955 元,增长 8.1%;农村居民人均可支配收入 13482 元,增长 10.8%。

农业　农林牧渔业总产值 46.2 亿元,比上年增长 5.2%。新增“三品一标”认证农产品 11 个、新型农业经营主体 49 家,15 家农业产业化龙头企业在股权交易中心挂牌,凯达生态农业被授予省级物联网示范企业,源凤家庭农场、施恩织和农公司培育为市级物联网应用示范点。水口坝下水位治理工程等 12 个重点水利项目完成年度投资 5.8 亿元,葫芦门水库正式下闸蓄水,建成 30 千米城乡供水一体化主干网,除险加固 19 座山塘水库。

工业　规模以上工业增加值 57.8 亿元,比上年增长 7.3%。引进金泉机械等 19 个项目,建设民天食品等 21 个项目,中建科技、青龙管业、礼恩电缆等项目建成投产。5 家企业实施节能项目改造,工业技改投资 15.5 亿元,比上年增长 90%。白金工业园区新会审落地项目 13 个,总投资 35 亿元。新投产企业 5 家,实现产值 4.6 亿元。中建(福建)绿色产业园招商取得新成效,新合发建材科技、中建经纬护栏等产业链项目落地建设。东桥表业园工业一期厂房在建，安置区、自来水厂等配套设施建成。

服务业　第三产业增加值47.8亿元，比上年增长8.7%；社会消费品零售总额51.2亿元，增长12.4%。恒大足球特色小镇、青马部落等一批旅游项目签约落地，推进中国瓷天下旅游、雄江创客小镇等项目建设。七叠温泉获评国家四星级温泉企业、国家AAA级旅游景区，新增省级乡村旅游特色村4个。全年接待游客120.7万人次，增长27.5%。

招商引资　全年引进永杰鱼天下、九龙生态园、启德行五星级酒店等111个项目，总投资203.5亿元。其中引进外资项目3项，总投资3.2亿美元。

【城乡建设与管理】　2017年，闽清县启动新一轮城乡总体规划修编，建成“多规合一”信息平台。梅溪新城投入1.5亿元，建成新城一期路网主次干道5条4.3千米。建成江滨休闲公园、大王仑公园、江滨生态公园、新城滨水景观、道路绿化带等一批公园景观。新中医院一期、新梅溪卫生院、县游泳馆、县青少年活动中心等项目实现封顶，推进老城区改造，更新改造供水管网5.3千米，新建城区道路4.5千米，新增绿道12千米、公园绿地8公顷、公共停车位727个、公交车34辆。完成城区夜景灯光改造10.3千米和上下龙洲、大王巷等23条背街小巷综合整治。新城66大道至横五路段道路等5个项目建成通车，联一线坂东楼下至云龙段道路等14个项目加速推进，“镇镇有干线”坂东至省璜段道路等10个项目动工建设。新改建农村公路15千米，实施农村公路安保提升工程95千米。投入1.5亿元建成49个新农村“幸福家园工程”示范村、50个美丽乡村，打造池埔村至福斗村美丽乡村景观带，三溪乡上洋村入选第二批省级传统村落。

【社会事业】　教育　2017年，闽清县投入2.48亿元，实施农村薄弱学校改造等10个教育民生工程，消除危旧校舍7200平方米，新建校舍6.12万平方米，新增学位2820个。投入6500万元，建成4个乡镇中心幼儿园。闽清一中初中部、县第三实验小学等项目基本完成内外装修。

文化体育　创建国家公共文化服务体系示范区，完成7个乡镇综合文化站和59个村(社区)综合文化服务中心达标改造，新增健身路径20条。闽清籍运动员林惠敏获福建省首个女子世界武术散打冠军。县科技文体局和城关中学获“全国群众体育先进单位”称号。

卫生和计划生育　投入1.2亿元，用于县乡医疗卫生基础建设和设备配置。开展医药卫生体制改革，完善县级公立医院院长年薪制，组建县域医共体，挂牌成立“闽清县总医院”，实行总会计师制度。分级诊疗制度初步构建，家庭医生签约率30%。全年出生人口4442人，人口出生率13.01‰，人口自然增长率6.21‰，出生人口性别比107.37。

社会保障　12大类民生支出29.2亿元，其中教育、医疗支出分别比上年增长9.6%、22%。完成26项63件为民办实事项目。新增城镇就业人口2075人，转移农村富余劳动力4981人，造福搬迁6800人、改造农村危房111户。新建限价房708套9.98万平方米，基本建成保障性安居工程267套。新农合和城镇居民医保支出1.47亿元，24.3万人次受益。建立健全救助标准自然增长机制，救助困难群众2.5万人次，发放救助金4676.2万元。发展社会福利事业，改造提升10个乡镇敬老院，新建24所农村幸福院，县福利中心、8个乡镇敬老院实现公建民营。

生态建设　实施中小流域治理、城乡污水、垃圾治理和“三边三节点”环境整治项目117个、总投资86.3亿元。开展梅溪省璜段、安仁溪东桥镇区段安全生态水系建设，完成82个行政村污水治理，新建或改造农村三格式化粪池10495个，开工建设白金工业园区污水处理厂二期管网，启动运行梅溪新城污水处理厂和5个乡镇污水处理站。完成城区垃圾填埋场二期扩容及渗滤液提标改造，建成5个乡镇垃圾转运系统，完成73个行政村生活垃圾治理，改造提升标准化畜禽养殖场29家。启用“闽清县河长制管理信息系统”，在全省率先实现信息化全域治水。实施空气质量提升行动计划，淘汰黄标车116辆，巩固陶瓷企业煤改气成果，城区空气优良率99.2%。完成造林绿化1266.67公顷，实施“一镇一公园”等51项绿化提升工程，获省级森林县城称号。

【首届中国·福州橄榄节】　2017年12月16日，首届“中国·福州橄榄节”在闽清县举行，“金橄榄”评选、橄榄集市、橄榄清新游、橄榄音乐节、橄榄“生活馆”等五大活动全方位展现福州橄榄作为“自然的馈赠”的独特魅力。全市60多个品种参加“金橄榄”评选，闽清县“白河江橄榄”包揽14个奖项中的1个金奖、2个银奖和2个铜奖。

表104　**2017年闽清县乡镇基本情况一览表**

乡镇	辖地面积(平方千米)	人口		社区(村)(个)	农林牧渔业总产值(万元)	工业总产值(万元)	地方财政收入(万元)	地方财政一般预算支出(万元)
		户数(户)	人数(人)					
梅城镇	9.27	14295	41811	12	4939.38	68772	7352.06	7450.29
梅溪镇	144.13	6864	23597	22	29167.50	48859	4078.57	2600.71
云龙乡	40.42	3750	11740	10	47000.80	234769	5048.43	5425.16
白樟镇	80.78	5744	19018	14	40962.08	403686	6258.48	4607.75
金沙镇	156.67	4148	14204	19	26986.49	88009	750.81	1892.38

续表 104

乡镇	辖地面积(平方千米)	人口		社区(村)(个)	农林牧渔业总产值(万元)	工业总产值(万元)	地方财政收入(万元)	地方财政一般预算支出(万元)
		户数(户)	人数(人)					
白中镇	41.8	5487	19065	14	29005.77	425911	7904.96	3283.41
池园镇	89.47	6948	24371	20	30894.19	191273	1769.08	1697.03
上莲乡	122.68	3703	13504	18	30279.22	14941	409.72	1585.92
坂东镇	58.53	13595	44995	28	41708.51	96047	5268.73	13104.63
三溪乡	47.00	2941	9845	12	14330.32	2769	485.28	1726.02
塔庄镇	73.27	7699	26291	25	38341.61	13785	738.97	5094.15
省璜镇	116.67	5453	20146	27	38428.08	4097	1850.63	2365.52
雄江镇	111.20	2092	6158	13	13057.97	14119	492.36	1089.67
桔林乡	107.20	2058	6783	13	18316.29	2247	1944.59	1755.44
东桥镇	187.34	6001	22654	23	31146.91	54000	666.79	5461.36
下祝乡	80.14	5369	20296	22	27291.89	11106	334.66	2048.00

说明:数据来自闽清县统计局

(吴承辉)

罗源县

【概况】 罗源县区域面积1187平方千米。辖6个镇、5个乡,有12个社区、189个行政村。户籍人口26.87万人,是福建省畲族主要聚居区和老区县之一。2017年,连续4届获评省级双拥模范县,获2017年中国最具投资潜力特色魅力示范县200强、省第三轮第二批平安县、省级森林县城等称号。

【经济建设】 2017年,罗源县实现地区生产总值224.63亿元,比上年增长8.8%;一般公共预算总收入20.79亿元,增长45.4%,其中地方一般公共预算收入12.72亿元,增长47.9%,两项增幅均位居全省第一;固定资产投资167.64亿元,增长21.6%;出口总值3.81亿元,增长10.9%;社会消费品零售总额58.32亿元,增长12.5%;城镇居民人均可支配收入30295元,增长7.7%;农村居民人均可支配收入13736元,增长7.4%。

农业 实现农业总产值74.5亿元,比上年增长4.4%;农业增加值41.52亿元,增长4%。特色农业增产增效,食用菌销量12.6万吨,产值8.9亿元;茶叶种植面积2926.67公顷,产量8700吨,产值2.08亿元;果蔬种植面积4973.33公顷,产量11万吨,产值4.2亿元。农民专业合作社374家,家庭农场110家。推进福州鉴江海洋生物产业园建设,井水村白对虾智能工厂化养殖、海洋牧场一期等设施渔业项目竣工投产,启动实施生春源茉莉花茶示范工程一期、西兰七境堂茶业等一批农业精深加工项目;新增“三品一标”认证农产品9个,罗源秀珍菇入选中欧地理标志互认产品清单。

工业 实现规模以上工业产值450.93亿元,比上年增长32.2%,增幅位居全市第一;规模以上工业增加值91.63亿元,增长7.8%;工业固定资产投资68.49亿元,增长25%。全年完成135项“攻坚2017”建设项目、投资105.1亿元,其中34项市级攻坚建设项目完成投资71亿元。宝钢德盛、闽光钢铁产值分别突破100亿元,实现县域百亿企业零的突破。华能火电厂一期通过满负荷试运行,南铝铝材二期、德胜喷墨薄型高档墙地砖一期、中网电气等一批产业项目建成投产,推进宝钢德盛二期、金闽烟叶二期等项目建设,推进石材加工园区闲置厂房盘活转产,嫁接项目26个。

服务业 实现第三产业增加值48.49亿元,比上年增长15.7%;建筑业增加值8.37亿元,增长5.7%,增幅居全市第一。闽光钢铁物联云商园、融道创意园、吕洞畲族风情休闲度假园、福湖畲风、牛澳湾休闲渔业旅游开发等项目动工建设。全年接待游客157万人次、比上年增长31%,实现旅游收入15亿元、增长31.6%;年末金融机构存款余额119.1亿元,增长8.1%;贷款余额159.8亿元,增长3.9%。全年累计销售商品房16556套,成交量居全市第一。

招商引资 全年对接招商项目279个,落地招商项目196个,总投资额514.77亿元。实际利用外资3635万美元,比上年增长7%。注册企业656家,注册资本108.47亿元,其中私营企业567家,注册资本91.5亿元。引进宝武钢铁炉卷轧机生产线、高品质不锈钢深加工、金属铝制品、绿色新型建筑材料循环经济产业园、数字罗源湾创意园、新型聚合物离子动力电池研发生产基地等一批项目。

【城乡建设与管理】 2017年,罗源县中心城区改造完成征收余家塘6.53公顷和430地块,启动岐阳片区旧屋区改造,动建“中庚·香山小镇”“万豪三期”“香蜜湖”等房地产项目。改造提升县中心市场、塔兜农贸市场,实施罗中路改造扩建、城区道路及排水系统、南溪、起步溪清淤截污等一批市政工程。建成长桥公共立体停车库,新增城区停车泊位500

个。加强农村基础设施建设,新改建农村公路18千米。启动实施"秀美山川农村环境综合治理"项目,改造农村户厕8893户。建成20个美丽乡村、46个新农村"幸福家园工程"和2个少数民族特色村寨试点村,霍口乡、福湖村分别入选省十佳旅游休闲集镇、二十佳旅游特色村,松山镇北山村等4村获评省级乡村旅游特色村。

将军帽15万吨级码头、博澳码头建成运营,推进淡头作业区9号~11号泊位建设。滨海大通道鉴江至宁德城澳段基本建成,推进104国道五里至白塔段改线、滨海大通道碧里至鉴江段等项目。加快敖江引水工程全线贯通,霍口大型水库主体工程动建,鉴江镇供水项目、昌西水库、江河湖库水系连通、万里安全生态水系等工程建设。华能罗源湾电厂至碧里220千伏线路、电力配网改造工程投产送电,推进半章(起步)220千伏输变电及110千伏送出工程建设。建成华润天然气门站,配建燃气管网20千米。推进台商投资区松山片区基建工程建设。

【社会事业】 科技 2017年,罗源县建成创业创新示范园区,完成专利申请310件、授权190件,新增省科技小巨人领军企业培育名单2家、省级高新技术企业1家、省级科技型企业2家。

教育 实施教育质量提升计划,完成义务教育"全面改薄"和校安工程建设。县特殊教育学校和进修校二附小民族班开班办学,县第三实验幼儿园、洪洋中心幼儿园、职业中学实训基地综合楼和碧里中心小学教学综合楼动工建设。职业中学通过省级示范性职业院校评估验收。年内有幼儿园在园幼儿9061人,小学在校生16098人,初中在校生5985人,高中在校生2915人,中等职业技术学校在校生1643人,特殊教育学校在校生21人。

文化体育 完成5个乡镇和40个行政村综合文化服务场所改造提升,编纂《罗源县志(1991—2005)》等一批丛书。成立全省首个非物质文化遗产传承人之家,新增省级非物质文化遗产代表性项目1项和代表性传承人省级5名、市级7名,公布第六批县级文物保护单位5家。

卫生和计划生育 成立县域医疗联合体,县医院病房大楼动工建设,完成县妇幼院儿科楼建设和县医院妇产科病房改造提升。首台核磁共振设备在县医院投入使用,填补罗源县大型医疗设备空白。通过全国基层中医药工作先进单位复审,开展家庭医生签约服务,落实计划生育服务管理和计生惠民各项政策。年内出生人口3640人,人口出生率13.03‰,出生人口性别比108.48,人口自然增长率7.41‰。

社会保障 全年县财政用于民生支出23.9亿元,占一般公共预算支出的75.1%,基本完成15个年度为民办实事项目。新增城镇就业2918人,转移农业富余劳动力5545人,城镇登记失业率控制在1.47%。完成191户592人建档立卡扶贫对象全部脱贫,31个贫困村实现摘帽退出。建成农村幸福院10座、慈善助老安居楼9座、社区老年人日间照料场所2个,为500名老人无偿提供居家养老服务。完成农村危房改造52户、残疾人"安居工程"45户、"造福工程"搬迁514人和公租房配租97套。

生态建设 推进全民绿化行动,确定县树香樟、县花杜鹃,造林绿化3216.33公顷,建成凤梅生态公园一期、林荫游步道二期等项目。编制城市环卫专项规划,实行城乡环卫一体化。推行"河长制",改善流域水环境。淘汰黄标车85辆,关停整改燃煤锅炉17台,提升城区空气质量。

平安建设 推进"平安罗源"建设、县乡村三级综治中心建设。县乡村三级公共法律服务实现全覆盖。强化技防体系建设,打击"1040"传销、毒品等违法犯罪活动。执法工作满意率95.89%,位居全市第六,公众安全感满意率95.701%,位居全市第二,平安建设知晓率90.08%,位居全省第三、全市第三。

【改革创新】 2017年,罗源县创新园区建设项目审批监管模式,实行重点项目行政审批区域化评估评审和联合验收等定制服务。组建县公共资源交易服务中心,全面推行电子化招投标。推进"互联网+政务服务",实行全流程电子证照、电子印章应用和标准地址二维码管理。推进"多证合一"、企业名称登记便利化改革,新增注册市场主体3244户、注册资本112.9亿元。推广PPP等融资模式,首创农村人居环境治理"社团+企业"运作模式,解决基础设施建设财政资金不足问题。强化增收节支,政府性债务风险降低至警戒线以内,被省财政厅确定为财政系统内部控制制度示范县。

表105 **2017年罗源县乡镇基本情况一览表**

乡镇	辖地面积(平方千米)	人口		社区(村)(个)	农林牧渔业总产值(万元)	规模以上工业总产值(万元)	财政总收入(万元)
		户数(户)	人数(人)				
凤山镇	31.6490	18372	58091	17	6311	249167	11758
松山镇	117.8551	10526	39515	25	210957	8444	5925
碧里乡	100.6794	7521	26105	12	170164.53	45993	3687
鉴江镇	66.6910	3801	13341	9	115303	20609	1510
起步镇	73.0939	8255	28199	21	72612	43560	1976
洪洋乡	70.1113	4066	13519	18	21804.38	6106	1145

续表 105

乡镇	辖地面积(平方千米)	人口		社区(村)(个)	农林牧渔业总产值(万元)	规模以上工业总产值(万元)	财政总收入(万元)
		户数(户)	人数(人)				
中房镇	132.1026	7296	24368	23	42041.77	9136	558
白塔乡	71.4368	4401	15109	15	25127.56	25939	1943
西兰乡	77.6415	4055	13637	17	24893.5	4251	1717
飞竹镇	120.7924	4641	16061	19	25687.02	32074	926
霍口畲族乡	197.5540	6090	20395	24	30242	—	529
开发区	10.1713	—	—	—	—	2448952	60987

说明：数据来自罗源统计局

（陈新强　兰克辉）

永泰县

2017年12月18日，在“清新福建自然永泰——永泰自然来品牌发布会”上，上海景域公司对青云山、嵩口古镇等旅游资源进行招商推介。图为永泰嵩口的鹤形路
（池远　摄）

【概况】　永泰县区域面积2230平方千米。辖9个镇、12个乡、255个行政村、12个社区，户籍人口38万人。有畲族、傣族、蒙古族、回族等12个少数民族，人口6000多人。

2017年，永泰县实施重点项目107个，完成投资99.45亿元，其中，42个结转项目全部动工，65个计划新开工项目动工47个。全社会固定资产投资完成111.6亿元，比上年增长25.3%，其中项目（不含房地产）投资83.8亿元，增长93.5%。

【经济建设】　2017年，永泰县实现地区生产总值165.9亿元，比上年增长9.6%；财政总收入（不含基金）13.9亿元，增长21.4%，其中地方财政收入9.1亿元，增长20.9%。社会消费品零售总额60.2亿元，增长14.3%。城镇居民人均可支配收入28562元，增长9.3%。农村居民人均可支配收入13205元，增长12%。

农业　实现农林牧渔业总产值76.1亿元，比上年增长5.3%。稳定粮食播种面积21533.33公顷。完成20个乡镇254个村土地确权，引进农业项目94个。发展名特优水果400公顷，创建李果绿色食品原料基地县。实施51个村的幸福家园工程创建。开展农村新型经营主体调查摸底，全县新增家庭农场16个，新增合作社14个，其中新增县级示范合作社4家，县级家庭农场示范场7家，市级家庭农场示范场4家，省级家庭农场示范场4家。

工业　完成规模以上工业增加值15.97亿元，比上年增长7.5%。工业固定资产投资完成15.8亿元，增长222.8%。提升规模以上工业企业3家，新增一级建筑企业6家。永泰建筑工程公司晋升特级建筑企业，实现零的突破。完成建筑业总产值438.4亿元，增长21.9%，建筑业和房地产业税收入库7.42亿元，增长75.33%。税收入库11.42亿元。实现商品房销售面积67.59万平方米，增长73.8%。

服务业　全年接待游客806万人次，比上年增长23.7%；旅游业收入29.1亿元，增长28.3%。海洋极地世界、极乐汤等文化旅游项目动工建设。举办国际温泉旅游节、世界华文媒体永泰行等活动。百漈沟景区晋级AAAA级旅游景区，全县AAAA级旅游景区4家，占全市28.6%；新增11个省市旅游特色村和1个乡村旅游精品示范点。深圳至上海动车永泰旅游站点开通。旅游集散中心投入使用。推进嵩口中国休闲旅游特色小镇创建，大湖森林小镇通过国家林业局初审，台口智慧小镇进入市级特色小镇创建名单。启动“永泰自然来”旅游品牌营销。

招商引资　组建21个招商小分队，赴北京、上海、山东等地开展招商工作，引进乾景园林、今日头条、东华软件、功夫小镇、新农创文创园、蓝城康养、北京巅峰文旅等218个项目，总投资540.7亿元，招商排名全市第7。实际利用外资

2116 万美元，比上年增长 15%，出口总值 51562 万元，增长 33.2%。

【城乡建设与管理】 城乡规划 2017 年，永泰县完成城市总体规划修编和两线划定工作，并上报市政府审批通过。完成县域城镇体系规划和县城区用地布局规划，远期规划至 2035 年，并展望至 2050 年。完成 5 个第五批省级历史文化名镇名村和 2 个村第四批中国传统村落保护规划编制。开展 2 个第四批中国传统村落和 11 个第一批省级传统村落保护规划编制工作。

征迁安置 实施重点项目房屋征收(包括在建续建项目)44 个，其中列入市“攻坚 2017”行动项目 18 个，列入县“攻坚 2017”行动项目 26 个；国有土地上房屋征收 6 个，集体土地上房屋征收 38 个。全年完成房屋征收面积 21.61 万平方米。开展“两违”综合整治，拆除违法建设 506 宗、47.2 万平方米。建设保障性安居工程 112 套。

市政建设 改扩建市政道路 10 千米，打通城区断头路 3 条，新增公共停车泊位 549 个，铺设燃气管网 15.3 千米，新改扩建供水管网 12 千米。刘岐大桥林荫休闲步道建成使用，小汤山生态主题公园春节前实现对外开放。推进沙浮棚户区改造。省级文明县城创建接受总评。完成省道 203 线嵩口至梧桐“白改黑”、省道 202 线清凉渔溪至红星礼柄拓宽改造。建成闽江防洪工程福州段(三期)和清凉溪安全生态水系 10 千米。

乡村建设 实施宜居环境整治项目 308 个，累计投资 10.46 亿元。创建 17 个美丽乡村和 51 个“幸福家园工程”，拆除“两违”47.2 万平方米。完成 5 个乡镇垃圾转运站建设和 71 个村垃圾治理、63 个村污水治理，新建改造三格式化粪池 1.24 万户。28 个村庄入选第二批省级传统村落名单，省级传统村落总数 45 个，位居全省第一，新增省级文物保护单位 9 个。成立永泰县乡村复兴基金会。

【社会事业】 科技 2017 年，永泰县专利申请量 359 件，专利授权量 87 件。实施跨年度省级项目 2 个、市级农业科研项目 3 个，推荐申报 2017 年市级农业科研项目 3 个。出台《关于进一步鼓励科技创新的若干意见》《关于进一步扶持“双创”工作的若干意见》。嵩口镇入选科技部首批“星创天地”。新安古街获评福州市第二批市级众创空间、创业孵化基地。全县通过省级认定高新技术企业 3 家，实现零的突破。

教育 原实验小学和城关幼儿园恢复办学，第三实验幼儿园建成使用，赤锡等 5 所公办幼儿园启动建设。福建农林大学东方学院开学，首批招生 4000 人。城建校代表福建省参加全国中职技能大赛。国家义务教育基本均衡发展县创建通过国家评估验收。实验幼儿园通过省级示范性幼儿园验收。永泰一中成功创建省一级达标高中。

文化体育 “六馆一中心”基本建成，图书馆、博物馆和文化馆对外开放。开展国家公共文化服务体系示范区创建工作。实施 9 个乡镇综合文化站和 54 个村级综合文化服务中心达标、提升工程。小汤山文化公园开园。举办中国永泰国际自行车邀请赛、第六届环福州·永泰国际公路自行车赛、中国永泰大青云越野赛等大型赛事。参加第九届海峡论坛·海峡两岸传统武术大赛等体育赛事，获得 23 金 31 银 37 铜。

卫生和计划生育 县中医院主体工程完工，妇幼保健院迁建项目动工建设；推进医疗体制改革，组建永泰总医院，成立专家工作站。实施高龄老人补贴制度，引入老年服务专业机构运营县社会福利中心，开展居家养老专业化试点。全年出生人口 5492 人，人口出生率 13.92‰，人口自然增长率 9.27‰，出生人口政策符合率 93.37%，出生人口性别比 110.58。全年完成免费孕前优生健康检查 996 对，依法查处“两非”一般案件 9 件，与晋安区合办重大案件 1 件。

社会保障 全省扶贫攻坚现场会在永泰召开，“合作社 +”模式、“惠民资金网”在央视播出推广。推进贫困户脱贫、56 个贫困村退出和省级扶贫开发重点县摘帽工作。出台教育、医疗、养老、基础设施 4 项民生补短板方案，完成 58 个省市县为民办实事项目。“尼伯特”台风灾后重建 140 个项目全部完工。实现农村富余劳动力转移就业 4330 人，新增城镇就业 2585 人，下岗失业人员再就业 148 人，城镇登记失业率下降至 1.92%。推进农村敬老院建设，在建乡镇敬老院 4 个，已建乡镇敬老院 15 个。城镇职工基本养老保险覆盖 19512 人，城乡居民养老保险参保率 98.9%，城镇基本医疗合计参保率 95.7%。

生态建设 空气质量位居全市首位，通过中央和省环保督察。推进国家重点生态功能区建设，完成《产业准入负面清单》编制，新增生态补助 6805 万元。开展“绿化福州、美化永泰”活动，植树造林 933.33 公顷。落实“河长制”工作，实施“碧水清源”行动，关停蜜饯企业 11 家，拆除养猪场 30 家。提标改造城区污水处理厂，新建雨水管网 10.1 千米、污水管网 10.5 千米。动工建设生活垃圾环保处理项目，东部污水处理厂建成并试运行。开展重点生态区位商品林赎买改革，赎买面积 746.67 公顷。开展林业碳汇交易试点，交易面积 2733.33 公顷。探索林地占补平衡和生态环境损害赔偿改革试点。开展藤山省级自然保护区调整晋升国家级工作。

平安建设 化解社会各类矛盾，实现福州“三合一”会议、厦门金砖会晤、中共十九大等重大会议期间的平安维稳，平安三率位居全市前列。强化法律援助服务，调解处理矛盾纠纷 929 件。落实安全生产“党政同责、一岗双责”制度，开展安全生产大检查活动，完成葛丹公路抢险工程，全年无发生重大安全生产事故。2017 年被评为全国法治县创建工作先进县和全省平安建设先进县。

【永泰自然来品牌发布】 2017 年 12 月 18 日，在“清新福建自然永泰——永泰自然来品牌发布会”上，上海景域公司对永泰打造全新旅游品牌的内容进行讲解，对青云山、云顶、天门山、百漈沟景区、嵩口古镇等永泰旅游资源进行招商推介，北京巅峰文旅、乾景园林、福州优空间商业管理等公司与永泰县现场签约。

表 106

2017 年永泰县乡镇基本情况一览表

乡镇	辖地面积(平方千米)	人口		社区(村)(个)	农林牧渔业总产值(万元)	规模以上工业总产值(万元)	财政总支出(万元)
		户数(户)	人数(人)				
塘前乡	89.45	1555	4708	6	18423	82590	2804.14
葛岭镇	239.04	5012	17375	16	64769	57784	4634.60
樟城镇	5.04	12294	34360	8	2353	42375	928.74
城峰镇	88.18	10057	29713	18	38210	208322	2706.25
清凉镇	105.05	4037	12162	12	66522	46117	4408.70
富泉乡	64.52	2355	7095	9	22245	8484	2297.80
岭路乡	114.63	2289	8204	10	30220	—	2271.00
赤锡乡	98.70	4578	16638	15	28580	26432	1465.00
梧桐镇	171.92	12011	40278	22	62457	14950	2782.00
嵩口镇	248.82	10541	32685	21	64517	11013	1823.00
洑口乡	133.12	4301	13801	10	23251	12875	2980.73
盖洋乡	114.54	2968	9576	10	24097	—	491.12
长庆镇	160.72	8181	25242	15	51136	51341	1910.45
东洋乡	48.57	2981	8953	10	20661	8484	1850.00
霞拔乡	59.54	5528	17694	11	22634	—	2201.00
同安镇	138.90	9933	32361	23	54434	10195	1389.00
大洋镇	107.71	9926	35240	18	52218	15071	3115.64
盘谷乡	30.28	3333	10610	6	21043	12955	2363.22
红星乡	46.17	2995	8883	8	24051	3564	3586.00
白云乡	105.17	4650	13704	13	46135	—	6250.00
丹云乡	59.80	1311	3934	6	21764	—	550.24

说明:数据来自永泰县统计局、财政局、公安局

(李　康)

(编辑　姚国榕)

福州市工作的院士名单

表 107

2017 年在福州市工作的院士名单

姓名	出生年月	籍贯	当选年度	职务(职称)	毕业院校	研究领域
谢联辉	1935.3	福建龙岩	1991	中国科学院院士、福建农林大学植物病毒研究所所长(教授)	福建农学院	植物病理学、植物病毒学及天然产物
吴新涛	1939.4	福建石狮	1999	中国科学院院士、中国科学院福建省物质结构研究所研究员	厦门大学	结构化学和簇化学
洪茂椿	1953.9	福建莆田	2003	中国科学院院士、第三世界科学院院士、中国科学院福建物质结构研究所研究员	福州大学	无机化学(纳米功能分子和新型无机—有机聚合物)
谢华安	1941.8	福建龙岩	2007	中国科学院院士、福建省农业科学院学术委员会主任、福建省作物品种审定委员会副主任、福建省科协副主席(研究员)	龙岩农校	三系杂交稻和超级杂交稻育种
付贤智	1957.7	福建邵武	2009	中国工程院院士,福州大学党委副书记、校长,福建省科协副主席,福州市科协主席(教授)	北京大学	光催化

(苏燕铃)

2017 年福州市“五一”劳动奖章获得者和劳动模范名单

表 108

2017 年全国“五一”劳动奖章福州市获得者名单

序号	姓名	工作单位及职务(职称)
1	林玉登	福建上润精密仪器有限公司工模中心副主任
2	黄身端	永泰县霞拔中学教师

续表 108

序号	姓名	工作单位及职务(职称)
3	俞章龙	福清市总工会党组书记常务副主席
4	王　科	福州建工(集团)总公司土建工程师

表 109　**2017 年福建省"五一"劳动奖章福州市获得者名单**

序号	姓名	工作单位及职务(职称)
1	罗明伟	福州市城市地铁有限责任公司运营分公司维修中心工建车间主任
2	张学明	福建省长乐市金源纺织有限公司一纺车间技术员
3	付重先	福建锦江科技有限公司设备安装组班长
4	黄明松	福州市发展和改革委员会项目服务处主任科员
5	毛丽华	福清市公安局刑侦大队副大队长
6	林水成	福州市鼓楼区五凤街道铜盘社区党委书记、主任
7	林遵华	福州市仓山区经信局主任科员
8	潘彪龙	福州市青口投资区管委会综合管理服务中心主任
9	刘健平(女)	福州市台江区上海街道河上社区党支部书记、主任
10	吴凤珠(女)	连江县行政服务中心审批科科长
11	黄声统	闽清县塔庄镇人民政府环卫所负责人
12	陈思号	罗源县公安局刑侦大队副大队长
13	刘并玉(女)	永泰县财政局办公室副主任
14	施　丹(女)	福州市晋安区茶园街道站前社区党总支书记
15	尤　兵	福建福清核电有限公司维护二处仪控二科科长
16	郑跃华	福州市殡仪馆车队长兼服务站站长
17	方　颖	日立数字映像(中国)有限公司品质部主管
18	谢维辉	福州台江区国税局税政科科长
19	林　榕	福州市农工商(集团)总公司茶叶市场部经理
20	林发明	福建博海工程技术有限公司检测室主任
21	杨孝敏	福州市公路局直属分局班站长
22	林　莎(女)	福州日升中学英语教研组长
23	郭永新	福州市第二医院儿科医生
24	陈江榕	福州市闽都文化艺术中心舞美中心主任
25	苏桂铁	福州市公安局晋安分局刑侦大队街面犯罪侦查队队长
26	邵东生	福建省福州第三中学校长
27	郑伯禄	福建省福州儿童医院院长
28	朱建忠	东南(福建)汽车工业有限公司党委书记、董事长
29	严幼铭(女)	福建春伦茶业集团有限公司办公室主任
30	周　林(女)	元翔(福州)国际航空港有限公司旅检分部班长
31	牟明阳	福州市一建建设股份有限公司施工员
32	邱善根	扫地王(福州)环卫服务有限公司车队队长
33	邱闽川	中国邮政速递物流股份有限公司福州市分公司揽投站经理

表110　**第35届福州市劳动模范名单**

序号	姓名	工作单位及职务(职称)
1	赖友华	中建海峡建设发展有限公司市政交通工程公司104国道连江至晋安段改线工程副总指挥长
2	庄全贵	福州市城市地铁有限责任公司安全质量监察部副部长
3	陈海清	福州市城乡建设发展总公司市政工程二部副经理
4	潘鸿晓	福州市公共交通集团有限责任公司驾驶员
5	许兴中	福州市自来水有限公司管网部经理
6	李　钦	福州华润燃气有限公司安检维修员
7	方友谊	福州市建设发展集团有限公司双湖新城项目部项目经理
8	朱福清	福州文化旅游投资集团有限公司工程管理部经理
9	叶晨芳(女)	福州新区开发投资集团有限公司财务部经理
10	王群理	中交第一公路工程局有限公司福州地铁二号线第二标段项目经理
11	谢翠竹(女)	福建顺欣物业有限公司项目经理
12	刘建波	福州泓欣环境清洁服务有限公司司机
13	林玉腾	福建建工路桥有限公司罗源104国道公路改线项目常务副经理
14	林　艳(女)	福建省高速公路车辆通行费福州机场征收管理所党支部书记、所长
15	王　辉	福州新榕城市建设发展有限公司项管部经理
16	陈育新	福建六建集团有限公司总裁
17	李贵生	智恒科技股份有限公司董事长、总裁
18	刘培荣	福州市政工程管理处副主任
19	郭爱东	福州市园林建设开发有限公司副总经理
20	王文奎	福州市规划设计研究院园林景观所所长
21	黄　赞	锐捷网络股份有限公司无线事业部副总经理
22	蔡寿兴	福建奔驰汽车有限公司技术长
23	张　荣	宝钢德盛不锈钢有限公司冷轧厂厂长
24	崔坤庭	青岛啤酒(福州)有限公司人力行政部部长
25	艾　勇	福建东南保安守押有限公司指挥调度中心副主任
26	何　献	福建天辰耀隆新材料有限公司氨肟化分厂厂长
27	刘水仙(女)	北京同仁堂健康药业(福州)有限公司行政部经理
28	陈伯根	福州天宇电气股份有限公司新产品开发部研发主管
29	许向群(女)	金陵药业股份有限公司福州梅峰制药厂办公室主任
30	杨传福	福州海王福药制药有限公司输液制造部一车间主任
31	唐　聪	利莱森玛电机科技(福州)有限公司马达生产部班长
32	马　颖	福州宜美电子有限公司工程部经理
33	丁晓珍(女)	福州新光塑胶模具有限公司注塑车间注塑操作员
34	方向阳	福建省东南电化股份有限公司董事长、总经理、党委副书记
35	宋炳荣	福州宋氏车业有限公司董事长
36	林　奋	福建新华印刷有限责任公司副总经理
37	黄　荣	福建东南造船有限公司办公室主任
38	余　平	福建省马尾造船股份有限公司工程管理课项目主管

续表 110－1

序号	姓名	工作单位及职务(职称)
39	饶　东(女)	中国邮政速递物流股份有限公司福州市分公司网控部经理
40	林奕宝(女)	中移在线服务有限公司福建分公司业务拓展部经理
41	高艺典	福建水口发电集团有限公司水口坝下工程管理处副主任
42	郑上旭	福建省邮电工程有限公司技术负责人
43	雷学国	福建万润新能源科技有限公司技术中心负责人
44	陈真福	福州现代妇产医院麻醉科主任
45	黄国标	福建兆元光电有限公司后段部设备工程师
46	黄长刚	福州城市泊车管理有限公司市场部副经理
47	李其平	福州闽运公共交通有限责任公司电工组组长
48	林　睿	国网福建省电力有限公司福州供电公司项目管理中心项目三组组长
49	杨立勇	福建医科大学附属第一医院党委书记、院长
50	向红亮	福州大学机械工程及自动化学院副院长
51	严桂泉	福建幼儿师范高等专科学校思政教研部教师
52	郑振武	福建省港航管理局船舶检验处验船师
53	叶松荣	福建师范大学音乐学院老师
54	徐顺贵	福建中医药大学附属人民医院肺病科副主任
55	杨　毅	福州广播电视台技术中心电视播控科科长
56	杜　杨	福州市消防支队闽侯大队青口中队政府专职副指导员
57	潘天舒	中国电信股份有限公司福州分公司总经理、党委副书记
58	陈剑钟	福州港务集团有限公司总经理
59	陈融圣	新东网科技有限公司董事长
60	黄民强	福州市社会福利院支部书记、院长
61	林炳润	福建省第一电力建设公司总经理、党委副书记
62	黄　榕	福建医科大学附属协和医院副院长
63	张正良	福建海峡银行售后服务部负责人
64	唐美芳(女)	福州安泰楼餐饮有限公司小吃制作负责人
65	陈　峰	福州农商银行个人业务部经理
66	李　晶(女)	深圳沃尔玛百货零售有限公司福州长城分店品质管理部负责人
67	薛小玲(女)	中国银行股份有限公司福州市市中支行文化宫支行网点负责人
68	林小斌	永辉超市股份有限公司福建大区公共事务部部长
69	林修建	福州民天集团民天实业有限公司海峡蔬菜批发市场经理
70	陆宇洋	中国太平洋人寿保险股份有限公司福州中心支公司鼓楼支公司网点负责人
71	林融榕(女)	福州市鼓楼区地方税务局计财科科长
72	郑挺伟	福州市商业局会展服务中心总经理
73	王永华	福建省建设人力资源股份有限公司党委书记、总经理
74	杨达远	中国建设银行股份有限公司福州城东支行党委书记、行长
75	朱华光	盛辉物流集团有限公司办公室主任
76	卢　健	福建省华荣建设集团有限公司路桥总工程师
77	朱美琴(女)	福州天福集团有限公司总裁办主任

续表 110－2

序号	姓名	工作单位及职务(职称)
78	柯　琳(女)	福州明视眼镜有限公司战略控制部部长
79	周慧敏(女)	福建省宏建保安服务有限公司保安部协理员
80	陈燕君(女)	福州同利肉燕有限公司营销主管
81	熊　立	福建网龙计算机网络信息技术有限公司副总裁
82	王声度	福建福百祥茶文化传播有限公司董事长
83	林庆玉	福建省海鸿集团有限公司党支部书记兼董事长
84	邱胜华	福人木业(福州)有限公司生产与技术部经理
85	曾亮明	福州大北农生物技术有限公司技术推广中心主任
86	高　山	福州市蔬菜科学研究所副所长
87	兰增英	福州市交通运输委员会办公室主任科员
88	林荣魁	福州市交通综合行政执法支队陆路督查科科长
89	谢黎明	福州市水路运输管理处船舶船员管理科科员
90	张宗锋	福州长平高速公路有限责任公司党支部书记、董事长
91	陈旭英(女)	闽江学院党政办公室副主任
92	李壮斌	福州职业技术学院实训指导教师
93	陈江涛	福建省福州建筑工程职业中专学校实训指导教师
94	黄　敏(女)	福州市群众路小学语文教研组副组长
95	丁锦瑕(女)	福州市星语学校教师
96	刘仙芹(女)	福州市晋安区第三中心小学教师
97	潘　镔	福州市罗星中心小学教师
98	柯　圣	福州屏东中学教师
99	王卫红(女)	福州教育学院附属第一小学党支部书记、校长
100	萨大庆	福州教育学院附属第二小学党支部书记、校长
101	刘小龙	福建医科大学孟超肝胆医院肝胆研究所所长
102	蔡燕华(女)	福州市第八医院护理部主任
103	张　彦	福州市第一医院心血管内科副主任
104	张郁澜(女)	福州市第七医院党委书记、副院长
105	夏　泳(女)	福州市妇幼保健院副院长
106	俞　亭(女)	福州市群众艺术馆美术摄影部副主任
107	潘　腾	福州日光照明电器有限公司技术研发中心主任
108	张榕彪	中国福万(福建)玩具有限公司技术课长
109	林善勇	福州世纪金源大饭店闽菜炒锅大厨
110	陈金春	福建茶叶进出口有限责任公司副总经理
111	官　宇	福州市行政服务中心公共资源交易服务中心主任
112	吴　文	福州市不动产登记和交易中心收件发证处处长
113	庄晶萍(女)	福州市司法局法律援助中心主任
114	林　凌(女)	福州市残疾人联合会辅助器具服务中心主任
115	潘敏鹃(女)	福州市卫生和计划生育委员会应急办副主任
116	袁文伟	福州市中级人民法院民一庭副庭长

续表 110－3

序号	姓名	工作单位及职务(职称)
117	朱财源	福州市人民政府办公厅计划体改处处长
118	陈友彬	福州市市场监督管理局市场规范管理处处长
119	郑　玲(女)	福州市商务局利用外资处处长
120	林和风	福州市教育局规划建设处处长
121	董　佳	福州市国家安全局五支队十三大队大队长
122	邵培清	福州市人社局劳动就业管理中心主任
123	朱宸熠	福州市建委给排水处处长
124	郑佑雄	福州市公安局上街(高新区)分局怡山派出所所长
125	李　斌(女)	福州市公安局台江分局瀛洲派出所教导员
126	高　湛	福州市公安局技侦支队十大队副教导员
127	周银芳(女)	福州市华南家政服务有限公司家政员
128	范代麒	中海油销售福建有限公司总经理助理兼综合部经理
129	范俊惠(女)	福建大生控股有限公司业务部经理
130	吴素芳(女)	福建闽能燃气有限公司质量健康安全环保部经理
131	罗维维(女)	通联支付网络服务股份有限公司福建分公司业务部客户经理
132	余朝海	福州市鼓楼区环境卫生管理处应急队保洁班班长
133	张江辉	福建特力惠信息科技股份有限公司产品开发工程师
134	高勇辉	福州迈新生物技术开发有限公司行政人资部经理
135	王明福	福建天志互联信息科技股份有限公司技术开发部项目经理
136	詹　城	中共福州市鼓楼区鼓西街道工委组织、统战委员、团工委书记
137	庄　林(女)	福州市鼓楼区东街街道办事处环卫站站长
138	程桂峰(女)	福州市鼓楼区安泰街道五一广场社区党委书记、主任
139	巢凤英(女)	福州市鼓楼区华大街道屏山社区党委书记
140	杨　冈	中共福州市鼓楼区委教育工委副书记
141	林晓红(女)	福州市鼓楼区发展和改革局局长
142	黄能水	福州壹柒壹捌餐饮有限公司董事长
143	刘用萍	福州市台江区城建征收工程处技术负责人
144	陈发容	福州市台江区房地产开发公司征收工程处业务科长
145	陈　征	福州江滨建设开发公司开发部职工
146	黄　武	福州市台江区人民检察院反贪污贿赂局副局长
147	严　峰	福州市台江区城市管理综合行政执法大队洋中中队中队长
148	吕云文	福州市台西科技园管理委员会管理保障部主任
149	陈　靖	福州市台江区环境卫生管理处环卫职工
150	林大甲	金钱猫科技股份有限公司董事长、总经理
151	郑陈鹏	福州金宇电器设备有限公司营销部经理
152	倪青鸿(女)	福州市仓山区劳务派遣服务有限公司职工
153	陆皓东	福州金湖汽车配件有限公司模具制造车间主任
154	刘木溶	福州荣祥鞋业有限公司销售部经理
155	吴尚一	中共福州市仓山区委党史研究室科员

续表 110 - 4

序号	姓名	工作单位及职务(职称)
156	何宇辉	福州市仓山区人民政府办公室综合科科长
157	方孟炎	福州市仓山区劳动就业管理中心科员
158	叶贞艳(女)	福州市仓山区临江街道观井社区党支部书记
159	郭建华	福州市仓山区商务局副局长
160	黄秋榕(女)	福州市仓山区统建房屋征收有限公司总经理
161	董　萍(女)	福州市仓山区社科联主席
162	廖八生	福建思嘉环保材料科技有限公司生产厂长
163	吴梅金(女)	福州高意光学有限公司行政部经理
164	李继瑜(女)	福州市城西运输公司党支部书记、工会主席
165	梁孝清	福州市晋安区发展改革和科技局科员
166	陈　勇	福州市晋安区鼓山镇重点项目办公室副主任
167	黄叶敏	福州市晋安区人民政府办公室科员
168	林国仲	福州市寿山石雕刻艺术研究会雕刻师
169	李燕月(女)	福州市晋安区王庄街道华美社区党支部书记、主任
170	陈乃胜	福州市晋安区岳峰镇人民政府镇长
171	陈善英	福州市晋安区住房保障和房产管理局党组书记、局长
172	何学智	福建新大陆电脑股份有限公司算法研究部经理
173	钱　坤	飞毛腿(福建)电子有限公司企业文化部经理
174	唐远路	中铝瑞闽股份有限公司制造二部技术员
175	任增娟(女)	福建大昌生物科技实业有限公司人事行政部经理
176	陈　真(女)	福建汇海建工集团公司技术质量部经理
177	陈建和	福州市马尾区重点项目办公室主任
178	吴尔义	福州市马尾区琅岐镇人民政府镇村规划建设服务中心主任
179	吴剑峰	福州经济技术开发区办事处政策法规科科长
180	于　祯	福州开发区富屯新城投资管理有限公司董事长
181	王勇兵	福州市马尾区工业建设总公司副总经理
182	林友亭	福建捷联电子有限公司研发处设计验证工程师
183	张庄茂	福耀玻璃工业集团股份有限公司制造八厂试制员
184	何松盟	国网福建福清市供电公司营销部副主任
185	陈建辉	祥兴(福建)箱包集团有限公司第一技术科技术员
186	陈秀婷(女)	福建弘祥建设工程有限公司施工员
187	陈顺华	福建博能建设发展有限公司技术员
188	李基安	福建祥龙塑胶有限公司技术中心副主任
189	黄凤珠(女)	丽珠集团福州福兴医药有限公司菌种中心经理
190	陈建云(女)	福清市东威水产食品实业有限公司面包虾车间组长
191	林友臣	福州市公路局福清分局东张公路站养路工
192	王妹琴(女)	中国邮政集团公司福建省福清市分公司营销员
193	陈　丹(女)	福清市少年儿童业余体育学校田径教练
194	吴　剑	福清市玉屏中心小学科技教师

续表 110－5

序号	姓名	工作单位及职务(职称)
195	郑学品	福清市人民法院执行局审判员
196	林传茂	福清第一中学党总支组织委员、办公室主任
197	林　恩	福清市住房和城乡建设局户外灯光广告服务中心副主任
198	林万年	福清市三山镇人民政府农业服务中心主任
199	陈祖凰	福清市疾病预防控制中心卫生监测科科长
200	杨新元	福州京东方光电科技有限公司厂长
201	谢秉昆	福建坤彩材料科技股份有限公司总经理
202	刘云忠	福清市侨乡建设投资公司副总经理
203	历承宁	福建投资集团(福清)水务有限公司总经理
204	方贤伟	福清市江阴镇人大主席
205	蒋同德	长乐恒申合纤科技有限公司氨纶车间主任
206	郑　豪	国网长乐市供电有限公司安监部主任
207	马小伟(女)	福建省长乐市金磊纺织有限公司细纱车间教练
208	韩祖持	长乐市金峰镇人民政府市政中心主任
209	刘锦浜	长乐市航城街道办事处武装部副部长
210	林建民	长乐市吴航街道办事处综治办副主任
211	何丽芳(女)	长乐市营前街道办事处党政办主任
212	陈振兴	长乐市医院外科八区副主任
213	黄秀连	长乐市归国华侨联合会副秘书长
214	高锦新	长乐市玉田镇人民政府劳动保障所所长
215	郑亦峰	长乐市公安局治安管理大队大队长
216	胡金文	长乐市环境卫生管理处支部书记
217	李育民	中共长乐市文武砂镇委员会书记
218	陈世响	长乐市发展和改革局党组书记、局长
219	郑春华	福建省鑫港纺织机械有限公司总经理
220	黄祯荣	福建祥鑫股份有限公司销售专员
221	连国旺	福州炼石水泥有限公司化验室副主任
222	纪成钽	协展(福建)机械工业有限公司生产部经理
223	杨江钒	福建海源自动化机械股份有限公司机械加工车间主任
224	陈炳泉	闽侯鸿祥工艺品有限公司生产车间主任
225	程来红	福州宏玮工业有限公司模具钳工
226	张世传	闽侯县洋里乡人民政府农业服务中心水利组工作人员
227	汪义平	闽侯县人民检察院研究室主任
228	余爱珍(女)	闽侯县行政服务中心管理委员会业务协调科科长
229	林金杰	闽侯县广播电视事业局播音员、记者
230	卞明如(女)	闽侯县上街镇人民政府党政办副主任
231	张孔德	中共闽侯县竹岐乡委员会副书记
232	徐文锦	闽侯县发展和改革局重点办副主任
233	陈　铸	国网福建省电力有限公司闽侯县供电公司总经理、党委副书记

续表 110－6

序号	姓名	工作单位及职务(职称)
234	张春玲(女)	福建世纪电缆有限公司生产车间技术员
235	林　枫	福建省连江县官坞海产开发有限公司技术员
236	邱向东	连江县农村信用合作联社苔菉信用社副主任
237	王兴全	威尔(福建)生物有限公司研发组长
238	郑水华	连江县坑园镇人民政府卫计服务中心主任
239	苏松华	连江县水利局水利科副科长
240	薛　男(女)	连江县商务局党组书记、局长
241	徐升昊	国网福建连江县供电有限公司总经理、党委副书记
242	刘玉林	福建省闽清新长江金属制造有限公司机械加工车间主任
243	刘贤峰	国网福建闽清县供电有限公司坂东供电所生产班班长
244	吴智勇	闽清县农业局动物疫病预防控制中心主任
245	鄢荣喜	闽清县地方税务局梅城分局税收管理员
246	陈艳英(女)	闽清县新闻中心采访部主任
247	黄祥灿	闽清县坂东镇人大主席
248	谢波端(女)	罗源县环境卫生管理所保洁员
249	陈　颖(女)	罗源县行政服务中心管理委员会科员
250	陈丽琴(女)	罗源县凤山镇凤美社区党总支书记
251	潘惊石	罗源县工艺美术学会顾问
252	游永棋	罗源县起步镇人大主席
253	林宁海	福建省永泰建筑工程公司项目安全员
254	曾洪挺	永泰县农业局总农艺师
255	蔡从铭	永泰县广播电视事业局记者
256	朱爱洪	永泰县市场监督管理局行政审批科科长
257	张榕华(女)	永泰县机关事业单位社会保险管理中心副主任
258	张厚国	永泰县民政局救助管理站站长
259	陈依华	福建省永泰县华尔锦纺织有限公司董事长
260	张国森	中共永泰县城峰镇委员会书记
261	黄长锦	福州市西井农业开发有限公司农技员
262	刘乃泽	福州市仓山区长丰花果苗木场技术总监
263	黄建福	晋安区宦溪镇鹅鼻村党支部书记
264	陈　晶(女)	晋安区华晶生态农场农民
265	杨人渠	马尾区亭江镇长柄村党支部书记、主任
266	董行潮	马尾区琅岐镇三平管理区党委书记、主任
267	吴和平	福清市龙山街道玉塘村党支部书记
268	余秀平	福建京海水产开发有限公司技术员
269	冯德俊	福清市东瀚镇赤表村技术员
270	王钦海	福建帝凯农业综合开发有限公司技术员
271	李丽红(女)	福建绿春有机农业发展有限公司技术员
272	王玲燕(女)	福清市惠煌农业开发有限公司种植技术员

续表 110－7

序号	姓名	工作单位及职务(职称)
273	陈加成	福建天马科技集团股份有限公司总经理
274	陈优俊	福州市滨海园林绿化有限公司总经理
275	王言官	福建省福清市绿洁物业服务有限公司农村环境卫生技术负责人
276	林增钦	福建东来茶业有限公司生产管理员
277	林永光	长乐黄石茉莉花专业合作社生产管理员
278	郑　勇(女)	长乐天一农业专业合作社生产管理员
279	姜凤金(女)	长乐金峰明勇家庭农场生产管理员
280	方秀容(女)	国营长乐市文武砂农场第八作业区党支部书记
281	黄长文	长乐市首占镇赤屿村党支部书记
282	李贤源	长乐市鼎力蔬菜农业专业合作社企业负责人
283	沈行钟	闽侯县上街镇岐安村党支部书记
284	萧　瞰	闽侯县白沙镇井下村党支部书记
285	黄宗明	闽侯县竹岐乡半岭村党支部书记
286	黄新荣	福州养心生态农业开发有限公司总经理
287	许福安	连江县筱埕镇定海村农民技术员
288	吴立舜	连江县苔菉镇后湾村农民技术员
289	陈维官	连江县安凯乡飞红村党支部书记、主任
290	陈滢华	连江天源水产有限公司总经理
291	俞　魁	闽清县白中镇霞溪村党支部书记
292	潘文禄	闽清县云龙乡际下村农民
293	林立志	福建省闽清神天农业专业合作社联合社理事长
294	雷文喜	罗源县霍口畲族乡岗尾村党支部书记
295	黄垂益	罗源县起步镇下长治村党支部书记
296	张庄国	罗源县绿野蔬菜专业合作社农民
297	肖尚兵	罗源县霍口畲族乡岐峰村农民
298	何育武	永泰县乐来康农场农民
299	张孟秋	永泰县嵩口镇溪口村农民
300	张龙清	永泰县长庆镇岭兜村党支部书记

（余荣发）

2017 年福州市道德模范和身边好人名单

表 111　**2017 年福州市入选省、市级道德模范名单**

序号	姓名	荣誉	类别	工作单位及职务(职称)
1	刘安娟	2017 年第五届福建省道德模范	助人为乐	福州市鹏辰社会工作发展中心发起人 台江区鲲鹏青少年事务服务中心党支部书记
2	许鸿升	2017 年第五届福建省道德模范	敬业奉献	闽清县公安局经济犯罪侦查大队副大队长
3	黄秀明	2017 年第五届福州市道德模范	助人为乐	闽清县坂东镇湖头村村民

续表 111

序号	姓名	荣誉	类别	工作单位及职务(职称)
4	吕云娥(女)	2017 年第五届福州市道德模范	助人为乐	福清医院儿科主任(退休)
5	陈建龙	2017 年第五届福州市道德模范	助人为乐	福建申远新材料有限公司董事长
6	张　启	2017 年第五届福州市道德模范	见义勇为	福建省广播影视集团播出中心工程师
7	林　剑	2017 年第五届福州市道德模范	见义勇为	永泰县白云乡白云村村民
8	池菊香(女)	2017 年第五届福州市道德模范	诚实守信	闽清县邮政分公司上莲邮政支局投递员
9	郑绍龙	2017 年第五届福州市道德模范	诚实守信	福建省高华建设工程有限公司总经理
10	林健先	2017 年第五届福州市道德模范	诚实守信	福建光速科技有限公司董事长
11	林新华	2017 年第五届福州市道德模范	敬业奉献	永泰县清凉镇旗山村原支部书记
12	鄢秀惠(女)	2017 年第五届福州市道德模范	敬业奉献	永泰县特殊教育学校校长
13	潘福惠	2017 年第五届福州市道德模范	敬业奉献	闽侯县大湖乡仙山村村医
14	黄香平(女)	2017 年第五届福州市道德模范	孝老爱亲	长乐区首占镇上洋村村民
15	陈超英(女)	2017 年第五届福州市道德模范	孝老爱亲	鼓楼区龙泉社区退休党员

表 112　**2017 年福州市入选“中国好人榜”“福建好人榜”身边好人名单**

序号	姓名	荣誉	类别	工作单位及职务(职称)
1	黄钗明	2017 年 9 月“中国好人榜” 2017 年 4 月“福建好人榜”	助人为乐	闽清云龙卫生院中医师(退休)
2	王开方　王炳文 林　杰　林　灵	2017 年 3 月“中国好人榜” 2017 年 1 月“福建好人榜”	见义勇为	长乐区松下镇长屿村村民
3	郭爱莲	2017 年 10 月“中国好人榜”	敬业奉献	福州市鼓楼区国家税务局党组书记、局长
4	何坤华	2017 年 2 月“福建好人榜”	助人为乐	福清市江镜镇酒店村村民
5	吴天梅	2017 年 5 月“福建好人榜”	助人为乐	晋安区第一中心小学党支部书记
6	陈遵凌	2017 年 6 月“福建好人榜”	助人为乐	福清监狱专职心理咨询师
7	陈君武	2017 年 7 月“福建好人榜”	助人为乐	福州大象山建材有限公司仓管员
8	林岳铿	2017 年 9 月“福建好人榜”	助人为乐	福建广电网络集团闽侯分公司综合部副经理
9	檀永钿	2017 年 11 月“福建好人榜”	助人为乐	福建师范大学福清分校退休教师
10	林诸伙	2017 年 2 月“福建好人榜”	见义勇为	福州帆顺水运公司总经理
11	谢孔枝	2017 年 10 月“福建好人榜”	见义勇为	长乐区湖南镇鹏谢村村民
12	林辉明	2017 年 12 月“福建好人榜”	见义勇为	福清市奇恩汽修配厂员工
13	林永忠	2017 年 8 月“福建好人榜”	诚实守信	福州朝阳贸易有限公司董事长
14	张国云	2017 年 5 月“福建好人榜”	敬业奉献	福州市公路局永泰分局养路工
15	叶秀琴	2017 年 6 月“福建好人榜”	敬业奉献	鼓楼区安泰街道于山社区书记、主任、站长
16	杨仁德	2017 年 11 月“福建好人榜”	敬业奉献	福州铁路公安处福州车站派出所综合队大队长
17	陈美燕	2017 年 4 月“福建好人榜”	孝老爱亲	闽侯县南通镇文山村村民
18	张少青	2017 年 7 月“福建好人榜”	孝老爱亲	闽清县梅溪镇中石化加油职工

(林永舒)

(编辑　郭秋廷　李　磊)

编 者 按

本栏目选录反映2017年福州市经济社会发展全貌的重要文献3篇，2017年福州市人大常委会表决通过的地方性法规2部，2017年福州市政府出台的5件规章（全文）和42件规范性文件（目录）。

地方重要文献

深入学习贯彻党的十九大精神 奋力开创新时代有福之州建设新局面

——2017年11月28日中共福建省委常委、福州市委书记王宁在市委十一届六次全会上的讲话

这次全会的主要任务是，深入学习贯彻党的十九大和省委十届四次全会精神，动员全市上下坚持以习近平新时代中国特色社会主义思想为指导，不忘初心、牢记使命，开拓进取、奋勇争先，决胜全面建成小康社会，奋力开创新时代有福之州建设新局面，为夺取新时代中国特色社会主义伟大胜利、实现中华民族伟大复兴的中国梦作出新的贡献。

一、认真学习、深刻领会，切实把思想和行动统一到党的十九大精神上来

党的十九大是在全面建成小康社会决胜阶段、中国特色社会主义进入新时代的关键时期召开的一次十分重要的大会。会议的主题是：不忘初心，牢记使命，高举中国特色社会主义伟大旗帜，决胜全面建成小康社会，夺取新时代中国特色社会主义伟大胜利，为实现中华民族伟大复兴的中国梦不懈奋斗。这个主题，开宗明义地宣示了我们党要举什么旗、走什么路、以什么样的精神状态、担负什么样的历史使命、实现什么样的奋斗目标，对于激励全党全国各族人民团结奋进，具有十分重大的意义。

十九大精神内涵丰富，思想深刻。大会精神集中体现在习近平总书记所作的报告和《党章（修正案）》中。报告科学回答了新时代坚持和发展中国特色社会主义的一系列重大理论和实践问题，进一步指明了党和国家事业的前进方向，是夺取新时代坚持和发展中国特色社会主义伟大胜利、实现中华民族伟大复兴中国梦的政治宣言和行动纲领，是一篇光辉的马克思主义纲领性文献。《党章（修正案）》反映了十八大以来党的建设成功经验，体现了党的理论创新和实践发展的最新成果，特别是将习近平新时代中国特色社会主义思想确立为党的指导思想，对在新的历史起点上推进党的事业和党的建设具有重大意义和深远影响。

学习贯彻党的十九大精神，要认认真真、原原本本地研读十九大报告和新修订的《党章》，准确领会十九大精神的思想精髓和核心要义，重点要把握好以下六个方面：

一是重大成就。党的十八大以来，以习近平同志为核心的党中央举旗定向、运筹帷幄，统筹推进“五位一体”总体布局，协调推进“四个全面”战略布局，提出一系列新理念新思想新战略，出台一系列重大方针政策，推出一系列重大举措，推进一系列重大工作，改革开放和社会主义现代化建设取得了历史性成就。这些成就，站在历史纬度纵向看，我们党解决了许多长期想解决而没有解决的难题，办成了许多过去想办而没有办成的大事。放眼全球横向看，中国发展一枝独秀，综合国力和国际影响力大为增强。着眼具体深入看，各个行业、各个方面都发生了巨大的有形变化，让人民群众有了实实在在的获得感、幸福感。这些历史性成就，反映了党中央治国理政能力和水平达到新的高度，集中体现了党和国家事业开创的崭新局面、呈现的崭新气象。

更为重要的是，这些历史性成就，催生了历史性变革。集

中体现在九个方面:一是党的领导得到全面加强,党的领导被忽视、淡化、削弱的状况得到明显改变;二是坚定不移贯彻新发展理念,发展观不正确、发展方式粗放的状况得到明显改变;三是坚定不移深化改革,各方面体制机制弊端阻碍发展活力的状况得到明显改变;四是坚定不移全面推进依法治国,有法不依、执法不严、司法不公问题严重的状况得到明显改变;五是加强党对意识形态工作的领导,社会思想舆论环境中的混乱状况得到明显改变;六是坚定不移推进生态文明建设,忽视生态环境保护、生态环境恶化的状况得到明显改变;七是坚定不移推进国防和军队现代化,人民军队一度存在的不良政治状况得到明显改变;八是坚定不移推进中国特色大国外交,我国在国际力量对比中面临的不利状况得到明显改变;九是坚定不移推进全面从严治党,管党治党宽松软的状况得到明显改变。这些历史性变革,力度之大、范围之广、效果之显著、影响之深远,都是前所未有的,在党的历史、新中国发展史、中华民族发展史、世界社会主义发展史乃至人类发展史上都极为罕见。

全市各级党组织和广大党员干部要深刻领会十八大以来党和国家事业的历史性成就、历史性变革,进一步坚定道路自信、理论自信、制度自信、文化自信,切实增强政治定力和自豪感。

二是重大论断。十九大报告指出,经过长期努力,中国特色社会主义进入了新时代,这是我国发展新的历史方位。报告用“五个时代”对中国特色社会主义进入新时代的基本定位作了深刻阐述:这个新时代是承前启后、继往开来、在新的历史条件下继续夺取中国特色社会主义伟大胜利的时代,是决胜全面建成小康社会、进而全面建设社会主义现代化强国的时代,是全国各族人民团结奋斗、不断创造美好生活、逐步实现全体人民共同富裕的时代,是全体中华儿女勠力同心、奋力实现中华民族伟大复兴中国梦的时代,是我国日益走近世界舞台中央、不断为人类作出更大贡献的时代。作出新时代的重大论断和基本定位,反映出我们党把握发展大势的高度清醒和自觉,为推进各方面事业发展提供总的依据和坐标。

中国特色社会主义进入新时代,是我们党基于新时代我国社会主要矛盾发生深刻变化作出的科学判断。报告深刻指出,我国社会主要矛盾已经转化为人民日益增长的美好生活需要和不平衡不充分的发展之间的矛盾。人民美好生活需要日益广泛,不仅对物质文化生活提出了更高要求,而且在民主、法治、公平、正义、安全、环境等方面的要求日益增长。我国社会生产力水平总体上显著提高,现在面临的主要是发展不平衡、不充分的问题。主要矛盾的变化是关系全局的历史性变化,反映了我国发展的实际状况,揭示了制约我国发展的症结所在,指明了当代中国发展问题的根本着力点。但这并没有改变我国仍处于并将长期处于社会主义初级阶段的基本国情,没有改变我国是世界最大发展中国家的国际地位。

中国特色社会主义进入新时代,在中华人民共和国发展史上、中华民族发展史上具有重大意义,在世界社会主义发展史上、人类社会发展史上具有重大意义。这意味着近代以来久经磨难的中华民族迎来了从站起来、富起来到强起来的伟大飞跃,迎来了实现中华民族伟大复兴的光明前景;意味着科学社会主义在21世纪的中国焕发出强大生机活力,在世界上高高举起了中国特色社会主义伟大旗帜;意味着中国特色社会主义道路、理论、制度、文化不断发展,拓展了发展中国家走向现代化的途径,给世界上那些既希望加快发展又希望保持自身独立性的国家和民族提供了全新选择,为解决人类问题贡献了中国智慧和中国方案。

中国特色社会主义进入新时代,我们比历史上任何时期都更接近、更有信心和能力实现中华民族伟大复兴的目标。但要实现中华民族复兴的伟大梦想,必须进行伟大斗争,必须建设伟大工程,必须推进伟大事业。这“四个伟大”紧密联系、相互贯通、相互作用,其中起决定性作用的是党的建设新的伟大工程。

我们要深刻领会中国特色社会主义进入新时代的重大政治论断,深刻领会这个论断对我们发展理念、工作重点提出的新要求,立足新时代、把握新矛盾、适应新形势,努力开创新局面、创造新辉煌。

三是重大思想。十九大最大亮点和最重要历史贡献,就是把十八大以来党的理论创新成果,概括为习近平新时代中国特色社会主义思想,并写入《党章》,确立为我们党必须长期坚持的指导思想,实现了党的指导思想的又一次与时俱进。这一重大思想,从理论和实践结合上系统回答了新时代坚持和发展什么样的中国特色社会主义、怎样坚持和发展中国特色社会主义这个重大时代课题,回答了新时代坚持和发展中国特色社会主义的总目标、总任务、总体布局、战略布局和发展方向、发展方式、发展动力、战略步骤、外部条件、政治保证等基本问题,以全新的视野深化了对共产党执政规律、社会主义建设规律、人类社会发展规律的认识,开辟了马克思主义新境界、中国特色社会主义新境界、治国理政新境界和管党治党新境界。

习近平新时代中国特色社会主义思想,是一个主题鲜明、逻辑严谨、系统完整的科学理论体系。报告用“八个明确”“十四个坚持”,集中概括这一思想的丰富内涵。其中,“八个明确”既包含对过去目标的提升完善,如对社会主义现代化强国及其实现步骤的新设计,也有对十八大以来治国理政新理念新思想新战略的概括,更从新的伟大实践出发,作出中国特色社会主义进入新时代、我国社会主要矛盾变化等全新的理论判断。“十四个坚持”概括了新时代坚持和发展中国特色社会主义的基本方略,涵盖坚持党的领导和“五位一体”总体布局、“四个全面”战略布局,涵盖国防和军队建设、维护国家安全、“一国两制”和祖国统一、对外战略,体现了党的基本理论、基本路线、基本方略。“八个明确”“十四个坚持”,都是习近平新时代中国特色社会主义思想的重要组成部分,是推进中国特色社会主义建设各项事业的强大思想武器。

我们要深刻领会习近平新时代中国特色社会主义思想的政治意义、历史意义、理论意义和实践意义,准确把握其时代背景、历史地位、科学体系、精神实质和实践要求,做到真学真懂真信真用,以此武装头脑、指导实践、推动工作。

四是重大战略。高度重视国家发展战略的谋划和实施,

是我们党的一个优良传统和基本经验。在中国特色社会主义起步阶段，我们党就提出了“三步走”的战略安排。而在解决人民温饱问题、人民生活总体上达到小康水平这两个目标提前实现的基础上，我们党又提出了“两个一百年”奋斗目标。这种层次递进的战略安排，有力引领国家的发展进步和现代化进程。

进入新时代的中国特色社会主义，需要新的战略引领。党的十九大报告指出，在决胜全面建成小康社会后，党和国家事业发展的新目标是，分两步走全面建设社会主义现代化国家。第一个阶段，从2020年到2035年，在全面建成小康社会的基础上，再奋斗15年，基本实现社会主义现代化；第二个阶段，从2035年到本世纪中叶，在基本实现现代化的基础上，再奋斗15年，把我国建成富强民主文明和谐美丽的社会主义现代化强国。从全面建成小康社会到基本实现社会主义现代化，再到全面建成社会主义现代化强国，是新时代中国特色社会主义的战略安排。

这一重大战略安排，完整勾画了“两个一百年”奋斗目标的时间表和路线图，既把原定的我国基本实现现代化的时间提前了15年，也对第二个百年奋斗目标的内涵作了充实和提升，进一步丰富和发展了我国现代化建设的战略思想。我们要坚定信心、增强责任，主动对接中央战略安排，服务新福建建设大局，高水平全面建成小康社会，为加快建设社会主义现代化国家作出福州贡献。

*五是重大部署。*十九大报告按照“五位一体”总体布局和“四个全面”战略布局，对我国经济社会发展作出了新的全面部署。经济建设方面，贯彻新发展理念，建设现代化经济体系，以供给侧结构性改革为主线，推动经济发展质量变革、效率变革、动力变革，不断增强我国经济创新力和竞争力。政治建设方面，健全人民当家作主制度体系，发展社会主义民主政治，推进社会主义民主政治制度化、规范化、程序化，巩固和发展生动活泼、安定团结的政治局面。文化建设方面，坚定文化自信，推动社会主义文化繁荣兴盛，牢牢把握意识形态工作领导权，培育和践行社会主义核心价值观，加强思想道德建设，繁荣发展社会主义文艺，推动文化事业和文化产业发展。社会建设方面，提高保障和改善民生水平，加强和创新社会治理，不断满足人民日益增长的美好生活需要，使人民获得感、幸福感、安全感更加充实、更有保障、更可持续。生态文明建设方面，践行绿水青山就是金山银山的理念，加快生态文明体制改革，推动形成节约资源和保护环境的空间格局、产业结构、生产方式、生活方式，建设美丽中国。报告还对国防和军队建设、港澳台工作与外交工作等作出了新部署。

十九大对我国经济社会发展的这一系列重大部署，蕴含着丰富的政策和举措，进一步明确了我国发展的着力点和主攻方向，对我们加快建设环境更美、品质更好、功能更全、服务更优的有福之州，具有很强的指导作用。我们要结合福州实际，加强对标对表、细化实化，抓重点、补短板、强弱项、创优势，不断推动省会发展取得新的更大成效。

*六是重大要求。*十九大在深入分析全面从严治党面临的形势基础上，旗帜鲜明地提出新时代党的建设的总要求，就是坚持党要管党、全面从严治党，以加强党的长期执政能力建设、先进性和纯洁性建设为主线，以党的政治建设为统领，以坚定理想信念宗旨为根基，以调动全党积极性、主动性、创造性为着力点，全面推进党的政治建设、思想建设、组织建设、作风建设、纪律建设，把制度建设贯穿其中，深入推进反腐败斗争，不断提高党的建设质量，把党建设成为始终走在时代前列、人民衷心拥护、勇于自我革命、经得起各种风浪考验、朝气蓬勃的马克思主义执政党。报告提出了新时代党的建设的八个方面的重点任务，体现了我们党坚定不移推进全面从严治党的坚定决心和历史担当，为新时代深入推进党的建设新的伟大工程指明了方向。我们要把握好总要求，落实好重点任务，推动全面从严治党向纵深发展，为各项事业发展提供坚强有力的保证。

学习宣传贯彻十九大精神，是当前和今后一个时期的首要政治任务。11月16日，省委召开十届四次全会，于伟国书记在会上作了重要讲话，对我省学习宣传贯彻十九大精神作了全面部署。我们要在前一段学习宣传贯彻的基础上，按照省委全会的部署，持续掀起学习宣传贯彻十九大精神的热潮。各级党委（党组）要精心策划、周密安排，组织广大党员干部群众认真学习十九大报告和《党章》，推动十九大精神进企业、进农村、进机关、进校园、进社区、进网络，做到家喻户晓、深入人心。各级领导干部要发挥示范引领作用，坚持带头学、带头讲、带头干，切实在学懂、弄通、做实上走在前列。要把学习贯彻激发的精气神转化为真抓实干的担当作为，撸起袖子加油干，推动省会经济社会又好又快发展。

二、认真践行习近平新时代中国特色社会主义思想，奋力开创新时代有福之州建设新局面

学习宣传贯彻党的十九大精神，最关键的就在于深学笃用习近平新时代中国特色社会主义思想，自觉用这一伟大思想理论统领福州改革发展稳定各项工作。习近平总书记在福州工作生活13年，亲自领导福州现代化建设6年，提出了一系列战略性的思路举措，进行了一系列开创性的探索实践，为我们创造了极其宝贵的物质财富和精神财富，构成了习近平新时代中国特色社会主义思想的重要实践基础和思想理论本源。作为习近平新时代中国特色社会主义思想的重要萌发地，我们必须怀着特殊的感情、带着特殊的责任，在践行习近平新时代中国特色社会主义思想上走前头、当先锋、作表率，让这一重大思想在榕城大地彰显磅礴力量、绽放真理光芒、结出丰硕成果。要牢记习总书记嘱托，把建设有福之州作为贯彻落实十九大战略部署的重大行动，作为践行习近平新时代中国特色社会主义思想的生动实践，马上就办、真抓实干，努力谱写新时代有福之州建设的崭新篇章。

（一）着力构建省会现代化经济体系

十九大开创性地提出了建设现代化经济体系，推动经济发展质量变革、效率变革、动力变革，这是新时代做好经济工作的总纲领和新要求。我们要积极践行新发展理念，深化供给侧结构性改革，认真落实省里实施的经济发展“百千万支撑工程”，既着眼赶超，加快做大总量、做强实力，又着力转型，快速提升质量、转换动能，不断增强经济创新力和竞争力。

要在转型升级上有新作为。坚持质量第一、效益优先,下大力气调优结构,深入推进“三去一降一补”,着力提升供给体系质量。运用新技术加快改造传统产业,做大做强“142”主导产业,促进实体经济与互联网、大数据、人工智能融合发展,在中高端消费、创新引领、绿色低碳、共享经济等领域,培育更多新的增长点。以推进国家服务业综合改革试点为抓手,大力发展现代服务业,推动物流、服务外包等生产性服务业社会化、专业化、高端化,促进健康养老、家庭服务等生活性服务业便利化、精细化、品质化,加快培育省会金融、会展、旅游等服务业新优势,不断提升服务业的比重和发展水平。

要在创新驱动上有新作为。扎实推进国家自主创新示范区建设,持续抓好创新发展十项政策49条措施的兑现落地,培育发展一批新产业、新业态、新模式,加快构建以创新为主要引领和支撑的经济体系和发展模式。大力实施高成长企业、高新技术企业“双高”培育工程,重点发展云计算、大数据、物联网、人工智能等新兴产业,加快打造中国东南大数据产业园、中国·福州物联网产业基地等专业园区,促进战略性新兴产业规模化发展。统筹推进科技创新、制度创新,鼓励中小企业创新创业,加快科技成果转化应用,大力培养和引进高层次人才,弘扬创新精神、劳模精神和工匠精神,努力营造大众创业、万众创新的浓厚氛围。

要在乡村振兴上有新作为。按照产业兴旺、生态宜居、乡风文明、治理有效、生活富裕的总要求,大力实施乡村振兴战略,加快推进农业农村现代化。以优化品种、提升品质、创建品牌为主线,培育壮大特色现代农业,推动农村一、二、三产业融合发展。稳步推进农村集体产权制度和农村集体土地制度改革,积极培育新型农业经营主体,重点抓好农村集体资产股份权能改革试点等,进一步激发农业农村发展活力。持续提升农村环境面貌,强化“两违”“裸房”等治理,加快创建一批国家级、省级特色小镇和美丽乡村。加强农村基层基础工作,健全自治、法治、德治相结合的乡村治理体系,培养造就一支懂农业、爱农村、爱农民的“三农”工作队伍。

要在改革开放上有新作为。紧紧抓住“五区叠加”重大战略机遇,坚持将改革开放进行到底,不断释放改革红利,激发开放活力,增创福州发展新优势。坚持大胆闯、大胆试、自主改,认真落实具有重大牵引作用的改革举措,切实抓好52项国家和省级改革试点任务,深入推进“放管服”“证照分离”等重点领域和关键环节改革,充分发挥自贸试验区、福州新区等平台作用,全力打好深化改革攻坚战。深度融入“一带一路”建设,加快建设海丝战略支点城市,打造一批具有国际影响力的经贸合作基地、人文交流平台,进一步深化与海丝沿线国家和地区的务实合作,积极争取设立自由贸易港区,拓展国内外友城关系,推动形成全方位开放新格局。

需要强调的是,项目是推进各项工作的抓手。我们要打造现代化经济体系,都离不开重大项目支撑。要牢牢牵住项目这个“牛鼻子”,持续推进攻坚、招商行动,扎实抓好一批对抓发展、惠民生有重大引领作用的大项目、好项目,特别是推动京东方柔性面板等已签约项目尽快开工,加快中景石化年产120万吨聚丙烯、申远新材料二期等一批重大产业项目建设,切实为加快发展提供有力支撑。要抓好“五个一批”项目,按照时间节点抢开工、抓在建、促投产,实现项目可接续、不断档。

(二)加快建设现代化国际城市

上世纪90年代,习总书记在福州工作期间,亲自谋划建设现代化国际城市的宏伟目标,高瞻远瞩地提出了“东进南下”的城市发展战略构想。他指出,现代化国际城市以“3820”工程为基础,是比“3820”工程更为长远和更高层次的目标。进入新时代,我们要继续坚持一张蓝图干到底,大力推动城市“东进南下”,高标准、高品质地建设现代化国际城市,推动福州从滨江城市向面江朝海城市跨越。

要加快中心城区功能改造提升。按照三年计划两年安排,能快则快、能早则早,全力推进106个项目、约2300万平方米、涉及9.3万户的连片旧屋区改造,切实抓好300个老旧住宅小区修复、改造、提升,持续推进重要通道、重点区域等环境整治,促进城市有机更新、品质提升。抓紧抓实城区水系综合治理,统筹推进内涝、黑臭水体治理以及高水高排、“六湖三园二池”、串珠式公园建设等,打造质量一流的水系综合治理工程。坚持综合施策、系统治堵,继续实施第二批385个交通缓堵项目,加快建设工业北路延伸线等11项重大缓堵项目,推动地铁加快建设、连线成网,努力为群众创造安全、便捷、高效、绿色、经济的出行环境。深入推进南北火车站综合治理,抓好鹤林片区等海绵城市建设试点,积极申报国家综合管廊建设试点城市、全国装配式建筑试点城市,提升省会城市的功能品质。

要全力推进滨海新城建设。按照省委于伟国书记提出的“建设宜居新区、宜业新区、生态新区”的要求,积极对标雄安新区,坚持组团开发、重点突破、产城融合,全力推进两批136个重点项目建设,加快地铁6号线、滨海新城快线等重大基础设施建设,提速教育、医疗、酒店等重点公共设施项目,积极引进有实力的企业参与新城组团式开发,高品质建设滨海新城,打造未来城市建设的样板,确保到2020年现代化城区的雏形初现。抓住长乐撤市设区这一历史机遇,在更大范围内优化资源配置和功能布局,促进长乐与中心城区、滨海新城全面融合、一体化发展。

要统筹福州新区全域开发建设。坚持统筹推进、有序开发,以重点区域、重点板块的率先崛起,带动福州新区全域开发、整体提升,辐射引领全市发展。深化三江口组团规划,突出商务商贸、文化休闲、居住生活等功能,大力推进三江口组团开发建设,形成高品质生活空间,努力在老城、新城之间形成连续贯通的城市发展轴。加快琅岐岛开发建设,着力打造生态旅游岛,带动闽江口组团取得突破性的进展。充分用好港口和海岸资源,把以福清为重点的南翼区和以连江、罗源为主的北翼区,通过滨海新城有机串联起来,打造沿海蓝色经济轴,推动“海上福州”建设取得新成效。

(三)大力发展社会主义民主政治

社会主义民主是维护人民根本利益的最广泛、最真实、最管用的民主,必须长期坚持、不断发展。我们要坚持党的领导、人民当家作主、依法治国有机统一,坚定不移走中国特色社会主义政治发展道路，推进社会主义民主政治制度化、规范化、程序化，让人民当家作主的路越走越宽广。

*要加强党对人大、政协工作的领导。*坚持和完善人民代表大会制度，支持和保证各级人大及其常委会依法行使职权、人大代表依法履职尽责，使立法、监督、决定重大事项、选举任免，更好地体现人民意志，做到与党委同心、与大局同步、与人民同声。加强协商民主制度建设，支持人民政协履行好职能，把协商民主贯穿到政治协商、民主监督、参政议政全过程，推动协商民主广泛、多层、制度化发展。

*要巩固和发展最广泛的爱国统一战线。*牢牢把握大团结大联合的主题，积极为各民主党派、工商联、无党派人士发挥作用搭建平台，抓好党外知识分子特别是新社会阶层人士的统战工作，着力构建亲清新型政商关系。深化民族团结进步教育，全面贯彻党的宗教工作基本方针，紧密联系更多台港澳侨榕籍乡亲，找到最大公约数，画出最大同心圆，凝聚新时代建设有福之州的强大合力。

*要深化法治福州建设。*坚持"科学立法、严格执法、公正司法、全民守法"的方针，积极推进依法治市进程，着力提高立法质量，加快建设法治政府，深化司法体制综合配套改革，全面落实司法责任制，加大全民普法力度，把福州各项事业纳入法治化轨道，使尊法学法守法用法成为全体人民的共同追求。

*要加快军民融合深度发展。*加强党管武装工作，发扬拥军优属、拥政爱民的光荣传统，全力支持驻榕部队建设，巩固提升"百村百连结对子、军民融合促发展"等特色品牌，推动形成军民融合深度发展新格局。

（四）全面提升有福之州文化软实力

城市文化软实力，体现着城市的精神和灵魂。我们要坚持中国特色社会主义文化发展道路，大力推动优秀传统文化创造性转化、创新性发展，激发全社会文化创新创造活力，加快建设文化强市。

*要牢牢掌握意识形态工作领导权。*严格落实意识形态工作责任制，进一步加强党对意识形态工作的领导。着力推进马克思主义中国化时代化大众化，繁荣发展哲学社会科学。坚持党管媒体、党管舆论，不断壮大主流媒体，加强互联网内容建设，建立网络综合治理体系，提高新闻舆论传播力、引导力、影响力、公信力。深化文化体制改革，加快推动市属媒体改革创新，促进媒体融合发展。

*要大力培育和践行社会主义核心价值观。*以荣获全国文明城市"三连冠"为契机，深入开展"有福之州 · 文明同行"等精神文明建设活动，扎实开展移风易俗工作，推进诚信建设和志愿服务制度化，提升公民道德素质和文明素养，把社会主义核心价值观转化为人们的情感认同和行为习惯。深入实施中华优秀传统文化传承发展工程，加大历史文化名城、非物质文化遗产和海上丝绸之路福州史迹保护力度，持续推进上下杭、烟台山、朱紫坊等历史文化街区（风貌区）和名镇名村保护修复，大力传承弘扬红色文化，积极打造闽剧、陈靖姑文化等传统文化品牌，让闽都文化焕发新的光彩。

*要推动文化事业和文化产业繁荣发展。*全力创建国家公共文化服务体系示范区，深入实施文化惠民工程，加快海峡文化艺术中心、海峡非物质文化遗产生态园等公共文化设施建设，举办丝路国际电影节等高水平国际文化体育活动，开展全民健身运动，打通文化惠民"最后一公里"。坚持以人民为中心的创作导向，深入实施"文化福州 · 艺术闽都"行动计划，推出更多独具福州特色的文艺精品。大力实施文化产业龙头培育计划，加快推进闽台（福州）文化产业园、中国船政文化城等建设，扶持壮大创意设计、动漫游戏等文化产业，积极培育新型文化业态，不断增强福州文化整体实力和竞争力。

（五）切实保障和改善民生

十九大报告指出，带领人民创造美好生活，是我们党始终不渝的奋斗目标。我们要树牢以人民为中心的发展思想，坚持一心为百姓、一心为基层，抓住人民群众最关心最直接最现实的利益问题，尽力而为、量力而行，不断满足人民日益增长的美好生活需要。持续加大民生投入，扎实推进为民办实事项目，一件接着一件办，一年接着一年干，让老百姓有更多获得感和幸福感。按照兜底线、织密网、建机制的要求，加快建设覆盖全民、城乡统筹、权责清晰、保障适度、可持续的多层次社会保障体系。

*要坚决打赢脱贫攻坚战。*坚持用"绣花"功夫抓精准扶贫，落实党政一把手负总责的责任制，总结推广发展特色产业、资产收益、造福搬迁等脱贫模式，着力解决因病致贫返贫等问题，积极探索稳定脱贫长效机制，确保今年底全面完成精准脱贫目标。强化扶贫督查考核和责任追究，严查侵害群众利益的行为，做到脱真贫、真脱贫。扎实开展与定西市的东西部扶贫协作，助力定西与全国人民一道同步实现全面建成小康社会。

*要提高就业质量和城乡居民收入水平。*坚持就业优先战略，采取更加积极的就业政策，推动乡镇（街道）建立统一的就业和社会保障服务平台，加大就业创业服务力度，统筹好困难群体、特定群体就业及去产能职工分流安置工作，实现更高质量和更充分就业。健全工资水平决定和正常增长机制，在经济增长、劳动生产率提高的同时，实现居民收入同步增长、劳动报酬同步提高，逐步缩小收入分配差距，促进收入分配合理有序。

*要全力补齐民生社会事业短板。*按照市委十一届五次全会的部署，聚焦城乡民生基础设施、教育、卫生与健康、养老等领域存在的短板，持续加大投入力度，注重均衡配置资源，深化体制机制创新，推动改革发展成果更多、更公平惠及全市人民。加快构建以公办园、普惠性民办园为主体的学前教育公共服务体系，统筹推进城乡义务教育一体化改革，办好人民满意的教育。扎实推进"健康福州"建设，深化医药卫生体制改革，完善疾病预防控制体系，倡导健康的生活理念、生活方式。优先发展居家社区养老服务，发挥好机构养老补充作用，深入推进医养融合发展。

*要打造共建共治共享的社会治理格局。*加快更高水平的"平安福州"建设，完善党委领导、政府主导、社会协同、公众参与、法治保障的社会治理体制，推进综治中心、网格化服务管理平台、雪亮工程等项目建设。注重加强社区治理体系建设，推动社会治理重心下移，积极应用现代化技术手段，构建

共治善治新局面。健全社会矛盾预防和化解机制,持续增强各类风险预测预警预防能力,着力稳控化解传统领域与非传统领域社会矛盾、隐患问题,全力维护省会和谐稳定。

(六)构筑绿色生态家园

十九大报告强调,建设生态文明是中华民族永续发展的千年大计。我们要秉持绿水青山就是金山银山的理念,持续深化生态市建设,努力提供更多优质生态产品,把有福之州建设得更加美丽、清新、宜居。

*要扎实推进生态文明试验区建设。*认真对照生态文明试验区建设方案要求,大胆探索、先行先试,切实抓好各项重点改革任务,争取在水系综合治理、绿色金融、大气污染防治等方面,形成一批可复制、可推广的制度创新成果。加快启动我市生态环境损害赔偿工作,继续实施重点行业环境污染责任保险试点,持续开展企业环境信用评价和联合奖惩,推进环境污染第三方治理的市场化、专业化、社会化,建立健全生态文明建设长效机制。

*要大力推进绿色发展。*加强资源环境生态红线管控,提高企业节能环保准入门槛,大力引进一批生态型、环保型项目,建立健全绿色低碳循环发展的经济体系,努力实现经济社会发展与生态环境保护协同共进。强化约束性指标管理,推进资源全面节约和循环利用,实施能源和水资源消耗、建设用地等总量和强度双控行动。倡导简约适度、绿色低碳的生活方式,促进人与自然和谐共生。要深入开展生态环境整治。切实抓好中央环保督察反馈意见问题整改,全力推进直接涉及我市的14项整改任务,确保今年底前完成城区黑臭水体治理、西湖及周边水系整治。持续实施提升空气质量行动计划,加强工业废气、工地扬尘污染、城市移动源污染和黑臭污染等整治,继续保持空气质量全国领先。全面落实河长制,加强重点流域水污染综合治理,持续推进农村及小流域水环境整治。深入实施土壤污染防治行动计划,严格监管各类土壤污染源,确保脚下土地洁净安全。

*要加强生态系统的保护和修复。*以获评国家森林城市为契机,扎实推进"生态修复、城市修补"工程,加大山水林田湖和海洋生态保护力度,确保福州生态环境质量持续提升。深入实施"全民动员、绿化福州"专项行动,加快建设生态公园、串珠式公园、海绵公园等,让人民群众尽享绿色福利。

(七)深化榕台交流合作

福州作为大陆距离台湾最近的省会城市,在国家对台工作中具有独特优势,肩负重大责任。要认真学习领会习总书记对台工作重要思想,切实把思想和行动统一到中央对台海形势的分析判断和工作部署要求上来,强化责任担当,勇于探索先行,努力为促进两岸关系和平发展、推进祖国和平统一进程作出更大贡献。

*要加强榕台经贸往来。*发挥自贸区对台先行先试作用,加快推进跨境电商服务(监管)平台、两岸金融创新合作平台、先进制造业技术服务中心等建设。加强产业深度对接,积极引进台湾百大企业和龙头企业,争取更多互为配套的台资项目落地,推动榕台在高端制造业、现代服务业等领域广泛开展合作。坚持以海峡两岸农业合作试验区等园区建设为依托,着力打造两岸产业集聚区。鼓励和支持在榕台企开展科技创新、项目技术改造,实现转型升级、创新发展。

*要增进民间文化交流。*依托马尾船政文化园区、三坊七巷等海峡两岸交流基地,培育更多富有特色的两岸交流活动。充分发挥海峡青年交流营地的平台作用,精心办好海峡青年节,加强与台湾青年社团的交流合作,促进两岸青年增进"一家亲"共识,持续提升海峡青年节的辐射力和影响力。深化提升海峡两岸合唱节、"两马"同春闹元宵、海峡两岸民俗文化节等民间交流品牌,更加注重面向台湾青年、基层,吸引更多台湾同胞来榕参访,促进文化认同和民心相通。

*要吸引台湾青年来榕就业创业。*认真落实鼓励和支持台湾青年来榕就业创业政策,积极探索以就业为重点、实习带动就业、就业促进创业的模式,把福州打造成两岸青年创新创业的热土。率先推动解决台企与大陆企业、台湾居民与大陆居民实现基本相同待遇,加快推进"台胞权益保障法官工作室"改革在全省推广,切实维护台商台胞合法权益。

三、加强新时代党的建设,推动全面从严治党向纵深发展

贯彻落实十九大精神,开创新时代有福之州建设新局面,关键在党、关键在人。我们要按照十九大提出的新时代党的建设总要求,认真履行管党治党的政治责任,以改革创新精神全面推进党的建设新的伟大工程,为加快建设有福之州提供坚强保证。

*一要突出抓好政治建设,筑牢忠诚履职根基。*党的政治建设是党的根本性建设,决定了党的建设的方向和效果;抓好了党的政治建设,就抓住了党的建设的根和魂。十九大报告首次把党的政治建设,纳入党的建设总体布局并摆在首位,凸显了党的政治建设的极端重要性。

党的政治建设的首要任务是保证全党服从中央,坚持党中央权威和集中统一领导,关键是坚决维护习近平总书记在党中央和全党的核心地位。党的十八大以来,我们党之所以能够取得新的重大历史性成就、实现历史性变革,归根结底是我们党有以习近平同志为核心的党中央的坚强领导,有习总书记这个党中央的核心、全党的核心掌舵领航。在党的十九届一中全会上,习近平同志再次当选为中央委员会总书记、中央军委主席,反映了全党全军全国人民的共同心愿。习近平总书记是全党拥护、人民爱戴、当之无愧的党的领袖。在新时代的新征程上,有习近平总书记这样一个最有魄力、最有影响、最有经验的领路人,我们党必将建设成为一个始终走在时代前列、人民衷心拥护、勇于自我革命、经得起各种风浪考验、朝气蓬勃的马克思主义执政党,必将能够团结带领全国各族人民,早日实现中华民族伟大复兴的中国梦。

维护以习近平同志为核心的党中央权威和集中统一领导,维护习近平总书记在党中央和全党的核心地位,是全党共同的政治责任,是领导班子和领导干部的首要政治责任,必须体现到思想和行动的方方面面。要坚定不移地贯彻落实《中共中央政治局关于加强和维护党中央集中统一领导的若干规定》,牢固树立"四个意识",坚决维护习近平总书记的核心地位,坚决维护党中央权威和集中统一领导,始终在政治立场、政治方向、政治原则、政治道路上,同以习近平同志为核心的党中央保持高度一致。要把对党绝对忠诚作为立身之本、从政之基，严守政治纪律和政治规矩，模范遵守党章党规，决不能在政治上搞“两面派”、做“两面人”。要严肃党内政治生活，严格执行党内政治生活准则，着力增强党内政治生活的政治性、时代性、原则性、战斗性。要完善和落实民主集中制的各项制度，严格按程序办事、按规则办事、按集体意志办事，推进议事决策科学化、规范化、民主化。要加强党内政治文化建设，弘扬忠诚老实、光明坦荡、公道正派、实事求是、清正廉洁等价值观，堂堂正正做人，勤勤恳恳干事，干干净净为官。

*二要着力加强思想建设，进一步坚定理想信念。*思想建设是党的建设的基础性建设。各级党组织要按照建设学习型政党的要求，切实加强理论武装工作，深入学习党的理论创新成果，深刻领会习近平新时代中国特色社会主义思想精髓，不断坚定“四个自信”，自觉做习近平新时代中国特色社会主义思想的坚定信仰者、积极实践者、忠诚捍卫者。要认真按照中央和省委的统一部署，持续推进“两学一做”学习教育常态化制度化，精心组织“不忘初心、牢记使命”主题教育，引导党员干部解决好世界观、人生观、价值观这个“总开关”问题，始终保持对马克思主义的信仰、对共产主义远大理想的信念、对中国特色社会主义的信心，为实现新时代党的历史使命而不懈奋斗。

*三要注重干部人才队伍建设，不断提升干事创业精气神。*党的干部是推动各项事业发展的中坚力量。要坚持党管干部原则，更加突出政治导向和实干导向，把忠诚干净担当的干部选出来、用起来，选优配强各级领导班子，切实把好干部标准落到实处。要注重培养干部的专业能力、专业精神，深入推进“左海大讲坛”、干部在线学习平台等特色载体建设，切实增强干部的学习本领、政治领导本领、改革创新本领、科学发展本领、依法执政本领、群众工作本领、狠抓落实本领、驾驭风险本领，实现素质本领与时代发展、岗位职责相适应。要进一步优化干部队伍结构，大力发现和储备年轻干部，积极推动优秀年轻干部到基层一线和困难艰苦的地方锤炼党性、增强本领，统筹做好培养选拔女干部、少数民族干部和党外干部工作，认真做好老干部工作。

干部良好的精气神，是做好一切工作的前提。最近一段时间，市委专门对提振干部干事创业精气神作出部署，派出7个专项督察组开展督察，市四套班子带头、各地各部门积极跟进，陆续召开了“担当负责、提速增效”专题民主生活会，全市干部队伍的责任、担当、效率、作风等已经呈现出了新面貌。我们要乘势而上，继续大力弘扬“马上就办、真抓实干”优良传统，敢于担当、敢于负责、敢于碰硬，鼓足干劲，提高效率，扑下身子实干，雷厉风行快干。要坚持一线考察、正向激励，用好抓攻坚、抓招商等载体，引导广大干部在急难险重一线比学赶超、创先争优。要坚持严管和厚爱结合、激励和约束并重，从严管理监督干部，加快建立容错纠错机制，促进各级干部振奋精神，推动各项工作提速增效。要格外关心和爱护基层、一线干部，认真落实好关心关爱基层、一线干部的政策措施，真心实意为基层、一线干部排忧解难。

人才资源是支撑发展的第一资源。要坚持党管人才原则，用足用好国家级海西引智试验区政策优势，深入推进闽都人才集聚工程，创新人才发展体制机制，加快建设人才强市，切实把各方面优秀人才集聚到新时代有福之州建设中来。

*四要深化基层组织建设，夯实党的执政基础。*基础不牢，地动山摇。要坚持把党建的重心放在基层，以提升组织力为重点，突出政治功能，努力把各领域基层党组织建设成为宣传党的主张、贯彻党的决定、领导基层治理、团结动员群众、推动改革发展的坚强战斗堡垒。要全面推进“红色领航工程”，激励广大党员干部在一线敢担当、有作为，打造有思想、有温度、有力量、有色彩的基层党建。要坚持基层党建和扶贫攻坚“双推进”，选优配强农村带头人和驻村第一书记，积极实施党建富民强村工程，加快农村发展、促进村民致富。要全面加强城市基层党建工作，着力构建街道社区党建、单位党建、行业党建互联互通格局，统筹抓好机关、国企、学校、非公企业和社会组织、互联网等领域党建工作，不断扩大基层党组织覆盖面，切实提高基层党组织的工作水平。要持续推进市县乡三级“联述联评联考”，创新“查问述评”抓基层党建责任考评机制，强化各级党组织书记管党治党责任，增强基层党建工作实效。

党支部是党的全部工作和战斗力的基础。要认真落实党的一切工作到支部的要求，全面加强基层党支部建设，切实担负好直接教育管理监督党员职责。要坚持和完善“三会一课”制度，推进党组织设置和活动方式创新，着力解决一些基层党支部弱化、虚化、边缘化问题。要健全党内激励、关怀、帮扶机制，不断提高党员发展质量，加强流动党员教育管理服务，稳妥有序开展不合格党员组织处置工作，始终保持基层党员队伍的先进性和纯洁性。

*五要强化作风和纪律建设，更好地凝聚党心民心。*要大力弘扬“四下基层”“四个万家”等优良作风，大兴调查研究之风，深入基层、深入一线、深入群众，切实为群众解难事办实事，始终保持党同人民群众的血肉联系。要坚持问题导向，深化“一县一专项”整治，推动干部作风明显改进、服务效能明显增强。要巩固落实中央八项规定精神成果，认真贯彻新出台的八项规定《实施细则》，持续整治“四风”问题，坚决反对特权思想和特权现象。要全面加强纪律建设，深入开展纪律教育，重点强化政治纪律和组织纪律，带动各项纪律严起来。要加强对党员干部的日常管理监督，充分运用监督执纪“四种形态”，抓早抓小、动辄则咎，让党员干部知敬畏、存戒惧、守底线。

*六要深入推进反腐败斗争，确保夺取压倒性胜利。*十九大报告强调，腐败是我们党面临的最大威胁。我们要以永远在路上的执着、坚如磐石的决心推进反腐败斗争，强化不敢腐的震慑，扎牢不能腐的笼子，增强不想腐的自觉。要坚持无禁区、全覆盖、零容忍，坚持重遏制、强高压、长震慑，着力构建不敢腐、不能腐、不想腐的长效机制。要加强基层党风廉政建设，加大整治群众身边腐败问题力度，持续开展扶贫领域腐败和作风突出问题专项治理，以精准监督助推精准扶贫。要完善市县党委巡察制度，打通监督末梢，建立一体化监督网络。要按期组建市、县监察委员会，扎实做好机构、职能、人员的转

隶,实现对所有行使公权力的公职人员监察全覆盖。要强化对权力运行的制约和监督,把党内监督同国家机关监督、民主监督、司法监督、群众监督、舆论监督结合起来,让人民监督权力,让权力在阳光下运行。

同志们,新时代要有新气象,新征程要有新作为。让我们更加紧密地团结在以习近平同志为核心的党中央周围,坚持以习近平新时代中国特色社会主义思想为指导,以永不懈怠的精神状态和一往无前的奋斗姿态,加快建设环境更美、品质更好、功能更全、服务更优的有福之州,为实现十九大描绘的宏伟蓝图而努力奋斗!

政府工作报告

——2018年1月5日福州市人民政府市长尤猛军在福州市第十五届人民代表大会第二次会议上的报告

各位代表:

现在,我代表福州市人民政府,向大会报告政府工作,请予审议,并请市政协各位委员提出意见。

一、2017年工作回顾

2017年,在省委、省政府和市委的正确领导下,市政府全面贯彻落实党的十八届五中、六中全会和十九大精神,深入学习领会习近平新时代中国特色社会主义思想,聚焦“机制活、产业优、百姓富、生态美”,以“攻坚2017”“招商2017”等专项行动为抓手,迎难而上、攻坚突破、加压奋进,各项工作都取得了新的进展。预计全市地区生产总值突破7000亿元,增长8.5%;一般公共预算总收入突破1000亿元,增长7.7%;地方一般公共预算收入634亿元,同口径增长10.4%;固定资产投资5800亿元,增长12%;出口总额1510亿元,增长7.3%;实际利用外资123亿元,增长7%;社会消费品零售总额4181亿元,增长11%;居民消费价格总水平上涨1.1%;城镇居民人均可支配收入40859元,增长8%;农村居民人均可支配收入17817元,增长9%;城镇登记失业率2.43%。完成省下达的减排降碳任务。实现全国文明城市“三连冠”,荣获国家森林城市、中国领军智慧城市等称号。一年来的工作主要体现在:

(一)致力创新驱动,产业结构持续优化。出台推动新一轮经济创新发展十项政策49条措施,扶持实体经济发展壮大,新增上市企业11家,培育总部企业20家,6家企业进入中国民营企业500强,新增福建名牌产品49个、省级企业技术中心10家,完成技改投资870亿元、增长40.2%,引进高层次人才1322人。国家自主创新示范区福州片区建设扎实推进,新增国家级高新技术企业161家,新认定省级重点实验室4家、省级(企业)工程技术研究中心9家、省市众创空间61家,每万人有效发明专利拥有量14.3件、增长9.9%,顺利通过国家创新型城市评估。工业经济稳步增长,规模以上工业增加值2180亿元、增长8.1%,铭林钢构连江生产基地、罗源闽光60万吨高线升级改造等52个重大项目开工建设,京东方8.5代面板、经纬新纤等92个重大项目建成投产,福建奔驰、福耀玻璃等重点企业带动作用继续增强。新兴产业蓬勃发展,国家互联网骨干直联点正式开通,国家健康医疗、国土资源、旅游等行业大数据中心以及360、浪潮等136家关联企业落户中国东南大数据产业园,全国首家物联网开放实验室正式揭牌,全球规模最大的窄带物联网智慧水务商用项目进展顺利,中国物联网大会成功举办。国家服务业综合改革试点建设不断深化,服务业增加值超过3600亿元、增长11%,占GDP比重达50.5%,承办2017中国饲料工业展览会、第72届中国教育装备展示会等各类展会活动103场。农业基础继续夯实,农林牧渔业总产值910亿元、增长3.6%,新增全国休闲农业与乡村旅游示范县1个、市级农业产业化龙头企业60家、“三品一标”认证农产品53个,福州茉莉花茶品牌位居2017中国茶叶区域公用品牌价值第6位,完成生猪养殖场标准化改造163家,福清市畜禽养殖数字农业项目列入全国20个数字农业试点,全面完成罗源湾网箱养殖退养,粮食安全省长责任制考核位居全省第1位。

(二)致力提升品质,城乡面貌持续改善。成功进入国家15个城市总体规划编制试点行列,制定实施《福州中心城区空间发展规划》。城区水系综合治理全面展开,完成晋安河扩河、清障、清淤以及生态驳岸改造,新建井店湖、桂后溪湖、义井溪湖、洋下海绵公园、斗顶雨洪公园、八一雨洪公园,扩挖琴亭湖、温泉公园湖,整治城区易涝点45个,城市防涝能力大幅提升;埋设沿河截污管道70公里,清除内河淤泥211万立方米,清疏排水管网1020公里,打通断头河5条,城区已有43条内河基本消除黑臭;排查整治城区污染源2881个,取缔非法排污及无证经营企业102家,建设隔油池2597个,内河污染源得到有效控制;城区内河两侧各拆出6米空间,既为全线截污创造了条件,又新建滨河绿道20公里、串珠公园70个,水系周边环境得到改善;在全省率先成立城区水系联排联调中心,城区库、湖、池、河、闸、站基本实现一体化、智慧化管理;西湖整治12项措施、40个项目落实到位,整治污染源99个,清除湖体淤泥8.6万立方米,拆除沿湖违章建筑1.3万平方米,西湖的水质和周边环境明显改善;三江口、鹤林两个海绵城市试点片区建设有序推进;全市实现“河长制”全覆盖。完成连片旧屋区改造42个、566万平方米,整治提升老旧小区35个。地铁建设全面铺开,在1号线投入运营、2号线加快建设的同时,1号线延伸段、4号线、5号线、6号线、滨海快线等5条线路同步启动建设。组织实施第一批缓解城区交通拥堵软硬件项目252个,城区平均车速提高6.83%,日均堵情下降34%,交通拥堵排名从第19位下降到第32位。新改扩建市政道路203公里,修复沥青路面11.3万平方米,修补人行道35万平方米,增加公共停车泊位1.06万个,新建无害化公厕336座,拆除路面围挡24.5万平方米。完成火车南北站、城区13个出入口沿线环境整治和“一江一轴一线三中心”城区亮化提升工程。“全民动员、绿化福州”深入开展,造林绿化8.9万亩,种植大树21万棵,建成12条生态休闲步道、12个生态主题公园,鼓岭成为国家级旅游度假区,左海公园—金牛山城市森林步道荣获年度国内唯一的“国际建筑大奖”。城市空气质量位居全国74个重点城市第5位。滨海新城建设全面启动,长乐顺利撤市设区,新城综合医院、国际双语学校等136

个启动项目按计划推进，新城核心区城市设计等30个专项规划顺利完成，临空经济区提升步伐加快。农村基础设施不断完善，新建改造农村公路190公里，建成乡镇污水处理设施19个、生活垃圾转运系统23个，江北城区山洪防治及生态补水工程、平潭及闽江口水资源配置工程等71个重大水利项目完成年度投资计划，建成安全生态水系6条。新建新农村"幸福家园工程"示范村(创建村)425个、美丽乡村111个。福清龙田镇入选第二批全国特色小镇，新增4个省级特色小镇。全市拆除"两违"918万平方米。

(三)致力改革开放，发展活力持续释放。福州新区完成重点项目投资1915亿元，占年度计划的112%，对全市经济增长贡献率超过25%。自贸试验区福州片区新增企业8277户，推出3批44项创新举措、其中全国首创12项，江阴口岸集装箱吞吐量增长25%、整车进口突破1万辆。推进"三去一降一补"，全面取缔"地条钢"企业，商品房库存同比下降27.2%，不良贷款率比年初下降0.19个百分点，减税降费73亿元，33个补短板工程包完成投资257亿元、占年度计划的128%。加快"放管服"改革，取消行政审批事项68项、下放22项，确定"最多跑一趟"和"一趟不用跑"事项1334项、占总量的93%，在全国率先实行行政审批全流程电子证照应用和不动产证"网上办理"，在全省率先开展"证照分离"改革和"减证便民"专项行动，荣获中国"互联网+政务服务"创新奖、全国行政服务大厅典型案例"综合十佳"。国企改革稳步推进，组建地铁集团、金控集团、电子信息集团，海峡环保公司成功上市。国家社会信用体系建设示范城市创建加快推进，信用平台和网站建设水平跃居全国第6位。国家生态文明试验区建设完成17项改革任务，重点生态区位商品林赎买、碳汇交易、林地占补平衡等试点持续开展。在全省率先实施城市管理综合执法体制改革。基本完成农村土地承包经营权确权登记工作，晋安区确权成果在全省率先通过农业部初检并入库。全市耕地流转总面积58万亩，完成闽侯县国家级农村集体资产股份权能改革试点。对外开放步伐加快，新批千万美元以上外(台)资项目140项、境外投资项目26项。成功举办金砖国家政党智库和民间组织论坛、世界城地组织2017年亚太区执行局和理事会会议、第九届世界华文传媒论坛、第十九届海交会、2017渔业周·渔博会、第三届海丝国际旅游节、第四届丝路国际电影节等重大会议和活动，发起成立"21世纪海上合作委员会"。成功举办第五届海峡青年节、海峡两岸合唱节等41项特色对台交流活动，海峡青年交流营地正式启用。与澳大利亚霍巴特市、菲律宾马尼拉市缔结友城关系。闽东北、闽浙赣皖、泛珠三角区域协作不断拓展。

(四)致力共享发展，民生福祉持续增进。全市各级财政用于民生支出746.64亿元，占一般公共预算支出的79.4%。完成20项75件为民办实事项目。新改扩建40所中小学、13所公办幼儿园，启动55个智慧校园建设，普惠性幼儿园学额覆盖率提高至74.87%，省级达标中职学校实现全覆盖，"安全教育实验区"建设、中小学德育工作走在全国前列。市图书馆新馆建成开放，完成70个乡镇(街道)综合文化站和499个村(社区)综合文化服务中心达标改造，上下杭、烟台山、冶山历史文化街区(风貌区)保护修复进入实质性实施阶段。组织编纂《福州通史》，成功举办第六届闽都文化论坛。孟超肝胆医院门诊综合楼、市中医院新病房综合大楼等卫生领域重点项目加快建设，分级诊疗制度初步构建，家庭医生签约服务全面开展，在全省率先实现医联体基层医疗机构全覆盖。全面两孩政策平稳实施。群众体育和竞技体育协调发展，参加全民健身运动人数超过100万人次，成功举办中华龙舟大赛、中国羽毛球公开赛、环福州·永泰国际公路自行车赛、福州国际马拉松赛等大型体育赛事。在全省率先实施全民参保登记计划，退休人员养老金待遇、城乡低保补助标准、特困人员供养标准、城乡居民医保人均筹资水平稳步提高。新建农村幸福院261所、社区居家养老服务照料中心37个，提升居家养老服务站24个。城镇新增就业13.5万人，转移农业富余劳动力3.8万人。房地产市场保持稳定，建成保障性安居工程1.88万套，新增公租房配租1万套，启动共有产权住房建设试点。完成市县两级两批722个重大安全隐患点整改，安全生产形势稳中向好。"平安福州"建设深入推进，全市刑事案件发案数同比下降20.2%，平安建设知晓率、执法工作满意率均位居全省第1位，群众安全感率达94.55%。闽清、永泰灾后重建任务全面完成。所有建档立卡扶贫对象可如期脱贫，永泰省级、闽清市级扶贫开发重点县可实现"摘帽"，成立扶贫发展基金会，建成福州市惠民资金网。援宁援藏援疆、与定西市扶贫协作等工作有效开展。民族宗教、信访、行政复议、司法、仲裁以及国防动员、双拥共建、民兵预备役建设、海防、人防、反走私、爱国卫生等工作继续加强。广播影视、新闻出版、哲学社会科学、统计、科普、气象、防震、地方志、档案、老龄、妇女儿童、残疾人、慈善等各项事业全面发展。

(五)致力攻坚突破，发展后劲持续增强。围绕经济社会发展的重点问题和群众关注的热点问题，扎实开展系列专项行动。"攻坚2017"行动硕果累累，破解阻碍项目落地的各类矛盾和问题4158个，交地14.51万亩，拆迁1341.55万平方米，动建项目448个，竣工项目238个，福厦客专、宝钢德盛二期等一批重大项目得以顺利落地，1.87万户逾期安置户得以顺利回迁，3.47万亩批而未供土地、1.44万亩供而未建土地得以顺利处置。"招商2017"行动成绩斐然，落地招商项目2647项、总投资6212亿元，其中，投资30亿—100亿元的项目35个，投资100亿元以上的项目2个，比特大陆人工智能、西门子研发中心等一大批世界级制造业项目相继签约、落地，吸引"回归工程"项目83项、总投资746亿元。"海上福州"建设行动亮点纷呈，落实172个支撑项目，完成投资406亿元，江阴港区11号、12号泊位提前投入运营，福州港新增4条国际集装箱班轮航线，福清核电4号机组、华能罗源火电厂等一批重大临港工业项目竣工投产，中国邮轮旅游发展实验区、国家海洋经济示范区落户福州。服务业跨越发展行动卓有成效，出台配套政策23项，动建项目55个，竣工项目34个，完成投资537亿元，新增省级服务型制造示范企业9家、省级服务型制造公共服务平台4个，入选国家供应链体系建设首批重点城市，成为全国第三个设立无现金联盟的城市，宜家家居、"八仙过海"旅游文化综合体等一批项目落地。全市接待游客6742.66万人次,增长22.1%。

(六)致力提升效能,作风建设持续加强。扎实推进"两学一做"学习教育常态化制度化,深入开展"学俊波、我践行"主题实践活动。认真践行"马上就办、真抓实干"精神,大力推行一线考察、一线巡察,充分发挥市级7个专项督查组和重大项目督办工作机制的督导作用,不等、不停、不看、不混日子、不当懒汉,干部干事创业精气神焕然一新,在全市范围内形成了力争上游、不甘落后、比学赶超的浓厚氛围。召开50多场重点企业市领导专题协调会,为企业解决生产经营中遇到的具体问题834个。全面贯彻中央八项规定精神,驰而不息整治"四风",长乐移风易俗经验在全省推广。行政监察、审计监督力度加大,反腐倡廉深入推进。认真执行市人大及其常委会决定决议,自觉接受市人大及其常委会的法律监督、工作监督。自觉接受市政协的民主监督,积极支持市政协开展民主协商,创新市政府与市政协专题协商方式。提请市人大常委会审议地方性法规草案4件,制定政府规章和规范性文件51件。办复404件省、市人大代表建议和589件省、市政协提案,满意率分别达97.52%、100%。

各位代表,成绩来之不易,这是省委、省政府和市委坚强领导的结果,这是全市人民团结奋斗、社会各界大力支持的结果。在此,我代表市人民政府,向全市人民,向人大代表、政协委员、各民主党派、工商联、无党派人士、各人民团体、离退休老同志和社会各界人士,向中直、省直机关企事业单位和驻榕部队指战员、武警官兵、公安政法干警,向关心支持福州发展的港澳台同胞、海外侨胞和国际友人,表示衷心的感谢!

在总结成绩的同时,我们也清醒地看到当前福州发展中还存在不少困难和问题,主要是:发展不平衡不充分、发展活力动力不足、发展质量效益不高的问题仍然比较突出;工业特别是制造业相对薄弱,龙头企业不多不强,新兴产业有待培育,新的增长点尚未形成;生态环境保护任务依然繁重,城区水系综合治理需要进一步强化;民生领域存在较多短板,交通、教育、医疗、居住、养老等方面与人民群众的需求还有较大差距。此外,一些领域腐败问题时有发生,还存在少数干部懒政怠政、推诿扯皮等现象。对此,我们要采取有效措施,认真加以解决。

二、2018年工作安排

各位代表,根据市委统一部署,今年市政府工作总体要求是:全面贯彻党的十九大精神,以习近平新时代中国特色社会主义思想为指导,坚持稳中求进工作总基调,坚持新发展理念,以供给侧结构性改革为主线,围绕推动质量变革、效率变革、动力变革,把高质量发展和实现赶超有机统一起来,把握"五区叠加"战略机遇,马上就办、真抓实干,持续提振干事创业精气神,统筹推进稳增长、促改革、调结构、惠民生、优生态、防风险各项工作,坚决打好三大攻坚战,加快建设环境更美、品质更好、功能更全、服务更优的有福之州。

今年全市经济社会发展主要预期目标是:地区生产总值增长9.4%左右,地方一般公共预算收入同口径增长8%,固定资产投资增长12%,社会消费品零售总额增长11.5%,出口总额、实际利用外资增幅高于全省平均水平,居民消费价格总水平涨幅控制在3%左右,城镇居民人均可支配收入增长8%,农村居民人均可支配收入增长9%,城镇登记失业率控制在3.5%以内,确保完成省下达的节能减排降碳任务。

为实现上述预期目标,重点抓好以下五个方面工作:

(一)以"机制活"为引擎,深化改革开放,切实增强发展新动能

加快福州新区全域开发。完善新区行政管理体制机制,落实新区发展规划。加快三江口、闽江口、福清湾、江阴湾等重点区域和组团的开发进度。推动马尾大桥、东南快速路等连结通道建设进程。促进琅岐岛综合文旅等重大项目尽快落地,打造国际生态旅游岛。共建福清飞地产业园,推动福州新区与平潭两地联动发展。依托江阴化工新材料基地、中铝东南沿海铝精深加工基地等载体,打造具有核心竞争力的产业体系和产业集群。推动学校、医院等优质资源和公共服务、商业设施向新区布局。新区重点项目年度计划投资2000亿元以上。

推进自贸试验区先行先试。落实省、市新增试验任务,推出30项以上创新举措。推动跨境电商基地、先进制造业技术服务中心等重点平台建设,促进银河汽车产业园、北美西洋参进口分拨中心等项目尽快投入运营。发布第四批金融创新案例,建设两岸金融创新合作示范区。提升福州保税港区和福州出口加工区建设水平。争取获批福州空港综合保税区。申报自由贸易港,营造国际化营商环境。争取开通"榕欧"铁路班列、空中航线,构建海陆空"三位一体"的跨境快捷物流体系。

深化重点领域和关键环节改革。推进供给侧结构性改革,坚决淘汰落后产能和工艺,鼓励企业增品种、提品质、创品牌,降低实体经济成本。完善行政管理体制,实现政府部门权责事项动态调整和精细化管理。推行综合执法改革,强化"双随机一公开"跨部门联合监管,逐步实现"多帽合一"。完成环保机构垂直管理改革。出台国企改革方案,理顺国资国企管理体制机制,实现国有资产保值增值。支持民营企业发展,落实促进民间投资政策,严格市场准入负面清单制度,破除歧视性限制和各种隐性障碍,引导社会资本进入基础设施、社会事业等领域。开展中小微企业综合金融服务试点,推动海峡银行、福州农商银行设立普惠金融部门,强化防控措施,守住不发生区域性系统性金融风险的底线。

构建全面开放新格局。坚持全员招商、小分队招商、"一把手"招商等工作机制,实施"回归工程"和"走出去"战略,办好第二十届海交会等招商活动,千方百计引进一批对经济发展有重大拉动作用、能够产生深远影响的大项目、好项目。办好第四届海丝国际旅游节等活动,推进"海上丝绸之路:福州史迹"申报世界文化遗产。办好第六届海峡青年节,复建福州台湾会馆,鼓励和支持台湾青年来榕创业就业,扶持培育马尾至马祖、黄岐至马祖两条海上客运航线,建成马尾对台客运码头。做好新华侨华人和华裔新生代工作。强化与港澳在金融、物流、文化创意等领域的合作。深化国际友城合作。加强泛珠三角、闽浙赣皖、闽东北区域协作,抓好援宁援藏援疆工作,继续做好与定西的扶贫协作以及与渭南、延安、吉安的对口合作。

优化投资发展软环境。完善新一轮经济创新发展十项政

策，落实各类惠企措施。深化简政放权，抓好全国"互联网+政务服务"综合试点工作，健全"多规合一""多评一表""多图一审"、套餐式服务等创新机制，强化重大项目储备、预审、报批、建设、管理全流程代办服务，扩大政务数据共享应用，让信息数据"多跑路"，让办事群众"少跑腿"。坚持并完善重点企业市领导专题协调会制度，"一企一议"为企业排忧解难。

（二）以"产业优"为导向，推动高质量发展，着力构建现代化经济体系

发展特色现代农业。坚持质量强农、绿色兴农，大力发展设施农业、智慧农业、休闲农业、生态农业，打造"一区三圈三带七产业两基地"都市型现代农业格局。落实粮食安全省长责任制，确保粮食种植面积稳定在150万亩、总产量达52万吨。强化县乡土地流转平台建设，推进土地承包经营权流转。培育壮大农产品加工、流通等农业产业化龙头企业。提升茉莉花茶、福州橄榄、福州金鱼等品牌效应。推进台湾农民创业园等现代农业园区建设。发展森林康养、林下经济、花卉苗木等绿色富民产业。

壮大先进制造业。实施"中国制造2025"福州行动计划，促进实体经济和数字经济、工业化和信息化、制造业和现代服务业深度融合，推动制造业向中高端迈进。改造提升纺织化纤、冶金建材、轻工食品等传统产业，形成1个3000亿元以上、2个2000亿元以上、2个1000亿元以上的产业集群。引导企业加大技改投入，实施100项以上重点技改项目，完成技改投资900亿元以上。加快项目建设进度，推动京东方柔性面板、高意科技半导体、康乃尔MDI等项目尽快开工，促进唐源24万吨锦纶、瑞玻玻璃等项目尽快竣工，加快申远新材料聚酰胺、法液空液化煤气化、旭福光电玻璃基板等项目尽快达产。落实品牌发展战略，支持企业收购国际知名品牌，培育一批名牌产品。加大扶持企业上市力度，力争有10家以上企业进入上市程序。落实工业园区单列统计、单列考核等体制机制改革事项，完善基础配套设施，推进园区规模化、差异化、专业化发展。开展质量提升行动，推进全国质量强市示范城市建设。

提升现代服务业。用足用好鼓励新引进企业总部的四条措施，力争新引进企业总部或职能机构80家以上。优化提升东街口、万宝等传统商圈，培育壮大东二环泰禾广场、红星爱琴海等新兴商圈，建设海西现代金融中心区、利嘉国际商业城等服务业集聚区。推进国家级网络市场监管与服务示范区建设，规范电商产业发展。建设福清公路港等一批物流配送中心、冷链物流基地，开展无车承运人试点工作。支持阿里巴巴"盒马鲜生"、永辉"超级物种"、泰禾"大有码头"等新零售业态发展，打造全国知名的新零售之都。继续推进制造业主辅分离，力争新增制造业主辅分离企业10家以上。鼓励发展绿色金融、普惠金融，构建"基金小镇"等特色金融业集聚区。打响闽都文化、温泉养生、滨江滨海、清新生态等旅游品牌，完成鼓岭旅游度假区提升改造工程，加快长乐下沙、罗源湾、环福清湾等滨海旅游度假区建设进度。办好第83届全国汽车配件交易会等大型展会。

培育战略性新兴产业。实施高成长性企业、高新技术企业培育工程，发展一批具有创新能力的排头兵企业。发挥中国东南大数据产业园、中国·福州物联网产业基地等专业园区的聚集效应，推进贝瑞基因、软通动力、物联网产业孵化中心等项目建设，大力发展大数据、物联网产业。加快三峡海上风电装备产业园、永泰抽水蓄能电站以及福清核电5号、6号机组等项目建设，大力发展新能源产业。加快坤彩珠光材料、旭成复合隔膜、金强建筑新材料等项目建设，大力发展新材料产业。加快克里贝尔生物医药、博奥基因检测中心、宏东海洋生物产业园等项目建设，大力发展生物医药产业。打造青口投资区、闽台（福州）蓝色经济产业园等新能源汽车产业基地，推动北汽福建奔驰新能源汽车、东南汽车（三期）、雪人股份氢能源等项目尽快落地，新建充电桩3400个，推广应用物流专用电动汽车2500辆，大力发展新能源汽车产业。

发展海洋经济。落实"海上福州"发展战略，启动国家级海洋经济示范区建设。重点推进江阴港区6—9号泊位、罗源湾可门作业区1—3号和14号泊位等项目建设，壮大港口经济。建立海洋经济重点项目库，实施首批16个"十三五"海洋经济创新发展示范项目。推动近海网箱养殖向陆地工厂养殖及深水抗风浪大网箱养殖转化，提升鉴江海洋生物产业园等特色园区，培育海洋特色产业。完善加快发展远洋渔业十条措施，建造2艘南极磷虾捕捞加工船，推进深海时代产业园等渔业园区建设，做大远洋渔业。探索海域资源市场配置与产权交易创新机制，构建海洋产权交易平台。办好渔业周·渔博会。推进福清黄官岛、长乐东洛岛等无居民海岛合理开发和福州海洋研究院建设，加强海洋保护和管理。

加快创新驱动。推进国家自主创新示范区福州片区建设，促进院所、高校、企业、创客等各类创新主体协作融通。落实科技成果转移转化若干措施和创新型产业用地实施意见，促进科技资源和创新要素向企业集聚。发挥企业创新主体作用，力争新增国家级高新技术企业100家、省级众创空间10家、市级众创空间20家。继续创建中国软件名城、国家信息消费示范城市、国家数字家庭应用示范产业基地，推进软件和信息技术服务业加快发展。抓好国家双创示范基地、海西创业基地、清华—福州数据技术研究院等平台建设，吸引国内外一流大学、科研机构及央企、跨国公司的研发机构落户福州。开展新一轮国家知识产权示范城市建设，力争每万人有效发明专利拥有量15件以上，新增各级知识产权示范优势企业40家。深入推进闽都人才集聚工程，实施"五个一千"人才行动计划，建设国际人才交流中心等一批人力资源服务集聚区。

（三）以"百姓富"为根本，补齐民生短板，不断提高群众的获得感、幸福感和安全感

优先发展教育事业。新改扩建中小学34所、公办幼儿园13所，建设智慧教室500间，改造校舍25.2万平方米、运动场2.92万平方米。进一步规范办园行为，力争学前三年入园率达98%以上，普惠性幼儿园学额覆盖率达77%以上。实施消除义务教育阶段大班额专项规划，探索建立随迁子女积分入学管理办法，调整高中招生和民办初中招生办法。优化普通高中布局，推进普通高中学生综合素质评价改革，提升全市总体成绩。加强师德师风建设，完善教育师资补充和高素质教

育人才培养机制。加快发展现代职业教育,推进“校中厂”“厂中校”建设,创建高水平公共实训基地,培养紧缺急需的技术技能型人才。支持在榕高校发展,支持市属高校内涵式发展,支持民办教育发展,办好特殊教育、网络教育、老年教育、继续教育、终身教育。加快与天津大学联合创办国际合作高等院校。

推动文化繁荣。规划建设市群艺馆新馆、第二工人文化宫、少儿图书馆新馆,保护修复上下杭、烟台山、冶山等历史文化街区(风貌区),动建闽台(福州)文化产业园、闽越水镇等项目,启用海峡文化艺术中心,优化三坊七巷街区业态,办好海丝情—中国梦、新福州人歌手大赛等群众文化活动。打造AR、VR等新兴文创产业,建设海西动漫创意之都。挖掘优秀传统特色文化,扩大闽都文化影响力。促进哲学社会科学、新闻出版、广播影视、文学艺术等事业繁荣发展。

建设健康福州。实施医疗卫生项目“333”工程,支持省儿童医院、妇产医院、疾控中心等省级项目建设,加快市一医院新外科病房大楼等13个市级项目建设,新建18所基层中医馆、12个市级医疗质量控制中心。深化公立医院综合改革,实现“药、价、保”联动,努力解决“看病难看病贵”问题。健全分级诊疗体系,完善家庭医生签约服务保障机制,推进紧密型医共体、医联体建设。提升重大疾病和突发急性传染病应急处置能力。持续开展爱国卫生运动,做好国家卫生城市复查迎检。落实计划生育目标管理责任制,强化妇幼健康服务保障。继续办好中华龙舟大赛、环福州·永泰国际公路自行车赛、福州国际马拉松赛等大型赛事,全力备战第十六届省运会。完善全民健身设施,推动各类场馆免费或低收费开放。

完善社会保障体系。推进参加社会保险法定人员全覆盖,提高退休人员养老金待遇、城乡低保补助标准、城乡居民医保人均筹资水平。推动医养结合,新建社区居家养老服务照料中心21个、农村幸福院200所,建成投用市本级、福清、晋安和闽侯等社会福利中心,推进福建海峡健康养老中心、静馨嘉园养老中心等项目建设。发展社会救助、慈善和残疾人事业。加快建立多主体供应、多渠道保障、租购并举的住房保障制度,新开工及新增供应租赁住房和共有产权住房1万套。抓好“菜篮子”工程,保持物价稳定。推进国家食品安全示范城市建设,让人民吃得安全放心。促进高校毕业生、农民工、就业困难人员和退役军人等重点群体就业创业,实施职业技能培训4万人次,城镇新增就业12.2万人,转移农业富余劳动力3.8万人,城镇失业人员再就业0.85万人。完善政府、工会、企业共同参与的协商协调机制,构建和谐劳动关系。

巩固脱贫攻坚成果。建立稳定脱贫的长效机制,探索产业帮扶、就业帮扶、智力帮扶、金融帮扶、健康帮扶等新模式,坚持贫困线和低保线“两线合一”,确保“三保障”各项政策落实到位。启动第六轮驻村帮扶工作,实施82个薄弱村村级集体经济发展项目。加强革命老区、少数民族贫困村、经济薄弱村以及100人以上民族自然村的基础设施建设。继续开展榕商公益光彩行动,用好市扶贫发展基金,调动社会各方力量参与扶贫事业。

维护社会安定稳定。深化“平安福州”建设,完善社会治安防控体系,实施“雪亮工程”,继续推进高清视频监控探头建设。健全重大决策社会稳定风险评估机制和突发事件应急处置机制,依法处理信访事项,完善人民调解、行政调解、司法调解等多元化联动体系。推广鼓楼军门社区和长乐百户村的经验做法,推动社会治理重心向基层下移。完成村(居)换届选举。

开展“七五”普法。做好社区矫正工作。实施重点领域安全专项整治,坚决防范和遏制重特大安全事故发生。加强民族工作,依法管理宗教事务。巩固提升双拥模范城创建成果,全力支持驻榕部队改革调整和各项建设,加强国防教育、国防动员和海防、人防、反走私等工作,推进军民融合深度发展。支持工会、共青团、妇联、残联等人民团体发挥更大作用。做好防震减灾、统计、科普、气象、保密等工作。

提升城市文明水平。培育和践行社会主义核心价值观,巩固文明城市创建成果,持续深化文明城市、文明村镇、文明单位、文明校园、文明家庭创建工作。推进“书香榕城”建设,办好福州读书月系列活动。扎实开展移风易俗、弘扬时代新风行动,大力倡导文明风尚。依托“讲文明树新风”公益广告、“福州微文明”微信公众号等宣传平台,加大文明教育力度。完善志愿服务工作制度和平台建设,提升志愿服务实效。推进诚信建设制度化,完善公共信用信息平台,打造“信用福州”。

(四)以“生态美”为目标,践行绿色发展,精心打造美丽福州

提升城市功能品质。编制新一版福州城市总体规划,实现市域“一张蓝图”。持续推进城区水系综合治理,统筹抓好内涝治理、水质提升、水系周边环境整治等各项工作,启动白马河治理,开挖晋安湖、旗山湖,加快江北城区山洪防治及生态补水工程建设进度,排查修复四城区排水管网1000公里,埋设沿河截污管道156公里,改造生态驳岸73公里,新建串珠公园98个,建成晋安河畔旅游观光带,增加滨河绿地109万平方米、滨河步道270公里,提标改造洋里、祥坂等13座污水处理厂,完成第二批国家海绵城市试点建设任务。全力推进51个片区、1041万平方米、3.82万户连片旧屋区改造。完成300个老旧小区综合整治。实施园林绿化“五个提升”工程,完成绿化福州项目49个,实现省级园林城市(县城)全覆盖。强化城市精细化管理,建设城市运营管理中心、共享单车管理平台、出租车管理系统,加强城市立面整治,规范户外广告设置,推进“厕所革命”,新建、改建无害化公厕377座,在城区和大学城开展第二阶段生活垃圾分类试点。持续治理“两违”、非法采砂等问题。

增强城市承载能力。加快绕城高速东南段、长平高速、长福高速、莆炎高速等4条高速公路和福厦客专建设步伐。提速地铁1号线延伸段、2号线、4号线、5号线、6号线建设。实施洪山桥和洪塘大桥拓宽改造、福泉连接线、道庆洲大桥等市政路桥工程,新改扩建市政道路160公里以上,完成齐安路、同德路等41条道路“白改黑”。建成福马路、万新路等地下综合管廊6公里以上。实施第二批385个缓解城区交通拥堵软硬件项目。新增公共停车泊位7500个,更新新能源公交车250辆,新建公交场站2个,改造公交停靠站100个。新改建

供水管网200公里、燃气管道122公里，推进城区缆线下地。新改扩建红庙岭垃圾发电厂（三期）以及餐厨垃圾、危险废弃物无害化处理设施等7个项目。

加快滨海新城建设。提速滨海快线、东南快速通道等设施建设，完成机场第二轮扩容工程，启动机场第二跑道项目。开工建设"数字中国"会展中心、海峡青少年活动中心、东湖湿地公园、滨海森林景观防护带以及新城综合医院、高端酒店、人才公寓等45个配套设施。推进国家健康医疗大数据中心、国土资源大数据应用中心、交通大数据中心以及数字福建政务云、商务云、超算中心（二期）的产业应用。培育航空物流、航空维修、轨道交通装备等临空产业，促进临空经济区建设实现质的提升。发展总部经济、金融商务等现代服务业，打造国际滨海旅游胜地。

实施乡村振兴战略。按照产业兴旺、生态宜居、乡风文明、治理有效、生活富裕的总要求，制定乡村振兴战略规划，全面推进美丽乡村建设。新建300个美丽乡村，培育100个美丽乡村示范村。铺设乡镇污水管网91.2公里，完成688个行政村污水治理、52个行政村垃圾治理，新建改造水冲式公厕400座，整治"裸房"2000栋以上。实现县城组团、中心镇、乡村的客运网络全覆盖。加强古村落、古建筑的保护修复，继续推进历史文化名镇、名村、少数民族特色村寨建设。抓好福清市国家级新型城镇化综合改革试点，新建3个以上省市级特色小镇。推进农垦改革发展，基本完成土地使用权确权登记发证。稳步推进农村集体产权制度改革，开展经营性资产股份合作制试点。强化龙头企业、农民合作社、家庭农场等各类经营主体之间的联结机制，壮大农业产业化联合体。扶持发展"淘宝村"，加快培育农村电商。发挥福州市惠民资金网的作用，保障农民合法权益。

深化生态文明体制改革。加快生态文明试验区建设，形成一批可复制、可推广的制度创新成果。探索连江自然资源资产管理制度创新试点经验，推动自然资源资产的量化、登记和交易。建立以企业为主体的排污权交易制度，推进碳排放权交易、用能权交易。启动生态环境损害赔偿制度改革，实施重金属、危险废物等高风险行业环境污染责任保险试点。加大企业环境信用评价和联合奖惩，建立环境违法企业"黑名单"制度。加大对重点生态功能区的补偿。强化绿色发展绩效评价考核。落实领导干部自然资源资产离任审计。

打好污染防治攻坚战。划定生态保护红线，严禁引进高耗能、高污染、高排放项目。实行能源和水资源消耗、建设用地等总量和强度"双控行动"，强化县（市）区污染物减排刚性约束。加强工业污染源治理，实施钢铁、化工等高耗能行业节能循环经济项目30项。推广绿色建筑、装配式建筑，实现城镇绿色建筑占新建建筑50%以上，争创国家装配式建筑示范城市。加强施工扬尘、道路扬尘、机动车尾气等污染整治，力争空气质量在全国74个重点城市排名"保八争四"。加强重点流域水污染防治，实现县级以上重点水源水质自动监测全覆盖。加强湿地保护，推动红树林海岸公园建设。开展第二次全国污染源普查工作。

（五）以"马上就办"为准则，提振精气神，努力建设人民满意的政府

坚定政治立场。认真贯彻落实党的十九大精神，牢固树立"四个意识"，不断增强"四个自信"，深入开展"不忘初心、牢记使命"主题教育，严守政治纪律和政治规矩，坚决维护党中央权威和集中统一领导，始终同以习近平同志为核心的党中央保持高度一致。坚决服从市委在推动福州发展中总揽全局、协调各方的领导作用，以实际行动确保党中央国务院、省委省政府和市委各项决策部署落到实处。

坚持依法行政。严格按照法定权限和程序用权履职，完善政府议事规则和决策程序，做到法无授权不可为、法定职责必须为。自觉接受市人大及其常委会的法律监督、工作监督和市政协的民主监督，创新监督和协商方式，提高办理人大代表建议、政协提案和协商意见的落实率、满意率。广泛听取各民主党派、工商联、无党派人士和各人民团体、社会各界人士的意见建议。深入推进政务公开，主动接受舆论监督和群众监督。

强化责任担当。坚决贯彻市委"担当负责、提速增效"的要求，落实一线考察、正向激励，为敢于担当、敢于碰硬、不谋私利的干部撑腰鼓劲，让广大干部想干事、能干事、干成事，全面提振干事创业精气神。大兴调查研究之风，坚持在一线了解实情，在一线发现问题，在一线解决问题。大力倡导说了就办、定了就干、干就干好的实干精神，不驰于空想、不骛于虚声，坚决整治"庸懒散拖"，不断提高政府执行力和战斗力。

创新工作方法。深入开展"抓项目促发展"专项行动，全体动员，集中力量，一切围绕项目，一切聚焦产业，通过大批产业项目的引进、大批产业项目的落地、大批产业项目的投产，推动全市经济实现跨越式发展。运用项目工作法，围绕项目的落实，构建严格的督查体系，明确时限，落实责任，奖优罚劣，让项目涉及的资金、用地、用林、用海等各类问题，都有人跟踪，有人协调，有人解决。

加强廉洁建设。坚持把纪律和规矩挺在前面，以制度管权、管事、管人，把权力关进制度的"笼子"。严格落实中央八项规定精神，坚持不懈反"四风"，扎扎实实改作风。切实履行党风廉政建设主体责任，无禁区、全覆盖、零容忍惩治腐败。强化审计监督，严明财经纪律。构建"亲""清"新型政商关系，守住从政为民的"压舱石"，筑牢拒腐防变的"防火墙"。

各位代表，"幸福都是奋斗出来的"。新的征程任重道远，新的使命催人奋进。让我们高举习近平新时代中国特色社会主义思想伟大旗帜，更加紧密地团结在以习近平同志为核心的党中央周围，在省委、省政府和市委的坚强领导下，不忘初心、牢记使命，勇往直前、搏击奋进，为开创新时代有福之州建设新局面、谱写全市人民美好生活新篇章而努力奋斗！

2017年中共福州市委、福州市政府为民办实事项目完成情况

一、改善农村生产生活条件

（一）农村低保标准由家庭年人均收入3000元提高至

4200 元。

(二)新建改造农村公路 190 公里,占年度计划 126.84%,完成投资 53369 万元。

新增、更新农村客车 76 辆,占年度计划 100%。

(三)完成水土流失综合治理面积 2853.33 公顷,占年度计划 142.67%。

(四)完成永泰官烈等 5 座病险水库除险加固。

(五)完成计生困难家庭房屋修缮 270 户,占年度计划 108%。

二、推进道路交通安全隐患整治和公路安保工程

(一)完成国省道安保工程 22 公里,占年度计划 100%。完成农村公路安保提升工程 184.2 公里,占年度计划 122.8%,完成投资 5481 万元。完成长乐区龙门桥、罗源县杭山桥、兰港桥、碧里濂澳桥、永泰蕉英桥、坑门里桥、连江县东坪桥、福清市布伦桥等 8 座危桥改造。

(二)完成 23 处道路交通危险路段隐患和 45 处临水临崖隐患路段整治。

三、实施公交服务便民工程

(一)新增、更新公交车辆共 466 辆,占年度计划 155%,完成投资 22012 万元。其中,新增、更新传统能源公交车 104 辆(市本级 71 辆,县级 33 辆),新增、更新新能源公交车 362 辆(市本级 65 辆,县级 297 辆)。

(二)新增和优化公交线路 50 条,占年度计划 250%。其中,新增公交线路 20 条,优化公交线路 30 条。

(三)改造公交站台 112 个,占年度计划 112%,完成投资 730 万元。

(四)新建福新公交综合车场及后勤保障配套服务设施(完成投资 14655.01 万元)和鹭岭公交首末站(完成投资 7574.78 万元)两座公交首末站。

四、推进水系综合治理

(一)完成文藻河黑臭水体治理工程,总计长度 330 米。

(二)完成铜盘河清淤工程,完成清淤 3300 米。

(三)实施红星河黑臭水体治理工程。

实施红星河黑臭水体治理工程,完成投资 865.5 万元。

(四)实施茶亭河中段提升改造工程,完成投资 220 万元。

(五)实施金港河综合整治工程,完成投资 3500 万元,河道总长 1760 米。

(六)实施浦上河综合整治工程,完成投资 8000 万元,河道总长 2915 米。

(七)实施台屿河(南段)综合整治工程,完成投资 8000 万元,河道总长 1800 米。

(八)完成井店湖湖体建设。

(九)完成桂后溪湖湖体建设。

(十)完成洋下湖湖体建设。

(十一)完成斗顶水库雨洪公园一期建设,并于国庆期间对市民开放。

(十二)累计新建、改造雨污水管网 444 公里(其中新建雨污水管网 100 公里,改造雨污水管网 344 公里),完成投资 28594 万元。

(十三)整治城区易涝点 45 个。

五、实施"全民动员,绿化福州"工程

(一)完成杨桥路林荫路、华鸿路林荫路、鳌峰支路林荫路、交通路林荫路、秀峰路林荫路、长乐北路林荫路、浦上大道林荫路、燎原路林荫路、儒江西路林荫路、东江滨大道林荫路 10 条林荫路提升。

(二)建成天马佳园、东山佳园、杨桥与二环东南角 3 个榕树主题公园。

(三)建成洋下海绵公园、桂后湖、牛港山公园 3 个茉莉花主题园。

六、进一步完善市政道路交通

(一)环岛路建成通车。

(二)湖东东路建成。

(三)沁园路建成通车。

(四)省人才限价房周边配套道路建成通车。

(五)福飞北路拓宽改造工程建成通车。

(六)华林高架跨站东路建成通车。

(七)二环路—五四路口改造工程建成通车。

(八)尤溪洲北桥头互通立交改造工程建成通车。

(九)浦上大道(闽江大道—金洲南路)改造工程建成通车。

(十)三环辅道(益凤村—永丰村)建成通车。

(十一)二环路—乌山路口完成改造。

(十二)杨桥路—白马路口完成改造。

(十三)白马路—下杭路口完成改造。

(十四)五一路—津泰路口完成改造。

(十五)三环路—福峡路口完成改造。

(十六)浦上大道—建新南路口完成改造。

(十七)金山大道—花溪路口完成改造。

(十八)福峡路—潘墩路口完成改造。

(十九)琴湖路—北浪路口完成改造。

(二十)六一路—群众路口完成改造。

(二十一)五一路—达道路口完成改造。

(二十二)上三路山亚大厦路段完成改造。

(二十三)闽江大道—凤岗路口完成改造。

(二十四)国货路东泰公寓—晋安南路口人非共板完成改造。

(二十五)五一路—新玉环路口人非共板完成改造。

(二十六)琴湖路—五四路口人非共板完成改造。

(二十七)古田路科技馆—五一路口人非共板完成改造。

(二十八)北二环路—梅峰支路口人非共板完成改造。

(二十九)首山路—上三路口人非共板完成改造。

七、加强食品放心工程建设

全年食品安全监督抽检 25150 批次,合格率为 98.05%。其中加工食品抽检 13792 批次,不合格 231 批次,合格率达 98%以上;创建 1 条省级食品安全示范街、15 家省级"明厨亮灶"示范单位;累计抽取蔬菜、水果、茶叶、稻谷、猪尿样等样品 17227 份(合格率分别为 99.2%、100%、100%、100%、100%);水产品中禁用药物残留抽样快速检测抽检 760 批次,抽检合格率100%；开展食源性疾病监测3652例，覆盖所有二级及二级以上医院；全市共破获危害食品安全类刑事案件273起、公安部挂牌督办案件3起。

八、实施菜篮子工程

（一）储备活体生猪10.8万头。

（二）新建蔬菜基地约66.67公顷（1000亩）。

九、进一步缓解停车难问题

建成10561个公共停车泊位。

十、实施休闲步道建设工程

一期22公里建成，二期约50公里纳入12个生态公园建设范围。

十一、实施保障性安居工程

新开工保障性安居工程13835套，建成1.88万套。

十二、办好人民满意的教育

（一）完成改造校舍3.95万平方米、运动场2.92万平方米，购置图书5470册（价值361万元）、计算机552台以及理化生等教学仪器设备。

（二）完成新建、改扩建公办幼儿园13所，新增学位4410个。

（三）完成新建、改扩建中小学40所，新增学位2.2万个。

十三、实施文化惠民工程

完成70个乡镇（街道）综合文化站达标提升，设施建设、设备配置、人员配备、管理服务等均达到国家标准。建设499个集宣传文化、党员教育、科技普及、普法教育、体育建设等多功能于一体的基层综合文化服务中心，配套建设群众文化活动广场。

十四、提升公共卫生服务能力

基本公共卫生服务政府补助标准从每人每年45元提高到每人每年50元。

十五、加快体育事业发展

（一）建成长乐市古槐镇上店村、长乐市潭头镇文石村、福清市东瀚镇大坵村、福清市融侨开发区、闽清县塔镇茶口村、福清市一都镇王坑村、永泰县城峰镇石圳村、连江县小沧七里社区、连江县安凯乡沙沃社区、闽侯上街镇上街社区、上街镇侯官村、高新区南屿镇南前村水磨坊、高新区南屿镇南前村融侨小区旁、仓山区城门镇璧头村农民公园14个多功能运动场，占年度计划280%。

建成福清市全民健身活动中心（省级）玉屏街道、长乐市古槐镇文化站、闽侯县青口镇溪东村、闽侯县祥谦镇虎山村、罗源县凤山镇凤美社区、高新区南屿后山村工业区内6片室内健身房，占年度计划300%。

建成闽清县省璜镇璜兰村、罗源县起步镇、连江县浦口镇浦东社区3片门球场，占年度计划150%。

建成长乐市漳港仙岐村、福清市龙山街道瑞亭社区、高新区南屿镇柳浪村、晋安区寿山乡寿山村、连江县丹阳镇虎山社区、连江县马鼻镇南门村南门公园、闽侯县祥谦镇辅翼村、仓山区盖山镇后坂路与濂水路交叉口鼓山大桥下足球场用地8片笼式足球场，占年度计划400%。

（二）举办全民健身项目40多项，150多场次，参与人数60多万，超额完成任务。

（三）完成345条健身路径更新、更换，占年度计划138%。

十六、实施福州市职工温暖工程

开展职工温暖工程基层单位数3610家，参加职工77万人，占年度计划128%。

十七、进一步加强环境空气监测

福州市环境空气区域自动监测站建成，福州市环境空气超级自动监测站三期建设完成。

十八、完善安全监控设施

建成10087路高清视频监控点。

十九、实施福州市社区政务服务综合管理平台项目

完成社区政务服务综合管理平台建设。全市各县（市）区累计72个社区综合受理点完成系统部署和培训。

二十、实施安全生态水系建设工程

实施福清市龙江、闽清县安仁溪、永泰县清凉溪安全生态水系建设，完成全部投资6231万元，其中，福清市龙江完成投资2000万元，闽清县安仁溪完成投资2568万元，永泰县清凉溪完成投资1663万元。

（市政府督查室）

地方性法规

福州市闽菜技艺文化保护规定

2017年11月1日福州市第十五届人民代表大会常务委员会第六次会议通过

2017年11月24日福建省第十二届人民代表大会常务委员会第三十二次会议批准

第一条　为了加强闽菜技艺文化的保护，弘扬优秀传统饮食文化，促进闽菜产业健康发展，根据有关法律法规，结合本市实际，制定本规定。

第二条　本市行政区域内闽菜技艺文化的保护、传承、推广、创新等工作适用本规定。

第三条　本规定所称的闽菜技艺文化，是指闽菜在福州形成、发展过程中所产生的地方饮食文化的总称，包括：

（一）刀功、烹饪、果蔬雕刻、装盘美术等制作技艺；

（二）传统饮食习俗；

（三）历史名店、名菜、名小吃等传统品牌；

（四）具有历史和艺术价值的相关文献史料、民间文学等；

（五）与上述各项相关的代表性资料和实物。

第四条　闽菜技艺文化保护工作应当遵循政府扶持、行业促进和社会参与相结合的原则，做到保护与发展并重，传承与创新相结合。

第五条　市人民政府应当将闽菜技艺文化的保护工作纳

入国民经济和社会发展规划,所需经费列入财政预算。

第六条 市商务行政主管部门是闽菜技艺文化保护的行政主管部门,负责组织实施本规定。

文化、财政、教育、旅游、人力资源、市场监督等行政主管部门应当按照职责分工,共同做好闽菜技艺文化保护工作。

第七条 餐饮烹饪行业协会应当发挥对闽菜技艺文化保护的组织和桥梁作用,加强服务、指导以及行业自律,促进闽菜技艺文化交流与融合。

第八条 市、县(市、区)商务行政主管部门应当会同文化、旅游、人力资源等行政主管部门加强闽菜技艺文化宣传,开展闽菜技艺文化交流,推广闽菜文化旅游,组织闽菜技艺比赛等。

第九条 市商务行政主管部门应当组织开展闽菜技艺文化的调查、征集、整理工作,建立名店、名厨、名菜以及菜谱的档案和数据库。

闽菜技艺文化调查、征集应当征得被调查、征集对象的同意,不得损害其合法权益。

第十条 闽菜技艺文化实行保护名录制度。

市商务行政主管部门负责编制闽菜技艺保护名录,报市人民政府批准后公布。

拟列入保护名录的项目,应当组织专家论证并向社会公开征求意见。

第十一条 市商务行政主管部门应当对闽菜技艺保护名录项目,采取下列保护措施:

(一)对濒临失传的品种和技艺采用文字和数字化等方式进行抢救,对已失传的品种和技艺进行补救或者发掘;

(二)收集整理资料,并登记、建档;

(三)鼓励、支持开展带徒、传艺、交流等活动;

(四)鼓励、支持申报非物质文化遗产代表性名录项目。

第十二条 列入闽菜技艺保护名录的项目,可以评定项目代表性传承人。

符合下列条件的个人可以向市商务行政主管部门申请评定为闽菜技艺项目代表性传承人,由市商务行政主管部门组织专家评审并公示后,报市人民政府批准公布:

(一)熟练掌握闽菜技艺保护名录中某项传统制作技艺;

(二)保存一定数量和价值的闽菜技艺资料或者实物;

(三)在县级以上区域范围内有较大影响力。

第十三条 闽菜技艺项目代表性传承人可以向市商务行政主管部门申请成立闽菜技艺项目代表性传承人工作室,报市人民政府批准后公布。

闽菜技艺项目代表性传承人工作室应当具有传艺所需的场地和相应设备,并履行下列义务:

(一)培养掌握相应技艺的高级技能人才;

(二)到相关院校展示并传授该项技艺;

(三)挖掘、整理该项技艺,编写相关菜谱,通过数字化等方式进行记录保存。

市商务行政主管部门应当对闽菜技艺项目代表性传承人工作室予以资金支持,对其工作情况进行指导、监督,并定期开展考核评估。

第十四条 闽菜技艺项目代表性传承人及工作室评定和管理的具体办法,由市人民政府另行制定。

第十五条 鼓励、支持餐饮烹饪行业协会制定闽菜团体标准,促进行业发展。

第十六条 鼓励、支持教学、科研机构开展闽菜技艺文化理论研究和创新研发。

支持开设烹饪专业的院校开展闽菜技艺培训,鼓励闽菜技艺项目代表性传承人从在校生中择优带徒。

第十七条 鼓励、支持餐饮企业开展闽菜品牌建设,发展连锁经营。对被认定为中华老字号、福建老字号或者福州老字号的闽菜餐饮企业给予奖励。

第十八条 鼓励、支持利用闽菜技艺资源开发适应市场需求的菜肴(点心)新品,创新产业运作模式,创作与闽菜技艺文化有关的书籍、影视、戏曲等文艺作品。

第十九条 闽菜技艺项目代表性传承人提供虚假材料骗取资格或者因犯罪被追究刑事责任的,由市商务行政主管部门报市人民政府批准取消其传承人资格。

第二十条 闽菜技艺项目代表性传承人工作室有下列情形之一的,由市商务行政主管部门报市人民政府批准撤销工作室:

(一)提供虚假材料申报工作室的;

(二)代表性传承人被取消资格的;

(三)考核不合格的。

第二十一条 有关行政主管部门工作人员玩忽职守、滥用职权、徇私舞弊的,依法给予处分;构成犯罪的,依法追究刑事责任。

第二十二条 本规定自2018年2月1日起施行。

福州市闽江河口湿地自然保护区管理办法

2009年12月25日福州市第十三届人民代表大会常务委员会第二十四次会议通过

2010年3月26日福建省第十一届人民代表大会常务委员会第十四次会议批准

根据2017年11月1日福州市第十五届人民代表大会常务委员会第六次会议

《关于修改〈福州市闽江河口湿地自然保护区管理办法〉的决定》修正

2017年11月24日福建省第十二届人民代表大会常务委员会第三十二次会议批准

第一条 为了加强闽江河口湿地自然保护区的保护和管理,发挥湿地生态调控功能,保护生物多样性,根据《中华人民共和国自然保护区条例》等有关法律、法规的规定,结合湿地自然保护区实际,制定本办法。

第二条 本办法所称闽江河口湿地自然保护区(以下简称保护区),是指经福建省人民政府批准,在闽江入海口的梅花水道划定予以特殊保护和管理的区域。

第三条 本办法适用于保护区的规划、保护及相关的管理活动。

第四条　福州市人民政府及保护区所在地的长乐市、马尾区人民政府应当将湿地保护工作纳入本地区国民经济和社会发展计划，根据湿地保护工作需要安排专项资金，并组织实施湿地保护规划和管理工作。

第五条　福州市人民政府应当明确有关行政管理部门和长乐市、马尾区人民政府对湿地保护与管理的职责。

福州市林业行政主管部门负责组织、协调、监督保护区的管理工作。

福州市环境保护、城乡规划、国土资源、海洋与渔业、水利、港口航道等有关行政管理部门和长乐市、马尾区人民政府应当按照各自职责，共同做好保护区的管理工作。

第六条　福州市人民政府设立保护区管理机构，保护区管理机构负责保护区的日常管理工作，其主要职责是：

（一）贯彻执行有关法律、法规；

（二）制定各项管理制度，统一管理保护区；

（三）调查保护区内的自然资源并建立档案，定期组织环境监测，保护湿地生态环境和湿地资源；

（四）组织开展保护区的科学研究和公众宣传教育；

（五）依法制止、查处保护区内的违法行为；

（六）法律、法规、规章规定的其他职责。

第七条　保护区坚持保护优先、科学利用、持续发展的原则，保护、恢复自然环境及野生动植物等资源。

第八条　任何单位和个人都有保护湿地生态环境与湿地资源的义务，有权对破坏保护区湿地生态环境与湿地资源的行为进行制止、举报。

鼓励社会团体参与保护区的湿地保护工作。

对保护区的保护工作做出突出贡献的单位、社会团体和个人，由福州市人民政府给予表彰和奖励。

第九条　福州市林业行政主管部门应当根据保护区自然环境状况和湿地生态保护的需要，会同环境保护、城乡规划、国土资源、海洋与渔业、水利、港口航道等行政管理部门和长乐市、马尾区人民政府编制保护区总体规划，按规定程序报批后向社会公布。

经批准的保护区总体规划必须严格执行，任何单位和个人不得擅自改变。确需对保护区范围、功能区划等内容进行调整或者修改的，应当报原批准机关批准。

第十条　保护区按照自然生态条件、生物群落特征、重点保护对象，划分为核心区、缓冲区和实验区三类功能区。

福州市人民政府应当在保护区及其核心区、缓冲区、实验区三类功能区的明显位置设置标志和标识等，并予以公告。

第十一条　保护区的核心区、缓冲区内禁止新建任何生产设施。已有生产设施应当限期自行拆除，并恢复湿地生态原状。

第十二条　在核心区、缓冲区内不得从事畜禽饲养、水产养殖等生产经营活动。

已在核心区、缓冲区从事畜禽饲养、水产养殖活动的单位或者个人，由当地人民政府组织逐步退出；已在实验区从事水产养殖活动的单位或者个人，应当与保护区管理机构及当地村民委员会签订生产守则，规定养殖的时限、种类、方式、规模及从事养殖活动的人数，禁止扩大原有水产养殖范围。

第十三条　在核心区内，除因科学研究需要从事观测、调查等活动外，禁止开展任何其他活动。

在缓冲区内，除因教学科研需要从事非破坏性的观测、调查、教学实习和野生动植物标本采集等活动外，禁止开展其他活动。

在实验区内，除可以从事本条第一款、第二款允许的活动外，还可以进行参观考察、生态旅游、摄影及保护区管理机构批准的其他活动。

第十四条　在保护区内从事第十三条允许的活动，应当向保护区管理机构提出申请并提交下列材料：

（一）申请单位、个人的基本情况；

（二）活动计划，包括活动的时间、内容、规模、人数、范围以及使用的设备等；

（三）法律、法规规定的其他材料。

保护区管理机构应当在收到申请之日起5个工作日内完成审批，并将审批结果和理由书面通知申请人。需要进入核心区进行科学研究活动的，保护区管理机构应当提出初审意见，报有权机关审批。

经批准在保护区内从事教学科研活动的，应当在活动结束后将教学科研成果副本提交保护区管理机构。

第十五条　保护区管理机构应当建立健全保护区野生动植物救护机制，及时受理有关救护报告并采取救护措施，重点保护黑嘴端凤头燕鸥、黑脸琵鹭、东方白鹳、勺嘴鹬、卷羽鹈鹕、遗鸥等珍稀濒危水禽和珍稀水生野生动物的安全。

第十六条　保护区内禁止猎捕鸟类等野生动物、捡拾鸟卵和雏鸟，禁止以鸣笛、追赶等方式惊吓野生水禽，干扰鸟类觅食、繁殖。

第十七条　保护区严格限制引进外来物种。对互花米草等外来入侵植物，保护区管理机构应当采取有效治理措施，恢复湿地的生态环境。

第十八条　禁止向保护区超标排放污水。

保护区所在地人民政府应当采取有效措施，对现有向保护区超标排放污水的排污口进行限期治理或者关闭。

第十九条　在保护区范围内禁止下列行为：

（一）侵占或者擅自围垦湿地；

（二）擅自挖沟、筑坝、修建阻水、排水设施；

（三）从事烧荒、采药、开垦、砍伐、放牧、捕捞、开矿、采石、挖沙等活动；

（四）排放有毒有害气体，投放可能危害水体、野生动植物的物品，倾倒废弃物；

（五）破坏保护区的标志或者标识；

（六）破坏保护区的相关保护设施或者科研设备；

（七）法律、法规禁止的其他行为。

第二十条　违反本办法第十一条、第十九条第（一）项规定，逾期未拆除生产设施或者未退出所占湿地的，由保护区管理机构予以强制拆除，恢复原状，对保护区湿地造成破坏的，按破坏湿地面积每平方米处以三十元以上五十元以下罚款。

第二十一条 违反本办法第十二条、第十三条规定，在保护区内从事禁止性活动或者未经批准在保护区内进行相关活动的，由保护区管理机构责令停止违法行为，限期恢复原状或者采取其他补救措施，并处以二千元以上一万元以下的罚款。

第二十二条 违反本办法第十四条规定，超出批准范围从事活动或者在科研活动结束后未将活动成果副本提交保护区管理机构的，由保护区管理机构责令改正，可以并处三千元以上五千元以下的罚款。

第二十三条 违反本办法第十六条规定，捡拾鸟卵和雏鸟，以鸣笛、追赶等方式惊吓野生水禽，或者干扰鸟类觅食、繁殖的，由保护区管理机构予以警告，责令改正；拒不改正的，处以一千元以上二千元以下罚款。

第二十四条 违反本办法第十七条规定，擅自引进外来物种的，由保护区管理机构责令改正，可以并处五千元以上一万元以下的罚款。

第二十五条 违反本办法第十九条第（二）项和第（三）项规定的，除按照有关法律法规处罚外，由保护区管理机构责令改正，可以并处五千元以上一万元以下的罚款。

违反本办法第十九条第（五）项规定的，由保护区管理机构责令改正，可以并处五百元以上五千元以下的罚款。

第二十六条 违反本办法其他规定的，由林业、环境保护、城乡规划、公安、海洋与渔业等相关行政管理部门依据有关法律法规予以处罚。

第二十七条 林业、环境保护等有关行政管理部门及保护区管理机构工作人员违反本办法规定，玩忽职守、滥用职权、徇私舞弊的，由其所在单位或者上级主管部门给予处分；构成犯罪的，依法追究其刑事责任。

第二十八条 本办法自 2010 年 5 月 1 日起施行。

政府规章

福州市人民政府令

第 70 号

《“海上丝绸之路 · 福州史迹”文化遗产保护管理办法》已经 2017 年 1 月 18 日市人民政府第 1 次常务会议通过，现予发布，自 2017 年 4 月 1 日起施行。

市　长：尤猛军

2017 年 2 月 25 日

“海上丝绸之路 · 福州史迹”文化遗产保护管理办法

第一章　总　则

第一条 为加强“海上丝绸之路 · 福州史迹”文化遗产的保护和管理，根据《中华人民共和国文物保护法》、《中华人民共和国文物保护法实施条例》、《福建省文物保护管理条例》等有关法律、法规的规定，结合本市实际，制定本办法。

第二条 本办法适用于“海上丝绸之路 · 福州史迹”文化遗产（以下简称“福州海丝遗产”）的保护和管理。

本办法所称的“福州海丝遗产”是指鼓楼区恩赐琅琊郡王德政碑（闽王祠）、仓山区怀安窑址及接官道码头、马尾区迴龙桥（邢港码头）、东岐古码头、长乐市圣寿宝塔、天妃灵应之记碑、登文道码头等已列入中国世界文化遗产预备名单的与“海上丝绸之路”有关的文化遗产以及省文物行政主管部门批准的与“海上丝绸之路”有关的文化遗产。

第三条 “福州海丝遗产”保护管理，应当坚持保护为主、抢救第一、合理利用、加强管理的原则，确保“福州海丝遗产”的真实性和完整性。

第四条 “福州海丝遗产”所在地县级以上人民政府应当加强领导，建立健全工作机制，负责遗产保护管理工作。

市文物行政主管部门负责“福州海丝遗产”保护和管理工作的指导，并作为市属“福州海丝遗产”保护管理机构，承担日常保护和管理工作；“福州海丝遗产”所在地县级文物行政主管部门负责本辖区范围内遗产保护的监督管理；县（市）区属“福州海丝遗产”保护管理机构由所在地县级人民政府确定。

第五条 “福州海丝遗产”所在地乡（镇）人民政府和县级以上公安、财政、民族宗教、国土资源、环境保护、住房和城乡建设、林业、水利、海洋与渔业、工商、旅游等有关行政主管部门按照各自职责，做好“福州海丝遗产”保护和管理的相关工作。

第六条 “福州海丝遗产”所在地村（居）民委员会依法制定村规民约，建立群众性保护组织，参与保护“福州海丝遗产”。

第七条 “福州海丝遗产”的所有权受法律保护。所有权人应当按照有关法律、法规和本办法的规定，保护“福州海丝遗产”，依法参与涉及所有权人利益事项的管理。

第八条 “福州海丝遗产”所在地县级以上人民政府应当加强同省内外其他“海上丝绸之路”文化遗产地区的联系与协作，共同推动文化遗产的保护。

“福州海丝遗产”所在地县级以上人民政府应当充分发挥“海上丝绸之路”的桥梁纽带作用，加强与港澳台和国际的交流与合作。

第九条 对保护和管理工作做出突出贡献的单位或者个人，由“福州海丝遗产”所在地县级以上人民政府或者有关部门给予表彰和奖励。

第十条 鼓励社会力量挖掘“福州海丝遗产”有关的民间传统技艺，扶持具有地方特色的民间传统技艺等非物质文化遗产。

第二章　规划和建设

第十一条 “福州海丝遗产”保护规划由市文物行政主管部门组织编制。所在地县级人民政府应当参照国家文物局《文物保护工程设计文件编制深度要求（试行）》，组织编制

"福州海丝遗产"保护详细规划,并依法报批。

"福州海丝遗产"保护规划应当纳入同级人民政府的国民经济和社会发展规划、土地利用总体规划和城乡规划等。

保护规划及其详细规划经批准公布后,必须严格执行,不得擅自更改;确需更改的,应当报原批准机关批准。

第十二条 "福州海丝遗产"根据保护要求划定为遗产区和缓冲区,分级进行保护。遗产区和缓冲区区划应当与其文物保护单位的保护范围和建设控制地带相衔接。

遗产区和缓冲区分界线由市政府根据批准的保护规划确定,并设立界碑(桩)。

第十三条 "福州海丝遗产"遗产区和缓冲区内禁止进行任何损害或者破坏遗产资源的建设活动。

遗产区内不得建设与遗产保护无关的建设工程或者实施爆破、钻探、挖掘等作业,确因保护需要进行建设的,应当符合保护规划及其详细规划,并依法报批。

缓冲区内确因生产、生活需要进行建设的,应当符合保护规划及其详细规划,不得破坏遗产的历史风貌和生态环境,并依法报批。

第十四条 县级以上人民政府及其有关部门对不符合"福州海丝遗产"保护规划的建筑物、构筑物应当逐步整改、迁建或者依法拆除;对周边遭到破坏的景观、植被等应当责令相关责任人及时修复。

第三章 保护措施

第十五条 "福州海丝遗产"所在地县级人民政府应当做好本辖区范围内遗产区和缓冲区生态环境保护,防止生态破坏、水土流失和水资源污染,不得损害或者破坏"福州海丝遗产"原生态资源,周边一重山范围内林地逐步依规纳入生态公益林管理。

第十六条 "福州海丝遗产"所在地县级以上文物行政主管部门应当建立日常监测巡视制度、重大事项专家咨询制度、定期通报制度。

"福州海丝遗产"保护管理机构应当组织开展对遗产保护状况的监测,发现可能危及遗产安全的,及时依法采取相应措施予以保护,并向同级文物行政主管部门和所在地县级人民政府报告。

第十七条 对可能属于"福州海丝遗产"的地下埋藏或者水下遗存的区域,所在地县级文物行政主管部门应当依法组织勘察,划定地下或者水下遗产的保护区域。

在前款划定的保护区域内进行工程建设的,应当事先报经文物行政主管部门依法进行文物调查、勘探或者考古发掘。

在其他区域内发现可能属于"福州海丝遗产"文物遗迹的,建设或者施工单位应当采取措施保护现场,立即报告所在地县级文物行政主管部门。考古调查、勘探、发掘结束后,报省文物行政主管部门决定保护措施。

第十八条 "福州海丝遗产"保护管理机构应当对遗产区和缓冲区内的不可移动文物、人文景观和古树名木作出明确的标志。

第十九条 "福州海丝遗产"的遗产区内禁止下列行为:

(一)在遗产及其保护设施、保护标志上张贴、涂污、刻划;

(二)采石、采砂、采矿、造坟、毁林、排污、堆放垃圾和其他损害遗产安全的行为;

(三)存储易燃、易爆、腐蚀性等危险物品;

(四)设置户外广告设施、修建人造景点等;

(五)引进与当地生态环境不相协调的外来生物物种;

(六)其他危害遗产的行为。

第二十条 "福州海丝遗产"所在地县级人民政府负责安全防范、公共消防设施建设,组织有关部门对遗产设施、场所的用电、用气、用火等管理情况定期检查。

第二十一条 "福州海丝遗产"资源属于个人或者组织所有或者使用的,其日常保养和维护由所有权人或者使用权人负责。

使用"福州海丝遗产"资源的个人或者组织,应当与所在地县级文物行政主管部门签订使用保护责任书,负责保养、维修和安全防范等工作,接受其指导和监督。

所有权人或者使用权人发现"福州海丝遗产"有损毁危险的,应当及时向县级文物行政主管部门和遗产日常保护管理机构报告。县级文物行政主管部门应当及时组织修缮,修缮费用由所有权人或者使用权人承担,县级以上人民政府可适当给予补助。

第二十二条 "福州海丝遗产"的修缮,应当依法报批,并由取得文物保护工程资质证书的施工、监理单位承担。修缮应当遵循不改变文物原状的原则。县级文物行政主管部门应当监督修缮过程,市文物行政主管部门应当加强对修缮的指导。

第二十三条 "福州海丝遗产"遭受灾害造成重大损失,发生或者可能发生危及"福州海丝遗产"安全的突发事件时,所在地县级文物行政主管部门和遗产日常保护管理机构应当及时采取应急措施,组织抢救保护,并向同级人民政府和上级文物行政主管部门报告。

第二十四条 "福州海丝遗产"所在地各级人民政府应当根据保护规划,鼓励、支持从事有利于遗产资源保护的绿化和生态保护等活动。

第二十五条 在"福州海丝遗产"遗产区内拍摄电影、电视或者举办大型活动,应当制定详细的预案,采取有效的保护措施,并报所在地文物行政主管部门备案。

第二十六条 "福州海丝遗产"所在地各级人民政府应当积极采取措施,继承、保护和弘扬与"福州海丝遗产"有关的传统文化精华;搜集和保存文化、艺术、工艺珍品;组织培训遗产保护管理的专业技术和管理人员。

"福州海丝遗产"所在地各级人民政府可以根据需要设置专题博物馆(展示馆、陈列室),展示、宣传福州海丝文化遗产和衍生作品。

第四章 经费保障

第二十七条 "福州海丝遗产"所在地县级以上人民政府应当将遗产保护所需经费纳入同级财政预算统筹安排。

保护经费应当专款专用,严格管理,不得挪作他用。

第二十八条 鼓励公民、法人和其他组织通过捐资、捐赠和技术支持等各种方式参与“福州海丝遗产”保护。

第五章 法律责任

第二十九条 违反本办法第十一条第三款规定,擅自更改保护规划及其详细规划的,由上级人民政府责令改正,通报批评,并由有权机关对“福州海丝遗产”所在地县级人民政府负责人和其他直接责任人员依法给予处分。

第三十条 违反本办法第十七条第三款规定,未采取措施保护现场并立即报告的,由“福州海丝遗产”所在地县级以上文物行政主管部门责令改正,造成严重后果的,处以1万元以上3万元以下的罚款。

第三十一条 违反本办法第十九条规定的,由有关行政主管部门责令限期改正,并依法予以处罚。

第三十二条 违反本办法第十三条、第二十二条规定,有下列行为之一的,由“福州海丝遗产”所在地县级文物行政主管部门责令改正,造成严重后果,属于文物保护单位的,依法处以罚款,尚不属于文物保护单位的,处以1万元以上3万元以下的罚款;构成犯罪的,依法追究刑事责任:

(一)未经文物行政主管部门同意、城乡建设规划部门批准,在遗产区、缓冲区内进行工程建设的;

(二)施工、监理单位未取得文物保护工程资质证书,擅自从事修缮的。

第三十三条 违反本办法第二十七条第二款规定,将“福州海丝遗产”保护经费挪作他用的,由有关行政主管部门对相关责任人员依法给予处分;构成犯罪的,依法追究刑事责任。

第三十四条 有关行政主管部门工作人员,违反本办法规定,在管理过程中玩忽职守、滥用职权、徇私舞弊的,对负有责任的主管人员和其他直接责任人员依法给予处分;构成犯罪的,依法追究刑事责任。

第六章 附 则

第三十五条 本办法自2017年4月1日起施行。

福州市人民政府令

第71号

《福州市人民政府关于对民用小型航空器和空飘物采取临时性行政措施的决定》已经市政府研究同意,现予公布,自公布之日起施行。

市 长:尤猛军

2017年5月31日

福州市人民政府关于对民用小型航空器和空飘物采取临时性行政措施的决定

根据《福建省人民代表大会常务委员会关于授权省及设区的市人民政府为保障重大国际性活动筹备和举办工作规定临时性行政措施的决定》和《福建省人民政府关于对民用小型航空器和空飘物采取临时性行政措施的决定》(福建省人民政府令第186号)等文件精神,为确保2017年我市举办的重大国际性活动顺利进行,经市政府研究,决定在重大国际性活动筹备、举办期间,对我市的民用小型航空器和空飘物采取临时性行政措施。有关事项如下:

一、本决定适用于对轻型和超轻型飞机、轻型直升机、滑翔机、小型以下无人机、三角翼、滑翔伞、动力伞、热气球、飞艇、航空模型、无人驾驶自由气球、系留气球、孔明灯、大型风筝等民用小型航空器和空飘物的临时性管理。

二、公安机关会同民航、气象、体育、农业、林业、海渔、国土、环保、市场监管、文广新等部门对民用小型航空器和空飘物进行登记;公安机关可以要求相关单位或者人员对其管理、使用的民用小型航空器和空飘物予以临时封存,必要时,也可直接采取临时封存措施。

三、任何单位和个人未经依法批准,不得在本市行政区域内升放无人驾驶自由气球、系留气球、孔明灯、大型风筝等影响飞行安全的空飘物。

四、拥有民用小型航空器和空飘物的单位和个人应当严格遵守《通用航空飞行管制条例》,依法申报飞行计划和空域,不得擅自飞行。在我市五城区及长乐市、闽侯县行政区域内的民用小型航空器和空飘物飞行、升放时,应当依法经负责重大国际性活动空中安全的机构或者部门同意。

五、对拥有民用小型航空器和空飘物的单位和个人,各有关部门应当开展依法从事民用小型航空器飞行和空飘物升放活动的宣传,加强巡查和检查,并建立对民用小型航空器和空飘物监管信息的协同通报机制。

六、违反本决定规定的,由公安机关责令改正,并对责任单位处1万元以上3万元以下罚款,对个人处500元以上2000元以下罚款;必要时,依法查封、扣押相关民用小型航空器和空飘物,查封、扣押的期限不得超过2017年9月30日;法律、法规、规章已有法律责任规定的,从其规定。

七、本决定自2017年6月1日起至2017年9月30日止施行。

福州市人民政府令

第72号

《福州市户外临时性广告设置管理办法》已经2017年5月24日市政府第17次常务会议通过,现予公布,自2017年8月1日起施行。

市 长:尤猛军

2017年6月23日

福州市户外临时性广告设置管理办法

第一条 为加强市区户外临时性广告设置管理,维护市容整洁美观,依据《福州市市容和环境卫生管理办法》等法规规定,结合本市实际,制定本办法。

第二条　本办法适用于本市城区范围内户外临时性广告的设置及相关管理活动。

第三条　本办法所称的户外临时性广告，是指因庆典、文化、体育、商业活动的需要，利用建筑物、构筑物、公共场地及设施等设置的横（条）幅、布幔、道旗、充气模型、实物造型等形式的公益性、商业性短期户外广告。

第四条　福州市城市管理委员会（以下简称市城管委）负责本市户外临时性广告设置的综合协调和监督管理。

各区市容和环境卫生行政主管部门（以下简称区市容局）负责辖区范围内户外临时性广告设置的日常监督管理。

第五条　禁止在下列区域或设施设置户外临时性广告：

（一）人行天桥、高架桥、江河桥梁及路灯线杆；

（二）行道树或公共绿地；

（三）道路交通隔离栏等交通安全设施或交通标志；

（四）闽江两岸建筑物朝向江面的立面；

（五）国家机关、文物保护单位和风景名胜区的建设控制地带；

（六）市区市容严管道路，具体范围由市城管委对外公布。

因节庆日或全市性重大活动需要在上述禁止区域或设施设置户外临时性广告的，应当报请市政府同意后办理审批手续。

第六条　户外临时性广告每次批准的设置期限最长不超过10日，在相同位置设置户外临时性广告应当间隔30日以上。如需延长设置时限，应当报请市政府同意。

第七条　设置道旗、充气模型、实物造型等形式的户外临时性广告，申请人应当向市城管委提出申请；设置横（条）幅、布幔等形式的户外临时性广告，申请人应当向区市容局提出申请。

申请设置户外临时性广告的，申请人应当提交下列材料：

（一）营业执照或法人机构代码证；

（二）户外临时性广告设置的形式、范围、数量、时限和效果图；

（三）户外临时性广告设置场地或附着设施的业主同意证明；占用城市道路的需征得市政管理部门和公安交通管理部门的同意；

（四）法律、法规规定的其他材料。

受理单位应当自受理申请之日起3个工作日内作出是否许可的决定，并书面通知申请人。

第八条　设置户外临时性广告应当安全、有序、美观，符合市容观瞻和相关技术规范要求。

设置户外临时性广告所依附的建筑物、构筑物应当确保安全、可靠。

第九条　设置路灯线杆道旗广告的，应当具有保护立杆表面的措施，设计美观、协调和大气，并不得影响车辆和行人的正常通行。

单根路灯杆上最多设置两面，单面幅面宽度不大于0.8米，高度不大于1.8米，广告底部离人行道地面的高度不得小于3米。

第十条　设置布幔式广告的，其总面积宜小于等于设置建筑物外墙面总面积的40%。

第十一条　充气模型、实物造型等形式的户外临时性广告，仅限于设置在展销或展览会场、运动会场等活动场地内；有关固定装置应当安全可靠，符合有关规定要求。

第十二条　设置人应对所设置户外临时性广告的设施安全承担监管责任。设置人应当加强对户外临时性广告的检查、维护，确保牢固、安全、整洁；对存在破损、污浊的，应当及时更新、修复；对存在安全隐患的，设置人应当及时整改或撤除，消除安全隐患。

遇台风等灾害性天气或者管理需要，设置人应当按照主管部门的要求及时予以撤除。

第十三条　户外临时性广告设置期满后，设置人应当在5日内予以拆除。

第十四条　市城管委与区市容局应当实现户外临时性广告设置情况的信息共享，并在政府门户网站上予以公开。

区市容局应当加强对辖区范围内设置户外临时性广告的日常监督检查，对违法设置的或者存在安全隐患的户外临时性广告，及时依法处理。

第十五条　任何单位和个人发现有违反本办法规定情形的，可以向市城管委、区市容局投诉或者举报。

第十六条　对未经批准擅自设置或者违反批准要求设置户外临时性广告的，由区市容局责令改正，依据《福州市市容和环境卫生管理办法》予以处罚。

第十七条　户外临时性广告设置人一年内累计二次违反本办法规定的，记入本市公共信用信息平台失信主体记录，一年内暂停受理其户外临时性广告的申请；其中设置人违反本办法规定，对存在安全隐患的户外临时性广告，一年内累计二次未及时整改或撤除的，三年内暂停受理其户外临时性广告的申请。

第十八条　各县（市）对户外临时性广告的管理，参照本办法执行。

第十九条　本办法自2017年8月1日起施行。

福州市人民政府令

第73号

《福州市建筑垃圾处置管理办法》已经2017年6月8日市政府第19次常务会议通过，现予公布，自2017年8月1日起施行。

市　长：尤猛军

2017年6月29日

福州市建筑垃圾处置管理办法

第一条　为加强对建筑垃圾处置的管理，维护城市市容环境卫生，根据《中华人民共和国固体废物污染环境防治法》《国务院关于建立完善守信联合激励和失信联合惩戒制度加快推进社会诚信建设的指导意见》《城市建筑垃圾管理规定》

和《福州市市容和环境卫生管理办法》等有关规定，结合本市实际，制定本办法。

第二条 在本市规划区范围内处置建筑垃圾应当遵守本办法。

本办法所称的建筑垃圾处置是指单位和个人新建、改建、扩建、修缮、拆除、清理各类建筑物、构筑物、管网等过程中所产生的淤泥、余渣、泥浆及其他垃圾的排放、中转、运输、回填和消纳活动。

第三条 市市容环境卫生行政主管部门负责本市规划区建筑垃圾管理工作，组织实施本办法。县(市)区市容环境卫生行政主管部门负责辖区建筑垃圾的管理工作。

公安机关交通管理部门负责建筑垃圾运输车辆道路交通安全的监督管理工作。

建设、城乡规划等行政主管部门以及乡(镇)人民政府、街道办事处应当按照各自职责配合做好建筑垃圾处置管理工作。

第四条 单位或个人处置建筑垃圾的，应当委托具有建筑垃圾准运资格的企业运输。个人和未取得建筑垃圾准运资格的企业不得从事建筑垃圾运输活动。

第五条 申请从事建筑垃圾(渣土)运输的，应当具备下列条件：

(一)具有运输企业法人资格；

(二)取得由道路运输管理机构核发的道路普通货物运输经营许可；

(三)自有不少于10辆符合本市建筑垃圾专用运输车辆技术规范的智能环保建筑垃圾车，机动保洁车不少于2辆，冲洗车不少于1辆；

(四)运输车辆在本市登记报牌，车况完好，车型、装备等符合要求；

(五)有与车辆规模相适应的专用停车场所；

(六)有健全的安全生产管理制度；

(七)五年内未被记入本市公共信用信息平台失信主体记录。

第六条 申请从事建筑垃圾(二次装修垃圾)运输的，应当具备本办法第五条第(一)、(二)、(四)、(五)、(六)、(七)项规定的条件，且有不少于5辆符合本市轻型自卸专用运输车辆技术规范的智能环保建筑垃圾车，机动保洁车不少于1辆，冲洗车不少于1辆。

第七条 本办法第五条、第六条所称的本市建筑垃圾专用运输车辆技术规范和轻型自卸专用运输车辆技术规范，由市市容环境卫生行政主管部门颁布实施。

第八条 具备本办法规定条件的建筑垃圾运输企业应当向市市容环境卫生行政主管部门提出申请并提交相应材料。市市容环境卫生行政主管部门审查符合条件的，向申请的企业颁发建筑垃圾准运证，并按企业运输车辆数量配发运输标识，一车一标识，标识上载明建筑垃圾准运证号码及运输车辆类型、号码等。

市市容环境卫生行政主管部门应当将核发建筑垃圾准运证情况向社会公示。

第九条 建筑垃圾运输企业取得准运证后增加的运输车辆应当符合第五条、第六条相关规定，并向市市容环境卫生行政主管部门申请增加配发运输标识；运输车辆报废或者转让的，应当到市市容环境卫生行政主管部门办理运输标识注销或者变更手续。

第十条 取得建筑垃圾准运资格的运输企业需要运输建筑垃圾的，应当提供与建设单位(或施工单位)签订的建筑垃圾承运合同向市市容环境卫生行政主管部门备案。市市容环境卫生行政主管部门应当与建设单位、施工单位以及运输企业三方签订市容环境卫生责任书，并向运输企业配发车辆运输单，运输单记载下列事项：

(一)建筑垃圾的种类、数量；

(二)运输车辆行驶路线和时间；

(三)卸放建筑垃圾的指定地点。

建筑垃圾运输车辆需经过限行道路的，运输企业应当向公安机关交通管理部门申请市区临时通行证。

第十一条 市、县(市)区市容环境卫生行政主管部门应当建立健全建筑垃圾运输企业综合考核评价体系，加强监管，对信誉优良的建筑垃圾运输企业给予扶持，对违法失信企业依法予以限制。

市市容环境卫生行政主管部门应当定期对运输企业建筑垃圾运输车辆密闭性能、车容车貌等进行检查。对不符合规范要求的车辆撤销运输标识；检验不合格的车辆不得从事建筑垃圾运输。

第十二条 建筑垃圾运输企业应当加强对所属运输车辆及其驾驶员的管理，建立建筑垃圾运输车辆和驾驶员的动态管理制度，并实时将相关信息录入数据库，与市市容环境卫生行政主管部门建立的全市建筑垃圾处置监控平台共享信息。

第十三条 建筑垃圾运输企业的下列运输车辆禁止在市区办理过户手续：

(一)不符合本办法第五条、第六条规定的车辆；

(二)违法行为未处理的车辆；

(三)记入本市公共信用信息平台失信主体记录的车辆。

第十四条 建设施工场地应当设置规范的净车出场设施，运输建筑垃圾的车辆离开施工场地前应当冲洗车辆，净车出场。

运输车辆应当适量装载，随车携带建筑垃圾运输单，并按指定的时间、路线行驶，运输途中不得泄漏、遗撒。

建筑垃圾运输车辆应当定期清洁保养，保持车况完好，符合建筑垃圾运输要求。

第十五条 建筑垃圾消纳场由市人民政府根据城市规划和有关规定，按照就近适用的原则统一设置，由所在地县(市)区人民政府统一管理，市市容环境卫生行政主管部门统一监管、调剂使用。

任何单位或者个人不得擅自设置建筑垃圾消纳场。

第十六条 建筑垃圾消纳场应当配备相应的碾压、降尘、照明等机械和设备，有排水、消防等设施，出入口道路应当硬化并设置规范的净车出场设施。

第十七条 建设项目的建设单位或者施工单位需要消纳

建筑垃圾回填基坑、洼地的，应当向市市容环境卫生行政主管部门备案，由市市容环境卫生行政主管部门统一安排、调剂使用。

消纳建筑垃圾时，建设单位、施工单位和建筑垃圾运输企业应当指派管理人员进行现场监督。

第十八条　乡（镇）人民政府、街道办事处应当根据实际，按照方便居民和利于保洁的原则，组织小区物业或村（居）民委员会设置二次装修垃圾临时堆放点或者收集容器。临时堆放点应当围蔽，并设专人管理。

第十九条　鼓励和引导社会资本参与建筑垃圾综合利用项目，对建筑垃圾综合利用项目在资金等方面给予扶持。

利用财政性资金建设的城市环境卫生设施、市政工程设施、园林绿化设施等项目应当优先使用建筑垃圾综合利用产品。

鼓励新建、改建、扩建的各类工程项目在保证工程质量的前提下，优先使用建筑垃圾综合利用产品。鼓励建设单位、施工单位优先使用可现场回收利用的建筑垃圾。

第二十条　违反本办法规定，单位或者个人将建筑垃圾交给无准运证运输企业或个人处置的，由城市管理执法部门责令限期改正，依据《城市建筑垃圾管理规定》对施工单位处10万元罚款，对其他单位或者个人处3万元罚款。

第二十一条　违反本办法规定，建筑垃圾运输车辆离开施工场地未冲洗车辆的，由城市管理执法部门责令施工企业改正，限期清洗路面，并承担清洗费用，同时按每车次处以2000元罚款，可依据有关法规规定暂扣运输车辆。

第二十二条　违反本办法规定，建筑垃圾运输企业有下列行为之一的，由城市管理执法部门责令限期改正，依据有关法规规定暂扣运输车辆，并处以罚款；对受污染的路面，由城市管理执法部门责令运输企业限期清洗，并承担清洗费用：

（一）未经批准运输建筑垃圾的，处3万元罚款；

（二）运输车辆未取得运输单进行运输、倾倒的，每车次处5000元罚款；

（三）运输车辆未密闭运输建筑垃圾的，每车次处1万元罚款；

（四）运输过程滴、撒、漏的，依据有关规定处5万元罚款；

（五）未按指定地点卸放建筑垃圾的，处3万元罚款。

第二十三条　违反本办法规定，擅自设立消纳场消纳建筑垃圾，由城市管理执法部门责令其限期清理，恢复原状，并依法处以罚款；逾期未恢复原状的，城市管理执法部门可代为清理，费用由违法当事人承担。

第二十四条　运输车辆有下列违法行为之一的，由作出处罚的部门将该车及驾驶员记入本市公共信用信息平台失信主体记录，且该车驾驶员不得从事建筑垃圾运输活动，市市容环境卫生行政主管部门不予配发建筑垃圾运输单，公安机关交通管理部门不予办理市区临时通行证：

（一）建筑垃圾运输车辆驾驶员发生一次致人死亡且负同等以上责任的道路交通事故；

（二）一个月内因遮挡号牌、污损号牌、未悬挂或不按规定悬挂号牌、违反交通信号灯通行、超速50%（高速公路、城市快速路超速20%）以上、驶入二环路高架桥、在学校门口发生交通违法行为、占用非机动车道行驶、遇人行横道线不避让行人（或者非机动车）、非法改装车辆或者人为屏蔽（破坏）卫星定位系统被处罚2次以上。

第二十五条　运输企业有下列情节特别严重的违法行为之一的，由作出处罚的部门将该运输企业记入本市公共信用信息平台失信主体记录，由市市容环境卫生行政主管部门采取禁入措施，撤销该企业准运资格，三年内不予核准其许可：

（一）一年内所辖运输车辆有2辆以上发生致人死亡且负同等以上责任的道路交通事故；

（二）所辖运输车辆单车月累计受到城市管理执法部门处罚10次以上，或者因遮挡号牌、污损号牌、未悬挂或不按规定悬挂号牌、违反交通信号灯通行、超速50%（高速公路、城市快速路超速20%）以上、驶入二环路高架桥、在学校门口发生交通违法行为、占用非机动车道行驶、遇人行横道线不避让行人（或者非机动车）、非法改装车辆的违法行为，单车月累计受到公安机关交通管理部门处罚5次以上；

（三）所辖运输车辆单月有10辆以上记入本市公共信用信息平台失信主体记录。

第二十六条　市容环境卫生等行政主管部门及其工作人员滥用职权、玩忽职守、徇私舞弊的，依法给予处分；构成犯罪的，依法追究刑事责任。

第二十七条　本办法自2017年8月1日起施行。市人民政府于2007年8月21日颁布的《福州市建筑垃圾和工程渣土处置管理办法》（福州市人民政府令第37号）同时废止。

福州市人民政府令

第74号

《福州市公共信用信息管理暂行办法》经2017年11月6日市政府第32次常务会议通过，现予公布，自2018年1月1日起施行。

市　长：尤猛军

2017年11月17日

福州市公共信用信息管理暂行办法

第一章　总　则

第一条　为了规范公共信用信息的征集、披露和使用，加强公共信用信息的管理，实现公共信用信息资源共享，营造良好的社会信用环境，根据《中华人民共和国政府信息公开条例》《福建省公共信用信息管理暂行办法》等规定，结合我市实际，制定本办法。

第二条　在本市行政区域内从事公共信用信息的征集、披露、使用及其监督管理活动，适用本办法。

第三条　本办法所称公共信用信息，是指国家机关、法律法规授权的具有管理公共事务职能的组织以及公共企事业单位、群团组织等(以下简称信息提供主体),在其履行职责、提供服务过程中产生或者获取的,可用于识别自然人、法人和其他组织(以下简称信息主体)信用状况的数据和资料。

前款所称公共企事业单位,是指提供教育、医疗卫生、计划生育、供水、供电、供气、环保、公共交通等与人民群众利益相关的社会公共服务的企业或者事业单位。

第四条 公共信用信息的征集、披露、使用及其监督管理活动,应当遵循合法、客观、公正、及时、安全的原则,保障信息主体的合法权益,保守国家秘密,保护商业秘密和个人隐私。

第五条 建立覆盖全面、稳定、统一且唯一的社会信用代码一码制度和社会信用记录关联制度。

公共信用信息的征集、使用应当以统一社会信用代码作为关联匹配信息主体信用信息的标识。

社会信用代码一码制度,是指以登记管理部门赋予的唯一机构编码为基础的法人和其他组织统一社会信用代码制度和以公民身份证号为基础的自然人统一社会信用代码制度,在本市行政区域内活动的港澳台侨胞和外籍人士的统一社会信用代码另行确定。

社会信用记录关联制度,是指法人和其他组织的信用信息与其法定代表人、财务负责人及其他主要管理人员的自然人信用信息直接关联,记入上述人员的个人信用记录。

第六条 各县(市)区人民政府应当加强对公共信用信息工作的领导,建立完善公共信用信息管理工作协调机制,协调解决公共信用信息工作中的重大问题。

第七条 福州市发展和改革委员会(以下简称市发改委)是全市公共信用信息工作的主管部门,负责牵头制定相关政策的实施细则,提出信用信息工作的具体要求,推动公共信用信息平台的建设。

各县(市)区公共信用信息工作主管部门,行使本行政区域的公共信用信息管理工作职能。

第八条 福州市信用信息中心(以下简称市信用信息中心)负责全市公共信用信息平台和信用信息资源库的建设和管理,做好信用信息目录梳理、数据归集、整理、信用查询服务等日常性工作。

第九条 信息提供主体是公共信用信息征集、披露、使用的责任主体。信息提供主体应当制定具有本行业特点的公共信用信息管理制度,明确本单位信用信息工作的职能机构和责任人员,负责征集、整理、保存、提供履行职责过程中生成或者获取的公共信用信息。

第十条 市公共信用信息平台是本市社会信用体系建设的基础平台,对接福建省信用信息共享平台和同级信息提供主体的行业信用信息系统等,实现公共信用信息跨部门、跨行业、跨地区交换共享,并向社会提供相关信息查询服务。

市信用信息中心负责落实市公共信用信息平台与福建省信用信息共享平台和同级信息提供主体的行业信用信息系统的互联互通或者数据共享。

第十一条 各级财政部门应当将社会信用体系建设专项经费纳入财政预算。

市和各县(市)区人民政府可以将公共信用信息征集、披露和使用的情况,列入对本级政府有关部门和下一级政府考核的内容。

第二章　公共信用信息的征集

第十二条 本市公共信用信息实行目录管理,目录的产生应当经过下列程序:

(一)信息提供主体根据职责和有关规定负责编制本部门的公共信用信息目录,通过“信用福州”网站或其他适当方式向社会公开征求意见;拟纳入目录的事项存在较大分歧意见或者可能造成较大社会影响的,该单位应当组织论证,听取相关群体代表、专家等方面的意见;

(二)市信用信息中心汇总梳理信息提供主体提出的本行业公共信用信息目录,形成本市公共信用信息目录草案;

(三)市信用信息中心将目录草案提交福州市社会信用体系建设领导小组办公室(以下简称市信用办)审核确定后提请市人民政府审定,并及时向社会发布。

公共信用信息目录是各信息提供主体向市公共信用信息平台提供信息的重要依据,各信息提供主体应按照目录要求和相关规范向市公共信用信息平台提供相关领域的公共信用信息。

建立公共信用信息目录动态调整机制,根据相关法律法规变化、行政审批制度改革及机构职能调整等情况,及时调整公共信用信息目录。

第十三条 公共信用信息包括本市具有完全民事行为能力的自然人、法人和其他组织的基本信息、良好信息、提示信息和警示信息。信息提供主体应当根据公共信用信息目录和本行业有关规定,提供以下四类信用信息事项,并标明信息类别。

(一)基本信息,是指自然人、法人和其他组织的身份及具有从事特定活动资质的相关信息。

(二)良好信息,是指自然人、法人和其他组织在特定领域具有超出普通个体一般水平能力或者有做出贡献行为的信息,包括市级以上政府或者部门授予的荣誉、在公益慈善事业中做出贡献的信息以及在分类管理中的优良等级评价。

(三)提示信息,是指尚未违反法律法规,有可能对交易对手、交易行为等产生风险的信用信息。

(四)警示信息,是指自然人、法人和其他组织违反法律规定而产生的不良信息。

第十四条 市信用信息中心可以依法从信息提供主体征集自然人的信用信息,其内容主要包括:

(一)基本信息,包括:姓名、身份证号码;学历、就业状况、婚姻状况;职业资格、执业许可等身份识别信息和职业信息;

(二)良好信息,包括:市级以上政府或部门授予的荣誉、在公益慈善事业中做出贡献信息以及在分类管理中的优良等级评价等;

(三)提示信息,包括:贷款、贷记卡逾期记录;水、电和通讯欠费记录以及其他有可能对交易对手、交易行为等产生风险的信用信息;

（四）警示信息，包括：民事判决、刑事犯罪、行政处罚等违反法律规定而产生的不良信息。

前款规定的信息还应当包括登记、变更、注销或者撤销的内容。

第十五条　法人和其他组织的信用信息包括：

（一）基本信息，包括：工商登记信息、税务登记信息、统一社会信用代码，股权结构信息，主要经营管理者信息，主要产品、品牌、知识产权信息，取得的行政许可和资质等信息；

（二）良好信息，包括：法人组织受表彰或取得荣誉的信息，认证认可信息，评价结果为优良的法人组织信息，守信“红名单”等信息；

（三）提示信息，包括：周期或专项抽查检查结果不合格的信息，年检不合格或异常信息，欠费违约信息（指拖欠法定缴费、职工工资，逾期未偿还银行贷款、公用事业单位产品或服务费用等违约信息），情节轻微免于行政处罚的信息等；

（四）警示信息，包括：对法人和其他组织产生不良影响的法院生效的判决、裁定、调解和执行信息，偷税、逃避追缴欠税、骗取出口退税、抗税信息，违反劳动用工及社会保险规定信息，产品质量、安全生产、环境污染等事故信息，行政事业性收费、政府性基金欠缴信息，行政处罚、行政强制的信息，失信“黑名单”等信息。

前款规定的信息还应当包括登记、变更、注销或者撤销的内容。

第十六条　信息提供主体征集公共信用信息，应当以最终发生法律效力的文书为依据，主要包括：

（一）经市场监督管理部门核准的市场主体登记注册文书；

（二）各级行政主管部门依法做出的行政许可、资质审核文件；

（三）各级行政主管部门依法做出并已产生法律效力的处罚决定、处理文书；

（四）有关机关和组织发布或者公告的等级评价、表彰决定；

（五）司法机关或者仲裁机构做出的已产生最终法律效力的法律文书；

（六）其他合法有效的证明文件。

前款规定的具备法律效力的文书由信用信息征集人员核实。

第十七条　信息提供主体不得征集个人的宗教信仰、基因、指纹、血型、疾病和病史以及法律、行政法规禁止征集的其他个人信息。

除明确告知信息主体提供该信息可能产生不利后果，并取得其书面同意外，信息提供主体不得征集个人的收入、存款、有价证券、商业保险、不动产的信息和纳税数额信息。

第十八条　信息提供主体提交的公共信用信息应当包括下列内容：

（一）信息提供主体名称及提交时间；

（二）信息主体的基本信息；

（三）需记录的公共信用信息内容（包括信息分类、公开属性、记录期限等）；

（四）信息提供主体的结论意见或者决定；

（五）其他做出结论意见或者决定的单位名称、做出的结论意见或者决定以及时间。

第十九条　信息提供主体应当对其提供的公共信用信息的合法性、真实性、时效性负责。

自然人、法人和其他组织直接申报的公共信用信息，法律法规未要求接受申报的机关和组织对申报信息的实质内容进行核实的，其真实性由该自然人、法人和其他组织负责。

市信用信息中心不直接征集公共信用信息，不得擅自更改公共信用信息。

第二十条　已实现市级行业集中的信息提供主体应当通过行业信用信息系统与市公共信用信息平台实现交换共享。尚未实现市级行业集中的信息提供主体应当通过行业信用信息系统与市级公共信用信息平台的交换系统，及时向市信用信息中心或上一级行业主管部门提供信用信息，实时更新信用信息数据；对无法实时更新的，应当于每个月的前10日内更新1次。

第三章　公共信用信息的披露

第二十一条　公共信用信息披露期限按照下列规定设定：

（一）基本信息披露期限至法人和其他组织终止之后满3年或者自然人死亡；

（二）良好信息有有效期的，披露期限与该有效期一致；

（三）良好信息无有效期的，披露期限至该良好信息被取消之日止；

（四）提示信息或者警示信息披露期限自不良行为或者事件终止之日起5年。法律、法规、规章另有规定的，从其规定。

披露期限届满后，市公共信用信息平台自动解除记录并转为档案保存，不再提供查询、不再作为信用评级和使用依据。

第二十二条　信息提供主体提供的公共信用信息，应当明确公共信用信息的公开属性。公共信用信息按照其开放等级分为以下三类：

（一）社会公开，是指根据《中华人民共和国政府信息公开条例》规定应当主动公开的信息；或者政府部门根据行政管理需要公开的信息。

（二）授权查询，是指须经由信息主体授权同意才能被查询知悉。

（三）政务共享，是指不得擅自向社会提供，供国家机关和法律法规授权的具有管理公共事务职能的组织，在履行职责过程中查询和使用的信息。

第二十三条　市信用信息中心应当建立公共信用信息查询制度规范，设定各信息提供主体查询人员的权限和查询程序，并建立查询日志，记载查询人员姓名、查询时间、内容及用途。查询日志应当长期保存。

第二十四条　有关机关和组织因履行职责需要可以查询

法人和其他组织非公开、非共享的信息,查询应当符合规定程序。

自然人信用信息不予公开和共享,只通过授权查询方式披露,法律、法规和规章另有规定的除外。

第二十五条 市信用信息中心应当制定并公布服务规范,并在市民服务中心和行政服务中心设置公共信用信息查询窗口或自助查询终端,向社会提供便捷的查询服务。

第二十六条 公民、法人和其他组织可以直接登录"信用福州"网站,或者向市信用信息中心查询属性为社会公开的公共信用信息。

查询属性为社会公开以外的公共信用信息,应当经被查询的自然人、法人和其他组织书面同意后,向市信用信息中心查询。

法人和其他组织查询自身非公开的信用信息,应当出具书面证明,向市信用信息中心查询,或者登陆"信用福州"网站经电子身份认证和授权认证后查询。

自然人查询本人信用信息的,可出具本人有效身份证明,向市信用信息中心查询,也可直接通过登录"信用福州"网站查询。

第二十七条 对应当经过授权或者批准方可查询的公共信用信息,市信用信息中心应当如实记录查询情况,并自该记录生成之日起保存3年。

第二十八条 市信用信息中心的工作人员不得越权查询公共信用信息。

第四章 公共信用信息的使用

第二十九条 建立自然人、法人和其他组织的信用"红黑名单"制度,"红黑名单"在"信用福州"网站上进行公示。

信用"红黑名单"的具体管理办法另行制定并公布。

第三十条 信息提供主体在履行法定职责时,对守信"红名单"的自然人、法人和其他组织,依法采取优先办理、简化程序或者优先选择、重点扶持等激励措施;对失信"黑名单"的自然人、法人和其他组织,在市场监管和公共服务的市场准入、资质认定、行政审批、政策扶持等方面实施信用分类管理,结合监管对象的失信类别和程度,实施跨行业、跨部门、跨地区的联合惩戒措施。

各行业的守信激励措施和失信惩戒措施的具体办法由相关主管部门另行颁布实施。

第三十一条 市信用信息中心应对全市公共信用信息数据资源进行梳理分类、挖掘利用,为政府转变职能,实行分类监管,强化事中事后监管提供相关服务。

第三十二条 有关机关和组织在依法履行下列职责时,应当查询和使用公共信用信息:

(一)发展改革、食品药品、产品质量、环境保护、安全生产、建设工程、交通运输、市场监督管理、社团管理、治安管理、人口管理、知识产权等领域的监管事项;

(二)政府采购、政府购买服务、招标投标等事项;

(三)国有土地出让、政策扶持、科研管理等事项;

(四)居住证管理、落户管理和居民身份证异地受理;

(五)国家工作人员招录、职务任用、职务晋升;

(六)表彰奖励;

(七)依法需要查询和使用公共信用信息的其他行政管理事项。

第三十三条 鼓励自然人、法人和其他组织在开展金融活动、市场交易、劳动用工、社会公益等活动中应用公共信用信息。

鼓励社会征信机构和其他依法设立的信用服务机构应用公共信用信息,开发和创新信用服务产品,扩大信用服务产品的使用范围。

鼓励行业协会、商会应用公共信用信息,完善行业内部信用信息征集、共享机制,将严重失信行为记入会员信用档案。

第五章 信用修复与异议处理

第三十四条 自然人、法人和其他组织的失信行为具备整改纠正条件的,信息提供主体在征集记录失信信息的同时应当书面和短信通知当事人;被认定为失信的自然人、法人和其他组织可以按信息提供主体规定的整改时间和程序向信息提供主体申请信用记录修复。法律、法规、规章对信用修复另有规定的,从其规定。

第三十五条 信息提供主体应当在收到信用修复申请之日起20个工作日内核查申请人的整改情况,对整改后符合要求的申请人办理相应的信用修复。在做出信用修复决定后,应将修复办理结果通知申请人,并向市信用办或者上级行业主管部门备案。

第三十六条 信息主体的公共信用信息向市公共信用信息平台归集后,据以认定其失信状态的具体行政行为被行政机关撤销或者被复议机关决定撤销、人民法院判决撤销的,原失信信息提供单位应当及时书面告知市信用信息中心,市信用信息中心应当在收到该书面告知之日起的3个工作日内在数据库中删除该信息。

第三十七条 信息主体认为"信用福州"网站披露的公共信用信息与事实不符,或者依照有关法律法规规定不得披露的,可以向市信用信息中心查询窗口或"信用福州"网站提出异议申请,并提交相关证据材料。

市信用信息中心负责为"信用福州"网站实现网上异议处理提供技术支撑。

第三十八条 市信用信息中心在收到异议申请后,应当在3个工作日进行核查,因工作失误造成错误的应当立即更正,并将更正结果在2个工作日内告知申请人。

对非工作失误造成的异议信息,市信用信息中心应当在收到异议申请之日起的3个工作日内转交信息提供主体核查;信息提供主体应当在收到转交的异议申请之日起20个工作日内做出是否更正的决定并告知市信用信息中心,市信用信息中心应当在收到信息提供主体核查结果之日起2个工作日内将核查结果告知申请人。

第三十九条 信息提供主体发现信用信息变更、失效或者错误的,应当及时修改,并在修改之日起7个工作日内向市信用信息中心报送修改后的信用信息;市信用信息中心应当在收到信息提供主体修改结果之日起 7 个工作日内对相关信息予以更正或者删除。

信息提供主体未按照规定核查异议信息并将处理结果报送市信用信息中心的，市信用信息中心不再向社会提供该信息的查询。

第六章　公共信用信息的安全管理

第四十条　信息提供主体应当根据有关规定要求，制定关于提交、维护、管理、使用公共信用信息的内部工作程序、管理制度以及相应的行政责任追究制度。

第四十一条　信息提供主体在开展公共信用信息的征集、披露和使用等活动时，对涉及国家秘密、商业秘密、个人隐私以及依法不得公开的公共信用信息，不得向任何单位及个人开放和披露。

第四十二条　应用公共信用信息的任何单位和个人，未经授权不得将授权查询信息、政务共享信息提供给第三方使用。

第四十三条　市信用信息中心应当加强公共信用信息档案管理，对市公共信用信息平台中信息录入、删除、更改、查询，以及进行异议和修复处理等，应当如实记录实施该行为的人员、日期、原因、内容和结果等日志信息，并长期保存。

第四十四条　市信用信息中心应当严格执行国家计算机信息系统安全保护的有关规定，建立健全信息安全管理制度，实行信息系统安全保护等级认定和测评工作，确保公共信用信息的安全和信用平台的稳定运行。

第七章　监督与法律责任

第四十五条　信息提供主体征集、披露和使用公共信用信息情况将根据市社会信用体系建设有关目标绩效考核办法，纳入绩效考核。

第四十六条　公共信用信息工作主管部门、市信用信息中心、有关机关和组织其工作人员，在公共信用信息管理工作中违反本办法规定，有下列情形之一的，由主管部门或者行政监察部门责令改正；情节严重的，对直接负责的主管人员和其他直接责任人员依法给予处分；构成犯罪的，依法追究刑事责任：

（一）以不正当手段采集公共信用信息的；

（二）篡改、虚构公共信用信息的；

（三）违反规定披露或者泄露公共信用信息的；

（四）未按规定处理和答复异议信息的；

（五）其他在公共信用信息管理或服务工作中滥用职权、玩忽职守、徇私舞弊的行为。

第四十七条　单位和个人有下列行为之一的，由公共信用信息主管部门责令改正；给信息主体造成损失的，依法承担民事责任；构成犯罪的，依法追究刑事责任：

（一）伪造、变造信息主体授权证明获取信息的；

（二）未经信息主体同意向第三方提供授权查询信息的；

（三）采取删除、屏蔽、断开链接等手段破坏信用信息平台的；

（四）采取复制、下载、截留等手段非法获取公共信用信息的；

（五）非法出售公共信用信息的；

（六）其他危害信用平台安全、侵害信息主体合法权益的违法行为。

第八章　附　则

第四十八条　各县（市）区人民政府，各行业主管部门可以根据本办法制定相应的实施细则。

第四十九条　本办法自 2018 年 1 月 1 日起施行。

规范性文件目录

表 113　**2017 年福州市政府（办公厅）规范性文件目录**

序号	文件文号	规范性文件名称	公布日期	实施日期
1	榕政综〔2017〕392 号	福州市人民政府关于调整住房公积金缴存比例的通知	2016 年 12 月 30 日	2016 年 12 月 30 日
2	榕政〔2017〕1 号	福州市人民政府关于严厉打击渣土处置违法行为的通告	2017 年 1 月 11 日	2017 年 1 月 11 日
3	榕政〔2017〕2 号	福州市人民政府关于在中国（福建）自由贸易试验区福州片区调整有关市政府文件的决定	2017 年 1 月 12 日	2017 年 1 月 12 日
4	榕政办〔2017〕21 号	福州市人民政府办公厅关于进一步加强行政调解工作的意见	2017 年 1 月 23 日	2017 年 1 月 23 日

续表 113－1

序号	文件文号	规范性文件名称	公布日期	实施日期
5	榕政办〔2017〕18 号	福州市人民政府办公厅关于转发市经信委市财政局《福州市新能源非公交汽车推广应用补助暂行办法》的通知	2017 年 1 月 20 日	2017 年 1 月 20 日
6	榕政办〔2017〕27 号	福州市人民政府办公厅关于推进环境污染第三方治理的实施意见	2017 年 1 月 26 日	2017 年 1 月 26 日
7	榕政办〔2017〕30 号	福州市人民政府办公厅关于印发《福州市政策性农村住房保险实施方案》的通知	2017 年 2 月 2 日	2017 年 2 月 2 日
8	榕政办〔2017〕56 号	福州市人民政府办公厅关于印发《福州市展会专项资金管理办法》的通知	2017 年 3 月 6 日	2017 年 3 月 6 日
9	榕政办〔2017〕57 号	福州市人民政府办公厅关于印发闽江下游福州段 2017 年度河道采砂计划实施方案的通知	2017 年 3 月 6 日	2017 年 3 月 6 日
10	榕政综〔2017〕74 号	福州市人民政府关于调整四城区征地补偿标准的通知	2017 年 3 月 8 日	2017 年 3 月 8 日
11	榕政综〔2017〕96 号	福州市人民政府关于印发《福州市特困人员救助供养实施办法》的通知	2017 年 3 月 20 日	2017 年 3 月 20 日
12	榕政办〔2017〕65 号	福州市人民政府办公厅关于印发《福州港口生产发展扶持政策(2017—2020 年)》的通知	2017 年 3 月 13 日	2017 年 3 月 13 日
13	榕政综〔2017〕90 号	福州市人民政府修改关于实施《工伤保险条例》的若干意见的通知	2017 年 3 月 18 日	2017 年 3 月 18 日
14	榕政办〔2017〕84 号	福州市人民政府办公厅关于进一步加强房地产市场调控的通知	2017 年 3 月 28 日	2017 年 3 月 28 日
15	榕政办〔2017〕99 号	福州市人民政府办公厅关于印发《福州市网络预约出租汽车行政许可工作规范》的通知	2017 年 4 月 6 日	2017 年 4 月 6 日
16	榕政〔2017〕9 号	福州市人民政府关于实施第五阶段机动车排放标准的通知	2017 年 4 月 28 日	2017 年 4 月 28 日
17	榕政综〔2017〕122 号	福州市人民政府关于印发《福州市健康医疗大数据资源管理暂行办法》的通知	2017 年 4 月 21 日	2017 年 4 月 21 日
18	榕政综〔2017〕126 号	福州市人民政府关于印发《福州市促进航运业发展奖励办法》的通知	2017 年 4 月 25 日	2017 年 4 月 25 日
19	榕政办〔2017〕121 号	福州市人民政府办公厅关于全面加强改进学校美育工作的实施意见	2017 年 4 月 28 日	2017 年 4 月 28 日
20	榕政办〔2017〕124 号	福州市人民政府办公厅转发市国资委市财政局关于福州市国有企业职工家属区"三供一业"分离移交工作实施方案的通知	2017 年 5 月 2 日	2017 年 5 月 2 日
21	榕政办〔2017〕126 号	福州市人民政府办公厅关于进一步加强新形势下老年人体育工作的实施意见	2017 年 5 月 2 日	2017 年 5 月 2 日
22	榕政办〔2017〕144 号	福州市人民政府办公厅关于支持总部型航空公司加快发展的意见	2017 年 5 月 11 日	2017 年 5 月 11 日
23	榕政综〔2017〕795 号	福州市人民政府关于印发《福州新区管委会行使的省级行政审批事项清单》的通知	2017 年 5 月 16 日	2017 年 5 月 16 日

续表 113－2

序号	文件文号	规范性文件名称	公布日期	实施日期
24	榕政办〔2017〕155 号	福州市人民政府办公厅关于贯彻落实推动非户籍人口在城市落户的实施意见	2017 年 5 月 19 日	2017 年 5 月 19 日
25	榕政办〔2017〕158 号	福州市城市信息化专项资金管理办法	2017 年 5 月 23 日	2017 年 5 月 23 日
26	榕政综〔2017〕1640 号	福州市引进和培育金融机构奖励办法	2017 年 6 月 1 日	2017 年 6 月 1 日
27	榕政办〔2017〕165 号	福州市人民政府办公厅关于印发《福州市机动车停放服务收费管理办法》的通知	2017 年 6 月 5 日	2017 年 6 月 5 日
28	榕政办〔2017〕191 号	福州市人民政府办公厅关于转发《福州市居民地地名标志设置规范(试行)》的通知	2017 年 7 月 5 日	2017 年 7 月 5 日
29	榕政〔2017〕12 号	福州市人民政府关于实行高龄老人乘坐公共交通优待政策的通告	2017 年 7 月 30 日	2017 年 7 月 30 日
30	榕政办〔2017〕233 号	福州市人民政府办公厅关于印发《福州市涉企涉民证明事项清理结果》的通知	2017 年 8 月 23 日	2017 年 8 月 23 日
31	榕政〔2017〕13 号	福州市人民政府关于进一步加强消防安全管理的通告	2017 年 8 月 22 日	2017 年 8 月 22 日
32	榕政办〔2017〕285 号	福州市人民政府办公厅关于印发《福州市城乡居民基本医疗保险管理办法》的通知	2017 年 10 月 10 日	2017 年 10 月 10 日
33	榕政办〔2017〕283 号	福州市人民政府办公厅关于印发《福州市历史文化街区国有房产租赁管理办法》的通知	2017 年 10 月 10 日	2017 年 10 月 10 日
34	榕政办〔2017〕282 号	福州市人民政府办公厅关于印发《福州市历史文化街区国有文物保护单位使用管理办法》的通知	2017 年 10 月 10 日	2017 年 10 月 10 日
35	榕政〔2017〕15 号	福州市人民政府关于宣布失效一批市政府文件的决定	2017 年 11 月 3 日	2017 年 11 月 3 日
36	榕政综〔2017〕1833 号	福州市人民政府印发《关于进一步加快福州市文化产业发展若干政策》的通知	2017 年 10 月 26 日	2017 年 10 月 26 日
37	榕政办〔2017〕305 号	福州市人民政府办公厅关于印发《2017 年福州市四城区土地级别及基准地价修编成果》的通知	2017 年 10 月 30 日	2017 年 10 月 30 日
38	榕政办〔2017〕299 号	福州市健康医疗大数据资源管理实施细则	2017 年 10 月 25 日	2017 年 10 月 25 日
39	榕政办〔2017〕300 号	福州市健康医疗大数据开放开发实施细则	2017 年 10 月 25 日	2017 年 10 月 25 日
40	榕政办〔2017〕317 号	福州市人民政府办公厅关于印发《福州市信用红黑名单管理暂行办法》的通知	2017 年 11 月 18 日	2017 年 11 月 18 日
41	榕政办〔2017〕334 号	福建省各级人民代表大会常务委员会规范性文件备案审查规定	2017 年 11 月 30 日	2017 年 11 月 30 日
42	榕政办〔2017〕327 号	福州市人民政府办公厅关于规范共享单车管理的实施意见(试行)	2017 年 11 月 23 日	2017 年 11 月 23 日

（编辑　黄　铭）

表 114

2017 年福州市经济社会主要指标完成情况

项目	单位	2017 年	2016 年	2017 年比 2016 年增长(%)
一、人口与就业				
年末常住总人口	万人	766.00	757.00	1.2
年末户籍总人口	万人	693.35	687.06	0.9
全社会从业人员	万人	561.83	536.24	4.8
#城镇非私营单位年末从业人员数	万人	158.80	156.83	1.3
#城镇非私营单位年末在岗职工人数	万人	140.63	141.15	-0.4
城镇私营个体从业人员	万人	169.01	146.58	15.3
二、经济总量				
地区生产总值	亿元	7104.02	6197.64	8.7
第一产业	亿元	519.49	492.25	3.7
第二产业	亿元	2962.94	2590.43	6.9
第三产业	亿元	3621.60	3114.96	11.0
工业增加值	亿元	2270.92	1978.83	7.7
人均地区生产总值	元	93290.00	82251.00	7.6
三、工业				
规模以上工业总产值	亿元	8591.99	8419.65	8.9
#大型企业	亿元	3167.07	3029.56	10.1
中型企业	亿元	2998.41	2864.46	7.1
规模以上工业销售产值	亿元	8324.47	8141.22	12.0
四、农林牧渔业				
农林牧渔业总产值	亿元	818.79	749.76	3.7
#农业产值	亿元	249.48	221.30	5.6

续表 114－1

项目	单位	2017 年	2016 年	2017 年比 2016 年增长(%)
牧业产值	亿元	68.84	74.69	－9.2
渔业产值	亿元	449.13	403.27	5.0
农林牧渔业主要产品产量				
水果产量	万吨	71.58	72.72	－1.6
茶叶产量	万吨	3.76	3.25	15.8
食用菌产量	万吨	20.82	18.57	12.1
禽蛋总产量	万吨	12.45	12.54	－0.7
水产品总产量	万吨	245.78	231.68	6.1
五、固定资产投资				
固定资产投资(不含农户)	亿元	5823.39	5184.36	12.3
#项目投资	亿元	4129.21	3504.92	17.8
#房地产开发投资	亿元	1694.18	1679.44	0.9
施工房屋建筑面积	万平方米	7947.59	7760.77	2.4
#住宅	万平方米	5070.58	4919.79	3.1
竣工房屋建筑面积	万平方米	1155.74	823.82	40.3
#住宅	万平方米	765.17	524.62	45.9
商品房销售额	亿元	1863.55	1354.29	37.6
六、交通运输、邮电				
客运				
公路旅客发送量	万人次	8632.00	9395.00	－8.1
水路旅客发送量	万人次	118.77	114.00	4.2
旅客出港量(航空)	万人	635.50	591.81	7.4
货运				
公路货物发送量	万吨	17496.00	15538.00	12.6
水路货物发送量	万吨	8938.70	8712.00	2.6
货邮出港量(航空)	万吨	7.30	7.32	－0.3
沿海港口货物吞吐量	万吨	11984.39	11870.00	0.9
集装箱吞吐量	万标箱	292.00	260.00	12.3
年末邮电局(所)	处	238.00	238.00	0.0
年末固定电话用户	万户	162.83	169.40	－3.9
年末移动电话用户	万户	890.34	868.38	2.5
七、贸易旅游、物价				
社会消费品零售总额	亿元	4193.87	3763.14	11.4
接待境外旅游人数	万人次	131.48	108.68	21.0

续表 114－2

项目	单位	2017 年	2016 年	2017 年比 2016 年增长(%)
居民消费价格指数(以上年为 100)		101.10	102.30	－
八、对外经贸				
进出口总额	亿元	2336.03	2082.17	12.0
出口总额	亿元	1482.37	1406.79	5.1
进口总额	亿元	853.66	675.38	26.4
新批外资项目	项	362.00	483.00	－25.1
合同外资金额	亿美元	58.63	16.31	259.5
实际利用外资(验资口径)	亿美元	19.85	18.14	9.5
九、财政、金融				
一般公共预算总收入	亿元	1005.73	934.06	7.7
一般公共预算收入	亿元	634.16	598.91	10.4
金融机构年末存款余额(本外币)	亿元	13597.68	12432.31	9.4
金融机构年末贷款余额(本外币)	亿元	13746.34	12538.24	9.6
金融机构年末存款余额(人民币)	亿元	13136.68	12076.50	8.8
金融机构年末贷款余额(人民币)	亿元	13320.41	12124.69	9.9
十、教育				
学校数				
高等院校	所	32.00	32.00	0.0
中等职业技术学校	所	52.00	52.00	0.0
高中	所	101.00	101.00	0.0
初中	所	214.00	218.00	－1.8
小学	所	897.00	900.00	－0.3
在校学生数				
高等院校	人	313857.00	317477.00	－1.1
中等职业技术学校	人	92392.00	92392.00	0.0
高中	人	102304.00	101237.00	1.1
初中	人	219459.00	206272.00	6.4
小学	人	547999.00	537312.00	2.0
专任教师数				
高等院校	人	20191.00	19822.00	1.9
中等职业技术学校	人	4573.00	4573.00	0.0
高中	人	8099.00	8016.00	1.0
初中	人	16367.00	16337.00	0.2
小学	人	27990.00	26421.00	5.9

续表 114－3

项目	单位	2017 年	2016 年	2017 年比 2016 年增长(%)
招生数				
普通高校招生数	人	87175.00	85829.00	1.6
中等职业学校招生数	人	33943.00	33943.00	0.0
高中	人	34348.00	34509.00	－0.5
初中	人	78825.00	73436.00	7.3
小学	人	95048.00	92589.00	2.7
民办(社会力量办学)				
高等院校	所	15.00	15.00	0.0
职业中学	所	10.00	10.00	0.0
普通中学	所	37.00	38.00	－2.6
小学	所	17.00	19.00	－10.5
成人高校在校生数	人	63176.00	81884.00	－22.8
民办高校在校学生数	人	82598.00	83413.00	－1.0
十一、文化				
文化馆	个	12.00	12.00	0.0
博物馆、纪念馆	个	37.00	36.00	2.8
博物馆、纪念馆收藏文物	万件/套	17.01	17.01	0.0
艺术表演团体	个	9.00	9.00	0.0
艺术表演团体演出场次	场	2152.00	2640.00	－18.5
公共图书馆	个	13.00	13.00	0.0
公共图书馆图书藏量	万册	799.00	886.98	－9.9
广播综合人口覆盖率	%	100.00	100.00	0.0
电视综合人口覆盖率	%	100.00	100.00	0.0
行政村有线电视联网率	%	86.60	84.60	－
十二、卫生				
卫生机构数	个	1839.00	1995.00	－7.8
#医院	个	109.00	107.00	1.9
卫生机构床位数	张	34878.00	33877.00	3.0
#医院	张	28887.00	27554.00	4.8
卫生技术人员数	人	53412.00	51703.00	3.3
#医生	人	19803.00	18841.00	5.1
每千人拥有卫生机构床位数	张	4.84	4.75	1.9
#医院	张	4.01	3.86	3.9
每千人拥有卫生技术人员数	人	7.41	7.25	2.2

续表 114-4

项目	单位	2017 年	2016 年	2017 年比 2016 年增长(%)
#医生	人	2.75	2.64	4.2
十三、人民生活				
在岗职工工资总额	亿元	1023.63	937.85	9.1
在岗职工年平均工资	元	75133.00	67630.00	11.1
城镇居民人均可支配收入	元	40973.00	37833.00	8.3
城镇居民人均消费支出	元	27427.00	26392.00	3.9
农村居民人均可支配收入	元	17865.00	16346.00	9.3
农村居民人均消费支出	元	15283.00	14033.00	8.9
十四、城市基本情况				
城市道路长度	公里	1983.00	1467.00	35.2
城市道路面积	万平方米	3375.00	3228.00	4.6
建成区绿化覆盖面积	公顷	11858.00	11639.00	1.9
建成区绿化覆盖率	%	44.40	43.90	—
建成区绿地面积	公顷	10992.00	10773.00	2.0
年末公园绿地面积	公顷	3803.00	3507.00	8.4
年末人均公园绿地面积	平方米	14.74	14.10	4.5
年末公交营运车辆	辆	5849.00	5414.00	8.0
年末公交营运线路	条	394.00	378.00	4.2
自来水厂	座	26.00	26.00	0.0
自来水综合生产能力	万吨/日	259.15	250.23	3.6
供水总量	万吨	62822.69	54724.53	14.8
#生活用水量	万吨	22311.64	21364.13	4.4
液化气供气总量	吨	63237.17	67378.77	-6.1
#家庭用气	吨	27373.73	34749.40	-21.2
天然气供气总量	万立方米	58815.24	42612.81	38.0
#家庭用气	万立方米	6781.53	5452.89	24.4

说明:数据来自《福州统计年鉴—2018》

表 115　　2017 年全国 26 个省会城市主要经济指标

城市	地区生产总值		第一产业增加值		第二产业增加值		第三产业增加值	
	绝对数（亿元）	比上年增长（%）	绝对数（亿元）	比上年增长（%）	绝对数（亿元）	比上年增长（%）	绝对数（亿元）	比上年增长（%）
福州	7104.02	8.7	519.49	3.7	2962.94	6.9	3621.60	11.0
广州	21503.15	7.0	233.49	-1.0	6015.29	4.7	15254.37	8.2
成都	13889.39	8.1	500.90	3.9	5998.20	7.5	7390.30	8.9
南京	11715.10	8.1	263.01	1.2	4454.87	5.1	6997.22	10.3
哈尔滨	6355.00	6.7	688.80	3.7	1820.70	3.6	3845.50	9.0
沈阳	5865.00	3.5	268.20	3.6	2261.40	2.7	3335.40	4.0
长春	6530.00	8.0	315.10	3.8	3175.20	7.5	3039.70	9.0
济南	7201.96	8.0	317.40	3.3	2569.22	8.4	4315.34	8.2
武汉	13410.34	8.0	408.20	2.8	5861.35	7.1	7140.79	9.2
西安	7469.85	7.7	281.12	4.6	2596.08	5.5	4592.65	9.2
杭州	12556.16	8.0	311.67	1.9	4387.19	5.3	7857.30	10.0
石家庄	6460.90	7.3	480.50	2.4	2913.90	3.7	3066.40	11.6
太原	3382.18	7.5	40.82	3.0	1271.42	7.0	2069.94	7.9
合肥	7213.45	8.5	272.75	3.7	3643.08	8.6	3297.62	8.9
南昌	5003.19	9.0	192.13	4.0	2666.10	8.4	2144.96	10.2
郑州	9130.20	8.2	158.60	2.6	4247.50	7.6	4724.10	9.0
长沙	10535.51	9.0	379.45	3.0	4998.26	7.7	5157.80	10.9
南宁	4118.83	8.0	404.18	4.1	1599.50	8.6	2115.15	8.4
贵阳	3537.96	11.3	147.33	6.3	1375.18	10.0	2015.45	12.6
昆明	4857.64	9.7	210.13	6.0	1865.97	9.0	2781.54	10.5
兰州	2523.54	5.7	61.47	5.9	881.74	3.1	1580.34	7.2
西宁	1284.91	9.5	41.80	5.1	556.44	10.6	686.67	8.7
银川	1803.17	8.0	61.38	4.2	908.60	6.5	833.18	10.1
海口	1390.48	7.5	63.72	3.7	252.22	5.0	1074.54	8.4
乌鲁木齐	2743.82	8.1	29.62	2.7	827.63	7.4	1886.56	8.4
呼和浩特	2743.72	5.0	107.74	2.8	755.75	2.6	1880.23	6.1

续表 115 - 1

城市	社会消费品零售总额		固定资产投资额		出口总额	实际利用外资
	绝对数（亿元）	比上年增长（%）	绝对数（亿元）	比上年增长（%）	绝对数（亿元）	绝对数（亿美元）
福州	4193.87	11.4	5823.39	12.3	1482.37	19.85
广州	9402.59	8.0	5919.83	5.7	5792.15	62.89
成都	6403.50	11.5	9404.20	12.3	2064.90	62.00
南京	5604.66	10.2	6215.20	12.3	2333.00	36.73
哈尔滨	4044.80	8.0	5395.50	7.1	91.70	34.40
沈阳	3989.80	0.1	1484.00	-9.0	317.70	10.10
长春	2922.80	10.3	5194.80	11.5	129.80	14.00
济南	4146.10	10.1	4363.60	13.5	451.00	18.72
武汉	6196.30	10.4	7871.66	11.0	1157.60	96.50
西安	4329.51	10.5	7463.31	13.0	1552.38	53.07
杭州	5717.43	10.5	5856.65	1.4	3455.61	66.10
石家庄	3296.00	10.8	6310.10	6.7	531.20	12.90
太原	1767.82	6.1	964.86	6.8	572.16	1.07
合肥	2728.51	11.6	6351.43	5.0	983.47	30.20
南昌	2096.96	12.3	5115.18	12.7	428.27	31.81
郑州	4057.22	10.7	7573.44	8.2	2327.94	40.50
长沙	4547.68	10.5	7567.77	13.1	587.89	52.50
南宁	2204.16	11.3	4307.95	12.6	275.69	9.60
贵阳	1335.28	11.7	3850.60	18.1	153.33	13.45
昆明	2590.95	12.2	4217.94	7.6	198.71	8.01
兰州	1358.72	7.6	1315.35	-33.9	72.88	
西宁	560.79	9.3	1600.03	14.3	19.13	
银川	562.31	9.4	1719.05	1.4	195.99	0.31
海口	726.12	11.0	1415.50	11.3	55.46	0.29
乌鲁木齐	1317.00	6.5	2020.00	25.7	360.67	
呼和浩特	1570.95	6.0	1490.78	-19.4	51.52	

续表 115－2

城市	一般公共预算收入		城镇居民人均可支配收入		居民消费价格环比指数（%）	农村居民人均可支配收入	
	绝对数（亿元）	比上年增长（%）	绝对数（元）	比上年增长（%）		绝对数（元）	比上年增长（%）
福州	634.16	10.4	40973	8.3	101.1	17865	9.3
广州	1533.06	10.9	55400	8.8	102.3	23484	9.5
成都	1275.50	11.3	38918	8.4	102.0	20298	9.1
南京	1271.91	11.9	54538	9.1	101.9	23133	9.3
哈尔滨	368.10	8.4	35546	7.1	101.6	15614	8.1
沈阳	656.20	5.7	41359	6.1	101.4	15461	7.5
长春	450.10	8.3	33168	6.8	101.3	13431	6.8
济南	677.20	10.5	46642	8.3	102.0	16594	8.1
武汉	1402.93	11.2	43405	9.2	101.9	20887	9.1
西安	654.50	9.8	38536	8.2	102.0	16522	8.8
杭州	1567.42	17.4	56276	7.8	102.5	30397	8.9
石家庄	460.70	12.2	32929	8.1	101.4	13345	8.1
太原	311.85	10.3	31469	6.2	101.8	15595	6.9
合肥	655.90	12.8	37972	9.0	101.4	18594	9.0
南昌	417.08	3.7	37675	8.8	102.1	16364	9.4
郑州	1056.67	9.6	36050	8.5	101.8	19974	8.4
长沙	800.35	11.5	46948	8.4	101.3	27360	7.5
南宁	332.15	6.2	33217	8.1	102.3	12515	9.8
贵阳	377.77	8.0	32186	9.1	101.1	14264	10.0
昆明	560.86	8.2	39788	8.3	100.5	13698	9.1
兰州	234.20	11.9	32331	9.0	101.5	11305	8.8
西宁	79.16	18.2	30043	9.1	101.4	10548	9.0
银川	177.46	9.2	32981	8.2	101.7	13087	8.7
海口	125.36	12.8	33320	8.3	103.3	13763	8.6
乌鲁木齐	400.78	8.4	37028	8.3	102.8	17839	9.1
呼和浩特	201.63	－23.0	43518	8.2	101.4	15710	8.2

说明：数据来自《福州统计年鉴—2018》

表116

2017年福建省及九个设区市主要经济指标

指　　标	单位	全省		福州市	
		绝对数	比上年增长(%)	绝对数	比上年增长(%)
年末常住总人口	万人	3911.00	1.0	766.00	1.2
城镇化率	%	64.80	1.2	69.50	1.0
地区生产总值	亿元	32292.09	8.1	7104.02	8.7
第一产业	亿元	2215.13	3.7	519.49	3.7
第二产业	亿元	15354.29	6.8	2962.94	6.9
第三产业	亿元	14722.67	10.2	3621.60	11.0
农林牧渔业总产值	亿元	3947.16	3.7	818.79	3.7
固定资产投资	亿元	26226.60	13.5	5823.39	12.3
一般公共预算总收入	亿元	4603.85	7.2	1005.73	7.7
一般公共预算收入	亿元	2808.70	8.7	634.16	10.4
社会消费品零售总额	亿元	13013.00	11.5	4193.87	11.4
居民消费价格环比指数	%	101.18	1.2	101.12	1.1
实际利用外资(验资口径)	亿美元	85.77	4.7	19.85	9.5
出口总额	亿元	7114.09	4.1	1482.37	5.1
城镇居民人均可支配收入	元	39001.00	8.3	40973.00	8.3
农村居民人均可支配收入	元	16335.00	8.9	17865.00	9.3
城镇非私营单位在岗职工平均工资	元	69029.00	9.3	75133	11.1

续表116-1

指　　标	单位	厦门市		莆田市	
		绝对数	比上年增长(%)	绝对数	比上年增长(%)
年末常住总人口	万人	401.00	2.3	290.00	0.3
城镇化率	%	89.10	0.1	59.60	1.5
地区生产总值	亿元	4351.18	7.6	2045.19	8.4
第一产业	亿元	23.23	2.1	130.30	3.0
第二产业	亿元	1815.92	7.2	1146.50	7.4
第三产业	亿元	2512.03	7.9	768.39	10.8
农林牧渔业总产值	亿元	45.54	1.3	205.89	3.1
固定资产投资	亿元	2381.46	10.3	2274.65	17.4
一般公共预算总收入	亿元	1187.29	9.6	205.20	13.9
一般公共预算收入	亿元	696.78	11.0	136.37	22.7
社会消费品零售总额	亿元	1446.74	12.7	695.41	11.6
居民消费价格环比指数	%	102.00	2.0	100.87	0.9
实际利用外资(验资口径)	亿美元	23.78	6.9	4.54	13.5
出口总额	亿元	3253.65	5.2	207.70	4.3
城镇居民人均可支配收入	元	50019.00	8.1	34490.00	8.4
农村居民人均可支配收入	元	20460.00	8.3	16492.00	9.0
城镇非私营单位在岗职工平均工资	元	75452	9.0	59358	5.0

续表 116－2

指　　标	单位	三明市		泉州市	
		绝对数	比上年增长（%）	绝对数	比上年增长（%）
年末常住总人口	万人	257.00	0.8	865.0	0.8
城镇化率	%	59.00	1.5	65.7	1.2
地区生产总值	亿元	2136.06	7.9	7548.01	8.4
第一产业	亿元	282.52	4.2	198.03	0.9
第二产业	亿元	1095.15	6.8	4397.78	7.2
第三产业	亿元	758.38	11.1	2952.19	10.6
农林牧渔业总产值	亿元	421.60	4.3	348.44	1.6
固定资产投资	亿元	2498.50	16.7	4123.80	10.0
一般公共预算总收入	亿元	147.28	9.6	788.76	2.5
一般公共预算收入	亿元	100.76	10.2	442.30	5.0
社会消费品零售总额	亿元	533.43	11.0	3033.95	11.4
居民消费价格环比指数	%	100.71	0.7	101.1	1.1
实际利用外资（验资口径）	亿美元	1.84	7.9	15.92	−2.2
出口总额	亿元	146.86	12.1	1046.56	−2.1
城镇居民人均可支配收入	元	32261.00	8.7	42696	7.7
农村居民人均可支配收入	元	15212.00	9.3	18606	8.3
城镇非私营单位在岗职工平均工资	元	71555	14.1	61253	7.2

续表 116－3

指　　标	单位	漳州市		南平市	
		绝对数	比上年增长（%）	绝对数	比上年增长（%）
年末常住总人口	万人	510.00	1.0	268.00	0.8
城镇化率	%	57.70	1.5	55.80	1.0
地区生产总值	亿元	3563.48	9.1	1626.10	7.6
第一产业	亿元	430.44	4.0	329.28	5.0
第二产业	亿元	1695.87	7.5	699.12	6.6
第三产业	亿元	1437.17	12.7	597.70	10.2
农林牧渔业总产值	亿元	729.95	4.1	494.44	5.1
固定资产投资	亿元	3328.10	17.7	1990.15	17.5
一般公共预算总收入	亿元	318.08	10.6	129.84	10.4
一般公共预算收入	亿元	204.04	12.3	87.08	11.8
社会消费品零售总额	亿元	982.43	12.2	615.26	10.5
居民消费价格环比指数	%	101.10	1.1	100.65	0.6
实际利用外资（验资口径）	亿美元	12.17	4.6	2.34	44.3
出口总额	亿元	512.56	7.1	92.54	17.0
城镇居民人均可支配收入	元	33359.00	8.6	30070.00	8.1
农村居民人均可支配收入	元	16676.00	8.9	14558.00	9.2
城镇非私营单位在岗职工平均工资	元	66483	8.8	64347	8.1

续表 116－4

指　　标	单位	龙岩市		宁德市	
		绝对数	比上年增长(%)	绝对数	比上年增长(%)
年末常住总人口	万人	264.00	0.4	290.00	0.3
城镇化率	%	55.70	1.9	55.70	1.3
地区生产总值	亿元	2167.49	8.2	1793.87	5.3
第一产业	亿元	227.24	2.7	301.91	4.2
第二产业	亿元	1125.18	6.8	876.49	2.0
第三产业	亿元	815.07	11.9	615.47	10.9
农林牧渔业总产值	亿元	395.46	2.9	487.06	4.2
固定资产投资	亿元	2519.13	15.1	1287.42	5.1
一般公共预算总收入	亿元	274.24	3.1	176.85	14.0
一般公共预算收入	亿元	138.75	7.8	110.38	13.5
社会消费品零售总额	亿元	813.19	11.5	565.09	10.3
居民消费价格环比指数	%	100.98	1.0	100.71	0.7
实际利用外资(验资口径)	亿美元	3.28	11.0	0.67	－71.0
出口总额	亿元	157.72	3.3	203.21	－4.6
城镇居民人均可支配收入	元	33022.00	8.6	30502.00	8.3
农村居民人均可支配收入	元	15698.00	8.8	14722.00	8.9
城镇非私营单位在岗职工平均工资	元	64211	8.2	68669	12.0

说明:数据来自《福州统计年鉴—2018》

(编辑　黄　铭)

说　明

一、本索引采用主题词分析法，按主题词首字汉语拼音字母顺序排列。同音字按声调升序排列。音调相同的字，按笔画升序排列；如笔画相同，按起笔形横（一）、竖（丨）、撇（丿）、点（丶）、折（乛）的次序排列。

二、栏目、分目标题用黑体字。“特载”“大事记”“人物”“文献　法规”“统计资料”内容不作索引。

三、索引主题词后的数字表示页码，数字后的 a、b、c 表示栏别左中右。

四、空一字起排的款目为上一主题的“附见”。

E

F

G

J

K

L

《福州年鉴（2018）》优秀撰稿人

（按栏目顺序排序）

撰稿单位	撰稿人
市委组织部	何立斯
市政府办公厅	吴晓萍
市消费者权益保护委员会	刘用福
市政府外事办公室	曾雯蓉
市公安局	林　攀
市国税局	蔡青青
市农业农村局	张清炎
市工业和信息化局	范韩军
市城乡建设局	黄金寿
市住房保障和房产管理局	温昌经
市商务局	陈　婉
市文化和旅游局	王苏婷
福州新区管委会	万　粒
市道路运输管理处	宋彩惠
市检验检疫局	林婧一
市科技局	李　勇
福州大学	程龙吟
福州广播电视台	任　平
市民政局	林志鸿
长乐区政府办	林　熙